阅读本书建议登录
北大法宝引证码查询系统：www.pkulaw.cn/fbm

中国法律资源阅读检索系统

北大法宝法律人高级助手书系

担保法
精要与依据指引（增订本）

主　编／孙　鹏

撰稿人／孙　鹏　谢　斌　杨　会　李　征
　　　　宁丽萍　李为颖　徐相华　赵　磊

北京大学出版社
PEKING UNIVERSITY PRESS

图书在版编目(CIP)数据

担保法精要与依据指引/孙鹏主编.—增订本.—北京:北京大学出版社,2011.1
(北大法宝法律人高级助手书系)
ISBN 978-7-301-18220-8

Ⅰ.①担… Ⅱ.①孙… Ⅲ.①担保法-基本知识-中国 Ⅳ.①D923.2

中国版本图书馆 CIP 数据核字(2010)第 242224 号

书　　　名:	担保法精要与依据指引(增订本)
著作责任者:	孙　鹏　主编
责 任 编 辑:	侯春杰
标 准 书 号:	ISBN 978-7-301-18220-8/D·2763
出 版 发 行:	北京大学出版社
地　　　址:	北京市海淀区成府路 205 号　100871
网　　　址:	http://www.yandayuanzhao.com　电子邮箱:law@pup.pku.edu.cn
电　　　话:	邮购部 62752015　发行部 62750672　编辑部 62117788　出版部 62754962
印 刷 者:	河北滦县鑫华书刊印刷厂
经 销 者:	新华书店
	787 毫米×1092 毫米　16 开本　40.75 印张　1341 千字
	2011 年 1 月第 2 版　2011 年 1 月第 1 次印刷
	2011 年 12 月第 2 次印刷
定　　　价:	68.00 元

未经许可,不得以任何方式复制或抄袭本书之部分或全部内容。
版权所有,侵权必究
举报电话:010-62752024　电子邮箱:fd@pup.pku.edu.cn

总目录

编写说明	001
凡例	003
北大法宝引证码说明	005
目录	007
正文	001—596
本书所引法律规范性文件与北大法宝引证码对照表	597
本书所引司法案例与北大法宝引证码对照索引表	599
本书所引法学论文与北大法宝引证码对照索引表	613
法律问题拼音索引	623

编写说明

最高人民法院一位资深法官曾经说过，在中国这样一个成文法国家，法官判案的过程实际上就是一个查找法律依据和运用法理解释法律的过程。对此，很多法律专家深有同感。

事实上，无论是法官、律师还是其他法律从业人员，遇到具体法律问题着重需要做的事情，一方面是判断该问题在法理上属于什么性质和范畴，另一方面就是查找相关的法律依据，并在此基础上运用法理、适用法律，参考司法判例解决问题。但是，日渐庞杂的法律体系中法律文件频繁的立、改、废，使对法律文献的检索面临困境。传统的纸本法律图书已跟不上这种变化，从这个意义上说，目前的专业法律实务出版物与法律从业人员的实际需求衔接得还不够紧密，要么是简单的法律条文释义，要么是有可能失效的法律、法规的罗列汇编，实在难以满足法律从业人员的深层次需求。

基于以上认识，我们先后召开了多次由资深法官、律师参加的论证会，在充分了解法律专业人员实际需求的基础上，组织近百位法律专家，按不同的法律门类，分成十八个专家小组，历时三年，编写了《法律专业人员高级助手书系》。2005年，本书系首批图书在人民出版社出版后，以其资料性、系统性、实用性强，使用便捷，体例独特等优点，在法律界和读者中产生了较大反响，受到广泛欢迎。一些读者通过写信或打电话的方式，询问或交流有关问题，把作者或编者当成了他们的"法律顾问"，表现出很大的信任和期待。书系一度成为一些法律图书专门销售店的月度最畅销品种，成为2005年相对平稳的法律专业图书市场的一个亮点。《法制日报》、《检察日报》、《中国图书商报》等有关媒体对书系的读者反应和销售情况纷纷予以关注、报道。

为了解决法律、法规更新过快，纸本工具书成本高、内容更新不及时的问题，北京大学出版社与北大英华公司合作，引入了"北大法宝引证码"的概念，在对原书系部分分册进行了深度"改造"后，于2011年推出新产品——《北大法宝法律人高级助手书系》，首次实现了法律专业纸本工具书与网络数据库的结合。

本书系按学科门类分册，正文由众多"法律问题"依章、节组成，"法律问题"下一般设置了"法律问题解读"、"法条指引"、"案例链接"和"学者观点"四个项目（后三个项目按需设置）。"法条指引"列明了"法律问题"所涉及的法规名称及相关法条，完整的法规可以通过文后所附"本书所引法律规范性文件与北大法宝引证码对照表"到北大法宝数据库中查询；"案例链接"和"学者观点"中所引用的案例、论文也可以根据其引证码，分别结合文后所附"本书所引司法案例与北大法宝引证码对照索引表"或"本书所引法学论文与北大法宝引证码对照索引表"进行查询。

需要说明的是，由于本书系涉及的法律门类众多，编写工作量大，参与编写的作者有的来自司法实践部门，有的来自教学、科研部门，分属不同行业和专业，尽管我们力求做到编写体例上的统一，但在语言风格、表述方式等方面，不同图书还存在一些差别。如您对本书有更好的建议，或者发现问题，欢迎将其发至我们的邮箱：yandayuanzhao@163.com，以便再版时一并修订、补正。如您的意见或建议有价值，我们将酌情给予一定奖励。

本书纸本出版物使用资料的截止时间为2011年11月。北大法宝数据库中的文献资料将在专业人士的维护下即时在线更新。

欢迎读者按照本书的指引，进入北大法宝数据库，检索专业、准确的法律资源。

编者

2011年11月

凡例

一、分册与体例概述

本书系按学科门类分册，正文由众多"法律问题"按章、节构成，"法律问题"下一般设置了"法律问题解读"、"法条指引"、"案例链接"和"学者观点"四个项目（后三个项目按需设置）。"法条指引"列明了"法律问题"所涉及的法规名称及相关法条，完整的法规可以通过文后所附"本书所引法律规范性文件与北大法宝引证码对照表"到北大法宝数据库中查询；"案例链接"和"学者观点"中所引用的案例、论文也可以根据其引证码，分别结合文后所附"本书所引司法案例与北大法宝引证码对照索引表"或"本书所引法学论文与北大法宝引证码对照索引表"进行查询。

二、具体说明

（一）法律问题

"法律问题"项是由编者根据法律实务工作中经常会遇到的具体法律问题提炼出来的一个个主题。读者既可按图书章节阅读，也可通过文后"法律问题拼音索引"进行查询。

（二）法律问题解读

"法律问题解读"项是由作者根据法律实务经验，对"法律问题"所作出的解读，对法律人具有较高的参考价值。

（三）法条指引

"法条指引"列明了"法律问题"所涉及的法规名称及相关法条，方便读者在看完法律问题的解读后，即时获得准确的法条依据。完整的法规可以通过文后所附"本书所引法律规范性文件与北大法宝引证码对照表"到北大法宝数据库中查询。

（四）案例链接

"案例链接"列明了北大法宝司法案例库中与当前"法律问题"相关的部分重要司法案例名称及案例的北大法宝引证码，读者欲了解案例详情，可以在北大法宝网站（www.pkulaw.cn）的地址栏或者引证码检索框中查询。

（五）学者观点

"学者观点"列明了北大法宝法学论文库中与当前"法律问题"相关的部分重要法学论文名称及论文的北大法宝引证码，读者欲了解论文全文，可以在北大法宝网站（www.pkulaw.cn）的地址栏或者引证码检索框中查询。

(六) 法律问题拼音索引

为便于读者在遇到法律问题后能够迅速地查找到与解决该法律问题相关的法律信息，特设置了此项。

(七) 本书所引法律规范性文件与北大法宝引证码对照表

虽然"法条指引"列明了"法律问题"所涉及的法规名称及相关法条，但其列明的未必就是相关法律文件的全文，完整的法律文件可以通过文后所附"本书所引法律规范性文件与北大法宝引证码对照表"到北大法宝数据库中查询。此表在平时要查询某个法律文件时也非常有用。

(八) 本书所引司法案例与北大法宝引证码对照索引表

虽然"案例链接"列明了北大法宝司法案例库中与当前"法律问题"相关的部分重要司法案例名称及案例的北大法宝引证码，但独立的"本书所引司法案例与北大法宝引证码对照索引表"也非常具有使用价值。

(九) 本书所引法学论文与北大法宝引证码对照索引表

虽然"学者观点"列明了北大法宝法学论文库中与当前"法律问题"相关的部分重要法学论文名称及论文的北大法宝引证码，但独立的"本书所引法学论文与北大法宝引证码对照索引表"也非常具有使用价值。

(十) 北大法宝引证码

本书"法条指引"中所引用的法律、法规，"案例链接"中所引的司法案例，"学者观点"中所引的法学论文，均源自"北大法宝"专业法律数据库。为方便读者使用，书中引用资料采用了"北大法宝引证码"作为标志。凡购买《北大法宝法律人高级助手书系》的读者，在"北大法宝"数据库网站（www.pkulaw.cn）的地址栏或者引证码检索框（www.pkulaw.cn/fbm）中输入"北大法宝引证码"，即可免费使用书中所引用的资料。

编者
2010 年 12 月

北大法宝引证码说明

随着互联网的迅速发展，数字化已成为时代的标志，读者已不再满足单纯地从传统的纸本书上获取知识，而是希望通过图书这个媒介得到更多及时、准确的信息。在此形势下，纸本书面临从传统的编纂和出版模式向数字化转变的挑战。

《北大法宝法律人高级助手书系》是北京大学出版社首次尝试将纸本工具书与专业法律数据库相结合之作。通过与国内最大的法律数据库研发者"北大法宝"合作，将纸本书的内容延伸到互联网，极大地丰富了纸本工具书的内容比重，可满足读者的深度需求。北京大学出版社和"北大法宝"希冀由此在业界首开先河，开创一种新的法律图书编撰模式，实现纸本书向数字出版的华丽转身。

"北大法宝"法律专业数据库于1985年在北京大学法律学系诞生，是国内最早的法律信息检索系统，作为国家科委重点科技项目，曾荣获省部级科技进步奖。旗下拥有法律、司法案例、法学期刊、法律英文译本等多个检索系统，内容全面涵盖法律、法规、规章，司法解释，地方法规、规章，司法案例，仲裁裁决，中外条约，合同范本，法律文书，法学论文，法学期刊，专题参考及英文法规案例译本等中国法律信息的各个方面。

本书"法条指引"中所引的法律、法规，"案例链接"中所引的司法案例，"学者观点"中所引的法学论文，均源自"北大法宝"专业法律数据库，引用的资料数量近一万一千篇，极大地丰富了书籍的知识含量。为方便读者使用，书中所引用近一万一千篇资料均采用了"北大法宝引证码"作为标志。

"北大法宝引证码"缘起2004、2005年在北京大学法学院召开的两次"中国法律文献引用注释标准论证会"，该会由美国华盛顿大学法学院图书馆罗伟博士提议，北大法制信息中心主办。根据会议成果，"北大法宝"针对国内法律文献引用领域对法律数据库引证码研究的空白及对法律数据库和网络资源引证不规范的现状，借鉴美国通行引注标准——《蓝皮书：统一注释体系》模式，同时根据数据库的发展趋势，积极探索，自主研发出一套专业化程度高、实用性强的引证编码体系。希望以此推动业内对法律信息引证码体系的重视，建立法律数据库引证码规范，引领该领域引证码的发展方向，开创法律信息检索领域引证趋势。

"北大法宝引证码"主要用于引证和检索，现已在"北大法宝"法律法规、司法案例、法学期刊、法学文献、英文译本五个数据库中应用。凡购买《北大法宝法律人高级助手书系》的读者，在"北大法宝"数据库网站（www.pkulaw.cn）的地址栏或者引证码检索框中输入北大法宝引证码，即可免费参考使用书中所引用的资料。

下面将"北大法宝引证码"的编写规则进行说明。

"北大法宝引证码"的统一标志为CLI，即"Chinalawinfo"的简写，意即中国法律信息编码。中文部分编写体例为"CLI.文件类型代码.文件编码",英文部分编写体例为"CLI.文件类型代码.文件编码(EN)",其中文件编码具有唯一性。

法律法规、司法案例、法学期刊、法学文献和英文译本的引证码编写规范分述如下。

一、法律法规

1. 文件类型代码
法律：1
行政法规：2
司法解释：3
部门规章：4
团体规定：5
行业规定：6
军事法规：7
军事规章：8
军事规范性文件：9
地方性法规：10
地方政府规章：11
地方规范性文件：12
地方司法文件：13
2. 例如：《中华人民共和国保险法》（2009年2月28日修订）
北大法宝引证码：CLI.1.113980

二、司法案例

1. 文件类型代码：C（case）
2. 例如：郑筱萸受贿、玩忽职守案
北大法宝引证码：CLI.C.99328

三、法学期刊、法学文献

1. 文件类型代码：A（Article）
2. 例如：陈兴良：《四要件：没有构成要件的犯罪构成》
北大法宝引证码：CLI.A.1143788

四、英文译本（法律法规、司法案例、法学期刊、法学文献）

1. 文件类型代码与中文部分相同
2. 例如：Law of the Application of Law for Foreign-related Civil Relations of the People's Republic of China《中华人民共和国涉外民事关系法律适用法》（2010.10.28）
北大法宝引证码：CLI.1.139684(EN)

编者

2010年12月

目录

第一编　担保的一般规定

• 本编为读者提供与以下题目有关的法律问题的解读及相关法律文献依据

担保的适用范围 …… 001	公平原则 …… 013	反担保的从属性 …… 021
担保的方式 …… 002	诚实信用原则 …… 014	反担保的成立 …… 022
法定担保 …… 004	担保的从属性 …… 015	反担保合同的无效 …… 023
约定担保 …… 005	担保的独立性 …… 015	反担保的效力范围 …… 024
人的担保 …… 007	担保合同的无效 …… 016	求偿保证 …… 025
物的担保 …… 009	担保合同无效的责任承担	求偿抵押 …… 029
担保法的基本原则 …… 010	…… 018	求偿质押 …… 034
平等原则 …… 011	担保人的追偿权 …… 019	担保物权的存续期间 …… 038
自愿原则 …… 012	反担保 …… 020	

第二编　保证

第一章　保证和保证人　　040

• 本章为读者提供与以下题目有关的法律问题的解读及相关法律文献依据

保证 …… 040	自然人做保证人 …… 055	禁止 …… 061
保证的从属性 …… 042	国家机关做保证人的禁止	公司做保证人的限制性规
保证的补充性 …… 043	与例外 …… 056	定 …… 062
保证的独立性 …… 044	公益事业单位、社会团体	上市公司做保证人 …… 063
保证担保法律关系 …… 044	做保证人的禁止 …… 059	证券公司做保证人的规定
保证人资格 …… 045	企业法人的分支机构做保	…… 064
保证人的代偿能力 …… 048	证人 …… 059	强令提供担保的禁止 …… 065
保证人的范围 …… 049	企业职能部门做保证人的	

第二章　保证合同和保证方式　　068

- 本章为读者提供与以下题目有关的法律问题的解读及相关法律文献依据

保证合同 …………… 068	先诉抗辩权 …………… 082	行使预先追偿权的条件 … 094
保证合同的成立 ……… 070	先诉抗辩权的成立及行使	行使预先追偿权的范围 … 094
保证合同的形式 ……… 071	…………… 083	共同保证人的预先追偿权
空白保证 …………… 072	先诉抗辩权的效力 …… 084	…………… 095
无书面合同担保 ……… 073	先诉抗辩权的消灭 …… 085	保证合同的内容 ……… 096
保证合同的无效 ……… 074	保证人的追偿权 ……… 086	保证方式 …………… 097
保证合同无效的责任承担	行使追偿权的条件 …… 087	一般保证 …………… 099
…………… 076	行使追偿权的范围 …… 088	连带责任保证 ……… 099
保证人的义务 ……… 077	追偿权的实现 ……… 089	连带责任保证的推定 … 100
保证人的抗辩权 ……… 078	追偿权的诉讼时效 …… 090	保证合同诉讼时效的中断
物保放弃抗辩权 ……… 079	追偿权的效力 ……… 091	…………… 101
对超出担保范围的抗辩权	追偿权行使的限制 …… 092	保证合同诉讼时效的中止
…………… 080	共同保证人之间的追偿权	…………… 102
恶意抗辩权 …………… 081	…………… 092	保证合同诉讼时效的起算
通告抗辩权 …………… 082	保证人的预先追偿权 … 093	…………… 102

第三章　保证期间和保证责任　　104

- 本章为读者提供与以下题目有关的法律问题的解读及相关法律文献依据

保证期间 …………… 104	保证责任 …………… 112	…………… 123
保证期间与保证合同诉讼	保证责任发生的条件 …… 115	一般保证的保证责任承担
时效的关系 ……… 105	保证责任的范围 ……… 116	…………… 123
保证期间与除斥期间的关	保证责任的承担方式 … 116	连带责任保证的保证责任
系 …………… 106	保证责任的消灭与免除 … 117	承担 …………… 124
保证期间的确定 ……… 107	债权让与对保证责任的影	人保与物保并存时的保证
保证期间的起算 ……… 108	响 …………… 120	责任 …………… 125
保证期间的中断 ……… 110	债务承担对保证责任的影	注册资金保证的保证责任
保证期间的重新起算 … 110	响 …………… 121	…………… 126
一般保证中保证期间的效	债的变更对保证责任的影	保证监督专款专用 …… 126
力 …………… 111	响 …………… 121	以新贷偿还旧贷借款中的
连带责任保证中保证期间	主合同解除后的保证责任	保证 …………… 128
的效力 ……… 112		

第四章　特殊保证　　130

• 本章为读者提供与以下题目有关的法律问题的解读及相关法律文献依据

共同保证 …………… 130
按份共同保证 ………… 131
连带共同保证 ………… 132
单独保证和最高额保证 … 132
最高额保证的期间 …… 133
最高额保证人的合同终止权 …………………… 134
票据保证 ……………… 135
票据保证的成立 ……… 136
票据保证的效力 ……… 139
贷款保证 ……………… 140
保证保险 ……………… 144

第三编　抵押

第一章　抵押与抵押物　　145

• 本章为读者提供与以下题目有关的法律问题的解读及相关法律文献依据

抵押权 ………………… 145
抵押人 ………………… 147
抵押权人 ……………… 149
抵押权的设定 ………… 150
抵押物 ………………… 151
抵押物的范围 ………… 153
动产抵押 ……………… 155
不动产抵押 …………… 157
共有财产的抵押 ……… 159
超额抵押 ……………… 160
再抵押 ………………… 161
重复抵押 ……………… 162
未办理权属登记的财产抵押 …………………… 163
限制流通物的抵押 …… 163
抵押物保险 …………… 164
抵押物价格评估 ……… 165
房地产抵押 …………… 166
在建工程抵押 ………… 169
预售商品房抵押 ……… 170
房地产抵押的管理部门 … 171
房地产抵押权的设定 … 173
房地产抵押的范围 …… 175
抵押房产和地产的关系 … 176
国有企业、事业单位的房地产抵押 ……………… 179
其他企业的房地产抵押 … 180
抵押房地产价格评估 … 181
房地产价格评估机构 … 184
房地产抵押合同 ……… 186
房地产抵押合同的内容 … 187
土地使用权抵押 ……… 189
土地使用权抵押的程序 … 191
闲置土地抵押 ………… 194
国有土地使用权抵押 … 195
出让土地使用权抵押 … 198
划拨土地使用权抵押 … 199
划拨土地使用权抵押的条件 …………………… 202
划拨土地使用权抵押的程序 …………………… 204
划拨土地使用权出让金 … 206
集体所有的土地使用权抵押 …………………… 207
集体所有的土地使用权抵押的范围 …………… 208
四荒土地使用权的抵押 … 210
林木抵押 ……………… 210
林地使用权抵押 ……… 211
民用航空器抵押 ……… 212
船舶抵押 ……………… 213
船舶抵押的范围 ……… 215
渔业船舶抵押 ………… 216
车辆抵押 ……………… 217
企业动产的抵押 ……… 218
禁止抵押物的范围 …… 219
土地所有权抵押的禁止 … 221
禁止抵押的土地使用权 … 222
耕地抵押的禁止 ……… 223
宅基地抵押的禁止 …… 224
自留山和自留地抵押的禁止 …………………… 225
社会公益设施抵押的禁止 …………………… 226
教育设施抵押的禁止 … 226
医疗卫生设施抵押的禁止 …………………… 227
权属不明财产抵押的禁止 …………………… 228

| 被查封、扣押、监管财产抵押的禁止 ………… 230 | 违章、违法建筑物抵押的禁止 ………… 231 | 不得抵押的其他财产 …… 232 |

第二章　抵押合同　　　　235

• 本章为读者提供与以下题目有关的法律问题的解读及相关法律文献依据

抵押合同 ……………… 235	抵押合同公证的管辖 …… 242	被担保主债权的种类、数额 …………………… 249
抵押权的设定 ………… 236	抵押合同公证的程序 …… 243	债务人履行债务的期限 … 251
抵押合同的生效 ……… 238	公证机关 ………………… 245	抵押合同的主要条款 …… 252
抵押合同的效力 ……… 239	公证费用 ………………… 246	抵押合同的补正 ………… 253
抵押合同的公证 ……… 241	抵押贷款合同公证 ……… 247	
抵押合同公证当事人 … 241	抵押合同的内容 ………… 248	流抵押的禁止 …………… 254

第三章　抵押物登记　　　　256

• 本章为读者提供与以下题目有关的法律问题的解读及相关法律文献依据

抵押物登记 …………… 256	房地产抵押的变更与注销登记 ………………… 278	集体所有的土地使用权抵押登记 ………………… 288
抵押设立登记 ………… 258	房地产他项权证 ………… 278	林木抵押登记 …………… 288
抵押变更登记 ………… 261	预售商品房、在建工程抵押登记 …………………… 279	民用航空器抵押登记 …… 289
抵押注销登记 ………… 264	土地使用权抵押登记 …… 280	民用航空器抵押登记的程序 ………………………… 290
抵押物登记的效力 …… 265	土地使用权抵押登记的机关 …………………………… 283	民用航空器抵押的变更与注销登记 …………………… 292
对抗意义的抵押登记 … 266	土地使用权抵押登记所需文件 ……………………… 284	船舶抵押登记 …………… 292
抵押登记的顺序 ……… 267	土地他项权利证明书 …… 284	渔业船舶抵押登记 ……… 294
抵押登记申请人 ……… 268	土地使用权抵押的变更与注销登记 ……………… 284	车辆抵押登记 …………… 295
抵押登记所需文件 …… 269	出让土地使用权抵押登记 ……………………… 285	企业动产抵押登记 ……… 296
抵押登记机关 ………… 269	划拨土地使用权抵押登记 ……………………… 286	企业动产抵押登记的程序 ……………………………… 297
抵押登记错误 ………… 270		企业动产抵押的变更与注销登记 ………………… 298
抵押物登记的范围 …… 271		
抵押登记的费用 ……… 272		
房地产抵押登记 ……… 273		
房地产抵押登记的效力 … 275		
房地产抵押登记所需文件 …………………… 275		抵押登记资料的公开 …… 298
房地产抵押登记的程序 … 277		

第四章 抵押权的效力 | 300

• 本章为读者提供与以下题目有关的法律问题的解读及相关法律文献依据

- 抵押担保的范围 …… 300
- 主债权 …… 301
- 违约金 …… 302
- 利息 …… 303
- 损害赔偿金 …… 304
- 实现抵押权的费用 …… 305
- 抵押权的从属性 …… 305
- 抵押权的不可分性 …… 306
- 抵押权的代位性 …… 306
- 代位物 …… 307
- 从物和从权利 …… 309
- 抵押权设定后的从物 …… 309
- 孳息 …… 310
- 对支付孳息的第三人的通知义务 …… 311
- 第三人利用抵押物所生的孳息 …… 312
- 孳息的清偿顺序 …… 312
- 抵押权的效力及于添附物 …… 313
- 租赁物的抵押 …… 313
- 租赁物抵押时抵押人的告知义务 …… 314
- 承租人就租赁物设定的抵押 …… 315
- 抵押物的出租 …… 315
- 抵押物出租时抵押人的告知义务 …… 316
- 抵押物租赁合同对抵押权的约束力 …… 317
- 已登记的抵押物的转让 …… 318
- 已登记的抵押物转让时抵押人的告知义务 …… 319
- 已登记的抵押物转让的合理价格 …… 321
- 已登记的抵押物转让中的增担保 …… 321
- 已登记的抵押权的追及效力 …… 322
- 已登记的抵押物受让人利益的保护 …… 323
- 已登记的抵押物受让人的代履行 …… 323
- 已登记的抵押物受让人的追偿权 …… 324
- 未经登记的抵押物的转让 …… 324
- 抵押物的继承 …… 325
- 抵押物的赠与 …… 325
- 抵押权的处分 …… 326
- 抵押权的保护 …… 327
- 抵押权人的停止侵害请求权 …… 328
- 抵押人的增担保或恢复原状义务 …… 329
- 抵押人的妥善保管义务和抵押权人的检查监督权 …… 330
- 抵押权人期限利益的获得 …… 330

第五章 抵押权的实现 | 332

• 本章为读者提供与以下题目有关的法律问题的解读及相关法律文献依据

- 抵押权的实现 …… 332
- 抵押权实现的条件 …… 333
- 抵押权提前实现的条件 …… 334
- 抵押权实现的方式 …… 335
- 折价 …… 336
- 国有资产折价时的评估 …… 337
- 国有土地使用权的折价抵偿 …… 341
- 拍卖 …… 342
- 变卖 …… 346
- 变价所得价款与约定价值 …… 347
- 变价所得价款的多退少补 …… 347
- 变价所得价款的清偿顺序 …… 348
- 新增建筑物 …… 349
- 集体土地所有权及用途变更的限制 …… 350
- 划拨土地的抵押变价 …… 351
- 第三人的追偿权 …… 352
- 抵押权与质权并存时的效力 …… 353
- 抵押权与留置权并存时的效力 …… 353
- 抵押权与税收并存时的效力 …… 354
- 同一抵押物上多个抵押权的实现 …… 355
- 同一抵押物上后顺序抵押权的实现 …… 356
- 同一抵押物上先顺序抵押权的实现 …… 356
- 所有人抵押权 …… 357
- 承租人的优先购买权 …… 357
- 共有人的优先购买权 …… 358
- 抵押权的消灭 …… 359

第六章　特殊抵押　　360

• 本章为读者提供与以下题目有关的法律问题的解读及相关法律文献依据

最高额抵押 …………… 360
最高额抵押的适用范围 … 361
最高额抵押所担保债权转
　让的限制 …………… 361
最高额抵押的设定 …… 362
最高限额 ……………… 362
决算期 ………………… 363
最高额抵押权的变更 … 364

最高额抵押的债权确定 … 364
最高额抵押权的实现 …… 365
实际债权余额低于最高限
　额 ……………………… 365
实际债权余额高于最高限
　额 ……………………… 366
共同抵押 ………………… 366
共同抵押的设定 ………… 367

共同抵押的效力 ………… 368
共同抵押的实现顺序 …… 369
共同抵押中第三人的免责
　……………………… 370
共同抵押人的求偿权 …… 370
浮动抵押 ………………… 371
集合抵押 ………………… 371
权利抵押 ………………… 372

第四编　质押

第一章　动产质押　　374

• 本章为读者提供与以下题目有关的法律问题的解读及相关法律文献依据

动产质押 ……………… 374
动产质押的法定性和优先
　性 ……………………… 375
动产质押的不可分性 … 376
动产质押的附随性 …… 376
动产质押的物上代位性 … 377
动产质押的标的 ……… 377
特定化的金钱货币质押标
　的 ……………………… 378
动产质权的善意取得 … 379
动产质押合同的主体 … 379
动产质押合同的形式 … 380
动产质押合同的生效与动
　产质权的设立 ……… 382
占有改定设质之禁止 … 382

质物返还 ………………… 383
动产质押合同的内容 …… 383
质物移交的时间 ………… 384
流质契约的禁止 ………… 385
其他担保物权人和债权人
　的撤销权 ……………… 386
动产质押担保的债权范围
　……………………… 387
动产质押所及的标的物范
　围 ……………………… 388
质权人的义务 …………… 388
质权人的保管义务 ……… 389
质权人的权利 …………… 390
转质权 …………………… 391

保全质权的权利 ………… 392
质权人的优先受偿权 …… 392
出质人的权利 …………… 393
出质人的义务 …………… 394
动产质权实现的条件 …… 394
质权的实现方法 ………… 395
质物拍卖或变卖后的价款
　分配顺序 ……………… 399
第三人的追偿权 ………… 399
质物的代位物 …………… 400
保险金 …………………… 400
赔偿金和国家征用补偿金
　……………………… 401
质权的消灭 ……………… 402

第二章　权利质押　　　403

• 本章为读者提供与以下题目有关的法律问题的解读及相关法律文献依据

权利质押 …………… 403
权利质押的标的 ………… 404
依法可以出质的股份、股票 …………… 407
不动产收益权 ………… 409
一般债权质押 ………… 410
以交付为权利质权设立要件的权利质押 ………… 411
以登记为生效要件的权利质押 …………… 412
票据质押的设定 ………… 414
禁止质押的票据 ………… 415
债券质权的设定 ………… 416
存款单及仓单、提单的出质 …………… 417
权利质押担保的范围 …… 418
权利质押对质物的支配范围 …………… 419
证券债权质权人的权利 … 420
证券债权质权的保全 …… 421
证券债权质权人的义务 … 421
证券债权出质人的权利和义务 …………… 423
证券债权质权的行使条件

务 ………… 438
股权质权实现的方法 …… 439
股权质权的实现 ………… 440
知识产权质权的设定 …… 441
商标专用权质押 ………… 442
商标专用权质押的登记 … 443
专利权质押 ……………… 444
专利权质押的特殊条件 … 445
专利权质押合同的内容 … 445
专利权质押合同的登记 … 446
专利权质押合同登记的注销 …………… 447
著作权质押 ……………… 448
著作权质押合同的登记 … 449
著作权质押合同不予登记及撤销登记的情况 …… 450
著作权质押合同的变更登记及注销 ………… 451
知识产权质权人的权利 … 451
知识产权质权人对出质人行使权利的限制 ……… 452
知识产权质权人的义务 … 452
权利质押的法律适用 …… 453

……………… 424
证券债权质权的实现 …… 426
出质证券债权清偿期先于被担保债务履行期时质权的实现 …………… 427
出质证券债权清偿期后于被担保债务履行期时质权的实现 …………… 427
股票质押的设定 ………… 428
股份质押的设定 ………… 430
股份质押的特殊情况 …… 431
外商投资者股份的质押 … 432
外商投资者股份质押的设立 …………… 433
股权质权人的权利义务 … 433
股权质权人的质权保全权 …………… 434
股权质权人对出质人行为的限制权 ………… 435
股权质权人的优先受偿权 …………… 436
股票质押的风险控制 …… 437
股权质权出质人的权利义

第三章　特殊质押　　　454

• 本章为读者提供与以下题目有关的法律问题的解读及相关法律文献依据

个人住房质押贷款 ……… 454
质押贷款 ………………… 458

破产程序中对企业之前所设立质押担保的处理 … 462

海事质押担保 …………… 464

第五编　留置权

第一章　留置权及其成立条件 | 466

• 本章为读者提供与以下题目有关的法律问题的解读及相关法律文献依据

留置 …………… 466	留置权的不可分性 ……… 473	合法占有 ………… 478
留置权 …………… 468	留置权的物上代位性 …… 474	牵连关系 ………… 479
留置权的法定性 … 470	留置权的排他效力 ……… 474	债权已届清偿期 … 481
约定排除留置权 … 472	留置权的追及效力 ……… 475	宽限期 …………… 482
留置权的从属性 … 472	留置权的成立 …………… 476	留置权无法成立的情形 … 483

第二章　留置权的适用范围 | 485

• 本章为读者提供与以下题目有关的法律问题的解读及相关法律文献依据

留置的范围 ………… 485	留置担保债权的范围 …… 490	运输合同中的留置权 …… 494
留置物 ……………… 486	留置物保管费用 ………… 491	承揽合同中的留置权 …… 495
留置物的范围 ……… 487	实现留置权的费用 ……… 491	仓储合同中的留置权 …… 496
留置权的善意取得 … 488	留置权的适用范围 ……… 492	行纪合同中的留置权 …… 496
不得留置之物 ……… 489	保管合同中的留置权 …… 493	

第三章　留置权的行使和消灭 | 498

• 本章为读者提供与以下题目有关的法律问题的解读及相关法律文献依据

留置权的行使 …………… 498	留置权人的保管使用权 … 504	留置权人的返还义务 …… 506
留置权行使的条件 ……… 499	留置权人的必要费用求偿权 …… 504	留置物所有人的权利 …… 507
留置权的紧急行使 ……… 500	留置权人的保管义务 …… 504	留置物所有人的义务 …… 508
行使留置权的方法 ……… 501	留置权人的通知义务 …… 505	留置权消灭的原因 ……… 508
留置权人的孳息收受权 … 502		债务人另行提供担保 …… 509
留置权人的优先受偿权 … 502		

第六编 定金

• 本编为读者提供与以下题目有关的法律问题的解读及相关法律文献依据

定金 …………………… 510	况 …………………… 518	系 …………………… 526
定金罚则 ……………… 512	立约定金 ……………… 519	定金合同 ……………… 528
主合同不适当履行时定金	成约定金 ……………… 519	定金合同成立的条件 … 528
罚则的适用 ………… 513	证约定金 ……………… 520	定金合同的形式 ……… 529
当事人协议解除主合同时	解约定金 ……………… 521	定金合同的内容 ……… 530
定金罚则的适用 …… 514	违约定金 ……………… 521	定金合同生效条件 …… 530
双方违约时定金罚则的适	定金性质的确定 ……… 522	定金合同的当事人 …… 531
用 …………………… 515	定金与预付款 ………… 523	可撤销的定金合同 …… 532
定金罚则适用的例外 … 516	定金与押金 …………… 524	无效定金合同 ………… 533
定金与其他担保的区别 … 517	定金与违约金 ………… 525	交付定金 ……………… 535
定金与其他担保共存的情	定金与违约损害赔偿的关	定金数额 ……………… 535

第七编 其他问题的规定

• 本编为读者提供与以下题目有关的法律问题的解读及相关法律文献依据

不动产与动产 ………… 537	…………………… 543	担保法及其司法解释的时
担保合同的形式 ……… 538	有物上担保人时当事人诉	间效力 ……………… 553
担保物的变价方式 …… 539	讼地位 ……………… 544	船舶担保物权 ………… 554
担保物权并存时的清偿顺	人保和多个物保并存时当	船舶优先权 …………… 554
序 …………………… 540	事人的诉讼地位 …… 544	船舶优先权的转让 …… 555
分支机构对外保证的诉讼	主从合同纠纷的管辖 … 545	船舶优先权的消灭 …… 555
地位 ………………… 541	主合同纠纷判决的既判力	船舶优先权担保的范围 … 556
一般保证人的诉讼地位 … 542	范围 ………………… 546	船舶优先权的受偿顺序 … 557
连带保证中当事人诉讼地	不能清偿 ……………… 547	船舶优先权与其他船舶担
位 …………………… 542	诉讼中的担保 ………… 548	保物权之间的受偿顺序
债务人起诉而债权人反诉	财产保全中的担保 …… 549	……………………… 558
案件中保证人诉讼地位	执行担保 ……………… 552	船舶留置权 …………… 558

第八编 对外担保

• 本编为读者提供与以下题目有关的法律问题的解读及相关法律文献依据

对外担保 …………… 560	对外担保的审批程序 …… 570	对外保证 …………… 578
对外担保的种类 ………… 561	对外担保的审批权限 …… 571	对外保证人的条件 …… 581
对外担保的管理机关 …… 562	对外担保合同 …………… 571	对外抵押 …………… 582
对外担保的当事人 ……… 563	对外担保合同的无效 …… 573	对外抵押财产的范围 …… 585
对外担保的担保人 ……… 564	对外担保中主债务合同的	对外抵押登记 …………… 587
对外担保的被担保人 …… 566	修改 …………………… 574	对外质押 …………… 588
中资金融机构的对外担保	对外担保登记 …………… 575	对外动产质押 …………… 591
…………………………… 567	对外担保履约的核准 …… 576	对外权利质押 …………… 592
对外担保的审批 ………… 568	对外担保的禁止情形 …… 576	对外质押登记 …………… 594

第一编　担保的一般规定

● 本编为读者提供与以下题目有关的法律问题的解读及相关法律文献依据

担保的适用范围（001）　担保的方式（002）　法定担保（004）　约定担保（005）　人的担保（007）　物的担保（009）　担保法的基本原则（010）　平等原则（011）　自愿原则（012）　公平原则（013）　诚实信用原则（014）　担保的从属性（015）　担保的独立性（015）　担保合同的无效（016）　担保合同无效的责任承担（018）　担保人的追偿权（019）　反担保（020）　反担保的从属性（021）　反担保的成立（022）　反担保合同的无效（023）　反担保的效力范围（024）　求偿保证（025）　求偿抵押（029）　求偿质押（034）　担保物权的存续期间（038）

【担保的适用范围】

法律问题解读

《中华人民共和国担保法》（以下简称《担保法》）规定，在借贷、买卖、货物运输、加工承揽等经济活动中，债权人需要以担保的方式保障其债权实现的，可以依照本法规定设定担保。《中华人民共和国民法通则》（以下简称《民法通则》）明确规定，依照法律的规定或者按照当事人的约定，当事人可以采用保证、抵押、留置或定金等方式担保债务的履行。《担保法》列举了借贷、买卖、货物运输、加工承揽等四种主要经济活动可以设定担保，但并不意味着担保仅适用于上述四种经济活动，依据《最高人民法院关于适用〈中华人民共和国担保法〉若干问题的解释》的规定，当事人对所有由民事关系产生的债权，只要这种民事关系是合法的，且设定担保的行为不违反法律法规的强制性规定，就可以设定担保。理解担保适用的范围应把握以下三个方面：

1. 担保仅适用于民商事行为。也就是说，国家经济管理行为（包括行政行为、司法行为）产生的债权债务关系不适用《担保法》。

2. 担保仅适用于民商事活动中产生的具有债权债务内容的行为。因人格、身份关系而直接产生的债权债务关系（如抚养、扶养、赡养关系）不适用《担保法》。

3. 担保仅适用于民商事法律行为所产生的债权债务关系。不当得利之债、无因管理之债不适用《担保法》。

需要注意的是，因侵权行为、不当得利、无因管理产生的债权虽然不能先行设定担保来加以保障，但因上述行为已经产生的债权，属于普通债权，可以用担保的方式来保障偿还。对此，法律并无限制。

法条指引

❶《中华人民共和国物权法》（2007年3月16日主席令公布　2007年10月1日施行）

第一百七十一条　债权人在借贷、买卖等民事活动中，为保障实现其债权，需要担保的，可以依照本法和其他法律的规定设立担保物权。

第三人为债务人向债权人提供担保的，可以要求债务人提供反担保。反担保适用本法和其他法律的规定。

❷《中华人民共和国担保法》（1995年6月30日　主席令公布）

第二条　在借贷、买卖、货物运输、加工承揽等经济活动中，债权人需要以担保方式保障其债权实现的，可以依照本法规定设定担保。

本法规定的担保方式为保证、抵押、质押、

❸《中华人民共和国民法通则》(1986年4月12日 主席令公布)

第八十九条 依照法律的规定或者按照当事人的约定,可以采用下列方式担保债务的履行:

(一) 保证人向债权人保证债务人履行债务,债务人不履行债务的,按照约定由保证人履行或者承担连带责任;保证人履行债务后,有权向债务人追偿。

(二) 债务人或者第三人可以提供一定的财产作为抵押物。债务人不履行债务的,债权人有权依照法律的规定以抵押物折价或者以变卖抵押物的价款优先得到偿还。

(三) 当事人一方在法律规定的范围内可以向对方给付定金。债务人履行债务后,定金应当抵作价款或者收回。给付定金的一方不履行债务的,无权要求返还定金;接受定金的一方不履行债务的,应当双倍返还定金。

(四) 按照合同约定一方占有对方的财产,对方不按照合同给付应付款项超过约定期限的,占有人有权留置该财产,依照法律的规定以留置财产折价或者以变卖该财产的价款优先得到偿还。

❹《最高人民法院关于适用〈中华人民共和国担保法〉若干问题的解释》(2000年12月13日发布)

第一条 当事人对由民事关系产生的债权,在不违反法律、法规强制性规定的情况下,以担保法规定的方式设定担保的,可以认定为有效。

学者观点

❶ 王从烈:《劳动担保合同存废论——兼论确立劳动人事一般保证制度》,参见北大法宝引证码:Pkulaw.cn/CLI.A.1146568。

❷ 许明月、邵海:《论担保权滥用行为及其法律适用》,参见北大法宝引证码:Pkulaw.cn/CLI.A.1118049。

❸ 宋刚:《保证保险是保险,不是担保——与梁慧星先生商榷》,参见北大法宝引证码:Pkulaw.cn/CLI.A.1113944。

❹ 刘璐:《执行担保的性质及其法律适用问题研究》,参见北大法宝引证码:Pkulaw.cn/CLI.A.1137939。

【担保的方式】

法律问题解读

根据法律的规定,担保有五种方式,即保证、抵押、质押、留置和定金。

保证指债务人以外的第三人为债务人履行债务而向债权人所做的一种担保。由保证人和债权人约定,当债务人不履行债务时,保证人按照约定履行债务或者承担责任的行为。保证是典型的人保、典型的约定担保。

抵押是指为担保债务的履行,债务人或者第三人不转移财产的占有,将该财产抵押给债权人的,当债务人不履行到期债务或者发生当事人约定的实现抵押权的情形,债权人有权依照《物权法》和《担保法》的规定将抵押财产变价,并就该变价所得优先受偿。

质押是指债务人或者第三人将其动产或者法律规定可以出质的权利移转给债权人占有,以该动产或者权利作为债权的担保,债务人不履行到期债务时,债权人有权依照《物权法》和《担保法》的规定将质押财产或者质押权力变价,并就该变价所得优先受偿。

留置是指债权人对其已经合法占有的债务人的动产,在债务人不履行到期债务时,有权依照《物权法》与《担保法》的规定进行留置,进行变价并就变价所得优先受偿。

定金指合同当事人为保证合同履行,由一方当事人预先向对方交纳一定数额的钱款。《中华人民共和国合同法》(以下简称《合同法》)第115条规定:"当事人可以依照《中华人民共和国担保法》约定一方向对方给付定金作为债权的担保。债务人履行债务后,定金应当抵作价款或者收回。给付定金的一方不履行约定的债务的,无权要求返还定金;收受定金的一方不履行约定的债务的,应当双倍返还定金。"

需要注意的是:(1) 当事人在为合法的债权提供担保时,只能提供以上五种担保,而不能创设新的担保形式。(2) 五种担保形式所产生的法律效果也不尽相同:债权人基于保证产生的权利为债权,不具有优先受偿性;债权人基于定金产生的权力也是也是债权,同样不具有优先受偿性;而抵押、留置、质押以特定的动产、不动产或者权力作担保,债权人对于担保物取得的是物权性质的权利,因而对担保物变现所得具有优先受偿性。

法条指引

❶《中华人民共和国担保法》(1995年6月30日 主席令公布)

第二条 在借贷、买卖、货物运输、加工承揽等经济活动中，债权人需要以担保方式保障其债权实现的，可以依照本法规定设定担保。

本法规定的担保方式为保证、抵押、质押、留置和定金。

第六条 本法所称保证，是指保证人和债权人约定，当债务人不履行债务时，保证人按照约定履行债务或者承担责任的行为。

第三十三条 本法所称抵押，是指债务人或者第三人不转移对本法第三十四条所列财产的占有，将该财产作为债权的担保。债务人不履行债务时，债权人有权依照本法规定以该财产折价或者以拍卖、变卖该财产的价款优先受偿。

前款规定的债务人或者第三人为抵押人，债权人为抵押权人，提供担保的财产为抵押物。

第六十三条 本法所称动产质押，是指债务人或者第三人将其动产移交债权人占有，将该动产作为债权的担保。债务人不履行债务时，债权人有权依照本法规定以该动产折价或者以拍卖、变卖该动产的价款优先受偿。

前款规定的债务人或者第三人为出质人，债权人为质权人，移交的动产为质物。

第八十二条 本法所称留置，是指依照本法第八十四条的规定，债权人按照合同约定占有债务人的动产，债务人不按照合同约定的期限履行债务的，债权人有权依照本法规定留置该财产，以该财产折价或者以拍卖、变卖该财产的价款优先受偿。

第八十四条 因保管合同、运输合同、加工承揽合同发生的债权，债务人不履行债务的，债权人有留置权。

法律规定可以留置的其他合同，适用前款规定。

当事人可以在合同中约定不得留置的物。

第八十九条 当事人可以约定一方向对方给付定金作为债权的担保。债务人履行债务后，定金应当抵作价款或者收回。给付定金的一方不履行约定的债务的，无权要求返还定金；收受定金的一方不履行约定的债务的，应当双倍返还定金。

❷《中华人民共和国民法通则》（1986年4月12日 主席令公布）

第八十九条 依照法律的规定或者按照当事人的约定，可以采用下列方式担保债务的履行：

（一）保证人向债权人保证债务人履行债务，债务人不履行债务的，按照约定由保证人履行或者承担连带责任；保证人履行债务后，有权向债务人追偿。

（二）债务人或者第三人可以提供一定的财产作为抵押物。债务人不履行债务的，债权人有权依照法律的规定以抵押物折价或者以变卖抵押物的价款优先得到偿还。

（三）当事人一方在法律规定的范围内可以向对方给付定金。债务人履行债务后，定金应当抵作价款或者收回。给付定金的一方不履行债务的，无权要求返还定金；接受定金的一方不履行债务的，应当双倍返还定金。

（四）按照合同约定一方占有对方的财产，对方不按照合同给付应付款项超过约定期限的，占有人有权留置该财产，依照法律的规定以留置财产折价或者以变卖该财产的价款优先得到偿还。

❸《中华人民共和国物权法》（2007年3月16日 主席令公布 2007年10月1日施行）

第一百七十条 担保物权人在债务人不履行到期债务或者发生当事人约定的实现担保物权的情形，依法享有就担保财产优先受偿的权利，但法律另有规定的除外。

第一百七十九条 为担保债务的履行，债务人或者第三人不转移财产的占有，将该财产抵押给债权人的，债务人不履行到期债务或者发生当事人约定的实现抵押权的情形，债权人有权就该财产优先受偿。

前款规定的债务人或者第三人为抵押人，债权人为抵押权人，提供担保的财产为抵押财产。

第二百零八条 为担保债务的履行，债务人或者第三人将其动产出质给债权人占有的，债务人不履行到期债务或者发生当事人约定的实现质权的情形，债权人有权就该动产优先受偿。

前款规定的债务人或者第三人为出质人，债权人为质权人，交付的动产为质押财产。

第二百二十三条 债务人或者第三人有权处分的下列权利可以出质：

（一）汇票、支票、本票；

（二）债券、存款单；

（三）仓单、提单；

（四）可以转让的基金份额、股权；

（五）可以转让的注册商标专用权、专利权、著作权等知识产权中的财产权；

（六）应收账款；

（七）法律、行政法规规定可以出质的其他财产权利。

第二百三十条 债务人不履行到期债务，债权人可以留置已经合法占有的债务人的动产，并有权就该动产优先受偿。

前款规定的债权人为留置权人，占有的动产为留置财产。

学者观点

❶ 李世刚：《典型担保种类在法国法上的演进》，参见北大法宝引证码：Pkulaw. cn/CLI. A. 1142757。

❷ 唐义虎：《论信托型担保》，参见北大法宝引证码：Pkulaw. cn/CLI. A. 1123742。

❸ 陈晨：《让与担保需要尽快进入民法典吗？——从让与担保与我国商品房按揭关系的角度谈起》，参见北大法宝引证码：Pkulaw. cn/CLI. A. 112081。

【法定担保】

法律问题解读

依照担保产生的原因，担保可分为法定担保和约定担保。所谓法定担保是指依照法律的规定直接产生的担保。《担保法》与《物权法》规定的法定担保有以下两种：

1. 因房屋抵押而同时在相应的土地使用权中产生的抵押权和因土地使用权抵押而同时在土地上房屋产生的抵押权。《担保法》与《物权法》规定，以依法取得使用权的土地上的房屋抵押的，该房屋占用范围内的土地使用权同时抵押。以出让方式取得的国有土地使用权抵押的，应当将抵押时该土地上的房屋同时抵押。因此，因房屋抵押而导致其占用范围内的土地使用权同时抵押和因土地使用权的抵押而导致其上房屋的抵押，都是由法律直接规定而产生，抵押当事人不能用合同的方式排除这两种法定抵押的适用，不能单独将房屋和土地使用权分开来抵押。当事人签订的单独将房屋和土地使用权分开抵押的合同无效。

2. 留置权。留置的产生无须当事人的约定，而是根据法律的规定和具体的法律事实而产生。但是，当事人可以在合同中约定不得留置的物，当事人可以用约定来排除留置的适用。

此外，《合同法》第286条规定的承包人的优先权，也属于法定担保的一种。这里的承包人的优先权是指，发包人未按照约定支付价款时，承包人可以催告发包人在合理的期限内支付价款，如果发包人逾期不支付的，除按照建设工程的性质不宜折价、拍卖的以外，承包人可以就该建设工程协议折价或者拍卖所得的价款优先受偿的权利。

法条指引

❶《中华人民共和国担保法》（1995年6月30日　主席令公布）

第三十六条　以依法取得的国有土地上的房屋抵押的，该房屋占用范围内的国有土地使用权同时抵押。

以出让方式取得的国有土地使用权抵押的，应当将抵押时该国有土地上的房屋同时抵押。

乡（镇）、村企业的土地使用权不得单独抵押。以乡（镇）、村企业的厂房等建筑物抵押的，其占用范围内的土地使用权同时抵押。

第八十二条　本法所称留置，是指依照本法第八十四条的规定，债权人按照合同约定占有债务人的动产，债务人不按照合同约定的期限履行债务的，债权人有权依照本法规定留置该财产，以该财产折价或者以拍卖、变卖该财产的价款优先受偿。

第八十六条　留置权人负有妥善保管留置物的义务。因保管不善致使留置物灭失或者毁损的，留置权人应当承担民事责任。

❷《中华人民共和国民法通则》（1986年4月12日　主席令公布）

第八十九条　依照法律的规定或者按照当事人的约定，可以采用下列方式担保债务的履行：

（一）保证人向债权人保证债务人履行债务，债务人不履行债务的，按照约定由保证人履行或者承担连带责任；保证人履行债务后，有权向债务人追偿。

（二）债务人或者第三人可以提供一定的财产作为抵押物。债务人不履行债务的，债权人有权依照法律的规定以抵押物折价或者以变卖抵押物的价款优先得到偿还。

（三）当事人一方在法律规定的范围内可以向对方给付定金。债务人履行债务后，定金应当抵作价款或者收回。给付定金的一方不履行债务的，无权要求返还定金；接受定金的一方不履行债务的，应当双倍返还定金。

（四）按照合同约定一方占有对方的财产，对方不按照合同给付应付款项超过约定期限的，占有人有权留置该财产，依照法律的规定以留置财产折价或者以变卖该财产的价款优先得到偿还。

❸《中华人民共和国合同法》（1999年3月

15日 主席令公布）

第二百八十六条 发包人未按照约定支付价款的，承包人可以催告发包人在合理期限内支付价款。发包人逾期不支付的，除按照建设工程的性质不宜折价、拍卖的以外，承包人可以与发包人协议将该工程折价，也可以申请人民法院将该工程依法拍卖。建设工程的价款就该工程折价或者拍卖的价款优先受偿。

❹《中华人民共和国物权法》（2007年3月16日 主席令公布 2007年10月1日施行）

第一百八十二条 以建筑物抵押的，该建筑物占用范围内的建设用地使用权一并抵押。以建设用地使用权抵押的，该土地上的建筑物一并抵押。

抵押人未依照前款规定一并抵押的，未抵押的财产视为一并抵押。

案例链接

❶《商丘市梁园区中州农村信用合作社与陈光峰侵权纠纷再审案》，参见北大法宝引证码：Pkulaw.cn/CLI.C.279277。

❷《香港宏盛船务有限公司诉酒泉钢铁有限责任公司海上货物运输合同欠款及损害赔偿纠纷案》，参见北大法宝引证码：Pkulaw.cn/CLI.C.229120。

❸《马全海与中交第二航务工程局有限公司第五工程分公司保管合同纠纷上诉案》，参见北大法宝引证码：Pkulaw.cn/CLI.C.89602。

学者观点

❶ 梅夏英、方春晖：《对留置权概念的立法比较及对其实质的思考》，参见北大法宝引证码：Pkulaw.cn/CLI.A.124420。

❷ 陈文：《不动产抵押担保中的法律问题研究》，参见北大法宝引证码：Pkulaw.cn/CLI.A.115795。

❸ 马永龙、李燕：《建筑工程款优先受偿权法律适用问题探析——从担保法的视角出发》，参见北大法宝引证码：Pkulaw.cn/CLI.A.173789。

【约定担保】

法律问题解读

约定担保是指当事人通过合同的约定而产生的担保。在我国，除了法定担保外，其他的担保都可以依据当事人的约定而产生，都为约定担保。约定担保的方式有保证、抵押、质押和定金。理解约定担保应把握以下几个问题：

1. 约定担保产生于当事人的担保合同，也即担保约定。在约定担保中，当事人可以自愿订立担保合同，有权拒绝任何强迫订立担保合同的要求。当事人有权决定选择担保合同的相对人，有权决定担保合同的内容。在约定担保中，当事人在协商一致的情况下可以变更担保合同甚至解除担保合同。约定担保体现了当事人参加民事经济活动的平等性原则和自愿性原则。

2. 约定担保并不意味着当事人可任意设定担保。在约定担保中，有些担保方式，当事人除了订立担保合同外，还需到相关部门办理担保登记手续，例如当事人以《物权法》、《担保法》等规定办理不动产抵押物登记的财产抵押的和以股份、股权质押的，都要到法律法规指定的部门办理登记后，抵押权或者质权才能够设立。由于《物权法》的出台，对《担保法》中相关规定作出修正，登记不再作为担保合同的生效要件，而是担保物权的设立要件，这样，对于未登记的担保合同，债权人不能取得担保物权，但担保合同生效，债权人可以请求抵押人、质押人履行担保合同。此外，在对外担保中，当事人不得以定金的形式出具对外担保，以定金形式出具的对外担保无效。约定担保中当事人订立的担保合同的内容不能违反法律法规的强制性规定和禁止性规定，不能违背社会公共利益和社会公德，否则当事人的约定无效。

法条指引

❶《中华人民共和国物权法》（2007年3月16日 主席令公布 2007年10月1日施行）

第一百七十八条 担保法与本法的规定不一致的，适用本法。

第一百八十七条 以本法第一百八十条第一款第一项至第三项规定的财产或者第五项规定的正在建造的建筑物抵押的，应当办理抵押登记。抵押权自登记时设立。

第二百二十四条 以汇票、支票、本票、债券、存款单、仓单、提单出质的，当事人应当订立书面合同。质权自权利凭证交付质权人时设立；没有权利凭证的，质权自有关部门办理出质登记时设立。

❷《中华人民共和国担保法》（1995年6月

30日　主席令公布）

第六条　本法所称保证，是指保证人和债权人约定，当债务人不履行债务时，保证人按照约定履行债务或者承担责任的行为。

第三十三条　本法所称抵押，是指债务人或者第三人不转移对本法第三十四条所列财产的占有，将该财产作为债权的担保。债务人不履行债务时，债权人有权依照本法规定以该财产折价或者以拍卖、变卖该财产的价款优先受偿。

前款规定的债务人或者第三人为抵押人，债权人为抵押权人，提供担保的财产为抵押物。

第六十三条　本法所称动产质押，是指债务人或者第三人将其动产移交债权人占有，将该动产作为债权的担保。债务人不履行债务时，债权人有权依照本法规定以该动产折价或者以拍卖、变卖该动产的价款优先受偿。

前款规定的债务人或者第三人为出质人，债权人为质权人，移交的动产为质物。

第八十九条　当事人可以约定一方向对方给付定金作为债权的担保。债务人履行债务后，定金应当抵作价款或者收回。给付定金的一方不履行约定的债务的，无权要求返还定金；收受定金的一方不履行约定的债务的，应当双倍返还定金。

❸《**中华人民共和国民法通则**》（1986年4月12日　主席令公布）

第八十九条　依照法律的规定或者按照当事人的约定，可以采用下列方式担保债务的履行：

（一）保证人向债权人保证债务人履行债务，债务人不履行债务的，按照约定由保证人履行或者承担连带责任；保证人履行债务后，有权向债务人追偿。

（二）债务人或者第三人可以提供一定的财产作为抵押物。债务人不履行债务的，债权人有权依照法律的规定以抵押物折价或者以变卖抵押物的价款优先得到偿还。

（三）当事人一方在法律规定的范围内可以向对方给付定金。债务人履行债务后，定金应当抵作价款或者收回。给付定金的一方不履行债务的，无权要求返还定金；接受定金的一方不履行债务的，应当双倍返还定金。

（四）按照合同约定一方占有对方的财产，对方不按照合同给付应付款项超过约定期限的，占有人有权留置该财产，依照法律的规定以留置物折价或者以变卖该财产的价款优先得到偿还。

❹《**最高人民法院关于适用〈中华人民共和国担保法〉若干问题的解释**》（2000年12月13日发布）

第一条　当事人对由民事关系产生的债权，在不违反法律、法规强制性规定的情况下，以担保法规定的方式设定担保的，可以认定为有效。

❺《**境内机构对外担保管理办法**》（1996年9月25日　中国人民银行发布）

第二条　本办法所称对外担保，是指中国境内机构（境内外资金融机构除外，以下简称担保人）以保函、备用信用证、本票、汇票等形式出具对外保证，以《中华人民共和国担保法》中第三十四条规定的财产对外抵押或者以《中华人民共和国担保法》第四章第一节规定的动产对外质押和第二节第七十五条规定的权利对外质押，向中国境外机构或者境内的外资金融机构（债权人或者受益人，以下称债权人）承诺，当债务人（以下称被担保人）未按照合同约定偿付债务时，由担保人履行偿付义务。对外担保包括：

（一）融资担保；

（二）融资租赁担保；

（三）补偿贸易项下的担保；

（四）境外工程承包中的担保；

（五）其他具有对外债务性质的担保。

担保人不得以留置或者定金形式出具对外担保。

对境内外资金融机构出具的担保视同对外担保。

案例链接

❶《中国工商银行股份有限公司清丰支行诉于秋喜金融借款合同纠纷案》，参见北大法宝引证码：Pkulaw.cn/CLI.C.285619。

❷《郑州铁路局郑州房屋修建中心与中国农业银行股份有限公司郑州花园支行抵押借款合同纠纷再审案》，参见北大法宝引证码：Pkulaw.cn/CLI.C.287159。

❸《交通银行股份有限公司郑州商交所支行诉朱颖等金融借款合同纠纷案》，参见北大法宝引证码：Pkulaw.cn/CLI.C.280909。

学者观点

❶ 陈本寒、黄念：《一般债权质押问题之探讨》，参见北大法宝引证码：Pkulaw.cn/CLI.A.124712。

❷ 管荣：《抵押期限问题简论》，参见北大法宝引证码：Pkulaw.cn/CLI.A.1102760。

【人的担保】

法律问题解读

担保可分为人的担保和物的担保。所谓人的担保是指自然人或者法人以其自身的资产和信誉作为债务人履行债务的担保，当债务人不履行债务时，担保人按照约定履行债务或者承担责任。作为人的担保中的担保人应当符合法律法规和规章要求的条件。人的担保中最典型的方式是保证，即由作为保证人的第三人与债权人约定，当债务人不履行债务时，保证人负清偿责任。

需要注意的是，人的担保不是以担保人的人身提供担保。当债务人无力清偿债务而担保人又无法代为清偿时，债权人不能对担保人的人身或者对其家属采取强制手段逼使其偿还债务。人的担保实质上为一种财产担保。同一债权上既有人的担保又有物的担保时，若担保物由债务人自己提供，则债权人应当先就该物的担保实现债权。但若担保物由第三人提供，债权人可自由选择先实现物的担保或人的担保。

除了一般保证外，在现代的国际融资活动中产生了一些新型的人的保证，如"凭要求即付"的担保（主要是保函）、以保证原则为依据的担保基金安慰信或赞助信（主要是一种道义上承诺支持某项债务或义务的文件，一般不具有法律约束力）等。

法条指引

❶《中华人民共和国物权法》（2007年3月16日 主席令公布 2007年10月1日施行）

第一百七十六条 被担保的债权既有物的担保又有人的担保的，债务人不履行到期债务或者发生当事人约定的实现担保物权的情形，债权人应当按照约定实现债权；没有约定或者约定不明确，债务人自己提供物的担保的，债权人应当先就该物的担保实现债权；第三人提供物的担保的，债权人可以就物的担保实现债权，也可以要求保证人承担保证责任。提供担保的第三人承担担保责任后，有权向债务人追偿。

❷《中华人民共和国担保法》（1995年6月30日 主席令公布）

第六条 本法所称保证，是指保证人和债权人约定，当债务人不履行债务时，保证人按照约定履行债务或者承担责任的行为。

第二十八条 同一债权既有保证又有物的担保的，保证人对物的担保以外的债权承担保证责任。

债权人放弃物的担保的，保证人在债权人放弃权利的范围内免除保证责任。

❸《中华人民共和国中国人民银行法》（2003年12月27日修正）

第三十条 中国人民银行不得向地方政府、各级政府部门提供贷款，不得向非银行金融机构以及其他单位和个人提供贷款，但国务院决定中国人民银行可以向特定的非银行金融机构提供贷款的除外。

中国人民银行不得向任何单位和个人提供担保。

❹《中华人民共和国合伙企业法》（2006年8月27日修正 主席令公布）

第三十一条 除合伙协议另有约定外，合伙企业的下列事项应当经全体合伙人一致同意：

（一）改变合伙企业的名称；

（二）改变合伙企业的经营范围、主要经营场所的地点；

（三）处分合伙企业的不动产；

（四）转让或者处分合伙企业的知识产权和其他财产权利；

（五）以合伙企业名义为他人提供担保；

（六）聘任合伙人以外的人担任合伙企业的经营管理人员。

❺《财政部关于禁止各级地方政府或部门违法直接从事担保业务的紧急通知》（1999年7月9日发布）（略）

❻《住房公积金财务管理办法》（1999年5月26日 财政部发布）

第三十九条 公积金中心下列行为属违纪或违法行为：（一）集中使用和运作住房公积金以外的住房资金；（二）在指定委托银行以外的其他金融机构开户，并办理住房公积金存贷款等金融业务；（三）直接办理住房公积金贷款或借款业务；（四）直接或委托银行办理职工购买、建造、翻建、大修自用住房贷款以外的其他贷款或借款业务；（五）不执行国家规定的住房公积金存贷款利率；（六）转移、挪用住房公积金本金、职工住房公积金存款利息、住房公积金贷款风险准备金、城市廉租住房建设补充资金；（七）截留、坐支业务收入或增值收益；（八）在业务收入或住房公积金增值收益中坐支管理费用；（九）列支公积金中心业务范围以外的其他费用；擅自扩大开支标准和范围；（十）擅自设立项目乱收费；（十一）超越规定标准和范围支付手续费；（十二）向他人提供担保或抵押贷款；（十三）不按规定与受托银行签订委托合同；（十四）不按规定办理住房公积金账户的设立、缴存、归还等手续；（十五）不按规定为职工建立住房公积金明细账，记载职工个人住房公积金的缴存、提取情况；（十六）其他违反国家法律、法规和财政、财务制度的行为。

❼《外商投资创业投资企业管理规定》（2003年1月30日）

第三十二条 创投企业不得从事下列活动：

（一）在国家禁止外商投资的领域投资；

（二）直接或间接投资于上市交易的股票和企业债券，但所投资企业上市后，创投企业所持股份不在此列；

（三）直接或间接投资于非自用不动产；

（四）贷款进行投资；

（五）挪用非自有资金进行投资；

（六）向他人提供贷款或担保，但创投企业对所投资企业一年以上的企业债券和可以转换为所投资企业股权的债券性质的投资不在此列（本款规定并不涉及所投资企业能否发行该等债券）；

（七）法律、法规以及创投企业合同禁止从事的其他事项。

❽《中国证券监督管理委员会关于证券公司担保问题的通知》（2001年4月24日 中国证券监督管理委员会发布）

各证券监管办公室、办事处、特派员办事处，各证券公司：

为规范证券公司的担保行为，防范证券公司提供担保可能产生的风险，现就证券公司担保问题通知如下：

一、根据我会《关于调整证券公司净资本计算规则的通知》（证监机构字〔2000〕223号），净资本额达不到我会规定的综合类证券公司净资本最低标准（人民币二亿元）的证券公司不得为他人提供担保。有条件提供担保的证券公司必须在会计报表附注和净资本情况的说明中详细披露其担保事项。

二、证券公司提供的担保额不得超过其净资产额的百分之二十。

三、各证券公司应严格遵守中国证券业协会《关于禁止股票承销业务中融资和变相融资行为的行业公约》（中证协字〔2000〕20号），禁止在股票承销过程中为企业提供贷款担保。

四、不具备担保条件的证券公司原有的担保要在本通知下发之日起进行清理，并在净资本情况的说明中详细披露清理情况。

五、证券公司不得为以买卖股票为目的的客户贷款提供担保。

六、对违反上述规定进行担保和对担保事项披露不准确、不真实、不及时的证券公司及有关责任人予以单处或并处通报批评、警告、暂停直至取消业务资格、暂停直至取消从业资格的处罚。

❾《中国证监会关于上市公司为他人提供担保有关问题的通知》（2000年6月6日 中国证券监督管理委员会发布）

各上市公司：

为了保护投资者的合法权益和上市公司财务安全，防范证券市场风险，现就上市公司为他人提供担保的有关问题通知如下：

一、上市公司为他人提供担保应当遵守《中华人民共和国公司法》、《中华人民共和国担保法》和其他相关法律、法规的规定。并按照《中华人民共和国证券法》和《证券交易所股票上市规则》的有关规定披露信息。

二、上市公司不得以公司资产为本公司的股东、股东的控股子公司、股东的附属企业或者个人债务提供担保。

三、上市公司为他人提供担保应当遵循平等、自愿、公平、诚信、互利的原则。任何单位和个人不得强令上市公司为他人提供担保，上市公司对强令其为他人提供担保的行为有权拒绝。

四、上市公司为他人提供担保，应当采用反担保等必要措施防范风险。

五、上市公司为他人提供担保必须经董事会或股东大会批准。董事会应当比照公司章程有关董事会投资权限的规定，行使对外担保权。超过公司章程规定权限的，董事会应当提出预案，并报股东大会批准。上市公司董事会在决定为他人提供担保之前（或提交股东大会表决前），应当掌握债务人的资信状况，对该担保事项的利益和风险进行充分分析，并在董事会有关公告中详尽披露。

股东大会或者董事会对担保事项做出决议时，与该担保事项有利害关系的股东或者董事应当回避表决。

董事会秘书应当详细记录有关董事会会议和股东大会的讨论和表决情况。有关的董事会、股东大会的决议应当公告。

六、当出现被担保人债务到期后十五个工作日内未履行还款义务，或是被担保人破产、清算、债权人主张担保人履行担保义务等情况时，上市公司有义务及时了解被担保人的债务偿还情况，并在知悉后及时披露相关信息。

七、上市公司应当完善内部控制制度，未经公司股东大会或者董事会决议通过，董事、经理以及公司的分支机构不得擅自代表公司签订担保合同。

八、上市公司应当加强担保合同的管理。为他人担保，应当订立书面合同。担保合同应当按照公司内部管理规定妥善保管，并及时通报监事会、董事会秘书和财务部门。

九、上市公司为债务人履行担保义务后，应当采取有效措施向债务人追偿，并将追偿情况及时披露。

十、上市公司董事、经理及其他管理人员未按规定程序擅自越权签订担保合同，对上市公司造成损害的，上市公司应当追究当事人的责任。

上市公司为他人提供担保未按照《证券交易所股票上市规则》的要求履行信息披露义务的，证券交易所应当根据《证券交易所股票上市规则》视情节轻重对有关上市公司及责任人给予相应的处分。

上市公司对担保事项的信息披露违反《中华人民共和国证券法》和本通知规定的，中国证监会依法对有关上市公司及责任人给予处罚。

案例链接

❶《武陟县第二汽车运输有限公司与河南新世纪亚飞汽车贸易有限公司担保合同纠纷上诉案》，参见北大法宝引证码：Pkulaw. cn/CLI. C. 287906。

❷《焦作市解放区农村信用合作联社上白作信用社诉侯涛涛等借款合同纠纷案》，参见北大法宝引证码：Pkulaw. cn/CLI. C. 290214。

❸《韩永改诉薛杰房屋买卖合同纠纷案》，参见北大法宝引证码：Pkulaw. cn/CLI. C. 285587。

学者观点

❶ 徐磊：《同一债权上保证与物的担保并存之法律分析——兼评〈担保法〉第28条与〈担保法解释〉第38条及〈物权法〉第176条》，参见北大法宝引证码：Pkulaw. cn/CLI. A. 1103510。

❷ 程啸、王静：《论保证人追偿权与代位权之区分及其意义》，参见北大法宝引证码：Pkulaw. cn/CLI. A. 1109646。

【物的担保】

法律问题解读

物的担保是指由民事主体以其自身特定的财产为自己或者他人的债务提供担保，如果债务人不清偿债务，债权人可以通过拍卖、折价或变卖作为担保物的财产优先得到清偿。在某种意义上物的担保并不完全等于担保物权，但在我国目前基本上可以将两者等同。担保物权与用益物权对应，共同构成物权法的他物权制度。在我国，物的担保包括抵押、质押、留置三种形式。

尽管绝大多数物的担保和人的担保都需要建立一种附属于债权的合同关系，即形成担保之债，但物的担保和人的担保在担保的性质和内容上迥然相异，从而两者的实现方式也多有不同。首先，物的担保不以人的信誉为担保内容，而是以特定的财产（有形财产和无形财产）作为担保标的；其次，物的担保一经设定，就赋予债权人针对担保物价值的支配权，该权利具有物权的效力。

需要注意的一个问题是，定金不属于物的担保也非人的担保，而是一种金钱担保。金钱担保的出现是社会商品货币关系繁荣发达的重要标志。定金除担保作用之外还可能具有证约作用或者相当于预付款的作用。

法条指引

❶《中华人民共和国担保法》（1995年6月30日 主席令公布）

第三十三条 本法所称抵押，是指债务人或者第三人不转移对本法第三十四条所列财产的占有，将该财产作为债权的担保。债务人不履行债务时，债权人有权依照本法规定以该财产折价或者以拍卖、变卖该财产的价款优先受偿。

前款规定的债务人或者第三人为抵押人，债权人为抵押权人，提供担保的财产为抵押物。

第六十三条 本法所称动产质押，是指债务人或者第三人将其动产移交债权人占有，将该动产作为债权的担保。债务人不履行债务时，债权人有权依照本法规定以该动产折价或者以拍卖、变卖该动产的价款优先受偿。

前款规定的债务人或者第三人为出质人，债权人为质权人，移交的动产为质物。

第八十二条 本法所称留置，是指依照本法第八十四条的规定，债权人按照合同约定占有债务人的动产，债务人不按照合同约定的期限履行债务的，债权人有权依照本法规定留置该财产，以该财产折价或者以拍卖、变卖该财产的价款优先受偿。

第八十四条 因保管合同、运输合同、加工承揽合同发生的债权，债务人不履行债务的，债权人有留置权。

法律规定可以留置的其他合同，适用前款规定。

当事人可以在合同中约定不得留置的物。

第八十九条 当事人可以约定一方向对方给付定金作为债权的担保。债务人履行债务后，定金应当抵作价款或者收回。给付定金的一方不履行约定的债务的，无权要求返还定金；收受定金的一方不履行约定的债务的，应当双倍返还定金。

❷《中华人民共和国民法通则》（1986年4月12日 主席令公布）

第八十九条 依照法律的规定或者按照当事人的约定，可以采用下列方式担保债务的履行：

（一）保证人向债权人保证债务人履行债务，债务人不履行债务的，按照约定由保证人履行或者承担连带责任；保证人履行债务后，有权向债务人追偿。

（二）债务人或者第三人可以提供一定的财产作为抵押物。债务人不履行债务的，债权人有权依照法律的规定以抵押物折价或者以变卖抵押物的价款优先得到偿还。

（三）当事人一方在法律规定的范围内可以向对方给付定金。债务人履行债务后，定金应当抵作价款或者收回。给付定金的一方不履行债务的，无权要求返还定金；接受定金的一方不履行债务的，应当双倍返还定金。

（四）按照合同约定一方占有对方的财产，对方不按照合同给付应付款项超过约定期限的，占有人有权留置该财产，依照法律的规定以留置财产折价或者以变卖该财产的价款优先得到偿还。

❸《中华人民共和国物权法》（2007年3月16日 主席令公布 2007年10月1日施行）

第一百七十九条 为担保债务的履行，债务人或者第三人不转移财产的占有，将该财产抵押给债权人的，债务人不履行到期债务或者发生当事人约定的实现抵押权的情形，债权人有权就该财产优先受偿。

前款规定的债务人或者第三人为抵押人，债权人为抵押权人，提供担保的财产为抵押财产。

第二百零八条 为担保债务的履行，债务人或者第三人将其动产出质给债权人占有的，债务人不履行到期债务或者发生当事人约定的实现质权的情形，债权人有权就该动产优先受偿。

前款规定的债务人或者第三人为出质人，债权人为质权人，交付的动产为质押财产。

第二百二十三条 债务人或者第三人有权处分的下列权利可以出质：

（一）汇票、支票、本票；

（二）债券、存款单；

（三）仓单、提单；

（四）可以转让的基金份额、股权；

（五）可以转让的注册商标专用权、专利权、著作权等知识产权中的财产权；

（六）应收账款；

（七）法律、行政法规规定可以出质的其他财产权利。

第二百三十条 债务人不履行到期债务，债权人可以留置已经合法占有的债务人的动产，并有权就该动产优先受偿。

前款规定的债权人为留置权人，占有的动产为留置财产。

案例链接

❶《崔中魁诉新乡铁军颜料有限公司欠款纠纷案》，参见北大法宝引证码：Pkulaw.cn/CLI.C.285995。

❷《陈宝山与吴明仁民间借贷纠纷上诉案》，参见北大法宝引证码：Pkulaw.cn/CLI.C.281435。

❸《张彦中诉王保明等运输合同纠纷案》，参见北大法宝引证码：Pkulaw.cn/CLI.C.280509。

学者观点

❶ 付小川：《担保物权为除斥期间客体之质疑——兼评〈物权法〉第202条》，参见北大法宝引证码：Pkulaw.cn/CLI.A.1145008。

❷ 宋伟、胡海洋：《知识产权质押贷款风险分散机制研究》，参见北大法宝引证码：Pkulaw.cn/CLI.A.1136259。

❸ 刘保玉：《留置权成立要件规定中的三个争议问题解析》，参见北大法宝引证码：Pkulaw.cn/CLI.A.1141727。

【担保法的基本原则】

法律问题解读

担保法的基本原则是效力贯穿担保活动始终

的根本规则,是对担保经济活动关系的本质和规律以及立法者在担保领域所奉行的立法政策的集中反映,是克服担保法律局限性的工具。担保活动属于民事活动的一种,《担保法》是民法的特别法。因此,《担保法》的基本原则,事实上也就是我国民法的基本原则。《担保法》规定,担保活动应当遵循平等、自愿、公平、诚实信用的原则。因此,《担保法》的基本原则包括平等原则、自愿原则、公平原则、诚实信用原则。

《担保法》的基本原则是具有普遍约束力的法律规则,这包含以下几层意思:

1. 任何担保当事人都应当遵循基本原则,按照基本原则从事担保活动,违反了基本原则的担保活动,当事人要承担相应的法律责任,甚至要受到法律制裁。

2. 担保法的基本原则是有权解释法律的国家机关正确解释担保法律条文、含义的准绳,不能离开基本原则去随意地解释担保法。也就是说,《担保法》的基本原则是对担保的法律条文进行理解和解释的基准。

需要注意的是,尽管《担保法》基本原则的地位非常重要,但在司法实践中,如果有具体的法律规定,原则上不能以基本原则作为裁判案件的依据,而必须依据具体的《担保法》条文或者其他相关法律的规定来裁判。

法条指引

❶《中华人民共和国担保法》(1995年6月30日 主席令公布)

第三条 担保活动应当遵循平等、自愿、公平、诚实信用的原则。

❷《中华人民共和国民法通则》(1986年4月12日 主席令公布)

第三条 当事人在民事活动中的地位平等。

第四条 民事活动应当遵循自愿、公平、等价有偿、诚实信用的原则。

第六条 民事活动必须遵守法律,法律没有规定的,应当遵守国家政策。

第七条 民事活动应当尊重社会公德,不得损害社会公共利益,破坏国家经济计划,扰乱社会经济秩序。

❸《中华人民共和国合同法》(1999年3月15日 主席令公布)

第三条 合同当事人的法律地位平等,一方不得将自己的意志强加给另一方。

第四条 当事人依法享有自愿订立合同的权利,任何单位和个人不得非法干预。

第五条 当事人应当遵循公平原则确定各方的权利和义务。

第六条 当事人行使权利、履行义务应当遵循诚实信用原则。

第七条 当事人订立、履行合同,应当遵守法律、行政法规,尊重社会公德,不得扰乱社会经济秩序,损害社会公共利益。

学者观点

❶ 孙鹏、王勤劳:《担保物权的侵害及其救济——以担保物侵害为中心》,参见北大法宝引证码:Pkulaw.cn/CLI.A.1130051。

❷ 郝建志:《美国产品责任法归责原则的演进》,参见北大法宝引证码:Pkulaw.cn/CLI.A.1113746。

【平等原则】

法律问题解读

平等原则是指参加民事活动的当事人无论是自然人或法人,无论其经济实力的强弱,其在法律上的地位一律平等,任何一方不得把自己的意志强加给对方,同时法律也对双方提供平等的保护。平等原则中的平等并非当事人在经济地位或经济实力上的平等,事实上这是不可能的,平等原则所说的平等是指当事人法律地位上的平等。在《担保法》中,平等原则主要体现在如下两个方面:

1. 所有的民事主体,在从事担保活动中,适用同一法律,具有平等的地位。我国参与民事活动的主体主要有各种类型的法人、公民、合伙组织以及个体工商户、农村承包经营户。在从事担保活动中,一般来说他们都适用同一法律。但是,如果法律法规赋予了一些特殊机构在从事担保活动中享有特别的法律地位,则依照该法律或法规的规定。例如我国为化解金融危机,国务院特别批准成立的几家金融资产管理公司,就获得了传统的商业银行所不具有的手段权利,据以处理不良资产。

2. 民事主体在从事担保活动时必须平等协商。无论任何一方在成立、变更、解除担保法律关系的过程都必须与对方平等协商,在这些主体之间,无论是否有上下级关系,它们在法律地位上一律平等,任何一方都不得将自己的意志随意强加给对方。法定担保的成立无须当事人的协商，如留置，但当事人仍可事前约定排除留置的适用。另外，在发生金融危机等特殊时期，中央政府为稳定金融秩序化解危机，而指令某些金融机构提供特殊的银行信用担保也是可以的，但仍必须严格遵守法律的程序。

法条指引

❶《中华人民共和国担保法》（1995年6月30日 主席令公布）

第三条 担保活动应当遵循平等、自愿、公平、诚实信用的原则。

❷《中华人民共和国民法通则》（1986年4月12日 主席令公布）

第二条 中华人民共和国民法调整平等主体的公民之间、法人之间、公民和法人之间的财产关系和人身关系。

第三条 当事人在民事活动中的地位平等。

❸《中华人民共和国合同法》（1999年3月15日 主席令公布）

第三条 合同当事人的法律地位平等，一方不得将自己的意志强加给另一方。

学者观点

❶ 杨建军：《司法十大原则之再思考》，参见北大法宝引证码：Pkulaw.cn/CLI.A.1146409。

❷ 约瑟夫·拉兹：《法律原则与法律的界限》，参见北大法宝引证码：Pkulaw.cn/CLI.A.1142704。

【自愿原则】

法律问题解读

自愿原则，是指公民、法人或者其他组织有权根据自己的意愿决定参不参加民事活动，参加何种民事活动，根据自己的意愿依法处分自己的财产和权利。自愿原则给予民事主体在从事民事活动中一定的意志自由。自愿原则要求民事主体在民事活动中表达自己的真实意志，虚伪的意思或在受欺诈、胁迫的情况下表达的意思都是无效或可撤销的。在担保活动中，自愿原则主要体现在如下三方面：

1. 当事人有权依法从事担保活动或不从事担保活动。也就是说，当事人有权根据自己的意志和利益，决定是否为他人提供担保，也有权决定是否接受他人提供的担保。在我国实践中，大量机构为他人提供的担保是在受到强制的情况下提供的，有时一些根本不具有担保资格的机构如财政机关、工商机关也出于种种原因被迫提供担保。为此，《担保法》规定，任何单位和个人不得强令银行等金融机构或者企业为他人提供担保；银行等金融机构或者企业对强令其为他人提供担保的行为，有权拒绝。

2. 当事人有权选择保证、抵押、质押或者定金的担保方式，有权约定排除留置的适用，也有权选择为谁提供担保。当客观情况发生变化时，当事人还可以依法变更或解除担保合同。

3. 担保主体有权选择订立担保合同的方式。也就是说，担保主体在订立担保合同时，有权对口头方式、书面方式、公证和鉴证等方式作出选择，但法律有特殊规定的除外。

4. 当事人有选择担保相对人的自由。当事人决定为债权设立担保后，有权选择相对人。例如：在保证合同中，如债权人认为债务人推荐的保证人不合适，有权要求债务人另行确定保证人。

法条指引

❶《中华人民共和国担保法》（1995年6月30日 主席令公布）

第三条 担保活动应当遵循平等、自愿、公平、诚实信用的原则。

第十一条 任何单位和个人不得强令银行等金融机构或者企业为他人提供保证；银行等金融机构或者企业对强令其为他人提供保证的行为，有权拒绝。

第十三条 保证人与债权人应当以书面形式订立保证合同。

第三十八条 抵押人和抵押权人应当以书面形式订立抵押合同。

第六十四条 出质人和质权人应当以书面形式订立质押合同。

质押合同自质物移交于质权人占有时生效。

第九十条 定金应当以书面形式约定。当事人在定金合同中应当约定交付定金的期限。定金合同从实际交付定金之日起生效。

第九十一条 定金的数额由当事人约定，但不得超过主合同标的额的20%。

❷《中华人民共和国民法通则》（1986年4月12日 主席令公布）

第四条 民事活动应当遵循自愿、公平、等价有偿、诚实信用的原则。

❸《中华人民共和国合同法》（1999年3月15日 主席令公布）

第四条 当事人依法享有自愿订立合同的权利，任何单位和个人不得非法干预。

第七十七条 当事人协商一致，可以变更合同。

法律、行政法规规定变更合同应当办理批准、登记等手续的，依照其规定。

第九十四条 有下列情形之一的，当事人可以解除合同：

（一）因不可抗力致使不能实现合同目的；

（二）在履行期限届满之前，当事人一方明确表示或者以自己的行为表明不履行主要债务；

（三）当事人一方迟延履行主要债务，经催告后在合理期限内仍未履行；

（四）当事人一方迟延履行债务或者有其他违约行为致使不能实现合同目的；

（五）法律规定的其他情形。

❹《中华人民共和国商业银行法》（2003年12月27日修正公布）

第四十一条 任何单位和个人不得强令商业银行发放贷款或者提供担保。商业银行有权拒绝任何单位和个人强令要求其发放贷款或者提供担保。

❺《财政部关于禁止各级地方政府或部门违法直接从事担保业务的紧急通知》（1999年7月9日发布）（略）

❻《关于进一步支持对外经济贸易发展的意见》（1998年7月19日 中国人民银行发布）

十二、防范外经贸贷款中的金融风险。在对外经贸企业提供支持的同时，要依法维护银行贷款自主权，防范金融风险。任何单位或个人不得强迫银行发放贷款或提供担保。对经营性亏损严重、濒临破产、无贷款偿还能力的企业，对以各种形式逃废、悬空银行债务和有意拖欠银行贷款本息的企业，对挪用贷款从事股票、期货交易的企业，对国家法律、法规和产业政策明令禁止或限制支持的项目、企业、产品等，各金融机构必须停止发放新贷款，限期收回已发放的贷款。要加快中央银行贷款登记系统的建设，为商业银行提供贷款信息查询服务，防止企业利用多头开户、多头贷款等手段逃避银行债务。

学者观点

❶ 叶松、张佩霖：《当前银行贷款担保中的若干问题》，参见北大法宝引证码：Pkulaw.cn/CLI.A.1107173。

【公平原则】

法律问题解读

公平原则是指当事人之间在设定民事权利和义务、承担民事责任等方面应当公平、合情合理。在平等自愿的前提下，双方当事人的权利义务一致，任何一方当事人不应享有特殊的权利，或者只享有权利而不承担义务。

公平原则是当事人从事担保活动时应遵循的基本原则，其在担保活动中主要体现在：担保活动中产生的法律责任的分担必须合理。所谓合理分担责任体现在：首先，担保合同的内容不能显失公平，否则可以依据《合同法》的规定请求人民法院或仲裁机构予以变更或撤销；其次，人民法院处理担保纠纷时，应严格依照当事人的过错判定当事人应负担的责任；再次，在担保法律关系的当事人都没有过错的情况下，所发生的损失应由各方合理分担。

需要注意的是公平原则与自愿原则是相辅相成的。自愿原则要求当事人在从事民事活动中表达出自己的真实意志，公平原则要求当事人在民事活动中以基本的公平、正义观念指导自己的行为。在当事人真实意志与其外在的表示不一致，而局外人又无从判断时，应本着公平原则，从行为的结果是否公平合理来判断该行为是否出于当事人的自愿。还有一种情况是，某些看起来是出于当事人自愿的民事活动，但当事人之间产生的经济利益显失公平，与公平原则相背，根据法律的规定，当事人对于此种民事行为可以撤销。可见，公平原则能够切实保障当事人在民事活动中的自主自愿，弥补自愿原则的不足。

法条指引

❶《中华人民共和国担保法》（1995年6月30日 主席令公布）

第三条 担保活动应当遵循平等、自愿、公平、诚实信用的原则。

❷《中华人民共和国民法通则》（1986年4月12日 主席令公布）

第四条 民事活动应当遵循自愿、公平、等价有偿、诚实信用的原则。

❸《中华人民共和国合同法》（1999年3月15日 主席令公布）

第五条 当事人应当遵循公平原则确定各方

❹《最高人民法院关于适用〈中华人民共和国担保法〉若干问题的解释》（2000年12月8日发布）

第七条　主合同有效而担保合同无效，债权人无过错的，担保人与债务人对主合同债权人的经济损失，承担连带赔偿责任；债权人、担保人有过错的，担保人承担民事责任的部分，不应超过债务人不能清偿部分的二分之一。

第八条　主合同无效而导致担保合同无效，担保人无过错的，担保人不承担民事责任；担保人有过错的，担保人承担民事责任的部分，不应超过债务人不能清偿部分的三分之一。

学者观点

❶ 苗奇龙：《人格否认理论及法律适用》，参见北大法宝引证码：Pkulaw. cn/CLI. A. 1146519。

❷ 李锡鹤：《合同理论的两个疑问》，参见北大法宝引证码：Pkulaw. cn/CLI. A. 1144265。

❸ 楚清、田瑞华：《法国留置权制度探析》，参见北大法宝引证码：Pkulaw. cn/CLI. A. 1146477。

【诚实信用原则】

法律问题解读

诚实信用原则，主要是指当事人在担保活动中要言行一致、表里如一，恪尽担保合同约定的义务。诚实信用原则要求一切市场活动的参与者遵循一个诚实人所具有的道德，市场主体在不损害他人利益和社会公共利益的情况下，可以尽情追求自己的利益。在担保活动中，诚实信用原则主要体现在如下三个方面：

1. 担保合同的订立必须符合诚实信用原则，如果一方是采用了不诚实的手段诱骗他人为自己的债务提供担保，则受害人有权请求法院予以撤销或者不承担法律责任。例如《担保法》第30条规定，主合同当事人双方串通、骗取保证人提供保证的，保证人不承担责任。

2. 担保合同的履行必须符合诚实信用原则。当事人在行使担保合同的权利和履行担保合同的义务时，应当遵从诚实信用原则，不能滥用权利和以违背诚实信用的方式行使权利与承担义务。

3. 如果担保中的当事人一方明知他人受到欺诈、胁迫或因其他原因，在违背真实意思的情况下为自己提供担保，这种不诚实的受益是不被允许的。例如《最高人民法院关于适用〈中华人民共和国担保法〉若干问题解释》（以下简称《关于担保法若干问题的解释》）规定，债务人采取欺诈、胁迫等手段，使保证人在违背真实意思的情况下提供担保的，债权人知道或者应当知道欺诈、胁迫事实的，保证人可以不承担责任。

法条指引

❶《中华人民共和国担保法》（1995年6月30日　主席令公布）

第三条　担保活动应当遵循平等、自愿、公平、诚实信用的原则。

第三十条　有下列情形之一的，保证人不承担民事责任：

（一）主合同当事人双方串通，骗取保证人提供保证的；

（二）主合同债权人采取欺诈、胁迫等手段，使保证人在违背真实意思的情况下提供保证的。

❷《中华人民共和国民法通则》（1986年4月12日　主席令公布）

第四条　民事活动应当遵循自愿、公平、等价有偿、诚实信用的原则。

❸《中华人民共和国合同法》（1999年3月15日　主席令公布）

第六条　当事人行使权利、履行义务应当遵循诚实信用原则。

❹《最高人民法院关于适用〈中华人民共和国担保法〉若干问题的解释》（2000年12月13日发布）

第四十条　主合同债务人采取欺诈、胁迫等手段，使保证人在违背真实意思的情况下提供保证的，债权人知道或者应当知道欺诈、胁迫事实的，按照担保法第三十条的规定处理。

第五十六条　抵押合同对被担保的主债权种类、抵押财产没有约定或者约定不明，根据主合同和抵押合同不能补正或者无法推定的，抵押不成立。

法律规定登记生效的抵押合同签订后，抵押人违背诚实信用原则拒绝办理抵押登记致使债权人受到损失的，抵押人应当承担赔偿责任。

学者观点

❶ 刘承题：《论美国契约法理论"演化三部曲"》，参见北大法宝引证码：Pkulaw. cn/CLI. A. 1143706。

【担保的从属性】

法律问题解读

担保的从属性又称为附从性、伴随性和附随性，是指担保的成立和存在必须以一定的债权关系为前提，它是一种从属于债权关系的法律关系，不能脱离于一般的债权而单独存在。从债权方面看，担保是一种从权利；从债务方面看，担保是一种从义务。具体地说，担保的从属性表现在以下三个方面：

1. 成立上的从属性。所谓成立上的从属性，是指担保的成立应以相应的债权的发生和存在为前提，原则上不能脱离债权债务关系而独立成立，即使为将来之范围和内容不十分确定的债权提供的担保，如最高额保证和最高额抵押，也不能脱离相应的债权关系。

2. 消灭上的从属性。所谓消灭上的从属性，是指担保因债权的消灭而解除，担保措施应与所担保的债权共命运。但是，当事人在担保合同中约定担保合同的效力不受主债合同的效力影响时，从其约定。

3. 处分的从属性。所谓处分的从属性，是指担保随主债权的转移而转移。债权人不能将担保与债权分离转让给不同的受让人，也不能将担保与债权分开为他人提供担保。

需要注意的是，虽然担保合同从属于主合同，但在主合同纠纷案件中，对担保合同未经审判，人民法院不能依据对主合同当事人所作出的判决或者裁定，直接执行担保人的财产。

法条指引

❶《中华人民共和国物权法》（2007年10月1日施行）

第一百七十二条 设立担保物权，应当依照本法和其他法律的规定订立担保合同。担保合同是主债权债务合同的从合同。主债权债务合同无效，担保合同无效，但法律另有规定的除外。

担保合同被确认无效后，债务人、担保人、债权人有过错的，应当根据其过错各自承担相应的民事责任。

❷《中华人民共和国担保法》（1995年6月30日 主席令公布）

第五条 担保合同是主合同的从合同，主合同无效，担保合同无效。担保合同另有约定的，按照约定。

担保合同被确认无效后，债务人、担保人、债权人有过错的，应当根据其过错各自承担相应的民事责任。

❸《最高人民法院关于适用〈中华人民共和国担保法〉若干问题的解释》（2000年12月13日发布）

第七条 主合同有效而担保合同无效，债权人无过错的，担保人与债务人对主合同债权人的经济损失，承担连带赔偿责任；债权人、担保人有过错的，担保人承担民事责任的部分，不应超过债务人不能清偿部分的二分之一。

第八条 主合同无效而导致担保合同无效，担保人无过错的，担保人不承担民事责任；担保人有过错的，担保人承担民事责任的部分，不应超过债务人不能清偿部分的三分之一。

第一百三十条 在主合同纠纷案件中，对担保合同未经审判，人民法院不应当依据对主合同当事人所作出的判决或者裁定，直接执行担保人的财产。

学者观点

❶ 车辉：《试论我国劳动合同的保证担保》，参见北大法宝引证码：Pkulaw.cn/CLI.A.184703。

❷ 程啸：《主合同无效时保证人的责任问题》，参见北大法宝引证码：Pkulaw.cn/CLI.A.112138。

【担保的独立性】

法律问题解读

担保的独立性体现为担保合同的独立性。随着现代信用经济的发展，在国际经济贸易领域内各种新类型担保方式不断出现，实践中担保合同的效力独立于主合同的约定的形式也越来越呈现多样化的态势。在国际经济贸易中，担保合同效力独立于主合同的情形主要有两种：

1. 当事人在担保合同中明确约定担保合同为无条件的、不可撤销的合同。在实践中，此种情形通常表现为国际担保业务中作为保函的特殊条款。保函是指，银行、担保公司、保险公司、非银行金融机构以及其他团体和个人应交易中的一方当事人的请求，为担保该交易项下某种义务的履行或者责任的承担，而以其自身的信誉向交易的另一方作出一种具有一定金额、一定期限、承担某种支付责任或民事损害赔偿责任的书面付款保证。所谓当事人在担保合同中明确约定担保合同为无条件的不可撤销的，主要就是指保函中经常附加的一项特殊条款。

2.约定有见索即付或者见单即付条款的担保合同的效力不受主合同效力的影响。这主要是指独立保证。独立保证包括见索即付独立保证和见单即付独立保证。见索即付独立保证是指独立保证人应申请人的要求出具的，保证受益人凭索赔要求即可获得独立保证人付款的一种独立保证；见单即付独立保证是指，受益人在提出索赔请求时要向独立保证人提交独立保证合同规定的条件化单据，独立保证人在收到条件化单据并在形式上进行审查认为其符合要求的，无条件向受益人支付保证金额的一种独立保证。

法条指引

❶《中华人民共和国担保法》（1995年6月30日 主席令公布）

第五条 担保合同是主合同的从合同，主合同无效，担保合同无效。担保合同另有约定的，按照约定。

担保合同被确认无效后，债务人、担保人、债权人有过错的，应当根据其过错各自承担相应的民事责任。

❷《中华人民共和国物权法》（2007年3月16日 主席令公布 2007年10月1日施行）

第一百七十二条 设立担保物权，应当依照本法和其他法律的规定订立担保合同。担保合同是主债权债务合同的从合同。主债权债务合同无效，担保合同无效，但法律另有规定的除外。

担保合同被确认无效后，债务人、担保人、债权人有过错的，应当根据其过错各自承担相应的民事责任。

学者观点

❶ 姜圣复、林依伊：《论国际贸易中独立担保法律问题》，参见北大法宝引证码：Pkulaw.cn/CLI.A.177282。

❷ 杨志军：《质疑独立担保无效说》，参见北大法宝引证码：Pkulaw.cn/CLI.A.119193。

【担保合同的无效】

法律问题解读

担保合同是主合同的从合同，可因主合同无效而无效。担保合同亦可因其本身的原因而无效。主合同和担保合同共有的无效原因有：一方以欺诈、胁迫的手段订立合同，损害国家利益；恶意串通，损害国家、集体或者第三人利益；以合法形式掩盖非法目的；损害公共利益；违反法律、行政法规的强制性规定。此外，担保合同还存在以下几种特殊的无效的情形：

1.国家机关和以公益为目的的事业单位、社会团体违反法律规定提供担保的，担保合同无效。因此给债权人造成损失的，应当根据各方过错各自承担相应的民事责任。

2.董事、经理以公司资本为本公司的股东或者其他个人债务提供担保的，担保合同无效。除债权人知道或应当知道的外，债务人、担保人应对债权人的损失承担连带赔偿责任。

3.未履行法定审批和登记手续或者不具有对外担保资格的当事人提供的对外担保无效。

4.以法律、法规禁止流通的财产或者不可转让的财产设定担保的，担保合同无效。需要注意的是，以法律、法规规定限制流通的财产设定的担保合同有效，只是在实现债权时，需要由人民法院按照有关法律、法规的规定对该财产进行处理，债权人从处理中所得的价款优先受偿。

5.其他包括《证券法》、《合伙企业法》、《公司法》等法律中的一些特殊规定。

法条指引

❶《中华人民共和国担保法》（1995年6月30日 主席令公布）

第五条 担保合同是主合同的从合同，主合同无效，担保合同无效。担保合同另有约定的，按照约定。

担保合同被确认无效后，债务人、担保人、债权人有过错的，应当根据其过错各自承担相应的民事责任。

❷《中华人民共和国民法通则》（1986年4月12日 主席令公布）

第五十八条 下列民事行为无效：

（一）无民事行为能力人实施的；

（二）限制民事行为能力人依法不能独立实施的；

（三）一方以欺诈、胁迫的手段或者乘人之危，使对方在违背真实意思的情况下所为的；

（四）恶意串通，损害国家、集体或者第三人利益的；

（五）违反法律或者社会公共利益的；
（六）经济合同违反国家指令性计划的；
（七）以合法形式掩盖非法目的的。

无效的民事行为，从行为开始起就没有法律约束力。

❸《中华人民共和国合同法》（1999 年 3 月 15 日 主席令公布）

第五十二条 有下列情形之一的，合同无效：
（一）一方以欺诈、胁迫的手段订立合同，损害国家利益；
（二）恶意串通，损害国家、集体或者第三人利益；
（三）以合法形式掩盖非法目的；
（四）损害社会公共利益；
（五）违反法律、行政法规的强制性规定。

❹《中华人民共和国公司法》（2005 年 10 月 27 日修正公布）

第十六条 公司向其他企业投资或者为他人提供担保，依照公司章程的规定，由董事会或者股东会、股东大会决议；公司章程对投资或者担保的总额及单项投资或者担保的数额有限额规定的，不得超过规定的限额。

公司为公司股东或者实际控制人提供担保的，必须经股东会或者股东大会决议。

前款规定的股东或者受前款规定的实际控制人支配的股东，不得参加前款规定事项的表决。该项表决由出席会议的其他股东所持表决权的过半数通过。

第一百四十九条 董事、高级管理人员不得有下列行为：
（一）挪用公司资金；
（二）将公司资金以其个人名义或者以其他个人名义开立账户存储；
（三）违反公司章程的规定，未经股东会、股东大会或者董事会同意，将公司资金借贷给他人或者以公司财产为他人提供担保；
（四）违反公司章程的规定或者未经股东会、股东大会同意，与本公司订立合同或者进行交易；
（五）未经股东会或者股东大会同意，利用职务便利为自己或者他人谋取属于公司的商业机会，自营或者为他人经营与所任职公司同类的业务；
（六）接受他人与公司交易的佣金归为己有；
（七）擅自披露公司秘密；
（八）违反对公司忠实义务的其他行为。

董事、高级管理人员违反前款规定所得的收入应当归公司所有。

❺《中华人民共和国合伙企业法》（2006 年 8 月 27 日修订公布）

第二十五条 合伙人以其在合伙企业中的财产份额出质的，须经其他合伙人一致同意；未经其他合伙人一致同意，其行为无效，由此给善意第三人造成损失的，由行为人依法承担赔偿责任。

第三十一条 除合伙协议另有约定外，合伙企业的下列事项应当经全体合伙人一致同意：
（一）改变合伙企业的名称；
（二）改变合伙企业的经营范围、主要经营场所的地点；
（三）处分合伙企业的不动产；
（四）转让或者处分合伙企业的知识产权和其他财产权利；
（五）以合伙企业名义为他人提供担保；
（六）聘任合伙人以外的人担任合伙企业的经营管理人员。

❻《中华人民共和国证券法》（2005 年 10 月 27 日修正公布）

第一百三十条第二款 证券公司不得为其股东或者股东的关联人提供融资或者担保。

❼《中华人民共和国物权法》（2007 年 3 月 16 日 主席令公布 2007 年 10 月 1 日施行）

第一百七十二条 设立担保物权，应当依照本法和其他法律的规定订立担保合同。担保合同是主债权债务合同的从合同。主债权债务合同无效，担保合同无效，但法律另有规定的除外。

担保合同被确认无效后，债务人、担保人、债权人有过错的，应当根据其过错各自承担相应的民事责任。

❽《最高人民法院关于适用〈中华人民共和国担保法〉若干问题的解释》（2000 年 12 月 13 日发布）

第三条 国家机关和以公益为目的的事业单位、社会团体违反法律规定提供担保的，担保合同无效。因此给债权人造成损失的，应当根据担保法第五条第二款的规定处理。

第五条 以法律、法规禁止流通的财产或者不可转让的财产设定担保的，担保合同无效。

以法律、法规限制流通的财产设定担保的，在实现债权时，人民法院应当按照有关法律、法规的规定对该财产进行处理。

第六条 有下列情形之一的，对外担保合同无效：
（一）未经国家有关主管部门批准或者登记对外担保的；

（二）未经国家有关主管部门批准或者登记，为境外机构向境内债权人提供担保的；

（三）为外商投资企业注册资本、外商投资企业中的外方投资部分的对外债务提供担保的；

（四）无权经营外汇担保业务的金融机构、无外汇收入的非金融性质的企业法人提供外汇担保的；

（五）主合同变更或者债权人将对外担保合同项下的权利转让，未经担保人同意和国家有关主管部门批准的，担保人不再承担担保责任。但法律、法规另有规定的除外。

第十一条　法人或者其他组织的法定代表人、负责人超越权限订立的担保合同，除相对人知道或者应当知道其超越权限的以外，该代表行为有效。

❾《最高人民法院关于贯彻执行〈中华人民共和国民法通则〉若干问题的意见（试行）》（1988年1月26日发布）

67. 间歇性精神病人的民事行为，确能证明是在发病期间实施的，应当认定无效。

行为人在神志不清的状态下所实施的民事行为，应当认定无效。

❿《境内机构对外担保管理办法》（1996年9月25日　中国人民银行发布）

第十三条　担保人提供对外担保，应当与债权人、被担保人订立书面合同，约定担保人、债权人、被担保人各方的下列权利和义务：

（一）担保人有权对被担保人的资金和财产情况进行监督；

（二）担保人提供对外担保后，债权人与被担保人如果需要修改所担保的合同，必须取得担保人的同意，并由担保人报外汇局审批；未经担保人同意和外汇局批准的，担保人的担保义务自行解除；

（三）担保人提供对外担保后，在其所担保的合同有效期内，担保人应当按照担保合同履行担保义务。担保人履行担保义务后，有权向被担保人追偿；

（四）担保人提供担保后，在担保合同的有效期内债权人未按照债务合同履行义务的，担保人的担保义务自行解除；

（五）担保人有权要求被担保人落实反担保措施或者提供相应的抵押物；

（六）担保人有权收取约定的担保费。

⓫《境内机构对外担保管理办法实施细则》（1997年12月11日　国家外汇管理局发布）

第四十三条　担保人提供对外担保后，债权人与被担保人如果需要修改债务合同主要条款而导致担保责任变更的，必须取得担保人同意，并按照原审批程序由担保人向外汇局报批。未经担保人同意和外汇局批准的，担保人的担保义务自行解除。但根据本细则的规定，不需外汇局事前批准的对外担保，债权人与被担保人修改债务合同主要条款，不需获得外汇局批准。

担保人未经外汇局同意更改经批准的担保合同主要条款，其变更条款无效。

本条所称"合同主要条款"指担保项下受益人、担保人、被担保人、债务期限、金额、币别、利率、适用法律等条款。

案例链接

❶《张永进诉许少峰等民间借贷纠纷案》，参见北大法宝引证码：Pkulaw.cn/CLI.C.285496。

❷《李丛生诉王红金等民间借贷纠纷案》，参见北大法宝引证码：Pkulaw.cn/CLI.C.280648。

❸《许昌市晶业建设工程有限公司等与张顺停买卖合同货款纠纷上诉案》，参见北大法宝引证码：Pkulaw.cn/CLI.C.252977。

学者观点

❶ 程啸：《保证与担保物权并存之研究》，参见北大法宝引证码：Pkulaw.cn/CLI.A.1109398。

❷ 李毅：《无效担保合同的确认和处理》，参见北大法宝引证码：Pkulaw.cn/CLI.A.1110577。

【担保合同无效的责任承担】

法律问题解读

担保合同可因主合同的无效而无效，亦可因为担保合同本身的原因而无效。担保合同无效，并不意味着担保的当事人不用承担任何的责任。在担保合同无效时，担保人是否承担法律责任、承担何种责任主要看主合同与担保合同所涉及的当事人（包括主合同债权人、债务人与担保人）是否有过错而定。

《担保法》规定了担保合同无效时相关当事人承担民事责任的基本原则。该法规定，担保合同被确认无效后，债务人、担保人、债权人有过错的，应当根据其过错各自承担相应的民事责任。《关于担保法若干问题的解释》也作了规定，主合同有效而担保合同无效，债权人无过错的，担保人与债务人对主合同债权人的经济损失，承担连带赔偿责任；债权人、担保人有过错的，担保人承担民事责任的部分，不应超过债务人不能清偿部分的1/2。主合同无效而导致担保合同无效，担保人无过错的，担保人不承担民事责任；担保人有过错的，担保人承担民事责任的部分，不应超过债务人不能清偿部分的1/3。以上的"不能清偿"是指对债务人的存款、现金、有价证券、成品、半成品、原材料、交通工具等可以执行的动产以及其他方便执行的财产执行完毕后，债务仍未得到清偿的状态。

需要注意的是，如果当事人约定担保合同的效力不受主合同效力的影响的，不适用前述规定，应从其约定。

法条指引

❶《中华人民共和国担保法》（1995年6月30日 主席令公布）

第五条 担保合同是主合同的从合同，主合同无效，担保合同无效。担保合同另有约定的，按照约定。

担保合同被确认无效后，债务人、担保人、债权人有过错的，应当根据其过错各自承担相应的民事责任。

❷《中华人民共和国物权法》（2007年3月16日 主席令公布 2007年10月1日施行）

第一百七十二条 设立担保物权，应当依照本法和其他法律的规定订立担保合同。担保合同是主债权债务合同的从合同。主债权债务合同无效，担保合同无效，但法律另有规定的除外。

担保合同被确认无效后，债务人、担保人、债权人有过错的，应当根据其过错各自承担相应的民事责任。

❸《最高人民法院关于适用〈中华人民共和国担保法〉若干问题的解释》（2000年12月13日发布）

第七条 主合同有效而担保合同无效，债权人无过错的，担保人与债务人对主合同债权人的经济损失，承担连带赔偿责任；债权人、担保人有过错的，担保人承担民事责任的部分，不应超过债务人不能清偿部分的二分之一。

第八条 主合同无效而导致担保合同无效，担保人无过错的，担保人不承担民事责任；担保人有过错的，担保人承担民事责任的部分，不应超过债务人不能清偿部分的三分之一。

第一百三十一条 本解释所称"不能清偿"指对债务人的存款、现金、有价证券、成品、半成品、原材料、交通工具等可以执行的动产和其他方便执行的财产执行完毕后，债务仍未能得到清偿的状态。

案例链接

❶《美国倍合德国际有限公司与张德玉等民间借贷纠纷上诉案》，参见北大法宝引证码：Pkulaw.cn/CLI.C.285195。

学者观点

❶ 王敬飞：《试论无效担保合同的民事责任》，参见北大法宝引证码：Pkulaw.cn/CLI.A.1110659。

❷ 郭景致、茆荣华：《论无效担保的确认及法律责任》，参见北大法宝引证码：Pkulaw.cn/CLI.A.1124709。

❸ 阎泽平：《担保无效及其民事责任探析》，参见北大法宝引证码：Pkulaw.cn/CLI.A.171330。

❹ 王霁华：《论物上担保合同无效的民事责任——兼论我国物权法建议稿中的"物权变动与其原因行为分离"原则》，参见北大法宝引证码：Pkulaw.cn/CLI.A.118643。

❺ 谭玲：《保证人无效保证的过错赔偿责任》，参见北大法宝引证码：Pkulaw.cn/CLI.A.172855。

【担保人的追偿权】

法律问题解读

担保人的追偿权，又叫代位求偿权，是指为债务人提供担保的第三人，在承担了担保责任后，享有的向债务人追偿的权利。一般情况下，担保人在以下情形可以获得对债务人的追偿权：

1. 担保合同有效时，担保人在债务人不履行债务或不能完全清偿债务时，担保人代债务人向债权人清偿债务后，享有向债务人追偿的权利。

2. 担保合同无效时，担保人因无效的担保合同向债权人承担赔偿责任后，可以向债务人追偿，或者在承担赔偿责任的范围内要求反担保人承担赔偿责任。

由上可见，担保人一旦按照担保合同的规定向债权人清偿或者依据法律的规定向债权人承担赔偿责任之后，即可取得对债务人的偿还请求权，即追偿权，同时还可以接管一切为债务而设定的担保物权以及对连带担保人的请求权。担保人在承担了担保责任后,对反担保人和连带担保人的请求权,也属于担保人的追偿权。如果担保人的责任并不包括全部债务,担保人也可以在自己承担的责任范围内取得对反担保人和连带担保人的请求权。

法条指引

❶《中华人民共和国担保法》(1995年6月30日 主席令公布)

第三十一条 保证人承担保证责任后,有权向债务人追偿。

第五十七条 为债务人抵押担保的第三人,在抵押权人实现抵押权后,有权向债务人追偿。

第七十二条 为债务人质押担保的第三人,在质权人实现质权后,有权向债务人追偿。

❷《最高人民法院关于适用〈中华人民共和国担保法〉若干问题的解释》(2000年12月13日发布)

第九条 担保人因无效担保合同向债权人承担赔偿责任后,可以向债务人追偿,或者在承担赔偿责任的范围内,要求有过错的反担保人承担赔偿责任。

担保人可以根据承担赔偿责任的事实对债务人或者反担保人另行提起诉讼。

第二十条 连带共同保证的债务人在主合同规定的债务履行期届满没有履行债务的,债权人可以要求债务人履行债务,也可以要求任何一个保证人承担全部保证责任。

连带共同保证的保证人承担保证责任后,向债务人不能追偿的部分,由各连带保证人按其内部约定的比例分担。没有约定的,平均分担。

❸《中华人民共和国物权法》(2007年3月16日 主席令公布 2007年10月1日施行)

第一百七十六条 被担保的债权既有物的担保又有人的担保的,债务人不履行到期债务或者发生当事人约定的实现担保物权的情形,债权人应当按照约定实现债权;没有约定或者约定不明确,债务人自己提供物的担保的,债权人应当先就该物的担保实现债权;第三人提供物的担保的,债权人可以就物的担保实现债权,也可以要求保证人承担保证责任。提供担保的第三人承担担保责任后,有权向债务人追偿。

案例链接

❶《焦作市山阳区农村信用合作联社百间房信用社与孙玉玲撤销权纠纷上诉案》,参见北大法宝引证码:Pkulaw.cn/CLI.C.253686。

❷《周炳等与丁启云等担保追偿权纠纷案》,参见北大法宝引证码:Pkulaw.cn/CLI.C.246044。

学者观点

❶ 殷召良:《保证人预先追偿权若干问题研究》,参见北大法宝引证码:Pkulaw.cn/CLI.A.115181。

❷ 余巍:《关于连带责任基本问题的探讨》,参见北大法宝引证码:Pkulaw.cn/CLI.A.1103185。

❸ 杨文杰:《混合共同担保人内部追偿问题研究》,参见北大法宝引证码:Pkulaw.cn/CLI.A.1136009。

【反担保】

法律问题解读

反担保,也称为求偿担保,它是指第三人为债务人向债权人提供担保时,由债务人或者债务人以外的其他人向第三人提供的确保第三人对债务人的追偿权得以实现的一种担保。反担保方式可以是债务人提供的抵押或者质押,也可以是其他人提供的保证、抵押或者质押。反担保的种类有求偿抵押、求偿质押和求偿保证三种。从本质上讲,反担保也是担保,其同样具有促进资金融通和商品流通,保障债权实现,维护交易安全的功能。

反担保主要在国际贸易、工程承包和资金借贷等业务中采用。在现实生活中,时常会因某种特殊情况或出于特殊的考虑,使得某一担保的直接设定遇到一些困难或障碍,此时,即可利用反担保方式作迂回,并使之与适当的本担保相联结,从而化解困难,克服障碍。

在担保法律关系中只有同时存在三方法律关系主体,即债权人、债务人和担保人时,也即债务人和担保人不是同一个人时,才能产生反担保。因此,反担保只能存在于保证担保、抵押担保和质押担保之中,在留置担保和定金担保中不能产生反担保。

在实践中应当注意的是,反担保不同于补充担保。补充担保是补充前一担保的担保,指的是约定于前一担保不能担保全部债权时由第二担保人代前一担保人承担担保责任。因此,补充担保的担保人只是在前一担保的担保人不能承担担保责任或者不能承担全部担保责任时才对主债权人承担担保责任。补充担保是对主债权的担保，不是对第一担保的担保；而反担保是对第一担保的担保。

法条指引

❶《中华人民共和国担保法》（1995年6月30日 主席令公布）

第四条 第三人为债务人向债权人提供担保时，可以要求债务人提供反担保。

反担保适用本法担保的规定。

❷《最高人民法院关于适用〈中华人民共和国担保法〉若干问题的解释》（2000年12月13日发布）

第二条 反担保人可以是债务人，也可以是债务人之外的其他人。

反担保方式可以是债务人提供的抵押或者质押，也可以是其他人提供的保证、抵押或者质押。

第九条 担保人因无效担保合同向债权人承担赔偿责任后，可以向债务人追偿，或者在承担赔偿责任的范围内，要求有过错的反担保人承担赔偿责任。

担保人可以根据承担赔偿责任的事实对债务人或者反担保人另行提起诉讼。

❸《邮电境外国有资产管理暂行办法》（1995年8月3日 邮电部发布）（略）

❹《境外投资财务管理暂行办法》（1996年6月6日 财政部发布）

第十一条 除国家允许经营担保业务的金融机构外，投资单位应严格控制境外独资和控股企业对外提供担保，如确需对外提供担保的，应当按以下规定执行：

（一）境外母公司对所属全资子公司可自行决定提供担保，但对非全资子公司应当根据出资比例提供担保；

（二）为其他中资企业提供担保前，除按规定经批准外，还必须取得被担保人的资信证明，签署置有法律效力的反担保协议书；

（三）为其他企业提供担保前，除按规定经批准外，还必须取得被担保人的财产抵押，并签置具有法律效力的抵押担保协议，提供担保的金额不得超过抵押财产重估价的百分之六十。

❺《关于上市公司为他人提供担保有关问题的通知》（2000年6月6日 中国证券监督委员会发布）

三、上市公司为他人提供担保应当遵循平等、自愿、公平、诚信、互利的原则。任何单位和个人不得强令上市公司为他人提供担保，上市公司对强令其为他人提供担保的行为有权拒绝。

❻《住房置业担保管理试行办法》（2000年5月11日 建设部、中国人民银行联合发布）

第二十一条 借款人向担保公司申请提供住房置业担保的，担保公司有权要求借款人以其自己或者第三人合法所有的房屋向担保公司进行抵押反担保。

❼《中华人民共和国物权法》（2007年3月16日 主席令公布 2007年10月1日施行）

第一百七十一条 债权人在借贷、买卖等民事活动中，为保障实现其债权，需要担保的，可以依照本法和其他法律的规定设立担保物权。

第三人为债务人向债权人提供担保的，可以要求债务人提供反担保。反担保适用本法和其他法律的规定。

案例链接

❶《武陟县第二汽车运输有限公司与河南新世纪亚飞汽车贸易有限公司担保合同纠纷上诉案》，参见北大法宝引证码：Pkulaw. cn/CLI. C. 287906。

❷《商丘市运通实业有限公司诉轩勤义等买卖合同纠纷案》，参见北大法宝引证码：Pkulaw. cn/CLI. C. 276110。

学者观点

❶ 郭红怡：《诉前扣船反担保问题探讨》，参见北大法宝引证码：Pkulaw. cn/CLI. A. 19623。

【反担保的从属性】

法律问题解读

反担保从本质上说也是担保，担保具有从属性，所以反担保也具有从属性。反担保的从属性是指反担保依附于本担保（第三人为债务人向债权人提供的担保）而存在，本担保是反担保存在的前提和基础，本担保不成立，反担保也就不成立。理解反担保的从属性应把握以下三个问题：

1. 本担保合同无效，反担保合同当然无效。反担保合同具有从属性，担保合同无效，反担保合同自然无效，就如无特别约定主合同无效，担保合同自然无效一样。当然，当事人也可以在反担保合同中约定，反担保合同不因担保合同的无效而无效。

2. 主合同无效并非导致反担保合同无效的唯一原因。一般情况下，主合同无效会导致担保合同无效进而使反担保合同也无效。但是，当担保合同的效力因当事人的特别约定而独立于主合同时，或担保合同中约定有见索即付或者见单即付条款时，担保合同的效力不受主合同的影响。因此，此时只有当担保合同无效才会导致反担保合同无效。

3. 因担保合同无效导致反担保合同无效时，反担保人不能免除赔偿责任。反担保合同无效并不意味着反担保人可以不承担任何赔偿责任。反担保人应根据担保合同无效的情况和过错对因无效担保已经向债权人承担赔偿责任后的担保人承担赔偿责任。担保人可以根据承担赔偿责任的事实对反担保人另行提起诉讼，要求有过错的反担保人承担赔偿责任。

法条指引

❶《中华人民共和国担保法》（1995年6月30日 主席令公布）

第四条 第三人为债务人向债权人提供担保时，可以要求债务人提供反担保。

反担保适用本法担保的规定。

第五条 担保合同是主合同的从合同，主合同无效，担保合同无效。担保合同另有约定的，按照约定。

担保合同被确认无效后，债务人、担保人、债权人有过错的，应当根据其过错各自承担相应的民事责任。

❷《中华人民共和国物权法》（2007年3月16日 主席令公布 2007年10月1日施行）

第一百七十一条 债权人在借贷、买卖等民事活动中，为保障实现其债权，需要担保的，可以依照本法和其他法律的规定设立担保物权。

第三人为债务人向债权人提供担保的，可以要求债务人提供反担保。反担保适用本法和其他法律的规定。

第一百七十二条 设立担保物权，应当依照本法和其他法律的规定订立担保合同。担保合同是主债权债务合同的从合同。主债权债务合同无效，担保合同无效，但法律另有规定的除外。

担保合同被确认无效后，债务人、担保人、债权人有过错的，应当根据其过错各自承担相应的民事责任。

❸《最高人民法院关于适用〈中华人民共和国担保法〉若干问题的解释》（2000年12月13日发布）

第八条 主合同无效而导致担保合同无效，担保人无过错的，担保人不承担民事责任；担保人有过错的，担保人承担民事责任的部分，不应超过债务人不能清偿部分的三分之一。

第九条 担保人因无效担保合同向债权人承担赔偿责任后，可以向债务人追偿，或者在承担赔偿责任的范围内，要求有过错的反担保人承担赔偿责任。

担保人可以根据承担赔偿责任的事实对债务人或者反担保人另行提起诉讼。

学者观点

❶ 刘保玉：《反担保初探》，参见北大法宝引证码：Pkulaw.cn/CLI.A.1115248。

【反担保的成立】

法律问题解读

反担保的成立需具备下列几个条件：

1. 第三人向债权人提供了担保。由于反担保依附于担保而存在，反担保合同也不能脱离担保合同而单独存在。如果第三人没有向债权人提供担保，那么第三人也就不能要求债务人向其提供反担保。担保是反担保产生的前提和基础，反担保是担保的发展。

2. 债务人或者债务人以外的其他人向第三人提供担保。只有在第三人为债务人向债权人提供担保后，债务人或债务人之外的人再向第三人提供担保，才能称为反担保。债务人之外的其他人向第三人提供的反担保既可以是保证担保，也可以是抵押担保或者质押担保。

3. 只有在第三人为债务人提供保证担保、抵押担保和质押担保时，第三人才能要求债务人向其提供反担保。也就是说，在反担保法律关系中，只有保证、抵押和质押这三种担保形式才能同时产生三方法律关系主体，因此，反担保只能存在于保证、抵押和质押之中，而不能存在于留置和定金中。

4. 需符合法定形式。债务人与第三人之间的反担保行为不仅要求双方当事人意思表示一致，而且还要通过一定的法律形式表现出来，这种法律形式一般为书面合同。在一些抵押合同和权利质押合同中,单纯订立书面合同还不能使抵押权和权利质押担保生效,当事人还需到法律法规规定的相应部门办理抵押物登记和权利质押登记后,抵押合同和质押合同才生效。

法条指引

❶《中华人民共和国担保法》(1995年6月30日 主席令公布)

第四条 第三人为债务人向债权人提供担保时,可以要求债务人提供反担保。

反担保适用本法担保的规定。

第十三条 保证人与债权人应当以书面形式订立保证合同。

第三十八条 抵押人和抵押权人应当以书面形式订立抵押合同。

第四十一条 当事人以本法第四十二条规定的财产抵押的,应当办理抵押物登记,抵押合同自登记之日起生效。(已被《物权法》修改)

第四十二条 办理抵押物登记的部门如下:

(一)以无地上定着物的土地使用权抵押的,为核发土地使用权证书的土地管理部门;

(二)以城市房地产或者乡(镇)、村企业的厂房等建筑物抵押的,为县级以上地方人民政府规定的部门;

(三)以林木抵押的,为县级以上林木主管部门;

(四)以航空器、船舶、车辆抵押的,为运输工具的登记部门;

(五)以企业的设备和其他动产抵押的,为财产所在地的工商行政管理部门。

第六十四条 出质人和质权人应当以书面形式订立质押合同。

质押合同自质物移交于质权人占有时生效。

第七十九条 以依法可以转让的商标专用权,专利权、著作权中的财产权出质的,出质人与质权人应当订立书面合同,并向其管理部门办理出质登记。质押合同自登记之日起生效。

❷《中华人民共和国物权法》(2007年3月16日 主席令公布 2007年10月1日施行)

第十条 不动产登记,由不动产所在地的登记机构办理。

国家对不动产实行统一登记制度。统一登记的范围、登记机构和登记办法,由法律、行政法规规定。

❸《最高人民法院关于适用〈中华人民共和国担保法〉若干问题的解释》(2000年12月13日发布)

第二条 反担保人可以是债务人,也可以是债务人之外的其他人。

反担保方式可以是债务人提供的抵押或者质押,也可以是其他人提供的保证、抵押或者质押。

第一百零三条 以股份有限公司的股份出质的,适用《中华人民共和国公司法》有关股份转让的规定。

以上市公司的股份出质的,质押合同自股份出质向证券登记机构办理出质登记之日起生效。

以非上市公司的股份出质的,质押合同自股份出质记载于股东名册之日起生效。

案例链接

❶《李作民诉李景彬等保追偿权纠纷案》,参见北大法宝引证码:Pkulaw.cn/CLI.C.259444。

❷《乌鲁木齐新恺乐商贸有限公司与李斌欠款纠纷上诉案》,参见北大法宝引证码:Pkulaw.cn/CLI.C.252497。

❸《浙江谭记汽车贸易有限公司诉郭菊妃等担保追偿权纠纷案》,参见北大法宝引证码:Pkulaw.cn/CLI.C.228049。

【反担保合同的无效】

法律问题解读

除非当事人在合同中有特别约定,否则反担保合同因担保合同的无效而无效。另外,反担保合同亦可因为自身违反《合同法》及相关法律的强制性和禁止性规定而无效。反担保合同无效,并不意味着反担保人可以不承担任何赔偿责任。反担保人民事赔偿责任的承担问题必须区分不同情形来分析。

首先,如果反担保无效是由于主合同无效导致本担保合同无效进而使反担保合同无效时,要将三个合同关系结合起来加以考虑,即主合同关系、担保合同关系和反担保合同关系。依据《关于担保法若干问题的解释》的规定,因主合同无效致使担保合同无效,担保人有过错时,其应承担民事责任的部分,不应超过债务人不能清偿部分的1/3。此时,担保人可以在承担赔偿责任之后向债务人追偿,或者在承担赔偿责任的范围内要求有过错的反担保人承担赔偿责任。所谓有过错,是指反担保人对担保合同无效有过错的情形。此时，反担保人的责任范围应不超过担保人所承担的债务人不能清偿部分的1/3部分的1/2。

其次，主合同有效而担保合同无效的情形。担保合同无效，反担保合同自然无效。此时，债权人无过错的，担保人与债务人对主合同债权人的经济损失，承担连带赔偿责任；债权人、担保人有过错的，担保人承担民事责任的部分，不应超过债务人未清偿部分的1/2。此时，担保人可以在承担赔偿责任的范围内要求有过错的反担保人承担赔偿责任。反担保合同自身无效时，反担保人比照以上两种情况承担赔偿责任。

法条指引

❶《中华人民共和国担保法》（1995年6月30日 主席令公布）

第四条 第三人为债务人向债权人提供担保时，可以要求债务人提供反担保。

反担保适用本法担保的规定。

第五条 担保合同是主合同的从合同，主合同无效，担保合同无效。担保合同另有约定的，按照约定。

担保合同被确认无效后，债务人、担保人、债权人有过错的，应当根据其过错各自承担相应的民事责任。

❷《最高人民法院关于适用〈中华人民共和国担保法〉若干问题的解释》（2000年12月13日发布）

第七条 主合同有效而担保合同无效，债权人无过错的，担保人与债务人对主合同债权人的经济损失，承担连带赔偿责任；债权人、担保人有过错的，担保人承担民事责任的部分，不应超过债务人不能清偿部分的二分之一。

第八条 主合同无效而导致担保合同无效，担保人无过错的，担保人不承担民事责任；担保人有过错的，担保人承担民事责任的部分，不应超过债务人不能清偿部分的三分之一。

第九条 担保人因无效担保合同向债权人承担赔偿责任后，可以向债务人追偿，或者在承担赔偿责任的范围内，要求有过错的反担保人承担赔偿责任。

担保人可以根据承担赔偿责任的事实对债务人或者反担保人另行提起诉讼。

案例链接

❶《河南省中小企业投资担保有限公司诉河南新力资讯有限公司等担保追偿纠纷案》，参见北大法宝引证码：Pkulaw.cn/CLI.C.189493。

❷《南昌市商业银行象南支行与中国银行江西省分行等借款合同纠纷案》，参见北大法宝引证码：Pkulaw.cn/CLI.C.32228。

❸《中外合资经营企业厦新电子有限公司诉外商独资企业厦门佳利企业有限公司反担保合同案》，参见北大法宝引证码：Pkulaw.cn/CLI.C.88525。

【反担保的效力范围】

法律问题解读

反担保的效力范围，是反担保人对担保人承担反担保责任的范围，即担保人行使追偿权的范围。依据《担保法》的规定："反担保适用本法担保的规定。"因此，除当事人在反担保合同中另有约定的情况外，反担保的范围与担保人对债务人的追偿的范围相同，具体包括：担保人于担保范围内代债务人向债权人为债务清偿之支出及其他必要费用，如运费、汇费等；前面支出款额的利息；实现追偿权的费用，如质物的保管费用，拍卖费用等。

担保人自行履行担保责任时，其实际清偿额大于主债权范围的，担保人只能在主债权的范围内对债务人和反担保人行使追偿权。需要注意的是，在有偿担保中（如对外担保）担保人要求被担保人支付担保费的权利，在性质上不属于追偿权，因此，反担保人的担保范围不及于该部分债务。当然，反担保合同中另有约定的，从其约定。

法条指引

❶《中华人民共和国担保法》（1995年6月30日 主席令公布）

第四条 第三人为债务人向债权人提供担保时，可以要求债务人提供反担保。

反担保适用本法担保的规定。

第五十七条 为债务人抵押担保的第三人，在抵押权人实现抵押权后，有权向债务人追偿。

第七十二条 为债务人质押担保的第三人，在质权人实现质权后，有权向债务人追偿。

❷《最高人民法院关于适用〈中华人民共和国担保法〉若干问题的解释》（2000年12月13日发布）

第九条 担保人因无效担保合同向债权人承

担赔偿责任后，可以向债务人追偿，或者在承担赔偿责任的范围内，要求有过错的反担保人承担赔偿责任。

担保人可以根据承担赔偿责任的事实对债务人或者反担保人另行提起诉讼。

第二十一条 按份共同保证的保证人按照保证合同约定的保证份额承担保证责任后，在其履行保证责任的范围内对债务人行使追偿权。

第四十三条 保证人自行履行保证责任时，其实际清偿额大于主债权范围的，保证人只能在主债权范围内对债务人行使追偿权。

学者观点

❶ 车辉：《对反担保法律适用问题的思考》，参见北大法宝引证码：Pkulaw. cn/CLI. A. 1116428。

❷ 李保澄、王利建、陈金波：《略论反担保》，参见北大法宝引证码：Pkulaw. cn/CLI. A. 1110840。

【求偿保证】

法律问题解读

求偿保证，即反担保中的保证担保，是指债务人之外的其他人以自己的财产和信誉确保本担保中的保证人对债务人追偿权的实现的行为。求偿保证是对保证人将来因承担保证责任而产生的求偿权的保证。因此，求偿保证不是对主债务的保证，而是对保证人求偿权的保证。对共同保证人相互间的求偿请求权，也可成立求偿权保证。

求偿保证与一般保证一样，都是以主债务及本担保中的保证（第一保证债务）为前提。求偿保证的成立，必须有特别的约定，否则可能被推定为对原来主债务设定的保证。具体的求偿保证合同由保证人和求偿保证人作出。求偿保证包括一般的求偿保证、共同的求偿保证和连带责任的求偿保证三个类型。就求偿权的一部分也可以成立求偿保证。法律关于共同保证的规定，在求偿保证亦有适用。此外，在求偿保证中还必须注意以下几个问题：

1. 反担保合同中的保证人（即求偿保证人）只能是主合同债务之外的其他人，而不能是债务人。

2. 求偿保证属于人的担保的范畴，它不是用具体的财产提供担保，而是求偿保证人以自己的信誉和不特定的财产向保证人提供的担保。

3. 求偿保证人具有代为清偿债务的前提条件，如果保证人没有代为清偿债务的能力则不能成为保证人。

4. 求偿保证合同须以书面的形式订立。

法条指引

❶《中华人民共和国担保法》（1995年6月30日 主席令公布）

第四条 第三人为债务人向债权人提供担保时，可以要求债务人提供反担保。

反担保适用本法担保的规定。

第六条 本法所称保证，是指保证人和债权人约定，当债务人不履行债务时，保证人按照约定履行债务或者承担责任的行为。

第七条 具有代为清偿债务能力的法人、其他组织或者公民，可以作保证人。

第八条 国家机关不得为保证人，但经国务院批准为使用外国政府或者国际经济组织贷款进行转贷的除外。

第九条 学校、幼儿园、医院等以公益为目的的事业单位、社会团体不得为保证人。

第十条 企业法人的分支机构、职能部门不得为保证人。

企业法人的分支机构有法人书面授权的，可以在授权范围内提供保证。

第十一条 任何单位和个人不得强令银行等金融机构或者企业为他人提供保证；银行等金融机构或者企业对强令其为他人提供保证的行为，有权拒绝。

第十二条 同一债务有两个以上保证人的，保证人应当按照保证合同约定的保证份额，承担保证责任。没有约定保证份额的，保证人承担连带责任，债权人可以要求任何一个保证人承担全部保证责任，保证人都负有担保全部债权实现的义务。已经承担保证责任的保证人，有权向债务人追偿，或者要求承担连带责任的其他保证人清偿其应当承担的份额。

第十三条 保证人与债权人应当以书面形式订立保证合同。

第十四条 保证人与债权人可以就单个主合同分别订立保证合同，也可以协议在最高债权额限度内就一定期间连续发生的借款合同或者某项商品交易合同订立一个保证合同。

第十五条 保证合同应当包括以下内容：

（一）被保证的主债权种类、数额；

（二）债务人履行债务的期限；

（三）保证的方式；
（四）保证担保的范围；
（五）保证的期间；
（六）双方认为需要约定的其他事项。

保证合同不完全具备前款规定内容的，可以补正。

第十六条 保证的方式有：
（一）一般保证；
（二）连带责任保证。

第十七条 当事人在保证合同中约定，债务人不能履行债务时，由保证人承担保证责任的，为一般保证。

一般保证的保证人在主合同纠纷未经审判或者仲裁，并就债务人财产依法强制执行仍不能履行债务前，对债权人可以拒绝承担保证责任。

有下列情形之一的，保证人不得行使前款规定的权利：
（一）债务人住所变更，致使债权人要求其履行债务发生重大困难的；
（二）人民法院受理债务人破产案件，中止执行程序的；
（三）保证人以书面形式放弃前款规定的权利的。

第十八条 当事人在保证合同中约定保证人与债务人对债务承担连带责任的，为连带责任保证。

连带责任保证的债务人在主合同规定的债务履行期届满没有履行债务的，债权人可以要求债务人履行债务，也可以要求保证人在其保证范围内承担保证责任。

第十九条 当事人对保证方式没有约定或者约定不明确的，按照连带责任保证承担保证责任。

第二十条 一般保证和连带责任保证的保证人享有债务人的抗辩权。债务人放弃对债务的抗辩权的，保证人仍有权抗辩。

抗辩权是指债权人行使债权时，债务人根据法定事由，对抗债权人行使请求权的权利。

第二十一条 保证担保的范围包括主债权及利息、违约金、损害赔偿金和实现债权的费用。保证合同另有约定的，按照约定。

当事人对保证担保的范围没有约定或者约定不明确的，保证人应当对全部债务承担责任。

第二十二条 保证期间，债权人依法将主债权转让给第三人的，保证人在原保证担保的范围内继续承担保证责任。保证合同另有约定的，按照约定。

第二十三条 保证期间，债权人许可债务人转让债务的，应当取得保证人书面同意，保证人对未经其同意转让的债务，不再承担保证责任。

第二十四条 债权人与债务人协议变更主合同的，应当取得保证人书面同意，未经保证人书面同意的，保证人不再承担保证责任。保证合同另有约定的，按照约定。

第二十五条 一般保证的保证人与债权人未约定保证期间的，保证期间为主债务履行期届满之日起6个月。

在合同约定的保证期间和前款规定的保证期间，债权人未对债务人提起诉讼或者申请仲裁的，保证人免除保证责任；债权人已提起诉讼或者申请仲裁的，保证期间适用诉讼时效中断的规定。

第二十六条 连带责任保证的保证人与债权人未约定保证期间的，债权人有权自主债务履行期届满之日起6个月内要求保证人承担保证责任。

在合同约定的保证期间和前款规定的保证期间，债权人未要求保证人承担保证责任的，保证人免除保证责任。

第二十七条 保证人依照本法第十四条规定就连续发生的债权作保证，未约定保证期间的，保证人可以随时书面通知债权人终止保证合同，但保证人对于通知到债权人前所发生的债权，承担保证责任。

第二十八条 同一债权既有保证又有物的担保的，保证人对物的担保以外的债权承担保证责任。

债权人放弃物的担保的，保证人在债权人放弃权利的范围内免除保证责任。

第二十九条 企业法人的分支机构未经法人书面授权或者超出授权范围与债权人订立保证合同的，该合同无效或者超出授权范围的部分无效，债权人和企业法人有过错的，应当根据其过错各自承担相应的民事责任；债权人无过错的，由企业法人承担民事责任。

第三十条 有下列情形之一的，保证人不承担民事责任：
（一）主合同当事人双方串通，骗取保证人提供保证的；
（二）主合同债权人采取欺诈、胁迫等手段，使保证人在违背真实意思的情况下提供保证的。

第三十一条 保证人承担保证责任后，有权向债务人追偿。

第三十二条 人民法院受理债务人破产案件后，债权人未申报债权的，保证人可以参加破产财产分配，预先行使追偿权。

❷ **《最高人民法院关于适用〈中华人民共和国担保法〉若干问题的解释》**（2000年12月13日发布）

第二条 反担保人可以是债务人，也可以是债务人之外的其他人。

反担保方式可以是债务人提供的抵押或者质押，也可以是其他人提供的保证、抵押或者质押。

第十三条 保证合同中约定保证人代为履行非金钱债务的，如果保证人不能实际代为履行，对债权人因此造成的损失，保证人应当承担赔偿责任。

第十四条 不具有完全代偿能力的法人、其他组织或者自然人，以保证人身份订立保证合同后，又以自己没有代偿能力要求免除保证责任的，人民法院不予支持。

第十五条 《担保法》第七条规定的其他组织主要包括：

（一）依法登记领取营业执照的独资企业、合伙企业；

（二）依法登记领取营业执照的联营企业；

（三）依法登记领取营业执照的中外合作经营企业；

（四）经民政部门核准登记的社会团体；

（五）经核准登记领取营业执照的乡镇、街道、村办企业。

第十六条 从事经营活动的事业单位、社会团体为保证人的，如无其他导致保证合同无效的情况，其所签订的保证合同应当认定为有效。

第十七条 企业法人的分支机构未经法人书面授权提供保证的，保证合同无效。因此给债权人造成损失的，应当根据《担保法》第五条第二款的规定处理。

企业法人的分支机构经法人书面授权提供保证的，如果法人的书面授权范围不明，法人的分支机构应当对保证合同约定的全部债务承担保证责任。

企业法人的分支机构经营管理的财产不足以承担保证责任的，由企业法人承担民事责任。

企业法人的分支机构提供的保证无效后应当承担赔偿责任的，由分支机构经营管理的财产承担。企业法人有过错的，按照《担保法》第二十九条的规定处理。

第十八条 企业法人的职能部门提供保证的，保证合同无效。债权人知道或者应当知道保证人为企业法人的职能部门的，因此造成的损失由债权人自行承担。

债权人不知保证人为企业法人的职能部门，因此造成的损失，可以参照《担保法》第五条第二款的规定和第二十九条的规定处理。

第十九条 两个以上保证人对同一债务同时或者分别提供保证时，各保证人与债权人没有约定保证份额的，应当认定为连带共同保证。

连带共同保证的保证人以其相互之间约定各自承担的份额对抗债权人的，人民法院不予支持。

第二十条 连带共同保证的债务人在主合同规定的债务履行期届满没有履行债务的，债权人可以要求债务人履行债务，也可以要求任何一个保证人承担全部保证责任。

连带共同保证的保证人承担保证责任后，向债务人不能追偿的部分，由各连带保证人按其内部约定的比例分担。没有约定的，平均分担。

第二十一条 按份共同保证的保证人按照保证合同约定的保证份额承担保证责任后，在其履行保证责任的范围内对债务人行使追偿权。

第二十二条 第三人单方以书面形式向债权人出具担保书，债权人接受且未提出异议的，保证合同成立。

主合同中虽然没有保证条款，但是，保证人在主合同上以保证人的身份签字或者盖章的，保证合同成立。

第二十三条 最高额保证合同的不特定债权确定后，保证人应当对在最高债权额限度内就一定期间连续发生的债权余额承担保证责任。

第二十四条 一般保证的保证人在主债权履行期间届满后，向债权人提供了债务人可供执行财产的真实情况的，债权人放弃或者怠于行使权利致使该财产不能被执行，保证人可以请求人民法院在其提供可供执行财产的实际价值范围内免除保证责任。

第二十五条 《担保法》第十七条第三款第（一）项规定的债权人要求债务人履行债务发生的重大困难情形，包括债务人下落不明、移居境外，且无财产可供执行。

第二十六条 第三人向债权人保证监督支付专款专用的，在履行了监督支付专款专用的义务后，不再承担责任。未尽监督义务造成资金流失的，应当对流失的资金承担补充赔偿责任。

第二十七条 保证人对债务人的注册资金提供保证的，债务人的实际投资与注册资金不符，或者抽逃转移注册资金的，保证人在注册资金不足或者抽逃转移注册资金的范围内承担连带保证

第二十八条　保证期间，债权人依法将主债权转让给第三人的，保证债权同时转让，保证人在原保证担保的范围内对受让人承担保证责任。但是保证人与债权人事先约定仅对特定的债权人承担保证责任或者禁止债权转让的，保证人不再承担保证责任。

　　第二十九条　保证期间，债权人许可债务人转让部分债务未经保证人书面同意的，保证人对未经其同意转让部分的债务，不再承担保证责任。但是，保证人仍应当对未转让部分的债务承担保证责任。

　　第三十条　保证期间，债权人与债务人对主合同数量、价款、币种、利率等内容作了变动，未经保证人同意的，如果减轻债务人的债务的，保证人仍应当对变更后的合同承担保证责任；如果加重债务人的债务的，保证人对加重的部分不承担保证责任。

　　债权人与债务人对主合同履行期限作了变动，未经保证人书面同意的，保证期间为原合同约定的或者法律规定的期间。

　　债权人与债务人协议变动主合同内容，但并未实际履行的，保证人仍应当承担保证责任。

　　第三十一条　保证期间不因任何事由发生中断、中止、延长的法律后果。

　　第三十二条　保证合同约定的保证期间早于或者等于主债务履行期限的，视为没有约定，保证期间为主债务履行期届满之日起六个月。

　　保证合同约定保证人承担保证责任直至主债务本息还清时为止等类似内容的，视为约定不明，保证期间为主债务履行期届满之日起二年。

　　第三十三条　主合同对主债务履行期限没有约定或者约定不明的，保证期间自债权人要求债务人履行义务的宽限期届满之日起计算。

　　第三十四条　一般保证的债权人在保证期间届满前对债务人提起诉讼或者申请仲裁的，从判决或者仲裁裁决生效之日起，开始计算保证合同的诉讼时效。

　　连带责任保证的债权人在保证期间届满前要求保证人承担保证责任的，从债权人要求保证人承担保证责任之日起，开始计算保证合同的诉讼时效。

　　第三十五条　保证人对已经超过诉讼时效期间的债务承担保证责任或者提供保证的，又以超过诉讼时效为由抗辩的，人民法院不予支持。

　　第三十六条　一般保证中，主债务诉讼时效中断，保证债务诉讼时效中断；连带责任保证中，主债务诉讼时效中断，保证债务诉讼时效不中断。

　　一般保证和连带责任保证中，主债务诉讼时效中止的，保证债务的诉讼时效同时中止。

　　第三十七条　最高额保证合同对保证期间没有约定或者约定不明的，如最高额保证合同约定有保证人清偿债务期限的，保证期间为清偿期限届满之日起六个月。没有约定债务清偿期限的，保证期间自最高额保证终止之日或自债权人收到保证人终止保证合同的书面通知到达之日起六个月。

　　第三十八条　同一债权既有保证又有第三人提供物的担保的，债权人可以请求保证人或者物的担保人承担担保责任。当事人对保证担保的范围或者物的担保的范围没有约定或者约定不明的，承担了担保责任的担保人，可以向债务人追偿，也可以要求其他担保人清偿其应当分担的份额。

　　同一债权既有保证又有物的担保的，物的担保合同被确认无效或者被撤销，或者担保物因不可抗力的原因灭失而没有代位物的，保证人仍应当按合同的约定或者法律的规定承担保证责任。

　　债权人在主合同履行期届满后怠于行使担保物权，致使担保物的价值减少或者毁损、灭失的，视为债权人放弃部分或者全部物的担保。保证人在债权人放弃权利的范围内减轻或者免除保证责任。

　　第三十九条　主合同当事人双方协议以新贷偿还旧贷，除保证人知道或者应当知道的外，保证人不承担民事责任。

　　新贷与旧贷系同一保证人的，不适用前款的规定。

　　第四十条　主合同债务人采取欺诈、胁迫等手段，使保证人在违背真实意思的情况下提供保证的，债权人知道或者应当知道欺诈、胁迫事实的，按照《担保法》第三十条的规定处理。

　　第四十一条　债务人与保证人共同欺骗债权人，订立主合同和保证合同的，债权人可以请求人民法院予以撤销。因此给债权人造成损失的，由保证人与债务人承担连带赔偿责任。

　　第四十二条　人民法院判决保证人承担保证责任或者赔偿责任的，应当在判决书主文中明确保证人享有《担保法》第三十一条规定的权利。判决书中未予明确追偿权的，保证人只能按照承担责任的事实，另行提起诉讼。

　　保证人对债务人行使追偿权的诉讼时效，自保证人向债权人承担责任之日起开始计算。

第四十三条　保证人自行履行保证责任时，其实际清偿额大于主债权范围的，保证人只能在主债权范围内对债务人行使追偿权。

第四十四条　保证期间，人民法院受理债务人破产案件的，债权人既可以向人民法院申报债权，也可以向保证人主张权利。

债权人申报债权后在破产程序中未受清偿的部分，保证人仍应当承担保证责任。债权人要求保证人承担保证责任的，应当在破产程序终结后六个月内提出。

第四十五条　债权人知道或者应当知道债务人破产，既未申报债权也未通知保证人，致使保证人不能预先行使追偿权的，保证人在该债权在破产程序中可能受偿的范围内免除保证责任。

第四十六条　人民法院受理债务人破产案件后，债权人未申报债权的，各连带共同保证的保证人应当作为一个主体申报债权，预先行使追偿权。

案例链接

❶《象山县中小企业信用担保中心诉浙江华升电力设备有限公司等担保追偿权纠纷案》，参见北大法宝引证码：Pkulaw.cn/CLI.C.232265。

❷《宁波金众投资担保有限公司诉宁波思高软件科技有限公司等担保合同纠纷案》，参见北大法宝引证码：Pkulaw.cn/CLI.C.240204。

❸《浙江中新力合担保有限公司诉杭州正隆家具有限公司等担保追偿权纠纷案》，参见北大法宝引证码：Pkulaw.cn/CLI.C.242155。

❹《北京中科智担保有限公司诉北京市顺义区维特汽车驾驶学校等担保追偿权纠纷案》，参见北大法宝引证码：Pkulaw.cn/CLI.C.198386。

【求偿抵押】

法律问题解读

求偿抵押，即反担保中的抵押担保，是债务人或债务人之外的其他人以自己的财产作抵押，确保第三人（本担保中的担保人）的追偿权得以实现的一种担保。提供求偿抵押的抵押人可以是债务人本身，也可以是债务人以外的第三人。求偿抵押主要在国际贸易、工程承包和资金借贷等业务中采用。在这些业务中，债权人往往希望在债务人不能清偿债务时能够便捷地从保证人处获得金钱偿付，并避免抵押物登记的麻烦和担忧抵押物日后处理的不便，而折价给自己又无使用价值，这时，就需要第三人向债权人提供其满意的保证担保，再由债务人向保证人提供求偿抵押担保。求偿抵押和本担保的恰当搭配可以满足当事人的各种需要，维护交易安全并避免担保之风险。

求偿抵押与抵押担保一样，也是一种物权担保。所不同的是，在求偿抵押担保中，债务人或债务人之外的其他人为抵押人，第三人则为抵押权人。债务人或债务人之外的其他人用作求偿抵押的财产可以是动产，也可以是不动产。如果用作抵押的为动产，则应是不易损耗的资产（如机器设备、交通工具等），那些易损耗的资产不能作为抵押物的标的（如食品等）。债务人和第三人在办理求偿抵押时，依照法律规定需要办理抵押物登记的，应依法办理抵押物登记手续。

法条指引

❶**《中华人民共和国物权法》**（2007年3月16日　主席令公布　2007年10月1日施行）

第一百七十九条　为担保债务的履行，债务人或者第三人不转移财产的占有，将该财产抵押给债权人的，债务人不履行到期债务或者发生当事人约定的实现抵押权的情形，债权人有权就该财产优先受偿。

前款规定的债务人或者第三人为抵押人，债权人为抵押权人，提供担保的财产为抵押财产。

第一百八十四条　下列财产不得抵押：

（一）土地所有权；

（二）耕地、宅基地、自留地、自留山等集体所有的土地使用权，但法律规定可以抵押的除外；

（三）学校、幼儿园、医院等以公益为目的的事业单位、社会团体的教育设施、医疗卫生设施和其他社会公益设施；

（四）所有权、使用权不明或者有争议的财产；

（五）依法被查封、扣押、监管的财产；

（六）法律、行政法规规定不得抵押的其他财产。

第一百九十条　订立抵押合同前抵押财产已出租的，原租赁关系不受该抵押权的影响。抵押权设立后抵押财产出租的，该租赁关系不得对抗已登记的抵押权。

第一百八十条　债务人或者第三人有权处分的下列财产可以抵押：

（一）建筑物和其他土地附着物；

（二）建设用地使用权；
（三）以招标、拍卖、公开协商等方式取得的荒地等土地承包经营权；
（四）生产设备、原材料、半成品、产品；
（五）正在建造的建筑物、船舶、航空器；
（六）交通运输工具；
（七）法律、行政法规未禁止抵押的其他财产。

抵押人可以将前款所列财产一并抵押。

第一百八十五条　设立抵押权，当事人应当采取书面形式订立抵押合同。

抵押合同一般包括下列条款：
（一）被担保债权的种类和数额；
（二）债务人履行债务的期限；
（三）抵押财产的名称、数量、质量、状况、所在地、所有权归属或者使用权归属；
（四）担保的范围。

第二百零三条　为担保债务的履行，债务人或者第三人对一定期间内将要连续发生的债权提供担保财产的，债务人不履行到期债务或者发生当事人约定的实现抵押权的情形，抵押权人有权在最高债权额限度内就该担保财产优先受偿。

最高额抵押权设立前已经存在的债权，经当事人同意，可以转入最高额抵押担保的债权范围。

第二百零四条　最高额抵押担保的债权确定前，部分债权转让的，最高额抵押权不得转让，但当事人另有约定的除外。

第二百零五条　最高额抵押担保的债权确定前，抵押权人与抵押人可以通过协议变更债权确定的期间、债权范围以及最高债权额，但变更的内容不得对其他抵押权人产生不利影响。

第二百零六条　有下列情形之一的，抵押权人的债权确定：
（一）约定的债权确定期间届满；
（二）没有约定债权确定期间或者约定不明确，抵押权人或者抵押人自最高额抵押权设立之日起满二年后请求确定债权；
（三）新的债权不可能发生；
（四）抵押财产被查封、扣押；
（五）债务人、抵押人被宣告破产或者被撤销；
（六）法律规定债权确定的其他情形。

第二百零七条　最高额抵押权除适用本节规定外，适用本章第一节一般抵押权的规定。

第一百八十七条　以本法第一百八十条第一款第一项至第三项规定的财产或者第五项规定的正在建造的建筑物抵押的，应当办理抵押登记。抵押权自登记时设立。

第一百八十八条　以本法第一百八十条第一款第四项、第六项规定的财产或者第五项规定的正在建造的船舶、航空器抵押的，抵押权自抵押合同生效时设立；未经登记，不得对抗善意第三人。

❷《中华人民共和国担保法》（1995年6月30日　主席令公布）

第四条　第三人为债务人向债权人提供担保时，可以要求债务人提供反担保。

反担保适用本法担保的规定。

第三十三条　本法所称抵押，是指债务人或者第三人不转移对本法第三十四条所列财产的占有，将该财产作为债权的担保。债务人不履行债务时，债权人有权依照本法规定以该财产折价或者以拍卖、变卖该财产的价款优先受偿。

前款规定的债务人或者第三人为抵押人，债权人为抵押权人，提供担保的财产为抵押物。

第三十四条　下列财产可以抵押：
（一）抵押人所有的房屋和其他地上定着物；
（二）抵押人所有的机器、交通运输工具和其他财产；
（三）抵押人依法有权处分的国有的土地使用权、房屋和其他地上定着物；
（四）抵押人依法有权处分的国有的机器、交通运输工具和其他财产；
（五）抵押人依法承包并经发包方同意抵押的荒山、荒沟、荒丘、荒滩等荒地的土地使用权；
（六）依法可以抵押的其他财产。

抵押人可以将前款所列财产一并抵押。

第三十五条　抵押人所担保的债权不得超出其抵押物的价值。

财产抵押后，该财产的价值大于所担保债权的余额部分，可以再次抵押，但不得超出其余额部分。

第三十六条　以依法取得的国有土地上的房屋抵押的，该房屋占用范围内的国有土地使用权同时抵押。

以出让方式取得的国有土地使用权抵押的，应当将抵押时该国有土地上的房屋同时抵押。

乡（镇）、村企业的土地使用权不得单独抵押。以乡（镇）、村企业的厂房等建筑物抵押的，其占用范围内的土地使用权同时抵押。

第三十七条　下列财产不得抵押：
（一）土地所有权；

(二）耕地、宅基地、自留地、自留山等集体所有的土地使用权，但本法第三十四条第（五）项、第三十六条第三款规定的除外；
(三）学校、幼儿园、医院等以公益为目的的事业单位、社会团体的教育设施、医疗卫生设施和其他社会公益设施；
(四）所有权、使用权不明或者有争议的财产；
(五）依法被查封、扣押、监管的财产；
(六）依法不得抵押的其他财产。

第三十八条 抵押人和抵押权人应当以书面形式订立抵押合同。

第三十九条 抵押合同应当包括以下内容：
(一）被担保的主债权种类、数额；
(二）债务人履行债务的期限；
(三）抵押物的名称、数量、质量、状况、所在地、所有权权属或者使用权权属；
(四）抵押担保的范围；
(五）当事人认为需要约定的其他事项。
抵押合同不完全具备前款规定内容的，可以补正。

第四十条 订立抵押合同时，抵押权人和抵押人在合同中不得约定在债务履行期届满抵押权人未受清偿时，抵押物的所有权转移为债权人所有。

第四十一条 当事人以本法第四十二条规定的财产抵押的，应当办理抵押物登记，抵押合同自登记之日起生效。（已为《物权法》第一百八十七条修改）

第四十二条 办理抵押物登记的部门如下：
(一）以无地上定着物的土地使用权抵押的，为核发土地使用权证书的土地管理部门；
(二）以城市房地产或者乡（镇）、村企业的厂房等建筑物抵押的，为县级以上地方人民政府规定的部门；
(三）以林木抵押的，为县级以上林木主管部门；
(四）以航空器、船舶、车辆抵押的，为运输工具的登记部门；
(五）以企业的设备和其他动产抵押的，为财产所在地的工商行政管理部门。

第四十四条 办理抵押物登记，应当向登记部门提供下列文件或者其复印件：
(一）主合同和抵押合同；
(二）抵押物的所有权或者使用权证书。

第四十五条 登记部门登记的资料，应当允许查阅、抄录或者复印。

第四十六条 抵押担保的范围包括主债权及利息、违约金、损害赔偿金和实现抵押权的费用。抵押合同另有约定的，按照约定。

第四十七条 债务履行期届满，债务人不履行债务致使抵押物被人民法院依法扣押的，自扣押之日起抵押权人有权收取由抵押物分离的天然孳息以及抵押人就抵押物可以收取的法定孳息。抵押权人未将扣押抵押物的事实通知应当清偿法定孳息的义务人的，抵押权的效力不及于该孳息。
前款孳息应当先充抵收取孳息的费用。

第四十八条 抵押人将已出租的财产抵押的，应当书面告知承租人，原租赁合同继续有效。

第四十九条 抵押期间，抵押人转让已办理登记的抵押物的，应当通知抵押权人并告知受让人转让物已经抵押的情况；抵押人未通知抵押权人或者未告知受让人的，转让行为无效。（已为《物权法》第一百九十一条修改）
转让抵押物的价款明显低于其价值的，抵押权人可以要求抵押人提供相应的担保；抵押人不提供的，不得转让抵押物。
抵押人转让抵押物所得的价款，应当向抵押权人提前清偿所担保的债权或者向与抵押权人约定的第三人提存。超过债权数额的部分，归抵押人所有，不足部分由债务人清偿。

第五十条 抵押权不得与债权分离而单独转让或者作为其他债权的担保。

第五十一条 抵押人的行为足以使抵押物价值减少的，抵押权人有权要求抵押人停止其行为。抵押物价值减少时，抵押权人有权要求抵押人恢复抵押物的价值，或者提供与减少的价值相当的担保。
抵押人对抵押物价值减少无过错的，抵押权人只能在抵押人因损害而得到的赔偿范围内要求提供担保。抵押物价值未减少的部分，仍作为债权的担保。

第五十二条 抵押权与其担保的债权同时存在，债权消灭的，抵押权也消灭。

第五十三条 债务履行期届满抵押权人未受清偿的，可以与抵押人协议以抵押物折价或者以拍卖、变卖该抵押物所得的价款受偿；协议不成的，抵押权人可以向人民法院提起诉讼。
抵押物折价或者拍卖、变卖后，其价款超过债权数额的部分归抵押人所有，不足部分由债务人清偿。

第五十四条 同一财产向两个以上债权人抵

押的，拍卖、变卖抵押物所得的价款按照以下规定清偿：

（一）抵押合同以登记生效的，按照抵押物登记的先后顺序清偿；顺序相同的，按照债权比例清偿；

（二）抵押合同自签订之日起生效的，该抵押物已登记的，按照本条第（一）项规定清偿；未登记的，按照合同生效时间的先后顺序清偿，顺序相同的，按照债权比例清偿。抵押物已登记的先于未登记的受偿。

第五十五条 城市房地产抵押合同签订后，土地上新增的房屋不属于抵押物。需要拍卖该抵押的房地产时，可以依法将该土地上新增的房屋与抵押物一同拍卖，但对拍卖新增房屋所得，抵押权人无权优先受偿。

依照本法规定以承包的荒地的土地使用权抵押的，或者以乡（镇）、村企业的厂房等建筑物占用范围内的土地使用权抵押的，在实现抵押权后，未经法定程序不得改变土地集体所有和土地用途。

第五十六条 拍卖划拨的国有土地使用权所得的价款，在依法缴纳相当于应缴纳的土地使用权出让金的款额后，抵押权人有优先受偿权。

第五十七条 为债务人抵押担保的第三人，在抵押权人实现抵押权后，有权向债务人追偿。

第五十八条 抵押权因抵押物灭失而消灭。因灭失所得的赔偿金，应当作为抵押财产。

第五十九条 本法所称最高额抵押，是指抵押人与抵押权人协议，在最高债权额限度内，以抵押物对一定期间内连续发生的债权作担保。

第六十条 借款合同可以附最高额抵押合同。

债权人与债务人就某项商品在一定期间内连续发生交易而签订的合同，可以附最高额抵押合同。

第六十一条 最高额抵押的主合同债权不得转让。

第六十二条 最高额抵押除适用本节规定外，适用本章其他规定。

❸《**最高人民法院关于适用〈中华人民共和国担保法〉若干问题的解释**》（2000 年 12 月 13 日发布）

第二条 反担保人可以是债务人，也可以是债务人之外的其他人。

反担保方式可以是债务人提供的抵押或者质押，也可以是其他人提供的保证、抵押或者质押。

第四十七条 以依法获准尚未建造的或者正在建造中的房屋或者其他建筑物抵押的，当事人办理了抵押物登记，人民法院可以认定抵押有效。

第四十八条 以法定程序确认为违法、违章的建筑物抵押的，抵押无效。

第四十九条 以尚未办理权属证书的财产抵押的，在第一审法庭辩论终结前能够提供权利证书或者补办登记手续的，可以认定抵押有效。

当事人未办理抵押物登记手续的，不得对抗第三人。

第五十条 以《担保法》第三十四条第一款所列财产一并抵押的，抵押财产的范围应当以登记的财产为准。抵押财产的价值在抵押权实现时予以确定。

第五十一条 抵押人所担保的债权超出其抵押物价值的，超出的部分不具有优先受偿的效力。

第五十二条 当事人以农作物和其尚未分离的土地使用权同时抵押的，土地使用权部分的抵押无效。

第五十三条 学校、幼儿园、医院等以公益为目的的事业单位、社会团体，以其教育设施、医疗卫生设施和其他社会公益设施以外的财产为自身债务设定抵押的，人民法院可以认定抵押有效。

第五十四条 按份共有人以其共有财产中享有的份额设定抵押的，抵押有效。

共同共有人以其共有财产设定抵押，未经其他共有人的同意，抵押无效。但是，其他共有人知道或者应当知道而未提出异议的视为同意，抵押有效。

第五十五条 已经设定抵押的财产被采取查封、扣押等财产保全或者执行措施的，不影响抵押权的效力。

第五十六条 抵押合同对被担保的主债权种类、抵押财产没有约定或者约定不明，根据主合同和抵押合同不能补正或者无法推定的，抵押不成立。

法律规定登记生效的抵押合同签订后，抵押人违背诚实信用原则拒绝办理抵押登记致使债权人受到损失的，抵押人应当承担赔偿责任。

第五十七条 当事人在抵押合同中约定，债务履行期届满抵押权人未受清偿时，抵押物的所有权转移为债权人所有的内容无效。该内容的无效不影响抵押合同其他部分内容的效力。

债务履行期届满后抵押权人未受清偿时，抵押权人和抵押人可以协议以抵押物折价取得抵押物。但是，损害顺序在后的担保物权人和其他债权人利益的，人民法院可以适用《合同法》第七十四条、第七十五条的有关规定。

第五十八条 当事人同一天在不同的法定登记部门办理抵押物登记的，视为顺序相同。

因登记部门的原因致使抵押物进行连续登记的，抵押物第一次登记的日期，视为抵押登记的日期，并依此确定抵押权的顺序。

第五十九条 当事人办理抵押物登记手续时，因登记部门的原因致使其无法办理抵押物登记，抵押人向债权人交付权利凭证的，可以认定债权人对该财产有优先受偿权。但是，未办理抵押物登记的，不得对抗第三人。

第六十条 以《担保法》第四十二条第（二）项规定的不动产抵押的，县级以上地方人民政府对登记部门未作规定，当事人在土地管理部门或者房产管理部门办理了抵押物登记手续，人民法院可以确认其登记的效力。

第六十一条 抵押物登记记载的内容与抵押合同约定的内容不一致的，以登记记载的内容为准。

第六十二条 抵押物因附合、混合或者加工使抵押物的所有权为第三人所有的，抵押权的效力及于补偿金；抵押物所有人为附合物、混合物或者加工物的所有人的，抵押权的效力及于附合物、混合物或者加工物；第三人与抵押物所有人为附合物、混合物或者加工物的共有人的，抵押权的效力及于抵押人对共有物享有的份额。

第六十三条 抵押权设定前为抵押物的从物的，抵押权的效力及于抵押物的从物。但是，抵押物与其从物为两个以上的人分别所有时，抵押权的效力不及于抵押物的从物。

第六十四条 债务履行期届满，债务人不履行债务致使抵押物被人民法院依法扣押的，自扣押之日起抵押权人收取的由抵押物分离的天然孳息和法定孳息，按照下列顺序清偿：

（一）收取孳息的费用；

（二）主债权的利息；

（三）主债权。

第六十五条 抵押人将已出租的财产抵押的，抵押权实现后，租赁合同在有效期内对抵押物的受让人继续有效。

第六十六条 抵押人将已抵押的财产出租的，抵押权实现后，租赁合同对受让人不具有约束力。

抵押人将已抵押的财产出租时，如果抵押人未书面告知承租人该财产已抵押，抵押人对出租抵押物造成承租人的损失承担赔偿责任；如果抵押人已书面告知承租人该财产已抵押，抵押权实现造成承租人的损失，由承租人自己承担。

第六十七条 抵押权存续期间，抵押人转让抵押物未通知抵押权人或者未告知受让人的，如果抵押物已经登记的，抵押权人仍可以行使抵押权；取得抵押物所有权的受让人，可以代替债务人清偿其全部债务，使抵押权消灭。受让人清偿债务后可以向抵押人追偿。

如果抵押物未经登记的，抵押权不得对抗受让人，因此给抵押权人造成损失的，由抵押人承担赔偿责任。

第六十八条 抵押物依法被继承或者赠与的，抵押权不受影响。

第六十九条 债务人有多个普通债权人的，在清偿债务时，债务人与其中一个债权人恶意串通，将其全部或者部分财产抵押给该债权人，因此丧失了履行其他债务的能力，损害了其他债权人的合法权益，受损害的其他债权人可以请求人民法院撤销该抵押行为。

第七十条 抵押人的行为足以使抵押物价值减少的，抵押权人请求抵押人恢复原状或提供担保遭到拒绝时，抵押权人可以请求债务人履行债务，也可以请求提前行使抵押权。

第七十一条 主债权未受全部清偿的，抵押权人可以就抵押物的全部行使其抵押权。

抵押物被分割或者部分转让的，抵押权人可以就分割或者转让后的抵押物行使抵押权。

第七十二条 主债权被分割或者部分转让的，各债权人可以就其享有的债权份额行使抵押权。

主债务被分割或者部分转让的，抵押人仍以其抵押物担保数个债务人履行债务。但是，第三人提供抵押的，债权人许可债务人转让债务未经抵押人书面同意的，抵押人对未经其同意转让的债务，不再承担担保责任。

第七十三条 抵押物折价或者拍卖、变卖该抵押物的价款低于抵押权设定时约定价值的，应当按照抵押物实现的价值进行清偿。不足清偿的剩余部分，由债务人清偿。

第七十四条 抵押物折价或者拍卖、变卖所得的价款，当事人没有约定的，按下列顺序清偿：

（一）实现抵押权的费用；

（二）主债权的利息；

（三）主债权。

第七十五条 同一债权有两个以上抵押人的，债权人放弃债务人提供的抵押担保的，其他抵押人可以请求人民法院减轻或者免除其应当承担的担保责任。

同一债权有两个以上抵押人的，当事人对其提供的抵押财产所担保的债权份额或者顺序没有约定或者约定不明的，抵押权人可以就其中任一或者各个财产行使抵押权。

抵押人承担担保责任后，可以向债务人追偿，也可以要求其他抵押人清偿其应当承担的份额。

第七十六条 同一动产向两个以上债权人抵押的，当事人未办理抵押物登记，实现抵押权时，各抵押权人按照债权比例受偿。

第七十七条 同一财产向两个以上债权人抵押的，顺序在先的抵押权与该财产的所有权归属一人时，该财产的所有权人可以以其抵押权对抗顺序在后的抵押权。

第七十八条 同一财产向两个以上债权人抵押的，顺序在后的抵押权所担保的债权先到期的，抵押权人只能就抵押物价值超出顺序在先的抵押担保债权的部分受偿。

顺序在先的抵押权所担保的债权先到期的，抵押权实现后的剩余价款应予提存，留待清偿顺序在后的抵押担保债权。

第七十九条 同一财产法定登记的抵押权与质权并存时，抵押权人优先于质权人受偿。

同一财产抵押权与留置权并存时，留置权人优先于抵押权人受偿。

第八十条 在抵押物灭失、毁损或者被征用的情况下，抵押权人可以就该抵押物的保险金、赔偿金或者补偿金优先受偿。

抵押物灭失、毁损或者被征用的情况下，抵押权所担保的债权未届清偿期的，抵押权人可以请求人民法院对保险金、赔偿金或补偿金等采取保全措施。

第八十一条 最高额抵押权所担保的债权范围，不包括抵押物因财产保全或者执行程序被查封后或债务人、抵押人破产后发生的债权。

第八十二条 当事人对最高额抵押合同的最高限额、最高额抵押期间进行变更，以其变更对抗顺序在后的抵押权人的，人民法院不予支持。

第八十三条 最高额抵押权所担保的不特定债权，在特定后，债权已届清偿期的，最高额抵押权人可以根据普通抵押权的规定行使其抵押权。

抵押人实现最高额抵押权时，如果实际发生的债权余额高于最高限额的，以最高限额为限，超过部分不具有优先受偿的效力；如果实际发生的债权余额低于最高限额的，以实际发生的债权余额为限对抵押物优先受偿。

案例链接

❶《银川市中小企业信用担保中心诉银川金麦佳面粉有限公司等担保追偿权纠纷案》，参见北大法宝引证码：Pkulaw. cn/CLI. C. 238035。

❷《上海宏友纺织品有限公司与上海银信投资担保有限公司保证合同纠纷再审案》，参见北大法宝引证码：Pkulaw. cn/CLI. C. 276215。

❸《中粮五谷道场食品有限公司诉甘肃中旺食品有限公司等所有权确认纠纷案》，参见北大法宝引证码：Pkulaw. cn/CLI. C. 217901。

❹《富阳市诚信担保有限公司诉富阳市金伦造纸厂担保追偿权纠纷案》，参见北大法宝引证码：Pkulaw. cn/CLI. C. 253373。

【求偿质押】

法律问题解读

求偿质押，即反担保中的质押担保，是指债务人或债务人之外的其他人将其动产或权利凭证交给第三人占有，确保第三人追偿权实现的担保。在求偿质押中，质押人可以是债务人，也可以是债务人之外的第三人。

求偿质押担保也是一种质押担保，只是在求偿质押中，原法律关系主体发生了变化，债务人或债务人之外的其他人成了出质人，原出质人（或担保人）成了质权人。依据《担保法》与《物权法》的规定，求偿质押也可以分为动产质押和权利质押两种。汇票、支票、本票、债券、存款单、仓单、提单，依法可以转让的股份、股票、商标专用权、专利权、著作权中的财产权可以设定权利质押。依照《担保法》的规定，质押权的设定需要交付作为质物的动产或权利凭证，在原物出质后需要办理出质登记的（如以依法可以转让的商标专用权、专利权、著作权中的财产权出质的），还应当办理质物登记手续，质权自办理登记之日起生效。

法条指引

❶《中华人民共和国物权法》（2007年3月16日 主席令公布 2007年10月1日施行）

第二百零八条 为担保债务的履行，债务人或者第三人将其动产出质给债权人占有的，债务人不履行到期债务或者发生当事人约定的实现质权的情形，债权人有权就该动产优先受偿。

前款规定的债务人或者第三人为出质人,债权人为质权人,交付的动产为质押财产。

第二百零九条 法律、行政法规禁止转让的动产不得出质。

第二百一十条 设立质权,当事人应当采取书面形式订立质权合同。

质权合同一般包括下列条款:
(一)被担保债权的种类和数额;
(二)债务人履行债务的期限;
(三)质押财产的名称、数量、质量、状况;
(四)担保的范围;
(五)质押财产交付的时间。

第二百一十二条 质权自出质人交付质押财产时设立。

第二百二十三条 债务人或者第三人有权处分的下列权利可以出质:
(一)汇票、支票、本票;
(二)债券、存款单;
(三)仓单、提单;
(四)可以转让的基金份额、股权;
(五)可以转让的注册商标专用权、专利权、著作权等知识产权中的财产权;
(六)应收账款;
(七)法律、行政法规规定可以出质的其他财产权利。

第二百二十四条 以汇票、支票、本票、债券、存款单、仓单、提单出质的,当事人应当订立书面合同。质权自权利凭证交付质权人时设立;没有权利凭证的,质权自有关部门办理出质登记时设立。

第二百二十五条 汇票、支票、本票、债券、存款单、仓单、提单的兑现日期或者提货日期先于主债权到期的,质权人可以兑现或者提货,并与出质人协议将兑现的价款或者提取的货物提前清偿债务或者提存。

第二百二十六条 以基金份额、股权出质的,当事人应当订立书面合同。以基金份额、证券登记结算机构登记的股权出质的,质权自证券登记结算机构办理出质登记时设立;以其他股权出质的,质权自工商行政管理部门办理出质登记时设立。

基金份额、股权出质后,不得转让,但经出质人与质权人协商同意的除外。出质人转让基金份额、股权所得的价款,应当向质权人提前清偿债务或者提存。

第二百二十七条 以注册商标专用权、专利权、著作权等知识产权中的财产权出质的,当事人应当订立书面合同。质权自有关主管部门办理出质登记时设立。

知识产权中的财产权出质后,出质人不得转让或者许可他人使用,但经出质人与质权人协商同意的除外。出质人转让或者许可他人使用出质的知识产权中的财产权所得的价款,应当向质权人提前清偿债务或者提存。

第二百二十八条 以应收账款出质的,当事人应当订立书面合同。质权自信贷征信机构办理出质登记时设立。

应收账款出质后,不得转让,但经出质人与质权人协商同意的除外。出质人转让应收账款所得的价款,应当向质权人提前清偿债务或者提存。

第二百二十九条 权利质权除适用本节规定外,适用本章第一节动产质权的规定。

❷《中华人民共和国担保法》(1995年6月30日 主席令公布)

第四条 第三人为债务人向债权人提供担保时,可以要求债务人提供反担保。

反担保适用本法担保的规定。

第六十三条 本法所称动产质押,是指债务人或者第三人将其动产移交债权人占有,将该动产作为债权的担保。债务人不履行债务时,债权人有权依照本法规定以该动产折价或者以拍卖、变卖该动产的价款优先受偿。

前款规定的债务人或者第三人为出质人,债权人为质权人,移交的动产为质物。

第六十四条 出质人和质权人应当以书面形式订立质押合同。

质押合同自质物移交于质权人占有时生效。

第六十五条 质押合同应当包括以下内容:
(一)被担保的主债权种类、数额;
(二)债务人履行债务的期限;
(三)质物的名称、数量、质量、状况;
(四)质押担保的范围;
(五)质物移交的时间;
(六)当事人认为需要约定的其他事项。

质押合同不完全具备前款规定内容的,可以补正。

第六十六条 出质人和质权人在合同中不得约定在债务履行期届满质权人未受清偿时,质物的所有权转移为质权人所有。

第六十七条 质押担保的范围包括主债权及利息、违约金、损害赔偿金、质物保管费用和实现质权的费用。质押合同另有约定的,按照约定。

第六十八条　质权人有权收取质物所生的孳息。质押合同另有约定的，按照约定。

前款孳息应当先充抵收取孳息的费用。

第六十九条　质权人负有妥善保管质物的义务。因保管不善致使质物灭失或者毁损的，质权人应当承担民事责任。

质权人不能妥善保管质物可能致使其灭失或者毁损的，出质人可以要求质权人将质物提存，或者要求提前清偿债权而返还质物。

第七十条　质物有损坏或者价值明显减少的可能，足以危害质权人权利的，质权人可以要求出质人提供相应的担保。出质人不提供的，质权人可以拍卖或者变卖质物，并与出质人协议将拍卖或者变卖所得的价款用于提前清偿所担保的债权或者向与出质人约定的第三人提存。

第七十一条　债务履行期届满债务人履行债务的，或者出质人提前清偿所担保的债权的，质权人应当返还质物。

债务履行期届满质权人未受清偿的，可以与出质人协议以质物折价，也可以依法拍卖、变卖质物。

质物折价或者拍卖、变卖后，其价款超过债权数额的部分归出质人所有，不足部分由债务人清偿。

第七十二条　为债务人质押担保的第三人，在质权人实现质权后，有权向债务人追偿。

第七十三条　质权因质物灭失而消灭。因灭失所得的赔偿金，应当作为出质财产。

第七十四条　质权与其担保的债权同时存在，债权消灭的，质权也消灭。

第七十五条　下列权利可以质押：

（一）汇票、支票、本票、债券、存款单、仓单、提单；

（二）依法可以转让的股份、股票；

（三）依法可以转让的商标专用权，专利权、著作权中的财产权；

（四）依法可以质押的其他权利。

第七十六条　以汇票、支票、本票、债券、存款单、仓单、提单出质的，应当在合同约定的期限内将权利凭证交付质权人。质押合同自权利凭证交付之日起生效。（《物权法》第二百二十四条修改）

第七十七条　以载明兑现或者提货日期的汇票、支票、本票、债券、存款单、仓单、提单出质的，汇票、支票、本票、债券、存款单、仓单、提单兑现或者提货日期先于债务履行期的，质权人可以在债务履行期届满前兑现或者提货，并与出质人协议将兑现的价款或者提取的货物用于提前清偿所担保的债权或者向与出质人约定的第三人提存。

第七十八条　以依法可以转让的股票出质的，出质人与质权人应当订立书面合同，并向证券登记机构办理出质登记。质押合同自登记之日起生效。（《物权法》第二百二十四条修改）

股票出质后，不得转让，但经出质人与质权人协商同意的可以转让。出质人转让股票所得的价款应当向质权人提前清偿所担保的债权或者向与出质人约定的第三人提存。

以有限责任公司的股份出质的，适用公司法股份转让的有关规定。质押合同自股份出质记载于股东名册之日起生效。

第七十九条　以依法可以转让的商标专用权，专利权、著作权中的财产权出质的，出质人与质权人应当订立书面合同，并向其管理部门办理出质登记。质押合同自登记之日起生效。（《物权法》第二百二十四条修改）

第八十条　本法第七十九条规定的权利出质后，出质人不得转让或者许可他人使用，但经出质人与质权人协商同意的可以转让或者许可他人使用。出质人所得的转让费、许可费应当向质权人提前清偿所担保的债权或者向与出质人约定的第三人提存。

第八十一条　权利质押除适用本节规定外，适用本章第一节的规定。

❸《最高人民法院关于适用〈中华人民共和国担保法〉若干问题的解释》（2000年12月13日发布）

第二条　反担保人可以是债务人，也可以是债务人之外的其他人。

反担保方式可以是债务人提供的抵押或者质押，也可以是其他人提供的保证、抵押或者质押。

第八十四条　出质人以其不具有所有权但合法占有的动产出质的，不知出质人无处分权的质权人行使质权后，因此给动产所有人造成损失的，由出质人承担赔偿责任。

第八十五条　债务人或者第三人将其金钱以特户、封金、保证金等形式特定化后，移交债权人占有作为债权的担保，债务人不履行债务时，债权人可以以该金钱优先受偿。

第八十六条　债务人或者第三人未按质押合同约定的时间移交质物的，因此给质权人造成损失的，出质人应当根据其过错承担赔偿责任。

第八十七条 出质人代质权人占有质物的,质押合同不生效;质权人将质物返还出质人后,以其质权对抗第三人的,人民法院不予支持。

因不可归责于质权人的事由而丧失对质物的占有,质权人可以向不当占有人请求停止侵害、恢复原状、返还质物。

第八十八条 出质人以间接占有的财产出质的,质押合同自书面通知送达占有人时视为移交。占有人收到出质通知后,仍接受出质人的指示处分出质财产的,该行为无效。

第八十九条 质押合同中对质押的财产约定不明,或者约定的出质财产与实际移交的财产不一致的,以实际交付占有的财产为准。

第九十条 质物有隐蔽瑕疵造成质权人其他财产损害的,应由出质人承担赔偿责任。但是,质权人在质物移交时明知质物有瑕疵而予以接受的除外。

第九十一条 动产质权的效力及于质物的从物。但是,从物未随同质物移交质权人占有的,质权的效力不及于从物。

第九十二条 按照《担保法》第六十九条的规定将质物提存的,质物提存费用由质权人负担;出质人提前清偿债权的,应当扣除未到期部分的利息。

第九十三条 质权人在质权存续期间,未经出质人同意,擅自使用、出租、处分质物,因此给出质人造成损失的,由质权人承担赔偿责任。

第九十四条 质权人在质权存续期间,为担保自己的债务,经出质人同意,以其所占有的质物为第三人设定质权的,应当在原质权所担保的债权范围之内,超过的部分不具有优先受偿的效力。转质权的效力优于原质权。

质权人在质权存续期间,未经出质人同意,为担保自己的债务,在其所占有的质物上为第三人设定质权的无效。质权人对因转质而发生的损害承担赔偿责任。

第九十五条 债务履行期届满质权人未受清偿的,质权人可以继续留置质物,并以质物的全部行使权利。出质人清偿所担保的债权后,质权人应当返还质物。

债务履行期届满,出质人请求质权人及时行使权利,而质权人怠于行使权利致使质物价格下跌的,由此造成的损失,质权人应当承担赔偿责任。

第九十六条 本解释第五十七条、第六十二条、第六十四条、第七十一条、第七十二条、第七十三条、第七十四条、第八十条之规定,适用于动产质押。

(二)权利质押

第九十七条 以公路桥梁、公路隧道或者公路渡口等不动产收益权出质的,按照《担保法》第七十五条第(四)项的规定处理。

第九十八条 以汇票、支票、本票出质,出质人与质权人没有背书记载"质押"字样,以票据出质对抗善意第三人的,人民法院不予支持。

第九十九条 以公司债券出质的,出质人与质权人没有背书记载"质押"字样,以债券出质对抗公司和第三人的,人民法院不予支持。

第一百条 以存款单出质的,签发银行核押后又受理挂失并造成存款流失的,应当承担民事责任。

第一百零一条 以票据、债券、存款单、仓单、提单出质的,质权人再转让或者质押的无效。

第一百零二条 以载明兑现或者提货日期的汇票、支票、本票、债券、存款单、仓单、提单出质的,其兑现或者提货日期后于债务履行期的,质权人只能在兑现或者提货日期届满时兑现款项或者提取货物。

第一百零三条 以股份有限公司的股份出质的,适用《中华人民共和国公司法》有关股份转让的规定。

以上市公司的股份出质的,质押合同自股份出质向证券登记机构办理出质登记之日起生效。

以非上市公司的股份出质的,质押合同自股份出质记载于股东名册之日起生效。

第一百零四条 以依法可以转让的股份、股票出质的,质权的效力及于股份、股票的法定孳息。

第一百零五条 以依法可以转让的商标专用权,专利权、著作权中的财产权出质的,出质人未经质权人同意而转让或者许可他人使用已出质权利的,应当认定为无效。因此给质权人或者第三人造成损失的,由出质人承担民事责任。

第一百零六条 质权人向出质人、出质债权的债务人行使质权时,出质人、出质债权的债务人拒绝的,质权人可以起诉出质人和出质债权的债务人,也可以单独起诉出质债权的债务人。

案例链接

❶《中元国信信用担保有限公司诉北京第一生物化学药业有限公司保证合同纠纷案》,参见北

② 《北京京海达体育场馆工程有限公司与北京泰乐福商贸有限公司担保合同纠纷上诉案》，参见北大法宝引证码：Pkulaw.cn/CLI.C.133323。

③ 《北京中关村科技担保有限公司诉北京隆仓天地科技发展有限公司合同纠纷案》，参见北大法宝引证码：Pkulaw.cn/CLI.C.133948。

④ 《四川省川科投担保有限公司诉成都瑞佰利鞋业有限公司等保证合同纠纷案》，参见北大法宝引证码：Pkulaw.cn/CLI.C.132052。

【担保物权的存续期间】

法律问题解读

担保物权的存续期间是指担保物权人可以行使担保物权的期间。在我国《担保法》与《物权法》中，担保物权包括抵押权、质权和留置权。担保物权的存续期间即是指抵押权、质权和留置权的存续期间。理解担保物权的存续期间应把握两个问题：

1. 担保物权的存续期间不受当事人的约定或者登记部门要求登记的担保期间的影响。当事人在担保合同中约定担保物权的存续期间的，该约定无效。在担保物权中，留置权是在债务不能履行之后由法律的直接规定产生，其设立与当事人的意志无关，当事人不能约定留置权的存续期间。抵押权、质权只因抵押权、质权的行使，抵押权所担保的债权的消灭和抵押物、质物的灭失三种原因而消灭。抵押权债权放弃担保物权和质权不能因当事人的约定或登记时强制登记的期间而消灭。

2. 担保物权的存续期间是指担保物权的法律保护期间，主要针对抵押权。《物权法》出台以前，担保物权依据《担保法》等相关法律法规规定是自担保物权所担保的债权的诉讼时效结束后再加两年。《物权法》改变了这一规定。抵押权人应当在主债权诉讼时效期间行使抵押权，未行使的，人民法院不再保护。因此，抵押权的行使期限与主债权诉讼时效长短直接相关，如果未能在主债权诉讼时效期间行使，抵押权就失去法院保护，自行消灭。

法条指引

❶ 《中华人民共和国物权法》（2007年3月16日主席令 公布2007年10月1日施行）

第一百七十八条 担保法与本法的规定不一致的，适用本法。

第二百零二条 抵押权人应当在主债权诉讼时效期间行使抵押权；未行使的，人民法院不予保护。

❷ 《中华人民共和国担保法》（1995年6月30日 主席令公布）

第五十二条 抵押权与其担保的债权同时存在，债权消灭的，抵押权也消灭。

第五十八条 抵押权因抵押物灭失而消灭。因灭失所得的赔偿金，应当作为抵押财产。

第七十三条 质权因质物灭失而消灭。因灭失所得的赔偿金，应当作为出质财产。

第七十四条 质权与其担保的债权同时存在，债权消灭的，质权也消灭。

❸ 《中华人民共和国民法通则》（1986年4月12日 主席令公布）

第一百三十五条 向人民法院请求保护民事权利的诉讼时效期间为二年，法律另有规定的除外。

第一百三十六条 下列的诉讼时效期间为一年：

（一）身体受到伤害要求赔偿的；

（二）出售质量不合格的商品未声明的；

（三）延付或者拒付租金的；

（四）寄存财物被丢失或者损毁的。

第一百三十七条 诉讼时效期间从知道或者应当知道权利被侵害时起计算。但是，从权利被侵害之日起超过二十年的，人民法院不予保护。有特殊情况的，人民法院可以延长诉讼时效期间。

第一百三十八条 超过诉讼时效期间，当事人自愿履行的，不受诉讼时效限制。

第一百三十九条 在诉讼时效期间的最后六个月内，因不可抗力或者其他障碍不能行使请求权的，诉讼时效中止。从中止时效的原因消除之日起，诉讼时效期间继续计算。

第一百四十条 诉讼时效因提起诉讼、当事人一方提出要求或者同意履行义务而中断。从中断时起，诉讼时效期间重新计算。

❹ 《最高人民法院关于适用〈中华人民共和国担保法〉若干问题的解释》（2000年12月13日发布）

第十二条 当事人约定的或者登记部门要求登记的担保期间，对担保物权的存续不具有法律约束力。

担保物权所担保的债权的诉讼时效结束后，

担保权人在诉讼时效结束后的二年内行使担保物权的,人民法院应当予以支持。

❺《最高人民法院关于贯彻执行〈中华人民共和国民法通则〉若干问题的意见(试行)》

(1988年1月26日发布)

167. 民法通则实施后,属于民法通则第一百三十五条规定的二年诉讼时效期间,权利人自权利被侵害时起的第十八年后至第二十年期间才知道自己的权利被侵害的,或者属于民法通则第一百三十六条规定的一年诉讼时效期间,权利人自权利被侵害时起的第十九年后至第二十年期间才知道自己的权利被侵害的,提起诉讼请求的权利,应当在权利被侵害之日起的二十年内行使,超过二十年的,不予保护。

172. 在诉讼时效期间的最后六个月内,权利被侵害的无民事行为能力人、限制民事行为能力人没有法定代理人,或者法定代理人死亡、丧失代理权,或者法定代理人本人丧失行为能力的,可以认定为因其他障碍不能行使请求权,适用诉讼时效中止。

173. 诉讼时效因权利人主张权利或者义务人同意履行义务而中断后,权利人在新的诉讼时效期间内,再次主张权利或者义务人再次同意履行义务的,可以认定为诉讼时效再次中断。

权利人向债务保证人、债务人的代理人或者财产代管人主张权利的,可以认定诉讼时效中断。

学者观点

❶ 高圣平:《担保物权的行使期间研究——以〈物权法〉第202条为分析对象》,参见北大法宝引证码:Pkulaw.cn/CLI.A.1121761。

❷ 付小川:《担保物权为除斥期间客体之质疑——兼评〈物权法〉第202条》,参见北大法宝引证码:Pkulaw.cn/CLI.A.1145008。

❸ 孙鹏:《论担保物权的实行期间》,参见北大法宝引证码:Pkulaw.cn/CLI.A.185395。

第二编 保证

第一章 保证和保证人

● 本章为读者提供与以下题目有关的法律问题的解读及相关法律文献依据

> 保证（040） 保证的从属性（042） 保证的补充性（043） 保证的独立性（044） 保证担保法律关系（044） 保证人资格（045） 保证人的代偿能力（048） 保证人的范围（049） 自然人做保证人（055） 国家机关做保证人的禁止与例外（056） 公益事业单位、社会团体做保证人的禁止（059） 企业法人的分支机构做保证人（059） 企业职能部门做保证人的禁止（061） 公司做保证人的限制性规定（062） 上市公司做保证人（063） 证券公司做保证人的规定（064） 强令提供担保的禁止（065）

【保证】

法律问题解读

所谓保证，即保证人和债权人约定，当债务人不履行债务时，保证人按照约定履行债务或者承担责任的行为。其中，为债务人履行债务而作担保的第三人，称为保证人，被担保履行债务的债务人，称为被保证人。

全面理解保证的定义在实践中应把握以下几个方面：

1. 保证是一种人的担保方式。保证不以保证人的特定财产担保被保证债务的履行，而是以保证人的信誉和一般财产作为债务人履行债务的担保。这是保证与担保物权及定金的不同。在保证担保的情况下，在债务人不履行债务时，债权人可以要求保证人承担保证责任，而不能直接处分保证人的财产，如不能直接取走或者变卖保证人的财产以抵偿债务，只能通过法院或者仲裁机关实现债权。

2. 保证人为债务人以外的第三人。保证是保证人以自己的财产为债权人提供一般担保，而债务人也是以其自己的财产作为债权的一般担保，债务人本身就是自己债务的一般保证人，因而不可能成为担保法意义上的保证人。因此，保证人必须是债务人以外的第三人。

3. 保证是一种有名合同。我国《合同法》没有专门规定保证合同，但《担保法》明确地规定了保证合同，因而保证合同仍然是一种有名合同。保证本质上是一种合同关系，合同的当事人为债权人与保证人。

4. 保证人履行义务不具有必然性。只有当主债务人不履行债务或不完全履行债务时，保证人才有义务承担责任或代为履行。在大多数情况下，主合同债务人是能够履行合同义务的，此时，保证人不必实际承担保证责任。

法条指引

❶《中华人民共和国担保法》（1995年6月30日 主席令公布）

第六条 本法所称保证，是指保证人和债权人约定，当债务人不履行债务时，保证人按照约定履行债务或者承担责任的行为。

❷《中华人民共和国民法通则》（1986年4月12日 主席令公布）

第八十九条 依照法律的规定或者按照当事人的约定，可以采用下列方式担保债务的履行：

（一）保证人向债权人保证债务人履行债务，债务人不履行债务的，按照约定由保证人履行或者承担连带责任；保证人履行债务后，有权向债务人追偿。

（二）债务人或者第三人可以提供一定的财产作为抵押物。债务人不履行债务的，债权人有权依照法律的规定以抵押物折价或者以变卖抵押物的价款优先得到偿还。

（三）当事人一方在法律规定的范围内可以向对方给付定金。债务人履行债务后，定金应当抵作价款或者收回。给付定金的一方不履行债务的，无权要求返还定金；接受定金的一方不履行债务的，应当双倍返还定金。

（四）按照合同约定一方占有对方的财产，对方不按照合同给付应付款项超过约定期限的，占有人有权留置该财产，依照法律的规定以留置财产折价或者以变卖该财产的价款优先得到偿还。

❸《最高人民法院关于人民法院审理借贷案件的若干意见》（1991年7月2日发布）

16. 有保证人的借贷债务到期后，债务人有清偿能力的，由债务人承担责任；债务人无能力清偿、无法清偿或者债务人下落不明的，由保证人承担连带责任。

借期届满，债务人未偿还欠款，借、贷双方未征求保证人同意而重新对偿还期限或利率达成协议的，保证人不再承担保证责任。

无保证人的借贷纠纷，债务人申请追加新的保证人参加诉讼，法院不应准许。

对保证责任有争议的，按照《意见》（试行）第一百零八条、第一百零九条、第一百一十条的规定处理。

❹《最高人民法院关于审理经济合同纠纷案件有关保证的若干问题的规定》（1994年4月15日发布）

21. 人民法院在案件审理过程中，决定对财产采取保全措施时，保证人为申请人或者被申请人提供保证的，在案件审理终结后，如果被申请人无财产可供执行或者其财产不足以清偿债务时，人民法院可以直接裁定执行保证人在其保证范围内的财产。

22. 在案件执行过程中，为被执行人提供保证的，被执行人逾期无财产可供执行或者其财产不足以清偿债务时，人民法院可以直接裁定执行保证人在其保证范围内的财产。

❺《最高人民法院关于人民法院执行工作若干问题的规定（试行）》（1998年6月11日发布）

85. 人民法院在审理案件期间，保证人为被执行人提供保证，人民法院据此未对被执行人的财产采取保全措施或解除保全措施的，案件审结后如果被执行人无财产可供执行或其财产不足清偿债务时，即使生效法律文书中未确定保证人承担责任，人民法院有权裁定执行保证人在保证责任范围内的财产。

❻《住房置业担保管理试行办法》（2000年5月11日　建设部、中国人民银行联合发布）

第二条　本办法所称住房置业担保，是指依照本办法设立的住房置业担保公司（以下简称担保公司），在借款人无法满足贷款人要求提供担保的情况下，为借款人申请个人住房贷款而与贷款人签订保证合同，提供连带责任保证担保的行为。

第五条　贷款人与借款人依法签订的个人住房借款合同为主合同，担保公司、贷款人依法签订的保证合同是其从合同。主合同无效，从合同无效。保证合同另有约定的，从其约定。

保证合同被依法确认无效后，担保公司、借款人和贷款人有过错的，应当根据其过错各自承担相应的民事责任。

第七条　担保公司是为借款人办理个人住房贷款提供专业担保，收取服务费用，具有法人地位的房地产中介服务企业。

第九条　担保公司的组织形式为有限责任公司或者股份有限公司。

案例链接

❶《王振灵等诉王拥民等担保合同纠纷案》，参见北大法宝引证码：Pkulaw.cn/CLI.C.274040。

❷《郑州市市郊农村信用合作联社沟赵信用社诉乔华勋借款合同纠纷案》，参见北大法宝引证码：Pkulaw.cn/CLI.C.286002。

❸《长葛市农村信用合作联社增福庙信用社诉滕国培等金融借款合同纠纷案》，参见北大法宝引证码：Pkulaw.cn/CLI.C.280523。

学者观点

❶ 王彦鹏：《信用衍生工具与保证合同的法律特征比较》，参见北大法宝引证码：Pkulaw.cn/CLI.A.1146281。

❷ 程啸：《保证与担保物权并存之研究》，参见北大法宝引证码：Pkulaw.cn/CLI.A.1109398。

【保证的从属性】

法律问题解读

保证的从属性亦称保证的附从性,指保证债务与主债务休戚与共,同其命运的关系。这种关系,主要表现为以下几个方面:

1. 关于保证的成立和有效。保证的成立和有效,通常以主债的成立和有效为前提。主债不成立,保证亦不成立,主债不生效,保证也不生效,只有在主债效力存续期间,保证方从属于主债而有效,一旦主债丧失效力,原则上保证即应视为无效。

2. 关于保证的范围。保证的范围原则上与主债相同,其责任的广度和强度不得超过主债,但可小于主债。若保证的范围超过主债或对保证范围未作约定的,一般应将保证范围解释为与主债相同。

3. 关于保证的移转。债权移转时,保证原则上亦随之移转。不允许将保证和所担保的债权分离开来而单独转让,但如保证合同中有特别约定或保证人事先明示只对特定债权人作出担保者除外。

4. 关于保证的变更和消灭。此处的变更专指同一债权中请求或给付内容的变更。例如,合同之债变更为损害赔偿之债,保证人的责任就由代为履行变更为损害赔偿。主债务消灭后,保证因失去其存在的根据而当然消灭。

5. 关于保证的纠纷管理。主合同和保证合同发生纠纷提起诉讼,应根据主合同确定管辖,主合同当事人和保证合同当事人协议选择管辖,主合同与保证合同中协议选择的管辖不一致,应当根据主合同的约定确定管辖。

法条指引

❶《中华人民共和国担保法》(1995年6月30日 主席令公布)

第五条 担保合同是主合同的从合同,主合同无效,担保合同无效。担保合同另有约定的,按照约定。

担保合同被确认无效后,债权人、担保人、债务人有过错的,应当根据其过错各自承担相应的民事责任。

第二十条 一般保证和连带责任保证的保证人享有债务人的抗辩权。债务人放弃对债务的抗辩权的,保证人仍有权抗辩。

抗辩权是指债权人行使债权时,债务人根据法定事由,对抗债权人行使请求权的权利。

第二十一条 保证担保的范围包括主债权及利息、违约金、损害赔偿金和实现债权的费用。保证合同另有约定的,按照约定。

当事人对保证担保的范围没有约定或者约定不明确的,保证人应当对全部债务承担责任。

第二十二条 保证期间,债权人依法将主债权转让给第三人的,保证人在原保证担保的范围内继续承担保证责任。保证合同另有约定的,按照约定。

第二十三条 保证期间,债权人许可债务人转让债务的,应当取得保证人书面同意,保证人对未经其同意转让的债务,不再承担保证责任。

第二十四条 债权人与债务人协议变更主合同的,应当取得保证人书面同意,未经保证人书面同意的,保证人不再承担保证责任。保证合同另有约定的,按照约定。

❷《中华人民共和国合同法》(1999年3月15日 主席令公布)

第八十一条 债权人转让权利的,受让人取得与债权有关的从权利,但该从权利专属于债权人自身的除外。

❸《最高人民法院关于适用〈中华人民共和国担保法〉若干问题的解释》(2000年12月13日发布)

第二十八条 保证期间,债权人依法将主债权转让给第三人的,保证债权同时转让,保证人在原保证担保的范围内对受让人承担保证责任。但是保证人与债权人事先约定仅对特定的债权人承担保证责任或者禁止债权转让的,保证人不再承担保证责任。

第二十九条 保证期间,债权人许可债务人转让部分债务未经保证人书面同意的,保证人对未经其同意转让部分的债务,不再承担保证责任。但是,保证人仍应当对未转让部分的债务承担保证责任。

第三十条 保证期间,债权人与债务人对主合同数量、价款、币种、利率等内容作了变动,未经保证人同意的,如果减轻债务人的债务的,保证人仍应当对变更后的合同承担保证责任;如果加重债务人的债务的,保证人对加重的部分不承担保证责任。

债权人与债务人对主合同履行期限作了变动,未经保证人书面同意的,保证期间为原合同约定的或者法律规定的期间。

债权人与债务人协议变动主合同内容，但并未实际履行的，保证人仍应当承担保证责任。

第三十六条 一般保证中，主债务诉讼时效中断，保证债务诉讼时效中断；连带责任保证中，主债务诉讼时效中断，保证债务诉讼时效不中断。

一般保证和连带责任保证中，主债务诉讼时效中止的，保证债务的诉讼时效同时中止。

第四十三条 保证人自行履行保证责任时，其实际清偿额大于主债权范围的，保证人只能在主债权范围内对债务人行使追偿权。

第一百二十九条 主合同和担保合同发生纠纷提起诉讼的，应当根据主合同确定案件管辖。

担保人承担连带责任的担保合同发生纠纷，债权人向担保人主张权利的，应当由担保人住所地的法院管辖。

主合同和担保合同选择管辖的法院不一致的，应当根据主合同确定案件管辖。

❹《最高人民法院关于贯彻执行〈中华人民共和国民法通则〉若干问题的意见（试行）》（1998年1月26日发布）

111. 被担保的经济合同确认无效后，如果被保证人应当返还财产或者赔偿损失的，除有特殊约定外，保证人仍应承担连带责任。

❺《最高人民法院关于是否可直接判令保证单位履行债务的复函》（1991年10月19日发布）

上海市高级人民法院：

你院（91）沪高经核字第11号《关于是否可直接判令保证单位履行债务的请示》收悉。经研究，答复如下：

保证合同虽具有相对的独立性，但它终究从属于主合同，主合同的效力决定保证合同的效力。本案第一被告新疆乌鲁木齐市金字塔工贸公司系艾克拉木·穆罕默德个人开办的私营独资企业，现已倒闭，艾克拉木也被公安机关收容审查，与原告上海马陆棉纺织厂签订购销合同的行为是否构成经济犯罪尚未确定，从属于该购销合同的保证合同的效力、性质及保证人应承担的责任也就无法确认。且，为了有利于打击犯罪，本案的受诉法院应中止对全案的审理，将有关的犯罪嫌疑材料移送乌鲁木齐市公安局查处，不必急于将棉纺厂诉保证人中国人民建设银行乌鲁木齐沙依巴克区办事处承担保证责任一节先行审理。受诉法院中止对本案的审理，并不表示解除保证人应担的民事责任。

❻《住房置业担保管理试行办法》（2000年5月11日　建设部、中国人民银行联合发布）

第五条 贷款人与借款人依法签订的个人住房借款合同为主合同，担保公司、贷款人依法签订的保证合同是其从合同。主合同无效，从合同无效。保证合同另有约定的，从其约定。

保证合同被依法确认无效后，担保公司、借款人和贷款人有过错的，应当根据其过错各自承担相应的民事责任。

【保证的补充性】

法律问题解读

保证债务以有补充性为原则，即于主债务人不履行债务时，保证人应负履行之责，此即保证债务的补充性。因保证有补充性之结果，保证人享有先诉抗辩权，但补充性并非保证债务之必备要件。在连带责任保证，保证人无先诉抗辩权，主债务履行期限届满，债权人即可以向主债务人请求履行债务，也可直接向保证人请求其承担保证责任，即连带责任保证没有补充性。

关于保证的补充性，在理解时应注意以下几点：

1. 保证债务原则上在债权人提出请求后，清偿期才届满，因此在主债务人不履行债务时，除保证合同中有主债务人不履行债务保证人即应履行的特别约定外，只有在债权人向保证人提出请求时，保证债务才能发生应履行的效力。虽主债务人不履行债务，债权人未向保证人提出请求的，保证债务不发生履行的效力，不能发生保证人迟延履行的责任。

2. 债权人要求保证人承担保证责任时，不仅要证明保证债务的存在，而且须证明主债务人未履行债务的事实。

法条指引

❶《中华人民共和国担保法》（1995年6月30日　主席令公布）

第六条 本法所称保证，是指保证人和债权人约定，当债务人不履行债务时，保证人按照约定履行债务或者承担责任的行为。

第十七条 当事人在保证合同中约定，债务人不能履行债务时，由保证人承担保证责任的，为一般保证。

一般保证的保证人在主合同纠纷未经审判或者仲裁，并就债务人财产依法强制执行仍不能履行债务前,对债权人可以拒绝承担保证责任。

有下列情形之一的,保证人不得行使前款规定的权利:

(一)债务人住所变更,致使债权人要求其履行债务发生重大困难的;

(二)人民法院受理债务人破产案件,中止执行程序的;

(三)保证人以书面形式放弃前款规定的权利的。

【保证的独立性】

法律问题解读

保证债务虽附从于主债务,但并非作为主债务的一部分,而是在附从于主债务的前提下有独立性。保证债务的相对独立性具体表现在以下几个方面:

1. 允许就主债务的某一部分成立保证债务,例如限定保证人之责任额;

2. 保证债务(责任)的强度和形态可以与主债务不同,例如可就无条件之债务作出有条件之保证;

3. 保证债务有独立的变更和消灭原因,例如因保证人之给付迟延,只发生保证债务变更为损害赔偿债务或保证合同解除的法律后果。同时,保证人可仅就保证债务约定违约金或预定损失赔偿额,或者仅就保证债务提供担保;

4. 因保证合同所发生的抗辩权,应由保证人独立行使,并且保证债务原则上并非具有专属于保证人一人的性质,保证人死亡时,一般应由其继承人在继承遗产的范围内承受其债务。

法条指引

❶《中华人民共和国担保法》(1995年6月30日 主席令公布)

第二十条 一般保证和连带责任保证的保证人享有债务人的抗辩权。债务人放弃对债务的抗辩权的,保证人仍有权抗辩。

抗辩权是指债权人行使债权时,债务人根据法定事由,对抗债权人行使请求权的权利。

第二十一条 保证担保的范围包括主债权及利息、违约金、损害赔偿金和实现债权的费用。保证合同另有约定的,按照约定。

当事人对保证担保的范围没有约定或者约定不明确的,保证人应当对全部债务承担责任。

❷《中华人民共和国民法通则》(1986年4月12日 主席令公布)

第六十二条 民事法律行为可以附条件,附条件的民事法律行为在符合所附条件时生效。

第一百一十五条 合同的变更或者解除,不影响当事人要求赔偿损失的权利。

❸《中华人民共和国合同法》(1999年3月15日 主席令公布)

第九十四条 有下列情形之一的,当事人可以解除合同:

(一)因不可抗力致使不能实现合同目的;

(二)在履行期限届满之前,当事人一方明确表示或者以自己的行为表明不履行主要债务;

(三)当事人一方迟延履行主要债务,经催告后在合理期限内仍未履行;

(四)当事人一方迟延履行债务或者有其他违约行为致使不能实现合同目的;

(五)法律规定的其他情形。

第九十七条 合同解除后,尚未履行的,终止履行;已经履行的,根据履行情况和合同性质,当事人可以要求恢复原状、采取其他补救措施,并有权要求赔偿损失。

❹《中华人民共和国继承法》(1985年4月10日 主席令公布)

第三十三条 继承遗产应当清偿被继承人依法应当缴纳的税款和债务,缴纳税款和清偿债务以他的遗产实际价值为限。超过遗产实际价值部分,继承人自愿偿还的不在此限。

继承人放弃继承的,对被继承人依法应当缴纳的税款和债务可以不负偿还责任。

第三十四条 执行遗赠不得妨碍清偿遗赠人依法应当缴纳的税款和债务。

【保证担保法律关系】

法律问题解读

从保证的法律关系看,保证涉及三方面当事人,即保证人、债权人和债务人,是由三个法律关系复合而成的担保关系:

1. 债权人与债务人之间的关系。通称为主债权债务关系,这是保证关系得以成立和存续的前提条件。作为一种担保方式,保证的具体内容与其所担保的债权债务关系原则上是一致的,从这个意义上看,主债权债务关系在保证的三方法律关系中居于基础性地位。

2. 保证人与债务人之间的关系。一般说来，保证人基于对债务人的人身信赖，为其提供保证担保，是基于以下关系而生：一是委任关系，即根据债务人与保证人之间的委任合同，受任的保证人有按约提供担保的义务。该种委任既可为有偿也可为无偿。当保证人基于有偿委任而为债务人提供担保时，称为有偿保证。二是无因管理关系，即在债务人未进行委托的情况下，保证人仍可能充分考虑其与债务人在经济和感情等领域的相互关系，在仔细审视债务人的财产状况和人身信用的基础上，主动为其供与保证，从而在债务人与保证人间形成无因管理之法律关系。三是赠与关系，由于赠与为双方法律行为，故基于此种关系供与保证，仍需有保证人与债务人之间达成赠与合同。需注意的是，保证人与债务人之间的关系是内部性的，无论其关系如何，皆不影响保证人与债权人之间的关系。

3. 保证人与债权人之间的关系。通常称为保证关系，是保证担保法律关系的主要方面，且通过债权人与保证人的保证合同体现出来，关于这一部分内容在第二节保证合同中有详细分析，此处不赘述。

法条指引

❶《中华人民共和国民法通则》（1986年4月12日 主席令公布）

第九十三条 没有法定的或者约定的义务，为避免他人利益受损失进行管理或者服务的，有权要求受益人偿付由此而支付的必要费用。

❷《中华人民共和国担保法》（1995年6月3日 主席令公布）

第十三条 保证人与债权人应当以书面形式订立保证合同。

第十四条 保证人与债权人可以就单个主合同分别订立保证合同，也可以协议在最高债权额限度内就一定期间连续发生的借款合同或者某项商品交易合同订立一个保证合同。

第十五条 保证合同应当包括以下内容：

（一）被保证的主债权种类、数额；
（二）债务人履行债务的期限；
（三）保证的方式；
（四）保证担保的范围；
（五）保证的期间；
（六）双方认为需要约定的其他事项。

保证合同不完全具备前款规定内容的，可以补正。

❸《最高人民法院关于贯彻执行〈中华人民共和国民法通则〉若干问题的意见（试行）》（1988年1月26日发布）

106. 保证人应当是具有代偿能力的公民、企业法人以及其他经济组织。保证人即使不具备完全代偿能力，仍应以自己的财产承担保证责任。

国家机关不能担任保证人。

案例链接

❶《张永进诉许少峰等民间借贷纠纷案》，参见北大法宝引证码：Pkulaw.cn/CLI.C.285496。

❷《娄合中与郏县农村信用合作联社借款合同纠纷再审案》，参见北大法宝引证码：Pkulaw.cn/CLI.C.283404。

❸《宝丰县农村信用合作联社诉王非非等借款合同纠纷案》，参见北大法宝引证码：Pkulaw.cn/CLI.C.282994。

学者观点

❶ 沈天水：《论保证的担保效力》，参见北大法宝引证码：Pkulaw.cn/CLI.A.1102337。

【保证人资格】

法律问题解读

保证人是指与债权人约定，当债务人不履行债务时，按照约定履行债务或者承担责任的第三人。保证人是债权人和债务人以外的第三人，是保证合同的债务人，是担保主债务人履行债务的担保人。保证人的资格即保证人的条件，是指民事主体成为保证人所应当具备的行为能力和清偿债务的能力。民事主体要想成为保证人须具备以下两个条件：

1. 具有代为清偿的能力。保证人的责任在于保证主债务人清偿债务，以实现债权人的债权，虽然保证人不一定必然承担保证责任，但一旦债务人不能履行债务时，保证人应当依照约定代替债务人向债权人履行债务或者以自己的财产向债权人承担保证责任。如果保证人不具有足够承担保证责任的财产，即不具有代为清偿债务的能力，保证将流于形式，担保的作用难以发挥。

应注意的是，担保法规定保证人具有代偿能力只是一种提示性条款，其并不影响保证合同的效力。

2. 具有相应的民事行为能力。保证是以保证合同为基础的一种担保方式。保证合同是一种民事法律行为，行为人当然需要具备相应的民事行为能力。就自然人而言，只有完全民事行为能力人才可担任保证人。即使法定代理人代理或者同意无完全民事行为能力人订立保证合同的，保证合同对于无完全民事行为能力人也无效。我国对企业法人担任保证人的，尚没有一般性的限制规定。《关于担保法若干问题的解释》第23条对担任保证人的其他组织作出了规定。但由于我国法律对银行、保险公司等金融机构、风险性组织担任保证人基本上持否定态度，所以这类组织未被列入《担保法》的其他组织之中。

法条指引

❶《中华人民共和国担保法》（1995年6月30日 主席令公布）

第七条 具有代为清偿债务能力的法人、其他组织或者公民，可以作保证人。

第八条 国家机关不得为保证人，但经国务院批准为使用外国政府或者国际经济组织贷款进行转贷的除外。

第九条 学校、幼儿园、医院等以公益为目的的事业单位、社会团体不得为保证人。

第十条 企业法人的分支机构、职能部门不得为保证人。

企业法人的分支机构有法人书面授权的，可以在授权范围内提供保证。

第十一条 任何单位和个人不得强令银行等金融机构或者企业为他人提供保证；银行等金融机构或者企业对强令其为他人提供保证的行为，有权拒绝。

❷《中华人民共和国民法通则》（1986年4月12日 主席令公布）

第九条 公民从出生时起到死亡时止，具有民事权利能力，依法享有民事权利，承担民事义务。

第十条 公民的民事权利能力一律平等。

第十一条 十八周岁以上的公民是成年人，具有完全民事行为能力，可以独立进行民事活动，是完全民事行为能力人。

十六周岁以上不满十八周岁的公民，以自己的劳动收入为主要生活来源的，视为完全民事行为能力人。

第十二条 十周岁以上的未成年人是限制民事行为能力人，可以进行与他的年龄、智力相适应的民事活动；其他民事活动由他的法定代理人代理，或者征得他的法定代理人的同意。

不满十周岁的未成年人是无民事行为能力人，由他的法定代理人代理民事活动。

第十三条 不能辨认自己行为的精神病人是无民事行为能力人，由他的法定代理人代理民事活动。

不能完全辨认自己行为的精神病人是限制民事行为能力人，可以进行与他的精神健康状况相适应的民事活动；其他民事活动由他的法定代理人代理，或者征得他的法定代理人的同意。

第十四条 无民事行为能力人、限制民事行为能力人的监护人是他的法定代理人。

第二十六条 公民在法律允许的范围内，依法经核准登记，从事工商业经营的，为个体工商户。个体工商户可以起字号。

第二十七条 农村集体经济组织的成员，在法律允许的范围内，按照承包合同规定从事商品经营的，为农村承包经营户。

第二十八条 个体工商户、农村承包经营户的合法权益，受法律保护。

第二十九条 个体工商户、农村承包经营户的债务，个人经营的，以个人财产承担；家庭经营的，以家庭财产承担。

第三十条 个人合伙是指两个以上公民按照协议，各自提供资金、实物、技术等，合伙经营、共同劳动。

第三十一条 合伙人应当对出资数额、盈余分配、债务承担、入伙、退伙、合伙终止等事项，订立书面协议。

第三十二条 合伙人投入的财产，由合伙人统一管理和使用。

合伙经营积累的财产，归合伙人共有。

第三十三条 个人合伙可以起字号，依法经核准登记，在核准登记的经营范围内从事经营。

第三十四条 个人合伙的经营活动，由合伙人共同决定，合伙人有执行和监督的权利。

合伙人可以推举负责人。合伙负责人和其他人员的经营活动，由全体合伙人承担民事责任。

第三十五条 合伙的债务，由合伙人按照出资比例或者协议的约定，以各自的财产承担清偿责任。

合伙人对合伙的债务承担连带责任，法律另有规定的除外。偿还合伙债务超过自己应当承担数额的合伙人，有权向其他合伙人追偿。

第三十六条　法人是具有民事权利能力和民事行为能力，依法独立享有民事权利和承担民事义务的组织。

法人的民事权利能力和民事行为能力，从法人成立时产生，到法人终止时消灭。

第三十七条　法人应当具备下列条件：

（一）依法成立；

（二）有必要的财产或者经费；

（三）有自己的名称、组织机构和场所；

（四）能够独立承担民事责任。

第三十八条　依照法律或者法人组织章程规定，代表法人行使职权的负责人，是法人的法定代表人。

第三十九条　法人以它的主要办事机构所在地为住所。

第四十条　法人终止，应当依法进行清算，停止清算范围外的活动。

第四十一条　全民所有制企业、集体所有制企业有符合国家规定的资金数额，有组织章程、组织机构和场所，能够独立承担民事责任，经主管机关核准登记，取得法人资格。

在中华人民共和国领域内设立的中外合资经营企业、中外合作经营企业和外资企业，具备法人条件的，依法经工商行政管理机关核准登记，取得中国法人资格。

第四十二条　企业法人应当在核准登记的经营范围内从事经营。

第四十三条　企业法人对它的法定代表人和其他工作人员的经营活动，承担民事责任。

第四十四条　企业法人分立、合并或者有其他重要事项变更，应当向登记机关办理登记并公告。

企业法人分立、合并，它的权利和义务由变更后的法人享有和承担。

第四十五条　企业法人由于下列原因之一终止：

（一）依法被撤销；

（二）解散；

（三）依法宣告破产；

（四）其他原因。

第四十六条　企业法人终止，应当向登记机关办理注销登记并公告。

第四十七条　企业法人解散，应当成立清算组织，进行清算。企业法人被撤销、被宣告破产的，应当由主管机关或者人民法院组织有关机关和有关人员成立清算组织，进行清算。

第四十八条　全民所有制企业法人以国家授予它经营管理的财产承担民事责任。集体所有制企业法人以企业所有的财产承担民事责任。中外合资经营企业法人、中外合作经营企业法人和外资企业法人以企业所有的财产承担民事责任，法律另有规定的除外。

第四十九条　企业法人有下列情形之一的，除法人承担责任外，对法定代表人可以给予行政处分、罚款，构成犯罪的，依法追究刑事责任：

（一）超出登记机关核准登记的经营范围从事非法经营的；

（二）向登记机关、税务机关隐瞒真实情况、弄虚作假的；

（三）抽逃资金、隐匿财产逃避债务的；

（四）解散、被撤销、被宣告破产后，擅自处理财产的；

（五）变更、终止时不及时申请办理登记和公告，使利害关系人遭受重大损失的；

（六）从事法律禁止的其他活动，损害国家利益或者社会公共利益的。

第五十条　有独立经费的机关从成立之日起，具有法人资格。

具备法人条件的事业单位、社会团体，依法不需要办理法人登记的，从成立之日起，具有法人资格；依法需要办理法人登记的，经核准登记，取得法人资格。

❸ **《最高人民法院关于适用〈中华人民共和国担保法〉若干问题的解释》**（2000年12月13日发布）

第十四条　不具有完全代偿能力的法人、其他组织或者自然人，以保证人身份订立保证合同后，又以自己没有代偿能力要求免除保证责任的，人民法院不予支持。

第十五条　《担保法》第七条规定的其他组织主要包括：

（一）依法登记领取营业执照的独资企业、合伙企业；

（二）依法登记领取营业执照的联营企业；

（三）依法登记领取营业执照的中外合作经营企业；

（四）经民政部门核准登记的社会团体；

（五）经核准登记领取营业执照的乡镇、街道、村办企业。

第十六条　从事经营活动的事业单位、社会团体为保证人的，如无其他导致保证合同无效的情况，其所签订的保证合同应当认定为有效。

第十七条 企业法人的分支机构未经法人书面授权提供保证的，保证合同无效。因此给债权人造成损失的，应当根据《担保法》第五条第二款的规定处理。

企业法人的分支机构经法人书面授权提供保证的，如果法人的书面授权范围不明，法人的分支机构应当对保证合同约定的全部债务承担保证责任。

企业法人的分支机构经营管理的财产不足以承担保证责任的，由企业法人承担民事责任。

企业法人的分支机构提供的保证无效后应当承担赔偿责任的，由分支机构经营管理的财产承担。企业法人有过错的，按照《担保法》第二十九条的规定处理。

第十八条 企业法人的职能部门提供保证的，保证合同无效。债权人知道或者应当知道保证人为企业法人的职能部门的，因此造成的损失由债权人自行承担。

债权人不知保证人为企业法人的职能部门，因此造成的损失，可以参照《担保法》第五条第二款的规定和第二十九条的规定处理。

第二十三条 最高额保证合同的不特定债权确定后，保证人应当对在最高债权额限度内就一定期间连续发生的债权余额承担保证责任。

❹《最高人民法院关于贯彻执行〈中华人民共和国民法通则〉若干问题的意见（试行）》（1988年1月26日发布）

106. 保证人应当是具有代偿能力的公民、企业法人以及其他经济组织。保证人即使不具备完全代偿能力，仍应以自己的财产承担保证责任。

国家机关不能担任保证人。

107. 不具有法人资格的企业法人的分支机构，以自己的名义对外签订的保证合同，一般应当认定无效。但因此产生的财产责任，分支机构如有偿付能力的，应当自行承担；如无偿付能力的，应由企业法人承担。

案例链接

❶《韩永改诉薛杰房屋买卖合同纠纷案》，参见北大法宝引证码：Pkulaw.cn/CLI.C.285587。

❷《中国农业银行股份有限公司舞阳县支行诉马东方等借款合同纠纷案》，参见北大法宝引证码：Pkulaw.cn/CLI.C.283135。

❸《杨刚诉陈晓丽等民间借贷纠纷案》，参见北大法宝引证码：Pkulaw.cn/CLI.C.280859。

学者观点

❶ 陈家新：《关于保证主体的几点思考》，参见北大法宝引证码：Pkulaw.cn/CLI.A.115282。

【保证人的代偿能力】

法律问题解读

保证人的代偿能力即保证人以自己的财产代替主债务人清偿债务的能力。关于代为清偿债务能力，在实践中应注意以下几个方面：

1. 在保证关系单纯地为担保债权人不因主债务人违约而受损害的场合，保证人拥有足额的财产即为有代偿能力。

2. 在保证责任必须是代主债务人实际履行合同、主合同债务又非金钱债务的情况下，保证人仅有足额的金钱而无实际履行主合同规定的物品、技能等，就不算具有代偿能力。

3. 判断保证人是否具有足额的代偿财产，在时间方面不能一概而论。保证人在提供保证时，具有清偿债务的能力，但其后失去清偿债务的能力的，已经成立的保证关系不受影响。

4. 根据《关于担保法若干问题解释》第14条的规定，不具有完全代偿能力的民事主体以保证人的身份订立保证合同后，不得以无代偿能力为由要求免除保证责任。由此可见，保证人是否具有代为清偿能力并不影响保证合同的效力。无代偿能力并不能成为当事人的免责条款，更不得成为当事人主张保证合同无效的理由，在保证人只具备部分代偿能力的情况下，保证人仍应以其财产承担保证责任，债权人的债权可望获得部分实现。

法条指引

❶《中华人民共和国担保法》（1995年6月30日 主席令公布）

第七条 具有代为清偿债务能力的法人、其他组织或者公民，可以作保证人。

❷《最高人民法院关于适用〈中华人民共和国担保法〉若干问题的解释》（2000年12月13日发布）

第十四条 不具有完全代偿能力的法人、其他组织或者自然人，以保证人身份订立保证合同后，又以自己没有代偿能力要求免除保证责任的，人民法院不予支持。

❸《最高人民法院关于贯彻执行〈中华人民共和国民法通则〉若干问题的意见（试行）》（1988年1月26日发布）

106.保证人应当是具有代偿能力的公民、企业法人以及其他经济组织。保证人即使不具备完全代偿能力，仍应以自己的财产承担保证责任。

国家机关不能担任保证人。

案例链接

❶《温州申银担保投资有限公司诉陈金明等担保追偿纠纷案》，参见北大法宝引证码：Pkulaw.cn/CLI.C.236383。

❷《江苏国营常熟开关厂等诉常熟市对外经济技术贸易进出口公司借款合同纠纷抗诉案》，参见北大法宝引证码：Pkulaw.cn/CLI.C.70876。

【保证人的范围】

法律问题解读

依照《担保法》第7条的规定，保证人的范围限于具有代为清偿能力的公民、法人以及其他组织。

1. 公民（自然人）。关于公民（自然人）作保证人应注意的问题详见下一题目。

2. 企业法人。企业法人对他人债权提供保证的，以其所有的全部财产承担保证责任。我国民法对企业法人担任保证人，尚没有一般性的限制规定。若法律对于企业法人提供保证有限制性规定的，应当依其规定。

3. 其他组织。根据《关于担保法若干问题解释》及相关司法解释的规定，其他组织包括：依法登记领取营业执照的独资企业、合伙企业；依法登记领取营业执照的联营企业；依法登记领取营业执照的中外合作经营企业；经民政部门核准登记的社会团体；经核准登记领取营业执照的乡镇、街道、村办企业。此外，各商业银行、国家政策性银行或其他非银行金融机构设在各地的分支机构，各商业保险公司在各地的分支机构虽属其他组织范围，但由于我国法律对上述组织担任保证人基本持否定态度，因而《担保法》未将其列入其他组织之中。

上述民事主体虽具有保证人资格，但并非对任何债务都可提供保证。在涉外保证中还必须具备相应的法律手续或相应条件。任何民事主体不得为外商投资企业的注册资本，外商投资企业中的外方投资部分的对外债务提供担保，同时无权经营外汇担保业务的金融机构，无外汇收入的非金融性质的企业法人不得提供外汇担保。

法条指引

❶《中华人民共和国担保法》（1995年6月30日 主席令公布）

第七条 具有代为清偿债务能力的法人、其他组织或者公民，可以作保证人。

❷《中华人民共和国民法通则》（1986年4月12日 主席令公布）

第三十六条 法人是具有民事权利能力和民事行为能力，依法独立享有民事权利和承担民事义务的组织。

法人的民事权利能力和民事行为能力，从法人成立时产生，到法人终止时消灭。

第三十七条 法人应当具备下列条件：

（一）依法成立；

（二）有必要的财产或者经费；

（三）有自己的名称、组织机构和场所；

（四）能够独立承担民事责任。

第三十八条 依照法律或者法人组织章程规定，代表法人行使职权的负责人，是法人的法定代表人。

第三十九条 法人以它的主要办事机构所在地为住所。

第四十条 法人终止，应当依法进行清算，停止清算范围外的活动。

第四十一条 全民所有制企业、集体所有制企业有符合国家规定的资金数额，有组织章程、组织机构和场所，能够独立承担民事责任，经主管机关核准登记，取得法人资格。

在中华人民共和国领域内设立的中外合资经营企业、中外合作经营企业和外资企业，具备法人条件的，依法经工商行政管理机关核准登记，取得中国法人资格。

第四十二条 企业法人应当在核准登记的经营范围内从事经营。

第四十三条 企业法人对它的法定代表人和其他工作人员的经营活动，承担民事责任。

第四十四条 企业法人分立、合并或者有其他重要事项变更，应当向登记机关办理登记并公告。

企业法人分立、合并，它的权利和义务由变更后的法人享有和承担。

第四十五条　企业法人由于下列原因之一终止：
（一）依法被撤销；
（二）解散；
（三）依法宣告破产；
（四）其他原因。

第四十六条　企业法人终止，应当向登记机关办理注销登记并公告。

第四十七条　企业法人解散，应当成立清算组织，进行清算。企业法人被撤销、被宣告破产的，应当由主管机关或者人民法院组织有关机关和有关人员成立清算组织，进行清算。

第四十八条　全民所有制企业法人以国家授予它经营管理的财产承担民事责任。集体所有制企业法人以企业所有的财产承担民事责任。中外合资经营企业法人、中外合作经营企业法人和外资企业法人以企业所有的财产承担民事责任，法律另有规定的除外。

第四十九条　企业法人有下列情形之一的，除法人承担责任外，对法定代表人可以给予行政处分、罚款，构成犯罪的，依法追究刑事责任：
（一）超出登记机关核准登记的经营范围从事非法经营的；
（二）向登记机关、税务机关隐瞒真实情况、弄虚作假的；
（三）抽逃资金、隐匿财产逃避债务的；
（四）解散、被撤销、被宣告破产后，擅自处理财产的；
（五）变更、终止时不及时申请办理登记和公告，使利害关系人遭受重大损失的；
（六）从事法律禁止的其他活动，损害国家利益或者社会公共利益的。

第五十一条　企业之间或者企业、事业单位之间联营，组成新的经济实体，独立承担民事责任、具备法人条件的，经主管机关核准登记，取得法人资格。

第五十二条　企业之间或者企业、事业单位之间联营，共同经营、不具备法人条件的，由联营各方按照出资比例或者协议的约定，以各自所有的或者经营管理的财产承担民事责任。依照法律的规定或者协议的约定负连带责任的，承担连带责任。

第五十三条　企业之间或者企业、事业单位之间联营，按照合同的约定各自独立经营的，它的权利和义务由合同约定，各自承担民事责任。

❸《中华人民共和国商业银行法》（2003年12月27日修正公布）

第四十一条　任何单位和个人不得强令商业银行发放贷款或者提供担保。商业银行有权拒绝任何单位和个人强令要求其发放贷款或者提供担保。

第八十八条　单位或者个人强令商业银行发放贷款或者提供担保的，应当对直接负责的主管人员和其他直接责任人员或者个人给予纪律处分；造成损失的，应当承担全部或者部分赔偿责任。

商业银行的工作人员对单位或者个人强令其发放贷款或者提供担保未予拒绝的，应当给予纪律处分；造成损失的，应当承担相应的赔偿责任。

❹《中华人民共和国证券法》（2005年10月27日修正公布）

第一百三十条第二款　证券公司不得为其股东或者股东的关联人提供融资或者担保。

❺《中华人民共和国私营企业暂行条例》（1988年6月25日　国务院令发布）

第一条　为鼓励、引导私营企业健康发展，保障私营企业的合法权益，加强监督管理，繁荣社会主义有计划商品经济，制定本条例。

第二条　本条例所称私营企业是指企业资产属于私人所有、雇工八人以上的营利性的经济组织。

第三条　私营经济是社会主义公有制经济的补充。国家保护私营企业的合法权益。
私营企业必须在国家法律、法规和政策规定的范围内从事经营活动。

第四条　私营企业职工依法组织工会。职工的合法权益受国家法律保护。

第五条　私营企业可以成立私营企业协会。

第六条　私营企业分为以下三种：
（一）独资企业；
（二）合伙企业；
（三）有限责任公司。

第七条　独资企业是指一人投资经营的企业。独资企业投资者对企业债务负无限责任。

第八条　合伙企业是指二人以上按照协议投资、共同经营、共负盈亏的企业。
合伙企业应当有书面协议。
合伙人对企业债务负连带无限责任。

第九条　有限责任公司是指投资者以其出资额对公司负责，公司以其全部资产对公司债务承担责任的企业。
有限责任公司应当符合下列规定：
（一）公司名称标明有限责任公司或者有限公

司的字样;

(二) 有符合本条例规定的公司章程;

(三) 投资者为二人以上三十人以下;

(四) 注册资金取得合法的验资证明;

(五) 投资者转让出资应当取得其他投资者的同意,投资者为三人以上的,需要取得半数以上的投资者的同意;

(六) 不得减少注册资金;

(七) 不得向社会发行股票。

有限责任公司投资者超过三十人的,应当向工商行政管理机关作专项申报,经同意后始得办理登记。

第十条 有限责任公司依法取得法人资格。

❻《最高人民法院关于适用〈中华人民共和国担保法〉若干问题的解释》(2000年12月13日发布)

第六条 有下列情形之一的,对外担保合同无效:

(一) 未经国家有关主管部门批准或者登记对外担保的;

(二) 未经国家有关主管部门批准或者登记,为境外机构向境内债权人提供担保的;

(三) 为外商投资企业注册资本、外商投资企业中的外方投资部分的对外债务提供担保的;

(四) 无权经营外汇担保业务的金融机构、无外汇收入的非金融性质的企业法人提供外汇担保的;

(五) 主合同变更或者债权人将对外担保合同项下的权利转让,未经担保人同意和国家有关主管部门批准的,担保人不再承担担保责任。但法律、法规另有规定的除外。

第二十三条 最高额保证合同的不特定债权确定后,保证人应当对在最高债权额限度内就一定期间连续发生的债权余额承担保证责任。

❼《最高人民法院关于贯彻执行〈中华人民共和国民法通则〉若干问题的意见(试行)》(1988年1月26日发布)

106. 保证人应当是具有代偿能力的公民、企业法人以及其他经济组织。保证人即使不具备完全代偿能力,仍应以自己的财产承担保证责任。

国家机关不能担任保证人。

107. 不具有法人资格的企业法人的分支机构,以自己的名义对外签订的保证合同,一般应当认定无效。但因此产生的财产责任,分支机构如有偿付能力的,应当自行承担;如无偿付能力的,应由企业法人承担。

❽《最高人民法院关于适用〈中华人民共和国民事诉讼法〉若干问题的意见》(1992年7月14日发布)

39. 在诉讼中,法人的法定代表人更换的,由新的法定代表人继续进行诉讼,并应向人民法院提交新的法定代表人身份证明书。原法定代表人进行的诉讼行为有效。

本条的规定,适用于其他组织参加的诉讼。

40.《民事诉讼法》第四十九条规定的其他组织是指合法成立、有一定的组织机构和财产,但又不具备法人资格的组织,包括:

(1) 依法登记领取营业执照的私营独资企业、合伙组织;

(2) 依法登记领取营业执照的合伙型联营企业;

(3) 依法登记领取我国营业执照的中外合作经营企业、外资企业;

(4) 经民政部门核准登记领取社会团体登记证的社会团体;

(5) 法人依法设立并领取营业执照的分支机构;

(6) 中国人民银行、各专业银行设在各地的分支机构;

(7) 中国人民保险公司设在各地的分支机构;

(8) 经核准登记领取营业执照的乡镇、街道、村办企业;

(9) 符合本条规定条件的其他组织。

41. 法人非依法设立的分支机构,或者虽依法设立,但没有领取营业执照的分支机构,以设立该分支机构的法人为当事人。

42. 法人或者其他组织的工作人员因职务行为或者授权行为发生的诉讼,该法人或其他组织为当事人。

43. 个体工商户、个人合伙或私营企业挂靠集体企业并以集体企业的名义从事生产经营活动的,在诉讼中,该个体工商户、个人合伙或私营企业与其挂靠的集体企业为共同诉讼人。

44. 在诉讼中,一方当事人死亡,有继承人的,裁定中止诉讼。人民法院应及时通知继承人作为当事人承担诉讼,被继承人已经进行的诉讼行为对承担诉讼的继承人有效。

45. 个体工商户、农村承包经营户、合伙组织雇佣的人员在进行雇佣合同规定的生产经营活动中造成他人损害的,其雇主是当事人。

46. 在诉讼中,个体工商户以营业执照上登记的业主为当事人。有字号的,应在法律文书中注明登记的字号。

营业执照上登记的业主与实际经营者不一致的，以业主和实际经营者为共同诉讼人。

47. 个人合伙的全体合伙人在诉讼中为共同诉讼人。个人合伙有依法核准登记的字号的，应在法律文书中注明登记的字号。全体合伙人可以推选代表人；被推选的代表人，应由全体合伙人出具推选书。

48. 当事人之间的纠纷经仲裁机构仲裁或者经人民调解委员会调解，当事人不服仲裁或调解向人民法院提起诉讼的，应以对方当事人为被告。

49. 法人或者其他组织应登记而未登记即以法人或者其他组织名义进行民事活动，或者他人冒用法人、其他组织名义进行民事活动，或者法人或者其他组织依法终止后仍以其名义进行民事活动的，以直接责任人为当事人。

50. 企业法人合并的，因合并前的民事活动发生的纠纷，以合并后的企业为当事人；企业法人分立的，因分立前的民事活动发生的纠纷，以分立后的企业为共同诉讼人。

51. 企业法人未经清算即被撤销，有清算组织的，以该清算组织为当事人；没有清算组织的，以作出撤销决定的机构为当事人。

52. 借用业务介绍信、合同专用章、盖章的空白合同书或者银行账户的，出借单位和借用人为共同诉讼人。

271. 依照《民事诉讼法》第二百一十三条的规定，执行中作为被执行人的法人或者其他组织分立、合并的，其权利义务由变更后的法人或者其他组织承受；被撤销的，如果依有关实体法的规定有权利义务承受人的，可以裁定该权利义务承受人为被执行人。

272. 其他组织在执行中不能履行法律文书确定的义务的，人民法院可以裁定执行对该其他组织依法承担义务的法人或者公民个人的财产。

273. 在执行中，作为被执行人的法人或者其他组织名称变更的，人民法院可以裁定变更后的法人或者其他组织为被执行人。

274. 作为被执行人的公民死亡，其遗产继承人没有放弃继承的，人民法院可以裁定变更被执行人，由该继承人在遗产的范围内偿还债务。继承人放弃继承的，人民法院可以直接执行被执行人的遗产。

❾《企业国有资产产权登记管理办法实施细则》（2000年4月6日 财政部发布）

第六条 企业提供保证、定金或设置抵押、质押、留置，以及发生资产被司法机关冻结情况的，应当在申办各类产权登记中如实向产权登记机关报告。

企业以设置抵押、质押、留置、作为定金以及属于司法冻结的资产用于投资或进行产权（股权）转让时，必须符合《中华人民共和国担保法》等有关法律、法规的规定，否则，产权登记机关不予登记。

第十四条 已取得法人资格的企业应当在本细则实施后向产权登记机关申办占有产权登记，填写《企业国有资产占有产权登记表》，并提交下列文件、资料：

（一）由出资人的母公司或上级单位批准设立的文件、投资协议书或出资证明文件；

（二）经注册会计师审计的或财政部门核定的企业上一年度财务报告；

（三）各出资人的企业法人营业执照副本、经注册会计师审计的或财政部门核定的企业上一年度财务报告，其中国有资本出资人还应当提交产权登记证副本；

（四）企业章程；

（五）《企业法人营业执照》副本；

（六）企业提供保证、定金或设置抵押、质押、留置以及资产被司法机关冻结的相关文件；

（七）申办产权登记的申请；

（八）产权登记机关要求提交的其他文件、资料。

产权登记机关核准企业占有登记后，向企业核发产权登记证。

第十五条 申请取得法人资格的企业应当于申请办理工商注册登记前三十日内，向财政（国有资产管理）部门办理产权登记，填写《企业国有资产占有产权登记表》，并提交下列文件、资料：

（一）出资人的母公司或上级单位批准设立的文件、投资协议书或出资证明文件；

（二）企业章程；

（三）《企业名称预先核准通知书》；

（四）各出资人的企业法人营业执照、经注册会计师审计的或财政部门核定的企业上一年度财务报告和提供保证、定金或设置抵押、质押、留置以及资产被司法机关冻结的相关文件；其中，国有资本出资人还应当提交产权登记证副本；

（五）经注册会计师审核的验资报告，其中以货币投资的应当附银行进账单；以实物、无形资产投资的应当提交经财政（国有资产管理）部门合规性审核的资产评估报告；

（六）申办产权登记的申请；

（七）产权登记机关要求提交的其他文件、资料。

财政（国有资产管理）部门审定的产权登记表，是企业办理工商注册登记的资信证明文件。

企业依据产权登记机关审定的产权登记表向工商行政管理部门申办注册登记，取得企业法人资格后三十日内到原产权登记机关领取产权登记证，同时提交《企业法人营业执照》副本。

第二十三条 企业申办变动产权登记应当填写《企业国有资产变动产权登记表》，并提交下列文件、资料：

（一）政府有关部门或出资人的母公司或上级单位的批准文件、企业股东大会或董事会做出的书面决定及出资证明；

（二）修改后的企业章程；

（三）各出资人的企业法人营业执照、经注册会计师审计的或财政部门核定的企业上一年度财务报告和提供保证、定金或设置抵押、质押、留置以及资产被司法机关冻结的相关文件；其中，国有资本出资人还应当提交产权登记证副本；

（四）本企业的《企业法人营业执照》副本、经注册会计师审计的或财政部门核定的企业上一年度财务报告和提供保证、定金或设置抵押、质押、留置以及资产被司法机关冻结的相关文件和企业的产权登记证副本；

（五）经注册会计师审核的验资报告，其中以货币投资的应当附银行进账单；以实物、无形资产投资的应当提交经财政（国有资产管理）部门合规性审核的资产评估报告；

（六）企业发生本细则第二十条第三款、第四款情形且出资人是事业单位和社会团体法人的，应当提交《中华人民共和国国有资产产权登记证（行政事业单位）》和出资人上级单位批准的非经营性资产转经营性资产的可行性研究报告；

（七）企业兼并、转让或减少国有资本的，应当提交与债权银行、债权人签订的有关债务保全协议；

（八）经出资人的母公司或上级单位批准的转让国有产权的收入处置情况说明及有关文件；

（九）申办产权登记的申请；

（十）产权登记机关要求提交的其他文件、资料。

❿《关于建立中小企业信用担保体系试点的指导意见》（1999年6月1日　国家经济贸易委员会发布）

一、中小企业信用担保体系试点的指导原则

（一）中小企业信用担保的性质

1. 本意见所指中小企业信用担保，是指经同级人民政府及政府指定部门审核批准设立并依法登记注册的中小企业信用担保专门机构与债权人（包括银行等金融机构）约定，当被担保人不履行或不能履行主合同约定债务时，担保机构承担约定的责任或履行债务的行为。

2. 中小企业信用担保属《担保法》规定的保证行为，各类中小企业信用担保机构均属非金融机构，一律不得从事财政信用业务和金融业务。

3. 中小企业信用担保机构创办初期不以营利为主要目的。其担保资金和业务经费以政府预算资助和资产划拨为主，担保费收入为辅。

4. 中小企业信用担保机构依合同约定，承担一般保证责任或连带保证责任。

（二）建立中小企业信用担保体系试点的指导原则

1. 支持发展与防范风险相结合的原则。

2. 政府扶持与市场化操作相结合的原则。

3. 开展担保与提高信用相结合的原则。

四、中小企业信用担保机构的形式、担保对象和担保种类

（一）中小企业信用担保机构的形式

依据《担保法》和有关法律规定，中小企业信用担保机构的法律形式可以是：企业法人、事业法人、社团法人。

为规范操作和控制风险，城市中小企业信用担保机构可实行会员制，吸收符合条件的中小企业作为会员单位；省中小企业信用再担保机构也可试行会员制，吸收符合条件的城市中小企业信用担保机构作为会员单位。经批准，从事中小企业担保业务的商业性担保机构和企业互助担保机构也可以作为省中小企业信用再担保机构的会员。

1. 城市中小企业信用担保机构可以选择的形式有：中小企业信用担保公司（企业法人）、中小企业信用担保中心（事业法人）、中小企业信用担保协会（社团法人）。

2. 省中小企业信用再担保机构可以选择的形式有：中小企业信用再担保中心（事业法人）、中小企业信用再担保协会（社团法人）。

3. 全国性中小企业信用再担保或保险机构的形式，待国务院批准后确定。

（二）中小企业信用担保的对象

中小企业信用担保的对象为符合国家产业政

策,有产品、有市场、有发展前景,有利于技术进步与创新的技术密集型和扩大城乡就业的劳动密集型的各类中小企业。

(三)中小企业信用担保的保证种类

中小企业信用担保种类主要包括中小企业短期银行贷款、中长期银行贷款、融资租赁以及其他经济合同的担保。试点阶段中小企业信用担保的重点为中小企业短期银行贷款。

五、中小企业信用担保机构的职能和业务程序

(一)中小企业信用担保机构的主要职能

对被担保者进行资信评估;开展担保业务;实施债务追偿。

在组建中小企业信用担保机构时,城市中小企业信用担保机构可按上述职能设立内部业务机构;省级中小企业信用再担保机构以对城市中小企业信用担保机构的资信评估、对中小企业信用担保机构进行再担保和对中小企业信用担保机构进行业务监督为主要业务,并以此设立内部机构。

(二)中小企业信用担保与再担保业务程序

1. 担保程序

(1)由债务人提出担保申请,并附债权人签署的意见;

(2)进行资信评估与担保审核;

(3)在债权人与债务人签订主合同的同时,由担保机构与债权人签订保证合同;需要时,担保机构与债务人签订反担保合同;

(4)按约定支付担保费;

(5)主合同履约不能,由担保机构按约定代偿;

(6)担保机构实施追偿。

2. 再担保程序

(1)担保机构提出再担保申请或达到强制再担保界限;

(2)根据担保机构的资信进行再担保审核;

(3)签订再担保合同;

(4)按约定支付再担保费;

(5)主合同履约不能,担保机构代偿后,再担保机构按约定比例承担相应责任;

(6)再担保机构与担保机构共同对债务人实施追偿。

六、协作银行选择和担保资金管理

(一)协作银行的选择

在省市经贸委、财政和同级人民银行的指导下,担保机构应选择有积极性和资信度好的商业银行(包括国有商业银行、股份制银行、城市商业银行、城市信用合作社和农村信用合作社以及经批准可以经营人民币存贷款业务的非银行金融机构、外资银行等)作为开办中小企业信用担保业务的协作银行。

担保机构与协作银行应签订协作合同,明确保证责任形式、担保资金的放大倍数、责任分担比例、资信评估标准等内容。协作合同要报省市经贸委和同级人民银行备案。

(二)担保资金的管理

1. 担保机构货币形态的担保资金,要存入省市经贸委和同级人民银行指定的银行,也可以按协作合同约定存入协作银行。

2. 担保机构要按再担保协议要求,将担保资金和会员交纳的风险保证金按约定比例上存再担保机构指定的银行专门账户。

3. 担保机构货币形态的担保资金可按国家规定购买国库券、国债。

4. 担保机构非货币形态的担保资金可按国家规定进行管理。

(三)担保业务收费与经费来源

1. 担保业务收费

为减轻中小企业财务费用负担,中小企业信用担保机构的担保收费标准一般控制在同期银行贷款利率的百分之五十以内,具体收费标准由同级政府有关部门审批。

商业性担保机构和企业互助担保机构从事中小企业担保业务的收费标准经同级政府物价部门审批,可以在上述标准基础上适当浮动。

2. 业务经费来源

(1)财政拨款;

(2)担保收费;

(3)担保资金存款利息所得;

(4)其他来源。

七、风险控制与责任分担

(一)风险控制

1. 放大倍数的选择。担保放大倍数是指担保资金与担保贷款的放大比例,一般在十倍以内,再担保放大倍数可大于担保倍数,具体倍数由担保机构和协作银行协商,并报省市经贸委和有关部门审定。

2. 事前控制。通过资信评估、按规定比例上存担保资金、项目审核与反担保措施等以实现事前控制。

3. 事中控制。通过控制代偿率和设定强制再担保系数(是指担保实际放大倍数达到进行再担保的约定比例)等日常监督与强制再担保措施以实现事中控制。

4. 事后控制。通过及时有效的追偿实现事后控制。

（二）责任分担

1. 债权人与担保机构之间的责任分担。按照分散风险的原则，担保机构可以对银行贷款进行部分担保，担保责任分担比例由担保机构和协作银行协商。

2. 担保机构与再担保机构之间的责任分担。以担保机构承担主要风险，再担保机构分担部分风险为原则，以确保担保和再担保机构稳健运营。具体责任比例由省、市中小企业信用担保机构和再担保机构商议提出，并报省经贸委审定。

3. 担保机构与债务人之间的责任分担。以扶持发展与防范风险相结合为原则，防止被担保人随意逃废债务和转嫁风险。担保合同可以抵押、质押为反担保措施，并明确反担保条款。

⓫《住房置业担保管理试行办法》（2000年5月11日　建设部、中国人民银行联合发布）

第二条　本办法所称住房置业担保，是指依照本办法设立的住房置业担保公司（以下简称担保公司），在借款人无法满足贷款人要求提供担保的情况下，为借款人申请个人住房贷款而与贷款人签订保证合同，提供连带责任保证担保的行为。

第七条　担保公司是为借款人办理个人住房贷款提供专业担保，收取服务费用，具有法人地位的房地产中介服务企业。

第九条　担保公司的组织形式为有限责任公司或者股份有限公司。

学者观点

❶ 杨巍：《浅析人事保证的性质——对我国应否建立人事保证制度的法律思考》，参见北大法宝引证码：Pkulaw.cn/CLI.A.1117978。

❷ 姜淑明：《保证人的权利及其救济》，参见北大法宝引证码：Pkulaw.cn/CLI.A.110118。

【自然人做保证人】

法律问题解读

实践中公民（自然人）担任保证人应当注意以下几个问题：

1. 对他人债权提供保证的公民（自然人），仅以具有完全民事行为能力的自然人为限。尽管无民事行为能力人所为民事行为，限制民事行为能力人所为不能独立实施的民事行为，可由其法定代理人代理或征得其法定代理人同意，但因法定代理制度旨在保护无完全民事行为能力人利益，而保证合同的目的是保护债权人利益。因此，法定代理人代理或经其同意而由无完全民事行为能力人订立的保证合同，保证合同对于无完全民事行为能力人也是无效的。

2. 自然人作为保证人，不以具有我国国籍的公民为限，外国自然人也可以作为保证人。自然人担任保证人的，以其个人所有的全部财产对债权人承担保证责任。此外，个体工商户、农村承包经营户、个人合伙在其清偿债务能力范围内，可为他人提供保证。个体工商户、农村承包经营户担任保证人的，若是个人经营，以其个人所有的全部财产承担保证责任；若是家庭经营，以其家庭所有的全部财产承担保证责任。个人合伙担任保证人的，以合伙的全部财产和各合伙人所有的全部财产承担保证责任。

法条指引

❶《中华人民共和国担保法》（1995年6月30日　主席令公布）

第七条　具有代为清偿债务能力的法人、其他组织或者公民，可以作保证人。

❷《中华人民共和国民法通则》（1986年4月12日　主席令公布）

第八条　在中华人民共和国领域内的民事活动，适用中华人民共和国法律，法律另有规定的除外。

本法关于公民的规定，适用于在中华人民共和国领域内的外国人、无国籍人，法律另有规定的除外。

第十一条　十八周岁以上的公民是成年人，具有完全民事行为能力，可以独立进行民事活动，是完全民事行为能力人。

十六周岁以上不满十八周岁的公民，以自己的劳动收入为主要生活来源的，视为完全民事行为能力人。

第十二条　十周岁以上的未成年人是限制民事行为能力人，可以进行与他的年龄、智力相适应的民事活动；其他民事活动由他的法定代理人代理，或者征得他的法定代理人的同意。

不满十周岁的未成年人是无民事行为能力人，由他的法定代理人代理民事活动。

第十三条　不能辨认自己行为的精神病人是无民事行为能力人，由他的法定代理人代理民事活动。

不能完全辨认自己行为的精神病人是限制民事行为能力人，可以进行与他的精神健康状况相适应的民事活动；其他民事活动由他的法定代理人代理，或者征得他的法定代理人的同意。

第十四条　无民事行为能力人、限制民事行为能力人的监护人是他的法定代理人。

第十五条　公民以他的户籍所在地的居住地为住所，经常居住地与住所不一致的，经常居住地视为住所。

第二十六条　公民在法律允许的范围内，依法经核准登记，从事工商业经营的，为个体工商户。个体工商户可以起字号。

第二十九条　个体工商户、农村承包经营户的债务，个人经营的，以个人财产承担；家庭经营的，以家庭财产承担。

第三十条　个人合伙是指两个以上公民按照协议，各自提供资金、实物、技术等，合伙经营、共同劳动。

第三十五条　合伙的债务，由合伙人按照出资比例或者协议的约定，以各自的财产承担清偿责任。

合伙人对合伙的债务承担连带责任，法律另有规定的除外。偿还合伙债务超过自己应当承担数额的合伙人，有权向其他合伙人追偿。

❸《最高人民法院关于贯彻执行〈中华人民共和国民法通则〉若干问题的意见（试行）》（1988年1月26日发布）

106.保证人应当是具有代偿能力的公民、企业法人以及其他经济组织。保证人即使不具备完全代偿能力，仍应以自己的财产承担保证责任。

国家机关不能担任保证人。

案例链接

❶《郑州市市郊农村信用合作联社沟赵信用社诉乔华勋借款合同纠纷案》，参见北大法宝引证码：Pkulaw.cn/CLI.C.286002。

❷《宝丰县农村信用合作联社诉张鲁梁等借款合同纠纷案》，参见北大法宝引证码：Pkulaw.cn/CLI.C.282855。

❸《宝丰县农村信用合作联社诉周秀霞等借款合同纠纷案》，参见北大法宝引证码：Pkulaw.cn/CLI.C.282732。

【国家机关做保证人的禁止与例外】

法律问题解读

国家机关是指履行管理社会的公共职能的国家公权力机关，包括国家行政机关、司法机关、立法机关以及其他代表国家行使权力的机关。

国家机关原则上不得担任保证人。国家机关的经费为维持国家机关从事公务活动所必需，是保障国家机关履行职能的基础。若允许国家机关作为保证人，主债务人逾期不履行主债务或者不完全履行主债务时，国家机关则需要代为履行主债务，或者用其财产来承担相应的民事责任。若代为履行势必严重影响国家机关履行管理和组织社会生活的职能；若代为承担民事责任，势必需要动用活动经费，这与纳税人纳税的宗旨相悖。因此，国家机关不能担任保证人。

但是，在特殊情况下，国家机关也可以担任保证人。《担保法》规定，国家机关不能作为保证人，但经国务院批准为使用外国政府或者国际经济组织贷款进行转贷的除外。可见，国家机关作为保证人应当同时符合以下两个条件：

1. 我国所接受的贷款必须是外国政府或国际经济组织提供的。这些经济组织包括世界银行、亚洲银行、国际货币基金组织等国际经济组织。对于商业银行对地方政府的贷款，包括外国银行的商业性贷款，国家机关仍然不得做保证人。

2. 需经国务院批准。国家机关违反法律提供担保的，担保合同无效。但尽管保证合同无效，也并不能必然免除国家机关的民事责任，若国家机关有过错，应承担相应的民事责任。

法条指引

❶《中华人民共和国担保法》（1995年6月30日　主席令公布）

第五条　担保合同是主合同的从合同，主合同无效，担保合同无效。担保合同另有约定的，按照约定。

担保合同被确认无效后，债务人、担保人、债权人有过错的，应当根据其过错各自承担相应的民事责任。

第八条　国家机关不得为保证人，但经国务院批准为使用外国政府或者国际经济组织贷款进行转贷的除外。

❷《中华人民共和国合同法》（1999年3月

15 日　主席令公布）

第五十八条　合同无效或者被撤销后，因该合同取得的财产，应当予以返还；不能返还或者没有必要返还的，应当折价补偿。有过错的一方应当赔偿对方因此所受到的损失，双方都有过错的，应当各自承担相应的责任。

❸ **《最高人民法院关于适用〈中华人民共和国担保法〉若干问题的解释》**（2000 年 12 月 13 日发布）

第三条　国家机关和以公益为目的的事业单位、社会团体违反法律规定提供担保的，担保合同无效。因此给债权人造成损失的，应当根据《担保法》第五条第二款的规定处理。

❹ **《最高人民法院关于贯彻执行〈中华人民共和国民法通则〉若干问题的意见（试行）》**（1988 年 1 月 26 日发布）

106. 保证人应当是具有代偿能力的公民、企业法人以及其他经济组织。保证人即使不具备完全代偿能力，仍应以自己的财产承担保证责任。

国家机关不能担任保证人。

❺ **《最高人民法院关于国家机关能否作经济合同的保证人及担保条款无效时经济合同是否有效问题的批复》**（1988 年 10 月 4 日　最高人民法院发布）

山东省高级人民法院：

你院鲁法（经）发〔1987〕130 号请示报告收悉。关于国家机关能否作经济合同的保证人及担保条款无效时经济合同是否有效的问题，经研究，答复如下：

（一）经济合同的保证人应是具有代为履行或者代偿能力的公民、企业法人以及其他经济组织，国家机关不应作为经济合同的保证人。经济合同中以国家机关作为保证人的，其保证条款，应确认为无效。

（二）经济合同中保证条款被确认为无效后，不影响该经济合同其他条款的效力。但当事人双方约定以提供保证作为该经济合同成立要件的，保证条款无效时，其他条款亦应确认为无效。

❻ **《最高人民法院关于"国家机关不能担任保证人"的时效问题的答复》**（1988 年 10 月 18 日发布）

中国银行：

你行（88）中信字第 77 号函悉。关于《最高人民法院关于贯彻执行〈中华人民共和国民法通则〉若干问题的意见（试行）》第一百零六条第二款"国家机关不能担任保证人"的时效问题，经研究，答复如下：

一、凡我院《公报》公布《最高人民法院关于贯彻执行〈中华人民共和国民法通则〉若干问题的意见（试行）》以前，即 1988 年 6 月 20 日以前，国家机关担任保证人，向债权人保证债务人履行债务的，一旦发生纠纷诉至人民法院，人民法院将不仅仅根据该意见而确认保证无效。

二、据悉，自 1984 年以来，财政部等国务院有关部门曾相继发出通知，要求本系统各级机关不得为经济合同提供担保，已经提供了的，必须立即纠正；中国人民银行在其于 1987 年 2 月 20 日公布的《境内机构提供外汇担保的暂行管理办法》中，亦将国家机关排除在可以提供外汇担保的机构之外。因此，你行来函中所提情况，涉及上述行政规章的效力问题，建议你行再征询国务院有关部门的意见。

❼ **《最高人民法院经济审判庭关于国家机关作为借款合同保证人应否承担经济损失问题的电话答复》**（1989 年 7 月 17 日发布）

四川省高级人民法院：

你院川法研〔1989〕8 号《关于国家机关作为借款合同保证人其保证条款被确认无效后经济损失由谁承担的请示》收悉。经研究答复如下：

一、根据《借款合同条例》第七条和第八条规定，及本院法（研）复〔1988〕39 号批复精神，国家机关不应作借款合同的保证人。国家机关作借款合同保证人的，保证条款应确认无效。

二、保证条款被确认无效后，如借款人无力归还银行贷款，给国家造成经济损失的，作为保证人的国家机关应承担相应的赔偿责任，并在赔偿损失后有权向借款人追偿。国家机关无力承担赔偿责任的，人民法院根据《民事诉讼法（试行）》第一百八十二条第一款第（三）项和第（五）项规定，可裁定中止执行。

三、国家机关下属办事机构作借款合同保证人的，人民法院应将其所属的国家机关列为诉讼当事人，承担民事责任。

此复

❽ **《最高人民法院关于灵山县公安局对其工作人员擅自以所在单位名义对外提供财产保证应否承担民事责任问题的答复》**（1991 年 1 月 30 日发布）

广西壮族自治区高级人民法院：

你院（1990）法经字第 34 号请示收悉。经研究，答复如下：

广西壮族自治区灵山县公安局属国家行政机

关，没有经营权，也不具备保证人的主体资格，无代偿能力。该局干部黄考才违法动用其负责掌管的单位公章，在他人签订的购销汽车合同担保栏内盖章的行为，并非在执行职务。且，黄考才实施这一民事行为，所在单位并不知情，知情后即向债权人申明这是黄个人所为。因此，黄考才利用职务之便，擅自以所在单位名义对外提供财产保证，其行为后果，根据《民法通则》第六十六条第一款规定，应由黄考才个人自负，并依法追究其责任，灵山县公安局对此不应当承担民事责任。

此复

❾《国务院办公厅关于严禁行政机关为经济活动提供担保的通知》（1993年2月23日 国务院办公室发布）

各省、自治区、直辖市人民政府，国务院各部委、各直属机构：

近年来，在国内企事业单位借贷活动日益增多的同时，一些单位要求行政机关对这类经济活动提供担保，并承担相应的经济责任。虽然国务院有关部门曾多次发出通知，要求各级行政机关不得为国内企事业单位间的经济活动提供担保，但这种情况仍时有发生。为切实纠正这一问题，经国务院批准，现作如下通知：

一、要充分认识行政机关为经济活动提供担保的危害性。行政机关不具备代偿债务的能力，如承担连带责任，只能扣划机关的工资和业务经费，否则便会引起大量的经济纠纷，甚至形成呆账、死账，影响正常的经济活动和经济秩序，不利于社会主义市场经济体制的建立。对此，各级行政机关必须引起足够的重视。

二、今后各级行政机关一律不得为国内企事业单位间的经济活动提供担保，已经提供担保的，要立即采取有效措施加以纠正。

三、要进一步增强法制观念。对违反规定自行为企事业单位间经济活动提供担保的行政机关，要追究批准人的责任。对因提供担保而引起合同纠纷，造成经济损失的，要对提供担保的行政机关领导人和直接责任人员给予处罚，情节严重的，要依法追究其刑事责任。

❿《财政部关于重申财政部门不得为经济合同提供担保的通知》（1988年11月20日 财政部发布）

我部1984年12月31日发出《关于财政部门不得为经济合同提供担保的通知》〔注：我部1984年12月31日发出的《关于财政部门不得为经济合同提供担保的通知》规定："各级财政、税务部门不得以财政、税务机关的名义为企事业单位（包括个体经济）之间的经济合同进行担保，不得对经济合同发生的债务承担连带的经济责任。已经作了类似担保的，要及时纠正。"〕以来，绝大多数地区的财政部门都能严格遵照执行，但也有少数地区的财政部门仍继续为企事业单位的经济合同提供担保，这是不符合《通知》要求的。

为了杜绝继续发生这类情况，特再次重申：地方各级财政部门一律不得以财政机关的名义，为企事业单位之间的经济合同特别是涉外经济合同提供担保，不得对经济合同发生的债务承担连带的经济责任。已经由财政机关出具担保书的，由当地财政机关自己承担。今后各地财政机关再出具担保的，一律无效。

⓫《对外贸易经济合作部办公厅转发国务院办公厅对〈对于外国政府贷款还款担保问题的请示〉批复通知的通知》（1993年10月13日 对外经济贸易合作部发布）

外经贸部：

你部《关于外国政府贷款还款担保问题的请示》收悉。经国务院领导同意，现通知如下：

《国务院办公厅关于严禁行政机关为经济活动提供担保的通知》（国办发〔1993〕11号）规定：各级行政机关一律不得为国内企事业单位间的经济活动提供担保。外国政府贷款（包括国际金融组织贷款）的转贷业务，是政府与政府、政府与企业间的借贷活动，国办发〔1993〕11号文件并没有涉及此类借贷业务。有关外国政府贷款管理问题，目前暂按现行有关规定执行。请你部会同有关部门，根据新情况，抓紧研究制定适应新形势的外国政府贷款管理办法。

⓬《财政部关于禁止各级地方政府或部门违法直接从事担保业务的紧急通知》（1999年7月9日 财政部发布）（略）

⓭《中国银行关于〈中华人民共和国担保法〉实施后不得接受国家机关作为买方信贷业务保证人的通知》（1995年10月10日 中国人民银行发布）（略）

⓮《中国人民银行关于国家机关担保借款合同是否有效问题的复函》（1989年3月6日 中国人民银行发布）（略）

案例链接

❶《中国工商银行哈尔滨市和平支行诉高延

民担保合同纠纷案》，参见北大法宝引证码：Pku-law. cn/CLI. C. 66958。

【公益事业单位、社会团体做保证人的禁止】

法律问题解读

所谓公益事业单位是指从事非营利性的，社会各项公益事业的各类法人，如从事新闻、出版、广播、电视、电影、教育、文艺等事业的法人。公益社会团体指由其成员自愿组织的，从事社会公益、文学艺术、学术研究、宗教等活动的各类法人。包括人民群众团体（如工会、妇女联合会、工商业联合会等），社会公益团体（如中国福利会、残疾人基金会等），文艺工作团体（如文学艺术工作者联合会、戏剧工作者协会、美术工作者协会等），学术研究团体（如自然科学工作者协会、医学会、经济学会等），宗教团体（如基督教、天主教、佛教协会等）以及其他依法成立的社会团体。

公益事业单位和社会团体设立的目的在于增进社会公共利益。如果允许这些以公益为目的的事业单位、社会团体做保证人，当债务人不履行债务时，学校、医院、幼儿园等单位或团体就要承担保证责任，势必导致病人无法就医、学生无法上学的状况，导致社会秩序的混乱。需要明确的是，强调公益法人的公益性，并不意味着公益法人不得进行任何经营性活动。

医院不得做保证人的情况，应作广义理解，对于各级人民政府所设立的医疗卫生机构，如妇幼保健所、检疫所、药检所、卫生防疫站、疗养站、专科治疗所等部门都不得做保证人。因公益事业单位、社会团体做保证人导致合同无效给债权人造成损失的，其处理方式与国家机关担任保证人导致合同无效的处理方式相同。

法条指引

❶《中华人民共和国担保法》（1995 年 6 月 30 日 主席令公布）

第五条 担保合同是主合同的从合同，主合同无效，担保合同无效。担保合同另有约定的，按照约定。

担保合同被确认无效后，债务人、担保人、债权人有过错的，应当根据其过错各自承担相应的民事责任。

第九条 学校、幼儿园、医院等以公益为目的的事业单位、社会团体不得为保证人。

❷《中华人民共和国合同法》（1999 年 3 月 15 日 主席令公布）

第五十八条 合同无效或者被撤销后，因该合同取得的财产，应当予以返还；不能返还或者没有必要返还的，应当折价补偿。有过错的一方应当赔偿对方因此所受到的损失，双方都有过错的，应当各自承担相应的责任。

❸《最高人民法院关于适用〈中华人民共和国担保法〉若干问题的解释》（2000 年 12 月 13 日发布）

第三条 国家机关和以公益为目的的事业单位、社会团体违反法律规定提供担保的，担保合同无效。因此给债权人造成损失的，应当根据《担保法》第五条第二款的规定处理。

第十六条 从事经营活动的事业单位、社会团体为保证人的，如无其他导致保证合同无效的情况，其所签订的保证合同应当认定为有效。

【企业法人的分支机构做保证人】

法律问题解读

企业法人的分支机构是指由企业法人所设立的，经登记主管机关核准，领取营业执照，在核准登记的经营范围内从事经营活动，但又不能独立承担民事责任的分支机构。企业法人的分支机构没有自己独立的财产，仅对其财产有经营管理权，因而不能独立承担民事责任，清偿债务的能力存在缺陷，未经企业法人的书面授权，不得担任保证人。

企业法人的分支机构对外做保证人必须满足以下两个条件：

1. 必须有法人的书面授权；
2. 法人的书面授权应当明确授权范围。

企业法人的分支机构做保证人应注意以下几点：

1. 企业法人的分支机构未经法人书面授权或超出授权范围订立保证合同的，保证合同无效或超出授权范围的部分无效。因此给债权人造成损失，债权人和企业法人都有过错的，应根据其过错各自承担相应的民事责任；债权人无过错的，由企业法人承担民事责任。

2. 企业法人的分支机构以自己的名义签订保证合同时，在例外情况下保证合同有效。这种例外情况是指法人或者其他组织的法定代表人、负责人超越权限订立的保证合同，除相对人知道或者应当知道其超越权限的以外，该代表行为有效。此时应由该企业法人承担保证责任。

3. 当企业法人书面授权不明时，法人的分支机构对保证合同约定的全部责任承担保证责任，不足部分由企业法人承担。

4. 企业法人的分支机构提供的保证无效后应当承担赔偿责任的，由分支机构经营管理的财产承担。企业法人有过错的，按其过错承担相应的赔偿责任。

法条指引

❶《中华人民共和国担保法》（1995年6月30日　主席令公布）

第五条　担保合同是主合同的从合同，主合同无效，担保合同无效。担保合同另有约定的，按照约定。

担保合同被确认无效后，债务人、担保人、债权人有过错的，应当根据其过错各自承担相应的民事责任。

第十条　企业法人的分支机构、职能部门不得为保证人。

企业法人的分支机构有法人书面授权的，可以在授权范围内提供保证。

第二十九条　企业法人的分支机构未经法人书面授权或者超出授权范围与债权人订立保证合同的，该合同无效或者超出授权范围的部分无效，债权人和企业法人有过错的，应当根据其过错各自承担相应的民事责任；债权人无过错的，由企业法人承担民事责任。

❷《中华人民共和国合同法》（1999年3月15日　主席令公布）

第五十条　法人或者其他组织的法定代表人、负责人超越权限订立的合同，除相对人知道或者应当知道其超越权限的以外，该代表行为有效。

❸《中华人民共和国公司法》（2005年10月27日修订）

第十四条　公司可以设立分公司。设立分公司，应当向公司登记机关申请登记，领取营业执照。分公司不具有法人资格，其民事责任由公司承担。

公司可以设立子公司，子公司具有法人资格，依法独立承担民事责任。

❹《中华人民共和国商业银行法》（2003年12月27日　修正公布）

第十九条　商业银行根据业务需要可以在中华人民共和国境内外设立分支机构。设立分支机构必须经中国人民银行审查批准。在中华人民共和国境内的分支机构，不按行政区划设立。

商业银行在中华人民共和国境内设立分支机构，应当按照规定拨付与其经营规模相适应的营运资金额。拨付各分支机构营运资金额的总和，不得超过总行资本金总额的百分之六十。

第二十一条　经批准设立的商业银行分支机构，由国务院银行业监督管理机构颁发经营许可证，并凭该许可证向工商行政管理部门办理登记，领取营业执照。

第二十二条　商业银行对其分支机构实行全行统一核算，统一调度资金，分级管理的财务制度。

商业银行分支机构不具有法人资格，在总行授权范围内依法开展业务，其民事责任由总行承担。

❺《中华人民共和国企业法人登记管理条例》（1988年6月3日　国务院令发布）

第三十五条　企业法人设立不能独立承担民事责任的分支机构，由该企业法人申请登记，经登记主管机关核准，领取《营业执照》，在核准登记的经营范围内从事经营活动。

根据国家有关规定，由国家核拨经费的事业单位、科技性的社会团体从事经营活动或者设立不具备法人条件的企业，由该单位申请登记，经登记主管机关核准，领取《营业执照》，在核准登记的经营范围内从事经营活动。

具体登记管理参照本条例的规定执行。

❻《中华人民共和国公司登记管理条例》（2005年12月18日修订）

第四十六条　分公司是指公司在其住所以外设立的从事经营活动的机构。分公司不具有企业法人资格。

第四十七条　分公司的登记事项包括：名称、营业场所、负责人、经营范围。

分公司的名称应当符合国家有关规定。

分公司的经营范围不得超出公司的经营范围。

第四十八条　公司设立分公司的，应当自决定作出之日起三十日内向分公司所在地的公司登记机关申请登记；法律、行政法规或者国务院决定规定必须报经有关部门批准的，应当自批准之日起三十日内向公司登记机关申请登记。

设立分公司，应当向公司登记机关提交下列

文件：

（一）公司法定代表人签署的设立分公司的登记申请书；

（二）公司章程以及加盖公司印章的《企业法人营业执照》复印件；

（三）营业场所使用证明；

（四）分公司负责人任职文件和身份证明；

（五）国家工商行政管理总局规定要求提交的其他文件。

法律、行政法规或者国务院决定规定设立分公司必须报经批准，或者分公司经营范围中属于法律、行政法规或者国务院决定规定在登记前须经批准的项目，还应当提交有关批准文件。

分公司的公司登记机关准予登记的，发给《营业执照》。公司应当自分公司登记之日起三十日内，持分公司的《营业执照》到公司登记机关办理备案。

❼《最高人民法院关于适用〈中华人民共和国担保法〉若干问题的解释》（2000年12月13日发布）

第十一条　法人或者其他组织的法定代表人、负责人超越权限订立的担保合同，除相对人知道或者应当知道其超越权限的以外，该代表行为有效。

第十七条　企业法人的分支机构未经法人书面授权提供保证的，保证合同无效。因此给债权人造成损失的，应当根据《担保法》第五条第二款的规定处理。

企业法人的分支机构经法人书面授权提供保证的，如果法人的书面授权范围不明，法人的分支机构应当对保证合同约定的全部债务承担保证责任。

企业法人的分支机构经营管理的财产不足以承担保证责任的，由企业法人承担民事责任。

企业法人的分支机构提供的保证无效后应当承担赔偿责任的，由分支机构经营管理的财产承担。企业法人有过错的，按照《担保法》第二十九条的规定处理。

第一百二十四条　企业法人的分支机构为他人提供保证的，人民法院在审理保证纠纷案件中可以将该企业法人作为共同被告参加诉讼。但是商业银行、保险公司的分支机构提供保证的除外。

❽《最高人民法院关于贯彻执行〈中华人民共和国民法通则〉若干问题的意见（试行）》（1988年1月26日发布）

107. 不具有法人资格的企业法人的分支机构，以自己的名义对外签订的保证合同，一般应当认定无效。但因此产生的财产责任，分支机构如有偿付能力的，应当自行承担；如无偿付能力的，应由企业法人承担。

❾《最高人民法院关于审理经济合同纠纷案件有关保证的若干问题的规定》（1994年4月15日发布）

17. 法人的分支机构未经法人同意，为他人提供保证的，保证合同无效，保证人不承担保证责任，但应当根据其过错大小，承担相应的赔偿责任。法人的分支机构管理的财产不足以承担赔偿责任的，由法人承担。

金融部门的分支机构提供保证的，如无其他导致保证合同无效的因素，保证人应当承担保证责任。

【企业职能部门做保证人的禁止】

法律问题解读

企业法人的职能部门是法人内部执行某一职能的机构，包括企业法人的意思决定机关、意思执行机关和代表机关，如公司的股东大会、董事会、监事会以及作为具体经营管理机构的生产销售、人事财务、质量监督、保卫等部门。《担保法》之所以禁止企业法人的职能部门担任保证人，是由于职能部门不具备独立的法人资格，也没有分支机构所具备的营业执照，它没有自己的独立的法律人格和意思表示。即使法人的职能部门以保证人的身份与他人签订保证合同，也只能是由该法人本身担任保证人，而不是由该职能部门本身担任保证人。

企业法人的职能部门担任保证人的，保证合同无效。因企业法人的职能部门担任保证人而导致保证合同无效的，实行过错责任原则，在订立保证合同时，债权人知道或者应当知道保证人为企业法人的职能部门的，债权人因保证合同无效而遭受的损失，由债权人自行负担。在订立保证合同的时候，债权人不知道保证人为企业法人的职能部门的，因此而遭受的损失，可根据《担保法》第5条第2款以及第29条的规定处理，即保证合同被确认无效后，债务人、保证人、债权人有过错的，应当根据其过错各自承担相应的民事责任。债权人无过错的，由企业法人承担民事责任。

法条指引

❶《中华人民共和国担保法》（1995年6月30日 主席令公布）

第五条 担保合同是主合同的从合同，主合同无效，担保合同无效。担保合同另有约定的，按照约定。

担保合同被确认无效后，债务人、担保人、债权人有过错的，应当根据其过错各自承担相应的民事责任。

第十条 企业法人的分支机构、职能部门不得为保证人。

企业法人的分支机构有法人书面授权的，可以在授权范围内提供保证。

❷《最高人民法院关于适用〈中华人民共和国担保法〉若干问题的解释》（2000年12月13日发布）

第十八条 企业法人的职能部门提供保证的，保证合同无效。债权人知道或者应当知道保证人为企业法人的职能部门的，因此造成的损失由债权人自行承担。

债权人不知保证人为企业法人的职能部门，因此造成的损失，可以参照《担保法》第五条第二款的规定和第二十九条的规定处理。

❸《最高人民法院关于审理经济合同纠纷案件有关保证的若干问题的规定》（1994年4月15日发布）

18. 法人的内部职能部门未经法人同意，为他人提供保证的，保证合同无效，保证人不承担保证责任，但应当根据其过错大小，由法人承担相应的赔偿责任。

【公司做保证人的限制性规定】

法律问题解读

公司是指依照公司法在中国境内设立的有限责任公司和股份有限公司。有限责任公司股东以其出资额为限对公司承担责任，公司以其全部资产对公司的债务承担责任。股份有限公司，其全部资本分为等额股份，股东以其所持股份为限对公司承担责任，公司以其全部资产对公司的债务承担责任。有限责任公司和股份有限公司为企业法人。

在公司权利能力上，公司法并不禁止、限制其对外担保能力。公司可以为任何自然人、法人的债务提供担保。在公司内部，对公司对外担保事项作出决议的有权机关仅仅限于公司股东大会、董事会。任何董事、高管均无权作出决定。如果公司为公司股东或实际控制人提供担保，只能由股东大会决议。上市公司一年担保额超过总资产总额30%的，应由股东大会决议，且经出席会议的股东所持表决2/3通过，但在证券法上，基于我国证券公司滥用股东权教训，出于权宜之计，对证券公司这一市场主体对外权保作了较多规定，凡证券公司为其股东或股东关联人提供担保，统归无效。

法条指引

❶《中华人民共和国公司法》（2005年10月27日修订）

第一百四十九条 董事、高级管理人员不得有下列行为：

（一）挪用公司资金；

（二）将公司资金以其个人名义或者以其他个人名义开立账户存储；

（三）违反公司章程的规定，未经股东会、股东大会或者董事会同意，将公司资金借贷给他人或者以公司财产为他人提供担保；

（四）违反公司章程的规定或者未经股东会、股东大会同意，与本公司订立合同或者进行交易；

（五）未经股东会或者股东大会同意，利用职务便利为自己或者他人谋取属于公司的商业机会，自营或者为他人经营与所任职公司同类的业务；

（六）接受他人与公司交易的佣金归为己有；

（七）擅自披露公司秘密；

（八）违反对公司忠实义务的其他行为。

董事、高级管理人员违反前款规定所得的收入应当归公司所有。

第十六条 公司向其他企业投资或者为他人提供担保，依照公司章程的规定，由董事会或者股东会、股东大会决议；公司章程对投资或者担保的总额及单项投资或者担保的数额有限额规定的，不得超过规定的限额。

公司为公司股东或者实际控制人提供担保的，必须经股东会或者股东大会决议。

前款规定的股东或者受前款规定的实际控制人支配的股东，不得参加前款规定事项的表决。该项表决由出席会议的其他股东所持表决权的过半数通过。

❷《中华人民共和国证券法》（2005年10月

27日修正公布)

第一百二十二条 设立证券公司，必须经国务院证券监督管理机构审查批准。未经国务院证券监督管理机构批准，任何单位和个人不得经营证券业务。

第一百二十五条 经国务院证券监督管理机构批准，证券公司可以经营下列部分或者全部业务：

(一)证券经纪；
(二)证券投资咨询；
(三)与证券交易、证券投资活动有关的财务顾问；
(四)证券承销与保荐；
(五)证券自营；
(六)证券资产管理；
(七)其他证券业务。

第一百三十条 国务院证券监督管理机构应当对证券公司的净资本，净资本与负债的比例，净资本与净资产的比例，净资本与自营、承销、资产管理等业务规模的比例，负债与净资产的比例，以及流动资产与流动负债的比例等风险控制指标作出规定。

证券公司不得为其股东或者股东的关联人提供融资或者担保。

❸《**最高人民法院关于适用〈中华人民共和国担保法〉若干问题的解释**》(2000年12月13日发布)

第四条 董事、经理违反《中华人民共和国公司法》第六十条的规定，以公司资产为本公司的股东或者其他个人债务提供担保的，担保合同无效。除债权人知道或者应当知道的外，债务人、担保人应当对债权人的损失承担连带赔偿责任。

第七条 主合同有效而担保合同无效，债权人无过错的，担保人与债务人对主合同债权人的经济损失，承担连带赔偿责任；债权人、担保人有过错的，担保人承担民事责任的部分，不应超过债务人不能清偿部分的二分之一。

❹《**住房置业担保管理试行办法**》(2000年5月11日 建设部、中国人民银行联合发布)

第七条 担保公司是为借款人办理个人住房贷款提供专业担保，收取服务费用，具有法人地位的房地产中介服务企业。

第九条 担保公司的组织形式为有限责任公司或者股份有限公司。

第三十条 担保公司的资金运用，应当遵循稳健、安全的原则，确保资产的保值增值。担保公司只能从事住房置业担保和房地产经营业务(房地产开发除外)，不得经营财政信用业务、金融业务等其他业务，也不得提供其他担保。

案例链接

❶《中国建设银行股份有限公司漯河黄河路支行与张宏山等借款担保合同纠纷上诉案》，参见北大法宝引证码：Pkulaw. cn/CLI. C. 285652。

❷《获嘉县农村信用合作联社诉职鸣政等金融借款合同纠纷案》，参见北大法宝引证码：Pkulaw. cn/CLI. C. 280698。

❸《交通银行股份有限公司郑州商交所支行诉朱颖等金融借款合同纠纷案》，参见北大法宝引证码：Pkulaw. cn/CLI. C. 280909。

【上市公司做保证人】

法律问题解读

所谓上市公司是指所发行的股票经国务院或者国务院授权证券管理部门批准在证券交易所上市交易的股份有限公司。上市公司做保证人具有以下限制：

1. 任何单位和个人不得强令上市公司为他人提供担保，上市公司对强令其为他人提供担保的行为有权拒绝，但上市公司未拒绝的，应承担保证责任，不得以此为由对抗债权人，上市公司因承担保证责任而遭受的损失，只能自行承担。如有法律依据，也可向对其发号施令者追偿。

2. 上市公司为他人提供担保的，应当采用反担保等必要措施防范风险。

3. 上市公司为他人提供担保必须经董事会或股东大会批准。未经公司股东大会或者董事会决议通过，董事、经理以及公司的分支机构不得擅自代表公司签订担保合同。上市公司董事、经理及其他管理人员未按规定程序擅自越权签订担保合同，对上市公司造成损害的，由当事人承担责任。

此外，当出现被担保人债务到期后15个工作日内未履行还款义务，或是被担保人破产、清算、债权人主张担保人履行担保义务等情况时，上市公司有义务及时了解被担保人的债务偿还情况，并在知悉后及时披露相关信息。上市公司为债务人履行担保义务后，应当采取有效措施向债务人追偿，并将追偿情况及时披露。

法条指引

❶《中华人民共和国公司法》（2005年10月27日修正公布）

第一百二十一条 本法所称上市公司，是指其股票在证券交易所上市交易的股份有限公司。

第一百二十二条 上市公司在一年内购买、出售重大资产或者担保金额超过公司资产总额百分之三十的，应当由股东大会作出决议，并经出席会议的股东所持表决权的三分之二以上通过。

第一百二十五条 上市公司董事与董事会会议决议事项所涉及的企业有关联关系的，不得对该项决议行使表决权，也不得代理其他董事行使表决权。该董事会会议由过半数的无关联关系董事出席即可举行，董事会会议所作决议须经无关联关系董事过半数通过。出席董事会的无关联关系董事人数不足三人的，应将该事项提交上市公司股东大会审议。

❷《关于上市公司为他人提供担保有关问题的通知》（2000年6月6日 中国证券监督管理委员会发布）

各上市公司：

为了保护投资者的合法权益和上市公司财务安全，防范证券市场风险，现就上市公司为他人提供担保的有关问题通知如下：

一、上市公司为他人提供担保应当遵守《中华人民共和国公司法》、《中华人民共和国担保法》和其他相关法律、法规的规定。并按照《中华人民共和国证券法》和《证券交易所股票上市规则》的有关规定披露信息。

二、上市公司不得以公司资产为本公司的股东、股东的控股子公司、股东的附属企业或者个人债务提供担保。（已被《公司法》修改）

三、上市公司为他人提供担保应当遵循平等、自愿、公平、诚信、互利的原则。任何单位和个人不得强令上市公司为他人提供担保，上市公司对强令其为他人提供担保的行为有权拒绝。

四、上市公司为他人提供担保，应当采用反担保等必要措施防范风险。

五、上市公司为他人提供担保必须经董事会或股东大会批准。董事会应当比照公司章程有关董事会投资权限的规定，行使对外担保权。超过公司章程规定权限的，董事会应当提出预案，并报股东大会批准。上市公司董事会在决定为他人提供担保之前（或提交股东大会表决前），应当掌握债务人的资信状况，对该担保事项的利益和风险进行充分分析，并在董事会有关公告中详尽披露。

股东大会或者董事会对担保事项做出决议时，与该担保事项有利害关系的股东或者董事应当回避表决。

董事会秘书应当详细记录有关董事会会议和股东大会的讨论和表决情况。有关的董事会、股东大会的决议应当公告。

六、当出现被担保人债务到期后十五个工作日内未履行还款义务，或是被担保人破产、清算、债权人主张担保人履行担保义务等情况时，上市公司有义务及时了解被担保人的债务偿还情况，并在知悉后及时披露相关信息。

七、上市公司应当完善内部控制制度，未经公司股东大会或者董事会决议通过，董事、经理以及公司的分支机构不得擅自代表公司签订担保合同。

八、上市公司应当加强担保合同的管理。为他人担保，应当订立书面合同。担保合同应当按照公司内部管理规定妥善保管，并及时通报监事会、董事会秘书和财务部门。

九、上市公司为债务人履行担保义务后，应当采取有效措施向债务人追偿，并将追偿情况及时披露。

十、上市公司董事、经理及其他管理人员未按规定程序擅自越权签订担保合同，对上市公司造成损害的，上市公司应当追究当事人的责任。

上市公司为他人提供担保未按照《证券交易所股票上市规则》的要求履行信息披露义务的，证券交易所应当根据《证券交易所股票上市规则》视情节轻重对有关上市公司及责任人给予相应的处分。

上市公司对担保事项的信息披露违反《中华人民共和国证券法》和本通知规定的，中国证监会依法对有关上市公司及责任人给予处罚。

【证券公司做保证人的规定】

法律问题解读

所谓证券公司是指依照公司法规定经国务院证券监督管理机构审查批准的从事证券经营业务的有限责任公司或者股份有限公司。根据《证券法》规定，证券公司不得为其股东或者股东的关联人提供担保或融资。根据中国证券监督管理委员会《关于证券公司担保问题的通知》的规定，证券公司做保证人有以下限制：

1. 为他人提供保证的证券公司，其净资本额至少为人民币2亿元。净资本额达不到证监会规定的综合类证券公司净资本最低标准的证券公司不得为他人提供担保。有条件提供担保的证券公司必须在会计报表附注和净资本情况的说明中详细披露其担保事项。

2. 证券公司提供的担保额不得超过其净资产额的20%。

3. 在股票承销过程中，证券公司不得为企业提供贷款保证。证券公司不得为以买卖股票为目的的客户贷款提供保证。

法条指引

❶《中华人民共和国证券法》（2005年10月27日修正公布）

第一百二十二条 设立证券公司，必须经国务院证券监督管理机构审查批准。未经国务院证券监督管理机构批准，任何单位和个人不得经营证券业务。

第一百二十三条 本法所称证券公司是指依照《中华人民共和国公司法》和本法规定设立的经营证券业务的有限责任公司或者股份有限公司。

❷《关于证券公司担保问题的通知》（2001年4月24日 证券监督管理委员会发布）

各证券监管办公室、办事处、特派员办事处，各证券公司：

为规范证券公司的担保行为，防范证券公司提供担保可能产生的风险，现就证券公司担保问题通知如下：

一、根据我会《关于调整证券公司净资本计算规则的通知》（证监机构字〔2000〕223号），净资本额达不到我会规定的综合类证券公司净资本最低标准（人民币两亿元）的证券公司不得为他人提供担保。有条件提供担保的证券公司必须在会计报表附注和净资本情况的说明中详细披露其担保事项。

二、证券公司提供的担保额不得超过其净资产额的百分之二十。

三、各证券公司应严格遵守中国证券业协会《关于禁止股票承销业务中融资和变相融资行为的行业公约》（中证协字〔2000〕20号），禁止在股票承销过程中为企业提供贷款担保。

四、不具备担保条件的证券公司原有的担保要在本通知下发之日起进行清理，并在净资本情况的说明中详细披露清理情况。

五、证券公司不得为以买卖股票为目的的客户贷款提供担保。

六、对违反上述规定进行担保和对担保事项披露不准确、不真实、不及时的证券公司及有关责任人予以单处或并处通报批评、警告、暂停直至取消业务资格、暂停直至取消从业资格的处罚。

【强令提供担保的禁止】

法律问题解读

银行等金融机构或者企业，由于其所从事的行业具有特殊性，因此在担任保证人的时候与一般的民事主体不完全相同。根据《担保法》第11条的规定，除了法律法规另有规定的，银行等金融机构或者企业，在为他人的债务提供保证，与债权人订立保证合同的过程中享有完全的意思自由，有权决定为哪一个债务人的债务提供保证，在订立保证合同的过程中，有权决定保证责任的范围。是否提供担保，以及在什么范围内提供担保，完全取决于自身发展的需要。

《担保法》所规定的"任何单位和个人"，主要是指国家机关和个别领导。现实当中，强令银行等金融机构或企业为他人提供保证的情形主要有以下两类：

1. 主管机关强令企业给他人贷款提供保证。

2. 个别领导依据自己的个人意志运用自己手中的权力强令金融机构或者企业为他人提供保证。这些行为破坏了正常的市场经济的运行规律，对社会经济秩序造成极大的危害。

至于由于有关单位或者个人的强制性命令，银行等金融机构或者企业因此与债权人订立了保证合同，银行等金融机构或者企业是否可以主张合同无效，拒绝承担保证责任呢？

一般认为银行等金融机构或者企业有权拒绝来自任何单位或者个人的强制性命令，否则不得以此为由对抗债权人。银行等金融机构或者企业因承担保证责任而遭受的损失，原则上只能自行承担，当然如果有法律依据，也可以向对其发号施令者追偿。

法条指引

❶《中华人民共和国担保法》（1995年6月30日 主席令公布）

第十一条　任何单位和个人不得强令银行等金融机构或者企业为他人提供保证；银行等金融机构或者企业对强令其为他人提供保证的行为，有权拒绝。

❷《中华人民共和国商业银行法》（2003年12月27日修正公布）

第四十一条　任何单位和个人不得强令商业银行发放贷款或者提供担保。商业银行有权拒绝任何单位和个人强令要求其发放贷款或者提供担保。

第八十八条　单位或者个人强令商业银行发放贷款或者提供担保的，应当对直接负责的主管人员和其他直接责任人员或者个人给予纪律处分；造成损失的，应当承担全部或者部分赔偿责任。

商业银行的工作人员对单位或者个人强令其发放贷款或者提供担保未予拒绝的，应当给予纪律处分；造成损失的，应当承担相应的赔偿责任。

❸《中华人民共和国中国人民银行法》（2003年12月27日修正公布）

第三十条　中国人民银行不得向地方政府、各级政府部门提供贷款，不得向非银行金融机构以及其他单位和个人提供贷款，但国务院决定中国人民银行可以向特定的非银行金融机构提供贷款的除外。

中国人民银行不得向任何单位和个人提供担保。

❹《贷款通则》（1996年6月11日　中国人民银行发布）

第二十二条　贷款人的权利：

根据贷款条件和贷款程序自主审查和决定贷款，除国务院批准的特定贷款外，有权拒绝任何单位和个人强令其发放贷款或者提供担保。

一、要求借款人提供与借款有关的资料；

二、根据借款人的条件，决定贷与不贷、贷款金额、期限和利率等；

三、了解借款人的生产经营活动和财务活动；

四、依合同约定从借款人账户上划收贷款本金和利息；

五、借款人未能履行借款合同规定义务的，贷款人有权依合同约定要求借款人提前归还贷款或停止支付借款人尚未使用的贷款；

六、在贷款将受或已受损失时，可依据合同规定，采取使贷款免受损失的措施。

第六十四条　贷款人的工作人员对单位或者个人强令其发放贷款或提供担保未予拒绝的，应当依照《中华人民共和国商业银行法》第八十五条给予纪律处分，造成损失的应当承担相应的赔偿责任。

第六十八条　任何单位和个人强令银行发放贷款或者提供担保的，应当依照《中华人民共和国商业银行法》第八十五条，对直接负责的主管人员和其他直接责任人员或者个人给予纪律处分；造成经济损失的，承担全部或者部分赔偿责任。

❺《境内机构对外担保管理办法实施细则》（1997年12月11日　国家外汇管理局发布）

第六条　对外担保当事人包括担保人、被担保人、受益人。

"担保人"是指符合《办法》第四条规定的境内具有法人资格的，或者经法人授权的机构，包括中资金融机构、内资企业和外商投资企业，不包括境内外资金融机构。其中，对外保证项下的担保人为保证人；对外抵押项下的担保人为抵押人；对外质押项下的担保人为出质人。

"被担保人"是指境内内资企业、外商投资企业和境内机构在境外注册的全资附属企业及中方参股的企业。

"受益人"是指中国境外机构以及境内的外资金融机构。其中，对外保证项下的受益人为债权人；对外抵押项下的受益人为抵押权人；对外质押项下的受益人为质权人。

第十九条　《办法》所称对外保证是指保证人和受益人约定，当债务人不按照约定偿还债务或者履行义务时，保证人按照约定承担偿还责任或者履行义务的行为。

第二十条　外汇局对对外保证按照下列规定管理：

（一）对中资银行对外出具的融资保证、融资租赁保证、补偿贸易项下的现汇履约保证和超过一年（不含一年）的延期付款保证等实行逐笔审批。

（二）对中资银行对外出具的非前款所述对外保证按照资产负债比例进行管理。

中资银行在本细则第二十一条第一款和第二款规定的对外担保能力内可自行对外出具上述保证。本款项下中资银行出具的对外保证合同自出具之日起生效。

（三）非银行金融机构和非金融企业法人出具的对外保证均需报外汇局逐笔审批。

第二十一条　保证人为中资金融机构的，应当符合下列条件：

（一）金融机构的对外担保余额、境内外汇担保余额及外汇债务余额之和不得超过其自有外汇资金的二十倍。

（二）金融机构为一家企业法人的外汇放款余额、外汇担保余额（按百分之五十计算）及外汇投资（参股）之和不得超过其自有外汇资金的百分之三十。

第二十二条 保证人为非金融企业法人的，其对外担保余额不得超过其净资产的百分之五十，并不得超过其上年外汇收入。

其中，贸易型内资企业在提供对外保证时，其净资产与总资产的比例原则上不得低于百分之十五；非贸易型内资企业在提供对外担保时，其净资产与总资产的比例原则上不得低于百分之三十。

外汇局按照国家工商行政管理部门颁发的营业执照中的主营项目来划分贸易型与非贸易型企业。

❻《**最高人民法院关于惠州恒业公司诉恩平旅游实业公司购销合同纠纷案中银行是否负担保证责任的函**》（1991年8月31日发布）

广东省高级人民法院：

你院粤法经监字〔1991〕第4号《关于惠州恒业公司诉恩平旅游实业公司购销合同纠纷一案中银行是否负担保责任的请示》收悉。经研究，答复如下：

惠州恒业公司与恩平县旅游实业公司在签订购销彩电合同时，虽然要求银行提供担保，但中国工商银行恩平支行明确表示不同意担保，在其向恒业公司出具的证明中也没有担保的意思表示，因此，恩平支行不应承担担保责任。但是，恩平支行在向恒业公司出具的证明中承诺对恒业公司预付给旅游实业公司的一百七十万元人民币实行监督，专款专用，却未履行其监督义务。根据《民法通则》第一百零六条关于"公民、法人违反合同或者不履行其他义务的，应当承担民事责任"的规定，中国工商银行恩平支行应当承担与其过错相适应的赔偿责任。

此复

❼《**最高人民法院关于"国家机关不能担任保证人"的时效问题的答复**》（1988年10月18日发布）

中国银行：

你行（88）中信字第77号函悉。关于《最高人民法院关于贯彻执行〈中华人民共和国民法通则〉若干问题的意见（试行）》第一百零六条第二款"国家机关不能担任保证人"的时效问题，经研究，答复如下：

一、凡我院《公报》公布《最高人民法院关于贯彻执行〈中华人民共和国民法通则〉若干问题的意见（试行）》以前，即1988年6月20日以前，国家机关担任保证人，向债权人保证债务人履行债务的，一旦发生纠纷诉至人民法院，人民法院将不仅仅根据该意见而确认保证无效。

二、据悉，自1984年以来，财政部等国务院有关部门曾相继发出通知，要求本系统各级机关不得为经济合同提供担保，已经提供了的，必须立即纠正；中国人民银行在其于1987年2月20日公布的《境内机构提供外汇担保的暂行管理办法》中，亦将国家机关排除在可以提供外汇担保的机构之外。因此，你行来函中所提情况，涉及上述行政规章的效力问题，建议你行再征询国务院有关部门的意见。

案例链接

❶《中国建设银行石家庄市自强路支行诉河北宇通实业有限公司等借款合同案》，参见北大法宝引证码：Pkulaw. cn/CLI. C. 49484。

第二章　保证合同和保证方式

● 本章为读者提供与以下题目有关的法律问题的解读及相关法律文献依据

保证合同（068）　保证合同的成立（070）　保证合同的形式（071）　空白保证（072）　无书面合同担保（073）　保证合同的无效（074）　保证合同无效的责任承担（076）　保证人的义务（077）　保证人的抗辩权（078）　物保放弃抗辩权（079）　对超出担保范围的抗辩权（080）　恶意抗辩权（081）　通告抗辩权（082）　先诉抗辩权（082）　先诉抗辩权的成立及行使（083）　先诉抗辩权的效力（084）　先诉抗辩权的消灭（085）　保证人的追偿权（086）　行使追偿权的条件（087）　行使追偿权的范围（088）　追偿权的实现（089）　追偿权的诉讼时效（090）　追偿权的效力（091）　追偿权行使的限制（092）　共同保证人之间的追偿权（092）　保证人的预先追偿权（093）　行使预先追偿权的条件（094）　行使预先追偿权的范围（094）　共同保证人的预先追偿权（095）　保证合同的内容（096）　保证方式（097）　一般保证（099）　连带责任保证（099）　连带责任保证的推定（100）　保证合同诉讼时效的中断（101）　保证合同诉讼时效的中止（102）　保证合同诉讼时效的起算（102）

【保证合同】

法律问题解读

保证是通过保证合同加以设定的，保证合同是指保证人和债权人达成的当债务人不履行债务时，由保证人代为履行或承担民事责任的协议。保证合同的当事人是保证人与债权人（也是主合同的债权人），不包括主合同的债务人。

在实践中理解保证合同的含义应注意以下几个方面：

1. 保证合同是从合同。保证合同的主要特点在于它的从属性，即它原则上必须以主债权合同的存在与生效为前提。

2. 保证合同是单务合同。保证合同是保证人一方承担保证义务而不享有权利，主债权人只享有权利而无须承担义务的合同。

3. 保证合同是无偿合同。债权人享有保证请求权，不必向保证人偿付代价。在实际生活中，债务人出于感激和友善心理可能给予保证人一定的酬金或其他好处，但这并不影响保证合同的无偿性。

4. 保证合同是诺成合同。保证合同是一种担保之债，其成立无须担保人交付财产，只要双方当事人意思表示一致，合同就告成立。

5. 保证合同是要式合同。保证合同虽然一经当事人达成合意即成立，但保证合同原则上要求以书面订立才能成立并生效，原则的例外是指：①公民间的口头保证有两个以上无利害关系人证明的；②保证人履行保证义务，债权人接受。这两种情形下，未采用书面形式的保证合同成立并生效。

法条指引

❶《中华人民共和国担保法》（1995年6月20日　主席令公布）

第十三条　保证人与债权人应当以书面形式订立保证合同。

第十七条　当事人在保证合同中约定，债务人不能履行债务时，由保证人承担保证责任的，为一般保证。

一般保证的保证人在主合同纠纷未经审判或者仲裁，并就债务人财产依法强制执行仍不能履行债务前，对债权人可以拒绝承担保证责任。

有下列情形之一的，保证人不得行使前款规

定的权利：

（一）债务人住所变更，致使债权人要求其履行债务发生重大困难的；

（二）人民法院受理债务人破产案件，中止执行程序的；

（三）保证人以书面形式放弃前款规定的权利的。

❷《中华人民共和国合同法》（1999年3月15日 主席令公布）

第三十六条 法律、行政法规规定或者当事人约定采用书面形式订立合同，当事人未采用书面形式但一方已经履行主要义务，对方接受的，该合同成立。

第三十七条 采用合同书形式订立合同，在签字或者盖章之前，当事人一方已经履行主要义务，对方接受的，该合同成立。

❸《最高人民法院关于贯彻执行〈中华人民共和国民法通则〉若干问题的意见（试行）》（1988年1月26日发布）

108．保证人向债权人保证债务人履行债务的，应当与债权人订立书面保证合同，确定保证人对主债务的保证范围和保证期限。虽未单独订立书面保证合同，但在主合同中写明保证人的保证范围和保证期限，并由保证人签名盖章的，视为书面保证合同成立。公民间的口头保证，有两个以上无利害关系人证明的，也视为保证合同成立，法律另有规定的除外。

保证范围不明确的，推定保证人对全部主债务承担保证责任。

❹《贷款通则》（1996年6月16日 中国人民银行发布）

第二十九条 签订借款合同：

所有贷款应当由贷款人与借款人签订借款合同。借款合同应当约定借款种类、借款用途、金额、利率、借款期限、还款方式、借、贷双方的权利、义务、违约责任和双方认为需要约定的其他事项。

保证贷款应当由保证人与贷款人签订保证合同，或保证人在借款合同上载明与贷款人协商一致的保证条款，加盖保证人的法人公章，并由保证人的法定代表人或其授权代理人签署姓名。抵押贷款、质押贷款应当由抵押人、出质人与贷款人签订抵押合同、质押合同，需要办理登记的，应依法办理登记。

❺《个人住房贷款管理办法》（1998年5月14日 中国人民银行发布）

第二十四条 保证人与债权人应当以书面形式订立保证合同。保证人发生变更的，必须按照规定办理变更担保手续，未经贷款人认可，原保证合同不得撤销。

❻《中央国家机关个人住房担保委托贷款办法（试行）》（1998年6月12日 国务院机关事务管理局发布）

第三十一条 保证人、受托人和借款人须以书面形式订立保证合同，保证合同的有关内容按照《中华人民共和国担保法》第十五条的规定执行。

第三十二条 保证人失去担保资格和能力，如发生合并、分立或破产等，保证人须及时通知受托人。借款人须重新落实保证人或提供其他担保方式，经受托人认可后，办理有关手续。未经受托人认可，原保证合同不得撤销。

❼《住房置业担保管理试行办法》（2000年5月11日 建设部、中国人民银行联合发布）

第五条 贷款人与借款人依法签订的个人住房借款合同为主合同，担保公司、贷款人依法签订的保证合同是其从合同。主合同无效，从合同无效。保证合同另有约定的，从其约定。

保证合同被依法确认无效后，担保公司、借款人和贷款人有过错的，应当根据其过错各自承担相应的民事责任。

❽《最高人民法院关于是否可直接判令保证单位履行债务的复函》（1991年10月19日发布）

上海市高级人民法院：

你院（91）沪高经核字第11号《关于是否可直接判令保证单位履行债务的请示》收悉。经研究，答复如下：

保证合同虽具有相对的独立性，但它终究从属于主合同，主合同的效力决定保证合同的效力。本案第一被告新疆乌鲁木齐市金字塔工贸公司系艾克拉木·穆罕默德个人开办的私营独资企业，现已倒闭，艾克拉木也被公安机关收容审查，与原告上海马陆棉纺织厂签订购销合同的行为是否构成经济犯罪尚未确定，从属于该购销合同的保证合同的效力、性质及保证人应承担的责任也就无法确认。且，为了有利于打击犯罪，本案的受诉法院应中止对全案的审理，将有关的犯罪嫌疑材料移送乌鲁木齐市公安局查处，不必急于将棉纺厂诉保证人中国人民建设银行乌鲁木齐沙依巴克区办事处承担保证责任一节先行审理。受诉法院中止对本案的审理，并不表示解除保证人应承担的民事责任。

案例链接

❶《焦作市商业银行股份有限公司解放支行诉焦作市中小企业信用担保服务中心保证合同纠纷案》，参见北大法宝引证码：Pkulaw. cn/CLI. C. 290189。

❷《杨延豪与宝丰县农村信用合作联社借款合同纠纷再审案》，参见北大法宝引证码：Pkulaw. cn/CLI. C. 283020。

❸《新疆温州港大酒店有限公司与新疆新油房地产开发有限责任公司保证合同纠纷上诉案》，参见北大法宝引证码：Pkulaw. cn/CLI. C. 284627。

学者观点

❶ 毛煜焕：《审理以贷还贷借款保证合同纠纷的几点思考》，参见北大法宝引证码：Pkulaw. cn/CLI. A. 1125142。

【保证合同的成立】

法律问题解读

保证成立的标志是保证人与债权人签订合同。保证合同是诺成合同，保证人与债权人双方意思表示一致即可成立保证合同。根据《担保法》的规定，保证合同应以书面形式作出。在实践中，保证可基于下列方式成立：

1. 签订书面保证合同：即保证人和债权人，依据书面形式，就保证合同的主要条款，依法达成书面协议，保证合同即告成立。

2. 单独出具函：即保证人以书面信函、传真等形式向债权人表示，当被保证人不履行债务时，由其代为履行或负担损害赔偿之责，被债权人接受的，保证合同成立。

3. 在主合同中订有保证条款或在保证人栏内签字、盖章：即保证人在债权人与被保证人签订的订有保证条款的主合同上，以保证人的身份签字或盖章，保证合同成立；或者主合同中并未订有保证条款，保证人在主合同的保证人栏内，或以保证人的身份，在合同上签字或者盖章，亦视为保证合同成立。

法条指引

❶《中华人民共和国担保法》（1995 年 6 月 30 日 主席令公布）

第十三条 保证人与债权人应当以书面形式订立保证合同。

第十四条 保证人与债权人可以就单个主合同分别订立保证合同，也可以协议在最高债权额限度内就一定期间连续发生的借款合同或者某项商品交易合同订立一个保证合同。

第九十三条 本法所称保证合同、抵押合同、质押合同、定金合同可以是单独订立的书面合同，包括当事人之间的具有担保性质的信函、传真等，也可以是主合同中的担保条款。

❷《中华人民共和国合同法》（1999 年 3 月 15 日 主席令公布）

第三十六条 法律、行政法规规定或者当事人约定采用书面形式订立合同，当事人未采用书面形式但一方已经履行主要义务，对方接受的，该合同成立。

第三十七条 采用合同书形式订立合同，在签字或者盖章之前，当事人一方已经履行主要义务，对方接受的，该合同成立。

❸《最高人民法院关于适用〈中华人民共和国担保法〉若干问题的解释》（2000 年 12 月 13 日发布）

第二十二条 第三人单方以书面形式向债权人出具担保书，债权人接受且未提出异议的，保证合同成立。

主合同中虽然没有保证条款，但是，保证人在主合同上以保证人的身份签字或者盖章的，保证合同成立。

❹《最高人民法院关于贯彻执行〈中华人民共和国民法通则〉若干问题的意见（试行）》（1988 年 1 月 26 日发布）

108. 保证人向债权人保证债务人履行债务的，应当与债权人订立书面保证合同，确定保证人对主债务的保证范围和保证期限。虽未单独订立书面保证合同，但在主合同中写明保证人的保证范围和保证期限，并由保证人签名盖章的，视为书面保证合同成立。公民间的口头保证，有两个以上无利害关系人证明的，也视为保证合同成立，法律另有规定的除外。

保证范围不明确的，推定保证人对全部主债务承担保证责任。

❺《住房置业担保管理试行办法》（2000 年 5 月 11 日 建设部、中国人民银行联合发布）

第十八条 住房置业担保当事人应当签订书面保证合同。保证合同一般应当包括以下内容：

（一）被担保的主债权种类、数额；

（二）债务人履行债务的期限；
（三）保证的方式；
（四）保证担保的范围；
（五）保证期间；
（六）其他约定事项。

学者观点

❶ 潘君：《该保证合同是否成立》，参见北大法宝引证码：Pkulaw. cn/CLI. A. 146749。

❷ 史军锋：《对保证人的信用进行调查应设定为订立保证合同的程序》，参见北大法宝引证码：Pkulaw. cn/CLI. A. 171217。

❸ 卢昌军：《析加强资信调查对保证合同履约的作用》，参见北大法宝引证码：Pkulaw. cn/CLI. A. 141264。

【保证合同的形式】

法律问题解读

保证合同应采用书面形式。在实践中，常出现当事人之间未订立书面形式的保证合同，但在以下两种情况下，保证合同仍为有效：（1）公民之间的保证合同。公民之间的保证合同，除法律另有规定外，可以用口头形式，但是在当事人之间因是否存在保证发生争议时，须有两个以上无利害关系人的证明，并且举证责任在债权人一方；（2）保证人已履行债务，并且其履行的债务已为债权人所接受。当事人双方虽未订立书面合同，但保证人履行主债务，债权人接受的，其履行的事实足以证明保证关系的存在，保证合同形式上的欠缺即消灭，保证人不得以无书面合同而否认保证合同的效力。

保证合同除了一般书面形式外，还有公证形式、鉴证形式、批准形式及登记形式等特殊书面形式。所谓公证形式，是指当事人约定或依法律规定，以国家公证机关对保证合同内容加以审查公证的方式订立合同的形式。鉴证形式是指当事人约定或依法律规定，以国家合同管理机关对保证合同内容的真实性与合法性进行审查的方式订立合同的形式。批准形式指法律规定某些保证合同须经国家有关主管机关审查批准的方式订立合同的形式。登记形式指以将合同提交国家登记主管机关予以登记的方式订立合同的形式。

此外，在对外担保中，还可以保函、备用信用证、本票、汇票等形式出具对外保证。值得注意的是，保证合同并非只能采取一种形式，而是可以同时采取多种形式。

法条指引

❶《中华人民共和国担保法》（1995年6月30日 主席令公布）

第十三条 保证人与债权人应当以书面形式订立保证合同。

❷《中华人民共和国合同法》（1999年3月15日主席令公布）

第三十六条 法律、行政法规规定或者当事人约定采用书面形式订立合同，当事人未采用书面形式但一方已经履行主要义务，对方接受的，该合同成立。

❸《最高人民法院关于适用〈中华人民共和国担保法〉若干问题的解释》（2000年12月13日发布）

第二十二条 第三人单方以书面形式向债权人出具担保书，债权人接受且未提出异议的，保证合同成立。

主合同中虽然没有保证条款，但是，保证人在主合同上以保证人的身份签字或者盖章的，保证合同成立。

❹《最高人民法院关于贯彻执行〈中华人民共和国民法通则〉若干问题的意见（试行）》（1988年1月26日发布）

108. 保证人向债权人保证债务人履行债务的，应当与债权人订立书面保证合同，确定保证人对主债务的保证范围和保证期限。虽未单独订立书面保证合同，但在主合同中写明保证人的保证范围和保证期限，并由保证人签名盖章的，视为书面保证合同成立。公民间的口头保证，有两个以上无利害关系人证明的，也视为保证合同成立，法律另有规定的除外。

保证范围不明确的，推定保证人对全部主债务承担保证责任。

❺《住房置业担保管理试行办法》（2000年5月11日 建设部、中国人民银行联合发布）

第十八条 住房置业担保当事人应当签订书面保证合同。保证合同一般应当包括以下内容：
（一）被担保的主债权种类、数额；
（二）债务人履行债务的期限；
（三）保证的方式；
（四）保证担保的范围；
（五）保证期间；

（六）其他约定事项。

案例链接

❶《广东粤财投资控股有限公司诉新乡市无氧铜材有限公司借款担保合同纠纷案》，参见北大法宝引证码：Pkulaw.cn/CLI.C.282129。

❷《中国信达资产管理公司深圳办事处诉佛山市三水区南边自来水厂等一般借款合同纠纷案》，参见北大法宝引证码：Pkulaw.cn/CLI.C.68171。

❸《姚庆与上海永生数据科技股份有限公司赔偿损失纠纷上诉案》，参见北大法宝引证码：Pkulaw.cn/CLI.C.151351。

学者观点

❶ 洪新：《关于法律意义上的保证》，参见北大法宝引证码：Pkulaw.cn/CLI.A.1111156。

❷ 徐德敏：《有偿经济保证合同初探》，参见北大法宝引证码：Pkulaw.cn/CLI.A.1926。

【空白保证】

法律问题解读

空白保证是指保证人在空白证书上署名或盖章，交付于将来要负担债务的人，授予其在确定债权人后记载债权人姓名或一并记载债权数额在其证书的权限。

理解空白保证时应注意以下几个方面：

1. 保证人将保证合同相对人（债权人）或保证债额的决定权委托给债务人时，可认为有代理权的授予。

2. 保证人对主债务人授予订立保证合同的代理权时，主债务人有向债权人发出要约及受领债权人承诺意思的权限。

3. 保证人对主债务人授予订立保证合同的代理权后，此时不问有无空白的填载，保证人的代理人（主债务人）与债权人订立保证合同的意思一致时，即成立保证债务。如果保证人只授予主债务人应与特定债权人或应在一定数额的限度内订立保证合同的代理权，而主债务人却将其他债权人的姓名或将限度以外的保证额记入证书，订立保证合同时，除表见代理的情形外，保证合同无效。

4. 保证人自己决定保证合同的相对人（债权人）及保证数额，而交付空白证书于债务人时，主债务人不是代理人。此时不管在空白证书上有无债权人姓名或债权额的记载，债务人传达保证人的要约，相对人承诺时，即发生保证债务。如果债务人将保证人的意思错误展示，如保证人要以甲为债权人而债务人却将乙的姓名记入证书，或保证人只想保证一万元的债务，而债务人却将两万元债务记入证书，并将证书交付于债权人。此时保证人可以依法撤销该保证。

法条指引

❶《中华人民共和国民法通则》（1986年4月12日 主席令公布）

第六十三条　公民、法人可以通过代理人实施民事法律行为。

代理人在代理权限内，以被代理人的名义实施民事法律行为。被代理人对代理人的代理行为，承担民事责任。

依照法律规定或者按照双方当事人约定，应当由本人实施的民事法律行为，不得代理。

第六十四条　代理包括委托代理、法定代理和指定代理。

委托代理人按照被代理人的委托行使代理权，法定代理人依照法律的规定行使代理权，指定代理人按照人民法院或者指定单位的指定行使代理权。

第六十五条　民事法律行为的委托代理，可以用书面形式，也可以用口头形式。法律规定用书面形式的，应当用书面形式。

书面委托代理的授权委托书应当载明代理人的姓名或者名称、代理事项、权限和期间，并由委托人签名或者盖章。

委托书授权不明的，被代理人应当向第三人承担民事责任，代理人负连带责任。

第六十六条　没有代理权、超越代理权或者代理权终止后的行为，只有经过被代理人的追认，被代理人才承担民事责任。未经追认的行为，由行为人承担民事责任。本人知道他人以本人名义实施民事行为而不作否认表示的，视为同意。

代理人不履行职责而给被代理人造成损害的，应当承担民事责任。

代理人和第三人串通，损害被代理人的利益的，由代理人和第三人负连带责任。

第三人知道行为人没有代理权、超越代理权或者代理权已终止还与行为人实施民事行为给他人造成损害的，由第三人和行为人负连带责任。

案例链接

❶《深圳发展银行宁波慈溪支行诉宁波杰怡实业有限公司等金融借款合同纠纷案》，参见北大法宝引证码：Pkulaw.cn/CLI.C.210732。

❷《李军省与浙江泰隆商业银行信用卡纠纷上诉案》，参见北大法宝引证码：Pkulaw.cn/CLI.C.287409。

❸《中国工商银行股份有限公司十堰人民路支行等与湖北省十堰市五堰商场股份有限公司金融借款合同纠纷上诉案》，参见北大法宝引证码：Pkulaw.cn/CLI.C.147361。

【无书面合同担保】

法律问题解读

虽然大多数保证都以书面合同形式来进行，但在实践中，也有不少保证是经由担保人单方面承诺担保的行为来设定的：

1. 担保函。又称担保书、保函，是担保人向特定对象出具的保证承担某种义务的书面文件。实践中，担保函使用得非常普遍，内容也多种多样：有债务人或第三人向债权人出具保证进行某种行为的、有保证人向特定对象承诺如某种事情或后果发生，保证人承担全部或某种责任的、有保证人向行为人承诺绝不因行为人进行某种行为而追究行为人责任的等。

2. 备用信用证。备用信用证是担保人（开证行）应借款方要求向贷款方开出的付款凭证。当贷款方向担保人出示该证和借款方违约证明时，担保人须按该证规定的款项支付。备用信用证实际上是担保人以自身的信用向贷款人承诺对借款人履行债务承担责任。

3. 意愿书。意愿书通常是政府或母公司分别为政府下属机构的借款或子公司的借款而向贷款方出具的表示愿帮助借款方还款的书面文件，多在国际信贷中使用。意愿书的明显特征是其条款一般都不具有法律约束力而只有道义上的约束力。违反意愿书虽不引起法律责任，但对"担保人"以后的业务无疑会有所影响，故资信良好的"担保人"一般都不会违背自己在意愿书上的诺言。

4. 商业流通票据上的签字。担保人在商业流通票据上签字，构成票据保证。票据保证反映在汇票、支票或其粘单上。

需指出的是，无书面合同担保与口头保证并不等同。无书面合同担保仅指没有采取合同书的形式所作的其他书面担保。

法条指引

❶《中华人民共和国票据法》（2004年8月28日 修正公布）

第四条 票据出票人制作票据，应当按照法定条件在票据上签章，并按照所记载的事项承担票据责任。

持票人行使票据权利，应当按照法定程序在票据上签章，并出示票据。

其他票据债务人在票据上签章的，按照票据所记载的事项承担票据责任。

本法所称票据权利，是指持票人向票据债务人请求支付票据金额的权利，包括付款请求权和追索权。

本法所称票据责任，是指票据债务人向持票人支付票据金额的义务。

第五条 票据当事人可以委托其代理人在票据上签章，并应当在票据上表明其代理关系。

没有代理权而以代理人名义在票据上签章的，应当由签章人承担票据责任；代理人超越代理权限的，应当就其超越权限的部分承担票据责任。

第四十五条 汇票的债务可以由保证人承担保证责任。

保证人由汇票债务人以外的他人担当。

第四十六条 保证人必须在汇票或者粘单上记载下列事项：

（一）表明"保证"的字样；
（二）保证人名称和住所；
（三）被保证人的名称；
（四）保证日期；
（五）保证人签章。

❷《ICC跟单信用证统一惯例（UCP600）》（2007年7月1日修订，国际商会第600号出版物）

第二条 定义

就本惯例而言：

通知行指应开证行的要求通知信用证的银行。

申请人指要求开立信用证的一方。

银行工作日指银行在其履行受本惯例约束的行为的地点通常开业的一天。

受益人指接受信用证并享受其利益的一方。

相符交单指与信用证条款、本惯例的相关适用条款以及国际标准银行实务一致的交单。

保兑指保兑行在开证行承诺之外做出的承付

或议付相符交单的确定承诺。

保兑行指根据开证行的授权或要求对信用证加具保兑的银行。

信用证指一项不可撤销的安排，无论其名称或描述如何，该项安排构成开证行对相符交单予以交付的确定承诺。

承付指：

a. 如果信用证为即期付款信用证，则即期付款。

b. 如果信用证为延期付款信用证，则承诺延期付款并在承诺到期日付款。

c. 如果信用证为承兑信用证，则承兑受益人开出的汇票并在汇票到期日付款。

开证行指应申请人要求或者代表自己开出信用证的银行。

议付指指定银行在相符交单下，在其应获偿付的银行工作日当天或之前向受益人预付或者同意预付款项，从而购买汇票（其付款人为指定银行以外的其他银行）及/或单据的行为。

指定银行指信用证可在其处兑用的银行，如信用证可在任一银行兑用，则任何银行均为指定银行。

交单指向开证行或指定银行提交信用证项下单据的行为，或指按此方式提交的单据。

交单人指实施交单行为的受益人、银行或其他人。

第四条　信用证与合同

a. 就其性质而言，信用证与可能作为其开立基础的销售合同或其他合同是相互独立的交易，即使信用证中含有对此类合同的任何援引，银行也与该合同无关，且不受其约束。因此，银行关于承付、议付或履行信用证项下其他义务的承诺，不受申请人基于与开证行或与受益人之间的关系而产生的任何请求或抗辩的影响。

受益人在任何情况下不得利用银行之间或申请人与开证行之间的合同关系。

b. 开证行应劝阻申请人试图将基础合同、形式发票等文件作为信用证组成部分的做法。

【保证合同的无效】

法律问题解读

保证合同的无效指保证合同不具备法律规定的生效要件，因而不能发生预期的法律效力。保证合同无效有以下两大情形：

1. 主合同无效而致保证合同无效。根据保证合同的从属性，主合同无论基于何种事由而无效，除非当事人另有约定，保证合同附从于主合同因该种事由而无效。

2. 主合同有效，保证合同因自身原因无效。保证合同的无效，包括全部无效和部分无效。部分无效主要产生于当事人约定的保证责任范围超过了主债务范围的情形，此时，超过部分的保证应归于无效。而全部无效，主要有以下几种情况：

（1）保证人资格的欠缺导致保证合同无效；

（2）保证人意思不真实导致保证合同无效。在实践中，保证人意思表示不真实导致保证合同无效的情况，主要有骗保、诈保和未经被代理人追认的无权代理人所作的保证；

（3）保证合同违反法律法规的强制性规定和社会公共利益，应认定无效；

（4）在对外保证中，必须在有关部门登记或经过批准的保证合同未登记或未批准而无效。

法条指引

❶《中华人民共和国民法通则》（1986年4月12日　主席令公布）

第五十八条　下列民事行为无效：

（一）无民事行为能力人实施的；

（二）限制民事行为能力人依法不能独立实施的；

（三）一方以欺诈、胁迫的手段或者乘人之危，使对方在违背真实意思的情况下所为的；

（四）恶意串通，损害国家、集体或者第三人利益的；

（五）违反法律或者社会公共利益的；

（六）经济合同违反国家指令性计划的；

（七）以合法形式掩盖非法目的的。

无效的民事行为，从行为开始起就没有法律约束力。

❷《中华人民共和国合同法》（1999年3月15日　主席令公布）

第五十二条　有下列情形之一的，合同无效：

（一）一方以欺诈、胁迫的手段订立合同，损害国家利益；

（二）恶意串通，损害国家、集体或者第三人利益；

（三）以合法形式掩盖非法目的；

（四）损害社会公共利益；

（五）违反法律、行政法规的强制性规定。

第五十八条 合同无效或者被撤销后，因该合同取得的财产，应当予以返还；不能返还或者没有必要返还的，应当折价补偿。有过错的一方应当赔偿对方因此所受到的损失，双方都有过错的，应当各自承担相应的责任。

第五十九条 当事人恶意串通，损害国家、集体或者第三人利益的，因此取得的财产收归国家所有或者返还集体、第三人。

❸《中华人民共和国担保法》（1995年6月30日 主席令公布）

第三十条 有下列情形之一的，保证人不承担民事责任：

（一）主合同当事人双方串通，骗取保证人提供保证的；

（二）主合同债权人采取欺诈、胁迫等手段，使保证人在违背真实意思的情况下提供保证的。

❹《最高人民法院关于贯彻执行〈中华人民共和国民法通则〉若干问题的意见（试行）》（1988年1月26日发布）

67.间歇性精神病人的民事行为，确能证明是在发病期间实施的，应当认定无效。

行为人在神志不清的状态下所实施的民事行为，应当认定无效。

❺《最高人民法院关于适用〈中华人民共和国担保法〉若干问题的解释》（2000年12月13日发布）

第三条 国家机关和以公益为目的的事业单位、社会团体违反法律规定提供担保的，担保合同无效。因此给债权人造成损失的，应当根据担保法第五条第二款的规定处理。

第四条 董事、经理违反《中华人民共和国公司法》第六十条的规定，以公司资产为本公司的股东或者其他个人债务提供担保的，担保合同无效。除债权人知道或者应当知道的外，债务人、担保人应当对债权人的损失承担连带赔偿责任。

第五条 以法律、法规禁止流通的财产或不可转让的财产设定担保的，担保合同无效。

以法律、法规限制流通的财产设定担保的，在实现债权时，人民法院应当按照有关法律、法规的规定对该财产进行处理。

第六条 有下列情形之一的，对外担保合同无效：

（一）未经国家有关主管部门批准或者登记对外担保的；

（二）未经国家有关主管部门批准或者登记，为境外机构向境内债权人提供担保的；

（三）为外商投资企业注册资本、外商投资企业中的外方投资部分的对外债务提供担保的；

（四）无权经营外汇担保业务的金融机构、无外汇收入的非金融性质的企业法人提供外汇担保的；

（五）主合同变更或者债权人将对外担保合同项下的权利转让，未经担保人同意和国家有关主管部门批准的，担保人不再承担担保责任。但法律、法规另有规定的除外。

第十四条 不具有完全代偿能力的法人、其他组织或者自然人，以保证人身份订立保证合同后，又以自己没有代偿能力要求免除保证责任的，人民法院不予支持。

第十六条 从事经营活动的事业单位、社会团体为保证人的，如无其他导致保证合同无效的情况，其所签订的保证合同应当认定为有效。

第十七条 企业法人的分支机构未经法人书面授权提供保证的，保证合同无效。因此给债权人造成损失的，应当根据《担保法》第五条第二款的规定处理。

企业法人的分支机构经法人书面授权提供保证的，如果法人的书面授权范围不明，法人的分支机构应当对保证合同约定的全部债务承担保证责任。

企业法人的分支机构经营管理的财产不足以承担保证责任的，由企业法人承担民事责任。

企业法人的分支机构提供的保证无效后应当承担赔偿责任的，由分支机构经营管理的财产承担。企业法人有过错的，按照《担保法》第二十九条的规定处理。

第十八条 企业法人的职能部门提供保证的，保证合同无效。债权人知道或者应当知道保证人为企业法人的职能部门的，因此造成的损失由债权人自行承担。

债权人不知保证人为企业法人的职能部门，因此造成的损失，可以参照《担保法》第五条第二款的规定和第二十九条的规定处理。

第四十条 主合同债务人采取欺诈、胁迫等手段，使保证人在违背真实意思的情况下提供保证的，债权人知道或者应当知道欺诈、胁迫事实的，按照担保法第三十条的规定处理。

❻《住房置业担保管理试行办法》（2000年5月11日 建设部、中国人民银行联合发布）

第五条 贷款人与借款人依法签订的个人住房借款合同为主合同，担保公司、贷款人依法签订的保证合同是其从合同。主合同无效，从合同无效。保证合同另有约定的，从其约定。

保证合同被依法确认无效后，担保公司、借款人和贷款人有过错的，应当根据其过错各自承担相应的民事责任。

❼ 《最高人民法院关于正确确认企业借款合同纠纷案件中有关保证合同效力问题的通知》（1998年9月14日发布）

各省、自治区、直辖市高级人民法院，新疆维吾尔自治区高级人民法院生产建设兵团分院：

近来发现一些地方人民法院在审理企业破产案件或者与破产企业相关的银行贷款合同纠纷案件中，对所涉及的债权保证问题，未能准确地理解和适用有关法律规定，致使在确认保证合同的效力问题上出现偏差，为此特作如下通知：

各级人民法院在处理上述有关保证问题时，应当准确理解法律，严格依法确认保证合同（包括主合同中的保证条款）的效力。除确系因违反担保法及有关司法解释的规定等应当依法确认为无效的情况外，不应仅以保证人的保证系因地方政府指令而违背了保证人的意志，或该保证人已无财产承担保证责任等原因，而确认保证合同无效，并以此免除保证责任。

特此通知。

案例链接

❶《湖北天成建设发展有限公司与金江建设实业（河南）有限公司买卖合同纠纷上诉案》，参见北大法宝引证码：Pkulaw.cn/CLI.C.253523。

❷《侯马市交通局与河南中原创新物流有限公司等联营合同纠纷上诉案》，参见北大法宝引证码：Pkulaw.cn/CLI.C.254893。

❸《宁波市它山石担保有限公司诉余姚市路易车业有限公司等企业借贷纠纷案》，参见北大法宝引证码：Pkulaw.cn/CLI.C.227188。

学者观点

❶ 石英：《论无效保证合同》，参见北大法宝引证码：Pkulaw.cn/CLI.A.172680。

❷ 于静明：《也论无效保证合同的确认与处理——兼评〈担保法〉第29条的有关规定》，参见北大法宝引证码：Pkulaw.cn/CLI.A.123688。

【保证合同无效的责任承担】

法律问题解读

保证合同无效的责任承担，因以下两种情况的不同而有所差异：

1. 在主合同无效导致保证合同无效的情况下，如果保证人在其中并无过错，则不需承担任何民事责任。所谓保证人无过错，是指保证人在不知道也不应当知道主合同是无效的情况下提供了保证，并非指保证人对主合同无效本身存在过错。如果保证人知道或应当知道主合同无效仍为之提供保证，因保证人存在过错，则其需要承担缔约过失责任，但其责任范围不应超过债务人不能清偿部分的1/3。

2. 在主合同有效而保证合同无效的情况下，债权人无过错时，保证人与债务人对主合同债权人的经济损失，承担连带赔偿责任，其责任范围为主合同债权人因此所遭受的经济损失，包括主债权、利润、利息、支出的必要费用等；在债务人无过错时，债权人与保证人应对其过错承担缔约过失责任，其中保证人承担责任的范围不应超过债务人不能清偿部分的1/2，如果仅有保证人一方的过错，则仅由保证人承担缔约过失责任，其责任范围应以债务人不能清偿的部分为宜。如果造成保证合同无效的原因是债权人、债务人和保证人三方的共同过错，则应当根据过错大小各自承担相应的责任。

法条指引

❶《中华人民共和国担保法》（1995年6月30日 主席令公布）

第五条 担保合同是主合同的从合同，主合同无效，担保合同无效。担保合同另有约定的，按照约定。

担保合同被确认无效后，债务人、担保人、债权人有过错的，应当根据其过错各自承担相应的民事责任。

❷《最高人民法院关于适用〈中华人民共和国担保法〉若干问题的解释》（2000年12月13日发布）

第七条 主合同有效而担保合同无效，债权人无过错的，担保人与债务人对主合同债权人的经济损失，承担连带赔偿责任；债权人、担保人有过错的，担保人承担民事责任的部分，不应超过债务人不能清偿部分的二分之一。

第八条 主合同无效而导致担保合同无效，担保人无过错的，担保人不承担民事责任；担保人有过错的，担保人承担民事责任的部分，不应超过债务人不能清偿部分的三分之一。

第九条 担保人因无效担保合同向债权人承担赔偿责任后，可以向债务人追偿，或者在承担赔偿责任的范围内，要求有过错的反担保人承担赔偿责任。

担保人可以根据承担赔偿责任的事实对债务人或者反担保人另行提起诉讼。

第十条 主合同解除后，担保人对债务人应当承担的民事责任仍应承担担保责任。但是，担保合同另有约定的除外。

❸《住房置业担保管理试行办法》（2000年5月11日 建设部、中国人民银行联合发布）

第五条 贷款人与借款人依法签订的个人住房借款合同为主合同，担保公司、贷款人依法签订的保证合同是其从合同。主合同无效，从合同无效。保证合同另有约定的，从其约定。

保证合同被依法确认无效后，担保公司、借款人和贷款人有过错的，应当根据其过错各自承担相应的民事责任。

案例链接

❶《宁波大榭开发区金瑞国际贸易有限公司诉宁波市宙昶国际贸易有限公司等企业借贷纠纷案》，参见北大法宝引证码：Pkulaw. cn/CLI. C. 236641。

❷《陈白玲诉梅士云等民间借贷纠纷案》，参见北大法宝引证码：Pkulaw. cn/CLI. C. 238206。

❸《宁波保税区金峰国际贸易有限公司诉宁波市宙昶国际贸易有限公司等企业借贷纠纷案》，参见北大法宝引证码：Pkulaw. cn/CLI. C. 236882。

学者观点

❶ 王雷：《无效保证合同中民事责任之研究》，参见北大法宝引证码：Pkulaw. cn/CLI. A. 115170。

❷ 张晓君：《无效保证合同的认定及责任问题》，参见北大法宝引证码：Pkulaw. cn/CLI. A. 173154。

❸ 孙元清：《无效保证合同的确认及其保证人的民事责任》，参见北大法宝引证码：Pkulaw. cn/CLI. A. 154546。

【保证人的义务】

法律问题解读

保证关系设立后，保证人对于债权人和主债务人承担以下义务：

1. 督促履行义务。在保证范围和保证期限内，保证人负有及时督促主债务人按期履行义务的义务。保证人的这种义务相对于债权人是一种义务，而相对于主债务人则是一种权利，主债务人不能拒绝保证人的督促。

2. 代为履行义务。保证责任有效成立后，当主债务人不履行债务时，保证人得代为履行，但保证人的这项义务具有补充性，只要主债务履行期限未满，保证债务不发生履行问题，债权人也无权要求保证人代为履行。只有在主债务履行期限已满，主债务未得到履行或未完全履行时，债权人才可以要求保证人代为履行主债务人未履行的债务。

3. 通知义务。保证人如果代主债务人向债权人履行了主债务人应履行的债务，应立即将此事通知主债务人，避免主债务人因不知其债务已被保证人代为履行从而又向债权人重复履行。如果保证人代为履行后未将此事通知给主债务人，主债务人此后向债权人重复履行了债务，保证人对主债务人即丧失了求偿权，不能向债务人求偿而只能向债权人要求返还不当得利。

4. 损害赔偿义务。当主债务一部或全部之性质转换为损害赔偿之债时，不论是主债务人给付不能或给付迟延，只要是归于主债务人的原因，保证人均应承担。

同样，如果债权人仅对保证人因连带责任问题提起诉讼，保证人应通知主债务人及时参加诉讼，如保证人不通知主债务人而自行应诉，保证人将就诉讼费用这部分对主债务人丧失求偿权。

法条指引

❶《中华人民共和国合同法》（1995年3月15日 主席令公布）

第六十条 当事人应当按照约定全面履行自己的义务。

当事人应当遵循诚实信用原则，根据合同的性质、目的和交易习惯履行通知、协助、保密等义务。

❷《中华人民共和国担保法》（1995年3月15日 主席令公布）

第六条 本法所称保证，是指保证人和债权人约定，当债务人不履行债务时，保证人按照约定履行债务或者承担责任的行为。

第十二条 同一债务有两个以上保证人的，保证人应当按照保证合同约定的保证份额，承担保证责任。没有约定保证份额的，保证人承担连带责任，债权人可以要求任何一个保证人承担全部保证责任，保证人都负有担保全部债权实现的义务。已经承担保证责任的保证人，有权向债务人追偿，或者要求承担连带责任的其他保证人清偿其应当承担的份额。

❸《最高人民法院关于适用〈中华人民共和国担保法〉若干问题的解释》（2000年12月13日发布）

第十三条 保证合同中约定保证人代为履行非金钱债务的，如果保证人不能实际代为履行，对债权人因此造成的损失，保证人应当承担赔偿责任。

第十四条 不具有完全代偿能力的法人、其他组织或者自然人，以保证人身份订立保证合同后，又以自己没有代偿能力要求免除保证责任的，人民法院不予支持。

第十九条 两个以上保证人对同一债务同时或者分别提供保证时，各保证人与债权人没有约定保证份额的，应当认定为连带共同保证。

连带共同保证的保证人以其相互之间约定各自承担的份额对抗债权人的，人民法院不予支持。

第二十条 连带共同保证的债务人在主合同规定的债务履行期届满没有履行债务的，债权人可以要求债务人履行债务，也可以要求任何一个保证人承担全部保证责任。

连带共同保证的保证人承担保证责任后，向债务人不能追偿的部分，由各连带保证人按其内部约定的比例分担。没有约定的，平均分担。

案例链接

❶《中国邮政储蓄银行有限责任公司平舆县支行诉郭晓红等借款合同纠纷案》，参见北大法宝引证码：Pkulaw.cn/CLI.C.283078。

❷《常占良诉吴水信等借款担保合同纠纷案》，参见北大法宝引证码：Pkulaw.cn/CLI.C.286009。

❸《河南鑫地房地产开发有限公司与李冰民间借贷纠纷上诉案》，参见北大法宝引证码：Pkulaw.cn/CLI.C.287434。

学者观点

❶ 官厚军：《"保证人说"之演变及其启示》，参见北大法宝引证码：Pkulaw.cn/CLI.A.142675。

❷ 朱莉欣、黄瑞华：《论保证人在保证合同无

效后应承担的民事责任》，参见北大法宝引证码：Pkulaw.cn/CLI.A.171003。

❸ 黄海英：《合同解除与保证人责任》，参见北大法宝引证码：Pkulaw.cn/CLI.A.1102451。

【保证人的抗辩权】

法律问题解读

所谓抗辩权，是指对抗对方的请求或否认对方的权利主张的权利，又称为异议权。在保证关系中，保证人享有主债务人的抗辩权和专属于保证人的抗辩权。源于主债务人的抗辩权，无论是一般保证的保证人还是连带责任保证的保证人都可以行使，并且无论债务人有无放弃行使抗辩权，保证人都可以行使此权利。保证人以自己的名义独立行使抗辩权。源于主债务人的抗辩权包括：同时履行抗辩权、后履行抗辩权、不安抗辩权、撤销抗辩权、时效抗辩权、抵销抗辩权。专属于保证人的抗辩权包括：物保放弃抗辩权、对超出担保范围请求的抗辩权、恶意抗辩权、通告抗辩权、先诉抗辩权（检索抗辩权）。

法条指引

❶《中华人民共和国担保法》（1995年6月30日 主席令公布）

第十七条 当事人在保证合同中约定，债务人不能履行债务时，由保证人承担保证责任的，为一般保证。

一般保证的保证人在主合同纠纷未经审判或者仲裁，并就债务人财产依法强制执行仍不能履行债务前，对债权人可以拒绝承担保证责任。

有下列情形之一的，保证人不得行使前款规定的权利：

（一）债务人住所变更，致使债权人要求其履行债务发生重大困难的；

（二）人民法院受理债务人破产案件，中止执行程序的；

（三）保证人以书面形式放弃前款规定的权利的。

第二十条 一般保证和连带责任保证的保证人享有债务人的抗辩权。债务人放弃对债务的抗辩权的，保证人仍有权抗辩。

抗辩权是指债权人行使债权时，债务人根据法定事由，对抗债权人行使请求权的权利。

第二十八条 同一债权既有保证又有物的担

保的,保证人对物的担保以外的债权承担保证责任。

债权人放弃物的担保的,保证人在债权人放弃权利的范围内免除保证责任。

第三十条 有下列情形之一的,保证人不承担民事责任:

(一)主合同当事人双方串通,骗取保证人提供保证的;

(二)主合同债权人采取欺诈、胁迫等手段,使保证人在违背真实意思的情况下提供保证的。

❷《中华人民共和国合同法》(1999年3月15日 主席令公布)

第五十四条 下列合同,当事人一方有权请求人民法院或者仲裁机构变更或者撤销:

(一)因重大误解订立的;

(二)在订立合同时显失公平的。

一方以欺诈、胁迫的手段或者乘人之危,使对方在违背真实意思的情况下订立的合同,受损害方有权请求人民法院或者仲裁机构变更或者撤销。

当事人请求变更的,人民法院或者仲裁机构不得撤销。

第五十五条 有下列情形之一的,撤销权消灭:

(一)具有撤销权的当事人自知道或者应当知道撤销事由之日起一年内没有行使撤销权;

(二)具有撤销权的当事人知道撤销事由后明确表示或者以自己的行为放弃撤销权。

第六十六条 当事人互负债务,没有先后履行顺序的,应当同时履行。一方在对方履行之前有权拒绝其履行要求。一方在对方履行债务不符合约定时,有权拒绝其相应的履行要求。

第六十七条 当事人互负债务,有先后履行顺序,先履行一方未履行的,后履行一方有权拒绝其履行要求。先履行一方履行债务不符合约定的,后履行一方有权拒绝其相应的履行要求。

第六十八条 应当先履行债务的当事人,有确切证据证明对方有下列情形之一的,可以中止履行:

(一)经营状况严重恶化;

(二)转移财产、抽逃资金,以逃避债务;

(三)丧失商业信誉;

(四)有丧失或者可能丧失履行债务能力的其他情形。

当事人没有确切证据中止履行的,应当承担违约责任。

❸《中华人民共和国民法通则》(1986年4月12日 主席令公布)

第五十九条 下列民事行为,一方有权请求人民法院或者仲裁机关予以变更或者撤销:

(一)行为人对行为内容有重大误解的;

(二)显失公平的。

被撤销的民事行为从行为开始起无效。

❹《最高人民法院关于贯彻执行〈中华人民共和国民法通则〉若干问题的意见(试行)》(1988年1月26日发布)

68.一方当事人故意告知对方虚假情况,或者故意隐瞒真实情况,诱使对方当事人作出错误意思表示的,可以认定为欺诈行为。

69.以给公民及其亲友的生命健康、荣誉、名誉、财产等造成损害或者以给法人的荣誉、名誉、财产等造成损害为要挟,迫使对方作出违背真实的意思表示的,可以认定为胁迫行为。

70.一方当事人乘对方处于危难之机,为牟取不正当利益,迫使对方作出不真实的意思表示,严重损害对方利益的,可以认定为乘人之危。

71.行为人因对行为的性质、对方当事人、标的物的品种、质量、规格和数量等的错误认识,使行为的后果与自己的意思相悖,并造成较大损失的,可以认定为重大误解。

72.一方当事人利用优势或者利用对方没有经验,致使双方的权利与义务明显违反公平、等价有偿原则的,可以认定为显失公平。

73.对于重大误解或者显失公平的民事行为,当事人请求变更的,人民法院应当予以变更;当事人请求撤销的,人民法院可以酌情予以变更或者撤销。

可变更或者可撤销的民事行为,自行为成立时起超过一年当事人才请求变更或者撤销的,人民法院不予保护。

学者观点

❶ 费安玲:《论保证人抗辩权》,参见北大法宝引证码:Pkulaw. cn/CLI. A. 115342。

❷ 孙学致:《保证人权利若干问题解析》,参见北大法宝引证码:Pkulaw. cn/CLI. A. 177563。

【物保放弃抗辩权】

法律问题解读

《担保法》规定,同一债权既有保证又有物的担保的，保证人对物的担保以外的债权承担保证责任。债权人放弃物的担保的，保证人在债权人放弃权利的范围内免除保证责任。这一规定可以看做是对保证人物保放弃抗辩权的规定。这一抗辩权是专属于保证人的抗辩权之一。一般保证的保证人和连带责任保证的保证人都享有该抗辩权。保证人行使这一权利时需注意以下几点：

1. 同一债权既有保证担保，又有物的担保。这是物保放弃抗辩权存在的前提。同一债权是否有保证和担保物权两种担保的并存，应以债权人请求保证人承担保证责任之时为准，而不以保证成立时存有担保物权为限。也即，在债权人请求保证人承担保证责任时，保证人即得以债权人放弃担保物权为抗辩，而不论债权人放弃的担保物权是何时成立的。

2. 须债权人放弃物的担保。所谓放弃，是指以明示或默示的意思表示故意抛弃，既包括故意明示不行使担保物权，也包括故意使担保物的价值减少的行为。如债权人不是放弃担保物权，而是因其过失致使担保物权消灭，则保证人不能行使物保放弃抗辩权，主张免除保证责任。

需要指出的是，在行使此抗辩权时应注意区分担保物是由债务人提供还是由第三人提供。若担保物由债务人提供，债权人放弃物的担保的，则保证人享有此抗辩权；若担保物由第三人提供，债权人放弃物的担保的，则保证人仍应对债务人的债务承担保证责任。

法条指引

❶《中华人民共和国担保法》（1995年6月30日 主席令公布）

第二十八条 同一债权既有保证又有物的担保的，保证人对物的担保以外的债权承担保证责任。

债权人放弃物的担保的，保证人在债权人放弃权利的范围内免除保证责任。

❷《中华人民共和国物权法》（2007年3月16日 主席令公布 2007年10月1日施行）

第一百七十六条 被担保的债权既有物的担保又有人的担保的，债务人不履行到期债务或者发生当事人约定的实现担保物权的情形，债权人应当按照约定实现债权；没有约定或者约定不明确，债务人自己提供物的担保的，债权人应当先就该物的担保实现债权；第三人提供物的担保的，债权人可以就物的担保实现债权，也可以要求保证人承担保证责任。提供担保的第三人承担担保责任后，有权向债务人追偿。

❸《最高人民法院关于适用〈中华人民共和国担保法〉若干问题的解释》（2000年12月13日发布）

第三十八条 同一债权既有保证又有第三人提供物的担保的，债权人可以请求保证人或者物的担保人承担担保责任。当事人对保证担保的范围或者物的担保的范围没有约定或者约定不明的，承担了担保责任的担保人，可以向债务人追偿，也可以要求其他担保人清偿其应当分担的份额。

同一债权既有保证又有物的担保的，物的担保合同被确认无效或者被撤销，或者担保物因不可抗力的原因灭失而没有代位物的，保证人仍应当按合同的约定或者法律的规定承担保证责任。

债权人在主合同履行期届满后怠于行使担保物权，致使担保物的价值减少或者毁损、灭失的，视为债权人放弃部分或者全部物的担保。保证人在债权人放弃权利的范围内减轻或者免除保证责任。

【对超出担保范围的抗辩权】

法律问题解读

担保范围，又称保证范围、保证责任的范围，是指保证人依据法律和保证合同的约定所应当承担的保证责任的范围。可见，保证人应当承担多大程度的责任，一方面取决于法律的规定，另一方面由于法律对保证责任范围的规定多属于任意性规范，法律允许当事人特别约定保证责任的范围而改变法律的一般性规定。一旦当事人对保证责任有特别约定，则应依当事人之间的特别约定来确定保证人的责任范围。

保证责任的范围是从属于主债务的范围的。保证责任范围原则上只能等于或小于主债务的范围，而不得超过主债务。如果当事人对保证责任的范围约定不明确，则应当推定保证人对全部主债务承担保证责任。如果在保证合同订立以后，主合同当事人未经保证人的同意，擅自扩大主债务的范围，则新增加的债务不应成为保证责任的范围，当债权人就该新增加的债务向保证人行使请求权时，保证人可行使超出担保范围的抗辩权，以对抗之。但如果主合同当事人减少了主债务的范围，虽未经保证人同意，保证责任的范围也要随之减少。此时，若债权人仍按原来的担保范围向保证人行使请求权，保证人可行使该抗辩权。

法条指引

❶《中华人民共和国担保法》（1995年6月30日 主席令公布）

第二十一条 保证担保的范围包括主债权及利息、违约金、损害赔偿金和实现债权的费用。保证合同另有约定的，按照约定。

当事人对保证担保的范围没有约定或者约定不明确的，保证人应当对全部债务承担责任。

第二十二条 保证期间，债权人依法将主债权转让给第三人的，保证人在原保证担保的范围内继续承担保证责任。保证合同另有约定的，按照约定。

第二十三条 保证期间，债权人许可债务人转让债务的，应当取得保证人书面同意，保证人对未经其同意转让的债务，不再承担保证责任。

第二十四条 债权人与债务人协议变更主合同的，应当取得保证人书面同意，未经保证人书面同意的，保证人不再承担保证责任。保证合同另有约定的，按照约定。

❷《最高人民法院关于适用〈中华人民共和国担保法〉若干问题的解释》（2000年12月13日发布）

第二十八条 保证期间，债权人依法将主债权转让给第三人的，保证债权同时转让，保证人在原保证担保的范围内对受让人承担保证责任。但是保证人与债权人事先约定仅对特定的债权人承担保证责任或者禁止债权转让的，保证人不再承担保证责任。

第二十九条 保证期间，债权人许可债务人转让部分债务未经保证人书面同意的，保证人对未经其同意转让部分的债务，不再承担保证责任。但是，保证人仍应当对未转让部分的债务承担保证责任。

第三十条 保证期间，债权人与债务人对主合同数量、价款、币种、利率等内容作了变动，未经保证人同意的，如果减轻债务人的债务的，保证人仍应当对变更后的合同承担保证责任；如果加重债务人的债务的，保证人对加重的部分不承担保证责任。

债权人与债务人对主合同履行期限作了变动，未经保证人书面同意的，保证期间为原合同约定的或者法律规定的期间。

债权人与债务人协议变动主合同内容，但并未实际履行的，保证人仍应当承担保证责任。

学者观点

❶ 邹国华：《保证人抗辩权的司法适用与立法完善》，参见北大法宝引证码：Pkulaw. cn/CLI. A. 1125085。

❷ 姜淑明：《保证人的权利及其救济》，参见北大法宝引证码：Pkulaw. cn/CLI. A. 110118。

【恶意抗辩权】

法律问题解读

所谓恶意，包括骗保和诈保两种情形。骗保指主合同当事人恶意串通，骗取保证人保证的情形。而诈保，是指主合同债权人采取欺诈、胁迫等手段，迫使保证人订立保证合同的情形。在这两种情形下签订的保证合同均无效。《担保法》第30条规定了两种保证人不承担民事责任的情形。这一规定可以看做是对保证人恶意抗辩权的规定。在这两种情形下，债权人向保证人主张请求权的，保证人可行使恶意抗辩权，以对抗债权人。

此外，主合同的债务人采取欺诈、胁迫等手段，使保证人在违背真实意思的情况下提供保证的情况在实践中也经常遇到。根据《关于担保法若干问题的解释》第40条的规定，在主债务人单方面骗保的情况下，债权人知道或应当知道欺诈、胁迫事实的，保证人不承担民事责任。此时保证人可行使恶意抗辩权。

法条指引

❶《中华人民共和国担保法》（1995年6月30日 主席令公布）

第三十条 有下列情形之一的，保证人不承担民事责任：

（一）主合同当事人双方串通，骗取保证人提供保证的；

（二）主合同债权人采取欺诈、胁迫等手段，使保证人在违背真实意思的情况下提供保证的。

❷《最高人民法院关于适用〈中华人民共和国担保法〉若干问题的解释》（2000年12月13日发布）

第四十条 主合同债务人采取欺诈、胁迫等手段，使保证人在违背真实意思的情况下提供保证的，债权人知道或者应当知道欺诈、胁迫事实的，按照担保法第三十条的规定处理。

学者观点

❶ 曹诗权、覃怡:《论保证人的抗辩权》,参见北大法宝引证码:Pkulaw.cn/CLI.A.13605。

❷ 侯建中:《保证人抗辩事由探析》,参见北大法宝引证码:Pkulaw.cn/CLI.A.1110812。

【通告抗辩权】

法律问题解读

通告抗辩权是指保证期间内债务人破产,债权人因故意或过失未将这一事实告知保证人导致保证人未能及时预先从债务人处得到财产补偿情形下,保证人在其如及时申请债权可从破产财产中分配到的数额范围内免责。

在保证人行使通告抗辩权时,应当注意以下三点:

1. 保证人之通告抗辩权只能在债权人知道或应当知道债务人破产情形下方可行使,如债权人本身都无法知道情况,要求其及时通告保证人是不可能的。

2. 如能证明保证人知道或应当知道债务人破产情况时,保证人也不得行使该权利,这是因为其无法从债务人处获得补偿完全是因自己的过错。

3. 在债权人及保证人皆未得到有关债务人已受破产宣告的通知,也无法推定他们知道该情况时,通告抗辩权也失去意义。破产程序终结后,破产人消亡,未清偿债权不再清偿。但保证人并不因此免除其保证责任,只不过在其代债务人履行债务或承担赔偿责任后,不可能再从债务人处得到补偿。

法条指引

❶《中华人民共和国企业破产法》(2006年8月27日 主席令公布)

第五十一条 债务人的保证人或者其他连带债务人已经代替债务人清偿债务的,以其对债务人的求偿权申报债权。

债务人的保证人或者其他连带债务人尚未代替债务人清偿债务的,以其对债务人的将来求偿权申报债权。但是,债权人已经向管理人申报全部债权的除外。

❷《最高人民法院关于适用〈中华人民共和国担保法〉若干问题的解释》(2000年12月13日发布)

第四十五条 债权人知道或者应当知道债务人破产,既未申报债权也未通知保证人,致使保证人不能预先行使追偿权的,保证人在该债权在破产程序中可能受偿的范围内免除保证责任。

【先诉抗辩权】

法律问题解读

先诉抗辩权又称检索抗辩权,根据《担保法》的规定,先诉抗辩权是指一般保证的保证人在主合同纠纷未经审判或仲裁,并就债务人财产依法强制执行仍然不能履行债务前,对债权人可以拒绝承担保证责任的抗辩权。需要注意的是,先诉抗辩权是专属于一般保证人的抗辩权,连带责任保证的保证人不享有先诉抗辩权。保证人行使这一权利的前提条件是主合同纠纷未经审判或仲裁;或虽经审判或仲裁但并未就主债务人财产依法强制执行。如果依法强制执行,债务得到全部清偿,保证人就没有责任了,也就不必行使该权利了。

先诉抗辩权属于给付拒绝权,但它有其自身的属性,表现在以下两个方面:

1. 从先诉抗辩权的功能上看,它具有防御性和阻却性。如从保证人的角度观察,先诉抗辩权只有在债权人行使请求权时才可以对抗;如从债权人的角度观察,先诉抗辩权行使的结果是暂时停止或延缓请求权的行使,而不是消灭对方的请求权,这表现为它的阻却性。

2. 从先诉抗辩权与主债权或主债务的关系上看,它具有独立性与专属性。如从与主债权的关系来看,保证人行使先诉抗辩权,自己不必有对债权人的债权存在,仅对于债权人的债权请求进行抗辩,如从与主债务的关系来看,由于保证债务具有相对独立性和补充性,因而保证人所享有的先诉抗辩权可不受主债务人的权利的限制和影响,它可以独立存在,并专属于保证人享有,除此之外的任何人均无此项权利。

法条指引

❶《中华人民共和国担保法》(1995年6月30日 主席令公布)

第十七条 当事人在保证合同中约定,债务人不能履行债务时,由保证人承担保证责任的,为一般保证。

一般保证的保证人在主合同纠纷未经审判或者仲裁,并就债务人财产依法强制执行仍不能履行债务前，对债权人可以拒绝承担保证责任。

有下列情形之一的，保证人不得行使前款规定的权利：

（一）债务人住所变更，致使债权人要求其履行债务发生重大困难的；

（二）人民法院受理债务人破产案件，中止执行程序的；

（三）保证人以书面形式放弃前款规定的权利的。

❷《最高人民法院关于适用〈中华人民共和国担保法〉若干问题的解释》（2000年12月13日发布）

第二十四条 一般保证的保证人在主债权履行期间届满后，向债权人提供了债务人可供执行财产的真实情况的，债权人放弃或者怠于行使权利致使该财产不能被执行，保证人可以请求人民法院在其提供可供执行财产的实际价值范围内免除保证责任。

第二十五条 《担保法》第十七条第三款第（一）项规定的债权人要求债务人履行债务发生的重大困难情形，包括债务人下落不明、移居境外，且无财产可供执行。

第一百二十五条 一般保证的债权人向债务人和保证人一并提起诉讼的，人民法院可以将债务人和保证人列为共同被告参加诉讼。但是，应当在判决书中明确在对债务人财产依法强制执行后仍不能履行债务时，由保证人承担保证责任。

第一百三十条 在主合同纠纷案件中，对担保合同未经审判，人民法院不应当依据对主合同当事人所作出的判决或者裁定，直接执行担保人的财产。

案例链接

❶《山东达因海洋生物制药股份有限公司诉能基投资有限公司保证合同纠纷案》，参见北大法宝引证码：Pkulaw.cn/CLI.C.176086。

❷《北京国旺混凝土有限公司诉北京正隆盛贸易有限公司保证合同纠纷案》，参见北大法宝引证码：Pkulaw.cn/CLI.C.185098。

❸《中国银行(香港)有限公司诉中国国际企业合作公司保证合同纠纷案》，参见北大法宝引证码：Pkulaw.cn/CLI.C.198817。

学者观点

❶ 汪渊智、侯怀霞：《论保证人的先诉抗辩权》，参见北大法宝引证码：Pkulaw.cn/CLI.A.11492。

【先诉抗辩权的成立及行使】

法律问题解读

先诉抗辩权是一般保证与连带责任保证的根本区别之一。因此，先诉抗辩权的成立取决于一般保证的设立。根据《担保法》的有关规定，一般保证只有明确约定才可以成立，否则在没有约定保证方式或约定不明确时，一律视为连带责任保证。

保证人行使先诉抗辩权，必须把握三个条件：

1. 只有保证合同中明确约定保证人的保证责任是一般保证，保证人才能享有先诉抗辩权。如果没有这一明确约定，保证人将按照连带责任承担保证责任，保证人不享有先诉抗辩权。

2. 行使先诉抗辩权的时间和条件。保证人在诉讼或仲裁前，或在诉讼或仲裁程序中以及强制执行程序中的任何时候都可以行使先诉抗辩权。如果在诉讼或仲裁前行使，应以主债权人未就主合同纠纷向法院起诉或未向仲裁机构申请仲裁为条件；如果在诉讼或仲裁程序进行中行使，应以法院的判决或仲裁机关的裁决未生效力为条件；如果在强制执行程序中行使，应以未采取强制执行措施为条件。如果上述程序条件均已到位，经过强制执行仍不能清偿债务，则保证人再不能继续行使先诉抗辩权。

3. 先诉抗辩权只能是在主债权人请求保证人履行保证责任时，才能由保证人行使；若主债权人未向保证人作出履行债务的请求，则保证人无从行使该抗辩权。

此外，需要注意的是，先诉抗辩权的行使仅是暂时拒绝履行债务，延缓保证责任的承担时间，其功能在于防御和阻却，暂时停止或延缓主债权人请求权行使，并不能否认或消灭债权人的权利和保证人的责任。

法条指引

❶《中华人民共和国担保法》（1995年6月30日 主席令公布）

第十七条 当事人在保证合同中约定，债务人不能履行债务时，由保证人承担保证责任的，为一般保证。

一般保证的保证人在主合同纠纷未经审判或

者仲裁,并就债务人财产依法强制执行仍不能履行债务前,对债权人可以拒绝承担保证责任。

有下列情形之一的,保证人不得行使前款规定的权利:

(一)债务人住所变更,致使债权人要求其履行债务发生重大困难的;

(二)人民法院受理债务人破产案件,中止执行程序的;

(三)保证人以书面形式放弃前款规定的权利的。

❷《最高人民法院关于适用〈中华人民共和国担保法〉若干问题的解释》(2000年12月13日发布)

第二十四条 一般保证的保证人在主债权履行期间届满后,向债权人提供了债务人可供执行财产的真实情况的,债权人放弃或者怠于行使权利致使该财产不能被执行,保证人可以请求人民法院在其提供可供执行财产的实际价值范围内免除保证责任。

第二十五条 《担保法》第十七条第三款第(一)项规定的债权人要求债务人履行债务发生的重大困难情形,包括债务人下落不明、移居境外,且无财产可供执行。

第一百二十五条 一般保证的债权人向债务人和保证人一并提起诉讼的,人民法院可以将债务人和保证人列为共同被告参加诉讼。但是,应当在判决书中明确在对债务人财产依法强制执行后仍不能履行债务时,由保证人承担保证责任。

第一百三十条 在主合同纠纷案件中,对担保合同未经审判,人民法院不应当依据对主合同当事人所作出的判决或者裁定,直接执行担保人的财产。

案例链接

❶《陈振林与中国建设银行股份有限公司广州经济技术开发区支行借款合同纠纷上诉案》,参见北大法宝引证码:Pkulaw.cn/CLI.C.277365。

❷《朱仁金诉黄喜和保证合同纠纷案》,参见北大法宝引证码:Pkulaw.cn/CLI.C.235896。

❸《上海浦东发展银行股份有限公司郑州分行诉河南恒兴纸业股份有限公司等借款担保合同纠纷案》,参见北大法宝引证码:Pkulaw.cn/CLI.C.186261。

学者观点

❶ 王社潮:《保证人如何行使先诉抗辩权》,参见北大法宝引证码:Pkulaw.cn/CLI.A.170798。

【先诉抗辩权的效力】

法律问题解读

先诉抗辩权的行使将产生以下效力:

1. 因先诉抗辩权具有延缓性和阻却性,先诉抗辩权的行使使债权人的履行请求受阻,保证人暂不承担保证责任;

2. 先诉抗辩权有效行使后,到强制执行主债务人的财产无效果前,保证人不负履行迟延责任;

3. 在前述时期,债权人不得以其对于保证人之债权而对保证人为抵销;

4. 保证人行使先诉抗辩权后,债权人就主债务人的财产已为强制执行,但未能全部满足债权时,可就剩余部分向保证人请求履行,此时即使债务人的财产已有显著改善并足以清偿剩余部分时,保证人也不得再次行使先诉抗辩权;

5. 保证人行使先诉抗辩权后,债权人有义务先对主债务人的财产强制执行,否则日后债权得不到清偿的后果将自行负责。

需注意的是,若债权人就其债权已有物的担保,债权人在实行担保物权之前,请求保证人承担保证责任的,这时应注意的是,当物的担保由主债务人设定时,说明债务人尚有可供债权人执行的财产,债权人应当先实行担保物权。若债权人未强制执行债务人提供担保的财产以实现债权,直接请求保证人承担保证责任的,保证人可行使先诉抗辩权;当担保物由物上保证人提供时,该担保物并非债务人的财产,若债务人已无其他财产可供债权人受偿,保证人不得行使先诉抗辩权。

法条指引

❶《中华人民共和国担保法》(1995年6月30日 主席令公布)

第十七条 当事人在保证合同中约定,债务人不能履行债务时,由保证人承担保证责任的,为一般保证。

一般保证的保证人在主合同纠纷未经审判或者仲裁,并就债务人财产依法强制执行仍不能履行债务前,对债权人可以拒绝承担保证责任。

有下列情形之一的,保证人不得行使前款规定的权利:

(一)债务人住所变更,致使债权人要求其履行债务发生重大困难的;

（二）人民法院受理债务人破产案件，中止执行程序的；

（三）保证人以书面形式放弃前款规定的权利的。

❷《最高人民法院关于适用〈中华人民共和国担保法〉若干问题的解释》（2000年12月13日发布）

第二十四条 一般保证的保证人在主债权履行期间届满后，向债权人提供了债务人可供执行财产的真实情况的，债权人放弃或者怠于行使权利致使该财产不能被执行，保证人可以请求人民法院在其提供可供执行财产的实际价值范围内免除保证责任。

第二十五条 《担保法》第十七条第三款第（一）项规定的债权人要求债务人履行债务发生的重大困难情形，包括债务人下落不明、移居境外，且无财产可供执行。

第一百二十五条 一般保证的债权人向债务人和保证人一并提起诉讼的，人民法院可以将债务人和保证人列为共同被告参加诉讼。但是，应当在判决书中明确在对债务人财产依法强制执行后仍不能履行债务时，由保证人承担保证责任。

第一百三十条 在主合同纠纷案件中，对担保合同未经审判，人民法院不应当依据对主合同当事人所作出的判决或者裁定，直接执行担保人的财产。

案例链接

❶《招商银行股份有限公司北京王府井支行诉张强等借款合同纠纷案》，参见北大法宝引证码：Pkulaw. cn/CLI. C. 179544。

❷《中国信达资产管理公司贵阳办事处与贵阳开磷有限责任公司借款合同纠纷案》，参见北大法宝引证码：Pkulaw. cn/CLI. C. 202756。

❸《珠海市斗门商贸城联合发展有限公司与中国农业银行珠海市拱北支行等借款合同纠纷再审案》，参见北大法宝引证码：Pkulaw. cn/CLI. C. 102822。

❹《广东粤财投资控股有限公司诉云南宝树实业有限公司等借款合同纠纷案》，参见北大法宝引证码：Pkulaw. cn/CLI. C. 139179。

【先诉抗辩权的消灭】

法律问题解读

担保法规定在下列情形下不得行使先诉抗辩权：

1. 债务人住所变更，致使债权人要求其履行债务发生重大困难。保证人的先诉抗辩权因此项事由而消灭的，应当同时具备以下三个条件：债务人的住所在保证合同成立后发生变更；债权人向主债务人请求履行债务发生重大困难，重大困难情形包括债务人下落不明，移居境外，且无财产可供执行；债务人的住所变更和债权人向债务人请求履行债务发生重大困难之间有因果关系。若债权人请求债务人履行债务发生重大困难，是债务人的住所变更以外的原因引起的，保证人的先诉抗辩权不因此项法定事由而消灭。

2. 债务人进入破产程序。实践中，只要法院受理债务人的破产案件，不论债权人是否曾向法院起诉或者仲裁机构申请仲裁，也不论债权人是否已经取得执行名义的判决或者仲裁裁决，更不论债权人是否已向债务人请求履行债务，债权人均得直接请求保证人承担保证责任，保证人不得以任何理由主张先诉抗辩权。

3. 保证人抛弃先诉抗辩权。保证人抛弃抗辩权的，可以在保证合同成立时为之，也可在保证合同成立后，债权人向保证人主张请求权之前为之，或者在债权人向保证人主张请求权时为之，或在保证人主张先诉抗辩权后发生延缓清偿债务的期间内为之。另外，除非法律另有规定或者当事人另有约定，保证人可以在保证合同订立之前，事先抛弃先诉抗辩权。原则上，保证人抛弃先诉抗辩权不以书面形式为限。

法条指引

❶《中华人民共和国担保法》（1995年6月30日 主席令公布）

第十七条 当事人在保证合同中约定，债务人不能履行债务时，由保证人承担保证责任的，为一般保证。

一般保证的保证人在主合同纠纷未经审判或者仲裁，并就债务人财产依法强制执行仍不能履行债务前，对债权人可以拒绝承担保证责任。

有下列情形之一的，保证人不得行使前款规定的权利：

（一）债务人住所变更，致使债权人要求其履行债务发生重大困难的；

（二）人民法院受理债务人破产案件，中止执行程序的；

（三）保证人以书面形式放弃前款规定的权利

的。

❷《最高人民法院关于适用〈中华人民共和国担保法〉若干问题的解释》（2000年12月13日发布）

第二十四条　一般保证的保证人在主债权履行期间届满后，向债权人提供了债务人可供执行财产的真实情况的，债权人放弃或者怠于行使权利致使该财产不能被执行，保证人可以请求人民法院在其提供可供执行财产的实际价值范围内免除保证责任。

第二十五条　《担保法》第十七条第三款第（一）项规定的债权人要求债务人履行债务发生的重大困难情形，包括债务人下落不明、移居境外，且无财产可供执行。

第一百二十五条　一般保证的债权人向债务人和保证人一并提起诉讼的，人民法院可以将债务人和保证人列为共同被告参加诉讼。但是，应当在判决书中明确在对债务人财产依法强制执行后仍不能履行债务时，由保证人承担保证责任。

第一百三十条　在主合同纠纷案件中，对担保合同未经审判，人民法院不应当依据对主合同当事人所作出的判决或者裁定，直接执行担保人的财产。

案例链接

❶《徐龙涛等与广州合生科技园房地产有限公司保证合同纠纷上诉案》，参见北大法宝引证码：Pkulaw.cn/CLI.C.76245。

❷《长汀县农村信用合作联社诉曹茂辉、李广民、林永锋保证合同案》，参见北大法宝引证码：Pkulaw.cn/CLI.C.121281。

❸《上海市第一市政工程有限公司诉中国建设银行股份有限公司河北省分行直属支行担保合同案》，参见北大法宝引证码：Pkulaw.cn/CLI.C.95177。

学者观点

❶ 程啸：《保证人先诉抗辩权的疑点分析》，参见北大法宝引证码：Pkulaw.cn/CLI.A.159610。

【保证人的追偿权】

法律问题解读

保证人的追偿权，也称求偿权，是指保证人向债权人履行保证责任后，向主债务人请求偿还的权利。

保证人之所以享有追偿权，是因为保证人履行保证债务实质上是为债务人履行债务，保证的效力可以说是两方面的：一方面是保证的内部效力。就保证的内部关系而言，保证人向债权人承担保证责任是其义务，其履行保证义务是清偿自己的债务；另一方面是保证的外部效力。保证人对债权人承担保证责任，实质上是为他人清偿债务，自然得向其清偿而获益的主债务人追偿。

我国民法对保证人追偿权已作明文规定，保证人在其履行保证责任后，对主债务人均享有追偿的法定权利。《担保法》也规定，保证人承担保证责任后，有权向主债务人追偿。以上是就一般情况而言，在保证人与主债务人因赠与等基础关系而向债权人提供担保或保证人放弃追偿权时，保证人在承担保证责任后，不得向主债务人追偿。

需要指出的是，在连带共同保证中，其中任何承担连带共同保证责任的保证人，与其他保证人之间的追偿关系，与保证人和主债务人之间的追偿关系在操作上并无不同，故承担连带共同保证责任的保证人有权向其他应当承担连带共同保证责任的保证人追偿。同一债务有两个以上保证人的，已经承担保证责任的保证人，有权向债务人追偿，或者要求承担连带共同保证责任的其他保证人清偿其应当承担的份额。

法条指引

❶《中华人民共和国担保法》（1995年6月30日　主席令公布）

第十二条　同一债务有两个以上保证人的，保证人应当按照保证合同约定的保证份额，承担保证责任。没有约定保证份额的，保证人承担连带责任，债权人可以要求任何一个保证人承担全部保证责任，保证人都负有担保全部债权实现的义务。已经承担保证责任的保证人，有权向债务人追偿，或者要求承担连带责任的其他保证人清偿其应当承担的份额。

第三十一条　保证人承担保证责任后，有权向债务人追偿。

❷《最高人民法院关于适用〈中华人民共和国担保法〉若干问题的解释》（2000年12月13日发布）

第二十条　连带共同保证的债务人在主合同规定的债务履行期届满没有履行债务的，债权人可以要求债务人履行债务，也可以要求任何一个保证人承担全部保证责任。

连带共同保证的保证人承担保证责任后，向债务人不能追偿的部分，由各连带保证人按其内部约定的比例分担。没有约定的，平均分担。

第二十一条 按份共同保证的保证人按照保证合同约定的保证份额承担保证责任后，在其履行保证责任的范围内对债务人行使追偿权。

第四十二条 人民法院判决保证人承担保证责任或者赔偿责任的，应当在判决书主文中明确保证人享有《担保法》第三十一条规定的权利。判决书中未予明确追偿权的，保证人只能按照承担责任的事实，另行提起诉讼。

保证人对债务人行使追偿权的诉讼时效，自保证人向债权人承担责任之日起开始计算。

第四十三条 保证人自行履行保证责任时，其实际清偿额大于主债权范围的，保证人只能在主债权范围内对债务人行使追偿权。

❸《住房置业担保管理试行办法》（2000年5月11日　建设部、中国人民银行联合发布）

第二十八条 借款人到期不能偿还贷款本息时，依照保证合同约定，担保公司按贷款人要求先行代为清偿债务后，保证合同自然终止。

保证合同终止后，担保公司有权就代为清偿的债务部分向借款人进行追偿，并要求行使房屋抵押权，处置抵押房屋。

❹《最高人民法院关于已承担保证责任的保证人向其他保证人行使追偿权问题的批复》（2002年11月23日）

云南省高级人民法院：

你院云高法〔2002〕160号《关于已经承担了保证责任的保证人向保证期间内未被主张保证责任的其他保证人行使追偿权是否成立的请示》收悉。经研究，答复如下：

根据《中华人民共和国担保法》第十二条的规定，承担连带责任保证的保证人一人或者数人承担保证责任后，有权要求其他保证人清偿应当承担的份额，不受债权人是否在保证期间内向未承担保证责任的保证人主张过保证责任的影响。

此复

案例链接

❶《陆平龙诉尹占明等民间借贷纠纷案》，参见北大法宝引证码：Pkulaw. cn/CLI. C. 227649。

❷《宁波亨佳电器实业有限公司诉宁波万宝小天使电器有限公司等担保追偿权纠纷案》，参见北大法宝引证码：Pkulaw. cn/CLI. C. 248568。

❸《中国农业银行股份有限公司温州分行诉张仁善金融借款合同纠纷案》，参见北大法宝引证码：Pkulaw. cn/CLI. C. 254708。

学者观点

❶ 程啸、王静：《论保证人追偿权与代位权之区分及其意义》，参见北大法宝引证码：Pkulaw. cn/CLI. A. 1109646。

❷ 郑天峰：《论保证法律制度中保证人的追偿权》，参见北大法宝引证码：Pkulaw. cn/CLI. A. 184187。

【行使追偿权的条件】

法律问题解读

保证人行使追偿权应当具备以下三个条件：

1. 保证人已经向债权人承担保证责任。保证人的追偿权只有在保证人已承担保证责任后才会产生，行使追偿权的前提条件便是保证人已向债权人承担了保证合同约定的或法定的保证责任。依照法律规定，保证人只要承担了保证责任就可行使追偿权，保证责任的承担在主债务履行期届满前还是届满后不影响追偿权的成立。如果保证人未征得债务人同意在债务履行期届满之前承担了保证责任，则在债务履行期满前不得行使追偿权。

2. 主债务人对债权人的责任因保证人承担保证责任而部分或全部免除。保证人的实际履行、代位清偿、抵销，甚至保证人的财产被强制执行，如果使主债务部分或全部消灭，即可构成追偿权。相反，虽然保证人履行了保证债务，但并未使债务人免除债务，则保证人不能享有追偿权。

3. 保证人承担保证责任需没有过错。保证人对债权人享有所有主债务人的抗辩权，若保证人怠于行使主债务人的抗辩权，而对债权人承担保证责任的，不得对主债务人行使追偿权。债务人向债权人履行债务后，应及时通知保证人，若债务人违反通知义务导致保证人无过失地向债权人重复履行的，保证人可行使追偿权。同样，保证人在承担保证责任后，也有义务通知债务人，因保证人未通知而致债务人无过失地向债权人履行债务的，保证人丧失追偿权。

法条指引

❶ **《中华人民共和国担保法》**（1995年6月30日 主席令公布）

第十二条 同一债务有两个以上保证人的，保证人应当按照保证合同约定的保证份额，承担保证责任。没有约定保证份额的，保证人承担连带责任，债权人可以要求任何一个保证人承担全部保证责任，保证人都负有担保全部债权实现的义务。已经承担保证责任的保证人，有权向债务人追偿，或者要求承担连带责任的其他保证人清偿其应当承担的份额。

第三十一条 保证人承担保证责任后，有权向债务人追偿。

❷ **《中华人民共和国民法通则》**（1986年4月12日 主席令公布）

第八十九条 依照法律的规定或者按照当事人的约定，可以采用下列方式担保债务的履行：

（一）保证人向债权人保证债务人履行债务，债务人不履行债务的，按照约定由保证人履行或者承担连带责任；保证人履行债务后，有权向债务人追偿。

（二）债务人或者第三人可以提供一定的财产作为抵押物。债务人不履行债务的，债权人有权依照法律的规定以抵押物折价或者以变卖抵押物的价款优先得到偿还。

（三）当事人一方在法律规定的范围内可以向对方给付定金。债务人履行债务后，定金应当抵作价款或者收回。给付定金的一方不履行债务的，无权要求返还定金；接受定金的一方不履行债务的，应当双倍返还定金。

（四）按照合同约定一方占有对方的财产，对方不按照合同给付应付款项超过约定期限的，占有人有权留置该财产，依照法律的规定以留置财产折价或者以变卖该财产的价款优先得到偿还。

❸ **《最高人民法院关于适用〈中华人民共和国担保法〉若干问题的解释》**（2000年12月13日发布）

第二十条 连带共同保证的债务人在主合同规定的债务履行期届满没有履行的，债权人可以要求债务人履行债务，也可以要求任何一个保证人承担全部保证责任。

连带共同保证的保证人承担保证责任后，向债务人不能追偿的部分，由各连带保证人按其内部约定的比例分担。没有约定的，平均分担。

第二十一条 按份共同保证的保证人按照保证合同约定的保证份额承担保证责任后，在其履行保证责任的范围内对债务人行使追偿权。

第四十二条 人民法院判决保证人承担保证责任或者赔偿责任的，应当在判决书主文中明确保证人享有《担保法》第三十一条规定的权利。判决书中未予明确追偿权的，保证人只能按照承担责任的事实，另行提起诉讼。

保证人对债务人行使追偿权的诉讼时效，自保证人向债权人承担责任之日起开始计算。

第四十三条 保证人自行履行保证责任时，其实际清偿额大于主债权范围的，保证人只能在主债权范围内对债务人行使追偿权。

❹ **《住房置业担保管理试行办法》**（2000年5月11日 建设部、中国人民银行联合发布）

第二十八条 借款人到期不能偿还贷款本息时，依照保证合同约定，担保公司按贷款人要求先行代为清偿债务后，保证合同自然终止。

保证合同终止后，担保公司有权就代为清偿的债务部分向借款人进行追偿，并要求行使房屋抵押权，处置抵押房屋。

案例链接

❶《陶锦华诉陶丰担保追偿权纠纷案》，参见北大法宝引证码：Pkulaw. cn/CLI. C. 261054。

❷《台州永臻房地产有限公司与台州市中东石化有限公司担保追偿权纠纷上诉案》，参见北大法宝引证码：Pkulaw. cn/CLI. C. 252243。

❸《北京银行股份有限公司丰台支行诉孙利军等金融借款合同纠纷案》，参见北大法宝引证码：Pkulaw. cn/CLI. C. 222748。

【行使追偿权的范围】

法律问题解读

当事人成为保证人一般系因债务人委托、无因管理、赠与三种原因。保证人出于赠与意思而实行保证时，不发生保证人对债务人的追偿问题。因此，只有在委托或无因管理的情况下，才可能发生保证人对债务人的追偿问题。

对于受债务人委托而担任保证人的追偿权问题，《担保法》第31条作了规定，但对追偿的金额范围却未作规定。追偿权是对保证人因履行保证义务的一种补偿。保证人向债务人追偿的范围仅限于其履行保证责任的范围，因此，若保证人已承担保证责任的范围小于其应当承担的责任范围的，保证人只能在其已承担保证责任的范围内行使追偿权。若保证人因承担保证责任而给付的金额大于债务人的债务免除金额的，超出部分保证人不得追偿，而应以不当得利向债权人追偿。在有偿担保中，担保费不属于追偿范围，应由债务人在保证合同订立时另行支付。

关于保证人未经委托而自愿承担保证责任时，是否有追偿权及其范围问题，《担保法》未作规定。一般认为未受委托而为保证，实为无因管理行为，应按《民法通则》第93条规定处理。按该规定，若保证人承担保证责任未违背债务人意思，则保证人有权向债务人追偿为债务人而给付的金额及自给付之日起该金额的法定利息和必要费用，以及在承担保证过程中受到的损失。若保证人承担保证责任违背债务人意思但有利于债务人的，保证人仅在债务人享受利益限度内有求偿权。

法条指引

❶ **《中华人民共和国担保法》**（1995年6月30日 主席令公布）

第十二条 同一债务有两个以上保证人的，保证人应当按照保证合同约定的保证份额，承担保证责任。没有约定保证份额的，保证人承担连带责任，债权人可以要求任何一个保证人承担全部保证责任，保证人都负有担保全部债权实现的义务。已经承担保证责任的保证人，有权向债务人追偿，或者要求承担连带责任的其他保证人清偿其应当承担的份额。

第三十一条 保证人承担保证责任后，有权向债务人追偿。

❷ **《中华人民共和国民法通则》**（1986年4月12日 主席令公布）

第九十三条 没有法定的或者约定的义务，为避免他人利益受损失进行管理或者服务的，有权要求受益人偿付由此而支付的必要费用。

❸ **《最高人民法院关于适用〈中华人民共和国担保法〉若干问题的解释》**（2000年12月13日发布）

第二十条 连带共同保证的债务人在主合同规定的债务履行期届满没有履行的，债权人可以要求债务人履行债务，也可以要求任何一个保证人承担全部保证责任。

连带共同保证的保证人承担保证责任后，向债务人不能追偿的部分，由各连带保证人按其内部约定的比例分担。没有约定的，平均分担。

第二十一条 按份共同保证的保证人按照保证合同约定的保证份额承担保证责任后，在其履行保证责任的范围内对债务人行使追偿权。

第四十二条 人民法院判决保证人承担责任或者赔偿责任的，应当在判决书主文中明确保证人享有担保法第三十一条规定的权利。判决书中未予明确追偿权的，保证人只能按照承担责任的事实，另行提起诉讼。

保证人对债务人行使追偿权的诉讼时效，自保证人向债权人承担责任之日起开始计算。

第四十三条 保证人自行履行保证责任时，其实际清偿额大于主债权范围的，保证人只能在主债权范围内对债务人行使追偿权。

❹ **《住房置业担保管理试行办法》**（2000年5月11日 建设部、中国人民银行联合发布）

第二十八条 借款人到期不能偿还贷款本息时，依照保证合同约定，担保公司按贷款人要求先行代为清偿债务后，保证合同自然终止。

保证合同终止后，担保公司有权就代为清偿的债务部分向借款人进行追偿，并要求行使房屋抵押权，处置抵押房屋。

【追偿权的实现】

法律问题解读

追偿权的实现因保证的不同而有以下两种情况：

1. 单独保证中追偿权的实现。保证人承担保证责任后，一般情况下，人民法院应当在判决书主文中明确保证人享有追偿权，保证人可以据此得以行使。如果债务人拒不补偿，则保证人可以请求人民法院强制债务人履行补偿义务。若法院判决书中未明确保证人的追偿权时，根据最高人民法院《关于担保法若干问题的解释》第42条第1款的规定，保证人只能另行提起诉讼。

2. 共同保证中追偿权的实现。共同保证中，保证人在承担保证责任后，有权向主债务人行使其追偿权。在连带共同保证中，保证人之一在承担全部保证责任后，有权选择向主债务人或其他应承担连带共同保证责任的保证人追偿。但是，主债务人没有偿还能力时，根据最高人民法院《关于担保法若干问题的解释》第20条的规定，在连带共同保证中，向主债务人不能追偿的部分，应当由各连带共同保证人按照其内部约定的比例分担,如果没有约定比例的,各保证人平均分担。多承担责任的保证人可以向其他保证人请求偿还。

法条指引

❶《最高人民法院关于适用〈中华人民共和国担保法〉若干问题的解释》(2000年12月13日发布)

第二十条 连带共同保证的债务人在主合同规定的债务履行期届满没有履行债务的,债权人可以要求债务人履行债务,也可以要求任何一个保证人承担全部保证责任。

连带共同保证的保证人承担保证责任后,向债务人不能追偿的部分,由各连带保证人按其内部约定的比例分担。没有约定的,平均分担。

第二十一条 按份共同保证的保证人按照保证合同约定的保证份额承担保证责任后,在其履行保证责任的范围内对债务人行使追偿权。

第四十二条 人民法院判决保证人承担保证责任或者赔偿责任的,应当在判决书主文中明确保证人享有担保法第三十一条规定的权利。判决书中未予明确追偿权的,保证人只能按照承担责任的事实,另行提起诉讼。

保证人对债务人行使追偿权的诉讼时效,自保证人向债权人承担责任之日起开始计算。

第四十三条 保证人自行履行保证责任时,其实际清偿额大于主债权范围的,保证人只能在主债权范围内对债务人行使追偿权。

学者观点

❶ 邓承立、金文彪:《保证人的追偿权及通知义务——对担保法三个法条的理解》,参见北大法宝引证码:Pkulaw.cn/CLI.A.178170。

❷ 李德平、杨成哲:《浅析保证人追偿权实现的理论和实践》,参见北大法宝引证码:Pkulaw.cn/CLI.A.1110440。

【追偿权的诉讼时效】

法律问题解读

保证人向债权人承担保证责任后,对主债务人享有追偿权。保证人追偿权在性质上为债权请求权,应当受诉讼时效的限制。保证人的追偿权因为保证责任的承担而发生,属于新成立的权利,因而应当单独适用诉讼时效。限制保证人追偿权的时效,包括诉讼时效和仲裁时效。因为追偿权时效的完成,保证人不得再以诉讼或者仲裁方式对主债务人行使其追偿权。《担保法》对保证人追偿权应当适用的时效未作规定,但最高人民法院《关于担保法若干问题的解释》第42条第2款规定:"保证人对债务人行使追偿权的诉讼时效,自保证人向债权人承担责任之日起开始计算。"因此,保证人的追偿权的诉讼时效实际上是适用《民法通则》以及其他有关法律所规定的时效的。也即,保证人追偿权的诉讼时效自保证人向债权人承担保证责任之日起2年届满。当然,追偿权的诉讼时效也适用诉讼时效中断和中止的规定。

法条指引

❶《中华人民共和国民法通则》(1986年4月12日 主席令公布)

第一百三十五条 向人民法院请求保护民事权利的诉讼时效期间为二年,法律另有规定的除外。

第一百三十七条 诉讼时效期间从知道或者应当知道权利被侵害时起计算。但是,从权利被侵害之日起超过二十年的,人民法院不予保护。有特殊情况的,人民法院可以延长诉讼时效期间。

第一百三十八条 超过诉讼时效期间,当事人自愿履行的,不受诉讼时效限制。

第一百三十九条 在诉讼时效期间的最后六个月内,因不可抗力或者其他障碍不能行使请求权的,诉讼时效中止。从中止时效的原因消除之日起,诉讼时效期间继续计算。

第一百四十条 诉讼时效因提起诉讼、当事人一方提出要求或者同意履行义务而中断。从中断时起,诉讼时效期间重新计算。

第一百四十一条 法律对诉讼时效另有规定的,依照法律规定。

❷《最高人民法院关于适用〈中华人民共和国担保法〉若干问题的解释》(2000年12月13日发布)

第四十二条 人民法院判决保证人承担保证责任或者赔偿责任的,应当在判决书主文中明确保证人享有《担保法》第三十一条规定的权利。判决书中未予明确追偿权的,保证人只能按照承担责任的事实,另行提起诉讼。

保证人对债务人行使追偿权的诉讼时效,自保证人向债权人承担责任之日起开始计算。

❸《最高人民法院关于贯彻执行〈中华人民共和国民法通则〉若干问题的意见(试行)》

(1988年1月26日发布)

167.《民法通则》实施后,属于《民法通则》第一百三十五条规定的两年诉讼时效期间,权利人自权利被侵害时起的第十八年后至第二十年期间才知道自己的权利被侵害的,或者属于《民法通则》第一百三十六条规定的一年诉讼时效期间,权利人自权利被侵害时起的第十九年后至第二十年期间才知道自己的权利被侵害的,提起诉讼请求的权利,应当在权利被侵害之日起的二十年内行使,超过二十年的,不予保护。

171.过了诉讼时效期间,义务人履行义务后,又以超过诉讼时效为由翻悔的,不予支持。

172.在诉讼时效期间的最后六个月内,权利被侵害的无民事行为能力人、限制民事行为能力人没有法定代理人,或者法定代理人死亡、丧失代理权,或者法定代理人本人丧失行为能力的,可以认定为因其他障碍不能行使请求权,适用诉讼时效中止。

173.诉讼时效因权利人主张权利或者义务人同意履行义务而中断后,权利人在新的诉讼时效期间内,再次主张权利或者义务人再次同意履行义务的,可以认定为诉讼时效再次中断。

权利人向债务保证人、债务人的代理人或者财产代管人主张权利的,可以认定诉讼时效中断。

174.权利人向人民调解委员会或者有关单位提出保护民事权利的请求,从提出请求时起,诉讼时效中断。经调处达不成协议的,诉讼时效期间即重新起算;如调处达成协议,义务人未按协议所定期限履行义务的,诉讼时效期间应从期限届满时重新起算。

175.《民法通则》第一百三十五条、第一百三十六条规定的诉讼时效期间,可以适用民法通则有关中止、中断和延长的规定。

《民法通则》第一百三十七条规定的"二十年"诉讼时效期间,可以适用民法通则有关延长的规定,不适用中止、中断的规定。

【追偿权的效力】

法律问题解读

追偿权的效力,主要指效力范围。受托保证人追偿权的效力,限于保证人已承担的保证责任范围,其具体范围为:(1)保证人所清偿的全部债务的本金。如果保证人之给付额与债务人之免责额(债权额)不等,其给付额大于主债务人之免责额时,保证人只能就主债务人之免责额为求偿;其给付额小于主债务人之免责额时,保证人只能就自己之给付额为求偿。(2)自保证人清偿之日起的本金利息。(3)其他必要之费用。如运费、清偿费用、诉讼费用等。(4)保证人在履行保证债务过程中因非可归责于自己的事由所受到的损害。

保证人对保证担保的范围没有约定或约定不明确的,保证人应当对全部债务承担责任,包括主债权及利息、违约金、损害赔偿金和实现债权的费用。保证人向债权人清偿债务超过保证合同约定的担保范围的,保证人仅得以保证合同中约定的担保范围为限行使追偿权。若其清偿低于保证合同约定的担保范围的,保证人仅以其实际清偿的部分行使追偿权。

此外,对于同一债务有数个债务人负连带清偿责任,而保证人对于全体债务人提供保证的,保证人追偿权的效力及于全体负连带责任的债务人。

需指出的是,追偿权的效力与行使追偿权的范围属于一个问题的两个方面,前者从具体的层面分析追偿权的范围所包含的内容,而后者是从概括的层面阐述追偿权的范围。

法条指引

❶《中华人民共和国担保法》(1995年6月30日 主席令公布)

第二十一条 保证担保的范围包括主债权及利息、违约金、损害赔偿金和实现债权的费用。保证合同另有约定的,按照约定。

当事人对保证担保的范围没有约定或者约定不明确的,保证人应当对全部债务承担责任。

❷《最高人民法院关于适用〈中华人民共和国担保法〉若干问题的解释》(2000年12月13日发布)

第二十条 连带共同保证的债务人在主合同规定的债务履行期届满没有履行债务的,债权人可以要求债务人履行债务,也可以要求任何一个保证人承担全部保证责任。

连带共同保证的保证人承担保证责任后,向债务人不能追偿的部分,由各连带保证人按其内部约定的比例分担。没有约定的,平均分担。

第二十一条 按份共同保证的保证人按照保证合同约定的保证份额承担保证责任后,在其履行保证责任的范围内对债务人行使追偿权。

第四十三条 保证人自行履行保证责任时，其实际清偿额大于主债权范围的，保证人只能在主债权范围内对债务人行使追偿权。

❸《住房置业担保管理试行办法》（2000年5月11日 建设部、中国人民银行联合发布）

第二十八条 借款人到期不能偿还贷款本息时，依照保证合同约定，担保公司按贷款人要求先行代为清偿债务后，保证合同自然终止。

保证合同终止后，担保公司有权就代为清偿的债务部分向借款人进行追偿，并要求行使房屋抵押权，处置抵押房屋。

案例链接

❶《北京银行股份有限公司丰台支行诉程立君等金融借款合同纠纷案》，参见北大法宝引证码：Pkulaw.cn/CLI.C.222768。

❷《北京银行股份有限公司丰台支行诉陆向荣等金融借款合同纠纷案》，参见北大法宝引证码：Pkulaw.cn/CLI.C.222751。

❸《北京银行股份有限公司丰台支行诉李瑞辰等金融借款合同纠纷案》，参见北大法宝引证码：Pkulaw.cn/CLI.C.222798。

【追偿权行使的限制】

法律问题解读

保证人行使追偿权具有以下限制：

1. 保证人不知主债务已经清偿，而对债权人为清偿或其他免责行为。由于主债权债务已消灭，故保证人的追偿权无从成立，保证人只能按不当得利的规定，向债权人请求返还其已为的给付。但是如果保证人因可宽恕的事由不知主债务已清偿，而向债权人为清偿，仍可行使追偿权，但其对于债权人之不当得利返还请求权，应让予主债务人。

2. 保证人为清偿或其他免责行为后，怠于通知主债务人，主债务人善意地向债权人为再次清偿或其他免责行为，对这种情况如何处理，《担保法》未作规定。一般认为，依委托之基本法理，受托人应当将受托事务的处理情况及时告知委托人，受托人怠于行使告知义务致使委托人无过失地向债权人重复履行的，丧失其对委托人（即主债务人）的追偿权。因此，在这种情况下，保证人不得向主债务人行使追偿权。

法条指引

❶《中华人民共和国民法通则》（1986年4月12日 主席令公布）

第九十二条 没有合法根据，取得不当利益，造成他人损失的，应当将取得的不当利益返还受损失的人。

【共同保证人之间的追偿权】

法律问题解读

共同保证依法分为按份共同保证和连带共同保证。"按份"指各保证人在承担保证责任上与债权人之间的关系及在保证责任的分配上各保证人之间的内部关系。"连带"主要指各保证人在承担保证责任上与债权人之间的关系，至于各保证人之间的内部关系仍是按份的。若将保证人与主债务人的外部关系考虑进去，则共同保证可进一步细分为一般按份共同保证、一般连带共同保证、连带按份共同保证、连带连带共同保证。一般按份共同保证与一般连带共同保证就其外部关系而言，适用一般保证的规定；而后两者适用连带责任保证的规定。在一般按份共同保证与连带按份共同保证，各共同保证人之间不存在追偿的问题。

在一般连带共同保证，若债权人请求保证人之一承担全部保证责任，该保证人承担全部保证责任后，有权选择向主债务人追偿或就超过自己应承担份额向其他保证人追偿，其他保证人应向其偿还自己应承担的保证份额。

在连带连带共同保证，若债权人直接请求保证人之一承担全部保证责任，则在操作上与一般连带共同保证相同。

需指出的是，"连带共同保证"与所谓的"共同保证连带"并非同一概念。如上所述，连带共同保证分为一般连带共同保证与连带连带共同保证，它包含了共同保证人与债权人之间、与债务人之间以及各共同保证人之间的三种关系，因此属于保证方式之一；而共同保证连带仅包含各共同保证人之间、共同保证人与债权人之间的两种关系，因此从严格意义上讲，它不属于保证方式之一。

法条指引

❶《最高人民法院关于适用〈中华人民共和国担保法〉若干问题的解释》（2000年12月13日发布）

第二十条 连带共同保证的债务人在主合同规定的债务履行期届满没有履行债务的，债权人可以要求债务人履行债务，也可以要求任何一个保证人承担全部保证责任。

连带共同保证的保证人承担保证责任后，向债务人不能追偿的部分，由各连带保证人按其内部约定的比例分担。没有约定的，平均分担。

第二十一条 按份共同保证的保证人按照保证合同约定的保证份额承担保证责任后，在其履行保证责任的范围内对债务人行使追偿权。

❷《最高人民法院关于承担保证责任的保证人向其他保证人行使追偿权问题的批复》（2002年11月23日 最高人民法院发布）

云南省高级人民法院：

你院云高法〔2002〕160号《关于已经承担了保证责任的保证人向保证期间内未被主张保证责任的其他保证人行使追偿权是否成立的请示》收悉。经研究，答复如下：

根据《中华人民共和国担保法》第十二条的规定，承担连带责任保证的保证人一人或者数人承担保证责任后，有权要求其他保证人清偿应当承担的份额，不受债权人是否在保证期间内向未承担保证责任的保证人主张过保证责任的影响。

此复

案例链接

❶《宁波亨佳电器实业有限公司诉宁波万宝小天使电器有限公司等担保追偿权纠纷案》，参见北大法宝引证码：Pkulaw.cn/CLI.C.248568。

❷《新疆投资公司与新疆粮油食品土产进出口总公司、新疆医药保健品进出口公司担保追偿纠纷上诉案》，参见北大法宝引证码：Pkulaw.cn/CLI.C.11496。

学者观点

❶ 叶金强：《共同担保制度：利益衡量与规则设计》，参见北大法宝引证码：Pkulaw.cn/CLI.A.1144079。

❷ 郑学青：《论共同保证》，参见北大法宝引证码：Pkulaw.cn/CLI.A.1111814。

【保证人的预先追偿权】

法律问题解读

预先追偿权是指在人民法院受理债务人破产案件后，债权人未申报债权情况下，法律赋予保证人预先以其保证之债权作为债权申报，参加破产程序的权利。在保证担保情形下，保证人依法或依约承担保证责任后在保证限额内便取代债权人的地位而成为新的债权人，有权行使追偿权，向债务人主张债权。一般情况下保证人的代位求偿只有在保证人已承担保证责任后才会产生，代位追偿权形成的前提就在于保证人已向债权人承担保证合同中约定的保证责任。但在某些情况下，保证人虽未向债权人承担保证责任，但法律为保护保证人的利益，赋予其预先追偿权。我国《担保法》第32条规定了保证人的预先追偿权。

追偿权发生效力本是以保证人为主债务人清偿了债务而使其免责为条件，其目的是为了保障保证人的利益不受损失，然而追偿权的实现也是以债务人有财产清偿债务为条件的。如果在保证人清偿保证债务后，债务人已无任何财产可用以清偿债务。保证人的追偿权就无法实现。尽管保证人清偿保证债务是有条件的，但在某些情况下，责任的承担是不可避免的。因此，法律为避免保证人在承担保证责任后不能实现某一追偿权，特别规定了预先追偿权制度，以使保证人在存在一定的法定事由时，得在未清偿保证债务前即向主债务人就自己将要承担的保证责任向主债务人求偿。

法条指引

❶《中华人民共和国担保法》（1995年6月30日 主席令公布）

第三十二条 人民法院受理债务人破产案件后，债权人未申报债权的，保证人可以参加破产财产分配，预先行使追偿权。

❷《中华人民共和国企业破产法》（2006年8月27日 主席令公布）

第五十一条 债务人的保证人或者其他连带债务人已经代替债务人清偿债务的，以其对债务人的求偿权申报债权。

债务人的保证人或者其他连带债务人尚未代替债务人清偿债务的，以其对债务人的将来求偿权申报债权。但是，债权人已经向管理人申报全部债权的除外。

❸《最高人民法院关于适用〈中华人民共和国担保法〉若干问题的解释》（2000年12月13日发布）

第四十五条 债权人知道或者应当知道债务

人破产,既未申报债权也未通知保证人,致使保证人不能预先行使追偿权的,保证人在该债权在破产程序中可能受偿的范围内免除保证责任。

第四十六条 人民法院受理债务人破产案件后,债权人未申报债权的,各连带共同保证的保证人应当作为一个主体申报债权,预先行使追偿权。

学者观点

❶ 王存:《论预先追偿权》,参见北大法宝引证码:Pkulaw.cn/CLI.A.131259。

❷ 赵文华、关海柱、吴鹏:《关于保证人预先追偿权的探讨》,参见北大法宝引证码:Pkulaw.cn/CLI.A.1110997。

❸ 殷召良:《保证人预先追偿权若干问题研究》,参见北大法宝引证码:Pkulaw.cn/CLI.A.115181。

【行使预先追偿权的条件】

法律问题解读

依法律规定,保证人行使预先追偿权应同时具备以下四个条件:

1. 必须在人民法院受理债务人破产案件后。出现一定法定事由后,保证人若按一般追偿权的行使将无法实现其追偿权,为了保护保证人的求偿利益,在法院受理债务人破产案件后,法律才赋予保证人预先追偿权。

2. 债权人未申报债权。《担保法》第32条将"债权人未申报债权"作为保证人预先行使追偿权的先决条件。应把这一条件理解为在债权申报期间内债权人向债务人作出的不参加破产程序,但不放弃债权受偿的意思表示。只有这样,保证人的预先追偿权才具备完整的前提条件。虽然《担保法》并未规定保证人行使预先追偿权以何次意思表示为准,但依法理应当以债权人的第一次明确向债务人作出的不参加破产程序,但不放弃债权受偿的意思表示为准。

3. 保证人应申报保证债权。保证人追偿权要预先实现,必须向人民法院申报其保证债权,参加破产财产分配。保证人申报债权与债权人申报债权一样,必须参照遵守《企业破产法》第51条的规定。

4. 保证人的预先追偿权的行使以保证人必须承担保证责任为前提。如果在债务人破产时,保证责任因《担保法》规定的免除情形而免除,即使债权人未申报债权,保证人也不必行使预先追偿权。

法条指引

❶《中华人民共和国担保法》(1995年6月30日 主席令公布)

第三十二条 人民法院受理债务人破产案件后,债权人未申报债权的,保证人可以参加破产财产分配,预先行使追偿权。

❷《中华人民共和国企业破产法》(2006年8月27日 主席令公布)

第五十一条 债务人的保证人或者其他连带债务人已经代替债务人清偿债务的,以其对债务人的求偿权申报债权。

债务人的保证人或者其他连带债务人尚未代替债务人清偿债务的,以其对债务人的将来求偿权申报债权。但是,债权人已经向管理人申报全部债权的除外。

❸《最高人民法院关于适用〈中华人民共和国担保法〉若干问题的解释》(2000年12月13日发布)

第四十五条 债权人知道或者应当知道债务人破产,既未申报债权也未通知保证人,致使保证人不能预先行使追偿权的,保证人在该债权在破产程序中可能受偿的范围内免除保证责任。

第四十六条 人民法院受理债务人破产案件后,债权人未申报债权的,各连带共同保证的保证人应当作为一个主体申报债权,预先行使追偿权。

案例链接

❶《黑龙江省农垦总局与中国银行黑龙江省分行借款保证合同纠纷案》,参见北大法宝引证码:Pkulaw.cn/CLI.C.52386。

学者观点

❶ 董昭武:《对保证人预先行使追偿权的思考》,参见北大法宝引证码:Pkulaw.cn/CLI.A.1124859。

❷ 王存:《论追偿权的预先行使》,参见北大法宝引证码:Pkulaw.cn/CLI.A.172575。

【行使预先追偿权的范围】

法律问题解读

根据《担保法》的规定,保证人的保证范围

一般包括主债权及利息、违约金、损害赔偿金及实现债权的费用，保证合同另有约定的，按照约定。保证合同对保证责任范围有约定的，保证人按约定担保债权数额申报债权，保证责任范围未约定或约定不明确的，则依法定保证范围而定。

在不确定预先追偿权的范围时应注意以下几点：

1. 如果债务人在破产宣告以前已有不按期履行债务的事实，那么债务人本应承担的责任范围包括主债权及利息、违约金、损害赔偿金及实现债权之费用。保证人在行使预先追偿权时，应在上述范围内确定应当申报的债权数额，而不应仅局限于债权人债权之本身。

2. 如果债务人在债务清偿期未到期时已被宣布破产，未到期债务视为已到期，但此时债务人本身应承担的责任只有债权一项。因参加破产程序的破产费用不得列为破产财产，故此时保证人只能就未到期债权申报债权，而且应减去未到期的利息。但如果保证人申报的债权数额只是保证人单方面的意思，哪些可列入破产债权需由债权人会议确定。

3. 保证人本身承担的保证责任也有全部保证和部分保证之分。在全部保证情形下，保证人可将全部符合条件之债权及其他事项作为债权申报；在部分保证情形下，保证人只能就其保证范围内确定之数额作为债权申报。

法条指引

❶《中华人民共和国担保法》（1995年6月30日 主席令公布）

第二十一条 保证担保的范围包括主债权及利息、违约金、损害赔偿金和实现债权的费用。保证合同另有约定的，按照约定。

当事人对保证担保的范围没有约定或者约定不明确的，保证人应当对全部债务承担责任。

❷《中华人民共和国企业破产法》（2006年8月27日 主席令公布）

第四十六条 未到期的债权，在破产申请受理时视为到期。

附利息的债权自破产申请受理时起停止计息。

【共同保证人的预先追偿权】

法律问题解读

在数人共同保证中，共同保证人行使预先追偿权因保证人承担的保证责任的不同而不同。分为两种情况：

1. 按份共同保证预先追偿权的行使。在按份共同保证中，保证人仅在其保证份额内承担责任。保证人申报债权数额当以其约定份额为限，且保证人未来从破产财产中分配所得部分，只用来补偿其承担份额保证责任后所失利益，其他保证人无权分享。此外，保证人之间相互独立，没有必然联系，法律没必要也不应当为某一保证人设定额外义务，要求他为其他保证人的利益服务。其他保证人的利益只能靠各自申报债权来加以保护，未申报者只能视为对自己利益的放弃。

2. 连带共同保证预先追偿权的行使。在连带共同保证中，债权人可以要求任何一个保证人承担全部保证责任，任何一个保证人都负有担保全部债权实现的义务，已经承担保证责任的保证人有权向债务人追偿，或就其超过自己应承担的份额向其他保证人追偿。此时，预先追偿权应由全体保证人共同享有，及时行使预先追偿权也应成为全体保证人的共同责任。值得注意的是，预先追偿权只能由全体保证人作为一个整体来行使，而且及时行使预先追偿权责任也不应只由保证人中的一人承担，在全体保证人共同行使预先追偿权时，应以原债权总额为限申报债权。全体保证人可推荐某一保证人为代表，也可委托外人为代理人去申报债权。如果某个保证人以个人身份申报了全部债权，其他保证人不得再申报债权。

法条指引

❶《中华人民共和国企业破产法》（2006年8月27日 主席令公布）

第五十条 连带债权人可以由其中一人代表全体连带债权人申报债权，也可以共同申报债权。

第五十一条 债务人的保证人或者其他连带债务人已经代替债务人清偿债务的，以其对债务人的求偿权申报债权。

债务人的保证人或者其他连带债务人尚未代替债务人清偿债务的，以其对债务人的将来求偿权申报债权。但是，债权人已经向管理人申报全部债权的除外。

第五十二条 连带债务人数人被裁定适用本法规定的程序的，其债权人有权就全部债权分别在各破产案件中申报债权。

❷《最高人民法院关于适用〈中华人民共和国担保法〉若干问题的解释》（2000年12月13日

发布)

第四十五条 债权人知道或者应当知道债务人破产,既未申报债权也未通知保证人,致使保证人不能预先行使追偿权的,保证人在该债权在破产程序中可能受偿的范围内免除保证责任。

第四十六条 人民法院受理债务人破产案件后,债权人未申报债权的,各连带共同保证的保证人应当作为一个主体申报债权,预先行使追偿权。

【保证合同的内容】

法律问题解读

保证合同包括下列内容:

1. 被保证的主债权的种类和数额。主债权的种类一般区分为借贷、买卖、货物运输、加工承揽等债务。主债权的种类不以金钱债权为限,也可以是非金钱债权。不过,其保证债务的内容可以为代为履行,也可以为赔偿责任。此外,专属于主债务人的债务也可被担保。对于自然债务能否成为保证的对象,应分两种情况:第一,保证成立后主债务变为自然债务的,保证虽不因之失效,但保证人享有时效抗辩权;第二,对已经时效完成的自然债务进行保证,保证人作保证意味着以书面形式放弃了时效利益,其保证仍然有效,保证人不享有时效抗辩权。

2. 债务人履行债务的期限。主债务期限的届满不仅意味着主债务人应完成债务的履行或主债务的诉讼时效的开始,而且对一般保证人来说,意味着自己将有可能对主债务承担保证责任。对连带保证人来说,意味着债权人可以直接要求其代为履行或承担赔偿责任。因此,主债务的期限对保证人来说非常重要。

3. 保证方式。保证方式分为一般保证和连带责任保证,后面将有详细阐述,此不赘述。

4. 保证担保的范围。

5. 保证期间。

6. 双方认为需要约定的其他事项。其他事项主要是指赔偿损失的范围及计算方法,是否设立反担保等。

保证合同不完全具备上述条款的,不影响保证合同的效力,在保证合同订立后,可以补充。没有补充的,应按照《担保法》及《关于担保法若干问题的解释》的有关规定处理。

法条指引

❶《中华人民共和国担保法》(1995年6月30日 主席令公布)

第十五条 保证合同应当包括以下内容:

(一)被保证的主债权种类、数额;

(二)债务人履行债务的期限;

(三)保证的方式;

(四)保证担保的范围;

(五)保证的期间;

(六)双方认为需要约定的其他事项。

保证合同不完全具备前款规定内容的,可以补正。

第十九条 当事人对保证方式没有约定或者约定不明确的,按照连带责任保证承担保证责任。

第二十一条 保证担保的范围包括主债权及利息、违约金、损害赔偿金和实现债权的费用。保证合同另有约定的,按照约定。

当事人对保证担保的范围没有约定或者约定不明确的,保证人应当对全部债务承担责任。

第二十五条 一般保证的保证人与债权人未约定保证期间的,保证期间为主债务履行期届满之日起六个月。

在合同约定的保证期间和前款规定的保证期间,债权人未对债务人提起诉讼或者申请仲裁的,保证人免除保证责任;债权人已提起诉讼或者申请仲裁的,保证期间适用诉讼时效中断的规定。

第二十六条 连带责任保证的保证人与债权人未约定保证期间的,债权人有权自主债务履行期届满之日起六个月内要求保证人承担保证责任。

在合同约定的保证期间和前款规定的保证期间,债权人未要求保证人承担保证责任的,保证人免除保证责任。

第二十七条 保证人依照本法第十四条规定就连续发生的债权作保证,未约定保证期间的,保证人可以随时书面通知债权人终止保证合同,但保证人对于通知到债权人前所发生的债权,承担保证责任。

❷《最高人民法院关于适用〈中华人民共和国担保法〉若干问题的解释》(2000年12月13日发布)

第十九条 两个以上保证人对同一债务同时或者分别提供保证时,各保证人与债权人没有约定保证份额的,应当认定为连带共同保证。

连带共同保证的保证人以其相互之间约定各自承担的份额对抗债权人的,人民法院不予支持。

第三十二条 保证合同约定的保证期间早于或者等于主债务履行期限的,视为没有约定,保证期间为主债务履行期届满之日起六个月。

保证合同约定保证人承担保证责任直至主债务本息还清时为止等类似内容的,视为约定不明,保证期间为主债务履行期届满之日起两年。

第三十七条 最高额保证合同对保证期间没有约定或者约定不明的,如最高额保证合同约定有保证人清偿债务期限的,保证期间为清偿期限届满之日起六个月。没有约定债务清偿期限的,保证期间自最高额保证终止之日或自债权人收到保证人终止保证合同的书面通知到达之日起六个月。

第三十八条 同一债权既有保证又有第三人提供物的担保的,债权人可以请求保证人或者物的担保人承担担保责任。当事人对保证担保的范围或者物的担保的范围没有约定或者约定不明的,承担了担保责任的担保人,可以向债务人追偿,也可以要求其他担保人清偿其应当分担的份额。

同一债权既有保证又有物的担保的,物的担保合同被确认无效或者被撤销,或者担保物因不可抗力的原因灭失而没有代位物的,保证人仍应当按合同的约定或者法律的规定承担保证责任。

债权人在主合同履行期届满后怠于行使担保物权,致使担保物的价值减少或者毁损、灭失的,视为债权人放弃部分或者全部物的担保。保证人在债权人放弃权利的范围内减轻或者免除保证责任。

❸《住房置业担保管理试行办法》(2000年5月11日 建设部、中国人民银行联合发布)

第十八条 住房置业担保当事人应当签订书面保证合同。保证合同一般应当包括以下内容:

(一)被担保的主债权种类、数额;

(二)债务人履行债务的期限;

(三)保证的方式;

(四)保证担保的范围;

(五)保证期间;

(六)其他约定事项。

第十九条 住房置业担保的保证期间,由担保公司与贷款人约定,但不得短于借款合同规定的还款期限,且不得超过担保公司的营业期限。

学者观点

❶ 郑奇:《完善我国合同担保制度若干问题的思考》,参见北大法宝引证码:Pkulaw.cn/CLI.A.1110504。

❷ 张平华、吴兆祥:《论保证合同中的意思表示问题》,参见北大法宝引证码:Pkulaw.cn/CLI.A.159912。

❸ 盖成荣、杨亦峰:《浅谈保证合同的必要条件及保证人的责任》,参见北大法宝引证码:Pkulaw.cn/CLI.A.110909。

【保证方式】

法律问题解读

保证方式按不同的标准进行划分可分为以下几类:

1. 单独保证和共同保证。这是从保证人的数量角度进行的划分。单独保证指只有一个保证人担保债权的保证。共同保证指保证人为2人以上的保证。

2. 法定保证和约定保证。这是按照保证发生的根据进行的划分。法定保证就是由法律明文规定了的保证,如一般保证、连带责任保证、共同保证、最高额保证。约定保证是由保证人与债权人自愿商定的保证,当事人在不违反国家有关法律法规规定的前提下,对保证的内容享有充分的自主选择权。

3. 定期保证和无期保证。这是依保证是否定有期限为标准进行的划分。定期保证是指保证合同规定有保证人承担保证责任期限的保证。无期保证指保证合同未约定期限,债权人可自主债务履行期届满之日起6个月内请求保证人承担保证责任的保证。可见,无期保证中的无期,只是保证合同未约定保证期限,法律早已规定了期限。

4. 诉讼中的保证和诉讼外的保证。这是根据是否在诉讼程序中设立进行的划分。诉讼外的保证为常态的保证。诉讼中的保证在我国有财产保全中的保证、先予执行中的保证、执行程序中的保证。

5. 有限保证和无限保证。这是按照保证人承担保证责任的条件、时间和范围进行的划分。有限保证是保证人与债权人约定有条件或有期限或部分地承担保证责任的保证;无限保证是保证人与债权人约定无条件、无期限限制地承担全部保证责任的保证。

6. 一般保证和连带责任保证。这是按照保证人所承担保证责任的性质进行的划分。

法条指引

❶《中华人民共和国担保法》(1995年6月30日 主席令公布)

第十二条　同一债务有两个以上保证人的,保证人应当按照保证合同约定的保证份额,承担保证责任。没有约定保证份额的,保证人承担连带责任,债权人可以要求任何一个保证人承担全部保证责任,保证人都负有担保全部债权实现的义务。已经承担保证责任的保证人,有权向债务人追偿,或者要求承担连带责任的其他保证人清偿其应当承担的份额。

第十四条　保证人与债权人可以就单个主合同分别订立保证合同,也可以协议在最高债权额限度内就一定期间连续发生的借款合同或者某项商品交易合同订立一个保证合同。

第十六条　保证的方式有:
(一)一般保证;
(二)连带责任保证。

第十七条　当事人在保证合同中约定,债务人不能履行债务时,由保证人承担保证责任的,为一般保证。

一般保证的保证人在主合同纠纷未经审判或者仲裁,并就债务人财产依法强制执行仍不能履行债务前,对债权人可以拒绝承担保证责任。

有下列情形之一的,保证人不得行使前款规定的权利:
(一)债务人住所变更,致使债权人要求其履行债务发生重大困难的;
(二)人民法院受理债务人破产案件,中止执行程序的;
(三)保证人以书面形式放弃前款规定的权利的。

第十八条　当事人在保证合同中约定保证人与债务人对债务承担连带责任的,为连带责任保证。

连带责任保证的债务人在主合同规定的债务履行期届满没有履行债务的,债权人可以要求债务人履行债务,也可以要求保证人在其保证范围内承担保证责任。

❷《中华人民共和国民事诉讼法》(1991年4月9日　主席令公布　2007年10月28日修订)

第九十二条　人民法院对于可能因当事人一方的行为或者其他原因,使判决不能执行或者难以执行的案件,可以根据对方当事人的申请,作出财产保全的裁定;当事人没有提出申请的,人民法院在必要时也可以裁定采取财产保全措施。

人民法院采取财产保全措施,可以责令申请人提供担保;申请人不提供担保的,驳回申请。

人民法院接受申请后,对情况紧急的,必须在四十八小时内作出裁定;裁定采取财产保全措施的,应当立即开始执行。

第九十三条　利害关系人因情况紧急,不立即申请财产保全将会使其合法权益受到难以弥补的损害的,可以在起诉前向人民法院申请采取财产保全措施。申请人应当提供担保,不提供担保的,驳回申请。

人民法院接受申请后,必须在四十八小时内作出裁定;裁定采取财产保全措施的,应当立即开始执行。

申请人在人民法院采取保全措施后十五日内不起诉的,人民法院应当解除财产保全。

第九十五条　被申请人提供担保的,人民法院应当解除财产保全。

第九十八条　人民法院裁定先予执行的,应当符合下列条件:
(一)当事人之间权利义务关系明确,不先予执行将严重影响申请人的生活或者生产经营的;
(二)被申请人有履行能力。

人民法院可以责令申请人提供担保,申请人不提供担保的,驳回申请。申请人败诉的,应当赔偿被申请人因先予执行遭受的财产损失。

第二百零八条　在执行中,被执行人向人民法院提供担保,并经申请执行人同意的,人民法院可以决定暂缓执行及暂缓执行的期限。被执行人逾期仍不履行的,人民法院有权执行被执行人的担保财产或者担保人的财产。

第二百四十九条　当事人依照本法第九十二条的规定可以向人民法院申请财产保全。

利害关系人依照本法第九十三条的规定可以在起诉前向人民法院申请财产保全。

第二百五十一条　人民法院裁定准许财产保全后,被申请人提供担保的,人民法院应当解除财产保全。

❸《最高人民法院关于适用〈中华人民共和国民事诉讼法〉若干问题的意见》(1992年7月14日发布)

98.人民法院依照《民事诉讼法》第九十二条、第九十三条规定,在采取诉前财产保全和诉讼财产保全时责令申请人提供担保的,提供担保的数额应相当于请求保全的数额。

269.《民事诉讼法》第二百一十二条规定的执行担保,可以由被执行人向人民法院提供财产作担保,也可以由第三人出面作担保。以财产作担保的,应提交保证书;由第三人担保的,应当提交担保书。担保人应当具有代为履行或者代为承担赔偿责任的能力。

270. 被执行人在人民法院决定暂缓执行的期限届满后仍不履行义务的，人民法院可以直接执行担保财产，或者裁定执行担保人的财产，但执行担保人的财产以担保人应当履行义务部分的财产为限。

317. 依照《民事诉讼法》第二百五十八条的规定，我国涉外仲裁机构将当事人的财产保全申请提交人民法院裁定的，人民法院可以进行审查，决定是否进行保全，裁定采取保全的，应当责令申请人提供担保，申请人不提供担保的，裁定驳回申请。

【一般保证】

法律问题解读

一般保证是指当事人在保证合同中约定保证人仅对债务人不能履行债务负补充责任的保证。实践中把握一般保证应注意以下几点：

1. 一般保证是当事人特殊约定的保证方式。即只有债权人和保证人特别约定承担一般保证责任时，才构成一般保证。没有约定或约定不明确的，则不会自动构成一般保证，而推定为连带责任保证。

2. 保证人在保证合同中明确表示承担保证责任的前提条件是债务人不能履行债务。需要注意的是，"不能履行债务"与"不履行债务"有很大的不同："不能履行债务"是指丧失了债务的履行能力，或者说履行不能，而"不履行债务"是指在债务履行期内没有履行债务，至于债务人是否有能力履行则在所不问，主要有两种情况，即债务人有能力履行而未履行，或者确已丧失了履行能力。换言之，"不履行债务"是涵盖"不能履行债务"的，"不能履行债务"只是"不履行债务"的一种形式。一般保证必须以债务人不能履行债务为前提条件。即不但逾期未履行债务，而且，确已丧失了履行债务的能力。

3. 保证人享有先诉抗辩权。先诉抗辩权是指保证人请求债权人必须先起诉债务人并执行债务人的财产，否则即拒绝履行保证责任的权利。

4. 保证人承担的是补充责任。补充责任是指在向第一次序责任人行使权利无效果以后才可以主张的责任。

法条指引

❶《中华人民共和国担保法》（1995年6月30日 主席令公布）

第十七条 当事人在保证合同中约定，债务人不能履行债务时，由保证人承担保证责任的，为一般保证。

一般保证的保证人在主合同纠纷未经审判或者仲裁，并就债务人财产依法强制执行仍不能履行债务前，对债权人可以拒绝承担保证责任。

有下列情形之一的，保证人不得行使前款规定的权利：

（一）债务人住所变更，致使债权人要求其履行债务发生重大困难的；

（二）人民法院受理债务人破产案件，中止执行程序的；

（三）保证人以书面形式放弃前款规定的权利的。

案例链接

❶《宜阳县人民政府与缪建明等借款纠纷上诉案》，参见北大法宝引证码：Pkulaw. cn/CLI. C. 281313。

❷《陈青兰诉王礼强等民间借贷纠纷案》，参见北大法宝引证码：Pkulaw. cn/CLI. C. 276030。

❸《石丰献等与李红霞民间借贷纠纷上诉案》，参见北大法宝引证码：Pkulaw. cn/CLI. C. 258872。

【连带责任保证】

法律问题解读

连带责任保证是指当事人约定或按照法律规定由保证人与债务人对债务承担连带责任的保证方式。实践中把握连带责任保证应注意以下几点：

1. 连带责任保证是对一般保证的补充保证方式。《担保法》赋予当事人约定的保证方式以优先的效力，只有在未作一般保证的约定时才会构成连带责任保证。当然，当事人也可直接约定为连带责任保证。也即，除当事人明确约定一般保证以外，其他的保证不管是否约定，均属于连带责任保证。

2. 连带责任保证是保证人与债务人对债权人承担连带责任的保证。保证人与债务人的责任没有先后之别，只要债务人届期不履行债务，债权人就可以随时要求债务人或者保证人履行债务或者要求其共同承担债务，保证人不得以债权人未先向债务人请求履行而拒绝履行。即连带责任保证的保证人不享有先诉抗辩权。

3. 承担连带责任的前提是债务人届期没有履行债务。在连带责任保证中，只要履行期届满而债务人没有履行债务，而无论债务人是否丧失履行能力，债权人均可即向保证人请求代为履行或者承担责任，这与一般保证是不同的。

法条指引

❶《中华人民共和国担保法》（1995年6月30日 主席令公布）

第十八条 当事人在保证合同中约定保证人与债务人对债务承担连带责任的，为连带责任保证。

连带责任保证的债务人在主合同规定的债务履行期届满没有履行债务的，债权人可以要求债务人履行债务，也可以要求保证人在其保证范围内承担保证责任。

第十九条 当事人对保证方式没有约定或者约定不明确的，按照连带责任保证承担保证责任。

❷《住房置业担保管理试行办法》（2000年5月11日 建设部、中国人民银行联合发布）

第二条 本办法所称住房置业担保，是指依照本办法设立的住房置业担保公司（以下简称担保公司），在借款人无法满足贷款人要求提供担保的情况下，为借款人申请个人住房贷款而与贷款人签订保证合同，提供连带责任保证担保的行为。

案例链接

❶《祝玉起与方城县农村信用合作联社金融借款合同纠纷上诉案》，参见北大法宝引证码：Pkulaw. cn/CLI. C. 258754。

❷《中国农业银行股份有限公司舞阳县支行诉马东方等借款合同纠纷案》，参见北大法宝引证码：Pkulaw. cn/CLI. C. 283135。

❸《濮阳县农村信用合作联社子岸信用社诉张留香等借款合同纠纷案》，参见北大法宝引证码：Pkulaw. cn/CLI. C. 280771。

学者观点

❶ 邹三元：《连带责任保证期间的几个问题》，参见北大法宝引证码：Pkulaw. cn/CLI. A. 18536。

❷ 李金泽：《公司不能对子公司债务提供连带责任保证？——对新〈公司法〉第15条的评析与完善建议》，参见北大法宝引证码：Pkulaw. cn/CLI. A. 1113919。

❸ 唐烈英：《论个人住房贷款中的连带责任保证》，参见北大法宝引证码：Pkulaw. cn/CLI. A. 181113。

【连带责任保证的推定】

法律问题解读

担保法规定，当事人对保证方式没有约定或者约定不明确的，按照连带责任保证承担保证责任，这是对连带责任保证的法律推定。

根据《担保法》第15条的规定，保证合同中应当包括有保证方式。但由于我国目前的经济生活的实践情况中，当事人因不熟悉法律规定或疏忽大意等情况，没有在保证合同中约定保证方式或者约定不明确的现象是相当普遍的。这种情况的出现引发了大量纠纷的发生，严重影响了债权人的合法权益。所以，这就要求法律一方面要求当事人在订立合同时明确保证人的保证方式；另一方面，对于当事人没有约定保证方式或者约定不明的，法律明确规定保证人按照连带责任方式承担保证责任。这样规定，不仅明确了保证人承担保证责任的方式，而且，规定保证人承担较重的责任，有助于加强保证人的责任意识，使保证人明确对保证方式不约定或者约定不明的法律后果，从而对保证方式作出适当的选择。

法条指引

❶《中华人民共和国担保法》（1995年6月30日 主席令公布）

第十九条 当事人对保证方式没有约定或者约定不明确的，按照连带责任保证承担保证责任。

❷《**最高人民法院关于涉及担保纠纷案件的司法解释的适用和保证责任方式认定问题的批复**》（2002年11月23日发布）

山东省高级人民法院：

你院鲁法民二字〔2002〕2号《关于担保法适用有关问题的请示》收悉。经研究，答复如下：

一、最高人民法院法发〔1994〕8号《关于审理经济合同纠纷案件有关保证的若干问题的规定》，适用于该规定施行后发生的担保纠纷案件和该规定施行前发生的尚未审结的第一审、第二审担保纠纷案件。该规定施行前判决、裁定已经发生法律效力的担保纠纷案件，进行再审的，不适用该《规定》。《中华人民共和国担保法》生效后发生的担保行为和担保纠纷，适用担保法和担保法相关司法解释的规定。

二、担保法生效之前订立的保证合同中对保证责任方式没有约定或者约定不明的，应当认定为一般保证。保证合同中明确约定保证人在债务人不能履行债务时始承担保证责任的，视为一般保证。保证合同中明确约定保证人在被保证人不履行债务时承担保证责任，且根据当事人订立合同的本意推定不出为一般保证责任的，视为连带责任保证。

在本批复施行前，判决、裁定已经发生法律效力的担保纠纷案件，当事人申请再审或者按审判监督程序决定再审的，不适用本批复。

此复

案例链接

❶《宝丰县农村信用合作联社诉张鲁梁等借款合同纠纷案》，参见北大法宝引证码：Pkulaw. cn/CLI. C. 282855。

❷《交通银行股份有限公司郑州商交所支行诉朱颖等金融借款合同纠纷案》，参见北大法宝引证码：Pkulaw. cn/CLI. C. 280909。

❸《获嘉县农村信用合作联社中和信用社诉李振凤等金融借款合同纠纷案》，参见北大法宝引证码：Pkulaw. cn/CLI. C. 280747。

【保证合同诉讼时效的中断】

法律问题解读

保证合同诉讼时效的中断是指在保证合同诉讼时效的进行中，因发生一定的法定事由，致使已经经过的诉讼时效期间统归于无效，待中断事由消除后，保证合同的诉讼时效期间重新起算。

根据最高人民法院《关于担保法若干问题的解释》第36条及《民法通则》第140条的规定，在一般保证，保证合同的诉讼时效随主合同诉讼时效的中断而中断，导致主合同诉讼时效中断的法定事由同时也是导致保证合同诉讼时效中断的法定事由，包括以下三种情况：

1. 债权人就主债务向法院提起诉讼或向仲裁机构申请仲裁；
2. 债权人向主债务人提出要求其履行债务的请求；
3. 主债务人同意履行义务。

此外，应注意的是，当一般保证合同的诉讼时效开始起算后，债权人要求保证人承担保证责任，以及保证人同意履行保证义务和债权人就保证债务向法院提起诉讼或向仲裁机构申请仲裁，这些事由也导致一般保证合同诉讼时效的中断。在连带责任保证中，保证合同的诉讼时效并不随主合同诉讼时效的中断而中断。但是，连带责任保证合同的诉讼时效可因债权人要求保证人承担保证责任、保证人同意履行保证义务和债权人就保证债务向法院提起诉讼或向仲裁机构申请仲裁而中断。

法条指引

❶《中华人民共和国民法通则》（1986年4月12日 主席令公布）

第一百四十条 诉讼时效因提起诉讼、当事人一方提出要求或者同意履行义务而中断。从中断时起，诉讼时效期间重新计算。

❷《最高人民法院关于适用〈中华人民共和国担保法〉若干问题的解释》（2000年12月13日发布）

第三十六条 一般保证中，主债务诉讼时效中断，保证债务诉讼时效中断；连带责任保证中，主债务诉讼时效中断，保证债务诉讼时效不中断。

一般保证和连带责任保证中，主债务诉讼时效中止的，保证债务的诉讼时效同时中止。

❸《最高人民法院关于贯彻执行〈中华人民共和国民法通则〉若干问题的意见（试行）》（1988年1月26日发布）

173. 诉讼时效因权利人主张权利或者义务人同意履行义务而中断后，权利人在新的诉讼时效期间内，再次主张权利或者义务人再次同意履行义务的，可以认定为诉讼时效再次中断。

权利人向债务保证人、债务人的代理人或者财产代管人主张权利的，可以认定诉讼时效中断。

174. 权利人向人民调解委员会或者有关单位提出保护民事权利的请求，从提出请求时起，诉讼时效中断。经调处达不成协议的，诉讼时效期间即重新起算；如调处达成协议，义务人未按协议所定期限履行义务的，诉讼时效期间应从期限届满时重新起算。

175.《民法通则》第一百三十五条、第一百三十六条规定的诉讼时效期间，可以适用民法通则有关中止、中断和延长的规定。

《民法通则》第一百三十七条规定的"二十年"诉讼时效期间，可以适用民法通则有关延长的规定，不适用中止、中断的规定。

案例链接

❶《嘉沃环球基金(香港)资产管理投资5有限公司诉镇江市归国华侨联合会等借款合同纠纷案》,参见北大法宝引证码:Pkulaw. cn/CLI. C. 242423。

❷《王坚诉朱冰杰等保证合同纠纷案》,参见北大法宝引证码:Pkulaw. cn/CLI. C. 261036。

❸《中国华融资产管理公司海口办事处等诉海南欣安磁记录材料有限公司等担保借款纠纷一案》,参见北大法宝引证码:Pkulaw. cn/CLI. C. 260。

学者观点

❶ 戚兆岳:《论诉讼时效中断事由》,参见北大法宝引证码:Pkulaw. cn/CLI. A. 1123749。

❷ 卢少敦、柯凉水:《诉讼时效中断的法定事由》,参见北大法宝引证码:Pkulaw. cn/CLI. A. 158745。

❸ 郭玉坤、李龙:《论保证期间与诉讼时效的转换及适用》,参见北大法宝引证码:Pkulaw. cn/CLI. A. 1142999。

【保证合同诉讼时效的中止】

法律问题解读

保证合同诉讼时效的中止是指在保证合同诉讼时效的进行中,因发生一定法定事由阻碍权利人行使请求权,暂时停止计算保证合同的诉讼时效,待阻碍保证合同诉讼时效进行的法定事由消除后,继续进行保证合同诉讼时效的计算。

根据最高人民法院《关于担保法若干问题的解释》第36条及《民法通则》第139条的规定,无论一般保证还是连带责任保证,保证合同的诉讼时效都随主合同诉讼时效的中止而中止。导致主合同诉讼时效中止的法定事由也是保证合同诉讼时效中止的法定事由,主要有不可抗力和其他障碍两种情形。不可抗力是指不能预见,不能避免并不能克服的客观情况,包括自然灾害和战争等,其他障碍主要是指《最高人民法院关于贯彻执行〈中华人民共和国民法通则〉若干问题的意见》第172条规定的,权利被侵害的无民事行为能力人、限制民事行为能力人没有法定代理人或者法定代理人死亡、丧失代理权,或者法定代理人本人丧失行为能力的情形。

法条指引

❶《中华人民共和国民法通则》(1986年4月12日 主席令公布)

第一百三十九条 在诉讼时效期间的最后六个月内,因不可抗力或者其他障碍不能行使请求权的,诉讼时效中止。从中止时效的原因消除之日起,诉讼时效期间继续计算。

❷《最高人民法院关于适用〈中华人民共和国担保法〉若干问题的解释》(2000年12月13日发布)

第三十五条 保证人对已经超过诉讼时效期间的债务承担保证责任或者提供保证的,又以超过诉讼时效为由抗辩的,人民法院不予支持。

第三十六条 一般保证中,主债务诉讼时效中断,保证债务诉讼时效中断;连带责任保证中,主债务诉讼时效中断,保证债务诉讼时效不中断。

一般保证和连带责任保证中,主债务诉讼时效中止的,保证债务的诉讼时效同时中止。

❸《最高人民法院关于贯彻执行〈中华人民共和国民法通则〉若干问题的意见(试行)》(1988年1月26日发布)

172. 在诉讼时效期间的最后六个月内,权利被侵害的无民事行为能力人、限制民事行为能力人没有法定代理人,或者法定代理人死亡、丧失代理权,或者法定代理人本人丧失行为能力的,可以认定为因其他障碍不能行使请求权,适用诉讼时效中止。

学者观点

❶ 段晓娟:《我国诉讼时效中止若干问题研究》,参见北大法宝引证码:Pkulaw. cn/CLI. A. 1128292。

❷ 郑天锋:《试论主债诉讼时效变动与保证责任承担关系——基于对我国〈担保法〉及其司法解释的理解与适用》,参见北大法宝引证码:Pkulaw. cn/CLI. A. 1144177。

【保证合同诉讼时效的起算】

法律问题解读

根据诉讼时效的一般规定,诉讼时效自权利人能行使请求权之时起算。保证合同的诉讼时效也不例外。最高人民法院《关于担保法若干问题的解释》根据一般保证与连带责任保证的不同,分别规定了保证合同的诉讼时效在一般保证和连带责任保证两种情形下的起算时间。在一般保证中，债权人在保证期间届满前对债务人提起诉讼或者申请仲裁的，从判决或者仲裁裁决生效之日起，开始计算保证合同的诉讼时效。在连带责任保证中，债权人在保证期间届满前要求保证人承担保证责任的，从债权人要求保证人承担责任之日起，开始计算保证合同的诉讼时效。

需要注意的是，在一般保证中，若保证期间届满前债权人未对债务人提起诉讼或者申请仲裁，保证人的保证责任得以免除，保证合同的诉讼时效也就失去意义。在连带责任保证中若保证期间届满前债权人未要求保证人承担保证责任的，即使债权人对债务人提起诉讼或者申请仲裁，都不会引起保证期间的中断，保证期间一旦届满即发生免除保证人保证责任的效力，保证合同的诉讼时效也失去意义。

法条指引

❶《中华人民共和国担保法》（1995 年 6 月 30 日 主席令公布）

第二十五条　一般保证的保证人与债权人未约定保证期间的，保证期间为主债务履行期届满之日起六个月。

在合同约定的保证期间和前款规定的保证期间，债权人未对债务人提起诉讼或者申请仲裁的，保证人免除保证责任；债权人已提起诉讼或者申请仲裁的，保证期间适用诉讼时效中断的规定。

第二十六条　连带责任保证的保证人与债权人未约定保证期间的，债权人有权自主债务履行期届满之日起六个月内要求保证人承担保证责任。

在合同约定的保证期间和前款规定的保证期间，债权人未要求保证人承担保证责任的，保证人免除保证责任。

第二十七条　保证人依照本法第十四条规定就连续发生的债权作保证，未约定保证期间的，保证人可以随时书面通知债权人终止保证合同，但保证人对于通知到债权人前所发生的债权，承担保证责任。

❷《最高人民法院关于适用〈中华人民共和国担保法〉若干问题的解释》（2000 年 12 月 13 日发布）

第三十四条　一般保证的债权人在保证期间届满前对债务人提起诉讼或者申请仲裁的，从判决或者仲裁裁决生效之日起，开始计算保证合同的诉讼时效。

连带责任保证的债权人在保证期间届满前要求保证人承担保证责任的，从债权人要求保证人承担保证责任之日起，开始计算保证合同的诉讼时效。

第三十六条　一般保证中，主债务诉讼时效中断，保证债务诉讼时效中断；连带责任保证中，主债务诉讼时效中断，保证债务诉讼时效不中断。

一般保证和连带责任保证中，主债务诉讼时效中止的，保证债务的诉讼时效同时中止。

案例链接

❶《王建云诉叶丽平等民间借贷纠纷案》，参见北大法宝引证码：Pkulaw.cn/CLI.C.232777。

学者观点

❶ 吴庆宝：《准确起算诉讼时效维护当事人合法权益》，参见北大法宝引证码：Pkulaw.cn/CLI.A.1128286。

❷ 宋海萍：《论诉讼时效期间的起算》，参见北大法宝引证码：Pkulaw.cn/CLI.A.1123536。

❸ 李寅玲：《诉讼时效的起算》，参见北大法宝引证码：Pkulaw.cn/CLI.A.119192。

第三章 保证期间和保证责任

● 本章为读者提供与以下题目有关的法律问题的解读及相关法律文献依据

> 保证期间（104） 保证期间与保证合同诉讼时效的关系（105） 保证期间与除斥期间的关系（106） 保证期间的确定（107） 保证期间的起算（108） 保证期间的中断（110） 保证期间的重新起算（110） 一般保证中保证期间的效力（111） 连带责任保证中保证期间的效力（112） 保证责任（112） 保证责任发生的条件（115） 保证责任的范围（116） 保证责任的承担方式（116） 保证责任的消灭与免除（117） 债权让与对保证责任的影响（120） 债务承担对保证责任的影响（121） 债的变更对保证责任的影响（121） 主合同解除后的保证责任（123） 一般保证的保证责任承担（123） 连带责任保证的保证责任承担（124） 人保与物保并存时的保证责任（125） 注册资金保证的保证责任（126） 保证监督专款专用（126） 以新贷偿还旧贷借款中的保证（128）

【保证期间】

法律问题解读

保证期间又称保证责任的期限，是指依照法律规定或者当事人的约定，保证人仅在一定期限内承担保证责任，超过该期限保证人不承担保证责任。也即，保证期间是保证人对已确定的主债务承担保证责任的期间，债权人只能在此期间内向保证人行使请求权。为了保护保证法律关系各方当事人的合法权益，不论一般保证还是连带责任保证，当事人都应当确定一个保证期间。

理解保证期间应注意以下几点：

1. 从债权人角度来看，保证期间是债权人应当积极行使权利的期间。债权人行使权利的方式因保证方式的不同而不同。在一般保证中，债权人行使权利的方式是特殊方式，即提起诉讼或者申请仲裁；在连带责任保证中，法律对债权人行使权利的方式没有特殊的要求，只要请求保证人履行保证义务，就符合法律要求。对债权人而言，保证期间的意义是，如果债权人在保证期间内不依法定方式积极行使权利，保证人的保证责任即告免除。

2. 从保证人的角度来看，保证期间是保证人免除保证责任的期间。从整体上看，保证期间着眼于保护保证人的利益，即通过促使债权人尽快行使权利，以避免保证人无限期的等待，使保证关系尽快结束。

3. 保证期间既可以是约定期间，又可以是法定期间，但约定期间具有优先效力。只是在约定的期间早于或等于主债务履行期限时或者没有约定时，才适用法定期间，而在约定不明情况下，保证期间也适用法定期间，保证期间为主债务履行期届满之日起2年。

法条指引

❶《中华人民共和国担保法》（1995年6月30日 主席令公布）

第二十五条 一般保证的保证人与债权人未约定保证期间的，保证期间为主债务履行期届满之日起六个月。

在合同约定的保证期间和前款规定的保证期间，债权人未对债务人提起诉讼或者申请仲裁的，保证人免除保证责任；债权人已提起诉讼或者申请仲裁的，保证期间适用诉讼时效中断的规定。

第二十六条 连带责任保证的保证人与债权人未约定保证期间的，债权人有权自主债务履行期届满之日起六个月内要求保证人承担保证责任。

在合同约定的保证期间和前款规定的保证期间，债权人未要求保证人承担保证责任的，保证人免除保证责任。

第二十七条　保证人依照本法第十四条规定就连续发生的债权作保证，未约定保证期间的，保证人可以随时书面通知债权人终止保证合同，但保证人对于通知到债权人前所发生的债权，承担保证责任。

❷《最高人民法院关于适用〈中华人民共和国担保法〉若干问题的解释》（2000年12月13日发布）

第三十一条　保证期间不因任何事由发生中断、中止、延长的法律后果。

第三十二条　保证合同约定的保证期间早于或者等于主债务履行期限的，视为没有约定，保证期间为主债务履行期届满之日起六个月。

保证合同约定保证人承担保证责任直至主债务本息还清时为止等类似内容的，视为约定不明，保证期间为主债务履行期届满之日起两年。

第三十三条　主合同对主债务履行期限没有约定或者约定不明的，保证期间自债权人要求债务人履行义务的宽限期届满之日起计算。

第三十七条　最高额保证合同对保证期间没有约定或者约定不明的，如最高额保证合同约定有保证人清偿债务期限的，保证期间为清偿期限届满之日起六个月。没有约定债务清偿期限的，保证期间自最高额保证终止之日或自债权人收到保证人终止保证合同的书面通知到达之日起六个月。

❸《住房置业担保管理试行办法》（2000年5月11日　建设部、中国人民银行联合发布）

第十九条　住房置业担保的保证期间，由担保公司与贷款人约定，但不得短于借款合同规定的还款期限，且不得超过担保公司的营业期限。

❹《最高人民法院关于人民法院应当如何认定保证人在保证期间届满后又在催款通知书上签字问题的批复》（2004年4月14日发布）

云南、河北、四川省高级人民法院：

云高法〔2003〕69号《关于保证人超过保证期间后又在催款通知书上签字应如何认定性质和责任的请示》、〔2003〕冀民二请字第1号《关于如何认定已过保证期间的保证人在中国长城资产管理公司〈债权转移确认通知书〉上盖章的民事责任的请示》和川高法〔2003〕266号《关于保证期届满后保证人与债务人同日在催款通知书上签字或者盖章的法律效力问题的请示》收悉。经研究，答复如下：

根据《中华人民共和国担保法》的规定，保证期间届满债权人未依法向保证人主张保证责任的，保证责任消灭。保证责任消灭后，债权人书面通知保证人要求承担保证责任或者清偿债务，保证人在催款通知书上签字的，人民法院不得认定保证人继续承担保证责任。但是，该催款通知书内容符合合同法和担保法有关担保合同成立的规定，并经保证人签字认可，能够认定成立新的保证合同的，人民法院应当认定保证人按照新保证合同承担责任。

案例链接

❶《焦作市解放区农村信用合作联社上白作信用社诉侯涛涛等借款合同纠纷案》，参见北大法宝引证码：Pkulaw.cn/CLI.C.290214。

学者观点

❶ 刘晓华：《试论保证期间》，参见北大法宝引证码：Pkulaw.cn/CLI.A.178108。

❷ 朱立恒：《保证期间的法律意义》，参见北大法宝引证码：Pkulaw.cn/CLI.A.19693。

❸ 孔祥俊：《保证期间再探讨》，参见北大法宝引证码：Pkulaw.cn/CLI.A.1126660。

【保证期间与保证合同诉讼时效的关系】

法律问题解读

保证期间与保证合同诉讼时效容易产生混淆，保证期间并不等同于保证合同诉讼时效，实践中应注重把握两者之间的关系。

在一般保证，若债权人在保证期间内就主债务提起诉讼或申请仲裁，保证期间中断，在债权人就主债务人财产强制执行未果时，保证期间重新起算。如在重新计算的保证期间内，债权人不向保证人主张保证债权，保证期间一旦届满，保证人的保证责任免除，则无保证合同诉讼时效的适用；如在重新计算的保证期间内债权人向保证人主张保证债权，则保证期间失去意义，此时若保证人拒绝履行保证债务，保证合同诉讼时效开始计算。在此后的2年内，债权人不就保证债权提起诉讼或申请仲裁，则债权人因保证合同诉讼时效期间的经过而丧失胜诉权，债权人的保证债权将不获满足（除非保证人放弃时效抗辩）。

在连带责任保证，主合同履行期届满时，保证期间开始计算，债权人向保证人主张保证债权的，保证期间失去意义，如此时保证人拒绝履行保证债务，则保证合同诉讼时效开始计算，如在此后的2年内，债权人不就保证债务提起诉讼或申请仲裁，则债权人因保证合同诉讼时效期间的经过而丧失胜诉权，债权人的保证债权将不获满足（除非保证人放弃时效抗辩）；债权人在保证期间内不向保证人主张保证债权，保证期间一旦届满，保证人的保证责任免除，此时无保证合同诉讼时效的适用。

法条指引

❶《中华人民共和国担保法》（1995年6月30日 主席令公布）

第二十五条 一般保证的保证人与债权人未约定保证期间的，保证期间为主债务履行期届满之日起六个月。

在合同约定的保证期间和前款规定的保证期间，债权人未对债务人提起诉讼或者申请仲裁的，保证人免除保证责任；债权人已提起诉讼或者申请仲裁的，保证期间适用诉讼时效中断的规定。

第二十六条 连带责任保证的保证人与债权人未约定保证期间的，债权人有权自主债务履行期届满之日起六个月内要求保证人承担保证责任。

在合同约定的保证期间和前款规定的保证期间，债权人未要求保证人承担保证责任的，保证人免除保证责任。

第二十七条 保证人依照本法第十四条规定就连续发生的债权作保证，未约定保证期间的，保证人可以随时书面通知债权人终止保证合同，但保证人对于通知到债权人前所发生的债权，承担保证责任。

❷《最高人民法院关于适用〈中华人民共和国担保法〉若干问题的解释》（2000年12月13日发布）

第三十一条 保证期间不因任何事由发生中断、中止、延长的法律后果。

第三十二条 保证合同约定的保证期间早于或者等于主债务履行期限的，视为没有约定，保证期间为主债务履行期届满之日起六个月。

保证合同约定保证人承担保证责任直至主债务本息还清时为止等类似内容的，视为约定不明，保证期间为主债务履行期届满之日起两年。

第三十三条 主合同对主债务履行期限没有约定或者约定不明的，保证期间自债权人要求债务人履行义务的宽限期届满之日起计算。

第三十四条 一般保证的债权人在保证期间届满前对债务人提起诉讼或者申请仲裁的，从判决或者仲裁裁决生效之日起，开始计算保证合同的诉讼时效。

连带责任保证的债权人在保证期间届满前要求保证人承担保证责任的，从债权人要求保证人承担保证责任之日起，开始计算保证合同的诉讼时效。

第三十五条 保证人对已经超过诉讼时效期间的债务承担保证责任或者提供保证的，又以超过诉讼时效为由抗辩的，人民法院不予支持。

第三十六条 一般保证中，主债务诉讼时效中断，保证债务诉讼时效中断；连带责任保证中，主债务诉讼时效中断，保证债务诉讼时效不中断。

一般保证和连带责任保证中，主债务诉讼时效中止的，保证债务的诉讼时效同时中止。

第三十七条 最高额保证合同对保证期间没有约定或者约定不明的，如最高额保证合同约定有保证人清偿债务期限的，保证期间为清偿期限届满之日起六个月。没有约定债务清偿期限的，保证期间自最高额保证终止之日或自债权人收到保证人终止保证合同的书面通知到达之日起六个月。

学者观点

❶ 郭玉坤、李龙：《论保证期间与诉讼时效的转换及适用》，参见北大法宝引证码：Pkulaw.cn/CLI.A.1142999。

❷ 何通胜：《诉讼时效与保证期间的关系》，参见北大法宝引证码：Pkulaw.cn/CLI.A.158591。

❸ 冶凤蕊、谷辽海、姜丽勇：《贷款合同的诉讼时效和保证合同的保证期间》，参见北大法宝引证码：Pkulaw.cn/CLI.A.1145733。

❹ 孙英：《试论保证期间及保证债务的诉讼时效》，参见北大法宝引证码：Pkulaw.cn/CLI.A.111659。

【保证期间与除斥期间的关系】

法律问题解读

保证期间与除斥期间极为相像，甚至有人将保证期间误认为是除斥期间，两者的相似之处表现在：两者都是权利消灭期间。保证期间与除斥期间的经过都会发生实体权利消灭的法律后果。但是保证期间毕竟不等同于除斥期间，实践中应注意理解两者之间的关系。

1. 两者的适用对象不同。即保证期间适用于请求权,而除斥期间适用于形成权。债权人请求保证人承担保证责任绝不是形成权。

2. 保证期间为可变期间,即存在着中断的问题,而除斥期间为不变期间,不可中止、中断、延长。

3. 保证期间可以约定,但除斥期间均为法定期间。同时,基于同典型的诉讼时效对比,也可以发现,保证期间也不是诉讼时效。因此保证期间属于除斥期间与诉讼时效之外的第三种期间。由于保证期间经过可以取得除权效果,所以保证期间是具有除斥期间性质的第三种期间。

法条指引

❶《中华人民共和国担保法》(1995 年 6 月 30 日　主席令公布)

第二十五条　一般保证的保证人与债权人未约定保证期间的,保证期间为主债务履行期届满之日起六个月。

在合同约定的保证期间和前款规定的保证期间,债权人未对债务人提起诉讼或者申请仲裁的,保证人免除保证责任;债权人已提起诉讼或申请仲裁的,保证期间适用诉讼时效中断的规定。

第二十六条　连带责任保证的保证人与债权人未约定保证期间的,债权人有权自主债务履行期届满之日起六个月内要求保证人承担保证责任。

在合同约定的保证期间和前款规定的保证期间,债权人未要求保证人承担保证责任的,保证人免除保证责任。

第二十七条　保证人依照本法第十四条规定就连续发生的债权作保证,未约定保证期间的,保证人可以随时书面通知债权人终止保证合同,但保证人对于通知到债权人前所发生的债权,承担保证责任。

❷《最高人民法院关于适用〈中华人民共和国担保法〉若干问题的解释》(2000 年 12 月 13 日发布)

第三十一条　保证期间不因任何事由发生中断、中止、延长的法律后果。

第三十二条　保证合同约定的保证期间早于或者等于主债务履行期限的,视为没有约定,保证期间为主债务履行期届满之日起六个月。

保证合同约定保证人承担保证责任直至主债务本息还清时为止等类似内容的,视为约定不明,保证期间为主债务履行期届满之日起两年。

第三十三条　主合同对主债务履行期限没有约定或者约定不明的,保证期间自债权人要求债务人履行义务的宽限期届满之日起计算。

第三十七条　最高额保证合同对保证期间没有约定或者约定不明的,如最高额保证合同约定有保证人清偿债务期限的,保证期间为清偿期限届满之日起六个月。没有约定债务清偿期限的,保证期间自最高额保证终止之日或自债权人收到保证人终止保证合同的书面通知到达之日起六个月。

学者观点

❶ 杨洁、李洁:《保证期间是除斥期间》,参见北大法宝引证码:Pkulaw. cn/CLI. A. 178028。

❷ 李明发:《论法定保证期间的法律性质相关问题》,参见北大法宝引证码:Pkulaw. cn/CLI. A. 1124892。

❸ 王世贤:《论保证期间的性质》,参见北大法宝引证码:Pkulaw. cn/CLI. A. 119017。

【保证期间的确定】

法律问题解读

保证期间分为约定与法定两种,约定保证期间具有优先效力。如果没有约定或者约定不明时,可以对其进行补正,补正的方法有两种:

(1) 当事人约定补正;

(2) 根据法律的直接规定加以补正,即法定补正。

实践中确定保证期间应按照以下原则进行:

1. 当事人在保证合同中约定了保证期间的,应当尊重当事人的意愿,依其约定的保证期间承担保证责任。此时需注意的是,如果当事人约定的保证期间早于或等于主债务履行期限的,视为没有约定,保证期间为主债务履行期届满之日起 6 个月。

2. 当事人在保证合同中没有约定保证期间的,依照法律规定的保证期间承担保证责任,即自主债务履行期限届满之日起 6 个月。

3. 当事人在保证合同中对保证期间约定不明的,保证期间为主债务履行期届满之日起 2 年。约定不明指当事人在保证合同中约定的保证人承担保证责任直至主债务本息还清时为止等类似内容。

需要强调指出的是，《担保法》第25条第1款、第26条第一款及最高人民法院《关于担保法若干问题的解释》第32条第2款关于保证期间的规定只起补充作用，即只在当事人对此未作约定的情况下适用。当事人有约定依照约定，不能以本款的规定改变当事人约定的保证期间。

法条指引

❶《中华人民共和国担保法》（1995年6月30日 主席令公布）

第二十五条 一般保证的保证人与债权人未约定保证期间的，保证期间为主债务履行期届满之日起六个月。

在合同约定的保证期间和前款规定的保证期间，债权人未对债务人提起诉讼或者申请仲裁的，保证人免除保证责任；债权人已提起诉讼或者申请仲裁的，保证期间适用诉讼时效中断的规定。

第二十六条 连带责任保证的保证人与债权人未约定保证期间的，债权人有权自主债务履行期届满之日起六个月内要求保证人承担保证责任。

在合同约定的保证期间和前款规定的保证期间，债权人未要求保证人承担保证责任的，保证人免除保证责任。

❷《最高人民法院关于适用〈中华人民共和国担保法〉若干问题的解释》（2000年12月13日发布）

第三十二条 保证合同约定的保证期间早于或者等于主债务履行期限的，视为没有约定，保证期间为主债务履行期届满之日起六个月。

保证合同约定保证人承担保证责任直至主债务本息还清时为止等类似内容的，视为约定不明，保证期间为主债务履行期届满之日起两年。

❸《住房置业担保管理试行办法》（2000年5月11日 建设部、中国人民银行联合发布）

第十九条 住房置业担保的保证期间，由担保公司与贷款人约定，但不得短于借款合同规定的还款期限，且不得超过担保公司的营业期限。

❹《最高人民法院关于处理担保法生效前发生保证行为的保证期间问题的通知》（2002年8月1日发布）

各省、自治区、直辖市高级人民法院，解放军军事法院，新疆维吾尔自治区高级人民法院生产建设兵团分院：

我院于2000年12月8日公布法释〔2000〕44号《关于适用〈中华人民共和国担保法〉若干问题的解释》后，一些部门和地方法院反映对于担保法实施前发生的保证行为如何确定保证期间问题没有作出规定，而我院于1994年4月15日公布的法发〔1994〕8号《关于审理经济合同纠纷案件有关保证的若干问题的规定》对此问题亦不十分明确。为了正确审理担保法实施前的有关保证合同纠纷案件，维护债权人和其他当事人的合法权益，经商全国人大常委会法制工作委员会同意，现就有关问题通知如下：

一、对于当事人在担保法生效前签订的保证合同中没有约定保证期限或者约定不明确的，如果债权人已经在法定诉讼时效期间内向主债务人主张权利，使主债务没有超过诉讼时效期间，但未向保证人主张权利的，债权人可以自本通知发布之日起六个月（自2002年8月1日至2003年1月31日）内，向保证人主张权利。逾期不主张的，保证人不再承担责任。

二、主债务人进入破产程序，债权人没有申报债权的，债权人亦可以在上述期间内向保证人主张债权，如果债权人已申报了债权，对其在破产程序中未受清偿的部分债权，债权人可以在破产程序终结后六个月内向保证人主张。

三、本通知发布时，已经终审的案件、再审案件以及主债务已超过诉讼时效的案件，不适用本通知。

学者观点

❶ 吴家友：《保证期间探究》，参见北大法宝引证码：Pkulaw.cn/CLI.A.157401。

❷ 吴合振：《保证期间有关问题》，参见北大法宝引证码：Pkulaw.cn/CLI.A.157284。

❸ 林清高：《保证期间刍议》，参见北大法宝引证码：Pkulaw.cn/CLI.A.18546。

【保证期间的起算】

法律问题解读

保证期间的起算是指从哪一个期日开始计算保证期间。保证期间的起算存在着约定保证期间和法定保证期间的不同情况。实践中保证期间的起算应按照以下情形进行：

1. 在约定保证期间，当事人可以在保证合同中对保证期间的起算时间作出明确规定。当事人可以约定是主合同履行期届满后的某一时间，如果主合同对主债务的履行期限没有约定或者约定不明的,保证期间自债权人要求债务人履行义务的宽限期届满之日起计算。保证期间可以根据债权人要求债务人履行义务的宽限期来确定,从债权人要求债务人履行义务的宽限期届满之日起计算。债务人履行义务的宽限期是指履行期限不明确的,债权人也可以随时要求履行时给予债务人的必要的准备时间。

2. 在法定保证期间,保证期间的起算时间为主债务履行期届满之日起。

3. 最高额保证合同的保证期间起算具有自己的特殊性。详细内容见后面阐述。此处需注意的是,不论保证期间起算于何时,必须按日历计算法进行计算,保证期间开始的当天不计入期间,而是从下一日的零时起计算期间。

法条指引

❶《中华人民共和国担保法》(1995年6月30日 主席令公布)

第二十五条 一般保证的保证人与债权人未约定保证期间的,保证期间为主债务履行期届满之日起六个月。

在合同约定的保证期间和前款规定的保证期间,债权人未对债务人提起诉讼或者申请仲裁的,保证人免除保证责任;债权人已提起诉讼或者申请仲裁的,保证期间适用诉讼时效中断的规定。

第二十六条 连带责任保证的保证人与债权人未约定保证期间的,债权人有权自主债务履行期届满之日起六个月内要求保证人承担保证责任。

在合同约定的保证期间和前款规定的保证期间,债权人未要求保证人承担保证责任的,保证人免除保证责任。

❷《中华人民共和国民法通则》(1986年4月12日 主席令公布)

第一百五十四条 民法所称的期间按照公历年、月、日、小时计算。

规定按照小时计算期间的,从规定时开始计算。规定按照日、月、年计算期间的,开始的当天不算入,从下一天开始计算。

期间的最后一天是星期日或者其他法定休假日的,以休假日的次日为期间的最后一天。

期间的最后一天的截止时间为二十四点。有业务时间的,到停止业务活动的时间截止。

第一百五十五条 民法所称的"以上"、"以下"、"以内"、"届满",包括本数;所称的"不满"、"以外",不包括本数。

❸《中华人民共和国合同法》(1999年3月15日 主席令公布)

第六十二条 当事人就有关合同内容约定不明确,依照本法第六十一条的规定仍不能确定的,适用下列规定:

(一)质量要求不明确的,按照国家标准、行业标准履行;没有国家标准、行业标准的,按照通常标准或者符合合同目的的特定标准履行。

(二)价款或者报酬不明确的,按照订立合同时履行地的市场价格履行;依法应当执行政府定价或者政府指导价的,按照规定履行。

(三)履行地点不明确,给付货币的,在接受货币一方所在地履行;交付不动产的,在不动产所在地履行;其他标的,在履行义务一方所在地履行。

(四)履行期限不明确的,债务人可以随时履行,债权人也可以随时要求履行,但应当给对方必要的准备时间。

(五)履行方式不明确的,按照有利于实现合同目的的方式履行。

(六)履行费用的负担不明确的,由履行义务一方负担。

❹《最高人民法院关于适用〈中华人民共和国担保法〉若干问题的解释》(2000年12月13日发布)

第三十二条 保证合同约定的保证期间早于或者等于主债务履行期限的,视为没有约定,保证期间为主债务履行期届满之日起六个月。

保证合同约定保证人承担保证责任直至主债务本息还清时为止等类似内容的,视为约定不明,保证期间为主债务履行期届满之日起两年。

第三十三条 主合同对主债务履行期限没有约定或者约定不明的,保证期间自债权人要求债务人履行义务的宽限期届满之日起计算。

案例链接

❶《林健等与金飞民航经济发展中心有限责任公司保证合同纠纷上诉案》,参见北大法宝引证码:Pkulaw.cn/CLI.C.207021。

❷《郑根良等与衢州市柯城农村信用合作联社借款合同纠纷上诉案》,参见北大法宝引证码:Pkulaw.cn/CLI.C.283015。

❸《北京市制动密封材料二厂与包钢力通物产股份有限公司债务纠纷上诉案》,参见北大法宝引证码:Pkulaw.cn/CLI.C.28453。

学者观点

❶ 陈成建:《保证期间起算标准质疑》,参见北大法宝引证码: Pkulaw.cn/CLI.A.1111398。

【保证期间的中断】

法律问题解读

保证期间在一般情况下不因任何事由发生中断的法律后果。但当出现法律规定的情形（一般保证中）时，保证期间可适用诉讼时效中断的规定。

保证期间中断须同时具备两个条件：一是法定事由的发生；二是发生在保证期间内。法定事由的发生是决定条件，而发生在保证期间内则是前提条件。能引起保证期间中断的法定事由有两个：一是债权人在保证期间内就债务人提起诉讼；二是债权人在保证期间内就其与债务人之间的纠纷申请仲裁机关仲裁。需注意的是，根据《民法通则》的规定，导致主合同诉讼时效中断的法定事由包括债权人对债务人提起诉讼或申请仲裁，向债务人提出要求其履行债务的要求以及债务人同意履行义务三种，但只有债权人对债务人提起诉讼或申请仲裁可导致保证期间的中断，后两种法定事由只能导致主合同诉讼时效中断，不能引起保证期间中断的法律效果。

保证期间中断的效果在于：保证期间中断，以前经过的保证期间归于无效，保证期间重新计算。保证期间自中断事由发生之日中断、自中断事由终结之日起重新起算。

需注意的是，保证期间适用诉讼时效中断的规定只在一般保证中才会发生。这是由一般保证不同于连带责任保证的特点决定的。一般保证的保证人承担保证责任的前提是债权人在保证期间内就主债务提起诉讼或申请仲裁并就主债务人财产强制执行而未果。如果保证期间不中断，在债权人就主债务人财产强制执行未果时，可能保证期间已过，债权人就丧失了向保证人请求承担保证责任的权利，这不利于债权人的利益。

法条指引

❶《中华人民共和国担保法》（1995年6月30日 主席令公布）

第二十五条 一般保证的保证人与债权人未约定保证期间的，保证期间为主债务履行期届满之日起六个月。

在合同约定的保证期间和前款规定的保证期间，债权人未对债务人提起诉讼或者申请仲裁的，保证人免除保证责任；债权人已提起诉讼或者申请仲裁的，保证期间适用诉讼时效中断的规定。

❷《最高人民法院关于适用〈中华人民共和国担保法〉若干问题的解释》（2000年12月13日发布）

第三十一条 保证期间不因任何事由发生中断、中止、延长的法律后果。

第三十四条 一般保证的债权人在保证期间届满前对债务人提起诉讼或者申请仲裁的，从判决或者仲裁裁决生效之日起，开始计算保证合同的诉讼时效。

连带责任保证的债权人在保证期间届满前要求保证人承担保证责任的，从债权人要求保证人承担保证责任之日起，开始计算保证合同的诉讼时效。

案例链接

❶《宝丰县农村信用合作联社诉韩国超等借款合同纠纷案》,参见北大法宝引证码: Pkulaw.cn/CLI.C.283000。

❷《中国华融资产管理公司昆明办事处诉云南同益电子经贸公司等借款合同纠纷案》,参见北大法宝引证码: Pkulaw.cn/CLI.C.39221。

❸《中国工商银行柳州分行诉广西壮族自治区柳州地区食品总公司等借款纠纷案》,参见北大法宝引证码: Pkulaw.cn/CLI.C.28848。

❹《中国工商银行乌鲁木齐市解放南路支行诉新疆维吾尔自治区技术改造投资公司担保合同纠纷案》,参见北大法宝引证码: Pkulaw.cn/CLI.C.45463。

【保证期间的重新起算】

法律问题解读

保证期间自中断事由发生之日起中断，自中断事由终结之日起重新起算。也即，在一般保证中，保证期间因为债权人对主债务人提起诉讼或者申请仲裁而中断，自该诉讼或仲裁终结之日起重新起算。

需要注意的是，所谓"该诉讼或仲裁终结之日"，是指强制执行无效果之日，而不是判决或者仲裁裁决生效之日。也就是说，中断的保证期间自强制执行无效果之日起重新计算,而不是自判决或者仲裁裁决生效之日起重新计算。这是因为一般保证中保证人承担责任的前提就是"主合同纠纷经审判或者仲裁,并就债务人财产依法强制执行仍不能履行债务",也即在这一系列过程完成以后,保证期间再重新起算。判决或者仲裁裁决生效与依法强制执行是先后不同的两个阶段,仅有前者而无后者,显然不符合《担保法》对一般保证的规定精神。况且申请执行的期限是从法律文书规定履行期间的最后一日起计算;法律文书规定分期履行的,从规定的每次履行期间的最后一日起计算。申请执行后法院才可采取强制执行措施。在法院采取了强制执行措施后债务人仍不能履行债务时,才开始起算保证人的保证期间。如果自判决或者裁决生效之日起计算,很可能强制执行程序尚未终结保证期间即已届满,保证人即可免除保证责任,债权人无法向其主张权利,保证也就失去其意义。因此,不可能以此确定中断后的保证期间的起算。

法条指引

❶《中华人民共和国担保法》(1995年6月30日 主席令公布)

第二十五条 一般保证的保证人与债权人未约定保证期间的,保证期间为主债务履行期届满之日起6个月。

在合同约定的保证期间和前款规定的保证期间,债权人未对债务人提起诉讼或者申请仲裁的,保证人免除保证责任;债权人已提起诉讼或者申请仲裁的,保证期间适用诉讼时效中断的规定。

❷《中华人民共和国民事诉讼法》(1991年4月9日 主席令公布 2007年10月28日修订)

第二百一十五条 申请执行的期间为二年。申请执行时效的中止、中断,适用法律有关诉讼时效中止、中断的规定。

前款规定的期间,从法律文书规定履行期间的最后一日起计算;法律文书规定分期履行的,从规定的每次履行期间的最后一日起计算;法律文书未规定履行期间的,从法律文书生效之日起计算。

学者观点

❶ 冯俊海、孙瑞玺:《保证责任期间若干问题新探》,参见北大法宝引证码:Pkulaw. cn/CLI. A. 119064。

❷ 林宁波:《论保证责任期限及其法律适用问题》,参见北大法宝引证码:Pkulaw. cn/CLI. A. 1110356。

【一般保证中保证期间的效力】

法律问题解读

保证期间是保证人承担保证责任的起止时间。保证期间对保证人来说具有积极和消极两方面的效力:积极效力是保证人在保证期间内承担保证责任;消极效力表现为在保证期间内发生一定的事实,保证人的保证责任将因保证期间届满而被免除。

保证期间效力的发生必须具备以下要件:

1. 一定时间的经过。即保证期间所确定的一段时间的经过,包括约定或者法定期间。一定时间的经过,是保证期间消极效力发生的前提条件。

2. 法定事由的发生。保证期间发生消极效力的法定事由是债权人在保证期间内未对债务人提起诉讼或申请仲裁。反之,如果在一般保证的保证期间内,债权人依法对债务人提起诉讼或申请仲裁,保证期间即中断,保证人的保证责任不能免除。这是保证期间消极效力发生的实质要件,它最终决定保证人是否能被免除保证责任。

法条指引

❶《中华人民共和国担保法》(1995年6月30日 主席令公布)

第二十五条 一般保证的保证人与债权人未约定保证期间的,保证期间为主债务履行期届满之日起6个月。

在合同约定的保证期间和前款规定的保证期间,债权人未对债务人提起诉讼或者申请仲裁的,保证人免除保证责任;债权人已提起诉讼或者申请仲裁的,保证期间适用诉讼时效中断的规定。

❷《最高人民法院关于人民法院应当如何认定保证人在保证期间届满后又在催款通知书上签字问题的批复》(2004年4月14日发布)

云南、河北、四川省高级人民法院:

云高法〔2003〕69号《关于保证人超过保证期间后又在催款通知书上签字应如何认定性质和责任的请示》、〔2003〕冀民二请字第1号《关于如何认定已过了保证期间的保证人在中国长城资产管理公司〈债权转移确认通知书〉上盖章的民事责任的请示》和川高法〔2003〕266号《关于保证期届满后保证人与债务人同日在催款通知书上签字或者盖章的法律效力问题的请示》收悉。经研究，答复如下：

根据《中华人民共和国担保法》的规定，保证期间届满债权人未依法向保证人主张保证责任的，保证责任消灭。保证责任消灭后，债权人书面通知保证人要求承担保证责任或者清偿债务，保证人在催款通知书上签字的，人民法院不得认定保证人继续承担保证责任。但是，该催款通知书内容符合合同法和担保法有关担保合同成立的规定，并经保证人签字认可，能够认定成立新的保证合同的，人民法院应当认定保证人按照新保证合同承担责任。

学者观点

❶ 李明发：《关于保证期间的几个问题——兼评〈担保法解释〉关于保证期间之若干规定》，参见北大法宝引证码：Pkulaw. cn/CLI. A. 115732。

❷ 杨静：《论保证期间》，参见北大法宝引证码：Pkulaw. cn/CLI. A. 1113215。

【连带责任保证中保证期间的效力】

法律问题解读

在连带责任保证中，保证期间的效力与一般保证中保证期间的效力一样，也有积极效力与消极效力之分。积极效力表现为在保证期间内，债权人依法向连带责任保证人请求承担保证责任，保证人不得无故拒绝。消极效力表现在保证期间内债权人未向保证人要求其承担保证责任，保证期间届满保证人免除保证责任。

保证期间消极效力的发生必须具备以下要件：

1. 一定时间的经过，即保证期间的经过，这一点与一般保证中保证期间的消极效力发生的条件之一相同。

2. 法定事由的发生。即在连带责任保证中，在合同约定的保证期间或依法律确定的保证期间内，债权人未要求保证人承担保证责任。反之，将会发生保证期间的积极效力，即保证人在保证范围内承担保证责任。法定事由的发生是保证人免除保证责任的实质要件。在连带责任保证与一般保证中，虽然保证期间消极效力的发生的实质要件都需法定事由的发生。但两者是不同的，实践中应注意加以区分。

法条指引

❶《中华人民共和国担保法》（1995年6月30日 主席令公布）

第二十六条 连带责任保证的保证人与债权人未约定保证期间的，债权人有权自主债务履行期届满之日起六个月内要求保证人承担保证责任。

在合同约定的保证期间和前款规定的保证期间，债权人未要求保证人承担保证责任的，保证人免除保证责任。

第三十六条 以依法取得的国有土地上的房屋抵押的，该房屋占用范围内的国有土地使用权同时抵押。

以出让方式取得的国有土地使用权抵押的，应当将抵押时该国有土地上的房屋同时抵押。

乡（镇）、村企业的土地使用权不得单独抵押。以乡（镇）、村企业的厂房等建筑物抵押的，其占用范围内的土地使用权同时抵押。

学者观点

❶ 沈厚富：《保证期间的理解与适用》，参见北大法宝引证码：Pkulaw. cn/CLI. A. 1111324。

❷ 杨璐：《保证期间问题探析》，参见北大法宝引证码：Pkulaw. cn/CLI. A. 1111261。

【保证责任】

法律问题解读

保证责任，是指保证人依照保证合同的约定，在主债务人不履行债务时，代主债务人履行债务或承担责任的义务。无效保证责任，是指保证无效时保证人的责任。它与保证责任的关系如下：

1. 无效保证责任是自己责任，是保证人对因自身过错导致的无效保证行为所负担的责任；保证责任是他人责任，是保证人对被保证人不履行债务所负担责任，不以保证人有过错为条件。

2. 无效保证责任源于法律的直接规定，而保证责任则为当事人约定。

3. 无效保证责任只限于赔偿责任，严格排斥代为履行责任；而保证责任可以是代为履行责任，亦可是赔偿责任。

4. 无效保证责任之强度一般低于保证责任。无效保证责任的赔偿范围为债权人的信赖利益损失，即债权人相信保证合同有效而保证合同无效所蒙受的不利益；保证责任的赔偿范围是履行利益损失,即其所担保的主债务正常履行时债权人可获之利益。信赖利益一般小于履行利益。

5. 无效保证责任从时间上只受诉讼时效的限制,时效从损失开始产生之日起算;而在保证责任,债权人请求保证人承担责任的期限为保证期间,该期间可由当事人自由约定,亦可由法律直接规定。

6. 无效保证责任为保证人自己过错责任,故保证人承担此责任时无先诉抗辩权;而在一般保证中,保证承担保证责任时有先诉抗辩权。

因此,保证责任并不等同与无效保证责任。保证人承担保证责任的前提是主合同和保证合同的有效成立,而无效保证责任的前提是保证合同的无效。

法条指引

❶《中华人民共和国担保法》(1995 年 6 月 30 日 主席令公布)

第十七条 当事人在保证合同中约定,债务人不能履行债务时,由保证人承担保证责任的,为一般保证。

一般保证的保证人在主合同纠纷未经审判或者仲裁,并就债务人财产依法强制执行仍不能履行债务前,对债权人可以拒绝承担保证责任。

有下列情形之一的,保证人不得行使前款规定的权利:

(一)债务人住所变更,致使债权人要求其履行债务发生重大困难的;

(二)人民法院受理债务人破产案件,中止执行程序的;

(三)保证人以书面形式放弃前款规定的权利的。

第二十一条 保证担保的范围包括主债权及利息、违约金、损害赔偿金和实现债权的费用。保证合同另有约定的,按照约定。

当事人对保证担保的范围没有约定或者约定不明确的,保证人应当对全部债务承担责任。

第二十二条 保证期间,债权人依法将主债权转让给第三人的,保证人在原保证担保的范围内继续承担保证责任。保证合同另有约定的,按照约定。

第二十三条 保证期间,保证人许可债务人转让债务的,应当取得保证人书面同意,保证人对未经其同意转让的债务,不再承担保证责任。

第二十四条 债权人与债务人协议变更主合同的,应当取得保证人书面同意,未经保证人书面同意的,保证人不再承担保证责任。保证合同另有约定的,按照约定。

第二十五条 一般保证的保证人与债权人未约定保证期间的,保证期间为主债务履行期届满之日起六个月。

在合同约定的保证期间和前款规定的保证期间,债权人未对债务人提起诉讼或者申请仲裁的,保证人免除保证责任;债权人已提起诉讼或者申请仲裁的,保证期间适用诉讼时效中断的规定。

第二十六条 连带责任保证的保证人与债权人未约定期间的,债权人有权自主债务履行期届满之日起六个月内要求保证人承担保证责任。

在合同约定的保证期间和前款规定的保证期间,债权人未要求保证人承担保证责任的,保证人免除保证责任。

第二十七条 保证人依照本法第十四条规定就连续发生的债权作保证,未约定保证期间的,保证人可以随时书面通知债权人终止保证合同,但保证人对于通知到债权人前所发生的债权,承担保证责任。

第二十八条 同一债权既有保证又有物的担保的,保证人对物的担保以外的债权承担保证责任。

债权人放弃物的担保的,保证人在债权人放弃权利的范围内免除保证责任。

第二十九条 企业法人的分支机构未经法人书面授权或者超出授权范围与债权人订立保证合同的,该合同无效或者超出授权范围的部分无效,债权人和企业法人有过错的,应当根据其过错各自承担相应的民事责任;债权人无过错的,由企业法人承担民事责任。

第三十条 有下列情形之一的,保证人不承担民事责任:

(一)主合同当事人双方串通,骗取保证人提供保证的;

(二)主合同债权人采取欺诈、胁迫等手段,使保证人在违背真实意思的情况下提供保证的。

第三十一条 保证人承担保证责任后,有权向债务人追偿。

第三十二条 人民法院受理债务人破产案件后,债权人未申报债权的,保证人可以参加破产财产分配,预先行使追偿权。

❷《最高人民法院关于贯彻执行〈中华人民共和国民法通则〉若干问题的意见(试行)》(1988 年 1 月 26 日发布)

108. 保证人向债权人保证债务人履行债务的，应当与债权人订立书面保证合同，确定保证人对主债务的保证范围和保证期限。虽未单独订立书面保证合同，但在主合同中写明保证人的保证范围和保证期限，并由保证人签名盖章的，视为书面保证合同成立。公民间的口头保证，有两个以上无利害关系人证明的，也视为保证合同成立，法律另有规定的除外。

保证范围不明确的，推定保证人对全部主债务承担保证责任。

109. 在保证期限内，保证人的保证范围，可因主债务的减少而减少。新增加的债务，未经保证人同意担保的，保证人不承担保证责任。

110. 保证人为二人以上的，相互之间负连带保证责任。但是保证人与债权人约定按份承担保证责任的除外。

111. 被担保的经济合同确认无效后，如果被保证人应当返还财产或者赔偿损失的，除有特殊约定外，保证人仍应承担连带责任。

❸《最高人民法院关于审理经济合同纠纷案件有关保证的若干问题的规定》（1994年4月15日发布）

二、有效保证合同保证人的责任

4. 保证合同依法成立后，被保证人不履行债务的，保证人应当按照保证合同约定的范围、方式和期限承担保证责任。

5. 保证合同明确约定保证人承担代为履行责任的，经债权人请求被保证人履行合同，被保证人拒不履行时，债权人可请求保证人履行。保证人不能代为履行合同，且强制执行被保证人的财产仍不足以清偿其债务的，由保证人承担赔偿责任。

6. 保证合同明确约定保证人承担连带责任的，当被保证人到期不履行合同时，债权人既可向被保证人求偿，也可直接向保证人求偿。

7. 保证合同没有约定保证人承担何种责任，或者约定不明确的，视为保证人承担赔偿责任。当被保证人不履行合同时，债权人应当首先请求被保证人清偿债务。强制执行被保证人的财产仍不足以清偿其债务的，由保证人承担赔偿责任。

8. 保证合同对保证范围有明确约定的，保证人在约定的保证范围内承担责任；保证合同没有约定保证范围或者对保证范围约定不明确的，保证人应当对被保证人的全部债务承担保证责任。

9. 向债权人保证监督支付专款专用的，作出该项保证的人，在履行了监督支付专款专用义务后，不再承担责任。未尽监督义务造成资金流失的，应对流失的资金承担连带责任。

10. 保证合同中约定的保证责任期限的，保证人在约定的保证责任期限内承担保证责任。债权人在保证责任期限内未向保证人主张权利的，保证人不再承担保证责任。

11. 保证合同中没有约定保证责任期限或者约定不明确的，保证人应当在被保证人承担责任的期限内承担保证责任。保证人如果在主合同履行期限届满后，书面要求债权人向被保证人为诉讼上的请求，而债权人在收到保证人的书面请求后一个月内未行使诉讼请求权的，保证人不再承担保证责任。

12. 债权人与被保证人未经保证人同意，变更主合同履行期限的，如保证合同中约定有保证责任期限，保证人仍在原保证责任期限内承担保证责任；如保证合同中未约定保证责任期限，保证人仍在被保证人原承担责任的期限内承担保证责任。

债权人与被保证人未经保证人同意，在主合同履行期限内变更合同其他内容而使被保证人债务增加的，保证人对增加的债务不承担保证责任。

13. 债权人在保证责任期限内，将债权转移给他人，并通知保证人的，保证人应向债权受让人承担保证责任。

14. 被保证人经债权人同意在保证责任期限内，将债务转移给他人，未经保证人同意的，保证人不再承担保证责任，但保证人追认的除外。

15. 债权人在保证责任期限内，无正当理由拒绝被保证人履行债务的，保证人不再承担保证责任；债权人放弃抵押权的，保证人就放弃抵押权的部分不再承担保证责任。但保证人同意继续承担保证责任的除外。

16. 依照法律规定或者当事人约定，免除被保证人部分或者全部债务的，保证人相应的保证责任得以免除。

案例链接

❶《获嘉县农村信用合作联社中和信用社诉桑明长等金融借款合同纠纷案》，参见北大法宝引证码：Pkulaw. cn/CLI. C. 280733。

❷《杨延豪与宝丰县农村信用合作联社借款合同纠纷再审案》，参见北大法宝引证码：Pkulaw. cn/CLI. C. 283020。

❸《长葛市农村信用合作联社增福庙信用社诉滕国培等金融借款合同纠纷案》,参见北大法宝引证码:Pkulaw.cn/CLI.C.280523。

学者观点

❶ 郭明瑞:《关于保证人保证责任的几个问题》,参见北大法宝引证码:Pkulaw.cn/CLI.A.120767。

【保证责任发生的条件】

法律问题解读

保证合同成立后,并不必然发生保证责任。保证人承担保证责任须满足以下条件:

1. 主债务履行期届满。债权人与保证人签订保证合同的目的,在于确保自己对主债务人的债权能够实现。因此,保证人所承担的保证责任只具有补充性质。在主债务履行期届满之前,主债务人都可能履行其债务,只有当主债务履行期届满后,才能确定主债务人是否履行债务,保证责任才有发生的可能。

2. 主债务人未履行债务。主债务人不履行债务包括拒绝履行、履行不能、不完全履行及履行迟延四种情形。所谓拒绝履行是指债务人能够履行而拒不履行。履行不能指主合同成立后,债务人丧失履行能力,无法履行债务。不完全履行指债务人虽有履行行为,但其履行有瑕疵或给债权人造成了损害。履行迟延是指债务人对已届清偿期的债务,能履行而未履行的情形。

3. 主债务人不履行债务没有正当理由。保证人享有主债务人所有的抗辩权,当主债务人以其享有的抗辩权对债权人要求其履行债务的要求时,保证人也享有该抗辩权,当债权人要求保证人承担保证责任时保证人得以其对抗债权人的要求。

4. 保证人不存在行使专属于自己的抗辩权的事由。由于一般保证的保证人享有先诉抗辩权,因此一般保证中须先对主债务人债务提起诉讼或申请仲裁,并就主债务人财产强制执行无果。而连带责任保证则无此规定。

法条指引

❶《中华人民共和国担保法》(1995年6月30日 主席令公布)

第六条 本法所称保证,是指保证人和债权人约定,当债务人不履行债务时,保证人按照约定履行债务或者承担责任的行为。

第十七条 当事人在保证合同中约定,债务人不能履行债务时,由保证人承担保证责任的,为一般保证。

一般保证的保证人在主合同纠纷未经审判或者仲裁,并就债务人财产依法强制执行仍不能履行债务前,对债权人可以拒绝承担保证责任。

有下列情形之一的,保证人不得行使前款规定的权利:

(一)债务人住所变更,致使债权人要求其履行债务发生重大困难的;

(二)人民法院受理债务人破产案件,中止执行程序的;

(三)保证人以书面形式放弃前款规定的权利的。

第二十条 一般保证和连带责任保证的保证人享有债务人的抗辩权。债务人放弃对债务的抗辩权的,保证人仍有权抗辩。

抗辩权是指债权人行使债权时,债务人根据法定事由,对抗债权人行使请求权的权利。

❷《住房置业担保管理试行办法》(2000年5月11日 建设部、中国人民银行联合发布)

第二十条 设定住房置业担保的,借款人未按借款合同约定偿还贷款本息的,贷款人可以依保证合同约定要求担保公司在其保证范围内承担债务清偿责任。

案例链接

❶《许昌县农村信用合作联社小召信用社诉樊宝贤等借款担保合同纠纷案》,参见北大法宝引证码:Pkulaw.cn/CLI.C.280584。

❷《宝丰县农村信用合作联社诉崔坤艳等借款合同纠纷案》,参见北大法宝引证码:Pkulaw.cn/CLI.C.282733。

❸《方城县农村信用合作联社诉魏清坡等金融借款合同纠纷案》,参见北大法宝引证码:Pkulaw.cn/CLI.C.289953。

学者观点

❶ 关中翔:《关于保证责任的若干问题探讨》,参见北大法宝引证码:Pkulaw.cn/CLI.A.1110385。

❷ 蔡青峰:《关于保证责任的几个问题》,参见北大法宝引证码:Pkulaw.cn/CLI.A.1108727。

【保证责任的范围】

法律问题解读

保证责任的范围是指保证人按照保证合同的约定或依据法律规定所应当承担的保证责任的范围，又称保证范围。保证范围有法定保证范围与约定保证范围之分。

1. 法定保证范围，包括：主债权，即主合同债权人请求债务人履行债务的权利；利息，主要是当主债权的标的为金钱时发生的，分为法定利息和约定利息两种，当债权人和债务人约定利息属高利贷的，保证人不承担保证责任；违约金，指由当事人通过协商预先确定的，在违约后生效的独立于履行行为以外的给付。需注意的是，在主合同被宣告无效，被撤销和不成立的情况下，不能适用违约金的责任，保证人亦不应代主债务人承担支付违约金的责任；损害赔偿金，指在因债务人不适当履行主合同义务而给主债权人造成损害的情况下，根据法律的强制规定和损害的大小，由债务人向主债权人支付的一定数额的金钱，以补偿主债权人因此所受的损害；实现债权的费用，指债务履行期限届满债务人不履行债务后，债权人为了实现其债权而付出的费用，包括诉讼费、仲裁费、通知保证人的费用以及其他的合理费用。

2. 约定保证范围。保证合同当事人在约定保证范围时，有优先于法定保证范围适用的效力，保证人可约定只对数债务中的一项或几项承担保证责任，也可约定对主债务中的部分债务承担保证责任。若约定范围大于法定保证范围时，保证人承担的责任范围应缩减至法律规定的范围。

3. 当事人对保证担保的范围没有约定或者约定不明确时，保证人应当对全部债务承担责任。

法条指引

❶《中华人民共和国担保法》（1995年6月30日 主席令公布）

第二十一条　保证担保的范围包括主债权及利息、违约金、损害赔偿金和实现债权的费用。保证合同另有约定的，按照约定。

当事人对保证担保的范围没有约定或者约定不明确的，保证人应当对全部债务承担责任。

❷《最高人民法院关于贯彻执行〈中华人民共和国民法通则〉若干问题的意见（试行）》（1988年1月26日发布）

108. 保证人向债权人保证债务人履行债务的，应当与债权人订立书面保证合同，确定保证人对主债务的保证范围和保证期限。虽未单独订立书面保证合同，但在主合同中写明保证人的保证范围和保证期限，并由保证人签名盖章的，视为书面保证合同成立。公民间的口头保证，有两个以上无利害关系人证明的，也视为保证合同成立，法律另有规定的除外。

保证范围不明确的，推定保证人对全部主债务承担保证责任。

109. 在保证期限内，保证人的保证范围，可因主债务的减少而减少。新增加的债务，未经保证人同意担保的，保证人不承担保证责任。

❸《最高人民法院关于因法院错判导致债权利息损失扩大保证人应否承担责任问题的批复》（2000年8月8日）

四川省高级人民法院：

你院川高法〔1999〕72号《关于因法院错判导致资金利息扩大的部分损失保证人应否承担责任的请示》收悉。经研究，答复如下：

依照《中华人民共和国担保法》第二十一条的规定，除合同另有约定的外，主债权的利息是指因债务人未按照合同约定履行义务而产生的利息。因法院错判引起债权利息损失扩大的部分，不属于保证担保的范围，保证人不承担责任。

此复

❹《最高人民法院关于审理经济合同纠纷案件有关保证的若干问题的规定》（1994年4月15日　法发〔1994〕8号）

8. 保证合同对保证范围有明确约定的，保证人在约定的保证范围内承担责任；保证合同没有约定保证范围或者对保证范围约定不明确的，保证人应当对被保证人的全部债务承担保证责任。

【保证责任的承担方式】

法律问题解读

保证责任的承担方式，由于债权人请求的不同而有代为履行和代为赔偿之分。

代为履行是指保证人按照主债的内容和标的，代替主债务人履行债务。代为赔偿是指保证人代替债务人承担不履行的损害赔偿责任。在一般保证方式中，当主债务人不履行债务时，债权人应首先要求主债务人履行，若主债务人不履行债务，债权人应先请求主债务人承担债的不履行责任，以便为了强制执行主债务人财产提供法律依据。只有在强制执行主债务人的财产仍不能实现债权时，才能向保证人要求承担保证责任。这时的债务不履行已转化为一种损害赔偿的责任，而不可能仍按原主债务内容来履行了。因此，在一般保证方式中，保证责任的承担方式只有代为赔偿，而无代为履行的适用。而连带责任保证方式则不同，在主债务人不履行债务时，继续履行债务仍是可以的，还有转化为损害赔偿责任的可能。这时，债权人既可以要求继续履行，也可要求损害赔偿。因此，在连带责任保证方式中，保证责任的承担方式可有代为履行和代为赔偿。

法条指引

❶《中华人民共和国担保法》（1995年6月30日 主席令公布）

第十七条 当事人在保证合同中约定，债务人不能履行债务时，由保证人承担保证责任的，为一般保证。

一般保证的保证人在主合同纠纷未经审判或者仲裁，并就债务人财产依法强制执行仍不能履行债务前，对债权人可以拒绝承担保证责任。

有下列情形之一的，保证人不得行使前款规定的权利：

（一）债务人住所变更，致使债权人要求其履行债务发生重大困难的；

（二）人民法院受理债务人破产案件，中止执行程序的；

（三）保证人以书面形式放弃前款规定的权利的。

第十八条 当事人在保证合同中约定保证人与债务人对债务承担连带责任的，为连带责任保证。

连带责任保证的债务人在主合同规定的债务履行期届满没有履行债务的，债权人可以要求债务人履行债务，也可以要求保证人在其保证范围内承担保证责任。

❷《最高人民法院关于适用〈中华人民共和国担保法〉若干问题的解释》（2000年12月13日发布）

第十三条 保证合同中约定保证人代为履行非金钱债务的，如果保证人不能实际代为履行，对债权人因此造成的损失，保证人应当承担赔偿责任。

❸《住房置业担保管理试行办法》（2000年5月11日 建设部、中国人民银行联合发布）

第二十条 设定住房置业担保的，借款人未按借款合同约定偿还贷款本息的，贷款人可以依保证合同约定要求担保公司在其保证范围内承担债务清偿责任。

案例链接

❶《中国工商银行股份有限责任公司南乐支行诉姚进周等借款担保合同纠纷案》，参见北大法宝引证码：Pkulaw.cn/CLI.C.286014。

❷《广东粤财投资控股有限公司诉延津县精彩纺织有限公司等借款担保合同纠纷案》，参见北大法宝引证码：Pkulaw.cn/CLI.C.282128。

❸《郑州市市郊农村信用合作联社沟赵信用社诉白志军等借款合同纠纷案》，参见北大法宝引证码：Pkulaw.cn/CLI.C.286003。

学者观点

❶ 刘清运、杨玉亭：《浅谈保证责任的承担》，参见北大法宝引证码：Pkulaw.cn/CLI.A.1110280。

❷ 荀华、陈宽山：《几种特殊情况下保证责任的承担》，参见北大法宝引证码：Pkulaw.cn/CLI.A.1107948。

【保证责任的消灭与免除】

法律问题解读

保证责任的消灭是指因有法定事由，保证人的保证责任不再存在。保证责任的免除，是指保证人因有法定事由而不再承担保证责任。两者虽含义略有不同，但其后果并无多少差异。保证人保证责任免除和消灭的法定事由主要有：（1）债权得到清偿或实现。（2）保证责任得到完全履行。（3）债权人抛弃保证。（4）保证人不存在。但当保证人为自然人时，保证原则上不因其死亡而消灭。但在下列情形下，保证因保证人的死亡而消灭：以保证人具有一定的资格为前提而负担保证债务；保证人应负责任的限度不可预测，如将来之债的无限保证。（5）保证人通知终止保证或协议解除保证。在保证合同是就连续发生的债务订立时，保证人所能终止的只是终止后的债务的保证责任，而对终止前的债务，保证人仍需要承担保证责任。在保证期间内，如果保证人与债权人协商同意解除担保,保证也可消灭。(6)保证合同无效或被撤销。(7)债权人放弃债务人提供的物保的,保证人在放弃的范围内免除保证责任。(8)债权人解除主债务人债务。如果债权人以明示的方式指明仅解除主债务人的债务而仍保留对保证人的担保债权时,保证人的担保责任仍然存在。(9)主合同未经保证人同意而变更。(10)主债务转让给第三人而未经保证人书面同意。主债务人将债务部分转让给第三人,则保证人的保证责任不能完全免除。(11)未经保证人同意主债务人延期履行债务。(12)债权人未在保证期限内要求。(13)保证人被骗保、诈保。

法条指引

❶《中华人民共和国合同法》(1999年3月15日 主席令公布)

第九十条 当事人订立合同后合并的,由合并后的法人或者其他组织行使合同权利,履行合同义务。当事人订立合同后分立的,除债权人和债务人另有约定的以外,由分立的法人或者其他组织对合同的权利和义务享有连带债权,承担连带债务。

第一百零五条 债权人免除债务人部分或者全部债务的,合同的权利义务部分或者全部终止。

第一百零六条 债权和债务同归于一人的,合同的权利义务终止,但涉及第三人利益的除外。

❷《中华人民共和国担保法》(1995年6月30日 主席令公布)

第五条 担保合同是主合同的从合同,主合同无效,担保合同无效。担保合同另有约定的,按照约定。

担保合同被确认无效后,债务人、担保人、债权人有过错的,应当根据其过错各自承担相应的民事责任。

第二十三条 保证期间,债权人许可债务人转让债务的,应当取得保证人书面同意,保证人对未经其同意转让的债务,不再承担保证责任。

第二十四条 债权人与债务人协议变更主合同的,应当取得保证人书面同意,未经保证人书面同意的,保证人不再承担保证责任。保证合同另有约定的,按照约定。

第二十五条 一般保证的保证人与债权人未约定保证期间的,保证期间为主债务履行期届满之日起六个月。

在合同约定的保证期间和前款规定的保证期间,债权人未对债务人提起诉讼或者申请仲裁的,保证人免除保证责任;债权人已提起诉讼或者申请仲裁的,保证期间适用诉讼时效中断的规定。

第二十六条 连带责任保证的保证人与债权人未约定保证期间的,债权人有权自主债务履行期届满之日起六个月内要求保证人承担保证责任。

在合同约定的保证期间和前款规定的保证期间,债权人未要求保证人承担保证责任的,保证人免除保证责任。

第二十七条 保证人依照本法第十四条规定就连续发生的债权作保证,未约定保证期间的,保证人可以随时书面通知债权人终止保证合同,但保证人对于通知到债权人前所发生的债权,承担保证责任。

第二十八条 同一债权既有保证又有物的担保的,保证人对物的担保以外的债权承担保证责任。

债权人放弃物的担保的,保证人在债权人放弃权利的范围内免除保证责任。

第二十九条 企业法人的分支机构未经法人书面授权或者超出授权范围与债权人订立保证合同的,该合同无效或者超出授权范围的部分无效,债权人和企业法人有过错的,应当根据其过错各自承担相应的民事责任;债权人无过错的,由企业法人承担民事责任。

第三十条 有下列情形之一的,保证人不承担民事责任:

(一)主合同当事人双方串通,骗取保证人提供保证的;

(二)主合同债权人采取欺诈、胁迫等手段,使保证人在违背真实意思的情况下提供保证的。

❸《中华人民共和国物权法》(2007年3月16日 主席令公布 2007年10月1日施行)

第一百七十五条 第三人提供担保,未经其书面同意,债权人允许债务人转移全部或者部分债务的,担保人不再承担相应的担保责任。

第一百七十六条 被担保的债权既有物的担保又有人的担保的,债务人不履行到期债务或者发生当事人约定的实现担保物权的情形,债权人应当按照约定实现债权;没有约定或者约定不明确,债务人自己提供物的担保的,债权人应当先就该物的担保实现债权;第三人提供物的担保的,债权人可以就物的担保实现债权,也可以要求保证人承担保证责任。提供担保的第三人承担担保责任后,有权向债务人追偿。

第一百七十八条 担保法与本法的规定不一

致的，适用本法。

❹《最高人民法院关于适用〈中华人民共和国担保法〉若干问题的解释》（2000年12月13日发布）

第二十四条　一般保证的保证人在主债权履行期间届满后，向债权人提供了债务人可供执行财产的真实情况的，债权人放弃或者怠于行使权利致使该财产不能被执行，保证人可以请求人民法院在其提供可供执行财产的实际价值范围内免除保证责任。

第二十九条　保证期间，债权人许可债务人转让部分债务未经保证人书面同意的，保证人对未经其同意转让部分的债务，不再承担保证责任。但是，保证人仍应当对未转让部分的债务承担保证责任。

第三十条　保证期间，债权人与债务人对主合同数量、价款、币种、利率等内容作了变动，未经保证人同意的，如果减轻债务人的债务的，保证人仍应当对变更后的合同承担保证责任；如果加重债务人的债务的，保证人对加重的部分不承担保证责任。

债权人与债务人对主合同履行期限作了变动，未经保证人书面同意的，保证期间为原合同约定的或者法律规定的期间。

债权人与债务人协议变动主合同内容，但并未实际履行的，保证人仍应当承担保证责任。

第三十八条　同一债权既有保证又有第三人提供物的担保的，债权人可以请求保证人或者物的担保人承担担保责任。当事人对保证担保的范围或者物的担保的范围没有约定或者约定不明的，承担了担保责任的担保人，可以向债务人追偿，也可以要求其他担保人清偿其应当分担的份额。

同一债权既有保证又有物的担保的，物的担保合同被确认无效或者被撤销，或者担保物因不可抗力的原因灭失而没有代位物的，保证人仍应当按合同的约定或者法律的规定承担保证责任。

债权人在主合同履行期届满后怠于行使担保物权，致使担保物的价值减少或者毁损、灭失的，视为债权人放弃部分或者全部物的担保。保证人在债权人放弃权利的范围内减轻或者免除保证责任。

第四十五条　债权人知道或者应当知道债务人破产，既未申报债权也未通知保证人，致使保证人不能预先行使追偿权的，保证人在该债权在破产程序中可能受偿的范围内免除保证责任。

❺《最高人民法院关于保证人的保证责任应否免除问题的复函》（1992年12月2日发布）

山西省高级人民法院：

你院〔1992〕晋法经报字第5号"关于沁水县农业银行诉沁水县乡镇企业供销公司和沁水县汽车运输公司借款合同担保纠纷一案的请求报告"收悉。经研究，答复如下：

本案沁水县农业银行（下称"沁水农行"）与沁水县乡镇企业供销公司（下称"供销公司"）1998年12月31日签订的借款合同第六条规定："……如需延期，借款方至迟在贷款到期前三天，提出延期申请，经贷款方同意，办理延期手续。但延期最长不得超过原订期限的一半，贷款方未同意延期或未办理延期手续的逾期贷款，加收罚息。"保证人沁水县汽车运输公司（下称"汽运公司"）在合同上签字、盖章，认可了这一条款。合同履行期限届满前四天，借款方供销公司提出了延期还款申请，贷款方沁水农行同意延期还款的期限恰是原借款合同履行期的一半。

借款合同当事人双方的行为，应视为符合借款合同第六条规定。因此，债权人沁水农行在诉讼时效期限内向保证人主张权利，保证人汽运公司的保证责任不应免除。

特此函复

❻《住房置业担保管理试行办法》（2000年5月11日　建设部、中国人民银行联合发布）

第二十七条　借款人依照借款合同还清全部贷款本息，借款合同终止后，保证合同和房屋抵押合同即行终止。

第二十八条　借款人到期不能偿还贷款本息时，依照保证合同约定，担保公司按贷款人要求先行代为清偿债务后，保证合同自然终止。

保证合同终止后，担保公司有权就代为清偿的债务部分向借款人进行追偿，并要求行使房屋抵押权，处置抵押房屋。

❼《最高人民法院关于人民法院应当如何认定保证人在保证期间届满后又在催款通知书上签字问题的批复》（2004年4月14日发布）

云南、河北、四川省高级人民法院：

云高法〔2003〕69号《关于保证人超过保证期间后又在催款通知书上签字应如何认定性质和责任的请示》、〔2003〕冀民二请字第1号《关于如何认定已过了保证期间的保证人在中国长城资产管理公司〈债权转移确认通知书〉上盖章的民事责任的请示》和川高法〔2003〕266号《关于保证期届满后保证人与债务人同日在催款通知书上签字或者盖章的法律效力问题的请示》收悉。经研究，答复如下：

根据《中华人民共和国担保法》的规定，保证期间届满债权人未依法向保证人主张保证责任的，保证责任消灭。保证责任消灭后，债权人书面通知保证人要求承担保证责任或者清偿债务，保证人在催款通知书上签字的，人民法院不得认定保证人继续承担保证责任。但是，该催款通知书内容符合合同法和担保法有关担保合同成立的规定，并经保证人签字认可，能够认定成立新的保证合同的，人民法院应当认定保证人按照新保证合同承担责任。

案例链接

❶《郑挺进诉王红春等民间借贷纠纷案》，参见北大法宝引证码：Pkulaw. cn/CLI. C. 227998。

❷《河南派普建设工程有限公司等与河南华圣工贸有限公司买卖合同纠纷上诉案》，参见北大法宝引证码：Pkulaw. cn/CLI. C. 280814。

❸《中国光大银行股份有限公司北京分行诉王国静等借款合同纠纷案》，参见北大法宝引证码：Pkulaw. cn/CLI. C. 205684。

学者观点

❶ 韦忠语：《保证功能与保证责任之免除》，参见北大法宝引证码：Pkulaw. cn/CLI. A. 1113379。

❷ 郭京兰：《谈保证责任免除应注意的几个问题》，参见北大法宝引证码：Pkulaw. cn/CLI. A. 1110933。

【债权让与对保证责任的影响】

法律问题解读

债权让与是指合同债权人通过协议将其债权全部或部分地转让给第三人的行为。有效的债权让与应符合三个要件：（1）须有有效存在的债权，且债权的让与不改变其内容；（2）债权的让与人与受让人应当就债权让与达成合意，且债权具有可让与性。根据合同性质不得转让的债权、根据当事人的特别约定不得转让的债权以及法律禁止转让的债权不具有可让与性；（3）债权让与应当通知债务人。

债权让与必然对保证人发生一定的效力。但是，债权让与对保证人发生效力是有限制的，它必须具备一定的条件：债权让与必须是在保证期间届满前作出，在保证期间届满后债权人转让债权的债权让与对保证人不发生法律效力；债权让与必须依法或依约定作出；债权人应将债权让与通知债务人或保证人。债权让与自通知到达债务人时起，才对保证人发生效力。如果当事人在保证合同中特别约定，应从其约定；否则对保证人不发生效力。

债权让与对保证人的效力主要表现在：（1）积极效力。债权让与后，受让人有权要求保证人在主债务人不履行债务时承担保证责任。保证人也有义务依保证合同的规定向受让人承担责任，并以此对抗原债权人。（2）消极效力。债权让与后，保证人仅在原有的范围内承担保证责任。

需注意的是，若保证人与债权人在保证合同中约定，主债权非经保证人同意而转让的，保证人不再承担保证责任，应从其约定。

法条指引

❶《中华人民共和国合同法》（1999 年 3 月 15 日 主席令公布）

第七十九条 债权人可以将合同的权利全部或者部分转让给第三人，但有下列情形之一的除外：

（一）根据合同性质不得转让；

（二）按照当事人约定不得转让；

（三）依照法律规定不得转让。

第八十条 债权人转让权利的，应当通知债务人。未经通知，该转让对债务人不发生效力。

债权人转让权利的通知不得撤销，但经受让人同意的除外。

第八十一条 债权人转让权利的，受让人取得与债权有关的从权利，但该从权利专属于债权人自身的除外。

第八十二条 债务人接到债权转让通知后，债务人对让与人的抗辩，可以向受让人主张。

第八十三条 债务人接到债权转让通知时，债务人对让与人享有债权，并且债务人的债权先于转让的债权到期或者同时到期的，债务人可以向受让人主张抵销。

❷《中华人民共和国担保法》（1995 年 6 月 30 日 主席令公布）

第二十二条 保证期间，债权人依法将主债权转让给第三人的，保证人在原保证担保的范围内继续承担保证责任。保证合同另有约定的，按照约定。

❸《最高人民法院关于适用〈中华人民共和国

第二编 保证

国担保法〉若干问题的解释》(2000年12月13日发布)

第二十八条 保证期间，债权人依法将主债权转让给第三人的，保证债权同时转让，保证人在原保证担保的范围内对受让人承担保证责任。但是保证人与债权人事先约定仅对特定的债权人承担保证责任或者禁止债权转让的，保证人不再承担保证责任。

学者观点

❶ 刘健雄：《论债务案件中的保证责任》，参见北大法宝引证码：Pkulaw. cn/CLI. A. 1108477。

❷ 时永才、姚忠琴：《试析保证人的主体资格及其保证责任的承担》，参见北大法宝引证码：Pkulaw. cn/CLI. A. 126182。

【债务承担对保证责任的影响】

法律问题解读

债务承担有广义、狭义两种含义，广义的债务承担包括第三人替代债务人承受债务人的地位和第三人加入债的关系与原债务人共同负担同一内容的债务两种情形。狭义的债务承担仅指第三人代替债务人承受其既存的债务这一种情形。有效的债务承担应符合以下要件：须有有效的债务存在；债务承担合同的标的应具有可移转性；须有以债务承担为内容的合同；债务承担须经债权人同意。

债务承担将因是否征得保证人同意和债务承担的形式而发生两种截然不同的法律效果：

1. 保证人依法免除保证责任。债权人许可债务人转让债务，未经保证人书面同意的，保证人对未经其同意转让的债务，不再承担保证责任。

需要注意的是，保证人的免除保证责任的范围仅限于未经其同意而实际转让的债务。对于未转让的部分债务，保证人仍应承担保证责任。

2. 保证人继续承担保证责任。此处所说的保证人继续承担保证责任，仅指继续承担全部保证责任而言，它必须符合以下条件：第一，债权人在保证期间届满前许可债务人转让债务；第二，债权人征得保证人对此转让行为的书面同意。

需指出的是，若保证人同意债权人许可债务人转让部分债务而债权人却许可债务人转让全部债务，或者保证人同意债权人许可债务人转让债务中的A部分而债权人却许可债务人转让B部分，且发生实际承担的情况下，保证人仅就其同意转让的那部分债务承担保证责任，对未经其同意而实际转让的债务，不再承担保证责任。

法条指引

❶《中华人民共和国合同法》（1999年3月15日 主席令公布）

第八十四条 债务人将合同的义务全部或者部分转移给第三人的，应当经债权人同意。

第八十五条 债务人转移义务的，新债务人可以主张原债务人对债权人的抗辩。

第八十六条 债务人转移义务的，新债务人应当承担与主债务有关的从债务，但该从债务专属于原债务人自身的除外。

❷《中华人民共和国担保法》（1995年6月30日 主席令公布）

第二十三条 保证期间，债权人许可债务人转让债务的，应当取得保证人书面同意，保证人对未经同意转让的债务，不再承担保证责任。

❸《中华人民共和国物权法》（2007年3月16日主席令公布）

第一百七十五条 第三人提供担保，未经其书面同意，债权人允许债务人转移全部或者部分债务的，担保人不再承担相应的担保责任。

❹《最高人民法院关于适用〈中华人民共和国担保法〉若干问题的解释》（2000年12月13日发布）

第二十九条 保证期间，债权人许可债务人转让部分债务未经保证人书面同意的，保证人对未经其同意转让部分的债务，不再承担保证责任。但是，保证人仍应当对未转让部分的债务承担保证责任。

学者观点

❶ 蔡福元：《借款合同保证责任之我见》，参见北大法宝引证码：Pkulaw. cn/CLI. A. 1107455。

❷ 王韶华：《关于保证责任的几个问题》，参见北大法宝引证码：Pkulaw. cn/CLI. A. 114534。

【债的变更对保证责任的影响】

法律问题解读

债的变更有广义、狭义两种含义。广义的债的变更包括债的内容和主体的变更。狭义的债的变更仅指债的内容的变更。此处债的变更指狭义的债的变更。债的变更须满足以下条件才能发生：原已存在着债的关系；变更必须经过当事人协商一致；必须使债的内容发生实质变化；债的变更必须遵循法定的程序和方式。

根据《担保法》及其解释的有关规定，债的变更对保证责任的影响主要有以下几种情况：

1. 经保证人同意，保证人对变更后的主债务承担保证责任。

2. 未经保证人同意，保证人的保证责任不当然免除。此时又分两种情况：第一，变更后的主合同减轻债务人的债务的，保证人仍应当对变更后的合同承担保证责任；第二，变更后的主合同加重债务人的债务的，保证人对加重部分不承担保证责任。

3. 债权人与债务人协议变动主合同内容，但并未实际履行的，保证人应当承担保证责任。

此外，债权人与债务人对主合同履行期限作了变动，未经保证人书面同意的，保证期间为原合同约定的或法律规定的期间。

法条指引

❶《**中华人民共和国民法通则**》（1986年4月12日 主席令公布）

第九十一条 合同一方将合同的权利、义务全部或者部分转让给第三人的，应当取得合同另一方的同意，并不得牟利。依照法律规定应当由国家批准的合同，需经原批准机关批准。但是，法律另有规定或者原合同另有约定的除外。

❷《**中华人民共和国担保法**》（1995年6月30日 主席令公布）

第二十四条 债权人与债务人协议变更主合同的，应当取得保证人书面同意，未经保证人书面同意的，保证人不再承担保证责任。保证合同另有约定的，按照约定。

❸《**最高人民法院关于适用〈中华人民共和国担保法〉若干问题的解释**》（2000年12月13日发布）

第三十条 保证期间，债权人与债务人对主合同数量、价款、币种、利率等内容作了变动，未经保证人同意的，如果减轻债务人的债务的，保证人仍应当对变更后的合同承担保证责任；如果加重债务人的债务的，保证人对加重的部分不承担保证责任。

债权人与债务人对主合同履行期限作了变动，未经保证人书面同意的，保证期间为原合同约定的或者法律规定的期间。

债权人与债务人协议变动主合同内容，但并未实际履行的，保证人仍应当承担保证责任。

❹《**最高人民法院经济审判庭关于购销合同当事人延长履行期限后保证人是否承担保证责任问题的电话答复**》（1991年4月27日）

你院（90）经请字第2号"关于购销合同当事人延长履行期限后保证人是否承担保证责任的请示"收悉。经研究，原则同意你院关于本案保证人不承担保证责任的处理意见。

但据所附材料看，本案似为诈骗犯宋孝良借用被保证人单位名义（包括单位合同、公章、账户，以签订合同为名，骗取债权人货款。对此，保证人并不知情。如情况属实，因被保证人出借单位合同、公章及账户，使宋孝良得以行骗，给债权人造成的7万多元经济损失，应当由被保证人自行承担，保证人则不应对此承担保证责任。

附：江苏省高级人民法院关于购销合同当事人延长履行期限后保证人是否承担保证责任的请示〔（90）经请字第2号〕

最高人民法院：

我省盐城市中级人民法院在审理盐城市第二农业生产资料公司（以下简称生资公司）诉东台市安丰多种经营经理部（以下简称经理部）、盐城市化工供销公司（以下简称化工公司）购销合同返还货款纠纷一案中，对化工公司是否承担保证责任问题，现向你院请示。

一、基本案情

1988年6月4日，经理部与生资公司签订了一份由经理部供给生资公司2500条柴褶的购销合同。合同规定：货款总额137500元整；6月13日前交货，结算方式为银行汇款或汇票结算。合同还规定了质量标准、验收方法等内容。合同签订后，化工公司于1988年6月6日为经理部提供了款项担保。

6月13日前，经理部、生资公司都未履行合同。6月17日，双方未经担保人的同意，将合同履行期延长，并在原合同上增加了："需方货款汇至供方后，如有损失，则保证单位负责赔偿。"6月18日，生资公司向经理部付款137500元，后经理部不能交货，货款也不能退还。生资公司起诉要求经理部的保证人化工公司赔偿损失。

二、我院意见

我院认为：购销合同中的保证人，只能对经其同意的保证内容承担保证责任，该案供、需双方未经保证人同意，变更合同的履行期限，应视为新的法律关系成立,原合同中的保证人对此而产生的纠纷不负保证责任。

以上意见当否?请批示。

学者观点

❶ 姜丽勇:《企业的变更是否影响保证责任?——兼论国有企业改制与银行债权的处理》,参见北大法宝引证码:Pkulaw. cn/CLI. A. 1145528。

❷ 郑成良、周艳:《债券由代理发行人垫资兑付,原担保人应继续承担保证责任》,参见北大法宝引证码:Pkulaw. cn/CLI. A. 157856。

【主合同解除后的保证责任】

法律问题解读

合同的解除是指当事人根据法律规定或者约定提前终止合同的行为,包括约定解除和法定解除。我国《合同法》第94条规定了法定解除的五种情形。此外,当事人还可以约定合同解除的事由。按照一方当事人行使解除权与协议解除的不同,合同的解除又分为单方解除和协议解除。合同解除后,当事人尚未履行的合同义务不再履行;已经履行的,根据履行情况和合同性质,当事人可以要求恢复原状,采取其他补救措施,并有权要求赔偿损失。

主合同解除后,担保人对债务人应当承担的民事责任仍应承担担保责任。但是,担保合同另有约定的除外。根据这一规定,在主合同解除后,保证人承担保证责任须满足以下条件:

1. 债务人应当承担民事责任,即债务人对合同的解除有过错的,应当对债权人承担赔偿责任;

2. 债务人承担的民事责任在担保范围之内,即根据保证合同的规定,保证责任包括合同解除后债务人应当承担的民事责任。如果当事人约定的担保范围仅仅是主合同履行后产生的债务及其利息,则当主合同没有履行之前,合同即被解除时,由于被担保的债权尚未产生,即使债务人可能会对债权人承担其他民事责任,保证人也不需要再承担保证责任。

法条指引

❶《中华人民共和国合同法》(1999年3月15日 主席令公布)

第九十四条 有下列情形之一的,当事人可以解除合同:

(一)因不可抗力致使不能实现合同目的;

(二)在履行期限届满之前,当事人一方明确表示或者以自己的行为表明不履行主要债务;

(三)当事人一方迟延履行主要债务,经催告后在合理期限内仍未履行;

(四)当事人一方迟延履行债务或者有其他违约行为致使不能实现合同目的;

(五)法律规定的其他情形。

第九十七条 合同解除后,尚未履行的,终止履行;已经履行的,根据履行情况和合同性质,当事人可以要求恢复原状、采取其他补救措施,并有权要求赔偿损失。

❷《最高人民法院关于适用〈中华人民共和国合同法〉若干问题的解释(一)》(1999年12月19日发布)

第十条 当事人超越经营范围订立合同,人民法院不因此认定合同无效。但违反国家限制经营、特许经营以及法律、行政法规禁止经营规定的除外。

❸《最高人民法院关于适用〈中华人民共和国担保法〉若干问题的解释》(2000年12月13日发布)

第十条 主合同解除后,担保人对债务人应当承担的民事责任仍应承担担保责任。但是,担保合同另有约定的除外。

学者观点

❶ 辛尚民:《试论保证人保证责任之救济》,参见北大法宝引证码:Pkulaw. cn/CLI. A. 1134565。

❷ 李世建:《关于保证责任的两个问题——与徐德敏同志商榷》,参见北大法宝引证码:Pkulaw. cn/CLI. A. 1114731。

【一般保证的保证责任承担】

法律问题解读

一般保证的保证人享有先诉抗辩权,在主合同纠纷未经审判或者仲裁,并就债务人财产依法强制执行仍不能履行债务时,对债权人可以拒绝承担保证责任。因此,在一般情况下,一般保证的保证人承担保证责任须满足以下条件:主债务履行期届满;主债务人不能履行债务;主债务人不履行债务没有正当理由;保证人不存在行使专属于自己的抗辩权的事由;债权人就主债务向法院起诉或向仲裁机构申请仲裁；法院就债务人财产依法强制执行后债务人仍不能履行债务。

此时，债权人可向法院提起诉讼要求保证人承担责任，如果债权人向债务人和保证人一并提起诉讼的，人民法院可以把债务人和保证人列为共同被告参加诉讼。如果主债务人对债权人提起诉讼，债权人反诉的，保证人可以作为第三人参加诉讼。但保证人在该诉讼中只是无独立请求权的第三人。

应注意的是，当主债务人的财产被法院依法强制执行后主债务人仍不能履行债务的，债权人不能要求人民法院直接执行保证人的财产，而只能就保证合同向人民法院提起诉讼。

法条指引

❶《中华人民共和国担保法》（1995年6月30日 主席令公布）

第十七条 当事人在保证合同中约定，债务人不能履行债务时，由保证人承担保证责任的，为一般保证。

一般保证的保证人在主合同纠纷未经审判或者仲裁，并就债务人财产依法强制执行仍不能履行债务前，对债权人可以拒绝承担保证责任。

有下列情形之一的，保证人不得行使前款规定的权利：

（一）债务人住所变更，致使债权人要求其履行债务发生重大困难的；

（二）人民法院受理债务人破产案件，中止执行程序的；

（三）保证人以书面形式放弃前款规定的权利的。

❷《最高人民法院关于适用〈中华人民共和国担保法〉若干问题的解释》（2000年12月13日发布）

第二十四条 一般保证的保证人在主债权行使期间届满后，向债权人提供了债务人可供执行财产的真实情况的，债权人放弃或者怠于行使权利致使该财产不能被执行，保证人可以请求人民法院在其提供可供执行财产的实际价值范围内免除保证责任。

❸《最高人民法院关于适用〈中华人民共和国民事诉讼法〉若干问题的意见》（1992年7月14日发布）

53.因保证合同纠纷提起的诉讼，债权人向保证人和被保证人一并主张权利的，人民法院应当将保证人和被保证人列为共同被告；债权人仅起诉保证人的，除保证合同明确约定保证人承担连带责任的外，人民法院应当通知被保证人作为共同被告参加诉讼；债权人仅起诉被保证人的，可只列被保证人为被告。

案例链接

❶《宜阳县人民政府与缪建明等借款纠纷上诉案》，参见北大法宝引证码：Pkulaw. cn/CLI. C. 281313。

❷《吴一鸣与陈秀荣等买卖合同纠纷上诉案》，参见北大法宝引证码：Pkulaw. cn/CLI. C. 259323。

❸《嵇文林诉朱成良等民间借贷纠纷案》，参见北大法宝引证码：Pkulaw. cn/CLI. C. 226752。

【连带责任保证的保证责任承担】

法律问题解读

连带责任保证的保证人不享有先诉抗辩权，因此，当主债务人在主债务履行期届满时没有履行债务的，债权人既可以要求债务人履行债务，也可以直接要求保证人承担保证责任。连带责任保证的保证责任承担须满足以下条件：主债务履行期届满；主债务人不履行债务；主债务人不履行债务没有正当理由。

债权人在主合同规定的债务履行期届满债务人没有履行债务时，可以通过诉讼，请求人民法院判令主债务人或保证人承担责任。债权人可以主债务人作为被告，也可以保证人作为被告，还可以债务人和保证人作为共同被告向人民法院提起诉讼。

如果主合同的债务人对债权人提起诉讼，债权人提起反诉的，保证人可以作为第三人参加诉讼。

此外，在管辖上，连带责任保证与一般保证的管辖是一样的，主合同和保证合同发生纠纷提起诉讼的，人民法院应当根据主合同确定管辖，如果主合同和保证合同选择管辖的法院不一致的，应当根据主合同确定管辖。

应注意的是，当主债务人不履行债务时，债权人不能直接要求人民法院执行保证人的财产，而只能就保证合同向人民法院提起诉讼。

法条指引

❶《中华人民共和国担保法》（1995年6月30日 主席令公布）

第十八条 当事人在保证合同中约定保证人与债务人对债务承担连带责任的，为连带责任保证。

连带责任保证的债务人在主合同规定的债务履行期届满没有履行债务的，债权人可以要求债务人履行债务，也可以要求保证人在其保证范围内承担保证责任。

第十九条 当事人对保证方式没有约定或者约定不明确的，按照连带责任保证承担保证责任。

❷《最高人民法院关于适用〈中华人民共和国民事诉讼法〉若干问题的意见》（1992年7月14日发布）

53.因保证合同纠纷提起的诉讼，债权人向保证人和被保证人一并主张权利的，人民法院应当将保证人和被保证人列为共同被告；债权人仅起诉保证人的，除保证合同明确约定保证人承担连带责任的外，人民法院应当通知被保证人作为共同被告参加诉讼；债权人仅起诉被保证人的，可只列被保证人为被告。

❸《住房置业担保管理试行办法》（2000年5月11日 建设部、中国人民银行联合发布）

第二条 本办法所称住房置业担保，是指依照本办法设立的住房置业担保公司（以下简称担保公司），在借款人无法满足贷款人要求提供担保的情况下，为借款人申请个人住房贷款而与贷款人签订保证合同，提供连带责任保证担保的行为。

第二十条 设定住房置业担保的，借款人未按借款合同约定偿还贷款本息的，贷款人可以依保证合同约定要求担保公司在其保证范围内承担债务清偿责任。

案例链接

❶《交通银行股份有限公司郑州商交所支行诉朱颖等金融借款合同纠纷案》，参见北大法宝引证码：Pkulaw. cn/CLI. C. 280909。

❷《许昌县农村信用合作联社小召信用社诉杨伟等借款担保纠纷案》，参见北大法宝引证码：Pkulaw. cn/CLI. C. 280573。

❸《四川新安担保有限公司诉胡智丰担保追偿权纠纷案》，参见北大法宝引证码：Pkulaw. cn/CLI. C. 262720。

【人保与物保并存时的保证责任】

法律问题解读

在物的担保与人的保证同时并存时，即使物的担保人是第三人，物的担保亦应优先于人的保证。同一物上担保物权和保证债权并存时，债权人应先就担保物权行使请求权，即担保物权具有优先受偿权。其原因在于，保证属于债的关系，债权人因担保而享有的担保请求权在性质上仍然是债权而不是物权；而物的担保如抵押将产生抵押等物权，当物权与债权并存时，物权具有优先于债权的效力。

实践中需要注意以下几个问题：

1.保证人对物的担保以外的债权承担保证责任应限于保证人的保证范围。

2.适用《担保法》第28条的规定，无须考虑保证和物的担保设立的先后顺序，即使保证设立在先并约定对全部债权提供保证，物的担保设立在后，保证人也仅对物的担保以外的债权承担保证责任。反之亦然。

3.在当事人产生纠纷时，债务人与保证人、抵押人或者出质人可以作为共同被告参加诉讼。当然，债权人也可单独起诉债务人、保证人、抵押人或者出质人。

4.债权人放弃物的担保，保证人在放弃的范围内免除保证责任。但是，在物的担保合同被确认无效或者被撤销，或者担保物因不可抗力的原因灭失而没有代位物的，保证人仍应当按照合同的约定或者法律的规定承担保证责任，也即保证人不能免除物的担保范围的责任。

法条指引

❶《中华人民共和国担保法》（1995年6月30日 主席令公布）

第二十八条 同一债权既有保证又有物的担保的，保证人对物的担保以外的债权承担保证责任。

债权人放弃物的担保的，保证人在债权人放弃权利的范围内免除保证责任。

❷《中华人民共和国物权法》（2007年3月16日 主席令公布 2007年10月1日施行）

第一百七十五条 第三人提供担保，未经其书面同意，债权人允许债务人转移全部或者部分债务的，担保人不再承担相应的担保责任。

第一百七十八条 《担保法》与本法的规定不一致的，适用本法。

❸《最高人民法院关于适用〈中华人民共和国担保法〉若干问题的解释》（2000年12月13日发布）

第三十八条 同一债权既有保证又有第三人

提供物的担保的,债权人可以请求保证人或者物的担保人承担担保责任。当事人对保证担保的范围或者物的担保的范围没有约定或者约定不明的,承担了担保责任的担保人,可以向债务人追偿,也可以要求其他担保人清偿其应当分担的份额。

同一债权既有保证又有物的担保的,物的担保合同被确认无效或者被撤销,或者担保物因不可抗力的原因灭失而没有代位物的,保证人仍应当按合同的约定或者法律的规定承担保证责任。

债权人在主合同履行期届满后怠于行使担保物权,致使担保物的价值减少或者毁损、灭失的,视为债权人放弃部分或者全部物的担保。保证人在债权人放弃权利的范围内减轻或者免除保证责任。

学者观点

❶ 徐磊:《同一债权上保证与物的担保并存之法律分析——兼评〈担保法〉第 28 条与〈担保法解释〉第 38 条及〈物权法〉第 176 条》,参见北大法宝引证码:Pkulaw.cn/CLI.A.1103510。

❷ 程啸:《保证与担保物权并存之研究》,参见北大法宝引证码:Pkulaw.cn/CLI.A.1109398。

【注册资金保证的保证责任】

法律问题解读

保证人对债务人的注册资金提供保证的,债务人的实际投资与注册资金不符,或者抽逃转移注册资金的,保证人在注册资金不足或者抽逃转移注册资金的范围内承担连带保证责任。根据我国《公司法》的有关规定,公司的注册资本为在公司登记机关登记的全体股东认缴的出资额。我国法律强调公司资本的足额、真实,禁止虚报注册资本、虚假出资和抽逃出资等行为。所谓虚报注册资本,是指"实无资本而谎称其有"或"实有资本少于申报数额"。虚假出资指"取得股份而无给付"或"无代价而取得股份"。至于抽逃资金行为可从以下几方面认定:

1. 公司购回特定股东所持股份,并办理减少股本登记,这属于减少公司资本而注销股份。

2. 公司购回特定股东所持股份,未办理减少股本登记,亦未对全体股东披露信息,股东得以减资未经股东会批准为由,而主张购回行为无效。

3. 控制公司的股东在秘密的状态下,从公司转移出相当于本人出资额的财产同时继续持有公司的股份。

关于注册资金保证的保证责任,实践中应注意以下几点:保证的标的是债务人的注册资金,而不是债务人的债务;保证人承担保证责任的前提是出现债务人实际投资与注册资金不符,或者抽逃转移注册资金的情况;注册资金保证的保证责任是连带责任保证;保证人仅在注册资金不足或者抽逃转移注册资金的范围内承担保证责任。

法条指引

❶《中华人民共和国公司法》(2005 年 10 月 27 日修订)

第二十六条 有限责任公司的注册资本为在公司登记机关登记的全体股东认缴的出资额。公司全体股东的首次出资额不得低于注册资本的百分之二十,也不得低于法定的注册资本最低限额,其余部分由股东自公司成立之日起两年内缴足;其中,投资公司可以在五年内缴足。

有限责任公司注册资本的最低限额为人民币三万元。法律、行政法规对有限责任公司注册资本的最低限额有较高规定的,从其规定。

第二十八条 股东应当按期足额缴纳公司章程中规定的各自所认缴的出资额。股东以货币出资的,应当将货币出资足额存入有限责任公司在银行开设的账户;以非货币财产出资的,应当依法办理其财产权的转移手续。

股东不按照前款规定缴纳出资的,除应当向公司足额缴纳外,还应当向已按期足额缴纳出资的股东承担违约责任。

第三十一条 有限责任公司成立后,发现作为设立公司出资的非货币财产的实际价额显著低于公司章程所定价额的,应当由交付该出资的股东补足其差额;公司设立时的其他股东承担连带责任。

❷《最高人民法院关于适用〈中华人民共和国担保法〉若干问题的解释》(2000 年 12 月 13 日发布)

第二十七条 保证人对债务人的注册资金提供保证的,债务人的实际投资与注册资金不符,或者抽逃转移注册资金的,保证人在注册资金不足或者抽逃转移注册资金的范围内承担连带保证责任。

【保证监督专款专用】

法律问题解读

监督专款专用的保证人,可以是债权人和债

务人之外的任何公民、法人和其他组织。但在实践中保证人绝大多数情况下是银行。银行保证监督专款专用是指在买卖双方（也可能是发包人与承包人）签订了合同后，买方（或发包人）须按照合同规定向卖方（或承包人）预付一笔款项，以便对方支付采购物资或劳务的第一批费用；但因买方（或发包人）担心卖方人（或承包人）在违约时不退还这笔款项，所以就要求卖方（或承包人）请求卖方（或承包人）的开户银行对买方（或发包人）保证监督这笔款项的专款专用。

理解银行保证监督专款专用应注意以下两点：

1. 银行保证监督专款专用不是传统保证。与传统保证不同的是，银行因承诺保证监督专款专用而开给买方保证书的行为并非为买卖双方的合同（主合同）的履行；而且银行保证监督专款专用的义务并不因主合同的无效或解除而无效或解除。银行保证监督专款专用的义务是独立于担保申请人与受益人之间的主债务存在的，是非从属性的，也不具有补充性，银行不能把申请人根据主合同得以对抗受益人的抗辩用来对抗受益人。同时，银行仅依据所开立的保证书向受益人承担责任，而不管申请人是否履行他与受益人的主合同。

2. 银行保证监督专款专用的实质是银行作为代理人对被代理（受益人）履行特定义务的承诺，因此银行保证监督专款专用后应遵循民法关于一般代理制度规定的原则以及银行业本身的一些独特的规则。

法条指引

❶《中华人民共和国民法通则》（1986 年 4 月 12 日　主席令公布）

第六十三条　公民、法人可以通过代理人实施民事法律行为。

代理人在代理权限内，以被代理人的名义实施民事法律行为。被代理人对代理人的代理行为，承担民事责任。

依照法律规定或者按照双方当事人约定，应当由本人实施的民事法律行为，不得代理。

第六十四条　代理包括委托代理、法定代理和指定代理。

委托代理人按照被代理人的委托行使代理权，法定代理人依照法律的规定行使代理权，指定代理人按照人民法院或者指定单位的指定行使代理权。

第六十五条　民事法律行为的委托代理，可以用书面形式，也可以用口头形式。法律规定用书面形式的，应当用书面形式。

书面委托代理的授权委托书应当载明代理人的姓名或者名称、代理事项、权限和期间，并由委托人签名或者盖章。

委托书授权不明的，被代理人应当向第三人承担民事责任，代理人负连带责任。

第六十六条　没有代理权、超越代理权或者代理权终止后的行为，只有经过被代理人的追认，被代理人才承担民事责任。未经追认的行为，由行为人承担民事责任。本人知道他人以本人名义实施民事行为而不作否认表示的，视为同意。

代理人不履行职责而给被代理人造成损害的，应当承担民事责任。

代理人和第三人串通，损害被代理人的利益的，由代理人和第三人负连带责任。

第三人知道行为人没有代理权、超越代理权或者代理权已终止还与行为人实施民事行为给他人造成损害的，由第三人和行为人负连带责任。

第六十七条　代理人知道被委托代理的事项违法仍然进行代理活动的，或者被代理人知道代理人的代理行为违法不表示反对的，由被代理人和代理人负连带责任。

第六十八条　委托代理人为被代理人的利益需要转托他人代理的，应当事先取得被代理人的同意。事先没有取得被代理人同意的，应当在事后及时告诉被代理人，如果被代理人不同意，由代理人对自己所转托的人的行为负民事责任，但在紧急情况下，为了保护被代理人的利益而转托他人代理的除外。

第六十九条　有下列情形之一的，委托代理终止：

（一）代理期间届满或者代理事务完成；

（二）被代理人取消委托或者代理人辞去委托；

（三）代理人死亡；

（四）代理人丧失民事行为能力；

（五）作为被代理人或者代理人的法人终止。

第七十条　有下列情形之一的，法定代理或者指定代理终止：

（一）被代理人取得或者恢复民事行为能力；

（二）被代理人或者代理人死亡；

（三）代理人丧失民事行为能力；

（四）指定代理的人民法院或者指定单位取消指定；

（五）由其他原因引起的被代理人和代理人之间的监护关系消灭。

❷《最高人民法院关于适用〈中华人民共和国担保法〉若干问题的解释》（2000年12月13日发布）

第二十六条 第三人向债权人保证监督支付专款专用的，在履行了监督支付专款专用的义务后，不再承担责任。未尽监督义务造成资金流失的，应当对流失的资金承担补充赔偿责任。

❸《最高人民法院关于贯彻执行〈中华人民共和国民法通则〉若干问题的意见（试行）》（1988年1月26日发布）

79. 数个委托代理人共同行使代理权的，如果其中一人或者数人未与其他委托代理人协商，所实施的行为侵害被代理人权益的，由实施行为的委托代理人承担民事责任。

被代理人为数人时，其中一人或者数人未经其他被代理人同意而提出解除代理关系，因此造成损害的，由提出解除代理关系的被代理人承担。

80. 由于急病、通讯联络中断等特殊原因，委托代理人自己不能办理代理事项，又不能与被代理人及时取得联系，如不及时转托他人代理，会给被代理人的利益造成损失或者扩大损失的，属于《民法通则》第六十八条中的"紧急情况"。

81. 委托代理人转托他人代理的，应当比照《民法通则》第六十五条规定的条件办理转托手续。因委托代理人转托不明，给第三人造成损失的，第三人可以直接要求被代理人赔偿损失；被代理人承担民事责任后，可以要求委托代理人赔偿损失，转托代理人有过错的，应当负连带责任。

82. 被代理人死亡后有下列情况之一的，委托代理人实施的代理行为有效：（1）代理人不知道被代理人死亡的；（2）被代理人的继承人均予承认的；（3）被代理人与代理人约定到代理事项完成时代理权终止的；（4）在被代理人死亡前已经进行、而在被代理人死亡后为了被代理人的继承人的利益继续完成的。

83. 代理人和被代理人对已实施的民事行为负连带责任的，在民事诉讼中，可以列为共同诉讼人。

案例链接

❶《中国民生银行股份有限公司广州分行等诉广东国营燕塘牛奶公司借款合同纠纷案》，参见北大法宝引证码：Pkulaw.cn/CLI.C.110825。

❷《中国建设银行钟山县支行与广西壮族自治区财政厅等借款合同纠纷案》，参见北大法宝引证码：Pkulaw.cn/CLI.C.46062。

❸《马鞍山市钢城科技经济开发公司诉沈阳中南贸易公司、鞍山建行腾鳌特区房地产信贷部借款担保合同纠纷抗诉案》，参见北大法宝引证码：Pkulaw.cn/CLI.C.67533。

学者观点

❶ 王志华：《对独立担保国内效力的承认及其法律完善》，参见北大法宝引证码：Pkulaw.cn/CLI.A.1112310。

❷ 金彦：《我国对外担保面临的问题及对策》，参见北大法宝引证码：Pkulaw.cn/CLI.A.131978。

【以新贷偿还旧贷借款中的保证】

法律问题解读

以新贷偿还旧贷借款是指借款人在未还清银行前一到期贷款的情况下，又与该银行签订借款合同，将该贷款用于归还前一到期贷款的行为。以新贷偿还旧贷借款合同中的保证有以下几种情况应特别注意：

1. 新借款保证人与旧借款的保证人不同，但明知或应当知道"借新还旧"的作用，仍提供保证的。此时保证人不能以新贷偿还旧贷为由，拒绝承担保证责任。

2. 新借款的保证人与旧借款的保证人不同，保证人也不知道以新贷偿还旧贷的借款用途，而为借款提供保证的，这种情况中还分两种：第一，保证人不知道借款人与贷款银行之间有旧借款未归还；第二，保证人知道有旧借款的事实存在。对于这两种情况要看借款合同约定的借款用途是什么。如果借款合同约定的借款用途是"流动资金周转"，那么用于归还旧借款亦属"流动资金周转"范围，保证人对主合同债务人把新借款用于偿还旧贷款是应当知道的，保证人不能以新贷偿还旧贷是变更借款用途为由拒绝承担保证责任；如果借款合同中约定的借款用途是购买生产原料等用途，而实际上用于偿还旧贷款，保证人可要求免责。

3. 新借款与旧借款的保证人相同。这两种借款的保证人，无论明知或不知新贷偿还旧贷借款的事实，其为借款人提供担保后，就必须按约履行保证责任，不能以新贷偿还旧贷为由拒绝承担保证责任。

法条指引

❶《最高人民法院关于适用〈中华人民共和国担保法〉若干问题的解释》（2000年12月13日发布）

第三十九条 主合同当事人双方协议以新贷偿还旧贷，除保证人知道或者应当知道的外，保证人不承担民事责任。

新贷与旧贷系同一保证人的，不适用前款的规定。

学者观点

❶ 赵培元：《新贷和旧贷的保证人为同一人时的保证责任承担》，参见北大法宝引证码：Pkulaw. cn/CLI. A. 158177。

❷ 周清：《"借新还旧"案件中的保证责任》，参见北大法宝引证码：Pkulaw. cn/CLI. A. 19119。

第四章 特殊保证

● 本章为读者提供与以下题目有关的法律问题的解读及相关法律文献依据

共同保证（130） 按份共同保证（131） 连带共同保证（132） 单独保证和最高额保证（132）
最高额保证的期间（133） 最高额保证人的合同终止权（134） 票据保证（135） 票据保证的成立（136） 票据保证的效力（139） 贷款保证（140） 保证保险（144）

【共同保证】

法律问题解读

共同保证，又称数人保证，是指由两个或者两个以上的保证人为同一债务人的同一债务提供保证的保证方式。构成共同保证，要件有以下几点：1. 保证人须为二人以上；2. 两个以上的保证人系为同一个债务人提供担保；3. 两个以上的保证人系为同一个债务人的同一笔债务提供担保。如果保证人就主债务个别之部分承担责任时，则事实上无债务之同一，不成立共同保证；4. 各共同保证人无论是共同设立保证还是分别设立保证，是同时设立保证还是先后设立，均不影响共同保证的成立。即"共同保证"之"共同"，仅着眼于"多人"这一客观事实，而不以各保证人之间的意思联络为要素。

共同保证在司法实践中应注意的问题是：共同保证之一保证人就自己负担部分为清偿后，有权向债务人追偿，若超过自己负担部分为清偿，则在该超过范围内对债务人和其他得以免责的共同保证人追偿，其他共同保证人对为清偿之保证人之求偿清偿后，有权基于一般保证关系向主债务人求偿。

共同保证人如约定有分别应承担之份额，应从其约定，如未订有份额，由各保证人均分，而当有分别利益的数保证人中有一人为连带责任保证人时，只有该连带责任保证人对债权人无分别之利益，其他保证人按加入连带保证人后之总保证人人数，分割债务，以享受分别之利益。连带责任保证人就分别应承担之份额为清偿后，只能向主债务人求偿，而当其为全部清偿时，亦可对其他共同保证人，按其各自分担部分求偿。

法条指引

❶《中华人民共和国担保法》（1995年6月30日 主席令公布）

第十二条 同一债务有两个以上保证人的，保证人应当按照保证合同约定的保证份额，承担保证责任。没有约定保证份额的，保证人承担连带责任，债权人可以要求任何一个保证人承担全部保证责任，保证人都负有担保全部债权实现的义务。已经承担保证责任的保证人，有权向债务人追偿，或者要求承担连带责任的其他保证人清偿其应当承担的份额。

❷《最高人民法院关于适用〈中华人民共和国担保法〉若干问题的解释》（2000年12月13日发布）

第十九条 两个以上保证人对同一债务同时或者分别提供保证时，各保证人与债权人没有约定保证份额的，应当认定为连带共同保证。

连带共同保证的保证人以其相互之间约定各自承担的份额对抗债权人的，人民法院不予支持。

第二十条 连带共同保证的债务人在主合同规定的债务履行期届满没有履行债务的，债权人可以要求债务人履行债务，也可以要求任何一个保证人承担全部保证责任。

连带共同保证的保证人承担保证责任后，向债务人不能追偿的部分，由各连带保证人按其内部约定的比例分担。没有约定的，平均分担。

第二十一条 按份共同保证的保证人按照保

证合同约定的保证份额承担保证责任后，在其履行保证责任的范围内对债务人行使追偿权。

❸《最高人民法院关于贯彻执行〈中华人民共和国民法通则〉若干问题的意见（试行）》（1988年1月26日发布）

110. 保证人为二人以上的，相互之间负连带保证责任。但是保证人与债权人约定按份承担保证责任的除外。

❹《最高人民法院关于已承担保证责任的保证人向其他保证人行使追偿权问题的批复》（2002年11月23日　法释〔2002〕37号）

云南省高级人民法院：

你院云高法〔2002〕160号《关于已经承担了保证责任的保证人向保证期间内未被主张保证责任的其他保证人行使追偿权是否成立的请示》收悉。经研究，答复如下：

根据《中华人民共和国担保法》第十二条的规定，承担连带责任保证的保证人一人或者数人承担保证责任后，有权要求其他保证人清偿应当承担的份额，不受债权人是否在保证期间内向未承担保证责任的保证人主张过保证责任的影响。

此复

案例链接

❶《宁波摩尔顿婴儿车制造有限公司诉慈溪市新世纪化纤有限公司等担保追偿权纠纷案》，参见北大法宝引证码：Pkulaw. cn/CLI. C. 228105。

❷《戚兰功与陈东亮等民间借贷纠纷抗诉案》，参见北大法宝引证码：Pkulaw. cn/CLI. C. 277414。

❸《邢记成诉吕振军等担保追偿权纠纷案》，参见北大法宝引证码：Pkulaw. cn/CLI. C. 259555。

学者观点

❶ 刘保玉：《共同保证的结构形态与保证责任的承担》，参见北大法宝引证码：Pkulaw. cn/CLI. A. 12226。

❷ 郑学青：《论共同保证》，参见北大法宝引证码：Pkulaw. cn/CLI. A. 1111814。

【按份共同保证】

法律问题解读

按份共同保证是指同一债务的两个或者两个以上的保证人按照其与债权人之间约定的保证份额承担保证责任的保证。构成按份共同保证须满足以下两个要件：1. 保证人为两人以上；2. 保证人与债权人约定了其所承担的保证份额。保证人必须与债权人约定保证份额，才能构成按份共同保证。倘若保证人相互之间约定保证份额而未经债权人同意，该约定只对保证人有效，不能对抗债权人。如果只有一个保证人或部分保证人约定保证份额而其他保证人没有约定保证份额的，约定保证份额的保证人只能就其约定的保证份额负保证责任，而其他保证人对整个债务负保证责任。

根据最高人民法院《关于担保法若干问题的解释》第21条规定，按份共同保证的保证人相互之间的保证责任是分开的，各人只就其承担的份额负保证责任，在其承担责任之后，只能向债务人追偿，而不能向其他保证人追偿。

法条指引

❶《中华人民共和国担保法》（1995年6月30日　主席令公布）

第十二条　同一债务有两个以上保证人的，保证人应当按照保证合同约定的保证份额，承担保证责任。没有约定保证份额的，保证人承担连带责任，债权人可以要求任何一个保证人承担全部保证责任，保证人都负有担保全部债权实现的义务。已经承担保证责任的保证人，有权向债务人追偿，或者要求承担连带责任的其他保证人清偿其应当承担的份额。

❷《最高人民法院关于适用〈中华人民共和国担保法〉若干问题的解释》（2000年12月13日发布）

第二十一条　按份共同保证的保证人按照保证合同约定的保证份额承担保证责任后，在其履行保证责任的范围内对债务人行使追偿权。

❸《最高人民法院关于贯彻执行〈中华人民共和国民法通则〉若干问题的意见（试行）》（1988年1月26日发布）

110. 保证人为二人以上的，相互之间负连带保证责任。但是保证人与债权人约定按份承担保证责任的除外。

案例链接

❶《农行西安市钟楼支行诉债务人陕西省医保公司偿还的借款虽既高于其抵押担保的数额又高于保证人陕西省外贸公司保证的数额仍应连偿还尚欠借款案》，参见北大法宝引证码：Pkulaw.

cn/CLI.C.26012。

【连带共同保证】

法律问题解读

连带共同保证是指两个以上的保证人未与债权人约定各自承担的保证份额，而各自对全部债务均负完全的保证责任的保证。分为一般连带共同保证和连带连带共同保证。理解连带共同保证应注重把握以下几点：

1. 保证人未与债权人约定各自承担的保证份额。连带共同保证实际上是法律对共同保证人承担责任意思的一种推定。最高人民法院《关于担保法若干问题的解释》明确规定，两个以上保证人对同一债务同时或者分别提供保证时，各保证人与债权人没有约定保证份额的，应当认定为连带共同保证。连带共同保证的保证人以其相互之间约定各自承担的份额对抗债权人的，人民法院不予支持。

2. 每个保证人均对全部债务承担保证责任。连带共同保证的债务人在主合同规定的债务履行期届满没有履行债务的，债权人可以要求债务人履行债务，也可以要求任何一个保证人承担全部保证责任。连带共同保证的保证人在承担保证责任后，享有双重追偿权（仅在连带连带责任保证的情况下存在，"共同保证人之间的追偿权"这一题目中有详细阐述）。即保证人既有权向债务人追偿，也有权就超出自己与其他保证人约定份额之外所承担的保证责任数额向其他保证人追偿。保证人既可以选择行使对债务人的追偿权，也可以选择行使对其他保证人的追偿权。在选择某一追偿权而不能全部受偿时，仍可行使另一追偿权。

法条指引

❶《中华人民共和国担保法》（1995年6月30日 主席令公布）

第十二条 同一债务有两个以上保证人的，保证人应当按照保证合同约定的保证份额，承担保证责任。没有约定保证份额的，保证人承担连带责任，债权人可以要求任何一个保证人承担全部保证责任，保证人都负有担保全部债权实现的义务。已经承担保证责任的保证人，有权向债务人追偿，或者要求承担连带责任的其他保证人清偿其应当承担的份额。

❷《最高人民法院关于适用〈中华人民共和国担保法〉若干问题的解释》（2000年12月13日发布）

第十九条 两个以上保证人对同一债务同时或者分别提供保证时，各保证人与债权人没有约定保证份额的，应当认定为连带共同保证。

连带共同保证的保证人以其相互之间约定各自承担的份额对抗债权人的，人民法院不予支持。

第二十条 连带共同保证的债务人在主合同规定的债务履行期届满没有履行债务的，债权人可以要求债务人履行债务，也可以要求任何一个保证人承担全部保证责任。

连带共同保证的保证人承担保证责任后，向债务人不能追偿的部分，由各连带保证人按其内部约定的比例分担。没有约定的，平均分担。

❸《最高人民法院关于贯彻执行〈中华人民共和国民法通则〉若干问题的意见（试行）》（1988年1月26日发布）

110. 保证人为二人以上的，相互之间负连带保证责任。但是保证人与债权人约定按份承担保证责任的除外。

案例链接

❶《中国重庆国际经济技术合作公司与重庆市开县开源融资担保有限责任公司担保合同纠纷上诉案》，参见北大法宝引证码：Pkulaw.cn/CLI.C.80892。

❷《中国农业银行股份有限公司舞阳县支行诉马东方等借款合同纠纷案》，参见北大法宝引证码：Pkulaw.cn/CLI.C.283135。

【单独保证和最高额保证】

法律问题解读

保证人与债权人之间就一个主合同订立一个与其相对应的合同，称为特别保证、单独保证或具体保证，而先签订一份总保证合同，就一定期限内的最高债权限额内的一系列借款合同或者商品交易订立合同，可以称为概括保证或者最高额保证合同。

通常情况下的保证都是单独保证，只有在债权人与债务人之间业务繁忙，为简化担保手续的情况下才会采取最高额保证，理解最高额保证应注意以下几点：

1. 最高额保证所担保的债权是未来的债权，具有将来性和不确定性。不同于附停止条件的未来债权。

2. 最高额保证所担保的债权是基于若干个合同发生的，即主债权是多个。

3. 最高额保证所担保的债权是在一定期间内连续发生的，并且是同一种类的债权。

4. 最高额保证中的保证人得享有单方终止保证合同的权利。

最高额保证中，当事人既可以在保证合同中约定为一般保证，也可以在合同中约定为连带责任保证。保证人根据约定的保证方式承担保证责任，如果没有约定或者约定不明的，保证人应当按照连带责任保证来承担保证责任。

此外，确定最高额保证的保证范围应遵循两个标准：（1）所担保的债权须是在约定的期间内发生的；（2）所担保的债权不得超过约定的最高限额。在确定保证人的责任时，如直至规定期间届满时，实际发生的债权额不足最高额，则保证人仅对实际发生的债权数额承担保证责任；如果实际发生的债权额超过最高限额，则保证人仅于约定的最高限额范围内承担保证责任。

法条指引

❶《中华人民共和国担保法》（1995 年 6 月 30 日 主席令公布）

第十四条 保证人与债权人可以就单个主合同分别订立保证合同，也可以协议在最高债权额限度内就一定期间连续发生的借款合同或者某项商品交易合同订立一个保证合同。

第十七条 当事人在保证合同中约定，债务人不能履行债务时，由保证人承担保证责任的，为一般保证。

一般保证的保证人在主合同纠纷未经审判或者仲裁，并就债务人财产依法强制执行仍不能履行债务前，对债权人可以拒绝承担保证责任。

有下列情形之一的，保证人不得行使前款规定的权利：

（一）债务人住所变更，致使债权人要求其履行债务发生重大困难的；

（二）人民法院受理债务人破产案件，中止执行程序的；

（三）保证人以书面形式放弃前款规定的权利的。

第二十七条 保证人依照本法第十四条规定就连续发生的债权作保证，未约定保证期间的，保证人可以随时书面通知债权人终止保证合同，但保证人对于通知到债权人前所发生的债权，承担保证责任。

❷《最高人民法院关于适用〈中华人民共和国担保法〉若干问题的解释》（2000 年 12 月 13 日发布）

第二十三条 最高额保证合同的不特定债权确定后，保证人应当对在最高债权额限度内就一定期间连续发生的债权余额承担保证责任。

第二十七条 保证人对债务人的注册资金提供保证的，债务人的实际投资与注册资金不符，或者抽逃转移注册资金的，保证人在注册资金不足或者抽逃转移注册资金的范围内承担连带保证责任。

案例链接

❶《广东海外建设集团有限公司等与中信银行股份有限公司广州番禺支行借款合同纠纷上诉案》，参见北大法宝引证码：Pkulaw. cn/CLI. C. 235365。

❷《宁波银行股份有限公司奉化支行诉陈芳芳等金融借款合同纠纷案》，参见北大法宝引证码：Pkulaw. cn/CLI. C. 230107。

❸《中国银行股份有限公司杭州市高新技术开发区支行诉杭州远惠进出口有限公司等信用证融资纠纷案》，参见北大法宝引证码：Pkulaw. cn/CLI. C. 229316。

【最高额保证的期间】

法律问题解读

最高额保证的期间依照债权人和保证人的意思而确定。没有约定的，最高额保证随被担保的债权的存在而存在。有约定的，最高额保证期间因约定的存续期间届满而确定，转变为普通保证。最高额保证的期间未约定的，保证人可以随时通知债权人终止最高额保证。最高额保证的期间随保证人的书面通知到达债权人之日起得以确定。保证人对最高额保证终止前所发生的债权承担保证责任。

最高额保证的保证人对最高额保证期间所发生的债权承担保证责任。但是当最高额保证的债权确定时，保证人的保证责任应受单个形式保证的保证期间的限制。

最高额保证的期间有约定的，保证人按照其约定的期间来承担保证责任。如果没有约定或约定不明时,有两种情况,一种是保证合同中约定了保证人清偿债务的期限,则保证合同的期间为清偿的期限届满之日起六个月。另一种是保证合同中没有约定清偿期限的,保证期间自最高额保证终止之日或自债权人收到保证人终止保证合同的书面通知到达之日起六个月。

法条指引

❶《中华人民共和国担保法》(1995 年 6 月 30 日 主席令公布)

第二十七条 保证人依照本法第十四条规定就连续发生的债权作保证,未约定保证期间的,保证人可以随时书面通知债权人终止保证合同,但保证人对于通知到债权人前所发生的债权,承担保证责任。

❷《中华人民共和国物权法》(2007 年 3 月 16 日主席令公布 2007 年 10 月 1 日施行)

第二百零三条 为担保债务的履行,债务人或者第三人对一定期间内将要连续发生的债权提供担保财产的,债务人不履行到期债务或者发生当事人约定的实现抵押权的情形,抵押权人有权在最高债权额限度内就该担保财产优先受偿。

最高额抵押权设立前已经存在的债权,经当事人同意,可以转入最高额抵押担保的债权范围。

第二百零四条 最高额抵押担保的债权确定前,部分债权转让的,最高额抵押权不得转让,但当事人另有约定的除外。

第二百零五条 最高额抵押担保的债权确定前,抵押权人与抵押人可以通过协议变更债权确定的期间、债权范围以及最高债权额,但变更的内容不得对其他抵押权人产生不利影响。

第二百零六条 有下列情形之一的,抵押权人的债权确定:

(一)约定的债权确定期间届满;

(二)没有约定债权确定期间或者约定不明确,抵押权人或者抵押人自最高额抵押权设立之日起满二年后请求确定债权;

(三)新的债权不可能发生;

(四)抵押财产被查封、扣押;

(五)债务人、抵押人被宣告破产或者被撤销;

(六)法律规定债权确定的其他情形。

第二百零七条 最高额抵押权除适用本节规定外,适用本章第一节一般抵押权的规定。

❸《最高人民法院关于适用〈中华人民共和国担保法〉若干问题的解释》(2000 年 12 月 13 日发布)

第三十七条 最高额保证合同对保证期间没有约定或者约定不明的,如最高额保证合同约定有保证人清偿债务期限的,保证期间为清偿期限届满之日起六个月。没有约定债务清偿期限的,保证期间自最高额保证终止之日或自债权人收到保证人终止保证合同的书面通知到达之日起六个月。

案例链接

❶《兴业银行股份有限公司台州分行诉浙江方舟基础工程有限公司等合同纠纷案》,参见北大法宝引证码:Pkulaw. cn/CLI. C. 230548。

❷《奉化市农村信用合作联社大堰信用社诉毛小谊等金融借款合同纠纷案》,参见北大法宝引证码:Pkulaw. cn/CLI. C. 232153。

学者观点

❶ 汪明照:《连续最高额保证当事人未约定保证期间的法律适用》,参见北大法宝引证码:Pkulaw. cn/CLI. A. 1111503。

❷ 于玉:《简论最高额保证的保证期间》,参见北大法宝引证码:Pkulaw. cn/CLI. A. 19108。

【最高额保证人的合同终止权】

法律问题解读

最高额保证人的合同终止权,是指在最高额保证的保证合同中,对保证期间未约定或者约定不明,保证人以书面通知的方式通知债权人终止保证合同的权利。它是基于法律规定而直接产生的权利。合同终止权的行使必须符合一定的条件:首先,合同终止权的行使仅限于最高额保证;其次,保证合同当事人对保证期间未作约定或者约定不明。

《担保法》第 27 条规定的保证人"书面通知债权人终止保证合同",应属示范性规定。即保证人采取书面通知方式的,自通知到达债权人之日起发生终止保证合同的效果,如果保证人采取口头通知方式的,如果有确凿的证据证明债权人已接到通知或债权人承认接到通知,也发生终止保证合同的效果。需注意的是,无论是书面通知还是口头通知,都须采用明示的方法,且在发生纠纷时能举证加以证明。

保证人的合同终止权一经有效行使即会产生以下法律效力：

1. 保证合同确定。即保证人和债权人已经订立的保证合同的不确定性消灭，保证人承担责任的范围随着保证人合同终止权的行使而确定。

2. 对其后发生的债权，保证人不再承担保证责任。即以保证人为行使合同终止权而向债权人发出的书面通知的生效时间为界，对在该生效时间之前发生的债权，保证人承担保证责任；对该生效时间之后发生的债权，保证人不承担保证责任。因此，保证人合同终止权的生效时间为该书面通知到达债权人之时，并以此为界确定保证人是否承担保证责任。

法条指引

❶《中华人民共和国担保法》（1995年6月30日 主席令公布）

第二十七条 保证人依照本法第十四条规定就连续发生的债权作保证，未约定保证期间的，保证人可以随时书面通知债权人终止保证合同，但保证人对于通知到债权人前所发生的债权，承担保证责任。

【票据保证】

法律问题解读

票据保证是指票据债务人以外的第三人担保票据债务履行的法律行为。提供保证担保的第三人为保证人，被担保履行票据债务的债务为被保证人。

票据保证是《票据法》上所规定的保证，它具有一些特殊性，实践中应注意以下几点：

1. 票据保证是一种单方的法律行为，只要有保证人一方的意思表示即可成立。

2. 票据保证为要式行为。依《票据法》的规定，票据保证必须记载于票据或者粘单上，并且须记载法律规定的记载事项。

3. 票据保证不因被保证人的债务无效而无效。因票据保证是对票据债务的履行提供的担保，除被保证人的债务因票据记载事项欠缺而无效外，票据保证不因被保证人的主债务无效而无效。即使被保证人因其无行为能力或受欺诈、胁迫而为票据行为或其签名为伪造的，其承担的主债务无效，票据保证人仍应承担保证责任。

4. 票据保证为连带责任保证。票据保证人与被保证人对持票人承担连带责任，保证人不享有先诉抗辩权。票据保证人为2人以上成立共同票据保证时，保证人之间也承担连带责任。

5. 票据保证的保证人在承担保证责任后享有追索权。在票据保证中，保证人不仅在与被保证人关系上享有追偿的权利，而且对于被保证人及其前手也享有追索的权利。

6. 票据保证不得附条件，如果附有条件，所附条件无效。

7. 票据保证人只能主张自己享有的抗辩权（即一般债务人的抗辩权）而不能直接援用被保证人的抗辩权。

法条指引

❶《中华人民共和国票据法》（2004年8月28日 修正发布）

第四十五条 汇票的债务可以由保证人承担保证责任。

保证人由汇票债务人以外的他人担当。

第四十六条 保证人必须在汇票或者粘单上记载下列事项：

（一）表明"保证"的字样；

（二）保证人名称和住所；

（三）被保证人的名称；

（四）保证日期；

（五）保证人签章。

第四十七条 保证人在汇票或者粘单上未记载前条第（三）项的，已承兑的汇票，承兑人为被保证人；未承兑的汇票，出票人为被保证人。

保证人在汇票或者粘单上未记载前条第（四）项的，出票日期为保证日期。

第四十八条 保证不得附有条件；附有条件的，不影响对汇票的保证责任。

第四十九条 保证人对合法取得汇票的持票人所享有的汇票权利，承担保证责任。但是，被保证人的债务因汇票记载事项欠缺而无效的除外。

第五十条 被保证的汇票，保证人应当与被保证人对持票人承担连带责任。汇票到期后得不到付款的，持票人有权向保证人请求付款，保证人应当足额付款。

第五十一条 保证人为二人以上的，保证人之间承担连带责任。

第五十二条 保证人清偿汇票债务后，可以行使持票人对被保证人及其前手的追索权。

❷《最高人民法院关于审理票据纠纷案件若

干问题的规定》（2000年2月24日发布）

第六十条　国家机关、以公益为目的的事业单位、社会团体、企业法人的分支机构和职能部门作为票据保证人的，票据保证无效，但经国务院批准为使用外国政府或者国际经济组织贷款进行转贷，国家机关提供票据保证的，以及企业法人的分支机构在法人书面授权范围内提供票据保证的除外。

第六十一条　票据保证无效的，票据的保证人应当承担与其过错相应的民事责任。

第六十二条　保证人未在票据或者粘单上记载"保证"字样而另行签订保证合同或者保证条款的，不属于票据保证，人民法院应当适用《中华人民共和国担保法》的有关规定。

案例链接

❶《李鹏诉兴业银行股份有限公司台州黄岩支行等债权纠纷案》，参见北大法宝引证码：Pkulaw.cn/CLI.C.228890。

❷《桐乡市新方园海绵有限公司与中国建设银行股份有限公司桐乡支行票据承兑合同纠纷上诉案》，参见北大法宝引证码：Pkulaw.cn/CLI.C.286354。

❸《深圳发展银行上海外滩支行与上海宝艺钢铁物资有限公司不当得利纠纷上诉案》，参见北大法宝引证码：Pkulaw.cn/CLI.C.39420。

学者观点

❶ 林艳琴：《中外票据保证制度之立法比较》，参见北大法宝引证码：Pkulaw.cn/CLI.A.1143161。

❷ 孙昌兴：《我国票据保证的若干问题》，参见北大法宝引证码：Pkulaw.cn/CLI.A.1108084。

❸ 邓自力：《谈票据保证》，参见北大法宝引证码：Pkulaw.cn/CLI.A.126326。

【票据保证的成立】

法律问题解读

票据保证是一种单方法律行为，以保证人于票据或者粘单上记载法定事项，作出保证的意思表示而成立，票据保证的保证人必须是票据债务人以外的第三人，被保证人可以是票据上的任一债务人。

票据保证为要式行为。票据保证必须记载于票据或者其粘单上，并且须记载法律规定的记载事项，票据保证人须记载的事项包括以下几项：

1. 表明"保证"字样，以使其与其他票据行为分开。如果保证人未在票据或者粘单上记载"保证"字样而另行签订保证合同或者保证条款的，不属于票据保证。

2. 保证人的名称和住所。国家机关、公益事业单位、社会团体、企业法人分支机构和职能部门作为票据保证人的，票据保证无效，但经国务院批准为使用外国政府或者国际经济组织贷款进行转贷，国家机关提供票据保证的，以及企业法人的分支机构在法人书面授权范围内提供票据保证的除外。

3. 被保证人的名称。未记载被保证人名称的，保证仍然有效，于此情况下，已承兑的汇票，承兑人为被保证人，未承兑的汇票，出票人为被保证人。

4. 保证日期。保证人未记载保证日期的，出票日期为保证日期。

5. 保证人签名。凡未有保证人签名的，保证均不能成立。

票据保证具有成立上的独立性，不因被保证人债务的无效而无效，但在其成立上也有从属性，被保证人的票据债务因欠缺形式要件不成立时，票据保证也不成立。

法条指引

❶《中华人民共和国票据法》（2004年8月28日　修正发布）

第四条　票据出票人制作票据，应当按照法定条件在票据上签章，并按照所记载的事项承担票据责任。

持票人行使票据权利，应当按照法定程序在票据上签章，并出示票据。

其他票据债务人在票据上签章的，按照票据所记载的事项承担票据责任。

本法所称票据权利，是指持票人向票据债务人请求支付票据金额的权利，包括付款请求权和追索权。

本法所称票据责任，是指票据债务人向持票人支付票据金额的义务。

第五条　票据当事人可以委托其代理人在票据上签章，并应当在票据上表明其代理关系。

没有代理权而以代理人名义在票据上签章的，应当由签章人承担票据责任；代理人超越代理权限的，应当就其超越权限的部分承担票据责任。

第六条 无民事行为能力人或者限制民事行为能力人在票据上签章的，其签章无效，但是不影响其他签章的效力。

第七条 票据上的签章，为签名、盖章或者签名加盖章。

法人和其他使用票据的单位在票据上的签章，为该法人或者该单位的盖章加其法定代表人或者其授权的代理人的签章。

在票据上的签名，应当为该当事人的本名。

第八条 票据金额以中文大写和数码同时记载，二者必须一致，二者不一致的，票据无效。

第九条 票据上的记载事项必须符合本法的规定。

票据金额、日期、收款人名称不得更改，更改的票据无效。

对票据上的其他记载事项，原记载人可以更改，更改时应当由原记载人签章证明。

第十条 票据的签发、取得和转让，应当遵循诚实信用的原则，具有真实的交易关系和债权债务关系。

票据的取得，必须给付对价，即应当给付票据双方当事人认可的相对应的代价。

第十一条 因税收、继承、赠与可以依法无偿取得票据的，不受给付对价的限制。但是，所享有的票据权利不得优于其前手的权利。

前手是指在票据签章人或者持票人之前签章的其他票据债务人。

第十二条 以欺诈、偷盗或者胁迫等手段取得票据的，或者明知有前列情形，出于恶意取得票据的，不得享有票据权利。

持票人因重大过失取得不符合本法规定的票据的，也不得享有票据权利。

第十三条 票据债务人不得以自己与出票人或者与持票人的前手之间的抗辩事由，对抗持票人。但是，持票人明知存在抗辩事由而取得票据的除外。

票据债务人可以对不履行约定义务的与自己有直接债权债务关系的持票人，进行抗辩。

本法所称抗辩，是指票据债务人根据本法规定对票据债权人拒绝履行义务的行为。

第十四条 票据上的记载事项应当真实，不得伪造、变造。伪造、变造票据上的签章和其他记载事项的，应当承担法律责任。

票据上有伪造、变造的签章的，不影响票据上其他真实签章的效力。

票据上其他记载事项被变造的，在变造之前签章的人，对原记载事项负责；在变造之后签章的人，对变造之后的记载事项负责；不能辨别是在票据被变造之前或者之后签章的，视同在变造之前签章。

第十五条 票据丧失，失票人可以及时通知票据的付款人挂失止付，但是，未记载付款人或者无法确定付款人及其代理付款人的票据除外。

收到挂失止付通知的付款人，应当暂停支付。

失票人应当在通知挂失止付后三日内，也可以在票据丧失后，依法向人民法院申请公示催告，或者向人民法院提起诉讼。

第十六条 持票人对票据债务人行使票据权利，或者保全票据权利，应当在票据当事人的营业场所和营业时间内进行，票据当事人无营业场所的，应当在其住所进行。

第十七条 票据权利在下列期限内不行使而消灭：

（一）持票人对票据的出票人和承兑人的权利，自票据到期日起二年。见票即付的汇票、本票，自出票日起二年；

（二）持票人对支票出票人的权利，自出票日起六个月；

（三）持票人对前手的追索权，自被拒绝承兑或者被拒绝付款之日起六个月；

（四）持票人对前手的再追索权，自清偿日或者被提起诉讼之日起三个月。

票据的出票日、到期日由票据当事人依法确定。

第十八条 持票人因超过票据权利时效或者因票据记载事项欠缺而丧失票据权利的，仍享有民事权利，可以请求出票人或者承兑人返还其与未支付的票据金额相当的利益。

第十九条 汇票是出票人签发的，委托付款人在见票时或者在指定日期无条件支付确定的金额给收款人或者持票人的票据。

汇票分为银行汇票和商业汇票。

第二十条 出票是指出票人签发票据并将其交付给收款人的票据行为。

第二十一条 汇票的出票人必须与付款人具有真实的委托付款关系，并且具有支付汇票金额的可靠资金来源。

不得签发无对价的汇票用以骗取银行或者其他票据当事人的资金。

第二十二条 汇票必须记载下列事项：

（一）表明"汇票"的字样；

（二）无条件支付的委托；
（三）确定的金额；
（四）付款人名称；
（五）收款人名称；
（六）出票日期；
（七）出票人签章。

汇票上未记载前款规定事项之一的，汇票无效。

第二十三条 汇票上记载付款日期、付款地、出票地等事项的，应当清楚、明确。

汇票上未记载付款日期的，为见票即付。

汇票上未记载付款地的，付款人的营业场所、住所或者经常居住地为付款地。

汇票上未记载出票地的，出票人的营业场所、住所或者经常居住地为出票地。

第二十四条 汇票上可以记载本法规定事项以外的其他出票事项，但是该记载事项不具有汇票上的效力。

第二十五条 付款日期可以按照下列形式之一记载：

（一）见票即付；
（二）定日付款；
（三）出票后定期付款；
（四）见票后定期付款。

前款规定的付款日期为汇票到期日。

第二十六条 出票人签发汇票后，即承担保证该汇票承兑和付款的责任。出票人在汇票得不到承兑或者付款时，应当向持票人清偿本法第七十条、第七十一条规定的金额和费用。

第二十七条 持票人可以将汇票权利转让给他人或者将一定的汇票权利授予他人行使。

出票人在汇票上记载"不得转让"字样的，汇票不得转让。

持票人行使第一款规定的权利时，应当背书并交付汇票。

背书是指在票据背面或者粘单上记载有关事项并签章的票据行为。

第二十八条 票据凭证不能满足背书人记载事项的需要，可以加附粘单，粘附于票据凭证上。

粘单上的第一记载人，应当在汇票和粘单的粘接处签章。

第二十九条 背书由背书人签章并记载背书日期。

背书未记载日期的，视为在汇票到期日前背书。

第三十条 汇票以背书转让或者以背书将一定的汇票权利授予他人行使时，必须记载被背书人名称。

第三十一条 以背书转让的汇票，背书应当连续。持票人以背书的连续，证明其汇票权利；非经背书转让，而以其他合法方式取得汇票的，依法举证，证明其汇票权利。

前款所称背书连续，是指在票据转让中，转让汇票的背书人与受让汇票的被背书人在汇票上的签章依次前后衔接。

第三十二条 以背书转让的汇票，后手应当对其直接前手背书的真实性负责。

后手是指在票据签章人之后签章的其他票据债务人。

第三十三条 背书不得附有条件。背书时附有条件的，所附条件不具有汇票上的效力。

将汇票金额的一部分转让的背书或者将汇票金额分别转让给二人以上的背书无效。

第三十四条 背书人在汇票上记载"不得转让"字样，其后手再背书转让的，原背书人对后手的被背书人不承担保证责任。

第三十五条 背书记载"委托收款"字样的，被背书人有权代背书人行使被委托的汇票权利。但是，被背书人不得再以背书转让汇票权利。

汇票可以设定质押；质押时应当以背书记载"质押"字样。被背书人依法实现其质权时，可以行使汇票权利。

第三十六条 汇票被拒绝承兑、被拒绝付款或者超过付款提示期限的，不得背书转让；背书转让的，背书人应当承担汇票责任。

第三十七条 背书人以背书转让汇票后，即承担保证其后手所持汇票承兑和付款的责任。背书人在汇票得不到承兑或者付款时，应当向持票人清偿本法第七十条、第七十一条规定的金额和费用。

第三十八条 承兑是指汇票付款人承诺在汇票到期日支付汇票金额的票据行为。

第三十九条 定日付款或者出票后定期付款的汇票，持票人应当在汇票到期日前向付款人提示承兑。

提示承兑是指持票人向付款人出示汇票，并要求付款人承诺付款的行为。

第四十条 见票后定期付款的汇票，持票人应当自出票日起一个月内向付款人提示承兑。

汇票未按照规定期限提示承兑的，持票人丧失对其前手的追索权。

见票即付的汇票无需提示承兑。

第四十一条 付款人对向其提示承兑的汇票,应当自收到提示承兑的汇票之日起三日内承兑或者拒绝承兑。

付款人收到持票人提示承兑的汇票时,应当向持票人签发收到汇票的回单。回单上应当记明汇票提示承兑日期并签章。

第四十二条 付款人承兑汇票的,应当在汇票正面记载"承兑"字样和承兑日期并签章;见票后定期付款的汇票,应当在承兑时记载付款日期。

汇票上未记载承兑日期的,以前条第一款规定期限的最后一日为承兑日期。

第四十三条 付款人承兑汇票,不得附有条件;承兑附有条件的,视为拒绝承兑。

第四十四条 付款人承兑汇票后,应当承担到期付款的责任。

第四十五条 汇票的债务可以由保证人承担保证责任。

保证人由汇票债务人以外的他人担当。

第四十六条 保证人必须在汇票或者粘单上记载下列事项:
(一)表明"保证"的字样;
(二)保证人名称和住所;
(三)被保证人的名称;
(四)保证日期;
(五)保证人签章。

第四十七条 保证人在汇票或者粘单上未记载前条第(三)项的,已承兑的汇票,承兑人为被保证人;未承兑的汇票,出票人为被保证人。

保证人在汇票或者粘单上未记载前条第(四)项的,出票日期为保证日期。

第四十八条 保证不得附有条件;附有条件的,不影响对汇票的保证责任。

第四十九条 保证人对合法取得汇票的持票人所享有的汇票权利,承担保证责任。但是,被保证人的债务因汇票记载事项欠缺而无效的除外。

❷《**最高人民法院关于审理票据纠纷案件若干问题的规定**》(2000年2月24日发布)

第六十条 国家机关、以公益为目的的事业单位、社会团体、企业法人的分支机构和职能部门作为票据保证人的,票据保证无效,但经国务院批准为使用外国政府或者国际经济组织贷款进行转贷,国家机关提供票据保证的,以及企业法人的分支机构在法人书面授权范围内提供票据保证的除外。

案例链接

❶《上海玉安药业有限公司与中国农业银行上海市分行营业部票据追索权纠纷上诉案》,参见北大法宝引证码:Pkulaw. cn/CLI. C. 77952。

❷《青岛澳柯玛集团销售公司与中国银行利津支行票据兑付纠纷上诉案》,参见北大法宝引证码:Pkulaw. cn/CLI. C. 66915。

❸《烟台开发区中利石油联合公司与中国农业银行烟台经济技术开发区支行等借款合同纠纷案》,参见北大法宝引证码:Pkulaw. cn/CLI. C. 44803。

学者观点

❶ 汪世虎:《论票据保证》,参见北大法宝引证码:Pkulaw. cn/CLI. A. 172571。

❷ 黄晋:《有关票据保证制度的几个问题》,参见北大法宝引证码:Pkulaw. cn/CLI. A. 19196。

【票据保证的效力】

法律问题解读

票据保证一经成立生效,保证人即于其担保的债务金额范围内负担与被保证人同一性质的责任。

因票据保证为连带责任保证,保证人不享有先诉抗辩权。所以,只要票据到期得不到付款,持票人即有权请求保证人付款,保证人应当依其担保的金额付款。

票据保证人承担保证责任向持票人付款后,保证人的保证债务消灭。被保证人对持票人负担的主债务当然也消灭。但持票人的权利同时移转于保证人,保证人对被保证人及其前手享有追索权。

需要注意的是,承担了保证责任的保证人行使追索权时,即使被保证人及其前手有得以对抗原持票人的事由,也不得以之对抗保证人。不过,由于持票人在遭到退票后向保证人行使的是追索权,因此保证人向被保证人及其前手行使的即为再追索权,需要指出的是,如果被保证人是承兑人,则没有后手,保证人行使再追索权的对象是承兑人、背书人、出票人;如果被保证人是背书人,则保证人不能向承兑人和该背书人的所有后手追索,只能向该背书人及其所有前手追索;如果被保证人是出票人,则没有前手,保证人只能向出票人追索。此外，票据保证人再追索权的行使可超过保证债权的范围。保证人行使再追索权，可请求被保证人及其前手支付已清偿的全部金额，该项金额自清偿日起至再追索清偿日止，按中国人民银行规定的利率计算的利息以及发出退票通知书的费用。

法条指引

❶《中华人民共和国票据法》（2004年8月28日 修正发布）

第四十二条 付款人承兑汇票的，应当在汇票正面记载"承兑"字样和承兑日期并签章；见票后定期付款的汇票，应当在承兑时记载付款日期。

汇票上未记载承兑日期的，以前条第一款规定期限的最后一日为承兑日期。

第四十三条 付款人承兑汇票，不得附有条件；承兑附有条件的，视为拒绝承兑。

第四十四条 付款人承兑汇票后，应当承担到期付款的责任。

第四十五条 汇票的债务可以由保证人承担保证责任。

保证人由汇票债务人以外的他人担当。

第四十六条 保证人必须在汇票或者粘单上记载下列事项：

（一）表明"保证"的字样；

（二）保证人名称和住所；

（三）被保证人的名称；

（四）保证日期；

（五）保证人签章。

第四十七条 保证人在汇票或者粘单上未记载前条第（三）项的，已承兑的汇票，承兑人为被保证人；未承兑的汇票，出票人为被保证人。

保证人在汇票或者粘单上未记载前条第（四）项的，出票日期为保证日期。

第四十八条 保证不得附有条件；附有条件的，不影响对汇票的保证责任。

第四十九条 保证人对合法取得汇票的持票人所享有的汇票权利，承担保证责任。但是，被保证人的债务因汇票记载事项欠缺而无效的除外。

第五十条 被保证的汇票，保证人应当与被保证人对持票人承担连带责任。汇票到期后得不到付款的，持票人有权向保证人请求付款，保证人应当足额付款。

第五十一条 保证人为二人以上的，保证人之间承担连带责任。

第五十二条 保证人清偿汇票债务后，可以行使持票人对被保证人及其前手的追索权。

❷《最高人民法院关于审理票据纠纷案件若干问题的规定》（2000年2月24日发布）

第六十一条 票据保证无效的，票据的保证人应当承担与其过错相应的民事责任。

第六十二条 保证人未在票据或者粘单上记载"保证"字样而另行签订保证合同或者保证条款的，不属于票据保证，人民法院应当适用《中华人民共和国担保法》的有关规定。

案例链接

❶《成都市商业银行等与四川银通电脑系统有限责任公司票据、债务纠纷上诉案》，参见北大法宝引证码：Pkulaw.cn/CLI.C.183571。

❷《黄河银行诉汇德丰公司贴现的汇票到期被退票以票据纠纷为由向贴现申请人、贴现保证人及出票人追索案》，参见北大法宝引证码：Pkulaw.cn/CLI.C.23026。

❸《烟台开发区长城房地产投资开发公司诉烟台市芝罘城市信用合作社转账支票保证案》，参见北大法宝引证码：Pkulaw.cn/CLI.C.243681。

学者观点

❶ 曹守晔：《票据保证的概念、方式和效力》，参见北大法宝引证码：Pkulaw.cn/CLI.A.1110321。

❷ 杨秋华：《票据保证若干问题研究》，参见北大法宝引证码：Pkulaw.cn/CLI.A.171235。

【贷款保证】

法律问题解读

贷款保证是指按《担保法》规定的保证方式，由保证人和贷款人签订保证合同，或保证人在借款合同上载明与贷款人协商一致的保证条款，由保证人签字或加盖保证人的法人公章，并由保证人的法定代表人或其授权代理人签署姓名，当借款人不能偿还贷款时，保证人按约定承担一般保证责任或连带保证责任的担保方式。它是一种特殊保证。在实践中应注意以下几点：

1. 贷款保证中的贷款人指在中国境内依法经中国人民银行批准经营贷款业务，持有中国人民银行颁发的《金融机构法人许可证》或《金融机构营业许可证》，并经工商行政管理部门核准登记的中资金融机构。

2. 贷款保证中的借款人是经工商行政管理机关（或主管机关）核准登记的企事业法人、其他经济组织、个体工商户或具有中华人民共和国国籍的具有完全民事行为能力的自然人。

3. 保证人按约定承担一般保证责任或连带责任保证的保证责任。但贷款保证中的个人住房贷款保证则有其特殊性，保证人承担的只能是连带责任保证的保证责任。并且在保证人失去担保资格或能力或发生合并、分立或破产时，借款人应变更保证人并重新办理担保手续。未经贷款人许可，原保证合同不得撤销。

4. 保证人是法人的，必须具有代为偿还全部贷款本息的能力，且在银行开立有存款账户。保证人为自然人的，必须有固定经济来源，具有足够代偿能力，并且在贷款银行存有一定数额的保证金。

法条指引

❶《中华人民共和国商业银行法》（2003年12月27日修订）

第三十六条　商业银行贷款，借款人应当提供担保。商业银行应当对保证人的偿还能力，抵押物、质物的权属和价值以及实现抵押权、质权的可行性进行严格审查。

经商业银行审查、评估，确认借款人资信良好，确能偿还贷款的，可以不提供担保。

❷《贷款通则》（1996年6月28日　中国人民银行发布）

第九条　信用贷款、担保贷款和票据贴现：

信用贷款，系指以借款人的信誉发放的贷款。

担保贷款，系指保证贷款、抵押贷款、质押贷款。

保证贷款，系指按《中华人民共和国担保法》规定的保证方式以第三人承诺在借款人不能偿还贷款时，按约定承担一般保证责任或者连带责任而发放的贷款。

抵押贷款，系指按《中华人民共和国担保法》规定的抵押方式以借款人或第三人的财产作为抵押物发放的贷款。

质押贷款，系指按《中华人民共和国担保法》规定的质押方式以借款人或第三人的动产或权利作为质物发放的贷款。

票据贴现，系指贷款人以购买借款人未到期商业票据的方式发放的贷款。

❸《个人住房贷款管理办法》（1998年5月14日　中国人民银行发布）

第二十三条　借款人不能足额提供抵押（质押）时，应有贷款人认可的第三方提供承担连带责任的保证。保证人是法人的，必须具有代为偿还全部贷款本息的能力，且在银行开立有存款账户。保证人为自然人的，必须有固定经济来源，具有足够代偿能力，并且在贷款银行存有一定数额的保证金。

第二十四条　保证人与债权人应当以书面形式订立保证合同。保证人发生变更的，必须按照规定办理变更担保手续，未经贷款人认可，原保证合同不得撤销。

第三十五条　借款人有下列情形之一的，贷款人按中国人民银行《贷款通则》的有关规定，对借款人追究违约责任：

一、借款人不按期归还贷款本息的；

二、借款人提供虚假文件或资料，已经或可能造成贷款损失的；

三、未经贷款人同意，借款人将设定抵押权或质押权财产或权益拆迁、出售、转让、赠与或重复抵押的；

四、借款人擅自改变贷款用途，挪用贷款的；

五、借款人拒绝或阻挠贷款人对贷款使用情况进行监督检查的；

六、借款人与其他法人或经济组织签订有损贷款人权益的合同或协议的；

七、保证人违反保证合同或丧失承担连带责任能力，抵押物因意外损毁不足以清偿贷款本息，质物明显减少影响贷款人实现质权，而借款人未按要求落实新保证或新抵押（质押）的。

❹《中央国家机关个人住房担保委托贷款办法（试行）》（1998年6月12日　国务院机关事务管理局发布）

第二十九条　本办法所称贷款保证指由第三方法人提供的不可撤销的连带责任保证。

第三十条　作为保证人的企业法人，必须同时具备下列条件：

（一）经工商行政管理机关核准登记并办理年检手续；

（二）独立核算，自负盈亏；

（三）有健全的管理机构和财务管理制度；

（四）达到或相当于受托银行企业信用评定等级 AA 级以上企业信用；

（五）在受托人处开立存款账户；

（六）无重大债权债务纠纷。

第三十一条 保证人、受托人和借款人须以书面形式订立保证合同，保证合同的有关内容按照《中华人民共和国担保法》第十五条的规定执行。

第三十二条 保证人失去担保资格和能力，如发生合并、分立或破产等，保证人须及时通知受托人。借款人须重新落实保证人或提供其他担保方式，经受托人认可后，办理有关手续。未经受托人认可，原保证合同不得撤销。

第三十七条 发生下列情况之一的，受托人有权提前收回部分或全部贷款：

（一）借款人连续六次未按借款合同规定的时间还本付息；

（二）抵押人中断购买房屋保险六个月；

（三）借款人提供虚假文件或资料，已经或可能造成贷款损失的；

（四）抵押人或出质人未经受托人同意，将已设定抵押权或质权财产或权益拆迁、出租、出售、转让、赠与、遗赠或重复抵押；

（五）保证人违反保证合同或丧失承担连带责任能力，借款人又未提供新的担保的；

（六）借款人在还款期限内死亡、宣告失踪或丧失民事行为能力后无法定继承人、受遗赠人或监护人，或其法定继承人、受遗赠人或监护人拒绝履行借款合同；

（七）借款人将贷款挪作他用；

（八）违反本办法和合同规定的其他情况。

❺**《经济适用住房开发贷款管理办法》**（2008年1月18日发布）

第五条 经济适用住房开发贷款必须专项用于经济适用住房项目建设，不得挪作他用。

严禁以流动资金贷款形式发放经济适用住房开发贷款。

第六条 经济适用住房开发贷款期限一般为三年，最长不超过五年。

第七条 经济适用住房开发贷款利率按中国人民银行利率政策执行，可适当下浮，但下浮比例不得超过百分之十。

第八条 经济适用住房开发贷款应以项目销售收入及借款人其他经营收入作为还款来源。

第九条 贷款人应当依法开展经济适用住房开发贷款业务。

贷款人应对借款人和建设项目进行调查、评估，加强贷款审查。借款人应按要求向贷款人提供有关资料。

任何单位和个人不得强令贷款人发放经济适用住房开发贷款。

第十条 借款人申请经济适用住房贷款应提供贷款人认可的有效担保。

第十一条 贷款人应与借款人签订书面合同，办妥担保手续。采用抵（质）押担保方式的，贷款人应及时办理抵（质）押登记。

第十二条 经济适用住房开发贷款实行封闭管理。借贷双方应签订资金监管协议，设定资金监管账户。贷款人应通过资金监管账户对资金的流出和流入等情况进行有效监控管理。

第十三条 贷款人应对经济适用住房开发贷款使用情况进行有效监督和检查，借款人应定期向贷款人提供项目建设进度、贷款使用、项目销售等方面的信息以及财务会计报表等有关资料。

第十四条 中国银行业监督管理委员会及其派出机构依法对相关借贷经营活动实施监管。中国人民银行及其分支机构可以建议中国银行业监督管理委员会及其派出机构对相关借贷经营活动进行监督检查。

第十五条 经济适用住房开发贷款列入房地产贷款科目核算。

❻**《国家开发银行外汇固定资产贷款暂行办法》**（1998年7月3日 中国人民银行发布）（略）

❼**《中国工商银行商品房开发贷款管理暂行办法》**（1998年7月24日 中国人民银行发布）

第五条 借款人应当是经工商行政管理机关（或主管机关）核准登记的企（事）业法人、其他经济组织。

❽**《个人房贷管理办法》**（1999年5月8日中国人民银行发布）

第二条 个人住房贷款（以下简称贷款）是指贷款人向借款人发放的用于购买自用住房的贷款。贷款人发放贷款时，借款人必须提供担保。贷款担保分别采取抵押、质押、保证的方式，也可以同时并用以上三种担保方式。借款人到期不能偿还贷款本息的，贷款人有权依法处理其抵押物或质物，或由保证人承担偿还本息的连带责任。

第二十七条 保证贷款指贷款人按《担保法》规定的保证方式以第三人承诺在借款人不能偿还贷本息时，按约定承担连带责任而发放的贷款。

一、保证人是法人，必须同时具备下列条件：

（一）经工商行政管理机关核准登记并办理年检手续；

（二）独立核算，自负盈亏；

（三）有健全的管理机构和财务管理制度；

（四）有代偿能力；

（五）在中国工商银行开立有基本账户或一般存款账户；

（六）按合同中的约定时间向贷款人提供经营状况证明；

（七）无重大债券债务纠纷。

二、保证人是自然人，应当有稳定的经济收入和可靠的代偿能力。并且在贷款人处存有不少于六个月还款额的保证金。

第二十八条 保证人为借款人提供的贷款担保为不可撤销的全部连带责任保证。全额连带责任保证是指贷款合同内规定的贷款本息和由贷款合同引起的相关费用，保证人还必须承担由贷款合同引发的所有连带民事责任。

第二十九条 保证人与贷款人应以书面形式签订保证合同，保证人发生变更的，必须按照规定办理变更担保手续，未经贷款人认可或保证手续未办妥，原保证合同不可撤销。

第三十条 保证期限为两年，自借款人不履行债务之日起计算。

第三十一条 同一笔贷款有两个以上保证人的，共同保证人之间承担连带责任，各保证人对保证的全部债务都有清偿责任。

第三十二条 抵押或质押加保证贷款指贷款人在借款人或者第三人提供抵押或质押的基础上，同时提供符合规定条件的保证人作为贷款的担保而向借款人发放的贷款。

第三十三条 采用本贷款方式，贷款人与借款人签订借款合同，与抵押人或出质人签订抵押合同、质押合同；同时，与保证人签订保证合同。当借款人不能按合同约定履行债务时，贷款人可以分别或同时处置抵（质）押物、通知保证人履行保证责任。

第三十九条 保证人失去担保资格或能力时，借款人必须及时通知贷款人，并提供新的保证人，经贷款人认可后，重新签订保证合同，未经贷款人认可，原保证合同不得撤销。如借款人未尽通知义务，应承担相应责任。

第四十一条 借款人在使用贷款中不得有下列行为：

一、借款人未按合同约定的还款计划归还贷款本息；

二、借款人擅自改变贷款用途挪用贷款；

三、借款人将设定抵押权或质押的财产或权益拆迁、出租、转让、馈赠或重复抵押、质押；

四、借款人拒绝或阻挠贷款人对贷款使用情况进行监督检查；

五、借款人提供虚假文件、资料，已经或可能造成贷款损失；

六、借款人未按合同约定办理有关保险手续；

七、借款人与其他法人或经济组织签订有损贷款人权益的合同或协议；

八、借款人抽逃、藏匿、私分、违法出让、不合理低价变卖财产，影响贷款人贷款安全；

九、保证人违反保证合同或丧失承担连带责任能力，抵押物因意外损毁不足以清偿贷款本息，质物明显减少影响贷款人实现质权，而借款人未按要求落实新保证或新抵押（质押）；

十、借款人在还款内死亡、失踪或丧失民事行为能力后无法确定继承人或遗赠人，或其他法定继承人、受遗赠人拒绝履行借款合同；

十一、违反本办法和借款合同规定的其他行为。

第四十二条 借款人有四十二条所列行为之一时，贷款人可采取下列一种或数种债权保护措施（处理措施）：

一、限期纠正违约行为；

二、收回部分或全部已贷款项；

三、按规定处以罚息；

四、从借款人账户中扣款，偿还贷款本息；

五、提前以处分抵押物、质物，以所得价款清偿贷款本息；

六、追索保证人连带责任；

七、采取法律手段追偿贷款本息。

案例链接

❶《四川新安担保有限公司诉胡智丰担保追偿权纠纷案》，参见北大法宝引证码：Pkulaw. cn/CLI. C. 262720。

❷《方城县农村信用合作联社诉陈玉成等金融借款合同纠纷案》，参见北大法宝引证码：Pkulaw. cn/CLI. C. 289903。

❸《上海宏友纺织品有限公司与上海银信投资担保有限公司保证合同纠纷再审案》，参见北大法宝引证码：Pkulaw. cn/CLI. C. 276215。

学者观点

❶ 唐烈英、吴长波：《住房按揭贷款保证保险防范风险的法律适用——以美国次级贷款危机及中国强烈地震为背景》，参见北大法宝引证码：Pkulaw. cn/CLI. A. 1121898。

❷ 陆永棣:《借款方不按约定使用贷款保证人是否仍负担保责任》,参见北大法宝引证码:Pkulaw. cn/CLI. A. 179963。

【保证保险】

法律问题解读

保证保险是保险人向被保险人提供担保所成立的保险合同。保证保险分为直接保证保险和间接保证保险。直接保证保险包括开立预付款保函、出具履约保证保险等。间接保证保险包括承保进口方不合理没收出口方银行保函。

按照保证保险合同,投保人按照约定向保险人支付保险费,因被保证人(债务人)的行为致使被保险人(债权人)受到损害的,由保险人承担赔偿责任。保证保险是保险人开展的一种有偿保证业务,在性质上可以归入保证的范围,保险人处于保证人的地位。当然,保证保险与普通的保证合同相比有其不同之处,如保险人不存在代为履行责任,只能代为赔偿;保证保险合同都是有偿和双务的,普通的保证合同通常都是无偿的和单务的。但是,很显然保证保险不是一种独立的担保方式。关于保证保险应当适用《保险法》和《合同法》的有关规定。

法条指引

❶《中华人民共和国保险法》(2002年10月28日 修正公布)(略)

❷《财政部关于申请办理出口信用保险若干规定的通知》(1998年3月4日发布)

二、出口信用保险分为以下三种:

(一) 短期出口信用保险(简称"短期险")。短期险承保放账期在180天以内的收汇风险,主要用于以付款交单(D/P)、承兑交单(D/A)、赊账(O/A)等商业信用为付款条件的出口。根据实际情况,短期险还可扩展承保放账期在180天以上、360天以内的出口,以及银行或其他金融机构开具的信用证项下的出口。

(二) 中长期出口信用保险(简称"中长期险"),可分为买方信贷保险、卖方信用保险和海外投资保险三大类。中长期险承保放账期在一年以上、一般不超过十年的收汇风险,主要用于大型机电产品和成套设备的出口,以及海外投资,如以BOT、BOO或合资等形式在境外兴办企业等。

(三) 与出口相关的履约保证保险(简称"保证险")。保证保险分为直接保证保险和间接保证保险。直接保证保险包括开立预付款保函、出具履约保证保险等;间接保证保险包括承保进口方不合理没收出口方银行保函。

案例链接

❶《安邦财产保险股份有限公司宁波分公司诉徐志浩等保证保险合同纠纷案》,参见北大法宝引证码:Pkulaw. cn/CLI. C. 228543。

❷《中国人民财产保险股份有限公司杭州市武林支公司与杨国伶保证保险合同纠纷上诉案》,参见北大法宝引证码:Pkulaw. cn/CLI. C. 214019。

❸《台州市得意达汽车销售服务有限公司等与中国建设银行股份有限公司临海支行金融借款合同纠纷上诉案》,参见北大法宝引证码:Pkulaw. cn/CLI. C. 236037。

学者观点

❶ 商振涛、刘丽君:《浅析保证保险合同的性质》,参见北大法宝引证码:Pkulaw. cn/CLI. A. 181604。

❷ 卜传武、田强:《保证保险法律问题研究》,参见北大法宝引证码:Pkulaw. cn/CLI. A. 159756。

❸ 贾林青:《保证保险合同的法律性质之我见》,参见北大法宝引证码:Pkulaw. cn/CLI. A. 1111887。

第三编 抵押

第一章 抵押与抵押物

● 本章为读者提供与以下题目有关的法律问题的解读及相关法律文献依据

> 抵押权（145） 抵押人（147） 抵押权人（149） 抵押权的设定（150） 抵押物（151） 抵押物的范围（153） 动产抵押（155） 不动产抵押（157） 共有财产的抵押（159） 超额抵押（160） 再抵押（161） 重复抵押（162） 未办理权属登记的财产抵押（163） 限制流通物的抵押（163） 抵押物保险（164） 抵押物价格评估（165） 房地产抵押（166） 在建工程抵押（169） 预售商品房抵押（170） 房地产抵押的管理部门（171） 房地产抵押权的设定（173） 房地产抵押的范围（175） 抵押房产和地产的关系（176） 国有企业、事业单位的房地产抵押（179） 其他企业的房地产抵押（180） 抵押房地产价格评估（181） 房地产价格评估机构（184） 房地产抵押合同（186） 房地产抵押合同的内容（187） 土地使用权抵押（189） 土地使用权抵押的程序（191） 闲置土地抵押（194） 国有土地使用权抵押（195） 出让土地使用权抵押（198） 划拨土地使用权抵押（199） 划拨土地使用权抵押的条件（202） 划拨土地使用权抵押的程序（204） 划拨土地使用权出让金（206） 集体所有的土地使用权抵押（207） 集体所有的土地使用权抵押的范围（208） 四荒土地使用权的抵押（210） 林木抵押（210） 林地使用权抵押（211） 民用航空器抵押（212） 船舶抵押（213） 船舶抵押的范围（215） 渔业船舶抵押（216） 车辆抵押（217） 企业动产的抵押（218） 禁止抵押物的范围（219） 土地所有权抵押的禁止（221） 禁止抵押的土地使用权（222） 耕地抵押的禁止（223） 宅基地抵押的禁止（224） 自留山和自留地抵押的禁止（225） 社会公益设施抵押的禁止（226） 教育设施抵押的禁止（226） 医疗卫生设施抵押的禁止（227） 权属不明财产抵押的禁止（228） 被查封、扣押、监管财产抵押的禁止（230） 违章、违法建筑物抵押的禁止（231） 不得抵押的其他财产（232）

【抵押权】

法律问题解读

抵押权是指债务人或者第三人不转移对抵押财产的占有，将该财产作为债权的担保，在债务人不履行债务时，债权人依法以该财产折价或者拍卖、变卖的价款优先受偿的权利。理解抵押权应把握以下三点：

1. 抵押权是债务人或者第三人就其特定财产设定的。该特定财产可以是不动产，如房屋、土地、林木等；也可以是动产，如飞机、车辆、船舶等。抵押权设定后，抵押人不转移抵押财产给抵押权人，抵押人仍享有对抵押物的占有、使用和收益的权利。这一点不同于担保物权中的动产质权和留置权，它们的成立必须转移对担保财产的占有。

2. 抵押权从属于主债权。抵押权是为担保债权实现而设立的一种权利，它以其担保的债权存在为前提，没有债权不可能有抵押权。抵押权与其所担保的债权同时存在，债权因履行、抵消、提存消灭时，抵押权随之消灭。我国《担保法》第50条规定："抵押权不得与债权分离而单独转让或者作为其他债权的担保。"因此，仅仅转让抵押权或者仅仅以抵押权作为其他债权的担保的,该转让或者担保行为无效。

3. 抵押权人有权就抵押物卖得的价款优先受偿。优先受偿,指当债务人有多个债权人,其财产不足清偿全部债权时,有抵押权的债权人可以优先于其他债权人而受到清偿。需要注意的是,抵押权人的优先受偿权只有在债务清偿期届满,债务人不履行债务时才享有。清偿期未届满,抵押权人无权拍卖、变卖抵押物优先受偿。

法条指引

❶《中华人民共和国民法通则》(1986 年 4 月 12 日 主席令公布)

第八十九条 依照法律的规定或者按照当事人的约定,可以采用下列方式担保债务的履行:

(一)保证人向债权人保证债务人履行债务,债务人不履行债务的,按照约定由保证人履行或者承担连带责任;保证人履行债务后,有权向债务人追偿。

(二)债务人或者第三人可以提供一定的财产作为抵押物。债务人不履行债务的,债权人有权依照法律的规定以抵押物折价或者以变卖抵押物的价款优先得到偿还。

(三)当事人一方在法律规定的范围内可以向对方给付定金。债务人履行债务后,定金应当抵作价款或者收回。给付定金的一方不履行债务的,无权要求返还定金;接受定金的一方不履行债务的,应当双倍返还定金。

(四)按照合同约定一方占有对方的财产,对方不按照合同给付应付款项超过约定期限的,占有人有权留置该财产,依照法律的规定以留置财产折价或者以变卖该财产的价款优先得到偿还。

❷《中华人民共和国担保法》(1995 年 6 月 30 日 主席令公布)

第三十三条 本法所称抵押,是指债务人或者第三人不转移对本法第三十四条所列财产的占有,将该财产作为债权的担保。债务人不履行债务时,债权人有权依照本法规定以该财产折价或者以拍卖、变卖该财产的价款优先受偿。

前款规定的债务人或者第三人为抵押人,债权人为抵押权人,提供担保的财产为抵押物。

第五十条 抵押权不得与债权分离而单独转让或者作为其他债权的担保。

第五十二条 抵押权与其担保的债权同时存在,债权消灭的,抵押权也消灭。

❸《中华人民共和国海商法》(1992 年 11 月 7 日 主席令公布)

第十一条 船舶抵押权,是指抵押权人对于抵押人提供的作为债务担保的船舶,在抵押人不履行债务时,可以依法拍卖,从卖得的价款中优先受偿的权利。

❹《中华人民共和国物权法》(2007 年 3 月 16 日主席令公布 2007 年 10 月 1 日施行)

第一百七十七条 有下列情形之一的,担保物权消灭:

(一)主债权消灭;

(二)担保物权实现;

(三)债权人放弃担保物权;

(四)法律规定担保物权消灭的其他情形。

第一百七十九条 为担保债务的履行,债务人或者第三人不转移财产的占有,将该财产抵押给债权人的,债务人不履行到期债务或者发生当事人约定的实现抵押权的情形,债权人有权就该财产优先受偿。

前款规定的债务人或者第三人为抵押人,债权人为抵押权人,提供担保的财产为抵押财产。

第一百九十二条 抵押权不得与债权分离而单独转让或者作为其他债权的担保。债权转让的,担保该债权的抵押权一并转让,但法律另有规定或者当事人另有约定的除外。

第一百九十五条 债务人不履行到期债务或者发生当事人约定的实现抵押权的情形,抵押权人可以与抵押人协议以抵押财产折价或者以拍卖、变卖该抵押财产所得的价款优先受偿。协议损害其他债权人利益的,其他债权人可以在知道或者应当知道撤销事由之日起一年内请求人民法院撤销该协议。

抵押权人与抵押人未就抵押权实现方式达成协议的,抵押权人可以请求人民法院拍卖、变卖抵押财产。

抵押财产折价或者变卖的,应当参照市场价格。

❺《最高人民法院关于贯彻执行〈中华人民共和国民法通则〉若干问题的意见(试行)》(1988 年 1 月 26 日发布)

116. 有要求清偿银行贷款和其他债权等数个债权人的,有抵押权的债权人应享有优先受偿的权利。法律、法规另有规定的除外。

❻《最高人民法院关于适用〈中华人民共和国担保法〉若干问题的解释》(2000 年 12 月 13 日发布)

第五十一条 抵押人所担保的债权超出其抵押物价值的，超出的部分不具有优先受偿的效力。

第七十一条 主债权未受全部清偿的，抵押权人可以就抵押物的全部行使其抵押权。

抵押物被分割或者部分转让的，抵押权人可以就分割或者转让后的抵押物行使抵押权。

第七十二条 主债权被分割或者部分转让的，各债权人可以就其享有的债权份额行使抵押权。

主债务被分割或者部分转让的，抵押人仍以其抵押物担保数个债务人履行债务。但是，第三人提供抵押的，债权人许可债务人转让债务未经抵押人书面同意的，抵押人对未经其同意转让的债务，不再承担担保责任。

案例链接

❶《郑州铁路局郑州房屋修建中心与中国农业银行股份有限公司郑州花园支行抵押借款合同纠纷再审案》，参见北大法宝引证码：Pkulaw. cn/CLI. C. 287159。

❷《禹州市农村信用合作联社郭连信用社与杨先妮等抵押合同纠纷上诉案》，参见北大法宝引证码：Pkulaw. cn/CLI. C. 280217。

❸《程洪亮诉杨定军等抵押合同纠纷案》，参见北大法宝引证码：Pkulaw. cn/CLI. C. 257833。

学者观点

❶ 罗越明、吴东亮：《〈物权法〉抵押权强制实现制度的性质及适用》，参见北大法宝引证码：Pkulaw. cn/CLI. A. 1128330。

❷ 王全弟、盛宏观：《抵押权顺位升进主义与固定主义之选择》，参见北大法宝引证码：Pkulaw. cn/CLI. A. 1117891。

❸ 孙鹤、王勤劳：《抵押权与租赁权的冲突与协调》，参见北大法宝引证码：Pkulaw. cn/CLI. A. 1145088。

【抵押人】

法律问题解读

抵押人是指为担保债的履行而提供抵押物的债务人或者第三人。

抵押人应是抵押物的所有人或者有权处分的人，可以是自然人，也可以是法人。由于抵押会导致抵押权人将抵押物变价从而从中优先受偿，因此，对抵押人要有所限制。这种限制主要有两种情况：1. 国家机关不得为他人提供抵押。这是因为国家机关负担着管理国家事务的职能，其可从事的民事活动仅以履行其管理职责必要者为限，其并不具有从事担保活动的民事能力。2. 以公益为目的的事业单位、社会团体不得以其教育设施、医疗设施设定抵押。但为了促进这些公益事业单位和社会团体的融资和自身事业的发展，最高人民法院《关于担保法若干问题的解释》又规定，以上单位和团体以其教育设施、医疗卫生设施和其他社会公益设施以外的财产为自身的债务设定抵押的，抵押有效。此外，我国《公司法》还规定，董事、经理不得以公司资产为本公司的股东或者其他个人债务提供抵押。

由于抵押权设定后，抵押人不需转移抵押物的占有，抵押人对抵押物仍享有使用、收益和处分的权利。抵押人可以就抵押物的剩余价值设定其他的抵押权，也可以在抵押物上设定用益物权，如将抵押物出租。值得注意的是，在物权法出台之后，抵押期间，抵押人未经抵押权人同意，不得转让抵押财产，但受让人代为清偿债务消灭抵押权的除外。如果抵押物未经登记的，抵押人可以不经以上手续而将抵押物转让，但因此给抵押权人造成损失的，抵押人应承担赔偿责任。

法条指引

❶**《中华人民共和国担保法》**（1995年6月30日 主席令公布）

第三十三条 本法所称抵押，是指债务人或者第三人不转移对本法第三十四条所列财产的占有，将该财产作为债权的担保。债务人不履行债务时，债权人有权依照本法规定以该财产折价或者以拍卖、变卖该财产的价款优先受偿。

前款规定的债务人或者第三人为抵押人，债权人为抵押权人，提供担保的财产为抵押物。

第三十五条 抵押人所担保的债权不得超出其抵押物的价值。

财产抵押后，该财产的价值大于所担保债权的余额部分，可以再次抵押，但不得超出其余额部分。

第四十九条 抵押期间，抵押人转让已办理登记的抵押物的，应当通知抵押权人并告知受让人转让物已经抵押的情况；抵押人未通知抵押权人或者未告知受让人的，转让行为无效。

转让抵押物的价款明显低于其价值的，抵押权人可以要求抵押人提供相应的担保；抵押人不提供的，不得转让抵押物。

抵押人转让抵押物所得的价款，应当向抵押权人提前清偿所担保的债权或者向与抵押权人约定的第三人提存。超过债权数额的部分，归抵押人所有，不足部分由债务人清偿。

❷《中华人民共和国公司法》（2005年10月27日修正公布）

第十六条 公司向其他企业投资或者为他人提供担保，依照公司章程的规定，由董事会或者股东会、股东大会决议；公司章程对投资或者担保的总额及单项投资或者担保的数额有限额规定的，不得超过规定的限额。

公司为公司股东或者实际控制人提供担保的，必须经股东会或者股东大会决议。

前款规定的股东或者受前款规定的实际控制人支配的股东，不得参加前款规定事项的表决。该项表决由出席会议的其他股东所持表决权的过半数通过。

❸《中华人民共和国物权法》（2007年3月16日主席令公布 2007年10月1日施行）

第一百八十四条 下列财产不得抵押：

（一）土地所有权；

（二）耕地、宅基地、自留地、自留山等集体所有的土地使用权，但法律规定可以抵押的除外；

（三）学校、幼儿园、医院等以公益为目的的事业单位、社会团体的教育设施、医疗卫生设施和其他社会公益设施；

（四）所有权、使用权不明或者有争议的财产；

（五）依法被查封、扣押、监管的财产；

（六）法律、行政法规规定不得抵押的其他财产。

第一百八十一条 经当事人书面协议，企业、个体工商户、农业生产经营者可以将现有的以及将有的生产设备、原材料、半成品、产品抵押，债务人不履行到期债务或者发生当事人约定的实现抵押权的情形，债权人有权就实现抵押权时的动产优先受偿。

第一百九十一条 抵押期间，抵押人经抵押权人同意转让抵押财产的，应当将转让所得的价款向抵押权人提前清偿债务或者提存。转让的价款超过债权数额的部分归抵押人所有，不足部分由债务人清偿。

抵押期间，抵押人未经抵押权人同意，不得转让抵押财产，但受让人代为清偿债务消灭抵押权的除外。

❹《最高人民法院关于适用〈中华人民共和国担保法〉若干问题的解释》（2000年12月13日发布）

第五十一条 抵押人所担保的债权超出其抵押物价值的，超出的部分不具有优先受偿的效力。

第七十一条 主债权未受全部清偿的，抵押权人可以就抵押物的全部行使其抵押权。

抵押物被分割或者部分转让的，抵押权人可以就分割或者转让后的抵押物行使抵押权。

第七十二条 主债权被分割或者部分转让的，各债权人可以就其享有的债权份额行使抵押权。

主债务被分割或者部分转让的，抵押人仍以其抵押物担保数个债务人履行债务。但是，第三人提供抵押的，债权人许可债务人转让债务未经抵押人书面同意的，抵押人对未经其同意转让的债务，不再承担担保责任。

❺《最高人民法院关于贯彻执行〈中华人民共和国民法通则〉若干问题的意见（试行）》（1988年1月26日发布）

116. 有要求清偿银行贷款和其他债权等数个债权人的，有抵押权的债权人应享有优先受偿的权利。法律、法规另有规定的除外。

❻《住房公积金财务管理办法》（1999年5月26日 财政部发布）

第三十九条 公积金中心下列行为属违纪或违法行为：（一）集中使用和运作住房公积金以外的住房资金；（二）在指定委托银行以外的其他金融机构开户，并办理住房公积金存贷款等金融业务；（三）直接办理住房公积金贷款或借款业务；（四）直接或委托银行办理职工购买、建造、翻建、大修自用住房贷款以外的其他贷款或借款业务；（五）不执行国家规定的住房公积金存贷款利率；（六）转移、挪用住房公积金本金、职工住房公积金存款利息、住房公积金贷款风险准备金、城市廉租住房建设补充资金；（七）截留、坐支业务收入或增值收益；（八）在业务收入或住房公积金增值收益中坐支管理费用；（九）列支公积金中心业务范围以外的其他费用；擅自扩大开支标准和范围；（十）擅自设立项目乱收费；（十一）超越规定标准和范围支付手续费；（十二）向他人提供担保或抵押贷款；（十三）不按规定与受托银行签定委托合同；（十四）不按规定办理住房公积金账户的设立、缴存、归还等手续；（十五）不按规定为职工建立住房公积金明细账，记载职工个人住房公积金的缴存、提取情况；（十六）其他违反国家法律、法规和财政、财务制度的行为。

学者观点

❶ 莫极端:《抵押人盗走抵押物应如何定性?》,参见北大法宝引证码:Pkulaw. cn/CLI. A. 156276。

❷ 李少波:《该抵押人应否负担保责任——兼论抵押期限的几个问题》,参见北大法宝引证码:Pkulaw. cn/CLI. A. 147759。

❸ 陆晓伟:《对借款展期未同意之抵押人责任》,参见北大法宝引证码:Pkulaw. cn/CLI. A. 158323。

【抵押权人】

法律问题解读

抵押权人是指接受抵押物担保的债权人。抵押权人具有债权人和抵押担保物权人的双重身份。除了优先受偿权外,抵押权人还具有以下两项权利:

1. 对抵押权的处分权,即抵押权人享有让与或者抛弃抵押权,将抵押权与债权一起作担保等权利。抵押权性质上属于非专属性的财产权,抵押权人可以将其转让给第三人或者抛弃。

2. 抵押权人有保全其抵押权的权利。在抵押法律关系中,抵押权人不占有抵押物,于抵押权实现前,如果抵押人的行为有害于抵押物,致使抵押物的价值减少,则将来实现抵押权、拍卖抵押物时,抵押权人就很难将其变卖而受完全清偿。因此,法律赋予抵押权人保全其抵押权的权利。在抵押权实行前,当抵押人的行为足以使抵押物价值减少时,抵押权人有权要求抵押人停止其行为。因请求停止其行为或因为必要保全处分所生的费用由抵押人承担。因可归责于抵押人的事由致使抵押物价值实际减少时,抵押权人得请求抵押人回复抵押物原状或提出与减少价值相当的担保。需注意的是,抵押物非因抵押人故意或过失而价值减少时,抵押权人则仅于抵押人受损害赔偿的限度内,请求提出担保。抵押人如未受有赔偿,抵押权人无权请求提出担保。

法条指引

❶《中华人民共和国担保法》(1995年6月30日 主席令公布)

第三十三条 本法所称抵押,是指债务人或者第三人不转移对本法第三十四条所列财产的占有,将该财产作为债权的担保。债务人不履行债务时,债权人有权依照本法规定以该财产折价或者以拍卖、变卖该财产的价款优先受偿。

前款规定的债务人或者第三人为抵押人,债权人为抵押权人,提供担保的财产为抵押物。

第五十一条 抵押人的行为足以使抵押物价值减少的,抵押权人有权要求抵押人停止其行为。抵押物价值减少时,抵押权人有权要求抵押人恢复抵押物的价值,或者提供与减少的价值相当的担保。

抵押人对抵押物价值减少无过错的,抵押权人只能在抵押人因损害而得到的赔偿范围内要求提供担保。抵押物价值未减少的部分,仍作为债权的担保。

❷《中华人民共和国物权法》(2007年3月16日主席令公布 2007年10月1日施行)

第一百七十九条 为担保债务的履行,债务人或者第三人不转移财产的占有,将该财产抵押给债权人的,债务人不履行到期债务或者发生当事人约定的实现抵押权的情形,债权人有权就该财产优先受偿。

前款规定的债务人或者第三人为抵押人,债权人为抵押权人,提供担保的财产为抵押财产。

第一百九十一条 抵押期间,抵押人经抵押权人同意转让抵押财产的,应当将转让所得的价款向抵押权人提前清偿债务或者提存。转让的价款超过债权数额的部分归抵押人所有,不足部分由债务人清偿。

抵押期间,抵押人未经抵押权人同意,不得转让抵押财产,但受让人代为清偿债务消灭抵押权的除外。

第一百九十二条 抵押权不得与债权分离而单独转让或者作为其他债权的担保。债权转让的,担保该债权的抵押权一并转让,但法律另有规定或者当事人另有约定的除外。

第一百九十三条 抵押人的行为足以使抵押财产价值减少的,抵押权人有权要求抵押人停止其行为。抵押财产价值减少的,抵押权人有权要求恢复抵押财产的价值,或者提供与减少的价值相应的担保。抵押人不恢复抵押财产的价值也不提供担保的,抵押权人有权要求债务人提前清偿债务。

第一百九十四条 抵押权人可以放弃抵押权或者抵押权的顺位。抵押权人与抵押人可以协议变更抵押权顺位以及被担保的债权数额等内容,但抵押权的变更,未经其他抵押权人书面同意,不得对其他抵押权人产生不利影响。

债务人以自己的财产设定抵押，抵押权人放弃该抵押权、抵押权顺位或者变更抵押权的，其他担保人在抵押权人丧失优先受偿权益的范围内免除担保责任，但其他担保人承诺仍然提供担保的除外。

第一百九十五条 债务人不履行到期债务或者发生当事人约定的实现抵押权的情形，抵押权人可以与抵押人协议以抵押财产折价或者以拍卖、变卖该抵押财产所得的价款优先受偿。协议损害其他债权人利益的，其他债权人可以在知道或者应当知道撤销事由之日起一年内请求人民法院撤销该协议。

抵押权人与抵押人未就抵押权实现方式达成协议的，抵押权人可以请求人民法院拍卖、变卖抵押财产。

抵押财产折价或者变卖的，应当参照市场价格。

❸《最高人民法院关于适用〈中华人民共和国担保法〉若干问题的解释》（2000 年 12 月 13 日发布）

第七十条 抵押人的行为足以使抵押物价值减少的，抵押权人请求抵押人恢复原状或提供担保遭到拒绝时，抵押权人可以请求债务人履行债务，也可以请求提前行使抵押权。

学者观点

❶ 陶丽琴：《论抵押权人的抵押物保险金请求权》，参见北大法宝引证码：Pkulaw.cn/CLI.A.184652。

❷ 郭明瑞、孙启生：《简论抵押权人的权利》，参见北大法宝引证码：Pkulaw.cn/CLI.A.11221。

【抵押权的设定】

法律问题解读

抵押权作为一项担保物权，由当事人自愿设定。当事人通过订立抵押合同来设定抵押权。《担保法》和《物权法》规定，抵押人和抵押权人应以书面形式订立抵押合同。当事人可以订立单独的书面抵押合同来设定抵押权，也可以在主合同中订立相关的抵押条款来设定抵押权。抵押人和抵押权人原则上不能通过口头合同的形式来设定抵押权。

《物权法》规定，依据有关规定需要办理抵押物登记的，就建设物和其他土地附着物，建设用地使用权，以招标、拍卖、公开协商等方式取得的荒地等土地承包经营权或正在建造的建筑物等，抵押权自登记时设立。而以生产设备，原材料、半成品，产品，交通工具，正在建造的船舶航定器设定抵押的，抵押权自抵押合同生效时设立，未经登记不得对抗善意第三人。可见，《物权法》区分了抵押合同与抵押权的生效，修改了《担保法》的相关规定。抵押合同生效与抵押权生效不再混为一谈，登记不再是抵押合同的生效要件，而是抵押权成立的生效要件或对抗要件。依《物权法》第 178 条的规定，《担保法》与《物权法》不一致的，优先适用《物权法》，因此，就登记对抵押合同与抵押权的关系这一问题，应当适用《物权法》的相关规定。

《担保法》明文规定了抵押合同应当包括的内容。当抵押合同对被担保的主债权种类、抵押财产没有约定或者约定不明时，依据主合同和抵押合同不能补正或者无法推定的，抵押不成立。另外，当事人在抵押合同中约定，债务履行期届满抵押权人未受清偿时，抵押物的所有权转移为债权人所有的内容无效。但该内容的无效不影响抵押合同其他部分内容的效力。

法条指引

❶《中华人民共和国担保法》（1995 年 6 月 30 日 主席令公布）

第三十八条 抵押人和抵押权人应当以书面形式订立抵押合同。

第三十九条 抵押合同应当包括以下内容：

（一）被担保的主债权种类、数额；

（二）债务人履行债务的期限；

（三）抵押物的名称、数量、质量、状况、所在地、所有权权属或者使用权权属；

（四）抵押担保的范围；

（五）当事人认为需要约定的其他事项。

抵押合同不完全具备前款规定内容的，可以补正。

第四十一条 当事人以本法第四十二条规定的财产抵押的，应当办理抵押物登记，抵押合同自登记之日起生效。

❷《中华人民共和国合同法》（1999 年 3 月 15 日 主席令公布）

第十条 当事人订立合同，有书面形式、口头形式和其他形式。

法律、行政法规规定采用书面形式的，应当

采用书面形式。当事人约定采用书面形式的,应当采用书面形式。

第二十五条 承诺生效时合同成立。

第四十四条 依法成立的合同,自成立时生效。

法律、行政法规规定应当办理批准、登记等手续生效的,依照其规定。

❸《中华人民共和国城市房地产管理法》(2007年8月30日修正 主席令公布)

第四十九条 房地产抵押,应当凭土地使用权证书、房屋所有权证书办理。

第五十条 房地产抵押,抵押人和抵押权人应当签订书面抵押合同。

❹《中华人民共和国海商法》(1992年11月7日 主席令公布)

第十二条 船舶所有人或者船舶所有人授权的人可以设定船舶抵押权。

船舶抵押权的设定,应当签订书面合同。

❺《中华人民共和国物权法》(2007年3月16日主席令公布 2007年10月1日施行)

第一百八十五条 设立抵押权,当事人应当采取书面形式订立抵押合同。

抵押合同一般包括下列条款:

(一)被担保债权的种类和数额;

(二)债务人履行债务的期限;

(三)抵押财产的名称、数量、质量、状况、所在地、所有权归属或者使用权归属;

(四)担保的范围。

第一百八十七条 以本法第一百八十条第一款第一项至第三项规定的财产或者第五项规定的正在建造的建筑物抵押的,应当办理抵押登记。抵押权自登记时设立。

第一百八十八条 以本法第一百八十条第一款第四项、第六项规定的财产或者第五项规定的正在建造的船舶、航空器抵押的,抵押权自抵押合同生效时设立;未经登记,不得对抗善意第三人。

❻《最高人民法院关于适用〈中华人民共和国担保法〉若干问题的解释》(2000年12月13日发布)

第五十六条 抵押合同对被担保的主债权种类、抵押财产没有约定或者约定不明,根据主合同和抵押合同不能补正或者无法推定的,抵押不成立。

法律规定登记生效的抵押合同签订后,抵押人违背诚实信用原则拒绝办理抵押登记致使债权人受到损失的,抵押人应当承担赔偿责任。

第五十七条 当事人在抵押合同中约定,债务履行期届满抵押权人未受清偿时,抵押物的所有权转移为债权人所有的内容无效。该内容的无效不影响抵押合同其他部分内容的效力。

债务履行期届满抵押权人未受清偿时,抵押权人和抵押人可以协议以抵押物折价取得抵押物。但是,损害顺序在后的担保物权人和其他债权人利益的,人民法院可以适用《合同法》第七十四条、第七十五条的有关规定。

❼《中华人民共和国城镇国有土地使用权出让和转让暂行条例》(1990年5月19日 国务院令发布)

第三十四条 土地使用权抵押,抵押人与抵押权人应当签订抵押合同。

抵押合同不得违背国家法律、法规和土地使用权出让合同的规定。

第三十五条 土地使用权和地上建筑物、其他附着物抵押,应当依照规定办理抵押登记。

案例链接

❶《襄城县农村信用合作联社诉江河实业有限公司等抵押担保借款合同纠纷案》,参见北大法宝引证码:Pkulaw. cn/CLI. C. 286754。

❷《新疆恒昌典当有限责任公司与蔡永生等抵押合同纠纷上诉案》,参见北大法宝引证码:Pkulaw. cn/CLI. C. 286789。

❸《田小建等与温县农村信用合作联社抵押担保借款合同纠纷上诉案》,参见北大法宝引证码:Pkulaw. cn/CLI. C. 253561。

学者观点

❶ 曹士兵:《我国〈物权法〉关于抵押权实现的规定》,参见北大法宝引证码:Pkulaw. cn/CLI. A. 1109039。

❷ 罗思荣、梅瑞琦:《抵押权追及效力理论之重构》,参见北大法宝引证码:Pkulaw. cn/CLI. A. 1109500。

❸ 陈祥健:《抵押权次序立法例的多视角评判及其选择》,参见北大法宝引证码:Pkulaw. cn/CLI. A. 110319。

【抵押物】

法律问题解读

抵押物是指债务人或者第三人用于设定抵押

权的财产。抵押物可以由债务人提供，也可以由债务人以外的第三人提供。抵押物可为不动产，亦可为动产，范围十分广泛。但由于抵押权为优先受偿权，因此，法律对抵押物的范围作了一定的限制。

《担保法》与《物权法》均规定了可以抵押的财产，同时也规定了不得抵押的财产。依逻辑推理，可以抵押的财产以外的财产，都应为不得抵押的财产；反过来，不得抵押的财产以外的财产都应为可以抵押的财产。就抵押权的特性来说，抵押物须具备以下条件：

1. 抵押物必须具有价值和可转让性。不具有交换价值或者虽具有价值但不可让与的财产，无法实现其变价，不能成为抵押权的标的，即抵押物。

2. 经使用、收益不会损毁其价值的财产。若经使用、收益就会损毁其价值，也就无法保障抵押权人的利益。

具备以上两个条件的财产应当都可以设定抵押，成为抵押物。

除了《担保法》中对可以抵押的财产和不可以抵押的财产作了集中的规定外，其他法律和许多行政法规、规章都对可以抵押和不可以抵押的财产作了规定。在以特定财产设定抵押时，应参照其中的相关规定，以免因抵押物违反其中的禁止性规定而致使抵押无效。

法条指引

❶《中华人民共和国担保法》（1995年6月30日 主席令公布）

第三十四条 下列财产可以抵押：

（一）抵押人所有的房屋和其他地上定着物；

（二）抵押人所有的机器、交通运输工具和其他财产；

（三）抵押人依法有权处分的国有的土地使用权、房屋和其他地上定着物；

（四）抵押人依法有权处分的国有的机器、交通运输工具和其他财产；

（五）抵押人依法承包并经发包方同意抵押的荒山、荒沟、荒丘、荒滩等荒地的土地使用权；

（六）依法可以抵押的其他财产。

抵押人可以将前款所列财产一并抵押。

❷《中华人民共和国城市房地产管理法》（1994年7月5日 主席公布 2007年8月30日修正）

第四十八条 依法取得的房屋所有权连同该房屋占用范围的土地使用权，可以设定抵押权。

以出让方式取得的土地使用权，可以设定抵押权。

第五十二条 房地产抵押合同签订后，土地上新增的房屋不属于抵押财产。需要拍卖该抵押的房地产时，可以依法将土地上新增的房屋与抵押财产一同拍卖，但对拍卖新增房屋所得，抵押权人无权优先受偿。

❸《中华人民共和国民法通则》（1986年4月12日 主席令公布）

第八十九条 依照法律的规定或者按照当事人的约定，可以采用下列方式担保债务的履行：

（一）保证人向债权人保证债务人履行债务，债务人不履行债务的，按照约定由保证人履行或者承担连带责任；保证人履行债务后，有权向债务人追偿。

（二）债务人或者第三人可以提供一定的财产作为抵押物。债务人不履行债务的，债权人有权依照法律的规定以抵押物折价或者以变卖抵押物的价款优先得到偿还。

（三）当事人一方在法律规定的范围内可以向对方给付定金。债务人履行债务后，定金应当抵作价款或者收回。给付定金的一方不履行债务的，无权要求返还定金；接受定金的一方不履行债务的，应当双倍返还定金。

（四）按照合同约定一方占有对方的财产，对方不按照合同给付应付款项超过约定期限的，占有人有权留置该财产，依照法律的规定以留置财产折价或者以变卖该财产的价款优先得到偿还。

❹《中华人民共和国物权法》（2007年3月16日 主席令公布 2007年10月1日施行）

第一百八十条 债务人或者第三人有权处分的下列财产可以抵押：

（一）建筑物和其他土地附着物；

（二）建设用地使用权；

（三）以招标、拍卖、公开协商等方式取得的荒地等土地承包经营权；

（四）生产设备、原材料、半成品、产品；

（五）正在建造的建筑物、船舶、航空器；

（六）交通运输工具；

（七）法律、行政法规未禁止抵押的其他财产。

抵押人可以将前款所列财产一并抵押。

第一百八十一条 经当事人书面协议，企业、个体工商户、农业生产经营者可以将现有的以及将有的生产设备、原材料、半成品、产品抵押，债务人不履行到期债务或者发生当事人约定的实现抵押权的情形，债权人有权就实现抵押权时的动产优先受偿。

第一百八十四条 下列财产不得抵押：

（一）土地所有权；

（二）耕地、宅基地、自留地、自留山等集体所有的土地使用权，但法律规定可以抵押的除外；

（三）学校、幼儿园、医院等以公益为目的的事业单位、社会团体的教育设施、医疗卫生设施和其他社会公益设施；

（四）所有权、使用权不明或者有争议的财产；

（五）依法被查封、扣押、监管的财产；

（六）法律、行政法规规定不得抵押的其他财产。

❺《**最高人民法院关于适用〈中华人民共和国担保法〉若干问题的解释**》（2000年12月13日发布）

第四十七条 以依法获准尚未建造的或者正在建造中的房屋或者其他建筑物抵押的，当事人办理了抵押物登记，人民法院可以认定抵押有效。

第五十条 以《担保法》第三十四条第一款所列财产一并抵押的，抵押财产的范围应当以登记的财产为准。抵押财产的价值在抵押权实现时予以确定。

第六十二条 抵押物因附合、混合或者加工使抵押物的所有权为第三人所有的，抵押权的效力及于补偿金；抵押物所有人为附合物、混合物或者加工物的所有人的，抵押权的效力及于附合物、混合物或者加工物；第三人与抵押物所有人为附合物、混合物或者加工物的共有人的，抵押权的效力及于抵押人对共有物享有的份额。

第六十三条 抵押权设定前为抵押物的从物的，抵押权的效力及于抵押物的从物。但是，抵押物与其从物为两个以上的人分别所有时，抵押权的效力不及于抵押物的从物。

❻《**中华人民共和国城镇国有土地使用权出让和转让暂行条例**》（1990年5月19日 国务院令发布）

第三十二条 土地使用权可以抵押。

第三十三条 土地使用权抵押时，其地上建筑物、其他附着物随之抵押。

地上建筑物、其他附着物抵押时，其使用范围内的土地使用权随之抵押。

❼《**最高人民法院关于贯彻执行〈中华人民共和国民法通则〉若干问题的意见（试行）**》（1988年1月26日发布）

113. 以自己不享有所有权或者经营管理权的财产作抵押物的，应当认定抵押无效。

以法律限制流通的财产作为抵押物的，在清偿债务时，应当由有关部门收购，抵押权人可以从价款中优先受偿。

❽《**个人住房贷款管理办法**》（1998年5月9日 中国人民银行发布）

第十五条 贷款抵押物应当符合《中华人民共和国担保法》第三十四条的规定。《中华人民共和国担保法》第三十七条规定不得抵押的财产，不得用于贷款抵押。

学者观点

❶ 陈永强、王建东：《论抵押物转让的法律效果——以对我国〈物权法〉第191条的解释为中心》，参见北大法宝引证码：Pkulaw. cn/CLI. A. 1135806。

❷ 梁上上、贝金欣：《抵押物转让中的利益衡量与制度设计》，参见北大法宝引证码：Pkulaw. cn/CLI. A. 133962。

❸ 马立源：《抵押物之灭失对抵押权的影响》，参见北大法宝引证码：Pkulaw. cn/CLI. A. 170946。

【抵押物的范围】

法律问题解读

抵押物的范围是指抵押人提供的用于保证债权人的债权得以实现的抵押财产的范围。在我国，抵押物不以不动产为限，抵押物还包括不动产用益物权和动产。但是，由于抵押权实现的方式通常为拍卖，实现的结果会发生财产所有权或经营权的转移，因此抵押物必须是法律允许转让和强制执行的财产。法律禁止转让和强制执行的财产，则不能成为抵押物。抵押物主要包括以下一些财产：

1. 不动产。在我国，由于土地公有制，土地所有权不能抵押，可以抵押的不动产只有房屋和其他地上定着物。其他地上定着物是指除房屋以外的固定且附着于土地之物，如桥梁、大坝等。需要注意的是，以依法定程序确认违法、违章的建筑物抵押的，抵押无效。

2. 动产。除禁止流通物外，其他动产，如机器设备、交通工具、原材料、半成品、农产品、林产品、矿产品、库存商品等均可抵押。限制流通物也可以抵押，但以法律限制流通的财产为抵押物的，在清偿债务时，应当由有关部门收购，抵押权人从价款中优先受偿。

3. 不动产用益物权。按现行法律规定，可以抵押的不动产用益物权仅有土地使用权，且受到法律法规的严格限制。以出让、划拨方式取得的国有土地使用权在经过一定的程序后可以抵押。乡（镇）、村企业的土地使用权不能单独抵押，只能与乡（镇）、村企业的厂房等建筑物一并抵押。

法条指引

❶《中华人民共和国担保法》（1995年6月30日 主席令公布）

第三十四条 下列财产可以抵押：
（一）抵押人所有的房屋和其他地上定着物；
（二）抵押人所有的机器、交通运输工具和其他财产；
（三）抵押人依法有权处分的国有的土地使用权、房屋和其他地上定着物；
（四）抵押人依法有权处分的国有的机器、交通运输工具和其他财产；
（五）抵押人依法承包并经发包方同意抵押的荒山、荒沟、荒丘、荒滩等荒地的土地使用权；
（六）依法可以抵押的其他财产。
抵押人可以将前款所列财产一并抵押。

第三十六条 以依法取得的国有土地上的房屋抵押的，该房屋占用范围内的国有土地使用权同时抵押。
以出让方式取得的国有土地使用权抵押的，应当将抵押时该国有土地上的房屋同时抵押。
乡（镇）、村企业的土地使用权不得单独抵押。以乡（镇）、村企业的厂房等建筑物抵押的，其占用范围内的土地使用权同时抵押。

第三十七条 下列财产不得抵押：
（一）土地所有权；
（二）耕地、宅基地、自留地、自留山等集体所有的土地使用权，但本法第三十四条第（五）项、第三十六条第三款规定的除外；
（三）学校、幼儿园、医院等以公益为目的的事业单位、社会团体的教育设施、医疗卫生设施和其他社会公益设施；
（四）所有权、使用权不明或者有争议的财产；
（五）依法被查封、扣押、监管的财产；
（六）依法不得抵押的其他财产。

❷《中华人民共和国物权法》（2007年3月16日 主席令公布 2007年10月1日施行）

第一百八十条 债务人或者第三人有权处分的下列财产可以抵押：
（一）建筑物和其他土地附着物；
（二）建设用地使用权；
（三）以招标、拍卖、公开协商等方式取得的荒地等土地承包经营权；
（四）生产设备、原材料、半成品、产品；
（五）正在建造的建筑物、船舶、航空器；
（六）交通运输工具；
（七）法律、行政法规未禁止抵押的其他财产。
抵押人可以将前款所列财产一并抵押。

第一百八十一条 经当事人书面协议，企业、个体工商户、农业生产经营者可以将现有的以及将有的生产设备、原材料、半成品、产品抵押，债务人不履行到期债务或者发生当事人约定的实现抵押权的情形，债权人有权就实现抵押权时的动产优先受偿。

第一百八十二条 以建筑物抵押的，该建筑物占用范围内的建设用地使用权一并抵押。以建设用地使用权抵押的，该土地上的建筑物一并抵押。
抵押人未依照前款规定一并抵押的，未抵押的财产视为一并抵押。

第一百八十三条 乡镇、村企业的建设用地使用权不得单独抵押。以乡镇、村企业的厂房等建筑物抵押的，其占用范围内的建设用地使用权一并抵押。

第一百八十四条 下列财产不得抵押：
（一）土地所有权；
（二）耕地、宅基地、自留地、自留山等集体所有的土地使用权，但法律规定可以抵押的除外；
（三）学校、幼儿园、医院等以公益为目的的事业单位、社会团体的教育设施、医疗卫生设施和其他社会公益设施；
（四）所有权、使用权不明或者有争议的财产；
（五）依法被查封、扣押、监管的财产；
（六）法律、行政法规规定不得抵押的其他财产。

❸《中华人民共和国城镇国有土地使用权出让和转让暂行条例》（1990年5月19日 国务院令发布）

第三十二条 土地使用权可以抵押。

第三十三条　土地使用权抵押时，其地上建筑物、其他附着物随之抵押。

地上建筑物、其他附着物抵押时，其使用范围内的土地使用权随之抵押。

第四十四条　划拨土地使用权，除本条例第四十五条规定的情况外，不得转让、出租、抵押。

第四十五条　符合下列条件的，经市、县人民政府土地管理部门和房产管理部门批准，其划拨土地使用权和地上建筑物，其他附着物所有权可以转让、出租、抵押：

（一）土地使用者为公司、企业、其他经济组织和个人；

（二）领有国有土地使用证；

（三）具有地上建筑物、其他附着物合法的产权证明；

（四）依照本条例第二章的规定签订土地使用权出让合同，向当地市、县人民政府补交土地使用权出让金或者以转让、出租、抵押所获收益抵交土地使用权出让金。

转让、出租、抵押前款划拨土地使用权的，分别依照本条例第三章、第四章和第五章的规定办理。

❹《最高人民法院关于适用〈中华人民共和国担保法〉若干问题的解释》（2000年12月13日发布）

第四十七条　以依法获准尚未建造的或者正在建造中的房屋或者其他建筑物抵押的，当事人办理了抵押物登记，人民法院可以认定抵押有效。

第四十八条　以法定程序确认为违法、违章的建筑物抵押的，抵押无效。

第五十条　以《担保法》第三十四条第一款所列财产一并抵押的，抵押财产的范围应当以登记的财产为准。抵押财产的价值在抵押权实现时予以确定。

第六十二条　抵押物因附合、混合或者加工使抵押物的所有权为第三人所有的，抵押权的效力及于补偿金；抵押物所有人为附合物、混合物或者加工物的所有人的，抵押权的效力及于附合物、混合物或加工物；第三人与抵押物所有人为附合物、混合物或加工物的共有人的，抵押权的效力及于抵押人对共有物享有的份额。

第六十三条　抵押权设定前为抵押物的从物的，抵押权的效力及于抵押物的从物。但是，抵押物与其从物为两个以上的人分别所有时，抵押权的效力不及于抵押物的从物。

❺《最高人民法院关于贯彻执行〈中华人民共和国民法通则〉若干问题的意见（试行）》（1988年1月26日发布）

113. 以自己不享有所有权或者经营管理权的财产作抵押物的，应当认定抵押无效。

以法律限制流通的财产作为抵押物的，在清偿债务时，应当由有关部门收购，抵押权人可以从价款中优先受偿。

学者观点

❶ 徐洁：《论动产抵押物的转移与抵押权的效力》，参见北大法宝引证码：Pkulaw.cn/CLI.A. 12146。

❷ 廖焕国：《我国不动产抵押物流转的制度安排——以〈物权法〉第191条为中心的考察》，参见北大法宝引证码：Pkulaw.cn/CLI.A.1141798。

❸ 孙鹏、杨会：《论动产抵押物的转让——兼析动产物权公示方式之调整》，参见北大法宝引证码：Pkulaw.cn/CLI.A.182943。

【动产抵押】

法律问题解读

根据《担保法》的规定，动产是指不动产以外的物，即动产是土地和其定着物以外的物，如机器、交通工具、原材料、农产品、林产品等都为动产。

除禁止流通物之外，一般动产都可以抵押。限制流通物也可以抵押。《担保法》规定可以抵押的动产有：抵押人所有的机器、交通运输工具和其他财产。交通运输工具具体是指民用航空器、船舶、车辆等。抵押人依法有权处分的国家所有的机器、交通运输工具和其他财产也可以抵押。这里所指的国家所有的动产主要是指全民所有制企业经营管理的财产。

禁止用以抵押的动产主要有：1. 学校、幼儿园、医院等以公益为目的的事业单位、社会团体的教育设施、医疗卫生设备和其他社会公益设施。社会公益设施是指公园、街道、广场等公共场所设施。需要指出的是，幼儿园、医院等以公益为目的的事业单位、社会团体，可以以其教育设施、医疗卫生设备和其他公益设施以外的财产为自身的债务设定抵押，但不能为第三人的债务设定抵押。2. 所有权、使用权不明或者有争议的财产。3. 依法被法院或者工商行政机关查封、扣押的财产和被海关部门监管的动产。此外，我国其他法律和行政规章还规定了其他不得抵押的动产，如各类社会保险基金等财产不得用以抵押。

法条指引

❶《中华人民共和国担保法》（1995年6月30日 主席令公布）

第三十四条 下列财产可以抵押：

（一）抵押人所有的房屋和其他地上定着物；

（二）抵押人所有的机器、交通运输工具和其他财产；

（三）抵押人依法有权处分的国有的土地使用权、房屋和其他地上定着物；

（四）抵押人依法有权处分的国有的机器、交通运输工具和其他财产；

（五）抵押人依法承包并经发包方同意抵押的荒山、荒沟、荒丘、荒滩等荒地的土地使用权；

（六）依法可以抵押的其他财产。

抵押人可以将前款所列财产一并抵押。

第三十七条 下列财产不得抵押：

（一）土地所有权；

（二）耕地、宅基地、自留地、自留山等集体所有的土地使用权，但本法第三十四条第（五）项、第三十六条第三款规定的除外；

（三）学校、幼儿园、医院等以公益为目的的事业单位、社会团体的教育设施、医疗卫生设施和其他社会公益设施；

（四）所有权、使用权不明或者有争议的财产；

（五）依法被查封、扣押、监管的财产；

（六）依法不得抵押的其他财产。

❷《中华人民共和国海商法》（1992年11月7日 主席令公布）

第十二条 船舶所有人或者船舶所有人授权的人可以设定船舶抵押权。

船舶抵押权的设定，应当签订书面合同。

第十四条 建造中的船舶可以设定船舶抵押权。

建造中的船舶办理抵押权登记，还应当向船舶登记机关提交船舶建造合同。

❸《中华人民共和国民用航空法》（1995年10月30日 主席令公布）

第十六条 设定民用航空器抵押权，由抵押权人和抵押人共同向国务院民用航空主管部门办理抵押权登记；未经登记的，不得对抗第三人。

❹《中华人民共和国物权法》（2007年3月16日 主席令公布 2007年10月1日施行）

第一百八十条 债务人或者第三人有权处分的下列财产可以抵押：

（一）建筑物和其他土地附着物；

（二）建设用地使用权；

（三）以招标、拍卖、公开协商等方式取得的荒地等土地承包经营权；

（四）生产设备、原材料、半成品、产品；

（五）正在建造的建筑物、船舶、航空器；

（六）交通运输工具；

（七）法律、行政法规未禁止抵押的其他财产。

抵押人可以将前款所列财产一并抵押。

第一百八十四条 下列财产不得抵押：

（一）土地所有权；

（二）耕地、宅基地、自留地、自留山等集体所有的土地使用权，但法律规定可以抵押的除外；

（三）学校、幼儿园、医院等以公益为目的的事业单位、社会团体的教育设施、医疗卫生设施和其他社会公益设施；

（四）所有权、使用权不明或者有争议的财产；

（五）依法被查封、扣押、监管的财产；

（六）法律、行政法规规定不得抵押的其他财产。

❺《最高人民法院关于适用〈中华人民共和国担保法〉若干问题的解释》（2000年12月13日发布）

第五十三条 学校、幼儿园、医院等以公益为目的的事业单位、社会团体，以其教育设施、医疗卫生设施和其他社会公益设施以外的财产为自身债务设定抵押的，人民法院可以认定抵押有效。

❻《财政部、劳动和社会保障部关于对企业职工养老保险基金失业保险基金管理中有关违纪问题处理意见的补充通知》（1999年3月3日 财政部、劳动和社会保障部发布）

各省、自治区、直辖市财政厅（局）、劳动（劳动和社会保障）厅（局），新疆生产建设兵团财务局、劳动局：

根据财政部、劳动和社会保障部等六个部委《关于对企业职工养老保险基金失业保险基金管理中有关违纪问题处理意见的通知》（财社字〔1998〕52号）精神，结合全国企业职工基本养老保险基金和失业保险基金清查情况，现就有关问题的处理补充通知如下：

三、根据《中华人民共和国担保法》，社会保险经办机构不具备担保资格，各类社会保险基金不得用于担保和抵押。经商中国人民银行同意，凡用基本养老保险基金、失业保险基金等社会保险基金提供的担保、抵押一律无效，立即取消。社会保险经办机构不承担原来所属的经济实体债务的经济连带责任，不得用社会保险基金偿还原来所属经济实体的债务。

案例链接

❶《中国农业发展银行民权县支行诉民权县供销合作社联合社金融借款合同纠纷案》，参见北大法宝引证码：Pkulaw. cn/CLI. C. 279118。

❷《襄城县农村信用合作联社诉上海益寿金许昌生物药业有限公司抵押担保借款合同纠纷案》，参见北大法宝引证码：Pkulaw. cn/CLI. C. 286749。

❸《中国长江航运集团红光港机厂与广州市穗林码头经营有限公司买卖合同纠纷上诉案》，参见北大法宝引证码：Pkulaw. cn/CLI. C. 277891。

学者观点

❶ 王利明：《试论动产抵押》，参见北大法宝引证码：Pkulaw. cn/CLI. A. 1114066。

❷ 刘淑波、林晓娇：《中日动产抵押制度比较》，参见北大法宝引证码：Pkulaw. cn/CLI. A. 1142716。

❸ 张长青：《论动产抵押》，参见北大法宝引证码：Pkulaw. cn/CLI. A. 116241。

【不动产抵押】

法律问题解读

《担保法》规定，不动产是指土地以及房屋、林木等地上定着物。房屋是指土地上的房屋等建筑物及构建物。定着物包括房屋和林木。我国法律规定，土地为国家和集体所有，不得买卖、出租、抵押或者以其他方式非法转让。土地不能抵押，可以抵押的不动产只有房屋和其他地上定着物。房屋除指用于居住的房屋外，还包括地下室、仓库、立体停车场、走廊等。可以用于抵押的建筑物还包括桥梁、水坝、水塔、烟囱等。依法获准建造但尚未建造的或者正在建造的房屋或者其他建筑物也可以用于抵押。需要注意的是，房屋抵押权设定后，房屋上增建、扩建的部分不属于抵押物。需要拍卖该抵押的房地产，可依法将增建、扩建的部分一并拍卖，但对拍卖增建、扩建的部分所得的价款，抵押权人无权优先受偿。房屋抵押时，房屋所占范围的土地使用权应一并抵押。

林木和其他与不动产尚未分离的出产物也属于可以用于抵押的不动产范围。包括：用材林、经济林和薪炭林；与不动产尚未分离的出产物包括农作物和砂石、矿物等。当以土地使用权和房屋抵押时，这些与不动产尚未分离的出产物应一并抵押。

法条指引

❶《中华人民共和国担保法》（1995年6月30日　主席令公布）

第三十四条　下列财产可以抵押：

（一）抵押人所有的房屋和其他地上定着物；

（二）抵押人所有的机器、交通运输工具和其他财产；

（三）抵押人依法有权处分的国有的土地使用权、房屋和其他地上定着物；

（四）抵押人依法有权处分的国有的机器、交通运输工具和其他财产；

（五）抵押人依法承包并经发包方同意抵押的荒山、荒沟、荒丘、荒滩等荒地的土地使用权；

（六）依法可以抵押的其他财产。

抵押人可以将前款所列财产一并抵押。

第三十七条　下列财产不得抵押：

（一）土地所有权；

（二）耕地、宅基地、自留地、自留山等集体所有的土地使用权，但本法第三十四条第（五）项、第三十六条第三款规定的除外；

（三）学校、幼儿园、医院等以公益为目的的事业单位、社会团体的教育设施、医疗卫生设施和其他社会公益设施；

（四）所有权、使用权不明或者有争议的财产；

（五）依法被查封、扣押、监管的财产；

（六）依法不得抵押的其他财产。

第四十二条　办理抵押物登记的部门如下：

（一）以无地上定着物的土地使用权抵押的，为核发土地使用权证书的土地管理部门；

（二）以城市房地产或者乡（镇）、村企业的厂房等建筑物抵押的，为县级以上地方人民政府规定的部门；

（三）以林木抵押的，为县级以上林木主管部门；

（四）以航空器、船舶、车辆抵押的，为运输工具的登记部门；

（五）以企业的设备和其他动产抵押的，为财产所在地的工商行政管理部门。

第五十五条　城市房地产抵押合同签订后，土地上新增的房屋不属于抵押物。需要拍卖该抵押的房地产时，可以依法将该土地上新增的房屋与抵押物一同拍卖，但对拍卖新增房屋所得，抵押人无权优先受偿。

依照本法规定以承包的荒地的土地使用权抵押的，或者以乡（镇）、村企业的厂房等建筑物占用范围内的土地使用权抵押的，在实现抵押权后，未经法定程序不得改变土地集体所有和土地用途。

❷《中华人民共和国民法通则》（1986年4月12日　主席令公布）

第八十条　国家所有的土地，可以依法由全民所有制单位使用，也可以依法确定由集体所有制单位使用，国家保护它的使用、收益的权利；使用单位有管理、保护、合理利用的义务。

公民、集体依法对集体所有的或者国家所有由集体使用的土地的承包经营权，受法律保护。承包双方的权利和义务，依照法律由承包合同规定。

土地不得买卖、出租、抵押或者以其他形式非法转让。

第八十一条　国家所有的森林、山岭、草原、荒地、滩涂、水面等自然资源，可以依法由全民所有制单位使用，也可以依法确定由集体所有制单位使用，国家保护它的使用、收益的权利；使用单位有管理、保护、合理利用的义务。

国家所有的矿藏，可以依法由全民所有制单位和集体所有制单位开采，也可以依法由公民采挖。国家保护合法的采矿权。

公民、集体依法对集体所有的或者国家所有由集体使用的森林、山岭、草原、荒地、滩涂、水面的承包经营权，受法律保护。承包双方的权利和义务，依照法律由承包合同规定。

国家所有的矿藏、水流，国家所有的和法律规定属于集体所有的林地、山岭、草原、荒地、滩涂不得买卖、出租、抵押或者以其他形式非法转让。

❸《中华人民共和国城市房地产管理法》（2007年8月30日修正　主席令公布）

第五十二条　房地产抵押合同签订后，土地上新增的房屋不属于抵押财产。需要拍卖该抵押的房地产时，可以依法将土地上新增的房屋与抵押财产一同拍卖，但对拍卖新增房屋所得，抵押权人无权优先受偿。

❹《中华人民共和国森林法》（1998年4月29日　修正公布）

第十五条　下列森林、林木、林地使用权可以依法转让，也可以依法作价入股或者作为合资、合作造林、经营林木的出资、合作条件，但不得将林地改为非林地：

（一）用材林、经济林、薪炭林；

（二）用材林、经济林、薪炭林的林地使用权；

（三）用材林、经济林、薪炭林的采伐迹地、火烧迹地的林地使用权；

（四）国务院规定的其他森林、林木和其他林地使用权。

依照前款规定转让、作价入股或者作为合资、合作造林、经营林木的出资、合作条件的，已经取得的林木采伐许可证可以同时转让，同时转让双方都必须遵守本法关于森林、林木采伐和更新造林的规定。

除本条第一款规定的情形外，其他森林、林木和其他林地使用权不得转让。

具体办法由国务院规定。

❺《中华人民共和国物权法》（2007年3月16日　主席令公布　2007年10月1日施行）

第一百八十条　债务人或者第三人有权处分的下列财产可以抵押：

（一）建筑物和其他土地附着物；

（二）建设用地使用权；

（三）以招标、拍卖、公开协商等方式取得的荒地等土地承包经营权；

（四）生产设备、原材料、半成品、产品；

（五）正在建造的建筑物、船舶、航空器；

（六）交通运输工具；

（七）法律、行政法规未禁止抵押的其他财产。

抵押人可以将前款所列财产一并抵押。

第一百八十四条　下列财产不得抵押：

（一）土地所有权；

（二）耕地、宅基地、自留地、自留山等集体所有的土地使用权，但法律规定可以抵押的除外；

（三）学校、幼儿园、医院等以公益为目的的事业单位、社会团体的教育设施、医疗卫生设施和其他社会公益设施；

（四）所有权、使用权不明或者有争议的财产；
（五）依法被查封、扣押、监管的财产；
（六）法律、行政法规规定不得抵押的其他财产。

❻《最高人民法院关于贯彻执行〈中华人民共和国民法通则〉若干问题的意见（试行）》（1988年1月26号发布）

95. 公民和集体依法对集体所有的或者国家所有由集体使用的森林、土地、山岭、草原、荒地、滩涂、水面等承包经营的权利和义务，按承包合同的规定处理。承包人未经发包人同意擅自转包或者转让的无效。

96. 因土地、山岭、森林、草原、荒地、滩涂、水面等自然资源的所有权或使用权发生权属争议的，应当由有关行政部门处理。对行政处理不服的，当事人可以依据有关法律和行政法规的规定，向人民法院提起诉讼；因侵权纠纷起诉的，人民法院可以直接受理。

❼《最高人民法院关于适用〈中华人民共和国担保法〉若干问题的解释》（2000年12月13日发布）

第四十七条 以依法获准尚未建造的或者正在建造中的房屋或者其他建筑物抵押的，当事人办理了抵押物登记，人民法院可以认定抵押有效。

第四十八条 以法定程序确认为违法、违章的建筑物抵押的，抵押无效。

案例链接

❶《段闯诉蒋权伟等民间借款合同纠纷案》，参见北大法宝引证码：Pkulaw.cn/CLI.C.226367。

❷《河南首诺科技有限公司诉郭守飞等货款纠纷案》，参见北大法宝引证码：Pkulaw.cn/CLI.C.280447。

❸《南阳市宛城区农村信用合作联社东风信用社与李廷云抵押合同纠纷上诉案》，参见北大法宝引证码：Pkulaw.cn/CLI.C.260780。

学者观点

❶ 何朝晖、丁及、张渌：《不动产抵押若干问题研究》，参见北大法宝引证码：Pkulaw.cn/CLI.A.157512。

❷ 张长青：《析〈物权法草案〉中有关不动产抵押权制度的缺陷》，参见北大法宝引证码：Pkulaw.cn/CLI.A.128182。

❸ 陈文：《不动产抵押担保中的法律问题研究》，参见北大法宝引证码：Pkulaw.cn/CLI.A.115795。

【共有财产的抵押】

法律问题解读

共有分为按份共有和共同共有。共有财产分为按份共有的财产和共同共有的财产。按份共有人按照各自份额，对共有财产分享权利，承担义务。共同共有人对共有的财产不分份额地享有权利，承担义务。共有财产的抵押分为按份共有财产的抵押和共同共有财产的抵押。

按份共有财产的抵押是指财产的按份共有人在自己所享有的共有财产的份额上设定的抵押。《关于担保法若干问题的解释》规定，按份共有人以其共有财产中的份额设定抵押的，抵押有效。也就是说，按份共有人可以自由地以其共有财产中的份额设定抵押，无须经过其他按份共有人的同意。

共同共有财产抵押是指共同共有人以共同共有的财产设定的抵押。共同共有的财产主要有合伙共同共有的财产、夫妻财产和继承遗产分割前的遗产。由于共同共有的共有人对整个共有财产的占有、使用、收益和处分权是平等的，所以，共同共有人以共有财产设定抵押，应经其他共有人的同意。未经其他共有人的同意而以共同共有的财产设定的抵押无效。但是，其他共有人知道或应当知道而未提出异议的视为同意。需要注意的是，《中华人民共和国海商法》规定，以共有船舶设定抵押权的，应征求2/3共有人的同意。此处的共有船舶应是指共同共有的船舶。按份共有的船舶共有人以自己所享有的份额抵押的，无须经过其他按份共有人的同意。

法条指引

❶《中华人民共和国民法通则》（1986年4月12日 主席令公布）

第七十八条 财产可以由两个以上的公民、法人共有。

共有分为按份共有和共同共有。按份共有人按照各自的份额，对共有财产分享权利，分担义务。共同共有人对共有财产享有权利，承担义务。

按份共有财产的每个共有人有权要求将自己的份额分出或者转让。但在出售时，其他共有人在同等条件下，有优先购买的权利。

❷《中华人民共和国海商法》（1992年11月7日 主席令公布）

第十六条 船舶共有人就共有船舶设定抵押权，应当取得持有三分之二以上份额的共有人的同意，共有人之间另有约定的除外。

船舶共有人设定的抵押权，不因船舶的共有权的分割而受影响。

❸《中华人民共和国合伙企业法》（2006年8月27日 主席令公布）

第三十一条 除合伙协议另有约定外，合伙企业的下列事项应当经全体合伙人一致同意：

（一）改变合伙企业的名称；

（二）改变合伙企业的经营范围、主要经营场所的地点；

（三）处分合伙企业的不动产；

（四）转让或者处分合伙企业的知识产权和其他财产权利；

（五）以合伙企业名义为他人提供担保；

（六）聘任合伙人以外的人担任合伙企业的经营管理人员。

❹《最高人民法院关于适用〈中华人民共和国担保法〉若干问题的解释》（2000年12月13日发布）

第五十四条 按份共有人以其共有财产中享有的份额设定抵押的，抵押有效。

共同共有人以其共有财产设定抵押，未经其他共有人的同意，抵押无效。但是，其他共有人知道或者应当知道而未提出异议的视为同意，抵押有效。

第六十二条 抵押物因附合、混合或者加工使抵押物的所有权为第三人所有的，抵押权的效力及于补偿金；抵押物所有人为附合物、混合物或者加工物的所有人的，抵押权的效力及于附合物、混合物或者加工物；第三人与抵押物所有人为附合物、混合物或者加工物的共有人的，抵押权的效力及于抵押人对共有物享有的份额。

❺《最高人民法院关于贯彻执行〈中华人民共和国民法通则〉若干问题的意见（试行）》（1988年1月26日发布）

89. 共同共有人对共有财产享有共同的权利，承担共同的义务。在共同共有关系存续期间，部分共有人擅自处分共有财产的，一般认定无效。但第三人善意、有偿取得该财产的，应当维护第三人的合法权益，对其他共有人的损失，由擅自处分共有财产的人赔偿。

❻《城市房地产抵押管理办法》（2001年8月15日 建设部修正发布）

第十九条 以共有的房地产抵押的，抵押人应当事先征得其他共有人的书面同意。

第四十八条 抵押人隐瞒抵押的房地产存在共有、产权争议或者被查封、扣押等情况的，抵押人应当承担由此产生的法律责任。

案例链接

❶《濮水根与马爱军等抵押合同纠纷上诉案》，参见北大法宝引证码：Pkulaw.cn/CLI.C.281705。

❷《中国招商银行股份有限公司武汉分行诉中国黄石丝宝精细化工有限公司武汉经销部等借款抵押担保合同纠纷案》，参见北大法宝引证码：Pkulaw.cn/CLI.C.69505。

❸《华商财务有限公司与京光实业有限公司等贷款抵押合同纠纷案》，参见北大法宝引证码：Pkulaw.cn/CLI.C.33490。

【超额抵押】

法律问题解读

超额抵押，是指抵押人以同一抵押物为一个或几个债权设定抵押时，这些抵押所担保的债权大于抵押物的价值的情形。理解超额抵押应当把握以下两个问题：

1. 《担保法》规定，抵押人所担保的债权不得超过其抵押物的价值。所谓抵押权所担保的债权不得超过其抵押物的价值，是指在设定抵押权时，抵押物所担保的债权不能高于抵押物的价值。其中抵押物的价值应通过有关部门的价格评估或者根据相同物品同时的市场价格来确定。由于市场的变化，在抵押权实现时抵押物的价值可能会低于其所担保的债权，但是只要在设定抵押权时，抵押物的价值不低于所担保的债权，该抵押就不是超额抵押。

2. 超额抵押并非无效。也就是说，抵押人所担保的债权超过其抵押物的价值时，该抵押并非无效。抵押人所担保的债权超出其抵押物的价值时，依据《关于担保法若干问题的解释》的规定，抵押人所担保的债权超出其抵押物的价值的，超出的部分不具有优先受偿的效力。因此，在实现抵押权时，被担保的债权超出抵押物的价值的部分并非无效，只是不具有优先受偿的效力而已。该超出抵押物价值的债权可作为一般债权，债权人可以就债权超出抵押物价值的部分以抵押财产以外的债务人的财产受偿。

法条指引

❶《中华人民共和国担保法》（1995年6月30日 主席令公布）

第三十五条 抵押人所担保的债权不得超出其抵押物的价值。

财产抵押后，该财产的价值大于所担保债权的余额部分，可以再次抵押，但不得超出其余额部分。

❷《中华人民共和国海事诉讼特别程序法》（1999年12月25日 主席令公布）

第七十六条 海事请求人要求被请求人就海事请求保全提供担保的数额，应当与其债权数额相当，但不得超过被保全的财产价值。

海事请求人提供担保的数额，应当相当于因其申请可能给被请求人造成的损失。具体数额由海事法院决定。

❸《最高人民法院关于适用〈中华人民共和国担保法〉若干问题的解释》（2000年12月13日发布）

第五十一条 抵押人所担保的债权超出其抵押物价值的，超出的部分不具有优先受偿的效力。

❹《城市房地产抵押管理办法》（2001年8月15日 建设部修正发布）

第九条 同一房地产设定两个以上抵押权的，抵押人应当将已经设定过的抵押情况告知抵押权人。

抵押人所担保的债权不得超出其抵押物的价值。

房地产抵押后，该抵押房地产的价值大于所担保债权的余额部分，可以再次抵押，但不得超出余额部分。

学者观点

❶ 许凌艳：《构建我国金融资产证券化中的投资抵押制度》，参见北大法宝引证码：Pkulaw.cn/CLI.A.1143132。

【再抵押】

法律问题解读

再抵押又称为复合抵押，是指抵押人为担保数个债权以同一财产设定抵押权，但抵押担保的数个债权总额并不超过该项财产的总价值的抵押。也就是说财产抵押后，该财产的价值大于所担保的债权的余额部分，可以再次抵押，但不得超出余额部分。

实践中再抵押的情形有以下几种：

1. 同一抵押物向同一债权人多次抵押。债务人就抵押物大于所担保债权的余额部分，可以为同一债权人的其他债权再次抵押；

2. 同一抵押物向不同债权人分别抵押，即债务人就抵押物大于所担保债权的余额部分，可以向其他债权人再次抵押；

3. 因偿还债权所带来的抵押物的余额部分进行再抵押。以同一抵押物向同一债权人多次抵押或者向多个债权人抵押后，抵押人偿还了其中一部分债权，增大了抵押物的余额部分，这部分可以进行再抵押。这里需要注意的一个问题是，由于该种再抵押涉及抵押权的不可分性问题，即抵押权所担保的债权因部分清偿后，抵押权的效力仍及于当事人所约定的用于抵押的抵押物的价值。

法条指引

❶《中华人民共和国担保法》（1995年6月30日 主席令公布）

第三十五条 抵押人所担保的债权不得超出其抵押物的价值。

财产抵押后，该财产的价值大于所担保债权的余额部分，可以再次抵押，但不得超出其余额部分。

第五十四条 同一财产向两个以上债权人抵押的，拍卖、变卖抵押物所得的价款按照以下规定清偿：

（一）抵押合同以登记生效的，按照抵押物登记的先后顺序清偿；顺序相同的，按照债权比例清偿；

（二）抵押合同自签订之日起生效的，该抵押物已登记的，按照本条第（一）项规定清偿；未登记的，按照合同生效时间的先后顺序清偿，顺序相同的，按照债权比例清偿。抵押物已登记的先于未登记的受偿。

❷《中华人民共和国海商法》（1992年11月7日 主席令公布）

第十九条 同一船舶可以设定两个以上抵押权，其顺序以登记的先后为准。

同一船舶设定两个以上抵押权的，抵押权人按照抵押权登记的先后顺序，从船舶拍卖所得价款中依次受偿。同日登记的抵押权，按照同一顺序受偿。

❸《中华人民共和国物权法》（2007年3月16日 主席令公布 2007年10月1日施行）

第一百九十九条 同一财产向两个以上债权人抵押的，拍卖、变卖抵押财产所得的价款依照下列规定清偿：

（一）抵押权已登记的，按照登记的先后顺序清偿；顺序相同的，按照债权比例清偿；

（二）抵押权已登记的先于未登记的受偿；

（三）抵押权未登记的，按照债权比例清偿。

❹《城市房地产抵押管理办法》（2001年8月15日 建设部修正发布）

第九条 同一房地产设定两个以上抵押权的，抵押人应当将已经设定过的抵押情况告知抵押权人。

抵押人所担保的债权不得超出其抵押物的价值。

房地产抵押后，该抵押房地产的价值大于所担保债权的余额部分，可以再次抵押，但不得超出余额部分。

案例链接

❶《北京强尼特新型建筑材料有限公司与刘云飞借款合同纠纷上诉案》，参见北大法宝引证码：Pkulaw.cn/CLI.C.199566。

❷《北京太合万兴房地产开发有限责任公司与北京银行股份有限公司等借款合同纠纷上诉案》，参见北大法宝引证码：Pkulaw.cn/CLI.C.198486。

❸《重庆市万州区国有资产担保有限公司诉重庆索特恒坤工艺品有限公司等保证、抵押合同纠纷案》，参见北大法宝引证码：Pkulaw.cn/CLI.C.287665。

【重复抵押】

法律问题解读

重复抵押，是指抵押人就同一财产在同一价值范围内向两个以上的债权人设定抵押。重复抵押不同于再抵押。再抵押是以同一抵押物的余额再次抵押，数个抵押权并不重叠；重复抵押是同一抵押物的价值再次抵押，数个抵押权互相重叠。

《担保法》第35条规定抵押人所担保的债权不得超过其抵押物的价值。最高人民法院在《关于贯彻执行〈中华人民共和国民法通则〉若干问题的意见（试行）》中规定，抵押期间，非经债权人同意，抵押人将同一抵押物转让他人，或者就抵押物价值已设定抵押部分再作抵押的，其行为无效。也就是说，经债权人同意的重复抵押有效。《担保法》第35条的规定在某种程度上也与《担保法》第54条的规定相矛盾。如果否定重复抵押，《担保法》第54条关于同一抵押物向两个以上的债权人抵押时的清偿顺序的规定没有实际意义（此项清偿顺序仅于再抵押实现时，抵押物的价值低于所担保的债权总额时才予以适用）。

在司法实践中，为充分利用抵押物的交换价值和使用价值，促进资金融通，人民法院可以根据当事人意思自治的原则，如果债权人预先知道抵押财产已经设定了抵押，存在权利负担，仍然接受该财产为抵押物的，应当承认重复抵押的效力。况且，重复抵押的设定并没有实质损害顺序在前的抵押权人的利益。当一抵押物重复抵押时，顺序在前的抵押权人可以就抵押物优先于顺序在后的抵押权人受偿。

法条指引

❶《中华人民共和国担保法》（1995年6月30日 主席令公布）

第三十五条 抵押人所担保的债权不得超出其抵押物的价值。

财产抵押后，该财产的价值大于所担保债权的余额部分，可以再次抵押，但不得超出其余额部分。

第五十四条 同一财产向两个以上债权人抵押的，拍卖、变卖抵押物所得的价款按照以下规定清偿：

（一）抵押合同以登记生效的，按照抵押物登记的先后顺序清偿；顺序相同的，按照债权比例清偿；

（二）抵押合同自签订之日起生效的，该抵押物已登记的，按照本条第（一）项规定清偿；未登记的，按照合同生效时间的先后顺序清偿，顺序相同的，按照债权比例清偿。抵押物已登记的先于未登记的受偿。

❷《中华人民共和国物权法》（2007年3月16日 主席令公布 2007年10月1日施行）

第一百九十九条 同一财产向两个以上债权人抵押的，拍卖、变卖抵押财产所得的价款依照下列规定清偿：

（一）抵押权已登记的，按照登记的先后顺序清偿；顺序相同的，按照债权比例清偿；

（二）抵押权已登记的先于未登记的受偿；

（三）抵押权未登记的，按照债权比例清偿。

❸《最高人民法院关于贯彻执行〈中华人民共和国民法通则〉若干问题的意见（试行）》（1988年1月26日发布）

115.抵押物如由抵押人自己占有并负责保管，在抵押期间，非经债权人同意，抵押人将同一抵押物转让他人，或者就抵押物价值已设置抵押部分再作抵押的，其行为无效。

债务人以抵押物清偿债务时，如果一项抵押物有数个抵押权人的，应当按照设定抵押权的先后顺序受偿。

❹《最高人民法院关于如何认定中国农业银行湖北省分行国际业务部申请宣告武汉货柜有限公司破产一案中两份抵押合同效力问题的复函》（1995年4月10日 最高人民法院发布）（略）

案例链接

❶《北京飞腾房地产开发有限公司与中国建设银行股份有限公司北京怀柔支行一般借款合同纠纷上诉案》，参见北大法宝引证码：Pkulaw. cn/CLI. C. 199495。

❷《中国农业银行新津县支行诉成都市新津山欣化纤纺织有限责任公司借款合同纠纷案》，参见北大法宝引证码：Pkulaw.cn/CLI. C. 131819。

学者观点

❶ 张玉良：《谈重复抵押的效力——关于〈担保法〉第35条第2款的思考》，参见北大法宝引证码：Pkulaw. cn/CLI. A. 177263。

❷ 陆云良：《重复抵押不应禁止但需限制》，参见北大法宝引证码：Pkulaw.cn/CLI. A. 173409。

❸ 刘志文：《试论担保中的重复抵押》，参见北大法宝引证码：Pkulaw. cn/CLI. A. 156475。

❹ 戴红兵：《论重复抵押》，参见北大法宝引证码：Pkulaw. cn/CLI. A. 173314。

❺ 刘承权：《论重复抵押的设定与实行》，参见北大法宝引证码：Pkulaw. cn/CLI. A. 17270。

【未办理权属登记的财产抵押】

法律问题解读

依据我国法律规定，需要办理权属登记的财产主要是土地、房屋以及航空器、船舶、汽车等经济价值非常大的动产。造成财产权属未登记的原因是多种多样的，可能是由于登记机关效率低下以致拖延了时间，也可能是有些当事人对法律关于权属登记的规定不了解。以未办理权属登记的财产抵押的，该抵押并不一定无效。如在一审法庭辩论终结前当事人能够提供权利证书或者补办登记手续的，可以认定抵押有效。需要注意的是，抵押当事人必须于第一审法庭辩论终结前提供权利证书或者补办登记手续。如果第一审法庭已辩论完结，法庭已准备对案件进行判决或已作出判决了，这时抵押当事人再提供权利证书或者补办登记手续已不能使尚未办理权属证书的财产的抵押生效。

以尚未办理权属证书的财产抵押的，抵押当事人如果在第一审法庭辩论终结前提供权利证书的，抵押有效，但如果当事人没有补办抵押登记手续的，该抵押权不得对抗第三人。该第三人是指对尚未办理权属证书的财产享有物权的人，如该财产的买受人。该第三人，仅指善意的第三人。如果第三人非为善意的，如买受人明知未办权属登记的财产上设有抵押权仍然购买的，在将来抵押权实现时，该第三人的利益不受保护。

法条指引

❶《最高人民法院关于适用〈中华人民共和国担保法〉若干问题的解释》（2000年12月13日发布）

第四十九条 以尚未办理权属证书的财产抵押的，在第一审法庭辩论终结前能够提供权利证书或者补办登记手续的，可以认定抵押有效。

当事人未办理抵押物登记手续的，不得对抗第三人。

【限制流通物的抵押】

法律问题解读

限制流通物是流通物的对称，是指法律对其转让有一定的限制的物。我国法律根据物的属性和它对社会和人民生活的影响程度对某些物品的流通予以禁止或给予一定的限制。根据我国现行法律法规的规定，限制流通物主要有：文物、金银、烈性麻醉剂、迷信物品等。

抵押物必须具有交换价值，且可以在市场上流通。如果抵押提供的财产是禁止流通的，在抵押权实现时，抵押权人无法就该禁止流通物拍卖或变价取得价款清偿债权。所以，禁止流通物不得抵押，以禁止流通物设定的抵押无效。但是，由于限制流通物仍具有一定的流通性，所以以限制流通物抵押的，应当有效，但在抵押权实现时，限制流通物应当由国家有关部门收购，抵押权人可以从价款中优先受偿。也就是说，以限制流通物抵押的，在实现抵押权时，抵押权人不得采用拍卖或变卖抵押物的方式实现抵押权，而应将抵押物卖给国家有关部门，以取得的价款优先受偿。

法条指引

❶《最高人民法院关于贯彻执行〈中华人民共和国民法通则〉若干问题的意见（试行）》（1988年1月26日发布）

113. 以自己不享有所有权或者经营管理权的财产作抵押物的，应当认定抵押无效。

以法律限制流通的财产作为抵押物的，在清偿债务时，应当由有关部门收购，抵押权人可以从价款中优先受偿。

❷《抵押贷款合同公证程序细则》（1992年12月31日 司法部发布）

第九条 办理抵押贷款合同公证，公证员应按《公证程序规则（试行）》第二十三条的规定进行审查，重点审查下列内容：

（一）本细则第五条所列材料是否齐全、属实。

（二）合同条款是否完善、合法，文字表述是否清楚、准确。

（三）贷款人是否具有发放本次贷款的权利。

（四）贷款的用途是否符合规定。

（五）借款人对抵押财产是否有所有权或经营管理权。

（六）抵押财产是否为法律所允许抵押。

下列财产不得抵押：

1. 法律、法规或规章禁止买卖或转让的财产；
2. 所有权有争议的财产；
3. 被依法查封、扣押或采取诉讼保全措施的财产；
4. 应履行法定登记手续而未登记的财产；
5. 无法强制执行的财产；
6. 法律、法规或规章禁止抵押的其他财产。

（七）抵押率是否符合有关规定。

（八）抵押财产是否有重复抵押，已设定抵押的，抵押财产的余值能否承担本次贷款的抵押责任。

（九）抵押财产为共有的，其他共有人是否同意。

（十）法律、法规或规章规定该项抵押需经有关主管部门批准的，是否已获批准。

（十一）合同中有强制执行约定的，当事人对该项约定的法律后果是否明确，意思表示是否真实。

【抵押物保险】

法律问题解读

抵押物保险是抵押当事人在抵押物抵押之前或者抵押之后对抵押物设定的保险。在抵押期间，抵押物有灭失或损毁的危险而导致抵押物价值减少。因此，为了确保抵押权的实现，在一些价值高的抵押物，如船舶、房屋上设定抵押时，抵押权人一般要求抵押人对抵押物投保，并将抵押权人设为该宗保险的受益人。在抵押物灭失或价值减少时，抵押权人可以就抵押物保险所获得的保险金优先受偿。

除合同另有约定外，抵押物保险一般由抵押人办理，并由抵押人负担保险费。抵押人也可以委托抵押权人对抵押物进行保险，但保险费仍由抵押人承担。在抵押物未进行保险时，债权人可以拒绝签订抵押合同。在船舶抵押中，抵押人未对抵押船舶进行保险的，抵押权人有权对该船舶进行保险，保险费由抵押人负担。

在房地产抵押中，抵押当事人约定对抵押房地产保险的，由抵押人为抵押的房地产投保，保险费由抵押人负担。抵押房地产投保的，抵押人应当将保险单交给抵押权人保管。在抵押期间，抵押权人为保险赔偿的受益人。需要注意的是，在住房贷款中，借款人以房屋作为抵押的，借款人必须在借款合同签订前办理房屋保险或委托贷款人办理有关保险手续后才能获得贷款。

法条指引

❶《中华人民共和国海商法》（1992年11月7日 主席令公布）

第十五条 除合同另有约定外，抵押人应当对被抵押船舶进行保险；未保险的，抵押权人有权对该船舶进行保险，保险费由抵押人负担。

❷《城市房地产抵押管理办法》（2001年8月15日 建设部修正发布）

第二十三条 抵押当事人约定对抵押房地产

保险的,由抵押人为抵押的房地产投保,保险费由抵押人负担。抵押房地产投保的,抵押人应当将保险单移送抵押权人保管。在抵押期间,抵押权人为保险赔偿的第一受益人。

❸《住房置业担保管理试行办法》(2000年5月11日 建设部、中国人民银行联合发布)

第二十五条 抵押权人要求抵押人办理抵押房屋保险的,抵押人应当在抵押合同订立前办理保险手续,并在保证合同订立后将保险单正本移交抵押权人保管。抵押期间,抵押权人为保险赔偿的第一受益人。

第二十六条 抵押期间,抵押人不得以任何理由中断或者撤销保险。抵押的房屋因抵押人的行为造成损失致使其价值不足作为履行债务担保时,抵押权人有权要求抵押人重新提供或者增加担保以弥补不足。

❹《个人住房贷款管理办法》(1998年5月14日 中国人民银行发布)

第二十五条 以房产作为抵押的,借款人需在合同签订前办理房屋保险或委托贷款人代办有关保险手续。抵押期内,保险单由贷款人保管。

第二十六条 抵押期内,借款人不得以任何理由中断或撤销保险;在保险期内,如发生保险责任范围以外的因借款人过错的毁损,由借款人负全部责任。

案例链接

❶《华商财务有限公司与京光实业有限公司等贷款抵押合同纠纷案》,参见北大法宝引证码:Pkulaw.cn/CLI.C.33490。

❷《周立太诉中国建设银行重庆中山路支行案》,参见北大法宝引证码:Pkulaw.cn/CLI.C.81533。

❸《中国信达资产管理公司海口办事处诉海南苎麻纺织厂等借款合同纠纷案》,参见北大法宝引证码:Pkulaw.cn/CLI.C.7124。

学者观点

❶ 陶丽琴:《抵押物保险合同上担保物权的竞合——以按揭住房保险为视角》,参见北大法宝引证码:Pkulaw.cn/CLI.A.174038。

❷ 汪公文、陶丽琴:《论抵押物保险的法律特性》,参见北大法宝引证码:Pkulaw.cn/CLI.A.1102604。

【抵押物价格评估】

法律问题解读

在设定抵押时,抵押人所担保的债权不得超过其抵押物的价值。当事人办理抵押登记时,一般也应当向登记部门提供证明抵押物价值的文件。对抵押物价值的确定即是抵押物的价格评估。抵押物价格的评估一般由抵押权人进行或者由抵押人委托权威的评估机构进行。抵押人委托评估机构对抵押物进行价格评估的,评估费用一般由抵押人承担,但当事人另有约定的从其约定。对于抵押物的评估,在有市场的情况下,按市场价格定值;在没有市场的情况下,应参照同类抵押物的市场价格定值。

在我国,法律规定在设定房屋抵押、土地使用权抵押和向银行或信用社贷款的抵押时要对抵押物进行价格评估。在设定房屋抵押时,抵押房地产的价值可以由抵押当事人协商议定,也可以由房地产价格评估机构评估确定。在土地使用权抵押时,一般由抵押人委托权威的中介评估机构对抵押土地进行地价评估,并需要抵押权人认可或者经土地管理部门的确认。当事人向商业银行抵押贷款时,抵押人和贷款方可以协商议定抵押物的价值或者由权威机构来对抵押物的价格进行评估。

需要注意的是,这时评估机构的评估费用不得由贷款人(银行、信用社)承担,应由借款人或抵押人承担。

法条指引

❶《中华人民共和国城市房地产管理法》(2007年8月30日修正 主席令公布)

第三十三条 基准地价、标定地价和各类房屋的重置价格应当定期确定并公布。具体办法由国务院规定。

第三十四条 国家实行房地产价格评估制度。

房地产价格评估,应当遵循公正、公平、公开的原则,按照国家规定的技术标准和评估程序,以基准地价、标定地价和各类房屋的重置价格为基础,参照当地的市场价格进行评估。

❷《贷款风险分类指导原则》(2001年12月24日 中国人民银行发布)

第十六条 商业银行应制定明确的抵押、质押品管理和评估的政策和程序。对于抵押品的评估，在有市场的情况下，按市场价格定值；在没有市场的情况下，应参照同类抵押品的市场价格定值。

❸《城市房地产抵押管理办法》（2001年8月15日 建设部修正发布）

第二十二条 设定房地产抵押时，抵押房地产的价值可以由抵押当事人协商议定，也可以由房地产价格评估机构评估确定。

法律、法规另有规定的除外。

第三十二条 办理房地产抵押登记，应当向登记机关交验下列文件：

（一）抵押当事人的身份证明或法人资格证明；

（二）抵押登记申请书；

（三）抵押合同；

（四）《国有土地使用权证》、《房屋所有权证》或《房地产权证》，共有的房屋还必须提交《房屋共有权证》和其他共有人同意抵押的证明；

（五）可以证明抵押人有权设定抵押权的文件与证明材料；

（六）可以证明抵押房地产价值的资料；

（七）登记机关认为必要的其他文件。

❹《关于土地使用权抵押登记有关问题的通知》（1997年1月3日 国家土地管理局发布）

各省、自治区、直辖市及计划单列市土地（国土）管理局（厅），解放军土地管理局，新疆生产建设兵团土地管理局：

为加强土地使用权抵押登记的管理，规范抵押登记行为，保障抵押当事人的合法权益，根据《城市房地产管理法》、《担保法》和《城镇国有土地使用权出让和转让暂行条例》的规定，现将土地使用权抵押登记的有关问题通知如下：

二、关于土地使用权抵押的地价评估和合同签订

土地使用权抵押应当进行地价评估，并由抵押人和抵押权人签定抵押合同。地价评估收费标准按国家有关规定执行。

1. 以出让方式取得的国有土地使用权，由抵押权人进行地价评估或由具有土地估价资格的中介机构评估并经抵押权人认可后，由抵押人和抵押权人签定抵押合同。

2. 以划拨方式取得的国有土地使用权，由抵押人委托具有土地估价资格的中介机构进行地价评估，经土地管理部门确认，并批准抵押，核定出让金数额后，由抵押人和抵押权人签定抵押合同。

3. 乡（镇）村企业厂房等建筑物抵押涉及集体土地使用权抵押的，由抵押人委托具有土地估价资格的中介机构进行地价评估，经土地管理部门确认，并明确实现抵押权的方式，需要转为国有的，同时核定土地使用权出让金数额。然后，由抵押人和抵押权人签定抵押合同。

4. 以承包方式取得的荒山、荒沟、荒丘、荒滩等荒地的集体土地使用权，由抵押人委托具有土地估价资格的中介机构进行地价评估，并经土地管理部门确认后，由抵押人和抵押权人签定抵押合同。

抵押出让土地使用权的，抵押权终止期限不得超过土地使用权出让终止期限。

❺《城市商业银行、城市信用合作社财务管理实施办法》（2002年5月23日 国家税务总局发布）

第四十五条 银行、信用社发放的抵押、质押贷款，其抵押品、质押品以双方协商议定或权威评估机构评估确认的价值为准，评估部门的评估费用不得由贷款人（银行、信用社）承担。抵押品、质押品的价值一般不得低于贷款本金的1.5倍。

借款人用作抵押品、质押品的价值若大大高于贷款金额，可以以该物品能准确划分的某组成部分为抵押品、质押品，但该物品必须能准确地确定其价值、且便于以后进行收回贷款。

❻《城市房地产中介服务管理规定》（2001年8月15日 建设部修正发布）

第二条 凡从事城市房地产中介服务的，应遵守本规定。

本规定所称房地产中介服务，是指房地产咨询、房地产价格评估、房地产经纪等活动的总称。

本规定所称房地产咨询，是指为房地产活动当事人提供法律法规、政策、信息、技术等方面服务的经营活动。

本规定所称房地产价格评估，是指对房地产进行测算，评定其经济价值和价格的经营活动。

本规定所称房地产经纪，是指为委托人提供房地产信息和居间代理业务的经营活动。

【房地产抵押】

法律问题解读

房地产抵押是指抵押人以其合法的房地产以不转移占有的方式向抵押权人提供债务履行担保

的行为。债务人不履行债务时，债权人有权依法以抵押的房地产拍卖所得的价款优先受偿。在我国，房地产包括房产和地产，地产是房产的依托，房产是地产的目标和用途。房地产是一个实际财产（房屋）和财产权利（土地使用权）的有机结合。房地产中地产是主要的，起主导作用。房地产抵押，应当遵循自愿、互利、公平和诚实信用原则。房地产抵押应注意如下四个问题：

1. 可以抵押房地产的范围。权属有争议的房地产，用于公共福利事业的房地产，属于文物的建筑物和有重要意义的建筑物、列入拆迁和依法被查封、扣押监管的房地产均不得设定抵押。

2. 房地产抵押中实行房产和地产不分离的原则。以依法取得的房屋所有权抵押的，该房屋占用范围内的土地使用权也必须同时抵押；以土地使用权抵押的，也应当将抵押时该土地上的房屋同时抵押。

3. 设定房地产抵押必须办理登记。当事人在签订了房地产抵押合同后，当事人应当凭土地使用权证书、房屋所有权证书等相关材料到房地产管理部门办理抵押物登记。抵押权自登记时生效。

4. 除了现房可以抵押外，依法获准尚未建造的或者正在建造中的房屋或建筑物也可以抵押。

法条指引

❶ **《中华人民共和国担保法》**（1995 年 6 月 30 日 主席令公布）

第三十四条 下列财产可以抵押：

（一）抵押人所有的房屋和其他地上定着物；

（二）抵押人所有的机器、交通运输工具和其他财产；

（三）抵押人依法有权处分的国有的土地使用权、房屋和其他地上定着物；

（四）抵押人依法有权处分的国有的机器、交通运输工具和其他财产；

（五）抵押人依法承包并经发包方同意抵押的荒山、荒沟、荒丘、荒滩等荒地的土地使用权；

（六）依法可以抵押的其他财产。

抵押人可以将前款所列财产一并抵押。

❷ **《中华人民共和国城市房地产管理法》**（2007 年 8 月 30 日修正 主席令公布）

第四十七条 房地产抵押，是指抵押人以其合法的房地产以不转移占有的方式向抵押权人提供债务履行担保的行为。债务人不履行债务时，抵押权人有权依法以抵押的房地产拍卖所得的价款优先受偿。

第四十八条 依法取得的房屋所有权连同该房屋占用范围的土地使用权，可以设定抵押权。

以出让方式取得的土地使用权，可以设定抵押权。

第四十九条 房地产抵押，应当凭土地使用权证书、房屋所有权证书办理。

第五十条 房地产抵押，抵押人和抵押权人应当签订书面抵押合同。

第五十一条 设定房地产抵押权的土地使用权是以划拨方式取得的，依法拍卖该房地产后，应当从拍卖所得的价款中缴纳相当于应缴纳的土地使用权出让金的款额后，抵押权人方可优先受偿。

第五十二条 房地产抵押合同签订后，土地上新增的房屋不属于抵押财产。需要拍卖该抵押的房地产时，可以依法将土地上新增的房屋与抵押财产一同拍卖，但对拍卖新增房屋所得，抵押权人无权优先受偿。

❸ **《中华人民共和国物权法》**（2007 年 3 月 16 日 主席令公布 2007 年 10 月 1 日施行）

第一百八十条 债务人或者第三人有权处分的下列财产可以抵押：

（一）建筑物和其他土地附着物；

（二）建设用地使用权；

（三）以招标、拍卖、公开协商等方式取得的荒地等土地承包经营权；

（四）生产设备、原材料、半成品、产品；

（五）正在建造的建筑物、船舶、航空器；

（六）交通运输工具；

（七）法律、行政法规未禁止抵押的其他财产。

抵押人可以将前款所列财产一并抵押。

第一百八十二条 以建筑物抵押的，该建筑物占用范围内的建设用地使用权一并抵押。以建设用地使用权抵押的，该土地上的建筑物一并抵押。

抵押人未依照前款规定一并抵押的，未抵押的财产视为一并抵押。

第一百八十三条 乡镇、村企业的建设用地使用权不得单独抵押。以乡镇、村企业的厂房等建筑物抵押的，其占用范围内的建设用地使用权一并抵押。

❹ **《城市房地产抵押管理办法》**（2001 年 8 月 15 日 建设部修正发布）

第三条　本办法所称房地产抵押，是指抵押人以其合法的房地产以不转移占有的方式向抵押权人提供债务履行担保的行为。债务人不履行债务时，债权人有权依法以抵押的房地产拍卖所得的价款优先受偿。

本办法所称抵押人，是将依法取得的房地产提供给抵押权人，作为本人或者第三人履行债务担保的公民、法人或者其他组织。

本办法所称抵押权人，是指接受房地产抵押作为债务人履行债务担保的公民、法人或者其他组织。

本办法所称预购商品房贷款抵押，是指购房人在支付首期规定的房价款后，由贷款银行代其支付其余的购房款，将所购商品房抵押给贷款银行作为偿还贷款履行担保的行为。

本办法所称在建工程抵押，是指抵押人为取得在建工程继续建造资金的贷款，以其合法方式取得的土地使用权连同在建工程的投入资产，以不转移占有的方式抵押给贷款银行作为偿还贷款履行担保的行为。

❺ **《最高人民法院关于适用〈中华人民共和国担保法〉若干问题的解释》**（2000年12月13日发布）

第四十七条　以依法获准尚未建造的或者正在建造中的房屋或者其他建筑物抵押的，当事人办理了抵押物登记，人民法院可以认定抵押有效。

❻ **《典当管理办法》**（2005年2月9日　商务部、公安部发布）

第三条　本办法所称典当，是指当户将其动产、财产权利作为当物质押或者将其房地产作为当物抵押给典当行，交付一定比例费用，取得当金，并在约定期限内支付当金利息、偿还当金、赎回当物的行为。

本办法所称典当行，是指依照本办法设立的专门从事典当活动的企业法人，其组织形式与组织机构适用《中华人民共和国公司法》的有关规定。

第八条　典当行注册资本最低限额为三百万元；从事房地产抵押典当业务的，注册资本最低限额为五百万元；从事财产权利质押典当业务的，注册资本最低限额为一千万元。

典当行的注册资本最低限额应当为股东实缴的货币资本，不包括以实物、工业产权、非专利技术、土地使用权作价出资的资本。

第二十五条　经批准，典当行可以经营下列业务：

（一）动产质押典当业务；
（二）财产权利质押典当业务；
（三）房地产（外省、自治区、直辖市的房地产或者未取得商品房预售许可证的在建工程除外）抵押典当业务；
（四）限额内绝当物品的变卖；
（五）鉴定评估及咨询服务；
（六）商务部依法批准的其他典当业务。

第三十八条　典当综合费用包括各种服务及管理费用。

动产质押典当的月综合费率不得超过当金的千分之四十二。

房地产抵押典当的月综合费率不得超过当金的千分之二十七。

财产权利质押典当的月综合费率不得超过当金的千分之二十四。

当期不足五日的，按五日收取有关费用。

第四十二条　典当行经营房地产抵押典当业务，应当和当户依法到有关部门先行办理抵押登记，再办理抵押典当手续。

典当行经营机动车质押典当业务，应当到车辆管理部门办理质押登记手续。

典当行经营其他典当业务，有关法律、法规要求登记的，应当依法办理登记手续。

案例链接

❶ 《中国农业发展银行民权县支行诉民权县供销合作社联合社金融借款合同纠纷案》，参见北大法宝引证码：Pkulaw. cn/CLI. C. 279118。

❷ 《中国工商银行股份有限公司商丘分行诉侯红印等借款合同纠纷案》，参见北大法宝引证码：Pkulaw. cn/CLI. C. 285935。

❸ 《中国建设银行股份有限公司南京鼓楼支行诉石军借款合同纠纷案》，参见北大法宝引证码：Pkulaw. cn/CLI. C. 290242。

学者观点

❶ 周建明：《房地产抵押若干问题探析》，参见北大法宝引证码：Pkulaw. cn/CLI. A. 158025。

❷ 陈平、吴卫明：《房地产抵押中的几个问题》，参见北大法宝引证码：Pkulaw. cn/CLI. A. 183839。

❸ 刘莲花：《房地产抵押若干法律问题探讨》，参见北大法宝引证码：Pkulaw. cn/CLI. A. 123732。

【在建工程抵押】

法律问题解读

在建工程是指正在建设中的固定资产建设或工程，包括成套或单项建设的生产性和非生产性固定资产以及维修、安装、改建、扩建和大修理工程。在建工程抵押是指，抵押人为取得在建工程继续建造资金的贷款，以其合法方式取得的土地使用权连同在建工程的资产，以不转移占有的方式抵押给贷款银行作为偿还贷款的担保的行为。

在建工程抵押须符合几个条件：1.抵押人为主债务人；2.债权人为具有贷款经营权的金融机构；3.主债权的种类为贷款；4.担保的贷款须用于在建工程的继续建造；5.抵押人已合法取得在建工程占用的土地使用权，且须将其合法取得的土地使用权连同在建工程的投入资产一并抵押。另外，如果在建工程的抵押人为国有企业、事业单位、集体所有制企业、中外合资、合作企业和有限责任公司、股份有限公司的，在设定抵押前还需办理相关批准手续。以具有土地使用年限的在建工程抵押的，其抵押期限不得超过土地使用权出让合同规定的使用年限减去已经使用年限后的剩余年限。以在建工程抵押，当事人应当办理抵押登记，登记机关应当在抵押合同上作记载。抵押的房地产在抵押期间竣工的，当事人应当在抵押人领取权属证书后，重新办理房地产抵押登记。

以依法获准建造但尚未建造的房屋或者其他建筑物抵押的，当事人办理了抵押登记的，抵押同样有效。具体操作事项参照在建工程抵押的事项进行。

法条指引

❶《中华人民共和国担保法》（1995年6月30日 主席令公布）

第三十四条 下列财产可以抵押：

（一）抵押人所有的房屋和其他地上定着物；

（二）抵押人所有的机器、交通运输工具和其他财产；

（三）抵押人依法有权处分的国有的土地使用权、房屋和其他地上定着物；

（四）抵押人依法有权处分的国有的机器、交通运输工具和其他财产；

（五）抵押人依法承包并经发包方同意抵押的荒山、荒沟、荒丘、荒滩等荒地的土地使用权；

（六）依法可以抵押的其他财产。

抵押人可以将前款所列财产一并抵押。

❷《中华人民共和国物权法》（2007年3月16日主席令公布 2007年10月1日施行）

第一百八十条 债务人或者第三人有权处分的下列财产可以抵押：

（一）建筑物和其他土地附着物；

（二）建设用地使用权；

（三）以招标、拍卖、公开协商等方式取得的荒地等土地承包经营权；

（四）生产设备、原材料、半成品、产品；

（五）正在建造的建筑物、船舶、航空器；

（六）交通运输工具；

（七）法律、行政法规未禁止抵押的其他财产。

抵押人可以将前款所列财产一并抵押。

第一百八十七条 以本法第一百八十条第一款第一项至第三项规定的财产或者第五项规定的正在建造的建筑物抵押的，应当办理抵押登记。抵押权自登记时设立。

第一百八十八条 以本法第一百八十条第一款第四项、第六项规定的财产或者第五项规定的正在建造的船舶、航空器抵押的，抵押权自抵押合同生效时设立；未经登记，不得对抗善意第三人。

❸《最高人民法院关于适用〈中华人民共和国担保法〉若干问题的解释》（2000年12月13日发布）

第四十七条 以依法获准尚未建造的或者正在建造中的房屋或者其他建筑物抵押的，当事人办理了抵押物登记，人民法院可以认定抵押有效。

❹《城市房地产抵押管理办法》（2001年8月15日 建设部修正发布）

第三条 本办法所称房地产抵押，是指抵押人以其合法的房地产以不转移占有的方式向抵押权人提供债务履行担保的行为。债务人不履行债务时，债权人有权依法以抵押的房地产拍卖所得的价款优先受偿。

本办法所称抵押人，是指将依法取得的房地产提供给抵押权人，作为本人或者第三人履行债务担保的公民、法人或者其他组织。

本办法所称抵押权人，是指接受房地产抵押作为债务人履行债务担保的公民、法人或者其他组织。

本办法所称预购商品房贷款抵押，是指购房人在支付首期规定的房价款后，由贷款银行代其支付其余的购房款,将所购商品房抵押给贷款银行作为偿还贷款履行担保的行为。

本办法所称在建工程抵押,是指抵押人为取得在建工程继续建造资金的贷款,以其合法方式取得的土地使用权连同在建工程的投入资产,以不转移占有的方式抵押给贷款银行作为偿还贷款履行担保的行为。

第十一条 以在建工程已完工部分抵押的,其土地使用权随之抵押。

❺《城市房地产开发经营管理条例》(1998年7月20日 国务院令发布)

第十条 确定房地产开发项目,应当符合土地利用总体规划、年度建设用地计划和城市规划、房地产开发年度计划的要求;按照国家有关规定需要经计划主管部门批准的,还应当报计划主管部门批准,并纳入年度固定资产投资计划。

❻《建设部办公厅关于进一步转变工作作风切实加强和改善房屋权属登记发证工作的通知》(1999年5月4日 建设部办公厅秘书处发布)(略)

案例链接

❶《中国建设银行股份有限公司北京城市建设开发专业支行诉北京正圆房地产开发有限公司等借款合同纠纷案》,参见北大法宝引证码:Pkulaw.cn/CLI.C.199047。

❷《上海水利电力对外工程有限公司与上海金厦建筑安装工程有限公司等建设工程施工合同纠纷再审案》,参见北大法宝引证码:Pkulaw.cn/CLI.C.200886。

❸《嵊州市吉祥房地产开发有限公司与陈体广等借款合同纠纷上诉案》,参见北大法宝引证码:Pkulaw.cn/CLI.C.287637。

学者观点

❶ 胡卫:《论在建工程抵押中的利益协调》,参见北大法宝引证码:Pkulaw.cn/CLI.A.1143459。

❷ 丁志岩、施树强:《浅析在建工程抵押权的效力》,参见北大法宝引证码:Pkulaw.cn/CLI.A.118756。

【预售商品房抵押】

法律问题解读

预售商品房抵押是指买方在支付首期规定的房价后由贷款银行代其支付其余的购房款,买方将所购商品房抵押给贷款银行作为偿还贷款的担保。预售房屋合同的卖方即房地产开发商也可以为买方向贷款银行提供连带责任保证。房地产开发商与买方签订的房屋买卖合同实际上是预售合同。

在预售商品房抵押期间,买方向银行提供的抵押不是完整房屋的抵押,而是权益的抵押,是买方将自己的期待权予以抵押。房屋尚未建成,没有产权证,抵押登记只是预售合同抵押登记。房屋竣工之后,房地产开发商与买方共同办理产权过户手续,买方取得房屋产权证,同时与银行共同办理房屋抵押登记,这时抵押才是真正的物权抵押。实践中常出现买方与房地产开发商签订房屋买卖合同并交付预付款或者定金后,贷款银行经过审查可能以某种原因拒绝向买方发放贷款。这时房地产开发商都要求买方必须将购房余款一次付清;否则不予退还其交付的购房定金或者预付款的情况。因此,购买预售商品房的买方,在获得银行贷款前,与房地产开发商签订房屋买卖合同时最好约定,以买方获得银行贷款作为房屋买卖合同生效的条件。

另外需要注意的是,在预售商品房抵押贷款中,银行一般要求抵押人即买方为所抵押的房屋购买保险,并将银行设为保险赔偿的第一受益人。买方不为预售房屋购买保险的,银行有权拒绝买方的贷款申请。

法条指引

❶《中华人民共和国担保法》(1995年6月30日 主席令公布)

第三十四条 下列财产可以抵押:

(一)抵押人所有的房屋和其他地上定着物;

(二)抵押人所有的机器、交通运输工具和其他财产;

(三)抵押人依法有权处分的国有的土地使用权、房屋和其他地上定着物;

(四)抵押人依法有权处分的国有的机器、交通运输工具和其他财产;

(五)抵押人依法承包并经发包方同意抵押的荒山、荒沟、荒丘、荒滩等荒地的土地使用权;

(六)依法可以抵押的其他财产。

抵押人可以将前款所列财产一并抵押。

❷《中华人民共和国物权法》(2007年3月16日 主席令公布 2007年10月1日施行)

第一百八十条 债务人或者第三人有权处分的下列财产可以抵押：

（一）建筑物和其他土地附着物；

（二）建设用地使用权；

（三）以招标、拍卖、公开协商等方式取得的荒地等土地承包经营权；

（四）生产设备、原材料、半成品、产品；

（五）正在建造的建筑物、船舶、航空器；

（六）交通运输工具；

（七）法律、行政法规未禁止抵押的其他财产。

抵押人可以将前款所列财产一并抵押。

❸《最高人民法院关于适用〈中华人民共和国担保法〉若干问题的解释》（2000年12月13日发布）

第四十七条 以依法获准尚未建造的或者正在建造中的房屋或者其他建筑物抵押的，当事人办理了抵押物登记，人民法院可以认定抵押有效。

❹《城市房地产抵押管理办法》（2001年8月15日 建设部修正发布）

第三条 本办法所称房地产抵押，是指抵押人以其合法的房地产以不转移占有的方式向抵押权人提供债务履行担保的行为。债务人不履行债务时，债权人有权依法以抵押的房地产拍卖所得的价款优先受偿。

本办法所称抵押人，是指将依法取得的房地产提供给抵押权人，作为本人或者第三人履行债务担保的公民、法人或者其他组织。

本办法所称抵押权人，是指接受房地产抵押作为债务人履行债务担保的公民、法人或者其他组织。

本办法所称预购商品房贷款抵押，是指购房人在支付首期规定的房价款后，由贷款银行代其支付其余的购房款，将所购商品房抵押给贷款银行作为偿还贷款履行担保的行为。

本办法所称在建工程抵押，是指抵押人为取得在建工程继续建造资金的贷款，以其合法方式取得的土地使用权连同在建工程的投入资产，以不转移占有的方式抵押给贷款银行作为偿还贷款履行担保的行为。

第二十条 预购商品房贷款抵押的，商品房开发项目必须符合房地产转让条件并取得商品房预售许可证。

❺《城市商品房预售管理办法》（2004年7月20日 建设部修正发布）

第二条 本办法所称商品房预售是指房地产开发企业（以下简称开发企业）将正在建设中的房屋预先出售给承购人，由承购人支付定金或房价款的行为。

第五条 商品房预售应当符合下列条件：

（一）已交付全部土地使用权出让金，取得土地使用权证书；

（二）持有建设工程规划许可证和施工许可证；

（三）按提供预售的商品房计算，投入开发建设的资金达到工程建设总投资的百分之二十五以上，并已经确定施工进度和竣工交付日期。

❻《中国人民银行关于规范住房金融业务的通知》（2001年6月19日 中国人民银行发布）（略）

❼《个人住房贷款管理办法》（1998年5月14日 中国人民银行发布）

第二十五条 以房产作为抵押的，借款人需在合同签订前办理房屋保险或委托贷款人代办有关保险手续。抵押期内，保险单由贷款人保管。

第二十六条 抵押期内，借款人不得以任何理由中断或撤销保险；在保险期内，如发生保险责任范围以外的因借款人过错的毁损，由借款人负全部责任。

案例链接

❶《上海浦东发展银行股份有限公司杭州余杭支行诉卞玲秀等金融借款合同纠纷案》，参见北大法宝引证码：Pkulaw. cn/CLI. C. 229698。

❷《中国建设银行股份有限公司杭州余杭支行诉章志平等金融借款合同纠纷案》，参见北大法宝引证码：Pkulaw. cn/CLI. C. 228588。

❸《杭州海华房地产开发有限公司与中国银行股份有限公司杭州市凯旋支行购房借款合同纠纷上诉案》，参见北大法宝引证码：Pkulaw. cn/CLI. C. 287735。

【房地产抵押的管理部门】

法律问题解读

房地产抵押管理部门是负责对房屋抵押进行监督、管理的国家行政部门。房地产抵押的管理部门主要负责对房屋抵押和土地使用权抵押的审批工作。国务院建设行政主管部门管理全国范围内的房地产抵押管理工作；直辖市、省、自治区建设行政主管部门管理本行政区域内的城市房地产抵押管理工作；市、县人民政府房地产主管部门负责管理本行政区域内的房地产抵押管理工作。

房地产抵押管理部门的作用在于规范房地产抵押活动，防止非法的房地产抵押的发生和防止其对市场经济造成严重的负面影响。但房地产抵押管理部门必须在法律允许的范围内对属于民事活动的房地产抵押进行合理的管理和监督，如果房屋管理部门、土地管理部门工作人员玩忽职守、滥用职权，构成犯罪的，依法追究其刑事责任；不构成犯罪的，给予行政处分。房屋管理部门、土地管理部门工作人员玩忽职守、滥用职权或者利用职务上的便利索取他人财物，或者非法收受他人财物为他人谋取利益的，依法给予行政处分；构成犯罪的，依法追究刑事责任。

需要注意的是，房地产抵押管理部门因其工作人员的以上行为给房地产抵押当事人造成损失的，应当承担赔偿责任。受到损害的当事人可以依据《中华人民共和国国家赔偿法》和《中华人民共和国行政诉讼法》向法院提起诉讼，请求房地产抵押管理部门承担相应的赔偿责任。

法条指引

❶《中华人民共和国担保法》（1995年6月30日 主席令公布）

第四十二条 办理抵押物登记的部门如下：

（一）以无地上定着物的土地使用权抵押的，为核发土地使用权证书的土地管理部门；

（二）以城市房地产或者乡（镇）、村企业的厂房等建筑物抵押的，为县级以上地方人民政府规定的部门；

（三）以林木抵押的，为县级以上林木主管部门；

（四）以航空器、船舶、车辆抵押的，为运输工具的登记部门；

（五）以企业的设备和其他动产抵押的，为财产所在地的工商行政管理部门。

❷《中华人民共和国城市房地产管理法》（1994年7月5日 主席公布 2007年8月30日修正）

第七条 国务院建设行政主管部门、土地管理部门依照国务院规定的职权划分，各司其职，密切配合，管理全国房地产工作。

县级以上地方人民政府房产管理、土地管理部门的机构设置及其职权由省、自治区、直辖市人民政府确定。

第七十条 没有法律、法规的依据，向房地产开发企业收费的，上级机关应当责令退回所收取的钱款；情节严重的，由上级机关或者所在单位给予直接责任人员行政处分。

第七十一条 房产管理部门、土地管理部门工作人员玩忽职守、滥用职权，构成犯罪的，依法追究刑事责任；不构成犯罪的，给予行政处分。

房产管理部门、土地管理部门工作人员利用职务上的便利，索取他人财物，或者非法收受他人财物为他人谋取利益，构成犯罪的，依照惩治贪污罪贿赂罪的补充规定追究刑事责任；不构成犯罪的，给予行政处分。

❸《中华人民共和国国家赔偿法》（1994年5月12日 主席令公布）

第二条 国家机关和国家机关工作人员违法行使职权侵犯公民、法人和其他组织的合法权益造成损害的，受害人有依照本法取得国家赔偿的权利。

国家赔偿由本法规定的赔偿义务机关履行赔偿义务。

第四条 行政机关及其工作人员在行使行政职权时有下列侵犯财产权情形之一的，受害人有取得赔偿的权利：

（一）违法实施罚款、吊销许可证和执照、责令停产停业、没收财物等行政处罚的；

（二）违法对财产采取查封、扣押、冻结等行政强制措施的；

（三）违反国家规定征收财物、摊派费用的；

（四）造成财产损害的其他违法行为。

❹《中华人民共和国行政诉讼法》（1989年4月4日 主席令公布）

第二条 公民、法人或者其他组织认为行政机关和行政机关工作人员的具体行政行为侵犯其合法权益，有权依照本法向人民法院提起诉讼。

第十一条 人民法院受理公民、法人和其他组织对下列具体行政行为不服提起的诉讼：

（一）对拘留、罚款、吊销许可证和执照、责令停产停业、没收财物等行政处罚不服的；

（二）对限制人身自由或者对财产的查封、扣押、冻结等行政强制措施不服的；

（三）认为行政机关侵犯法律规定的经营自主权的；

（四）认为符合法定条件申请行政机关颁发许可证和执照，行政机关拒绝颁发或者不予答复的；

（五）申请行政机关履行保护人身权、财产权的法定职责，行政机关拒绝履行或者不予答复的；

（六）认为行政机关没有依法发给抚恤金的；
（七）认为行政机关违法要求履行义务的；
（八）认为行政机关侵犯其他人身权、财产权的。

除前款规定外，人民法院受理法律、法规规定可以提起诉讼的其他行政案件。

❺《城市房地产抵押管理办法》（2001年8月15日 建设部修正发布）

第七条 国务院建设行政主管部门归口管理全国城市房地产抵押管理工作。

省、自治区建设行政主管部门归口管理本行政区域内的城市房地产抵押管理工作。

❻《中华人民共和国城镇国有土地使用权出让和转让暂行条例》（1990年5月19日 国务院令发布）

第六条 县级以上人民政府土地管理部门依法对土地使用权的出让、转让、出租、抵押、终止进行监督检查。

❼《关于土地使用权抵押登记有关问题的通知》（1997年1月3日 国家土地管理局发布）

各省、自治区、直辖市及计划单列市土地（国土）管理局（厅），解放军土地管理局，新疆生产建设兵团土地管理局：

为加强土地使用权抵押登记的管理，规范抵押登记行为，保障抵押当事人的合法权益，根据《城市房地产管理法》、《担保法》和《城镇国有土地使用权出让和转让暂行条例》的规定，现将土地使用权抵押登记的有关问题通知如下：

一、关于土地使用权抵押登记的法律效力

土地使用权抵押权的设立、变更和消灭应依法办理土地登记手续。土地使用权抵押合同经登记后生效，未经登记的土地使用权抵押权不受法律保护。

土地使用权抵押登记必须以土地使用权登记为基础，并遵循登记机关一致的原则，异地抵押的，必须到土地所在地的原土地使用权登记机关办理抵押登记。县级以上地方人民政府土地管理部门负责土地使用权抵押登记工作。

土地使用权抵押权的合法凭证是《土地他项权利证明书》，《国有土地使用证》、《集体土地所有证》和《集体土地使用证》不作为抵押权的法律凭证，抵押权人不得扣押抵押土地的土地证书。抵押权人扣押的土地证书无效，土地使用权人可以申请原土地证书作废，并办理补发新证手续。

六、其他

我局1995年印发的《农村集体土地使用权抵押登记的若干规定》（〔1995〕国土〔籍〕字第134号）中与本通知内容不一致的，以本通知为准。

❽《划拨土地使用权管理暂行办法》（1992年2月24日 国家土地管理局发布）

第四条 县级以上人民政府土地管理部门依法对土地使用权转让、出租、抵押活动进行管理和监督检查。

❾《土地监察暂行规定》（1995年6月12日 国家土地管理局发布）

第十八条 土地管理部门依法对单位和个人下列行为的合法性进行监督检查：

（一）建设用地行为；
（二）建设用地审批行为；
（三）土地开发利用行为；
（四）土地权属变更和登记发证行为；
（五）土地复垦行为；
（六）基本农田保护行为；
（七）土地使用权出让行为；
（八）土地使用权转让、出租、抵押、终止行为；
（九）房地产转让行为；
（十）其他行为。

【房地产抵押权的设定】

法律问题解读

在房地产抵押中，抵押当事人通过签订抵押合同并履行相关的手续才能设定房地产抵押权。房地产抵押权的设定应当注意如下几个问题：

1. 可以抵押的房地产的范围。《城市房地产抵押管理办法》第8条明确规定了不得抵押的房地产的范围。当事人不得以该规定中的房地产设定抵押，否则抵押无效。

2. 企业以其房地产抵押的，应当履行一定的程序。如以集体所有制企业的房地产抵押的，必须经集体所有制企业的职工（代表）大会通过，并报其上级主管机关备案。

3. 以享有国家优惠政策购买的房地产，如解困房等房地产抵押的，其抵押额以房地产权利人可以处分和受益的份额比例为限。

4. 设定房地产抵押，必须经房地产管理部门登记。不经登记的房地产抵押权无效。

5. 房地产抵押权设定时，需由抵押当事人商定抵押房地产的价格或者由房地产价格评估机构来确定抵押房地产的价值。抵押当事人如果约定对抵押房地产进行保险的,抵押人还需为抵押的房地产投保并承担相应的保险费。

6. 如果抵押人死亡、依法被宣告死亡或者失踪的,其房地产合法继承人或者财产代管人不能终止原抵押合同,而应当继续履行原抵押合同。

法条指引

❶《中华人民共和国担保法》(1995 年 6 月 30 日 主席令公布)

第三十八条 抵押人和抵押权人应当以书面形式订立抵押合同。

第四十一条 当事人以本法第四十二条规定的财产抵押的,应当办理抵押物登记,抵押合同自登记之日起生效。

第四十二条 办理抵押物登记的部门如下:

(一) 以无地上定着物的土地使用权抵押的,为核发土地使用权证书的土地管理部门;

(二) 以城市房地产或者乡(镇)、村企业的厂房等建筑物抵押的,为县级以上地方人民政府规定的部门;

(三) 以林木抵押的,为县级以上林木主管部门;

(四) 以航空器、船舶、车辆抵押的,为运输工具的登记部门;

(五) 以企业的设备和其他动产抵押的,为财产所在地的工商行政管理部门。

❷《中华人民共和国城市房地产管理法》(2007 年 8 月 30 日修正 主席令公布)

第四十九条 房地产抵押,应当凭土地使用权证书、房屋所有权证书办理。

第五十条 房地产抵押,抵押人和抵押权人应当签订书面抵押合同。

❸《城市房地产抵押管理办法》(2001 年 8 月 15 日 建设部修正发布)

第八条 下列房地产不得设定抵押:

(一) 权属有争议的房地产;

(二) 用于教育、医疗、市政等公共福利事业的房地产;

(三) 列入文物保护的建筑物和有重要纪念意义的其他建筑物;

(四) 已依法公告列入拆迁范围的房地产;

(五) 被依法查封、扣押、监管或者以其他形式限制的房地产;

(六) 依法不得抵押的其他房地产。

第九条 同一房地产设定两个以上抵押权的,抵押人应当将已经设定过的抵押情况告知抵押权人。

抵押人所担保的债权不得超出其抵押物的价值。

房地产抵押后,该抵押房地产的价值大于所担保债权的余额部分,可以再次抵押,但不得超出余额部分。

第十条 以两宗以上房地产设定同一抵押权的,视为同一抵押房地产。但抵押当事人另有约定的除外。

第十一条 以在建工程已完工部分抵押的,其土地使用权随之抵押。

第十二条 以享受国家优惠政策购买的房地产抵押的,其抵押额以房地产权利人可以处分和收益的份额比例为限。

第十三条 国有企业、事业单位法人以国家授予其经营管理的房地产抵押的,应当符合国有资产管理的有关规定。

第十四条 以集体所有制企业的房地产抵押的,必须经集体所有制企业职工(代表)大会通过,并报其上级主管机关备案。

第十五条 以中外合资企业、合作经营企业和外商独资企业的房地产抵押的,必须经董事会通过,但企业章程另有规定的除外。

第十六条 以有限责任公司、股份有限公司的房地产抵押的,必须经董事会或者股东大会通过,但企业章程另有规定的除外。

第十七条 有经营期限的企业以其所有的房地产设定抵押的,所担保债务的履行期限不应当超过该企业的经营期限。

第十八条 以具有土地使用年限的房地产设定抵押的,所担保债务的履行期限不得超过土地使用权出让合同规定的使用年限减去已经使用年限后的剩余年限。

第十九条 以共有的房地产抵押的,抵押人应当事先征得其他共有人的书面同意。

第二十条 预购商品房贷款抵押的,商品房开发项目必须符合房地产转让条件并取得商品房预售许可证。

第二十一条 以已出租的房地产抵押的,抵押人应当将租赁情况告知抵押权人,并将抵押情况告知承租人。原租赁合同继续有效。

第二十二条 设定房地产抵押时,抵押房地产的价值可以由抵押当事人协商议定,也可以由房地产价格评估机构评估确定。

法律、法规另有规定的除外。

第二十三条 抵押当事人约定对抵押房地产保险的，由抵押人为抵押的房地产投保，保险费由抵押人负担。抵押房地产投保的，抵押人应当将保险单移送抵押权人保管。在抵押期间，抵押权人为保险赔偿的第一受益人。

第二十四条 企业、事业单位法人分立或者合并后，原抵押合同继续有效，其权利和义务由变更后的法人享有和承担。

抵押人死亡、依法被宣告死亡或者被宣告失踪时，其房地产合法继承人或者代管人应当继续履行原抵押合同。

案例链接

❶《宁波银行股份有限公司西门支行诉詹雷金融借款合同纠纷案》，参见北大法宝引证码：Pkulaw.cn/CLI.C.229993。

❷《象山县中小企业信用担保中心诉浙江华升电力设备有限公司等担保追偿权纠纷案》，参见北大法宝引证码：Pkulaw.cn/CLI.C.232265。

❸《台州市银泰典当有限责任公司诉张哲海典当纠纷案》，参见北大法宝引证码：Pkulaw.cn/CLI.C.233485。

学者观点

❶ 庄宏志：《房地产抵押的有关法律问题》，参见北大法宝引证码：Pkulaw.cn/CLI.A.13058。

【房地产抵押的范围】

法律问题解读

房地产抵押的范围是指依法可以设定抵押权的房屋和土地使用权的范围。抵押人所有的房屋和土地使用权可以设定抵押权；抵押人依法有权处分的国有土地使用权、房屋和其他建筑物，也可以设定抵押权。

不得设定抵押的房地产主要包括：1. 权属有争议的房地产。当房地产的所有权、使用权不明或者有争议时，该房地产不能抵押；2. 用于教育、医疗、市政等公共福利事业的房地产。因这些房地产是公益或公共设施，关系着广大人民和社会的利益，故不得抵押；3. 列入文物保护的建筑物和有重要纪念意义的其他建筑物不得抵押；4. 已依法公告列入拆迁范围的房地产和被依法查封、扣押、监管或者受其他形式限制的房地产。因为这些房地产的所有人或者有权处分人在这些情况下即将或已经丧失对这些房地产的处分权，故此类房地产不得抵押。

需要注意的是，依法获准尚未建造的或者正在建造中的房屋或者其他建筑物，在当事人办理了抵押物登记后，可以抵押。经法定程序确认为违法、违章的建筑物不能抵押，在此类建筑物上设定的抵押权无效。另外，共有房屋可以抵押，但抵押人应当事先征得其他共有人的同意。

法条指引

❶《中华人民共和国担保法》（1995年6月30日 主席令公布）

第三十四条 下列财产可以抵押：

（一）抵押人所有的房屋和其他地上定着物；

（二）抵押人所有的机器、交通运输工具和其他财产；

（三）抵押人依法有权处分的国有的土地使用权、房屋和其他地上定着物；

（四）抵押人依法有权处分的国有的机器、交通运输工具和其他财产；

（五）抵押人依法承包并经发包方同意抵押的荒山、荒沟、荒丘、荒滩等荒地的土地使用权；

（六）依法可以抵押的其他财产。

抵押人可以将前款所列财产一并抵押。

第三十七条 下列财产不得抵押：

（一）土地所有权；

（二）耕地、宅基地、自留地、自留山等集体所有的土地使用权，但本法第三十四条第（五）项、第三十六条第三款规定的除外；

（三）学校、幼儿园、医院等以公益为目的的事业单位、社会团体的教育设施、医疗卫生设施和其他社会公益设施；

（四）所有权、使用权不明或者有争议的财产；

（五）依法被查封、扣押、监管的财产；

（六）依法不得抵押的其他财产。

❷《中华人民共和国物权法》（2007年3月16日主席令公布 2007年10月1日施行）

第一百八十条 债务人或者第三人有权处分的下列财产可以抵押：

（一）建筑物和其他土地附着物；

（二）建设用地使用权；

（三）以招标、拍卖、公开协商等方式取得的荒地等土地承包经营权；

（四）生产设备、原材料、半成品、产品；

（五）正在建造的建筑物、船舶、航空器；
（六）交通运输工具；
（七）法律、行政法规未禁止抵押的其他财产。

抵押人可以将前款所列财产一并抵押。

第一百八十四条　下列财产不得抵押：
（一）土地所有权；
（二）耕地、宅基地、自留地、自留山等集体所有的土地使用权，但法律规定可以抵押的除外；
（三）学校、幼儿园、医院等以公益为目的的事业单位、社会团体的教育设施、医疗卫生设施和其他社会公益设施；
（四）所有权、使用权不明或者有争议的财产；
（五）依法被查封、扣押、监管的财产；
（六）法律、行政法规规定不得抵押的其他财产。

❸《最高人民法院关于适用〈中华人民共和国担保法〉若干问题的解释》（2000年12月13日发布）

第四十八条　以法定程序确认为违法、违章的建筑物抵押的，抵押无效。

❹《城市房地产抵押管理办法》（2001年8月15日　建设部修正发布）

第八条　下列房地产不得设定抵押：
（一）权属有争议的房地产；
（二）用于教育、医疗、市政等公共福利事业的房地产；
（三）列入文物保护的建筑物和有重要纪念意义的其他建筑物；
（四）已依法公告列入拆迁范围的房地产；
（五）被依法查封、扣押、监管或者以其他形式限制的房地产；
（六）依法不得抵押的其他房地产。

学者观点

❶ 沈明磊：《论房地产抵押的财产范围》，参见北大法宝引证码：Pkulaw. cn/CLI. A. 1110553。

❷ 沈萍：《有关"房地产抵押权的效力不及于其设定后新增的房屋"问题的探讨》，参见北大法宝引证码：Pkulaw. cn/CLI. A. 183782。

❸ 童付章：《房地产分别抵押情形中抵押权优先效力之研讨》，参见北大法宝引证码：Pkulaw. cn/CLI. A. 1120146。

【抵押房产和地产的关系】

法律问题解读

由于房屋具有依附土地而存在的特性，房屋所有权或使用权转让或抵押时，必然产生土地的所有权或使用权是否一并转让或抵押的问题。由于我国的土地所有权属于国家和农村集体经济组织所有，用地单位对土地仅有使用权，而且都是因自己所有的或者使用的房屋才利用该土地，如果对土地没有使用的权利，就无权在该地上建房或使用房屋。因此，我国在处理房地产关系时的一个重要原则就是："地随房走或者房随地走"。所谓"地随房走"就是转让房屋的所有权或者使用权时，土地使用权同时转让。所谓"房随地走"，是指转让土地使用权时，该土地上房屋也应一并转让。

依据以上原则，《担保法》规定："以依法取得使用权的国有土地上的房屋抵押的，该房屋范围内的国有土地使用权同时抵押。以出让取得的国有土地使用权抵押的，应当同时将抵押时该国有土地上的房屋同时抵押。"也就是说，在设定抵押权时，房屋的所有权和土地的使用权应当同时抵押。只有这样，才能保证实现抵押权时，房屋和土地使用权同时转让。对以上担保法的规定应注意的有两点：1. 该规定中的房屋抵押限于国有土地上的房屋抵押和乡（镇）、村企业的厂房等建筑物的抵押。为了从严控制农村集体所有的土地的转让，《担保法》规定，乡（镇）、村企业的土地使用权不得单独抵押。以乡（镇）、村企业的厂房等建筑物抵押的，其占用范围内的土地使用权同时抵押。2. 该规定中的土地使用权抵押限于以出让方式取得的国有土地使用权抵押。

法条指引

❶《中华人民共和国担保法》（1995年6月30日　主席令公布）

第三十四条　下列财产可以抵押：
（一）抵押人所有的房屋和其他地上定着物；
（二）抵押人所有的机器、交通运输工具和其他财产；
（三）抵押人依法有权处分的国有的土地使用权、房屋和其他地上定着物；
（四）抵押人依法有权处分的国有的机器、交通运输工具和其他财产；

（五）抵押人依法承包并经发包方同意抵押的荒山、荒沟、荒丘、荒滩等荒地的土地使用权；

（六）依法可以抵押的其他财产。

抵押人可以将前款所列财产一并抵押。

第三十六条 以依法取得的国有土地上的房屋抵押的，该房屋占用范围内的国有土地使用权同时抵押。

以出让方式取得的国有土地使用权抵押的，应当将抵押时该国有土地上的房屋同时抵押。

乡（镇）、村企业的土地使用权不得单独抵押。以乡（镇）、村企业的厂房等建筑物抵押的，其占用范围内的土地使用权同时抵押。

❷**《中华人民共和国城市房地产管理法》**（2007年8月30日修正 主席令公布）

第三十二条 房地产转让、抵押时，房屋的所有权和该房屋占用范围内的土地使用权同时转让、抵押。

第四十七条 房地产抵押，是指抵押人以其合法的房地产以不转移占有的方式向抵押权人提供债务履行担保的行为。债务人不履行债务时，抵押权人有权依法以抵押的房地产拍卖所得的价款优先受偿。

第四十八条 依法取得的房屋所有权连同该房屋占用范围的土地使用权，可以设定抵押权。

以出让方式取得的土地使用权，可以设定抵押权。

❸**《中华人民共和国物权法》**（2007年3月16日 主席令公布 2007年10月1日施行）

第一百八十二条 以建筑物抵押的，该建筑物占用范围内的建设用地使用权一并抵押。以建设用地使用权抵押的，该土地上的建筑物一并抵押。

抵押人未依照前款规定一并抵押的，未抵押的财产视为一并抵押。

第一百八十三条 乡镇、村企业的建设用地使用权不得单独抵押。以乡镇、村企业的厂房等建筑物抵押的，其占用范围内的建设用地使用权一并抵押。

❹**《城市房地产抵押管理办法》**（2001年8月15日 建设部修正发布）

第四条 以依法取得的房屋所有权抵押的，该房屋占用范围内的土地使用权必须同时抵押。

第十一条 以在建工程已完工部分抵押的，其土地使用权随之抵押。

❺**《关于转发广东省建委〈关于严格办理房地产权抵押登记手续、防止伪造〈房屋所有权证〉诈骗的紧急通知〉的通知》**（1995年1月14日建设部发布）

各省、自治区建委（建设厅）、直辖市、计划单列市、省会城市房地产管理局：

现将广东省建委《关于严格办理房地产权抵押登记手续、防止伪造〈房屋所有权证〉诈骗的紧急通知》转发给你们，伪造《房屋所有权证》的情况，应引起各地房地产管理部门的高度重视。

随着房地产市场经济的活跃，房地产抵押行为日益增多，除发生类似中山市少数犯罪分子伪造《房屋所有权证》行骗的情况外，在个别城市还出现将一处房屋重复抵押，或将抵押的房地产卖出等情况，造成权益纠纷，影响了银行信贷工作和房地产权属管理的正常秩序。出现这些情况的主要原因是由于管理不严，法规不全，抵押手续不规范等，因此各地房地产管理部门要从以下几个方面入手，加强房地产抵押管理。

一、依照现有法规加强管理。我部《城市房屋产权产籍管理暂行办法》第十条规定："城市房屋产权的取得、转移、变更和他项权利的设定，均应当依照《城镇房屋所有权登记暂行办法》的规定，向房屋所在地的市、县人民政府房地产行政主管部门申请登记，经审查确认产权后，发给房屋产权证"。凡进行房地产抵押的，应自抵押行为成立之日起三十日内申请他项权利登记，经房地产权属登记机关审核后，发予《他项权利证书》。

二、房地权利主体一致。实行房屋所有权与该房屋占用的土地使用权权利主体一致的原则，房产设定抵押时，应当包括该房屋占用的土地使用权。

三、建立房地产抵押登记制度。房地产权属登记发证机关应制定办理房地产抵押登记的程序，并严格执行。

办理房地产抵押登记的程序可以是：（1）抵押双方签订房地产抵押合同，并到房地产交易管理部门办理合同签证；（2）持有效的身份证明、《房屋所有权证》、抵押合同等有关文件到房地产权属登记机关申请抵押登记；（3）经房地产权属登记机关审核后，在《房屋所有权证》上填注设定他项权利摘要，另发《他项权利证》交抵押权人存执。（4）履约的房地产抵押合同终止时，抵押双方凭《房屋所有权证》和《他项权利证》到原发证机关办理注销登记，在《房屋所有权证》上填写注销日期，收回《他项权利证》存档；（5）因无力履约处分抵押的房地产时，抵押权人凭《他项权利证》行使合同规定的权力。

四、房地产权属登记机关在办理房地产抵押登记过程，要加强审核管理，必须查核登记申请人提供的《房屋所有权证》是否与权证存根及档案记录内容相符，查对权证号与印章的真伪，审核人须签字在案。

五、要向社会各界公开房地产抵押登记程序，特别要主动与金融机构及典当抵押行联系，积极向他们宣传，使他们理解房地产抵押登记制度的宗旨是保证房地产抵押合同的履约、保护抵押双方的权益，取得他们的支持，协同做好房地产抵押登记和管理，房地产权属登记机关要及时纠正不规范的抵押行为，如只签订抵押合同，收存《房屋所有权》证；由非房地产权属登记机关进行房地产抵押登记，颁发《他项权利证》等，以维护房地产权属管理的正常秩序。

六、一旦发现伪造的《房屋所有权证》的，立即没收，并予处罚；对进行诈骗活动的，应立即报告当地公安机关查处。

❻《中华人民共和国城镇国有土地使用权出让和转让暂行条例》（1990年5月19日　国务院令发布）

第三十三条　土地使用权抵押时，其地上建筑物、其他附着物随之抵押。

地上建筑物、其他附着物抵押时，其使用范围内的土地使用权随之抵押。

❼《划拨土地使用权管理暂行办法》（1992年2月24日　国家土地管理局发布）

第十一条　转让、抵押土地使用权，其地上建筑物、其他附着物所有权随之转让、抵押；转让、抵押地上建筑物、其他附着物所有权，其使用范围内的土地使用权随之转让、抵押。但地上建筑物、其他附着物作为动产转让的除外。

出租土地使用权，其地上建筑物、其他附着物使用权随之出租；出租地上建筑物、其他附着物使用权，其使用范围内的土地使用权随之出租。

❽《最高人民法院关于破产企业国有划拨土地使用权应否列入破产财产等问题的批复》（2003年4月16日　最高人民法院发布）

湖北省高级人民法院：

你院鄂高法〔2002〕158号《关于破产企业国有划拨土地使用权应否列入破产财产以及有关抵押效力认定等问题的请示》收悉。经研究，答复如下：

一、根据《中华人民共和国土地管理法》第五十八条第一款第（四）项及《城镇国有土地使用权出让和转让暂行条例》第四十七条的规定，破产企业以划拨方式取得的国有土地使用权不属于破产财产，在企业破产时，有关人民政府可以予以收回，并依法处置。纳入国家兼并破产计划的国有企业，其依法取得的国有土地使用权，应依据国务院有关文件规定办理。

二、企业对其以划拨方式取得的国有土地使用权无处分权，以该土地使用权为标的物设定抵押，除依法办理抵押登记手续外，还应经具有审批权限的人民政府或土地行政管理部门批准。否则，应认定抵押无效。如果企业对以划拨方式取得的国有土地使用权设定抵押时，履行了法定的审批手续，并依法办理了抵押登记，应认定抵押有效。根据《中华人民共和国城市房地产管理法》第五十条和《中华人民共和国担保法》第五十六条的规定，抵押权人只有在以抵押标的物折价或拍卖、变卖所得价款缴纳相当于土地使用权出让金的款项后，对剩余部分方可享有优先受偿权。但纳入国家兼并破产计划的国有企业，其用以划拨方式取得的国有土地使用权设定抵押的，应依据国务院有关文件规定办理。

三、国有企业以关键设备、成套设备、厂房设定抵押的效力问题，应依据法释〔2002〕14号《关于国有工业企业以机器设备等财产为抵押物与债权人签订的抵押合同的法律效力问题的批复》办理。

国有企业以建筑物设定抵押的效力问题，应区分两种情况处理：如果建筑物附着于以划拨方式取得的国有土地使用权之上，将该建筑物与土地使用权一并设定抵押的，对土地使用权的抵押需履行法定的审批手续，否则，应认定抵押无效；如果建筑物附着于以出让、转让方式取得的国有土地使用权之上，将该建筑物与土地使用权一并设定抵押的，即使未经有关主管部门批准，亦应认定抵押有效。

本批复自公布之日起施行，正在审理或者尚未审理的案件，适用本批复，但对提起再审的判决、裁定已经发生法律效力的案件除外。

此复

学者观点

❶ 宫邦友：《房屋与土地权利主体不一致时，房地产抵押合同的效力及相关权利人的利益保护——兼评四川华通汽车集团公司中国农业银行成都市总府支行、四川盛世集团有限责任公司借款

合同纠纷案》,参见北大法宝引证码:Pkulaw. cn/CLI. A. 1112513。

❷ 朱晓喆:《房、地分离抵押的法律效果——〈物权法〉第182条的法律教义学分析》,参见北大法宝引证码:Pkulaw. cn/CLI. A. 1143677。

❸ 何志:《房屋产权和土地使用权分别抵押的效力研究——兼谈对〈担保法〉第36条的质疑和完善》,参见北大法宝引证码:Pkulaw. cn/CLI. A. 1116463。

【国有企业、事业单位的房地产抵押】

法律问题解读

国有企业、事业单位对国家授予其经营管理的财产享有占有、使用和依法处分的权利。国有企业、事业单位可以以国家授予其经营管理的房地产抵押,但因为此类房地产是重要的国有资产,故在设定抵押权时,应当符合国有资产管理的有关规定。

国有企业、事业单位以国家授予其经营管理的建筑物抵押的情况有两种:(1)如果建筑物附着于以划拨方式取得的国有土地使用权之上,对土地使用权的抵押需履行法定的审批手续。以划拨方式取得的国有土地使用权一并抵押应当符合《中华人民共和国城镇国有土地使用权出让和转让暂行条例》的相关规定。以划拨国有土地使用权抵押的国有企业和事业单位必须持有国有土地使用权证和地上建筑物的合法产权证明,并签订土地使用权出让合同,向当地市、县人民政府补交土地使用权出让金或者以抵押所获得收益抵交土地使用权出让金;(2)如果建筑物附着于以出让、转让方式取得的国有土地使用权之上的,将该建筑物与土地使用权一并设定抵押,即使未经有关主管部门的批准,该抵押亦有效。

法条指引

❶《中华人民共和国担保法》(1995年6月30日 主席令公布)

第三十四条 下列财产可以抵押:
(一)抵押人所有的房屋和其他地上定着物;
(二)抵押人所有的机器、交通运输工具和其他财产;
(三)抵押人依法有权处分的国有的土地使用权、房屋和其他地上定着物;
(四)抵押人依法有权处分的国有的机器、交通运输工具和其他财产;
(五)抵押人依法承包并经发包方同意抵押的荒山、荒沟、荒丘、荒滩等荒地的土地使用权;
(六)依法可以抵押的其他财产。
抵押人可以将前款所列财产一并抵押。

❷《中华人民共和国城市房地产管理法》(2007年8月30日修正 主席令公布)

第四十七条 房地产抵押,是指抵押人以其合法的房地产以不转移占有的方式向抵押权人提供债务履行担保的行为。债务人不履行债务时,抵押权人有权依法以抵押的房地产拍卖所得的价款优先受偿。

第四十八条 依法取得的房屋所有权连同该房屋占用范围内的土地使用权,可以设定抵押权。
以出让方式取得的土地使用权,可以设定抵押权。

❸《中华人民共和国全民所有制工业企业法》(1988年4月13日 主席令公布)

第二条 全民所有制工业企业(以下简称企业)是依法自主经营、自负盈亏、独立核算的社会主义商品生产和经营单位。
企业的财产属于全民所有,国家依照所有权和经营权分离的原则授予企业经营管理。企业对国家授予其经营管理的财产享有占有、使用和依法处分的权利。
企业依法取得法人资格,以国家授予其经营管理的财产承担民事责任。
企业根据政府主管部门的决定,可以采取承包、租赁等经营责任制形式。

❹《中华人民共和国物权法》(2007年3月16日 主席令公布 2007年10月1日施行)

第一百八十条 债务人或者第三人有权处分的下列财产可以抵押:
(一)建筑物和其他土地附着物;
(二)建设用地使用权;
(三)以招标、拍卖、公开协商等方式取得的荒地等土地承包经营权;
(四)生产设备、原材料、半成品、产品;
(五)正在建造的建筑物、船舶、航空器;
(六)交通运输工具;
(七)法律、行政法规未禁止抵押的其他财产。
抵押人可以将前款所列财产一并抵押。

❺《中华人民共和国城镇国有土地使用权出让和转让暂行条例》(1990年5月19日 国务院令发布)

第四十五条 符合下列条件的，经市、县人民政府土地管理部门和房产管理部门批准，其划拨土地使用权和地上建筑物、其他附着物所有权可以转让、出租、抵押：

（一）土地使用者为公司、企业、其他经济组织和个人；

（二）领有国有土地使用证；

（三）具有地上建筑物、其他附着物合法的产权证明；

（四）依照本条例第二章的规定签订土地使用权出让合同，向当地市、县人民政府补交土地使用权出让金或者以转让、出租、抵押所获收益抵交土地使用权出让金。

转让、出租、抵押前款划拨土地使用权的，分别依照本条例第三章、第四章和第五章的规定办理。

第四十六条 对未经批准擅自转让、出租、抵押划拨土地使用权的单位和个人，市、县人民政府土地管理部门应当没收其非法收入，并根据情节处以罚款。

❻《城市房地产抵押管理办法》（2001年8月15日　建设部修正发布）

第十三条 国有企业、事业单位法人以国家授予其经营管理的房地产抵押的，应当符合国有资产管理的有关规定。

❼《最高人民法院关于破产企业国有划拨土地使用权应否列入破产财产等问题的批复》（2003年4月16日　最高人民法院发布）

湖北省高级人民法院：

你院鄂高法〔2002〕158号《关于破产企业国有划拨土地使用权应否列入破产财产以及有关抵押效力认定等问题的请示》收悉。经研究，答复如下：

一、根据《中华人民共和国土地管理法》第五十八条第一款第（四）项及《城镇国有土地使用权出让和转让暂行条例》第四十七条的规定，破产企业以划拨方式取得的国有土地使用权不属于破产财产，在企业破产时，有关人民政府可以予以收回，并依法处置。纳入国家兼并破产计划的国有企业，其依法取得的国有土地使用权，应依据国务院有关文件规定办理。

二、企业对其以划拨方式取得的国有土地使用权无处分权，以该土地使用权为标的物设定抵押，除依法办理抵押登记手续外，还应经具有审批权限的人民政府或土地行政管理部门批准。否则，应认定抵押无效。如果企业对以划拨方式取得的国有土地使用权设定抵押时，履行了法定的审批手续，并依法办理了抵押登记，应认定抵押有效。根据《中华人民共和国城市房地产管理法》第五十条和《中华人民共和国担保法》第五十六条的规定，抵押权人只有在以抵押标的物折价或拍卖、变卖所得价款缴纳相当于土地使用权出让金的款项后，对剩余部分方可享有优先受偿权。但纳入国家兼并破产计划的国有企业，其用以划拨方式取得的国有土地使用权设定抵押的，应依据国务院有关文件规定办理。

三、国有企业以关键设备、成套设备、厂房设定抵押的效力问题，应依据法释〔2002〕14号《关于国有工业企业以机器设备等财产为抵押物与债权人签订的抵押合同的法律效力问题的批复》办理。

国有企业以建筑物设定抵押的效力问题，应区分两种情况处理：如果建筑物附着于以划拨方式取得的国有土地使用权之上，将该建筑物与土地使用权一并设定抵押的，对土地使用权的抵押需履行法定的审批手续，否则，应认定抵押无效；如果建筑物附着于以出让、转让方式取得的国有土地使用权之上，将该建筑物与土地使用权一并设定抵押的，即使未经有关主管部门批准，亦应认定抵押有效。

本批复自公布之日起施行，正在审理或者尚未审理的案件，适用本批复，但对提起再审的判决、裁定已经发生法律效力的案件除外。

此复

案例链接

❶《中国唱片广州公司与广州市商业银行股份有限公司淘金支行借款合同纠纷上诉案》，参见北大法宝引证码：Pkulaw. cn/CLI. C. 275349。

❷《佛山市南海区九江农村信用合作社与佛山市顺德区俊朗发展有限公司等借款合同纠纷执行异议案》，参见北大法宝引证码：Pkulaw. cn/CLI. C. 102605。

❸《河南省南阳市八一摩托车供应站与王本正等申请(1999)宛龙执字第16-2号民事裁定书复议纠纷执行案》，参见北大法宝引证码：Pkulaw. cn/CLI. C. 265559。

【其他企业的房地产抵押】

法律问题解读

其他企业房地产抵押指国有企业、事业单位

法人以外的企业的房地产抵押，包括集体所有制企业、中外合资企业、合作经营企业和外商独资企业、有限责任公司、股份有限公司合伙企业等企业的房地产抵押。以这些企业的房地产抵押的，分别要履行一定的手续。

以集体所有制企业的房地产抵押的，必须经集体所有制企业职工大会或者企业职工代表大会通过，并报经其上级主管机关备案；以中外合资企业、合作经营企业和外商独资企业的房地产抵押的，必须经董事会通过，但企业章程有另外规定的除外；以有限责任公司、股份有限公司的房地产抵押的，必须经董事会或者股东大会通过，但企业章程另有规定的除外。以合伙企业的房地产抵押的，必须经过全体合伙人的一致同意。

需要注意的是，有经营期限的企业以其所有的房地产设定抵押的，为确保抵押权的顺利实现，此种抵押所担保债务的履行期限不应当超过该企业的经营期限。企业、事业单位法人分立或者合并后，原抵押合同继续有效，其权利义务由变更后的法人享有和承担。

法条指引

❶《中华人民共和国担保法》（1995年6月30日 主席令公布）

第三十四条 下列财产可以抵押：

（一）抵押人所有的房屋和其他地上定着物；

（二）抵押人所有的机器、交通运输工具和其他财产；

（三）抵押人依法有权处分的国有的土地使用权、房屋和其他地上定着物；

（四）抵押人依法有权处分的国有的机器、交通运输工具和其他财产；

（五）抵押人依法承包并经发包方同意抵押的荒山、荒沟、荒丘、荒滩等荒地的土地使用权；

（六）依法可以抵押的其他财产。

抵押人可以将前款所列财产一并抵押。

❷《中华人民共和国城市房地产管理法》（2007年8月30日修正 主席令公布）

第四十七条 房地产抵押，是指抵押人以其合法的房地产以不转移占有的方式向抵押权人提供债务履行担保的行为。债务人不履行债务时，抵押权人有权依法以抵押的房地产拍卖所得的价款优先受偿。

❸《中华人民共和国物权法》（2007年3月16日 主席令公布 2007年10月1日施行）

第一百八十三条 乡镇、村企业的建设用地使用权不得单独抵押。以乡镇、村企业的厂房等建筑物抵押的，其占用范围内的建设用地使用权一并抵押。

❹《城市房地产抵押管理办法》（2001年8月15日 建设部修正发布）

第十四条 以集体所有制企业的房地产抵押的，必须经集体所有制企业职工（代表）大会通过，并报其上级主管机关备案。

【抵押房地产价格评估】

法律问题解读

由于申请房地产抵押登记时，申请人应当向登记机关提交可以证明抵押房地产价值的资料，故在订立房地产抵押合同之前或订立抵押合同时应对抵押的房地产进行价格评估。抵押房地产价格评估指在房地产抵押时，对房地产进行测算、评定其经济价值和价格的经营活动。房地产价格评估应当按照国家规定的技术标准和评估程序，以基准地价、标定地价和各类房屋的重置价格为基础，参照当地的市场价格进行评估。房地产价格评估主要包括房屋价格评估和地价评估。

设定房地产抵押时，除抵押当事人协商确定抵押房地产的价值外，一般由当事人委托房地产价格评估机构评估确定抵押房地产的价值。房地产价格评估一般由房地产中介服务机构中的房地产价格评估机构来进行。房地产价格评估机构是具有独立法人资格的经济组织。委托人与接受委托的房地产机构评估机构应当订立委托评估协议。房地产价格评估机构应按《城镇土地估价规程》和相关的法律法规进行价格评估，评估完毕应向委托人提交相关的房地产估价报告。在对抵押房地产进行价格评估时，应以房地产测量及房地产面积计算为基础，并综合考虑所评估的房地产的位置、使用年限等因素。抵押房地产价格评估费用一般由申请价格评估人（一般为抵押人）承担，当事人另有约定的除外。

需要注意的是，在地价评估中，由房地产价格评估机构作出的地价评估需经过抵押权人或土地管理部门确定后才能对该地产设定抵押。

法条指引

❶《中华人民共和国城市房地产管理法》（2007年8月30日修正 主席令公布）

第三十三条 基准地价、标定地价和各类房屋的重置价格应当定期确定并公布。具体办法由国务院规定。

第三十四条 国家实行房地产价格评估制度。

房地产价格评估,应当遵循公正、公平、公开的原则,按照国家规定的技术标准和评估程序,以基准地价、标定地价和各类房屋的重置价格为基础,参照当地的市场价格进行评估。

第五十七条 房地产中介服务机构包括房地产咨询机构、房地产价格评估机构、房地产经纪机构等。

第五十八条 房地产中介服务机构应当具备下列条件:

(一)有自己的名称和组织机构;

(二)有固定的服务场所;

(三)有必要的财产和经费;

(四)有足够数量的专业人员;

(五)法律、行政法规规定的其他条件。

设立房地产中介服务机构,应当向工商行政管理部门申请设立登记,领取营业执照后,方可开业。

第五十九条 国家实行房地产价格评估人员资格认证制度。

❷《贷款风险分类指导原则》(2001年12月24日 中国人民银行发布)

第十六条 商业银行应制定明确的抵押、质押品管理和评估的政策和程序。对于抵押品的评估,在有市场的情况下,按市场价格定值;在没有市场的情况下,应参照同类抵押品的市场价格定值。

❸《城市房地产抵押管理办法》(2001年8月15日 建设部修正发布)

第二十二条 设定房地产抵押时,抵押房地产的价值可以由抵押当事人协商议定,也可以由房地产价格评估机构评估确定。

法律、法规另有规定的除外。

第三十二条 办理房地产抵押登记,应当向登记机关交验下列文件:

(一)抵押当事人的身份证明或法人资格证明;

(二)抵押登记申请书;

(三)抵押合同;

(四)《国有土地使用权证》、《房屋所有权证》或《房地产权证》,共有的房屋还必须提交《房屋共有权证》和其他共有人同意抵押的证明;

(五)可以证明抵押人有权设定抵押权的文件与证明材料;

(六)可以证明抵押房地产价值的资料;

(七)登记机关认为必要的其他文件。

❹《城市房地产中介服务管理规定》(2001年8月15 建设部修正发布)

第二条 凡从事城市房地产中介服务的,应遵守本规定。

本规定所称房地产中介服务,是指房地产咨询、房地产价格评估、房地产经纪等活动的总称。

本规定所称房地产咨询,是指为房地产活动当事人提供法律法规、政策、信息、技术等方面服务的经营活动。

本规定所称房地产价格评估,是指对房地产进行测算,评定其经济价值和价格的经营活动。

本规定所称房地产经纪,是指为委托人提供房地产信息和居间代理业务的经营活动。

❺《关于土地使用权抵押登记有关问题的通知》(1997年1月3日 国家土地管理局发布)

各省、自治区、直辖市及计划单列市土地(国土)管理局(厅),解放军土地管理局,新疆生产建设兵团土地管理局:

为加强土地使用权抵押登记的管理,规范抵押登记行为,保障抵押当事人的合法权益,根据《城市房地产管理法》、《担保法》和《城镇国有土地使用权出让和转让暂行条例》的规定,现将土地使用权抵押登记的有关问题通知如下:

二、关于土地使用权抵押的地价评估和合同签订

土地使用权抵押应当进行地价评估,并由抵押人和抵押权人签定抵押合同。地价评估收费标准按国家有关规定执行。

1. 以出让方式取得的国有土地使用权,由抵押权人进行地价评估或由具有土地估价资格的中介机构评估并经抵押权人认可后,由抵押人和抵押权人签定抵押合同。

2. 以划拨方式取得的国有土地使用权,由抵押人委托具有土地估价资格的中介机构进行地价评估,经土地管理部门确认,并批准抵押,核定出让金数额后,由抵押人和抵押权人签定抵押合同。

3. 乡(镇)村企业厂房等建筑物抵押涉及集体土地使用权抵押的,由抵押人委托具有土地估价资格的中介机构进行地价评估,经土地管理部门确认,并明确实现抵押权的方式,需要转为国有的,同时核定土地使用权出让金数额。然后,由抵押人和抵押权人签定抵押合同。

4. 以承包方式取得的荒山、荒沟、荒丘、荒滩等荒地的集体土地使用权，由抵押人委托具有土地估价资格的中介机构进行地价评估，并经土地管理部门确认后，由抵押人和抵押权人签定抵押合同。

抵押出让土地使用权的，抵押权终止期限不得超过土地使用权出让终止期限。

六、其他

我局1995年印发的《农村集体土地使用权抵押登记的若干规定》(〔1995〕国土〔籍〕字第134号)中与本通知内容不一致的，以本通知为准。

❻《国家土地管理局关于对土地估价及地价管理有关问题请示的答复》(1994年5月23日国家土地管理局发布)

山西省土地管理局：

你局《关于土地估价及地价管理有关问题的请示》收悉，现就有关问题答复如下：

一、《国有资产评估管理办法实施细则》超出了《国有资产评估管理办法》的范围，属部门规定，不能作为土地资产评估管理的法律依据。

《国有资产评估管理办法》(国务院91号令)第五条和第三十七条分别规定："全国或特定行业的国有资产评估，由国务院决定"，"有关自然资源有偿使用、开采的评估办法，由国务院另行规定"。这已明确了《国有资产评估管理办法》所规定的范围不包括资源性资产评估管理。

由于土地属于资源性资产，也不属于《国有资产评估管理办法》所规定的范围。显然，《国有资产评估管理办法实施细则》第二十条的规定属于部门规定，不能作为土地资产评估管理的法律依据，更不能据此否定我局制订的有关规章。

二、土地管理部门是土地资产评估的主管部门，土地估价机构资格认证和涉及政府行为的土地资产评估立项、成果确认须由土地管理部门负责。

国务院批准的国家土地管理局"三定"方案，要求土地管理部门"从侧重土地资源管理转为资源和资产管理并重"，"会同有关部门进行土地估价工作，制订土地定级估价标准。"《中华人民共和国城镇国有土地使用权出让和转让暂行条例》(国务院55号令)规定："县级以上人民政府土地管理部门依法对土地使用权的出让、转让、出租、抵押、终止进行监督检查"；"土地使用权出让合同……由市县人民政府土地管理部门与土地使用者签订。"

"土地使用权转让价格明显低于市场价格的，市县人民政府有优先购买权。土地使用权价格不合理上涨时，市县人民政府可采取必要的措施。"在国家国有资产管理局与我局联合下发的《关于国有资产产权登记中有关土地产权登记工作的通知》中也明确规定："土地管理部门应加快地籍调查，土地估价、登记工作。"这已十分明确土地管理部门代表政府管理土地资产，负责土地资产评估的管理工作。因此，土地估价机构的资格须由土地管理部门认证，涉及政府行为的土地资产评估的立项、结果确认须由土地管理部门负责。而对除政府行为外(如通过出让方式后获得土地使用权后发生的转让、出租、抵押等行为)的土地资产评估，可由土地交易主体委托有评估资格的中介机构进行评估，土地管理部门根据有关土地资产管理的法规，对从事土地资产评估的中介机构进行管理，评估结果报土地管理部门备案。

几年来，各级土地管理部门根据国家有关法规和国务院赋予自己的职责，积极开展土地估价的评估和管理工作，建立以基准地价、宗地标定价、出让底价为核心的地价体系。在土地定级和估价试点基础上，颁布了《城镇土地定级规程》和《城镇土地估价规程》，已完成了500多个城镇的土地定级估价任务。经考试，有3500多人被授予土地估价师资格，成立了几百家由政府编委批准和土地管理部门认证的土地估价机构。根据我局与国家体改委制订的《股份制试点企业土地资产管理暂行规定》和《关于境外上市股份制试点企业土地资产管理若干问题的通知》的要求，在九家国家规范化股份制试点工作中，我局负责土地资产的评估立项、中介机构推荐和评估结果确认等工作，与国家国有资产管理局密切合作，顺利完成了九家试点企业的股份制改组工作。

总之，有关土地资产管理，包括土地资产评估机构的资质认证和涉及政府行为的土地资产评估机构的资质认证和涉及政府行为的土地资产评估立项及评估结果确认工作，是国家有关法规和国务院赋予土地部门的职责，希望你们根据有关土地资产管理的法规规定，主动向政府汇报，并做好与有关部门的协调与配合做好土地资产评估管理工作。

❼《关于加强城镇国有土地经营管理的通知》(1991年8月23日 建设部发布)(略)

❽《财政部、国家土地管理局、国家国有资产管理局清产核资中土地估价实施细则》(1994年9月28日发布)

第十条 本实施细则所称"宗地地价直接评

估法"是指市场比较法、收益还原法和成本逼近法等。直接评估法评估地价的标准、程序等应按国家土地管理局颁布的《城镇土地估价规程》（试行）的要求进行。

（一）市场比较法适用于土地使用权出让、转让、出租、抵押等土地交易案例比较多，土地市场活跃的地方。

（二）收益还原法适用于有租金收入或经营收入，并通过确定总费用计算出纯收益的土地。

（三）成本逼近法适用于缺乏市场交易案例，无法计算收益的开发区以及独立工矿区的土地。

❾《印发关于在国有企业改革中加强地籍管理工作的若干意见的通知》（1997年12月30日 国家土地管理局发布）（略）

❿《城镇土地估价规程》（2001年12月13日 国家质量监督检验检疫总局发布）（略）

【房地产价格评估机构】

法律问题解读

房地产价格评估机构是指对房地产测算、评定其经济价值和价格的房地产中介服务机构。房地产价格评估机构负责房屋和土地的价格评估工作。房地产价格评估机构与委托人之间应订立委托合同，并由委托人向其支付一定的委托金，房地产价格评估机构为委托人提供房地产价格评估服务。房地产价格评估机构，是具有独立法人资格的经济组织。房地产价格评估机构应具备下列条件：有自己的名称和组织机构；有固定的服务营业场所；有必要的财产和经费；有足够数量的专业人员等条件。设立房地产中介服务机构，应当向工商行政管理部门申请设立登记，领取营业执照后方可开业。

房地产价格评估机构不得隶属或挂靠在政府部门。房地产价格评估机构必须要在人员、财务、职能名称等方面与之彻底脱钩。原来隶属或者挂靠的房地产价格评估机构脱钩后，要按照我国《公司法》和《合伙企业法》等有关规定改制为由注册房地产估价师出资的有限责任公司或者合伙性质的企业，参与市场竞争，不得承担房地产价格评估机构资质和人员资格等行政管理、行业管理的职能。

房地产价格评估机构必须秉着公正、公开、公平的原则进行价格评估。房地产价格评估人员与委托人有利害关系的，应当回避。委托人有权要求其回避。房地产价格评估机构的工作人员如果索取、收受合同以外的酬金或者其他财物或与一方当事人串通损害另一方当事人利益的，其所在房地产价格评估机构应当承担相应的赔偿责任。

法条指引

❶《中华人民共和国城市房地产管理法》（2007年8月30日修正　主席令公布）

第五十七条　房地产中介服务机构包括房地产咨询机构、房地产价格评估机构、房地产经纪机构等。

第五十八条　房地产中介服务机构应当具备下列条件：

（一）有自己的名称和组织机构；

（二）有固定的服务场所；

（三）有必要的财产和经费；

（四）有足够数量的专业人员；

（五）法律、行政法规规定的其他条件。

设立房地产中介服务机构，应当向工商行政管理部门申请设立登记，领取营业执照后，方可开业。

第五十九条　国家实行房地产价格评估人员资格认证制度。

❷《城市房地产抵押管理办法》（2001年8月15日　建设部修正发布）

第二十二条　设定房地产抵押时，抵押房地产的价值可以由抵押当事人协商议定，也可以由房地产价格评估机构评估确定。

法律、法规另有规定的除外。

❸《城市房地产中介服务管理规定》（2001年8月15日　建设部修正发布）

第一章　总　　则

第一条　为了加强房地产中介服务管理，维护房地产市场秩序，保障房地产活动当事人的合法权益，根据《中华人民共和国城市房地产管理法》，制定本规定。

第二条　凡从事城市房地产中介服务的，应遵守本规定。

本规定所称房地产中介服务，是指房地产咨询、房地产价格评估、房地产经纪等活动的总称。

本规定所称房地产咨询，是指为房地产活动当事人提供法律法规、政策、信息、技术等方面服务的经营活动。

本规定所称房地产价格评估，是指对房地产进行测算，评定其经济价值和价格的经营活动。

本规定所称房地产经纪，是指为委托人提供房地产信息和居间代理业务的经营活动。

第三条 国务院建设行政主管部门归口管理全国房地产中介服务工作。

省、自治区建设行政主管部门归口管理本行政区域内的房地产中介服务工作。

直辖市、市、县人民政府房地产行政主管部门（以下简称房地产管理部门）管理本行政区域内的房地产中介服务工作。

第二章 中介服务人员资格管理

第四条 从事房地产咨询业务的人员，必须是具有房地产及相关专业中等以上学历，有与房地产咨询业务相关的初级以上专业技术职称并取得考试合格证书的专业技术人员。

房地产咨询人员的考试办法，由省、自治区人民政府建设行政主管部门和直辖市房地产管理部门制订。

第五条 国家实行房地产价格评估人员资格认证制度。

房地产价格评估人员分为房地产估价师和房地产估价员。

第六条 房地产估价师必须是经国家统一考试、执业资格认证，取得《房地产估价师执业资格证书》，并经注册登记取得《房地产估价师注册证》的人员。未取得《房地产估价师注册证》的人员，不得以房地产估价师的名义从事房地产估价业务。

房地产估价师的考试办法，由国务院建设行政主管部门和人事主管部门共同制定。

第七条 房地产估价员必须是经过考试并取得《房地产估价员岗位合格证》的人员。未取得《房地产估价员岗位合格证》的人员，不得从事房地产估价业务。

房地产估价员的考试办法，由省、自治区人民政府建设行政主管部门和直辖市房地产管理部门制订。

第八条 房地产经纪人必须是经过考试、注册并取得《房地产经纪人资格证》的人员。未取得《房地产经纪人资格证》的人员，不得从事房地产经纪业务。

房地产经纪人的考试和注册办法另行制定。

第九条 严禁伪造、涂改、转让《房地产估价师执业资格证书》、《房地产估价师注册证》、《房地产估价员岗位合格证》、《房地产经纪人资格证》。

遗失《房地产估价师执业资格证书》、《房地产估价师注册证》、《房地产估价员岗位合格证》、《房地产经纪人资格证》的，应当向原发证机关申请补发。

第三章 中介服务机构管理

第十条 从事房地产中介业务，应当设立相应的房地产中介服务机构。

房地产中介服务机构，应是具有独立法人资格的经济组织。

第十一条 设立房地产中介服务机构应具备下列条件：

（一）有自己的名称、组织机构；

（二）有固定的服务场所；

（三）有规定数量的财产和经费；

（四）从事房地产咨询业务的，具有房地产及相关专业中等以上学历、初级以上专业技术职称人员须占总人数的百分之五十以上；从事房地产评估业务的，须有规定数量的房地产估价师；从事房地产经纪业务的，须有规定数量的房地产经纪人。

跨省、自治区、直辖市从事房地产估价业务的机构，应到该业务发生地省、自治区人民政府建设行政主管部门或者直辖市人民政府房地产行政主管部门备案。

第十二条 设立房地产中介服务机构，应当向当地的工商行政管理部门申请设立登记。房地产中介服务机构在领取营业执照后的一个月内，应当到登记机关所在地的县级以上人民政府房地产管理部门备案。

第十三条 房地产管理部门应当每年对房地产中介服务机构的专业人员条件进行一次检查，并于每年年初公布检查合格的房地产中介服务机构名单。检查不合格的，不得从事房地产中介业务。

第十四条 房地产中介服务机构必须履行下列义务：

（一）遵守有关的法律、法规和政策；

（二）遵守自愿、公平、诚实信用的原则；

（三）按照核准的业务范围从事经营活动；

（四）按规定标准收取费用；

（五）依法交纳税费；

（六）接受行业主管部门及其他有关部门的指导、监督和检查。

第四章 中介业务管理

第十五条 房地产中介服务人员承办业务，由其所在中介机构统一受理并与委托人签订书面中介服务合同。

第十六条 经委托人同意，房地产中介服务机构可以将委托的房地产中介业务转让委托给具有相应资格的中介服务机构代理，但不得增加佣金。

第十七条 房地产中介服务合同应当包括下列主要内容：

（一）当事人姓名或者名称、住所；

（二）中介服务项目的名称、内容、要求和标准；

（三）合同履行期限；

（四）收费金额和支付方式、时间；

（五）违约责任和纠纷解决方式；

（六）当事人约定的其他内容。

第十八条 房地产中介服务费用由房地产中介服务机构统一收取，房地产中介服务机构收取费用应当开具发票，依法纳税。

第十九条 房地产中介服务机构开展业务应当建立业务记录，设立业务台账。业务记录和业务台账应当载明业务活动中的收入、支出等费用，以及省、自治区建设行政主管部门和直辖市房地产管理部门要求的其他内容。

第二十条 房地产中介服务人员执行业务，可以根据需要查阅委托人的有关资料和文件，查看现场。委托人应当协助。

第二十一条 房地产中介服务人员在房地产中介活动中不得有下列行为：

（一）索取、收受委托合同以外的酬金或其他财物，或者利用工作之便，牟取其他不正当的利益；

（二）允许他人以自己的名义从事房地产中介业务；

（三）同时在两个或两个以上中介服务机构执行业务；

（四）与一方当事人串通损害另一方当事人利益；

（五）法律、法规禁止的其他行为。

第二十二条 房地产中介服务人员与委托人有利害关系的，应当回避。委托人有权要求其回避。

第二十三条 因房地产中介服务人员过失，给当事人造成经济损失的，由所在中介服务机构承担赔偿责任。所在中介服务机构可以对有关人员追偿。

第五章 罚 则

第二十四条 违反本规定，有下列行为之一的，由直辖市、市、县人民政府房地产管理部门会同有关部门对责任者给予处罚：

（一）未取得房地产中介资格擅自从事房地产中介业务的，责令停止房地产中介业务，并可处以一万元以上三万元以下的罚款；

（二）违反本规定第九条第一款规定的，收回资格证书或者公告资格证书作废，并可处以一万元以下的罚款；

（三）违反本规定第二十一条规定的，收回资格证书或者公告资格证书作废，并可处以一万元以上三万元以下的罚款；

（四）超过营业范围从事房地产中介活动的，处以一万元以上三万元以下的罚款。

第二十五条 因委托人的原因，给房地产中介服务机构或人员造成经济损失的，委托人应当承担赔偿责任。

第二十六条 房地产中介服务人员违反本规定，构成犯罪的，依法追究刑事责任。

第二十七条 房地产管理部门工作人员在房地产中介服务管理中以权谋私、贪污受贿的，依法给予行政处分；构成犯罪的，依法追究刑事责任。

第六章 附 则

第二十八条 省、自治区建设行政主管部门、直辖市房地产行政主管部门可以根据本规定制定实施细则。

第二十九条 本规定由国务院建设行政主管部门负责解释。

第三十条 本规定自1996年2月1日起施行。

❹《建设部关于房地产价格评估机构脱钩改制的通知》（2000年4月28日 建设部发布）（略）

【房地产抵押合同】

法律问题解读

房地产抵押合同是房地产抵押当事人订立的抵押协议。房地产抵押合同应当采取书面合同的方式订立。依据我国《合同法》中的规定，书面合同是指用合同书、信件和数据电文（包括电报、电传、传真、电子数据交换和电子邮件）等可以有形地表现所载内容的形式订立的合同。也就是说，房地产抵押合同不仅仅限于用纸和笔订立的合同书，当事人采用电报、电传、传真甚至电子数据交换和电子邮件也可以订立房地产抵押合同。

《物权法》明确规定基础合同与物权变动的分离，因此抵押合同按《合同法》的要求生效，并不会因物权未设立而未生效。然而，为了防止抵押合同签订后，抵押人拒绝办理或者拖延办理抵押登记手续的情况发生，《最高人民法院关于适用〈中华人民共和国担保法〉若干问题的解释》规定，法律规定登记生效的抵押合同签订后，抵押人违背诚实信用原则拒绝办理抵押登记致使抵押权人受到损失的，抵押人应当承担赔偿责任。

法条指引

❶《中华人民共和国担保法》（1995年6月30日 主席令公布）

第三十八条 抵押人和抵押权人应当以书面形式订立抵押合同。

❷《中华人民共和国合同法》（1999年3月15日 主席令公布）

第十一条 书面形式是指合同书、信件和数据电文（包括电报、电传、传真、电子数据交换和电子邮件）等可以有形地表现所载内容的形式。

❸《中华人民共和国城市房地产管理法》（2007年8月30日修正 主席令公布）

第五十条 房地产抵押，抵押人和抵押权人应当签订书面抵押合同。

❹《中华人民共和国物权法》（2007年3月16日 主席令公布 2007年10月1日施行）

第一百八十七条 以本法第一百八十条第一款第一项至第三项规定的财产或者第五项规定的正在建造的建筑物抵押的，应当办理抵押登记。抵押权自登记时设立。

❺《最高人民法院关于适用〈中华人民共和国担保法〉若干问题的解释》（2000年12月13日发布）

第五十六条 抵押合同对被担保的主债权种类、抵押财产没有约定或者约定不明，根据主合同和抵押合同不能补正或者无法推定的，抵押不成立。

法律规定登记生效的抵押合同签订后，抵押人违背诚实信用原则拒绝办理抵押登记致使债权人受到损失的，抵押人应当承担赔偿责任。

❻《城市房地产抵押管理办法》（2001年8月15日 建设部修正发布）

第二十五条 房地产抵押，抵押当事人应当签订书面抵押合同。

第二十六条 房地产抵押合同应当载明下列主要内容：

（一）抵押人、抵押权人的名称或者个人姓名、住所；

（二）主债权的种类、数额；

（三）抵押房地产的处所、名称、状况、建筑面积、用地面积以及四至等；

（四）抵押房地产的价值；

（五）抵押房地产的占用管理人、占用管理方式、占用管理责任以及意外损毁、灭失的责任；

（六）债务人履行债务的期限；

（七）抵押权灭失的条件；

（八）违约责任；

（九）争议解决方式；

（十）抵押合同订立的时间与地点；

（十一）双方约定的其他事项。

第二十八条 以在建工程抵押的，抵押合同还应当载明以下内容：

（一）《国有土地使用权证》、《建设用地规划许可证》和《建设工程规划许可证》编号；

（二）已交纳的土地使用权出让金或需交纳的相当于土地使用权出让金的款额；

（三）已投入在建工程的工程款；

（四）施工进度及工程竣工日期；

（五）已完成的工作量和工程量。

案例链接

❶《南阳市宛城区农村信用合作联社东风信用社与李廷云抵押合同纠纷上诉案》，参见北大法宝引证码：Pkulaw.cn/CLI.C.260780。

❷《中国邮政储蓄银行有限责任公司浙江省绍兴市分行诉梁锦祥等借款合同纠纷案》，参见北大法宝引证码：Pkulaw.cn/CLI.C.237686。

❸《中国银行股份有限公司洛阳长安路支行诉朱文君等金融借款纠纷案》，参见北大法宝引证码：Pkulaw.cn/CLI.C.237176。

学者观点

❶ 蔡晖：《房地产抵押若干问题研究》，参见北大法宝引证码：Pkulaw.cn/CLI.A.157249。

❷ 张少鹏：《关于房地产抵押法律制度若干问题的研究》，参见北大法宝引证码：Pkulaw.cn/CLI.A.11502。

【房地产抵押合同的内容】

法律问题解读

房地产抵押合同应当载明的主要内容有：抵

押人、抵押权人的名称或者个人姓名、住所；被担保的主债权的种类、数额；抵押房地产的价值、占用管理人、占用管理方式、占用管理责任；债务人履行债务的期限；抵押权消灭的条件；违约责任和争议解决的方式；抵押合同订立的时间与地点和抵押担保的范围。其中，当事人协商议定的抵押权灭失的条件主要有债权人违约或者迟延履行等情形。房地产抵押合同中约定抵押房地产的占用使用情况，是为了在不损害抵押权人权益的前提下，有效地利用房地产。约定抵押合同订立的时间与地点是为了将来发生纠纷时确定管辖法院。

需要注意的是，以在建工程抵押的，抵押合同还应当载明以下内容：《国有土地使用权证》、《建设用地规划许可证》和《建设工程规划许可证》的编号；已交纳的土地使用权出让金或需交纳的相当于土地使用权出让金的数额和已投入在建工程的工程款数额；施工进度及工程竣工日期和已完成的工作量和工程量。抵押权人要求抵押房地产保险的，以及要求在房地产抵押后限制抵押人转让抵押房地产或者改变抵押房地产用途的，抵押当事人应当在抵押合同中载明。房地产抵押合同如不完全具备所要求的条款，可以根据相关的法律法规的规定和主合同来补正。但房地产抵押合同如对被担保主债权的种类没有约定或约定不明的，根据主合同和抵押合同不能补正或无法推定的，抵押不成立。

法条指引

❶《中华人民共和国担保法》（1995年6月30日 主席令公布）

第三十九条 抵押合同应当包括以下内容：
（一）被担保的主债权种类、数额；
（二）债务人履行债务的期限；
（三）抵押物的名称、数量、质量、状况、所在地、所有权权属或者使用权权属；
（四）抵押担保的范围；
（五）当事人认为需要约定的其他事项。

抵押合同不完全具备前款规定内容的，可以补正。

❷《中华人民共和国合同法》（1999年3月15日 主席令公布）

第十二条 合同的内容由当事人约定，一般包括以下条款：
（一）当事人的名称或者姓名和住所；
（二）标的；
（三）数量；
（四）质量；
（五）价款或者报酬；
（六）履行期限、地点和方式；
（七）违约责任；
（八）解决争议的方法。

当事人可以参照各类合同的示范文本订立合同。

❸《中华人民共和国物权法》（2007年3月16日 主席令公布 2007年10月1日施行）

第一百八十五条 设立抵押权，当事人应当采取书面形式订立抵押合同。

抵押合同一般包括下列条款：
（一）被担保债权的种类和数额；
（二）债务人履行债务的期限；
（三）抵押财产的名称、数量、质量、状况、所在地、所有权归属或者使用权归属；
（四）担保的范围。

第一百八十六条 抵押权人在债务履行期届满前，不得与抵押人约定债务人不履行到期债务时抵押财产归债权人所有。

❹《城市房地产抵押管理办法》（2001年8月15日 建设部修正发布）

第二十五条 房地产抵押，抵押当事人应当签订书面抵押合同。

第二十六条 房地产抵押合同应当载明下列主要内容：
（一）抵押人、抵押权人的名称或者个人姓名、住所；
（二）主债权的种类、数额；
（三）抵押房地产的处所、名称、状况、建筑面积、用地面积以及四至等；
（四）抵押房地产的价值；
（五）抵押房地产的占用管理人、占用管理方式、占用管理责任以及意外损毁、灭失的责任；
（六）债务人履行债务的期限；
（七）抵押权灭失的条件；
（八）违约责任；
（九）争议解决方式；
（十）抵押合同订立的时间与地点；
（十一）双方约定的其他事项。

第二十八条 以在建工程抵押的，抵押合同还应当载明以下内容：
（一）《国有土地使用权证》、《建设用地规划许可证》和《建设工程规划许可证》编号；

（二）已交纳的土地使用权出让金或需交纳的相当于土地使用权出让金的款额；
（三）已投入在建工程的工程款；
（四）施工进度及工程竣工日期；
（五）已完成的工作量和工程量。

第二十九条　抵押权人要求抵押房地产保险的，以及要求在房地产抵押后限制抵押人出租、转让抵押房地产或者改变抵押房地产用途的，抵押当事人应当在抵押合同中载明。

❺《**住房置业担保管理试行办法**》（2000年5月11日　建设部、中国人民银行联合发布）

第二十二条　房屋抵押应当订立书面合同。抵押合同一般包括以下内容：
（一）抵押当事人的姓名、名称、住所；
（二）债权的种类、数额、履行债务的期限；
（三）房屋的权属和其他基本情况；
（四）抵押担保的范围；
（五）担保公司清算时，抵押权的处置；
（六）其他约定事项。

案例链接

❶《重庆华林物业发展有限公司与重庆星发房地产开发有限公司欠款合同纠纷上诉案》，参见北大法宝引证码：Pkulaw.cn/CLI.C.284575。

❷《瑞华投资控股公司（RuiHuaInvestmentHoldingLimited)与西南技术进出口公司抵押纠纷上诉案》，参见北大法宝引证码：Pkulaw.cn/CLI.C.205990。

❸《中诚信托有限责任公司诉北京将军苑房地产有限公司金融借款合同纠纷案》，参见北大法宝引证码：Pkulaw.cn/CLI.C.206973。

学者观点

❶ 贺小勇、郑栋：《房地产抵押亟待解决的几个法律问题》，参见北大法宝引证码：Pkulaw.cn/CLI.A.111147。

【土地使用权抵押】

法律问题解读

土地使用权抵押是指对土地依法享有使用权和处分权的人以土地使用权设定的抵押。土地使用权抵押主要包括国有土地使用权抵押和集体所有的土地使用权抵押。以土地使用权抵押的，应当到土地管理部门办理抵押物登记，抵押合同自登记之日起生效。

国有土地使用权抵押包括出让土地使用权抵押和划拨土地使用权抵押。出让土地使用权人可以依法以出让土地使用权设定抵押。而以划拨土地使用权抵押却受到严格限制。划拨土地使用权满足一定的条件并经市、县人民政府土地管理部门和房产管理部门批准后才可以抵押。军用土地使用权在经过法定的报批程序和缴纳相关费用后，也可以抵押。

在一般情况下，集体所有的土地使用权不准抵押，如耕地、宅基地、自留地、自留山等集体所有的土地使用权不准抵押。允许抵押的集体所有的土地使用权主要有：1. 抵押人承包并经发包方同意抵押的荒山、荒沟、荒丘、荒滩的土地使用权；2. 以乡（镇）、村企业的厂房等建筑物抵押时其占用范围内的土地使用权也一并抵押。

需要注意的是，土地使用权抵押时，其他地上建筑物、其他附着物随之抵押。同时，以地上建筑物抵押的，其使用范围内的土地使用权随之抵押。也就是说，土地上有建筑物或者其他附着物的，在土地使用权抵押或地上建筑物、其他建筑物抵押时，不能把这两部分分开单独就其中一部分设定抵押。土地使用权分割抵押的，由土地管理部门确定抵押土地的界线和面积。

法条指引

❶《**中华人民共和国担保法**》（1995年6月30日　主席令公布）

第三十四条　下列财产可以抵押：
（一）抵押人所有的房屋和其他地上定着物；
（二）抵押人所有的机器、交通运输工具和其他财产；
（三）抵押人依法有权处分的国有的土地使用权、房屋和其他地上定着物；
（四）抵押人依法有权处分的国有的机器、交通运输工具和其他财产；
（五）抵押人依法承包并经发包方同意抵押的荒山、荒沟、荒丘、荒滩等荒地的土地使用权；
（六）依法可以抵押的其他财产。
抵押人可以将前款所列财产一并抵押。

❷《**中华人民共和国物权法**》（2007年3月16日　主席令公布　2007年10月1日施行）

第一百八十条　债务人或者第三人有权处分的下列财产可以抵押：
（一）建筑物和其他土地附着物；

（二）建设用地使用权；
（三）以招标、拍卖、公开协商等方式取得的荒地等土地承包经营权；
（四）生产设备、原材料、半成品、产品；
（五）正在建造的建筑物、船舶、航空器；
（六）交通运输工具；
（七）法律、行政法规未禁止抵押的其他财产。

抵押人可以将前款所列财产一并抵押。

第一百八十三条 乡镇、村企业的建设用地使用权不得单独抵押。以乡镇、村企业的厂房等建筑物抵押的，其占用范围内的建设用地使用权一并抵押。

❸《**中华人民共和国城镇国有土地使用权出让和转让暂行条例**》（1990年5月14日 国务院令发布）

第三十二条 土地使用权可以抵押。

❹《**关于土地使用权抵押登记有关问题的通知**》（1997年1月3日 国家土地管理局发布）

各省、自治区、直辖市及计划单列市土地（国土）管理局（厅），解放军土地管理局，新疆生产建设兵团土地管理局：

为加强土地使用权抵押登记的管理，规范抵押登记行为，保障抵押当事人的合法权益，根据《城市房地产管理法》、《担保法》和《城镇国有土地使用权出让和转让暂行条例》的规定，现将土地使用权抵押登记的有关问题通知如下：

一、关于土地使用权抵押登记的法律效力

土地使用权抵押权的设立、变更和消灭应依法办理土地登记手续。土地使用权抵押合同经登记后生效，未经登记的土地使用权抵押权不受法律保护。

土地使用权抵押登记必须以土地使用权登记为基础，并遵循登记机关一致的原则，异地抵押的，必须到土地所在地的原土地使用权登记机关办理抵押登记。县级以上地方人民政府土地管理部门负责土地使用权抵押登记工作。

土地使用权抵押权的合法凭证是《土地他项权利证明书》，《国有土地使用证》、《集体土地所有证》和《集体土地使用证》不作为抵押权的法律凭证，抵押权人不得扣押抵押土地的土地证书。抵押权人扣押的土地证书无效，土地使用权人可以申请原土地证书作废，并办理补发新证手续。

二、关于土地使用权抵押的地价评估和合同签订

土地使用权抵押应当进行地价评估，并由抵押人和抵押权人签定抵押合同。地价评估收费标准按国家有关规定执行。

1. 以出让方式取得的国有土地使用权，由抵押权人进行地价评估或由具有土地估价资格的中介机构评估并经抵押权人认可后，由抵押人和抵押权人签定抵押合同。

2. 以划拨方式取得的国有土地使用权，由抵押人委托具有土地估价资格的中介机构进行地价评估，经土地管理部门确认，并批准抵押，核定出让金数额后，由抵押人和抵押权人签定抵押合同。

3. 乡（镇）村企业厂房等建筑物抵押涉及集体土地使用权抵押的，由抵押人委托具有土地估价资格的中介机构进行地价评估，经土地管理部门确认，并明确实现抵押权的方式，需要转为国有的，同时核定土地使用权出让金数额。然后，由抵押人和抵押权人签定抵押合同。

4. 以承包方式取得的荒山、荒沟、荒丘、荒滩等荒地的集体土地使用权，由抵押人委托具有土地估价资格的中介机构进行地价评估，并经土地管理部门确认后，由抵押人和抵押权人签定抵押合同。

抵押出让土地使用权的，抵押权终止期限不得超过土地使用权出让终止期限。

三、关于土地使用权抵押登记申请

土地使用权设立抵押权的，抵押人和抵押权人应在抵押合同签订后十五日内，持被抵押土地的土地使用证、抵押合同、地价评估及确认报告、抵押人和抵押权人的身份证件共同到土地管理部门申请抵押登记。一方到场申请抵押登记的，必须持有对方授权委托文件。

申请抵押登记除提交前款所列材料外还应分别情况，提交下列材料：

1. 以划拨土地使用权抵押的，提交土地管理部门确认的抵押宗地的土地使用权出让金额的证明；

2. 以房屋及其占有范围内的土地使用权抵押的，提交房屋所有权证；

3. 抵押乡（镇）村企业厂房等建筑物涉及集体土地使用权抵押的，提交集体土地所有者同意抵押的证明；

4. 以承包方式取得的荒山、荒地、荒丘、荒滩等荒地的集体土地使用权抵押的，提交该集体土地所有者同意抵押的证明；

5. 抵押人和抵押权人委托他人办理抵押登记的，提交委托书和代理人身份证件；

6. 抵押权人为非金融机构，其抵押借款行为依法应当办理有关批准手续的，应当提交有关批准文件。

同一宗地多次抵押时，以收到抵押登记申请先后为序办理登记。

未按规定提交有关证明文件的土地使用权抵押登记申请，土地管理部门不予受理。

四、关于土地使用权抵押登记和变更登记

抵押登记申请经审查，符合规定要求的，准予登记，土地管理部门在抵押土地的土地登记卡上进行注册登记，同时在抵押人土地使用证内进行记录，并向抵押权人核发《土地他项权利证明书》，土地使用权抵押权正式生效。

土地使用权分割抵押的，由土地管理部门确定抵押土地的界线和面积。

抵押期间，抵押合同发生变更的，抵押当事人应当在抵押合同变更后十五日内，持有关文件到土地管理部门办理变更抵押登记手续。

因处分抵押财产转移土地使用权的，被处分土地使用权的受让方、抵押人和抵押权人应在抵押财产处分后三十日内，持有关证明文件到土地管理部门办理变更土地登记手续。处分抵押财产涉及集体土地所有权转为国有土地的，按土地管理的有关规定办理。

抵押合同解除或终止，抵押权人应出具解除或终止抵押合同的证明文件，与《土地他项权利证明书》一起交抵押人，抵押人自抵押合同终止或解除之日起十五日内，持有关文件到土地管理部门办理注销抵押登记手续。

五、关于抵押登记收费

办理抵押登记，申请人应向土地管理部门支付登记费用。抵押登记费按国家有关规定执行。

六、其他

我局1995年印发的《农村集体土地使用权抵押登记的若干规定》（〔1995〕国土〔籍〕字第134号）中与本通知内容不一致的，以本通知为准。

❺《城市房地产抵押管理办法》（2001年8月15日 建设部修正发布）

第四十六条 抵押权人对抵押房地产的处分，因下列情况而中止：

（一）抵押权人请求中止的；

（二）抵押人申请愿意并证明能够及时履行债务，并经抵押权人同意的；

（三）发现被拍卖抵押物有权属争议的；

（四）诉讼或仲裁中的抵押房地产；

（五）其他应当中止的情况。

第四十七条 处分抵押房地产所得金额，依下列顺序分配：

（一）支付处分抵押房地产的费用；

（二）扣除抵押房地产应缴纳的税款；

（三）偿还抵押权人债权本息及支付违约金；

（四）赔偿由债务人违反合同而对抵押权人造成的损害；

（五）剩余金额交还抵押人。

处分抵押房地产所得金额不足以支付债务和违约金、赔偿金时，抵押权人有权向债务人追索不足部分。

❻《军用土地使用权转让管理暂行规定》（1995年5月16日 总参谋部、总政治部、总后勤部发布）

第二十九条 军用土地使用权入股、抵押和以土地使用权为条件与地方、外商、港澳台商兴办合资合作企业；军内大单位间的合作建房、调整给军内企业单位土地，其报批程序、收费标准按本规定办理。

案例链接

❶《中国长城资产管理公司郑州办事处与新乡市第二建筑材料总公司别除权纠纷上诉案》，参见北大法宝引证码：Pkulaw. cn/CLI. C. 280816。

❷《周口市阳光房地产建筑工程有限责任公司诉周口市莲花路小学等建设工程合同纠纷案》，参见北大法宝引证码：Pkulaw. cn/CLI. C. 240537。

❸《瑞安市万福染整有限公司诉温州盛中铸造有限公司撤销权纠纷案》，参见北大法宝引证码：Pkulaw. cn/CLI. C. 227346。

学者观点

❶ 杜军：《论土地使用权抵押》，参见北大法宝引证码：Pkulaw. cn/CLI. A. 182368。

【土地使用权抵押的程序】

法律问题解读

土地使用权设定抵押时，当事人必须履行一定的抵押手续。以土地使用权抵押，抵押人应与抵押权人签订抵押合同。当事人签订的抵押合同不得违背国家法律法规和土地使用权出让合同的规定。

以出让方式取得的国有土地使用权抵押时，由抵押权人进行地价评估或者由房地产价格评估机构进行地价评估并经抵押权人认可后，由抵押人和抵押权人签订抵押合同。以划拨方式取得的国有土地使用权抵押的，由抵押人委托房地产价格评估机构进行地价评估，经土地管理部门确认，并批准抵押，核定出让金额后，由抵押人和抵押权人签订抵押合同。以集体荒地土地使用权和乡村企业集体所有的土地使用权抵押须经被抵押土地的集体土地所有者的同意，并出具书面证明。其中，乡（镇）、村企业厂房等建筑物抵押涉及集体所有的土地使用权抵押的，由抵押人委托房地产价格评估机构进行地价评估，经土地管理部门确认，并确定实现抵押权的方式，需要转为国有的，同时核定土地使用权出让金数额，然后由抵押当事人签订抵押合同；以承包方式取得的集体荒地土地使用权抵押的，由抵押人委托房地产价格评估机构进行地价评估，并经土地管理部门确认后，由抵押当事人签定抵押合同。

土地使用权设定抵押权的，抵押人和抵押权人应当在抵押合同签订后15天内，持抵押土地的土地使用权证、抵押合同、地价评估及确认报告、抵押当事人的身份证件共同到土地管理部门申请抵押登记。一方到场申请抵押登记的，必须持有对方授权的委托书。

法条指引

❶《中华人民共和国担保法》（1995年6月30日 主席令公布）

第三十七条 下列财产不得抵押：
（一）土地所有权；
（二）耕地、宅基地、自留地、自留山等集体所有的土地使用权，但本法第三十四条第（五）项、第三十六条第三款规定的除外；
（三）学校、幼儿园、医院等以公益为目的的事业单位、社会团体的教育设施、医疗卫生设施和其他社会公益设施；
（四）所有权、使用权不明或者有争议的财产；
（五）依法被查封、扣押、监管的财产；
（六）依法不得抵押的其他财产。

第三十九条 抵押合同应当包括以下内容：
（一）被担保的主债权种类、数额；
（二）债务人履行债务的期限；
（三）抵押物的名称、数量、质量、状况、所在地、所有权权属或者使用权权属；
（四）抵押担保的范围；

（五）当事人认为需要约定的其他事项。

抵押合同不完全具备前款规定内容的，可以补正。

❷《中华人民共和国物权法》（2007年3月16日 主席令公布 2007年10月1日施行）

第一百八十四条 下列财产不得抵押：
（一）土地所有权；
（二）耕地、宅基地、自留地、自留山等集体所有的土地使用权，但法律规定可以抵押的除外；
（三）学校、幼儿园、医院等以公益为目的的事业单位、社会团体的教育设施、医疗卫生设施和其他社会公益设施；
（四）所有权、使用权不明或者有争议的财产；
（五）依法被查封、扣押、监管的财产；
（六）法律、行政法规规定不得抵押的其他财产。

第一百八十五条 设立抵押权，当事人应当采取书面形式订立抵押合同。

抵押合同一般包括下列条款：
（一）被担保债权的种类和数额；
（二）债务人履行债务的期限；
（三）抵押财产的名称、数量、质量、状况、所在地、所有权归属或者使用权归属；
（四）担保的范围。

❸《中华人民共和国城镇国有土地使用权出让和转让暂行条例》（1990年5月19日 国务院令发布）

第三十三条 土地使用权抵押时，其地上建筑物、其他附着物随之抵押。

地上建筑物、其他附着物抵押时，其使用范围内的土地使用权随之抵押。

第三十四条 土地使用权抵押，抵押人与抵押权人应当签订抵押合同。

抵押合同不得违背国家法律、法规和土地使用权出让合同的规定。

❹《关于土地使用权抵押登记有关问题的通知》（1997年1月3日 国家土地管理局发布）

各省、自治区、直辖市及计划单列市土地（国土）管理局（厅），解放军土地管理局，新疆生产建设兵团土地管理局：

为加强土地使用权抵押登记的管理，规范抵押登记行为，保障抵押当事人的合法权益，根据《城市房地产管理法》、《担保法》和《城镇国有土地使用权出让和转让暂行条例》的规定，现将土地使用权抵押登记的有关问题通知如下：

一、关于土地使用权抵押登记的法律效力

土地使用权抵押权的设立、变更和消灭应依法办理土地登记手续。土地使用权抵押合同经登记后生效，未经登记的土地使用权抵押权不受法律保护。

土地使用权抵押登记必须以土地使用权登记为基础，并遵循登记机关一致的原则，异地抵押的，必须到土地所在地的原土地使用权登记机关办理抵押登记。县级以上地方人民政府土地管理部门负责土地使用权抵押登记工作。

土地使用权抵押权的合法凭证是《土地他项权利证明书》，《国有土地使用证》、《集体土地所有证》和《集体土地使用证》不作为抵押权的法律凭证，抵押权人不得扣押抵押土地的土地证书。抵押权人扣押的土地证书无效，土地使用权人可以申请原土地证书作废，并办理补发新证手续。

二、关于土地使用权抵押的地价评估和合同签订

土地使用权抵押应当进行地价评估，并由抵押人和抵押权人签定抵押合同。地价评估收费标准按国家有关规定执行。

1. 以出让方式取得的国有土地使用权，由抵押权人进行地价评估或由具有土地估价资格的中介机构评估并经抵押权人认可后，由抵押人和抵押权人签定抵押合同。

2. 以划拨方式取得的国有土地使用权，由抵押人委托具有土地估价资格的中介机构进行地价评估，经土地管理部门确认，并批准抵押，核定出让金数额后，由抵押人和抵押权人签定抵押合同。

3. 乡（镇）村企业厂房等建筑物抵押涉及集体土地使用权抵押的，由抵押人委托具有土地估价资格的中介机构进行地价评估，经土地管理部门确认，并明确实现抵押权的方式，需要转为国有的，同时核定土地使用权出让金数额。然后，由抵押人和抵押权人签定抵押合同。

4. 以承包方式取得的荒山、荒沟、荒丘、荒滩等荒地的集体土地使用权，由抵押人委托具有土地估价资格的中介机构进行地价评估，并经土地管理部门确认后，由抵押人和抵押权人签定抵押合同。

抵押出让土地使用权的，抵押权终止期限不得超过土地使用权出让终止期限。

三、关于土地使用权抵押登记申请

土地使用权设立抵押权的，抵押人和抵押权人应在抵押合同签订后十五日内，持被抵押土地的土地使用证、抵押合同、地价评估及确认报告、抵押人和抵押权人的身份证件共同到土地管理部门申请抵押登记。一方到场申请抵押登记的，必须持有对方授权委托文件。

申请抵押登记除提交前款所列材料外还应分别情况，提交下列材料：

1. 以划拨土地使用权抵押的，提交土地管理部门确认的抵押宗地的土地使用权出让金额的证明；

2. 以房屋及其占有范围内的土地使用权抵押的，提交房屋所有权证；

3. 抵押乡（镇）村企业厂房等建筑物涉及集体土地使用权抵押的，提交集体土地所有者同意抵押的证明；

4. 以承包方式取得的荒山、荒地、荒丘、荒滩等荒地的集体土地使用权抵押的，提交该集体土地所有者同意抵押的证明；

5. 抵押人和抵押权人委托他人办理抵押登记的，提交委托书和代理人身份证件；

6. 抵押权人为非金融机构，其抵押借款行为依法应当办理有关批准手续的，应当提交有关批准文件。

同一宗地多次抵押时，以收到抵押登记申请先后为序办理登记。

未按规定提交有关证明文件的土地使用权抵押登记申请，土地管理部门不予受理。

四、关于土地使用权抵押登记和变更登记

抵押登记申请经审查，符合规定要求的，准予登记，土地管理部门在抵押土地的土地登记卡上进行注册登记，同时在抵押人土地使用证内进行记录，并向抵押权人核发《土地他项权利证明书》，土地使用权抵押权正式生效。

土地使用权分割抵押的，由土地管理部门确定抵押土地的界线和面积。

抵押期间，抵押合同发生变更的，抵押当事人应当在抵押合同变更后十五日内，持有关文件到土地管理部门办理变更抵押登记手续。

因处分抵押财产转移土地使用权的，被处分土地使用权的受让方、抵押人和抵押权人应在抵押财产处分后三十日内，持有关证明文件到土地管理部门办理变更土地登记手续。处分抵押财产涉及集体土地所有权转为国有土地的，按土地管理的有关规定办理。

抵押合同解除或终止，抵押权人应出具解除或终止抵押合同的证明文件，与《土地他项权利证明书》一起交抵押人，抵押人自抵押合同终止

或解除之日起十五日内，持有关文件到土地管理部门办理注销抵押登记手续。

五、关于抵押登记收费

办理抵押登记，申请人应向土地管理部门支付登记费用。抵押登记费按国家有关规定执行。

六、其他

我局1995年印发的《农村集体土地使用权抵押登记的若干规定》（〔1995〕国土〔籍〕字第134号）中与本通知内容不一致的，以本通知为准。

学者观点

❶ 董开军、高云超：《论土地使用权抵押》，参见北大法宝引证码：Pkulaw. cn/CLI. A. 1114824。

❷ 张全江、刘铁：《土地使用权抵押制度初探》，参见北大法宝引证码：Pkulaw. cn/CLI. A. 16641。

❸ 蔡红：《土地使用权收回与土地使用权抵押效力研究》，参见北大法宝引证码：Pkulaw. cn/CLI. A. 177618。

【闲置土地抵押】

法律问题解读

闲置土地是指土地使用者依法取得土地使用权后，未经原批准用地的人民政府同意，超过规定的期限未动工开发建设的建设用地。具有以下情形之一的，也可以认定为闲置土地：

1. 国有土地有偿使用合同或者建设用地批准书未规定动工开发建设期，自国有土地有偿使用合同生效或者土地行政主管部门建设用地批准书颁发之日起满1年未动工开发建设的；

2. 已动工开发建设但开发建设的面积占应动工开发建设总面积不足1/3或者已投资额占总投资额不足25％且未经批准中止开发建设连续满1年的；

3. 法律法规规定的其他情形。

以闲置土地设定抵押的，在进行拟订处置闲置土地方案时，抵押权人有权参加相关的方案拟订工作。市、县人民政府土地管理部门把符合闲置土地条件的土地认定为闲置土地后，应当通知土地使用者，拟订该宗闲置土地的处置方案。闲置土地依法设有抵押权的，还应通知抵押权人参与处置方案的拟订工作。这是因为闲置土地的处置方案有几种可以选择，比如置换其他等价闲置土地或者现有建设用地或者采取招标、拍卖方式确认新的土地使用权等。这些处置方案与闲置土地抵押权人的抵押权的实现休戚相关。所以为确保抵押权的实现，保护抵押权人的利益，在拟订闲置土地处置方案时，应当通知闲置土地的抵押权人参加。

法条指引

❶《中华人民共和国担保法》（1995年6月30日 主席令公布）

第三十四条 下列财产可以抵押：

（一）抵押人所有的房屋和其他地上定着物；

（二）抵押人所有的机器、交通运输工具和其他财产；

（三）抵押人依法有权处分的国有的土地使用权、房屋和其他地上定着物；

（四）抵押人依法有权处分的国有的机器、交通运输工具和其他财产；

（五）抵押人依法承包并经发包方同意抵押的荒山、荒沟、荒丘、荒滩等荒地的土地使用权；

（六）依法可以抵押的其他财产。

抵押人可以将前款所列财产一并抵押。

❷《中华人民共和国物权法》（2007年3月16日 主席令公布 2007年10月1日施行）

第一百八十条 债务人或者第三人有权处分的下列财产可以抵押：

（一）建筑物和其他土地附着物；

（二）建设用地使用权；

（三）以招标、拍卖、公开协商等方式取得的荒地等土地承包经营权；

（四）生产设备、原材料、半成品、产品；

（五）正在建造的建筑物、船舶、航空器；

（六）交通运输工具；

（七）法律、行政法规未禁止抵押的其他财产。

抵押人可以将前款所列财产一并抵押。

❸《闲置土地处置办法》（1999年4月28日国土资源部发布）

第二条 本办法所称闲置土地，是指土地使用者依法取得土地使用权后，未经原批准用地的人民政府同意，超过规定的期限未动工开发建设的建设用地。

具有下列情形之一的，也可以认定为闲置土地：

（一）国有土地有偿使用合同或者建设用地批准书未规定动工开发建设日期，自国有土地有偿使用合同生效或者土地行政主管部门建设用地批准书颁发之日起满一年未动工开发建设的；

（二）已动工开发建设但开发建设的面积占应动工开发建设总面积不足三分之一或者已投资额占总投资额不足百分之二十五且未经批准中止开发建设连续满一年的；

（三）法律、行政法规规定的其他情形。

第三条 市、县人民政府土地行政主管部门对其认定的闲置土地，应当通知土地使用者，拟订该宗闲置土地处置方案，闲置土地上依法设立抵押权的，还应通知抵押权人参与处置方案的拟订工作。处置方案经原批准用地的人民政府批准后，由市、县人民政府土地行政主管部门组织实施。

处置方案可以选择下列方式：

（一）延长开发建设时间，但最长不得超过一年；

（二）改变土地用途，办理有关手续后继续开发建设；

（三）安排临时使用，待原项目开发建设条件具备后，重新批准开发，土地增值的，由政府收取增值地价；

（四）政府为土地使用者置换其他等价闲置土地或者现有建设用地进行开发建设；

（五）政府采取招标、拍卖等方式确定新的土地使用者，对原建设项目继续开发建设，并对原土地使用者给予补偿；

（六）土地使用者与政府签订土地使用权交还协议等文书，将土地使用权交还给政府。原土地使用者需要使用土地时，政府应当依照土地使用权交还协议等文书的约定供应与其交还土地等价的土地。

对因政府、政府有关部门行为造成的闲置土地，土地使用者支付部分土地有偿使用费或者征地费的，除选择前款规定的方式以外，可以按照实际交款额占应交款额的比例折算，确定相应土地给原土地使用者使用，其余部分由政府收回。

❹《**城市房地产抵押管理办法**》（2001年8月15日 建设部修正发布）

第三条 本办法所称房地产抵押，是指抵押人以其合法的房地产以不转移占有的方式向抵押权人提供债务履行担保的行为。债务人不履行债务时，债权人有权依法以抵押的房地产拍卖所得的价款优先受偿。

本办法所称抵押人，是指将依法取得的房地产提供给抵押权人，作为本人或者第三人履行债务担保的公民、法人或者其他组织。

本办法所称抵押权人，是指接受房地产抵押作为债务人履行债务担保的公民、法人或者其他组织。

本办法所称预购商品房贷款抵押，是指购房人在支付首期规定的房价款后，由贷款银行代其支付其余的购房款，将所购商品房抵押给贷款银行作为偿还贷款履行担保的行为。

本办法所称在建工程抵押，是指抵押人为取得在建工程继续建造资金的贷款，以其合法方式取得的土地使用权连同在建工程的投入资产，以不转移占有的方式抵押给贷款银行作为偿还贷款履行担保的行为。

第八条 下列房地产不得设定抵押：

（一）权属有争议的房地产；

（二）用于教育、医疗、市政等公共福利事业的房地产；

（三）列入文物保护的建筑物和有重要纪念意义的其他建筑物；

（四）已依法公告列入拆迁范围的房地产；

（五）被依法查封、扣押、监管或者以其他形式限制的房地产；

（六）依法不得抵押的其他房地产。

学者观点

❶ 王艳萍：《试论我国土地使用权抵押的客体范围》，参见北大法宝引证码：Pkulaw. cn/CLI. A. 1118670。

【国有土地使用权抵押】

法律问题解读

我国法律规定，城市的土地属于国家所有。这表明，我国城市土地的所有者是国家，其他任何组织或者个人对其所占用的城市的土地没有所有权，只有使用的权利。国有土地使用权，是权利主体在法律允许的范围内对依法由其使用的土地和国有森林、山岭、草原、荒地、滩涂、水面等享有占有、使用和受益的权利。

目前，我国的非土地所有者取得国有土地使用权主要有三种方式：1. 通过无偿划拨取得。即国家将国有土地依法确定给全民所有制单位、集体所有制单位或者个人使用；2. 通过出让方式取得，即国家将国有土地使用权在一定年限内出让给土地使用者，由土地使用者向国家支付土地使用权出让金；3.通过有偿转让取得。即土地使用者将以出让方式获得的国有土地使用权依法办理有关手续后，转让给他人使用。

国有土地使用权可否抵押，取决于土地使用权人对其依法享有的土地使用权有无处分的权利。以出让方式取得的土地使用权，由于土地使用者支付了土地使用权出让金，对出让的土地使用权具有较大的处分权，可以以其设定抵押。通过有偿转让取得的土地使用权也属于出让土地使用权的一种，故取得土地使用权的受让人亦有权将其抵押。以划拨方式取得的土地使用权，因其是无偿取得的，使用权人对其的处分受到严格的限制，但划拨土地使用权符合一定条件，经过市、县人民政府土地管理部门批准后，可以抵押。

法条指引

❶《中华人民共和国担保法》（1995年6月30日 主席令公布）

第三十四条 下列财产可以抵押：

（一）抵押人所有的房屋和其他地上定着物；

（二）抵押人所有的机器、交通运输工具和其他财产；

（三）抵押人依法有权处分的国有的土地使用权、房屋和其他地上定着物；

（四）抵押人依法有权处分的国有的机器、交通运输工具和其他财产；

（五）抵押人依法承包并经发包方同意抵押的荒山、荒沟、荒丘、荒滩等荒地的土地使用权；

（六）依法可以抵押的其他财产。

抵押人可以将前款所列财产一并抵押。

第三十六条 以依法取得的国有土地上的房屋抵押的，该房屋占用范围内的国有土地使用权同时抵押。

以出让方式取得的国有土地使用权抵押的，应当将抵押时该国有土地上的房屋同时抵押。

乡（镇）、村企业的土地使用权不得单独抵押。以乡（镇）、村企业的厂房等建筑物抵押的，其占用范围内的土地使用权同时抵押。

❷《中华人民共和国土地管理法》（2004年8月28日修正公布）

第二条 中华人民共和国实行土地的社会主义公有制，即全民所有制和劳动群众集体所有制。

全民所有，即国家所有土地的所有权由国务院代表国家行使。

任何单位和个人不得侵占、买卖或者以其他形式非法转让土地。土地使用权可以依法转让。

国家为公共利益的需要，可以依法对土地实行征收或者征用并给予补偿。

国家依法实行国有土地有偿使用制度。但是，国家在法律规定的范围内划拨国有土地使用权的除外。

第八条 城市市区的土地属于国家所有。

农村和城市郊区的土地，除由法律规定属于国家所有的以外，属于农民集体所有；宅基地和自留地、自留山，属于农民集体所有。

❸《中华人民共和国物权法》（2007年3月16日 主席令公布 2007年10月1日施行）

第一百八十条 债务人或者第三人有权处分的下列财产可以抵押：

（一）建筑物和其他土地附着物；

（二）建设用地使用权；

（三）以招标、拍卖、公开协商等方式取得的荒地等土地承包经营权；

（四）生产设备、原材料、半成品、产品；

（五）正在建造的建筑物、船舶、航空器；

（六）交通运输工具；

（七）法律、行政法规未禁止抵押的其他财产。

抵押人可以将前款所列财产一并抵押。

❹《中华人民共和国城镇国有土地使用权出让和转让暂行条例》（1990年5月19日 国务院令发布）

第三十二条 土地使用权可以抵押。

第三十三条 土地使用权抵押时，其地上建筑物、其他附着物随之抵押。

地上建筑物、其他附着物抵押时，其使用范围内的土地使用权随之抵押。

第三十四条 土地使用权抵押，抵押人与抵押权人应当签订抵押合同。

抵押合同不得违背国家法律、法规和土地使用权出让合同的规定。

第三十五条 土地使用权和地上建筑物、其他附着物抵押，应当依照规定办理抵押登记。

第三十六条 抵押人到期未能履行债务或者在抵押合同期间宣告解散、破产的，抵押权人有权依照国家法律、法规和抵押合同的规定处分抵押财产。

因处分抵押财产而取得土地使用权和地上建筑物、其他附着物所有权的，应当依照规定办理过户登记。

第三十七条 处分抵押财产所得，抵押权人

有优先受偿权。

第三十八条 抵押权因债务清偿或者其他原因而消灭的，应当依照规定办理注销抵押登记。

❺ **《关于土地使用权抵押登记有关问题的通知》**（1997年1月3日 国家土地管理局发布）

各省、自治区、直辖市及计划单列市土地（国土）管理局（厅），解放军土地管理局，新疆生产建设兵团土地管理局：

为加强土地使用权抵押登记的管理，规范抵押登记行为，保障抵押当事人的合法权益，根据《城市房地产管理法》、《担保法》和《城镇国有土地使用权出让和转让暂行条例》的规定，现将土地使用权抵押登记的有关问题通知如下：

一、关于土地使用权抵押登记的法律效力

土地使用权抵押权的设立、变更和消灭应依法办理土地登记手续。土地使用权抵押合同经登记后生效，未经登记的土地使用权抵押权不受法律保护。

土地使用权抵押登记必须以土地使用权登记为基础，并遵循登记机关一致的原则，异地抵押的，必须到土地所在地的原土地使用权登记机关办理抵押登记。县级以上地方人民政府土地管理部门负责土地使用权抵押登记工作。

土地使用权抵押权的合法凭证是《土地他项权利证明书》，《国有土地使用证》、《集体土地所有证》和《集体土地使用证》不作为抵押权的法律凭证，抵押权人不得扣押抵押土地的土地证书。抵押权人扣押的土地证书无效，土地使用权人可以申请原土地证书作废，并办理补发新证手续。

二、关于土地使用权抵押的地价评估和合同签订

土地使用权抵押应当进行地价评估，并由抵押人和抵押权人签定抵押合同。地价评估收费标准按国家有关规定执行。

1. 以出让方式取得的国有土地使用权，由抵押权人进行地价评估或由具有土地估价资格的中介机构评估并经抵押权人认可后，由抵押人和抵押权人签定抵押合同。

2. 以划拨方式取得的国有土地使用权，由抵押人委托具有土地估价资格的中介机构进行地价评估，经土地管理部门确认，并批准抵押，核定出让金数额后，由抵押人和抵押权人签定抵押合同。

3. 乡（镇）村企业厂房等建筑物抵押涉及集体土地使用权抵押的，由抵押人委托具有土地估价资格的中介机构进行地价评估，经土地管理部门确认，并明确实现抵押权的方式，需要转为国有的，同时核定土地使用权出让金数额。然后，由抵押人和抵押权人签定抵押合同。

4. 以承包方式取得的荒山、荒沟、荒丘、荒滩等荒地的集体土地使用权，由抵押人委托具有土地估价资格的中介机构进行地价评估，并经土地管理部门确认后，由抵押人和抵押权人签定抵押合同。

抵押出让土地使用权的，抵押权终止期限不得超过土地使用权出让终止期限。

三、关于土地使用权抵押登记申请

土地使用权设立抵押权的，抵押人和抵押权人应在抵押合同签订后十五日内，持被抵押土地的土地使用证、抵押合同、地价评估及确认报告、抵押人和抵押权人的身份证件共同到土地管理部门申请抵押登记。一方到场申请抵押登记的，必须持有对方授权委托文件。

申请抵押登记除提交前款所列材料外还应分别情况，提交下列材料：

1. 以划拨土地使用权抵押的，提交土地管理部门确认的抵押宗地的土地使用权出让金额的证明；

2. 以房屋及其占有范围内的土地使用权抵押的，提交房屋所有权证；

3. 抵押乡（镇）村企业厂房等建筑物涉及集体土地使用权抵押的，提交集体土地所有者同意抵押的证明；

4. 以承包方式取得的荒山、荒地、荒丘、荒滩等荒地的集体土地使用权抵押的，提交该集体土地所有者同意抵押的证明；

5. 抵押人和抵押权人委托他人办理抵押登记的，提交委托书和代理人身份证件；

6. 抵押权人为非金融机构，其抵押借款行为依法应当办理有关批准手续的，应当提交有关批准文件。

同一宗地多次抵押时，以收到抵押登记申请先后为序办理登记。

未按规定提交有关证明文件的土地使用权抵押登记申请，土地管理部门不予受理。

四、关于土地使用权抵押登记和变更登记

抵押登记申请经审查，符合规定要求的，准予登记，土地管理部门在抵押土地的土地登记卡上进行注册登记，同时在抵押人土地使用证内进行记录，并向抵押权人核发《土地他项权利证明书》，土地使用权抵押权正式生效。

土地使用权分割抵押的,由土地管理部门确定抵押土地的界线和面积。

抵押期间,抵押合同发生变更的,抵押当事人应当在抵押合同变更后十五日内,持有关文件到土地管理部门办理变更抵押登记手续。

因处分抵押财产转移土地使用权的,被处分土地使用权的受让方、抵押人和抵押权人应在抵押财产处分后三十日内,持有关证明文件到土地管理部门办理变更土地登记手续。处分抵押财产涉及集体土地所有权转为国有土地的,按土地管理的有关规定办理。

抵押合同解除或终止,抵押权人应出具解除或终止抵押合同的证明文件,与《土地他项权利证明书》一起交抵押人,抵押人自抵押合同终止或解除之日起十五日内,持有关文件到土地管理部门办理注销抵押登记手续。

五、关于抵押登记收费

办理抵押登记,申请人应向土地管理部门支付登记费用。抵押登记费按国家有关规定执行。

六、其他

我局1995年印发的《农村集体土地使用权抵押登记的若干规定》(〔1995〕国土〔籍〕字第134号)中与本通知内容不一致的,以本通知为准。

❻《划拨土地使用权管理暂行办法》(1992年2月24日 国家土地管理局发布)(略)

案例链接

❶《漯河市某某房地产开发有限责任公司与中国银行股份有限公司漯河分行等侵权纠纷上诉案》,参见北大法宝引证码:Pkulaw. cn/CLI. C. 237259。

❷《南阳市金方园房地产开发有限公司与南阳市金鼎公物拍卖有限责任公司等买卖合同纠纷上诉案》,参见北大法宝引证码:Pkulaw. cn/CLI. C. 192759。

❸《RuiHuaInvestmentHoldingLimited(瑞华投资控股公司)诉合川市海翔房地产有限责任公司等借款合同纠纷案》,参见北大法宝引证码:Pkulaw. cn/CLI. C. 237957。

学者观点

❶ 梁晓明:《略论国有土地使用权抵押的几个问题》,参见北大法宝引证码:Pkulaw. cn/CLI. A. 172338。

【出让土地使用权抵押】

法律问题解读

出让土地使用权是指用出让方式取得的国有土地使用权。出让是指国家将国有土地使用权在一定年限内出让给土地使用者,由土地使用者向国家支付土地使用权出让金的行为。目前,我国出让国有土地使用权主要采用三种方式:一是协议,即出让方和受让方就土地使用权的价款、使用用途、使用期限等协商一致后转让土地的使用权;二是招标,即在指定的期限内由符合指定条件的单位或个人以书面形式,竞投某片土地的使用权,由土地招标小组择优而取;三是拍卖,即在特定的时间和公开场合,在统一编号的应价、竞投在一定年限内的土地使用权,价高者得的活动。

出让土地使用权可以抵押,这是因为,出让土地使用权主要用于商业用途,为增强土地使用权的融资作用,使土地使用权资金周转迅速和市场经济健康发展,《担保法》规定出让土地使用权可以抵押。以出让土地使用权抵押的,由抵押人进行地价评估或者由房地产价格评估机构进行地价评估并经抵押权人认可后,由抵押当事人签订抵押合同。抵押人和抵押权人在抵押合同签订后15天内应到土地管理部门办理抵押登记。抵押合同自登记之日起生效。

需要注意的是,以通过有偿转让的方式取得出让土地使用权也属于出让土地使用权的一种,以其抵押时,也适用出让土地使用权抵押的相关规定。

法条指引

❶《中华人民共和国担保法》(1995年6月30日 主席令公布)

第三十四条 下列财产可以抵押:

(一)抵押人所有的房屋和其他地上定着物;

(二)抵押人所有的机器、交通运输工具和其他财产;

(三)抵押人依法有权处分的国有的土地使用权、房屋和其他地上定着物;

(四)抵押人依法有权处分的国有的机器、交通运输工具和其他财产;

(五)抵押人依法承包并经发包方同意抵押的荒山、荒沟、荒丘、荒滩等荒地的土地使用权;

(六)依法可以抵押的其他财产。

抵押人可以将前款所列财产一并抵押。

第三十六条 以依法取得的国有土地上的房屋抵押的,该房屋占用范围内的国有土地使用权同时抵押。

以出让方式取得的国有土地使用权抵押的,应当将抵押时该国有土地上的房屋同时抵押。

乡(镇)、村企业的土地使用权不得单独抵押。以乡(镇)、村企业的厂房等建筑物抵押的,其占用范围内的土地使用权同时抵押。

❷《中华人民共和国物权法》(2007年3月16日 主席令公布 2007年10月1日施行)

第一百八十条 债务人或者第三人有权处分的下列财产可以抵押:

(一)建筑物和其他土地附着物;

(二)建设用地使用权;

(三)以招标、拍卖、公开协商等方式取得的荒地等土地承包经营权;

(四)生产设备、原材料、半成品、产品;

(五)正在建造的建筑物、船舶、航空器;

(六)交通运输工具;

(七)法律、行政法规未禁止抵押的其他财产。

抵押人可以将前款所列财产一并抵押。

❸《关于土地使用权抵押登记有关问题的通知》(1997年1月3日 国家土地管理局发布)(略)

❹《关于加强土地转让管理严禁炒卖土地的通知》(1999年5月6日 国务院办公厅发布)(略)

案例链接

❶《康家集团(中国)有限公司与盛世唐城(国际)投资集团有限公司合作合同纠纷上诉案》,参见北大法宝引证码:Pkulaw.cn/CLI.C.89628。

【划拨土地使用权抵押】

法律问题解读

划拨土地使用权抵押是指划拨土地使用权人将其使用的划拨土地使用权以不转移占有的方式向抵押权人设定担保的行为。划拨土地使用权,是指以划拨方式取得的国有土地使用权。划拨方式是我国非土地所有者取得国有土地使用权的主要方式之一,是指县级以上的人民政府依法批准,在土地使用者依法缴纳补偿、安置等费用后将该幅土地交付其使用,或者将土地使用权无偿交付给土地使用权者使用的方式。划拨土地的使用者一般是国家机关和社会公益事业单位。

划拨土地使用权是无偿取得的,土地使用权人只需依照法律法规的规定缴纳土地使用税即可。划拨土地一般是行政机关用地、军事用地和公益事业用地,除法律和法规规定的情况外,一般不得用于抵押。划拨土地使用权在符合一定的条件时,可以设定抵押,但划拨土地抵押人应当与当地市、县人民政府签订土地使用权出让合同,并补交土地使用权出让金或者以抵押所获得的收益抵交土地使用权出让金。

划拨土地使用权抵押,抵押当事人应当签订书面抵押合同并于一定期限内到县级以上土地管理部门办理抵押登记,抵押合同自登记后生效。需要注意的是,划拨土地使用权抵押后,抵押人仍需继续履行土地使用权出让合同。例如,抵押人仍未交足土地使用权出让金的,仍需继续向当地市、县人民政府补交土地使用权出让金。

法条指引

❶《中华人民共和国城市房地产管理法》(2007年8月30日修正 主席令公布)

第二十三条 土地使用权划拨,是指县级以上人民政府依法批准,在土地使用者缴纳补偿、安置等费用后将该幅土地交付其使用,或者将土地使用权无偿交付给土地使用者使用的行为。

依照本法规定以划拨方式取得土地使用权的,除法律、行政法规另有规定外,没有使用期限的限制。

第五十一条 设定房地产抵押权的土地使用权是以划拨方式取得的,依法拍卖该房地产后,应当从拍卖所得的价款中缴纳相当于应缴纳的土地使用权出让金的款额后,抵押权人方可优先受偿。

❷《中华人民共和国城镇国有土地使用权出让和转让暂行条例》(1990年5月19日 国务院令发布)

第四十五条 符合下列条件的,经市、县人民政府土地管理部门和房产管理部门批准,其划拨土地使用权和地上建筑物,其他附着物所有权可以转让、出租、抵押:

(一)土地使用者为公司、企业、其他经济组织和个人;

（二）领有国有土地使用证；

（三）具有地上建筑物、其他附着物合法的产权证明；

（四）依照本条例第二章的规定签订土地使用权出让合同，向当地市、县人民政府补交土地使用权出让金或者以转让、出租、抵押所获收益抵交土地使用权出让金。

转让、出租、抵押前款划拨土地使用权的，分别依照本条例第三章、第四章和第五章的规定办理。

第四十六条 对未经批准擅自转让、出租、抵押划拨土地使用权的单位和个人，市、县人民政府土地管理部门应当没收其非法收入，并根据情节处以罚款。

❸《最高人民法院关于审理房地产管理法施行前房地产开发经营案件若干问题的解答》（1995年12月27日发布）

17. 以划拨方式取得的国有土地使用权为标的物签订的抵押合同，一般应当认定无效，但在一审诉讼期间，经有关主管部门批准，依法补办了出让手续的，可认定合同有效。

❹《国家土地管理局关于对〈中华人民共和国城镇国有土地使用权出让和转让暂行条例〉第十七条有关内容请求解释的复函》（1993年1月20日 国家土地管理局发布）（略）

❺《关于土地使用权抵押登记有关问题的通知》（1997年1月3日 国家土地管理局发布）（略）

❻《划拨土地使用权管理暂行办法》（1992年2月24日 国家土地管理局发布）

第一条 为了贯彻实施《中华人民共和国城镇国有土地使用权出让和转让暂行条例》（以下简称《条例》），加强对划拨土地使用权的管理，特制定本办法。

第二条 划拨土地使用权，是指土地使用者通过除出让土地使用权以外的其他各种方式依法取得的国有土地使用权。

第三条 划拨土地使用权（以下简称"土地使用权"）的转让、出租、抵押活动，适用本办法。

第四条 县级以上人民政府土地管理部门依法对土地使用权转让、出租、抵押活动进行管理和监督检查。

第五条 未经市、县人民政府土地管理部门批准并办理土地使用权出让手续，交付土地使用权出让金的土地使用者，不得转让、出租、抵押土地使用权。

第六条 符合下列条件的，经市、县人民政府土地管理部门批准，其土地使用权可以转让、出租、抵押：

（一）土地使用者为公司、企业、其他经济组织和个人；

（二）领有国有土地使用证；

（三）具有合法的地上建筑物、其他附着物产权证明；

（四）依照《条例》和本办法规定签订土地使用权出让合同，向当地市、县人民政府交付土地使用权出让金或者以转让、出租、抵押所获收益抵交土地使用权出让金。

第七条 土地使用权转让，是指土地使用者将土地使用权单独或者随同地上建筑物、其他附着物转移给他人的行为。

原拥有土地使用权的一方称为转让人，接受土地使用权的一方称为受让人。

第八条 土地使用权转让的方式包括出售、交换和赠与等。

出售是指转让人以土地使用权作为交易条件，取得一定收益的行为。

交换是指土地使用者之间互相转移土地使用权的行为。

赠与是指转让人将土地使用权无偿转移给受让人的行为。

第九条 土地使用权出租，是指土地使用者将土地使用权单独或者随同地上建筑物、其他附着物租赁给他人使用，由他人向其支付租金的行为。

原拥有土地使用权的一方称为出租人，承租土地使用权的一方称为承租人。

第十条 土地使用权抵押，是指土地使用者提供可供抵押的土地使用权作为按期清偿债务的担保的行为。

原拥有土地使用权的一方称为抵押人，抵押债权人称为抵押权人。

第十一条 转让、抵押土地使用权，其地上建筑物、其他附着物所有权随之转让、抵押；转让、抵押地上建筑物、其他附着物所有权，其使用范围内的土地使用权随之转让、抵押。但地上建筑物、其他附着物作为动产转让的除外。

出租土地使用权，其地上建筑物、其他附着物使用权随之出租；出租地上建筑物、其他附着物使用权，其使用范围内的土地使用权随之出租。

第十二条 土地使用者需要转让、出租、抵押土地使用权的，必须持国有土地使用证以及地上建筑物、其他附着物产权证明等合法证件，向所在地市、县人民政府土地管理部门提出书面申请。

第十三条 市、县人民政府土地管理部门应当在接到转让、出租、抵押土地使用权书面申请书之日起十五日内给予回复。

第十四条 市、县人民政府土地管理部门与申请人经过协商后，签订土地使用权出让合同。

第十五条 土地使用权转让、出租、抵押行为的双方当事人应当依照有关法律、法规和土地使用权出让合同的规定，签订土地使用权转让、租赁、抵押合同。

第十六条 土地使用者应当在土地使用权出让合同签订后六十日内，向所在地市、县人民政府交付土地使用权出让金，到市、县人民政府土地管理部门办理土地使用权出让登记手续。

第十七条 双方当事人应当在办理土地使用权出让登记手续后十五日内，到所在地市、县人民政府土地管理部门办理土地使用权转让、出租、抵押登记手续。

办理登记手续，应当提交下列证明文件、材料：

（一）国有土地使用证；

（二）土地使用权出让合同；

（三）土地使用权转让、租赁、抵押合同；

（四）市、县人民政府土地管理部门认为有必要提交的其他证明文件、材料。

第十八条 土地使用权转让，土地使用权出让合同和登记文件中所载明的权利、义务随之转移。

第十九条 土地使用权出租、抵押，出租人、抵押人必须继续履行土地使用权出让合同。

第二十条 土地使用权转让后，受让人需要改变土地使用权出让合同规定内容的，应当征得所在地市、县人民政府土地管理部门同意，并按规定的审批权限经土地管理部门和城市规划部门批准，依照《条例》和本办法规定重新签订土地使用权出让合同，调整土地使用权出让金，并办理土地登记手续。

第二十一条 土地使用权出租后，承租人不得新建永久性建筑物、构筑物。需要建造临时性建筑物、构筑物的，必须征得出租人同意，并按照有关法律、法规的规定办理审批手续。

土地使用权出租后，承租人需要改变土地使用权出让合同规定内容的，必须征得出租人同意，并按规定的审批权限经土地管理部门和城市规划部门批准，依照《条例》和本办法规定重新签订土地使用权出让合同，调整土地使用权出让金，并办理土地登记手续。

第二十二条 土地使用权租赁合同终止后，出租人应当自租赁合同终止之日起十五日内，到原登记机关办理注销土地使用权出租登记手续。

第二十三条 土地使用权抵押合同终止后，抵押人应当自抵押合同终止之日起十五日内，到原登记机关办理注销土地使用权抵押登记手续。

第二十四条 抵押人到期未能履行债务或者在抵押合同期间宣告解散、破产的，抵押权人有权依照国家法律、法规和抵押合同的规定处分抵押财产。

因处分抵押财产而取得土地使用权的，土地使用者应当自权利取得之日起十五日内，到所在地市、县人民政府土地管理部门办理变更土地登记手续。

第二十五条 土地使用者转让、出租、抵押土地使用权，在办理土地使用权出让手续时，其土地使用权出让期由所在地市、县人民政府土地管理部门与土地使用者经过协商后，在土地使用权出让合同中订明，但不得超过《条例》规定的最高年限。

第二十六条 土地使用权出让金，区别土地使用权转让、出租、抵押等不同方式，按标定地价的一定比例收取，最低不得低于标定地价的百分之四十。标定地价由所在地市、县人民政府土地管理部门根据基准地价，按土地使用权转让、出租、抵押期限和地块条件核定。

第二十七条 土地使用权出让金，由市、县人民政府土地管理部门代表政府收取，按国家有关规定管理。

第二十八条 土地使用权出让期届满，土地使用者必须在出让期满之日起十五日内持国有土地使用证和土地使用权出让合同，到原登记机关办理注销出让登记手续。

第二十九条 土地使用权出让期满后，土地使用者再转让、出租、抵押土地使用权时，须按本办法规定重新签订土地使用权出让合同，支付土地使用权出让金，并办理变更土地登记手续。

第三十条 土地使用权出让期间，国家在特殊情况下，根据社会公共利益的需要，可以依照法律程序收回土地使用权，并根据土地使用者已使用的年限和开发、利用土地的实际情况给予相应的补偿。

第三十一条　土地使用者未按土地使用权出让合同规定的期限支付全部出让金的，出让方有权解除合同，并可请求违约赔偿。

第三十二条　土地使用权转让、出租、抵押，当事人不办理土地登记手续的，其行为无效，不受法律保护。

第三十三条　对未经批准擅自转让、出租、抵押土地使用权的单位和个人，由所在地市、县人民政府土地管理部门依照《条例》第四十六条规定处理。

第三十四条　当事人对土地管理部门作出的行政处罚决定不服的，可以依照《中华人民共和国行政诉讼法》向人民法院提起诉讼。

第三十五条　县级以上人民政府土地管理部门应当加强对土地使用权转让、出租、抵押活动的监督检查工作，对违法行为，应当及时查处。

第三十六条　土地管理部门在对土地使用权转让、出租、抵押活动进行监督检查时，被检查的单位或者个人应当予以配合，如实反映情况，提供有关文件、资料，不得阻挠。

第三十七条　土地管理部门在监督检查中，可以采取下列措施：

（一）查阅、复制与土地监督检查事项有关的文件、资料；

（二）要求被监督检查的单位和个人提供或者报送与监督检查事项有关的文件、资料及其他必要情况；

（三）责令被监督检查的单位和个人停止正在进行的土地违法行为。

第三十八条　土地管理部门办理土地使用权出让等业务活动的经费，按照国家有关规定办理。

第三十九条　经济组织以外的其他组织从事土地使用权转让、出租、抵押活动的，可参照本办法办理。

第四十条　以土地使用权作为条件，与他人进行联建房屋、举办联营企业的，视为土地使用权转让行为，按照本办法办理。

第四十一条　对《条例》实施后，本办法实施前发生的未经批准擅自转让、出租、抵押土地使用权行为，市、县人民政府土地管理部门应当组织进行清理，并按《条例》规定处罚后，补办出让手续。

第四十二条　本办法由国家土地管理局负责解释。

第四十三条　本办法自发布之日起施行。

案例链接

❶《安庆市城郊农村信用合作联社十里铺信用社与安庆市华侨友谊公司借款担保合同纠纷上诉案》，参见北大法宝引证码：Pkulaw. cn/CLI. C. 158343。

❷《中国信达资产管理公司西安办事处与陕西省粮油食品进出口公司西安中转冷库、陕西省粮油食品进出口公司借款担保合同纠纷案》，参见北大法宝引证码：Pkulaw. cn/CLI. C. 206696。

❸《中融信(香港)国际资产管理有限公司与济南二轻缝制设备成套公司等借款合同纠纷上诉案》，参见北大法宝引证码：Pkulaw. cn/CLI. C. 237592。

【划拨土地使用权抵押的条件】

法律问题解读

划拨土地使用权因为是无偿取得的，在一般情况下不得抵押。划拨土地使用权只有同时满足以下的条件时才能抵押：

1. 划拨土地使用权人（抵押人）为公司、企业、其他经济组织和个人。也就是说，如果划拨土地使用者为国家机关、军事单位和公益事业单位的，不得将其所使用的划拨土地抵押。这是为了确保以上单位的行政职能和社会公共职能所作的规定。

2. 划拨土地使用权人须领有土地使用证。这是将划拨土地抵押的基本前提。当事人如果没有领有土地使用证的，其对所使用的土地无处分权，故不得设定抵押。

3. 划拨土地使用权人具有地上建筑物、其他附着物合法的产权证明。这是针对划拨土地使用权抵押时，其地上有建筑物或者其他附着物时所作的规定。以划拨土地使用权抵押的，地上的建筑物和其他附着物应一并抵押。因此，土地使用权人必须具有所抵押土地上的建筑物、其他附着物的合法的产权证明，才能将地上建筑物、其他附着物与划拨土地一并抵押。

4. 在具备了以上三个条件后，抵押人还要与划拨土地所在地的市、县人民政府签订土地使用权出让合同，并向其补交土地使用权出让金或者以抵押所得的收益抵交土地使用权出让金，然后抵押人才能将划拨土地使用权抵押。以划拨土地使用权抵押的以上四个条件缺一不可，必须同时满足时，划拨土地使用权才能抵押。

法条指引

❶《中华人民共和国城镇国有土地使用权出让和转让暂行条例》（1990年5月19日 国务院令发布）

第四十五条 符合下列条件的，经市、县人民政府土地管理部门和房产管理部门批准，其划拨土地使用权和地上建筑物，其他附着物所有权可以转让、出租、抵押：

（一）土地使用者为公司、企业、其他经济组织和个人；

（二）领有国有土地使用证；

（三）具有地上建筑物、其他附着物合法的产权证明；

（四）依照本条例第二章的规定签订土地使用权出让合同，向当地市、县人民政府补交土地使用权出让金或者以转让、出租、抵押所获收益抵交土地使用权出让金。

转让、出租、抵押前款划拨土地使用权的，分别依照本条例第三章、第四章和第五章的规定办理。

❷《最高人民法院关于审理房地产管理法施行前房地产开发经营案件若干问题的解答》（1995年12月27日发布）

17. 以划拨方式取得的国有土地使用权为标的物签订的抵押合同，一般应当认定无效，但在一审诉讼期间，经有关主管部门批准，依法补办了出让手续的，可认定合同有效。

❸《划拨土地使用权管理暂行办法》（1992年2月24日 国家土地管理局发布）

第五条 未经市、县人民政府土地管理部门批准并办理土地使用权出让手续，交付土地使用权出让金的土地使用者，不得转让、出租、抵押土地使用权。

第六条 符合下列条件的，经市、县人民政府土地管理部门批准，其土地使用权可以转让、出租、抵押：

（一）土地使用者为公司、企业、其他经济组织和个人；

（二）领有国有土地使用证；

（三）具有合法的地上建筑物、其他附着物产权证明；

（四）依照《条例》和本办法规定签订土地使用权出让合同，向当地市、县人民政府交付土地使用权出让金或者以转让、出租、抵押所获收益抵交土地使用权出让金。

❹《最高人民法院关于破产企业国有划拨土地使用权应否列入破产财产等问题的批复》（2003年4月16日 最高人民法院发布）

湖北省高级人民法院：

你院鄂高法〔2002〕158号《关于破产企业国有划拨土地使用权应否列入破产财产以及有关抵押效力认定等问题的请示》收悉。经研究，答复如下：

一、根据《中华人民共和国土地管理法》第五十八条第一款第（四）项及《城镇国有土地使用权出让和转让暂行条例》第四十七条的规定，破产企业以划拨方式取得的国有土地使用权不属于破产财产，在企业破产时，有关人民政府可以予以收回，并依法处置。纳入国家兼并破产计划的国有企业，其依法取得的国有土地使用权，应依据国务院有关文件规定办理。

二、企业对其以划拨方式取得的国有土地使用权无处分权，以该土地使用权为标的物设定抵押，除依法办理抵押登记手续外，还应经具有审批权限的人民政府或土地行政管理部门批准。否则，应认定抵押无效。如果企业对以划拨方式取得的国有土地使用权设定抵押时，履行了法定的审批手续，并依法办理了抵押登记，应认定抵押有效。根据《中华人民共和国城市房地产管理法》第五十条和《中华人民共和国担保法》第五十六条的规定，抵押权人只有在以抵押标的物折价或拍卖、变卖所得价款缴纳相当于土地使用权出让金的款项后，对剩余部分方可享有优先受偿权。但纳入国家兼并破产计划的国有企业，其用以划拨方式取得的国有土地使用权设定抵押的，应依据国务院有关文件规定办理。

三、国有企业以关键设备、成套设备、厂房设定抵押的效力问题，应依据法释〔2002〕14号《关于国有工业企业以机器设备等财产为抵押物与债权人签订的抵押合同的法律效力问题的批复》办理。

国有企业以建筑物设定抵押的效力问题，应区分两种情况处理：如果建筑物附着于以划拨方式取得的国有土地使用权之上，将该建筑物与土地使用权一并设定抵押的，对土地使用权的抵押需履行法定的审批手续，否则，应认定抵押无效；如果建筑物附着于以出让、转让方式取得的国有土地使用权之上，将该建筑物与土地使用权一并设定抵押的，即使未经有关主管部门批准，亦应认定抵押有效。

本批复自公布之日起施行，正在审理或者尚未审理的案件，适用本批复，但对提起再审的判决、裁定已经发生法律效力的案件除外。

此复

案例链接

❶《西藏工业物资运销公司诉中国银行西藏自治区分行借款合同纠纷案》，参见北大法宝引证码：Pkulaw.cn/CLI.C.5539。

❷《广州兆基实业有限公司诉广东新会合成纤维纺织厂股份有限公司等借款担保合同案》，参见北大法宝引证码：Pkulaw.cn/CLI.C.235486。

【划拨土地使用权抵押的程序】

法律问题解读

划拨土地使用权抵押，需要履行一定的程序。

首先，划拨土地使用者需要抵押划拨土地使用权的，必须持国有土地使用证以及地上建筑物、其他附着物产权证明等合法证件，向划拨土地所在地的市、县人民政府土地主管部门提出书面申请。同时，土地使用者亦应委托房地产价格评估机构对所要抵押的划拨土地进行地价评估，并由土地管理部门确认地价评估结果。

其次，市、县人民政府土地管理部门应当在接到抵押土地使用权的书面申请后对其进行审查，看所申请抵押的土地使用权是否满足划拨土地使用权的抵押条件，并在收到申请书15日内给予答复。市、县人民政府土地管理部门认为申请符合条件的，应当核定出让金数额，并经与申请人协商后，与其签订土地使用权出让合同。

需要注意的是，抵押人与土地管理部门经过协商后，在土地使用权出让合同中载明的土地使用权出让期限，不得超过法律法规规定的最高年限。抵押权的存续期不能大于抵押土地的使用年限。土地使用权出让合同签订后，抵押人便可以和抵押权人签订书面抵押合同。抵押人和抵押权人应在抵押合同签订后15日内，持被抵押的土地使用证、抵押合同、地价评估文件及确认报告、抵押当事人的身份证件共同到土地管理部门申请抵押登记。只有一方到场申请抵押登记的，还必须持有对方授权委托文件。

法条指引

❶《中华人民共和国城镇国有土地使用权出让和转让暂行条例》（1990年5月19日 国务院令发布）

第三十四条 土地使用权抵押，抵押人与抵押权人应当签订抵押合同。

抵押合同不得违背国家法律、法规和土地使用权出让合同的规定。

第三十五条 土地使用权和地上建筑物、其他附着物抵押，应当依照规定办理抵押登记。

❷《关于土地使用权抵押登记有关问题的通知》（1997年1月3日 国家土地管理局发布）

各省、自治区、直辖市及计划单列市土地（国土）管理局（厅），解放军土地管理局，新疆生产建设兵团土地管理局：

为加强土地使用权抵押登记的管理，规范抵押登记行为，保障抵押当事人的合法权益，根据《城市房地产管理法》、《担保法》和《城镇国有土地使用权出让和转让暂行条例》的规定，现将土地使用权抵押登记的有关问题通知如下：

一、关于土地使用权抵押登记的法律效力

土地使用权抵押权的设立、变更和消灭应依法办理土地登记手续。土地使用权抵押合同经登记后生效，未经登记的土地使用权抵押权不受法律保护。（与《物权法》相抵触）

土地使用权抵押登记必须以土地使用权登记为基础，并遵循登记机关一致的原则，异地抵押的，必须到土地所在地的原土地使用权登记机关办理抵押登记。县级以上地方人民政府土地管理部门负责土地使用权抵押登记工作。

土地使用权抵押权的合法凭证是《土地他项权利证明书》，《国有土地使用证》、《集体土地所有证》和《集体土地使用证》不作为抵押权的法律凭证，抵押权人不得扣押抵押土地的土地证书。抵押权人扣押的土地证书无效，土地使用权人可以申请原土地证书作废，并办理补发新证手续。

二、关于土地使用权抵押的地价评估和合同签订

土地使用权抵押应当进行地价评估，并由抵押人和抵押权人签定抵押合同。地价评估收费标准按国家有关规定执行。

1. 以出让方式取得的国有土地使用权，由抵押权人进行地价评估或由具有土地估价资格的中介机构评估并经抵押权人认可后，由抵押人和抵

押权人签定抵押合同。

2. 以划拨方式取得的国有土地使用权，由抵押人委托具有土地估价资格的中介机构进行地价评估，经土地管理部门确认，并批准抵押，核定出让金数额后，由抵押人和抵押权人签定抵押合同。

3. 乡（镇）村企业厂房等建筑物抵押涉及集体土地使用权抵押的，由抵押人委托具有土地估价资格的中介机构进行地价评估，经土地管理部门确认，并明确实现抵押权的方式，需要转为国有的，同时核定土地使用权出让金数额。然后，由抵押人和抵押权人签定抵押合同。

4. 以承包方式取得的荒山、荒沟、荒丘、荒滩等荒地的集体土地使用权，由抵押人委托具有土地估价资格的中介机构进行地价评估，并经土地管理部门确认后，由抵押人和抵押权人签定抵押合同。

抵押出让土地使用权的，抵押权终止期限不得超过土地使用权出让终止期限。

三、关于土地使用权抵押登记申请

土地使用权设立抵押权的，抵押人和抵押权人应在抵押合同签订后十五日内，持被抵押土地的土地使用证、抵押合同、地价评估及确认报告、抵押人和抵押权人的身份证件共同到土地管理部门申请抵押登记。一方到场申请抵押登记的，必须持有对方授权委托文件。

申请抵押登记除提交前款所列材料外还应分别情况，提交下列材料：

1. 以划拨土地使用权抵押的，提交土地管理部门确认的抵押宗地的土地使用权出让金额的证明；

2. 以房屋及其占有范围内的土地使用权抵押的，提交房屋所有权证；

3. 抵押乡（镇）村企业厂房等建筑物涉及集体土地使用权抵押的，提交集体土地所有者同意抵押的证明；

4. 以承包方式取得的荒山、荒地、荒丘、荒滩等荒地的集体土地使用权抵押的，提交该集体土地所有者同意抵押的证明；

5. 抵押人和抵押权人委托他人办理抵押登记的，提交委托书和代理人身份证件；

6. 抵押权人为非金融机构，其抵押借款行为依法应当办理有关批准手续的，应当提交有关批准文件。

同一宗地多次抵押时，以收到抵押登记申请先后为序办理登记。

未按规定提交有关证明文件的土地使用权抵押登记申请，土地管理部门不予受理。

四、关于土地使用权抵押登记和变更登记

抵押登记申请经审查，符合规定要求的，准予登记，土地管理部门在抵押土地的土地登记卡上进行注册登记，同时在抵押人土地使用证内进行记录，并向抵押权人核发《土地他项权利证明书》，土地使用权抵押权正式生效。

土地使用权分割抵押的，由土地管理部门确定抵押土地的界线和面积。

抵押期间，抵押合同发生变更的，抵押当事人应当在抵押合同变更后十五日内，持有关文件到土地管理部门办理变更抵押登记手续。

因处分抵押财产转移土地使用权的，被处分土地使用权的受让方、抵押人和抵押权人应在抵押财产处分后三十日内，持有关证明文件到土地管理部门办理变更土地登记手续。处分抵押财产涉及集体土地所有权转为国有土地的，按土地管理的有关规定办理。

抵押合同解除或终止，抵押权人应出具解除或终止抵押合同的证明文件，与《土地他项权利证明书》一起交抵押人，抵押人自抵押合同终止或解除之日起十五日内，持有关文件到土地管理部门办理注销抵押登记手续。

五、关于抵押登记收费

办理抵押登记，申请人应向土地管理部门支付登记费用。抵押登记费按国家有关规定执行。

六、其他

我局1995年印发的《农村集体土地使用权抵押登记的若干规定》（〔1995〕国土〔籍〕字第134号）中与本通知内容不一致的，以本通知为准。

❸《划拨土地使用权管理暂行办法》（1992年2月24日　国家土地管理局发布）

第十三条　市、县人民政府土地管理部门应当在接到转让、出租、抵押土地使用权书面申请书之日起十五日内给予回复。

第十四条　市、县人民政府土地管理部门与申请人经过协商后，签订土地使用权出让合同。

第十五条　土地使用权转让、出租、抵押行为的双方当事人应当依照有关法律、法规和土地使用权出让合同的规定，签订土地使用权转让、租赁、抵押合同。

第十六条　土地使用者应当在土地使用权出让合同签订后六十日内，向所在地市、县人民政府交付土地使用权出让金，到市、县人民政府土地管理部门办理土地使用权出让登记手续。

第十七条　双方当事人应当在办理土地使用权出让登记手续后十五日内，到所在地市、县人民政府土地管理部门办理土地使用权转让、出租、抵押登记手续。

办理登记手续，应当提交下列证明文件、材料：

（一）国有土地使用证；

（二）土地使用权出让合同；

（三）土地使用权转让、租赁、抵押合同；

（四）市、县人民政府土地管理部门认为有必要提交的其他证明文件、材料。

❹《关于认真贯彻国务院严格制止乱占滥用耕地和发展房地产业有关文件的通知》（1992年12月25日　国家土地管理局发布）（略）

案例链接

❶《江西省江信国际投资有限公司与江西利中房地产有限公司等借款合同纠纷案》，参见北大法宝引证码：Pkulaw.cn/CLI.C.48518。

❷《中国长城资产管理公司济南办事处与济南金冠毛纺集团有限责任公司借款担保合同纠纷上诉案》，参见北大法宝引证码：Pkulaw.cn/CLI.C.182426。

【划拨土地使用权出让金】

法律问题解读

土地使用权出让金是指土地使用权受让方为取得土地使用权，按照土地使用权出让合同的规定向国家支付的土地使用权价款，简称地价。在划拨土地使用权抵押时，抵押人签订土地使用权出让合同后，应当向当地市、县人民政府缴纳土地使用权出让金或者以抵押所得的收益抵交土地使用权出让金。土地使用权出让金由市、县人民政府土地管理部门代表政府收取并按国家规定管理。可见，土地使用权人交纳土地使用权出让金的部门是市、县人民政府土地管理部门。

划拨土地使用权中的土地使用权出让金，以土地使用权抵押的方式，按照标准地价的一定比例收取，最低不得低于标定地价的40%。标定地价由所在市、县人民政府土地管理部门根据基准地价，按土地使用权的抵押期限和地块条件决定。划拨土地使用权抵押时的土地使用权出让金，由土地管理部门在审查当事人的抵押申请时核定。土地使用权出让期届满后，土地使用者再抵押土地使用权时，需重新签订土地使用权出让合同，支付土地使用权出让金，并办理变更土地登记手续。

需要注意的是，土地使用权人未按土地使用权出让合同规定的期限支付全部出让金的，出让方有权解除合同，并可请求违约赔偿。以划拨方式取得的土地使用权抵押的抵押权实现时，如果拍卖该土地使用权的，应当从拍卖所得的价款中缴纳相当于应缴纳的土地使用权出让金的款额后，抵押权人方可优先受偿。

法条指引

❶《中华人民共和国物权法》（2007年3月16日　主席令公布　2007年10月1日施行）

第一百八十条　债务人或者第三人有权处分的下列财产可以抵押：

（一）建筑物和其他土地附着物；

（二）建设用地使用权；

（三）以招标、拍卖、公开协商等方式取得的荒地等土地承包经营权；

（四）生产设备、原材料、半成品、产品；

（五）正在建造的建筑物、船舶、航空器；

（六）交通运输工具；

（七）法律、行政法规未禁止抵押的其他财产。

抵押人可以将前款所列财产一并抵押。

第一百八十二条　以建筑物抵押的，该建筑物占用范围内的建设用地使用权一并抵押。以建设用地使用权抵押的，该土地上的建筑物一并抵押。

抵押人未依照前款规定一并抵押的，未抵押的财产视为一并抵押。

第一百八十三条　乡镇、村企业的建设用地使用权不得单独抵押。以乡镇、村企业的厂房等建筑物抵押的，其占用范围内的建设用地使用权一并抵押。

第一百八十四条　下列财产不得抵押：

（一）土地所有权；

（二）耕地、宅基地、自留地、自留山等集体所有的土地使用权，但法律规定可以抵押的除外；

（三）学校、幼儿园、医院等以公益为目的的事业单位、社会团体的教育设施、医疗卫生设施和其他社会公益设施；

（四）所有权、使用权不明或者有争议的财产；

（五）依法被查封、扣押、监管的财产；
（六）法律、行政法规规定不得抵押的其他财产。

❷《划拨土地使用权管理暂行办法》（1992年2月24日 国家土地管理局发布）

第五条 未经市、县人民政府土地管理部门批准并办理土地使用权出让手续，交付土地使用权出让金的土地使用者，不得转让、出租、抵押土地使用权。

第六条 符合下列条件的，经市、县人民政府土地管理部门批准，其土地使用权可以转让、出租、抵押：

（一）土地使用者为公司、企业、其他经济组织和个人；

（二）领有国有土地使用证；

（三）具有合法的地上建筑物、其他附着物产权证明；

（四）依照《条例》和本办法规定签订土地使用权出让合同，向当地市、县人民政府交付土地使用权出让金或者以转让、出租、抵押所获收益抵交土地使用权出让金。

第二十六条 土地使用权出让金，区别土地使用权转让、出租、抵押等不同方式，按标定地价的一定比例收取，最低不得低于标定地价的40%。标定地价由所在地市、县人民政府土地管理部门根据基准地价，按土地使用权转让、出租、抵押期限和地块条件核定。

第二十九条 土地使用权出让期满后，土地使用者再转让、出租、抵押土地使用权时，须按本办法规定重新签订土地使用权出让合同，支付土地使用权出让金，并办理变更土地登记手续。

❸《关于认真贯彻国务院严格制止乱占滥用耕地和发展房地产业有关文件的通知》（1992年12月25日 国家土地管理局发布）（略）

【集体所有的土地使用权抵押】

法律问题解读

集体所有的土地使用权抵押是指依法在集体所有的土地使用权上设定的抵押。集体所有的土地使用权可以分为两大类：1. 农地使用权，包括耕地和其他农业用地，以及可以用于农业开发的荒山、荒沟、荒丘、荒滩等荒地（简称四荒）的使用权；2. 建设用地使用权，包括个人使用的宅基地、乡（镇）、村企业用地和公益用地的使用权。

集体所有的土地使用权一般为农业用地，为防止抵押权行使而导致改变土地的用途，集体所有的土地使用权一般不得用于抵押，只有抵押人依法承包并经发包方同意的四荒等荒地的使用权和乡（镇）、村企业的厂房抵押时其占用范围内的集体所有的土地使用权可以抵押。乡（镇）、村企业的土地使用权不得单独抵押。耕地、宅基地、自留地、自留山等集体所有的土地的使用权不得抵押。

以集体所有的土地使用权抵押的，需履行一定的手续。四荒土地使用权和乡（镇）、村企业的集体所有的土地使用权抵押的，需经被抵押土地的集体土地所有者同意，并出具书面证明书。该证明书的内容包括：在实现抵押权时同意按法律规定的土地征用标准补偿后转为国有土地、征地费是否作为清偿资金等内容。然后，由抵押人委托房地产价格评估机构进行地价评估，经土地管理部门确认，并明确实现抵押权的方式，需要转为国有的，同时核定土地使用权出让金的数额。最后由抵押人和抵押权人签订抵押合同并办理抵押物登记。

法条指引

❶《中华人民共和国担保法》（1995年6月30日 主席令公布）

第三十四条 下列财产可以抵押：

（一）抵押人所有的房屋和其他地上定着物；

（二）抵押人所有的机器、交通运输工具和其他财产；

（三）抵押人依法有权处分的国有的土地使用权、房屋和其他地上定着物；

（四）抵押人依法有权处分的国有的机器、交通运输工具和其他财产；

（五）抵押人依法承包并经发包方同意抵押的荒山、荒沟、荒丘、荒滩等荒地的土地使用权；

（六）依法可以抵押的其他财产。

抵押人可以将前款所列财产一并抵押。

第三十六条 以依法取得的国有土地上的房屋抵押的，该房屋占用范围内的国有土地使用权同时抵押。

以出让方式取得的国有土地使用权抵押的，应当将抵押时该国有土地上的房屋同时抵押。

乡（镇）、村企业的土地使用权不得单独抵押。以乡（镇）、村企业的厂房等建筑物抵押的，其占用范围内的土地使用权同时抵押。

第三十七条 下列财产不得抵押：

（一）土地所有权；

（二）耕地、宅基地、自留地、自留山等集体所有的土地使用权，但本法第三十四条第（五）项、第三十六条第三款规定的除外；

（三）学校、幼儿园、医院等以公益为目的的事业单位、社会团体的教育设施、医疗卫生设施和其他社会公益设施；

（四）所有权、使用权不明或者有争议的财产；

（五）依法被查封、扣押、监管的财产；

（六）依法不得抵押的其他财产。

❷《中华人民共和国物权法》（2007年3月16日 主席令公布 2007年10月1日施行）

第一百八十条 债务人或者第三人有权处分的下列财产可以抵押：

（一）建筑物和其他土地附着物；

（二）建设用地使用权；

（三）以招标、拍卖、公开协商等方式取得的荒地等土地承包经营权；

（四）生产设备、原材料、半成品、产品；

（五）正在建造的建筑物、船舶、航空器；

（六）交通运输工具；

（七）法律、行政法规未禁止抵押的其他财产。

抵押人可以将前款所列财产一并抵押。

第一百八十二条 以建筑物抵押的，该建筑物占用范围内的建设用地使用权一并抵押。以建设用地使用权抵押的，该土地上的建筑物一并抵押。

抵押人未依照前款规定一并抵押的，未抵押的财产视为一并抵押。

第一百八十三条 乡镇、村企业的建设用地使用权不得单独抵押。以乡镇、村企业的厂房等建筑物抵押的，其占用范围内的建设用地使用权一并抵押。

第一百八十四条 下列财产不得抵押：

（一）土地所有权；

（二）耕地、宅基地、自留地、自留山等集体所有的土地使用权，但法律规定可以抵押的除外；

（三）学校、幼儿园、医院等以公益为目的的事业单位、社会团体的教育设施、医疗卫生设施和其他社会公益设施；

（四）所有权、使用权不明或者有争议的财产；

（五）依法被查封、扣押、监管的财产；

（六）法律、行政法规规定不得抵押的其他财产。

案例链接

❶《宝丰县农村信用合作联社诉范振国等借款合同纠纷案》，参见北大法宝引证码：Pkulaw. cn/CLI. C. 282726。

❷《赵冠营诉王国西民间借贷纠纷案》，参见北大法宝引证码：Pkulaw. cn/CLI. C. 285723。

❸《张仁兰诉俞惠君民间借贷纠纷案》，参见北大法宝引证码：Pkulaw. cn/CLI. C. 244023。

【集体所有的土地使用权抵押的范围】

法律问题解读

集体所有的土地一般为农业用地。由于抵押权实现时，土地用途会随之改变，故集体所有的土地使用权一般不得抵押。按《担保法》的规定，可以抵押的集体所有的土地使用权一般包括：

1. 抵押人依法承包并经发包方同意抵押的荒山、荒沟、荒滩和荒地（简称四荒）的使用权。这里需注意的是，农村集体里面的自留山与责任山不属于四荒之列。自留山与责任山是林地的组成部分，不属于四荒的土地，故不得抵押。四荒的承包方式，包括招标、拍卖、公开协商等方式。也就是说，以招标、拍卖、公开协商的方式取得的四荒土地使用权可以抵押。以四荒土地使用权抵押的，抵押人还应持有依法登记取得的土地承包经营权证或者林地证等证书。

2. 乡（镇）、村企业以其厂房等建筑物抵押的，其占用范围内的集体所有的土地使用权同时抵押。乡（镇）、村企业的土地使用权不得单独抵押，但根据"地随房走"的原则，乡（镇）、村企业的集体所有的土地使用权可以与地上的厂房、其他建筑物一并抵押。

需要注意的是，当事人以农作物与其尚未分离的土地使用权同时抵押的，土地使用权部分的抵押无效，抵押权人仅取得农作物的抵押权。

法条指引

❶《中华人民共和国担保法》（1995年6月30日 主席令公布）

第三十四条 下列财产可以抵押：

（一）抵押人所有的房屋和其他地上定着物；

（二）抵押人所有的机器、交通运输工具和其他财产；

（三）抵押人依法有权处分的国有的土地使用权、房屋和其他地上定着物；

（四）抵押人依法有权处分的国有的机器、交通运输工具和其他财产；

（五）抵押人依法承包并经发包方同意抵押的荒山、荒沟、荒丘、荒滩等荒地的土地使用权；

（六）依法可以抵押的其他财产。

抵押人可以将前款所列财产一并抵押。

第三十六条 以依法取得的国有土地上的房屋抵押的，该房屋占用范围内的国有土地使用权同时抵押。

以出让方式取得的国有土地使用权抵押的，应当将抵押时该国有土地上的房屋同时抵押。

乡（镇）、村企业的土地使用权不得单独抵押。以乡（镇）、村企业的厂房等建筑物抵押的，其占用范围内的土地使用权同时抵押。

第三十七条 下列财产不得抵押：

（一）土地所有权；

（二）耕地、宅基地、自留地、自留山等集体所有的土地使用权，但本法第三十四条第（五）项、第三十六条第三款规定的除外；

（三）学校、幼儿园、医院等以公益为目的的事业单位、社会团体的教育设施、医疗卫生设施和其他社会公益设施；

（四）所有权、使用权不明或者有争议的财产；

（五）依法被查封、扣押、监管的财产；

（六）依法不得抵押的其他财产。

❷《中华人民共和国农村土地承包法》（2002年8月29日 主席令公布）

第三条 国家实行农村土地承包经营制度。

农村土地承包采取农村集体经济组织内部的家庭承包方式，不宜采取家庭承包方式的荒山、荒沟、荒丘、荒滩等农村土地，可以采取招标、拍卖、公开协商等方式承包。

第九条 国家保护集体土地所有者的合法权益，保护承包方的土地承包经营权，任何组织和个人不得侵犯。

第四十四条 不宜采取家庭承包方式的荒山、荒沟、荒丘、荒滩等农村土地，通过招标、拍卖、公开协商等方式承包的，适用本章规定。

第四十五条 以其他方式承包农村土地的，应当签订承包合同。当事人的权利和义务、承包期限等，由双方协商确定。以招标、拍卖方式承包的，承包费通过公开竞标、竞价确定；以公开协商等方式承包的，承包费由双方议定。

第四十六条 荒山、荒沟、荒丘、荒滩等可以直接通过招标、拍卖、公开协商等方式实行承包经营，也可以将土地承包经营权折股分给本集体经济组织成员后，再实行承包经营或者股份合作经营。

承包荒山、荒沟、荒丘、荒滩的，应当遵守有关法律、行政法规的规定，防止水土流失，保护生态环境。

第四十九条 通过招标、拍卖、公开协商等方式承包农村土地，经依法登记取得土地承包经营权证或者林权证等证书的，其土地承包经营权可以依法采取转让、出租、入股、抵押或者其他方式流转。

❸《中华人民共和国物权法》（2007年3月16日 主席令公布 2007年10月1日施行）

第一百八十条 债务人或者第三人有权处分的下列财产可以抵押：

（一）建筑物和其他土地附着物；

（二）建设用地使用权；

（三）以招标、拍卖、公开协商等方式取得的荒地等土地承包经营权；

（四）生产设备、原材料、半成品、产品；

（五）正在建造的建筑物、船舶、航空器；

（六）交通运输工具；

（七）法律、行政法规未禁止抵押的其他财产。

抵押人可以将前款所列财产一并抵押。

第一百八十四条 下列财产不得抵押：

（一）土地所有权；

（二）耕地、宅基地、自留地、自留山等集体所有的土地使用权，但法律规定可以抵押的除外；

（三）学校、幼儿园、医院等以公益为目的的事业单位、社会团体的教育设施、医疗卫生设施和其他社会公益设施；

（四）所有权、使用权不明或者有争议的财产；

（五）依法被查封、扣押、监管的财产；

（六）法律、行政法规规定不得抵押的其他财产。

第一百八十三条 乡镇、村企业的建设用地使用权不得单独抵押。以乡镇、村企业的厂房等建筑物抵押的，其占用范围内的建设用地使用权一并抵押。

❹《关于加强土地转让管理严禁炒卖土地的

通知》（1999年5月6日 国务院办公厅发布）（略）

【四荒土地使用权的抵押】

法律问题解读

四荒土地是指荒山、荒沟、荒丘、荒滩等荒地。在我国，四荒土地使用权一般不宜采取家庭承包的方式承包。四荒土地的承包方式主要有招标、拍卖和公开协商。所谓招标是指在指定的期限内，由符合指定条件的单位或个人以书面的形式，竞投某块四荒土地的使用权；拍卖是指在特定的时间，公开场合，在集体所有的土地使用权拍卖人的主持下，竞投者手举统一编号的应价牌应价，竞投在一定年限内的四荒土地使用权，价高者得的活动；公开协商是集体土地所有权人公开组织与欲取得四荒土地使用权的人协商，最终与符合条件的人签订四荒土地承包合同的活动。以招标、拍卖、公开协商等方式取得的四荒土地使用权在经发包方同意后均可抵押。以四荒土地使用权抵押的，应注意以下问题：

1. 自留山与责任山不属于四荒土地。自留山和责任山是林地的组成部分，不能用于抵押。

2. 我国过去的法律法规规定通过拍卖方式取得的四荒土地使用权原则上不得抵押，但《中华人民共和国农村土地承包经营法》中肯定了以拍卖方式取得的四荒土地可以设定抵押。

3. 以承包方式取得的四荒等荒地的集体所有的土地使用权抵押的，抵押需经被抵押土地的集体所有者的同意，并出具书面证明。抵押人在取得集体土地所有权人的同意后，应委托具有土地价格评估资格的中介机构进行地价评估，并经土地管理部门确认后，才能与抵押权人签订抵押合同。

法条指引

❶《中华人民共和国担保法》（1995年6月30日 主席令公布）

第三十四条 下列财产可以抵押：

（一）抵押人所有的房屋和其他地上定着物；

（二）抵押人所有的机器、交通运输工具和其他财产；

（三）抵押人依法有权处分的国有的土地使用权、房屋和其他地上定着物；

（四）抵押人依法有权处分的国有的机器、交通运输工具和其他财产；

（五）抵押人依法承包并经发包方同意抵押的荒山、荒沟、荒丘、荒滩等荒地的土地使用权；

（六）依法可以抵押的其他财产。

抵押人可以将前款所列财产一并抵押。

❷《中华人民共和国农村土地承包法》（2002年8月29日 主席令公布）

第三条 国家实行农村土地承包经营制度。

农村土地承包采取农村集体经济组织内部的家庭承包方式，不宜采取家庭承包方式的荒山、荒沟、荒丘、荒滩等农村土地，可以采取招标、拍卖、公开协商等方式承包。

第四十九条 通过招标、拍卖、公开协商等方式承包农村土地，经依法登记取得土地承包经营权证或者林权证等证书的，其土地承包经营权可以依法采取转让、出租、入股、抵押或者其他方式流转。

❸《中华人民共和国物权法》（2007年3月16日 主席令公布 2007年10月1日施行）

第一百八十条 债务人或者第三人有权处分的下列财产可以抵押：

（一）建筑物和其他土地附着物；

（二）建设用地使用权；

（三）以招标、拍卖、公开协商等方式取得的荒地等土地承包经营权；

（四）生产设备、原材料、半成品、产品；

（五）正在建造的建筑物、船舶、航空器；

（六）交通运输工具；

（七）法律、行政法规未禁止抵押的其他财产。

抵押人可以将前款所列财产一并抵押。

❹《关于进一步做好治理开发农村四荒资源工作的通知》（1999年国务院办公厅发布）（略）

【林木抵押】

法律问题解读

依据我国《森林法实施条例》的规定，森林与林木可以通称为森林资源。所谓森林，包括乔木和竹林，它可以分为以下五类：（1）防护林，指以防护为主要目的的森林、林木和灌木丛；（2）以木材为主要目的的森林和林木，包括以生产竹材为主要目的的竹林；（3）果林，指以生产果品、食用油料、饮料、调料、工业原料和药材等为主要目的的林木；（4）薪炭林，指以生产燃料为主要目的的林木；(5) 特种用途林，指以国防、科学试验为主要目的的森林和林木。其中，林木是指树木和竹子。

《担保法》规定，只有抵押人依法有权处分的地上定着物才能进行抵押。因此，并不是所有的林木都可以抵押。依据我国《森林法》和《森林法实施条例》的规定，只有用材林、经济林和薪炭林经营者依法所有的林木才能用于抵押。而防护林和特种用途的经营者，只享有获得森林生态效益补偿的权利，而不享有对林木的处分权，不能以该种林木抵押。以林木抵押的，该林木所占范围内的林地使用权应一并抵押。

以林木抵押的，当事人应当签订书面抵押合同，并到县级以上的林木主管部门办理抵押物登记手续。

法条指引

❶《中华人民共和国担保法》（1995 年 6 月 30 日 主席令公布）

第三十四条 下列财产可以抵押：

（一）抵押人所有的房屋和其他地上定着物；

（二）抵押人所有的机器、交通运输工具和其他财产；

（三）抵押人依法有权处分的国有的土地使用权、房屋和其他地上定着物；

（四）抵押人依法有权处分的国有的机器、交通运输工具和其他财产；

（五）抵押人依法承包并经发包方同意抵押的荒山、荒沟、荒丘、荒滩等荒地的土地使用权；

（六）依法可以抵押的其他财产。

抵押人可以将前款所列财产一并抵押。

第四十一条 当事人以本法第四十二条规定的财产抵押的，应当办理抵押物登记，抵押合同自登记之日起生效。

第四十二条 办理抵押物登记的部门如下：

（一）以无地上定着物的土地使用权抵押的，为核发土地使用权证书的土地管理部门；

（二）以城市房地产或者乡（镇）、村企业的厂房等建筑物抵押的，为县级以上地方人民政府规定的部门；

（三）以林木抵押的，为县级以上林木主管部门；

（四）以航空器、船舶、车辆抵押的，为运输工具的登记部门；

（五）以企业的设备和其他动产抵押的，为财产所在地的工商行政管理部门。

❷《中华人民共和国森林法》（1998 年 4 月 27 日修正发布）

第十五条 下列森林、林木、林地使用权可以依法转让，也可以依法作价入股或者作为合资、合作造林、经营林木的出资、合作条件，但不得将林地改为非林地：

（一）用材林、经济林、薪炭林；

（二）用材林、经济林、薪炭林的林地使用权；

（三）用材林、经济林、薪炭林的采伐迹地、火烧迹地的林地使用权；

（四）国务院规定的其他森林、林木和其他林地使用权。

依照前款规定转让、作价入股或者作为合资、合作造林、经营林木的出资、合作条件的，已经取得的林木采伐许可证可以同时转让，同时转让双方都必须遵守本法关于森林、林木采伐和更新造林的规定。

除本条第一款规定的情形外，其他森林、林木和其他林地使用权不得转让。

具体办法由国务院规定。

❸《中华人民共和国森林法实施条例》（2000 年 1 月 29 日 国务院令发布）

第二条 森林资源，包括森林、林木、林地以及依托森林、林木、林地生存的野生动物、植物和微生物。

森林，包括乔木林和竹林。

林木，包括树木和竹子。

林地，包括郁闭度 0.2 以上的乔木林地以及竹林地、灌木林地、疏林地、采伐迹地、火烧迹地、未成林造林地、苗圃地和县级以上人民政府规划的宜林地。

案例链接

❶《中国农业银行清流县支行诉清流县营林投资经营部等借款合同纠纷案》，参见北大法宝引证码：Pkulaw. cn/CLI. C. 94664。

❷《林山与林不四等买卖合同纠纷上诉案》，参见北大法宝引证码：Pkulaw. cn/CLI. C. 17229。

【林地使用权抵押】

法律问题解读

我国《担保法》没有对林地使用权抵押的范

围作出明确的规定,根据《森林法实施条例》的规定,林地包括郁闭度0.2以上的乔木林地以及竹林地、灌木林地、疏林地、采伐迹地、火烧迹地、未成林造林地、苗圃地和县级以上人民政府规划的宜林地。《担保法》规定,以房屋等地上定着物抵押的,房屋或地上定着物所占范围内的土地使用权应一并抵押。以林木抵押的,必定同时导致该林地占用范围内的林地使用权的抵押。

根据我国《土地管理法》的规定,林地属于农用地,国家对农用地的总体规划是严格限制农用地转为建设用地。同时根据《森林法》的规定,只有以下林地使用权可以依法转让,也可以依法作价入股或者合资、合作造林、经营林木的出资、合作条件,但不得将林地改为非林地:(1)用材林、经济林、薪炭林的林地使用权;(2)用材林、经济林、薪炭林的采伐迹地、火烧迹地的林地使用权;(3)国务院规定的其他林地使用权。除了这些林地使用权以外,其他林地使用权不得转让。由以上规定可以认为,只有当用材林、经济林、薪炭林抵押时,才能导致林地使用权同时被抵押,但因实现抵押权而取得林木及林地使用权的债权人不能将林地变为非林地。

需要注意的是,如果用材林、经济林、薪炭林的林地使用权是属于国家所有的,应当可以单独抵押;如果是属于集体所有的,不能单独抵押。以林地使用权单独抵押或与林木一并抵押的,应到县级以上林木管理部门办理抵押登记。

法条指引

❶《中华人民共和国土地管理法》(2004年8月28日修正公布)

第四条 国家实行土地用途管制制度。

国家编制土地利用总体规划,规定土地用途,将土地分为农用地、建设用地和未利用地。严格限制农用地转为建设用地,控制建设用地总量,对耕地实行特殊保护。

前款所称农用地是指直接用于农业生产的土地,包括耕地、林地、草地、农田水利用地、养殖水面等;建设用地是指建造建筑物、构筑物的土地,包括城乡住宅和公共设施用地、工矿用地、交通水利设施用地、旅游用地、军事设施用地等;未利用地是指农用地和建设用地以外的土地。

使用土地的单位和个人必须严格按照土地利用总体规划确定的用途使用土地。

❷《中华人民共和国森林法》(1998年4月29日修正公布)

第十五条 下列森林、林木、林地使用权可以依法转让,也可以依法作价入股或者作为合资、合作造林、经营林木的出资、合作条件,但不得将林地改为非林地:

(一)用材林、经济林、薪炭林;

(二)用材林、经济林、薪炭林的林地使用权;

(三)用材林、经济林、薪炭林的采伐迹地、火烧迹地的林地使用权;

(四)国务院规定的其他森林、林木和其他林地使用权。

依照前款规定转让、作价入股或者作为合资、合作造林、经营林木的出资、合作条件的,已经取得的林木采伐许可证可以同时转让,同时转让双方都必须遵守本法关于森林、林木采伐和更新造林的规定。

除本条第一款规定的情形外,其他森林、林木和其他林地使用权不得转让。

具体办法由国务院规定。

❸《中华人民共和国城镇国有土地使用权出让和转让暂行条例》(1990年5月19日 国务院令发布)

第三十三条 土地使用权抵押时,其地上建筑物、其他附着物随之抵押。

地上建筑物、其他附着物抵押时,其使用范围内的土地使用权随之抵押。

学者观点

❶ 周伯煌:《论我国林业物权制度的完善》,参见北大法宝引证码:Pkulaw.cn/CLI.A.1144935。

【民用航空器抵押】

法律问题解读

《担保法》与《物权法》中规定可以用以抵押的航空器仅指民用航空器,军用航空器不得抵押。依据我国《民用航空法》的规定,所谓的民用航空器是指除用于执行军事、海关、警察飞行任务外的航空器。

《民用航空器法》规定,设定民用航空器抵押权,抵押人应与抵押权人签订书面抵押合同,并共同向国务院民用航空器管理部门办理抵押权登记。未经登记的,不能对抗第三人。也就是说,如果当事人以民用航空器设定抵押权的,在没有办理登记的情况下，抵押合同仍有效，抵押权成立，只不过不能对抗第三人。但需要注意的是，《担保法》却规定，以航空器抵押的登记是抵押合同的生效要件，不经登记，航空器抵押权的设定无效，《担保法》这一规定与《民用航空法》规定相冲突。由于这两部法律皆为全国人大所颁布的法律，根据"新法优于旧法"和"特别法优于普通法"的原则，应当按照《民用航空法》中的规定，民用航空器抵押权，未经登记的，不能对抗第三人，而《物权法》中就抵押登记与抵押合同的关系也对《担保法》中不合理的规定作出了修正。

民用航空器抵押权设定后，未经抵押权人同意，抵押人不得将被抵押的民用航空器转让给他人。未经抵押权人同意的转让行为无效，但如果当事人未办理抵押登记的，该抵押权不得对抗善意第三人。善意第三人仍因转让而取得民用航空器的所有权。

法条指引

❶《中华人民共和国担保法》（1995年6月30日 主席令公布）

第四十一条 当事人以本法第四十二条规定的财产抵押的，应当办理抵押物登记，抵押合同自登记之日起生效。

第四十二条 办理抵押物登记的部门如下：

（一）以无地上定着物的土地使用权抵押的，为核发土地使用权证书的土地管理部门；

（二）以城市房地产或者乡（镇）、村企业的厂房等建筑物抵押的，为县级以上地方人民政府规定的部门；

（三）以林木抵押的，为县级以上林木主管部门；

（四）以航空器、船舶、车辆抵押的，为运输工具的登记部门；

（五）以企业的设备和其他动产抵押的，为财产所在地的工商行政管理部门。

❷《中华人民共和国民用航空法》（1995年10月30日 主席令公布）

第十一条 民用航空器权利人应当就下列权利分别向国务院民用航空主管部门办理权利登记：

（一）民用航空器所有权；

（二）通过购买行为取得并占有民用航空器的权利；

（三）根据租赁期限为六个月以上的租赁合同占有民用航空器的权利；

（四）民用航空器抵押权。

第十六条 设定民用航空器抵押权，由抵押权人和抵押人共同向国务院民用航空主管部门办理抵押权登记；未经登记的，不得对抗第三人。

第十七条 民用航空器抵押权设定后，未经抵押权人同意，抵押人不得将被抵押民用航空器转让他人。

第二十一条 为了债权人的共同利益，在执行人民法院判决以及拍卖过程中产生的费用，应当从民用航空器拍卖所得价款中先行拨付。

第二十二条 民用航空器优先权先于民用航空器抵押权受偿。

第一百八十六条 民用航空器抵押权适用民用航空器国籍登记国法律。

❸《中华人民共和国物权法》（2007年3月16日 主席令公布 2007年10月1日施行）

第一百八十八条 以本法第一百八十条第一款第四项、第六项规定的财产或者第五项规定的正在建造的船舶、航空器抵押的，抵押权自抵押合同生效时设立；未经登记的，不得对抗善意第三人。

【船舶抵押】

法律问题解读

船舶抵押是指抵押权人对抵押人提供的作为债务担保的船舶，在抵押人不履行债务时，可以依法拍卖，从卖得的价款中优先受偿的担保。抵押权人对抵押船舶享有的权利为船舶抵押权。船舶所有人或者船舶所有人授权的人可以设定船舶抵押权。当事人设定船舶抵押权应当向船舶登记机关办理抵押权登记，未经登记的，不能对抗第三人。由于船舶遭遇风险灭失或毁损的机会比较大，所以在设定船舶抵押权时，除当事人另有约定外，抵押人应对被抵押的船舶进行保险，并承担保险费用。在实践中，因船舶的保险费用一般比较庞大，抵押人往往不愿为所抵押的船舶进行保险，这时抵押权人有权对船舶进行保险，并要求抵押人负担保险费。船舶共有人就共有船舶设定抵押权，应当取得2/3以上份额的共有人的同意，共有人之间另有约定的除外。当船舶共有权分割时，船舶共有人在其享有份额上设定的抵押权不受分割的影响，仍然存在于分割后的船舶所有权份额之上。

可以抵押的船舶除了现船之外，还包括在建中的船舶和租赁中的船舶。承租人在经出租人同意后，也可将出租船舶设定抵押。

抵押船舶灭失时，抵押权人可就保险赔偿金优先受偿。

法条指引

❶《中华人民共和国担保法》（1995年6月30日 主席令公布）

第三十四条 下列财产可以抵押：

（一）抵押人所有的房屋和其他地上定着物；

（二）抵押人所有的机器、交通运输工具和其他财产；

（三）抵押人依法有权处分的国有的土地使用权、房屋和其他地上定着物；

（四）抵押人依法有权处分的国有的机器、交通运输工具和其他财产；

（五）抵押人依法承包并经发包方同意抵押的荒山、荒沟、荒丘、荒滩等荒地的土地使用权；

（六）依法可以抵押的其他财产。

抵押人可以将前款所列财产一并抵押。

❷《中华人民共和国海商法》（1992年11月7日 主席令公布）

第十一条 船舶抵押权，是指抵押权人对于抵押人提供的作为债务担保的船舶，在抵押人不履行债务时，可以依法拍卖，从卖得的价款中优先受偿的权利。

第十二条 船舶所有人或者船舶所有人授权的人可以设定船舶抵押权。

船舶抵押权的设定，应当签订书面合同。

第十三条 设定船舶抵押权，由抵押权人和抵押人共同向船舶登记机关办理抵押权登记；未经登记的，不得对抗第三人。

船舶抵押权登记，包括下列主要项目：

（一）船舶抵押权人和抵押人的姓名或者名称、地址；

（二）被抵押船舶的名称、国籍、船舶所有权证书的颁发机关和证书号码；

（三）所担保的债权数额、利息率、受偿期限。

船舶抵押权的登记状况，允许公众查询。

第十六条 船舶共有人就共有船舶设定抵押权，应当取得持有三分之二以上份额的共有人的同意，共有人之间另有约定的除外。

船舶共有人设定的抵押权，不因船舶的共有权的分割而受影响。

第二百七十一条 船舶抵押权适用船旗国法律。

船舶在光船租赁以前或者光船租赁期间，设立船舶抵押权的，适用原船舶登记国的法律。

❸《中华人民共和国物权法》（2007年3月16日 主席令公布 2007年10月1日施行）

第一百八十条 债务人或者第三人有权处分的下列财产可以抵押：

（一）建筑物和其他土地附着物；

（二）建设用地使用权；

（三）以招标、拍卖、公开协商等方式取得的荒地等土地承包经营权；

（四）生产设备、原材料、半成品、产品；

（五）正在建造的建筑物、船舶、航空器；

（六）交通运输工具；

（七）法律、行政法规未禁止抵押的其他财产。

抵押人可以将前款所列财产一并抵押。

❹《中华人民共和国船舶登记条例》（1994年6月2日 交通部发布）

第二条 下列船舶应当依照本条例规定进行登记：

（一）在中华人民共和国境内有住所或者主要营业所的中国公民的船舶。

（二）依据中华人民共和国法律设立的主要营业所在中华人民共和国境内的企业法人的船舶。但是，在该法人的注册资本中有外商出资的，中方投资人的出资额不得低于百分之五十。

（三）中华人民共和国政府公务船舶和事业法人的船舶。

（四）中华人民共和国港务监督机构认为应当登记的其他船舶。

军事船舶、渔业船舶和体育运动船艇的登记依照有关法规的规定办理。

❺《中华人民共和国渔业船舶登记办法》（1997年12月25日 农业部修正发布）

第十九条 渔业船舶抵押权的设定、转移和消灭，抵押权人和抵押人应当共同依照本办法进行登记；未经登记的，不得对抗第三人。

第二十条 渔业船舶所有人或其授权的人可以设定船舶抵押权。

渔业船舶共有人就共有渔业船舶设定抵押权时，应当提供三分之二以上份额或者约定份额的共有人同意的证明文件。

渔业船舶抵押权的设定，应当签订书面合同。

第二十一条 同一船舶可以设定两个以上抵押权，抵押关系设定顺序，以抵押登记的先后为准。

第二十二条 抵押权人和抵押人申请抵押权登记时，应共同填写渔业船舶抵押权登记申请表，并交验下列文件：

（一）渔业船舶所有权登记证书或建造中的渔业船舶的建造合同；

（二）抵押书面合同。

登记机关核准登记后，应将有关抵押权设定情况载入渔业船舶登记簿和渔业船舶所有权登记证书，并向抵押权人核发渔业船舶抵押权登记证书。

第二十三条 抵押权人需转移船舶抵押权时，抵押权人和承转人应持渔业船舶所有权登记证书、渔业船舶抵押权登记证书和船舶抵押权转移合同，向船籍港登记机关申请办理抵押权转移登记。

办理渔业船舶抵押权转移登记，抵押权人应当事先通知抵押人。

登记机关核准登记后，应将有关抵押权转移情况载入渔业船舶登记簿和渔业船舶所有权登记证书，并封存原渔业船舶抵押权登记证书。

案例链接

❶《浙江国联港务工程股份有限公司与杭州蓝海港务工程有限公司船舶抵押借款合同纠纷再审案》，参见北大法宝引证码：Pkulaw. cn/CLI. C. 253494。

❷《中国农业银行桂平市支行诉麦金福船舶抵押合同纠纷案》，参见北大法宝引证码：Pkulaw. cn/CLI. C. 204250。

【船舶抵押的范围】

法律问题解读

我国法律明确规定可以抵押的船舶有以下两类：

1. 依据我国《船舶登记条例》进行登记的船舶可以抵押，包括：在中华人民共和国境内有住所或者主要营业所的中国公民的船舶；依据中华人民共和国法律设立的主要营业所在中华人民共和国境内的企业法人的船舶。但是，在该法人的注册资本中有外商出资的，中方投资人的出资额不得低于50%；中华人民共和国政府公务船舶和事业法人的船舶。但此类船舶只能为这些机关自身债务设定抵押；其他可以抵押的船舶。

2. 依据《渔业船舶登记办法》进行登记的渔业船舶。所谓的渔业船舶，是指从事渔业生产的船舶以及属于水产系统为渔业生产服务的船舶，如捕捞船、养殖船、冷藏加工船、渔港工程船、渔政船等。渔业船舶可以设定抵押，但其抵押登记应当按照《渔业船舶登记办法》的规定来办理。

需要注意的是，军事船舶（指用于军事目的的船舶）是不能抵押的。体育运动船艇（指用于体育比赛或体育运动的船舶）能否抵押，应视不同的情况而定。如果运动船艇是非国有的，应当可以抵押；至于国有体育运动船艇能否抵押，目前法律法规尚未有明确的规定。就船舶上装备的救生艇筏和长度小于 5 米的艇筏能否抵押以及适用何种规则，法律也没有明确规定。应当认为，在不违背法律法规禁止性和强制性规定的情况下，可以以救生艇筏和长度小于 5 米的艇筏抵押，并可比照适用一般船舶抵押的规则。

法条指引

❶《中华人民共和国海商法》（1992 年 11 月 7 日 主席令公布）

第一百五十一条 未经承租人事先书面同意，出租人不得在光船租赁期间对船舶设定抵押权。

出租人违反前款规定，致使承租人遭受损失的，应负赔偿责任。

❷《中华人民共和国船舶登记条例》（1994 年 6 月 2 日 交通部发布）

第二条 下列船舶应当依照本条例规定进行登记：

（一）在中华人民共和国境内有住所或者主要营业所的中国公民的船舶。

（二）依据中华人民共和国法律设立的主要营业所在中华人民共和国境内的企业法人的船舶。但是，在该法人的注册资本中有外商出资的，中方投资人的出资额不得低于百分之五十。

（三）中华人民共和国政府公务船舶和事业法人的船舶。

（四）中华人民共和国港务监督机构认为应当登记的其他船舶。

军事船舶、渔业船舶和体育运动船艇的登记依照有关法规的规定办理。

❸《中华人民共和国渔业船舶登记办法》（1997 年 12 月 25 农业部修正发布）

第十九条 渔业船舶抵押权的设定、转移和消灭，抵押权人和抵押人应当共同依照本办法进行登记；未经登记的，不得对抗第三人。

第二十条 渔业船舶所有人或其授权的人可以设定船舶抵押权。

渔业船舶共有人就共有渔业船舶设定抵押权时，应当提供三分之二以上份额或者约定份额的共有人同意的证明文件。

渔业船舶抵押权的设定，应当签定书面合同。

第二十一条 同一船舶可以设定两个以上抵押权，抵押关系设定顺序，以抵押登记的先后为准。

第二十二条 抵押权人和抵押人申请抵押权登记时，应共同填写渔业船舶抵押权登记申请表，并交验下列文件：

（一）渔业船舶所有权登记证书或建造中的渔业船舶的建造合同；

（二）抵押书面合同。

登记机关核准登记后，应将有关抵押权设定情况载入渔业船舶登记簿和渔业船舶所有权登记证书，并向抵押权人核发渔业船舶抵押权登记证书。

第二十三条

抵押权人需转移船舶抵押权时，抵押权人和承转人应持渔业船舶所有权登记证书、渔业船舶抵押权登记证书和船舶抵押权转移合同，向船籍港登记机关申请办理抵押权转移登记。

办理渔业船舶抵押权转移登记，抵押权人应当事先通知抵押人。

登记机关核准登记后，应将有关抵押权转移情况载入渔业船舶登记簿和渔业船舶所有权登记证书，并封存原渔业船舶抵押权登记证书。

案例链接

❶《广西鱼峰水泥股份有限公司诉珠海渔峰水泥有限公司等船舶抵押欠款纠纷案》，参见北大法宝引证码：Pkulaw.cn/CLI.C.89839。

❷《宁波市商业银行股份有限公司北仑支行诉中宇浙江疏浚工程有限公司等船舶抵押借款合同欠款纠纷案》，参见北大法宝引证码：Pkulaw.cn/CLI.C.242946。

【渔业船舶抵押】

法律问题解读

渔业船舶是指从事渔业生产的船舶以及属于水产系统为渔业水产服务的船舶，包括捕捞船、养殖船、水产运销船、冷藏加工船、油船供应船、渔业指导船、科研调查船、教学实习船、渔港工程船、拖轮、交通船、驳船、渔政船和渔监船。渔业船舶抵押是指在渔业船舶上设定的抵押。渔业船舶所有人或其授权的人可以设定船舶抵押权。以渔业船舶抵押的，当事人应当签订书面抵押合同。渔业船舶共有人就共有渔业船舶设定抵押权时，应当提供2/3以上份额或者约定份额的共有人同意的证明文件。同一渔业船舶可以设定两个以上抵押权，抵押关系设定顺序，以抵押登记的先后为准。正在建造中的渔业船舶也可以设定抵押权，但在办理抵押登记时应当提供建造中的渔业船舶的建造合同。

设定渔业船舶抵押权，当事人应当持有关文件办理抵押登记。《船舶登记条例》只规定20总吨以上的船舶设定抵押时需要办理登记，也就是说，20总吨以下的船舶，包括渔业船舶，设定抵押权时是不需要办理抵押登记的。

法条指引

❶《中华人民共和国担保法》（1995年6月30日 主席令公布）

第三十四条 下列财产可以抵押：

（一）抵押人所有的房屋和其他地上定着物；

（二）抵押人所有的机器、交通运输工具和其他财产；

（三）抵押人依法有权处分的国有的土地使用权、房屋和其他地上定着物；

（四）抵押人依法有权处分的国有的机器、交通运输工具和其他财产；

（五）抵押人依法承包并经发包方同意抵押的荒山、荒沟、荒丘、荒滩等荒地的土地使用权；

（六）依法可以抵押的其他财产。

抵押人可以将前款所列财产一并抵押。

❷《中华人民共和国船舶登记条例》（1994年6月2日 交通部发布）

第二条 下列船舶应当依照本条例规定进行登记：

（一）在中华人民共和国境内有住所或者主营业所的中国公民的船舶。

（二）依据中华人民共和国法律设立的主要营业所在中华人民共和国境内的企业法人的船舶。但是，在该法人的注册资本中有外商出资的，中方投资人的出资额不得低于百分之五十。

（三）中华人民共和国政府公务船舶和事业法人的船舶。

（四）中华人民共和国港务监督机构认为应当登记的其他船舶。

军事船舶、渔业船舶和体育运动船艇的登记依照有关法规的规定办理。

❸《中华人民共和国渔业船舶登记办法》（1997年12月25日 农业部修正发布）

第十九条 渔业船舶抵押权的设定、转移和消灭，抵押权人和抵押人应当共同依照本办法进行登记；未经登记的，不得对抗第三人。

第二十条 渔业船舶所有人或其授权的人可以设定船舶抵押权。

渔业船舶共有人就共有渔业船舶设定抵押权时，应当提供三分之二以上份额或者约定份额的共有人同意的证明文件。

渔业船舶抵押权的设定，应当签定书面合同。

第二十一条 同一船舶可以设定两个以上抵押权，抵押关系设定顺序，以抵押登记的先后为准。

第二十二条 抵押权人和抵押人申请抵押权登记时，应共同填写渔业船舶抵押权登记申请表，并交验下列文件：

（一）渔业船舶所有权登记证书或建造中的渔业船舶的建造合同；

（二）抵押书面合同。

登记机关核准登记后，应将有关抵押权设定情况载入渔业船舶登记簿和渔业船舶所有权登记证书，并向抵押权人核发渔业船舶抵押权登记证书。

第二十三条

抵押权人需转移船舶抵押权时，抵押权人和承转人应持渔业船舶所有权登记证书、渔业船舶抵押权登记证书和船舶抵押权转移合同，向船籍港登记机关申请办理抵押权转移登记。

办理渔业船舶抵押权转移登记，抵押权人应当事先通知抵押人。

登记机关核准登记后，应将有关抵押权转移情况载入渔业船舶登记簿和渔业船舶所有权登记证书，并封存原渔业船舶抵押权登记证书。

案例链接

❶《温州兴农投资担保有限公司诉王俏凡等船舶抵押借款合同纠纷案》，参见北大法宝引证码：Pkulaw.cn/CLI.C.209925。

【车辆抵押】

法律问题解读

车辆抵押是指债务人或第三人不转移车辆的占有，将车辆作为债权的担保。债务人不履行债务时，债权人有权依法以车辆折价或者以拍卖、变卖该财产的价款优先受偿。机动车辆是现实生活中价值比较大的动产，其本身具有比较好的担保债权实现的功能。由于机动车辆价值比较大的缘故，车辆所有人因融资的需要，也往往将其所有的车辆设定抵押。车辆抵押需注意以下几个问题：

1. 车辆抵押中的车辆包括机动车辆和非机动车辆。机动车辆包括以下五类：第一，大型汽车，指载重量2吨与2吨以上的各种汽车；第二，小型汽车，指载重量2吨以下的各种汽车；第三，二轮机动车，包括机器脚踏车及其他安装机器行驶的二轮车；第四，三轮机动车，包括三轮汽车、侧三轮机器脚踏车、后三轮机器脚踏车及其他安装机器行驶的三轮车；第五，拖拉机，包括轮式与履带式。以机动车辆抵押的，当事人必须到公安部门的车辆管理机构办理抵押登记，非经登记抵押不成立。除机动车辆以外的车辆为非机动车辆，如自行车。以非机动车辆抵押的，抵押当事人可以不办理抵押登记，但不办理抵押登记的，抵押权不得对抗第三人。

2. 现今生活中，由于汽车消费的兴起，出现了类似房屋按揭贷款的汽车按揭贷款，这种情况中车辆的抵押可以比照房屋按揭中房屋的抵押（预售商品房抵押）的相关规则实施。

法条指引

❶《中华人民共和国担保法》（1995年6月30日 主席令公布）

第三十四条 下列财产可以抵押：

（一）抵押人所有的房屋和其他地上定着物；

（二）抵押人所有的机器、交通运输工具和其他财产；

（三）抵押人依法有权处分的国有的土地使用权、房屋和其他地上定着物；

（四）抵押人依法有权处分的国有的机器、交通运输工具和其他财产；

（五）抵押人依法承包并经发包方同意抵押的荒山、荒沟、荒丘、荒滩等荒地的土地使用权；

（六）依法可以抵押的其他财产。

抵押人可以将前款所列财产一并抵押。

❷《中华人民共和国道路交通安全法》（2003年10月28日 主席令公布 2007年12月29日修正）

第十二条 有下列情形之一的，应当办理相应的登记：

（一）机动车所有权发生转移的；

（二）机动车登记内容变更的；

（三）机动车用作抵押的；

（四）机动车报废的。

❸《中华人民共和国道路交通安全法实施条例》（2004年4月30日 国务院令发布）

第八条 机动车所有人将机动车作为抵押物抵押的，机动车所有人应当向登记该机动车的公安机关交通管理部门申请抵押登记。

案例链接

❶《中国工商银行股份有限公司台州分行诉孔祥兵金融借款合同纠纷案》，参见北大法宝引证码：Pkulaw.cn/CLI.C.228028。

❷《中国建设银行股份有限公司平顶山分行诉史春平等金融借款合同纠纷案》，参见北大法宝引证码：Pkulaw.cn/CLI.C.252385。

【企业动产的抵押】

法律问题解读

企业动产抵押是企业设备及其他动产的抵押，是指企业不转移其拥有处分权的动产，以不转移占有的方式，将其作为债权得以实现的担保。企业动产抵押中的动产是指除企业所有的航空器、船舶、机动车辆以外的企业动产，主要包括：企业的设备，主要是指企业用于出产或服务的机器设备或其他营业设备；企业的原辅材料，指企业用于制造产品或者提供服务的原料；企业的产品或者商品，这里的产品和商品包括半成品或成品；企业其他可以依法抵押的动产，主要指辅助企业生产运作的一些其他动产，如办公室里的沙发等。

但为了防止重复抵押和确保债权的实现，以企业动产抵押的，必须办理抵押物登记。国家工商行政管理局颁布的《企业动产抵押物登记管理办法》是专门调整企业动产抵押登记的部门规章。依据该办法，企业以除航空器、船舶、车辆以外的动产抵押的，应当在抵押合同签字盖章后到工商行政管理机关申请办理抵押物登记。该动产价值大于所担保债权的，其余额部分可以再次抵押。某些特殊的企业以其财产抵押的，还必须经其主管部门的审批同意。

需要注意的是，企业的动产如果依法被法院或其他行政部门查封、扣押或被海关部门监管的，企业不能将其抵押。

法条指引

❶《中华人民共和国担保法》（1995年6月30日 主席令公布）

第三十四条 下列财产可以抵押：

（一）抵押人所有的房屋和其他地上定着物；

（二）抵押人所有的机器、交通运输工具和其他财产；

（三）抵押人依法有权处分的国有的土地使用权、房屋和其他地上定着物；

（四）抵押人依法有权处分的国有的机器、交通运输工具和其他财产；

（五）抵押人依法承包并经发包方同意抵押的荒山、荒沟、荒丘、荒滩等荒地的土地使用权；

（六）依法可以抵押的其他财产。

抵押人可以将前款所列财产一并抵押。

❷《动产抵押登记办法》（2007年10月17日 国家工商行政管理局修订发布）

第二条 企业、个体工商户、农业生产经营者以现有的以及将有的生产设备、原材料、半成品、产品抵押的，应当向抵押人住所地的县级工商行政管理部门（以下简称动产抵押登记机关）办理登记。未经登记，不得对抗善意第三人。

动产抵押登记可由抵押合同双方当事人共同向动产抵押登记机关办理，也可以委托代理人向动产抵押登记机关办理。

❸《最高人民法院关于当前人民法院审理企业破产案件应当注意的几个问题的通知》（1997年3月6日 最高人民法院发布）（略）

❹《全民所有制工业企业转换经营机制条例》（1992年7月23日 国务院令发布）

第十五条 企业享有资产处置权。

企业根据生产经营的需要，对一般固定资产，可以自主决定出租、抵押或者有偿转让；对关键设备、成套设备或者重要建筑物可以出租，经政府主管部门批准也可以抵押、有偿转让。法律和行政法规另有规定的除外。

企业处置生产性固定资产所得收入，必须全

部用于设备更新和技术改造。

企业处置固定资产，应当依照国家有关规定进行评估。

案例链接

❶《中国农业银行股份有限公司安阳市区支行诉安阳市荣胜祥制衣有限责任公司金融借款合同纠纷案》，参见北大法宝引证码：Pkulaw.cn/CLI.C.247864。

【禁止抵押物的范围】

法律问题解读

我国《担保法》既对可以抵押财产的范围作出了规定，又对不可以抵押的财产的范围作出规定，同时，《担保法》的司法解释对禁止抵押的财产作出了补充规定。禁止抵押的财产主要包括以下五种：

1. 土地所有权。土地不论属于国家所有还是集体所有，其所有权不得用于抵押。

2. 耕地、宅基地、自留地等集体所有的土地使用权。但抵押人依法承包并经发包方同意抵押的荒山、荒沟、荒丘、荒滩等荒地的土地使用权可以抵押。另外，乡（镇）、村企业的厂房等建筑物抵押时，其占用范围内的土地使用权可以同时抵押。尚在生长中的农作物可以抵押，但其所附着的土地使用权不能抵押。

3. 学校、幼儿园、医院等以公益为目的的事业单位、社会团体的教育设施、医疗卫生设施和其他社会公益设施。但是，以上单位或团体以其教育设施、医疗设施和其他社会公益设施以外的财产为自身债务设定抵押的，人民法院可以认定抵押有效。

4. 所有权、使用权不明或有争议的财产。

5. 依法被查封、扣押、监管的财产。

6. 禁止流通的财产，如枪支、弹药等。

以禁止抵押的财产抵押的，该抵押无效。另外，违法、违章建筑物不得抵押。以尚未办理权属证书的财产抵押的，在第一审法庭辩论终结前能够提供权利证书或另外补办登记手续的，抵押有效。共同共有人以其共有的财产设定抵押，未经其他共有人的同意，抵押无效。但是，其他共有人知道或者应当知道而未提出异议的视为同意，抵押有效。

法条指引

❶《中华人民共和国担保法》（1995年6月30日 主席令公布）

第三十七条 下列财产不得抵押：

（一）土地所有权；

（二）耕地、宅基地、自留地、自留山等集体所有的土地使用权，但本法第三十四条第（五）项、第三十六条第三款规定的除外；

（三）学校、幼儿园、医院等以公益为目的的事业单位、社会团体的教育设施、医疗卫生设施和其他社会公益设施；

（四）所有权、使用权不明或者有争议的财产；

（五）依法被查封、扣押、监管的财产；

（六）依法不得抵押的其他财产。

❷《中华人民共和国海商法》（1992年11月7日 主席令公布）

第二十六条 船舶优先权不因船舶所有权的转让而消灭。但是，船舶转让时，船舶优先权自法院应受让人申请以公告之日起满六十日不行使的除外。

❸《中华人民共和国公司法》（2004年8月28日 修正公布）

第一百四十九条 公司不得收购本公司的股票，但为减少公司资本而注销股份或者与持有本公司股票的其他公司合并时除外。

公司依照前款规定收购本公司的股票后，必须在十日内注销该部分股份，依照法律、行政法规办理变更登记，并公告。

公司不得接受本公司的股票作为抵押权的标的。

❹《中华人民共和国物权法》（2007年3月16日 主席令公布 2007年10月1日施行）

第一百八十四条 下列财产不得抵押：

（一）土地所有权；

（二）耕地、宅基地、自留地、自留山等集体所有的土地使用权，但法律规定可以抵押的除外；

（三）学校、幼儿园、医院等以公益为目的的事业单位、社会团体的教育设施、医疗卫生设施和其他社会公益设施；

（四）所有权、使用权不明或者有争议的财产；

（五）依法被查封、扣押、监管的财产；

（六）法律、行政法规规定不得抵押的其他财产。

❺《中华人民共和国城镇国有土地使用权出让和转让暂行条例》（1990年5月19日 国务院令发布）

第四十四条 划拨土地使用权，除本条例第四十五条规定的情况外，不得转让、出租、抵押。

第四十五条 符合下列条件的，经市、县人民政府土地管理部门和房产管理部门批准，其划拨土地使用权和地上建筑物、其他附着物所有权可以转让、出租、抵押：

（一）土地使用者为公司、企业、其他经济组织和个人；

（二）领有国有土地使用证；

（三）具有地上建筑物、其他附着物合法的产权证明；

（四）依照本条例第二章的规定签订土地使用权出让合同，向当地市、县人民政府补交土地使用权出让金或者以转让、出租、抵押所获收益抵交土地使用权出让金。

转让、出租、抵押前款划拨土地使用权的，分别依照本条例第三章、第四章和第五章的规定办理。

❻《最高人民法院关于适用〈中华人民共和国担保法〉若干问题的解释》（2000年12月13日发布）

第四十八条 以法定程序确认为违法、违章的建筑物抵押的，抵押无效。

第四十九条 以尚未办理权属证书的财产抵押的，在第一审法庭辩论终结前能够提供权利证书或者补办登记手续的，可以认定抵押有效。

当事人未办理抵押物登记手续的，不得对抗第三人。

第五十二条 当事人以农作物和与其尚未分离的土地使用权同时抵押的，土地使用权部分的抵押无效。

第五十三条 学校、幼儿园、医院等以公益为目的的事业单位、社会团体，以其教育设施、医疗卫生设施和其他社会公益设施以外的财产为自身债务设定抵押的，人民法院可以认定抵押有效。

第五十四条 按份共有人以其共有财产中享有的份额设定抵押的，抵押有效。

共同共有人以其共有财产设定抵押，未经其他共有人的同意，抵押无效。但是，其他共有人知道或者应当知道而未提出异议的视为同意，抵押有效。

❼《抵押贷款合同公证程序细则》（1992年12月31日 司法部发布）

第九条 办理抵押贷款合同公证，公证员应按《公证程序规则（试行）》第二十三条的规定进行审查，重点审查下列内容：

（一）本细则第五条所列材料是否齐全、属实。

（二）合同条款是否完善、合法，文字表述是否清楚、准确。

（三）贷款人是否具有发放本次贷款的权利。

（四）贷款的用途是否符合规定。

（五）借款人对抵押财产是否有所有权或经营管理权。

（六）抵押财产是否为法律所允许抵押。

下列财产不得抵押：

1. 法律、法规或规章禁止买卖或转让的财产；
2. 所有权有争议的财产；
3. 被依法查封、扣押或采取诉讼保全措施的财产。
4. 应履行法定登记手续而未登记的财产；
5. 无法强制执行的财产；
6. 法律、法规或规章禁止抵押的其他财产。

（七）抵押率是否符合有关规定。

（八）抵押财产是否有重复抵押，已设定抵押的，抵押财产的余值能否承担本次贷款的抵押责任。

（九）抵押财产为共有的，其他共有人是否同意。

（十）法律、法规或规章规定该项抵押须经有关主管部门批准的，是否已获批准。

（十一）合同中有强制执行约定的，当事人对该项约定的法律后果是否明确，意思表示是否真实。

❽《城市房地产抵押管理办法》（2001年8月15日 建设部修正发布）

第八条 下列房地产不得设定抵押：

（一）权属有争议的房地产；

（二）用于教育、医疗、市政等公共福利事业的房地产；

（三）列入文物保护的建筑物和有重要纪念意义的其他建筑物；

（四）已依法公告列入拆迁范围的房地产；

（五）被依法查封、扣押、监管或者以其他形式限制的房地产；

（六）依法不得抵押的其他房地产。

❾《最高人民法院关于贯彻执行〈中华人民

共和国民法通则〉若干问题的意见（试行）》（1988年1月26日发布）

113. 以自己不享有所有权或者经营管理权的财产作抵押物的，应当认定抵押无效。

以法律限制流通的财产作为抵押物的，在清偿债务时，应当由有关部门收购，抵押权人可以从价款中优先受偿。

❿《关于对企业职工养老保险基金失业保险基金管理中有关违纪问题处理意见的补充通知》（1999年3月3日　财政部、劳动和社会保障部发布）（略）

⓫《国务院办公厅转发国务院住房制度改革领导小组关于加强住房公积金管理意见的通知》（1996年8月8日　国务院办公厅发布）

十二、未经房改领导小组或房委会批准，管理中心不得擅自动用住房公积金。管理中心也不得用住房公积金及其收益为单位或个人提供任何形式的经济担保。

学者观点

❶ 许明月：《抵押物转让的立法模式选择与制度安排》，参见北大法宝引证码：Pkulaw. cn/CLI. A. 132977。

【土地所有权抵押的禁止】

法律问题解读

我国《土地管理法》规定，我国实行土地的社会主义公有制，即全民所有制和劳动群众集体所有制。全民所有，即国家所有土地的所有权由国务院代表国家行使。任何单位和个人不得侵占、买卖或者以其他形式非法转让土地。我国《民法通则》更是规定，国家所有的矿藏水流，国家所有的和法律规定属于集体所有的林地、山岭、草原、荒地、滩涂不得买卖、出租、抵押或者以其他形式非法转让。《担保法》也明确规定任何土地的所有权都不能用以抵押。

禁止抵押的土地所有权包括国有土地所有权和集体所有的土地所有权。城市市区的土地属于国家所有，农村和城市郊区的土地除法律规定属于国家所有的以外，属于集体所有；宅基地和自留地、自留山也属于集体所有。这些土地的所有权皆不得抵押。需要注意的是，土地的所有权不得抵押并不意味着土地的使用权不得抵押。以出让方式取得的国有土地使用权、符合一定条件的划拨土地使用权和以承包方式取得的四荒土地使用权都可以抵押。土地使用权的抵押在本质上是一种权利的抵押而非不动产的抵押，只不过土地使用权在我国的法律地位几乎等同于土地所有权，故人们又往往将土地使用权的抵押看成不动产的抵押。

法条指引

❶《中华人民共和国担保法》（1995年6月30日　主席令公布）

第三十七条　下列财产不得抵押：

（一）土地所有权；

（二）耕地、宅基地、自留地、自留山等集体所有的土地使用权，但本法第三十四条第（五）项、第三十六条第三款规定的除外；

（三）学校、幼儿园、医院等以公益为目的的事业单位、社会团体的教育设施、医疗卫生设施和其他社会公益设施；

（四）所有权、使用权不明或者有争议的财产；

（五）依法被查封、扣押、监管的财产；

（六）依法不得抵押的其他财产。

❷《中华人民共和国民法通则》（1986年4月12日　主席令公布）

第七十四条　劳动群众集体组织的财产属于劳动群众集体所有，包括：

（一）法律规定为集体所有的土地和森林、山岭、草原、荒地、滩涂等；

（二）集体经济组织的财产；

（三）集体所有的建筑物、水库、农田水利设施和教育、科学、文化、卫生、体育等设施；

（四）集体所有的其他财产。

集体所有的土地依照法律属于村农民集体所有，由村农业生产合作社等农业集体经济组织或者村民委员会经营、管理。已经属于乡（镇）农民集体经济组织所有的，可以属于乡（镇）农民集体所有。

集体所有的财产受法律保护，禁止任何组织或者个人侵占、哄抢、私分、破坏或者非法查封、扣押、冻结、没收。

第八十一条　国家所有的森林、山岭、草原、荒地、滩涂、水面等自然资源，可以依法由全民所有制单位使用，也可以依法确定由集体所有制单位使用，国家保护它的使用、收益的权利；使用单位有管理、保护、合理利用的义务。

国家所有的矿藏，可以依法由全民所有制单位和集体所有制单位开采，也可以依法由公民采挖。国家保护合法的采矿权。

公民、集体依法对集体所有的或者国家所有由集体使用的森林、山岭、草原、荒地、滩涂、水面的承包经营权，受法律保护。承包双方的权利和义务，依照法律由承包合同规定。

国家所有的矿藏、水流，国家所有的和法律规定属于集体所有的林地、山岭、草原、荒地、滩涂不得买卖、出租、抵押或者以其他形式非法转让。

❸《中华人民共和国土地管理法》（2004年8月28日修正发布）

第十条　农民集体所有的土地依法属于村农民集体所有的，由村集体经济组织或者村民委员会经营、管理；已经分别属于村内两个以上农村集体经济组织的农民集体所有的，由村内各该农村集体经济组织或者村民小组经营、管理；已经属于乡（镇）农民集体所有的，由乡（镇）农村集体经济组织经营、管理。

❹《中华人民共和国物权法》（2007年3月16日　主席令公布　2007年10月1日施行）

第一百八十四条　下列财产不得抵押：

（一）土地所有权；

（二）耕地、宅基地、自留地、自留山等集体所有的土地使用权，但法律规定可以抵押的除外；

（三）学校、幼儿园、医院等以公益为目的的事业单位、社会团体的教育设施、医疗卫生设施和其他社会公益设施；

（四）所有权、使用权不明或者有争议的财产；

（五）依法被查封、扣押、监管的财产；

（六）法律、行政法规规定不得抵押的其他财产。

❺《中华人民共和国土地管理法实施条例》（1998年12月27日　国务院令发布）

第二条　下列土地属于全民所有即国家所有：

（一）城市市区的土地；

（二）农村和城市郊区中已经依法没收、征收、征购为国有的土地；

（三）国家依法征用的土地；

（四）依法不属于集体所有的林地、草地、荒地、滩涂及其他土地；

（五）农村集体经济组织全部成员转为城镇居民的，原属于其成员集体所有的土地；

（六）因国家组织移民、自然灾害等原因，农民成建制地集体迁移后不再使用的原属于迁移农民集体所有的土地。

学者观点

❶ 许德风：《评〈物权法草案〉第十七章》，参见北大法宝引证码：Pkulaw. cn/CLI. A. 14181。

【禁止抵押的土地使用权】

法律问题解读

在我国，土地使用权包括国有土地使用权和集体所有的土地使用权。禁止抵押的土地使用权主要包括：

1. 禁止抵押的国有土地使用权。取得国有土地使用权主要有三种方式，即无偿划拨方式、出让方式和有偿转让。其中，以出让方式取得的国有土地使用权可以抵押。以有偿转让方式取得的国有土地使用权也属于出让方式取得的国有土地使用权。以划拨方式取得的土地使用权，土地使用者为公司、企业、其他经济组织和个人，领有国有土地使用证且具有合法的地上建筑物、其他附着物的产权证明时，经过市、县人民政府土地管理部门的批准和履行其他相关手续的，可以将划拨土地使用权抵押。除此以外，其他以划拨方式取得的国有土地使用权均不得抵押。

2. 禁止抵押的集体所有的土地使用权。集体土地主要是农用地，一般不得抵押。如耕地、宅基地、自留地、自留山等集体所有的土地使用权不得抵押。但是，抵押人依法承包并经发包方同意抵押的荒山、荒沟、荒丘、荒滩等荒地的土地使用权可以抵押。另外，以乡（镇）、村企业的厂房等建筑物抵押的，其占用范围内的集体所有的土地使用权可以一并抵押。但乡（镇）、村企业的土地使用权不得单独抵押。

依据《担保法》的规定，所有权、使用权不明或有争议的财产不得抵押。因此，使用权不明或有争议的土地使用权亦不得抵押。

法条指引

❶《中华人民共和国担保法》（1995年6月30日　主席令公布）

第三十七条　下列财产不得抵押：

（一）土地所有权；

（二）耕地、宅基地、自留地、自留山等集体所有的土地使用权，但本法第三十四条第（五）

项、第三十六条第三款规定的除外；

（三）学校、幼儿园、医院等以公益为目的的事业单位、社会团体的教育设施、医疗卫生设施和其他社会公益设施；

（四）所有权、使用权不明或者有争议的财产；

（五）依法被查封、扣押、监管的财产；

（六）依法不得抵押的其他财产。

❷《中华人民共和国土地管理法》（2004年8月28日修正公布）

第八条 城市市区的土地属于国家所有。

农村和城市郊区的土地，除由法律规定属于国家所有的以外，属于农民集体所有；宅基地和自留地、自留山，属于农民集体所有。

❸《中华人民共和国物权法》（2007年3月16日 主席令公布 2007年10月1日施行）

第一百八十四条 下列财产不得抵押：

（一）土地所有权；

（二）耕地、宅基地、自留地、自留山等集体所有的土地使用权，但法律规定可以抵押的除外；

（三）学校、幼儿园、医院等以公益为目的的事业单位、社会团体的教育设施、医疗卫生设施和其他社会公益设施；

（四）所有权、使用权不明或者有争议的财产；

（五）依法被查封、扣押、监管的财产；

（六）法律、行政法规规定不得抵押的其他财产。

❹《中华人民共和国城镇国有土地使用权出让和转让暂行条例》（1990年5月19日 国务院令发布）

第四十四条 划拨土地使用权，除本条例第四十五条规定的情况外，不得转让、出租、抵押。

第四十五条 符合下列条件的，经市、县人民政府土地管理部门和房产管理部门批准，其划拨土地使用权和地上建筑物、其他附着物所有权可以转让、出租、抵押：

（一）土地使用者为公司、企业、其他经济组织和个人；

（二）领有国有土地使用证；

（三）具有地上建筑物、其他附着物合法的产权证明；

（四）依照本条例第二章的规定签订土地使用权出让合同，向当地市、县人民政府补交土地使用权出让金或者以转让、出租、抵押所获收益抵交土地使用权出让金。

转让、出租、抵押前款划拨土地使用权的，分别依照本条例第三章、第四章和第五章的规定办理。

第四十六条 对未经批准擅自转让、出租、抵押划拨土地使用权的单位和个人，市、县人民政府土地管理部门应当没收其非法收入，并根据情节处以罚款。

学者观点

❶ 庞敏英、张生旭：《土地承包经营权抵押可行性探究》，参见北大法宝引证码：Pkulaw.cn/CLI.A.119627。

【耕地抵押的禁止】

法律问题解读

耕地，是指种植农作物的土地。我国是一个发展中国家，农业对我国来说具有重大的意义。大力发展农业的根本就在于严格保护耕地，防止耕地的流失。近年来，耕地的大量流失已经成为影响我国农业经济发展的一大难题。为防止我国耕地的急剧流失，我国关于土地的各项立法把防止耕地流失和大力发展农业作为立法的根本宗旨。

《担保法》明确规定耕地不得抵押。这里的耕地实质上是指耕地的使用权而非耕地的所有权。由于在抵押权实现时，有可能改变抵押耕地的用途，导致耕地的流失，故耕地不得用于抵押。需要注意的是，如果耕地是属于抵押人依法承包的荒山、荒沟、荒丘、荒滩等四荒土地的，抵押人在征求了发包方的同意后，可以将此类耕地抵押。

虽然耕地的使用权不得抵押，但耕地上的定着物——农作物是可以抵押的。以生长中的农作物和与其尚未分离的土地使用权同时抵押的，土地使用权部分的抵押无效。也就是说，以农作物与其尚未分离的土地使用权，即耕地使用权抵押的，仅仅是土地使用权部分的抵押无效，而在农作物上成立的抵押权依然有效。

法条指引

❶《中华人民共和国担保法》（1995年6月30日 主席令公布）

第三十七条 下列财产不得抵押：

（一）土地所有权；

（二）耕地、宅基地、自留地、自留山等集体所有的土地使用权，但本法第三十四条第（五）

项、第三十六条第三款规定的除外；

（三）学校、幼儿园、医院等以公益为目的的事业单位、社会团体的教育设施、医疗卫生设施和其他社会公益设施；

（四）所有权、使用权不明或者有争议的财产；

（五）依法被查封、扣押、监管的财产；

（六）依法不得抵押的其他财产。

❷《中华人民共和国土地管理法》（2004年8月28日修正公布）

第二条 中华人民共和国实行土地的社会主义公有制，即全民所有制和劳动群众集体所有制。

全民所有，即国家所有土地的所有权由国务院代表国家行使。

任何单位和个人不得侵占、买卖或者以其他形式非法转让土地。土地使用权可以依法转让。

国家为公共利益的需要，可以依法对土地实行征收或者征用并给予补偿。

国家依法实行国有土地有偿使用制度。但是，国家在法律规定的范围内划拨国有土地使用权的除外。

第三条 十分珍惜、合理利用土地和切实保护耕地是我国的基本国策。各级人民政府应当采取措施，全面规划，严格管理，保护、开发土地资源，制止非法占用土地的行为。

❸《中华人民共和国物权法》（2007年3月16日 主席令公布 2007年10月1日施行）

第一百八十四条 下列财产不得抵押：

（一）土地所有权；

（二）耕地、宅基地、自留地、自留山等集体所有的土地使用权，但法律规定可以抵押的除外；

（三）学校、幼儿园、医院等以公益为目的的事业单位、社会团体的教育设施、医疗卫生设施和其他社会公益设施；

（四）所有权、使用权不明或者有争议的财产；

（五）依法被查封、扣押、监管的财产；

（六）法律、行政法规规定不得抵押的其他财产。

❹《最高人民法院关于适用〈中华人民共和国担保法〉若干问题的解释》（2000年12月13日发布）

第五十二条 当事人以农作物和与其尚未分离的土地使用权同时抵押的，土地使用权部分的抵押无效。

学者观点

❶ 肖顺武：《论耕地保护法律制度之完善——基于粮食安全视角的解析》，参见北大法宝引证码：Pkulaw.cn/CLI.A.183138。

❷ 应永宏：《论耕地的法律保护》，参见北大法宝引证码：Pkulaw.cn/CLI.A.173166。

【宅基地抵押的禁止】

法律问题解读

所谓宅基地是指农村集体组织的成员经依法批准用于建造个人住宅的农民集体所有的土地。《土地管理法》规定，农村村民一户只能拥有一处宅基地。农村村民出卖、出租住房后，再申请宅基地的，不予批准。

为了抑制占用农地建房，保护耕地、防止出现农民居无定所导致社会不稳定，《担保法》规定禁止以宅基地设定抵押。需要注意的是，按照现行法律法规规定，房屋抵押时，其占用范围内的土地使用权同时抵押，不允许单独抵押房屋而土地使用权不作抵押。但我国法律法规却没有对农民以其宅基地上的房屋抵押时的效力作出规定。按照以上原则，农民以其宅基地上的房屋抵押时，宅基地使用权应一并抵押，但《担保法》却明文规定宅基地使用权是不得用于抵押的。《关于担保法若干问题的解释》规定，当事人以农作物和与其未分离的土地使用权同时抵押的，土地使用权部分的抵押无效，而在农作物上的抵押仍然有效。比照该项规定，可以认为，以农村集体所有的宅基地上的房屋抵押的，抵押权的效力不能及于该房屋占用范围内的宅基地使用权，抵押权人只能以抵押房屋的建筑材料作为动产优先受偿。

法条指引

❶《中华人民共和国担保法》（1995年6月30日 主席令公布）

第三十七条 下列财产不得抵押：

（一）土地所有权；

（二）耕地、宅基地、自留地、自留山等集体所有的土地使用权，但本法第三十四条第（五）项、第三十六条第三款规定的除外；

（三）学校、幼儿园、医院等以公益为目的的事业单位、社会团体的教育设施、医疗卫生设施和其他社会公益设施；

(四) 所有权、使用权不明或者有争议的财产；

(五) 依法被查封、扣押、监管的财产；

(六) 依法不得抵押的其他财产。

❷《中华人民共和国土地管理法》（2004年8月28日修正公布）

第六十二条 农村村民一户只能拥有一处宅基地，其宅基地的面积不得超过省、自治区、直辖市规定的标准。

农村村民建住宅，应当符合乡（镇）土地利用总体规划，并尽量使用原有的宅基地和村内空闲地。

农村村民住宅用地，经乡（镇）人民政府审核，由县级人民政府批准；其中，涉及占用农用地的，依照本法第四十四条的规定办理审批手续。

农村村民出卖、出租住房后，再申请宅基地的，不予批准。

❸《中华人民共和国物权法》（2007年3月16日 主席令公布 2007年10月1日施行）

第一百八十四条 下列财产不得抵押：

(一) 土地所有权；

(二) 耕地、宅基地、自留地、自留山等集体所有的土地使用权，但法律规定可以抵押的除外；

(三) 学校、幼儿园、医院等以公益为目的的事业单位、社会团体的教育设施、医疗卫生设施和其他社会公益设施；

(四) 所有权、使用权不明或者有争议的财产；

(五) 依法被查封、扣押、监管的财产；

(六) 法律、行政法规规定不得抵押的其他财产。

学者观点

❶ 韩世远:《宅基地的立法问题——兼析物权法草案第十三章"宅基地使用权"》，参见北大法宝引证码：Pkulaw. cn/CLI. A. 132504。

❷ 曹泮天:《现行宅基地使用权制度的困境与出路》，参见北大法宝引证码：Pkulaw. cn/CLI. A. 1143732。

【自留山和自留地抵押的禁止】

法律问题解读

自留地是指我国农村合作化以后农民集体经济组织分配给本集体经济组织成员长期使用的土地。所谓自留山是指，农民集体经济组织根据需要和原有习惯，分配给其成员长期经营使用的少量的柴山和荒坡。自留地、自留山属于农民集体所有，是农民作为生活保障的基本生活资料，带有社会保障性质，从保护广大农民根本利益出发，《担保法》规定禁止以自留地、自留山的使用权抵押。

在实践当中需要注意的问题是，依据《担保法》的规定，所谓的不动产是指土地以及房屋、林木等地上定着物，因此在自留地和自留山上的定着物，即农作物，也可以进行抵押，但由于依据《担保法》的规定，自留地、自留山是不可以抵押的。因此，《关于担保法若干问题的解释》中规定，当事人以农作物和与其尚未分离的土地使用权同时抵押的，土地使用权部分的抵押无效。也就是说，以农作物和与其尚未分离的自留山、自留地同时抵押的仅仅是自留山、自留地部分的抵押无效，而在农作物上成立的抵押仍然有效。

法条指引

❶《中华人民共和国担保法》（1995年6月30日 主席令公布）

第三十七条 下列财产不得抵押：

(一) 土地所有权；

(二) 耕地、宅基地、自留地、自留山等集体所有的土地使用权，但本法第三十四条第（五）项、第三十六条第三款规定的除外；

(三) 学校、幼儿园、医院等以公益为目的的事业单位、社会团体的教育设施、医疗卫生设施和其他社会公益设施；

(四) 所有权、使用权不明或者有争议的财产；

(五) 依法被查封、扣押、监管的财产；

(六) 依法不得抵押的其他财产。

❷《中华人民共和国物权法》（2007年3月16日 主席令公布 2007年10月1日施行）

第一百八十四条 下列财产不得抵押：

(一) 土地所有权；

(二) 耕地、宅基地、自留地、自留山等集体所有的土地使用权，但法律规定可以抵押的除外；

(三) 学校、幼儿园、医院等以公益为目的的事业单位、社会团体的教育设施、医疗卫生设施和其他社会公益设施；

(四) 所有权、使用权不明或者有争议的财产；

（五）依法被查封、扣押、监管的财产；
（六）法律、行政法规规定不得抵押的其他财产。

❸《最高人民法院关于适用〈中华人民共和国担保法〉若干问题的解释》（2000年12月13日发布）

第五十二条 当事人以农作物和与其尚未分离的土地使用权同时抵押的，土地使用权部分的抵押无效。

【社会公益设施抵押的禁止】

法律问题解读

社会公益设施是指社会公益的事业单位、社会团体用于为公众利益服务的设施。《担保法》规定，禁止以学校、幼儿园、医院等以公益为目的的事业单位、社会团体的教育设施、医疗设施和其他社会公益设施设定抵押。这是由于以社会公益设施设定抵押，违反了公共利益，所以法律禁止将社会公益设施作为抵押权的标的物。

除了教育设施和医疗设施外，不得抵押的社会公益设施还包括不以营利为目的的图书馆、科技馆、博物馆、美术馆、文化宫、敬老院、福利院等公益事业机关、团体内的设施。另外，国家机关法人的财产，如果是用于教育、医疗、市政、生活等公共福利事业的财产不得设定抵押。因为，机关法人的办公用房、生活设施用房或者其他财产，关系社会公共事业，一旦被作为抵押物处分，则直接影响国家机关的管理职能。需要指出的是，机关法人的房产分为公益性用房，如办公楼和生活设施用房等；营利性用房，例如出租的临街铺面等。用于商业目的的营利性用房，可以作为抵押物。《关于担保法若干问题的解释》又规定，学校、幼儿园、医院等以公益为目的的事业单位、社会团体，以其教育设施、医疗卫生设施和其他社会公益设施以外的财产为自身债务设定抵押的，人民法院可以认定抵押有效。这里必须注意，这些以公益为目的的单位团体，只能用上述财产为其自身债务设定抵押，而不能为他人的债务设定抵押，否则抵押也无效。

法条指引

❶《中华人民共和国担保法》（1995年6月30日 主席令公布）

第三十七条 下列财产不得抵押：

（一）土地所有权；
（二）耕地、宅基地、自留地、自留山等集体所有的土地使用权，但本法第三十四条第（五）项、第三十六条第三款规定的除外；
（三）学校、幼儿园、医院等以公益为目的的事业单位、社会团体的教育设施、医疗卫生设施和其他社会公益设施；
（四）所有权、使用权不明或者有争议的财产；
（五）依法被查封、扣押、监管的财产；
（六）依法不得抵押的其他财产。

❷《中华人民共和国物权法》（2007年3月16日 主席令公布 2007年10月1日施行）

第一百八十四条 下列财产不得抵押：

（一）土地所有权；
（二）耕地、宅基地、自留地、自留山等集体所有的土地使用权，但法律规定可以抵押的除外；
（三）学校、幼儿园、医院等以公益为目的的事业单位、社会团体的教育设施、医疗卫生设施和其他社会公益设施；
（四）所有权、使用权不明或者有争议的财产；
（五）依法被查封、扣押、监管的财产；
（六）法律、行政法规规定不得抵押的其他财产。

❸《最高人民法院关于适用〈中华人民共和国担保法〉若干问题的解释》（2000年12月13日发布）

第五十三条 学校、幼儿园、医院等以公益为目的的事业单位、社会团体，以其教育设施、医疗卫生设施和其他社会公益设施以外的财产为自身债务设定抵押的，人民法院可以认定抵押有效。

学者观点

❶ 姚辉：《担保物权与物权法》，参见北大法宝引证码：Pkulaw.cn/CLI.A.13522。

【教育设施抵押的禁止】

法律问题解读

学校、幼儿园是为了公共福利而设立的公益事业单位。学校、幼儿园的教育设施是用来传授知识、教书育人的，如果允许以学校、幼儿园的教育设施抵押，一旦债权人实现抵押权，则必然要将这些教育设施予以拍卖或变卖,这样,学校、幼儿园就可能很难维持,不仅办学目的难以达到,严重的可能造成学生失学,影响社会安定。因此,《担保法》规定学校、幼儿园等教育事业单位严禁以其教育设施抵押。

需要注意的是,这里所禁止抵押的,只是教育设施,比如教学楼、实验设备等。如果是归学校、幼儿园所有的非教育设施,比如幼儿园的小卖部、学校办的商店、学校领导的小车是可以抵押的。依据最高人民法院《关于担保法若干问题的解释》的规定,学校、幼儿园以其教育设施以外的财产为自身的债务抵押的,抵押有效。这里的抵押,仅仅是指学校、幼儿园为自身的债务提供的抵押,以以上财产为他人的债务提供抵押的,该抵押无效。

这里所指的幼儿园和学校既包括公立的学校和幼儿园,也包括私立的学校和幼儿园。私立的学校和幼儿园设立的目的是赢利,但客观上也起到教书育人的作用,故私立的学校和幼儿园也不得以其教育设施设定抵押,只能以其教育设施以外的其他财产为自身的债务设定抵押。

法条指引

❶《中华人民共和国担保法》(1995年6月30日 主席令公布)

第三十七条 下列财产不得抵押:

(一)土地所有权;

(二)耕地、宅基地、自留地、自留山等集体所有的土地使用权,但本法第三十四条第(五)项、第三十六条第三款规定的除外;

(三)学校、幼儿园、医院等以公益为目的的事业单位、社会团体的教育设施、医疗卫生设施和其他社会公益设施;

(四)所有权、使用权不明或者有争议的财产;

(五)依法被查封、扣押、监管的财产;

(六)依法不得抵押的其他财产。

❷《中华人民共和国物权法》(2007年3月16日 主席令公布 2007年10月1日施行)

第一百八十四条 下列财产不得抵押:

(一)土地所有权;

(二)耕地、宅基地、自留地、自留山等集体所有的土地使用权,但法律规定可以抵押的除外;

(三)学校、幼儿园、医院等以公益为目的的事业单位、社会团体的教育设施、医疗卫生设施和其他社会公益设施;

(四)所有权、使用权不明或者有争议的财产;

(五)依法被查封、扣押、监管的财产;

(六)法律、行政法规规定不得抵押的其他财产。

❸《最高人民法院关于适用〈中华人民共和国担保法〉若干问题的解释》(2000年12月13日发布)

第五十三条 学校、幼儿园、医院等以公益为目的的事业单位、社会团体,以其教育设施、医疗卫生设施和其他社会公益设施以外的财产为自身债务设定抵押的,人民法院可以认定抵押有效。

【医疗卫生设施抵押的禁止】

法律问题解读

医院是为了保障公众健康而设立的,也是一个公益事业单位。如果允许以其医疗卫生设施抵押,一旦实现抵押权,不仅会在一定程度上影响公众看病、治病,还不利于保障人们身体健康。因此《担保法》明确规定禁止用医疗卫生设施抵押。

需要注意的是,禁止抵押的只是医疗卫生设施,如门诊大楼、住院部、救护车、CT机、化验仪器等医院用于医疗救护等不可缺少的设施。为了促进医院融资,加快自身的医疗卫生设备和技术水平的更新,如果是归医院所有的非医疗卫生设施,如医院办的销售门市部、医院领导的小车是可以设定抵押的。依据最高人民法院《关于担保法若干问题的解释》的规定,医院以其医疗卫生设施以外的财产为自身债务设定抵押的,该抵押有效。应指出的是,医院只能以其所有的非医疗卫生设施为其本身的债务设定抵押,为他人债务抵押的,抵押无效。

除了公立的医院不得以其医疗卫生设施设定抵押外,私立的医院亦不得以其医疗卫生设施设定抵押。虽然私立的医院设立的目的是为了赢利,但客观上也起到了救死扶伤、医济众生的作用,所以它也不能以其医疗卫生设施设定抵押。

法条指引

❶《中华人民共和国担保法》(1995年6月30日 主席令公布)

第三十七条 下列财产不得抵押：

（一）土地所有权；

（二）耕地、宅基地、自留地、自留山等集体所有的土地使用权，但本法第三十四条第（五）项、第三十六条第三款规定的除外；

（三）学校、幼儿园、医院等以公益为目的的事业单位、社会团体的教育设施、医疗卫生设施和其他社会公益设施；

（四）所有权、使用权不明或者有争议的财产；

（五）依法被查封、扣押、监管的财产；

（六）依法不得抵押的其他财产。

❷《中华人民共和国物权法》（2007年3月16日 主席令公布 2007年10月1日施行）

第一百八十四条 下列财产不得抵押：

（一）土地所有权；

（二）耕地、宅基地、自留地、自留山等集体所有的土地使用权，但法律规定可以抵押的除外；

（三）学校、幼儿园、医院等以公益为目的的事业单位、社会团体的教育设施、医疗卫生设施和其他社会公益设施；

（四）所有权、使用权不明或者有争议的财产；

（五）依法被查封、扣押、监管的财产；

（六）法律、行政法规规定不得抵押的其他财产。

❸《最高人民法院关于适用〈中华人民共和国担保法〉若干问题的解释》（2000年12月13日发布）

第五十三条 学校、幼儿园、医院等以公益为目的的事业单位、社会团体，以其教育设施、医疗卫生设施和其他社会公益设施以外的财产为自身债务设定抵押的，人民法院可以认定抵押有效。

学者观点

❶ 李雪沣、范辉清：《论我国公民的免于匮乏权》，参见北大法宝引证码：Pkulaw.cn/CLI.A.1129948。

【权属不明财产抵押的禁止】

法律问题解读

权属不明的财产包括所有权、使用权不明或者有争议的财产。财产的所有权，受到法律的严格保护。如果一项财产，其所有权归属或者使用权归属不明确，甚至存在很大的争议，那么将该项财产进行抵押，则不仅会引发大量的法律纠纷与争议，更会出现侵犯真正的财产所有权人或者使用权人合法权利的情形。因此，应禁止所有权、使用权不明或有争议的财产的抵押。

所有权、使用权不明或者有争议的财产主要指处于以下情况中的财产：

1. 继承发生后遗产尚未分割前的财产。按照继承法的规定，被继承人死亡之后，发生继承问题。此时继承已经开始，但是遗产可能尚未分割，继承人对是否放弃继承权尚未表态，财产到底归属谁所有尚不清楚；

2. 权属上存在争议的财产。民事主体就财产的权属问题尚未达成一致，人民法院或仲裁机关正在进行审理或仲裁，未作出终局的判决或裁定的，此时财产所有权人或使用权人尚未清楚。以上财产均不得抵押。

另外，当事人以自己不享有所有权或者使用权的财产抵押的，该抵押亦无效。当事人不得以自己无权处分的财产设定抵押。因此，债权人在与他人设立抵押时，要查清楚所抵押的财产是否为抵押人所有，抵押人是否对所抵押的财产拥有处分权，否则，容易造成设立的抵押无效，无法保障债权的顺利实现。

法条指引

❶《中华人民共和国担保法》（1995年6月30日 主席令公布）

第三十七条 下列财产不得抵押：

（一）土地所有权；

（二）耕地、宅基地、自留地、自留山等集体所有的土地使用权，但本法第三十四条第（五）项、第三十六条第三款规定的除外；

（三）学校、幼儿园、医院等以公益为目的的事业单位、社会团体的教育设施、医疗卫生设施和其他社会公益设施；

（四）所有权、使用权不明或者有争议的财产；

（五）依法被查封、扣押、监管的财产；

（六）依法不得抵押的其他财产。

❷《中华人民共和国民法通则》（1986年4月12日 主席令公布）

第七十一条 财产所有权是指所有人依法对自己的财产享有占有、使用、收益和处分的权利。

第七十三条 国家财产属于全民所有。

国家财产神圣不可侵犯，禁止任何组织或者个人侵占、哄抢、私分、截留、破坏。

第七十四条 劳动群众集体组织的财产属于劳动群众集体所有，包括：

（一）法律规定为集体所有的土地和森林、山岭、草原、荒地、滩涂等；

（二）集体经济组织的财产；

（三）集体所有的建筑物、水库、农田水利设施和教育、科学、文化、卫生、体育等设施；

（四）集体所有的其他财产。

集体所有的土地依照法律属于村农民集体所有，由村农业生产合作社等农业集体经济组织或者村民委员会经营、管理。已经属于乡（镇）农民集体经济组织所有的，可以属于乡（镇）农民集体所有。

集体所有的财产受法律保护，禁止任何组织或者个人侵占、哄抢、私分、破坏或者非法查封、扣押、冻结、没收。

第七十五条 公民的个人财产，包括公民的合法收入、房屋、储蓄、生活用品、文物、图书资料、林木、牲畜和法律允许公民所有的生产资料以及其他合法财产。

公民的合法财产受法律保护，禁止任何组织或者个人侵占、哄抢、破坏或者非法查封、扣押、冻结、没收。

❸《中华人民共和国物权法》（2007年3月16日 主席令公布 2007年10月1日施行）

第一百八十四条 下列财产不得抵押：

（一）土地所有权；

（二）耕地、宅基地、自留地、自留山等集体所有的土地使用权，但法律规定可以抵押的除外；

（三）学校、幼儿园、医院等以公益为目的的事业单位、社会团体的教育设施、医疗卫生设施和其他社会公益设施；

（四）所有权、使用权不明或者有争议的财产；

（五）依法被查封、扣押、监管的财产；

（六）法律、行政法规规定不得抵押的其他财产。

❹《最高人民法院关于贯彻执行〈中华人民共和国民法通则〉若干问题的意见（试行）》（1988年1月26日发布）

113. 以自己不享有所有权或者经营管理权的财产作抵押物的，应当认定抵押无效。

以法律限制流通的财产作为抵押物的，在清偿债务时，应当由有关部门收购，抵押权人可以从价款中优先受偿。

❺《最高人民法院关于借款合同当事人未经保证人同意达成新的〈财产抵押还款协议〉被确认无效后，保证人是否继续承担担保责任的请示的答复》（1991年6月7日 最高人民法院发布）

宁夏回族自治区高级人民法院：

你院（1991）宁法经字第3号"关于借款合同当事人未经保证人同意达成新的《财产抵押还款协议》被确认无效后，保证人是否继续承担担保责任的请示报告"收悉。经研究，认为：

本案《财产抵押还款协议》是在借款人银川市第三地毯厂采取欺诈手段，将他人委托其代加工物品充作自己的财产进行抵押，致使债权人宁夏自治区信托投资公司作出错误的意思表示的情况下签订的。这一无效民事行为的实施，不应影响借款合同和从属于它的保证合同的法律效力。借款合同主债务存在，保证人的保证责任即不应免除。因此，原则同意你院第一种意见，即，债权人向保证人主张债权，只要在保证合同的诉讼时效期限内，保证人仍应对原合同承担保证责任。

此复

❻《抵押贷款合同公证程序细则》（1992年12月31日 司法部发布）

第九条 办理抵押贷款合同公证，公证员应按《公证程序规则（试行）》第二十三条的规定进行审查，重点审查下列内容：

（一）本细则第五条所列材料是否齐全、属实。

（二）合同条款是否完善、合法，文字表述是否清楚、准确。

（三）贷款人是否具有发放本次贷款的权利。

（四）贷款的用途是否符合规定。

（五）借款人对抵押财产是否有所有权或经营管理权。

（六）抵押财产是否为法律所允许抵押。

下列财产不得抵押：

1. 法律、法规或规章禁止买卖或转让的财产；

2. 所有权有争议的财产；

3. 被依法查封、扣押或采取诉讼保全措施的财产；

4. 应履行法定登记手续而未登记的财产；

5. 无法强制执行的财产；

6. 法律、法规或规章禁止抵押的其他财产。

（七）抵押率是否符合有关规定。

（八）抵押财产是否有重复抵押，已设定抵押的，抵押财产的余值能否承担本次贷款的抵押责任。

（九）抵押财产为共有的，其他共有人是否同意。

（十）法律、法规或规章规定该项抵押需经有关主管部门批准的，是否已获批准。

（十一）合同中有强制执行约定的，当事人对该项约定的法律后果是否明确，意思表示是否真实。

学者观点

❶ 赵林青:《特殊标的物抵押问题探析》,参见北大法宝引证码:Pkulaw.cn/CLI.A.1116800。

【被查封、扣押、监管财产抵押的禁止】

法律问题解读

依法被查封、扣押、监管的财产，虽然所有权仍属于财产所有权人，但这些财产处于被强制状态，在被强制期间，非依法律法规规定，任何人不得占有、使用、处分该财产。《担保法》禁止以依法被查封、扣押、监管的财产抵押。

所谓依法被查封的财产是指人民法院或有权行政机关，例如产品质量监督管理部门、工商行政管理机关，依法贴上封条就地封存，并禁止转移或处理的被保全的财产、被执行人的财产或违反有关法律法规的财产。查封一般是针对不易或不能够动的物品，既包括不动产也包括动产。依法被扣押的财产是指法院或有权行政机关就地扣留或者另地扣留的财产，财物所有人在扣留期间不得动用或处分该财产。依法监管的财产，指海关部门监督管理进出口货物时，依法扣留的违反海关法和其他有关法律法规规定的进出境货物、物品。

需要指出的是，如果在抵押权设定后，抵押物被依法查封、扣押、监管的，抵押权不受影响。此类的财产拍卖、变卖后所得的价款，应当在抵押权人优先受偿后，其余额部分用于清偿申请执行人的债权。此外，如果法院、有权行政机关或海关采取的查封、扣押或监管的行为违法，财产所有人或者有权处分人应当先向有关机关提起复议或者向法院提起行政诉讼，请求有关机关或者人民法院确认以上行为违法并撤销该行为后，才能将被查封、扣押或者监管的财产抵押。

法条指引

❶《中华人民共和国担保法》（1995年6月30日 主席令公布）

第三十七条 下列财产不得抵押：

（一）土地所有权；

（二）耕地、宅基地、自留地、自留山等集体所有的土地使用权，但本法第三十四条第（五）项、第三十六条第三款规定的除外；

（三）学校、幼儿园、医院等以公益为目的的事业单位、社会团体的教育设施、医疗卫生设施和其他社会公益设施；

（四）所有权、使用权不明或者有争议的财产；

（五）依法被查封、扣押、监管的财产；

（六）依法不得抵押的其他财产。

❷《中华人民共和国海商法》（1992年11月7日 主席令公布）

第二十六条 船舶优先权不因船舶所有权的转让而消灭。但是，船舶转让时，船舶优先权自法院应受让人申请予以公告之日起满六十日不行使的除外。

❸《中华人民共和国海关法》（2000年7月8日 修正公布）

第三十七条 海关监管货物，未经海关许可，不得开拆、提取、交付、发运、调换、改装、抵押、质押、留置、转让、更换标记、移作他用或者进行其他处置。

海关加施的封志，任何人不得擅自开启或者损毁。

人民法院判决、裁定或者有关行政执法部门决定处理海关监管货物的，应当责令当事人办结海关手续。

❹《中华人民共和国物权法》（2007年3月16日 主席令公布 2007年10月1日施行）

第一百八十四条 下列财产不得抵押：

（一）土地所有权；

（二）耕地、宅基地、自留地、自留山等集体所有的土地使用权，但法律规定可以抵押的除外；

（三）学校、幼儿园、医院等以公益为目的的事业单位、社会团体的教育设施、医疗卫生设施和其他社会公益设施；

（四）所有权、使用权不明或者有争议的财产；

（五）依法被查封、扣押、监管的财产；

（六）法律、行政法规规定不得抵押的其他财产。

❺《最高人民法院关于适用〈中华人民共和国担保法〉若干问题的解释》（2000年12月13日发布）

第五十五条 已经设定抵押的财产被采取查封、扣押等财产保全或者执行措施的，不影响抵押权的效力。

❻《最高人民法院关于人民法院执行工作若干问题的规定（试行）》（1998年7月8日发布）

40. 人民法院对被执行人所有的其他人享有抵押权、质押权或留置权的财产，可以采取查封、扣押措施。财产拍卖、变卖后所得价款，应当在抵押权人、质押权人或留置权人优先受偿后，其余额部分用于清偿申请执行人的债权。

❼《抵押贷款合同公证程序细则》（1992年12月31日 司法部发布）

第九条 办理抵押贷款合同公证，公证员应按《公证程序规则（试行）》第二十三条的规定进行审查，重点审查下列内容：

（一）本细则第五条所列材料是否齐全、属实。

（二）合同条款是否完善、合法，文字表述是否清楚、准确。

（三）贷款人是否具有发本次贷款的权利。

（四）贷款的用途是否符合规定。

（五）借款人对抵押财产是否有所有权或经营管理权。

（六）抵押财产是否为法律所允许抵押。

下列财产不得抵押：

1. 法律、法规或规章禁止买卖或转让的财产；
2. 所有权有争议的财产；
3. 被依法查封、扣押或采取诉讼保全措施的财产；
4. 应履行法定登记手续而未登记的财产；
5. 无法强制执行的财产；
6. 法律、法规或规章禁止抵押的其他财产。

（七）抵押率是否符合有关规定。

（八）抵押财产是否有重复抵押，已设定抵押的，抵押财产的余值能否承担本次贷款的抵押责任。

（九）抵押财产为共有的，其他共有人是否同意。

（十）法律、法规或规章规定该项抵押需经有关主管部门批准的，是否已获批准。

（十一）合同中有强制执行约定的，当事人对该项约定的法律后果是否明确，意思表示是否真实。

❽《中华人民共和国海关关于〈扶贫、慈善性捐赠物资免征进口税收暂行办法〉的实施办法》（2001年12月31日 海关总署发布）

第九条 上述免税进口物资属海关监管货物，在海关监管期限内，未经海关许可，不得抵押、质押、转让、移作他用或者进行其他处置。有关项目所在地海关应按现行规定做好后续监管工作。对违反本办法的，海关将依照《中华人民共和国海关法》及国家有关法律、法规的规定予以处罚。

❾《城市房地产抵押管理办法》（2001年8月15日 建设部修正发布）

第四十八条 抵押人隐瞒抵押的房地产存在共有、产权争议或者被查封、扣押等情况的，抵押人应当承担由此产生的法律责任。

学者观点

❶ 赵林青：《特殊标的物抵押问题探析》，参见北大法宝引证码：Pkulaw.cn/CLI.A.1116800。

【违章、违法建筑物抵押的禁止】

法律问题解读

违法、违章建筑物是指违反《城市房地产管理法》等法律、法规、规章的规定，未经主管部门发给建筑许可证而擅自动工兴建的各种建筑物，主要是指房屋。以依法被确认为违法、违章的建筑物抵押的，抵押无效。

违法、违章建造的房屋，因其违反法律规定，在未经主管部门处理并补办合法手续之前，不能产生房屋所有权之法律效果；经主管部门处理的，如属责令拆除或作没收处理的，建造人也不能对违法违章建筑物拥有所有权；如属行政处罚后责令补办相关手续的，则在补办手续后，建造人可依法取得建筑物的所有权。由于对依法定程序确认为违法、违章的建筑物，登记机关将作出不予登记的决定。因此，这些违法、违章建筑物无法进行权属登记，在设定抵押权后抵押权人无法实现抵押权，以这些建筑物设定的抵押无效。

《担保法》没有规定非法建筑物在依法定程序被确认为违法、违章的建筑物之前，在该建筑物上设定的抵押是否有效。在依法被确认为违法、违章的建筑物之前，以该建筑物抵押的，依据《担保法》中关于建筑物抵押的规定，应当办理抵押登记,但该类建筑物无法办理权属登记。所以,非法建筑物在依法定程序被确认为违法、违章建筑物之前的抵押亦应无效。在一些情况下,违法、违章的建筑物所有人在经过行政处罚和补办相关手续后,可以取得建筑物的所有权。这时,违法、违章的建筑物所有人可以将以上的建筑物抵押。

法条指引

❶《最高人民法院关于适用〈中华人民共和国担保法〉若干问题的解释》(2000年12月13日发布)

第四十八条 以法定程序确认为违法、违章的建筑物抵押的,抵押无效。

❷《房屋登记办法》(2008年2月15日)

第二十二条 有下列情形之一的,房屋登记机构应当不予登记:

(一)未依法取得规划许可、施工许可或者未按照规划许可的面积等内容建造的建筑申请登记的;

(二)申请人不能提供合法、有效的权利来源证明文件或者申请登记的房屋权利与权利来源证明文件不一致的;

(三)申请登记事项与房屋登记簿记载冲突的;

(四)申请登记房屋不能特定或者不具有独立利用价值的;

(五)房屋已被依法征收、没收,原权利人申请登记的;

(六)房屋被依法查封期间,权利人申请登记的;

(七)法律、法规和本办法规定的其他不予登记的情形。

第二十三条 自受理登记申请之日起,房屋登记机构应当于下列时限内,将申请登记事项记载于房屋登记簿或者作出不予登记的决定:

(一)国有土地范围内房屋所有权登记,30个工作日,集体土地范围内房屋所有权登记,60个工作日;

(二)抵押权、地役权登记,10个工作日;

(三)预告登记、更正登记,10个工作日;

(四)异议登记,1个工作日。

公告时间不计入前款规定时限。因特殊原因需要延长登记时限的,经房屋登记机构负责人批准可以延长,但最长不得超过原时限的一倍。

法律、法规对登记时限另有规定的,从其规定。

学者观点

❶ 赵林青:《特殊标的物抵押问题探析》,参见北大法宝引证码:Pkulaw.cn/CLI.A.1116800。

【不得抵押的其他财产】

法律问题解读

除了《担保法》中规定不得抵押的财产外,我国许多其他的法律、法规和规章还规定了大量禁止抵押的财产,主要包括:

1. 不动产,主要有:无法强制执行的不动产,如属于临时建筑的建筑物;寺庙、道观的房屋的性质一般为公有财产,其所有权归宗教团体和佛教协会与道教协会所有,僧、尼、道士对其一般只有使用权,而不能将其出卖或抵押。

2. 依法不得抵押的动产,主要包括:财产保险单;典当行保管的在典当期间的当物;国债托管凭证;基本养老基金、失业保险基金等各类社会保险基金;证券商在业务操作中的清算资金和清算交割准备金;证券投资基金;股份有限公司的募集基金。

以依法不得抵押的财产设定抵押的,抵押无效。由于以上不得抵押的财产散见于各种各样的法律、法规和规章当中,故债权人在接受抵押人提供的抵押物之前,应查清其是否属于禁止抵押物的范围,这样才有利于债权的顺利实现。

法条指引

❶《中华人民共和国担保法》(1995年6月30日 主席令公布)

第三十七条 下列财产不得抵押:

(一)土地所有权;

(二)耕地、宅基地、自留地、自留山等集体所有的土地使用权,但本法第三十四条第(五)项、第三十六条第三款规定的除外;

(三)学校、幼儿园、医院等以公益为目的的事业单位、社会团体的教育设施、医疗卫生设施和其他社会公益设施;

(四)所有权、使用权不明或者有争议的财产;

(五)依法被查封、扣押、监管的财产;

(六)依法不得抵押的其他财产。

❷《中华人民共和国证券投资基金法》(2003

年10月28日　主席令公布）

第五十九条　基金财产不得用于下列投资或者活动：

（一）承销证券；

（二）向他人贷款或者提供担保；

（三）从事承担无限责任的投资；

（四）买卖其他基金份额，但是国务院另有规定的除外；

（五）向其基金管理人、基金托管人出资或者买卖其基金管理人、基金托管人发行的股票或者债券；

（六）买卖与其基金管理人、基金托管人有控股关系的股东或者与其基金管理人、基金托管人有其他重大利害关系的公司发行的证券或者承销期内承销的证券；

（七）从事内幕交易、操纵证券交易价格及其他不正当的证券交易活动；

（八）依照法律、行政法规有关规定，由国务院证券监督管理机构规定禁止的其他活动。

❸《中华人民共和国国债托管管理暂行办法》（1997年4月10日　财政部发布）

第二十二条　托管人在接受客户委托，为其办理国债托管手续后，须向客户开具能够证明该客户托管账户余额的托管凭证。

托管凭证由财政部监制，以中央公司的名义统一印制，任何其他机构或个人不得以任何名义印发。

托管凭证不能用于抵押和买卖流通转让。

❹《中华人民共和国企业破产法》（2006年8月27日　主席令公布）

第三十一条　人民法院受理破产申请前一年内，涉及债务人财产的下列行为，管理人有权请求人民法院予以撤销：

（一）无偿转让财产的；

（二）以明显不合理的价格进行交易的；

（三）对没有财产担保的债务提供财产担保的；

（四）对未到期的债务提前清偿的；

（五）放弃债权的。

❺《中华人民共和国物权法》（2007年3月16日　主席令公布　2007年10月1日施行）

第一百八十四条　下列财产不得抵押：

（一）土地所有权；

（二）耕地、宅基地、自留地、自留山等集体所有的土地使用权，但法律规定可以抵押的除外；

（三）学校、幼儿园、医院等以公益为目的的事业单位、社会团体的教育设施、医疗卫生设施和其他社会公益设施；

（四）所有权、使用权不明或者有争议的财产；

（五）依法被查封、扣押、监管的财产；

（六）法律、行政法规规定不得抵押的其他财产。

❻《最高人民法院关于适用〈中华人民共和国担保法〉若干问题的解释》（2000年12月13日发布）

第四十八条　以法定程序确认为违法、违章的建筑物抵押的，抵押无效。

❼《房屋登记办法》（2008年2月15日）

第二十二条　有下列情形之一的，房屋登记机构应当不予登记：

（一）未依法取得规划许可、施工许可或者未按照规划许可的面积等内容建造的建筑申请登记的；

（二）申请人不能提供合法、有效的权利来源证明文件或者申请登记的房屋权利与权利来源证明文件不一致的；

（三）申请登记事项与房屋登记簿记载冲突的；

（四）申请登记房屋不能特定或者不具有独立利用价值的；

（五）房屋已被依法征收、没收，原权利人申请登记的；

（六）房屋被依法查封期间，权利人申请登记的；

（七）法律、法规和本办法规定的其他不予登记的情形。

第二十三条　自受理登记申请之日起，房屋登记机构应当于下列时限内，将申请登记事项记载于房屋登记簿或者作出不予登记的决定：

（一）国有土地范围内房屋所有权登记，30个工作日，集体土地范围内房屋所有权登记，60个工作日；

（二）抵押权、地役权登记，10个工作日；

（三）预告登记、更正登记，10个工作日；

（四）异议登记，1个工作日。

公告时间不计入前款规定时限。因特殊原因需要延长登记时限的，经房屋登记机构负责人批准可以延长，但最长不得超过原时限的一倍。

法律、法规对登记时限另有规定的，从其规定。

❽《最高人民法院关于财产保险单能否用于

抵押的复函》(1992年4月2日发布)

江西省高级人民法院：

你院赣法经〔1991〕6号《关于保险单能否抵押的请示》收悉。经商中国人民银行和中国人民保险公司，答复如下：

依照《中华人民共和国民法通则》第八十九条第（二）项的规定，抵押物应当是特定的、可以折价或变卖的财产。财产保险单是保险人与被保险人订立保险合同的书面证明，并不是有价证券，也不是可以折价或者变卖的财产。因此，财产保险单不能用于抵押。

❾《抵押贷款合同公证程序细则》(1992年12月31日 司法部发布)

第九条 办理抵押贷款合同公证，公证员应按《公证程序规则（试行）》第二十三条的规定进行审查，重点审查下列内容：

（一）本细则第五条所列材料是否齐全、属实。

（二）合同条款是否完善、合法，文字表述是否清楚、准确。

（三）贷款人是否具有发放本次贷款的权利。

（四）贷款的用途是否符合规定。

（五）借款人对抵押财产是否有所有权或经营管理权。

（六）抵押财产是否为法律所允许抵押。

下列财产不得抵押：

1. 法律、法规或规章禁止买卖或转让的财产；
2. 所有权有争议的财产；
3. 被依法查封、扣押或采取诉讼保全措施的财产；
4. 应履行法定登记手续而未登记的财产；
5. 无法强制执行的财产；
6. 法律、法规或规章禁止抵押的其他财产。

（七）抵押率是否符合有关规定。

（八）抵押财产是否有重复抵押，已设定抵押的，抵押财产的余值能否承担本次贷款的抵押责任。

（九）抵押财产为共有的，其他共有人是否同意。

（十）法律、法规或规章规定该项抵押需经有关主管部门批准的，是否已获批准。

（十一）合同中有强制执行约定的，当事人对该项约定的法律后果是否明确，意思表示是否真实。

❿《关于寺庙、道观房屋产权归属问题的复函》(1981年1月27日 最高人民法院、国务院宗教事务管理局发布)

上海市高级人民法院上海市宗教事务局：

一九八〇年十一月十一日（80）沪高法民字第441号、沪宗请字（80）第41号请示报告收悉。关于寺庙、道观等房屋产权归属问题，经研究，原则上同意请示报告所提的处理意见。鉴于这类房产权纠纷的情况比较复杂，在处理时，一定要认真执行宗教政策，妥善地处理好公私关系；必要时，应征求当地政府及有关部门的意见，共同做好工作。

此复

⓫《典当管理办法》(2005年2月9日 国家经济贸易委员会发布)

第四十一条 典当行在当期内不得出租、质押、抵押和使用当物。

质押当物在典当期内或者续当期内发生遗失或者损毁的，典当行应当按照估价金额进行赔偿。遇有不可抗力导致质押当物损毁的，典当行不承担赔偿责任。

学者观点

❶ 赵林青：《特殊标的物抵押问题探析》，参见北大法宝引证码：Pkulaw.cn/CLI.A.1116800。

第二章　抵押合同

● 本章为读者提供与以下题目有关的法律问题的解读及相关法律文献依据

抵押合同（235）　抵押权的设定（236）　抵押合同的生效（238）　抵押合同的效力（239）　抵押合同的公证（241）　抵押合同公证当事人（241）　抵押合同公证的管辖（242）　抵押合同公证的程序（243）　公证机关（245）　公证费用（246）　抵押贷款合同公证（247）　抵押合同的内容（248）　被担保主债权的种类、数额（249）　债务人履行债务的期限（251）　抵押合同的主要条款（252）　抵押合同的补正（253）　流抵押的禁止（254）

【抵押合同】

法律问题解读

抵押合同是指抵押人和抵押权人为担保特定债务的履行，在特定财产上设定抵押权，并明确当事人双方在抵押关系中的权利义务的协议。把握抵押合同应注意以下几个问题：

1. 抵押合同的当事人是抵押权人和抵押人。虽然抵押人可以是债务人或债务人以外的第三人，但抵押合同的当事人只有抵押权人和抵押人。抵押合同只在抵押人和抵押权人之间发生效力。

2. 抵押合同是要式合同。《担保法》和《物权法》规定，抵押合同应以书面的形式签订。非以书面形式签订的抵押合同无效。大多数抵押合同以登记作为生效要件，登记也是一种特殊的形式要件。抵押合同既可以是单独订立的抵押合同，也可以是当事人在主债权合同中约定的抵押条款。

3. 抵押合同以设定抵押人和抵押权人在抵押关系中的权利义务为内容。抵押合同的内容一般由抵押当事人双方约定。《担保法》与《物权法》对抵押合同的主要内容作出了明确规定，抵押当事人可根据这两部的规定确定抵押合同的内容，但抵押合同中不能缺少主债权种类和抵押财产，如果缺少，根据主合同不能补正或者无法推定的，抵押不成立。

4. 抵押合同为从合同。抵押合同是为担保主合同债权而订立的合同，属于主合同的从合同，其效力从属于主合同的效力。当主合同无效或被撤销时，抵押合同随之无效和撤销。

法条指引

❶《中华人民共和国担保法》（1995年6月30日　主席令公布）

第三十八条　抵押人和抵押权人应当以书面形式订立抵押合同。

❷《中华人民共和国城市房地产管理法》（2007年8月30日修正　主席令公布）

第五十条　房地产抵押，抵押人和抵押权人应当签订书面抵押合同。

❸《中华人民共和国物权法》（2007年3月16日　主席令公布　2007年10月1日施行）

第一百八十五条　设立抵押权，当事人应当采取书面形式订立抵押合同。

抵押合同一般包括下列条款：

（一）被担保债权的种类和数额；

（二）债务人履行债务的期限；

（三）抵押财产的名称、数量、质量、状况、所在地、所有权归属或者使用权归属；

（四）担保的范围。

❹《最高人民法院关于贯彻执行〈中华人民共和国民法通则〉若干问题的意见（试行）》（1988年1月26日发布）

112. 债务人或者第三人向债权人提供抵押物时，应当订立书面合同或者在原债权文书中写明。没有书面合同，但有其他证据证明抵押物或者其权利证书已交给抵押权人的，可以认定抵押关系成立。

❺《中华人民共和国城镇国有土地使用权出让和转让暂行条例》（1990年5月19日 国务院令发布）

第三十四条 土地使用权抵押，抵押人与抵押权人应当签订抵押合同。

抵押合同不得违背国家法律、法规和土地使用权出让合同的规定。

案例链接

❶《郑州铁路局郑州房屋修建中心与中国农业银行股份有限公司郑州花园支行抵押借款合同纠纷再审案》，参见北大法宝引证码：Pkulaw.cn/CLI.C.287159。

❷《何凤华诉刘炜屹等民间借贷纠纷案》，参见北大法宝引证码：Pkulaw.cn/CLI.C.280840。

❸《广州市金豪房地产开发有限公司与广东发展银行股份有限公司广州花都支行等借款合同纠纷上诉案》，参见北大法宝引证码：Pkulaw.cn/CLI.C.277615。

学者观点

❶ 杨洁、李洁：《不动产的抵押登记与抵押合同之关系——兼评〈担保法〉第41条》，参见北大法宝引证码：Pkulaw.cn/CLI.A.173603。

【抵押权的设定】

法律问题解读

抵押权作为一项担保物权，由当事人自愿设定。当事人通过订立抵押合同来设定抵押权。《物权法》和《担保法》都规定，抵押人和抵押权人应以书面形式订立抵押合同。当事人可以订立单独的书面抵押合同来设定抵押权，也可以在主合同中订立相关的抵押条款来设定抵押权。抵押人和抵押权人原则上不能通过口头合同的形式来设定抵押权。

《担保法》规定，以法律规定要办理抵押物登记的财产抵押的，抵押合同自登记之日起生效，抵押合同在办理抵押物登记之前不具有法律效力。《物权法》修正了这一规定，登记不再作为抵押合同的生效要件，而是抵押权的设立要件或者对抗要件。具体来讲，依据《物权法》的有关规定，对于建筑物及其他土地附着物，建设用地使用权，以招标、拍卖、公开协商等方式取得的荒地等土地承包经营权或者正在建造的建筑物等财产设定抵押的，抵押权登记是抵押权的设立的要件，未经登记抵押权不成立；而以生产设备、原材料、半成品、产品、交通工具、正在建造的船舶、航空器等财产设定抵押的，抵押权登记是抵押权的对抗要件，抵押权自抵押合同生效时设立，未经登记不得对抗善意第三人。可见，《物权法》区分了抵押合同生效与抵押权设立，彻底修改了《担保法》的相关规定，抵押权设立与抵押合同生效不再混为一谈，登记不再是抵押合同的生效要件，而独立出来成为抵押权的设立要件或者对抗要件，使得本部分的法理逻辑更加顺畅合理。

《物权法》与《担保法》都明文规定了抵押合同应当包括的内容。当抵押合同对被担保的主债权种类、抵押财产没有约定或者约定不明时，依据主合同和抵押合同不能补正或者无法推定的，抵押不成立。另外，当事人在抵押合同中约定，债务履行期届满抵押权人未受清偿时，抵押物的所有权转移为债权人所有的内容无效。但该内容的无效不影响抵押合同其他部分内容的效力。

法条指引

❶《中华人民共和国物权法》（2007年3月16日 主席令公布 2007年10月1日施行）

第一百七十八条 担保法与本法的规定不一致的，适用本法。

第一百八十五条 设立抵押权，当事人应当采取书面形式订立抵押合同。

抵押合同一般包括下列条款：

（一）被担保债权的种类和数额；

（二）债务人履行债务的期限；

（三）抵押财产的名称、数量、质量、状况、所在地、所有权归属或者使用权归属；

（四）担保的范围。

第一百八十六条 抵押权人在债务履行期届满前，不得与抵押人约定债务人不履行到期债务时抵押财产归债权人所有。

第一百八十七条 以本法第一百八十条第一款第一项至第三项规定的财产或者第五项规定的正在建造的建筑物抵押的，应当办理抵押登记。抵押权自登记时设立。

第一百八十八条 以本法第一百八十条第一款第四项、第六项规定的财产或者第五项规定的正在建造的船舶、航空器抵押的，抵押权自抵押合同生效时设立；未经登记，不得对抗善意第三人。

❷《中华人民共和国担保法》（1995年6月30日主席令公布）

第三十八条 抵押人和抵押权人应当以书面形式订立抵押合同。

第三十九条 抵押合同应当包括以下内容：
（一）被担保的主债权种类、数额；
（二）债务人履行债务的期限；
（三）抵押物的名称、数量、质量、状况、所在地、所有权权属或者使用权权属；
（四）抵押担保的范围；
（五）当事人认为需要约定的其他事项。

抵押合同不完全具备前款规定内容的，可以补正。

第四十一条 当事人以本法第四十二条规定的财产抵押的，应当办理抵押物登记，抵押合同自登记之日起生效。

❸《中华人民共和国合同法》（1999年3月15日 主席令公布）

第十条 当事人订立合同，有书面形式、口头形式和其他形式。

法律、行政法规规定采用书面形式的，应当采用书面形式。当事人约定采用书面形式的，应当采用书面形式。

第二十五条 承诺生效时合同成立。

第四十四条 依法成立的合同，自成立时生效。

法律、行政法规规定应当办理批准、登记等手续生效的，依照其规定。

❹《中华人民共和国城市房地产管理法》（2007年8月30日修正 主席令公布）

第四十九条 房地产抵押，应当凭土地使用权证书、房屋所有权证书办理。

第五十条 房地产抵押，抵押人和抵押权人应当签订书面抵押合同。

❺《中华人民共和国海商法》（1992年11月7日 主席令公布）

第十二条 船舶所有人或者船舶所有人授权的人可以设定船舶抵押权。

船舶抵押权的设定，应当签订书面合同。

❻《中华人民共和国城镇国有土地使用权出让和转让暂行条例》（1990年5月19日 国务院令发布）

第三十四条 土地使用权抵押，抵押人与抵押权人应当签订抵押合同。

抵押合同不得违背国家法律、法规和土地使用权出让合同的规定。

第三十五条 土地使用权和地上建筑物、其他附着物抵押，应当依照规定办理抵押登记。

❼《最高人民法院关于适用〈中华人民共和国担保法〉若干问题的解释》（2000年12月13日发布）

第五十六条 抵押合同对被担保的主债权种类、抵押财产没有约定或者约定不明，根据主合同和抵押合同不能补正或者无法推定的，抵押不成立。

法律规定登记生效的抵押合同签订后，抵押人违背诚实信用原则拒绝办理抵押登记致使债权人受到损失的，抵押人应当承担赔偿责任。

第五十七条 当事人在抵押合同中约定，债务履行期届满抵押权人未受清偿时，抵押物的所有权转移为债权人所有的内容无效。该内容的无效不影响抵押合同其他部分内容的效力。

债务履行期届满后抵押权人未受清偿时，抵押权人和抵押人可以协议以抵押物折价取得抵押物。但是，损害顺序在后的担保物权人和其他债权人利益的，人民法院可以适用《合同法》第七十四条、第七十五条的有关规定。

案例链接

❶《襄城县农村信用合作联社诉江河实业有限公司等抵押担保借款合同纠纷案》，参见北大法宝引证码：Pkulaw. cn/CLI. C. 286754。

❷《新疆恒昌典当有限责任公司与蔡永生等抵押合同纠纷上诉案》，参见北大法宝引证码：Pkulaw. cn/CLI. C. 286789。

❸《田小建等与温县农村信用合作社抵押担保借款合同纠纷上诉案》，参见北大法宝引证码：Pkulaw. cn/CLI. C. 253561。

学者观点

❶ 曹士兵：《我国〈物权法〉关于抵押权实现的规定》，参见北大法宝引证码：Pkulaw. cn/CLI. A. 1109039。

❷ 罗思荣、梅瑞琦：《抵押权追及效力理论之重构》，参见北大法宝引证码：Pkulaw. cn/CLI. A. 1109500。

❸ 陈祥健：《抵押权次序立法例的多视角评判及其选择》，参见北大法宝引证码：Pkulaw. cn/CLI. A. 110319。

【抵押合同的生效】

法律问题解读

一般合同，符合以下四个生效要件时生效：一是合同当事人应具有相应的民事行为能力，合同当事人原则上应为完全行为能力人，限制行为能力人和无行为能力人只能订立极其有限的合同；二是当事人意思真实，即指缔约人的行为应真实地反映其内心的效果意思，即其效果意思与表示行为相一致；三是合同的内容不违反法律的强行性和禁止性规定或者社会公共利益；四是合同的标的须确定和可能，即合同给付可能实现和合同的标的自始确定。以上为合同的一般生效要件。

依据《担保法》规定，抵押合同的生效，除了应当满足以上合同的一般生效要件外，还需满足一些特殊的要件。以土地使用权、房屋或者乡（镇）、村企业的厂房等建筑物、林木、车辆、企业的设备和其他动产抵押的抵押合同，应自抵押物登记之日起生效。以上抵押物的抵押合同，在办理抵押物登记之前，对当事人不发生效力。《物权法》出台以后修改了上述规定，将担保合同的生效与抵押权设立区分开来，登记不再作为担保合同的生效要件，而是抵押权的设立要件或者对抗要件。担保合同是否生效与登记与否没有关系。以以上抵押物以外的财产抵押的，抵押合同在满足合同的一般生效要件后，自合同订立之日起生效。抵押合同当事人也可以自愿到抵押人所在地的公证部门办理抵押物登记。当事人未办理抵押物登记的，不得对抗善意第三人。

法条指引

❶《中华人民共和国物权法》（2007年3月16日 主席令公布 2007年10月1日施行）

第一百八十七条 以本法第一百八十条第一款第一项至第三项规定的财产或者第五项规定的正在建造的建筑物抵押的，应当办理抵押登记。抵押权自登记时设立。

第一百八十八条 以本法第一百八十条第一款第四项、第六项规定的财产或者第五项规定的正在建造的船舶、航空器抵押的，抵押权自抵押合同生效时设立；未经登记，不得对抗善意第三人。

❷《最高人民法院关于适用〈中华人民共和国担保法〉若干问题的解释》（2000年12月13日发布）

第五十九条 当事人办理抵押物登记手续时，因登记部门的原因致使其无法办理抵押物登记，抵押人向债权人交付权利凭证的，可以认定债权人对该财产有优先受偿权。但是，未办理抵押物登记的，不得对抗第三人。

❸《最高人民法院印发〈关于审理房地产管理法施行前房地产开发经营案件若干问题的解答〉的通知》（1995年12月27日发布）

15. 土地使用者未办理土地使用权抵押登记手续，将土地使用权进行抵押的，应当认定抵押合同无效。

16. 土地使用者未办理土地使用权抵押登记手续将土地使用权抵押后，又与他人就同一土地使用权签订抵押合同，并办理了抵押登记手续的，应当认定后一个抵押合同有效。

❹《关于土地使用权抵押登记有关问题的通知》（1997年1月3日 国家土地管理局发布）（略）

❺《个人住房贷款管理办法》（1998年5月14日 中国人民银行发布）

第二十条 抵押合同自抵押物登记之日起生效，至借款人还清全部贷款本息时终止。抵押合同终止后，当事人应按合同的约定，解除设定的抵押权，以房地产作为抵押物的，解除抵押权时，应到原登记部门办理抵押注销登记手续。

❻《动产抵押登记办法》（2007年10月17日 国家工商行政管理局修订发布）

第二条 企业、个体工商户、农业生产经营者以现有的以及将有的生产设备、原材料、半成品、产品抵押的，应当向抵押人住所地的县级工商行政管理部门（以下简称动产抵押登记机关）办理登记。未经登记，不得对抗善意第三人。

动产抵押登记可由抵押合同双方当事人共同向动产抵押登记机关办理，也可以委托代理人向动产抵押登记机关办理。

❼《城市房地产抵押管理办法》（2001年8月15日 建设部修正发布）

第三十一条 房地产抵押合同自抵押登记之日起生效。

案例链接

❶《洛阳市洛龙区商业局与洛阳市供销社财务开发公司借款担保纠纷上诉案》，参见北大法宝引证码：Pkulaw.cn/CLI.C.281478。

❷《中国农业银行潢川县支行诉潢川县黄都商贸有限责任公司借款合同纠纷案》，参见北大法宝引证码：Pkulaw.cn/CLI.C.280469。

❸《李秋旗与郏县茨芭镇后李村委会抵押合同纠纷上诉案》，参见北大法宝引证码：Pkulaw.cn/CLI.C.260124。

学者观点

❶ 彭诚信、祝杰：《实现抵押关系内在平衡之制度设计》，参见北大法宝引证码：Pkulaw.cn/CLI.A.14270。

【抵押合同的效力】

法律问题解读

抵押合同的效力，是指法律赋予依法成立的抵押合同具有约束抵押当事人各方乃至第三人的强制力。抵押合同对抵押当事人各方的约束力包括：当事人负有适当履行抵押合同的义务，如抵押人有提供抵押物、妥善保管抵押物的义务，抵押权人在抵押权消失后有协助办理注销抵押登记的义务；违约方依法承担违约责任；当事人不得擅自变更、解除合同，不得擅自转让抵押合同的权利义务；法律规定的合同附随义务，如当事人协助对方办理抵押物登记的手续的附随义务。抵押合同的效力包括以下几个方面的内容：

1. 抵押合同的有效要件。抵押合同有效首先要满足一般合同的生效要件：即当事人具有相应的民事行为能力；当事人意思表示真实；合同内容不违反法律的强行性或者禁止性规定和社会公共利益；合同的标的须确定和可能。此外，抵押合同生效还须具备一些特殊的要件，如采用书面形式等等。值得注意的是《物权法》厘清了抵押权登记与抵押合同下效力的关系，抵押登记不再作为抵押合同的生效要件，而是抵押权的设立要件或者对抗要件。

2. 抵押合同的无效。如果抵押合同有《合同法》中规定无效的原因的，抵押合同无效。此外，以禁止抵押物抵押的，抵押合同无效。

3. 抵押合同的撤销。基于欺诈、胁迫、乘人之危、重大误解和显失公平订立的抵押合同，撤销权人可以撤销。此外，由于抵押合同的效力从属于主合同的效力，如果主合同无效或被撤销的，除当事人另有约定之外，抵押合同随之无效和被撤销。

法条指引

❶《中华人民共和国物权法》（2007年3月16日 主席令公布 2007年10月1日施行）

第一百七十八条 担保法与本法的规定不一致的，适用本法。

第一百八十四条 下列财产不得抵押：

（一）土地所有权；

（二）耕地、宅基地、自留地、自留山等集体所有的土地使用权，但法律规定可以抵押的除外；

（三）学校、幼儿园、医院等以公益为目的的事业单位、社会团体的教育设施、医疗卫生设施和其他社会公益设施；

（四）所有权、使用权不明或者有争议的财产；

（五）依法被查封、扣押、监管的财产；

（六）法律、行政法规规定不得抵押的其他财产。

第一百八十五条 设立抵押权，当事人应当采取书面形式订立抵押合同。

抵押合同一般包括下列条款：

（一）被担保债权的种类和数额；

（二）债务人履行债务的期限；

（三）抵押财产的名称、数量、质量、状况、所在地、所有权归属或者使用权归属；

（四）担保的范围。

第一百八十六条 抵押权人在债务履行期届满前，不得与抵押人约定债务人不履行到期债务时抵押财产归债权人所有。

第一百八十七条 以本法第一百八十条第一款第一项至第三项规定的财产或者第五项规定的正在建造的建筑物抵押的，应当办理抵押登记。抵押权自登记时设立。

第一百八十八条 以本法第一百八十条第一款第四项、第六项规定的财产或者第五项规定的正在建造的船舶、航空器抵押的，抵押权自抵押合同生效时设立；未经登记，不得对抗善意第三人。

❷《中华人民共和国担保法》（1995年6月30日 主席令公布）

第五条 担保合同是主合同的从合同，主合同无效，担保合同无效。担保合同另有约定的，按照约定。

担保合同被确认无效后，债务人、担保人、债权人有过错的，应当根据其过错各自承担相应的民事责任。

❸《中华人民共和国民法通则》（1986年4月12日 主席令公布）

第五十五条　民事法律行为应当具备下列条件：

（一）行为人具有相应的民事行为能力；

（二）意思表示真实；

（三）不违反法律或者社会公共利益。

第五十八条　下列民事行为无效：

（一）无民事行为能力人实施的；

（二）限制民事行为能力人依法不能独立实施的；

（三）一方以欺诈、胁迫的手段或者乘人之危，使对方在违背真实意思的情况下所为的；

（四）恶意串通，损害国家、集体或者第三人利益的；

（五）违反法律或者社会公共利益的；

（六）经济合同违反国家指令性计划的；

（七）以合法形式掩盖非法目的的。

无效的民事行为，从行为开始起就没有法律约束力。

❹《中华人民共和国合同法》（1999年3月15日 主席令公布）

第七条　当事人订立、履行合同，应当遵守法律、行政法规，尊重社会公德，不得扰乱社会经济秩序，损害社会公共利益。

第三十六条　法律、行政法规规定或者当事人约定采用书面形式订立合同，当事人未采用书面形式但一方已经履行主要义务，对方接受的，该合同成立。

第五十二条　有下列情形之一的，合同无效：

（一）一方以欺诈、胁迫的手段订立合同，损害国家利益；

（二）恶意串通，损害国家、集体或者第三人利益；

（三）以合法形式掩盖非法目的的；

（四）损害社会公共利益；

（五）违反法律、行政法规的强制性规定。

第五十四条　下列合同，当事人一方有权请求人民法院或者仲裁机构变更或者撤销：

（一）因重大误解订立的；

（二）在订立合同时显失公平的。

一方以欺诈、胁迫的手段或者乘人之危，使对方在违背真实意思的情况下订立的合同，受损害方有权请求人民法院或者仲裁机构变更或者撤销。

当事人请求变更的，人民法院或者仲裁机构不得撤销。

第五十六条　无效的合同或者被撤销的合同自始没有法律约束力。合同部分无效，不影响其他部分效力的，其他部分仍然有效。

❺《最高人民法院关于国有工业企业以机器设备等财产为抵押物与债权人签订的抵押合同的效力问题的批复》（2002年6月18日发布）

重庆市高级人民法院：

你院渝高法〔2001〕37号《关于认定国有工业企业以机器设备、厂房为抵押物与债权人签订的抵押合同的法律效力的请示》收悉。经研究，答复如下：

根据《中华人民共和国担保法》第三十四条和最高人民法院《关于适用〈中华人民共和国合同法〉若干问题的解释（一）》第九条规定的精神，国有工业企业以机器设备、厂房等财产与债权人签订的抵押合同，如无其他法定的无效情形，不应当仅以未经政府主管部门批准为由认定抵押合同无效。

本批复施行后，正在审理或者尚未审理的案件，适用本批复，但判决、裁定已经发生法律效力的案件提起再审的除外。

此复

❻《最高人民法院关于当前人民法院审理企业破产案件应当注意的几个问题的通知》（1997年3月6日发布）

七、人民法院审理企业破产案件涉及抵押合同及担保债权的法律效力问题的，要按照《企业破产法》、《中华人民共和国担保法》（以下简称《担保法》）、《通知》、《补充通知》以及本通知的有关规定，认真审查并正确认定抵押合同的效力。对国有企业以已确认为关键设备、成套设备或重要建筑物设立抵押而未经政府主管部门批准的，以《担保法》第三十七条规定不得作抵押的财产设立抵押的，破产企业在法院受理企业破产案件前六个月至破产宣告期间，对原没有抵押的债务设立抵押的，在有多个债权人的情况下，债务人与个别债权人恶意串通将其大部分财产抵押给一个债权人，从而丧失履行其他债务能力的，均应认定抵押合同无效。

❼《最高人民法院关于债务人有多个债权人而将其全部财产抵押给其中一个债权人是否有效问题的批复》（1994年3月26日发布）

山东省高级人民法院：

你院《关于债务人有多个债权人，而将其全

部财产抵押给一个债权人是否有效的请示》收悉。经研究，答复如下：

债务人有多个债权人时，而将其全部财产抵押给其中一个债权人，因此丧失了履行其他债务的能力，损害了其他债权人的合法权益，根据《中华人民共和国民法通则》第四条、第五条的规定，应当认定该抵押协议无效。

此复

案例链接

❶《三门峡市城市信用社股份有限公司诉三门峡恒生药品站等借款合同纠纷案》，参见北大法宝引证码：Pkulaw. cn/CLI. C. 279179。

❷《卑正明诉林珊等民间借贷纠纷案》，参见北大法宝引证码：Pkulaw. cn/CLI. C. 227072。

❸《中国建设银行股份有限公司宁波市分行诉胡品等金融借款合同纠纷案》，参见北大法宝引证码：Pkulaw. cn/CLI. C. 228061。

学者观点

❶ 黄桂琴：《试论抵押合同的性质和效力》，参见北大法宝引证码：Pkulaw. cn/CLI. A. 170823。

【抵押合同的公证】

法律问题解读

抵押合同公证是公证机关依法证明当事人签订的抵押合同的真实性、合法性的活动。当事人在签订抵押合同后，认为有必要的，可以到公证机关申请抵押合同公证。

抵押合同公证可由双方当事人亲自办理，也可以由当事人的委托人代为办理。当事人应当按公证机关的要求填写公证申请表，并提交相应的材料。公证机关对符合条件的申请，应予受理，并对当事人发出受理通知单。公证机关在受理后，应派出公证人员审查申请人所提供的材料和证据，必要的还需询问证人调查取证，以确定抵押合同的真实性和合法性。

公证处应及时办理各类公证事务，合同的公证应从受理之日起一个月内办结，有特殊情况延长的，最多不得超过6个月。公证机关在审查完毕之后，认为符合公证条件的，应当出具公证书。公证书自审批人审批之日起生效。当事人对公证书作出的不予受理、拒绝公证、撤销公证书的决定有异议的，可以在接到决定之日起10日内，向该公证处的本级司法行政机关申请复议。

在我国，调整抵押合同公证的主要规定有：司法部颁布的《公证程序规则》和《抵押贷款合同公证程序细则》。抵押合同的公证应具体参照以上法规、规章的规定执行。

法条指引

❶《抵押贷款合同公证程序细则》（1992年12月31日 司法部发布）

第二条 抵押贷款合同公证是公证机关依法证明当事人签订的抵押贷款合同的真实性、合法性的活动。

❷《公证程序规则》（2006年5月18日 司法部发布）

第十四条 公证事项由当事人住所地、经常居住地、行为地或者事实发生地的公证机构受理。

涉及不动产的公证事项，由不动产所在地的公证机构受理；涉及不动产的委托、声明、赠与、遗嘱的公证事项，可以适用前款规定。

第十五条 二个以上当事人共同申办同一公证事项的，可以共同到行为地、事实发生地或者其中一名当事人住所地、经常居住地的公证机构申办。

第十六条 当事人向二个以上可以受理该公证事项的公证机构提出申请的，由最先受理申请的公证机构办理。

学者观点

❶ 朱云慧：《论物权登记的法定公证前置》，参见北大法宝引证码：Pkulaw. cn/CLI. A. 1136354。

❷ 汤维建、陈巍：《物权登记与法定公证制度》，参见北大法宝引证码：Pkulaw. cn/CLI. A. 171673。

❸ 陈巍：《公证与物权登记制度的衔接》，参见北大法宝引证码：Pkulaw. cn/CLI. A. 1109493。

【抵押合同公证当事人】

法律问题解读

抵押合同公证当事人是指与合同公证事项有法律上的利害关系并以自己的名义向公证处提出公证申请，在公证活动中享有权利和承担义务的公民或者法人。如果抵押合同公证当事人的一方是法人的，应当由其法定代表人申请办理公证。

当事人和当事人的法定代表人，可以委托代

理人申办抵押合同公证事项。但委托人应当向公证处提交授权委托书和本人身份证件。法定代表人申办抵押合同公证事项的，应当向公证处提交法人资格证明和法定代表人身份证明及本人身份证件。需要注意的是，公证人员不得代理当事人在本公证处办理抵押合同公证事项。

申请抵押合同公证的一方当事人居住在国外或我国香港、澳门、台湾地区的，委托国内（内地）代理人申办抵押合同公证的，代理人应持委托人从国外寄来的文件书信（含电信、电报）到公证处代为申办。该委托书信不需另外办理公证。

法条指引

❶《抵押贷款合同公证程序细则》（1992年12月31日 司法部发布）

第三条 本细则适用于银行或其他金融机构与以自己所有或经营管理的财产提供抵押担保的借款人之间签订的抵押贷款合同公证。

第五条 申请人应填写公证申请表，并向公证处提交下列材料：

（一）法人资格证明和法定代表人身份证明及本人身份证件，代为申请的应提交授权委托书和本人身份证件；

（二）贷款方的《经营金融业务许可证》；

（三）抵押贷款合同草本及其附件；

（四）抵押财产清单、抵押财产所有权或经营管理权证明；

（五）抵押财产为土地使用权的，提交土地使用权证明；

（六）抵押财产为共有的，提交其他共有人同意抵押的证明；

（七）法律、法规或规章规定该项抵押需经有关主管部门批准的，提交有关主管部门的批准文件；

（八）公证员认为应当提交的其他材料。

❷《公证程序规则》（2006年5月18日 司法部发布）

第九条 公证当事人是指与公证事项有利害关系并以自己的名义向公证机构提出公证申请，在公证活动中享有权利和承担义务的自然人、法人或者其他组织。

第十条 无民事行为能力人或者限制民事行为能力人申办公证，应当由其监护人代理。

法人申办公证，应当由其法定代表人代表。

其他组织申办公证，应当由其负责人代表。

第十一条 当事人可以委托他人代理申办公证，但申办遗嘱、遗赠扶养协议、赠与、认领亲子、收养关系、解除收养关系、生存状况、委托、声明、保证及其他与自然人人身有密切关系的公证事项，应当由其本人亲自申办。

公证员、公证机构的其他工作人员不得代理当事人在本公证机构申办公证。

第十二条 居住在香港、澳门、台湾地区的当事人，委托他人代理申办涉及继承、财产权益处分、人身关系变更等重要公证事项的，其授权委托书应当经其居住地的公证人（机构）公证，或者经司法部指定的机构、人员证明。

居住在国外的当事人，委托他人代理申办前款规定的重要公证事项的，其授权委托书应当经其居住地的公证人（机构）、我驻外使（领）馆公证。

【抵押合同公证的管辖】

法律问题解读

抵押合同的公证一般由抵押当事人的住所地或抵押合同的签订地的公证处管辖。在我国当事人是自然人的，他的住所地为他的户籍所在地的居住地。如果经常居住地与住所地不一致的，经常居住地视为住所地。所谓经常居住地，是指自然人离开住所地最后连续居住1年以上的地方，但住医院治病的除外。自然人由其户籍所在地迁出后，在迁入另一地以前，无经常居住地的，原则上仍以其户籍所在地为住所地。如果抵押当事人是法人的，则该法人的主要办事机构所在地为其住所地。如果抵押合同当事人的住所地不同的，当事人必须共同到其中一名当事人所在地的公证处办理抵押合同公证。

抵押合同签订地又称为抵押合同成立地。依据我国《合同法》的规定，当事人可以约定抵押合同签订地。如果当事人没有约定的，以承诺生效的地点作为抵押合同签订的地点。如果当事人以合同书的形式订立抵押合同的，双方当事人签字或者盖章的地点为抵押合同的签订地。当事人办理抵押合同公证应分别到以上合同签订地的公证处办理。

抵押物为不动产的，也可以由不动产所在地的公证处管辖。也就是说，抵押物为不动产的，当事人既可以在当事人住所地和抵押合同签订地的公证处办理公证，也可以在不动产所在地的公证处办理公证。

法条指引

❶《中华人民共和国民法通则》（1986年4月12日 主席令公布）

第十五条 公民以他的户籍所在地的居住地为住所，经常居住地与住所不一致的，经常居住地视为住所。

第三十九条 法人以它的主要办事机构所在地为住所。

❷《中华人民共和国合同法》（1999年3月15日 主席令公布）

第三十四条 承诺生效的地点为合同成立的地点。

采用数据电文形式订立合同的，收件人的主营业地为合同成立的地点；没有主营业地的，其经常居住地为合同成立的地点。当事人另有约定的，按照其约定。

第三十五条 当事人采用合同书形式订立合同的，双方当事人签字或者盖章的地点为合同成立的地点。

❸《抵押贷款合同公证程序细则》（1992年12月31日 司法部发布）

第四条 抵押贷款合同公证由当事人住所地或合同签订地的公证处管辖。

抵押物为不动产的，也可以由不动产所在地的公证处管辖。

❹《公证程序规则》（2006年5月18日 司法部发布）

第十四条 公证事项由当事人住所地、经常居住地、行为地或者事实发生地的公证机构受理。

涉及不动产的公证事项，由不动产所在地的公证机构受理；涉及不动产的委托、声明、赠与、遗嘱的公证事项，可以适用前款规定。

第十五条 二个以上当事人共同申办同一公证事项的，可以共同到行为地、事实发生地或者其中一名当事人住所地、经常居住地的公证机构申办。

第十六条 当事人向二个以上可以受理该公证事项的公证机构提出申请的，由最先受理申请的公证机构办理。

❺《最高人民法院关于贯彻执行〈中华人民共和国民法通则〉若干问题的意见（试行）》（1988年1月26日发布）

9. 公民离开住所地最后连续居住1年以上的地方，为经常居住地。但住医院治疗的除外。

公民由其户籍所在地迁出后至迁入另一地之前，无经常居住地的，仍以其原户籍所在地为住所。

【抵押合同公证的程序】

法律问题解读

公民、法人申请抵押合同公证时，必须填写公证申请表，并向公证处提交以下材料：1. 公民的身份证明、资格证明和法定代表人的身份证明以及本人的身份证件，代为申请的还应提交授权委托书和本人身份证件；2. 抵押合同的草本及其附件；3. 抵押财产清单、抵押财产的所有权或经营管理权证明；4. 抵押财产为共有财产的，应提交其他共有人同意抵押的证明。这里的共有指的是共同共有。按份共有财产人以自己享有的共有财产的份额抵押时，无须经其他共有人同意，在办理抵押合同公证时无须提供其他按份共有人同意的证明；5. 法律、法规或规章规定该项抵押须经有关主管部门批准的，应提交有关主管部门的批准文件。例如以划拨方式取得的国有土地使用权抵押的，在办理抵押合同公证时，应提交土地管理部门批准抵押的文件。

符合下列条件的抵押合同公证的申请，公证处应当受理，并向当事人发出受理通知单：申请人为抵押合同的抵押人和抵押权人；申请公证事项属于该公证处管辖；申请人提交了公证所需的材料。不符合条件的申请，公证处应作出不予受理的决定并通知当事人。当事人可对不予受理的公证决定提起行政复议。公证处应当在当事人提交公证所需的材料基本齐全后7天内作出受理或不受理的决定。公证处受理公证申请后，当事人应按规定缴纳公证费。公证处在接受当事人的申请后，应对当事人申请抵押合同公证的事项进行审查。符合条件的，公证处应按规定的程序和期限出具公证书。公证书自批准之日起生效。

法条指引

❶《抵押贷款合同公证程序细则》（1992年12月31日 司法部发布）

第五条 申请人应填写公证申请表，并向公证处提交下列材料：

（一）法人资格证明和法定代表人身份证明及本人身份证件，代为申请的应提交授权委托书和本人身份证件；

（二）贷款方的《经营金融业务许可证》；

（三）抵押贷款合同草本及其附件；

（四）抵押财产清单、抵押财产所有权或经营管理权证明；

（五）抵押财产为土地使用权的，提交土地使用权证明；

（六）抵押财产为共有的，提交其他共有人同意抵押的证明；

（七）法律、法规或规章规定该项抵押需经有关主管部门批准的，提交有关主管部门的批准文件；

（八）公证员认为应当提交的其他材料。

第六条 抵押贷款合同应具备下列条款：

（一）借款人、贷款人的名称、地址、法定代表人或代表人的姓名、借款人的开户银行及账号、合同签订日期、地点、合同生效日期；

（二）贷款的用途；

（三）贷款的币种、金额、期限和利率；

（四）贷款的支付及偿还本息的时间、方法；

（五）抵押财产的名称、数量、质量、规格、处所、使用权属及使用期限；

（六）抵押财产现值；

（七）抵押财产及其产权证书的占管方式、占管责任、毁损和灭失的风险负担和救济方法；

（八）抵押财产投保的险种、期限；

（九）抵押财产的处理方式和期限；

（十）违约责任及争议解决方法；

（十一）借贷双方商定的其他条款。

双方当事人可以在合同中约定，借款人违约时，贷款人可以申请公证机关出具强制执行证书，向人民法院申请强制执行借款人的抵押财产。

第七条 符合下列条件的申请，公证处应予受理，并书面通知当事人：

（一）申请人为该抵押贷款合同的借款人和贷款人；

（二）申请公证事项符合本细则第三条规定的范围；

（三）申请公证事项属于本公证处管辖；

（四）本细则第五条规定的材料基本齐全。

不符合前款规定条件的申请，公证处应作出不予受理的决定，通知当事人，并告知对不受理不服的复议程序。

受理或不受理的决定，应在本细则第五条所列材料基本齐全后的七日内作出。

第八条 公证员接待申请人，应按《公证程序规则（试行）》第二十四条的规定认真制作谈话笔录，重点记录下列内容：

（一）合同签订的有关情况；

（二）抵押财产的现值及归属、使用情况；

（三）各方对合同中规定的权利、义务及后果是否明确，有无修改、补充意见；

（四）公证员对合同的修改、补充建议及当事人对该建议的意见；

（五）公证费的负担及支付方式；

（六）公证员认为应当询问的其他情况。

❷《公证程序规则》（2006年5月18日 司法部发布）

第十六条 公民、法人申请公证应当提交下列材料：

（一）身份证明、法人资格证明及其法定代表人的身份证明；

（二）代理人代为申请的，委托代理人须提交授权委托书，其他代理人须提交有代理权资格的证明；

（三）需公证的文书；

（四）与公证事项有关的财产所有权证明；

（五）与公证事项有关的其他材料。

第十七条 符合下列条件的申请，公证处应予受理：

（一）申请人与申请公证的事项有利害关系；

（二）申请人之间对申请公证的事项无争议；

（三）申请公证的事项属于公证处的业务范围；

（四）申请公证的事项属于本公证处管辖。

对不符合条件的申请，公证处应作出不予受理决定，并通知申请人。

第十八条 公证处应当建立分类登记制度。登记事项包括：公证类别、当事人姓名（名称）、代理人（代表人）姓名、受理日期、承办人、审批人、办结日期、结案方式、公证书编号等。

第十九条 公证处受理公证申请后，应将受理通知单发给当事人，并开始建立公证卷宗。

受理通知单应记明：申请人的姓名（名称）、申请公证的事项、申请人提供的主要材料、受理日期及承办人。申请人或其代理人（代表人）应在受理通知单回执上签名。

第二十条 公证处受理公证申请后，应按规定标准由专人收取公证费。公证办结后，经核定的公证费数额与预收数额不一致的，应当办理退还或补收手续。当事人交纳公证费有困难的，应提出书面申请，由公证处主任或副主任决定是否减免。

第二十一条 公证处可以设立公证事项承办单，各环节的经办人应在承办单上签名并注明日期。承办单应附卷。

第二十八条 公证处可以委托外地公证处调查。委托调查，必须提出明确的要求。受委托的公证处根据办案需要，可以主动补充调查内容。

受委托的公证处收到委托调查函后，应在一个月内完成调查。因故不能完成的，应在上述期限内函告委托调查的公证处。

第五十五条 当事人对公证处出具的公证书或者作出的不予受理、拒绝公正、撤销公证书、不予撤销公证书的决定有异议的，可以在接到公证书或者决定之日起六十日内，向该公证处的本级司法行政机关提出申诉。

与公证事项有利害关系人对公证处出具的公证书或者作出的撤销、不予撤销公证书的决定有异议的，可以自知道之日起六十日内向公证处的本级司法行政机关提出申诉；但提出申诉的期间最长不得超过《民法通则》规定的诉讼时效期间。

学者观点

❶ 王亦平：《我国银行抵押贷款若干问题研究》，参见北大法宝引证码：Pkulaw. cn/CLI. A. 13214。

【公证机关】

法律问题解读

公证处是国家的公证机关，办理合同公证和其他公证事项。直辖市、县（自治县）、市设立有公证处。经省、自治区、直辖市司法行政机关的批准，市辖区也可设立公证处。

公证处对符合条件的公证申请，应当予以受理。在受理公证申请后，公证处应当通过询问证人，调取书证、物证、视听材料，现场勘验，进行鉴定等方式收集证据来对当事人申请公证的事项进行实质性审查。公证处对审查中发现的违法行为，应责令当事人或有关人员纠正，并有权向有关部门发出司法建议书。当事人弄虚作假，提供伪证或妨碍公证处查证工作正常进行的，公证处可拒绝公证，并可以不退还当事人所交的公证费。公证处对经审查后符合条件的申请，应出具公证书。公证处的公证事项应从受理之日起1个月办结，符合法律规定的事项，可适当延长，但最长不得超过6个月，延期的原因应当告知当事人。

需要注意的是，公证人员有下列情形之一的，应当自行回避，当事人也有权申请他们回避：是公证的当事人或者当事人的近亲属；与本公证事项有利害关系；与本公证事项的当事人有其他关系，可能影响正确公证的。公证事项的翻译、鉴定人员等有关人员也适用以上回避的规定。当事人应在公证书做成前提出回避申请。另外，因公证机关对合同公证不当或错误，不属于《民法通则》第121条规定的国家机关或其工作人员在执行公务中，侵犯公民、法人合法权益的行为，所以因公证机关的原因造成当事人经济损失的，当事人不能向人民法院起诉，请求公证机关赔偿损失。

法条指引

❶《中华人民共和国公证法》（2005年8月28日 主席令公布）

第六条 公证机构是依法设立，不以营利为目的，依法独立行使公证职能、承担民事责任的证明机构。

第七条 公证机构按照统筹规划、合理布局的原则，可以在县、不设区的市、设区的市、直辖市或者市辖区设立；在设区的市、直辖市可以设立一个或者若干个公证机构。公证机构不按行政区划层层设立。

第九条 设立公证机构，由所在地的司法行政部门报省、自治区、直辖市人民政府司法行政部门按照规定程序批准后，颁发公证机构执业证书。

第二十五条 自然人、法人或者其他组织申请办理公证，可以向住所地、经常居住地、行为地或者事实发生地的公证机构提出。

申请办理涉及不动产的公证，应当向不动产所在地的公证机构提出；申请办理涉及不动产的委托、声明、赠与、遗嘱的公证，可以适用前款规定。

第四十三条 公证机构及其公证员因过错给当事人、公证事项的利害关系人造成损失的，由公证机构承担相应的赔偿责任；公证机构赔偿后，可以向有故意或者重大过失的公证员追偿。

当事人、公证事项的利害关系人与公证机构因赔偿发生争议的，可以向人民法院提起民事诉讼。

❷《中华人民共和国民法通则》（1986年4月12日 主席令公布）

第一百二十一条 国家机关或者国家机关工作人员在执行职务中，侵犯公民、法人的合法权益造成损害的，应当承担民事责任。

❸《抵押贷款合同公证程序细则》（1992年12月31日 司法部发布）

第四条 抵押贷款合同公证由当事人住所地或合同签订地的公证处管辖。

抵押物为不动产的，也可以由不动产所在地的公证处管辖。

第十条 公证员认为必要时，可以对抵押财产进行勘验、清点、评估。

第十二条 不符合前条第一款规定条件的，公证处应当拒绝公证。拒绝公证的，公证处应在办证期限内将拒绝的理由书面通知当事人，并告之对拒绝不服的复议程序。

第十三条 公证处应设立抵押登记簿。对已办结公证的抵押贷款合同，公证处应对抵押财产的名称、数量、现值、处所、所有人或经营管理人、权益的有效期限等内容进行专项登记。

抵押登记可按规定查询。

❹《公证程序规则》（2006年5月18日 司法部发布）

第二十三条 公证机构受理公证申请后，应当指派承办公证员，并通知当事人。当事人要求该公证员回避，经查属于《公证法》第二十三条第三项规定应当回避情形的，公证机构应当改派其他公证员承办。

❺《最高人民法院关于合同公证失误公证机关能否作为被告问题的电话答复》（1988年9月2日发布）（略）

❻《公证服务收费管理办法》（1997年3月3日 国家计委司法部发布）

第十三条 公证处应当严格执行国家规定的公证服务收费标准，明码标价，接受社会监督。

学者观点

❶ 林文学：《审判实践中与公证有关的几个法律问题》，参见北大法宝引证码：Pkulaw.cn/CLI.A.1116769。

【公证费用】

法律问题解读

公证处为法人和公民办理公证事项时，按照《公证服务收费管理办法》收取公证费用。办理抵押合同公证的当事人在公证处受理公证申请后，应向公证处交公证费用。在抵押合同公证办结后，经核定的公证费数额低于预收数额的，公证处应当将多余的部分返还给当事人；如果预收数额少于核定的公证费用的，当事人应当补交差额部分。因公证处的过错而撤销公证书，所收取的公证费应全部退还当事人。但因当事人的过错而撤销公证书的，所收公证费不予退还。

公证处办理抵押合同公证，应严格按照《公证服务收费管理办法》向当事人收取公证费，并开具正式收据。其他任何单位和个人不得向当事人收取或截留公证费。公证员也不得私自收取公证费。抵押合同的公证属于合同的公证，其公证费一般是按照标的总额的比例收取。

当事人交纳抵押合同公证费用有困难的，可以提出书面申请，请求减少或免收公证费。抵押合同公证中如果当事人提出减免公证费的申请书，并附有当事人所在工作单位、城市街道办事处或乡、镇人民政府对当事人确实经济困难无力负担的证明的，公证处可减、免收公证费。减、免公证费由公证处主任或副主任决定。

法条指引

❶《抵押贷款合同公证程序细则》（1992年12月31日 司法部发布）

第四条 抵押贷款合同公证由当事人住所地或合同签订地的公证处管辖。

抵押物为不动产的，也可以由不动产所在地的公证处管辖。

第十条 公证员认为必要时，可以对抵押财产进行勘验、清点、评估。

第十二条 不符合前条第一款规定条件的，公证处应当拒绝公证。拒绝公证的，公证处应在办证期限内将拒绝的理由书面通知当事人，并告之对拒绝不服的复议程序。

第十三条 公证处应设立抵押登记簿。对已办结公证的抵押贷款合同，公证处应对抵押财产的名称、数量、现值、处所、所有人或经营管理人、权益的有效期限等内容进行专项登记。

抵押登记可按规定查询。

❷《公证程序规则》（2006年5月18日 司法部发布）

第二十二条 公证机构受理公证申请后，应当按照规定向当事人收取公证费。公证办结后，经核定的公证费与预收数额不一致的,应当办理退还或者补收手续。

对符合法律援助条件的当事人,公证机构应当按照规定减收或者免收公证费。

第六十六条 公证书被撤销的,所收的公证费按以下规定处理:

(一)因公证机构的过错撤销公证书的,收取的公证费应当全部退还当事人;

(二)因当事人的过错撤销公证书的,收取的公证费不予退还;

(三)因公证机构和当事人双方的过错撤销公证书的,收取的公证费酌情退还。

❸《公证服务收费管理办法》(1997年3月3日 国家计委、司法部发布)

第三条 公证处对下列法律行为、有法律意义的事实和文书的真实性、合法性,向申请人提供证明以及办理其他公证服务,应按规定的收费标准向申请人收取公证服务费:

(一)证明经济合同,办理继承、赠与、遗赠和提存公证;

(二)赋予债权文书具有强制执行效力;

(三)证明民事协议;

(四)证明出生、生存、学历、经历、婚姻状况、亲属关系、收养关系、死亡、不可抗力事件、组织资格和资信等有法律意义的事实;

(五)办理证据保全、制作票据拒绝证书,证明有法律意义的文书,证明知识产权的享有、转让和使用许可;

(六)办理遗嘱公证和保管遗嘱,清点保管遗产,确认遗嘱的效力;

(七)证明对财产的清点、清算、评估和估损;

(八)其他民事法律行为的设立、变更、终止;

(九)保管文书,办理法律规定的抵押登记,代办与公证事项相关的登记、认证事务,代拟和修改与公证事项相关的法律文书,解答法律咨询;

第六条 公证服务实行计件收费和按标的比例收费。

本办法第三条第(一)、(二)项按标的比例收费;第三条第(三)、(四)、(五)、(六)、(七)、(八)、(九)、(十)项计件收费。

第七条 公证处为申请人提供公证服务过程中发生的下列费用,由申请人另行支付:

(一)鉴定费、评估费;

(二)公证书副本费;

(三)公证处到异地(省外)办理公证所需的差旅费;

(四)当事人因举证有困难,委托公证处进行调查的有关费用等。

第九条 公证处向申请人收取公证服务费,可在受理公证事项时预收,也可以与申请人约定的承办公证事项期间分期收取。

第十条 已受理的公证事项,申请人要求撤回的,按规定收取手续费。因公证处的责任不能出具公证书或撤销公证书的,预收或已收的公证服务费应全部退还申请人;因公证处和申请人双方责任而撤销公证书,应按照责任的大小退还部分费用。因申请人提供伪证及举证不实而不能出具公证书的,预收的公证服务费不予退还。

第十二条 有下列情况之一的,公证处应当按照法律援助的有关规定,减收或者免收公证服务费:

(一)办理与领取抚恤金(或劳工赔偿金)、救济金、劳动保险金等有关的公证事项;

(二)办理赡养、抚养、扶养协议的证明;

(三)办理与公益活动有关的公证事项;

(四)列入国家"八七"扶贫攻坚计划贫困县的申请人申办的公证事项;

(五)申请人确因经济困难而无力负担的;

(六)其他特殊情况需要减免的。

第十三条 公证处应当严格执行国家规定的公证服务收费标准,明码标价,接受社会监督。

第十四条 公证处有下列价格违法行为之一的,由价格部门的价格监督检查机构依法查处:

(一)擅自提高收费标准的;

(二)扩大收费范围的;

(三)自立名目滥收费的;

(四)不按规定明码标价的;

(五)不如实提供价格检查所需资料的;

(六)违反本办法的其他价格违法行为。

【抵押贷款合同公证】

法律问题解读

抵押贷款合同公证是公证机关依法证明当事人签订的抵押贷款合同的真实性、合法性的活动。抵押贷款合同公证适用于银行或其他金融机构与提供抵押担保的借款人签订的抵押贷款合同。

抵押贷款合同公证的一方当事人必须为银行或其他金融机构,如农村信用合作社。另一方当事人可以是公民或者法人。一方当事人可以委托另外一方当事人或其他人办理抵押贷款合同公证。但办理合同公证的当事人必须向公证机关提交授权委托书和本人身份证件。

《抵押贷款合同公证程序细则》是规范抵押贷款合同公证的主要规章。抵押贷款合同公证当事人在向公证处申请公证时，须按照《抵押贷款合同公证程序细则》的规定，向公证机关提交相关的材料。公证机关受理当事人的申请后，应当对当事人所提供的材料进行审查。如果当事人的申请符合条件的，公证机关在审查后应出具公证书。

《抵押贷款合同公证程序细则》规定了当事人申请公证的抵押贷款合同应当具备的条款，如贷款的用途、贷款的支付及偿还本金的时间、方法、抵押财产的现值、占有管理办法、未知风险的负担等条款。抵押贷款双方当事人也可以在合同中约定，贷款人违约时，贷款人可以申请公证机关出具强制执行证书，向人民法院申请强制执行借款人的抵押财产。

法条指引

❶《抵押贷款合同公证程序细则》（1992年12月31日 司法部发布）

第二条 抵押贷款合同公证是公证机关依法证明当事人签订的抵押贷款合同的真实性、合法性的活动。

第三条 本细则适用于银行或其他金融机构与以自己所有或经营管理的财产提供抵押担保的借款人之间签订的抵押贷款合同公证。

第四条 抵押贷款合同公证由当事人住所地或合同签订地的公证处管辖。

抵押物为不动产的，也可以由不动产所在地的公证处管辖。

第十四条 以第三人所有或经营管理的财产提供抵押担保的抵押贷款合同公证，参照本细则办理。

❷《关于建设银行借款合同办理公证有关事宜的通知》（1996年1月26日 司法部、中国人民建设银行发布）（略）

学者观点

❶ 李颂银：《也论公证的法律效力》，参见北大法宝引证码：Pkulaw.cn/CLI.A.124668。

❷ 黄祎：《关于我国公证效力的解析》，参见北大法宝引证码：Pkulaw.cn/CLI.A.132660。

【抵押合同的内容】

法律问题解读

抵押合同的内容是确定抵押当事人权利义务的主要根据。《担保法》与《物权法》规定抵押合同应当具有以下条款：被担保的主债权种类、数额；债务人履行债务的期限；抵押物的名称、数量、质量、状况、住所地、所有权权属或者使用权权属；抵押担保的范围，即抵押物上负担的范围。这些是抵押合同的必备条款，抵押合同一般应包括以上内容。

为了尊重当事人订立合同的意思自治，合同的内容除了法律的强行规定以及合同性质本身所决定的内容之外，一般均由当事人自己决定，法律原则上不直接介入其中，抵押合同也是如此。上述的四个条款是普通抵押权设立合同在一般情况下都应具备的条款，除此之外，只要不违反抵押权本身的性质，当事人可以就抵押权设立的其他内容进行约定，并可写进抵押合同中，如可以预先约定抵押人就抵押物在抵押权存续期内的转让权、出租权、再次设定抵押权等内容。

在司法实践中，当事人所订立的抵押合同往往不完全具备前面所列的四个条款的内容，这时可以根据主合同和抵押合同进行补正。但抵押合同对被担保的主债权种类、抵押财产没有约定或者约定不明的，根据主合同和抵押合同不能补正或者无法推定的，抵押不成立。这是由于主债权种类和抵押财产不明确时，当事人根本无法实现其抵押权。抵押合同其他内容欠缺的，根据主合同和抵押合同不能补正或者推定的，抵押也可以成立。

法条指引

❶《中华人民共和国担保法》（1995年6月30日 主席令公布）

第三十九条 抵押合同应当包括以下内容：

（一）被担保的主债权种类、数额；

（二）债务人履行债务的期限；

（三）抵押物的名称、数量、质量、状况、所在地、所有权权属或者使用权权属；

（四）抵押担保的范围；

（五）当事人认为需要约定的其他事项。

抵押合同不完全具备前款规定内容的，可以补正。

❷《中华人民共和国合同法》（1999年3月15日 主席令公布）

第十二条 合同的内容由当事人约定，一般包括以下条款：
（一）当事人的名称或者姓名和住所；
（二）标的；
（三）数量；
（四）质量；
（五）价款或者报酬；
（六）履行期限、地点和方式；
（七）违约责任；
（八）解决争议的方法。

当事人可以参照各类合同的示范文本订立合同。

❸《中华人民共和国物权法》（2007年3月16日 主席令公布 2007年10月1日施行）

第一百八十五条 设立抵押权，当事人应当采取书面形式订立抵押合同。

抵押合同一般包括下列条款：
（一）被担保债权的种类和数额；
（二）债务人履行债务的期限；
（三）抵押财产的名称、数量、质量、状况、所在地、所有权归属或者使用权归属；
（四）担保的范围。

第一百八十六条 抵押权人在债务履行期届满前，不得与抵押人约定债务人不履行到期债务时抵押财产归债权人所有。

❹《最高人民法院关于适用〈中华人民共和国担保法〉若干问题的解释》（2000年12月13日发布）

第五十六条 抵押合同对被担保的主债权种类、抵押财产没有约定或者约定不明，根据主合同和抵押合同不能补正或者无法推定的，抵押不成立。

法律规定登记生效的抵押合同签订后，抵押人违背诚实信用原则拒绝办理抵押登记致使债权人受到损失的，抵押人应当承担赔偿责任。

案例链接

❶《中国银行股份有限公司青田县支行诉周雪华等借款合同纠纷案》，参见北大法宝引证码：Pkulaw. cn/CLI. C. 228137。

❷《中国农业发展银行开封县支行诉开封金明纸业有限公司借款合同纠纷案》，参见北大法宝引证码：Pkulaw. cn/CLI. C. 251675。

❸《未名天人中药有限公司与北京农村商业银行股份有限公司顺义支行借款合同纠纷上诉案》，参见北大法宝引证码：Pkulaw. cn/CLI. C. 222267。

【被担保主债权的种类、数额】

法律问题解读

被担保的主债权种类、数额，是《担保法》中规定的提示性条款之一，是抵押合同应当具备的内容。设立抵押权的目的是为了担保主债权的实现，因此，对于被担保的主债权种类应有明确的约定。

在我国民法中，债权因合同、无因管理、不当得利、侵权行为四种原因而产生，但《担保法》规定的"被担保的主债权的种类"不包括无因管理之债、不当得利之债以及损害赔偿之债。因此我国《担保法》中的"被担保的主债权的种类"，就是指"被担保的主合同产生的债权的种类"。当事人不能对因无因管理、不当得利、侵权行为产生的债权设定抵押。依据我国《合同法》的规定，在我国，有名合同主要有：买卖合同、供用电、水、气热力合同、赠与合同、借款合同、租赁合同、融资租赁合同、承揽合同、建设工程合同、运输合同、技术合同、保管合同、仓储合同、委托合同、行纪合同、居间合同。除了法律规定的这些有名合同可作为抵押担保的主债权之外，其他合法有效的无名合同也可以作为抵押担保的主债权。需要注意的是，抵押合同对被担保的主债权种类没有约定或者约定不明，根据主合同和抵押合同不能补正或者无法推定的，抵押不成立。

被担保债权的数额是指，在抵押合同中应确定被担保主债权的数额。特别是在当事人未约定所担保的范围时往往就根据被担保主债权的数额来界定抵押人的担保范围。因此被担保的主债权的数额在抵押合同中应予以载明。

法条指引

❶《中华人民共和国担保法》（1995年6月30日 主席令公布）

第二条 在借贷、买卖、货物运输、加工承揽等经济活动中，债权人需要以担保方式保障其债权实现的，可以依照本法规定设定担保。

本法规定的担保方式为保证、抵押、质押、留置和定金。

第三十九条 抵押合同应当包括以下内容：
（一）被担保的主债权种类、数额；
（二）债务人履行债务的期限；
（三）抵押物的名称、数量、质量、状况、所在地、所有权权属或者使用权权属；
（四）抵押担保的范围；
（五）当事人认为需要约定的其他事项。
抵押合同不完全具备前款规定内容的，可以补正。

第五十九条 本法所称最高额抵押，是指抵押人与抵押权人协议，在最高债权额限度内，以抵押物对一定期间内连续发生的债权作担保。

❷《中华人民共和国合同法》（1999年3月15日 主席令公布）

第十二条 合同的内容由当事人约定，一般包括以下条款：
（一）当事人的名称或者姓名和住所；
（二）标的；
（三）数量；
（四）质量；
（五）价款或者报酬；
（六）履行期限、地点和方式；
（七）违约责任；
（八）解决争议的方法。
当事人可以参照各类合同的示范文本订立合同。

第一百三十条 买卖合同是出卖人转移标的物的所有权于买受人，买受人支付价款的合同。

第一百八十五条 赠与合同是赠与人将自己的财产无偿给予受赠人，受赠人表示接受赠与的合同。

第一百九十六条 借款合同是借款人向贷款人借款，到期返还借款并支付利息的合同。

第二百一十二条 租赁合同是出租人将租赁物交付承租人使用、收益，承租人支付租金的合同。

第二百三十七条 融资租赁合同是出租人根据承租人对出卖人、租赁物的选择，向出卖人购买租赁物，提供给承租人使用，承租人支付租金的合同。

第二百五十一条 承揽合同是承揽人按照定作人的要求完成工作，交付工作成果，定作人给付报酬的合同。
承揽包括加工、定作、修理、复制、测试、检验等工作。

第二百六十九条 建设工程合同是承包人进行工程建设，发包人支付价款的合同。
建设工程合同包括工程勘察、设计、施工合同。

第二百八十八条 运输合同是承运人将旅客或者货物从起运地点运输到约定地点，旅客、托运人或者收货人支付票款或者运输费用的合同。

第三百二十二条 技术合同是当事人就技术开发、转让、咨询或者服务订立的确立相互之间权利和义务的合同。

第三百六十五条 保管合同是保管人保管寄存人交付的保管物，并返还该物的合同。

第三百八十一条 仓储合同是保管人储存存货人交付的仓储物，存货人支付仓储费的合同。

第三百九十六条 委托合同是委托人和受托人约定，由受托人处理委托人事务的合同。

第四百一十四条 行纪合同是行纪人以自己的名义为委托人从事贸易活动，委托人支付报酬的合同。

第四百二十四条 居间合同是居间人向委托人报告订立合同的机会或者提供订立合同的媒介服务，委托人支付报酬的合同。

❸《中华人民共和国物权法》（2007年3月16日 主席令公布 2007年10月1日施行）

第一百八十五条 设立抵押权，当事人应当采取书面形式订立抵押合同。
抵押合同一般包括下列条款：
（一）被担保债权的种类和数额；
（二）债务人履行债务的期限；
（三）抵押财产的名称、数量、质量、状况、所在地、所有权归属或者使用权归属；
（四）担保的范围。

案例链接

❶《梅赛德斯—奔驰汽车金融有限公司诉甘拥军等借款合同纠纷案》，参见北大法宝引证码：Pkulaw.cn/CLI.C.229854。

❷《浙江赛尔集团有限公司与浙江泰隆商业银行股份有限公司杭州分行金融借款合同纠纷上诉案》，参见北大法宝引证码：Pkulaw.cn/CLI.C.284275。

❸《华夏银行股份有限公司北京分行诉北京中油道亨石油销售有限公司等金融借款合同纠纷案》，参见北大法宝引证码：Pkulaw.cn/CLI.C.178814。

学者观点

❶ 廖炜晃：《担保物权不因主债权诉讼时效结束后2年的经过而消灭——从个案谈对〈担保法司法解释〉第12条第2款的理解》，参见北大法宝引证码：Pkulaw.cn/CLI.A.1112894。

【债务人履行债务的期限】

法律问题解读

债务人履行债务的期限是《担保法》规定抵押合同中的提示性条款，是抵押合同中应当具有的内容。债务履行的期限，也称债务的清偿期或给付期，即债务人应履行债务的期限或债权人可以请求债务人清偿债务的期限。抵押权是一种变价优先受偿权，也就是说，当债务人不履行债务时，债权人有权以抵押财产折价或者以拍卖、变卖该财产所得的价款优先受偿。抵押权实现的主要条件就是被担保主债权的债务人到期未履行债务，所以，确定主债务的履行期有利于保护抵押人的利益。

在实践中，当抵押物是由第三人提供时，第三人应当重点考虑主债务的履行期限。只有在主债务履行期明确的情况下，抵押人可以清楚地预见到自己提供的财产上的抵押权存续的期限，并据此对抵押财产作预期的安排，抵押人才能从事为债务人提供抵押担保这种有相当风险的活动。另外，根据抵押权消灭的从属性，当主债权消失时，抵押权亦随同消灭。因此，当主债权存续期限确定之时，债务人既可以通过提前履行债务解除抵押物上的权利负担（抵押权），也可以在履行期届满前拒绝债权人的履行要求，防止抵押物被折价或拍卖、变卖。

当事人如果没在抵押合同中约定债务履行期限的或约定不明的，可以另外协议补充。如果当事人没有协议补充的，债务人可以随时履行，债权人也可以随时要求履行，但应当给对方必要的准备时间。

法条指引

❶《中华人民共和国担保法》（1995年6月30日 主席令公布）

第三十九条 抵押合同应当包括以下内容：
（一）被担保的主债权种类、数额；
（二）债务人履行债务的期限；
（三）抵押物的名称、数量、质量、状况、所在地、所有权权属或者使用权权属；
（四）抵押担保的范围；
（五）当事人认为需要约定的其他事项。
抵押合同不完全具备前款规定内容的，可以补正。

第五十三条 债务履行期届满抵押权人未受清偿的，可以与抵押人协议以抵押物折价或者以拍卖、变卖该抵押物所得的价款受偿；协议不成的，抵押权人可以向人民法院提起诉讼。
抵押物折价或者拍卖、变卖后，其价款超过债权数额的部分归抵押人所有，不足部分由债务人清偿。

❷《中华人民共和国合同法》（1999年3月15日 主席令公布）

第十二条 合同的内容由当事人约定，一般包括以下条款：
（一）当事人的名称或者姓名和住所；
（二）标的；
（三）数量；
（四）质量；
（五）价款或者报酬；
（六）履行期限、地点和方式；
（七）违约责任；
（八）解决争议的方法。
当事人可以参照各类合同的示范文本订立合同。

第六十一条 合同生效后，当事人就质量、价款或者报酬、履行地点等内容没有约定或者约定不明确的，可以协议补充；不能达成补充协议的，按照合同有关条款或者交易习惯确定。

第六十二条 当事人就有关合同内容约定不明确，依照本法第六十一条的规定仍不能确定的，适用下列规定：
（一）质量要求不明确的，按照国家标准、行业标准履行；没有国家标准、行业标准的，按照通常标准或者符合合同目的的特定标准履行。
（二）价款或者报酬不明确的，按照订立合同时履行地的市场价格履行；依法应当执行政府定价或者政府指导价的，按照规定履行。
（三）履行地点不明确，给付货币的，在接受货币一方所在地履行；交付不动产的，在不动产所在地履行；其他标的，在履行义务一方所在地履行。
（四）履行期限不明确的，债务人可以随时履行，债权人也可以随时要求履行，但应当给对方必要的准备时间。

（五）履行方式不明确的，按照有利于实现合同目的的方式履行。

（六）履行费用的负担不明确的，由履行义务一方负担。

❸《中华人民共和国物权法》（2007年3月16日 主席令公布 2007年10月1日施行）

第一百八十五条 设立抵押权，当事人应当采取书面形式订立抵押合同。

抵押合同一般包括下列条款：

（一）被担保债权的种类和数额；

（二）债务人履行债务的期限；

（三）抵押财产的名称、数量、质量、状况、所在地、所有权归属或者使用权归属；

（四）担保的范围。

第一百九十五条 债务人不履行到期债务或者发生当事人约定的实现抵押权的情形，抵押权人可以与抵押人协议以抵押财产折价或者以拍卖、变卖该抵押财产所得的价款优先受偿。协议损害其他债权人利益的，其他债权人可以在知道或者应当知道撤销事由之日起一年内请求人民法院撤销该协议。

抵押权人与抵押人未就抵押权实现方式达成协议的，抵押权人可以请求人民法院拍卖、变卖抵押财产。

抵押财产折价或者变卖的，应当参照市场价格。

案例链接

❶《上海浦东发展银行股份有限公司郑州分行诉三门峡惠能热电有限责任公司等金融借款担保合同纠纷案》，参见北大法宝引证码：Pkulaw.cn/CLI.C.189494。

❷《中国民生银行股份有限公司总行营业部诉中国教育投资有限公司等借款合同纠纷案》，参见北大法宝引证码：Pkulaw.cn/CLI.C.175844。

❸《北京农村商业银行股份有限公司王辛庄支行诉北京华旭制衣有限公司等借款合同纠纷案》，参见北大法宝引证码：Pkulaw.cn/CLI.C.180199。

【抵押合同的主要条款】

法律问题解读

抵押合同的主要条款是抵押合同必不可少的条款，如果一个抵押合同欠缺主要条款，无法通过其他方式加以确定的，抵押合同不成立。依据最高人民法院《关于担保法若干问题的解释》的规定，被担保的主债权种类、抵押财产为抵押合同的主要条款。抵押合同对被担保的主债权种类、抵押财产没有约定或者约定不明，根据主合同和抵押合同不能补正或者无法推定的，抵押合同不成立。

抵押合同欠缺主要条款以外的其他条款，如债务人履行债务的期限等，可以通过主合同确定。但是主债权条款和抵押物条款欠缺而无法补正的，必然会导致抵押合同不成立，抵押权无法设定。对抵押物的状况记载含糊不清，例如以汽车抵押的，只记载车号车型，不记载车辆牌照；以房地产抵押的，只记载抵押人所有的房地产，不记载方位门牌。这样的抵押合同在履行时经常发生纠纷。抵押合同欠缺抵押物条款，可以通过当事人事后补正使合同成立；当事人没有补正的，抵押合同不能成立。抵押物的名称不能推定。债务人用以抵押的财产必须是所有权、使用权明确、无争议的财产。抵押合同对抵押物的名称、状况、所在地、所有权权属或者使用权权属约定不明的，应当认定抵押合同没有成立，而不是无效。因为，抵押物应当是特定的、可以折价或者变卖的财产，否则，抵押失去了意义。

法条指引

❶《中华人民共和国担保法》（1995年6月30日 主席令公布）

第三十九条 抵押合同应当包括以下内容：

（一）被担保的主债权种类、数额；

（二）债务人履行债务的期限；

（三）抵押物的名称、数量、质量、状况、所在地、所有权权属或者使用权权属；

（四）抵押担保的范围；

（五）当事人认为需要约定的其他事项。

抵押合同不完全具备前款规定内容的，可以补正。

❷《中华人民共和国物权法》（2007年3月16日 主席令公布 2007年10月1日施行）

第一百八十五条 设立抵押权，当事人应当采取书面形式订立抵押合同。

抵押合同一般包括下列条款：

（一）被担保债权的种类和数额；

（二）债务人履行债务的期限；

（三）抵押财产的名称、数量、质量、状况、所在地、所有权归属或者使用权归属；

（四）担保的范围。

❸《最高人民法院关于适用〈中华人民共和国担保法〉若干问题的解释》（2000年12月13日发布）

第五十六条　抵押合同对被担保的主债权种类、抵押财产没有约定或者约定不明，根据主合同和抵押合同不能补正或者无法推定的，抵押不成立。

法律规定登记生效的抵押合同签订后，抵押人违背诚实信用原则拒绝办理抵押登记致使债权人受到损失的，抵押人应当承担赔偿责任。

案例链接

❶《中国农业发展银行宁波市分行营业部诉宁波杉科进出口有限公司等金融借款合同纠纷案》，参见北大法宝引证码：Pkulaw. cn/CLI. C. 217728。

❷《中国核工业第二三建设公司诉中国光大银行股份有限公司北京亚运村支行金融借款合同纠纷案》，参见北大法宝引证码：Pkulaw. cn/CLI. C. 139066。

❸《北京京海达体育场馆工程有限公司与北京泰乐福商贸有限公司担保合同纠纷上诉案》，参见北大法宝引证码：Pkulaw. cn/CLI. C. 133323。

【抵押合同的补正】

法律问题解读

合同的补正，又称为"补正的合同解释"，是指对合同的客观规范内容加以解释，以填补合同的漏洞的现象。合同的补正主要有两种具体方法：1. 通过当事人或法官适用法律中的补充性规则，填补合同中的漏洞；2. 通过法官对当事人所创设的合同规范作整体性的理解，据以补充所缺漏的合同条款。当抵押合同出现条款漏洞时，可以首先运用第一种方法，即依据《民法通则》第88条以及《合同法》第62条的任意性规定对缺漏加以补正。在法律的任意性规定无法填补合同漏洞时，法官可以通过对合同条款作整体性的理解，从而确定当事人对缺漏条款的真实意图。

由于抵押的特殊性，抵押合同的补正除了依据上述的补正方法外，还必须注意两个问题：1. 抵押合同从属于主合同，因此在填补抵押合同有关条款的缺漏时，主合同发挥着重要的作用，应根据主合同与抵押合同对缺漏之条款进行补正或推定。2. 抵押登记制度对抵押合同条款缺漏的补正起着积极的作用。依据《担保法》的规定，当事人以土地使用权、房屋等建筑物、交通运输工具、技术、企业设备和其他动产进行抵押的，应当进行登记。由于我国的抵押登记机关对登记进行实质性审查，因此，通常登记机关会对提交的主合同与抵押合同的内容进行审查。如果登记机关发现抵押合同条款的缺漏时，登记机关可拒绝给予登记，直至当事人补正缺漏的条款。如果经过登记而抵押合同尚有缺漏，仍可依据相关规则对其进行补正。

法条指引

❶《中华人民共和国担保法》（1995年6月30日　主席令公布）

第三十九条　抵押合同应当包括以下内容：

（一）被担保的主债权种类、数额；

（二）债务人履行债务的期限；

（三）抵押物的名称、数量、质量、状况、所在地、所有权权属或者使用权权属；

（四）抵押担保的范围；

（五）当事人认为需要约定的其他事项。

抵押合同不完全具备前款规定内容的，可以补正。

❷《中华人民共和国合同法》（1999年3月15日　主席令公布）

第六十一条　合同生效后，当事人就质量、价款或者报酬、履行地点等内容没有约定或者约定不明确的，可以协议补充；不能达成补充协议的，按照合同有关条款或者交易习惯确定。

第六十二条　当事人就有关合同内容约定不明确，依照本法第六十一条的规定仍不能确定的，适用下列规定：

（一）质量要求不明确的，按照国家标准、行业标准履行；没有国家标准、行业标准的，按照通常标准或者符合合同目的的特定标准履行。

（二）价款或者报酬不明确的，按照订立合同时履行地的市场价格履行；依法应当执行政府定价或者政府指导价的，按照规定履行。

（三）履行地点不明确，给付货币的，在接受货币一方所在地履行；交付不动产的，在不动产所在地履行；其他标的，在履行义务一方所在地履行。

(四) 履行期限不明确的，债务人可以随时履行，债权人也可以随时要求履行，但应当给对方必要的准备时间。

(五) 履行方式不明确的，按照有利于实现合同目的的方式履行。

(六) 履行费用的负担不明确的，由履行义务一方负担。

❸《中华人民共和国民法通则》(1986年4月12日 主席令公布)

第八十八条 合同的当事人应当按照合同的约定，全部履行自己的义务。

合同中有关质量、期限、地点或者价款约定不明确，按照合同有关条款内容不能确定，当事人又不能通过协商达成协议的，适用下列规定：

(一) 质量要求不明确的，按照国家质量标准履行，没有国家质量标准的，按照通常标准履行。

(二) 履行期限不明确的，债务人可以随时向债权人履行义务，债权人也可以随时要求债务人履行义务，但应当给对方必要的准备时间。

(三) 履行地点不明确，给付货币的，在接受给付一方的所在地履行，其他标的在履行义务一方的所在地履行。

(四) 价款约定不明确的，按照国家规定的价格履行；没有国家规定价格的，参照市场价格或者同类物品的价格或者同类劳务的报酬标准履行。

合同对专利申请权没有约定的，完成发明创造的当事人享有申请权。

合同对科技成果的使用权没有约定的，当事人都有使用的权利。

❹《最高人民法院关于适用〈中华人民共和国担保法〉若干问题的解释》(2000年12月13日发布)

第五十六条 抵押合同对被担保的主债权种类、抵押财产没有约定或者约定不明，根据主合同和抵押合同不能补正或者无法推定的，抵押不成立。

法律规定登记生效的抵押合同签订后，抵押人违背诚实信用原则拒绝办理抵押登记致使债权人受到损失的，抵押人应当承担赔偿责任。

【流抵押的禁止】

法律问题解读

流抵押，又称流质契约，是指订立抵押合同时，抵押权人和抵押人在合同中约定，在债务履行期届满抵押权人未受清偿时，抵押物的所有权转移为债权人所有的契约。《担保法》与《物权法》都明文规定禁止抵押当事人订立流质契约。法律禁止流质契约主要是为了保护抵押人的利益。在设定抵押权时，抵押人处于需求者的地位，一些抵押人出于急需，可能不惜以自己价值很高的抵押物去为价值低于抵押物的债权担保。如果允许抵押权人和抵押人在订立合同时约定，在债务履行期届满抵押权人未受清偿时，抵押物的所有权转移为债权人所有，那么，一些抵押人为了眼前的急迫需要，就可能作出不利于自己的选择。

当事人在抵押合同中约定，债务履行期届满抵押权人未受清偿时，抵押物的所有权转移为债权人所有的内容无效。但该内容的无效不影响抵押合同其他部分内容的效力，抵押合同其他部分内容对当事人仍有约束力。司法实践中，当事人在签订抵押合同时即约定，债务履行期届满抵押权人未受清偿的，抵押权人有权直接委托拍卖机构拍卖抵押物。这种约定不是通过私力转移抵押物的所有权，不属于流质契约。抵押权的行使必须依照法定程序，或者通过与抵押人协议，或者通过向法院提起诉讼来行使。因此，当事人约定直接由拍卖机构拍卖抵押物的协议应当有效。

法条指引

❶《中华人民共和国担保法》(1995年6月30日 主席令公布)

第四十条 订立抵押合同时，抵押权人和抵押人在合同中不得约定在债务履行期届满抵押权人未受清偿时，抵押物的所有权转移为债权人所有。

❷《中华人民共和国物权法》(2007年3月16日 主席令公布 2007年10月1日施行)

第一百八十六条 抵押权人在债务履行期届满前，不得与抵押人约定债务人不履行到期债务时抵押财产归债权人所有。

❸《最高人民法院关于适用〈中华人民共和国担保法〉若干问题的解释》(2000年12月13日发布)

第五十七条 当事人在抵押合同中约定，债务履行期届满抵押权人未受清偿时，抵押物的所有权转移为债权人所有的内容无效。该内容的无效不影响抵押合同其他部分内容的效力。

债务履行期届满后抵押权人未受清偿时，抵押权人和抵押人可以协议以抵押物折价取得抵押物。但是，损害顺序在后的担保物权人和其他债权人利益的，人民法院可以适用《合同法》第七十四条、第七十五条的有关规定。

学者观点

❶ 谢哲胜：《流质（押）契约自由与限制》，参见北大法宝引证码：Pkulaw.cn/CLI.A.1144171。

❷ 孙鹏、王勤劳：《流质条款效力论》，参见北大法宝引证码：Pkulaw.cn/CLI.A.1114319。

❸ 王明锁：《禁止流质约款之合理性反思》，参见北大法宝引证码：Pkulaw.cn/CLI.A.1116104。

❹ 季秀平：《论流质契约的解禁》，参见北大法宝引证码：Pkulaw.cn/CLI.A.120100。

❺ 刘静：《论流质契约的禁止》，参见北大法宝引证码：Pkulaw.cn/CLI.A.1111274。

第三章 抵押物登记

● 本章为读者提供与以下题目有关的法律问题的解读及相关法律文献依据

抵押物登记（256） 抵押设立登记（258） 抵押变更登记（261） 抵押注销登记（264） 抵押物登记的效力（265） 对抗意义的抵押登记（266） 抵押登记的顺序（267） 抵押登记申请人（268） 抵押登记所需文件（269） 抵押登记机关（269） 抵押登记错误（270） 抵押物登记的范围（271） 抵押登记的费用（272） 房地产抵押登记（273） 房地产抵押登记的效力（275） 房地产抵押登记所需文件（275） 房地产抵押登记的程序（277） 房地产抵押的变更与注销登记（278） 房地产他项权证（278） 预售商品房、在建工程抵押登记（279） 土地使用权抵押登记（280） 土地使用权抵押登记的机关（283） 土地使用权抵押登记所需文件（284） 土地他项权利证明书（284） 土地使用权抵押的变更与注销登记（284） 出让土地使用权抵押登记（285） 划拨土地使用权抵押登记（286） 集体所有的土地使用权抵押登记（288） 林木抵押登记（288） 民用航空器抵押登记（289） 民用航空器抵押登记的程序（290） 民用航空器抵押的变更与注销登记（292） 船舶抵押登记（292） 渔业船舶抵押登记（294） 车辆抵押登记（295） 企业动产抵押登记（296） 企业动产抵押登记的程序（297） 企业动产抵押的变更与注销登记（298） 抵押登记资料的公开（298）

【抵押物登记】

法律问题解读

抵押物登记，又称为抵押登记、抵押权登记。《物权法》与《担保法》规定，以土地使用权、房屋或者乡（镇）村企业的厂房等建筑物、林木、航空器、船舶、车辆、企业的设备和其他动产抵押的，应当办理抵押物登记。抵押登记的内容主要包括：抵押人、抵押权人、抵押合同、抵押物的名称、数量和价值、抵押担保的范围、被担保的主债权种类和数额、债务人履行债务的期限。

抵押物登记的，可以使债权人查看抵押物的权属关系以及曾否抵押过，以决定是否接受该物作为抵押担保；同时，抵押物登记，使得实现抵押权的顺序清楚、明确，可以防止纠纷的产生。但是在现实生活中，当事人除了用不动产、交通运输工具及企业的动产抵押外，还可能用一些生活用品或价值不是很高的财产抵押，比如以家用电器、家具、牲畜抵押。由于这些东西价值都不是太高，所以当事人以不动产和运输工具、企业

动产以外的财产抵押的，可以自愿到抵押人所在地的公证部门办理抵押物登记，抵押合同自签订之日起生效，但未办理抵押物登记的，不得对抗第三人。

需要注意的是，虽然《担保法》规定以航空器、船舶抵押的，抵押合同自登记之日起生效，但是我国《民用航空法》和《海商法》却规定以航空器、船舶抵押的，当事人可以不办理抵押物登记，但不登记的不能对抗第三人。根据特别法优先于普通法的原理，应该遵从《民用航空法》和《海商法》的规定，而这一规则也被《物权法》确认。

法条指引

❶《中华人民共和国担保法》（1995年6月30日 主席令公布）

第四十一条 当事人以本法第四十二条规定的财产抵押的，应当办理抵押物登记，抵押合同自登记之日起生效。（已被《物权法》修改）

第四十三条 当事人以其他财产抵押的，可

以自愿办理抵押物登记，抵押合同自签订之日起生效。

当事人未办理抵押物登记的，不得对抗第三人。当事人办理抵押物登记的，登记部门为抵押人所在地的公证部门。

❷《中华人民共和国物权法》（2007年3月16日 主席令公布 2007年10月1日施行）

第一百八十七条 以本法第一百八十条第一款第一项至第三项规定的财产或者第五项规定的正在建造的建筑物抵押的，应当办理抵押登记。抵押权自登记时设立。

第一百八十八条 以本法第一百八十条第一款第四项、第六项规定的财产或者第五项规定的正在建造的船舶、航空器抵押的，抵押权自抵押合同生效时设立；未经登记，不得对抗善意第三人。

❸《中华人民共和国城镇国有土地使用权出让和转让暂行条例》（1990年5月19日 国务院令发布）

第三十五条 土地使用权和地上建筑物、其他附着物抵押，应当依照规定办理抵押登记。

❹《个人住房贷款管理办法》（1998年5月9日 中国人民银行发布）

第十七条 以房地产作抵押的，抵押人和抵押权人应当签订书面抵押合同，并于放款前向县级以上地方人民政府规定的部门办理抵押登记手续。抵押合同的有关内容按照《中华人民共和国担保法》第三十九条的规定确定。

❺《公证机构办理抵押登记办法》（2002年2月20日 司法部发布）

第一条 为规范公证机构的抵押登记活动，根据《中华人民共和国担保法》和《中华人民共和国公证暂行条例》等规定，制定本办法。

第二条 《中华人民共和国担保法》第四十三条第二款规定的公证部门为依法设立的公证机构。

第三条 《中华人民共和国担保法》第四十三条规定的"其他财产"包括下列内容：

（一）个人、事业单位、社会团体和其他非企业组织所有的机械设备、牲畜等生产资料；

（二）位于农村的个人私有房产；

（三）个人所有的家具、家用电器、金银珠宝及其制品等生活资料；

（四）其他除《中华人民共和国担保法》第三十七条和第四十二条规定之外的财产。

当事人以前款规定的财产抵押的，抵押人所在地的公证机构为登记部门，公证机构办理登记适用本办法规定。

第四条 以《中华人民共和国担保法》第四十二条第（二）项的规定的财产抵押，县级以上地方人民政府规定由公证机构登记的；以及法律、法规规定的抵押合同自公证机构办理登记之日起生效的，公证机构办理登记适用本办法规定。

第五条 以本办法第三条规定的财产抵押的，抵押权人自公证机构出具《抵押登记证书》之日起获得对抗第三人的权利。

以本办法第四条规定的财产抵押的，抵押合同自公证机构出具《抵押登记证书》之日起生效。

第六条 申办抵押登记，由抵押合同双方当事人共同提出申请，并填写《抵押登记申请表》。

《抵押登记申请表》应载明下列内容：

（一）申请人为个人的，应载明其姓名、性别、出生日期、身份证明号码、工作单位、住址、联系方式等；申请人为法人或其他组织的，应载明法人或其他组织的名称、地址、法定代表人或负责人和代理人的姓名、性别、职务、联系方式；

（二）主合同和抵押合同的名称；

（三）被担保的主债权的种类、数额；

（四）抵押物的名称、数量、质量、状况、所在地、所有权或者使用权权属；

（五）债务人履行债务的期限；

（六）抵押担保的范围；

（七）抵押物属再次抵押的，应载明再次抵押的情况；

（八）申请抵押登记的日期；

（九）其他需要说明的问题。

申请人应当在申请表上签名或盖章。

第七条 申请人应向公证机构提交下列材料：

（一）申请人和代理人的身份、资格证明；

（二）主合同、抵押合同及其他相关合同；

（三）以本办法第四条规定的财产抵押的，应提交抵押物所有权或者使用权证书；以本办法第三条规定的财产抵押的，应提交抵押物所有权或者使用权证书或其他证明材料；

（四）抵押物清单；

（五）与抵押登记事项有关的其他材料。

第八条 符合下列条件的申请，公证机构应予以受理：

（一）申请抵押登记的财产符合本办法第三条、第四条的规定；

（二）抵押登记事项属于本公证机构管辖；

（三）本办法第七条所列各项材料齐全。

公证机构不予受理的，应记录在案，并及时告知申请人。

第九条　公证机构应当在受理之日起五个工作日内审查完毕，并决定是否予以登记。

第十条　有下列情形之一的，公证机构不予办理抵押登记：

（一）申请人提交的材料无效；

（二）申请人对抵押物的名称、数量、质量、状况、所在地、所有权或者使用权权属存在争议；

（三）以法律、法规规定的不得抵押的财产设定抵押的。

对不予登记的，公证机构应记录在案，并书面告知申请人。

第十一条　公证机构决定予以登记的，应向当事人出具《抵押登记证书》。

《抵押登记证书》应载明下列内容：

（一）抵押人、抵押权人的姓名、身份证明号码或名称、单位代码、地址；

（二）抵押担保的主债权的种类、数额；

（三）抵押物的名称、数量、质量、状况、所在地、所有权或者使用权权属；

（四）债务人履行债务的期限；

（五）抵押担保的范围；

（六）再次抵押情况；

（七）抵押登记的日期；

（八）其他事项。

第十二条　公证机构办理房地产抵押登记的，应在出具《抵押登记证书》后告知房地产管理部门。

第十三条　办理抵押登记的公证机构应配备计算机，录入抵押登记信息，并设立书面登录簿，登录本公证机构办理抵押登记的资料。

办理抵押登记的公证机构应及时与其他公证机构交换抵押登记信息，信息的交换办法由各省、自治区、直辖市司法厅（局）制定。

第十四条　当事人变更抵押合同向公证机构申请变更登记，经审查符合抵押登记规定的，公证机构应予以办理变更抵押登记。

当事人变更抵押合同未办理变更抵押登记的，自行变更后的抵押不发生《中华人民共和国担保法》规定的抵押登记效力。

第十五条　当事人履行完毕主债务或提前终止、解除抵押合同向公证机构申请办理注销登记的，公证机构应予以办理注销抵押登记。

第十六条　公证机构办理抵押登记，按规定收取抵押登记费。抵押登记费由当事人双方共同承担或从约定。

第十七条　当事人及有关人员可以查阅、抄录或复印抵押登记的资料，但应按规定交纳费用。

第十八条　以承包经营权等合同权益、应收账款或未来可得权益进行物权担保的，公证机构办理登记可比照本办法执行。

第十九条　本办法由司法部解释。

第二十条　本办法自发布之日起施行。

案例链接

❶《中国农业发展银行民权县支行诉民权县供销合作社联合社金融借款合同纠纷案》，参见北大法宝引证码：Pkulaw. cn/CLI. C. 279118。

❷《中国工商银行股份有限责任公司南乐支行诉姚进周等借款担保合同纠纷案》，参见北大法宝引证码：Pkulaw. cn/CLI. C. 286014。

❸《郑州银行股份有限公司诉郑州百货大楼股份有限公司借款合同纠纷案》，参见北大法宝引证码：Pkulaw. cn/CLI. C. 287361。

学者观点

❶　钮丽娜：《我国抵押登记制度中的几个法律问题》，参见北大法宝引证码：Pkulaw. cn/CLI. A. 157324。

【抵押设立登记】

法律问题解读

抵押权作为一项担保物权，由当事人自愿设定。当事人设定抵押权，应当订立书面抵押合同，《担保法》规定，以法律规定要办理抵押物登记的财产抵押的，抵押合同自登记之日起生效，抵押合同在办理抵押物登记之前不具有法律效力。《物权法》修正了这一规定，登记不再作为抵押合同的生效要件，而是抵押权的设立要件或者对抗要件。具体来讲，依据《物权法》的有关规定，对于建筑物及其他土地附着物，建设用地使用权，以招标、拍卖、公开协商等方式取得的荒地等土地承包经营权或者正在建造的建筑物等财产设定抵押的，抵押权登记是抵押权设立要件，未经登记抵押权不成立；而以生产设备，原材料，半成品，产品，交通工具，正在建造的船舶、航空器等财产设定抵押的，抵押权登记是抵押权的对抗要件，抵押权自抵押合同生效时设立，未经登记不得对抗善意第三人。可见，《物权法》区分了抵押合同生效与抵押权设立，彻底修改了《担保法》的相关规定，抵押权设立与抵押合同生效不再混为一谈，登记不再是抵押合同的生效要件，而独立出来成为抵押权的设立要件或者对抗要件，使得本部分的法理逻辑更加顺畅合理。

在实践中，以必须办理抵押登记的财产抵押的，由于登记为抵押的设立条件，抵押权人必须在办理抵押物登记后才能取得抵押权，故债权人在与抵押人签订抵押合同后办理抵押物登记之前，未取得抵押权。但是抵押合同只要具备合同的一般生效要件即可生效，合同权利方可以要求义务方履行担保合同义务，如协助办理抵押物登记等。对于抵押登记是抵押权设立对抗要件的财产设立抵押，抵押权自抵押合同生效时设立，当事人可以选择是否办理抵押登记，未办理登记不得对抗善意第三人。

法条指引

❶ **《中华人民共和国物权法》**（2007 年 3 月 16 日　主席令公布　2007 年 10 月 1 日施行）

第一百七十八条　担保法与本法的规定不一致的，适用本法。

第一百八十五条　设立抵押权，当事人应当采取书面形式订立抵押合同。

抵押合同一般包括下列条款：

（一）被担保债权的种类和数额；

（二）债务人履行债务的期限；

（三）抵押财产的名称、数量、质量、状况、所在地、所有权归属或者使用权归属；

（四）担保的范围。

第一百八十六条　抵押权人在债务履行期届满前，不得与抵押人约定债务人不履行到期债务时抵押财产归债权人所有。

第一百八十七条　以本法第一百八十条第一款第一项至第三项规定的财产或者第五项规定的正在建造的建筑物抵押的，应当办理抵押登记。抵押权自登记时设立。

第一百八十八条　以本法第一百八十条第一款第四项、第六项规定的财产或者第五项规定的正在建造的船舶、航空器抵押的，抵押权自抵押合同生效时设立；未经登记，不得对抗善意第三人。

❷ **《中华人民共和国担保法》**（1995 年 6 月 30 日　主席令公布）

第四十一条　当事人以本法第四十二条规定的财产抵押的，应当办理抵押物登记，抵押合同自登记之日起生效。

第四十三条　当事人以其他财产抵押的，可以自愿办理抵押物登记，抵押合同自签订之日起生效。

当事人未办理抵押物登记的，不得对抗第三人。当事人办理抵押物登记的，登记部门为抵押人所在地的公证部门。

❸ **《关于土地使用权抵押登记有关问题的通知》**（1997 年 1 月 3 日　国家土地管理局发布）

各省、自治区、直辖市及计划单列市土地（国土）管理局（厅），解放军土地管理局，新疆生产建设兵团土地管理局：

为加强土地使用权抵押登记的管理，规范抵押登记行为，保障抵押当事人的合法权益，根据《城市房地产管理法》、《担保法》和《城镇国有土地使用权出让和转让暂行条例》的规定，现将土地使用权抵押登记的有关问题通知如下：

一、关于土地使用权抵押登记的法律效力

土地使用权抵押权的设立、变更和消灭应依法办理土地登记手续。土地使用权抵押合同经登记后生效，未经登记的土地使用权抵押权不受法律保护。

土地使用权抵押登记必须以土地使用权登记为基础，并遵循登记机关一致的原则，异地抵押的，必须到土地所在地的原土地使用权登记机关办理抵押登记。县级以上地方人民政府土地管理部门负责土地使用权抵押登记工作。

土地使用权抵押权的合法凭证是《土地他项权利证明书》，《国有土地使用证》、《集体土地所有证》和《集体土地使用证》不作为抵押权的法律凭证，抵押权人不得扣押抵押土地的土地证书。抵押权人扣押的土地证书无效，土地使用权人可以申请原土地证书作废，并办理补发新证手续。

二、关于土地使用权抵押的地价评估和合同签订

土地使用权抵押应当进行地价评估，并由抵押人和抵押权人签定抵押合同。地价评估收费标准按国家有关规定执行。

1. 以出让方式取得的国有土地使用权，由抵押权人进行地价评估或由具有土地估价资格的中介机构评估并经抵押权人认可后，由抵押人和抵押权人签定抵押合同。

2. 以划拨方式取得的国有土地使用权，由抵押人委托具有土地估价资格的中介机构进行地价评估，经土地管理部门确认，并批准抵押，核定

出让金数额后，由抵押人和抵押权人签定抵押合同。

3. 乡（镇）村企业厂房等建筑物抵押涉及集体土地使用权抵押的，由抵押人委托具有土地估价资格的中介机构进行地价评估，经土地管理部门确认，并明确实现抵押权的方式，需要转为国有的，同时核定土地使用权出让金数额。然后，由抵押人和抵押权人签定抵押合同。

4. 以承包方式取得的荒山、荒沟、荒丘、荒滩等荒地的集体土地使用权，由抵押人委托具有土地估价资格的中介机构进行地价评估，并经土地管理部门确认后，由抵押人和抵押权人签定抵押合同。

抵押出让土地使用权的，抵押权终止期限不得超过土地使用权出让终止期限。

三、关于土地使用权抵押登记申请

土地使用权设立抵押权的，抵押人和抵押权人应在抵押合同签订后十五日内，持被抵押土地的土地使用证、抵押合同、地价评估及确认报告、抵押人和抵押权人的身份证件共同到土地管理部门申请抵押登记。一方到场申请抵押登记的，必须持有对方授权委托文件。

申请抵押登记除提交前款所列材料外还应分别情况，提交下列材料：

1. 以划拨土地使用权抵押的，提交土地管理部门确认的抵押宗地的土地使用权出让金额的证明；

2. 以房屋及其占有范围内的土地使用权抵押的，提交房屋所有权证；

3. 抵押乡（镇）村企业厂房等建筑物涉及集体土地使用权抵押的，提交集体土地所有者同意抵押的证明；

4. 以承包方式取得的荒山、荒地、荒丘、荒滩等荒地的集体土地使用权抵押的，提交该集体土地所有者同意抵押的证明；

5. 抵押人和抵押权人委托他人办理抵押登记的，提交委托书和代理人身份证件；

6. 抵押权人为非金融机构，其抵押借款行为依法应当办理有关批准手续的，应当提交有关批准文件。

同一宗地多次抵押时，以收到抵押登记申请先后为序办理登记。

未按规定提交有关证明文件的土地使用权抵押登记申请，土地管理部门不予受理。

四、关于土地使用权抵押登记和变更登记

抵押登记申请经审查，符合规定要求的，准予登记，土地管理部门在抵押土地的土地登记卡上进行注册登记，同时在抵押人土地使用证内进行记录，并向抵押权人核发《土地他项权利证明书》，土地使用权抵押权正式生效。

土地使用权分割抵押的，由土地管理部门确定抵押土地的界线和面积。

抵押期间，抵押合同发生变更的，抵押当事人应当在抵押合同变更后十五日内，持有关文件到土地管理部门办理变更抵押登记手续。

因处分抵押财产转移土地使用权的，被处分土地使用权的受让方、抵押人和抵押权人应在抵押财产处分后三十日内，持有关证明文件到土地管理部门办理变更土地登记手续。处分抵押财产涉及集体土地所有权转为国有土地的，按土地管理的有关规定办理。

抵押合同解除或终止，抵押权人应出具解除或终止抵押合同的证明文件，与《土地他项权利证明书》一起交抵押人，抵押人自抵押合同终止或解除之日起十五日内，持有关文件到土地管理部门办理注销抵押登记手续。

五、关于抵押登记收费

办理抵押登记，申请人应向土地管理部门支付登记费用。抵押登记费按国家有关规定执行。

六、其他

我局1995年印发的《农村集体土地使用权抵押登记的若干规定》（〔1995〕国土〔籍〕字第134号）中与本通知内容不一致的，以本通知为准。

❹《个人住房贷款管理办法》（1998年5月9日 中国人民银行发布）

第十七条 以房地产作抵押的，抵押人和抵押权人应当签订书面抵押合同，并于放款前向县级以上地方人民政府规定的部门办理抵押登记手续。抵押合同的有关内容按照《中华人民共和国担保法》第三十九条的规定确定。

案例链接

❶《中国船舶工业贸易公司诉OCEANLINK-SHIPPINGLIMITED船舶抵押融资合同纠纷案》，参见北大法宝引证码：Pkulaw. cn/CLI. C. 24179。

学者观点

❶ 王洪亮：《动产抵押登记效力规则的独立性解析》，参见北大法宝引证码：Pkulaw. cn/CLI. A. 1143046。

【抵押变更登记】

法律问题解读

抵押变更登记是指在抵押期间抵押合同的内容发生变更的，抵押当事人应到登记部门办理相应的抵押变更登记手续。抵押变更登记是为了维护抵押权的真实面貌，使抵押物的权属时刻保持明确，以保护与抵押物有利益关系的第三人利益。抵押变更登记的范围应仅限于已经设立抵押登记的抵押物。依据我国法律规定，当事人以土地使用权、房屋或者乡（镇）、村企业的厂房等建筑物、林木、车辆、企业的设备和其他动产抵押的，必须办理抵押物登记。以这些财产抵押的，抵押合同的内容发生变更的，当事人必须到登记部门办理抵押变更登记手续；当事人以以上财产以外的其他财产抵押时，自愿办理了抵押物登记的，在抵押期间，当抵押合同的内容发生变更时，当事人也可以自愿办理抵押变更登记手续或者不办理抵押变更登记手续，但不办理抵押变更登记的，变更后的抵押权不能对抗第三人。

依据《担保法》的规定，抵押合同的内容一般包括被担保的主债权种类、数额、债务人履行债务的期限、抵押物名称、数量、质量、状况、所在地、所有权权属或者使用权权属和抵押担保的范围。一般情况下抵押合同以上的其中一项内容发生变更的，当事人应当自抵押合同变更后的一定期限内共同到抵押物登记部门办理抵押变更登记手续。

需要注意的是，当事人以预售商品房或者在建工程抵押的，抵押的房地产在抵押期间竣工的，当事人应当在抵押人领取房地产权属证书后，重新办理房地产抵押登记，而不是办理抵押变更登记手续。

法条指引

❶《关于土地使用权抵押登记有关问题的通知》（1997年1月3日 国家土地管理局发布）（略）

❷《动产抵押登记办法》（2007年10月17日 国家工商行政管理局修订发布）

第六条 动产抵押合同变更、《动产抵押登记书》内容变更的，抵押合同双方当事人或者其委托的代理人可以到原动产抵押登记机关办理变更登记。办理变更登记应当向动产抵押登记机关提交下列文件：

（一）原《动产抵押登记书》；

（二）抵押合同双方当事人签字或者盖章的《动产抵押变更登记书》；

（三）抵押合同双方当事人主体资格证明或者自然人身份证明文件。

委托代理人办理动产抵押变更登记的，还应当提交代理人身份证明文件和授权委托书。

第七条 动产抵押登记机关受理变更登记申请文件后，应当当场在《动产抵押变更登记书》上加盖动产抵押登记专用章并注明盖章日期。

❸《关于变更土地登记的若干规定》（1993年2月23日 国家土地管理局发布）

为加强土地资源和地产市场的管理，进一步健全土地登记制度，根据有关法律、法规，对变更土地登记作如下规定：

一、变更土地登记的范围和分类

初始土地登记后，土地所有权、使用权及他项权利发生转移、分割、合并、终止，登记的土地用途发生变更，土地所有者、使用者、他项权利者更改名称或通讯地址的，除按规定办理有关手续外，应及时办理变更土地登记。

变更土地登记分为：

1. 土地权属变更登记
2. 他项权利变更登记
3. 更名登记
4. 更址登记
5. 土地用途变更登记
6. 注销登记

二、变更土地登记程序

变更土地登记的程序分为：

1. 变更土地登记申请
2. 变更地籍调查
3. 审核
4. 注册登记
5. 换发或者更改土地证书，核发他项权利证明书

三、变更土地登记申请

1. 因土地征用、划拨引起土地所有权、使用权变更的，土地所有者、使用者在土地征用、划拨批准后三十日内，持土地征用、划拨批准文件共同到土地管理部门申请土地权属变更登记。

新建设项目用地的土地使用者，在土地征用、划拨批准后先办理预登记手续，待建设项目竣工验收后三十日内，再正式申请土地权属变更登记。

2. 以出让方式取得国有土地使用权的，土

使用权受让人在缴付全部土地使用权出让金后十五日内，持土地使用权出让合同、出让金缴付凭证向土地管理部门申请变更土地登记。

3. 因国有土地使用权转让或因地上建筑物、附着物所有权转让引起国有土地使用权转让的，土地使用权转让人和受让人在土地使用权转让合同签订后十五日内，持土地使用权转让合同共同到土地管理部门申请土地权属变更登记。

土地使用权分割转让或因地上建筑物、附着物所有权分割转让涉及土地使用权分割转让的，须经土地管理部门批准后，再申请土地权属变更登记。

4. 因单位合并、分立、企业兼并等原因引起宗地合并或者分割的，有关各方在主管部门批准后三十日内，持批准文件及有关合同、协议共同向土地管理部门申请变更土地登记。

5. 依法继承土地使用权的，继承人在合法继承权确定后三十日内，持有关证明文件向土地管理部门申请土地权属变更登记。

6. 因处分抵押财产而取得国有土地使用权的，抵押人、抵押权人和新的土地使用权受让人，在土地权利变更之日起十五日内，持土地使用权出让或转让合同、抵押合同、处分抵押财产的证明资料共同到土地管理部门申请土地使用权抵押注销登记和土地权属变更登记。

7. 交换、调整土地的，交换、调整土地的双方在交换、调整协议批准后三十日内，持协议和批准文件共同到土地管理部门申请土地权属变更登记。

8. 出租国有土地使用权的，土地使用权出租人和承租人应在土地使用权租赁合同签订后十五日内，持土地使用权出让或转让合同、土地使用权租赁合同共同向土地管理部门申请他项权利登记。

9. 抵押国有土地使用权的，土地使用权抵押人和抵押权人，应在抵押合同签订后十五日内，持土地使用权出让或转让合同、土地使用权抵押合同共同到土地管理部门申请他项权利登记。

一宗地多次抵押的，处分抵押财产时的偿还顺序以申请他项权利登记的时间顺序为序。

10. 因土地权属变更引起他项权利转移的，由土地所有者或土地使用者同他项权利者，在申请土地权属变更的同时申请他项权利登记。

11. 土地所有者、使用者、他项权利者更改名称或通讯地址的，土地所有者、使用者、他项权利者在变更发生后三十日内，持有关证明资料向土地管理部门申请更名或更址登记。

12. 登记的土地用途发生变更的，土地所有者、使用者在变更批准后三十日内，持有关批准文件向土地管理部门申请土地用途变更登记。

13. 有下列情况之一，致使土地所有权、使用权或者他项权利终止的，土地所有者、使用者或他项权利者在土地权利终止后十五日内，持合同或者有关证明资料向土地管理部门申请注销登记：

（1）依法收回土地使用权；
（2）土地使用权出让期届满；
（3）因自然灾害造成土地灭失；
（4）土地使用权抵押合同终止；
（5）土地使用权租赁合同终止。

逾期不申请注销登记的，土地管理部门依法直接办理注销登记手续，并将注销登记结果通知当事人及有关部门。

变更土地登记申请人在办理变更土地登记申请时，除以上规定提交的资料外，还须提交下列资料：

1. 变更土地登记申请书；
2. 变更土地登记申请人的法人和法人代表证明、个人身份证明或者户籍证明；
3. 土地证书或他项权利证明书；
4. 地上建筑物、附着物权属证明；
5. 土地管理部门要求提交的其他资料。

四、变更地籍调查

变更地籍调查分权属调查和地籍勘丈。各类变更土地登记均须进行权属调查。因土地所有权、使用权分割、合并引起界址点、界址线变更或者国有土地使用权部分出租、抵押的，须在权属调查基础上进行地籍勘丈。

变更地籍调查按《城镇地籍调查规程》、《日常地籍管理办法（农村部分）（试行）》和〔1992〕国土〔籍〕字第46号文件的有关规定执行。

五、变更土地登记审核

土地管理部门根据变更土地登记申请人提交的资料和变更地籍调查结果对申请人资格、变更内容、变更依据进行审核。经审核符合规定要求的，由审核人员在变更土地登记审批表内填写准予变更土地登记的依据、结果和审核人员姓名，并加盖审核人员印章和土地管理部门公章。

土地权属变更登记申请经土地管理部门审核，符合规定要求的，报人民政府批准后进行注册登记。

其他类型的变更土地登记申请经土地管理部门审核，符合规定要求的，直接进行注册登记。

六、注册登记

（一）土地权属变更的注册登记

土地权属变更的注册登记须更换土地登记卡，其注册登记按下列程序进行：

1. 注销宗地原土地登记卡

在宗地原土地登记卡上进行注销登记。除严格规定填写有关栏目外，还应加盖"注销"印章。并在"备注"栏说明土地所有权或使用权去向，土地权属变更涉及宗地分割的，注明分割后各宗地的宗地号。

2. 建立宗地新土地登记卡

在新土地登记卡上按初始土地登记的要求填写各栏目。在"备注"栏注明原土地所有者、使用者。土地权属变更涉及宗地分割的，注明原宗地号。将原土地登记卡附在新土地登记卡后面。宗地分割的，将宗地分割前原土地登记卡附在宗地分割后宗地号最小的宗地土地登记卡后。

国有土地使用权出让、转让的注册登记，除按上述规定登记的内容外，还应在土地登记卡"登记的其他内容、变更事项及依据"栏登记以下内容：

（1）宗地标定价；
（2）出让或转让金额；
（3）出让或转让期限及起止日期；
（4）转让宗地土地增值费缴付情况；
（5）其他约定条件。

（二）其他类型变更的注册登记

土地权属变更以外的其他类型变更的注册登记按《土地登记规则》规定的要求在宗地原土地登记卡上进行。

国有土地使用权出租、抵押的注册登记，除按上述规定登记的内容外，还应在土地登记卡"登记的其他内容、变更事项及依据"栏登记以下内容：

（1）承租人或抵押权人名称、地址；
（2）出租或抵押面积；
（3）出租用途、期限及起止日期；
（4）租金及交纳方式或抵押贷款金额及偿还日期；
（5）宗地标定价；
（6）其他约定条件。

（三）其他

根据土地登记卡更改土地归户册的相应内容。

七、换发或更改土地证书、核发他项权利证明书

（一）换发土地证书

土地权属变更的，按下列程序更换土地证书：

1. 注销原土地所有者或使用者土地证书；
2. 根据土地登记卡填写新取得土地所有权、使用权的土地所有者、使用者的土地证书。土地证书按栏目规定的内容填写，国有土地使用证在"备注"栏注明土地使用权的取得方式；
3. 将土地证书发给土地所有者、使用者。

（二）更改土地证书

土地权属变更以外的其他类型变更的，按以下程序更改土地证书：

1. 在发生变更栏目内加盖"变更"印章；
2. 在"变更记事"栏注明变更的内容和日期，并由经办人签名盖章同时加盖土地管理部门公章；
3. 将更改的土地证书发给土地所有者、使用者。

（三）核发他项权利证明书

他项权利登记只核发《土地使用权承租证明书》和《土地使用权抵押证明书》，其他类型的他项权利只办理登记手续不发给他项权利证明书。《土地使用权承租证明书》发给土地使用权承租人，《土地使用权抵押证明书》发给土地使用权抵押权人。他项权利证明书根据土地登记卡填写，证明书格式由各省、自治区、直辖市土地管理部门自行设计。《土地使用权承租证明书》须载明下列内容：

1. 承租人名称、地址；
2. 出租人名称、地址；
3. 承租宗地的座落、地号、图号；
4. 承租宗地的面积、用途；
5. 租赁期限及起止日期；
6. 租金；
7. 宗地标定价；
8. 其他约定条件；
9. 承租宗地的宗地图。宗地部分出租的，应在宗地图上标出出租部分的界线；
10. 填发机关及发证日期。

《土地使用权抵押证明书》须载明下列内容：

1. 抵押权人名称、地址；
2. 抵押人名称、地址；
3. 抵押宗地的坐落、地号、图号；
4. 抵押面积；
5. 抵押金额、期限；
6. 宗地标定价；
7. 其他约定条件；
8. 抵押宗地的宗地图。宗地部分抵押的，应在宗地图上标出抵押部分的界线；

9. 填发机关及发证日期。

八、变更土地登记费

变更土地登记申请人按规定交纳变更土地登记费。在国家未作新规定之前，变更土地登记的收费办法比照〔1990〕国土〔籍〕字第93号文件的有关规定执行。

九、变更土地登记表格

土地登记卡、土地归户卡严格按照《土地登记规则》的规定执行。其他表格由各省、自治区、直辖市土地管理部门参照《土地登记规则》规定的格式自行制定。

案例链接

❶《重庆泰和气体实业有限责任公司与华夏银行股份有限公司重庆沙坪坝支行借款纠纷上诉案》，参见北大法宝引证码：Pkulaw. cn/CLI. C. 284583。

❷《上海金胜房地产经营有限公司与深圳发展银行股份有限公司上海卢湾支行借款合同纠纷上诉案》，参见北大法宝引证码：Pkulaw. cn/CLI. C. 162762。

❸《佛山市三水区大塘农村信用合作社诉广东添翼集团有限公司等借款合同纠纷案》，参见北大法宝引证码：Pkulaw. cn/CLI. C. 51107。

【抵押注销登记】

法律问题解读

抵押注销登记是指抵押合同解除或终止后，抵押当事人到抵押登记机关申请注销抵押的登记。抵押合同解除或终止后，抵押关系也随之解除或者终止。此时，为解除抵押物上的抵押权利负担，保护抵押人和第三人的权利，法律规定当事人必须到登记机关办理抵押注销登记。

办理抵押注销登记的事由是抵押合同解除或终止。当事人可以基于法定的解除事由或者协商一致而解除抵押合同，解除抵押合同后，应当办理抵押注销登记。此外，抵押合同还因主合同的清偿、抵消、提存、免除、混同或者抵押物的灭失而终止，这时抵押当事人亦应办理抵押注销登记。需要注意的是，第三人提供抵押的，债权人许可债务人转让其债务而未经抵押人书面同意的，抵押人对未经其同意转让的债务，不再承担担保责任。这时为未经抵押人同意转让的债务设定的抵押合同终止，当事人亦应办理抵押注销登记。

抵押合同解除或终止时，当事人应当在法律法规规定的期限内办理抵押注销登记。办理抵押注销登记是抵押双方当事人的义务。抵押合同解除或终止时，抵押人可以要求抵押权人协助办理抵押注销登记。抵押权人若不协助或因抵押权人的过错没有办理抵押注销登记而造成抵押人损失的，抵押人可以请求抵押权人对此承担损害赔偿责任。因抵押人自身的过错而没有办理抵押注销登记而造成抵押人自身的损失的，抵押人无权请求抵押权人赔偿。

法条指引

❶《中华人民共和国城镇国有土地使用权出让和转让暂行条例》（1990年5月19日　国务院令发布）

第三十八条　抵押权因债务清偿或者其他原因而消灭的，应当依照规定办理注销抵押登记。

❷《关于土地使用权抵押登记有关问题的通知》（1997年1月3日　国家土地管理局发布）（略）

❸《个人住房贷款管理办法》（1998年5月9日　中国人民银行发布）

第二十条　抵押合同自抵押物登记之日起生效，至借款人还清全部贷款本息时终止。抵押合同终止后，当事人应按合同的约定，解除设定的抵押权，以房地产作为抵押物的，解除抵押权时，应到原登记部门办理抵押注销登记手续。

❹《动产抵押登记办法》（2007年10月17日国家工商行政管理局修订发布）

第八条　在主债权消灭、担保物权实现、债权人放弃担保物权等情形下，动产抵押合同双方当事人或者其委托的代理人可以到原动产抵押登记机关办理注销登记。办理注销登记应当向动产抵押登记机关提交下列文件：

（一）原《动产抵押登记书》；

（二）《动产抵押变更登记书》；

（三）抵押合同双方当事人签字或者盖章的《动产抵押注销登记书》；

（四）抵押合同双方当事人主体资格证明或者自然人身份证明文件。

委托代理人办理动产抵押注销登记的，还应当提交代理人身份证明文件和授权委托书。

第九条　动产抵押登记机关受理注销登记申请文件后，应当当场在《动产抵押注销登记书》上加盖动产抵押登记专用章并注明盖章日期。

❺《关于变更土地登记的若干规定》(1993年2月23日　国家土地管理局发布)(略)

❻《土地登记规则》(1996年2月1日施行　国家土地管理局发布)

第三十四条　划拨土地使用权依法办理土地使用权出让手续的,土地使用者应当在缴纳土地使用权出让金后三十日内,持土地使用权出让合同、出让金缴纳凭证及原《国有土地使用证》申请变更登记。

❼《关于地籍管理几个问题处理的意见》(1992年5月13日　国家土地管理局发布)(略)

❽《中华人民共和国机动车登记规定》(2008年5月27日　公安部修订,2008年10月1日施行)

第二十二条　机动车所有人将机动车作为抵押物抵押的,应当向登记地车辆管理所申请抵押登记;抵押权消灭的,应当向登记地车辆管理所申请解除抵押登记。

第二十三条　申请抵押登记的,机动车所有人应当填写申请表,由机动车所有人和抵押权人共同申请,并提交下列证明、凭证:

(一)机动车所有人和抵押权人的身份证明;

(二)机动车登记证书;

(三)机动车所有人和抵押权人依法订立的主合同和抵押合同。

车辆管理所应当自受理之日起一日内,审查提交的证明、凭证,在机动车登记证书上签注抵押登记的内容和日期。

第二十四条　申请解除抵押登记的,机动车所有人应当填写申请表,由机动车所有人和抵押权人共同申请,并提交下列证明、凭证:

(一)机动车所有人和抵押权人的身份证明;

(二)机动车登记证书。

人民法院调解、裁定、判决解除抵押的,机动车所有人或者抵押权人应当填写申请表,提交机动车登记证书、人民法院出具的已经生效的《调解书》、《裁定书》或者《判决书》,以及相应的《协助执行通知书》。

车辆管理所应当自受理之日起一日内,审查提交的证明、凭证,在机动车登记证书上签注解除抵押登记的内容和日期。

第二十五条　机动车抵押登记日期、解除抵押登记日期可以供公众查询。

案例链接

❶《张烨森诉慈溪市新世纪化纤有限公司担保追偿权纠纷案》,参见北大法宝引证码:Pkulaw.cn/CLI.C.253185。

❷《彭军诉北京广信新华夏汽车贸易有限公司抵押合同纠纷案》,参见北大法宝引证码:Pkulaw.cn/CLI.C.184849。

❸《王顺珺等与罗志华民间借贷纠纷上诉案》,参见北大法宝引证码:Pkulaw.cn/CLI.C.252875。

【抵押物登记的效力】

法律问题解读

我国《担保法》规定,以不动产以及一些重要的动产如企业的设备、车辆等抵押的,必须办理抵押物登记,登记为抵押合同的生效要件;以其他财产抵押的,当事人可以自愿办理抵押物登记,但不办理抵押物登记的,抵押权不得对抗善意第三人。此时,登记并非抵押合同的生效要件,抵押合同自签订之日起生效。《物权法》修正了这一规定,登记不再作为抵押合同的生效要件,而是抵押权的设立要件或者对抗要件。具体来讲,依据《物权法》的有关规定,对于建筑物及其他土地附着物,建设用地使用权,以招标、拍卖、公开协商等方式取得的荒等土地承包经营权或者正在建造的建筑物等财产设定抵押的,抵押权登记是抵押权的设立要件,未经登记抵押权不成立;而以生产设备,原材料,半成品,产品,交通工具,正在建造的船舶、航空器等财产设定抵押的,抵押权登记是抵押权的对抗要件,抵押权自抵押合同生效时设立,未经登记不得对抗善意第三人。可见,《物权法》区分了抵押合同生效与抵押权设立,彻底修改了《担保法》的相关规定,抵押权设立与抵押合同生效不再混为一谈,登记不再是抵押合同的生效要件,而独立出来成为抵押权的设立要件或者对抗要件,使得本部分的法理逻辑更加顺畅合理。

在登记作为抵押设立要件的情况下,当事人之间虽有抵押合同存在,但如果没有进行登记,抵押权仍不存在,但抵押合同已经生效,为防止抵押人在订立抵押合同后,拒绝办理抵押物登记而给债权人造成经济损失,《关于担保法若干问题的解释》规定,如果抵押人违背诚实信用原则拒绝办理登记或者拖延时间导致无法办理抵押登记致使债权人受到损失的,抵押人应当承担赔偿责任,《物权法》出台以后,这实际上是一种合同责任，可以适用合同法上的救济手段进行救济。

在登记不作为抵押合同的生效要件时，当事人可以自愿办理抵押物登记。但是，未办理抵押物登记的，不得对抗第三人。所谓不得对抗第三人，包括两方面的含义：（1）合同签订后，如果抵押人将抵押物转移，对于善意取得该物的第三人，抵押权人无权追偿，只能要求抵押人提供新的担保；（2）抵押合同签订后，如果抵押人以该抵押物再次设定抵押，而后位抵押权人进行了抵押物登记，那么，在实现抵押权时，后位抵押权人可以优先于前位未进行抵押物登记的抵押人受偿。抵押物登记记载的内容与抵押合同约定的内容不一致的，以登记记载的内容为准。

法条指引

❶《中华人民共和国物权法》（2007年3月16日 主席令公布 2007年10月1日施行）

第一百八十七条 以本法第一百八十条第一款第一项至第三项规定的财产或者第五项规定的正在建造的建筑物抵押的，应当办理抵押登记。抵押权自登记时设立。

第一百八十八条 以本法第一百八十条第一款第四项、第六项规定的财产或者第五项规定的正在建造的船舶、航空器抵押的，抵押权自抵押合同生效时设立；未经登记，不得对抗善意第三人。

❷《中华人民共和国海商法》（1992年11月7日 主席令公布）

第十九条 同一船舶可以设定两个以上抵押权，其顺序以登记的先后为准。

同一船舶设定两个以上抵押权的，抵押权人按照抵押权登记的先后顺序，从船舶拍卖所得价款中依次受偿。同日登记的抵押权，按照同一顺序受偿。

❸《最高人民法院关于适用〈中华人民共和国担保法〉若干问题的解释》（2000年12月13日发布）

第六十一条 抵押物登记记载的内容与抵押合同约定的内容不一致的，以登记记载的内容为准。

❹《最高人民法院关于审理房地产管理法施行前房地产开发经营案件若干问题的解答》（1995年12月27日发布）

15. 土地使用者未办理土地使用权抵押登记手续，将土地使用权进行抵押的，应当认定抵押合同无效。

16. 土地使用者未办理土地使用权抵押登记手续将土地使用权抵押后，又与他人就同一土地使用权签订抵押合同，并办理了抵押登记手续的，应当认定后一个抵押合同有效。

❺《关于土地使用权抵押登记有关问题的通知》（1997年1月3日 国家土地管理局发布）（略）

❻《个人住房贷款管理办法》（1998年5月9日 中国人民银行发布）

第二十条 抵押合同自抵押物登记之日起生效，至借款人还清全部贷款本息时终止。抵押合同终止后，当事人应按合同的约定，解除设定的抵押权，以房地产作为抵押物的，解除抵押权时，应到原登记部门办理抵押注销登记手续。

❼《动产抵押登记办法》（2007年10月17日 国家工商行政管理局修订发布）（略）

❽《城市房地产抵押管理办法》（2001年8月15日 建设部修正发布）

第三十一条 房地产抵押合同自抵押登记之日起生效。

学者观点

❶ 范利平：《不动产抵押登记之效力》，参见北大法宝引证码：Pkulaw. cn/CLI. A. 1113282。

❷ 王洪亮：《动产抵押登记效力规则的独立性解析》，参见北大法宝引证码：Pkulaw. cn/CLI. A. 1143046。

【对抗意义的抵押登记】

法律问题解读

我国《担保法》第43条规定，当事人以该法第42条规定的抵押物以外的其他财产抵押的，可自愿办理抵押物登记，抵押合同自签订之日起生效。当事人办理抵押物登记的，登记部门为抵押人所在地的公证部门。当事人未办理抵押物登记的，不得对抗第三人。不得对抗第三人的情形主要有以下几种：

1. 抵押人与抵押权人未经登记而成立抵押权后，又与其他人在该物上成立另一抵押权或质权。如果后位抵押权人进行了抵押物登记，那么在实现抵押权时，经过登记的抵押权人可以优先于前位未进行抵押物登记的抵押权人受偿。如果成立未经登记的抵押权后又在抵押物上设定质权，质权人可就抵押物优于抵押权人而优先受偿。

2. 抵押人与抵押权人未经登记而成立抵押权之后，又与其他人就抵押物依法产生留置权的，留置权人就抵押物优先于抵押权人而受清偿。

3. 抵押人与抵押权人未经登记而成立抵押权之后，又将抵押物转让给善意第三人的，对于该第三人，抵押权人无权追偿，只能要求抵押人重新提供担保，或者要求债务人及时偿还债务。

4. 抵押人与抵押权人未经登记而成立抵押权之后，抵押权人以抵押权连同其所附属的债权为自己的债权人设定质权，而抵押人此时又将抵押物的所有权转让给他人，此时质权人对于受让抵押物的善意第三人无权追偿。

当事人自愿办理了抵押物登记的，抵押权具有对抗第三人的法律效力，不论抵押物转移到谁手中，只要债务人履行期届满没有履行债务，抵押权人都可以就该抵押物来实现抵押权。

法条指引

❶《中华人民共和国物权法》（2007年3月16日主席令公布　2007年10月1日施行）

第一百八十条　债务人或者第三人有权处分的下列财产可以抵押：

（一）建筑物和其他土地附着物；
（二）建设用地使用权；
（三）以招标、拍卖、公开协商等方式取得的荒地等土地承包经营权；
（四）生产设备、原材料、半成品、产品；
（五）正在建造的建筑物、船舶、航空器；
（六）交通运输工具；
（七）法律、行政法规未禁止抵押的其他财产。

抵押人可以将前款所列财产一并抵押。

❷《中华人民共和国担保法》（1995年6月30日　主席令公布）

第四十三条　当事人以其他财产抵押的，可以自愿办理抵押物登记，抵押合同自签订之日起生效。

当事人未办理抵押物登记的，不得对抗第三人。当事人办理抵押物登记的，登记部门为抵押人所在地的公证部门。

❸《中华人民共和国民用航空法》（1995年10月30日　主席令公布）

第十六条　设定民用航空器抵押权，由抵押权人和抵押人共同向国务院民用航空主管部门办理抵押权登记；未经登记的，不得对抗第三人。

❹《最高人民法院关于适用〈中华人民共和国担保法〉若干问题的解释》（2000年12月13日发布）

第五十九条　当事人办理抵押物登记手续时，因登记部门的原因致使其无法办理抵押物登记，抵押人向债权人交付权利凭证的，可以认定债权人对该财产有优先受偿权。但是，未办理抵押物登记的，不得对抗第三人。

学者观点

❶ 高圣平：《登记对抗主义之下的动产抵押登记制度——兼及〈企业动产抵押物登记管理办法〉的修改》，参见北大法宝引证码：Pkulaw.cn/CLI.A.1109694。

❷ 王洪亮：《论登记公信力的相对化》，参见北大法宝引证码：Pkulaw.cn/CLI.A.1135860。

❸ 刘建华：《论未登记抵押合同不能对抗之第三人》，参见北大法宝引证码：Pkulaw.cn/CLI.A.159136。

【抵押登记的顺序】

法律问题解读

抵押登记的顺序往往用来确定抵押权的清偿顺序。当一个抵押物上存在着多个抵押权人时，在抵押物被拍卖或变卖清偿时，抵押权人便要根据抵押登记顺序来确定清偿顺序。如何确定抵押登记顺序关系到抵押权人的抵押权能否实现，因此颇为重要。

当事人如果在同一机关办理抵押登记的，可以以登记序号或者权利证书区别先后的登记顺序。登记序号在前的或者权利证书记载的日期在前的，登记顺序在前，否则在后。抵押登记顺序在前的抵押权人可就抵押物优先受偿。当事人如果不是同一天在不同的法定登记部门办理抵押物登记的，办理登记的时间在前的，登记顺序在前。如果当事人同一天在不同的法定登记部门办理抵押物登记的，因无法查明先后登记顺序，所以此种情况视为顺序相同。因登记部门的原因致使抵押物进行连续登记的，抵押物第一次登记的日期，视为抵押登记的日期，并依此确定抵押权的顺序。

此外，需要注意的是，抵押登记的顺序不是以登记部门核准之日为准，而是以当事人申请抵押物登记之日为准。

法条指引

❶《中华人民共和国海商法》（1992年11月7日 主席令公布）

第十九条 同一船舶可以设定两个以上抵押权，其顺序以登记的先后为准。

同一船舶设定两个以上抵押权的，抵押权人按照抵押权登记的先后顺序，从船舶拍卖所得价款中依次受偿。同日登记的抵押权，按照同一顺序受偿。

❷《中华人民共和国物权法》（2007年3月16日 主席令公布 2007年10月1日施行）

第一百九十九条 同一财产向两个以上债权人抵押的，拍卖、变卖抵押财产所得的价款依照下列规定清偿：

（一）抵押权已登记的，按照登记的先后顺序清偿；顺序相同的，按照债权比例清偿；

（二）抵押权已登记的先于未登记的受偿；

（三）抵押权未登记的，按照债权比例清偿。

❸《最高人民法院关于适用〈中华人民共和国担保法〉若干问题的解释》（2000年12月13日发布）

第五十八条 当事人同一天在不同的法定登记部门办理抵押物登记的，视为顺序相同。

因登记部门的原因致使抵押物进行连续登记的，抵押物第一次登记的日期，视为抵押登记的日期，并依此确定抵押权的顺序。

案例链接

❶《丰田汽车金融（中国）有限公司诉高海燕等借款合同纠纷案》，参见北大法宝引证码：Pkulaw. cn/CLI. C. 229920。

❷《中国银行股份有限公司北京朝阳支行诉赵建借款合同纠纷案》，参见北大法宝引证码：Pkulaw. cn/CLI. C. 223070。

学者观点

❶ 王全弟、盛宏观：《抵押权顺位升进主义与固定主义之选择》，参见北大法宝引证码：Pkulaw. cn/CLI. A. 1117891。

❷ 陶丽琴：《抵押物保险合同上担保物权的竞合——以按揭住房保险为视角》，参见北大法宝引证码：Pkulaw. cn/CLI. A. 174038。

【抵押登记申请人】

法律问题解读

抵押登记申请人是指向抵押登记机关提出抵押登记申请的当事人。抵押登记一般由抵押当事人共同申请和办理，抵押登记申请人为抵押人和抵押权人。抵押人或者抵押权人单独一人申请抵押登记的，必须持有对方的授权委托文件。如果单独申请抵押物登记的一方没有持有对方的授权委托文件，登记机关可以拒绝当事人单方的抵押物登记申请。需要注意的是，在实践中，抵押人或抵押权人各方出于交易便捷和节省人力物力的考虑，往往会约定由其中的一方单独办理抵押物登记。这里的授权委托文件既包括单独的授权委托书，也包括当事人在主合同或抵押合同中关于由另一方单独办理抵押物登记的约定条款。抵押人或抵押权人受另一方的委托单独到登记机关办理抵押物登记时，如果故意隐瞒抵押物的状况、位置、名称、数量、质量、所有权权属或者使用权权属等抵押事实，导致登记机关错误登记而使未到场一方的权益受到损害的，申请登记的一方当事人对此负损害赔偿责任。

抵押人和抵押权人亦可各自委托其他人办理抵押物登记。在抵押物登记的审查中，如果一方当事人死亡或因患上精神病等原因而成为无行为能力人或限制行为能力人，应由其继承人或者法定代理人继续办理抵押物登记。

法条指引

❶《城市房地产抵押管理办法》（2001年8月15日 建设部修正发布）

第三十条 房地产抵押合同自签订之日起30日内，抵押当事人应当到房地产所在地的房地产管理部门办理房地产抵押登记。

❷《关于土地使用权抵押登记有关问题的通知》（1997年1月3日 国家土地管理局发布）（略）

❸《关于变更土地登记的若干规定》（1993年2月23日 国家土地管理局发布）（略）

❹《关于地籍管理几个问题处理的意见》（1992年5月13日 国家土地管理局发布）（略）

【抵押登记所需文件】

法律问题解读

办理抵押物登记，抵押登记机关出于审查抵押权的方便，往往需要抵押登记申请人提交相应的文件或者资料。《担保法》规定，办理抵押物登记，应当向登记部门提交主合同和抵押合同、抵押物的所有权或者使用权证书的原件或复印件。

办理抵押物登记所提交的文件因不同的抵押物而不同。例如以预售商品房抵押的，抵押登记必须提交的文件除了主合同和抵押合同等一般抵押登记所需的文件之外，还需提交建筑工程规划许可证、施工许可证、商品房预售许可证。以土地使用权和房屋抵押的，一般还要提供土地使用权和房屋的价格评估资料。需要注意的是在债务人提供抵押时当事人如果没有单独订立抵押合同而在主合同中约定抵押条款的，该抵押约定亦有效。当事人在办理抵押物登记时，只需提交含有抵押条款的主合同即可。办理抵押物登记时，如果当事人未按要求提交足够的文件的，登记机关可以拒绝登记，直到当事人把所需文件全部提交完毕。

法条指引

❶《中华人民共和国担保法》（1995年6月30日 主席令公布）

第四十四条 办理抵押物登记，应当向登记部门提供下列文件或者其复印件：

（一）主合同和抵押合同；

（二）抵押物的所有权或者使用权证书。

❷《关于土地使用权抵押登记有关问题的通知》（1997年1月3日 国家土地管理局发布）（略）

【抵押登记机关】

法律问题解读

抵押登记机关又称抵押登记部门，指抵押当事人办理抵押物登记的地方或者机关。我国的抵押物采取分别登记的原则，以不同的抵押物登记，其登记机关亦不相同。以必须办理抵押物登记的财产抵押的，抵押登记机关主要有土地管理部门、房屋管理部门、林木主管部门、运输工具的登记部门和工商行政管理部门。当事人自愿办理抵押物登记的，登记部门为抵押人所在地的公证部门。

登记机关具有要求抵押登记申请人提交相应的抵押文件的权利、审查当事人所提交的抵押材料的权利和收取相应的抵押登记费用的权利。同时，登记机关亦负有一定的义务。对符合条件的抵押物登记申请，登记机关应当受理。在受理申请的一定期限内，抵押登记机关必须完成对所申请抵押的审查，对符合抵押物登记条件的，应当发给当事人相应的权利证书。同时，抵押登记机关还负有向社会和个人公开抵押物资料的义务。抵押物的当事人及利害关系人可以申请查阅、抄录或者复印，登记机关不得拒绝。由于登记机关单方的过失致使抵押登记拖延或错误登记，致使抵押当事人的权益受到损害的，登记机关应当承担相应的赔偿责任。受到损失的当事人可以要求登记机关对自己所受到的损失承担赔偿责任。登记机关若无正当理由拒绝当事人的抵押登记申请的，申请人可在收到拒绝受理的通知后向登记机关或登记机关的主管部门提出复议。

法条指引

❶《中华人民共和国担保法》（1995年6月30日 主席令公布）

第四十二条 办理抵押物登记的部门如下：

（一）以无地上定着物的土地使用权抵押的，为核发土地使用权证书的土地管理部门；

（二）以城市房地产或者乡（镇）、村企业的厂房等建筑物抵押的，为县级以上地方人民政府规定的部门；

（三）以林木抵押的，为县级以上林木主管部门；

（四）以航空器、船舶、车辆抵押的，为运输工具的登记部门；

（五）以企业的设备和其他动产抵押的，为财产所在地的工商行政管理部门。

第四十三条 当事人以其他财产抵押的，可以自愿办理抵押物登记，抵押合同自签订之日起生效。

当事人未办理抵押物登记的，不得对抗第三人。当事人办理抵押物登记的，登记部门为抵押人所在地的公证部门。

❷《中华人民共和国城市房地产管理法》（2007年8月30日修正 主席令公布）

第六十二条 房地产抵押时，应当向县级以上地方人民政府规定的部门办理抵押登记。

因处分抵押房地产而取得土地使用权和房屋所有权的,应当依照本章规定办理过户登记。

第七十一条 房产管理部门、土地管理部门工作人员玩忽职守、滥用职权、构成犯罪的,依法追究刑事责任;不构成犯罪的,给予行政处分。

房产管理部门、土地管理部门工作人员利用职务上的便利索取他人财物,或者非法收受他人财物为他人谋取利益,构成犯罪的,依照惩治贪污罪贿赂罪的补充规定追究刑事责任;不构成犯罪的,给予行政处分。

❸《境内机构对外担保管理办法实施细则》(1997年12月11日 国家外汇管理局发布)

第二十八条 抵押人作为第三人以《担保法》未规定登记部门的抵押物对外抵押的,由抵押人直接到外汇局办理抵押批准和抵押物登记手续。

❹《城市房地产抵押管理办法》(2001年8月15日 建设部修正发布)

第三十三条 登记机关应当对申请人的申请进行审核。凡权属清楚、证明材料齐全的,应当在受理登记之日起七日内决定是否予以登记,对不予登记的,应当书面通知申请人。

第五十二条 登记机关工作人员玩忽职守、滥用职权,或者利用职务上的便利索取他人财物,或者非法收受他人财物为他人谋取利益的,依法给予行政处分;构成犯罪的,依法追究刑事责任。

❺《动产抵押登记办法》(2007年10月17日 国家工商行政管理局修订发布)

第三条 当事人办理动产抵押登记,应当向动产抵押登记机关提交下列文件:

(一)经抵押合同双方当事人签字或者盖章的《动产抵押登记书》;

(二)抵押合同双方当事人主体资格证明或者自然人身份证明文件。

委托代理人办理动产抵押登记的,还应提交代理人身份证明文件和授权委托书。

第四条 《动产抵押登记书》应当载明下列内容:

(一)抵押人及抵押权人名称(姓名)、住所地;

(二)代理人名称(姓名);

(三)被担保债权的种类和数额;

(四)担保的范围;

(五)债务人履行债务的期限;

(六)抵押财产的名称、数量、质量、状况、所在地、所有权归属或者使用权归属;

(七)抵押人、抵押权人签字或者盖章。

第五条 动产抵押登记机关受理登记申请文件后,应当当场在《动产抵押登记书》上加盖动产抵押登记专用章并注明盖章日期。

❻《公证机构办理抵押登记办法》(2002年2月20日 司法部发布)

第二条 《中华人民共和国担保法》第四十三条第二款规定的公证部门为依法设立的公证机构。

学者观点

❶ 申卫星:《内容与形式之间:我国物权登记立法的完善》,参见北大法宝引证码:Pkulaw.cn/CLI.A.14191。

【抵押登记错误】

法律问题解读

原则上登记记载的权利和事实存在的权利应当一致,但是由于现实经济生活的复杂性,也会产生两者不相符合的情况而导致抵押登记错误。实践中由于当事人自己的过错或者登记机关的过错,可能会出现登记权利和事实不一致的情况。但是,不管什么原因造成登记错误,都不能对抗善意第三人。

最高人民法院《关于担保法若干问题的解释》规定,抵押物登记记载的内容和抵押合同约定的内容不一致的,以登记记载的内容为准。这是因为,登记中的过错不能妨害交易的安全。为了维护交易秩序的稳定,担保物权交易的安全,应当以登记簿的记载内容为标准,推定登记簿记载的内容正确。登记簿中错误、遗漏、涂错某项担保物权时,推定该项担保物权不存在。因登记簿错误、遗漏导致抵押权误被注销的,第三人的善意取得可以对抗抵押权。抵押权人因此而受到的损失,应由过错方承担赔偿责任。因登记机关的过错,使抵押登记发生错误或遗漏的,因该错误或遗漏致使当事人或者利害关系人遭受损害的,受损人可以按照我国行政诉讼法提起诉讼,要求登记机关按照国家赔偿法的规定承担赔偿责任。

法条指引

❶《最高人民法院关于适用〈中华人民共和国担保法〉若干问题的解释》(2000年12月13日发布)

第六十一条　抵押物登记记载的内容与抵押合同约定的内容不一致的，以登记记载的内容为准。

❷《中华人民共和国海商法》（1992年11月7日　主席令公布）

第十三条　设定船舶抵押权，由抵押权人和抵押人共同向船舶登记机关办理抵押权登记；未经登记的，不得对抗第三人。

船舶抵押权登记，包括下列主要项目：

（一）船舶抵押权人和抵押人的姓名或者名称、地址；

（二）被抵押船舶的名称、国籍、船舶所有权证书的颁发机关和证书号码；

（三）所担保的债权数额、利息率、受偿期限。

船舶抵押权的登记状况，允许公众查询。

❸《中华人民共和国行政诉讼法》（1989年4月4日　主席令公布）

第十一条　人民法院受理公民、法人和其他组织对下列具体行政行为不服提起的诉讼：

（一）对拘留、罚款、吊销许可证和执照、责令停产停业、没收财物等行政处罚不服的；

（二）对限制人身自由或者对财产的查封、扣押、冻结等行政强制措施不服的；

（三）认为行政机关侵犯法律规定的经营自主权的；

（四）认为符合法定条件申请行政机关颁发许可证和执照，行政机关拒绝颁发或者不予答复的；

（五）申请行政机关履行保护人身权、财产权的法定职责，行政机关拒绝履行或者不予答复的；

（六）认为行政机关没有依法发给抚恤金的；

（七）认为行政机关违法要求履行义务的；

（八）认为行政机关侵犯其他人身权、财产权的。

除前款规定外，人民法院受理法律、法规规定可以提起诉讼的其他行政案件。

❹《中华人民共和国国家赔偿法》（1994年5月12日　主席令公布）

第四条　行政机关及其工作人员在行使行政职权时有下列侵犯财产权情形之一的，受害人有取得赔偿的权利：

（一）违法实施罚款、吊销许可证和执照、责令停产停业、没收财物等行政处罚的；

（二）违法对财产采取查封、扣押、冻结等行政强制措施的；

（三）违反国家规定征收财物、摊派费用的；

（四）造成财产损害的其他违法行为。

❺《关于变更土地登记的若干规定》（1993年2月23日　国家土地管理局发布）（略）

❻《中华人民共和国机动车登记规定》（2008年5月27日　公安部修订，2008年10月1日施行）

第二十三条　申请抵押登记的，机动车所有人应当填写申请表，由机动车所有人和抵押权人共同申请，并提交下列证明、凭证：

（一）机动车所有人和抵押权人的身份证明；

（二）机动车登记证书；

（三）机动车所有人和抵押权人依法订立的主合同和抵押合同。

车辆管理所应当自受理之日起一日内，审查提交的证明、凭证，在机动车登记证书上签注抵押登记的内容和日期。

❼《公证机构办理抵押登记办法》（2002年2月20日　司法部发布）

第十一条　公证机构决定予以登记的，应向当事人出具《抵押登记证书》。

《抵押登记证书》应载明下列内容：

（一）抵押人、抵押权人的姓名、身份证明号码或名称、单位代码、地址；

（二）抵押担保的主债权的种类、数额；

（三）抵押物的名称、数量、质量、状况、所在地、所有权或者使用权权属；

（四）债务人履行债务的期限；

（五）抵押担保的范围；

（六）再次抵押情况；

（七）抵押登记的日期；

（八）其他事项。

学者观点

❶ 吴国酷：《物权登记错误及其补救》，参见北大法宝引证码：Pkulaw.cn/CLI.A.1109790。

【抵押物登记的范围】

法律问题解读

抵押物登记的范围包括必须办理抵押物登记的财产和自愿办理抵押物登记的抵押财产。依据《担保法》和《物权法》的规定，必须办理登记的抵押物包括：土地使用权、房屋或者乡（镇）、村企业的厂房等建筑物、林木、航空器、船舶、车辆、企业的设备和其他动产。以以上抵押物抵押的，抵押合同自登记之日起生效。需要注意的是，我国《民用航空器法》和《海商法》中规定，当事人以民用航空器和船舶抵押的，当事人可以自愿办理抵押登记。抵押合同自签之日起生效。这一规定与《担保法》中对民用航空器和船舶抵押登记的规定相冲突。根据特殊法优于普通法的原则，应当遵循《民用航空器法》和《海商法》的规定，当事人以民用航空器和船舶抵押的，可以自愿办理抵押登记，不办理登记的抵押权不能对抗善意第三人。

办理登记的抵押物还包括当事人自愿办理登记的抵押物。抵押当事人以法律规定必须办理抵押物登记的财产之外的财产抵押的，可以自愿办理抵押物登记，抵押合同自签订之日起生效。但是如果当事人没有办理抵押物登记，其所设立的抵押权不能对抗善意第三人。第三人善意取得抵押物的所有权时，抵押权人不能要求第三人返还抵押物，也不能再以抵押物价款优先受偿，只能要求抵押人另外提供担保或者赔偿损失。

法条指引

❶《中华人民共和国担保法》（1995年6月30日 主席令公布）

第四十一条 当事人以本法第四十二条规定的财产抵押的，应当办理抵押物登记，抵押合同自登记之日起生效。

第四十二条 办理抵押物登记的部门如下：
（一）以无地上定着物的土地使用权抵押的，为核发土地使用权证书的土地管理部门；
（二）以城市房地产或者乡（镇）、村企业的厂房等建筑物抵押的，为县级以上地方人民政府规定的部门；
（三）以林木抵押的，为县级以上林木主管部门；
（四）以航空器、船舶、车辆抵押的，为运输工具的登记部门；
（五）以企业的设备和其他动产抵押的，为财产所在地的工商行政管理部门。

第四十三条 当事人以其他财产抵押的，可以自愿办理抵押物登记，抵押合同自签订之日起生效。

当事人未办理抵押物登记的，不得对抗第三人。当事人办理抵押物登记的，登记部门为抵押人所在地的公证部门。

❷《中华人民共和国城市房地产管理法》（2007年8月30日修正 主席令公布）

第四十九条 房地产抵押，应当凭土地使用权证书、房屋所有权证书办理。

❸《城市房地产抵押管理办法》（2001年8月15日 建设部修正发布）

第三十条 房地产抵押合同自签订之日起30日内，抵押当事人应当到房地产所在地的房地产管理部门办理房地产抵押登记。

案例链接

❶《某银行股份有限公司上海闵行支行诉卫某等金融借款合同纠纷案》，参见北大法宝引证码：Pkulaw.cn/CLI.C.276007。

❷《北京农村商业银行股份有限公司十八里店支行诉北京致达物业管理有限公司等借款合同纠纷案》，参见北大法宝引证码：Pkulaw.cn/CLI.C.222983。

❸《中国建设银行股份有限公司北京朝阳支行诉杨麟汝借款合同纠纷案》，参见北大法宝引证码：Pkulaw.cn/CLI.C.174843。

【抵押登记的费用】

法律问题解读

抵押登记的费用是指当事人办理抵押登记时需向登记部门交纳的费用。登记部门办理抵押物登记时，需要组织有关人员对主合同、抵押合同、抵押物进行审查，需要投入大量的人力和物力，所以，为了减轻登记部门的负担和保证经济生活的高速运转，登记部门会对申请抵押登记的当事人收取一定的费用。

登记机关在办理抵押物登记时，一般按被担保的主债权的数额收取登记费用。登记机关所收取的登记费用一般为被担保的主债权的百分之几。但其中确定的收费比例由各个登记部门或者相关部门制定。如办理企业动产抵押物登记的，具体的收费标准由国家工商行政管理局和有关的部门，主要是国家价格部门共同制订。需要注意的是，登记费的收取的参照标准是被担保的主债权的数额，而不是抵押物的价值。被担保的主债权的数额越大，当事人需要交纳的抵押登记费用就越高。

抵押登记费的承担一般由当事人协商解决，由当事人自己决定所承担的份额。当事人协商不成或者不愿意协商的，由抵押合同双方当事人各承担一半的登记费用。当事人都不交纳登记费用的，登记部门有权拒绝当事人抵押物登记的申请。抵押合同双方当事人协商共同支付登记费的，一方当事人支付后而另一方当事人拒绝支付时，已支付登记费的一方当事人有权请求另一方当事人支付其所应承担的抵押登记费。

法条指引

❶《企业动产抵押物登记管理办法》（2000年12月1日 国家工商行政管理局修正发布）

第十五条 登记机关办理动产抵押物登记时，按被担保的主债权的数额收取登记费。具体收费标准由国家工商行政管理局和有关部门共同制订。

登记费的承担由当事人协商；协商不成或者不愿协商的，由抵押合同双方当事人各承担一半。

❷《国家发展改革委、财政部关于规范房屋登记费计费方式和收费标准等有关问题的通知》（2008年4月15日发布）

各省、自治区、直辖市发展改革委、物价局、财政厅（局）：

为规范房屋登记收费行为，保护权利人合法权益，依据《物权法》等相关规定，现就房屋登记收费计费方式和收费标准等有关问题通知如下：

一、房屋登记费是指县级以上地方人民政府房地产主管部门对房屋权属依法进行各类登记时，向申请人收取的费用。

二、房屋登记费按件收取，不得按照房屋的面积、体积或者价款的比例收取。

三、住房登记收费标准为每件80元；非住房房屋登记收费标准为每件550元。

住房登记一套为一件；非住房登记的房屋权利人按规定申请并完成一次登记的为一件。

四、房屋登记收费标准中包含房屋权属证书费。房地产主管部门按规定核发一本房屋权属证书免收证书费。向一个以上房屋权利人核发权属证书时，每增加一本证书加收证书工本费10元。

五、房屋登记费向申请人收取。但按规定需由当事人双方共同申请的，只能向登记为房屋权利人的一方收取。

六、房屋查封登记、注销登记和因登记机关错误造成的更正登记，不收取房屋登记费。

房屋权利人因丢失、损坏等原因申请补领证书，只收取房屋权属证书费。

农民利用宅基地建设的住房登记，不收取房屋登记费，只收取房屋权属证书工本费。

经济适用住房登记，以及因房屋坐落的街道或门牌号码变更、权利人名称变更而申请的房屋变更登记，按本通知第三条规定的收费标准减半收取。

七、房屋权利人在办理房屋登记时委托有关专业技术单位进行房屋测绘缴纳的费用属于经营服务性收费，收费标准由省级价格主管部门商有关部门制定。

八、收取房屋登记费，应按规定到指定的价格主管部门办理收费许可证，并使用各省、自治区、直辖市财政部门统一印制的票据。执收单位要公布规定的收费项目和标准，自觉接受价格、财政部门的监督检查。

九、县级以上房地产主管部门收取的房屋登记费属于行政事业性收费，应全额上缴地方国库，纳入地方财政预算管理，具体缴库办法按照同级财政部门的规定执行，支出由同级财政部门按照其履行职能的需要核定。

十、本通知自2008年5月1日起执行。原国家计委、财政部《关于规范房屋所有权登记费计费方式和收费标准等有关问题的通知》（计价格〔2002〕595号）同时废止。各地有关房屋登记收费的规定与本通知不符的，以本通知为准。

【房地产抵押登记】

法律问题解读

当事人以房地产抵押的，应当办理房地产抵押登记。房地产抵押权自抵押登记之日起生效。在我国，房地产抵押包括了房产的抵押和地产的抵押。房地产抵押登记包括了房产抵押登记和土地使用权抵押的登记。我国《城市房地产抵押管理办法》规定，当事人应当在房地产抵押合同签订之日起30日内到房地产所在地的房地产管理部门办理房地产抵押登记。超过30日期限的，房地产抵押登记部门有权拒绝当事人的登记申请。

当事人办理房地产抵押登记，应当向登记机关提交抵押登记申请书、抵押合同、《国有土地使用权证》、《房屋所有权证》或《房地产权证》等一系列文件，登记机关应当对申请人的申请进行审核。凡权属清楚、证明材料齐全的，应当在受理登记之日起15内作出是否准予登记的书面答复。依法取得房屋所有权证书的房地产抵押的，登记机关应当在《房屋所有权证》上作他项权利记载后，由抵押人收执，并向抵押人颁发《房屋他项权证》。

抵押合同发生变更或者终止之日起15日内，到原登记机关办理变更或者注销抵押登记。因依法处分抵押房地产而取得土地使用权和该地上建筑物、其他附着物所有权的，抵押当事人应当自处分行为生效之日起30日内，到县级以上地方人民政府房地产管理部门申请房产变更登记，并凭变更后的房屋所有权证书向同级人民政府土地管理部门申请土地使用权变更登记。

法条指引

❶《中华人民共和国担保法》（1995年6月30日 主席令公布）

第四十一条 当事人以本法第四十二条规定的财产抵押的，应当办理抵押物登记，抵押合同自登记之日起生效。（已被《物权法》修正）

第四十二条 办理抵押物登记的部门如下：

（一）以无地上定着物的土地使用权抵押的，为核发土地使用权证书的土地管理部门；

（二）以城市房地产或者乡（镇）、村企业的厂房等建筑物抵押的，为县级以上地方人民政府规定的部门；

（三）以林木抵押的，为县级以上林木主管部门；

（四）以航空器、船舶、车辆抵押的，为运输工具的登记部门；

（五）以企业的设备和其他动产抵押的，为财产所在地的工商行政管理部门。

❷《中华人民共和国城市房地产管理法》（2007年8月30日修正 主席令公布）

第四十八条 房地产抵押，应当凭土地使用权证书、房屋所有权证书办理。

❸《城市房地产抵押管理办法》（2001年8月15日 建设部修正发布）

第三十条 房地产抵押合同自签订之日起三十日内，抵押当事人应当到房地产所在地的房地产管理部门办理房地产抵押登记。

❹《个人住房贷款管理办法》（1998年5月9日 中国人民银行发布）

第十七条 以房地产作抵押的，抵押人和抵押权人应当签订书面抵押合同，并于放款前向县级以上地方人民政府规定的部门办理登记手续。抵押合同的有关内容按照《中华人民共和国担保法》第三十九条的规定确定。

第二十条 抵押合同自抵押物登记之日起生效，至借款人还清全部贷款本息时终止。抵押合同终止后，当事人应按合同的约定，解除设定的抵押权，以房地产作为抵押物的，解除抵押权时，应到原登记部门办理抵押注销登记手续。

❺《房屋登记办法》（2008年2月15日）

第二十七条 房屋权属证书、登记证明破损的，权利人可以向房屋登记机构申请换发。房屋登记机构换发前，应当收回原房屋权属证书、登记证明，并将有关事项记载于房屋登记簿。

房屋权属证书、登记证明遗失、灭失的，权利人在当地公开发行的报刊上刊登遗失声明后，可以申请补发。房屋登记机构予以补发的，应当将有关事项在房屋登记簿上予以记载。补发的房屋权属证书、登记证明上应当注明"补发"字样。

在补发集体土地范围内村民住房的房屋权属证书、登记证明前，房屋登记机构应当就补发事项在房屋所在地农村集体经济组织内公告。

❻《住房置业担保管理试行办法》（2000年5月11日 建设部、中国人民银行联合发布）

第二十三条 抵押当事人应当自抵押合同订立之日起三十日内向房屋所在地的房地产行政主管部门办理抵押登记。

抵押合同发生变更或者抵押关系终止时，抵押当事人应当在变更或者终止之日起十五日内，到原登记机关办理变更或者注销登记。

❼《关于转发广东省建委〈关于严格办理房地产抵押登记手续、防止伪造〈房屋所有权证〉诈骗的紧急通知〉的通知》（1995年1月14日 建设部发布）（略）

案例链接

❶《中国农业发展银行民权县支行诉民权县供销合作社联合社金融借款合同纠纷案》，参见北大法宝引证码：Pkulaw. cn/CLI. C. 279118。

❷《上海浦东发展银行宁波分行诉叶武兵等金融借款合同纠纷案》，参见北大法宝引证码：Pkulaw. cn/CLI. C. 227384。

❸《象山县中小企业信用担保中心诉浙江华升电力设备有限公司等担保追偿权纠纷案》，参见北大法宝引证码：Pkulaw. cn/CLI. C. 232265。

学者观点

❶张少鹏：《关于房地产抵押法律制度若干问题的研究》，参见北大法宝引证码：Pkulaw. cn/CLI. A. 11502。

【房地产抵押登记的效力】

法律问题解读

房地产抵押登记的效力是指登记对房地产抵押权的效力。房地产抵押登记是房地产抵押权的设立要件。当事人以房地产设定抵押的，抵押权自抵押物登记之日起生效。在办理抵押物登记之前，抵押合同生效。对抵押双方当事人有约束力，债权人为确保自身的利益，应当督促抵押人尽快办理抵押物登记手续。

由于我国登记制度不健全，在司法实践中，房地产抵押登记出现的问题比较多。当事人常常由于房地产抵押登记机关本身的原因而无法办理房地产抵押登记，如抵押登记部门的工作人员徇私舞弊，有意刁难当事人致使当事人无法办理抵押物登记。最高人民法院《关于担保法若干问题的解释》对此作出了规定。当事人办理抵押物登记手续时，因登记部门的原因致使其无法办理抵押物登记，抵押人向债权人交付了权利凭证的，可以认定债权人对该财产有优先受偿权。但是，未办理抵押物登记的，不得对抗第三人。因此，抵押人如果向债权人交付了房地产权属证书的，因登记机关的原因无法办理抵押物登记的，在实现债权时，债权人仍对该房地产有优先受偿权。但债权人的这种优先受偿权不能对抗善意第三人。第三人基于善意仍可以取得该房地产的所有权。

法条指引

❶《中华人民共和国担保法》（1995年6月30日 主席令公布）

第四十一条 当事人以本法第四十二条规定的财产抵押的，应当办理抵押物登记，抵押合同自登记之日起生效。（为《物权法》修正）

❷《个人住房贷款管理办法》（1998年5月9日 中国人民银行发布）

第二十条 抵押合同自抵押物登记之日起生效，至借款人还清全部贷款本息时终止。抵押合同终止后，当事人应按合同的约定，解除设定的抵押权，以房地产作为抵押物的，解除抵押权时，应到原登记部门办理抵押注销登记手续。

案例链接

❶《交通银行股份有限公司宁波江东支行诉朱国芳等借款合同纠纷案》，参见北大法宝引证码：Pkulaw. cn/CLI. C. 238599。

❷《中国银行股份有限公司瑞安市支行诉章瑞铭等金融借款合同纠纷案》，参见北大法宝引证码：Pkulaw. cn/CLI. C. 239476。

❸《吕先学诉孙伟平等借款合同纠纷案》，参见北大法宝引证码：Pkulaw. cn/CLI. C. 232806。

学者观点

❶ 童付章：《房地产分别抵押情形中抵押权优先效力之研讨》，参见北大法宝引证码：Pkulaw. cn/CLI. A. 1120146。

❷ 叶俊寅：《房屋期权抵押应注意的若干问题》，参见北大法宝引证码：Pkulaw. cn/CLI. A. 131623。

【房地产抵押登记所需文件】

法律问题解读

办理房地产抵押登记，需要向登记机关提交一些必需的文件，以备登记机关审查和备案。依据《城市房地产抵押管理办法》第32条规定，当事人办理房地产抵押登记时，应当向登记机关交验下列文件：1. 抵押当事人的身份证明或法人资格证明。一方当事人代理另一方当事人进行抵押的，还需提交另一方当事人的授权委托书；2. 抵押登记申请书和书面的抵押合同；3. 《国有土地使用权证》、《房屋所有权证》或《房屋产权证》。共有房屋还必须提交《房屋共有权证》和其他共有人同意抵押的证明；4. 可以证明抵押房地产价值的资料，即房地产价格评估部门对抵押房地产所作出的价格评估文件；5. 登记机关认为必要的其他文件。

如果是以预售商品房抵押的，依据《城市房地产管理法》、《城市房地产抵押管理办法》、《城市商品房预售管理办法》等法律规定，抵押登记时必须提交的文件，除上述文件外还必须具有建筑工程规划许可证、施工许可证、商品房预售许可证。如果所抵押的建筑物正在建设中，则必须提交建筑合同。如果是以预购商品房抵押贷款的，则还须提交生效的预购房屋合同。

法条指引

❶《中华人民共和国担保法》（1995年6月30日 主席令公布）

第四十四条 办理抵押物登记，应当向登记

部门提供下列文件或者其复印件：

（一）主合同和抵押合同；

（二）抵押物的所有权或者使用权证书。

❷《中华人民共和国城市房地产管理法》（2007年8月30日修正　主席令公布）

第四十九条　房地产抵押，应当凭土地使用权证书、房屋所有权证书办理。

❸《房屋登记办法》（2008年2月15日）

第十一条　申请房屋登记，申请人应当向房屋所在地的房屋登记机构提出申请，并提交申请登记材料。

申请登记材料应当提供原件。不能提供原件的，应当提交经有关机关确认与原件一致的复印件。

申请人应当对申请登记材料的真实性、合法性、有效性负责，不得隐瞒真实情况或者提供虚假材料申请房屋登记。

第四十三条　申请抵押权登记，应当提交下列文件：

（一）登记申请书；

（二）申请人的身份证明；

（三）房屋所有权证书或者房地产权证书；

（四）抵押合同；

（五）主债权合同；

（六）其他必要材料。

❹《城市房地产抵押管理办法》（2001年8月15日修订　建设部发布）

第三十二条　办理房地产抵押登记，应当向登记机关交验下列文件：

（一）抵押当事人的身份证明或法人资格证明；

（二）抵押登记申请书；

（三）抵押合同；

（四）《国有土地使用权证》、《房屋所有权证》或《房地产权证》，共有的房屋还必须提交《房屋共有权证》和其他共有人同意抵押的证明；

（五）可以证明抵押人有权设定抵押权的文件与证明材料；

（六）可以证明抵押房地产价值的资料；

（七）登记机关认为必要的其他文件。

❺《简化房地产交易与房屋权属登记程序的指导意见》（2000年9月18日　建设部发布）

为了进一步活跃房地产市场，方便当事人申办房地产交易与房屋权属登记手续，规范市场管理，提高办事效率，现对房地产交易与房屋权属登记程序提出如下意见：

一、推行房地产交易管理与房屋权属登记一体化

各市、县房地产管理部门均应设立统一对外的办事窗口，实行一个窗口收件，一个窗口发证，"一条龙"办公，统一收费，规范服务。涉及房地产交易与房屋权属登记的，当事人只填写一份申请书，申办资料提交齐全后，管理机构内部传递有关资料，不再重复收件；房地产交易与权属管理机构分设的，由房地产交易管理机构负责初审，权属管理机构负责复审，改变原来分散管理、各自封闭的工作方式。

二、简化办事程序，缩短办事时限

调整内部运行环节，确立简捷、必要的工作流程，将测绘及确权必要的评估等服务项目从流程中分离出去，取消核发房地产转让过户单程序。清理审批中没有必要提供的各种证件，原则上取消与权属登记机关法律责任不直接相关的收件审核。

建议地方政府根据程序简化后的工作量，结合机构改革，按照精简、统一、效能的原则，重新调整房地产交易与房屋权属管理机构及其人员编制，提高办事效率，切实降低管理成本。

三、推行服务承诺制度

涉及办理房地产交易与房屋权属登记手续的服务项目，要向社会公开办事程序和服务承诺内容，公开收件范围，明确办事时限，增强工作透明度。要设立投诉台、咨询窗口，自觉接受群众监督，保证服务承诺内容落到实处。

四、加强基础建设，提高现代化管理水平

房地产交易、房屋权属管理要积极采用计算机技术，配备适合现代化管理的必要的硬件和软件系统，以提高工作效率，形成有效的监督约束机制。加快信息网络化建设，实现资源共享，建立房地产市场信息定期发布制度，为政府宏观决策和正确引导市场服务。现有房屋权属档案也要创造条件，尽快实现数据化管理。

五、主动争取相关部门联合办公

为方便群众办事，有条件的市、县，要主动邀请财税、金融、中介服务等部门、单位进驻房地产交易中心，联合办公，集中提供配套服务。

学者观点

❶ 苑敏：《关于房地产抵押登记制度的法律探讨》，参见北大法宝引证码：Pkulaw. cn/CLI. A. 111287。

【房地产抵押登记的程序】

法律问题解读

当事人在办理房地产抵押登记之前，必须已经签订好书面的抵押合同。当事人首先应向房地产抵押登记机关提出登记申请，并向登记机关提交抵押登记申请书和抵押合同等相关的文件。抵押登记申请书一般应包括抵押人、抵押权人的名称（姓名）、地址、法定代表人和代理人的姓名、性别、住址、法定代理人和代理人的姓名、性别、住所；申请抵押物登记的原因；抵押房地产的名称、位置、状况；抵押房地产的所有权或者使用权证明；被担保主债权的数额、种类；债务人履行债务的期限；抵押担保的范围；申请人和日期等内容。

登记机关应当在受理登记申请材料后，依照国家法律法规的规定，审查当事人所提交的文件是否齐备，抵押合同条款是否齐备，抵押期限是否在房地产使用权期限内等内容。凡权属清楚、证明材料齐全的，登记机关应当在受理登记之日起15日内作出是否准予登记的书面答复。以依法取得房屋所有权证书的房地产抵押的，登记机关应当在原《房屋所有权证》上作他项权利记载后，由抵押人收执，并向抵押人颁发《房屋他项权证》。以预售商品房或者在建工程抵押的，登记机关应当在抵押合同上作记载。抵押的房地产在抵押期间竣工的，当事人应当在抵押人领取房地产权属证书后，重新办理房地产抵押登记。

当事人办理房地产抵押登记的部门为县级以上的房地产管理部门。以房屋抵押的，登记机关为房屋管理部门。以土地使用权抵押的，登记机关为土地管理部门。

法条指引

❶《中华人民共和国担保法》（1995年6月30日 主席令公布）

第四十二条 办理抵押物登记的部门如下：
（一）以无地上定着物的土地使用权抵押的，为核发土地使用权证书的土地管理部门；
（二）以城市房地产或者乡（镇）、村企业的厂房等建筑物抵押的，为县级以上地方人民政府规定的部门；
（三）以林木抵押的，为县级以上林木主管部门；
（四）以航空器、船舶、车辆抵押的，为运输工具的登记部门；
（五）以企业的设备和其他动产抵押的，为财产所在地的工商行政管理部门。

第四十三条 当事人以其他财产抵押的，可以自愿办理抵押物登记，抵押合同自签订之日起生效。

当事人未办理抵押物登记的，不得对抗第三人。当事人办理抵押物登记的，登记部门为抵押人所在地的公证部门。

❷《关于转发广东省建委〈关于严格办理房地产权抵押登记手续、防止伪造〈房屋所有权证〉诈骗的紧急通知〉的通知》（1995年1月14日 建设部发布）（略）

❸《个人住房贷款管理办法》（1998年5月9日 中国人民银行发布）

第十七条 以房地产作抵押的，抵押人和抵押权人应当签订书面抵押合同，并于放款前向县级以上地方人民政府规定的部门办理抵押登记手续。抵押合同的有关内容按照《中华人民共和国担保法》第三十九条的规定确定。

❹《住房置业担保管理试行办法》（2000年5月11日 建设部、中国人民银行联合发布）

第二十三条 抵押当事人应当自抵押合同订立之日起三十日内向房屋所在地的房地产行政主管部门办理抵押登记。

抵押合同发生变更或者抵押关系终止时，抵押当事人应当在变更或者终止之日起十五日内，到原登记机关办理变更或者注销登记。

❺《关于贯彻〈城市房地产管理法〉若干问题的批复》（1995年3月11日 国家土地管理局发布）（略）

❻《城市房地产抵押管理办法》（2001年8月15日 建设部修正发布）

第三十三条 登记机关应当对申请人的申请进行审核。凡权属清楚、证明材料齐全的，应当在受理登记之日起七日内决定是否予以登记，对不予登记的，应当书面通知申请人。

学者观点

❶ 张少鹏：《关于房地产抵押法律制度若干问题的研究》，参见北大法宝引证码：Pkulaw.cn/CLI.A.11502。

【房地产抵押的变更与注销登记】

法律问题解读

房地产抵押合同发生变更或者抵押关系终止时，抵押当事人应当在变更或者终止之日起15日内，到原登记机关办理变更或者注销抵押登记。

抵押合同发生变更包括抵押合同当事人的变更和抵押合同内容本身的变更。抵押合同当事人的变更包括抵押权人的变更和抵押人的变更。抵押权人可以在通知抵押人后将抵押权和主债权一并转让给第三人，此时第三人便成为新的抵押权人。抵押人在通知抵押权人和告知受让人后，可以将已经抵押的房地产转让给受让人，此时受让人便成为新的抵押人。抵押合同当事人发生变更的，抵押当事人应当到原登记机关办理变更抵押登记。抵押合同内容的变更是指被担保的主债权种类、数额、债务人履行债务的期限、抵押房地产的名称、数量、质量、状况、所在地、抵押担保的范围发生变更。房地产抵押合同内容发生变更的，抵押当事人应当及时到原登记机关办理变更抵押登记。

抵押关系可因主债务的清偿和抵押物的灭失而终止。债务人或者抵押人可以清偿主债务而使抵押关系终止。抵押关系终止时，抵押当事人应当在一定期限内到原登记机关办理注销抵押登记。抵押关系终止后，如果一方当事人拒绝协助另一方当事人办理注销抵押登记而给另一方当事人造成损害的，拒绝办理注销抵押登记的当事人应对此负赔偿责任。

法条指引

❶《城市房地产抵押管理办法》（2001年8月15日 建设部修正发布）

第三十五条 抵押合同发生变更或者抵押关系终止时，抵押当事人应当在变更或者终止之日起十五日内，到原登记机关办理变更或者注销抵押登记。

因依法处分抵押房地产而取得土地使用权和土地建筑物、其他附着物所有权的，抵押当事人应当自处分行为生效之日起三十日内，到县级以上地方人民政府房地产管理部门申请房屋所有权转移登记，并凭变更后的房屋所有权证书向同级人民政府土地管理部门申请土地使用权变更登记。

❷《住房置业担保管理试行办法》（2000年5月11日 建设部、中国人民银行联合发布）

第二十三条 抵押当事人应当自抵押合同订立之日起三十日内向房屋所在地的房地产行政主管部门办理抵押登记。

抵押合同发生变更或者抵押关系终止时，抵押当事人应当在变更或者终止之日起十五日内，到原登记机关办理变更或者注销登记。

❸《个人住房贷款管理办法》（1998年5月14日 中国人民银行发布）

第二十条 抵押合同自抵押物登记之日起生效，至借款人还清全部贷款本息时终止。抵押合同终止后，当事人应按合同的约定，解除设定的抵押权，以房地产作为抵押物的，解除抵押权时，应到原登记部门办理抵押注销登记手续。

案例链接

❶《张烨森诉慈溪市新世纪化纤有限公司担保追偿权纠纷案》，参见北大法宝引证码：Pkulaw.cn/CLI.C.253185。

❷《王顺珺等与罗志华民间借贷纠纷上诉案》，参见北大法宝引证码：Pkulaw.cn/CLI.C.252875。

【房地产他项权证】

法律问题解读

房地产他项权证一般是指房屋他项权证。房屋他项权证是属于房屋权属证书的一种。房屋权属证书是指权利人依法拥用房屋所有权并对房屋行使占有、使用、收益和处分权利的唯一合法凭证。房屋他项权证是当事人设定房屋抵押权、典权等他项权利时，权利人申请他项权利登记所得到的权利证书。以房屋抵押的，抵押权人应当自抵押权设定之日起30日内到房屋管理部门申请他项权利登记。申请房屋他项权利登记时，当事人应当向登记机关提交房屋权属证书、设定房屋抵押权的合同及其他的相关证明文件。登记机关在审查了当事人所提供的申请抵押登记的有关资料后，对符合条件的，应当批准登记，并在原《房屋所有权证》上作他项权利记载后，由抵押人收执，并向抵押权人颁发《房屋他项权证》。《房屋他项权证》是抵押权人享有房屋抵押权的权利凭证。抵押权人将房屋抵押权和债权一起转让或者为其他债权设定抵押时，应将《房屋他项权证》一起转让给受让人或抵押权人。

法条指引

❶《城市房地产抵押管理办法》(2001年8月15日 建设部修正发布)

第三十四条 以依法取得的房屋所有权证书的房地产抵押的,登记机关应当在原《房屋所有权证》上作他项权利记载后,由抵押人收执,并向抵押权人颁发《房屋他项权证》。

以预售商品房或者在建工程抵押的,登记机关应当在抵押合同上作记载。抵押的房地产在抵押期间竣工,当事人应当在抵押人领取房地产权属证书后,重新办理房地产抵押登记。

❷《房屋登记办法》(2008年2月15日)

第十一条 申请房屋登记,申请人应当向房屋所在地的房屋登记机构提出申请,并提交申请登记材料。

申请登记材料应当提供原件。不能提供原件的,应当提交经有关机关确认与原件一致的复印件。

申请人应当对申请登记材料的真实性、合法性、有效性负责,不得隐瞒真实情况或者提供虚假材料申请房屋登记。

第十二条 申请房屋登记,应当由有关当事人双方共同申请,但本办法另有规定的除外。

有下列情形之一,申请房屋登记的,可以由当事人单方申请:

(一)因合法建造房屋取得房屋权利;

(二)因人民法院、仲裁委员会的生效法律文书取得房屋权利;

(三)因继承、受遗赠取得房屋权利;

(四)有本办法所列变更登记情形之一;

(五)房屋灭失;

(六)权利人放弃房屋权利;

(七)法律、法规规定的其他情形。

第十三条 共有房屋,应当由共有人共同申请登记。

共有房屋所有权变更登记,可以由相关的共有人申请,但因共有性质或者共有人份额变更申请房屋登记的,应当由共有人共同申请。

第十四条 未成年人的房屋,应当由其监护人代为申请登记。监护人代为申请未成年人房屋登记的,应提交证明监护人身份的材料;因处分未成年人房屋申请登记的,还应当提供为未成年人利益的书面保证。

第十五条 申请房屋登记的,申请人应当使用中文名称或者姓名。申请人提交的证明文件原件是外文的,应当提供中文译本。

委托代理人申请房屋登记的,代理人应当提交授权委托书和身份证明。境外申请人委托代理人申请房屋登记的,其授权委托书应当按照国家有关规定办理公证或者认证。

❸《关于转发广东省建委〈关于严格办理房地产权抵押登记手续、防止伪造〈房屋所有权证〉诈骗的紧急通知〉的通知》(1995年1月14日建设部发布)(略)

❹《关于颁发〈房屋所有权证〉式样及房屋所有权登记发证工作的通知》(1987年1月11日城乡建设环境保护部)(略)

学者观点

❶ 杨伯勇、王磊:《商品房买卖合同纠纷案件存在的问题及对策——对最高法院商品房司法解释执行前后的调研分析》,参见北大法宝引证码:Pkulaw.cn/CLI.A.1112981。

【预售商品房、在建工程抵押登记】

法律问题解读

在房地产实践中,预售商品房作抵押物现象普遍存在,主要表现为预售商品房按揭抵押、开发商以预售商品房抵押贷款和预购方以商品房买卖合同抵押贷款。由于在建立预购商品房抵押贷款关系时,作为抵押标的物的房屋尚不存在,抵押人交付的抵押物只是依据购房合同享有的订购房屋的债权而非某种物权。该债权在房屋建成交付后,才可能转换成现成的房屋所有权。因此,必须依据抵押物登记的手段,才能保证以商品房预售合同设定的抵押顺利地转化成房屋抵押。《城市房地产抵押管理办法》规定,以预售商品房抵押的,登记机关应当在抵押合同上作记载。抵押记载的房地产在抵押期间竣工的,当事人应当在抵押人领取房产证权属证书后,重新办理房地产抵押登记。

在建工程抵押是指,抵押人为取得在建工程继续建造资金的贷款,以其合法方式取得的土地使用权连同在建工程的资产,以不转移占有的方式抵押给贷款银行作为偿还贷款的担保的行为。在建工程抵押与预售商品房屋抵押一样,都要用抵押物登记的方法来使尚未竣工的房屋抵押转换成现实的房屋抵押。以在建工程抵押的,登记机关应当在抵押合同上作记载。抵押的房地产在抵押期间竣工的，当事人应当在抵押人领取房地产权属证书后，重新办理房地产抵押登记。

法条指引

❶《最高人民法院关于适用〈中华人民共和国担保法〉若干问题的解释》（2000 年 12 月 13 日发布）

第四十七条 以依法获准尚未建造的或者正在建造中的房屋或者其他建筑物抵押的，当事人办理了抵押物登记，人民法院可以认定抵押有效。

❷《城市房地产抵押管理办法》（2001 年 8 月 15 日 建设部修正发布）

第三十条 房地产抵押合同自签订之日起 30 日内，抵押当事人应当到房地产所在地的房地产管理部门办理房地产抵押登记。

第三十二条 办理房地产抵押登记，应当向登记机关交验下列文件：

（一）抵押当事人的身份证明或法人资格证明；

（二）抵押登记申请书；

（三）抵押合同；

（四）《国有土地使用权证》、《房屋所有权证》或《房地产权证》，共有的房屋还必须提交《房屋共有权证》和其他共有人同意抵押的证明；

（五）可以证明抵押人有权设定抵押权的文件与证明材料；

（六）可以证明抵押房地产价值的资料；

（七）登记机关认为必要的其他文件。

第三十四条 以依法取得的房屋所有权证书的房地产抵押的，登记机关应当在原《房屋所有权证》上作他项权利记载后，由抵押人收执。并向抵押权人颁发《房屋他项权证》。

以预售商品房或者在建工程抵押的，登记机关应当在抵押合同上作记载。抵押的房地产在抵押期间竣工的，当事人应当在抵押人领取房地产权属证书后，重新办理房地产抵押登记。

❸《城市商品房预售管理办法》（2004 年 7 月 20 日 建设部修正发布）

第二条 本办法所称商品房预售是指房地产开发企业（以下简称开发企业）将正在建设中的房屋预先出售给承购人，由承购人支付定金或房价款的行为。

第五条 商品房预售应当符合下列条件：

（一）已交付全部土地使用权出让金，取得土地使用权证书；

（二）持有建设工程规划许可证和施工许可证；

（三）按提供预售的商品房计算，投入开发建设的资金达到工程建设总投资的百分之二十五以上，并已经确定施工进度和竣工交付日期。

❹《简化房地产交易与房屋权属登记程序的指导意见》（2000 年 9 月 18 日 建设部发布）（略）

❺《建设部办公厅关于进一步转变工作作风切实加强和改善房屋权属登记发证工作的通知》（1999 年 5 月 4 日 建设部办公厅秘书处发布）（略）

案例链接

❶《中国建设银行股份有限公司杭州余杭支行诉章志平等金融借款合同纠纷案》，参见北大法宝引证码：Pkulaw. cn/CLI. C. 228588。

❷《杭州海华房地产开发有限公司与中国银行股份有限公司杭州市凯旋支行购房借款合同纠纷上诉案》，参见北大法宝引证码：Pkulaw. cn/CLI. C. 287735。

学者观点

❶ 冀蓓红、段涛：《预售商品房需注意的几个问题》，参见北大法宝引证码：Pkulaw. cn/CLI. A. 1113171。

【土地使用权抵押登记】

法律问题解读

《物权法》规定，以有地上定着物的土地使用权抵押的，当事人应当办理抵押物登记，抵押合同自签定之日起生效，但未经登记的土地使用权的抵押权不受法律保护。土地使用权抵押登记机关为县级以上地方人民政府土地管理部门。土地使用权抵押登记以土地使用权登记为基础，并遵循登记机关一致的原则。异地抵押的，必须到土地所在地的原土地使用权登记机关办理抵押登记。

以土地使用权设立抵押权的，抵押人和抵押权人应在抵押合同签订后 15 日内，持被抵押的土地使用权证、抵押合同、地价评估及确认报告、抵押人和抵押权人的身份证件共同到土地管理部门申请抵押登记。一方到场申请抵押登记的，必须持有对方授权委托的文件。抵押登记申请经审查，符合规定要求的，土地管理部门应准予登记，并在抵押土地的土地登记卡上进行注册登记，同时在抵押人土地使用证内进行记录，并向抵押权人核发《土地他项权利证明书》，土地使用权的抵押权正式生效。

在抵押期间，抵押合同发生变更、解除或者终止的，抵押当事人应当在抵押合同变更、解除或者终止之日起15日内，持相关文件到土地管理部门办理变更或者注销抵押登记手续。办理土地使用权抵押登记，申请人应向土地管理部门支付登记费用。抵押登记费用按国家有关规定执行，登记费用的负担一般由申请人双方协商决定。协商不成或者有一方拒绝协商的，由双方当事人各负担其中的一半。

法条指引

❶《中华人民共和国物权法》（2007年3月16日 主席令公布 2007年10月1日施行）

第一百八十二条 以建筑物抵押的，该建筑物占用范围内的建设用地使用权一并抵押。以建设用地使用权抵押的，该土地上的建筑物一并抵押。

抵押人未依照前款规定一并抵押的，未抵押的财产视为一并抵押。

❷《中华人民共和国担保法》（1995年6月30日 主席令公布）

第三十六条 以依法取得的国有土地上的房屋抵押的，该房屋占用范围内的国有土地使用权同时抵押。

以出让方式取得的国有土地使用权抵押的，应当将抵押时该国有土地上的房屋同时抵押。

乡（镇）、村企业的土地使用权不得单独抵押。以乡（镇）、村企业的厂房等建筑物抵押的，其占用范围内的土地使用权同时抵押。

第四十一条 当事人以本法第四十二条规定的财产抵押的，应当办理抵押物登记，抵押合同自登记之日起生效。

❸《中华人民共和国城镇国有土地使用权出让和转让暂行条例》（1990年5月19日 国务院令发布）

第七条 土地使用权出让、转让、出租、抵押、终止及有关的地上建筑物、其他附着物的登记，由政府土地管理部门、房产管理部门依照法律和国务院的有关规定办理。

登记文件可以公开查阅。

第三十五条 土地使用权和地上建筑物、其他附着物抵押，应当依照规定办理抵押登记。

❹《关于土地使用权抵押登记有关问题的通知》（1997年1月3日 国家土地管理局发布）

各省、自治区、直辖市及计划单列市土地（国土）管理局（厅），解放军土地管理局，新疆生产建设兵团土地管理局：

为加强土地使用权抵押登记的管理，规范抵押登记行为，保障抵押当事人的合法权益，根据《城市房地产管理法》、《担保法》和《城镇国有土地使用权出让和转让暂行条例》的规定，现将土地使用权抵押登记的有关问题通知如下：

一、关于土地使用权抵押登记的法律效力

土地使用权抵押权的设立、变更和消灭应依法办理土地登记手续。土地使用权抵押合同经登记后生效，未经登记的土地使用权抵押权不受法律保护。

土地使用权抵押登记必须以土地使用权登记为基础，并遵循登记机关一致的原则，异地抵押的，必须到土地所在地的原土地使用权登记机关办理抵押登记。县级以上地方人民政府土地管理部门负责土地使用权抵押登记工作。

土地使用权抵押权的合法凭证是《土地他项权利证明书》，《国有土地使用证》、《集体土地所有证》和《集体土地使用证》不作为抵押权的法律凭证，抵押权人不得扣押抵押土地的土地证书。抵押权人扣押的土地证书无效，土地使用权人可以申请原土地证书作废，并办理补发新证手续。

二、关于土地使用权抵押的地价评估和合同签订

土地使用权抵押应当进行地价评估，并由抵押人和抵押权人签定抵押合同。地价评估收费标准按国家有关规定执行。

1. 以出让方式取得的国有土地使用权，由抵押人进行地价评估或由具有土地估价资格的中介机构评估并经抵押权人认可后，由抵押人和抵押权人签定抵押合同。

2. 以划拨方式取得的国有土地使用权，由抵押人委托具有土地估价资格的中介机构进行地价评估，经土地管理部门确认，并批准抵押，核定出让金数额后，由抵押人和抵押权人签定抵押合同。

3. 乡（镇）村企业厂房等建筑物抵押涉及集体土地使用权抵押的，由抵押人委托具有土地估价资格的中介机构进行地价评估，经土地管理部门确认，并明确实现抵押权的方式，需要转为国

有的，同时核定土地使用权出让金数额。然后，由抵押人和抵押权人签定抵押合同。

4. 以承包方式取得的荒山、荒沟、荒丘、荒滩等荒地的集体土地使用权，由抵押人委托具有土地估价资格的中介机构进行地价评估，并经土地管理部门确认后，由抵押人和抵押权人签定抵押合同。

抵押出让土地使用权的，抵押权终止期限不得超过土地使用权出让终止期限。

三、关于土地使用权抵押登记申请

土地使用权设立抵押权的，抵押人和抵押权人应在抵押合同签订后十五日内，持被抵押土地的土地使用证、抵押合同、地价评估及确认报告、抵押人和抵押权人的身份证件共同到土地管理部门申请抵押登记。一方到场申请抵押登记的，必须持有对方授权委托文件。

申请抵押登记除提交前款所列材料外还应分别情况，提交下列材料：

1. 以划拨土地使用权抵押的，提交土地管理部门确认的抵押宗地的土地使用权出让金额的证明；

2. 以房屋及其占有范围内的土地使用权抵押的，提交房屋所有权证；

3. 抵押乡（镇）村企业厂房等建筑物涉及集体土地使用权抵押的，提交集体土地所有者同意抵押的证明；

4. 以承包方式取得的荒山、荒地、荒丘、荒滩等荒地的集体土地使用权抵押的，提交该集体土地所有者同意抵押的证明；

5. 抵押人和抵押权人委托他人办理抵押登记的，提交委托书和代理人身份证件；

6. 抵押权人为非金融机构，其抵押借款行为依法应当办理有关批准手续的，应当提交有关批准文件。

同一宗地多次抵押时，以收到抵押登记申请先后为序办理登记。

未按规定提交有关证明文件的土地使用权抵押登记申请，土地管理部门不予受理。

四、关于土地使用权抵押登记和变更登记

抵押登记申请经审查，符合规定要求的，准予登记，土地管理部门在抵押土地的土地登记卡上进行注册登记，同时在抵押人土地使用证内进行记录，并向抵押权人核发《土地他项权利证明书》，土地使用权抵押权正式生效。

土地使用权分割抵押的，由土地管理部门确定抵押土地的界线和面积。

抵押期间，抵押合同发生变更的，抵押当事人应当在抵押合同变更后十五日内，持有关文件到土地管理部门办理变更抵押登记手续。

因处分抵押财产转移土地使用权的，被处分土地使用权的受让方、抵押人和抵押权人应在抵押财产处分后三十日内，持有关证明文件到土地管理部门办理变更土地登记手续。处分抵押财产涉及集体土地所有权转为国有土地的，按土地管理的有关规定办理。

抵押合同解除或终止，抵押权人应出具解除或终止抵押合同的证明文件，与《土地他项权利证明书》一起交抵押人，抵押人自抵押合同终止或解除之日起十五日内，持有关文件到土地管理部门办理注销抵押登记手续。

五、关于抵押登记收费

办理抵押登记，申请人应向土地管理部门支付登记费用。抵押登记费按国家有关规定执行。

六、其他

我局1995年印发的《农村集体土地使用权抵押登记的若干规定》（〔1995〕国土〔籍〕字第134号）中与本通知内容不一致的，以本通知为准。

❺《国家土地管理局关于对土地使用权出租、抵押有关政策问题的请示的答复》（1992年12月11日 国家土地管理局发布）（略）

❻《关于变更土地登记的若干规定》（1993年2月23日 国家土地管理局发布）（略）

❼《土地登记规则》（1996年2月1日 国家土地管理局发布）

第三十三条 申请土地使用权、所有权变更登记时，申请者应当依照规定申报地价；未申报地价的，按宗地标定地价进行登记。

案例链接

❶《安阳钢铁集团有限责任公司诉洛阳永安特钢有限公司债权纠纷案》，参见北大法宝引证码：Pkulaw.cn/CLI.C.292748。

❷《宝丰县农村信用合作联社诉范振国等借款合同纠纷案》，参见北大法宝引证码：Pkulaw.cn/CLI.C.282726。

学者观点

❶ 董开军、高云超：《论土地使用权抵押》，参见北大法宝引证码：Pkulaw.cn/CLI.A.1114824。

❷ 何志：《房屋产权和土地使用权分别抵押的效力研究——兼谈对〈担保法〉第36条的质疑和完善》，参见北大法宝引证码：Pkulaw.cn/CLI.A.

1116463。

【土地使用权抵押登记的机关】

法律问题解读

土地使用权抵押登记的机关是办理审查与批准当事人的土地使用权抵押登记申请的国家机关。《担保法》规定，以有地上定着物的土地使用权抵押的，办理抵押登记的部门为核发土地使用权证书的土地管理部门。国家土地管理局发布的《关于土地使用权抵押登记有关问题的通知》规定，县级以上地方人民政府土地管理部门负责土地使用权抵押登记工作。因此，办理土地使用权抵押登记的机关为县级以上的核发土地使用权证书的土地管理部门。

土地使用权抵押登记机关负责批准以划拨方式取得的国有土地使用权的抵押和确认所抵押的各种土地使用权的地价评估文件。土地使用权抵押登记机关应认真审查当事人所提交的抵押文件，对符合条件的申请，应于一定的期限内准予登记，并在抵押土地的土地登记卡上进行注册登记，同时在抵押人土地使用证上进行记录，并向抵押权人核发《土地他项权利证书》。需要注意的是，当事人办理土地使用权抵押登记手续时，因登记部门的原因致使其无法办理抵押物登记的，抵押人向债权人交付了《土地使用权证书》的，可以认定债权人对该财产享有优先受偿权。但是，未办理抵押物登记的，不能对抗善意第三人。

法条指引

❶《中华人民共和国担保法》（1995年6月30日　主席令公布）

第四十二条　办理抵押物登记的部门如下：

（一）以无地上定着物的土地使用权抵押的，为核发土地使用权证书的土地管理部门；

（二）以城市房地产或者乡（镇）、村企业的厂房等建筑物抵押的，为县级以上人民政府规定的部门；

（三）以林木抵押的，为县级以上林木主管部门；

（四）以航空器、船舶、车辆抵押的，为运输工具的登记部门；

（五）以企业的设备和其他动产抵押的，为财产所在地的工商行政管理部门。

第四十三条　当事人以其他财产抵押的，可以自愿办理抵押物登记，抵押合同自签订之日起生效。

当事人未办理抵押物登记的，不得对抗第三人。当事人办理抵押物登记的，登记部门为抵押人所在地的公证部门。

❷《中华人民共和国城镇国有土地使用权出让和转让暂行条例》（1990年5月19日　国务院令发布）

第六条　县级以上人民政府土地管理部门依法对土地使用权的出让、转让、出租、抵押、终止进行监督检查。

第七条　土地使用权出让、转让、出租、抵押、终止及有关的地上建筑物、其他附着物的登记，由政府土地管理部门、房产管理部门依照法律和国务院的有关规定办理。

登记文件可以公开查阅。

❸《最高人民法院关于适用〈中华人民共和国担保法〉若干问题的解释》（2000年12月13日发布）

第六十条　以《担保法》第四十二条第（二）项规定的不动产抵押的，县级以上地方人民政府对登记部门未作规定，当事人在土地管理部门或者房产管理部门办理了抵押物登记手续，人民法院可以确认其登记的效力。

❹《关于土地使用权抵押登记有关问题的通知》（1997年1月3日　国家土地管理局发布）（略）

❺《国家土地管理局关于对土地使用权设定抵押权登记机关的请示的复函》（1991年3月16日　国家土地管理局发布）（略）

❻《国家土地管理局关于对国有土地使用权出让转让登记发证有关问题的通知》（1991年2月23日　国家土地管理局发布）（略）

❼《关于变更土地登记的若干规定》（1993年2月23日　国家土地管理局发布）（略）

❽《关于开展土地登记代理制度试点工作的通知》（1996年11月18日　国家土地管理局发布）（略）

❾《土地登记规则》（1996年2月1日　国家土地管理局发布）

第三十三条　申请土地使用权、所有权变更登记时，申请者应当依照规定申报地价；未申报地价的，按宗地标定地价进行登记。

❿《关于贯彻〈城市房地产管理法〉若干问题的批复》（1995年3月11日　国家土地管理局发布）（略）

【土地使用权抵押登记所需文件】

法律问题解读

土地使用权抵押登记所需的文件是抵押人和抵押权人申请土地使用权抵押登记时向登记机关所提交的文件。以土地使用权设定抵押的，抵押当事人应在抵押合同签订后15日内，持被抵押土地的土地使用证、抵押合同、地价评估及确认报告、抵押人和抵押权人的身份证共同到土地管理部门申请抵押登记。一方到场申请抵押登记的，还必须持有对方授权委托文件。

此外，申请土地使用权抵押登记的，除应提交前款所列材料外，还应按不同情况，提交其他的材料。以划拨土地使用权抵押的，还须提交土地管理部门确认的抵押土地的土地使用权出让金额的证明；以房屋及其占有范围内的土地使用权抵押的，还需提交房屋所有权证；以乡（镇）、村企业厂房等建筑物抵押涉及集体所有的土地使用权抵押的，还需提交集体所有者同意抵押的证明；以承包方式取得的荒山、荒地、荒丘、荒滩等荒地的集体所有的土地使用权抵押的，还需提交该集体土地所有者同意抵押的书面证明；抵押人向金融机构抵押借款依法应当办理有关批准手续的，应当提交有关批准文件。未按规定提交有关文件的土地使用权抵押登记的申请，土地管理部门将不予受理。

法条指引

❶《中华人民共和国担保法》（1995年6月30日 主席令公布）

第四十四条 办理抵押物登记，应当向登记部门提供下列文件或者其复印件：

（一）主合同和抵押合同；

（二）抵押物的所有权或者使用权证书。

❷《土地登记规则》（1996年2月1日 国家土地管理局发布）

第十二条 土地管理部门接受土地登记申请者提交的申请书及权属来源证明，应当在收件簿上载明名称、页数、件数，并给申请者开具收据。

第十三条 土地管理部门负责组织辖区内的地籍调查。地籍调查规程由国家土地管理局制定。

❸《关于土地使用权抵押登记有关问题的通知》（1997年1月3日 国家土地管理局发布）（略）

【土地他项权利证明书】

法律问题解读

土地他项权利证明书为权利人对土地享有抵押权、典权等他项权利的唯一合法凭证。抵押权人持有《土地他项权利证明书》便证明他拥有该土地的抵押权。土地所有权证书和使用权证书，即《国有土地使用权证》、《集体土地所有证》、《集体所有的土地使用权证》不能作为抵押权的法律凭证。法律规定抵押权人不得扣押抵押人所抵押土地的土地所有权证书和使用权证书，以确保抵押人对抵押土地的使用权和处分权。抵押权人如果扣押抵押人的土地证书的，该土地证书无效。土地使用权人或者抵押人可以申请原土地所有权证或者土地使用权证作废，并在土地管理部门办理补发新证的手续。但这时抵押人所持的《土地他项权利证明书》将继续有效，抵押权人的抵押权将继续存在。

法条指引

❶《关于土地使用权抵押登记有关问题的通知》（1997年1月3日 国家土地管理局发布）（略）

【土地使用权抵押的变更与注销登记】

法律问题解读

在抵押期间，抵押合同发生变更的，抵押当事人应当在抵押合同变更后15日内，持有关文件到土地管理部门办理变更抵押登记手续。抵押合同发生变更主要是指抵押合同的内容发生变更。根据《担保法》的规定，抵押合同的内容主要包括：被担保的主债权种类、数额，债务人履行债务的期限，抵押物的名称、数量、质量、状况、所在地、所有权权属或使用权权属，抵押担保的范围和当事人认为需要约定的其他事项。以上抵押合同的内容发生变更的，当事人应当办理变更抵押登记手续。

抵押合同解除或终止，抵押权人应出具解除或终止抵押合同的证明文件，与《土地他项权利证明书》一起交给抵押人。抵押人自抵押合同终止或解除之日起15日内，持有关文件到土地管理部门办理注销抵押登记手续。在实践中抵押合同的解除，有法定解除、协商解除和约定解除三种情况。抵押合同的法定解除是指因不可抗力、一方当事人的预期违约、迟延履行或者其他根本违约的行为,另一方当事人可以直接解除合同关系的行为。协议解除是当事人双方就消灭有效的抵押合同达成意思表示一致的行为。约定解除是指一方当事人在抵押合同中约定特定的事项,当该事项发生时可单方解除抵押合同。抵押合同可因主债务的清偿或者抵押物的灭失而终止。在土地使用权抵押合同解除或者终止的情况下,当事人应当办理注销抵押登记手续。

法条指引

❶《中华人民共和国物权法》(2007年3月16日 主席令公布 2007年10月1日施行)

第一百八十五条 设立抵押权,当事人应当采取书面形式订立抵押合同。

抵押合同一般包括下列条款:

(一)被担保债权的种类和数额;

(二)债务人履行债务的期限;

(三)抵押财产的名称、数量、质量、状况、所在地、所有权归属或者使用权归属;

(四)担保的范围。

❷《中华人民共和国担保法》(1995年6月30日 主席令公布)

第三十九条 抵押合同应当包括以下内容:

(一)被担保的主债权种类、数额;

(二)债务人履行债务的期限;

(三)抵押物的名称、数量、质量、状况、所在地、所有权权属或者使用权权属;

(四)抵押担保的范围;

(五)当事人认为需要约定的其他事项。

抵押合同不完全具备前款规定内容的,可以补正。

❸《中华人民共和国合同法》(1999年3月15日 主席令公布)

第九十三条 当事人协商一致,可以解除合同。

当事人可以约定一方解除合同的条件。解除合同的条件成就时,解除权人可以解除合同。

第九十四条 有下列情形之一的,当事人可以解除合同:

(一)因不可抗力致使不能实现合同目的;

(二)在履行期限届满之前,当事人一方明确表示或者以自己的行为表明不履行主要债务;

(三)当事人一方迟延履行主要债务,经催告后在合理期限内仍未履行;

(四)当事人一方迟延履行债务或者有其他违约行为致使不能实现合同目的;

(五)法律规定的其他情形。

❹《中华人民共和国城镇国有土地使用权出让和转让暂行条例》(1990年5月19日 国务院令发布)

第三十八条 抵押权因债务清偿或者其他原因而消灭的,应当依照规定办理注销抵押登记。

❺《关于土地使用权抵押登记有关问题的通知》(1997年1月3日 国家土地管理局发布)(略)

案例链接

❶《赵冠营诉王国西民间借贷纠纷案》,参见北大法宝引证码:Pkulaw. cn/CLI. C. 285723。

【出让土地使用权抵押登记】

法律问题解读

出让土地使用权是指国家以土地所有者的名义将土地使用权在一定年限内让与土地使用者,并由土地使用者向国家支付土地使用权出让金而取得的国有土地使用权。出让土地使用权无论是单独抵押还是地上定着物抵押导致土地使用权同时抵押,依据我国法律都必须到土地行政管理部门办理登记。

依据《土地登记规则》的规定,土地登记的程序为:申请、受理、审核、公告、报经批准、注册登记、颁发权属证书。申请者申请出让土地使用权抵押登记,必须向土地管理部门提交的文件资料有:土地登记申请书、土地登记申请者的法人代表证明、个人身份证明或户籍证明、土地权属来源证明、土地附着物权属证明。在土地抵押登记申请书中应载明下列基本事项,并由申请者签名盖章:申请者名称、地址、土地坐落、面积、用途、土地所有权、使用权、他项权利权属来源的证明。同一宗地多次抵押时,土地管理部门依据收到抵押权登记申请的先后为序进行登记。因债权转让申请变更土地登记时,原抵押权登记次序不变动。

因处分抵押财产而取得出让土地使用权的,抵押人和新取得土地使用权的单位或个人,应共同到土地管理部门申请变更土地登记。因土地抵押终止、土地他项权利消灭的,土地他项权利拥有者应持有关文件到土地管理部门申请注销土地登记,经土地管理部门审核,报县级人民政府批准变更或注销土地登记,并吊销土地他项权利证明书。

法条指引

❶《中华人民共和国担保法》(1995年6月30日 主席令公布)

第四十一条 当事人以本法第四十二条规定的财产抵押的,应当办理抵押物登记,抵押合同自登记之日起生效。(已为《物权法》修正)

第四十二条 办理抵押物登记的部门如下:

(一)以无地上定着物的土地使用权抵押的,为核发土地使用权证书的土地管理部门;

(二)以城市房地产或者乡(镇)、村企业的厂房等建筑物抵押的,为县级以上地方人民政府规定的部门;

(三)以林木抵押的,为县级以上林木主管部门;

(四)以航空器、船舶、车辆抵押的,为运输工具的登记部门;

(五)以企业的设备和其他动产抵押的,为财产所在地的工商行政管理部门。

❷《中华人民共和国城镇国有土地使用权出让和转让暂行条例》(1990年5月19日 国务院令发布)

第七条 土地使用权出让、转让、出租、抵押、终止及有关的地上建筑物、其他附着物的登记,由政府土地管理部门、房产管理部门依照法律和国务院的有关规定办理。

登记文件可以公开查阅。

第三十五条 土地使用权和地上建筑物、其他附着物抵押,应当依照规定办理抵押登记。

第三十八条 抵押权因债务清偿或者其他原因而消灭的,应当依照规定办理注销抵押登记。

❸《土地登记规则》(1996年2月1日 国家土地管理局发布)

第三十三条 申请土地使用权、所有权变更登记时,申请者应当依照规定申报地价;未申报地价的,按宗地标定地价进行登记。

❹《关于土地使用权抵押登记有关问题的通知》(1997年1月3日 国家土地管理局发布)(略)

❺《国家土地管理局关于对国有土地使用权出让转让登记发证有关问题的通知》(1991年2月23日 国家土地管理局发布)(略)

❻《关于认真做好城镇土地登记工作的通知》(1991年9月13日 国家土地管理局发布)(略)

案例链接

❶《康家集团(中国)有限公司与盛世唐城(国际)投资集团有限公司合作合同纠纷上诉案》,参见北大法宝引证码:Pkulaw.cn/CLI.C.89628。

学者观点

❶ 王淑华:《土地使用权转让合同与物权变动之效力辨析》,参见北大法宝引证码:Pkulaw.cn/CLI.A.1141934。

❷ 贺小勇、郑栋:《房地产抵押亟待解决的几个法律问题》,参见北大法宝引证码:Pkulaw.cn/CLI.A.111147。

【划拨土地使用权抵押登记】

法律问题解读

符合一定条件的以划拨方式取得的国有土地使用权,在经市、县人民政府管理部门和房产管理机关批准后,依照《城镇国有土地使用权出让和转让暂行条例》关于土地使用权出让的规定签订土地使用权出让合同,向当地市、县人民政府补交土地使用权出让金或者以抵押所获收益抵交土地使用权出让金后,可以抵押。

此划拨的方式取得的土地使用权抵押登记的情况有两种。一种是土地使用者在缴纳出让金前已签订土地使用权抵押合同的,土地使用者可在土地管理部门办理土地使用权出让登记时同时办理土地使用权抵押登记。第二种情况是划拨土地使用权抵押行为发生在划拨土地使用权出让登记之后时,抵押人和抵押权人应在土地使用权抵押合同签订后15日内,共同到土地所在地市、县土地管理部门办理土地使用权抵押登记手续。

因处分抵押财产而取得划拨土地使用权的,土地使用权抵押人、抵押权人和取得土地使用权的土地使用者,在土地权利变更之日起15日内,共同到县级以上土地管理部门办理土地使用权抵押注销登记和使用权转让登记。划拨土地使用权抵押合同终止后,土地使用权抵押人应当自土地使用权抵押合同终止之日起15日内,到原登记机关办理土地使用权抵押注销登记。

法条指引

❶ **《中华人民共和国物权法》**（2007 年 3 月 16 日 主席令公布 2007 年 10 月 1 日施行）

第一百八十二条 以建筑物抵押的，该建筑物占用范围内的建设用地使用权一并抵押。以建设用地使用权抵押的，该土地上的建筑物一并抵押。

抵押人未依照前款规定一并抵押的，未抵押的财产视为一并抵押。

第一百八十三条 乡镇、村企业的建设用地使用权不得单独抵押。以乡镇、村企业的厂房等建筑物抵押的，其占用范围内的建设用地使用权一并抵押。

❷ **《中华人民共和国担保法》**（1995 年 6 月 30 日 主席令公布）

第三十六条 以依法取得的国有土地上的房屋抵押的，该房屋占用范围内的国有土地使用权同时抵押。

以出让方式取得的国有土地使用权抵押的，应当将抵押时该国有土地上的房屋同时抵押。

乡（镇）、村企业的土地使用权不得单独抵押。以乡（镇）、村企业的厂房等建筑物抵押的，其占用范围内的土地使用权同时抵押。

第四十一条 当事人以本法第四十二条规定的财产抵押的，应当办理抵押物登记，抵押合同自登记之日起生效。

第四十二条 办理抵押物登记的部门如下：

（一）以无地上定着物的土地使用权抵押的，为核发土地使用权证书的土地管理部门；

（二）以城市房地产或者乡（镇）、村企业的厂房等建筑物抵押的，为县级以上地方人民政府规定的部门；

（三）以林木抵押的，为县级以上林木主管部门；

（四）以航空器、船舶、车辆抵押的，为运输工具的登记部门；

（五）以企业的设备和其他动产抵押的，为财产所在地的工商行政管理部门。

❸ **《中华人民共和国城镇国有土地使用权出让和转让暂行条例》**（1990 年 5 月 19 日 国务院令发布）

第四十四条 划拨土地使用权，除本条例第四十五条规定的情况外，不得转让、出租、抵押。

第四十五条 符合下列条件的，经市、县人民政府土地管理部门和房产管理部门批准，其划拨土地使用权和地上建筑物、其他附着物所有权可以转让、出租、抵押：

（一）土地使用者为公司、企业、其他经济组织和个人；

（二）领有国有土地使用证；

（三）具有地上建筑物、其他附着物合法的产权证明；

（四）依照本条例第二章的规定签订土地使用权出让合同，向当地市、县人民政府补交土地使用权出让金或者以转让、出租、抵押所获收益抵交土地使用权出让金。

转让、出租、抵押前款划拨土地使用权的，分别依照本条例第三章、第四章和第五章的规定办理。

❹ **《关于土地使用权抵押登记有关问题的通知》**（1997 年 1 月 3 日 国家土地管理局发布）（略）

❺ **《划拨土地使用权管理暂行办法》**（1992 年 2 月 24 日 国家土地管理局发布）

第十六条 土地使用者应当在土地使用权出让合同签订后六十日内，向所在地市、县人民政府交付土地使用权出让金，到市、县人民政府土地管理部门办理土地使用权出让登记手续。

第十七条 双方当事人应当在办理土地使用权出让登记手续后十五日内，到所在地市、县人民政府土地管理部门办理土地使用权转让、出租、抵押登记手续。

办理登记手续，应当提交下列证明文件、材料：

（一）国有土地使用证；

（二）土地使用权出让合同；

（三）土地使用权转让、租赁、抵押合同；

（四）市、县人民政府土地管理部门认为有必要提交的其他证明文件、材料。

第二十三条 土地使用权抵押合同终止后，抵押人应当自抵押合同终止之日起十五日内，到原登记机关办理注销土地使用权抵押登记手续。

案例链接

❶《中国唱片广州公司与广州市商业银行股份有限公司淘金支行借款合同纠纷上诉案》，参见北大法宝引证码：Pkulaw.cn/CLI.C.275349。

❷《中国进出口银行诉海南洋浦新大岛实业有限公司等担保合同案》，参见北大法宝引证码：

Pkulaw. cn/CLI. C. 231050。

学者观点

❶ 张待水:《划拨土地使用权进入市场的法律思考》,参见北大法宝引证码: Pkulaw. cn/CLI. A. 183525。

❷ 叶健强:《破产企业划拨土地使用权的处置》,参见北大法宝引证码: Pkulaw. cn/CLI. A. 156973。

【集体所有的土地使用权抵押登记】

法律问题解读

可以抵押的集体土地只有集体荒地土地使用权和乡（镇）、村企业集体所有的土地使用权。以以上两种集体所有的土地使用权抵押时必须依法向土地管理部门申请办理抵押登记,抵押合同自签定之日起生效。未经土地管理部门办理土地使用权抵押登记的,土地使用权的抵押权不受法律保护,土地使用权亦不能作为抵押财产进行处置。

办理集体所有的土地使用权抵押登记的程序为:首先,集体土地所有者必须出具书面同意抵押的证明;其次,对抵押的土地使用权进行地价评估;在确认土地估价结果后由抵押双方签订抵押合同;然后是申请抵押登记,由土地管理部门进行审核。经审核不符合抵押条件的,土地管理部门应在接到申请之日起15日内书面通知抵押当事人。经审核符合抵押条件的,土地管理部门应当办理抵押登记,向抵押权人核发土地使用权抵押证明书,并在抵押土地的土地登记卡上及土地使用证变更事栏内记录土地使用权抵押情况、在实现抵押权时集体土地是否征为国有、实现抵押权时抵押人、抵押权人及集体土地所有者的权利和义务等内容。当事人申请集体所有的土地使用权抵押登记应向土地管理部门提交的文件包括:被抵押土地的集体土地所有者同意抵押的证明;抵押登记申请书;抵押人和抵押权人的身份证明;抵押合同;经土地管理部门确认的地价评估报告;土地使用权属证明和土地管理部门认为应当提交的其他文件。抵押合同发生变更、解除或终止的,当事人应于一定期限内到土地管理部门办理抵押变更或注销登记。

法条指引

❶《中华人民共和国担保法》（1995年6月30日 主席令公布）

第四十一条 当事人以本法第四十二条规定的财产抵押的,应当办理抵押物登记,抵押合同自登记之日起生效。（已为《物权法》修正）

第四十二条 办理抵押物登记的部门如下:

（一）以无地上定着物的土地使用权抵押的,为核发土地使用权证书的土地管理部门;

（二）以城市房地产或者乡（镇）、村企业的厂房等建筑物抵押的,为县级以上地方人民政府规定的部门;

（三）以林木抵押的,为县级以上林木主管部门;

（四）以航空器、船舶、车辆抵押的,为运输工具的登记部门;

（五）以企业的设备和其他动产抵押的,为财产所在地的工商行政管理部门。

❷《关于土地使用权抵押登记有关问题的通知》（1997年1月3日 国家土地管理局发布）（略）

案例链接

❶《海南岭南农业开发有限公司与海口新华典当有限责任公司抵押借款合同纠纷再审案》,参见北大法宝引证码: Pkulaw. cn/CLI. C. 83130。

学者观点

❶ 王铁雄:《集体土地所有权制度之完善——民法典制定中不容忽视的问题》,参见北大法宝引证码: Pkulaw. cn/CLI. A. 1125613。

❷ 钱海玲:《农村集体土地使用权规范化流转与法律制度之完善》,参见北大法宝引证码: Pkulaw. cn/CLI. A. 1112976。

❸ 温世扬、林晓镍:《农村集体土地产权的法律思考》,参见北大法宝引证码: Pkulaw. cn/CLI. A. 120827。

❹ 黄勤南、刘俊海:《论我国农村集体土地所有权和使用权的确认和行使》,参见北大法宝引证码: Pkulaw. cn/CLI. A. 114368。

【林木抵押登记】

法律问题解读

《担保法》规定,以林木抵押的,抵押权自登记之日起生效,登记机关为县级以上林木主管部门。只有用材林、经济林和薪炭经营者依法所有的林木才能用以抵押。《担保法》只对林木抵押登记机关作一个笼统的规定。具体林木的抵押登记机关只能依据国务院颁发的《森林法实施条例》对森林、林地及林木所有权和使用权的登记机关的规定来推定。该条例规定：

1. 依法使用国家所有的森林、林木和林地，按照下列规定登记：使用国务院确定的国家所有的重点林区的森林、林木和林地的登记机关为国务院林木主管部门；使用国家所有的跨行政区域的森林、林木和林地的，登记机关为共同的上一级人民政府林业主管部门；使用国家所有的其他森林、林木和林地的登记机关为县级以上林业主管部门。

2. 集体所有的森林、林木和林地，由所有者向所在地的县级以上的林业主管部门提出登记申请，由该县人民政府登记造册，核发证书，确认所有权。

3. 单位和个人所有的林木，登记机关为县级以上人民政府林业主管部门。

4. 使用集体所有的森林、林木和林地的单位和个人，应当向所在地的县级以上林业主管部门提出登记申请，由该县人民政府登记造册，核发证书，确认森林、林木和林地使用权。

因此，就依法可以抵押的林木进行抵押的登记机关也可以根据以上规定相应确定。

法条指引

❶《中华人民共和国担保法》（1995年6月30日 主席令公布）

第四十一条 当事人以本法第四十二条规定的财产抵押的，应当办理抵押物登记，抵押合同自登记之日起生效。（已为《物权法》修正）

第四十二条 办理抵押物登记的部门如下：

（一）以无地上定着物的土地使用权抵押的，为核发土地使用权证书的土地管理部门；

（二）以城市房地产或者乡（镇）、村企业的厂房等建筑物抵押的，为县级以上地方人民政府规定的部门；

（三）以林木抵押的，为县级以上林木主管部门；

（四）以航空器、船舶、车辆抵押的，为运输工具的登记部门；

（五）以企业的设备和其他动产抵押的，为财产所在地的工商行政管理部门。

❷《中华人民共和国森林法》（1998年4月29日修正公布）

第三条 森林资源属于国家所有，由法律规定属于集体所有的除外。

国家所有的和集体所有的森林、林木和林地，个人所有的林木和使用的林地，由县级以上地方人民政府登记造册，发放证书，确认所有权或者使用权。国务院可以授权国务院林业主管部门，对国务院确定的国家所有的重点林区的森林、林木和林地登记造册，发放证书，并通知有关地方人民政府。

森林、林木、林地的所有者和使用者的合法权益，受法律保护，任何单位和个人不得侵犯。

❸《中华人民共和国森林法实施条例》（2000年1月29日 国务院令发布）

第三条 国家依法实行森林、林木和林地登记发证制度。依法登记的森林、林木和林地的所有权、使用权受法律保护，任何单位和个人不得侵犯。

森林、林木和林地的权属证书式样由国务院林业主管部门规定。

学者观点

❶ 邹海林、常敏：《论我国物权法上的担保物权制度》，参见北大法宝引证码：Pkulaw. cn/CLI. A. 185360。

❷ 高利红：《林业权之物权法体系构造》，参见北大法宝引证码：Pkulaw. cn/CLI. A. 1127217。

❸ 刘生国：《破解农民融资难题——农作物与农产品抵押》，参见北大法宝引证码：Pkulaw. cn/CLI. A. 1117910。

【民用航空器抵押登记】

法律问题解读

《担保法》中规定可以抵押的航空器仅指民用航空器。所谓的民用航空器是指除用于执行军事、海关、警察飞行任务外的航空器。当事人以民用航空器抵押的，登记机关为国务院民用航空器主管部门。国务院民用航空主管部门设立民用航空器权利登记簿。同一民用航空器的权利登记事项记载于同一权利登记簿中。

《担保法》规定，航空器抵押的登记是抵押合同的生效要件，抵押合同自登记之日起生效。然而《民用航空法》却规定，民用航空器抵押登记不是抵押权的成立要件，而只是对抗要件，抵押合同自签订之日起生效,但未办理登记的,不得对抗善意第三人。由于《民用航空法》颁布的时间比《担保法》颁布的时间晚,根据"新法优于旧法"和"特别法优于普通法"的原则,应当认为在航空器抵押登记效力上应是对抗要件,即不进行登记仅是抵押权不得对抗第三人,而非抵押权不成立,另外《物权法》也明确确认这一规则。

当事人申请办理民用航空器抵押登记的,应当按法律的规定提交相关的文件或该核对无误的复印件。登记部门在收到申请人提供的有关文件后,应当在一定期限内审查完毕并作出书面的是否准予登记的决定。如果就两架以上民用航空器设定一项抵押权或者就同一民用航空器设定两项以上的抵押权的,民用航空器的抵押权人和抵押人应当就每一架民用航空器或者每一项抵押权分别办理抵押权登记。

法条指引

❶《中华人民共和国物权法》(2007年3月16日 主席令公布 2007年10月1日施行)

第一百七十八条 担保法与本法的规定不一致的,适用本法。

第一百八十八条 以本法第一百八十条第一款第四项、第六项规定的财产或者第五项规定的正在建造的船舶、航空器抵押的,抵押权自抵押合同生效时设立;未经登记,不得对抗善意第三人。

❷《中华人民共和国担保法》(1995年6月30日 主席令公布)

第四十一条 当事人以本法第四十二条规定的财产抵押的,应当办理抵押物登记,抵押合同自登记之日起生效。(已为《物权法》修正)

第四十二条 办理抵押物登记的部门如下:
(一)以无地上定着物的土地使用权抵押的,为核发土地使用权证书的土地管理部门;
(二)以城市房地产或者乡(镇)、村企业的厂房等建筑物抵押的,为县级以上地方人民政府规定的部门;
(三)以林木抵押的,为县级以上林木主管部门;
(四)以航空器、船舶、车辆抵押的,为运输工具的登记部门;
(五)以企业的设备和其他动产抵押的,为财产所在地的工商行政管理部门。

❸《中华人民共和国民用航空法》(1995年10月30日 主席令公布)

第十一条 民用航空器权利人应当就下列权利分别向国务院民用航空主管部门办理权利登记:
(一)民用航空器所有权;
(二)通过购买行为取得并占有民用航空器的权利;
(三)根据租赁期限为六个月以上的租赁合同占有民用航空器的权利;
(四)民用航空器抵押权。

第十六条 设定民用航空器抵押权,由抵押权人和抵押人共同向国务院民用航空主管部门办理抵押权登记;未经登记的,不得对抗第三人。

❹《中华人民共和国民用航空器权利登记条例》(1997年10月21日 国务院令发布)

第三条 国务院民用航空主管部门主管民用航空器权利登记工作,设立民用航空器权利登记簿,统一记载民用航空器权利登记事项。

同一民用航空器的权利登记事项应当记载于同一权利登记簿中。

第四条 办理民用航空器所有权、占有权或者抵押权登记的,民用航空器权利人应当按照国务院民用航空主管部门的规定,分别填写民用航空器所有权、占有权或者抵押权登记申请书,并向国务院民用航空主管部门提交本条例第五条至第七条规定的相应文件。

办理民用航空器优先权登记的,民用航空器优先权的债权人应当自援救或者保管维护工作终了之日起三个月内,按照国务院民用航空主管部门的规定,填写民用航空器优先权登记申请书,并向国务院民用航空主管部门提交足以证明其合法身份的文件和有关债权证明。

学者观点

❶ 熊进光:《论我国动产抵押登记制度的缺陷及其完善》,参见北大法宝引证码:Pkulaw. cn/CLI. A. 119425。

❷ 何志春:《浅议我国动产抵押制度的完善——兼议我国担保法的修改》,参见北大法宝引证码:Pkulaw. cn/CLI. A. 184157。

❸ 赵转:《关于动产抵押权公示制度的法律思考》,参见北大法宝引证码:Pkulaw. cn/CLI. A. 171477。

【民用航空器抵押登记的程序】

法律问题解读

办理民用航空器抵押权登记,当事人首先应

向登记机关提出申请并提交下列文件或者经核对无误的复印件：民用航空器国籍登记证书；民用航空器所有权登记证书或者相应的所有权证明文件；民用航空器抵押合同；国务院民用航空主管部门要求提交的其他必要的有关文件。核对无误的复印件，是指符合下列条件之一的复印件：涉及有关机关出具的文件的，经该机关核对并签章；涉及交易文件的，经交易双方当事人签章；依法公证或者经中华人民共和国领使馆认证的文件复印件；经与原件核对无误并签注的复印件。此外，在申请办理抵押登记时，申请人还应当依照相关规定提供证明其合法身份的文件。委托他人办理登记或者签署有关文件的，应当向登记部门提交合法申请人的授权委托文件。

登记部门在接收申请人提供的有关文件时，应当向其出具收件清单，并注明文件接收日期和时间。登记部门应自收到民用航空器抵押登记申请7个工作日内，对申请的抵押权登记事项进行审查。经审查符合规定的，向抵押人颁发《民用航空器抵押权登记证书》，并在民用航空器权利登记簿上载明下列事项：被抵押的民用航空器的国籍、国籍标志和登记标志；抵押权人和抵押人的姓名或名称、地址及其法定代表人的姓名；民用航空器抵押所担保的债权数额、利息率、受偿期限；民用航空器抵押权登记日期等事项。经审查不符合《中华人民共和国民用航空器权利登记条例》规定的，应当书面通知抵押登记申请人。

法条指引

❶《中华人民共和国民用航空器权利登记条例》（1997年10月21日　国务院令发布）

第四条　办理民用航空器所有权、占有权或者抵押权登记的，民用航空器权利人应当按照国务院民用航空主管部门的规定，分别填写民用航空器所有权、占有权或者抵押权登记申请书，并向国务院民用航空主管部门提交本条例第五条至第七条规定的相应文件。

办理民用航空器优先权登记的，民用航空器优先权的债权人应当自援救或者保管维护工作终了之日起三个月内，按照国务院民用航空主管部门的规定，填写民用航空器优先权登记申请书，并向国务院民用航空主管部门提交足以证明其合法身份的文件和有关债权证明。

第五条　办理民用航空器所有权登记的，民用航空器的所有人应当提交下列文件或者经核对无误的复印件：

（一）民用航空器国籍登记证书；

（二）民用航空器所有权取得的证明文件；

（三）国务院民用航空主管部门要求提交的其他必要的有关文件。

第七条　办理民用航空器抵押权登记的，民用航空器的抵押权人和抵押人应当提交下列文件或者经核对无误的复印件：

（一）民用航空器国籍登记证书；

（二）民用航空器所有权登记证书或者相应的所有权证明文件；

（三）民用航空器抵押合同；

（四）国务院民用航空主管部门要求提交的其他必要的有关文件。

第八条　就两架以上民用航空器设定一项抵押权或者就同一民用航空器设定两项以上抵押权时，民用航空器的抵押权人和抵押人应当就每一架民用航空器或者每一项抵押权分别办理抵押权登记。

第九条　国务院民用航空主管部门应当自收到民用航空器权利登记申请之日起七个工作日内，对申请的权利登记事项进行审查。经审查符合本条例规定的，应当向民用航空器权利人颁发相应的民用航空器权利登记证书，并区别情况在民用航空器权利登记簿上载明本条例第十条至第十三条规定的相应事项；经审查不符合本条例规定的，应当书面通知民用航空器权利人。

第十条　国务院民用航空主管部门向民用航空器所有人颁发民用航空器所有权登记证书时，应当在民用航空器权利登记簿上载明下列事项：

（一）民用航空器国籍、国籍标志和登记标志；

（二）民用航空器所有人的姓名或者名称、地址及其法定代表人的姓名；

（三）民用航空器为数人共有的，载明民用航空器共有人的共有情况；

（四）民用航空器所有权的取得方式和取得日期；

（五）民用航空器制造人名称、制造日期和制造地点；

（六）民用航空器价值、机体材料和主要技术数据；

（七）民用航空器已设定抵押的，载明其抵押权的设定情况；

（八）民用航空器所有权登记日期；

（九）国务院民用航空主管部门规定的其他事

第十二条　国务院民用航空主管部门向民用航空器抵押权人颁发民用航空器抵押登记证书时，应当在民用航空器权利登记簿上载明下列事项：

（一）被抵押的民用航空器的国籍、国籍标志和登记标志；

（二）抵押权人和抵押人的姓名或者名称、地址及其法定代表人的姓名；

（三）民用航空器抵押所担保的债权数额、利息率、受偿期限；

（四）民用航空器抵押权登记日期；

（五）国务院民用航空主管部门规定的其他事项。

第十四条　同一民用航空器设定两项以上抵押权的，国务院民用航空主管部门应当按照抵押权登记申请日期的先后顺序进行登记。

❷《民用航空器权利登记条例实施办法》（1999年9月1日　国家民航总局发布）（略）

【民用航空器抵押的变更与注销登记】

法律问题解读

在抵押期间，如果民用航空器抵押合同发生变更或者民用航空器抵押权登记事项发生变更时，抵押权人应当持《民用航空器抵押权登记证书》以及变更证明文件，向登记部门办理抵押权变更登记，并填写《民用航空器抵押权登记变更申请书》。该抵押权变更申请经管理部门依法审查合格后，由登记部门在《民用航空器抵押权登记证书》上和民用航空器权利登记簿上直接变更相关事项，不颁发新的抵押权登记证书。

在抵押期间，如果抵押合同解除或者终止时，抵押人应当到国务院民用航空主管部门办理注销航空器抵押登记。民用航空器抵押人或抵押权人依照规定办理抵押注销登记时，应当持《民用航空器抵押权登记证书》以及相关证明文件，向登记部门办理抵押注销登记，并填写《民用航空器抵押权登记注销申请书》。抵押权登记注销申请经登记部门依法审查合格后，由登记部门收回并注销其《民用航空器抵押权登记证书》，并根据规定向抵押权人颁发《民用航空器抵押权登记注销证书》。

法条指引

❶《中华人民共和国民用航空器权利登记条例》（1997年10月21日　国务院令发布）

第十五条　民用航空器权利登记事项发生变更时，民用航空器权利人应当持有关的民用航空器权利登记证书和变更证明文件，向国务院民用航空主管部门办理变更登记。

民用航空器抵押合同变更时，由抵押权人和抵押人共同向国务院民用航空主管部门办理变更登记。

第十六条　国务院民用航空主管部门应当自收到民用航空器权利变更登记申请之日起七个工作日内，对申请的权利变更登记事项进行审查。经审查符合本条例规定的，在有关权利登记证书和民用航空器权利登记簿上注明变更事项；经审查不符合本条例规定的，应当书面通知民用航空器权利人。

第十七条　遇有下列情形之一时，民用航空器权利人应当持有关的民用航空器权利登记证书和证明文件，向国务院民用航空主管部门办理注销登记：

（一）民用航空器所有权转移；

（二）民用航空器灭失或者失踪；

（三）民用航空器租赁关系终止或者民用航空器占有人停止占有；

（四）民用航空器抵押权所担保的债权消灭；

（五）民用航空器优先权消灭；

（六）国务院民用航空主管部门规定的其他情形。

第十八条　国务院民用航空主管部门应当自收到民用航空器注销登记申请之日起七个工作日内，对申请的注销登记事项进行审查。经审查符合本条例规定的，收回有关的民用航空器权利登记证书，相应地注销民用航空器权利登记簿上的权利登记，并根据具体情况向民用航空器权利人出具民用航空器权利登记注销证明书；经审查不符合本条例规定的，应当书面通知民用航空器权利人。

【船舶抵押登记】

法律问题解读

船舶所有人或者船舶所有人授权的人可以设定船舶抵押权。设定船舶抵押，由抵押权人和抵押人共同向船舶登记机关办理抵押权登记。未经登记的，不得对抗第三人。

船舶抵押权登记，包括以下主要项目：船舶

抵押权人和抵押人的姓名或者名称、地址；被抵押船舶的名称、国籍、船舶所有权证书的颁发机关和证书号码；所担保的债权数额、利率、受偿期限。建造中的船舶办理抵押权登记，还应当向登记机关提交船舶建造合同。以共有船舶抵押的，还应当提供 2/3 以上份额或者约定份额的共有人的同意证明文件。

在接受当事人的申请后，船籍港船舶登记机关应当对抵押申请进行审查。对经审查符合规定的，船籍港船舶登记机关应当自收到申请之日起 7 日内将有关抵押人、抵押权人和船舶抵押情况以及抵押登记日期载入船舶登记簿和船舶所有权登记证书，并向抵押权人核发船舶抵押权登记证书。船舶抵押权转移时，抵押权人和受让人应当持船舶抵押权转移合同到船籍港船舶登记机关申请办理抵押权转移登记。对经审查符合规定的，船籍港船舶登记机关应当将受让人作为抵押权人载入船舶登记簿和船舶所有权登记证书，并向受让人核发船舶抵押权登记证书，封存原船舶抵押权登记证书。同一船舶设定两个以上抵押权的，船舶登记机关应当按照抵押权登记申请日期的先后顺序进行登记，并在船舶登记簿上载明登记日期。登记申请日期为登记日期；同日申请的，登记日期应当相同。

法条指引

❶ **《中华人民共和国担保法》**（1995 年 6 月 30 日 主席令公布）

第四十一条 当事人以本法第四十二条规定的财产抵押的，应当办理抵押物登记，抵押合同自登记之日起生效。（已为《物权法》修正）

第四十二条 办理抵押物登记的部门如下：

（一）以无地上定着物的土地使用权抵押的，为核发土地使用权证书的土地管理部门；

（二）以城市房地产或者乡（镇）、村企业的厂房等建筑物抵押的，为县级以上地方人民政府规定的部门；

（三）以林木抵押的，为县级以上林木主管部门；

（四）以航空器、船舶、车辆抵押的，为运输工具的登记部门；

（五）以企业的设备和其他动产抵押的，为财产所在地的工商行政管理部门。

第四十四条 办理抵押物登记，应当向登记部门提供下列文件或者其复印件：

（一）主合同和抵押合同；

（二）抵押物的所有权或者使用权证书。

❷ **《中华人民共和国海商法》**（1992 年 11 月 7 日 主席令公布）

第十三条 设定船舶抵押权，由抵押权人和抵押人共同向船舶登记机关办理抵押权登记；未经登记的，不得对抗第三人。

船舶抵押权登记，包括下列主要项目：

（一）船舶抵押权人和抵押人的姓名或者名称、地址；

（二）被抵押船舶的名称、国籍、船舶所有权证书的颁发机关和证书号码；

（三）所担保的债权数额、利率、受偿期限。

船舶抵押权的登记状况，允许公众查询。

❸ **《中华人民共和国船舶登记条例》**（1994 年 6 月 2 日 交通部发布）

第二条 下列船舶应当依照本条例规定进行登记：

（一）在中华人民共和国境内有住所或者主要营业所的中国公民的船舶。

（二）依据中华人民共和国法律设立的主要营业所在中华人民共和国境内的企业法人的船舶。但是，在该法人的注册资本中有外商出资的，中方投资人的出资额不得低于百分之五十。

（三）中华人民共和国政府公务船舶和事业法人的船舶。

（四）中华人民共和国港务监督机构认为应当登记的其他船舶。

军事船舶、渔业船舶和体育运动船艇的登记依照有关法规的规定办理。

❹ **《中华人民共和国渔业船舶登记办法》**（1997 年 12 月 25 日 农业部修正发布）

第十九条 渔业船舶抵押权的设定、转移和消灭，抵押权人和抵押人应当共同依照本办法进行登记；未经登记的，不得对抗第三人。

第二十条 渔业船舶所有人或其授权的人可以设定船舶抵押权。

渔业船舶共有人就共有渔业船舶设定抵押权时，应当提供三分之二以上份额或者约定份额的共有人同意的证明文件。

渔业船舶抵押权的设定，应当签定书面合同。

第二十一条 同一船舶可以设定两个以上抵押权，抵押关系设定顺序，以抵押登记的先后为准。

第二十二条 抵押权人和抵押人申请抵押权

登记时，应共同填写渔业船舶抵押权登记申请表，并交验下列文件：

（一）渔业船舶所有权登记证书或建造中的渔业船舶的建造合同；

（二）抵押书面合同。

登记机关核准登记后，应将有关抵押权设定情况载入渔业船舶登记簿和渔业船舶所有权登记证书，并向抵押权人核发渔业船舶抵押权登记证书。

第二十三条 抵押权人需转移船舶抵押权时，抵押权人和承让人应持渔业船舶所有权登记证书、渔业船舶抵押权登记证书和船舶抵押权转移合同，向船籍港登记机关申请办理抵押权转移登记。

办理渔业船舶抵押权转移登记，抵押权人应当事先通知抵押人。

登记机关核准登记后，应将有关抵押权转移情况载入渔业船舶登记簿和渔业船舶所有权登记证书，并封存原渔业船舶抵押权登记证书。

案例链接

❶《杭州联合农村合作银行周浦支行诉孙利华等船舶抵押借款合同欠款纠纷案》，参见北大法宝引证码：Pkulaw. cn/CLI. C. 209758。

学者观点

❶ 阮芳：《论船舶抵押权制度的立法完善——以国内法律冲突为视角》，参见北大法宝引证码：Pkulaw. cn/CLI. A. 1143003。

❷ 田田：《论航运融资中的船舶抵押权及其法律保护》，参见北大法宝引证码：Pkulaw. cn/CLI. A. 111555。

❸ 谢科海：《论船舶抵押权制度之完善》，参见北大法宝引证码：Pkulaw. cn/CLI. A. 111111。

【渔业船舶抵押登记】

法律问题解读

渔业船舶抵押权的设定、转移和消灭时，抵押权人和抵押人应当共同依照农业部颁布的《渔业船舶登记办法》进行登记。渔业船舶所有人或其授权人可以设定船舶抵押权。渔业船舶共有人就共有渔业船舶设定抵押权时，应当提供2/3以上份额或者约定份额的共有人同意的证明文件。

抵押权人和抵押人申请渔业船舶抵押权登记时，应共同填写渔业船舶抵押权登记申请表，并交验下列文件：渔业船舶所有权证书或建造中的渔业船舶的建造合同；书面抵押合同。登记机关核准登记后，应将有关抵押权设定情况载入渔业船舶登记簿和渔业船舶所有权登记证书，并向抵押权人核发渔业船舶抵押权登记证书。

抵押权人需转移船舶抵押权时，抵押权人和受让人应持渔业船舶所有权登记证书、渔业船舶抵押权登记证书和抵押权转移合同，向船籍港船舶登记机关申请办理抵押权转移登记。办理渔业船舶抵押权转移登记，抵押权人应当事先通知抵押人。登记机关核准登记后，应将有关抵押权转移情况载入渔业船舶登记簿和渔业船舶所有权登记证书，并封存原渔业船舶抵押权登记证书。

法条指引

❶《中华人民共和国担保法》（1995年6月30日 主席令公布）

第四十一条 当事人以本法第四十二条规定的财产抵押的，应当办理抵押物登记，抵押合同自登记之日起生效。（已为《物权法》修正）

第四十二条 办理抵押物登记的部门如下：

（一）以无地上定着物的土地使用权抵押的，为核发土地使用权证书的土地管理部门；

（二）以城市房地产或者乡（镇）、村企业的厂房等建筑物抵押的，为县级以上地方人民政府规定的部门；

（三）以林木抵押的，为县级以上林木主管部门；

（四）以航空器、船舶、车辆抵押的，为运输工具的登记部门；

（五）以企业的设备和其他动产抵押的，为财产所在地的工商行政管理部门。

❷《中华人民共和国海商法》（1992年11月7日 主席令公布）

第十三条 设定船舶抵押权，由抵押权人和抵押人共同向船舶登记机关办理抵押权登记；未经登记的，不得对抗第三人。

船舶抵押权登记，包括下列主要项目：

（一）船舶抵押权人和抵押人的姓名或者名称、地址；

（二）被抵押船舶的名称、国籍、船舶所有权证书的颁发机关和证书号码；

（三）所担保的债权数额、利息率、受偿期限。

船舶抵押权的登记状况，允许公众查询。

❸ **《中华人民共和国船舶登记条例》**（1994年6月2日 交通部发布）

第二条 下列船舶应当依照本条例规定进行登记：

（一）在中华人民共和国境内有住所或者主要营业所的中国公民的船舶。

（二）依据中华人民共和国法律设立的主要营业所在中华人民共和国境内的企业法人的船舶。但是，在该法人的注册资本中有外商出资的，中方投资人的出资额不得低于百分之五十。

（三）中华人民共和国政府公务船舶和事业法人的船舶。

（四）中华人民共和国港务监督机构认为应当登记的其他船舶。

军事船舶、渔业船舶和体育运动船艇的登记依照有关法规的规定办理。

❹ **《中华人民共和国渔业船舶登记办法》**（1997年12月25日 农业部修正发布）

第十九条 渔业船舶抵押权的设定、转移和消灭，抵押权人和抵押人应当共同依照本办法进行登记；未经登记的，不得对抗第三人。

第二十条 渔业船舶所有人或其授权的人可以设定船舶抵押权。

渔业船舶共有人就共有渔业船舶设定抵押权时，应当提供三分之二以上份额或者约定份额的共有人同意的证明文件。

渔业船舶抵押权的设定，应当签定书面合同。

第二十一条 同一船舶可以设定两个以上抵押权，抵押关系设定顺序，以抵押登记的先后为准。

第二十二条 抵押权人和抵押人申请抵押权登记时，应共同填写渔业船舶抵押权登记申请表，并交验下列文件：

（一）渔业船舶所有权登记证书或建造中的渔业船舶的建造合同；

（二）抵押书面合同。

登记机关核准登记后，应将有关抵押权设定情况载入渔业船舶登记簿和渔业船舶所有权登记证书，并向抵押权人核发渔业船舶抵押权登记证书。

第二十三条

抵押权人需转移船舶抵押权时，抵押权人和承转人应持渔业船舶所有权登记证书、渔业船舶抵押权登记证书和船舶抵押权转移合同，向船籍港登记机关申请办理抵押权转移登记。

办理渔业船舶抵押权转移登记，抵押权人应当事先通知抵押人。

登记机关核准登记后，应将有关抵押权转移情况载入渔业船舶登记簿和渔业船舶所有权登记证书，并封存原渔业船舶抵押权登记证书。

学者观点

❶ 许俊强：《船舶抵押若干法律问题研究》，参见北大法宝引证码：Pkulaw. cn/CLI. A. 1111085。

【车辆抵押登记】

法律问题解读

依据《担保法》的规定，以车辆抵押的应在车辆的登记部门办理抵押物登记。此处所指的车辆应为机动车辆。

依据我国法律规定，任何拥有机动车的部门或个人都必须领有号牌与行车执照。领取号牌的机关为公安部门的车辆管理机构，因此当车辆抵押时也必须在该机关办理相应的手续。抵押当事人申请车辆抵押登记的，必须向登记机关提交的文件有：当事人合法的身份证明、车辆的所有权登记证书、抵押合同和其他登记机关要求提交的文件。车辆抵押合同的内容发生变更时，当事人应当在一定期限内办理变更抵押登记手续。抵押合同解除或终止时，当事人应当于一定期限内办理注销抵押登记手续。

法条指引

❶ **《中华人民共和国物权法》**（2007年3月16日 主席令公布 2007年10月1日施行）

第一百八十八条 以本法第一百八十条第一款第四项、第六项规定的财产或者第五项规定的正在建造的船舶、航空器抵押的，抵押权自抵押合同生效时设立；未经登记，不得对抗善意第三人。

❷ **《中华人民共和国担保法》**（1995年6月30日 主席令公布）

第四十一条 当事人以本法第四十二条规定的财产抵押的，应当办理抵押物登记，抵押合同自登记之日起生效。（已为《物权法》修正）

第四十二条 办理抵押物登记的部门如下：

（一）以无地上定着物的土地使用权抵押的，为核发土地使用权证书的土地管理部门；

（二）以城市房地产或者乡（镇）、村企业的厂房等建筑物抵押的，为县级以上地方人民政府规定的部门；

（三）以林木抵押的，为县级以上林木主管部门；

（四）以航空器、船舶、车辆抵押的，为运输工具的登记部门；

（五）以企业的设备和其他动产抵押的，为财产所在地的工商行政管理部门。

第四十四条 办理抵押物登记，应当向登记部门提供下列文件或者其复印件：

（一）主合同和抵押合同；

（二）抵押物的所有权或者使用权证书。

❸《**中华人民共和国机动车登记规定**》（2008年5月27日 公安部修订发布）

第二十二条 机动车所有人将机动车作为抵押物抵押的，应当向登记地车辆管理所申请抵押登记；抵押权消灭的，应当向登记地车辆管理所申请解除抵押登记。

第二十三条 申请抵押登记的，机动车所有人应当填写申请表，由机动车所有人和抵押权人共同申请，并提交下列证明、凭证：

（一）机动车所有人和抵押权人的身份证明；

（二）机动车登记证书；

（三）机动车所有人和抵押权人依法订立的主合同和抵押合同。

车辆管理所应当自受理之日起一日内，审查提交的证明、凭证，在机动车登记证书上签注抵押登记的内容和日期。

第二十四条 申请解除抵押登记的，机动车所有人应当填写申请表，由机动车所有人和抵押权人共同申请，并提交下列证明、凭证：

（一）机动车所有人和抵押权人的身份证明；

（二）机动车登记证书。

人民法院调解、裁定、判决解除抵押的，机动车所有人或者抵押权人应当填写申请表，提交机动车登记证书、人民法院出具的已经生效的《调解书》、《裁定书》或者《判决书》，以及相应的《协助执行通知书》。

车辆管理所应当自受理之日起一日内，审查提交的证明、凭证，在机动车登记证书上签注解除抵押登记的内容和日期。

第二十五条 机动车抵押登记日期、解除抵押登记日期可以供公众查询。

第二十六条 有本规定第九条第（一）项、第（七）项、第（八）项、第（九）项或者第二十条第（二）项规定情形之一的，不予办理抵押登记。对机动车所有人提交的证明、凭证无效，

或者机动车被人民法院、人民检察院、行政执法部门依法查封、扣押的，不予办理解除抵押登记。

案例链接

❶《中国银行股份有限公司台州市分行诉李启根等金融借款合同纠纷案》，参见北大法宝引证码：Pkulaw. cn/CLI. C. 228876。

学者观点

❶ 杨梓：《透视担保物权制度中的法律冲突》，参见北大法宝引证码：Pkulaw. cn/CLI. A. 185450。

❷ 余能斌、侯向磊：《我国动产担保登记制度的缺陷与完善》，参见北大法宝引证码：Pkulaw. cn/CLI. A. 1126739。

【企业动产抵押登记】

法律问题解读

依据《担保法》的规定，以企业的设备和其他动产抵押的，应当在财产所在地的工商行政管理部门办理抵押物登记。目前规范我国企业设备和其他动产抵押登记的主要规范性法律文件是国家工商行政管理局颁布的《动产抵押登记办法》。企业动产抵押是指除航空器、船舶、车辆以外的企业动产的抵押。

工商行政管理部门是企业动产抵押物的登记机关。企业动产抵押物分别存放于两个以上不同登记机关辖区时，由主要抵押物所在地的市、县工商行政管理局登记，并将登记情况抄送抵押人登记注册机关和其他抵押物所在地的登记机关。企业动产抵押物所在地与抵押人原登记注册机关所在地一致的，由抵押人登记注册机关登记，当事人申请企业动产抵押物登记的，应当向工商行政管理局提出申请，并按照规定提交所需的文件。登记机关在受理登记申请材料后对当事人的申请进行审查。登记机关应当于一定时间内对抵押登记申请作出予以登记或不予以登记的书面通知。

法条指引

❶《**中华人民共和国担保法**》（1995年6月30日 主席令公布）

第四十一条 当事人以本法第四十二条规定的财产抵押的，应当办理抵押物登记，抵押合同自登记之日起生效。（已为《物权法》修正）

第四十二条　办理抵押物登记的部门如下：

（一）以无地上定着物的土地使用权抵押的，为核发土地使用权证书的土地管理部门；

（二）以城市房地产或者乡（镇）、村企业的厂房等建筑物抵押的，为县级以上地方人民政府规定的部门；

（三）以林木抵押的，为县级以上林木主管部门；

（四）以航空器、船舶、车辆抵押的，为运输工具的登记部门；

（五）以企业的设备和其他动产抵押的，为财产所在地的工商行政管理部门。

❷《动产抵押登记办法》（2007年10月17日国家工商行政管理局修订发布）

第二条　企业、个体工商户、农业生产经营者以现有的以及将有的生产设备、原材料、半成品、产品抵押的，应当向抵押人住所地的县级工商行政管理部门（以下简称动产抵押登记机关）办理登记。未经登记，不得对抗善意第三人。

动产抵押登记可由抵押合同双方当事人共同向动产抵押登记机关办理，也可以委托代理人向动产抵押登记机关办理。

第三条　当事人办理动产抵押登记，应当向动产抵押登记机关提交下列文件：

（一）经抵押合同双方当事人签字或者盖章的《动产抵押登记书》；

（二）抵押合同双方当事人主体资格证明或者自然人身份证明文件。

委托代理人办理动产抵押登记的，还应提交代理人身份证明文件和授权委托书。

案例链接

❶《广东发展银行股份有限公司郑州郑汴路支行诉河南泰丰纺织有限公司等借款担保合同纠纷案》，参见北大法宝引证码：Pkulaw. cn/CLI. C. 211520。

学者观点

❶ 高圣平：《登记对抗主义之下的动产抵押登记制度——兼及〈企业动产抵押物登记管理办法〉的修改》，参见北大法宝引证码：Pkulaw. cn/CLI. A. 1109694。

❷ 叶军、孔玲：《以物权公示原则为中心分析动产抵押的可行性》，参见北大法宝引证码：Pkulaw. cn/CLI. A. 121357。

【企业动产抵押登记的程序】

法律问题解读

办理企业设备和其他动产抵押登记，由抵押合同双方当事人共同向工商行政管理局提出登记申请，并向登记机关提交《动产抵押登记书》。该申请书的内容为：抵押人和抵押权人的名称（姓名）、地址、法定代表人和代理人的名称；申请抵押物登记的原因；抵押物的名称、数量、品牌、型号、规格、号码、出厂日期、使用年限、价值、存放地等；抵押物的所有权或者使用权证书；被担保的主债权种类、数额；债务人履行债务的期限；抵押担保的范围；登记机关；申请人、申请日期。

登记机关在受理登记申请材料后，应当当场在《动产抵押登记书》上加盖动产抵押登记专用章并注明盖章日期。

法条指引

❶《动产抵押登记办法》（2007年10月17日国家工商行政管理局修订发布）

第二条　企业、个体工商户、农业生产经营者以现有的以及将有的生产设备、原材料、半成品、产品抵押的，应当向抵押人住所地的县级工商行政管理部门（以下简称动产抵押登记机关）办理登记。未经登记，不得对抗善意第三人。

动产抵押登记可由抵押合同双方当事人共同向动产抵押登记机关办理，也可以委托代理人向动产抵押登记机关办理。

第三条　当事人办理动产抵押登记，应当向动产抵押登记机关提交下列文件：

（一）经抵押合同双方当事人签字或者盖章的《动产抵押登记书》；

（二）抵押合同双方当事人主体资格证明或者自然人身份证明文件。

委托代理人办理动产抵押登记的，还应提交代理人身份证明文件和授权委托书。

第四条　《动产抵押登记书》应当载明下列内容：

（一）抵押人及抵押权人名称（姓名）、住所地；

（二）代理人名称（姓名）；

（三）被担保债权的种类和数额；

（四）担保的范围；

（五）债务人履行债务的期限；
　（六）抵押财产的名称、数量、质量、状况、所在地、所有权归属或者使用权归属；
　（七）抵押人、抵押权人签字或者盖章。
　第五条　动产抵押登记机关受理登记申请文件后，应当当场在《动产抵押登记书》上加盖动产抵押登记专用章并注明盖章日期。

【企业动产抵押的变更与注销登记】

法律问题解读

　　在企业设备和其他动产的抵押期间，如果当事人变更担保的主债权种类、数额或者抵押担保范围的，抵押合同双方当事人可以持《动产抵押变更登记书》、原《动产抵押登记书》和其他有关证明文件，向原登记机关申请办理变更登记。
　　当事人提前解除抵押合同的，应当自解除抵押合同的协议签字盖章后 7 日内，持解除抵押合同的生效协议和原《企业动产抵押物登记证》，到登记机关办理注销登记。抵押合同自注销登记之日起失效。主债权消灭、担保物权实现、债权人放弃担保物权等情形下，动产抵押合同双方当事人或者其委托的代理人可以到原动产抵押登记机关办理注销登记。

法条指引

　❶《动产抵押登记办法》（2007 年 10 月 17 日国家工商行政管理局修订发布）
　第六条　动产抵押合同变更、《动产抵押登记书》内容变更的，抵押合同双方当事人或者其委托的代理人可以到原动产抵押登记机关办理变更登记。办理变更登记应当向动产抵押登记机关提交下列文件：
　（一）原《动产抵押登记书》；
　（二）抵押合同双方当事人签字或者盖章的《动产抵押变更登记书》；
　（三）抵押合同双方当事人主体资格证明或者自然人身份证明文件。
　委托代理人办理动产抵押变更登记的，还应当提交代理人身份证明文件和授权委托书。
　第七条　动产抵押登记机关受理变更登记申请文件后，应当当场在《动产抵押变更登记书》上加盖动产抵押登记专用章并注明盖章日期。
　第八条　在主债权消灭、担保物权实现、债权人放弃担保物权等情形下，动产抵押合同双方当事人或者其委托的代理人可以到原动产抵押登记机关办理注销登记。办理注销登记应当向动产抵押登记机关提交下列文件：
　（一）原《动产抵押登记书》；
　（二）《动产抵押变更登记书》；
　（三）抵押合同双方当事人签字或者盖章的《动产抵押注销登记书》；
　（四）抵押合同双方当事人主体资格证明或者自然人身份证明文件。
　委托代理人办理动产抵押注销登记的，还应当提交代理人身份证明文件和授权委托书。
　第九条　动产抵押登记机关受理注销登记申请文件后，应当当场在《动产抵押注销登记书》上加盖动产抵押登记专用章并注明盖章日期。

【抵押登记资料的公开】

法律问题解读

　　财产抵押后，会产生一系列的法律后果。比如抵押权人对抵押物有物上追及权，对后位抵押权人有优先受偿权。因此，抵押权设定后，当抵押人要将抵押物转移给他人时，受让人就需要了解抵押物担保的债权的数额等情况，以便考虑自己能否承担物上追及的法律后果，从而决定是否接受该抵押物的所有权或者使用权。而后位抵押权人也需知道抵押物担保的债权余额是否是足以担保自己的债权和自己处于抵押权的哪一顺位，从而决定是否接受该抵押担保。而要了解抵押物的种种情况，查阅登记部门的登记资料至为重要。我国《担保法》规定，登记部门的资料，应当允许查阅、抄录或者复印。根据这一规定，登记部门有义务提供与抵押登记有关的资料，并应积极协助查阅人对登记资料的利用。
　　需要注意的问题是，登记机关的抵押登记资料不但应对抵押物权的当事人及利害关系人公开，还应对其他有关单位和个人公开。有关单位和个人可以持合法身份证明文件，向登记机关查阅、抄录或者复印有关抵押物的资料，登记机关无正当理由不得拒绝有关单位和个人查阅、抄录或者复印有关抵押物的资料的申请。有关人员查阅、抄录或者复印有关抵押物的资料，应当按规定向登记机关交纳一定的费用。

法条指引

　❶《中华人民共和国担保法》（1995 年 6 月

30 日 主席令公布）

第四十五条 登记部门登记的资料，应当允许查阅、抄录或者复印。

❷《**中华人民共和国海商法**》（1992 年 11 月 7 日 主席令公布）

第十三条 设定船舶抵押权，由抵押权人和抵押人共同向船舶登记机关办理抵押权登记；未经登记的，不得对抗第三人。

船舶抵押权登记，包括下列主要项目：

（一）船舶抵押权人和抵押人的姓名或者名称、地址；

（二）被抵押船舶的名称、国籍、船舶所有权证书的颁发机关和证书号码；

（三）所担保的债权数额、利息率、受偿期限。

船舶抵押权的登记状况，允许公众查询。

❸《**中华人民共和国城镇国有土地使用权出让和转让暂行条例**》（1990 年 5 月 19 日 国务院令发布）

第七条 土地使用权出让、转让、出租、抵押、终止及有关的地上建筑物、其他附着物的登记，由政府土地管理部门、房产管理部门依照法律和国务院的有关规定办理。

登记文件可以公开查阅。

❹《**抵押贷款合同公证程序细则**》（1992 年 12 月 31 日 司法部发布）

第十三条 公证处应设立抵押登记簿。对已办结公证的抵押贷款合同，公证处应对抵押财产的名称、数量、现值、处所、所有人或经营管理人、权益的有效期限等内容进行专项登记。

抵押登记可按规定查询。

❺《**动产抵押登记办法**》（2007 年 10 月 17 日 国家工商行政管理局修订发布）

第十条 动产抵押登记机关应当根据加盖动产抵押登记专用章的《动产抵押登记书》、《动产抵押变更登记书》、《动产抵押注销登记书》设立《动产抵押登记簿》，供社会查阅。

《动产抵押登记书》、《动产抵押变更登记书》、《动产抵押注销登记书》各一式四份，动产抵押合同双方当事人各持一份；动产抵押登记机关留存两份，其中一份留作动产抵押登记档案，一份置备于《动产抵押登记簿》中。

第十一条 有关单位和个人可以持合法身份证明文件，向动产抵押登记机关查阅、抄录或者复印有关动产抵押登记的资料。

第四章 抵押权的效力

● 本章为读者提供与以下题目有关的法律问题的解读及相关法律文献依据

抵押担保的范围（300） 主债权（301） 违约金（302） 利息（303） 损害赔偿金（304） 实现抵押权的费用（305） 抵押权的从属性（305） 抵押权的不可分性（306） 抵押权的代位性（306） 代位物（307） 从物和从权利（309） 抵押权设定后的从物（309） 孳息（310） 对支付孳息的第三人的通知义务（311） 第三人利用抵押物所生的孳息（312） 孳息的清偿顺序（312） 抵押权的效力及于添附物（313） 租赁物的抵押（313） 租赁物抵押时抵押人的告知义务（314） 承租人就租赁物设定的抵押（315） 抵押物的出租（315） 抵押物出租时抵押人的告知义务（316） 抵押物租赁合同对抵押权的约束力（317） 已登记的抵押物的转让（318） 已登记的抵押物转让时抵押人的告知义务（319） 已登记的抵押物转让的合理价格（321） 已登记的抵押物转让中的增担保（321） 已登记的抵押权的追及效力（322） 已登记的抵押物受让人利益的保护（323） 已登记的抵押物受让人的代履行（323） 已登记的抵押物受让人的追偿权（324） 未经登记的抵押物的转让（324） 抵押物的继承（325） 抵押物的赠与（325） 抵押权的处分（326） 抵押权的保护（327） 抵押权人的停止侵害请求权（328） 抵押人的增担保或恢复原状义务（329） 抵押人的妥善保管义务和抵押权人的检查监督权（330） 抵押权人期限利益的获得（330）

【抵押担保的范围】

法律问题解读

抵押担保的范围又被称为抵押权的担保范围，也就是指抵押权人实现抵押权时所能受优先清偿的范围；就债务人、抵押人或取得抵押物的第三人而言，则是为使抵押权消灭所必须清偿的债务范围。抵押担保的范围原则上由当事人在设定抵押时在抵押合同中约定；但是如果双方没有约定或约定不明时，那么抵押担保的范围包括主债权及利息、违约金、损害赔偿金保管担保财产费用和实现抵押权的费用。

抵押权的存在就是以确保主债权的满足为其目的的，因此主债权是抵押担保的对象，这是毫无疑问的。利息是金钱债权所产生的孳息，是附随主债权而正常产生的，因此利息也属于抵押担保的范围；违约金和损害赔偿金是因原主债权而产生，是债务人应当对债权人承担责任的部分，抵押权的效力自然也扩张于这些因主债权而产生的违约金和损害赔偿金，只有这样才符合确定抵押担保的范围应当有利于债权人的原则，对债权人的保护才算充分；实现抵押权的费用，是因为债务人届期不履行债务而所花费的费用，也是因抵押权本身的特质而发生，也应当属于抵押权所担保的范围。

法条指引

❶《中华人民共和国物权法》（2007年3月16日主席令公布 2007年10月1日施行）

第一百七十三条 担保物权的担保范围包括主债权及其利息、违约金、损害赔偿金、保管担保财产和实现担保物权的费用。当事人另有约定的，按照约定。

❷《中华人民共和国担保法》（1995年6月30日 主席令公布）

第四十六条 抵押担保的范围包括主债权及利息、违约金、损害赔偿金和实现抵押权的费用。抵押合同另有约定的，按照约定。

❸《中华人民共和国民法通则》（1986年4月12日 主席令公布）

第一百一十二条 当事人一方违反合同的赔偿责任，应当相当于另一方因此所受到的损失。

当事人可以在合同中约定，一方违反合同时，向另一方支付一定数额的违约金；也可以在合同中约定对于违反合同而产生的损失赔偿额的计算方法。

❹《中华人民共和国合同法》（1999 年 3 月 15 日　主席令公布）

第一百一十四条 当事人可以约定一方违约时应当根据违约情况向对方支付一定数额的违约金，也可以约定因违约产生的损失赔偿额的计算方法。

约定的违约金低于造成的损失的，当事人可以请求人民法院或者仲裁机构予以增加；约定的违约金过分高于造成的损失的，当事人可以请求人民法院或者仲裁机构予以适当减少。

当事人就迟延履行约定违约金的，违约方支付违约金后，还应当履行债务。

❺《城市房地产抵押管理办法》（2001 年 8 月 15 日　建设部修正发布）

第二十六条 房地产抵押合同应当载明下列主要内容：

（一）抵押人、抵押权人的名称或者个人姓名、住所；

（二）主债权的种类、数额；

（三）抵押房地产的处所、名称、状况、建筑面积、用地面积以及四至等；

（四）抵押房地产的价值；

（五）抵押房地产的占用管理人、占用管理方式、占用管理责任以及意外毁损、灭失的责任；

（六）债务人履行债务的期限；

（七）抵押权灭失的条件；

（八）违约责任；

（九）争议解决方式；

（十）抵押合同订立的时间与地点；

（十一）双方约定的其他事项。

案例链接

❶《中国建设银行股份有限公司平顶山分行诉史春平等金融借款合同纠纷案》，参见北大法宝引证码：Pkulaw. cn/CLI. C. 252385。

❷《广州市农村商业银行股份有限公司三元里支行诉广东新广国际集团有限公司等借款合同纠纷案》，参见北大法宝引证码：Pkulaw. cn/CLI. C. 278138。

❸《宝丰县农村信用合作联社诉范振国等借款合同纠纷案》，参见北大法宝引证码：Pkulaw. cn/CLI. C. 282726。

❹《宁波慈溪农村合作银行诉高越如等金融借款合同纠纷案》，参见北大法宝引证码：Pkulaw. cn/CLI. C. 228244。

【主债权】

法律问题解读

主债权是抵押权所担保的原本债权，是依当事人之间的主合同产生的不包括约定利息、违约金、损害赔偿金在内的最开始的债权。抵押权从产生到消灭，都是为了使主债权得以圆满实现，所以主债权毫无疑问属于抵押担保的范围。

无论被担保的债权属于何种类债权，一般来说，当事人在抵押合同中都应就被担保的主债权的种类、数额作出约定并在抵押权设定登记时一并加以登记。这是出于抵押权特定原则的需要。因为如果主债权的种类数额没有确定下来的话，抵押权人可以支配的抵押物交换价值就无法确定；抵押权得以优先受偿的范围也就没有确定。正因为如此，《城市房地产抵押管理办法》、《动产抵押登记办法》、《关于担保法若干问题的解释》等法规规章和司法解释都把抵押权所担保的主债权作为抵押合同及申请登记的必备内容。

当然，如果抵押人与抵押权人协商一致，被担保的主债权是可以变更的。在抵押权以登记为生效要件或虽为对抗要件但当事人已进行了抵押登记的情况下，如果当事人对主债权进行变更的，应当进行抵押权变更登记；如果没有登记的，抵押权仅仅在登记的范围内对第三人有对抗力。在抵押权登记为对抗要件且当事人未登记的情况下，当事人协商变更主债权并就变更后的债权达成以原抵押物进行担保的协议时，抵押权所担保的主债权根据当事人新达成的协议决定。

法条指引

❶《中华人民共和国物权法》（2007 年 3 月 16 日主席令公布　2007 年 10 月 1 日施行）

第一百七十三条 担保物权的担保范围包括主债权及其利息、违约金、损害赔偿金、保管担保财产和实现担保物权的费用。当事人另有约定的，按照约定。

❷《中华人民共和国担保法》（1995 年 6 月

30日 主席令公布）

第四十六条 抵押担保的范围包括主债权及利息、违约金、损害赔偿金和实现抵押权的费用。抵押合同另有约定的，按照约定。

❸《最高人民法院关于适用〈中华人民共和国担保法〉若干问题的解释》（2000年12月13日发布）

第五十六条 抵押合同对被担保的主债权种类、抵押财产没有约定或者约定不明，根据主合同和抵押合同不能补正或者无法推定的，抵押不成立。

法律规定登记生效的抵押合同签订后，抵押人违背诚实信用原则拒绝办理抵押登记致使债权人受到损失的，抵押人应当承担赔偿责任。

❹《城市房地产抵押管理办法》（2001年8月15日 建设部修正发布）

第二十六条 房地产抵押合同应当载明下列主要内容：

（一）抵押人、抵押权人的名称或者个人姓名、住所；

（二）主债权的种类、数额；

（三）抵押房地产的处所、名称、状况、建筑面积、用地面积以及四至等；

（四）抵押房地产的价值；

（五）抵押房地产的占用管理人、占用管理方式、占用管理责任以及意外损毁、灭失的责任；

（六）债务人履行债务的期限；

（七）抵押权灭失的条件；

（八）违约责任；

（九）争议解决方式；

（十）抵押合同订立的时间与地点；

（十一）双方约定的其他事项。

案例链接

❶《广东粤财投资控股有限公司诉延津县精彩纺织有限公司等借款担保合同纠纷案》，参见北大法宝引证码：Pkulaw.cn/CLI.C.282128。

❷《某1某某公司与某2某某办事处借款担保合同纠纷上诉案》，参见北大法宝引证码：Pkulaw.cn/CLI.C.250805。

【违约金】

法律问题解读

违约金是指合同当事人约定的一方违约时根据违约情况向对方当事人支付的一定数额的货币。违约金分为补偿性违约金与惩罚性违约金，补偿性违约金以实际损害为前提，并且违约金数额与实际所受损失相同，惩罚性违约金不必证明有实际损害发生，可与旨在恢复受害人所受的损失的损害赔偿方式并用。

根据《民法通则》第112条规定，当事人一方违反合同的赔偿责任，应当相当于另一方因此所受的损失。《合同法》第114条也规定，当事人既可约定一定数额违约金，也可约定因违约产生的损失赔偿额的计算方法。违约金相对于实际损失过低或过高，当事人都可要求人民法院予以增加或减少。当事人就迟延履行约定违约金的，违约方支付违约金以后，还应当履行债务。

还应当注意，约定违约金具有从合同的性质，以主合同存在为条件，当主合同不成立、无效或被撤销时，约定违约金也不能生效；主合同消灭，约定违约金责任也随之消灭。违约金是由于债务人违约所致，债权为抵押担保的范围所包容的情况下，违约金自然也属于抵押担保的范围，不管是法定的还是约定的。

法条指引

❶《中华人民共和国物权法》（2007年3月16日主席令公布 2007年10月1日施行）

第一百七十三条 担保物权的担保范围包括主债权及其利息、违约金、损害赔偿金、保管担保财产和实现担保物权的费用。当事人另有约定的，按照约定。

❷《中华人民共和国担保法》（1995年6月30日 主席令公布）

第四十六条 抵押担保的范围包括主债权及利息、违约金、损害赔偿金和实现抵押权的费用。抵押合同另有约定的，按照约定。

❸《中华人民共和国民法通则》（1986年4月12日 主席令公布）

第一百一十二条 当事人一方违反合同的赔偿责任，应当相当于另一方因此所受到的损失。

当事人可以在合同中约定，一方违反合同时，向另一方支付一定数额的违约金；也可以在合同中约定对于违反合同而产生的损失赔偿额的计算方法。

❹《中华人民共和国合同法》（1999年3月15日 主席令公布）

第一百一十四条 当事人可以约定一方违约

时应当根据违约情况向对方支付一定数额的违约金,也可以约定因违约产生的损失赔偿额的计算方法。

约定的违约金低于造成的损失的,当事人可以请求人民法院或者仲裁机构予以增加;约定的违约金过分高于造成的损失的,当事人可以请求人民法院或者仲裁机构予以适当减少。

当事人就迟延履行约定违约金的,违约方支付违约金后,还应当履行债务。

案例链接

❶《耿中兴诉刘利勋转让合同纠纷案》,参见北大法宝引证码:Pkulaw. cn/CLI. C. 290668。

❷《北京领克特信息技术有限公司诉广州摩拉网络科技有限公司技术服务合同纠纷案》,参见北大法宝引证码:Pkulaw. cn/CLI. C. 283607。

❸《武陟县第二汽车运输有限公司与河南新世纪亚飞汽车贸易有限公司担保合同纠纷上诉案》,参见北大法宝引证码:Pkulaw. cn/CLI. C. 287906。

学者观点

❶ 侯玲玲:《劳动者违约金约定禁止之研究》,参见北大法宝引证码:Pkulaw. cn/CLI. A. 1104645。

❷ 姚蔚薇:《对违约金约定过高如何认定和调整问题探析》,参见北大法宝引证码:Pkulaw. cn/CLI. A. 1112677。

❸ 郭丹云:《各国立法上违约金性质比较研究》,参见北大法宝引证码:Pkulaw. cn/CLI. A. 119938。

【利息】

法律问题解读

利息是金钱债权所产生的孳息,它有法定利息与约定利息之分。前者如银行贷款的利息,而民间借贷中的利息则属于后者。利息作为主债权的孳息,也是抵押担保范围中的一部分。利息固然可以作为抵押权所担保的一部分,但当事人仍应就利息的支付加以明确的约定;如果抵押物是《担保法》要求登记的,当事人还要把利息的约定在登记时加以登记。只有遵循上述要求,当事人间约定的利息才能为抵押权担保效力所及。这是因为:利息必须在当事人有约定后才能发生,并非因主债权的存在而当然存在。因此,如果要抵押权担保的范围包括利息,则要把利息加以明确的约定或公示。否则,会因对第三人造成不利影响而不受法律保护。

司法实践中值得注意的是迟延利息。迟延利息是指被担保债权在清偿期满时未获清偿后所生利息。延迟利息是对债务人的惩罚,也属债务人对债权人应支付的范围,是法定的损害赔偿。所以抵押权的效力也及于此,迟延利息属于抵押担保的范围。但当事人对于法定利息、迟延利息有予以限制的约定时,则应依其约定,受限制部分的法定利息、迟延利息不在担保的范围内。

法条指引

❶《中华人民共和国合同法》(1999 年 3 月 15 日 主席令公布)

第二百零七条 借款人未按照约定的期限返还借款的,应当按照约定或者国家有关规定支付逾期利息。

第二百一十一条 自然人之间的借款合同对支付利息没有约定或者约定不明确的,视为不支付利息。

自然人之间的借款合同约定支付利息的,借款的利率不得违反国家有关限制借款利率的规定。

❷《中华人民共和国担保法》(1995 年 6 月 30 日 主席令公布)

第四十六条 抵押担保的范围包括主债权及利息、违约金、损害赔偿金和实现抵押权的费用。抵押合同另有约定的,按照约定。

❸《中华人民共和国物权法》(2007 年 3 月 16 日主席令公布 2007 年 10 月 1 日施行)

第一百七十三条 担保物权的担保范围包括主债权及其利息、违约金、损害赔偿金、保管担保财产和实现担保物权的费用。当事人另有约定的,按照约定。

❹《贷款通则》(1996 年 6 月 1 日 中国人民银行发布)

第十四条 贷款利息的计收:

贷款人和借款人应当按借款合同和中国人民银行有关计息规定按期计收或交付利息。

贷款的展期期限加上原期限达到新的利率期限档次时,从展期之日起,贷款利息按新的期限档次利率计收。

逾期贷款按规定计收罚息。

❺《关于实施〈利率暂行管理规定〉的有关

问题的通知》(1991年4月5日 中国人民银行发布)(略)

案例链接

❶《郭新敬诉李巧秀等道路交通事故人身损害赔偿纠纷案》,参见北大法宝引证码:Pkulaw. cn/CLI. C. 290203。

❷《张国良诉孟高峰买卖合同纠纷案》,参见北大法宝引证码:Pkulaw. cn/CLI. C. 290277。

❸《宋守波诉高宏俊租赁合同纠纷案》,参见北大法宝引证码:Pkulaw. cn/CLI. C. 290398。

学者观点

❶ 陈成建:《评〈合同法〉"约定不明确视为不支付利息"的条文之缺陷》,参见北大法宝引证码:Pkulaw. cn/CLI. A. 1111591。

【损害赔偿金】

法律问题解读

损害赔偿金是债务人不履行债务或不适当履行债务时给对方造成的损害所给予的赔偿。抵押权所担保的主债权债务关系中债务人因违约给债权人造成的损失,债务人要对此损害承担赔偿责任。抵押权作为担保主债权的圆满实现的一种担保方式,其效力也及于基于主债权而产生的损害赔偿金。

按照《民法通则》和《合同法》的规定,我国的合同违约损害赔偿采取的是"完全赔偿原则"。也就是说违约人对因自己违约给对方当事人(即债权人)造成的全部损失都要进行赔偿,既包括直接损失,又包括间接损失。同时为了保护债务人的利益,法律又对损害赔偿进行了合理限制,即赔偿损失的限度不得超过违反合同一方订立合同时预见到的或者应当预见到的因违反合同可能造成的损失。如果损害是违约方在订立合同时预见不到的,则不予赔偿。因为违约损害赔偿是法定的损害赔偿,即使当事人没有对损害赔偿金进行约定和登记,它也因其产生的法定性而当然地属于抵押担保的范围,并具有对抗第三人的效力。

法条指引

❶《中华人民共和国物权法》(2007年3月16日主席令公布 2007年10月1日施行)

第一百七十三条 担保物权的担保范围包括主债权及其利息、违约金、损害赔偿金、保管担保财产和实现担保物权的费用。当事人另有约定的,按照约定。

❷《中华人民共和国担保法》(1995年6月30日 主席令公布)

第四十六条 抵押担保的范围包括主债权及利息、违约金、损害赔偿金和实现抵押权的费用。抵押合同另有约定的,按照约定。

❸《中华人民共和国合同法》(1999年3月15日 主席令公布)

第一百一十三条 当事人一方不履行合同义务或者履行合同义务不符合约定,给对方造成损失的,损失赔偿额应当相当于因违约所造成的损失,包括合同履行后可以获得的利益,但不得超过违反合同一方订立合同时预见到或者应当预见到的因违反合同可能造成的损失。

经营者对消费者提供商品或者服务有欺诈行为的,依照《中华人民共和国消费者权益保护法》的规定承担损害赔偿责任。

第一百一十四条 当事人可以约定一方违约时应当根据违约情况向对方支付一定数额的违约金,也可以约定因违约产生的损失赔偿额的计算方法。

约定的违约金低于造成的损失的,当事人可以请求人民法院或者仲裁机构予以增加;约定的违约金过分高于造成的损失的,当事人可以请求人民法院或者仲裁机构予以适当减少。

当事人就迟延履行约定违约金的,违约方支付违约金后,还应当履行债务。

❹《中华人民共和国民法通则》(1986年4月12日 主席令公布)

第一百一十二条 当事人一方违反合同的赔偿责任,应当相当于另一方因此所受到的损失。

当事人可以在合同中约定,一方违反合同时,向另一方支付一定数额的违约金;也可以在合同中约定对于违反合同而产生的损失赔偿额的计算方法。

案例链接

❶《刘长伟诉三门峡市鑫利来电子机械有限公司赔偿纠纷案》,参见北大法宝引证码:Pkulaw. cn/CLI. C. 281670。

【实现抵押权的费用】

法律问题解读

抵押权实现的方式有拍卖、变卖等，无论哪一种方式都要支出一定的费用，如当事人协商或采取诉讼的方式支出一定的费用，这些费用就是实现抵押权的费用。具体说来，实现抵押权的费用可以表现为以下几种：评估费、诉讼费、拍卖费、变卖费、申请法院强制执行费、国有资产抵押涉及申请立项、审批、评估等所支出的费用。由于这些费用完全是因为债务人不履行债务而生，故应该在抵押担保的范围内。

司法实践中值得注意的是关于保全抵押物的费用能否计入抵押担保的范围的问题。对此问题，我们认为，保全抵押物的目的是为了抵押的实现，所以保全抵押物的费用可以被视为提前的抵押权实现费用。况且《担保法》第21条对保证担保的范围规定的是"主债权及利息、违约金、损害赔偿金和实现债权的费用"，与抵押中"实现抵押权的费用"相对应的是"实现债权的费用"。它指所有为使债权得以圆满实现而支出的费用，不仅指债权届期未受清偿而向保证人主张所需费用，还包括了为了债权的实现而在债权未届清偿期时所支出的费用。因此，比照保证，保全抵押物的费用也应归入抵押担保的范围之中。

法条指引

❶《中华人民共和国物权法》（2007年3月16日主席令公布 2007年10月1日施行）

第一百七十三条 担保物权的担保范围包括主债权及其利息、违约金、损害赔偿金、保管担保财产和实现担保物权的费用。当事人另有约定的，按照约定。

❷《中华人民共和国担保法》（1995年6月30日 主席令公布）

第四十六条 抵押担保的范围包括主债权及利息、违约金、损害赔偿金和实现抵押权的费用。抵押合同另有约定的，按照约定。

第五十一条 抵押人的行为足以使抵押物价值减少的，抵押权人有权要求抵押人停止其行为。抵押物价值减少时，抵押权人有权要求抵押人恢复抵押物的价值，或者提供与减少的价值相当的担保。

抵押人对抵押物价值减少无过错的，抵押权人只能在抵押人因损害而得到的赔偿范围内要求提供担保。抵押物价值未减少的部分，仍作为债权的担保。

案例链接

❶《穆某诉任某等民间借贷纠纷案》，参见北大法宝引证码：Pkulaw. cn/CLI. C. 276073。

【抵押权的从属性】

法律问题解读

所谓抵押权的从属性，是指抵押权的发生、移转和消灭均应从属于其所担保的主债权。抵押权设定及存在的目的是为了担保主债权，因此它是从属于主权利（即主债权）的从权利。如果主债权发生、移转或消灭的话，作为从权利的抵押权也要随之发生、移转或消灭。再加上抵押权是主债权的担保手段，为主债权将来得以圆满实现而存在，因此，主债权与抵押权更具有结合的必然性。

抵押权的从属性包括三方面：成立上的从属性、移转上的从属性和消灭上的从属性。因为抵押权是就抵押物卖得价金优先受偿的权利，因而必从属于主债权而存在，如无主债权的发生，抵押权也就没有担保的对象因而也就不会存在；主债权移转，抵押权也要随之移转，继续对其承担担保责任；主债权消灭，抵押权即失去存在的意义因而也随之消灭。

当然，随着近代担保物权的发展与社会经济的需求，抵押权的从属性已经逐渐缓和，最高额抵押的出现与广泛应用即是一个明证。当然，这种例外只是说明抵押权的从属性是相对而言的，不能因为最高额抵押的例外而否认抵押权的从属性。

法条指引

❶《中华人民共和国物权法》（2007年3月16日主席令公布 2007年10月1日施行）

第一百九十二条 抵押权不得与债权分离而单独转让或者作为其他债权的担保。债权转让的，担保该债权的抵押权一并转让，但法律另有规定或者当事人另有约定的除外。

❷《中华人民共和国担保法》（1995年6月30日 主席令公布）

第五十条 抵押权不得与债权分离而单独转

让或者作为其他债权的担保。

❸《最高人民法院关于适用〈中华人民共和国担保法〉若干问题的解释》（2000年12月13日发布）

第五十六条　抵押合同对被担保的主债权种类、抵押财产没有约定或者约定不明，根据主合同和抵押合同不能补正或者无法推定的，抵押不成立。

法律规定登记生效的抵押合同签订后，抵押人违背诚实信用原则拒绝办理抵押登记致使债权人受到损失的，抵押人应当承担赔偿责任。

【抵押权的不可分性】

法律问题解读

抵押权的不可分性是指在被担保的主债权未受全部清偿前，抵押权人可以就抵押物的全部行使权利。也就是说，抵押物的每一部分都为担保主债权的全部而存在，主债权的每一个部分也都由抵押物的全部来担保。我国《关于担保法若干问题的解释》对此作了规定。

具体说来，抵押权的不可分性体现在以下几个方面：（1）抵押物的全部担保着主债权的各部分，也担保着主债权的全部。所以，主债权被分割或部分转让的，每个债权人可以就其享有的份额行使抵押权；主债权因部分清偿或因其他事由部分消灭的，抵押权仍为担保剩余债权而存在。（2）抵押权的全部存在于抵押物的全部之上，也存在于抵押物的各个部分之上。所以，抵押物被分割或部分转让的，抵押权人可就分割或转让后的抵押物行使抵押权；抵押物部分灭失的，剩余部分仍担保全部债权的实现。（3）主债务分割或转让时，抵押人仍以其抵押物担保着数个债务的清偿；主债务部分灭失的，抵押人仍要以抵押物担保剩余债务的清偿。

法条指引

❶《最高人民法院关于适用〈中华人民共和国担保法〉若干问题的解释》（2000年12月13日发布）

第七十一条　主债权未受全部清偿的，抵押权人可以就抵押物的全部行使其抵押权。

抵押物被分割或者部分转让的，抵押权人可以就分割或者转让后的抵押物行使抵押权。

第七十二条　主债权被分割或者部分转让的，各债权人可以就其享有的债权份额行使抵押权。

主债务被分割或者部分转让的，抵押人仍以其抵押物担保数个债务人履行债务。但是，第三人提供抵押的，债权人许可债务人转让债务未经抵押人书面同意的，抵押人对未经其同意转让的债务，不再承担担保责任。

❷《中华人民共和国物权法》（2007年3月16日　主席令公布　2007年10月1日施行）

第一百七十五条　第三人提供担保，未经其书面同意，债权人允许债务人转移全部或者部分债务的，担保人不再承担相应的担保责任。

学者观点

❶ 张双根：《论抵押权的不可分性》，参见北大法宝引证码：Pkulaw.cn/CLI.A.172290。

【抵押权的代位性】

法律问题解读

抵押物因灭失、毁损而得到代位物时，抵押权人仍可对该代位物享有抵押权，这就是抵押权的代位性。抵押物灭失、毁损或被征用后，抵押人作为抵押物的所有权人往往会得到保险金、赔偿金、补偿金等代位物。抵押权并不因抵押物的灭失、毁损而当然消灭，其效力仍及于这些代位物。被担保的主债权届期未获清偿时，抵押权人可对保险金、补偿金等代位物行使抵押权。

抵押权是通过支配抵押物的交换价值从而保障被担保的主债权优先受偿的物权，其支配的是抵押物的交换价值而非使用价值。所以尽管抵押物灭失、毁损，只要还有交换价值存在，无论其形态如何，都仍然是抵押权所支配的交换价值。只不过由于抵押物的灭失、毁损，导致这种交换价值被提前现实化而已。

抵押权人可依抵押权的代位性直接向负有赔偿或给付义务的第三人行使请求权，并以保险金、补偿金等代位物优先受偿。负有给付代位物义务的第三人，应当向抵押权人履行给付义务。因其恶意或重大过失向抵押人给付的，其给付不能对抗抵押权人。

司法实践中值得注意的一点是：抵押权的代位性是抵押权效力的自然延伸，抵押权的效力及于代位物，对抵押权的顺位不产生任何影响，各抵押权人仍按照原先的顺位对代位物行使优先受偿权。

法条指引

❶《中华人民共和国物权法》（2007年3月16日主席令公布　2007年10月1日施行）

第一百七十四条　担保期间，担保财产毁损、灭失或者被征收等，担保物权人可以就获得的保险金、赔偿金或者补偿金等优先受偿。被担保债权的履行期未届满的，也可以提存该保险金、赔偿金或者补偿金等。

❷《中华人民共和国担保法》（1995年6月30日　主席令公布）

第五十八条　抵押权因抵押物灭失而消灭。因灭失所得的赔偿金，应当作为抵押财产。

❸《最高人民法院关于适用〈中华人民共和国担保法〉若干问题的解释》（2000年12月13日发布）

第八十条　在抵押物灭失、毁损或者被征用的情况下，抵押权人可以就该抵押物的保险金、赔偿金或者补偿金优先受偿。

❹《城市房地产抵押管理办法》（2001年8月15日　建设部修正发布）

第三十九条　抵押人占用与管理的房地产发生损毁、灭失的，抵押人应当及时将情况告知抵押权人，并应当采取措施防止损失的扩大。抵押的房地产因抵押人的行为造成损失使抵押房地产价值不足以作为履行债务的担保时，抵押权人有权要求抵押人重新提供或者增加担保以弥补不足。

抵押人对抵押房地产价值减少无过错的，抵押权人只能在抵押人因损害而得到的赔偿的范围内要求提供担保。抵押房地产价值未减少的部分，仍作为债务的担保。

学者观点

❶ 陈明添、谢黎伟：《抵押权的物上代位性》，参见北大法宝引证码：Pkulaw.cn/CLI.A.1102848。

【代位物】

法律问题解读

代位物是指抵押物因灭失、损毁或国家征用等原因而获得的诸如保险金、赔偿金、补偿金等抵押物的代替物。例如，被抵押的汽车被他人偷窃，该车虽已丢失，但抵押人依保险合同可以请求保险公司支付保险金，该保险金即为抵押物的代位物。《担保法》仅仅规定了因灭失而得的赔偿金可为代位物，而《关于担保法若干问题的解释》将范围扩大到"灭失、毁损、被征用"三种情况。

在司法实践中把握代位物的范围时要注意以下几点：

1. 代位物必须是在抵押物因灭失、毁损或者被征用的情形下产生的。

2. 必须是因抵押物的灭失、毁损或被征用而得到了"保险金、损害赔偿金或国家征用补偿金"，唯有如此才是抵押物的代位物。当然它们不限于金钱货币，实物也可，特别是在损害赔偿中。

3. 必须是抵押人有权获得的保险金、赔偿金或补偿金。之所以强调这一点，是因为保险合同的受益人可能是第三人而非抵押物的所有权人即抵押人，这种情况下的保险金就不是抵押物的代位物了。

司法实践容易忽视的是残留物，即房屋等建筑物因为地震等原因而倒塌所形成的建筑材料等动产。如果抵押人未获其他形式的补偿，这些残留物属于该抵押物的代位物。抵押权人可以请求占有该残留物，待主债权届期未获清偿时可就该残存的建筑材料进行变价从而优先受偿。

法条指引

❶《中华人民共和国保险法》（2002年10月28日修正公布）

第二十三条　保险事故发生后，依照保险合同请求保险人赔偿或者给付保险金时，投保人、被保险人或者受益人应当向保险人提供其所能提供的与确认保险事故的性质、原因、损失程度等有关的证明和资料。

保险人依照保险合同的约定，认为有关的证明和资料不完整的，应当通知投保人、被保险人或者受益人补充提供有关的证明和资料。

❷《中华人民共和国土地管理法》（2004年8月28日修正公布）

第二条　中华人民共和国实行土地的社会主义公有制，即全民所有制和劳动群众集体所有制。

全民所有，即国家所有土地的所有权由国务院代表国家行使。

任何单位和个人不得侵占、买卖或者以其他形式非法转让土地。土地使用权可以依法转让。

国家为公共利益的需要，可以依法对土地实行征收或者征用并给予补偿。

国家依法实行国有土地有偿使用制度。但是，国家在法律规定的范围内划拨国有土地使用权的除外。

第四十七条 征收土地的，按照被征收土地的原用途给予补偿。

征收耕地的补偿费用包括土地补偿费、安置补助费以及地上附着物和青苗的补偿费。征收耕地的土地补偿费，为该耕地被征收前三年平均年产值的六至十倍。征收耕地的安置补助费，按照需要安置的农业人口数计算。需要安置的农业人口数，按照被征收的耕地数量除以征地前被征收单位平均每人占有耕地的数量计算。每一个需要安置的农业人口的安置补助费标准，为该耕地被征收前三年平均年产值的四至六倍。但是，每公顷被征收耕地的安置补助费，最高不得超过被征收前三年平均年产值的十五倍。

征收其他土地的土地补偿费和安置补助费标准，由省、自治区、直辖市参照征收耕地的土地补偿费和安置补助费的标准规定。

被征收土地上的附着物和青苗的补偿标准，由省、自治区、直辖市规定。

征收城市郊区的菜地，用地单位应当按照国家有关规定缴纳新菜地开发建设基金。

依照本条第二款的规定支付土地补偿费和安置补助费，尚不能使需要安置的农民保持原有生活水平的，经省、自治区、直辖市人民政府批准，可以增加安置补助费。但是，土地补偿费和安置补助费的总和不得超过土地被征收前三年平均年产值的三十倍。

国务院根据社会、经济发展水平，在特殊情况下，可以提高征收耕地的土地补偿费和安置补助费的标准。

❸《中华人民共和国戒严法》（1996年3月1日 主席令公布）

第十七条 根据执行戒严任务的需要，戒严地区的县级以上人民政府可以临时征用国家机关、企业事业组织、社会团体以及公民个人的房屋、场所、设施、运输工具、工程机械等。在非常紧急的情况下，执行戒严任务的人民警察、人民武装警察、人民解放军的现场指挥员可以直接决定临时征用，地方人民政府应当给予协助。实施征用应当开具征用单据。

前款规定的临时征用物，在使用完毕或者戒严解除后应当及时归还；因征用造成损坏的，由县级以上人民政府按照国家有关规定给予相应补偿。

❹《最高人民法院关于适用〈中华人民共和国担保法〉若干问题的解释》（2000年12月13日发布）

第八十条 在抵押物灭失、毁损或者被征用的情况下，抵押权人可以就该抵押物的保险金、赔偿金或者补偿金优先受偿。

抵押物灭失、毁损或者被征用的情况下，抵押权所担保的债权未届清偿期的，抵押权人可以请求人民法院对保险金、赔偿金或补偿金等采取保全措施。

❺《城市房地产抵押管理办法》（2001年8月15日 建设部修正发布）

第二十三条 抵押当事人约定对抵押房地产保险的，由抵押人为抵押的房地产投保，保险费由抵押人负担。抵押房地产投保的，抵押人应当将保险单移送抵押权人保管。在抵押期间，抵押权人为保险赔偿的第一受益人。

❻《城市房屋拆迁管理条例》（2001年6月13日 国务院令发布）

第二十二条 拆迁人应当依照本条例规定，对被拆迁人给予补偿。

拆除违章建筑和超过批准期限的临时建筑，不予补偿；拆除未超过批准期限的临时建筑，应当给予适当补偿。

第二十三条 拆迁补偿的方式可以实行货币补偿，也可以实行房屋产权调换。

除本条例第二十五条第二款、第二十七条第二款规定的外，被拆迁人可以选择拆迁补偿方式。

第二十四条 货币补偿的金额，根据被拆迁房屋的区位、用途、建筑面积等因素，以房地产市场评估价格确定。具体办法由省、自治区、直辖市人民政府制定。

❼《中华人民共和国土地管理法实施条例》（1998年12月27日 国务院令发布）

第二十五条 征用土地方案经依法批准后，由被征用土地所在地的市、县人民政府组织实施，并将批准征地机关、批准文号、征用土地的用途、范围、面积以及征地补偿标准、农业人员安置办法和办理征地补偿的期限等，在被征用土地所在地的乡（镇）、村予以公告。

被征用土地的所有权人、使用权人应当在公告规定的期限内，持土地权属证书到公告指定的人民政府土地行政主管部门办理征地补偿登记。

市、县人民政府土地行政主管部门根据经批准的征用土地方案，会同有关部门拟订征地补偿、安置方案，在被征用土地所在地的乡（镇）、村予以公告，听取被征用土地的农村集体经济组织和农民的意见。征地补偿、安置方案报市、县人民政府批准后，由市、县人民政府土地行政主管部门组织实施。对补偿标准有争议的，由县级以上地方人民政府协调；协调不成的，由批准征用土地的人民政府裁决。征地补偿、安置争议不影响征用土地方案的实施。

征用土地的各项费用应当自征地补偿、安置方案批准之日起3个月内全额支付。

第二十六条 土地补偿费归农村集体经济组织所有；地上附着物及青苗补偿费归地上附着物及青苗的所有者所有。

征用土地的安置补助费必须专款专用，不得挪作他用。需要安置的人员由农村集体经济组织安置的，安置补助费支付给农村集体经济组织，由农村集体经济组织管理和使用；由其他单位安置的，安置补助费支付给安置单位；不需要统一安置的，安置补助费发放给被安置人员个人或者征得被安置人员同意后用于支付被安置人员的保险费用。

市、县和乡（镇）人民政府应当加强对安置补助费使用情况的监督。

❽《关于贯彻执行〈土地管理法〉和〈土地管理法实施条例〉若干问题和意见的通知》（1999年9月17日 国家土地资源部发布）（略）

案例链接

❶《姚彩香与美伦HBV基金管理公司借款合同纠纷上诉案》，参见北大法宝引证码：Pkulaw. cn/CLI. C. 171834。

❷《广东发展银行股份有限公司郑州郑汴路支行诉河南泰丰纺织有限公司等借款担保合同纠纷案》，参见北大法宝引证码：Pkulaw. cn/CLI. C. 211520。

学者观点

❶ 孙超：《论应收账款融资中的权利冲突及解决路径》，参见北大法宝引证码：Pkulaw. cn/CLI. A. 1143630。

❷ 兰晓为：《汶川大地震引发的民法思考》，参见北大法宝引证码：Pkulaw. cn/CLI. A. 1140854。

❸ 陈明添、谢黎伟：《抵押权的物上代位性》，参见北大法宝引证码：Pkulaw. cn/CLI. A. 1102848。

【从物和从权利】

法律问题解读

两个单独存在的物必须合并使用才能发挥经济效益时，起主要作用的物为主物，起配合作用并对主物发挥辅助作用的物为从物。按照"从随主"原则，除当事人有相反约定的，从物随主物的移转而移转。《关于贯彻〈民法通则〉若干问题的意见（试行）》第87条规定："有附属物的财产，附属物随财产所有权的移转而移转"。这里所指的"附属物"就是"从物"。所以，抵押权的效力及于抵押物的从物：当实现抵押权而对抵押物进行拍卖或变卖等处分时，也要处分从物。《关于担保法若干问题的解释》第63条就作了这样的规定。

当然必须明确的是，对于抵押物的从物取得权利的第三人，若其权利的取得先于抵押权的设定，那么抵押权人对抵押权的行使不得影响第三人对从物已经取得的权利。这是基于对第三人利益保护原则。司法实践还需注意的一点是，如果抵押物与从物分别为两个以上的人所有，那么抵押权的效力只能及于抵押人所有的抵押物上，而不能及于其从物，不能因为其主从关系而侵犯第三人的合法权利。

从权利，指为助主权利之效力而存在的权利。从权利与主权利之间的关系，一如从物与主物的关系。因此，以主权利或其所属标的物设定抵押时，抵押权的效力也及于其从权利，其具体规定参照从物的规定。

法条指引

❶《最高人民法院关于贯彻执行〈中华人民共和国民法通则〉若干问题的意见（试行）》（1988年1月26日发布）

87. 有附属物的财产，附属物随财产所有权的转移而转移。但当事人另有约定又不违法的，按约定处理。

❷《最高人民法院关于适用〈中华人民共和国担保法〉若干问题的解释》（2000年12月13日发布）

第六十三条 抵押权设定前为抵押物的从物的，抵押权的效力及于抵押物的从物。但是，抵押物与其从物为两个以上的人分别所有时，抵押权的效力不及于抵押物的从物。

【抵押权设定后的从物】

法律问题解读

按照"从随主"的原则，抵押权的效力及于

抵押物的从物。但这原则并未指出从物是何时成为抵押物的。如果抵押权设定前为抵押物从物的，抵押权的效力自然及于其从物。但如果从物是在抵押权设定后才出现的，抵押权效力不能想当然地及于从物。

《关于担保法若干问题的解释》第63条规定："抵押权设定前为抵押物的从物的，抵押权的效力及于抵押物的从物"。那么依反对解释，抵押权设定后成为抵押物从物的，抵押权的效力就不及于从物。抵押权设定后出现的从物，因为其出现较晚，就没有被抵押权合同所涉及。为了保障社会交易安全和不特定的第三人利益，抵押权的效力不能及于抵押权设定后出现的从物。

但从物经常辅助主物的使用，其处分不宜与主物分开。所以抵押权实现时对抵押物进行拍卖、变卖等处分时，也一并将抵押权设定后的从物进行处分。但抵押权人对处分该从物的所得价款并无优先受偿权，应返还给抵押人。

抵押权设定后出现的从物与抵押权的关系有点类似于城市房地产抵押中土地上新增的房屋。两者都不属于抵押物，但为社会经济效益也要一起被拍卖，抵押权人对拍卖所得价款不能优先受偿。

法条指引

❶《中华人民共和国物权法》（2007年3月16日主席令公布 2007年10月1日施行）

第二百条 建设用地使用权抵押后，该土地上新增的建筑物不属于抵押财产。该建设用地使用权实现抵押权时，应当将该土地上新增的建筑物与建设用地使用权一并处分，但新增建筑物所得的价款，抵押权人无权优先受偿。

❷《中华人民共和国担保法》（1995年6月30日 主席令公布）

第四十三条 当事人以其他财产抵押的，可以自愿办理抵押物登记，抵押合同自签订之日起生效。

当事人未办理抵押物登记的，不得对抗第三人。当事人办理抵押物登记的，登记部门为抵押人所在地的公证部门。

第五十五条 城市房地产抵押合同签订后，土地上新增的房屋不属于抵押物。需要拍卖该抵押的房地产时，可以依法将该土地上新增的房屋与抵押物一同拍卖，但对拍卖新增房屋所得，抵押权人无权优先受偿。

依照本法规定以承包的荒地的土地使用权抵押的，或者以乡（镇）、村企业的厂房等建筑物占用范围内的土地使用权抵押的，在实现抵押权后，未经法定程序不得改变土地集体所有和土地用途。

❸《最高人民法院关于适用〈中华人民共和国担保法〉若干问题的解释》（2000年12月13日发布）

第六十三条 抵押权设定前为抵押物的从物的，抵押权的效力及于抵押物的从物。但是，抵押物与其从物为两个以上的人分别所有时，抵押权的效力不及于抵押物的从物。

【孳息】

法律问题解读

孳息包括天然孳息和法定孳息。天然孳息，指基于物的自然属性而产生的孳息；法定孳息，指通过一定的法律关系所得的收益。

抵押权设定后，抵押人仍有使用、收益抵押物的权利，所以因抵押物的使用而产生的天然孳息或法定孳息都属于抵押人的自有财产，不属于抵押物交换价值的组成部分。因此抵押权的效力不及于抵押权设定后抵押物的孳息。而"抵押权的效力及于孳息"所指的"孳息"是指因主债权届期未受清偿抵押物因为抵押权人行使抵押权而被人民法院依法扣押后所生的孳息。因为抵押物一旦被人民法院扣押，抵押人就丧失对抵押物的占有和现实支配，收取抵押物的孳息不方便。况且剥夺抵押人的孳息收取权而赋予抵押权人孳息收取权，有利于抵押权人顺利实现抵押权，并最大限度地确保抵押权担保主债权受偿的功能。因此，在抵押物被法院扣押后所产生的孳息，应当受抵押权效力的支配。

司法实践中应该注意以下问题：

1. 如果孳息是由第三人利用抵押物而产生的，那么此孳息不能归入抵押权的效力范围，第三人的合法利益不能因抵押权的行使而受损；

2. 抵押物被扣押后抵押权人可以收取的法定孳息不包括在被扣押之前已经产生而抵押人未收取的法定孳息；

3. 如果法定孳息的取得取决于第三人的给付，抵押权人应当将扣押抵押物的事实通知该第三人。否则，抵押权的效力不及于该法定孳息。

法条指引

❶《中华人民共和国物权法》（2007年3月

16日主席令公布　2007年10月1日施行)

第一百九十七条　债务人不履行到期债务或者发生当事人约定的实现抵押权的情形，致使抵押财产被人民法院依法扣押的，自扣押之日起抵押权人有权收取该抵押财产的天然孳息或者法定孳息，但抵押权人未通知应当清偿法定孳息的义务人的除外。

前款规定的孳息应当先充抵收取孳息的费用。

❷《中华人民共和国担保法》(1995年6月30日　主席令公布)

第四十七条　债务履行期届满，债务人不履行债务致使抵押物被人民法院依法扣押的，自扣押之日起抵押权人有权收取由抵押物分离的天然孳息以及抵押人就抵押物可以收取的法定孳息。抵押权人未将扣押抵押物的事实通知应当清偿法定孳息的义务人的，抵押权的效力不及于该孳息。

前款孳息应当先充抵收取孳息的费用。

❸《中华人民共和国合同法》(1999年3月15日　主席令公布)

第二百二十五条　在租赁期间因占有、使用租赁物获得的收益，归承租人所有，但当事人另有约定的除外。

❹《最高人民法院关于适用〈中华人民共和国担保法〉若干问题的解释》(2000年12月13日发布)

第六十四条　债务履行期届满，债务人不履行债务致使抵押物被人民法院依法扣押的，自扣押之日起抵押权人收取的由抵押物分离的天然孳息和法定孳息，按照下列顺序清偿：

(一)收取孳息的费用；

(二)主债权的利息；

(三)主债权。

案例链接

❶《黄建与张勇欠款纠纷上诉案》，参见北大法宝引证码：Pkulaw. cn/CLI. C. 230577。

❷《周世宾诉李世海民间借贷纠纷案》，参见北大法宝引证码：Pkulaw. cn/CLI. C. 251679。

❸《某1某某公司与某2某某办事处借款担保合同纠纷上诉案》，参见北大法宝引证码：Pkulaw. cn/CLI. C. 250805。

学者观点

❶　隋彭生：《天然孳息的属性和归属》，参见北大法宝引证码：Pkulaw. cn/CLI. A. 1131427。

【对支付孳息的第三人的通知义务】

法律问题解读

抵押物的法定孳息是指抵押人通过抵押物与第三人发生一定的法律关系而依法取得的收益。如抵押物出租的租金，此租金就是由承租人向作为出租人的抵押人支付的法定孳息。如果主债履行期届满，债务人不履行债务致使抵押物被人民法院扣押的，自扣押之日起抵押权人有权收取抵押人就抵押物可以收取的法定孳息。

此法定孳息本应该是由抵押权关系当事人之外的第三人向抵押人支付的，但由于扣押事实的出现，为了保障抵押权的充分实现，法律要求第三人不能继续向抵押人给付而转向向抵押权人支付。这时，第三人应停止向抵押人支付，抵押权的效力开始及于这些法定孳息。

由向抵押人给付转向向抵押权人给付，其中变化从何时开始取决于扣押的发生。而扣押抵押物是由于抵押权人行使抵押权而向人民法院申请的，因此扣押事实的具体何时开始、抵押权人何时能对抵押收取法定孳息，这些情况抵押权人最为清楚，所以由抵押权人通知该第三人比较可行。况且抵押权人作为受益人，让其履行通知义务也比较合适。另一方面，第三人给付对象发生变化，具体变化时间只有得到抵押权人的通知之后才能变更给付对象。综上所述，当抵押物被人民法院依法扣押之后，抵押权人应将抵押物被扣押事实通知负有给付法定孳息义务的第三人，否则抵押权效力不及于该法定孳息。

其实抵押权权人的通知义务和债权让与中债权人向债务人履行通知义务是相似的。

法条指引

❶《中华人民共和国物权法》(2007年3月16日主席令公布　2007年10月1日施行)

第一百九十七条　债务人不履行到期债务或者发生当事人约定的实现抵押权的情形，致使抵押财产被人民法院依法扣押的，自扣押之日起抵押权人有权收取该抵押财产的天然孳息或者法定孳息，但抵押权人未通知应当清偿法定孳息的义务人的除外。

前款规定的孳息应当先充抵收取孳息的费用。

❷《中华人民共和国担保法》(1995年6月30日　主席令公布)

第四十七条　债务履行期届满，债务人不履行债务致使抵押物被人民法院依法扣押的，自扣押之日起抵押权人有权收取由抵押物分离的天然孳息以及抵押人就抵押物可以收取的法定孳息。抵押权人未将扣押抵押物的事实通知应当清偿法定孳息的义务人的，抵押权的效力不及于该孳息。

前款孳息应当先充抵收取孳息的费用。

❸《中华人民共和国合同法》（1999 年 3 月 15 日　主席令公布）

第八十条　债权人转让权利的，应当通知债务人。未经通知，该转让对债务人不发生效力。

债权人转让权利的通知不得撤销，但经受让人同意的除外。

【第三人利用抵押物所生的孳息】

法律问题解读

因为抵押权的设定不影响抵押人处分抵押物，所以可能会出现抵押权存续期间第三人支配抵押物的使用价值的情况。此时，第三人支配抵押物的使用价值与抵押权人支配抵押物的交换价值同时并存。第三人支配抵押物，会获得该抵押物所生的天然孳息与法定孳息。前者如作为抵押物的母牛所生的小牛；后者如作为抵押物的房屋被出租后，承租人经出租人同意将该房屋转租所得的租金。在一般情况下，第三人利用抵押物所产生的孳息不属于抵押权支配的范围。

第三人获得利用抵押物的权利一般是向抵押人支付了对价的。比照《合同法》第 225 条，第三人对其利用抵押物所生成的天然孳息和法定孳息享有所有权，抵押权的效力不能当然及于此。否则便是第三人向抵押人支付对价后一无所获，第三人的合法利益就受到了损害。但第三人对抵押物收取孳息有个限度，并且根据不同情况有不同限度：（1）租赁合同早于抵押权的设定。这种情况下抵押不破租赁，第三人可对抵押物收取孳息直到租赁合同期满；（2）租赁合同迟于抵押权的设定，这种情况下租赁合同对抵押权人无约束力。抵押权实现时抵押物的孳息转由抵押权人收取。

法条指引

❶《中华人民共和国合同法》（1999 年 3 月 15 日　主席令公布）

第二百二十五条　在租赁期间因占有、使用租赁物获得的收益，归承租人所有，但当事人另有约定的除外。

❷《最高人民法院关于适用〈中华人民共和国担保法〉若干问题的解释》（2000 年 12 月 13 日发布）

第六十五条　抵押人将已出租的财产抵押的，抵押权实现后，租赁合同在有效期内对抵押物的受让人继续有效。

第六十六条　抵押人将已抵押的财产出租的，抵押权实现后，租赁合同对受让人不具有约束力。

抵押人将已抵押的财产出租时，如果抵押人未书面告知承租人该财产已抵押，抵押人对出租抵押物造成承租人的损失承担赔偿责任；如果抵押人已书面告知承租人该财产已抵押的，抵押权实现造成承租人的损失，由承租人自己承担。

【孳息的清偿顺序】

法律问题解读

孳息由原物产生，而抵押人又为原物的所有人，所以孳息要由抵押人收取。但主债务履行期满，债务人不履行债务致使抵押物被人民法院依法扣押的，自扣押之日起抵押权人收取由抵押物分离的天然孳息和法定孳息。

抵押权人收取的天然孳息和法定孳息，按照下列顺序清偿：（1）收取孳息的费用；（2）主债权的利息；（3）主债权。由于收取孳息的费用是抵押权人对抵押物的孳息进行收取所必需的，也是后两者得以清偿的基础。所以，收取的孳息第一顺序用来清偿收取孳息的费用。由于主债权的消灭是一切法律关系消灭的基础，所以主债权的清偿应放在最后。主债权的利息的清偿顺序在两者之间。只有等先顺序的项目清偿完了才能清偿后顺序的项目。

法条指引

❶《中华人民共和国物权法》（2007 年 3 月 16 日主席令公布　2007 年 10 月 1 日施行）

第一百九十七条　债务人不履行到期债务或者发生当事人约定的实现抵押权的情形，致使抵押财产被人民法院依法扣押的，自扣押之日起抵押权人有权收取该抵押财产的天然孳息或者法定孳息，但抵押权人未通知应当清偿法定孳息的义务人的除外。

前款规定的孳息应当先充抵收取孳息的费用。

❷《最高人民法院关于适用〈中华人民共和国担保法〉若干问题的解释》(2000年12月13日发布)

第七十四条 抵押物折价或者拍卖、变卖所得的价款,当事人没有约定的,按下列顺序清偿:
（一）实现抵押权的费用;
（二）主债权的利息;
（三）主债权。

【抵押权的效力及于添附物】

法律问题解读

所谓添附,是指不同所有人的财产合并在一起形成不能分离的财产的一种法律事实。它包括附合、混合和加工。附合、混合、加工后出现的附合物、混合物、加工物统称为添附物。添附是财产所有权获得与丧失的原因之一。添附事实发生后不允许原物所有人请求恢复原状,之所以如此是为了使添附物能为社会经济利益而继续存在。当事人纵有约定,也因违背公共秩序而无效。

原物的所有人会因添附而取得添附物的所有权,或者与他人共有添附物的所有权,或者丧失原物的所有权也未取得添附物的所有权而只是获得了补偿金。如果抵押物发生添附的话,抵押人就有可能取得添附物的所有权、与他人共有添附物或获得了补偿金。它们三者都是抵押物的代位物,抵押权的效力也基于物上代位性而及于它们。

在抵押物附和、混合、加工后,当抵押人成为添附物的所有人时,抵押权的效力及于该添附物;当抵押人与第三人共有该抵押物时,抵押权的效力及于抵押人对添附物所享有的份额;当抵押人只是获得了补偿金时,抵押权的效力及于该补偿金。

法条指引

❶《最高人民法院关于适用〈中华人民共和国担保法〉若干问题的解释》(2000年12月13日发布)

第六十二条 抵押物因附合、混合或者加工使抵押物的所有权为第三人所有的,抵押权的效力及于补偿金;抵押物所有人为附合物、混合物或者加工物的所有人的,抵押权的效力及于附合物、混合物或者加工物;第三人与抵押物所有人为附合物、混合物或者加工物的共有人的,抵押权的效力及于抵押人对共有物享有的份额。

❷《最高人民法院关于贯彻执行〈中华人民共和国民法通则〉若干问题的意见（试行）》(1988年1月26日发布)

86.非产权人在使用他人的财产上增添附属物,财产所有人同意增添,并就财产返还时附属物如何处理有约定的,按约定办理;没有约定又协商不成,能够拆除的,可以责令拆除;不能拆除的,也可以折价归财产所有人;造成财产所有人损失的,应当负赔偿责任。

【租赁物的抵押】

法律问题解读

所有人将自己的财产出租之后,自己仍未丧失对租赁物的所有权,他仍可以在不损害承租人合法利益的前提下继续处分该租赁物。由于承租人支配的是租赁物的使用价值,因此所有人就租赁物的交换价值进行处分不损害承租人的利益,所以出租人可以在租赁物上设定抵押。在租赁物上设定抵押,承租人支配租赁物的使用价值,抵押权人支配着其交换价值,两者互不影响,还充分发挥了物的效用。

如果租赁合同在抵押物所担保的主债权清偿期届满前到期,承租人因自己的权利已实现而丧失对租赁物的权利。抵押权人对无租赁负担的抵押物享有充分的抵押权,担保主债权的实现。这种情况下,租赁权与抵押权互不影响。但还存在另一种情况,即抵押权所担保的主债权届期未获清偿从而抵押权人实现抵押权时,租赁合同仍未到期。这种情况下,抵押权人行使抵押权要么自己获得抵押物,要么通过拍卖、变卖抵押物从而使第三人获得了抵押物的所有权。不管怎样,抵押物的所有权发生了移转。此时,新的抵押物所有人可能希望自己使用该抵押物或出租给出价更高的人,便产生了租赁权与抵押权的冲突。按照法律规定,抵押人将已出租的财产抵押的,抵押权实现后,租赁合同在有效期内对抵押物的受让人继续有效。这就是所谓的"抵押不破租赁"。

在司法实践中还出现这样一种情况:租赁合同的承租人而非出租人,未经出租人的同意,将租赁物进行抵押。由于承租人对租赁物只有使用收益权而无处分权,故其在租赁物上设定的抵押无效。

法条指引

❶《中华人民共和国物权法》(2007年3月

16日主席令公布　2007年10月1日施行)

第一百九十条　订立抵押合同前抵押财产已出租的，原租赁关系不受该抵押权的影响。抵押权设立后抵押财产出租的，该租赁关系不得对抗已登记的抵押权。

❷《中华人民共和国担保法》（1995年6月30日　主席令公布）

第四十八条　抵押人将已出租的财产抵押的，应当书面告知承租人，原租赁合同继续有效。

❸《中华人民共和国合同法》（1999年3月15日主席令公布）

第二百二十九条　租赁物在租赁期间发生所有权变动的，不影响租赁合同的效力。

❹《最高人民法院关于适用〈中华人民共和国担保法〉若干问题的解释》（2000年12月13日发布）

第六十五条　抵押人将已出租的财产抵押的，抵押权实现后，租赁合同在有效期内对抵押物的受让人继续有效。

第六十六条　抵押人将已抵押的财产出租的，抵押权实现后，租赁合同对受让人不具有约束力。

抵押人将已抵押的财产出租时，如果抵押人未书面告知承租人该财产已抵押的，抵押人对出租抵押物造成承租人的损失承担赔偿责任；如果抵押人已书面告知承租人该财产已抵押的，抵押权实现造成承租人的损失，由承租人自己承担。

❺《城市房地产抵押管理办法》（2001年8月15日　建设部修正发布）

第二十一条　以已出租的房地产抵押的，抵押人应当将租赁情况告知抵押权人，并将抵押情况告知承租人。原租赁合同继续有效。

案例链接

❶《云南建工房地产开发有限公司诉黄筱剑等租赁合同纠纷案》，参见北大法宝引证码：Pkulaw. cn/CLI. C. 133280。

❷《北京首钢建设集团有限公司与北京奥宇模板有限公司租赁合同纠纷上诉案》，参见北大法宝引证码：Pkulaw. cn/CLI. C. 204947。

❸《徐洪军等与李春和租赁合同纠纷上诉案》，参见北大法宝引证码：Pkulaw. cn/CLI. C. 229641。

学者观点

❶ 孙鹤、王勤劳：《抵押权与租赁权的冲突与协调》，参见北大法宝引证码：Pkulaw. cn/CLI. A. 1145088。

【租赁物抵押时抵押人的告知义务】

法律问题解读

因为承租人支配的是租赁物的使用价值，抵押权人支配的是其交换价值，所以租赁物的抵押不会损害承租人的利益。所以，出租人将租赁物设定抵押，无须经过承租人的同意。

但如果租赁合同没有期满，抵押权人就依法行使抵押权，虽然有"抵押不破租赁"来保护承租人的利益，但是租赁合同的当事人却发生了变更，即承租人给付租金的对象发生了变化。依《合同法》规定，债权让与的债权人要通知债务人。这两种情况很相似，所以出租人也要履行告知义务。为了充分保护承租人的利益，此告知义务应当在出租人就租赁物设立抵押时履行。《担保法》对此有专门的规定。需要注意的是，如果出租人未履行此告知义务，设定的抵押并非就无效了。由于租赁物设定抵押并未侵害到承租人的利益，即使抵押物被处分而给承租人带来的负担也只不过是履行对象的变更，其他诸如租金并不改变。这种负担也非实质上的不利益。人民法院不能以出租人未履行告知义务而宣告抵押合同无效。这种情况下给承租人的救济是：承租人有权解除租赁合同，并要抵押人承担违约责任，这样就保证自己的租赁权不因抵押权的行使而受到一丝损害。

出租人的另一个告知义务是：出租人将租赁物设定抵押的，应向抵押权人告知抵押物已出租的事实。因为抵押权实现时负有租赁的抵押物的变价比正常无负担的抵押物的变价要困难些，负有租赁的抵押物很可能只能卖个较低的价格。也就是说，抵押权的实现可能会因租赁权的存在而受到影响。因此，在设定抵押时，抵押人应将抵押物已有租赁负担的事实告诉抵押权人，从而让抵押权人决定是否接受此抵押。

法条指引

❶《中华人民共和国担保法》（1995年6月30日　主席令公布）

第四十八条　抵押人将已出租的财产抵押的，应当书面告知承租人，原租赁合同继续有效。

❷《中华人民共和国合同法》（1999年3月

15 日 主席令公布）

第八十条 债权人转让权利的，应当通知债务人。未经通知，该转让对债务人不发生效力。

债权人转让权利的通知不得撤销，但经受让人同意的除外。

❸《城市房地产抵押管理办法》（2001 年 8 月 15 日 建设部修正发布）

第二十一条 以已出租的房地产抵押的，抵押人应当将租赁情况告知抵押权人，并将抵押情况告知承租人。原租赁合同继续有效。

❹《最高人民法院关于适用〈中华人民共和国担保法〉若干问题的解释》（2000 年 12 月 13 日发布）

第六十六条 抵押人将已抵押的财产出租的，抵押权实现后，租赁合同对受让人不具有约束力。

抵押人将已抵押的财产出租时，如果抵押人未书面告知承租人该财产已抵押的，抵押人对出租抵押物造成承租人的损失承担赔偿责任；如果抵押人已书面告知承租人该财产已抵押的，抵押权实现造成承租人的损失，由承租人自己承担。

【承租人就租赁物设定的抵押】

法律问题解读

司法实践中较为常见的是出租人就租赁物设定抵押，但还有这样的情形，即承租人为担保自己或他人的债务履行而在租赁物上设定了抵押。为了保护抵押物所有人（即出租人）的合法权利不受侵害，如果承租人未经出租人同意而擅自就租赁物设定抵押的，其抵押行为无效。这是因为租赁合同的承租人只有就租赁物使用从而收益的权利，并无处分权。他将租赁物设定抵押是一种无权处分行为，根据《合同法》第51条其行为无效。还有，当其担保的债权届期未获清偿时，抵押物因抵押权的行使而易主，抵押物的原所有人（即出租人）就丧失了所有权。其所有权的丧失是因为承租人的设定抵押行为。为了保护出租人的所有权不受侵害，承租人设定的抵押就只有归于无效。《最高人民法院印发〈关于审理融资租赁合同纠纷案件若干问题的规定〉的通知》中就融资租赁合同这一情况进行了规定，其他租赁合同可以参照适用。

承租人就抵押物设定抵押，其抵押无效。其处分行为超出了租赁合同的范围，出租人有权解除合同，收回租赁物；如有损失，并可要求承租人赔偿损失。抵押无效给无效抵押合同的抵押权人造成损失的，承租人应对其损失承担赔偿责任。

当然，如果出租人同意的，那么抵押权合同就会有效。因为抵押权的效力是针对物而非针对人的，而出租人为租赁物的所有权人，所以抵押负担的不利益最终会落到出租人身上。出租人同意承担这项不利益，法律就没有禁止的必要了，所以抵押合同和租赁合同都将继续有效。

法条指引

❶《中华人民共和国合同法》（1999 年 3 月 15 日 主席令公布）

第五十一条 无处分权的人处分他人财产，经权利人追认或者无处分权的人订立合同后取得处分权的，该合同有效。

第二百二十四条 承租人经出租人同意，可以将租赁物转租给第三人。承租人转租的，承租人与出租人之间的租赁合同继续有效，第三人对租赁物造成损失的，承租人应当赔偿损失。

承租人未经出租人同意转租的，出租人可以解除合同。

❷《最高人民法院印发〈关于审理融资租赁合同纠纷案件若干问题的规定〉的通知》（1996 年 5 月 27 日发布）

十、在租赁合同履行完毕之前，承租人未经出租人同意，将租赁物进行抵押、转让、转租或投资入股，其行为无效，出租人有权收回租赁物，并要求承租人赔偿损失。因承租人的无效行为给第三人造成损失的，第三人有权要求承租人赔偿。

【抵押物的出租】

法律问题解读

在抵押期间，抵押人对抵押物仍有使用、收益及一定范围内的处分权。因抵押权与租赁权分别支配的是抵押物的交换价值与使用价值，所以抵押人仍可出租抵押物，因为这样不损害抵押权人的利益。《物权法》和《关于担保法若干问题的解释》肯定了抵押人的出租权。

但是由于抵押权设定在先，后来出现的租赁权并不妨碍抵押权的正常行使。当抵押权所担保的主债权届期未获清偿时，抵押权人实现抵押权后，租赁合同对抵押物的受让人不具有约束力，所谓"抵押不破租赁"在此不能适用。

因租赁权的存在并不影响抵押权，加上抵押

人有权处分自己所有的抵押物，所以抵押物的出租无须得到抵押权人的同意。但一些行政规章、部门规章却一再规定，未经抵押权人的同意抵押物不得租赁。它们这样规定或出于部门利益的考虑，或出于行政管理的需要，但事实上却扼杀了抵押人的处分权。对此，《关于担保法若干问题的解释》第 66 条明确规定，抵押物的出租无须经过抵押权人同意，只是租赁合同对因行使抵押权而取得抵押物的第三人不具有约束力而已。在司法实践中遇到此类问题，人民法院不能轻易以未经抵押权人的同意而将租赁合同认定为无效，要适用《关于担保法若干问题的解释》的规定，肯定租赁合同的效力。因租赁合同对抵押权人及因抵押物的受让人无约束力，所以为了保护承租人的利益，抵押人应在签订租赁合同时告知承租人租赁物已设抵押的事实。否则，抵押人要对因抵押权实现而给承租人造成的损失承担赔偿责任。

法条指引

❶ 《**城市房屋租赁管理办法**》（1995 年 5 月 9 日 建设部发布）

第六条 有下列情形之一的房屋不得出租：

（一）未依法取得房屋所有权证的；

（二）司法机关和行政机关依法裁定、决定查封或者以其他形式限制房地权利的；

（三）共有房屋未取得共有人同意的；

（四）权属有争议的；

（五）属于违法建筑的；

（六）不符合安全标准的；

（七）已抵押，未经抵押权人同意的；

（八）不符合公安、环保、卫生等主管部门有关规定的；

（九）有关法律、法规规定禁止出租的其他情形。

❷ 《**中国工商银行商品房开发贷款管理暂行办法**》（1998 年 7 月 24 日 中国工商银行发布）

第二十四条 借款人在申请和使用贷款时不得有下列行为：

（一）向贷款人提供虚假或者隐瞒重要事实的资产负债表、损益表等资料；

（二）不如实向贷款人提供其所有开户行、账号等资料；

（三）未经贷款人同意，擅自改变贷款用途；

（四）挪用贷款从事股本权益性投资及从事有价证券、期货等方面的投机经营；

（五）挪用贷款从事房地产投机；

（六）不按《借款合同》规定偿还贷款本息；

（七）套取贷款相互借贷牟取非法收入；

（八）拒绝接受贷款人对其信贷资金使用情况和房地产经营、财务活动的监督；

（九）未经贷款人同意将已设定抵押权的财产和权益拆迁、出租、出售、转让、馈赠或再抵押；

（十）抽逃出资，隐匿、私分、违法出让、不合理低价变卖财产，影响贷款的安全；

（十一）使用贷款从事违反国家政策和法律的活动；

（十二）影响贷款人权益的其他行为。

❸ 《**最高人民法院关于适用〈中华人民共和国担保法〉若干问题的解释**》（2000 年 12 月 13 日发布）

第六十六条 抵押人将已抵押的财产出租的，抵押权实现后，租赁合同对受让人不具有约束力。

抵押人将已抵押的财产出租时，如果抵押人未书面告知承租人该财产已抵押的，抵押人对出租抵押物造成承租人的损失承担赔偿责任；如果抵押人已书面告知承租人该财产已抵押的，抵押权实现造成承租人的损失，由承租人自己承担。

❹ 《**最高人民法院关于贯彻执行〈中华人民共和国民法通则〉若干问题的意见（试行）**》（1998 年 1 月 26 日发布）

86. 非产权人在使用他人的财产上增添附属物，财产所有人同意增添，并就财产返还时附属物如何处理有约定的，按约定办理；没有约定又协商不成，能够拆除的，可以责令拆除；不能拆除的，也可以折价归财产所有人；造成财产所有人损失的，应当负赔偿责任。

学者观点

❶ 黄晓林、张国华：《不动产抵押权与租赁权的冲突》，参见北大法宝引证码：Pkulaw. cn/CLI. A. 19595。

❷ 吴敦：《〈物权法〉抵押权新设规则实务问题研究》，参见北大法宝引证码：Pkulaw. cn/CLI. A. 1116945。

【抵押物出租时抵押人的告知义务】

法律问题解读

抵押人就自己的财产设定抵押之后仍可将其出租，但由于抵押权设定在前并且又是物权，租赁权的存在不应对抵押权构成妨害。抵押权所担保的主债权届期未获清偿时，抵押权人有权处分抵押物并从所得价款中优先受偿。租赁合同的期限若此时已届满，那么租赁权、抵押权都因实现自己的目的而消灭，这是一个皆大欢喜的结果。但如果租赁合同的期限此时仍未届满，那么租赁权就要因抵押权的实现而归于消灭，这对承租人来说是不公平的。

为了公平起见，法律赋予抵押人在将其抵押物出租时向承租人告知租赁物已设抵押的义务。这样在订立租赁合同之前，承租人就会预料到自己的租赁权可能会因抵押权的实现而归于消灭，从而决定一个较短的租赁合同期限或向出租人要求降低租金。这样将来即使自己的租赁权因抵押权的行使而归于消灭，承租人也获得了补偿。

但司法实践中，抵押人或为获取较高的租金故意不告知承租人或出于过失不告知承租人租赁物已设抵押的事实。这时，如果抵押人未告知承租人该财产已抵押的，抵押人对出租抵押物造成承租人的损失承担赔偿责任。也就是说，抵押人未履行这一义务的，承租人因抵押权的实现而造成的损失，源于抵押人未履行义务，抵押人要承担由此所致的损失。如果抵押人为了种种目的故意不告知承租人该物已抵押的事实，这已构成了欺诈。根据《合同法》的规定，被欺诈一方有权撤销合同。所以承租人在知道租赁物已设抵押事实的6个月内有权撤销租赁合同，由此所受损失抵押人仍要赔偿。

法条指引

❶《中华人民共和国合同法》（1999年3月15日 主席令公布）

第五十二条 有下列情形之一的，合同无效：
（一）一方以欺诈、胁迫的手段订立合同，损害国家利益；
（二）恶意串通，损害国家、集体或者第三人利益；
（三）以合法形式掩盖非法目的；
（四）损害社会公共利益；
（五）违反法律、行政法规的强制性规定。

❷《中华人民共和国民法通则》（1986年4月12日 主席令公布）

第一百一十七条 侵占国家的、集体的财产或者他人财产的，应当返还财产，不能返还财产的，应当折价赔偿。

损坏国家的、集体的财产或者他人财产的，应当恢复原状或者折价赔偿。

受害人因此遭受其他重大损失的，侵害人并应当赔偿损失。

❸《最高人民法院关于适用〈中华人民共和国担保法〉若干问题解释》（2000年12月13日最高人民法院发布）

第六十六条 抵押人将已抵押的财产出租的，抵押权实现后，租赁合同对受让人不具有约束力。

抵押人将已抵押的财产出租时，如果抵押人未书面告知承租人该财产已抵押的，抵押人对出租抵押物造成承租人的损失承担赔偿责任；如果抵押人已书面告知承租人该财产已抵押的，抵押权实现造成承租人的损失，由承租人自己承担。

【抵押物租赁合同对抵押权的约束力】

法律问题解读

抵押设定后，抵押人仍可就抵押物进行出租。那么，租赁物上就有两个负担了，即抵押权和租赁权。由于抵押权设定在先，抵押物上后设的负担不能侵害抵押物上已经存在的抵押权。抵押权在法定条件出现时有权行使，这时存在的租赁权不应构成抵押权实现的障碍。同时，抵押物因变价流落到第三人手上（即抵押物的受让人），抵押物上负担的租赁权对抵押物的受让人也没有对抗力。也就是说，抵押物租赁合同对于抵押权无约束力。

之所以说抵押物租赁合同对抵押权无约束力，理由如下：（1）抵押权是担保物权，是一种物权；租赁权只不过是一种债权，物权优先于债权，抵押权的实现可以破除租赁权的可能障碍；第三人受让抵押物也是抵押权行使的自然延伸，所以，租赁合同对抵押物的受让人也无约束力。（2）即使说租赁权是一种物权化的债权，也不能适用"抵押不破租赁"。即使把两者都看成物权，物权也是根据其设定的时间顺序（登记问题视为当然）来决定其实现的先后顺序的。因为抵押权设定在前，租赁权设定在后，所以后设定的租赁权对已经设定的抵押权没约束力。

法条指引

❶《中华人民共和国担保法》（1995年6月30日 主席令公布）

第五十四条 同一财产向两个以上债权人抵

押的，拍卖、变卖抵押物所得的价款按照以下规定清偿：

（一）抵押合同已登记生效的，按照抵押物登记的先后顺序清偿；顺序相同的，按照债权比例清偿；

（二）抵押合同自签订之日起生效的，该抵押物已登记的，按照本条第（一）项规定清偿；未登记的，按照合同生效时间的先后顺序清偿，顺序相同的，按照债权比例清偿。抵押物已登记的先于未登记的受偿。

❷《最高人民法院关于适用〈中华人民共和国担保法〉若干问题的解释》（2000年12月13日发布）

第六十六条 抵押人将已抵押的财产出租的，抵押权实现后，租赁合同对受让人不具有约束力。

抵押人将已抵押的财产出租时，如果抵押人未书面告知承租人该财产已抵押的，抵押人对出租抵押物造成承租人的损失承担赔偿责任；如果抵押人已书面告知承租人该财产已抵押的，抵押权实现造成承租人的损失，由承租人自己承担。

❸《最高人民法院关于贯彻执行〈中华人民共和国民法通则〉若干问题的意见（试行）》（1988年1月26日发布）

115. 抵押物如由抵押人自己占有并负责保管，在抵押期间，非经债权人同意，抵押人将同一抵押物转让他人，或者就抵押物价值已设置抵押部分再作抵押的，其行为无效。

债务人以抵押物清偿债务时，如果一项抵押物有数个抵押权人的，应当按照设定抵押权的先后顺序受偿。

【已登记的抵押物的转让】

法律问题解读

抵押权设定后，抵押人仍未丧失对抵押物的所有权，在不影响抵押权人的优受偿权的前提下，抵押人可以处分抵押物，其中就包括将抵押物转让给第三人。《物权法》、《担保法》与《关于担保法若干问题的解释》都肯定了抵押人的这种权利，同时，《物权法》在肯定抵押人有转让抵押财产的权利的前提下做出了严于《担保法》和《关于担保法若干问题的解释》的规定。

由于抵押物转让会给将来抵押权人行抵押权带来一定的不便，所以《担保法》规定抵押人要向抵押权人履行告知义务，即告诉抵押权人自己将抵押物转让给第三人的事实。同时，与抵押人买卖抵押物的第三人利益也需要保护，如抵押人要将买卖合同标的物已设抵押的事实告知第三人，否则第三人的损失抵押人要予以赔偿；再如赋予第三人代位清偿权，使主债权消灭以使抵押权消灭等。《物权法》对这一规定作出了大幅度修改，要求在抵押期间，抵押人转让抵押财产，必须经抵押权人同意，并且转让所得应当向抵押权人提前清偿或者提存。未经抵押权人同意，除非受让人代为清偿债务消灭抵押权，抵押人不得转让抵押物。可见《物权法》对抵押人转让抵押物的权利做出了更为严格的限制。

法条指引

❶《中华人民共和国物权法》（2007年3月16日主席令公布 2007年10月1日施行）

第一百七十八条 担保法与本法的规定不一致的，适用本法。

第一百九十一条 抵押期间，抵押人经抵押权人同意转让抵押财产的，应当将转让所得的价款向抵押权人提前清偿债务或者提存。转让的价款超过债权数额的部分归抵押人所有，不足部分由债务人清偿。

抵押期间，抵押人未经抵押权人同意，不得转让抵押财产，但受让人代为清偿债务消灭抵押权的除外。

❷《中华人民共和国担保法》（1995年6月30日 主席令公布）

第四十九条 抵押期间，抵押人转让已办理登记的抵押物的，应当通知抵押权人并告知受让人转让物已经抵押的情况；抵押人未通知抵押权人或者未告知受让人的，转让行为无效。

转让抵押物的价款明显低于其价值的，抵押权人可以要求抵押人提供相应的担保；抵押人不提供的，不得转让抵押物。

抵押人转让抵押物所得的价款，应当向抵押权人提前清偿所担保的债权或者向抵押权人约定的第三人提存。超过债权数额的部分，归抵押人所有，不足部分由债务人清偿。

❸《最高人民法院关于适用〈中华人民共和国担保法〉若干问题的解释》（2000年12月13日发布）

第六十七条 抵押权存续期间，抵押人转让抵押物未通知抵押权人或者未告知受让人的，如果抵押物已经登记的，抵押权人仍可以行使抵押权；取得抵押物所有权的受让人，可以代替债务人清偿其全部债务，使抵押权消灭。受让人清偿债务后可以向抵押人追偿。

如果抵押物未经登记的，抵押权不得对抗受让人，因此给抵押权人造成损失的，由抵押人承担赔偿责任。

❹《中国工商银行商品房开发贷款管理暂行办法》（1998年7月24日 中国工商银行发布）

第二十四条 借款人在申请和使用贷款时不得有下列行为：

（一）向贷款人提供虚假或者隐瞒重要事实的资产负债、损益表等资料；

（二）不如实向贷款人提供其所有开户行、账号等资料；

（三）未经贷款人同意，擅自改变贷款用途；

（四）挪用贷款从事股本权益性投资及从事有价证券、期货等方面的投机经营；

（五）挪用贷款从事房地产投机；

（六）不按《借款合同》规定偿还贷款本息；

（七）套取贷款相互借贷牟取非法收入；

（八）拒绝接受贷款人对其信贷资金使用情况和房地产经营、财务活动的监督；

（九）未经贷款人同意将已设定抵押权的财产和权益拆迁、出租、出售、转让、馈赠或再抵押；

（十）抽逃出资、隐匿、私分、违法出让、不合理低价变卖财产，影响贷款的安全；

（十一）使用贷款从事违反国家政策和法律的活动；

（十二）影响贷款人权益的其他行为。

❺《商品房销售管理办法》（2001年4月4日 建设部发布）

第五条 国务院建设行政主管部门负责全国商品房的销售管理工作。

省、自治区人民政府建设行政主管部门负责本行政区域内商品房的销售管理工作。

直辖市、市、县人民政府建设行政主管部门、房地产行政主管部门（以下统称房地产开发主管部门）按照职责分工，负责本行政区域内商品房的销售管理工作。

❻《已购公有住房和经济适用住房上市出售管理暂行办法》（1999年4月19日 建设部发布）

第五条 已取得合法产权证书的已购公有住房和经济适用住房可以上市出售，但有下列情形之一的已购公有住房和经济适用住房不得上市出售：

（一）以低于房改政策规定的价格购买且没有按照规定补足房价款的；

（二）住房面积超过省、自治区、直辖市人民政府规定的控制标准，或者违反规定利用公款超标准装修，且超标部分未按照规定退回或者补足房价款及装修费用的；

（三）处于户籍冻结地区并已列入拆迁公告范围内的；

（四）产权共有的房屋，其他共有人不同意出售的；

（五）已抵押且未经抵押权人书面同意转让的；

（六）上市出售后形成新的住房困难的；

（七）擅自改变房屋使用性质的；

（八）法律、法规以及县级以上人民政府规定其他不宜出售的。

【已登记的抵押物转让时抵押人的告知义务】

法律问题解读

《担保法》第49条规定，"抵押人转让已办理登记的抵押物，应通知抵押权人并告知受让人转让物已设抵押的情况。抵押人未为通知的，转让行为无效"。《物权法》出台以后实际上使此条部分失去法律效力，抵押人转移抵押物要求抵押权人同意。

法律之所以要求抵押人争得抵押权人同意，理由如下：（1）抵押人有可能把转让抵押物所得价款并不用来向抵押权人提前清偿或向第三人提存，而用作他用。为了防止抵押人的此行为，法律要抵押人抵押权人请求同意，抵押权人就可以请求人民法院保全此价款。如果受让人不知晓受让物已设抵押的事实而购买抵押物，其支付对价后抵押物却可能被抵押权人处分从而自己丧失对抵押物的所有权，这是不公平的。（2）如果抵押物转让的价格明显不合理，抵押权人有权干预。而其干预以知道转让事实和具有法律上赋权为前提。《物权法》之所以规定转让抵押物需要经过抵押权人同意，实质上就是赋予抵押权人干预交易的权利。

如果抵押人没有履行此义务，即没有得到抵押权人的同意，其转让抵押物的行为是否就无效了呢？并非如此，《物权法》规定，抵押期间抵押人未经抵押权人同意，不得转让抵押财产，但受让人代为清偿债务消灭抵押权的除外。这样，如果第三人代为清偿了债务，消灭了抵押权，即使没有得到抵押权人的同意,转让依然生效。

法律之所以要求抵押人向受让人履行告知义务,理由如下:如果受让人不知晓受让物已设抵押的事实而购买抵押物,其支付对价后抵押物却可能被抵押权人处分从而自己丧失对抵押物的所有权,这是不公平的。为了保护受让人的利益,抵押人要告知受让物已设抵押的事实。否则,受让人可以以对方欺诈为由撤销他们之间的买卖合同。

法条指引

❶《中华人民共和国物权法》(2007年3月16日主席令公布 2007年10月1日施行)

第一百七十八条 担保法与本法的规定不一致的,适用本法。

第一百九十一条 抵押期间,抵押人经抵押权人同意转让抵押财产的,应当将转让所得的价款向抵押权人提前清偿债务或者提存。转让的价款超过债权数额的部分归抵押人所有,不足部分由债务人清偿。

抵押期间,抵押人未经抵押权人同意,不得转让抵押财产,但受让人代为清偿债务消灭抵押权的除外。

❷《中华人民共和国担保法》(1995年6月30日 主席令公布)

第四十九条 抵押期间,抵押人转让已办理登记的抵押物的,应当通知抵押权人并告知受让人转让物已经抵押的情况;抵押人未通知抵押权人或者未告知受让人的,转让行为无效。

转让抵押物的价款明显低于其价值的,抵押权人可以要求抵押人提供相应的担保;抵押人不提供的,不得转让抵押物。

抵押人转让抵押物所得的价款,应当向抵押权人提前清偿所担保的债权或者向与抵押权人约定的第三人提存。超过债权数额的部分,归抵押人所有,不足部分由债务人清偿。

❸《最高人民法院关于适用〈中华人民共和国担保法〉若干问题的解释》(2000年12月13日发布)

第六十七条 抵押权存续期间,抵押人转让抵押物未通知抵押权人或者未告知受让人的,如果抵押物已经登记,抵押权人仍可以行使抵押权;取得抵押物所有权的受让人,可以代替债务人清偿其全部债务,使抵押权消灭。受让人清偿债务后可以向抵押人追偿。

如果抵押物未经登记的,抵押权不得对抗受让人,因此给抵押权人造成损失的,由抵押人承担赔偿责任。

❹《中国工商银行商品房开发贷款管理暂行办法》(1998年7月24日 中国工商银行发布)

第二十四条 借款人在申请和使用贷款时不得有下列行为:

(一)向贷款人提供虚假或者隐瞒重要事实的资产负债表、损益表等资料;

(二)不如实向贷款人提供其所有开户行、账号等资料;

(三)未经贷款人同意,擅自改变贷款用途;

(四)挪用贷款从事股本权益性投资及从事有价证券、期货等方面的投机经营;

(五)挪用贷款从事房地产投机;

(六)不按《借款合同》规定偿还贷款本息;

(七)套取贷款相互借贷牟取非法收入;

(八)拒绝接受贷款人对其信贷资金使用情况和房地产经营、财务活动的监督;

(九)未经贷款人同意将已设定抵押权的财产和权益拆迁、出租、出售、转让、馈赠或再抵押;

(十)抽逃出资,隐匿、私分、违法出让、不合理低价变卖财产,影响贷款的安全;

(十一)使用贷款从事违反国家政策和法律的活动;

(十二)影响贷款人权益的其他行为。

❺《已购公有住房和经济适用住房上市出售管理暂行办法》(1999年4月19日 建设部发布)

第五条 已取得合法产权证书的已购公有住房和经济适用住房可以上市出售,但有下列情形之一的已购公有住房和经济适用住房不得上市出售:

(一)以低于房改政策规定的价格购买且没有按照规定补足房价款的;

(二)住房面积超过省、自治区、直辖市人民政府规定的控制标准,或者违反规定利用公款超标准装修,且超标部分未按照规定退回或者补足房价款及装修费用的;

(三)处于户籍冻结地区并已列入拆迁公告范围内的;

(四)产权共有的房屋,其他共有人不同意出售的;

(五)已抵押且未经抵押权人书面同意转让的;

(六)上市出售后形成新的住房困难的;

(七)擅自改变房屋使用性质的;

（八）法律、法规以及县级以上人民政府规定其他不宜出售的。

【已登记的抵押物转让的合理价格】

法律问题解读

抵押物转让中抵押物转让的价格由抵押人与受让人双方协商，法律本不应干预当事人意思自治的领域。但由于转让抵押物价款对抵押权人有着重要意义（因为抵押人转让抵押物的价款要么提前清偿被担保债权，要么向与抵押权人约定的第三人提存），如果价款较低，肯定是不利于抵押权人利益的。因此法律干预到买卖双方意思自治的领域，要求抵押人与受让人依诚实信用原则，就抵押物的转让确定一个合理的价格。对于合理价格的认定，在有市场的情况下，按市场价格确定；在没有市场的情况下，应参照同类物品的价值。

如果抵押人与受让人确定的价格明显低于其价值的，那么就违反了合理价格义务。所以，抵押权人可以要求抵押人提供相应的担保。也就是说，此时抵押人负有增担保义务。当然"相应的担保"可以为保证、抵押、质押等中的任何一种；至于增担保的数额应该是抵押物转让价格与抵押物合理价格（即本身价值）之间的差额，只有这样才能保证抵押权的实现和不过重地增加抵押人的负担。如果抵押人不提供增担保，则不允许其转让抵押物。

法条指引

❶《中华人民共和国民法通则》（1986年4月12日　主席令公布）

第四条　民事活动应当遵循自愿、公平、等价有偿、诚实信用的原则。

❷《中华人民共和国合同法》（1999年3月15日　主席令公布）

第六条　当事人行使权利、履行义务应当遵循诚实信用原则。

❸《中华人民共和国担保法》（1995年6月30日　主席令公布）

第四十九条　抵押期间，抵押人转让已办理登记的抵押物的，应当通知抵押权人并告知受让人转让物已经抵押的情况；抵押人未通知抵押权人或者未告知受让人的，转让行为无效。

转让抵押物的价款明显低于其价值的，抵押权人可以要求抵押人提供相应的担保；抵押人不提供的，不得转让抵押物。

抵押人转让抵押物所得的价款，应当向抵押权人提前清偿所担保的债权或者向与抵押权人约定的第三人提存。超过债权数额的部分，归抵押人所有，不足部分由债务人清偿。

第九十四条　抵押物、质物、留置物折价或者变卖，应当参照市场价格。

❹《贷款风险分类指导原则》（2001年12月14日　中国人民银行发布）

第十六条　商业银行应制定明确的抵押、质押品管理和评估的政策和程序。对于抵押品的评估，在有市场的情况下，按市场价格定值；在没有市场的情况下，应参照同类抵押品的市场价格定值。

【已登记的抵押物转让中的增担保】

法律问题解读

抵押权支配的是抵押物的交换价值，当抵押物转让时，转让价格即体现了其交换价值。如果转让价格由于抵押人的过错不合理地低于其正常价格，那么抵押物的交换价值就会因抵押人的过错而没有得到完全体现。为了保护抵押权人的合法利益不受损失，《担保法》第49条又赋予抵押人增担保义务。

此增担保的方式，《担保法》没有作出具体要求。保证、抵押、质押任何一种都可以，只要是合法有效的担保。至于担保的数额，从增担保的"增"可看出，其担保数额是不合理的转让抵押物的价格与抵押物的正常合理价格之间的差额。把这部分差额补上，就是"增"。这样一来，既保证抵押权不受损失，也没有过重地增加抵押人的负担。

如果抵押人不提供增担保，则不允许其转让抵押物。如果抵押物的所有权仍未转移的，则抵押人不得继续履行买卖合同和转移所有权，否则就是无权处分，处分行为也无效；如果抵押物的所有权已经移转到受让人手中，那么抵押权人可以主张该转让行为无效，要求受让人返还抵押物从而保全抵押权。

法条指引

❶《中华人民共和国物权法》（2007年3月16日主席令公布　2007年10月1日施行）

第一百九十一条　抵押期间，抵押人经抵押权人同意转让抵押财产的，应当将转让所得的价款向抵押权人提前清偿债务或者提存。转让的价款超过债权数额的部分归抵押人所有，不足部分由债务人清偿。

抵押期间，抵押人未经抵押权人同意，不得转让抵押财产，但受让人代为清偿债务消灭抵押权的除外。

❷《中华人民共和国担保法》（1995年6月30日　主席令公布）

第四十九条　抵押期间，抵押人转让已办理登记的抵押物的，应当通知抵押权人并告知受让人转让物已经抵押的情况；抵押人未通知抵押权人或者未告知受让人的，转让行为无效。（已为《物权法》修正）

转让抵押物的价款明显低于其价值的，抵押权人可以要求抵押人提供相应的担保；抵押人不提供的，不得转让抵押物。

抵押人转让抵押物所得的价款，应当向抵押权人提前清偿所担保的债权或者向与抵押权人约定的第三人提存。超过债权数额的部分，归抵押人所有，不足部分由债务人清偿。

❸《最高人民法院关于适用〈中华人民共和国担保法〉若干问题的解释》（2000年12月13日发布）

第六十七条　抵押权存续期间，抵押人转让抵押物未通知抵押权人或者未告知受让人的，如果抵押物已经登记的，抵押权人仍可以行使抵押权；取得抵押物所有权的受让人，可以代替债务人清偿其全部债务，使抵押权消灭。受让人清偿债务后可以向抵押人追偿。

如果抵押物未经登记的，抵押权不得对抗受让人，因此给抵押权人造成损失的，由抵押人承担赔偿责任。

【已登记的抵押权的追及效力】

法律问题解读

物权的追及效力，是指物权成立后，其标的物不论辗转到何人之手，权利人之物权均可追及至物之所在，而直接支配标的物，抵押权作为一种物权，也具有追及效力。抵押权设定并登记后，不论抵押物最终落入谁家，当其担保的主债权届期未获清偿时，抵押权人均可就抵押物行使抵押权。即使此时抵押物已由抵押人转让给第三人，抵押权仍可就抵押物行使从而使被担保债权圆满实现。其结果就是使抵押物受让人对抵押物的所有权丧失。

抵押权得到实现而抵押物受让人的所有权丧失，这是抵押权追及效力的体现。对抵押物受让人来说也并非不公平因为：1. 因为在转让抵押物时抵押人已告知转让物已设抵押的事实后受让人仍愿意购买，表明他愿意承受这样的风险；2. 如果抵押人未告知，受让人可以要求抵押人赔偿因抵押权实现给自己造成的损失。

这里必须指出的是，享有追及效力的并非是所有的抵押权，只有就抵押物已经登记的抵押权才具有追及效力，没有登记的抵押权因没有登记不具有对抗第三人的效力，自然也就不可能有追及效力了。

法条指引

❶《中华人民共和国担保法》（1995年6月30日　主席令公布）

第三十三条　本法所称抵押，是指债务人或者第三人不转移对本法第三十四条所列财产的占有，将该财产作为债权的担保。债务人不履行债务时，债权人有权依照本法规定以该财产折价或者以拍卖、变卖该财产的价款优先受偿。

前款规定的债务人或者第三人为抵押人，债权人为抵押权人，提供担保的财产为抵押物。

❷《最高人民法院关于适用〈中华人民共和国担保法〉若干问题的解释》（2000年12月13日发布）

第六十六条　抵押人将已抵押的财产出租的，抵押权实现后，租赁合同对受让人不具有约束力。

抵押人将已抵押的财产出租时，如果抵押人未书面告知承租人该财产已抵押的，抵押人对出租抵押物造成承租人的损失承担赔偿责任；如果抵押人已书面告知承租人该财产已抵押的，抵押权实现造成承租人的损失，由承租人自己承担。

第六十七条　抵押权存续期间，抵押人转让抵押物未通知抵押权人或者未告知受让人的，如果抵押物已经登记的，抵押权人仍可以行使抵押权；取得抵押物所有权的受让人，可以代替债务人清偿其全部债务，使抵押权消灭。受让人清偿债务后可以向抵押人追偿。

如果抵押物未经登记的，抵押权不得对抗受让人，因此给抵押权人造成损失的，由抵押人承担赔偿责任。

【已登记的抵押物受让人利益的保护】

法律问题解读

抵押人与受让人买卖抵押物的，因抵押物负担的抵押权设定在先，所以转让抵押物不能损害抵押权人的利益。合理价格义务、增担保义务等规定，都是出于这样的考虑。但是，同样不能忽视的是对受让人的利益保护。只有这样，才不会导致利益失衡。

抵押权存在的目的是为了担保主债权的实现，如果主债权得以圆满实现，抵押权自然消失，抵押物上的负担也就消灭，它也就成为正常的物品了。所以法律应赋予受让人的代位履行的权利。受让人通过履行主债务而消灭主债权从而最终消灭抵押权。抵押物受让人本无义务履行主债务的，所以在其代替债务人清偿债务后，受让人有权向抵押人追偿。抵押权消灭后，抵押人和抵押权人不到登记机关办理抵押权注销登记的，抵押物的受让人有权向登记机关申请注销登记。

法条指引

❶《中华人民共和国物权法》（2007年3月16日主席令公布　2007年10月1日施行）

第一百九十一条　抵押期间，抵押人经抵押权人同意转让抵押财产的，应当将转让所得的价款向抵押权人提前清偿债务或者提存。转让的价款超过债权数额的部分归抵押人所有，不足部分由债务人清偿。

抵押期间，抵押人未经抵押权人同意，不得转让抵押财产，但受让人代为清偿债务消灭抵押权的除外。

❷《中华人民共和国担保法》（1995年6月30日　主席令公布）

第四十九条　抵押期间，抵押人转让已办理登记的抵押物的，应当通知抵押权人并告知受让人转让物已经抵押的情况；抵押人未通知抵押权人或者未告知受让人的，转让行为无效。（已为《物权法》修正）

转让抵押物的价款明显低于其价值的，抵押权人可以要求抵押人提供相应的担保；抵押人不提供的，不得转让抵押物。

抵押人转让抵押物所得的价款，应当向抵押权人提前清偿所担保的债权或者向与抵押权人约定的第三人提存。超过债权数额的部分，归抵押人所有，不足部分由债务人清偿。

❸《最高人民法院关于适用〈中华人民共和国担保法〉若干问题的解释》（2000年12月13日发布）

第六十七条　抵押权存续期间，抵押人转让抵押物未通知抵押权人或者未告知受让人的，如果抵押物已经登记的，抵押权人仍可以行使抵押权；取得抵押物所有权的受让人，可以代替债务人清偿其全部债务，使抵押权消灭。受让人清偿债务后可以向抵押人追偿。

如果抵押物未经登记的，抵押权不得对抗受让人，因此给抵押权人造成损失的，由抵押人承担赔偿责任。

【已登记的抵押物受让人的代履行】

法律问题解读

抵押人将已登记的抵押物转让给第三人的，抵押物的转让并不影响抵押权的效力。抵押权因为具有追及效力，抵押权人可以追及到物之所在行使抵押权，抵押物的受让人不得提出异议。这样一来，买受人对抵押物的所有权处于一种被追及的状态，处于一种不稳定状态，这对受让人来说很不利。法律为了保护抵押物受让人的利益，规定了受让人的代履行权，即取得抵押物所有权的受让人可以向抵押权人支付适当金额，从而消灭抵押权以稳定自己的所有权。这种权利又被称为抵押物受让人的涤除权。

抵押物受让人代履行时向抵押权人支付的适当金额的具体数额有两种情况：（1）当被担保的主债权数额大于抵押物的价值，此适当金额就是抵押物的实际价值（因为抵押权人就是亲自行使抵押权得到的金额也只不过是抵押物的实际价值而已）。（2）当被担保的主债权数额小于抵押物的价值，此适当金额就是主债权的数额（抵押物受让人支付主债权的数额即可以使抵押权人的利益得到圆满实现）。由此可见，受让人的代履行对抵押权人来说，并未损害其利益，所以抵押权人无正当理由不得拒绝。

我国《关于担保法若干问题的解释》第67条对抵押物受让人的涤除权作出了规定。法律规定受让人的代履行权是通过对抗抵押权的追及效力，来保护抵押物受让人的利益。

法条指引

❶《中华人民共和国物权法》（2007年3月

16日主席令公布　2007年10月1日施行）

第一百九十一条　抵押期间，抵押人经抵押权人同意转让抵押财产的，应当将转让所得的价款向抵押权人提前清偿债务或者提存。转让的价款超过债权数额的部分归抵押人所有，不足部分由债务人清偿。

抵押期间，抵押人未经抵押权人同意，不得转让抵押财产，但受让人代为清偿债务消灭抵押权的除外。

❷《最高人民法院关于适用〈中华人民共和国担保法〉若干问题的解释》（2000年12月13日发布）

第六十七条　抵押权存续期间，抵押人转让抵押物未通知抵押权人或者未告知受让人的，如果抵押物已经登记的，抵押权人仍可以行使抵押权；取得抵押物所有权的受让人，可以代替债务人清偿其全部债务，使抵押权消灭。受让人清偿债务后可以向抵押人追偿。

如果抵押物未经登记的，抵押权不得对抗受让人，因此给抵押权人造成损失的，由抵押人承担赔偿责任。

【已登记的抵押物受让人的追偿权】

法律问题解读

抵押物受让人为保证自己对抵押物的所有权不受抵押权人的追及，可以代替债务人向抵押权人清偿全部债务，使抵押权消灭。但受让人代履行的并非是自己债务，并且此行为使抵押人的抵押负担消灭了，抵押人作为收益人应该向受让人返还不当得利。也就是说，受让人代清偿后可以向抵押人追偿。

需要注意的是，受让人清偿债务后是向抵押人追偿，而不是向债务人追偿。虽然在主债权债务关系、抵押关系和抵押物转让关系中，最终责任人是主债务人，如果主债务人履行了自己的义务，其他义务人则可以免责。但抵押物转让关系与主债权债务关系是两个不同的法律关系。抵押物受让人是抵押物转让关系的当事人，另一方当事人是抵押人，并且受让人的代履行行为的确使抵押人受益。因此法律赋予受让人向抵押人的追偿权。

当然，抵押人向受让人清偿后可以向主债务人追偿，但那是另外一个法律关系。

法条指引

❶《最高人民法院关于适用〈中华人民共和国担保法〉若干问题的解释》（2000年12月13日发布）

第六十七条　抵押权存续期间，抵押人转让抵押物未通知抵押权人或者未告知受让人的，如果抵押物已经登记的，抵押权人仍可以行使抵押权；取得抵押物所有权的受让人，可以代替债务人清偿其全部债务，使抵押权消灭。受让人清偿债务后可以向抵押人追偿。

如果抵押物未经登记的，抵押权不得对抗受让人，因此给抵押权人造成损失的，由抵押人承担赔偿责任。

【未经登记的抵押物的转让】

法律问题解读

在设定抵押后，抵押人可以转让抵押物，这里的抵押物既包括已登记的抵押物，也包括未登记的抵押物。由于已登记和未登记的抵押权对抗力不同，其转让的效力也大不相同。

未办理抵押物登记的抵押权由于没有公示，故不得对抗第三人，仅在抵押人与抵押权人之间有效。抵押人将抵押物转让的，抵押物的受让人是第三人，所以抵押权不能对抗抵押物的受让人，抵押权的追及效力在此就不存在了。

抵押物转让时，抵押人未履行告知义务的，不能像已登记的抵押物转让的那样无效。这是因为：对受让人来说，其取得的抵押物所有权不受抵押权影响，所以通不通知无所谓，受让人的利益并不受通知与否的影响；对抵押权人来说，由于其未将抵押物登记，没有将其抵押权公示，其自愿承担抵押物转让后自己无交换价值可支配的风险。

由于未登记的抵押权不具有追及效力和对抗效力，不论抵押物转让的价格如何不合理，抵押权人都无法干预；也没有权利要求抵押人提供增担保；当然抵押权人因抵押物转让而遭受的损失，抵押人肯定要予以赔偿。

由此可见，未登记的抵押物转让，对受让人来说是有利的，而对抵押权人来说极为不利。法律之所以这样规定，一方面固然是保护交易安全，更多的原因是未经登记的抵押权不具有对抗力和公信力。

法条指引

❶《中华人民共和国担保法》（1995 年 6 月 30 日 主席令公布）

第四十三条 当事人以其他财产抵押的，可以自愿办理抵押物登记，抵押合同自签订之日起生效。

当事人未办理抵押物登记的，不得对抗第三人。当事人办理抵押物登记的，登记部门为抵押人所在地的公证部门。

❷《最高人民法院关于适用〈中华人民共和国担保法〉若干问题的解释》（2000 年 12 月 13 日发布）

第六十七条 抵押权存续期间，抵押人转让抵押物未通知抵押权人或者未告知受让人的，如果抵押物已经登记的，抵押权人仍可以行使抵押权；取得抵押物所有权的受让人，可以代替债务人清偿其全部债务，使抵押权消灭。受让人清偿债务后可以向抵押人追偿。

如果抵押物未经登记的，抵押权不得对抗受让人，因此给抵押权人造成损失的，由抵押人承担赔偿责任。

【抵押物的继承】

法律问题解读

在抵押权存续期间，如果作为抵押物的所有人的抵押人死亡，则会发生抵押物继承问题。由于我国实行的是概括继承，继承人不仅要继承被继承人的权利，还要同时继承被继承人的义务。而抵押权对于抵押人来说是设在抵押物上的一种负担，所以抵押人死亡的，其继承人在继承抵押物所有权的同时也要继承抵押物上的抵押负担。也就是说，除了主体变更之外，抵押物的继承对抵押权不产生影响。被担保的主债权届期未获清偿时，抵押权人可以就继承人所有的抵押物行使抵押权。

如果抵押人生前有遗嘱的，则按遗嘱指示由遗嘱继承人继承抵押物。如无遗嘱，则按法定继承处理。法定继承的第一顺序人是配偶、父母、子女，第二顺序人是兄弟、姐妹、祖父母、外祖父母。由此可见，抵押物可能被一个继承人继承，也可能被多个继承人继承。如果抵押物被一个继承人继承，那么该继承人径直取代被继承人的法律地位，用其因继承而取得的抵押物担保主债权的实现。如果是多个继承人继承了抵押物，情况就要复杂些：（1）如果多个继承人分割了该抵押物，抵押权存在于每一个分割物上。主债权届期未获清偿的，抵押权人可就每一个分割物行使抵押权；（2）如果多个继承人没有实物分割该抵押物，也就是说他们按份共有该抵押物，那么抵押权就存在于每一个继承人的共有份额上。每一个继承人用其共有份额担保着主债权的实现。

因为抵押物的继承不可避免地使抵押权法律关系主体发生变更，抵押人由被继承人变成继承人，因此当事人应到原登记机关办理抵押权变更登记。

法条指引

❶《中华人民共和国继承法》（1985 年 4 月 10 日 主席令公布）

第三十三条 继承遗产应当清偿被继承人依法应当缴纳的税款和债务，缴纳税款和清偿债务以他的遗产实际价值为限。超过遗产实际价值部分，继承人自愿偿还的不在此限。

继承人放弃继承的，对被继承人依法应当缴纳的税款和债务可以不负偿还责任。

❷《最高人民法院关于适用〈中华人民共和国担保法〉若干问题的解释》（2000 年 12 月 13 日发布）

第六十八条 抵押物依法被继承或者赠与的，抵押权不受影响。

学者观点

❶ 王洪亮：《动产抵押登记效力规则的独立性解析》，参见北大法宝引证码：Pkulaw.cn/CLI.A.1143046。

【抵押物的赠与】

法律问题解读

在抵押权持续期间，抵押人可以在一定范围内处分抵押物，这其中就包括将抵押物赠与第三人。但抵押人行使自己的处分权不允许对既存的抵押权造成损害，所以，当被担保的主债权届期未获清偿的，抵押权人仍可就所有权属于受赠人的抵押物行使抵押权。这点在《关于担保法若干问题的解释》第 68 条得到了体现。

需要注意的是，这里的抵押权既指已经登记的抵押权，也包括未经登记的抵押权。也就是说，未经登记的抵押权尽管不能对抗一般第三人，但可以对抗抵押物的受赠人。法律规定未办理登记的抵押权不能对抗诸如抵押物受让人之类的第三人，是因为受让人购买抵押物支付了价金，法律就牺牲了抵押权人的利益而保护受让人的利益。但在抵押物赠与关系中，由于赠与是无偿的，受赠人取得抵押物的所有权并未支付对价，即使其因抵押权的行使而丧失对抵押物的所有权，对其来说也没有实质上的损害。所以这时法律规定，未经登记的抵押权也可以对抗抵押物的受赠人。

未经抵押权人的同意抵押人不得将抵押物赠与他人。如果抵押人未经同意擅自赠与的，抵押权人可以撤销此行为。

法条指引

❶《中华人民共和国合同法》（1999年3月15日 主席令公布）

第一百八十五条 赠与合同是赠与人将自己的财产无偿给予受赠人，受赠人表示接受赠与的合同。

第一百九十一条 赠与的财产有瑕疵的，赠与人不承担责任。附义务的赠与，赠与的财产有瑕疵的，赠与人在附义务的限度内承担与出卖人相同的责任。

赠与人故意不告知瑕疵或者保证无瑕疵，造成受赠人损失的，应当承担损害赔偿责任。

❷《中华人民共和国担保法》（1995年6月30日 主席令公布）

第四十三条 当事人以其他财产抵押的，可以自愿办理抵押物登记，抵押合同自签订之日起生效。

当事人未办理抵押物登记的，不得对抗第三人。当事人办理抵押物登记的，登记部门为抵押人所在地的公证部门。

❸《最高人民法院关于适用〈中华人民共和国担保法〉若干问题的解释》（2000年12月13日发布）

第六十八条 抵押物依法被继承或者赠与的，抵押权不受影响。

❹《中国工商银行商品房开发贷款管理暂行办法》（1998年7月24日发布）

第二十四条 借款人在申请和使用贷款时不得有下列行为：

（一）向贷款人提供虚假或者隐瞒重要事实的资产负债表、损益表等资料；

（二）不如实向贷款人提供其所有开户行、账号等资料；

（三）未经贷款人同意，擅自改变贷款用途；

（四）挪用贷款从事股本权益性投资及从事有价证券、期货等方面的投机经营；

（五）挪用贷款从事房地产投机；

（六）不按《借款合同》规定偿还贷款本息；

（七）套取贷款相互借贷牟取非法收入；

（八）拒绝接受贷款人对其信贷资金使用情况和房地产经营、财务活动的监督；

（九）未经贷款人同意将已设定抵押权的财产和权益拆迁、出租、出售、转让、馈赠或再抵押；

（十）抽逃出资，隐匿、私分、违法出让、不合理低价变卖财产，影响贷款的安全；

（十一）使用贷款从事违反国家政策和法律的活动；

（十二）影响贷款人权益的其他行为。

学者观点

❶ 李静堂：《论抵押权》，参见北大法宝引证码：Pkulaw.cn/CLI.A.1375。

【抵押权的处分】

法律问题解读

抵押权的处分，是指抵押权人对抵押权的支配力的维持、消灭或减少所为的具有法律效力的行为。它包括抵押权的抛弃、抵押权的转让和以抵押权为其他债权作担保等。抵押权对于抵押权人来说是一种权利，既然是权利，就自然可以处分。我国《担保法》和《关于担保法若干问题的解释》对此没有明确的规定，但有关规定却隐晦地显现了，《物权法》对其有十分明确的规定。

由于抵押权具有从属性，不能与被担保的债权分离，在处分上也是如此。抵押权转让的，要与其担保的债权一起转让；抵押权为其他债权提供担保的，不得单独为之，要与被担保的主债权一起为之。

抵押权是指抵押权人就普通债权人而言就抵押物的优先受偿权，抵押权人自然可以抛弃这种权利，抛弃应明示为之，抵押权因抵押权人的抛弃而消灭。

抵押权是一种利益，抵押权人自然可以将这种利益转让给其他人。由于其从属性，抵押权不能单独转让，应当与被担保的主债权一起转让。

以抵押权为其他债权设定担保是抵押权处分的第三种形态。抵押权虽然不能与主债权分离而为其他债权提供担保，但可以连同债权一起为其他债权提供担保，设定附随抵押权的债权担保。

抵押权抛弃的要办理注销登记，抵押权转让的要办理变更登记，抵押权为其他债权提供担保的要办理设定登记。

法条指引

❶《中华人民共和国物权法》（2007年3月16日主席令公布 2007年10月1日施行）

第一百九十二条 抵押权不得与债权分离而单独转让或者作为其他债权的担保。债权转让的，担保该债权的抵押权一并转让，但法律另有规定或者当事人另有约定的除外。

第一百九十四条 抵押权人可以放弃抵押权或者抵押权的顺位。抵押权人与抵押人可以协议变更抵押权顺位以及被担保的债权数额等内容，但抵押权的变更，未经其他抵押权人书面同意，不得对其他抵押权人产生不利影响。

债务人以自己的财产设定抵押，抵押权人放弃该抵押权、抵押权顺位或者变更抵押权的，其他担保人在抵押权人丧失优先受偿权益的范围内免除担保责任，但其他担保人承诺仍然提供担保的除外。

❷《中华人民共和国民法通则》（1986年4月12日 主席令公布）

第七十一条 财产所有权是指所有人依法对自己的财产享有占有、使用、收益和处分的权利。

❸《中华人民共和国合同法》（1999年3月15日 主席令公布）

第九十一条 有下列情形之一的，合同的权利义务终止：

（一）债务已经按照约定履行；
（二）合同解除；
（三）债务相互抵销；
（四）债务人依法将标的物提存；
（五）债权人免除债务；
（六）债权债务同归于一人；
（七）法律规定或者当事人约定终止的其他情形。

第一百零五条 债权人免除债务人部分或者全部债务的，合同的权利义务部分或者全部终止。

第一百零六条 债权和债务同归于一人的，合同的权利义务终止，但涉及第三人利益的除外。

❹《中华人民共和国担保法》（1995年6月30日 主席令公布）

第五十条 抵押权不得与债权分离而单独转让或者作为其他债权的担保。

❺《最高人民法院关于适用〈中华人民共和国担保法〉若干问题的解释》（2000年12月13日发布）

第七十五条 同一债权有两个以上抵押人的，债权人放弃债务人提供的抵押担保的，其他抵押人可以请求人民法院减轻或者免除其应当承担的担保责任。

同一债权有两个以上抵押人的，当事人对其提供的抵押财产所担保的债权份额或者顺序没有约定或者约定不明的，抵押权人可以就其中任一或者各个财产行使抵押权。

抵押人承担担保责任后，可以向债务人追偿，也可以要求其他抵押人清偿其应当承担的份额。

【抵押权的保护】

法律问题解读

在抵押权存续期间，抵押权效力存在于抵押物之上。如果抵押物遭受侵害致使其价值减少，抵押权人的利益也将受到损害，所以法律要采取一定措施来保护抵押物从而保护抵押权。抵押物转让的合理价格义务，抵押人对抵押物的妥善保管义务，抵押权人对抵押物的检查监督权等都是出于保护抵押权的考虑。

任何人的行为足以使抵押物价值减少的，抵押权人有权请求侵权人停止侵害；若侵权人为抵押人的，抵押权人有权要求抵押人恢复抵押物的价值或提供与减少价值相当的担保；若抵押人的恢复原状或提供担保的请求遭到拒绝，抵押权人可以请求债务人履行债务或请求提前行使抵押权。

抵押权设定后，虽然抵押人仍不失为抵押物的所有权人，仍有权处分抵押物。但为了保护抵押权，抵押人的处分受到了限制，如抵押物转让时的告知义务。

抵押权支配的是抵押物的交换价值，对现实的抵押物并无支配力。但为了保护维持抵押物的价值，法律赋予了抵押权人对抵押物的检查监督权，可以现实地干预抵押物；同时，法律还规定了抵押人对抵押物的妥善保管义务。

抵押物转让时，转让价格本应由抵押人和受

让人自主决定，即使转让价格大大低于抵押物的正常价值。但为了保护抵押权，本属当事人意思自治范围的转让价格也受法律的规制，即法律要求当事人确定一个与抵押物价值相当的合理的价格。

法条指引

❶《中华人民共和国物权法》（2007年3月16日主席令公布 2007年10月1日施行）

第一百九十三条 抵押人的行为足以使抵押财产价值减少的，抵押权人有权要求抵押人停止其行为。抵押财产价值减少的，抵押权人有权要求恢复抵押财产的价值，或者提供与减少的价值相应的担保。抵押人不恢复抵押财产的价值也不提供担保的，抵押权人有权要求债务人提前清偿债务。

❷《中华人民共和国担保法》（1995年6月30日 主席令公布）

第五十一条 抵押人的行为足以使抵押物价值减少的，抵押权人有权要求抵押人停止其行为。抵押物价值减少时，抵押权人有权要求抵押人恢复抵押物的价值，或者提供与减少的价值相当的担保。

抵押人对抵押物价值减少无过错的，抵押权人只能在抵押人因损害而得到的赔偿范围内要求提供担保。抵押物价值未减少的部分，仍作为债权的担保。

❸《最高人民法院关于适用〈中华人民共和国担保法〉若干问题的解释》（2000年12月13日发布）

第七十条 抵押人的行为足以使抵押物价值减少的，抵押权人请求抵押人恢复原状或提供担保遭到拒绝时，抵押权人可以请求债务人履行债务，也可以请求提前行使抵押权。

【抵押权人的停止侵害请求权】

法律问题解读

抵押权是不移转标的物占有的物权，抵押权设定后抵押物仍由抵押人占有，因此抵押人最有可能实施侵害抵押物的行为。而此类行为往往又会导致抵押物价值降低，为了保护抵押权，《担保法》规定，抵押人的行为足以使抵押物价值减少的，抵押权人有权要求抵押人停止其行为，即抵押权人有权要求抵押人停止侵害。

理解抵押权人的停止侵害请求权应把握以下两个要点：(1) 使抵押物价值减少的行为是抵押人或者第三人的行为。如果是抵押权人的行为、天灾事变或市场风险等造成抵押物价值减少的，抵押权人不享有此项权利。只有是抵押人的行为，且此行为具有可归责性，那么不论是作为或不作为，抵押权人都可以要求其停止其行为。(2) 抵押人的行为必须足以使抵押物的价值减少。也就是说，只要抵押物价值有减少的可能性就行了，不需要发生抵押物价值减少的实际后果。当然判断抵押物价值是否有减少的危险的标准不能是抵押权人的主观看法，而应该是社会大众标准。即只要正常的人合情合理地都会认为抵押物有价值减少的危险，就可以认为抵押物的价值足以减少。

司法实践中会出现这种情况，即抵押人仅仅对抵押物的一部分为侵害行为，而抵押物的剩余价值仍能清偿全部债权。这种情况下，抵押权人仍可以要求抵押人停止其侵害行为。因为抵押权具有不可分性，抵押物的每一部分都担保着全部债权，所以不允许抵押人就抵押物的一部分为侵害行为。

法条指引

❶《中华人民共和国物权法》（2007年3月16日主席令公布 2007年10月1日施行）

第一百九十三条 抵押人的行为足以使抵押财产价值减少的，抵押权人有权要求抵押人停止其行为。抵押财产价值减少的，抵押权人有权要求恢复抵押财产的价值，或者提供与减少的价值相应的担保。抵押人不恢复抵押财产的价值也不提供担保的，抵押权人有权要求债务人提前清偿债务。

❷《中华人民共和国担保法》（1995年6月30日 主席令公布）

第五十一条 抵押人的行为足以使抵押物价值减少的，抵押权人有权要求抵押人停止其行为。抵押物价值减少时，抵押权人有权要求抵押人恢复抵押物的价值，或者提供与减少的价值相当的担保。

抵押人对抵押物价值减少无过错的，抵押权人只能在抵押人因损害而得到的赔偿范围内要求提供担保。抵押物价值未减少的部分，仍作为债权的担保。

❸《中华人民共和国民法通则》（1986年4月12日 主席令公布）

第一百三十四条 承担民事责任的方式主要有：

（一）停止侵害；
（二）排除妨碍；
（三）消除危险；
（四）返还财产；
（五）恢复原状；
（六）修理、重作、更换；
（七）赔偿损失；
（八）支付违约金；
（九）消除影响、恢复名誉；
（十）赔礼道歉。

以上承担民事责任的方式，可以单独适用，也可以合并适用。

人民法院审理民事案件，除适用上述规定外，还可以予以训诫、责令具结悔过、收缴进行非法活动的财物和非法所得，并可以依照法律规定处以罚款、拘留。

【抵押人的增担保或恢复原状义务】

法律问题解读

《担保法》第51条第1款前段赋予抵押权人的是防止抵押物价值减少的权利，是对抵押物价值尚未减少时而设定的。如果抵押物的价值减少已经实际发生了，则法律为保障抵押权人的利益，必须再给予相应的救济措施。因此《担保法》第51条第1款后段规定，"抵押物价值减少时，抵押权人有权要求抵押人恢复抵押物的价值，或者提供与减少价值相当的担保"，其规定的就是抵押人的恢复抵押物原状或提供增担保的义务。

抵押权支配的是抵押物的交换价值，当抵押物价值减少时，其交换价值也随之减少，将来抵押权人可得优先受偿的数额也就降低。为了保护抵押权人利益就必须维护抵押物的价值。所以抵押人有恢复抵押物价值的义务，使其减少后的价值恢复到未受侵害前的价值。

当然由于抵押权是一种担保物权，所以当抵押物价值减少后，抵押人可以提供与减少价值相当的担保。这样主债权仍得到一样的担保，对债权人即抵押权人来说并无不利。这种担保，又称为"增担保"或"代担保"。这项担保，不限于抵押，也可以是质押，也可以是人的担保即保证，只要它们与所减少的价值相当就可以了。

从《担保法》第51条第1款后段的规定来看，抵押权人可以从请求增担保和请求恢复原状这两种请求权中任意选择一种对自己最为有利的加以行使，无须先请求恢复原状未果后再请求增担保。

法条指引

❶《中华人民共和国物权法》（2007年3月16日主席令公布　2007年10月1日施行）

第一百九十三条　抵押人的行为足以使抵押财产价值减少的，抵押权人有权要求抵押人停止其行为。抵押财产价值减少的，抵押权人有权要求恢复抵押财产的价值，或者提供与减少的价值相应的担保。抵押人不恢复抵押财产的价值也不提供担保的，抵押权人有权要求债务人提前清偿债务。

❷《中华人民共和国担保法》（1995年6月30日　主席令公布）

第五十一条　抵押人的行为足以使抵押物价值减少的，抵押权人有权要求抵押人停止其行为。抵押物价值减少时，抵押权人有权要求抵押人恢复抵押物的价值，或者提供与减少的价值相当的担保。

抵押人对抵押物价值减少无过错的，抵押权人只能在抵押人因损害而得到的赔偿范围内要求提供担保。抵押物价值未减少的部分，仍作为债权的担保。

❸《中华人民共和国民法通则》（1986年4月12日　主席令公布）

第一百零六条　公民、法人违反合同或者不履行其他义务的，应当承担民事责任。

公民、法人由于过错侵害国家的、集体的财产，侵害他人财产、人身的，应当承担民事责任。

没有过错，但法律规定应当承担民事责任的，应当承担民事责任。

❹《最高人民法院关于贯彻执行〈中华人民共和国民法通则〉若干问题的意见（试行）》（1988年1月26日发布）

114. 抵押物在抵押权人保管期间灭失、毁损的，抵押权人如有过错，应当承担民事责任。

抵押物在抵押人处灭失、毁损的，应当认定抵押关系存在，并责令抵押人以其他财产代替抵押物。

❺《住房置业担保管理试行办法》（2000年5月11日　建设部、中国人民银行联合发布）

第二十六条　抵押期间，抵押人不得以任何

理由中断或者撤销保险。抵押的房屋因抵押人的行为造成损失致使其价值不足作为履行债务担保时，抵押权人有权要求抵押人重新提供或者增加担保以弥补不足。

【抵押人的妥善保管义务和抵押权人的检查监督权】

法律问题解读

由于抵押人对抵押物享有所有权，他本可以任意处置抵押物。他可以妥善保管抵押物使其保值甚至增值，也可以对抵押物不闻不问，任其自生自灭，这是一个所有权人对自己所有物所享有的权利。但抵押设定后，由于抵押物担保着抵押权人的最终优先受偿，抵押物的价值减少也就意味着抵押权实现的危险增加，所以法律赋予抵押人对抵押物的妥善管理义务，使抵押物保值。抵押人应尽善良管理人的注意来对待抵押物。当抵押物出现毁损时，抵押人要尽可能地维修；当抵押物遭受第三者侵害时，抵押人应尽早地排除妨害并向第三人主张损害赔偿；否则，抵押人就具有可归责性。但需要指出的是，妥善保管抵押物只是为维持其既有价值，抵押人不负有使其增值的义务。

由于抵押权是一种优先受偿权，抵押权支配的是抵押物的交换价值，而非对抵押物的现实支配。所以抵押权人对抵押人合理的处分抵押物的行为并无权提出异议，更不能干涉其行为。由于抵押权人并不占有抵押物，抵押物由抵押人占有，就有可能出现抵押人不合理利用或处分抵押物的现象。由于抵押物担保着抵押权人的利益，因此法律赋予抵押权人检查监督权，使其不时地对抵押物检查监督，从而排除抵押人对抵押物的侵害。抵押权人的检查监督同时还有利于抵押人更好地履行妥善管理义务。当然，抵押权人实行使检查监督权不能影响抵押人对抵押物的正常合理利用。因此，抵押权人应选择合适的时间与方式为之，尽量将给抵押人造成的不便降至最低。

法条指引

❶《中华人民共和国民法通则》（1986 年 4 月 12 日 主席令公布）

第五条 公民、法人的合法的民事权益受法律保护，任何组织和个人不得侵犯。

❷《中华人民共和国合同法》（1999 年 3 月 15 日 主席令公布）

第六条 当事人行使权利、履行义务应当遵循诚实信用原则。

第六十条 当事人应当按照约定全面履行自己的义务。

当事人应当遵循诚实信用原则，根据合同的性质、目的和交易习惯履行通知、协助、保密等义务。

【抵押权人期限利益的获得】

法律问题解读

由于抵押权是为了担保主债权而存在的，所以只有主债权已到了清偿期，主债权才能获得清偿，抵押权才能行使；在主债权未届清偿期时，主债权人无权要求主债务人履行债务，抵押权人也无权行使抵押权。但当特定情况出现时，抵押权人（也是主债权人）可以请求债务人提前履行债务，也可以就抵押物提前行使抵押权。这就使抵押权人提前行使其权利，从而获得了期限利益。

《关于担保法若干问题的解释》调整了这种情况，其第 70 条规定："当抵押人的行为足以使抵押物价值减少的，抵押权人请求抵押人恢复原状或提供担保遭到拒绝的，抵押权人可以请求债务人履行债务，也可以请求提前行使抵押权。"本来债务人履行债务要到清偿期届满，抵押权人行使抵押权要到债权届期未获清偿，但由于抵押人实施了侵害抵押物的行为后又拒绝恢复原状或提供担保，这时抵押权有将来无物可优先受偿的危险。为了保护抵押权，法律便让抵押人、债务人丧失期限利益，使得抵押权人可以要求债务人提前清偿债务或提前行使抵押权。

法条指引

❶《中华人民共和国担保法》（1995 年 6 月 30 日 主席令公布）

第三十三条 本法所称抵押，是指债务人或者第三人不转移对本法第三十四条所列财产的占有，将该财产作为债权的担保。债务人不履行债务时，债权人有权依照本法规定以该财产折价或者以拍卖、变卖该财产的价款优先受偿。

前款规定的债务人或者第三人为抵押人，债权人为抵押权人，提供担保的财产为抵押物。

第五十三条 债务履行期届满抵押权人未受清偿的，可以与抵押人协议以抵押物折价或者以拍卖、变卖该抵押物所得的价款受偿；协议不成的，抵押权人可以向人民法院提起诉讼。

抵押物折价或者拍卖、变卖后，其价款超过债权数额的部分归抵押人所有，不足部分由债务人清偿。

❷《中华人民共和国民法通则》（1986 年 4 月 12 日　主席令公布）

第八十四条　债是按照合同的约定或者依照法律的规定，在当事人之间产生的特定的权利和义务关系。享有权利的人是债权人，负有义务的人是债务人。

债权人有权要求债务人按照合同的约定或者依照法律的规定履行义务。

❸《中华人民共和国合同法》（1999 年 3 月 15 日　主席令公布）

第六十六条　当事人互负债务，没有先后履行顺序的，应当同时履行。一方在对方履行之前有权拒绝其履行要求。一方在对方履行债务不符合约定时，有权拒绝其相应的履行要求。

第六十七条　当事人互负债务，有先后履行顺序，先履行一方未履行的，后履行一方有权拒绝其履行要求。先履行一方履行债务不符合约定的，后履行一方有权拒绝其相应的履行要求。

❹《最高人民法院关于适用〈中华人民共和国担保法〉若干问题的解释》（2000 年 12 月 13 日发布）

第七十条　抵押人的行为足以使抵押物价值减少的，抵押权人请求抵押人恢复原状或提供担保遭到拒绝时，抵押权人可以请求债务人履行债务，也可以请求提前行使抵押权。

❺《中国工商银行商品房开发贷款管理暂行办法》（1998 年 7 月 24 日　中国工商银行发布）

第二十四条　借款人在申请和使用贷款时不得有下列行为：

（一）向贷款人提供虚假或者隐瞒重要事实的资产负债表、损益表等资料；

（二）不如实向贷款人提供其所有开户行、账号等资料；

（三）未经贷款人同意，擅自改变贷款用途；

（四）挪用贷款从事股本权益性投资及从事有价证券、期货等方面的投机经营；

（五）挪用贷款从事房地产投机；

（六）不按《借款合同》规定偿还贷款本息；

（七）套取贷款相互借贷牟取非法收入；

（八）拒绝接受贷款人对其信贷资金使用情况和房地产经营、财务活动的监督；

（九）未经贷款人同意将已设定抵押权的财产和权益拆迁、出租、出售、转让、馈赠或再抵押；

（十）抽逃出资，隐匿、私分、违法出让、不合理低价变卖财产，影响贷款的安全；

（十一）使用贷款从事违反国家政策和法律的活动；

（十二）影响贷款人权益的其他行为。

第五章　抵押权的实现

● 本章为读者提供与以下题目有关的法律问题的解读及相关法律文献依据

抵押权的实现（332）　　抵押权实现的条件（333）　　抵押权提前实现的条件（334）　　抵押权实现的方式（335）　　折价（336）　　国有资产折价时的评估（337）　　国有土地使用权的折价抵偿（341）　　拍卖（342）　　变卖（346）　　变价所得价款与约定价值（347）　　变价所得价款的多退少补（347）　　变价所得价款的清偿顺序（348）　　新增建筑物（349）　　集体土地所有权及用途变更的限制（350）　　划拨土地的抵押变价（351）　　第三人的追偿权（352）　　抵押权与质权并存时的效力（353）　　抵押权与留置权并存时的效力（353）　　抵押权与税收并存时的效力（354）　　同一抵押物上多个抵押的实现（355）　　同一抵押物上后顺序抵押权的实现（356）　　同一抵押物上先顺序抵押权的实现（356）　　所有人抵押权（357）　　承租人的优先购买权（357）　　共有人的优先购买权（358）　　抵押权的消灭（359）

【抵押权的实现】

法律问题解读

抵押权的实现，又称为抵押权的行使，指被担保的主债权已届清偿期，债务人仍不履行到期债务，抵押权人可对抵押物进行处分，并从所得价款中优先受偿。由此可见，抵押权的实现包括两个步骤：处分抵押物和从所得价款中优先受偿。因为抵押物只有经过处分的阶段，才能转化为交换价值。抵押权的实现，既是抵押权的主要效力，也是抵押权人的主要权利。《民法通则》第89条规定，债务人或第三人可以提供一定的财产作为抵押物，债务人不履行债务的，债权人有权依据法律规定以抵押物折价或以变卖抵押物的价款优先得到偿还。《担保法》第53条规定，债务履行期届满抵押权人未受清偿的，可以与抵押人协议以抵押物折价或拍卖或变卖该抵押物所得的价款受偿，协议不成的，抵押权人可以向人民法院起诉，《物权法》第195条也有相类似的规定。

在司法实践中值得注意的是，抵押权的实现从本质上来说是抵押权人的权利。其实行与否，属于抵押权人的权利而非义务，只要法定的时效期间没有经过，其可以自行决定何时如何实现。也就是说，抵押权所担保的主债权的诉讼时效结束后，抵押权人在诉讼时效结束后的两年内行使抵押权的，人民法院应当予以支持。

法条指引

❶《中华人民共和国民法通则》（1986年4月12日　主席令公布）

第八十九条　依照法律的规定或者按照当事人的约定，可以采用下列方式担保债务的履行：

（一）保证人向债权人保证债务人履行债务，债务人不履行债务的，按照约定由保证人履行或者承担连带责任；保证人履行债务后，有权向债务人追偿。

（二）债务人或者第三人可以提供一定的财产作为抵押物。债务人不履行债务的，债权人有权依照法律的规定以抵押物折价或者以变卖抵押物的价款优先得到偿还。

（三）当事人一方在法律规定的范围内可以向对方给付定金。债务人履行债务后，定金应当抵作价款或者收回。给付定金的一方不履行债务的，无权要求返还定金；接受定金的一方不履行债务的，应当双倍返还定金。

（四）按照合同约定一方占有对方的财产，对方不按照合同给付应付款项超过约定期限的，占有人有权留置该财产，依照法律的规定以留置财产折价或者以变卖该财产的价款优先得到偿还。

❷《中华人民共和国担保法》（1995年6月30日 主席令公布）

第五十三条 债务履行期届满抵押权人未受清偿的，可以与抵押人协议以抵押物折价或者以拍卖、变卖该抵押物所得的价款受偿；协议不成的，抵押权人可以向人民法院提起诉讼。

抵押物折价或者拍卖、变卖后，其价款超过债权数额的部分归抵押人所有，不足部分由债务人清偿。

❸《中华人民共和国物权法》（2007年3月16日主席令公布 2007年10月1日施行）

第一百九十五条 债务人不履行到期债务或者发生当事人约定的实现抵押权的情形，抵押权人可以与抵押人协议以抵押财产折价或者以拍卖、变卖该抵押财产所得的价款优先受偿。协议损害其他债权人利益的，其他债权人可以在知道或者应当知道撤销事由之日起一年内请求人民法院撤销该协议。

抵押权人与抵押人未就抵押权实现方式达成协议的，抵押权人可以请求人民法院拍卖、变卖抵押财产。

抵押财产折价或者变卖的，应当参照市场价格。

❹《中华人民共和国商业银行法》（2003年12月27日修正公布）

第四十二条 借款人应当按期归还贷款的本金和利息。

借款人到期不归还担保贷款的，商业银行依法享有要求保证人归还贷款本金和利息或者就该担保物优先受偿的权利。商业银行因行使抵押权、质权而取得的不动产或者股权，应当自取得之日起两年内予以处分。

借款人到期不归还信用贷款的，应当按照合同约定承担责任。

❺《住房置业担保管理试行办法》（2000年5月11日 建设部、中国人民银行联合发布）

第二十九条 抵押房屋的处置，可以由抵押当事人协议以该抵押房屋折价或者拍卖、变卖该抵押房屋的方式进行；协议不成的，抵押权人可以向人民法院提起诉讼。

处置抵押房屋时，抵押人居住确有困难的，担保公司应当予以协助。

❻《最高人民法院关于适用〈中华人民共和国担保法〉若干问题的解释》（2000年12月13日发布）

第十二条 当事人约定的或者登记部门要求登记的担保期间，对担保物权的存续不具有法律约束力。

担保物权所担保的债权的诉讼时效结束后，担保权人在诉讼时效结束后的两年内行使担保物权的，人民法院应当予以支持。

第七十一条 主债权未受全部清偿的，抵押权人可以就抵押物的全部行使其抵押权。

抵押物被分割或者部分转让的，抵押权人可以就分割或者转让后的抵押物行使抵押权。

❼《城市房地产抵押管理办法》（2001年8月15日 建设部修正发布）

第四十条 有下列情况之一的，抵押权人有权要求处分抵押的房地产：

（一）债务履行期满，抵押权人未受清偿的，债务人又未能与抵押权人达成延期履行协议的；

（二）抵押人死亡，或者被宣告死亡而无人代为履行到期债务的；或者抵押人的合法继承人、受遗赠人拒绝履行到期债务的；

（三）抵押人被依法宣告解散或者破产的；

（四）抵押人违反本办法的有关规定，擅自处分抵押房地产的；

（五）抵押合同约定的其他情况。

案例链接

❶《广州市金豪房地产开发有限公司与广东发展银行股份有限公司广州花都支行等借款合同纠纷上诉案》，参见北大法宝引证码：Pkulaw.cn/CLI.C.277615。

学者观点

❶ 李仁玉、徐式媛：《房屋抵押权实现中的权利冲突及解决》，参见北大法宝引证码：Pkulaw.cn/CLI.A.1103518。

❷ 曹士兵：《我国〈物权法〉关于抵押权实现的规定》，参见北大法宝引证码：Pkulaw.cn/CLI.A.1109039。

【抵押权实现的条件】

法律问题解读

抵押权只有在具备一定条件下方能行使。关于抵押权的实现条件，《担保法》规定为"主债务履行期届满抵押权人未受清偿的"，其他一些行政法规和规章也作了类似规定。抵押权的实现条件，主要有如下几点：

1. 债务履行期届满。如果履行期限为某日，则该日到来之时即为债务履行期满；如果履行期限为一个时间段，则该时间段最后一日为届满之日；如果对债务履行期没有约定或约定不明，债权人可以随时要求债务人履行，但应给对方必要的准备时间，该必要的准备时间结束之日为届满之日。

2. 抵押权人未受清偿。债务履行期限无论是当事人约定的还是通过法律任意性条款明确的，债务人在其届满之前都应履行。债务清偿期届满抵押权人未受清偿，就表明了债务人没有按期履行债务，在其他条件具备的情况下抵押权人就可以行使抵押权。这里的"未获清偿"既包括全部未受清偿，也包括部分未获清偿。实践中应注意的是，如果未获清偿是因为主债权人自己原因造成的，如债务人履行债务而债权人无正当理由拒绝受领，则这种情况下抵押权人不能行使抵押权。因为此时抵押权人恶意促使抵押权实现条件成就，应视为条件不成就。

3. 存在着合法有效的抵押权。如果存在着对抵押物主张物权的第三人，还要求此合法有效抵押权已经登记。否则，该抵押权不能对抗第三人，其实行将受影响。

法条指引

❶《中华人民共和国担保法》（1995 年 6 月 30 日 主席令公布）

第五十三条 债务履行期届满抵押权人未受清偿的，可以与抵押人协议以抵押物折价或者以拍卖、变卖该抵押物所得的价款受偿；协议不成的，抵押权人可以向人民法院提起诉讼。

抵押物折价或者拍卖、变卖后，其价款超过债权数额的部分归抵押人所有，不足部分由债务人清偿。

❷《中华人民共和国物权法》（2007 年 3 月 16 日主席令公布 2007 年 10 月 1 日施行）

第一百九十五条 债务人不履行到期债务或者发生当事人约定的实现抵押权的情形，抵押权人可以与抵押人协议以抵押财产折价或者以拍卖、变卖该抵押财产所得的价款优先受偿。协议损害其他债权人利益的，其他债权人可以在知道或者应当知道撤销事由之日起一年内请求人民法院撤销该协议。

抵押权人与抵押人未就抵押权实现方式达成协议的，抵押权人可以请求人民法院拍卖、变卖抵押财产。

抵押财产折价或者变卖的，应当参照市场价格。

❸《中华人民共和国商业银行法》（2003 年 12 月 27 日 修正公布）

第四十二条 借款人应当按期归还贷款的本金和利息。

借款人到期不归还担保贷款的，商业银行依法享有要求保证人归还贷款本金和利息或者就该担保物优先受偿的权利。商业银行因行使抵押权、质权而取得的不动产或者股权，应当自取得之日起2年内予以处分。

借款人到期不归还信用贷款的，应当按照合同约定承担责任。

❹《住房置业担保管理试行办法》（2000 年 5 月 11 日 建设部、中国人民银行联合发布）

第二十九条 抵押房屋的处置，可以由抵押当事人协议以该抵押房屋折价或者拍卖、变卖该抵押房屋的方式进行；协议不成的，抵押权人可以向人民法院提起诉讼。

处置抵押房屋时，抵押人居住确有困难的，担保公司应当予以协助。

学者观点

❶ 赵林青：《特殊标的物抵押问题探析》，参见北大法宝引证码：Pkulaw.cn/CLI.A.1116800。

❷ 杨梓：《透视担保物权制度中的法律冲突》，参见北大法宝引证码：Pkulaw.cn/CLI.A.185450。

❸ 李冰强：《商业银行抵押权实现中的法律问题分析》，参见北大法宝引证码：Pkulaw.cn/CLI.A.177479。

【抵押权提前实现的条件】

法律问题解读

按照法律规定，只有在主债权届期未获清偿时抵押权人才可以行使抵押权。抵押权的实现条件是对抵押权人的限制，同时也是对抵押人的保护。但在特定情形下，抵押权人可以不等到主债权清偿期届满就可以行使抵押权。也就是说抵押权可以提前实现，抵押权的提前实现对抵押权人而言是一种期限利益。

根据法律、司法解释和行政法规、规章，出现下列情形的，抵押权人可以提前行使抵押权：

(1) 主债务人明确表示或以自己的行为表明不履行债务的；(2) 抵押人的继承人拒绝履行债务的；(3) 抵押人被宣告破产解散的；(4) 抵押人侵害抵押物后又拒绝恢复原状或提供增担保的；(5) 抵押人违反有关规定擅自处分抵押物的。

第一种情况是债务人预期违约。根据《合同法》的规定，债权人可以在履行期限届满之前要求其承担违约责任，那么此时抵押权人也有权行使抵押权了。第二种情况是抵押人死亡后其继承人拒绝履行债务。而依法律规定，抵押物的继承不影响抵押权的实现。既然抵押人的继承人不承担责任，这也是预期违约，抵押权人可以提前行使抵押权。第三种情形抵押人破产的，未到期债权视为到期，故抵押权得以提前行使；而解散也与破产类似。第四种情形是《关于担保法若干问题的解释》第70条中规定的情形。第五种情形是因为有些法规规章要求抵押人处分抵押物要经过抵押权人的同意，抵押人未经同意擅自处分抵押物的容易给抵押权人造成损失，故此种情形抵押权也可提前行使。

法条指引

❶《中华人民共和国合同法》（1999年3月15日 主席令公布）

第一百零八条 当事人一方明确表示或者以自己的行为表明不履行合同义务的，对方可以在履行期限届满之前要求其承担违约责任。

❷《中华人民共和国城镇国有土地使用权出让和转让暂行条例》（1990年5月19日 国务院令发布）

第三十六条 抵押人到期未能履行债务或者在抵押合同期间宣告解散、破产的，抵押权人有权依照国家法律、法规和抵押合同的规定处分抵押财产。

因处分抵押财产而取得土地使用权和地上建筑物、其他附着物所有权的，应当依照规定办理过户登记。

❸《城市房地产抵押管理办法》（2001年8月15日 建设部修正发布）

第四十条 有下列情况之一的，抵押权人有权要求处分抵押的房地产：

（一）债务履行期满，抵押权人未受清偿的，债务人又未能与抵押权人达成延期履行协议的；

（二）抵押人死亡，或者被宣告死亡而无人代为履行到期债务的；或者抵押人的合法继承人、受遗赠人拒绝履行到期债务的；

（三）抵押人被依法宣告解散或者破产的；

（四）抵押人违反本办法的有关规定，擅自处分抵押房地产的；

（五）抵押合同约定的其他情况。

❹《个人住房贷款管理办法》（1998年5月9日 中国人民银行发布）

第二十九条 保证人失去担保资格和能力，或发生合并、分立或破产时，借款人应变更保证人并重新办理担保手续。

❺《划拨土地使用权管理暂行办法》（1992年2月24日 国家土地管理局发布）

第二十四条 抵押人到期未能履行债务或者在抵押合同期间宣告解散、破产的，抵押权人有权依照国家法律、法规和抵押合同的规定处分抵押财产。

因处分抵押财产而取得土地使用权的，土地使用者应当自权利取得之日起十五日内，到所在地市、县人民政府土地管理部门办理变更土地登记手续。

❻《最高人民法院关于适用〈中华人民共和国担保法〉若干问题的解释》（2000年12月13日发布）

第七十条 抵押人的行为足以使抵押物价值减少的，抵押权人请求抵押人恢复原状或提供担保遭到拒绝时，抵押权人可以请求债务人履行债务，也可以请求提前行使抵押权。

【抵押权实现的方式】

法律问题解读

抵押权是抵押权人就抵押物变价后所得价款优先受偿的权利，其中变价的过程就是由实物到金钱的过程。由实物到金钱的方式就是抵押权的实现方式。根据法律规定，我国抵押权的实现方式有以下三种：

1. 折价。所谓折价就是抵押权实现时，经抵押权人与抵押人协议，或协议不成时由人民法院审理判决，按照抵押物的自身价值，将抵押物所有权由抵押人转移给抵押权人，从而实现抵押权的一种方式。以折价的方式实现抵押权在本质上属于所有权的转移，并且是在抵押人与抵押权人之间转移。

2. 拍卖。所谓拍卖就是指抵押权实现时，以公开竞价的形式，将抵押物所有权转让给最高应价者，从而实现抵押权的一种方式。以拍卖的方式变价，可以通过竞买使抵押物的价值得到充分体现，故对抵押人和抵押权人都较理想。

3. 变卖。所谓变卖是指抵押权实现时，以除拍卖之外的方式将抵押物销售给他人的一种实现抵押权的方式。如授权抵押人觅主变卖或由抵押人标售。

具体以何种方式实现抵押权，首先由当事人决定。抵押合同中有约定的从约定；无约定的在抵押权实现时由抵押人与抵押权人协商，以双方协商的方式为之；协商不成的，抵押权人或抵押人可以向人民法院起诉，由人民法院决定以何种方式实现抵押权。

法条指引

❶《中华人民共和国物权法》（2007年3月16日主席令公布 2007年10月1日施行）

第一百九十五条 债务人不履行到期债务或者发生当事人约定的实现抵押权的情形，抵押权人可以与抵押人协议以抵押财产折价或者以拍卖、变卖该抵押财产所得的价款优先受偿。协议损害其他债权人利益的，其他债权人可以在知道或者应当知道撤销事由之日起一年内请求人民法院撤销该协议。

抵押权人与抵押人未就抵押权实现方式达成协议的，抵押权人可以请求人民法院拍卖、变卖抵押财产。

抵押财产折价或者变卖的，应当参照市场价格。

❷《中华人民共和国担保法》（1995年6月30日 主席令公布）

第五十三条 债务履行期届满抵押权人未受清偿的，可以与抵押人协议以抵押物折价或者拍卖、变卖该抵押物所得的价款受偿；协议不成的，抵押权人可以向人民法院提起诉讼。

抵押物折价或者拍卖、变卖后，其价款超过债权数额的部分归抵押人所有，不足部分由债务人清偿。

❸《住房置业担保管理试行办法》（2000年5月11日 建设部、中国人民银行联合发布）

第二十九条 抵押房屋的处置，可以由当事人协议以该抵押房屋折价或者拍卖、变卖该抵押房屋的方式进行；协议不成的，抵押权人可以向人民法院提起诉讼。

处置抵押房屋时，抵押人居住确有困难的，担保公司应当予以协助。

❹《城市房地产抵押管理办法》（2001年8月15日 建设部修正发布）

第四十一条 有本办法第四十条规定情况之一的，经抵押当事人协商可以通过拍卖等合法方式处分抵押房地产。协议不成的，抵押权人可以向人民法院提起诉讼。

案例链接

❶《树某有限公司诉益某投资有限公司土地使用权出让合同纠纷案》，参见北大法宝引证码：Pkulaw.cn/CLI.C.206990。

【折价】

法律问题解读

所谓折价是指被担保的主债权届期未获清偿时，经抵押人与抵押权人协议，或协议不成的由人民法院审理判决，按照抵押物自身的品质，参考市场价格，把抵押物所有权由抵押人转移给抵押权人，从而实现抵押权的一种抵押权实现方式。与其他方式不同的是，折价并非在真正的货币出现后再由抵押权人从中优先受偿，而是将抵押物折合成一定的金额来抵消被担保的债务，通过一种特别的方式实现抵押权。

折价是将抵押物的所有权由抵押人流向抵押权人，这与流质抵押有点相似，但它们有实质性的差别。差别在于：（1）成立时间不同。流质抵押成立在设定抵押之时，而折价成立在抵押权实现时；（2）是否估价不同。流质抵押是抵押权人直接取得抵押物的所有权，无须进行估价，而折价要对抵押物进行估价。

抵押物折价可以由当事人协商决定，如果协商不成可以诉之法院。抵押权人胜诉后，依据《最高人民法院关于适用〈中华人民共和国民事诉讼法〉若干问题的意见》进行折价。

在司法实践中值得注意的是，折价应适用《最高人民法院关于适用〈中华人民共和国民事诉讼法〉若干问题的意见》第301条而非第302条。第301条的情形是抵押物的折价偿债，第302条的情形是抵押物抵债，这两者差别很大。将抵押物折价时，必须把抵押物变价所得的价款与抵押权人的债权额相比较，超过抵押权人债权额的，抵押权人应将超过部分返还给抵押人。不足清偿债权额的，对未受清偿部分债务人应继续清偿。

法条指引

❶《中华人民共和国民法通则》（1986年4月12日 主席令公布）

第八十九条 依照法律的规定或者按照当事人的约定，可以采用下列方式担保债的履行：

（一）保证人向债权人保证债务人履行债务，债务人不履行债务的，按照约定由保证人履行或者承担连带责任；保证人履行债务后，有权向债务人追偿。

（二）债务人或者第三人可以提供一定的财产作为抵押物。债务人不履行债务的，债权人有权依照法律的规定以抵押物折价或者以变卖抵押物的价款优先得到偿还。

（三）当事人一方在法律规定的范围内可以向对方给付定金。债务人履行债务后，定金应当抵作价款或者收回。给付定金的一方不履行债务的，无权要求返还定金；接受定金的一方不履行债务的，应当双倍返还定金。

（四）按照合同约定一方占有对方的财产，对方不按照合同给付应付款项超过约定期限的，占有人有权留置该财产，依照法律的规定以留置财产折价或者以变卖该财产的价款优先得到偿还。

❷《中华人民共和国物权法》（2007年3月16日主席令公布 2007年10月1日施行）

第一百九十五条 债务人不履行到期债务或者发生当事人约定的实现抵押权的情形，抵押权人可以与抵押人协议以抵押财产折价或者以拍卖、变卖该抵押财产所得的价款优先受偿。协议损害其他债权人利益的，其他债权人可以在知道或者应当知道撤销事由之日起一年内请求人民法院撤销该协议。

抵押权人与抵押人未就抵押权实现方式达成协议的，抵押权人可以请求人民法院拍卖、变卖抵押财产。

抵押财产折价或者变卖的，应当参照市场价格。

❸《中华人民共和国担保法》（1995年6月30日 主席令发布）

第五十三条 债务履行期届满抵押权人未受清偿的，可以与抵押人协议以抵押物折价或者以拍卖、变卖该抵押物所得的价款受偿；协议不成的，抵押权人可以向人民法院提起诉讼。

抵押物折价或者拍卖、变卖后，其价款超过债权数额的部分归抵押人所有，不足部分由债务人清偿。

❹《最高人民法院关于适用〈中华人民共和国民事诉讼法〉若干问题的意见》（1992年7月14日发布）

301. 经申请执行人和被执行人同意，可以不经拍卖、变卖，直接将被执行人的财产作价交申请执行人抵偿债务，对剩余债务，被执行人应当继续清偿。

❺《最高人民法院关于适用〈中华人民共和国担保法〉若干问题解释》（2000年12月13日发布）

第七十三条 抵押物折价或者拍卖、变卖该抵押物的价款低于抵押权设定时约定价值的，应当按照抵押物实现的价值进行清偿。不足清偿的剩余部分，由债务人清偿。

第七十四条 抵押物折价或者拍卖、变卖所得的价款，当事人没有约定的，按下列顺序清偿：

（一）实现抵押权的费用；
（二）主债权的利息；
（三）主债权。

案例链接

❶《杨继成诉潢川县春申街道办事处侵权纠纷案》，参见北大法宝引证码：Pkulaw. cn/CLI. C. 285901。

❷《漯河市郾城区龙城镇某村第某村民组诉漯河市郾城区龙城镇某村民委员会土地租赁合同纠纷案》，参见北大法宝引证码：Pkulaw. cn/CLI. C. 280677。

❸《郑州吉祥搬家有限公司诉徐汝刚等财产损害赔偿纠纷案》，参见北大法宝引证码：Pkulaw. cn/CLI. C. 290396。

学者观点

❶ 李智：《改革股份折价发行禁止的必要性》，参见北大法宝引证码：Pkulaw. cn/CLI. A. 159508。

❷ 李智：《股票折价发行禁止之反思》，参见北大法宝引证码：Pkulaw. cn/CLI. A. 142445。

【国有资产折价时的评估】

法律问题解读

一般抵押物的折价由双方当事人协商或人民法院裁定即可，无须履行其他义务。但是如果抵押物是国有资产，那么对抵押物的折价，无论是当事人协商的还是通过人民法院进行的，都必须按照国有资产的管理规定进行评估。这是一个法定义务，必须履行。

国有资产进行折价应由具有资产评估资格的机构进行评估。它们必须持有国有资产管理部门的资产评估资格证书，其工作人员必须具备估价师资格。

国有资产评估的程序有以下几个环节，即申请立项、资产清查、评定估算、验证确认。申请立项是指资产占用单位即抵押人报请国有资产管理部门委托资产评估机构对要折价的国有资产即抵押物进行清查。资产清查是指国有资产管理部门会同资产评估机构对要折价的国有资产即抵押物进行清查。评定估算是指资产评估机构运用一定的方法采用一定的参数对抵押物的价值进行评估。验证确认是指资产占用单位即抵押人将评估结果报告书报请主管部门审查同意后，再由同级国有资产管理部门对评估结果进行审核确认。

法律之所以要求国有资产在折价时进行评估，旨在确定国有资产的出让底价（折价的数额不能低于该底价），防止抵押人与抵押权人恶意串通将抵押物折价为一个较低的价格，从而防止损害国家利益。

法条指引

❶《国有资产评估管理办法》（1991年11月16日　国务院令发布）

第一章　总　　则

第一条　为了正确体现国有资产的价值量，保护国有资产所有者和经营者、使用者的合法权益，制定本办法。

第二条　国有资产评估，除法律、法规另有规定外，适用本办法。

第三条　国有资产占用单位（以下简称占有单位）有下列情形之一的，应当进行资产评估：

（一）资产拍卖、转让；

（二）企业兼并、出售、联营、股份经营；

（三）与外国公司、企业和其他经济组织或者个人开办中外合资经营企业或者中外合作经营企业；

（四）企业清算；

（五）依照国家有关规定需要进行资产评估的其他情形。

第四条　占有单位有下列情形之一，当事人认为需要的，可以进行资产评估：

（一）资产抵押及其他担保；

（二）企业租赁；

（三）需要进行资产评估的其他情形。

第五条　全国或者特定行业的国有资产评估，由国务院决定。

第六条　国有资产评估范围包括：固定资产、流动资产、无形资产和其他资产。

第七条　国有资产评估应当遵循真实性、科学性、可行性原则，依照国家规定的标准、程序和方法进行评定和估算。

第二章　组织管理

第八条　国有资产评估工作，按照国有资产管理权限，由国有资产管理行政主管部门负责管理和监督。

国有资产评估组织工作，按照占有单位的隶属关系，由行业主管部门负责。

国有资产管理行政主管部门和行业主管部门不直接从事国有资产评估业务。

第九条　持有国务院或者省、自治区、直辖市人民政府国有资产管理行政主管部门颁发的国有资产评估资格证书的资产评估公司、会计师事务所、审计事务所、财务咨询公司，经国务院或者省、自治区、直辖市人民政府国有资产管理行政主管部门认可的临时评估机构（以下统称资产评估机构），可以接受占有单位的委托，从事国有资产评估业务。

前款所列资产评估机构的管理办法，由国务院国有资产管理行政主管部门制定。

第十条　占有单位委托资产评估机构进行资产评估时，应当如实提供有关情况和资料。资产评估机构应当对占有单位提供的有关情况和资料保守秘密。

第十一条　资产评估机构进行资产评估，实行有偿服务。资产评估收费办法，由国务院国有资产管理行政主管部门会同财政部门、物价主管部门制定。

第三章　评估程序

第十二条　国有资产评估按照下列程序进行：

（一）申请立项；

（二）资产清查；

（三）评定估算；

（四）验证确认。

第十三条　依照本办法第三条、第四条规定进行资产评估的占有单位，经其主管部门审查同意后，应当向同级国有资产管理行政主管部门提交资产评估立项申请书，并附财产目录和有关会计报表等资料。

经国有资产管理行政主管部门授权或者委托，占有单位的主管部门可以审批资产评估立项申请。

第十四条 国有资产管理行政主管部门应当自收到资产评估立项申请书之日起十日内进行审核，并作出是否准予资产评估立项的决定，通知申请单位及其主管部门。

第十五条 国务院决定对全国或者特定行业进行国有资产评估的，视为已经准予资产评估立项。

第十六条 申请单位收到准予资产评估立项通知书后，可以委托资产评估机构评估资产。

第十七条 受占有单位委托的资产评估机构应当在对委托单位的资产、债权、债务进行全面清查的基础上，核实资产账面与实际是否相符，经营成果是否真实，据以作出鉴定。

第十八条 受占有单位委托的资产评估机构应当根据本办法的规定，对委托单位被评估资产的价值进行评定和估算，并向委托单位提出资产评估结果报告书。

委托单位收到资产评估机构的资产评估结果报告书后，应当报其主管部门审查；主管部门审查同意后，报同级国有资产管理行政主管部门确认资产评估结果。

经国有资产管理行政主管部门授权或者委托，占有单位的主管部门可以确认资产评估结果。

第十九条 国有资产管理行政主管部门应当自收到占有单位报送的资产评估结果报告书之日起四十五日内组织审核、验证、协商，确认资产评估结果，并下达确认通知书。

第二十条 占有单位对确认通知书有异议的，可以自收到通知书之日起十五日内向上一级国有资产管理行政主管部门申请复核。上一级国有资产管理行政主管部门应当自收到复核申请之日起三十日内作出裁定，并下达裁定通知书。

第二十一条 占有单位收到确认通知书或者裁定通知书后，应当根据国家有关财务、会计制度进行账务处理。

第四章 评估方法

第二十二条 国有资产重估价值，根据资产原值、净值、新旧程度、重置成本、获利能力等因素和本办法规定的资产评估方法评定。

第二十三条 国有资产评估方法包括：

（一）收益现值法；

（二）重置成本法；

（三）现行市价法；

（四）清算价格法；

（五）国务院国有资产管理行政主管部门规定的其他评估方法。

第二十四条 用收益现值法进行资产评估的，应当根据被评估资产合理的预期获利能力和适当的折现率，计算出资产的现值，并以此评定重估价值。

第二十五条 用重置成本法进行资产评估的，应当根据该项资产在全新情况下的重置成本，减去按重置成本计算的已使用年限的累积折旧额，考虑资产功能变化、成新率等因素，评定重估价值；或者根据资产的使用期限，考虑资产功能变化等因素重新确定成新率，评定重估价值。

第二十六条 用现行市价法进行资产评估的，应当参照相同或者类似资产的市场价格，评定重估价值。

第二十七条 用清算价格法进行资产评估的，应当根据企业清算时其资产可变现的价值，评定重估价值。

第二十八条 对流动资产中的原材料、在制品、协作件、库存商品、低值易耗品等进行评估时，应当根据该项资产的现行市场价格、计划价格，考虑购置费用、产品完工程度、损耗等因素，评定重估价值。

第二十九条 对有价证券的评估，参照市场价格评定重估价值；没有市场价格的，考虑票面价值、预期收益等因素，评定重估价值。

第三十条 对占有单位的无形资产，区别下列情况评定重估价值：

（一）外购的无形资产，根据购入成本及该项资产具有的获利能力；

（二）自创或者自身拥有的无形资产，根据其形成时所需实际成本及该项资产具有的获利能力；

（三）自创或者自身拥有的未单独计算成本的无形资产，根据该项资产具有的获利能力。

第五章 法律责任

第三十一条 占有单位违反本办法的规定，提供虚假情况和资料，或者与资产评估机构串通作弊，致使资产评估结果失实的，国有资产管理行政主管部门可以宣布资产评估结果无效，并可以根据情节轻重，单处或者并处下列处罚：

（一）通报批评；

（二）限期改正，并可以处以相当于评估费用以下的罚款；

（三）提请有关部门对单位主管人员和直接责任人员给予行政处分，并可以处以相当于本人三个月基本工资以下的罚款。

第三十二条 资产评估机构作弊或者玩忽职守,致使资产评估结果失实的,国有资产管理行政主管部门可以宣布资产评估结果无效,并可以根据情节轻重,对该资产评估机构给予下列处罚:

(一)警告;

(二)停业整顿;

(三)吊销国有资产评估资格证书。

第三十三条 被处罚的单位和个人对依照本办法第三十一条、第三十二条规定作出的处罚决定不服的,可以在收到处罚通知之日起十五日内,向上一级国有资产管理行政主管部门申请复议。上一级国有资产管理行政主管部门应当自收到复议申请之日起六十日内作出复议决定。申请人对复议决定不服的,可以自收到复议通知之日起十五日内,向人民法院提起诉讼。

第三十四条 国有资产管理行政主管部门或者行业主管部门工作人员违反本办法,利用职权谋取私利,或者玩忽职守,造成国有资产损失的,国有资产管理行政主管部门或者行业主管部门可以按照干部管理权限,给予行政处分,并可以处以相当于本人三个月基本工资以下的罚款。

违反本办法,利用职权谋取私利的,由有查处权的部门依法追缴其非法所得。

第三十五条 违反本办法,情节严重,构成犯罪的,由司法机关依法追究刑事责任。

第六章 附 则

第三十六条 境外国有资产的评估,不适用本办法。

第三十七条 有关国有自然资源有偿使用、开采的评估办法,由国务院另行规定。

第三十八条 本办法由国务院国有资产管理行政主管部门负责解释。本办法的施行细则由国务院国有资产管理行政主管部门制定。

第三十九条 本办法自发布之日起施行。

❷《国有资产评估管理若干问题的规定》

(2001年12月31日 财政部令公布)

第一条 为了适应建立和完善现代企业制度的需要,规范经济结构调整中的国有资本运营行为,维护国有资产合法权益,根据《国有资产评估管理办法》(国务院令第91号)和《国务院办公厅转发财政部〈关于改革国有资产评估行政管理方式加强资产评估监督管理工作意见〉的通知》(国办发〔2001〕102号),制定本规定。

第二条 本规定适用于各类占有国有资产的企业和事业单位(以下简称占有单位)。

第三条 占有单位有下列行为之一的,应当对相关国有资产进行评估:

(一)整体或部分改建为有限责任公司或者股份有限公司;

(二)以非货币资产对外投资;

(三)合并、分立、清算;

(四)除上市公司以外的原股东股权比例变动;

(五)除上市公司以外的整体或者部分产权(股权)转让;

(六)资产转让、置换、拍卖;

(七)整体资产或者部分资产租赁给非国有单位;

(八)确定涉讼资产价值;

(九)法律、行政法规规定的其他需要进行评估的事项。

第四条 占有单位有下列行为之一的,可以不进行资产评估:

(一)经各级人民政府及其授权部门批准,对整体企业或者部分资产实施无偿划转;

(二)国有独资企业、行政事业单位下属的独资企业(事业单位)之间的合并、资产(产权)划转、置换和转让。

第五条 占有单位有其他经济行为,当事人认为需要的,可以进行国有资产评估。

第六条 占有单位有下列行为之一的,应当对相关非国有资产进行评估:

(一)收购非国有资产;

(二)与非国有单位置换资产;

(三)接受非国有单位以实物资产偿还债务。

第七条 占有单位有本规定所列评估事项时,应当委托具有相应资质的评估机构进行评估。

占有单位应当如实提供有关情况和资料,并对所提供的情况和资料的客观性、真实性和合法性负责,不得以任何形式干预评估机构独立执业。

第八条 国有资产评估项目实行核准制和备案制。

第九条 经国务院批准实施的重大经济事项涉及的资产评估项目,由财政部负责核准。

经省级(含计划单列市,下同)人民政府批准实施的重大经济事项涉及的资产评估项目,由省级财政部门(或国有资产管理部门,下同),负责核准。

第十条 除本规定第九条规定以外,对资产评估项目实行备案制。

中央管理的企业集团公司及其子公司,国务

院有关部门直属企事业单位的资产评估项目备案工作由财政部负责；子公司或直属企事业单位以下企业的资产评估项目备案工作由集团公司或有关部门负责。

地方管理的占有单位的资产评估项目备案工作比照前款规定的原则执行。

第十一条 财政部门下达的资产评估项目核准文件和经财政部门或集团公司、有关部门备案的资产评估项目备案表是占有单位办理产权登记、股权设置等相关手续的必备文件。

第十二条 占有单位发生依法应进行资产评估的经济行为时，应当以资产评估结果作为作价参考依据；实际交易价格与评估结果相差百分之十以上的，占有单位应就其差异原因向同级财政部门（集团公司或有关部门）作出书面说明。

第十三条 财政部门、集团公司或有关部门应当建立资产评估项目统计报告制度，按要求将核准和备案的资产评估项目逐项登记并逐级汇总，定期上报财政部。

第十四条 财政部门应当加强对资产评估项目的监督管理，定期或不定期地对资产评估项目进行抽查。

第十五条 占有单位违反本规定，向评估机构提供虚假情况和资料，或者与评估机构串通作弊并导致评估结果失实的，由财政部门根据《国有资产评估管理办法》第三十一条的规定予以处罚。

第十六条 占有单位违反本规定，有下列情形之一的，由财政部门责令改正并通报批评：

（一）应当进行资产评估而未进行评估；

（二）应当办理核准、备案手续而未办理；

（三）聘请不符合资质条件的评估机构从事国有资产评估活动。

占有单位有前款第（三）项情形的，财政部门可以宣布原评估结果无效。

第十七条 财政部门对占有单位在国有资产评估中的违法违规行为进行处罚时，对直接负责的主管人员和其他直接责任人员，可以建议其上级单位或所在单位给予行政处分。

第十八条 资产评估机构、注册资产评估师在资产评估过程中有违法违规行为的，依法处理。

第十九条 财政部门、集团公司或有关部门及其工作人员违反国有资产评估管理的有关规定，造成国有资产损失的，由同级人民政府或所在单位对有关责任人给予行政处分。

第二十条 境外国有资产的评估，另行规定。

第二十一条 省级财政部门可以根据本规定，结合本地区实际情况制定实施细则并报财政部备案。

第二十二条 本规定自2002年1月1日起施行。

❸《国家国有资产管理局关于国有企业办理抵押贷款若干问题的批复》（1994年3月16日发布）

四、企业以财产作抵押向金融机构借款属于法人财产权范围内的自主行为，国有资产管理部门不应越权干预，也无法逐一审查具体融资决策的正误得失，更不能承担任何连带责任。因此，一般情况下国有资产管理部门无须对国有企业以其法人财产设定抵押权进行审批和签署意见（其他部门另有规定的，由该部门办理审批）。国有企业与贷款方签订有效的抵押借贷合同后，如企业不能按时偿还贷款本息，债权人（抵押人）即依法取得处分抵押财产的权利。处分国有企业贷款抵押物时，须依照国家有关规定进行资产评估，确定底价。

【国有土地使用权的折价抵偿】

法律问题解读

在司法实践中把抵押物折价会遇到这样问题，即被担保的主债权届期未获清偿的，能否将用于抵押的国有土地使用权折价抵偿给抵押权人。最高人民法院针对这一问题专门作出批复，在《关于能否将国有土地使用权折价抵偿给抵押权人问题的批复》中规定，"在依法以国有土地使用权作为抵押的担保纠纷案件中，债务履行期届满抵押权人未受清偿的，可以通过拍卖的方式将土地使用权变现。如果无法变现，债务人又无其他可供清偿的财产的，应当对国有土地使用权依法进行评估，人民法院可以参考政府土地管理部门确认的估价结果将土地使用权折价，经抵押权人同意将折价后的土地使用权转移给抵押权人，土地使用权由抵押权人享有"。

由此可见，将国土使用权折价抵偿给抵押权人需要符合以下条件：（1）主债权届期未获清偿；（2）土地使用权无法通过拍卖的方式变现；（3）债务人无力清偿债务；（4）抵押权人同意；（5）履行评估等法定程序上的义务。在符合以上条件的情况下，抵押权人可以不通过与国有土地管理部门办理国有土地使用权出让手续而通过抵押权的实现取得国有土地使用权。如果抵押权人因折价抵偿获得了国有土地使用权，应依照有关法律规定，和抵押人在折价之后30日内，持有关证明文件到国有土地管理部门变更土地登记手续。

法条指引

❶《最高人民法院关于能否将国有土地使用权折价抵偿给抵押权人问题的批复》（1998年9月1日 最高人民法院发布）

四川省高级人民法院：

你院川高法〔1998〕19号《关于能否将国有土地使用权以国土部门认定的价格抵偿给抵押权人的请示》收悉。经研究，答复如下：

在依法以国有土地使用权作抵押的担保纠纷案件中，债务履行期届满抵押权人未受清偿的，可以通过拍卖的方式将土地使用权变现。如果无法变现，债务人又没有其他可供清偿的财产时，应当对国有土地使用权依法评估。人民法院可以参考政府土地管理部门确认的地价评估结果将土地使用权折价，经抵押权人同意，将折价后的土地使用权抵偿给抵押权人，土地使用权由抵押权人享有。

❷《关于土地使用权抵押登记有关问题的通知》（1997年1月3日 国家土地管理局发布）（略）

【拍卖】

法律问题解读

所谓拍卖，是指以公开竞价的形式将特定物品或财产权转让给最高应价者的买卖方式。在拍卖抵押物时，一般拍卖机构先确定一个底价（也称保留价），然后竞买人在底价基础上加价应价，一个应价高于先前的应价，先前的应价作废，众多竞买人竞相报价，直到一个报价之后没人愿意高出它，那么拍卖成交，由最高应价者取得抵押物的所有权（使用权）。由此可见，拍卖能使抵押物的价值通过竞买充分实现，较高的价格对于抵押人和抵押权人来说，都是理想的。所以抵押物的拍卖是实现抵押权的最佳方式。难怪许多法规规章规定只有在拍卖不成的情况下才允许采用其他方式来实现抵押。

根据我国现行法律规定，当主债务人于清偿期届满仍不履行债务的，如果抵押人与抵押权人就拍卖抵押物协商一致的，可以自行委托拍卖机构进行拍卖；如果当事人就抵押物的拍卖未能达成一致的，则只能通过法院进行强制拍卖。在后者中，人民法院不直接从事具体的拍卖活动，拍卖工作一律委托拍卖机构进行。并且人民法院在拍卖抵押物时，应当委托依法成立的资产评估机构进行价格评估。评估的价格通常用来作为底价，并不是现实拍卖的价格。

在司法实践中还应该注意的问题是：如果抵押物是文物、黄金制品等限制流通物，应当遵守《拍卖法》及其他专门法律法规对拍卖标的物的限制性规定；如果抵押物是国有资产的，国有资产的拍卖必须遵守国有资产管理方面的法律法规规章的规定。

法条指引

❶《中华人民共和国拍卖法》（2004年8月28日 修正公布）

第一章 总 则

第一条 为了规范拍卖行为，维护拍卖秩序，保护拍卖活动各方当事人的合法权益，制定本法。

第二条 本法适用于中华人民共和国境内拍卖企业进行的拍卖活动。

第三条 拍卖是指以公开竞价的形式，将特定物品或者财产权利转让给最高应价者的买卖方式。

第四条 拍卖活动应当遵守有关法律、行政法规，遵循公开、公平、公正、诚实信用的原则。

第五条 国务院负责管理拍卖业的部门对全国拍卖业实施监督管理。

省、自治区、直辖市的人民政府和设区的市的人民政府负责管理拍卖业的部门对本行政区域内的拍卖业实施监督管理。

第二章 拍卖标的

第六条 拍卖标的应当是委托人所有或者依法可以处分的物品或者财产权利。

第七条 法律、行政法规禁止买卖的物品或者财产权利，不得作为拍卖标的。

第八条 依照法律或者按照国务院规定需经审批才能转让的物品或者财产权利，在拍卖前，应当依法办理审批手续。

委托拍卖的文物，在拍卖前，应当经拍卖人住所地的文物行政管理部门依法鉴定、许可。

第九条 国家行政机关依法没收的物品，充抵税款、罚款的物品和其他物品，按照国务院规定应当委托拍卖的，由财产所在地的省、自治区、直辖市的人民政府和设区的市的人民政府指定的拍卖人进行拍卖。

拍卖由人民法院依法没收的物品，充抵罚金、罚款的物品以及无法返还的追回物品，适用前款规定。

第三章　拍卖当事人
第一节　拍卖人

第十条　拍卖人是指依照本法和《中华人民共和国公司法》设立的从事拍卖活动的企业法人。

第十一条　拍卖企业可以在设区的市设立。设立拍卖企业必须经所在地的省、自治区、直辖市人民政府负责管理拍卖业的部门审核许可，并向工商行政管理部门申请登记，领取营业执照。

第十二条　设立拍卖企业，应当具备下列条件：

（一）有一百万元人民币以上的注册资本；

（二）有自己的名称、组织机构、住所和章程；

（三）有与从事拍卖业务相适应的拍卖师和其他工作人员；

（四）有符合本法和其他有关法律规定的拍卖业务规则；

（五）符合国务院有关拍卖业发展的规定；

（六）法律、行政法规规定的其他条件。

第十三条　拍卖企业经营文物拍卖的，应当有一千万元人民币以上的注册资本，有具有文物拍卖专业知识的人员。

第十四条　拍卖活动应当由拍卖师主持。

第十五条　拍卖师应当具备下列条件：

（一）具有高等院校专科以上学历和拍卖专业知识；

（二）在拍卖企业工作两年以上；

（三）品行良好。

被开除公职或者吊销拍卖师资格证书未满五年的，或者因故意犯罪受过刑事处罚的，不得担任拍卖师。

第十六条　拍卖师资格考核，由拍卖行业协会统一组织。经考核合格的，由拍卖行业协会发给拍卖师资格证书。

第十七条　拍卖行业协会是依法成立的社会团体法人，是拍卖业的自律性组织。拍卖行业协会依照本法并根据章程，对拍卖企业和拍卖师进行监督。

第十八条　拍卖人有权要求委托人说明拍卖标的来源和瑕疵。

拍卖人应当向竞买人说明拍卖标的的瑕疵。

第十九条　拍卖人对委托人交付拍卖的物品负有保管义务。

第二十条　拍卖人接受委托后，未经委托人同意，不得委托其他拍卖人拍卖。

第二十一条　委托人、买受人要求对其身份保密的，拍卖人应当为其保密。

第二十二条　拍卖人及其工作人员不得以竞买人的身份参与自己组织的拍卖活动，并不得委托他人代为竞买。

第二十三条　拍卖人不得在自己组织的拍卖活动中拍卖自己的物品或者财产权利。

第二十四条　拍卖成交后，拍卖人应当按照约定向委托人交付拍卖标的的价款，并按照约定将拍卖标的移交给买受人。

第二节　委托人

第二十五条　委托人是指委托拍卖人拍卖物品或者财产权利的公民、法人或者其他组织。

第二十六条　委托人可以自行办理委托拍卖手续，也可以由其代理人代为办理委托拍卖手续。

第二十七条　委托人应当向拍卖人说明拍卖标的的来源和瑕疵。

第二十八条　委托人有权确定拍卖标的的保留价并要求拍卖人保密。

拍卖国有资产，依照法律或者按照国务院规定需要评估的，应当经依法设立的评估机构评估，并根据评估结果确定拍卖标的保留价。

第二十九条　委托人在拍卖开始前可以撤回拍卖标的。委托人撤回拍卖标的的，应当向拍卖人支付约定的费用；未作约定的，应当向拍卖人支付为拍卖支出的合理费用。

第三十条　委托人不得参与竞买，也不得委托他人代为竞买。

第三十一条　按照约定由委托人移交拍卖标的的，拍卖成交后，委托人应当将拍卖标的移交给买受人。

第三节　竞买人

第三十二条　竞买人是指参加竞购拍卖标的的公民、法人或者其他组织。

第三十三条　法律、行政法规对拍卖标的的买卖条件有规定的，竞买人应当具备规定的条件。

第三十四条　竞买人可以自行参加竞买，也可以委托其代理人参加竞买。

第三十五条　竞买人有权了解拍卖标的的瑕疵，有权查验拍卖标的和查阅有关拍卖资料。

第三十六条　竞买人一经应价，不得撤回，当其他竞买人有更高应价时，其应价即丧失约束力。

第三十七条　竞买人之间、竞买人与拍卖人之间不得恶意串通，损害他人利益。

第四节　买受人

第三十八条　买受人是指以最高应价购得拍卖标的的竞买人。

第三十九条　买受人应当按照约定支付拍卖标的的价款，未按照约定支付价款的，应当承担违约责任，或者由拍卖人征得委托人的同意，将拍卖标的再行拍卖。

拍卖标的再行拍卖的，原买受人应当支付第一次拍卖中本人及委托人应当支付的佣金。再行拍卖的价款低于原拍卖价款的，原买受人应当补足差额。

第四十条　买受人未能按照约定取得拍卖标的的，有权要求拍卖人或者委托人承担违约责任。

买受人未按照约定受领拍卖标的的，应当支付由此产生的保管费用。

第四章　拍卖程序

第一节　拍卖委托

第四十一条　委托人委托拍卖物品或者财产权利，应当提供身份证明和拍卖人要求提供的拍卖标的的所有权证明或者依法可以处分拍卖标的的证明及其他资料。

第四十二条　拍卖人应当对委托人提供的有关文件、资料进行核实。拍卖人接受委托的，应当与委托人签订书面委托拍卖合同。

第四十三条　拍卖人认为需要对拍卖标的进行鉴定的，可以进行鉴定。

鉴定结论与委托拍卖合同载明的拍卖标的的状况不相符的，拍卖人有权要求变更或者解除合同。

第四十四条　委托拍卖合同应当载明以下事项：

（一）委托人、拍卖人的姓名或者名称、住所；

（二）拍卖标的的名称、规格、数量、质量；

（三）委托人提出的保留价；

（四）拍卖的时间、地点；

（五）拍卖标的的交付或者转移的时间、方式；

（六）佣金及其支付的方式、期限；

（七）价款的支付方式、期限；

（八）违约责任；

（九）双方约定的其他事项。

第二节　拍卖公告与展示

第四十五条　拍卖人应当于拍卖日七日前发布拍卖公告。

第四十六条　拍卖公告应当载明下列事项：

（一）拍卖的时间、地点；

（二）拍卖标的；

（三）拍卖标的的展示时间、地点；

（四）参与竞买应当办理的手续；

（五）需要公告的其他事项。

第四十七条　拍卖公告应当通过报纸或者其他新闻媒介发布。

第四十八条　拍卖人应当在拍卖前展示拍卖标的，并提供查看拍卖标的的条件及有关资料。

拍卖标的的展示时间不得少于两日。

第三节　拍卖的实施

第四十九条　拍卖师应当于拍卖前宣布拍卖规则和注意事项。

第五十条　拍卖标的无保留价的，拍卖师应当在拍卖前予以说明。

拍卖标的有保留价的，竞买人的最高应价未达到保留价时，该应价不发生效力，拍卖师应当停止拍卖标的的拍卖。

第五十一条　竞买人的最高应价经拍卖师落槌或者以其他公开表示买定的方式确认后，拍卖成交。

第五十二条　拍卖成交后，买受人和拍卖人应当签署成交确认书。

第五十三条　拍卖人进行拍卖时，应当制作拍卖笔录。拍卖笔录应当由拍卖师、记录人签名；拍卖成交的，还应当由买受人签名。

第五十四条　拍卖人应当妥善保管有关业务经营活动的完整账簿、拍卖笔录和其他有关资料。

前款规定的账簿、拍卖笔录和其他有关资料的保管期限，自委托拍卖合同终止之日起计算，不得少于五年。

第五十五条　拍卖标的需要依法办理证照变更、产权过户手续的，委托人、买受人应当持拍卖人出具的成交证明和有关材料，向有关行政管理机关办理手续。

第四节　佣　金

第五十六条　委托人、买受人可以与拍卖人约定佣金的比例。

委托人、买受人与拍卖人对佣金比例未作约定，拍卖成交的，拍卖人可以向委托人、买受人各收取不超过拍卖成交价百分之五的佣金。收取佣金的比例按照同拍卖成交价成反比的原则确定。

拍卖未成交的，拍卖人可以向委托人收取约定的费用；未作约定的，可以向委托人收取为拍卖支出的合理费用。

第五十七条　拍卖本法第九条规定的物品成

交的，拍卖人可以向买受人收取不超过拍卖成交价百分之五的佣金。收取佣金的比例按照同拍卖成交价成反比的原则确定。

拍卖未成交的，适用本法第五十六条第三款的规定。

第五章 法律责任

第五十八条 委托人违反本法第六条的规定，委托拍卖其没有所有权或者依法不得处分的物品或者财产权利的，应当依法承担责任。拍卖人明知委托人对拍卖的物品或者财产权利没有所有权或者依法不得处分的，应当承担连带责任。

第五十九条 国家机关违反本法第九条的规定，将应当委托财产所在地的省、自治区、直辖市的人民政府或者设区的市的人民政府指定的拍卖人拍卖的物品擅自处理的，对负有直接责任的主管人员和其他直接责任人员依法给予行政处分，给国家造成损失的，还应当承担赔偿责任。

第六十条 违反本法第十一条的规定，未经许可登记设立拍卖企业的，由工商行政管理部门予以取缔，没收违法所得，并可以处违法所得一倍以上五倍以下的罚款。

第六十一条 拍卖人、委托人违反本法第十八条第二款、第二十七条的规定，未说明拍卖标的的瑕疵，给买受人造成损害的，买受人有权向拍卖人要求赔偿；属于委托人责任的，拍卖人有权向委托人追偿。

拍卖人、委托人在拍卖前声明不能保证拍卖标的的真伪或者品质的，不承担瑕疵担保责任。

因拍卖标的存在瑕疵未声明的，请求赔偿的诉讼时效期间为一年，自当事人知道或者应当知道权利受到损害之日起计算。

因拍卖标的存在缺陷造成人身、财产损害请求赔偿的诉讼时效期间，适用《中华人民共和国产品质量法》和其他法律的有关规定。

第六十二条 拍卖人及其工作人员违反本法第二十二条的规定，参与竞买或者委托他人代为竞买的，由工商行政管理部门对拍卖人给予警告，可以处拍卖佣金一倍以上五倍以下的罚款；情节严重的，吊销营业执照。

第六十三条 违反本法第二十三条的规定，拍卖人在自己组织的拍卖活动中拍卖自己的物品或者财产权利的，由工商行政管理部门没收拍卖所得。

第六十四条 违反本法第三十条的规定，委托人参与竞买或者委托他人代为竞买的，工商行政管理部门可以对委托人处拍卖成交价百分之三十以下的罚款。

第六十五条 违反本法第三十七条的规定，竞买人之间、竞买人与拍卖人之间恶意串通，给他人造成损害的，拍卖无效，应当依法承担赔偿责任。由工商行政管理部门对参与恶意串通的竞买人处最高应价百分之十以上百分之三十以下的罚款；对参与恶意串通的拍卖人处最高应价百分之十以上百分之五十以下的罚款。

第六十六条 违反本法第四章第四节关于佣金比例的规定收取佣金的，拍卖人应当将超收部分返还委托人、买受人。物价管理部门可以对拍卖人处拍卖佣金一倍以上五倍以下的罚款。

第六章 附 则

第六十七条 外国人、外国企业和组织在中华人民共和国境内委托拍卖或者参加竞买的，适用本法。

第六十八条 本法施行前设立的拍卖企业，不具备本法规定的条件的，应当在规定的期限内达到本法规定的条件；逾期未达到本法规定的条件的，由工商行政管理部门注销登记，收缴营业执照。具体实施办法由国务院另行规定。

第六十九条 本法自1997年1月1日起施行。

❷《中华人民共和国担保法》（1995年6月30日 主席令公布）

第五十三条 债务履行期届满抵押权人未受清偿的，可以与抵押人协议以抵押物折价或者以拍卖、变卖该抵押物所得的价款受偿；协议不成的，抵押权人可以向人民法院提起诉讼。

抵押物折价或者拍卖、变卖后，其价款超过债权数额的部分归抵押人所有，不足部分由债务人清偿。

❸《中华人民共和国民事诉讼法》（1991年4月9日 2007年10月28日修正）

第二百二十条 被执行人未按执行通知履行法律文书确定的义务，人民法院有权查封、扣押、冻结、拍卖、变卖被执行人应当履行义务部分的财产。但应当保留被执行人及其所扶养家属的生活必需品。

采取前款措施，人民法院应当作出裁定。

❹**《最高人民法院关于人民法院执行工作若干问题的规定（试行）》**（1998年7月8日发布）

46. 人民法院对查封、扣押的被执行人财产进行变价时，应当委托拍卖机构进行拍卖。

财产无法委托拍卖、不适于拍卖或当事人双方同意不需要拍卖的，人民法院可以交由有关单位变卖或自行组织变卖。

47. 人民法院对拍卖、变卖被执行人的财产，应当委托依法成立的资产评估机构进行价格评估。

❺《国有资产评估管理办法》（1991年11月16日 国务院令发布）（略）

案例链接

❶《河南星瀚拍卖有限公司与陈钦财委托合同纠纷再审案》，参见北大法宝引证码：Pkulaw.cn/CLI.C.287170。

❷《中国工商银行股份有限公司清丰支行诉于秋喜金融借款合同纠纷案》，参见北大法宝引证码：Pkulaw.cn/CLI.C.285619。

学者观点

❶ 龙卫球：《超越现代国际法的盲点：寻求一种历史型解决圆明园兽首拍卖事案评论》，参见北大法宝引证码：Pkulaw.cn/CLI.A.1140914。

❷ 张蓬：《完善我国拍卖法律制度的思考》，参见北大法宝引证码：Pkulaw.cn/CLI.A.1145000。

❸ 卢正敏、齐树洁：《论错误拍卖第三人财产的法律效力》，参见北大法宝引证码：Pkulaw.cn/CLI.A.1143995。

【变卖】

法律问题解读

变卖就是以折价、拍卖以外的方式处分抵押物从而实现抵押权的一种方式。和拍卖相比，变卖简单多了，它不需要竞价，而是由当事人或人民法院直接将标的物以相当的、合理的价格出卖。实践中常用的有授权抵押人觅主变卖和由抵押人标售。

如果当事人能通过协商将抵押物变卖，则依当事人约定；如协商不成，只有通过人民法院的强制执行程序将抵押物变卖。值得注意的是通过法院将抵押物变价并非是一种良策。因为人民法院一般是以拍卖为原则而以变卖为例外的。《最高人民法院关于人民法院执行工作若干问题的规定（试行）》第四十六条更是明确规定，只有当财产无法拍卖，不适于拍卖或当事人双方同意不需要拍卖时才进行变卖。所谓无法拍卖、不适于拍卖是指季节性强、鲜活、易腐烂变质的商品以及其他不宜长期保存的物品。而实际上这些物品很少用于抵押，所以变卖最好由当事人进行。

在司法实践中，抵押人可以申请对人民法院查封扣押的抵押物自行变卖，根据《最高人民法院关于人民法院执行工作若干问题的规定（试行）》第四十八条，人民法院可以准许，但应当监督其按照合理的价格在指定的期限内完成，并控制变卖的价格。这么做主要是为了保护抵押权人的利益。

法条指引

❶《最高人民法院关于当前人民法院审理企业破产案件应当注意的几个问题的通知》（1997年3月6日发布）

七、人民法院审理企业破产案件涉及抵押合同及担保债权的法律效力问题的，要按照《企业破产法》、《中华人民共和国担保法》（以下简称《担保法》）、《通知》、《补充通知》以及本通知的有关规定，认真审查并正确认定抵押合同的效力。对国有企业以已确认为关键设备、成套设备或重要建筑物设立抵押而未经政府主管部门批准的，以《担保法》第三十七条规定不得作抵押的财产设立抵押的，破产企业在法院受理企业破产案件前六个月至破产宣告期间，对原没有抵押的债务设立抵押的，在有多个债权人的情况下，债务人与个别债权人恶意串通将其大部分财产抵押给一个债权人，从而丧失履行其他债务能力的，均应认定抵押合同无效。

❷《最高人民法院关于人民法院执行工作若干问题的规定（试行）》（1998年7月8日发布）

46. 人民法院对查封、扣押的被执行人财产进行变价时，应当委托拍卖机构进行拍卖。

财产无法委托拍卖、不适于拍卖或当事人双方同意不需要拍卖的，人民法院可以交由有关单位变卖或自行组织变卖。

48. 被执行人申请对人民法院查封的财产自行变卖的，人民法院可以准许，但应当监督其按照合理价格在指定的期限内进行，并控制变卖的价款。

❸《最高人民法院关于适用〈中华人民共和国民事诉讼法〉若干问题的意见》（1992年7月14日发布）

99. 人民法院对季节性商品、鲜活、易腐烂变质以及其他不宜长期保存的物品采取保全措施时，可以责令当事人及时处理，由人民法院保存价款；必要时，人民法院可予以变卖，保存价款。

案例链接

❶《田某某诉康某某离婚纠纷案》，参见北大

法宝引证码:Pkulaw. cn/CLI. C. 282343。

❷《周亚江等诉聂勤锁租赁合同纠纷案》,参见北大法宝引证码:Pkulaw. cn/CLI. C. 285738。

❸《中国工商银行股份有限公司清丰支行诉于秋喜金融借款合同纠纷案》,参见北大法宝引证码:Pkulaw. cn/CLI. C. 285619。

【变价所得价款与约定价值】

法律问题解读

在抵押权设立之时,抵押权人与抵押人可以对抵押物就其自身价值约定一个价值,这个价值就是约定价值。约定价值有其存在的意义:抵押权人根据约定价值与被担保的主债权数额的比较,决定是否要求抵押人提供补担保;抵押人根据约定价值与被担保债权数额的比较,决定能否设立再抵押。

约定价值是抵押权人与抵押人在设立抵押时就抵押物自身价值约定的数额,反映的是抵押物在设定抵押时的价值。等到抵押权实现时,处分抵押物所得的价款反映的却是抵押物在抵押权实现时的价值。从抵押权设立到抵押权实现,随着市场行情和其他因素的变化,抵押物可能会增值或贬值,所以前后两个价值可能会不吻合。即抵押权设立时约定价值或高于或低于抵押权实现时的所得价款。

如果约定价值低于变价所得价款,也就是说抵押物经过一段时间增值了,那对抵押权人和抵押人来说都是有利的,理由不言自明。如果约定价值高于变价所得价款,也就是说抵押物贬值了,这种情况下抵押权人也只能就抵押物实现的价值优先受偿,而不能要求以约定价值的数额优先受偿。约定价值与所得价款之间的差额,属于正常的市场风险,抵押权人要承担。当然未得优先受偿的那部分债权,债务人仍要继续清偿,只不过是没有了抵押权担保的一般普通债权。

法条指引

❶《中华人民共和国担保法》(1995 年 6 月 30 日 主席令公布)

第三十五条 抵押人所担保的债权不得超出其抵押物的价值。

财产抵押后,该财产的价值大于所担保债权的余额部分,可以再次抵押,但不得超出其余额部分。

第五十三条 债务履行期届满抵押权人未受清偿的,可以与抵押人协议以抵押物折价或者以拍卖、变卖该抵押物所得的价款受偿;协议不成的,抵押权人可以向人民法院提起诉讼。

抵押物折价或者拍卖、变卖后,其价款超过债权数额的部分归抵押人所有,不足部分由债务人清偿。

❷《最高人民法院关于适用〈中华人民共和国担保法〉若干问题的解释》(2000 年 12 月 13 日发布)

第五十一条 抵押人所担保的债权超出其抵押物价值的,超出的部分不具有优先受偿的效力。

第七十三条 抵押物折价或者拍卖、变卖该抵押物的价款低于抵押权设定时约定价值的,应当按照抵押物实现的价值进行清偿。不足清偿的剩余部分,由债务人清偿。

【变价所得价款的多退少补】

法律问题解读

《担保法》第 35 条规定,财产设定抵押后,该财产的价值大于所担保的债权的余额部分可以再次抵押。由此可见,抵押物的价值可能会大于被担保的债权数额。《关于担保法若干问题的解释》第 51 条规定,担保人所担保的债权额超出抵押物价值的,超出部分不具有优先受偿的效力。由此可见,抵押物的价值可能会小于被担保的债权数额。所以在实现抵押权的时候,抵押物被处分后变价所得价款可能会大于被担保的债权数额,也可能会小于被担保的债权数额。

针对处分抵押物所得价款与被担保的债权数额不等的情况,《担保法》第 53 条规定,抵押物折价、拍卖、变卖后,其价款超过债权数额的部分归抵押人所有;不足部分由债务人清偿,《物权法》也做出相同规定。

之所以规定所得价款超过债权数额的部分归抵押人所有,是因为抵押物的所有权归抵押人,只要抵押物上负担的消灭(即清偿主债务使得抵押权消灭)后,抵押物就正常了,所以抵押物的收益归抵押人所有,超出部分要返还抵押人。至于超出部分退还给抵押人的问题,可以参照 1987 年最高人民法院的《关于审理涉港澳经济纠纷案件若干问题的解答》中的做法。

之所以规定不足部分由债务人清偿,是因为被担保的主债权仍未得到完全清偿,剩余的不足部分债权仍是债权人的利益，所以要债务人继续清偿。但由于抵押权因实现而消灭了，剩余的不足部分只好变成一般的无担保的债权，由债务人继续清偿。

法条指引

❶《中华人民共和国物权法》（2007年3月16日主席令公布 2007年10月1日施行）

第一百九十八条 抵押财产折价或者拍卖、变卖后，其价款超过债权数额的部分归抵押人所有，不足部分由债务人清偿。

❷《中华人民共和国担保法》（1995年6月30日 主席令公布）

第三十五条 抵押人所担保的债权不得超出其抵押物的价值。

财产抵押后，该财产的价值大于所担保债权的余额部分，可以再次抵押，但不得超出其余额部分。

第五十三条 债务履行期届满抵押权人未受清偿的，可以与抵押人协议以抵押物折价或者以拍卖、变卖该抵押物所得的价款受偿；协议不成的，抵押权人可以向人民法院提起诉讼。

抵押物折价或者拍卖、变卖后，其价款超过债权数额的部分归抵押人所有，不足部分由债务人清偿。

❸《最高人民法院关于适用〈中华人民共和国担保法〉若干问题的解释》（2000年12月13日发布）

第五十一条 抵押人所担保的债权超出其抵押物价值的，超出的部分不具有优先受偿的效力。

❹《最高人民法院关于人民法院执行工作若干问题的规定（试行）》（1998年7月8日 最高人民法院发布）

49. 拍卖、变卖被执行人的财产成交后，必须即时钱物两清。

委托拍卖、组织变卖被执行人财产所发生的实际费用，从所得价款中优先扣除。所得价款超出执行标的数额和执行费用的部分，应当退还被执行人。

【变价所得价款的清偿顺序】

法律问题解读

主债权届期未获清偿抵押权人行使抵押权，将抵押物变价所得价款用来清偿主债权和利息，还有实现抵押权的费用。因为变价所得价款是处分抵押物所得，其未必够清偿全部费用，有可能只能够对其中的部分进行清偿，所以所得价款的清偿顺序就显得有意义了。

抵押权人就所得价款的清偿顺序作了约定，则从其约定；如果没有约定的，则按照《关于担保法若干问题的解释》，首先支付实现抵押权的费用，然后支付主债权所生利息，最后才清偿主债权。

不论是通过折价、拍卖还是变卖抵押物，将抵押物变价总是要支出一定费用的（特别是拍卖），如委托拍卖费用、组织变卖费用、查封扣押所需费用、广告费、公告费等。这些费用要从处分抵押物所得价款中首先支付。至于主债权的利息和本金比较简单些，不会像实现抵押权费用那样名目多样。

如果抵押物比较特殊，如房地产，那么在支付实现抵押权的费用之后，还要扣除抵押房地产应缴纳的税款，然后才能用于清偿主债权的本息。比如，划拨土地使用权，首先要缴纳土地使用权出让金。这些特别法上的义务要履行。

法条指引

❶《中华人民共和国担保法》（1995年6月30日 主席令公布）

第五十六条 拍卖划拨的国有土地使用权所得的价款，在依法缴纳相当于应缴纳的土地使用权出让金的款额后，抵押权人有优先受偿权。

❷《最高人民法院关于适用〈中华人民共和国担保法〉若干问题的解释》（2000年12月13日发布）

第七十四条 抵押物折价或者拍卖、变卖所得的价款，当事人没有约定的，按下列顺序清偿：

（一）实现抵押权的费用；

（二）主债权的利息；

（三）主债权。

❸《城市房地产抵押管理办法》（2001年8月15日 建设部修正发布）

第四十七条 处分抵押房地产所得金额，依下列顺序分配：

（一）支付处分抵押房地产的费用；

（二）扣除抵押房地产应缴纳的税款；

（三）偿还抵押权人债权本息及支付违约金；

（四）赔偿由债务人违反合同而对抵押权人造成的损害；

（五）剩余金额交还抵押人。

处分抵押房地产所得金额不足以支付债务和违约金、赔偿金时，抵押权人有权向债务人追索不足部分。

【新增建筑物】

法律问题解读

新增建筑物是指城市房地产抵押合同签订之后，在原土地范围内建造的房屋等建筑物。若抵押物为城市房地产的，在实现抵押权时，抵押权人不仅可以处分已设抵押的房地产，还可以将该土地上新增建筑物一同处分，尽管抵押权人对于处分新增建筑物所得价款无权优先受偿。

新增建筑物是在房地产抵押合同签订后才开始建造的，因此它不属于抵押物。之所以在处分该抵押房地产时可以将该土地上的新增建筑物连同抵押物一并拍卖，原因是：虽然我国现行法律把土地与地上建筑物视为两个独立的不动产，但我国众多法律、法规、规章又都确认了土地使用权与地上建筑物"权利主体一致"的原则。因此抵押权实现时被抵押的房地产要与新增建筑物一并拍卖；否则，会出现新增建筑物将处于无土地使用权的状况。此外，由于新增建筑物要占有一定范围内的土地使用权，如果新增建筑物不被处分，那被拍卖的房地产所占土地的使用权在变价时其市场价值必然会有所降低。为了避免这种不当结果，应当将新增建筑物一并拍卖。

因为新增建筑物并未在抵押合同中出现，也没有进行抵押登记，自然不是抵押物。抵押权人对其变价所得也无权优先受偿，否则就侵害了抵押人或对新增建筑物已取得权利的第三人利益。这部分变价所得应当返还给新增建筑物的所有权人。

法条指引

❶《中华人民共和国物权法》（2007年3月16日主席令公布　2007年10月1日施行）

第二百条　建设用地使用权抵押后，该土地上新增的建筑物不属于抵押财产。该建设用地使用权实现抵押权时，应当将该土地上新增的建筑物与建设用地使用权一并处分，但新增建筑物所得的价款，抵押权人无权优先受偿。

❷《中华人民共和国担保法》（1995年6月30日　主席令公布）

第五十五条　城市房地产抵押合同签订后，土地上新增的房屋不属于抵押物。需要拍卖该抵押的房地产时，可以依法将该土地上新增的房屋与抵押物一同拍卖，但对拍卖新增房屋所得，抵押权人无权优先受偿。

依照本法规定以承包的荒地的土地使用权抵押的，或者以乡（镇）、村企业的厂房等建筑物占用范围内的土地使用权抵押的，在实现抵押权后，未经法定程序不得改变土地集体所有和土地用途。

❸《中华人民共和国城市房地产管理法》（2007年8月30日修正　主席令公布）

第五十二条　房地产抵押合同签订后，土地上新增的房屋不属于抵押财产。需要拍卖该抵押的房地产时，可以依法将土地上新增的房屋与抵押财产一同拍卖，但对拍卖新增房屋所得，抵押权人无权优先受偿。

❹《城市房地产抵押管理办法》（2001年8月15日　建设部修正发布）

第四十四条　处分抵押房地产时，可以依法将土地上新增的房屋与抵押财产一同处分，但对处分新增房屋所得，抵押权人无权优先受偿。

案例链接

❶《孙晓玲与赵玉梅房屋租赁合同纠纷上诉案》，参见北大法宝引证码：Pkulaw. cn/CLI. C. 105265。

❷《广东佛陶集团股份有限公司石湾工业陶瓷厂与区汉棉房屋租赁合同纠纷上诉案》，参见北大法宝引证码：Pkulaw. cn/CLI. C. 64799。

❸《云南安宁昌瑞经贸有限公司诉安宁市招商旅游局租赁合同纠纷案》，参见北大法宝引证码：Pkulaw. cn/CLI. C. 39085。

❹《上海市上海宾馆等与大上海国际会所有限公司合作经营纠纷案》，参见北大法宝引证码：Pkulaw. cn/CLI. C. 33502。

学者观点

❶ 费安玲：《论〈物权法〉中强制转让物权的法律维》，参见北大法宝引证码：Pkulaw. cn/CLI. A. 1129945。

❷ 戴孟勇：《我国〈物权法〉中地役权制度的争点及思考》，参见北大法宝引证码：Pkulaw. cn/CLI. A. 1142629。

❸ 童付章：《房地产分别抵押情形中抵押权优先效力之研讨》，参见北大法宝引证码：Pkulaw. cn/

CLI.A.1120146。

【集体土地所有权及用途变更的限制】

法律问题解读

以"四荒"土地使用权及乡（镇）村企业的厂房等建筑物占有的土地使用权抵押的，在抵押权实现时，土地所有及用途受到限制，未经法定程序不得改变。

其实不仅抵押权实现时受到限制，其抵押权设定时也受法律的限制，如要经过主管部门的同意。法律之所以作如此限制，就是因为权利客体的特殊性。我国近年来耕地减少过快，为了防止农业用地的流失，保障粮食生产，农村集体土地使用权的流转应当坚持土地的集体所有和不改变土地用途。以荒山、荒沟、荒丘、荒滩等荒地使用权抵押的，在实现抵押权后，未经法定程序，土地所有权不得改变，仍归集体所有。受让人也不得擅自改变这些土地的用途。

在抵押权实现中，如果确要转移乡镇企业集体土地所有权的，应当由土地的管理部门依法办理征地手续，将抵押土地转为国有，然后再按抵押划拨国有土地使用权的办法进行处置，并且30日内到土地管理部门办理土地权属变更登记。

法条指引

❶《中华人民共和国物权法》（2007年3月16日主席令公布　2007年10月1日施行）

第二百零一条　依照本法第一百八十条第一款第三项规定的土地承包经营权抵押的，或者依照本法第一百八十三条规定以乡镇、村企业的厂房等建筑物占用范围内的建设用地使用权一并抵押的，实现抵押权后，未经法定程序，不得改变土地所有权的性质和土地用途。

❷《中华人民共和国土地管理法》（2004年8月28日修正公布）

第四十三条　任何单位和个人进行建设，需要使用土地的，必须依法申请使用国有土地；但是，兴办乡镇企业和村民建设住宅经依法批准使用本集体经济组织农民集体所有的土地的，或者乡（镇）村公共设施和公益事业建设经依法批准使用农民集体所有的土地的除外。

前款所称依法申请使用的国有土地包括国家所有的土地和国家征收的原属于农民集体所有的土地。

第四十四条　建设占用土地，涉及农用地转为建设用地的，应当办理农用地转用审批手续。

省、自治区、直辖市人民政府批准的道路、管线工程和大型基础设施建设项目、国务院批准的建设项目占用土地，涉及农用地转为建设用地的，由国务院批准。

在土地利用总体规划确定的城市和村庄、集镇建设用地规模范围内，为实施该规划而将农用地转为建设用地的，按土地利用年度计划分批次由原批准土地利用总体规划的机关批准。在已批准的农用地转用范围内，具体建设项目用地可以由市、县人民政府批准。

本条第二款、第三款规定以外的建设项目占用土地，涉及农用地转为建设用地的，由省、自治区、直辖市人民政府批准。

❸《中华人民共和国担保法》（1995年6月30日　主席令公布）

第五十五条　城市房地产抵押合同签订后，土地上新增的房屋不属于抵押物。需要拍卖该抵押的房地产时，可以依法将该土地上新增的房屋与抵押物一同拍卖，但对拍卖新增房屋所得，抵押权人无权优先受偿。

依照本法规定以承包的荒地的土地使用权抵押的，或者以乡（镇）、村企业的厂房等建筑物占用范围内的土地使用权抵押的，在实现抵押权后，未经法定程序不得改变土地集体所有和土地用途。

❹《中华人民共和国土地管理法实施条例》（1998年12月27日　国务院令发布）

第六条　依法改变土地所有权、使用权的，因依法转让地上建筑物、构筑物等附着物导致土地使用权转移的，必须向土地所在地的县级以上人民政府土地行政主管部门提出土地变更登记申请，由原土地登记机关依法进行土地所有权、使用权变更登记。土地所有权、使用权的变更，自变更登记之日起生效。

依法改变土地用途的，必须持批准文件，向土地所在地的县级以上人民政府土地行政主管部门提出土地变更登记申请，由原土地登记机关依法进行变更登记。

第十七条　禁止单位和个人在土地利用总体规划确定的禁止开垦区内从事土地开发活动。

在土地利用总体规划确定的土地开垦区内，开发未确定土地使用权的国有荒山、荒地、荒滩从事种植业、林业、畜牧业、渔业生产的，应当向土地所在地的县级以上人民政府土地行政主管部门提出申请，报有批准权的人民政府批准。

一次性开发未确定土地使用权的国有荒山、荒地、荒滩六百公顷以下的，按照省、自治区、直辖市规定的权限，由县级以上地方人民政府批准；开发六百公顷以上的，报国务院批准。

开发未确定土地使用权的国有荒山、荒地、荒滩从事种植业、林业、畜牧业或者渔业生产的，经县级以上人民政府依法批准，可以确定给开发单位或者个人长期使用，使用期限最长不得超过五十年。

❺《中共中央国务院关于进一步加强土地管理切实保护耕地的通知》（1997年4月15日　中共中央国务院发布）（略）

❻《国家土地管理局关于认真贯彻〈中共中央国务院关于进一步加强土地管理切实保护耕地的通知〉的通知》（1997年4月16日　国家土地管理局发布）（略）

【划拨土地的抵押变价】

法律问题解读

根据我国现行的立法规定，机关、企事业单位获得国有土地使用权的途径有两条：一种是通过出让的方式取得，另一种就是划拨方式取得。划拨土地使用权是指土地使用者通过划拨方式取得的土地使用权。划拨方式是我国非土地所有者取得国有土地使用权的主要方式之一，是指县级以上的人民政府依法批准，在土地使用者依法缴纳补偿、安置等费用后将该幅土地交付其使用，或者将土地使用权无偿交付给土地使用权者使用的方式。由于通过划拨方式取得土地使用权是无偿的，为了有效地保护国家利益不因此而受损失，所以土地使用权人的权利内容较之于通过出让方式的国有土地使用权人是要受限制的。如未经主管部门同意不得设定抵押，再如划拨土地使用权上的抵押权因划拨土地使用权被政府无偿收回而消灭。当划拨土地使用权或其上的建筑物为抵押标的物而抵押权实现的，这种限制仍然存在。此时的限制就是就拍卖划拨土地使用权所得价款要先缴纳了国有土地使用权出让金之后，抵押权人才能得以优先受偿。这样的土地使用权出让金的数额，按标定地价的一定比例收取，最低不得低于标定地价的40%。该款项应当由市、县人民政府土地管理部门收取。这样的规定也符合《国有企业改革中划拨土地使用权管理暂行规定》中的"国有企业使用的划拨土地使用权，应当依法逐步实行有偿使用制度"的精神。

司法实践中值得注意的是，如果作为抵押人的国有企业已经破产的，并且该破产企业属国务院确定的企业优先资本结构试点城市范围内的国有工业企业，破产企业已将划拨土地使用权抵押的，那么，在抵押权实现时，划拨土地使用权的变价所得价款首先要用于安置破产企业职工。

法条指引

❶《中华人民共和国担保法》（1995年6月30日　主席令公布）

第五十六条　拍卖划拨的国有土地使用权所得的价款，在依法缴纳相当于应缴纳的土地使用权出让金的款额后，抵押权人有优先受偿权。

❷《城市房地产抵押管理办法》（2001年8月15日　建设部修正发布）

第四十五条　以划拨方式取得的土地使用权连同地上建筑物设定的房地产抵押进行处分时，应当从处分所得的价款中缴纳相当于应当缴纳的土地使用权出让金的款额后，抵押权人方可优先受偿。

法律、法规另有规定的依照其规定。

❸《国有企业改革中划拨土地使用权管理暂行规定》（1998年2月17日　国家土地管理局发布）

第三条　国有企业使用的划拨土地使用权，应当依法逐步实行有偿使用制度。

对国有企业改革中涉及的划拨土地使用权，根据企业改革的不同形式和具体情况，可分别采取国有土地使用权出让、国有土地租赁、国家以土地使用权作价出资（入股）和保留划拨用地方式予以处置。

本规定所称国有土地租赁，是指土地使用者与县级以上人民政府土地管理部门签订一定年期的土地租赁合同，并支付租金的行为。土地租赁合同经出租方同意后可以转让，改变原合同规定的使用条件，应当重新签订土地租赁合同。签订土地租赁合同和转让土地租赁合同应当办理土地登记和变更登记手续。租赁土地上的房屋等建筑物、构筑物可以依法抵押，抵押权实现时，土地租赁合同同时转让。

本规定所称国家以土地使用权作价出资（入股），是指国家以一定年期的国有土地使用权作价，作为出资投入改组后的新设企业，该土地使用权由新设企业持有，可以依照土地管理法律、法规关于出让土地使用权的规定转让、出租、抵押。土地使用权作价出资（入股）形成的国家股股权，按照国有资产投资主体由有批准权的人民政府土地管理部门委托有资格的国有股权持股单位统一持有。

❹《国家土地管理局关于地籍管理几个问题处理的意见》（1992年5月13日发布）

七、《办法》第二十六条所称基准地价，是按不同的土地级别、区域分别评估和测算的商业、工业、住宅等各类用地的平均价格；所称标定地价，是在基准地价基础上，按土地使用年期、地块大小、形状、容积率、微观区位、市场行情条件，修订评估出的具体地块在某一时期的价格。

为满足深化土地使用制度改革的需要，各城镇要积极开展土地定级估价工作，尽快建立健全以基准地价和标定地价为核心的地价体系。

目前暂无条件全面开展土地定级估价的城镇，为应急需，可结合清理整顿土地市场，根据各城镇特点选用附件介绍的方法，首先评估出土地使用权出让、转让、出租、抵押区域的临时基准地价和标定地价，作为确定补交土地使用权出让金额的依据。

❺《划拨土地使用权管理暂行办法》（1992年2月24日 国家土地管理局发布）

第二十六条 土地使用权出让金，区别土地使用权转让、出租、抵押等不同方式，按标定地价的一定比例收取，最低不得低于标定地价的百分之四十。标定地价由所在地市、县人民政府土地管理部门根据基准地价，按土地使用权转让、出租、抵押期限和地块条件核定。

❻《关于划拨土地使用权管理有关问题的批复》（1996年12月4日 国家土地管理局发布）（略）

【第三人的追偿权】

法律问题解读

在抵押法律关系中，抵押人不仅可以是主权债务关系中的债务人，也可以是债权债务关系之外的第三人。主债权债务关系之外的第三人为他人债务设定抵押的，该第三人被称为物上保证人。

在被担保的主债权届期未获清偿时，可能会出现下面两种情况：(1) 作为抵押人的第三人代替债务人清偿债务从而消灭主债权，消灭抵押权。(2) 抵押权人行使抵押权致使作为抵押人的第三人丧失对抵押物的所有权。在这两种情况下主债务都已消灭，债务人未为清偿主债务而自己的债务却消灭了，可见债务人获得了利益；而作为抵押人的第三人却因为清偿债务或抵押权的实现遭受了损失。一方获得利益一方遭受损失，为了平衡两者的利益关系，法律赋予抵押人向债务人追偿的权利，即第三人的追偿权。

《担保法》只规定了第二种情形中第三人的追偿权，至于第一种情况通常是规定在合同法中的。在被担保的主债权届期未获清偿时，第三人作为抵押法律关系中的义务人，必须容忍抵押权人对抵押物的变价从而使自己丧失对抵押物的所有权，此义务源于抵押合同。但此义务是为了债务人利益第三人才承担的，所以债务人要赔偿第三人因此而受的损失。况且，如果债务人履行了主债务，第三人的义务就会消灭。由此可见在主债权债务关系和抵押法律关系中的两个义务人中，债务人是最终责任人，所以为债务人承担责任的第三人有权向债务人主张追偿，要求债务人赔偿自己因抵押权实现而遭受的损失。

至于追偿的具体数额，则是第三人因抵押权人行使抵押权所受的损失。

法条指引

❶《中华人民共和国担保法》（1995年6月30日 主席令公布）

第三十二条 人民法院受理债务人破产案件后，债权人未申报债权的，保证人可以参加破产财产分配，预先行使追偿权。

第五十七条 为债务人抵押担保的第三人，在抵押权人实现抵押权后，有权向债务人追偿。

第七十二条 为债务人质押担保的第三人，在质权人实现质权后，有权向债务人追偿。

❷《最高人民法院关于适用〈中华人民共和国担保法〉若干问题的解释》（2000年12月13日发布）

第九条 担保人因无效担保合同向债权人承担赔偿责任后，可以向债务人追偿，或者在承担赔偿责任的范围内，要求有过错的反担保人承担赔偿责任。

担保人可以根据承担赔偿责任的事实对债务人或者反担保人另行提起诉讼。

学者观点

❶ 孙鹏：《论担保物权的实行期间》，参见北大

法宝引证码：Pkulaw.cn/CLI.A.185395。

【抵押权与质权并存时的效力】

法律问题解读

一个财产设定抵押之后，如果该财产价值大于被担保债权的余额部分，可以设立其他担保，如设立质押。还有，抵押设定后，抵押人隐瞒真相为其他债务而设定质押。这样一来，就会出现同一抵押物上既负担了抵押权又负担了质权的情况。

由于两者都是担保物权，在都没有通过登记而公示的情况下，谁也不比谁具有优先的效力。当两者所担保的主债务到期都未清偿的时候，原则上以抵押权和质权设立的先后顺序受偿；设立顺序相同的，按照各自所担保的债权比例受清偿。

但若与质权并存的抵押权已经过法定登记的，那么情况又会不同。此时，抵押权人要优先于质权人受偿。因为经过登记的抵押权的设立是以登记为公示手段，其设立时间因记载在登记簿上，是确定的；质权是以占有质押物（也就是抵押物）为公示手段，其设立时间因不具有公开性而难以确定。为了防止抵押人（出质人）与第三人恶意串通，说自己与第三人设定的质权设定在先（事实上设定在后）从而使第三人对抵押物（质物）变价并优先受偿从而损害抵押权人的利益，法律就赋予已登记的抵押权优先于质权清偿的效力。况且，同为公示手段，登记的效力要大于占有。

司法实践中值得注意的是，已登记的抵押权优先于同一财产上负担的质权，其中已登记抵押权设立的时间既可能先于质权的设立时间，也可能后于质权的设立时间。此时就不再遵循"物权效力取决于其设立时间"的原则。

法条指引

❶《中华人民共和国担保法》（1995年6月30日　主席令公布）

第三十五条　抵押人所担保的债权不得超出其抵押物的价值。

财产抵押后，该财产的价值大于所担保债权的余额部分，可以再次抵押，但不得超出其余额部分。

第四十三条　当事人以其他财产抵押的，可以自愿办理抵押物登记，抵押合同自签订之日起生效。

当事人未办理抵押物登记的，不得对抗第三人。当事人办理抵押物登记的，登记部门为抵押人所在地的公证部门。

第六十三条　本法所称动产质押，是指债务人或者第三人将其动产移交债权人占有，将该动产作为债权的担保。债务人不履行债务时，债权人有权依照本法规定以该动产折价或者以拍卖、变卖该动产的价款优先受偿。

前款规定的债务人或者第三人为出质人，债权人为质权人，移交的动产为质物。

❷《最高人民法院关于适用〈中华人民共和国担保法〉若干问题的解释》（2000年12月13日发布）

第七十九条　同一财产法定登记的抵押权与质权并存时，抵押权人优先于质权人受偿。

同一财产抵押权与留置权并存时，留置权人优先于抵押权人受偿。

【抵押权与留置权并存时的效力】

法律问题解读

同一财产上抵押权与留置权并存的情况有两种：(1) 抵押权设定在先，留置权成立在后；(2) 留置权成立在先，抵押权设定在后。这里所讨论的仅指第一种情况。

留置权为法定担保物权，抵押权为约定担保物权，法定物权效力优先于约定物权，这是物权法上的基本原则。所以当两者同时存在于某一财产上时，留置权人要优先于抵押权人受偿。这样规定的另一个理由是留置权的产生与标的物价格的保存或增加有关（这在加工修理中体现得尤为突出）。若无留置权，抵押权可能无（或少）物可供支配。

我国《海商法》规定，"船舶优先权先于船舶留置权受偿，船舶抵押权后于船舶留置权受偿"，即是这一理论的体现。《关于担保法若干问题的解释》也肯定了两者在同一财产上并存时留置权优先于抵押权。

司法实践中值得注意的一个问题是，当事人利用留置权的优先于抵押权的效力，恶意串通成立留置权，从而来排斥在标的物上已经设定的抵押权。为了避免恶意人的得逞，保障抵押权人的合法利益，法律应对留置权的对抗效力予以限制。即留置权对抗抵押权的，应当以善意取得的留置权为限；恶意成立的留置权不具有优先于抵押权的效力。

法条指引

❶《中华人民共和国民法通则》（1986年4月12日 主席令公布）

第七十一条 财产所有权是指所有人依法对自己的财产享有占有、使用、收益和处分的权利。

❷《中华人民共和国海商法》（1992年11月7日 主席令公布）

第二十五条 船舶优先权先于船舶留置权受偿，船舶抵押权后于船舶留置权受偿。

前款所称船舶留置权，是指造船人、修船人在合同另一方未履行合同时，可以留置所占有的船舶，以保证造船费用或者修船费用得以偿还的权利。船舶留置权在造船人、修船人不再占有所造或者所修的船舶时消灭。

❸《中华人民共和国担保法》（1995年6月30日 主席令公布）

第三十三条 本法所称抵押，是指债务人或者第三人不转移对本法第三十四条所列财产的占有，将该财产作为债权的担保。债务人不履行债务时，债权人有权依照本法规定以该财产折价或者以拍卖、变卖该财产的价款优先受偿。

前款规定的债务人或者第三人为抵押人，债权人为抵押权人，提供担保的财产为抵押物。

第八十二条 本法所称留置，是指依照本法第八十四条的规定，债权人按照合同约定占有债务人的动产，债务人不按照合同约定的期限履行债务的，债权人有权依照本法规定留置该财产，以该财产折价或者以拍卖、变卖该财产的价款优先受偿。

❹《最高人民法院关于适用〈中华人民共和国担保法〉若干问题的解释》（2000年12月13日发布）

第七十九条 同一财产法定登记的抵押权与质权并存时，抵押权人优先于质权人受偿。

同一财产抵押权与留置权并存时，留置权人优先于抵押权人受偿。

【抵押权与税收并存时的效力】

法律问题解读

抵押人用其所有的财产设定抵押的，其可能会因其他种种原因应向国家缴纳税收。税收对抵押权人来说是一种债务，这种债务没有设定担保，与设有抵押权的其他债权相比，效力较差。但由于税收是向国家缴纳的，国家利益也需要保护。所以当两者并存时，要根据不同的情况决定哪个项目优先受偿。

2001年修订的《税收征收管理法》规定，"税务机关征收税款，税收优先于无担保债权，法律另有规定的除外；纳税人欠缴的税款发生在纳税人以其财产设定抵押、质押或者纳税人的财产被留置之前的，税收应当先于抵押权、质押权、留置权执行"。

也就是说，为了保证国家利益，税收优先于一般无担保债权。至于和有抵押担保的债权相比，则按其各自成立的时间顺序决定谁先受偿。纳税人欠缴的税款发生先于抵押设定的，税收应先于抵押权实现；反之，如果纳税人欠缴的税款发生后于抵押设定，这时抵押权就先于税收实现。这样规定其实就是把税收放在一个有担保的债权的位置了，也是注重保护国家利益的体现。

法条指引

❶《中华人民共和国税收征收管理法》（2001年4月28日修正公布）

第四十五条 税务机关征收税款，税收优先于无担保债权，法律另有规定的除外；纳税人欠缴的税款发生在纳税人以其财产设定抵押、质押或者纳税人的财产被留置之前的，税收应当先于抵押权、质权、留置权执行。

纳税人欠缴税款，同时又被行政机关决定处以罚款、没收违法所得的，税收优先于罚款、没收违法所得。

税务机关应当对纳税人欠缴税款的情况定期予以公告。

❷《国家税务总局关于贯彻实施〈中华人民共和国税收征收管理法〉有关问题的通知》（2001年5月18日 国家税务总局发布）

六、税款、滞纳金、税收罚款的征收入库及其与其他款项的先后顺序（新《征管法》第二十九条、第四十五条、第五十三条），按照新《征管法》的规定执行。

❸《国家税务总局关于贯彻〈中华人民共和国税收征收管理法〉及其实施细则若干具体问题的通知》（2003年4月23日发布）

七、关于税款优先的时间确定问题

征管法第四十五条规定"纳税人欠缴的税款发生在纳税人以其财产设定抵押、质押或者纳税人的财产被留置之前的,税收应当先于抵押权、质权、留置权执行",欠缴的税款是纳税人发生纳税义务,但未按照法律、行政法规规定的期限或者未按照税务机关依照法律、行政法规的规定确定的期限向税务机关申报缴纳的税款或者少缴的税款,纳税人应缴纳税款的期限届满之次日即是纳税人欠缴税款的发生时间。

【同一抵押物上多个抵押权的实现】

法律问题解读

依据《担保法》第35条的规定,当某个抵押物在第一次抵押之后,如果其价值超过了所担保的债权数额,则余额部分可以进行第二次、第三次甚至更多的抵押。这样一来,同一抵押物可能同时存在着多个抵押权。这种现象叫做一物多抵。

一物多抵中众多抵押权的实现中最大的问题就是确定多个抵押权的实现顺序。在实践中,多个抵押权的实现顺序依照下列规定而确定:抵押合同以登记生效的,按照抵押物登记的先后顺序确定抵押权的实现顺序,顺序相同的,按照各自所担保的债权额比例就抵押物变价所得清偿;不需办理抵押物登记的,抵押合同自签订后生效,按照各自所担保的债权额比例清偿。当然,抵押物已经登记的抵押权先于未登记的抵押权实现。

如果顺序在先的抵押权所担保的债权先到期且未获清偿的,此抵押权可以实现,实现后的剩余价款应予以提存,留待担保后顺序抵押权所担保的债权;如果顺序在后的抵押权所担保的债权先到期且未获清偿的,此抵押权人只能就抵押物价值超出顺序在先的抵押权所担保的部分优先受偿。

在司法实践中还会出现这样的情况:同一抵押物上有多个抵押权的,顺序在先的抵押权人通过种种途径取得该抵押物的所有权,即先顺序的抵押权人和抵押物的所有权人为同一人。在这种情况下,所有权人可以以其抵押权对抗顺序在后的抵押权,后顺序的抵押权不能对抗所有人的抵押权。

法条指引

❶《中华人民共和国物权法》(2007年3月16日主席令公布 2007年10月1日施行)

第一百九十九条 同一财产向两个以上债权人抵押的,拍卖、变卖抵押财产所得的价款依照下列规定清偿:

(一)抵押权已登记的,按照登记的先后顺序清偿;顺序相同的,按照债权比例清偿;

(二)抵押权已登记的先于未登记的受偿;

(三)抵押权未登记的,按照债权比例清偿。

❷《中华人民共和国担保法》(1995年6月30日 主席令公布)

第五十四条 同一财产向两个以上债权人抵押的,拍卖、变卖抵押物所得的价款按照以下规定清偿:

(一)抵押合同以登记生效的,按照抵押物登记的先后顺序清偿;顺序相同的,按照债权比例清偿;

(二)抵押合同自签订之日起生效的,该抵押物已登记的,按照本条第(一)项规定清偿;未登记的,按照合同生效时间的先后顺序清偿,顺序相同的,按照债权比例清偿。抵押物已登记的先于未登记的受偿。

❸《最高人民法院关于适用〈中华人民共和国担保法〉若干问题的解释》(2000年12月13日发布)

第七十七条 同一财产向两个以上债权人抵押的,顺序在先的抵押权与该财产的所有权归属一人时,该财产的所有权人可以以其抵押权对抗顺序在后的抵押权。

第七十八条 同一财产向两个以上债权人抵押的,顺序在后的抵押权所担保的债权先到期的,抵押权人只能就抵押物价值超出顺序在先的担保债权的部分受偿。

顺序在先的抵押权所担保的债权先到期的,抵押权实现后的剩余价款应予提存,留待清偿顺序在后的抵押担保债权。

❹《最高人民法院关于贯彻执行〈中华人民共和国民法通则〉若干问题的意见(试行)》(1988年1月26日发布)

115. 抵押物如由抵押人自己占有并负责保管,在抵押期间,非经债权人同意,抵押人将同一抵押物转让他人,或者就抵押物价值已设置抵押部分再作抵押的,其行为无效。

债务人以抵押物清偿债务时,如果一项抵押物有数个抵押权人的,应当按照设定抵押权的先后顺序受偿。

❺《城市房地产抵押管理办法》(2001年8月15日 建设部修正发布)

第四十三条 同一房地产设定两个以上抵押权时,以抵押登记的先后顺序受偿。

学者观点

❶ 陈祥健:《抵押权次序立法例的多视角评判及其选择》,参见北大法宝引证码：Pkulaw.cn/CLI. A. 110319。

❷ 王全弟、盛宏观:《抵押权顺位升进主义与固定主义之选择》,参见北大法宝引证码：Pkulaw.cn/CLI. A. 1117891。

【同一抵押物上后顺序抵押权的实现】

法律问题解读

一物多抵的,实践中会遇上顺序在后的抵押权所担保的债权却先到期且未受清偿的情况。由于顺序在后,后顺序的抵押权的实现不能侵犯前顺序抵押权人的利益。也就是说,后顺序抵押权的实现必须保证将来才行使的先顺序抵押权能顺利实现。这样一来,后顺序抵押权可供支配的范围就小了,它只能以抵押物的价值超出先顺序抵押权所担保的债权额的余额部分受偿。例如:如果抵押物的价值为 1.3 万元,第一顺序抵押权所担保的债权为 0.8 万元,那么债权先到期的第二顺序抵押权的优先受偿范围只有 1.3 万元－0.8 万元＝0.5 万元,即使第二顺序的抵押权所担保的债权可能是大于 0.5 万元,如 0.7 万元。

司法实践中容易忽视的一种情况是,债权先到期的后顺序抵押权实现后,先顺序的抵押权所担保的债权尽管后到期却得到完全清偿(因为多个抵押权所担保的有可能是不同的债权)。这种情况发生后,后顺序抵押权实现时为先顺序抵押权所保留的份额没有动。如果后顺序抵押权实现时效力所及部分(即抵押物价值超出先顺序抵押担保债权的部分)没有使被担保债权得到完全清偿,那么未得到清偿的部分就可以就被先顺序抵押权行使后剩余的那部分份额(即后顺序抵押权实现时为先顺序抵押权人保留的份额)再次优先受偿。仍以上例,第一顺序的抵押权所担保的债权到期后得到完全清偿,那么第二顺序的抵押权人就可以就其未得到清偿的部分 0.7 万元－0.5 万元＝0.2 万元在为第一顺序抵押权人所保留的 0.8 万元内再次优先受偿。

法条指引

❶《最高人民法院关于适用〈中华人民共和国担保法〉若干问题的解释》(2000 年 12 月 13 日发布)

第七十八条 同一财产向两个以上债权人抵押的,顺序在后的抵押权所担保的债权先到期的,抵押权人只能就抵押物价值超出顺序在先的抵押担保债权的部分受偿。

顺序在先的抵押权所担保的债权先到期的,抵押权实现后的剩余价款应予提存,留待清偿顺序在后的抵押担保债权。

❷《最高人民法院关于贯彻执行〈中华人民共和国民法通则〉若干问题的意见(试行)》(1988 年 1 月 26 日发布)

115. 抵押物如由抵押人自己占有并负责保管,在抵押期间,非经债权人同意,抵押人将同一抵押物转让他人,或者就抵押物价值已设置抵押部分再作抵押的,其行为无效。

债务人以抵押物清偿债务时,如果一项抵押物有数个抵押权人的,应当按照设定抵押权的先后顺序受偿。

【同一抵押物上先顺序抵押权的实现】

法律问题解读

同一抵押物上设有多个抵押权的,如果先顺序抵押权所担保的债权先到期且未受清偿,先顺序的抵押权可以行使。由于其顺序在先,故它的实现不像后顺序抵押权实现那样有诸多限制,它的行使就像一般抵押权行使那样,可折价、拍卖或变卖抵押物,然后从所得价款中优先受偿。它不必考虑后顺序抵押权人的情况,更不必为后顺序的抵押权人保留什么份额,因为顺序在先,它的行使给后顺序抵押权人造成的无物可支配的结果是正常行使权利的结果,是合法的。

司法实践中值得注意的是先顺序抵押权实现后所得价款的余额的处理。一般抵押中是将这部分余额归还给抵押人,因为抵押人是抵押物的所有权人。而在一物多抵中却不能将先顺序抵押权实现后抵押物变价所得价款的余额归还给抵押人。因为先顺序抵押权是实现了,但后顺序的抵押权却仍然存在着,而后顺序抵押权的效力支配范围就是所得价款的余额部分。因此为了保护后顺序抵押权的实现,应将这部分余额提存,留待担保后顺序抵押所担保的债权。

法条指引

❶《最高人民法院关于适用〈中华人民共和

国担保法〉若干问题的解释》（2000年12月13日发布）

第七十八条 同一财产向两个以上债权人抵押的，顺序在后的抵押权所担保的债权先到期的，抵押权人只能就抵押物价值超出顺序在先的抵押担保债权的部分受偿。

顺序在先的抵押权所担保的债权先到期的，抵押权实现后的剩余价款应予提存，留待清偿顺序在后的抵押担保债权。

❷《最高人民法院关于贯彻执行〈中华人民共和国民法通则〉若干问题的意见（试行）》（1988年1月26日发布）

115. 抵押物如由抵押人自己占有并负责保管，在抵押期间，非经债权人同意，抵押人将同一抵押物转让他人，或者就抵押物价值已设置抵押部分再作抵押的，其行为无效。

债务人以抵押物清偿债务时，如果一项抵押物有数个抵押权人的，应当按照设定抵押权的先后顺序受偿。

【所有人抵押权】

法律问题解读

所有人抵押权是指存在于所有人（即抵押权人）自己所有物上的抵押权。它是以抵押物的所有人为抵押权人，也就说在自己所有的财产上存在的抵押权。一般抵押要么在债务人财产上设定并存在，要么在第三人的财产上设定并存在，而所有人抵押却是存在于债权人自己财产上的抵押，不能不视为抵押中的特例。当然这里所指的所有人的抵押权是指原为他人设定的抵押权的抵押物，由于某些原因而归属抵押权人，但在其上仍存在的抵押权。

我国现行法律采取的是抵押权顺序升进原则，即同一抵押物上存在多个抵押权的，先顺序的抵押权消灭的，后顺序抵押权自动升进顺序。在先顺序的抵押权和主债权混同（即抵押权人通过获得抵押物的所有权而使原债权消灭）的情况下，后顺序的抵押权若仍然升进顺序，则会损害因混同而成为抵押物所有人的先顺序抵押权人的利益。因此法律规定，此时抵押权不消灭，抵押权人对自己的抵押物仍享有抵押权，从而对抗顺序在后的抵押权，以保护自己的利益。

所有人抵押权的主要功能在于排除混同规则对抵押权人（即抵押物所有权人）利益的损害；同时也防止抵押权从属性原则的僵化适用，由此便利抵押权的流通并促进不动产金融的发达。

在司法实践中要注意的一点是，由于所有人抵押权是为了克服抵押权顺位升进原则带来的弊端而设，因此所有人（即抵押权人）不能对抵押物申请强制执行而参与分配，只能在后顺序抵押权实现时，就抵押物变价所得的价款保留其应得的份额，将这部分财产归入自己的一般财产中。

法条指引

❶《最高人民法院关于适用〈中华人民共和国担保法〉若干问题的解释》（2000年12月13日发布）

第七十七条 同一财产向两个以上债权人抵押的，顺序在先的抵押权与该财产的所有权归属一人时，该财产的所有权人可以以其抵押权对抗顺序在后的抵押权。

学者观点

❶ 陈华彬：《对我国物权立法的若干新思考》，参见北大法宝引证码：Pkulaw.cn/CLI.A.1104516。

【承租人的优先购买权】

法律问题解读

承租人对租赁物的优先购买权是承租人的一项重要权利，得到了《民法通则》、《合同法》等法律的肯定。即使在租赁物上设定抵押，承租人的这项权利仍不受影响。当抵押权实现时，抵押人或折价或拍卖或变卖将抵押物处分给其他人时，必须要把抵押物即将转让的事实告知承租人，只有承租人在同等条件下不愿购买的前提下，抵押物才能被转让给其他人。如果抵押人未履行此义务的，承租人可以主张租赁物的转让无效。

从表面上看，抵押权是一种物权，而承租人的优先购买权是从性质上为债权的租赁权中产生的，因而抵押权的效力应当优先，没有必要在抵押权实现时再保障承租人的优先购买权。但实际上，抵押权是就抵押物于债权届期未获清偿时变价并优先受偿的权利，它只是一种优先受偿权而非对抵押物进行实际支配的权利，所以抵押物处分给谁对于抵押权人并无影响。并且，承租人的优先购买权的行使并不会侵犯抵押权人的利益。因为承租人的优先购买权是在同等条件下进行的，而同等条件在转让抵押物中就表现为同等价格，所以承租人的优先购买权并未使处分抵押物的价款降低；只要抵押物变价结果一样，至于抵押物处分给谁对抵押权人来说无关紧要，而对承租人却是一项重要的权利。

如果说租赁关系的存在可能会影响抵押物处分价格从而损害抵押权人的利益，但承租人的优先购买权无论如何也不会影响抵押权人的利益。所以，在抵押权实现时要保障承租人的优先购买权。

法条指引

❶《中华人民共和国合同法》（1999 年 3 月 15 日 主席令公布）

第二百三十条 出租人出卖租赁房屋的，应当在出卖之前的合理期限内通知承租人，承租人享有以同等条件优先购买的权利。

❷《最高人民法院关于贯彻执行〈中华人民共和国民法通则〉若干问题的意见（试行）》（1988 年 1 月 26 日发布）

118. 出租人出卖出租房屋，应提前三个月通知承租人，承租人在同等条件下，享有优先购买权；出租人未按此规定出卖房屋的，承租人可以请求人民法院宣告该房屋买卖无效。

案例链接

❶《黄志森与胡元强等承租人优先购买权纠纷上诉案》，参见北大法宝引证码：Pkulaw.cn/CLI.C.276909。

❷《陈兴与胡元强等承租人优先购买权纠纷上诉案》，参见北大法宝引证码：Pkulaw.cn/CLI.C.276870。

学者观点

❶ 李家军：《房屋承租人优先购买权之检讨》，参见北大法宝引证码：Pkulaw.cn/CLI.A.1116278。

❷ 张艳、马强：《承租人优先购买权行使条件的探讨》，参见北大法宝引证码：Pkulaw.cn/CLI.A.1116324。

❸ 刘同战：《房屋承租人优先购买权的行使》，参见北大法宝引证码：Pkulaw.cn/CLI.A.1119326。

【共有人的优先购买权】

法律问题解读

用来设定抵押的抵押物，可以是抵押人单独所有的财产，也可以是和他人共有的财产。在共有的情况下，如果抵押物是按份共有的，抵押权效力只及于抵押人所有的那部分份额。如果是共同共有的，因为不存在份额，所以抵押权的效力及于整个共有物；但由于处分了其他共有人的财产，所以抵押人以共有财产设定抵押的，要经过其他共有人的同意，否则就无效。

共有人对共有物的优先购买权是共有人的一项重要权利，得到了《民法通则》和《合同法》等法律的肯定。即使在共有物上设定抵押，共有人的这项权利仍不受影响。当被担保的债权届期未获清偿时，抵押权人有权对共有物中设定抵押的份额（按份共有中）或共有物（共同共有中）进行变价，从而使自己的债权得到清偿。但共有份额或共有物因变价而转让的过程中，由于其他共有人享有优先购买权，抵押人必须将即将转让抵押物的事实告知其他共有人。只有在其他共有人在同等条件下不愿意购买时，抵押人才能将其共有份额（按份共有中）或共有物（共同共有中）转让给其他人，抵押权人才能从所得价款中优先受偿。

法律之所以这样保障共有人的优先购买权，具体理由和上个题目中的承租人的优先购买权一样。

法条指引

❶《中华人民共和国民法通则》（1986 年 4 月 12 日 主席令公布）

第七十八条 财产可以由两个以上的公民、法人共有。

共有分为按份共有和共同共有。按份共有人按照各自的份额，对共有财产分享权利，分担义务。共同共有人对共有财产享有权利，承担义务。

按份共有财产的每个共有人有权要求将自己的份额分出或者转让。但在出售时，其他共有人在同等条件下，有优先购买的权利。

❷《最高人民法院关于适用〈中华人民共和国担保法〉若干问题的解释》（2000 年 12 月 13 日发布）

第五十四条 按份共有人以其共有财产中享有的份额设定抵押的，抵押有效。

共同共有人以其共有财产设定抵押，未经其他共有人的同意，抵押无效。但是，其他共有人知道或者应当知道而未提出异议的视为同意，抵押有效。

❸《最高人民法院关于贯彻执行〈中华人民共和国民法通则〉若干问题的意见（试行）》（1988年1月26日发布）

92. 共同共有财产分割后，一个或者数个原共有人出卖自己分得的财产时，如果出卖的财产与其他原共有人分得的财产属于一个整体或者配套使用，其他原共有人主张优先购买权的，应当予以支持。

学者观点

❶ 崔建远：《论共有人的优先购买权》，参见北大法宝引证码：Pkulaw. cn/CLI. A. 1128115。

❷ 张礼洪：《按份共有人优先购买权之实现》，参见北大法宝引证码：Pkulaw. cn/CLI. A. 1141722。

【抵押权的消灭】

法律问题解读

抵押权作为担保债权圆满实现的一种手段，自然有消灭的时候。况且它对抵押人来说是一种不利益，法律也不会允许这种不利益永远存在下去。总的来说，导致抵押消灭的原因有以下几种：

1. 除斥期间届满、抵押权人应当在主债权诉讼时效期间行使抵押权，未行使的，人民法院不予保护。

2. 抵押权的实现。抵押权设定就是为了担保主债权的实现，当抵押权人就抵押物变价所得价款优先受偿后，抵押权因其实现而消灭。

3. 抵押物灭失而未受补偿。抵押权的效力只及于抵押物，当抵押物非归责于抵押人而灭失后又无代位物的，抵押权因失去支配标的物而消灭。

4. 主债权的消灭。抵押权是从属于被担保的主债权而存在的，当主债权因清偿、抵消、免除、混合等原因归于消灭时，抵押权因无存在的价值而归于消灭。

5. 行政机关收回土地使用权。因行政机关依照《城镇国有土地使用权出让和转让暂行条例》第17条规定作出收回土地使用权的处罚，作为抵押物的土地使用权消灭，在其上设定的抵押权也随之消灭。

抵押权消灭后，如果被担保的债权也消灭的，那么债务人、债权人、抵押人之间的债权债务关系，抵押权法律关系统归于消灭；如果被担保的债权仍然存在的，此债权变为一般无担保债权；如果被担保债权消灭而抵押物仍然存在的，则抵押物上的抵押负担从此消灭，此物变成正常状态的所有物。

抵押权消灭后，抵押人和抵押权人应到原登记机关办理抵押权注销登记。

法条指引

❶《中华人民共和国担保法》（1995年6月30日 主席令公布）

第五十二条 抵押权与其担保的债权同时存在，债权消灭的，抵押权也消灭。

第五十八条 抵押权因抵押物灭失而消灭。因灭失所得的赔偿金，应当作为抵押财产。

❷《中华人民共和国物权法》（2007年3月16日主席令公布 2007年10月1日施行）

第二百零二条 抵押权人应当在主债权诉讼时效期间行使抵押权；未行使的，人民法院不予保护。

❸《关于对〈中华人民共和国城镇国有土地使用权〉第17条有关内容请求解释的函》（1993年1月20日 最高人民法院发布）（略）

❹《住房置业担保管理试行办法》（2000年5月11日 建设部、中国人民银行联合发布）

第二十七条 借款人依照借款合同还清全部贷款本息，借款合同终止后，保证合同和房屋抵押合同即行终止。

案例链接

❶《张世军诉北京百福新华夏汽车连锁有限公司抵押合同纠纷案》，参见北大法宝引证码：Pkulaw. cn/CLI. C. 218590。

❷《何凤屏等与刘弟担保合同纠纷上诉案》，参见北大法宝引证码：Pkulaw. cn/CLI. C. 275690。

❸《南阳市福源居房地产开发有限责任公司与方城县华丰化工有限责任公司买卖合同纠纷上诉案》，参见北大法宝引证码：Pkulaw. cn/CLI. C. 261232。

第六章 特殊抵押

● 本章为读者提供与以下题目有关的法律问题的解读及相关法律文献依据

> 最高额抵押（360） 最高额抵押的适用范围（361） 最高额抵押所担保债权转让的限制（361）
> 最高额抵押的设定（362） 最高限额（362） 决算期（363） 最高额抵押权的变更（364） 最高额抵押的债权确定（364） 最高额抵押权的实现（365） 实际债权余额低于最高限额（365） 实际债权余额高于最高限额（366） 共同抵押（366） 共同抵押的设定（367） 共同抵押的效力（368） 共同抵押的实现顺序（369） 共同抵押中第三人的免责（370） 共同抵押人的求偿权（370） 浮动抵押（371） 集合抵押（371） 权利抵押（372）

【最高额抵押】

法律问题解读

最高额抵押，又称最高限额抵押，指在预定的最高限额之内，为担保一定期间内连续性交易所生债权的清偿而设定的抵押。它是一种为适应现代经济发展需要而产生的一项新型抵押制度。《物权法》、《担保法》及其司法解释都规定了最高额抵押。对于最高额抵押的理解，要从以下几点去把握：

1. 最高额抵押是为一定范围内连续发生的不特定债权提供的担保。此不特定债权可能会时而发生，时而消灭，一段时间后又发生，因此此债权为不确定的债权；而一般抵押在设定时债权已经特定、明确了。

2. 最高额抵押存在一个决算期。此决算期专门为使被担保债权额特定而设，只有到了决算期才知道被担保的债权的数额究竟是多少。

3. 最高额抵押人承担担保责任的限度不是抵押物的价值而是最高限额。即使实际确定被担保的债权数额大于最高限额，抵押人对超出最高限额部分的债权并不享有抵押权。

4. 最高额抵押是专门为一定期限内的连续性交易而设计的。此点也是其与一般抵押中主债权在设定抵押时已经发生而且将来不会再发生的不同之处。最高额抵押是一种特殊的抵押，非常态，需要当事人事先约定。

法条指引

❶《中华人民共和国物权法》（2007年3月16日主席令公布 2007年10月1日施行）

第二百零三条 为担保债务的履行，债务人或者第三人对一定期间内将要连续发生的债权提供担保财产的，债务人不履行到期债务或者发生当事人约定的实现抵押权的情形，抵押权人有权在最高债权额限度内就该担保财产优先受偿。

最高额抵押权设立前已经存在的债权，经当事人同意，可以转入最高额抵押担保的债权范围。

❷《中华人民共和国担保法》（1995年6月30日 主席令公布）

第五十九条 本法所称最高额抵押，是指抵押人与抵押权人协议，在最高债权额限度内，以抵押物对一定期间内连续发生的债权作担保。

第六十条 借款合同可以附最高额抵押合同。

债权人与债务人就某项商品在一定期间内连续发生交易而签订的合同，可以附最高额抵押合同。

第六十二条 最高额抵押除适用本节规定外，适用本章其他规定。

❸《最高人民法院关于适用〈中华人民共和国担保法〉若干问题的解释》（2000年12月13日发布）

第八十一条 最高额抵押权所担保的债权范围，不包括抵押物因财产保全或者执行程序被查封后或债务人、抵押人破产后发生的债权。

第八十二条 当事人对最高额抵押合同的最高限额、最高额抵押期间进行变更,以其变更对抗顺序在后的抵押权人的,人民法院不予支持。

第八十三条 最高额抵押权所担保的不特定债权,在特定后,债权已届清偿期的,最高额抵押权人可以根据普通抵押权的规定行使其抵押权。

抵押权人实现最高额抵押权时,如果实际发生的债权余额高于最高限额的,以最高限额为限,超过部分不具有优先受偿的效力;如果实际发生的债权余额低于最高限额的,以实际发生的债权余额为限对抵押物优先受偿。

案例链接

❶《宝丰县农村信用合作联社诉范振国等借款合同纠纷案》,参见北大法宝引证码:Pkulaw.cn/CLI.C.282726。

❷《中国农业发展银行民权县支行诉民权县供销合作社联合社金融借款合同纠纷案》,参见北大法宝引证码:Pkulaw.cn/CLI.C.279118。

学者观点

❶ 孙鹏、王勤劳:《最高额抵押法律适用问题研究》,参见北大法宝引证码:Pkulaw.cn/CLI.A.1137976。

❷ 杨文辉:《最高额抵押权决算期之研究》,参见北大法宝引证码:Pkulaw.cn/CLI.A.1141687。

【最高额抵押的适用范围】

法律问题解读

一般抵押在适用范围上并无限制,对一般的合法债权均可设定。但最高额抵押并非可适用于一切合同债权,其适用范围受到了限制,它只能适用于一定范围内连续发生的不特定债权。

理解最高额抵押适用范围需要把握以下几点:(1)最高额抵押只能为将来发生的债权设定。也就是说,抵押权设立之时,被担保债权尚未产生和确定。所以,最高额抵押对已经确定的债权不适应。(2)被担保的债权的发生具有连续性。即这种债权不是发生一次就结束了的,其发生有先后。(3)发生的债权的种类相同。要么都是借贷关系,要么都是买卖关系。也就是说,前后发生的多个债权发生的原因关系或基础关系相同。(4)这种连续发生的债权只能是合同债权,而非因其他原因产生的债权。

《担保法》规定的最高额抵押可以适用于借款合同与买卖合同。这两种合同所引发的债权都符合以上条件;不符合条件的债权,不得用最高额抵押为之提供担保。

法条指引

❶《中华人民共和国物权法》(2007年3月16日主席令公布 2007年10月1日施行)

第二百零三条 为担保债务的履行,债务人或者第三人对一定期间内将要连续发生的债权提供担保财产的,债务人不履行到期债务或者发生当事人约定的实现抵押权的情形,抵押权人有权在最高债权额限度内就该担保财产优先受偿。

最高额抵押权设立前已经存在的债权,经当事人同意,可以转入最高额抵押担保的债权范围。

❷《中华人民共和国担保法》(1995年6月30日 主席令公布)

第六十条 借款合同可以附最高额抵押合同。

债权人与债务人就某项商品在一定期间内连续发生交易而签订的合同,可以附最高额抵押合同。

学者观点

❶ 杨宗平:《论最高额抵押的效力》,参见北大法宝引证码:Pkulaw.cn/CLI.A.128091。

【最高额抵押所担保债权转让的限制】

法律问题解读

《担保法》规定,最高额抵押的主合同债权不得转让。这种规定的直接后果是,如果转让主债权,该转让行为因违反法律禁止性规定而无效。而新出台的《物权法》规定:最高额抵押担保的债权确定前,部分债权转让的,最高额抵押权不得转让,但当事人另有约定的除外。这两部法律的这两个相关法条的关系如何处理呢?

事实上《担保法》的规定并没有因限制了债权的转让从而使最高额抵押失去了生机活力。这条规定的被禁止转让的不是各个具体债权,而是基础法律关系。比如,当事人约定一定期内以某个限额对借款合同提供抵押,在决算期到来之前,借款分别借了四次。这样基础法律关系是借款合同，四个实际发生的特定数额的借款合同债权是具体的债权。由此可见，合同债权的基础法律关系仅是一个抽象的事物，它并不客观存在；客观存在的是债权人债务人之间确已发生的各个具体债权。各个具体的债权可以转让，不能转让的是各个具体债权所发生的依据——基础法律关系。

法律禁止最高额抵押基础法律关系转让是因为：(1) 基础法律关系是各个具体的债权债务关系和抵押法律关系的根本之所在，如摩天大厦的地基，地基不在，大厦只有倒塌的命运。(2) 当事人之间之所以能存在最高额抵押，是因为当事人之间存在着连续性交易，也就是说，当事人之间存在着一定的信任。如果允许基础关系转让，那么主体就要变更，这样会在一定程度上损害债务人的利益，因为信任关系减少或消灭了。

从这个角度来看《物权法》的规定，它事实上是在讲，除非当事人另有约定，当事人在基础债权没有最终确定前移转具体债权时，抵押权不随之转让。当然最高额抵押期间终止后，主债权可以和抵押权一起转让。因为被担保的债权已经特定，它此时与一般抵押除了最高限额之外并无区别。

法条指引

❶《中华人民共和国物权法》(2007年3月16日主席令公布　2007年10月1日施行)

第二百零三条　为担保债务的履行，债务人或者第三人对一定期间内将要连续发生的债权提供担保财产的，债务人不履行到期债务或者发生当事人约定的实现抵押权的情形，抵押权人有权在最高债权额限度内就该担保财产优先受偿。

最高额抵押权设立前已经存在的债权，经当事人同意，可以转入最高额抵押担保的债权范围。

第二百零四条　最高额抵押担保的债权确定前，部分债权转让的，最高额抵押权不得转让，但当事人另有约定的除外。

❷《中华人民共和国担保法》(1995年6月30日主席令公布)

第六十一条　最高额抵押的主合同债权不得转让。

【最高额抵押的设定】

法律问题解读

最高额抵押与一般抵押在设立内容与设立程序上并没有太大的差异。也是抵押人与抵押权人就有关内容进行约定，订立最高额抵押合同，然后进行登记，最高额抵押成立并生效。但作为一种特殊抵押，最高额抵押与一般抵押在内容与程序上仍存在以下差别：

内容上：(1) 最高额抵押权设立时必须就最高限额作出约定。最高限额是最高额抵押人承担责任的限度，如果双方当事人没有就最高限额作出约定的，那么抵押人的责任范围就没有明确，这样的最高额抵押徒有虚名。最高额抵押合同中必须有最高限额的条款，否则抵押合同将失去主要条款而不成立。(2) 最高额抵押设立时要就决算期作出约定。因为最高额抵押担保的是将来的不特定债权，在抵押权存续期间它可以自由增减变更，只有债权数额确定了，最高额抵押才能实现，所以作为确定债权数额手段的决算期就非常重要。但这不意味着当事人没有明确约定最高额抵押就因缺少主要条款而不成立。决算期没有被当事人约定，如果有其他方式可以使债权确定的，最高额抵押一样成立有效。

程序上：(1) 设立最高额抵押时必须签订书面合同。(2) 设立最高额抵押必须到登记机关办理登记手续。这两点都是由最高额抵押的非一般性和在市场经济交往中的重要性决定的。

法条指引

❶《中华人民共和国担保法》(1995年6月30日　主席令公布)

第四十三条　当事人以其他财产抵押的，可以自愿办理抵押物登记，抵押合同自签订之日起生效。

当事人未办理抵押物登记的，不得对抗第三人。当事人办理抵押物登记的，登记部门为抵押人所在地的公证部门。

第六十二条　最高额抵押除适用本节规定外，适用本章其他规定。

【最高限额】

法律问题解读

最高限额是指由抵押人和抵押权人在抵押合同中约定的，抵押权人在最高额抵押权实现时可得优先受偿的最高限度数额。最高限额是最高额抵押最具特色的地方，也是最高额抵押名称由来的原因。

最高额抵押是属于被担保债权不确定的抵押，抵押权设立时被担保的债权将来是否确定、确定后债权额是多少，取决于诸多因素。其中一些因素是抵押人无法控制的，所以要求抵押人以其提供的财产对将来不确定的任何数额的债权都提供担保，对抵押人不公平。因此抵押人与抵押权人在事先（即抵押权设定时，相对于债权的确定而言是"事先"）确定一个限额，从此抵押人用其抵押财产承担抵押责任的最高程度就是这个限额。即使最高额抵押权所担保的债权在确定之后债权额高于最高限额，抵押人也并非对实际发生的债权承担抵押责任，对超出最高限额的这部分，抵押人不承担抵押责任。

最高限额是最高额抵押最大的特点，也是其发挥一般抵押不具有的功能的关键所在。因此最高额抵押合同中必须规定最高限额，如果没有则就认为最高额抵押不成立。司法实践中要注意这一点。

法条指引

❶《中华人民共和国物权法》（2007年3月16日主席令公布 2007年10月1日施行）

第二百零三条 为担保债务的履行，债务人或者第三人对一定期间内将要连续发生的债权提供担保财产的，债务人不履行到期债务或者发生当事人约定的实现抵押权的情形，抵押权人有权在最高债权额限度内就该担保财产优先受偿。

最高额抵押权设立前已经存在的债权，经当事人同意，可以转入最高额抵押担保的债权范围。

❷《中华人民共和国担保法》（1995年6月30日 主席令公布）

第五十九条 本法所称最高额抵押，是指抵押人与抵押权人协议，在最高债权额限度内，以抵押物对一定期间内连续发生的债权作担保。

案例链接

❶《河南众品食业股份有限公司诉许昌山花实业有限公司担保追偿纠纷案》，参见北大法宝引证码：Pkulaw.cn/CLI.C.262209。

❷《宝丰县农村信用合作联社诉崔坤艳等借款合同纠纷案》，参见北大法宝引证码：Pkulaw.cn/CLI.C.282733。

❸《中国邮政储蓄银行有限责任公司南乐县支行与张胜利等借款担保合同纠纷案》，参见北大法宝引证码：Pkulaw.cn/CLI.C.277853。

学者观点

❶ 陈外华：《最高额抵押刍议》，参见北大法宝引证码：Pkulaw.cn/CLI.A.111219。

【决算期】

法律问题解读

决算期指确定最高额抵押所担保的债权实际数额的时间。从性质来说，它是期日而非期间。由于最高抵押合同中约定的只是最高限额而非实际担保额，因此必须要在特定时间将不特定的实际发生的债权额特定化，然后将实际发生的债权额与最高限额相比较，从而决定抵押人实际承担担保责任的具体数额。这个特定时间一般来说就是决算期。也就是说，只有等到决算期，最高额抵押所担保的债权才能固定，抵押权实现才有可能。决算期的重要性由此可见，所以决算期是最高额抵押法律关系中的一个重要因素。

但在司法实践中也会遇到抵押人与抵押权人没有在抵押合同中约定决算期的情况。此时，人民法院不能武断地认为抵押合同缺少主要条款而未成立。因为决算期的作用只是将不特定债权确定下来。虽然抵押合同中没有约定决算期，但如果可以用其他办法来确定已经发生的债权，最高额抵押合同依然成立并发生效力。只有在依其他方法也无法将债权确定时，才能认为最高额抵押不成立。这点是决算期与最高限额的不同之处。

法条指引

❶《中华人民共和国担保法》（1995年6月30日 主席令公布）

第五十九条 本法所称最高额抵押，是指抵押人与抵押权人协议，在最高债权额限度内，以抵押物对一定期间内连续发生的债权作担保。

案例链接

❶《中国长城资产管理公司郑州办事处与新乡市第二建筑材料总公司别除权纠纷上诉案》，参见北大法宝引证码：Pkulaw.cn/CLI.C.280816。

❷《中国银行股份有限公司北京朝阳支行诉赵建借款合同纠纷案》，参见北大法宝引证码：Pkulaw.cn/CLI.C.223070。

❸《汪育松与安吉博大投资担保有限公司保

证合同纠纷上诉案》，参见北大法宝引证码：Pkulaw. cn/CLI. C. 242559。

学者观点

❶ 陈外华：《最高额抵押刍议》，参见北大法宝引证码：Pkulaw. cn/CLI. A. 111219。

【最高额抵押权的变更】

法律问题解读

如果被担保的债权已经确定，其就转变成一般抵押，自然不存在最高额抵押变更问题。所以最高额抵押变更指的是在被担保债权确定之前所发生的变更。本来最高额抵押合同是抵押人与抵押权人约定的，他们自然可以变更抵押权合同条款。但他们行使这种权利时，不能损害第三人的利益。如果担保最高额抵押的抵押物价值大于最高限额的，可以再次设定抵押，那么此抵押权人（即后顺序抵押权人）相对于最高额抵押人和原抵押权人（即先顺序抵押权人）而言是第三人。

最高额抵押人与抵押权人（即先顺序抵押权人）协议变更最高限额的，如果将最高限额减少，对顺序在后的抵押权人没有害处只有好处，自然没有问题；如果将最高限额增加的，那么后顺序抵押权人可得优先受偿的部分就因最高限额的变更而减少，也就是说最高额抵押权变更给第三人造成了损害，这自然为法律所不许。

当最高额抵押人与抵押权人（即先顺序抵押权人）协议变更最高额抵押期间的，如果将抵押期间缩短的这对后顺序抵押权人有利，法律会允许；如果将抵押期间延长的，那么就意味着实际发生的债权额有增加的可能（因为这时实际发生的债权额可能没有达到最高限额），这就使得后顺序抵押权人可得支配的范围有减少的可能，从而损害了后顺序抵押权人的利益，因此为法律所禁止。

所以不能机械地理解《关于担保法若干问题的解释》第82条，该条所指的变更仅指对后顺序抵押权人不利的情况即增加最高限额、延长抵押期间的变更。

法条指引

❶《中华人民共和国宪法》（1999年3月15日修正）

第五十一条 中华人民共和国公民在行使自由和权利的时候，不得损害国家的、社会的、集体的利益和其他公民的合法的自由和权利。

❷《最高人民法院关于适用〈中华人民共和国担保法〉若干问题解释》（2000年12月13日发布）

第八十二条 当事人对最高额抵押合同的最高限额、最高额抵押期间进行变更，以其变更对抗顺序在后的抵押权人的，人民法院不予支持。

【最高额抵押的债权确定】

法律问题解读

最高额抵押的债权的确定，指最高额抵押权所担保的不特定债权因为一定事由的发生而归于特定，这又被称为担保债权原本的特定。只有被担保债权确定下来之后，抵押权人才可能行使抵押权。

最高额抵押权因下列情形而确定：

1. 最高额抵押权确定的决算期届满。决算期本身就是确定最高额抵押担保债权的实际数额的时间，决算期到来，当然要确定被担保的债权。

2. 被担保的债权已没有再发生的可能。如果被担保的不特定债权已经没有发生的可能，那么就意味基本法律关系终止，被担保的债权自然也应该确定。

3. 抵押物因财产保全或执行程序而被查封、扣押。如果抵押物因保全或执行而被查封、扣押后仍不将最高额抵押所担保的债权加以特定，债务人就有可能与最高额抵押权人恶意串通增加债权数额，导致查封、扣押目的无法实现，所以此时被担保的债权要被确定。

4. 债务人或抵押人破产。债务人或抵押人破产的，破产人期限利益丧失，未到期债权都视为到期。决算期未到期的也视为到期，被担保的债权应被特定化。况且抵押人或债务人破产的，最高额抵押的基础法律关系也不复存在了，债权应当被确定。

被担保的债权确定之后再发生的债权不属于最高额抵押所担保的范围；在此之前发生的主债权，不论是否届清偿期，不论是否附有条件，均属于最高额抵押所担保的范围。

法条指引

❶《中华人民共和国物权法》（2007年3月16日主席令公布 2007年10月1日施行）

第二百零六条 有下列情形之一的，抵押权人的债权确定：

（一）约定的债权确定期间届满；

（二）没有约定债权确定期间或者约定不明确，抵押权人或者抵押人自最高额抵押权设立之日起满二年后请求确定债权；

（三）新的债权不可能发生；

（四）抵押财产被查封、扣押；

（五）债务人、抵押人被宣告破产或者被撤销；

（六）法律规定债权确定的其他情形。

❷《最高人民法院关于适用〈中华人民共和国担保法〉若干问题的解释》（2000年12月13日发布）

第八十一条 最高额抵押权所担保的债权范围，不包括抵押物因财产保全或者执行程序被查封后或债务人、抵押人破产后发生的债权。

【最高额抵押权的实现】

法律问题解读

最高额抵押与一般抵押的实现有许多相似之处：都是在抵押权实现的条件具备后对抵押物折价、拍卖或变卖从而对抵押物变价，抵押权人从变价所得价款中优先受偿，超出债权额的部分归抵押人所有，不足部分由债务人继续清偿等。

但最高额抵押的实现与一般抵押的实现仍有以下区别，在司法实践中值得注意：

1. 抵押权实现时间。一般抵押权实现是在主债权届期未获清偿后；但由于最高额抵押所担保的不是某一个债权，很可能是多个实际已发生的具体债权，因此最高额抵押必须等到主债权确定后，在确定后的债权届期仍未获清偿才能实现。

2. 担保数额。如果实际发生的债权余额低于最高限额的，则最高额抵押与一般抵押一样，以抵押物对实际发生的债权承担担保责任；如果实际发生的债权余额高于最高限额的，最高额抵押权人实现抵押权时对抵押物变价所得价款可得优先受偿的范围只能等于最高限额，对超出部分抵押权人不享有优先受偿的效力。

法条指引

❶《中华人民共和国物权法》（2007年3月16日主席令公布 2007年10月1日施行）

第二百零七条 最高额抵押权除适用本节规定外，适用本章第一节一般抵押权的规定。

❷《中华人民共和国担保法》（1995年6月30日 主席令公布）

第六十二条 最高额抵押除适用本节规定外，适用本章其他规定。

❸《最高人民法院关于适用〈中华人民共和国担保法〉若干问题的解释》（2000年12月13日发布）

第八十三条 最高额抵押权所担保的不特定债权，在特定后，债权已届清偿期的，最高额抵押权人可以根据普通抵押权的规定行使其抵押权。

抵押权人实现最高额抵押权时，如果实际发生的债权余额高于最高限额的，以最高限额为限，超过部分不具有优先受偿的效力；如果实际发生的债权余额低于最高限额的，以实际发生的债权余额为限对抵押物优先受偿。

【实际债权余额低于最高限额】

法律问题解读

这里的"实际债权余额"指的是在抵押持续期间已经发生但没有被债务人清偿的那部分债权，即抵押持续期间已发生的债权减去债务人已清偿的债权。当然实际债权余额不仅包括债权，也包括债权所生利息、违约金、损害赔偿金、实现抵押权的费用等。

最高额抵押所担保的债权确定后，如果届期未获清偿，抵押权人可以行使抵押权。但此时如果实际债权余额低于最高限额，即没有超出最高限额，那么抵押权人可以就实际债权余额对抵押物变价所得价款优先受偿。因为最高限额设立的目的就是为最高额抵押人承担担保责任设定一个最高点，在此最高点之内的担保责任都可以为抵押人所接受。所以当实际债权余额低于最高限额的，清偿全部的实际余额在抵押人预计的风险内，全部的债权余额可以就抵押物的变价所得价款得到优先受偿。

这样的结果对抵押权人和抵押人来说都是个较为理想的结果，对抵押权人来说，实际发生的债权要么得到债务人的清偿，要么从抵押物变价所得价款中优先受偿，总之都全部得到了实现；对抵押人来说，这种情况下抵押人承担的担保责任还没有达到最高限额。

法条指引

❶《最高人民法院关于适用〈中华人民共和

国担保法〉若干问题的解释》(2000 年 12 月 13 日发布)

第八十三条　最高额抵押权所担保的不特定债权，在特定后，债权已届清偿期的，最高额抵押权人可以根据普通抵押权的规定行使其抵押权。

抵押权人实现最高额抵押权时，如果实际发生的债权余额高于最高限额的，以最高限额为限，超过部分不具有优先受偿的效力；如果实际发生的债权余额低于最高限额的，以实际发生的债权余额为限对抵押物优先受偿。

【实际债权余额高于最高限额】

法律问题解读

如果实际债权余额低于最高限额，这对抵押人和抵押权人都有利。但现实中，经常会发生实际债权余额高于最高限额的情况。这时的最高额抵押权人就不能像实际债权余额低于最高限额时的抵押权人那样了，他并不能将全部的债权余额都从抵押物变价所得价款中优先受偿，他只能以最高限额为限优先受偿；实际债权余额高于最高限额的部分不能就抵押物优先受偿。例如：最高限额是 10 万元，实际发生的债权额是 13 万元，抵押物折价所得价款是 16 万元，此时抵押权人可得优先受偿的数目是 10 万元；实际债权余额高于最高限额的部分即 13 万元－10 万元＝3 万元，抵押权不能就抵押物优先受偿。

之所以会出现这种结果，是由最高额抵押的性质决定的。抵押权设定时，最高额抵押的最高限额就是抵押人事先（相对于抵押权实现而言）就将来抵押权实现时自己承担的担保责任作出一种上限的规定。不管实际发生的债权是多少，不管债权人（即抵押权人）在债权已届清偿期时有多少债权未获清偿，抵押人的担保责任的最高点是固定的。既然当初双方当事人对将来责任的承担作出了约定，当条件成就后当事人只能遵守当初约定。所以尽管实际债权余额高于最高限额，抵押权人并不能从抵押物变价所得价款优先受偿全部的实际债权余额，而只能以最高限额为限。

法条指引

❶《最高人民法院关于适用〈中华人民共和国担保法〉若干问题的解释》(2000 年 12 月 13 日发布)

第八十三条　最高额抵押权所担保的不特定债权，在特定后，债权已届清偿期的，最高额抵押权人可以根据普通抵押权的规定行使其抵押权。

抵押权人实现最高额抵押权时，如果实际发生的债权余额高于最高限额的，以最高限额为限，超过部分不具有优先受偿的效力；如果实际发生的债权余额低于最高限额的，以实际发生的债权余额为限对抵押物优先受偿。

【共同抵押】

法律问题解读

共同抵押，是指为担保同一债务，在数个财产上设定的抵押，即抵押人以特定的不同种类的财产形成一个集合体为同一债权设定抵押。数个抵押物可以由债务人提供，也可以由第三人提供，还可以分别由债务人和第三人提供。

共同抵押有两种情况：（1）单数抵押权，是指共同抵押的数个财产组成一个整体，一个抵押权；（2）复数抵押权，是指在共同抵押的每个财产上分别成立抵押权，共同担保一个债权。共同抵押分为按份共同抵押与连带共同抵押。按份共同抵押是指每个抵押物约定了所担保的债权数额，债权人只能就各个抵押物变价款，分别就其应负担的数额优先受偿。按份共同抵押中的每一个抵押物对同一债权是分别担保。连带共同抵押是指未约定每个抵押物所担保的债权数额，债权人可以任意就其中的一个或者几个抵押物变价价款优先受偿，每个抵押物都担保债权的全部。

需要注意的是，《担保法》规定，当事人以不动产、机器、交通运输工具和其他财产一并抵押的，可以一并设定抵押权。这里所设定的抵押为共同抵押，但这里所指的一并抵押财产不包括企业的知识产权，即不包括企业的商标、专利等财产。另外，我国《房地产抵押管理办法》规定，以两宗以上房地产设定同一抵押权的，视为同一抵押房地产。但抵押当事人另有约定的除外。

法条指引

❶《中华人民共和国担保法》(1995 年 6 月 30 日　主席令公布)

第三十四条　下列财产可以抵押：

（一）抵押人所有的房屋和其他地上定着物；

（二）抵押人所有的机器、交通运输工具和其他财产；

（三）抵押人依法有权处分的国有的土地使用

权、房屋和其他地上定着物；

（四）抵押人依法有权处分的国有的机器、交通运输工具和其他财产；

（五）抵押人依法承包并经发包方同意抵押的荒山、荒沟、荒丘、荒滩等荒地的土地使用权；

（六）依法可以抵押的其他财产。

抵押人可以将前款所列财产一并抵押。

❷《最高人民法院关于适用〈中华人民共和国担保法〉若干问题的解释》（2000年12月13日发布）

第五十条 以《担保法》第三十四条第一款所列财产一并抵押的，抵押财产的范围应当以登记的财产为准。抵押财产的价值在抵押权实现时予以确定。

❸《城市房地产抵押管理办法》（2001年8月15日 建设部修正发布）

第十条 以两宗以上房地产设定同一抵押权的，视为同一抵押房地产。但抵押当事人另有约定的除外。

案例链接

❶《某某银行诉励某某等金融借款合同纠纷案》，参见北大法宝引证码：Pkulaw. cn/CLI. C. 248297。

❷《长沙中联重工科技发展股份有限公司诉黄正春等担保追偿权纠纷案》，参见北大法宝引证码：Pkulaw. cn/CLI. C. 198023。

❸《奉化市农村信用合作联社诉毛兴宝等金融借款合同纠纷案》，参见北大法宝引证码：Pkulaw. cn/CLI. C. 229460。

❹《上海井禾服饰有限公司与陶乙等所有权确认纠纷上诉案》，参见北大法宝引证码：Pkulaw. cn/CLI. C. 275452。

学者观点

❶ 任华哲、鲁杨：《共同抵押若干问题之探讨》，参见北大法宝引证码：Pkulaw. cn/CLI. A. 124326。

【共同抵押的设定】

法律问题解读

共同抵押的设定由当事人订立书面抵押合同设定。依法需要办理抵押登记的，还要进行抵押登记。抵押物不限于债务人或同一抵押人所有之物，也不限于同一种类的物。无论动产、不动产还是不动产用益物权，如土地使用权，都可以作为共同抵押的标的物。

《担保法》规定，设定共同抵押的财产的范围以登记的财产为准。《担保法》规定可以将不动产、机器、交通运输工具和其他财产一并抵押，但就一并抵押的财产如何登记未作规定。抵押物中有些财产属于强制登记的范围，有些财产属于自愿登记的范围。属于强制登记的财产又可能属于不同登记部门。因此，当事人以《担保法》第34条所列的财产一并抵押的，抵押人和抵押权人应根据财产的不同种类，分别到法律、法规规定的或者地方政府规定的登记管理部门办理抵押物登记。司法实践中当事人以不动产、机器、交通运输工具和其他财产组成一个财团设定抵押，在企业所在地的工商行政管理部门办理财团抵押登记。以《担保法》第34条所列财产抵押的，抵押人和抵押权人应根据《担保法》第42条的规定，分别到法律、法规规定的登记部门办理抵押物登记。当事人未办理抵押物登记的，不得对抗第三人。

法条指引

❶《中华人民共和国物权法》（2007年3月16日主席令公布 2007年10月1日施行）

第一百八十条 债务人或者第三人有权处分的下列财产可以抵押：

（一）建筑物和其他土地附着物；

（二）建设用地使用权；

（三）以招标、拍卖、公开协商等方式取得的荒地等土地承包经营权；

（四）生产设备、原材料、半成品、产品；

（五）正在建造的建筑物、船舶、航空器；

（六）交通运输工具；

（七）法律、行政法规未禁止抵押的其他财产。

抵押人可以将前款所列财产一并抵押。

第一百八十一条 经当事人书面协议，企业、个体工商户、农业生产经营者可以将现有的以及将有的生产设备、原材料、半成品、产品抵押，债务人不履行到期债务或者发生当事人约定的实现抵押权的情形，债权人有权就实现抵押权时的动产优先受偿。

第一百八十九条 企业、个体工商户、农业生产经营者以本法第一百八十一条规定的动产抵押的,应当向抵押人住所地的工商行政管理部门办理登记。抵押权自抵押合同生效时设立;未经登记,不得对抗善意第三人。

依照本法第一百八十一条规定抵押的,不得对抗正常经营活动中已支付合理价款并取得抵押财产的买受人。

❷《中华人民共和国担保法》(1995年6月30日 主席令公布)

第三十四条 下列财产可以抵押:
(一)抵押人所有的房屋和其他地上定着物;
(二)抵押人所有的机器、交通运输工具和其他财产;
(三)抵押人依法有权处分的国有的土地使用权、房屋和其他地上定着物;
(四)抵押人依法有权处分的国有的机器、交通运输工具和其他财产;
(五)抵押人依法承包并经发包方同意抵押的荒山、荒沟、荒丘、荒滩等荒地的土地使用权;
(六)依法可以抵押的其他财产。

抵押人可以将前款所列财产一并抵押。

第四十二条 办理抵押物登记的部门如下:
(一)以无地上定着物的土地使用权抵押的,为核发土地使用权证书的土地管理部门;
(二)以城市房地产或者乡(镇)、村企业的厂房等建筑物抵押的,为县级以上地方人民政府规定的部门;
(三)以林木抵押的,为县级以上林木主管部门;
(四)以航空器、船舶、车辆抵押的,为运输工具的登记部门;
(五)以企业的设备和其他动产抵押的,为财产所在地的工商行政管理部门。

第四十三条 当事人以其他财产抵押的,可以自愿办理抵押物登记,抵押合同自签订之日起生效。

当事人未办理抵押物登记的,不得对抗第三人。当事人办理抵押物登记的,登记部门为抵押人所在地的公证部门。

❸《最高人民法院关于适用〈中华人民共和国担保法〉若干问题的解释》(2000年12月13日发布)

第五十条 以《担保法》第三十四条第一款所列财产一并抵押的,抵押财产的范围应当以登记的财产为准。抵押财产的价值在抵押权实现时予以确定。

❹《城市房地产抵押管理办法》(2001年8月15日 建设部修正发布)

第十条 以两宗以上房地产设定同一抵押权的,视为同一抵押房地产。但抵押当事人另有约定的除外。

【共同抵押的效力】

法律问题解读

共同抵押的效力是共同抵押的重要问题。共同抵押是为担保同一债权而在数个财产上设定的抵押,但抵押权人如何就数个抵押物清偿债权,《担保法》没有明确的规定。在司法实践中,一般根据以下不同情况而作出不同的处理:

1. 当事人就数个抵押物的金额有明确约定的,则根据各个抵押物应负担的金额,各自承担其担保责任。

2. 当事人对各抵押物没有约定负担金额的,那么各个抵押物连带地承担抵押责任。抵押权人既有权就多个抵押物同时实行数个抵押权,也可选择行使其中一项抵押权。但是在共同抵押中,不同的抵押人以数个财产为同一债权设定抵押后,抵押人又以其抵押物分别为其他债权设定抵押,抵押权人选择行使抵押权时,则会影响其他抵押权人的利益。为保护后顺序抵押权人的利益,司法实践中一般依以下两种规则来处理:第一,是分担规则,即将抵押权人的债权分割,由数个抵押物分担。按照这种规则,共同抵押权人如果同时就各抵押标的物卖得的价款受偿时,应按各标的物的价格分担其债权额。也就是说,各个抵押物应按其价格份额分别负担其所担保的债权;第二,是代位求偿的规则。此种规则是指,共同抵押权人若就某一抵押物卖得价款全部受偿时,此抵押物上的后次序的抵押权人可以代替共同抵押权人的地位,于其他的抵押物上取得的金额,行使其抵押权。

法条指引

❶《中华人民共和国物权法》(2007年3月16日主席令公布 2007年10月1日施行)

第一百八十条 债务人或者第三人有权处分的下列财产可以抵押:
(一)建筑物和其他土地附着物;
(二)建设用地使用权;
(三)以招标、拍卖、公开协商等方式取得的荒地等土地承包经营权;

（四）生产设备、原材料、半成品、产品；
（五）正在建造的建筑物、船舶、航空器；
（六）交通运输工具；
（七）法律、行政法规未禁止抵押的其他财产。

抵押人可以将前款所列财产一并抵押。

第一百八十一条　经当事人书面协议，企业、个体工商户、农业生产经营者可以将现有的以及将有的生产设备、原材料、半成品、产品抵押，债务人不履行到期债务或者发生当事人约定的实现抵押权的情形，债权人有权就实现抵押权时的动产优先受偿。

❷《中华人民共和国担保法》（1995年6月30日　主席令公布）

第三十四条　下列财产可以抵押：
（一）抵押人所有的房屋和其他地上定着物；
（二）抵押人所有的机器、交通运输工具和其他财产；
（三）抵押人依法有权处分的国有的土地使用权、房屋和其他地上定着物；
（四）抵押人依法有权处分的国有的机器、交通运输工具和其他财产；
（五）抵押人依法承包并经发包方同意抵押的荒山、荒沟、荒丘、荒滩等荒地的土地使用权；
（六）依法可以抵押的其他财产。

抵押人可以将前款所列财产一并抵押。

❸《最高人民法院关于适用〈中华人民共和国担保法〉若干问题的解释》（2000年12月13日发布）

第五十条　以《担保法》第三十四条第一款所列财产一并抵押的，抵押财产的范围应当以登记的财产为准。抵押财产的价值在抵押权实现时予以确定。

第七十五条　同一债权有两个以上抵押人的，债权人放弃债务人提供的抵押担保的，其他抵押人可以请求人民法院减轻或者免除其应当承担的担保责任。

同一债权有两个以上抵押人的，当事人对其提供的抵押财产所担保的债权份额或者顺序没有约定或者约定不明的，抵押权人可以就其中任一或者各个财产行使抵押权。

抵押人承担担保责任后，可以向债务人追偿，也可以要求其他抵押人清偿其应当承担的份额。

❹《城市房地产抵押管理办法》（2001年8月15日　建设部修正发布）

第十条　以两宗以上房地产设定同一抵押权的，视为同一抵押房地产。但抵押当事人另有约定的除外。

学者观点

❶ 任华哲、鲁杨：《共同抵押若干问题之探讨》，参见北大法宝引证码：Pkulaw. cn/CLI. A. 124326。

【共同抵押的实现顺序】

法律问题解读

在按份共同抵押中，每个抵押物都对既定份额的债权承担担保责任，无论是先被处分还是后被处分，其责任范围不变，所以实现顺序对其不会产生影响。但连带共同抵押权实现时，先对哪个抵押物行使抵押权后对哪个抵押物行使抵押权，对单个抵押物来说意义重大。

在连带共同抵押中，由于数个抵押物连带地对某一债权负担保责任，当抵押权人最先对某一抵押物行使了抵押权，被担保的债权额相应地少了一部分，那么其他抵押物所承担的担保责任也就相应地少了一部分；当抵押权人再对某个抵押物行使抵押权，其他抵押物负担的担保债权额又减少了一部分；直到当抵押权人的债权得到完全清偿时，剩余未被处分的抵押物身上的抵押负担归于消灭。由此可见，连带共同抵押的实现顺序对各个抵押物的命运起决定性作用。

连带共同抵押的实现顺序完全取决于抵押权人。他有权决定先对某一抵押物行使抵押权，后对另一抵押物行使抵押权。任何人都不能强迫抵押权人对某抵押物先处分或后处分，否则就侵害了抵押权人的选择权。

由于每个抵押物都担保着主债权的实现，所以抵押权人在实现其抵押权时，可以先对某一或某几个抵押物行使抵押权，还可以对全部抵押物行使抵押权。

法条指引

❶《中华人民共和国物权法》（2007年3月16日主席令公布　2007年10月1日施行）

第一百七十六条　被担保的债权既有物的担保又有人的担保的，债务人不履行到期债务或者发生当事人约定的实现担保物权的情形，债权人应当按照约定实现债权；没有约定或者约定不明确，债务人自己提供物的担保的，债权人应当先就该物的担保实现债权；第三人提供物的担保的，债权人可以就物的担保实现债权，也可以要求保证人承担保证责任。提供担保的第三人承担担保责任后，有权向债务人追偿。

❷《最高人民法院关于适用〈中华人民共和国担保法〉若干问题的解释》（2000年12月13日发布）

第七十五条　同一债权有两个以上抵押人的，债权人放弃债务人提供的抵押担保的，其他抵押人可以请求人民法院减轻或者免除其应当承担的担保责任。

同一债权有两个以上抵押人的，当事人对其提供的抵押财产所担保的债权份额或者顺序没有约定或者约定不明的，抵押权人可以就其中任一或者各个财产行使抵押权。

抵押人承担担保责任后，可以向债务人追偿，也可以要求其他抵押人清偿其应当承担的份额。

【共同抵押中第三人的免责】

法律问题解读

共同抵押的数个抵押财产，有可能是债务人自己提供的，也可能是第三人提供的。也就是说，共同抵押的抵押人可能是债务人也可能是第三人。尽管作为抵押人的第三人的担保责任源于抵押合同，但他却是为债务人的利益而承担此项义务的。况且只有在主债务人在清偿期届满后仍不履行债务时抵押人才承担担保责任，所以债务人是抵押法律关系中的最终责任人。

共同抵押中抵押人既有债务人又有第三人的，如果债权人放弃债务人提供的抵押担保的，其他抵押人可以请求人民法院减轻或免除其应当承担的担保责任。这是因为，尽管第三人负有抵押责任，但他是为了债务人的利益而承担抵押责任的，债务人是抵押法律关系中的最终责任人。所以应当要债务人尽可能地承担责任，只有在债务人无法承担责任的情况下，才有必要让作为抵押人的第三人承担抵押责任。所以，债权人放弃债务人提供的抵押担保即是在债务人有承担责任能力的基础上要第三人承担责任，是有悖于上述理论的。《担保法》没有对此规定而是其司法解释作出规定，主要是因为实践中债权人和债务人恶意串通损害第三人的利益的现象比较多，《关于担保法若干问题的解释》才这么规定的。这样的规定是对共同抵押实现时抵押权人对债务人抵押责任的放弃的禁止，其实也就是对抵押权人选择权的修正。

法条指引

❶《最高人民法院关于适用〈中华人民共和国担保法〉若干问题的解释》（2000年12月13日发布）

第七十五条　同一债权有两个以上抵押人的，债权人放弃债务人提供的抵押担保的，其他抵押人可以请求人民法院减轻或者免除其应当承担的担保责任。

同一债权有两个以上抵押人的，当事人对其提供的抵押财产所担保的债权份额或者顺序没有约定或者约定不明的，抵押权人可以就其中任一或者各个财产行使抵押权。

抵押人承担担保责任后，可以向债务人追偿，也可以要求其他抵押人清偿其应当承担的份额。

【共同抵押人的求偿权】

法律问题解读

由于共同抵押的标的物是数个抵押物，在抵押权实现时完全可能仅就一个或几个抵押物变价，被担保的债权就完全实现了。那么此时抵押权也就归于消灭了。被处分的抵押物所有人因抵押权的实现而丧失了对抵押物的所有权，而未被处分的抵押物所有人对自己提供的抵押物的所有权却没有丝毫影响。同为平等的共同抵押人，共同抵押权的实现却给他们的利益带来不同的影响。法律为解决利益平衡，特赋予已经承担担保责任的抵押人向其他抵押人追偿的权利。当然这里所指的追偿权仅发生在连带式抵押中，因为分配式抵押每个抵押人与其他抵押人并无直接的法律关系。如果共同抵押人在抵押设定之时就对每个抵押物所承担的份额进行了约定，则按约定的份额进行追偿；如果事先没有进行约定，那么则按抵押物的价值比例所确定的债权份额向其他抵押人追偿。

在共同抵押中，债权届期未获清偿的，抵押权人可以处分抵押物并对变价所得价款优先受偿从而使债权得到实现。抵押权消灭后，已被处分的抵押物的所有权人的对抵押物的所有权因抵押权的实现而消灭。这种损失最终源于债务人对主债务的不履行，也就是说债务人是抵押人这种损失的最终责任人。所以该抵押人有权向债务人追偿。追偿的份额是因共同抵押权人实现抵押权给自己造成的全部损失。

在连带式抵押中，因为作为抵押人的债务人和第三人承担的是连带的担保责任。所以已经承担担保责任的抵押人向债务人追偿和向其他共同抵押人追偿在时间顺序上并不需要有先后之分。

法条指引

❶《最高人民法院关于适用〈中华人民共和国担保法〉若干问题的解释》（2000年12月13日发布）

第七十五条　同一债权有两个以上抵押人的，债权人放弃债务人提供的抵押担保的，其他抵押人可以请求人民法院减轻或者免除其应当承担的担保责任。

同一债权有两个以上抵押人的，当事人对其提供的抵押财产所担保的债权份额或者顺序没有约定或者约定不明的，抵押权人可以就其中任一或者各个财产行使抵押权。

抵押人承担担保责任后，可以向债务人追偿，也可以要求其他抵押人清偿其应当承担的份额。

【浮动抵押】

法律问题解读

浮动抵押是抵押人以其所有的全部财产为标的而设定的抵押。对浮动抵押担保的理解应把握以下几点：

1. 浮动抵押的标的物为抵押人的全部财产。不仅包括现在拥有的全部财产，也包括抵押人将来可能获得的财产。

2. 浮动抵押的标的物在抵押权实现之前处于不确定状态。由于抵押财产的价值处于不确定状态，那么抵押权将来可得优先受偿的数额也是不固定的。

3. 浮动抵押持续期间，抵押人因正常的生产经营对抵押物的处分不受影响（当然恶意处分财产的行为可以被抵押权人撤销）。故抵押人负有妥善经营义务，抵押权人享有对其生产经营活动的监督权。

4. 浮动抵押和最高额抵押一样也需要确定，只不过它所确定的不是被担保的债权额，而是抵押财产的价值。待特定事由出现后，抵押财产就确定了，抵押人再也不能自由处分抵押物了。

浮动抵押源于英国判例法上的浮动担保，后为大陆法系国家所效仿，在有些国家被称为企业担保。我国现行法律中尚未有对浮动抵押的规定。但浮动抵押在市场经济中具有较强的资金融通功能，发挥着重要的作用，因此不能忽视其存在，在司法实践中遇到相关问题可以参照外国民法对浮动抵押的规定。

【集合抵押】

法律问题解读

集合抵押是指同一主体以其所有的不同种类的特定财产作为集合物，为特定债权而设立的抵押。集合抵押与一般抵押之最大区别在于其抵押标的物既非单纯的动产、不动产，也非单纯的权利，而是由抵押人可以处分的不动产、不动产权利、动产以及其他财产权利所组成的总体。因此集合抵押可以被视为"一物一权"的例外。集合抵押是近代以来企业发达而不断要求融通资金的产物，其主体一般是企业，因此其又被称为企业财产抵押。《担保法》第34条第2款规定的"抵押人可以将前款所列财产一并抵押"，就属于集合抵押。

理解集合抵押的含义应注意把握以下几个问题：

1. 集合抵押的标的物是固定的，标的物的范围已经特定。企业新增财产并不属于抵押物范围，除非变更抵押登记。

2. 集合抵押在设立之时，应制作集合财产目录表，并将该财产目录表登记于登记机关的登记簿上。

3. 集合抵押设定后，为了保护抵押权人的利益，抵押人对抵押物的处分受到严格限制，这点与浮动抵押不同。并且单个抵押财产不仅被禁止单独转让，还被禁止为抵押人的普通债权人的利益而被强制执行。

4. 集合抵押实现时，由于其抵押物可能有知识产权等，其实现不仅要按抵押权实现规定去进行，还要参照权利抵押的实现的规定。

法条指引

❶《中华人民共和国物权法》（2007年3月16日主席令公布　2007年10月1日施行）

第一百八十条　债务人或者第三人有权处分的下列财产可以抵押：

（一）建筑物和其他土地附着物；

（二）建设用地使用权；

（三）以招标、拍卖、公开协商等方式取得的荒地等土地承包经营权；
（四）生产设备、原材料、半成品、产品；
（五）正在建造的建筑物、船舶、航空器；
（六）交通运输工具；
（七）法律、行政法规未禁止抵押的其他财产。

抵押人可以将前款所列财产一并抵押。

第一百八十一条　经当事人书面协议，企业、个体工商户、农业生产经营者可以将现有的以及将有的生产设备、原材料、半成品、产品抵押，债务人不履行到期债务或者发生当事人约定的实现抵押权的情形，债权人有权就实现抵押权时的动产优先受偿。

❷《中华人民共和国担保法》（1995年6月30日　主席令公布）

第三十四条　下列财产可以抵押：
（一）抵押人所有的房屋和其他地上定着物；
（二）抵押人所有的机器、交通运输工具和其他财产；
（三）抵押人依法有权处分的国有的土地使用权、房屋和其他地上定着物；
（四）抵押人依法有权处分的国有的机器、交通运输工具和其他财产；
（五）抵押人依法承包并经发包方同意抵押的荒山、荒沟、荒丘、荒滩等荒地的土地使用权；
（六）依法可以抵押的其他财产。

抵押人可以将前款所列财产一并抵押。

【权利抵押】

法律问题解读

权利抵押是指以所有权以外的不动产物权或准物权为标的物而成立的抵押权。一般抵押的标的物要么为动产要么为不动产，总之是实物；而权利抵押的特殊之处就在于其标的物非实物而是权利。

由于权利抵押特殊之处在于其标的物，所以要清楚标的物的范围。由于权利抵押权是一种财产权，所以身份权不能作为权利抵押的标的物；由于抵押权为物权，所以债权不能作为权利抵押的标的物；由于抵押权和留置权不具有确定性也不能作为权利抵押的标的物。所以权利抵押的标的物仅有不动产所有权之外的用益物权及准物权。

《城市房地产管理法》第47条规定，以出让方式取得的土地使用权可以设定抵押；《担保法》第34条规定，可以依法处分的国有土地使用权、依法承包并经发包方同意抵押的荒山、荒沟、荒滩、荒丘等集体的土地使用权，可以设定抵押。虽然法律作出了明确规定，但不能不承认权利抵押在我国仍属探索中的新生事物，相应的法律规范也比较缺乏。一些行政法规、规章的规定大都从行政管理的角度出发，至于权利抵押的设定、保护、行使等问题，只有参照一般抵押的规定了。

法条指引

❶《中华人民共和国物权法》（2007年3月16日主席令公布　2007年10月1日施行）

第一百八十条　债务人或者第三人有权处分的下列财产可以抵押：
（一）建筑物和其他土地附着物；
（二）建设用地使用权；
（三）以招标、拍卖、公开协商等方式取得的荒地等土地承包经营权；
（四）生产设备、原材料、半成品、产品；
（五）正在建造的建筑物、船舶、航空器；
（六）交通运输工具；
（七）法律、行政法规未禁止抵押的其他财产。

抵押人可以将前款所列财产一并抵押。

第一百八十一条　经当事人书面协议，企业、个体工商户、农业生产经营者可以将现有的以及将有的生产设备、原材料、半成品、产品抵押，债务人不履行到期债务或者发生当事人约定的实现抵押权的情形，债权人有权就实现抵押权时的动产优先受偿。

❷《中华人民共和国城市房地产管理法》（2007年8月30日修正　主席令公布）

第四十八条　依法取得的房屋所有权连同该房屋占用范围的土地使用权，可以设定抵押权。

以出让方式取得的土地使用权，可以设定抵押权。

❸《中华人民共和国担保法》（1995年6月30日　主席令公布）

第三十四条　下列财产可以抵押：
（一）抵押人所有的房屋和其他地上定着物；
（二）抵押人所有的机器、交通运输工具和其他财产；
（三）抵押人依法有权处分的国有的土地使用权、房屋和其他地上定着物；

(四)抵押人依法有权处分的国有的机器、交通运输工具和其他财产;

(五)抵押人依法承包并经发包方同意抵押的荒山、荒沟、荒丘、荒滩等荒地的土地使用权;

(六)依法可以抵押的其他财产。

抵押人可以将前款所列财产一并抵押。

❹《中华人民共和国城镇国有土地使用权出让和转让暂行条例》(1990年5月19日 国务院发布)

第六条 县级以上人民政府土地管理部门依法对土地使用权的出让、转让、出租、抵押、终止进行监督检查。

第三十六条 抵押人到期未能履行债务或者在抵押合同期间宣告解散、破产的,抵押权人有权依照国家法律、法规和抵押合同的规定处分抵押财产。

因处分抵押财产而取得土地使用权和地上建筑物、其他附着物所有权的,应当依照规定办理过户登记。

第三十八条 抵押权因债务清偿或者其他原因而消灭的,应当依照规定办理注销抵押登记。

❺《划拨土地使用权管理暂行办法》(1992年2月24日 国家土地管理局发布)

第三条 划拨土地使用权(以下简称"土地使用权")的转让、出租、抵押活动,适用本办法。

第十条 土地使用权抵押,是指土地使用者提供可供抵押的土地使用权作为按期清偿债务的担保的行为。

原拥有土地使用权的一方称为抵押人,债权人称为抵押权人。

第二十四条 抵押人到期未能履行债务或者在抵押合同期间宣告解散、破产的,抵押权人有权依照国家法律、法规和抵押合同的规定处分抵押财产。

因处分抵押财产而取得土地使用权的,土地使用者应当自权利取得之日起十五日内,到所在地市、县人民政府土地管理部门办理变更土地登记手续。

❻《关于加强城镇国有土地经营管理的通知》(1991年8月23日 建设部发布)(略)

❼《关于土地估价及地价管理有关问题请示的批复》(1994年5月23日 国家土地管理局发布)(略)

❽《关于审理房地产管理法施行前房地产开发经营案件若干问题的解答》(1995年12月27日发布)

15.土地使用者未办理土地使用权抵押登记手续,将土地使用权进行抵押的,应当认定抵押合同无效。

16.土地使用者未办理土地使用权抵押登记手续将土地使用权抵押后,又与他人就同一土地使用权签订抵押合同,并办理了抵押登记手续的,应当认定后一个抵押合同有效。

17.以划拨方式取得的国有土地使用权为标的物签订的抵押合同,一般应当认定无效,但在一审诉讼期间,经有关主管部门批准,依法补办了出让手续的,可认定合同有效。

案例链接

❶《马楠与中国工商银行股份有限公司北京王府井支行等借款合同纠纷上诉案》,参见北大法宝引证码:Pkulaw. cn/CLI. C. 207042。

❷《何凤屏等与刘弟担保合同纠纷上诉案》,参见北大法宝引证码:Pkulaw. cn/CLI. C. 275690。

❸《中国工商银行股份有限公司北京朝阳支行诉陈有梅借款合同纠纷案》,参见北大法宝引证码:Pkulaw. cn/CLI. C. 204670。

学者观点

❶梅夏英:《收费权担保制度的定性与立法模式选择》,参见北大法宝引证码:Pkulaw. cn/CLI. A. 19999。

第四编 质押

第一章 动产质押

● 本章为读者提供与以下题目有关的法律问题的解读及相关法律文献依据

> 动产质押（374） 动产质押的法定性和优先性（375） 动产质押的不可分性（376） 动产质押的附随性（376） 动产质押的物上代位性（377） 动产质押的标的（377） 特定化的金钱货币质押标的（378） 动产质权的善意取得（379） 动产质押合同的主体（379） 动产质押合同的形式（380） 动产质押合同的生效与动产质权的设立（382） 占有改定设质之禁止（382） 质物返还（383） 动产质押合同的内容（383） 质物移交的时间（384） 流质契约的禁止（385） 其他担保物权人和债权人的撤销权（386） 动产质押担保的债权范围（387） 动产质押所及的标的物范围（388） 质权人的义务（388） 质权人的保管义务（389） 质权人的权利（390） 转质权（391） 保全质权的权利（392） 质权人的优先受偿权（392） 出质人的权利（393） 出质人的义务（394） 动产质权实现的条件（394） 质权的实现方法（395） 质物拍卖或变卖后的价款分配顺序（399） 第三人的追偿权（399） 质物的代位物（400） 保险金（400） 赔偿金和国家征用补偿金（401） 质权的消灭（402）

【动产质押】

法律问题解读

动产质押，是指债务人或者第三人将其动产移交债权人占有，将该动产作为债权的担保，在债务人届期不履行债务或者发生当事人约定的实现质权的情形时，债权人有权依法以该动产折价或以拍卖、变卖该动产的价款优先受偿。其中，债务人或第三人是出质人，又称质押人；债权人是质权人，移交的动产为质物，债权人对质押财产享有的占有权和优先受偿权称为动产质权。动产质权既可以由双方法律行为设定，也可以受让、继承等方式取得，实践中应把握以下几点。

1. 动产质押是成立动产质权这种担保物权的方式。质权与抵押权、留置权一样，是为担保债权的实现而于担保物上设定的担保物权，因此并非对标的物的实体加以支配的权利，而是仅对标的的交换价值加以支配并排除他人干涉的权利。

2. 动产质权以动产为权利标的，不适于转移的不动产不能适用于质押。

3. 动产质权需要移转动产标的物的占有，由质权人直接把握其占有。在动产质权中，无论质物是由债务人提供还是由第三人提供，质押物都必须能够让与且为特定物，禁止流通物以及非特定物不能作为动产质权的标的。

4. 提供动产的人是动产的所有人，可以是债务人或债务人以外的第三人，但不能是债权人。

5. 动产质权的质权人于债务人届期不履行债务时可以就质物的价值优先受偿；质权人除占有债务人或第三人的出质物外，由于其为担保债权的清偿而设定，因此债务人届期若不予给付，质权人可以将质物加以处分而就所获价金优先受偿。

法条指引

❶《中华人民共和国物权法》（2007年3月16日 主席令公布 2007年10月1日施行）

第二百零八条 为担保债务的履行，债务人或者第三人将其动产出质给债权人占有的，债务人不履行到期债务或者发生当事人约定的实现质权的情形，债权人有权就该动产优先受偿。

前款规定的债务人或者第三人为出质人，债权人为质权人，交付的动产为质押财产。

❷《中华人民共和国担保法》（1995年6月30日 主席令公布）

第六十三条 本法所称动产质押，是指债务人或者第三人将其动产移交债权人占有，将该动产作为债权的担保。债务人不履行债务时，债权人有权依照本法规定以该动产折价或者以拍卖、变卖该动产的价款优先受偿。

前款规定的债务人或者第三人为出质人，债权人为质权人，移交的动产为质物。

❸《贷款通则》（1996年6月28日 中国人民银行发布）

第九条 信用贷款、担保贷款和票据贴现：

信用贷款，系指以借款人的信誉发放的贷款。

担保贷款，系指保证贷款、抵押贷款、质押贷款。

保证贷款，系指按《中华人民共和国担保法》规定的保证方式以第三人承诺在借款人不能偿还贷款时，按约定承担一般保证责任或者连带责任而发放的贷款。

抵押贷款，系指按《中华人民共和国担保法》规定的抵押方式以借款人或第三人的财产作为抵押物发放的贷款。

质押贷款，系指按《中华人民共和国担保法》规定的质押方式以借款人或第三人的动产或权利作为质物发放的贷款。

票据贴现，系指贷款人以购买借款人未到期商业票据的方式发放的贷款。

案例链接

❶《陈宝山与吴明仁民间借贷纠纷上诉案》，参见北大法宝引证码：Pkulaw.cn/CLI.C.281435。

❷《李仁标与杨建武质押合同纠纷上诉案》，参见北大法宝引证码：Pkulaw.cn/CLI.C.204260。

❸《童建新与张朝哲动产质权纠纷上诉案》，参见北大法宝引证码：Pkulaw.cn/CLI.C.289034。

【动产质押的法定性和优先性】

法律问题解读

所谓动产质押的法定性，是指质权设定的方式、质权的种类和范围、质权的内容及效力都必须由法律明确规定，当事人不得以约定的方式创设质权的种类，也不得以特别约定的方式改变有关法律的规定。

动产质押的优先性，是指质权人对质物享有优先受偿的权利，这是质权的实质所在。质权的优先性表现在：第一，债务履行期届满债务人未就债务进行清偿，质权人可就质物的交换价值优先于普通债权受偿；第二，出质人破产时，质权人享有别除权，质物不属于破产财产，质权人无须通过破产程序就可以质物的价值优先受偿；第三，在强制执行出质人财产的时候，出质人所提供的质物不能被列入强制执行财产的范围，质权人仍可就质物优先受偿。质权的优先性是质权人的债权得以清偿的法律保障。

法条指引

❶《中华人民共和国担保法》（1995年6月30日 主席令公布）

第二条 在借贷、买卖、货物运输、加工承揽等经济活动中，债权人需要以担保方式保障其债权实现的，可以依照本法规定设定担保。

本法规定的担保方式为保证、抵押、质押、留置和定金。

第六十三条 本法所称动产质押，是指债务人或者第三人将其动产移交债权人占有，将该动产作为债权的担保。债务人不履行债务时，债权人有权依照本法规定以该动产折价或者以拍卖、变卖该动产的价款优先受偿。

前款规定的债务人或者第三人为出质人，债权人为质权人，移交的动产为质物。

第六十四条 出质人和质权人应当以书面形式订立质押合同。

质押合同自质物移交于质权人占有时生效。

第六十六条 出质人和质权人在合同中不得约定在债务履行期届满质权人未受清偿时，质物的所有权转移为质权人所有。

第六十七条 质押担保的范围包括主债权及利息、违约金、损害赔偿金、质物保管费用和实现质权的费用。质押合同另有约定的，按照约定。

❷《最高人民法院关于适用〈中华人民共和国担保法〉若干问题的解释》（2000年12月13日发布）

第八十四条 出质人以其不具有所有权但合法占有的动产出质的，不知出质人无处分权的质权人行使质权后，因此给动产所有人造成损失的，由出质人承担赔偿责任。

第八十五条 债务人或者第三人将其金钱以特户、封金、保证金等形式特定化后，移交债权人占有作为债权的担保，债务人不履行债务时，债权人可以以该金钱优先受偿。

【动产质押的不可分性】

法律问题解读

动产质押的不可分性是指对质物所担保的债权，质权人可以就质物全部行使质权，质物被分割或一部分灭失，债权被分割或一部分被让与、清偿，质权都不受影响。主要包括：

1. 质物如因某种原因分割或让与一部分，在其上约定的质权不受影响，质权人仍得就全部质物行使质权。

2. 质物一部分毁损灭失后，其剩余部分仍担保全部债权。

3. 质权所担保的债权，如经分割或让与一部分时，质权并不因此受影响，各债权人仍依其应有部分对全部质物共同行使权利。

4. 分期给付的债权，如一部分债权已届清偿期，债权人有权对质物的全部享有变价的权利。但如果拍卖质物的一部分足以清偿到期债权，则其余部分应维持原状，处分行为不得及于所有财产。

5. 债务分割时，原有的质物仍然担保分割形成的数个债务；但如果出质人为债务人以外的第三人，则除非该第三人同意债务移转，否则会因债务的分割而消灭所分割债务部分的质权。

6. 债权的一部分获清偿，并不产生质权的部分消灭，债权人仍可就未受清偿的债权，于质物全部主张权利。

法条指引

❶《最高人民法院关于适用〈中华人民共和国担保法〉若干问题的解释》（2000年12月13日发布）

第七十一条 主债权未受全部清偿的，抵押权人可以就抵押物的全部行使其抵押权。

抵押物被分割或者部分转让的，抵押权人可以就分割或者转让后的抵押物行使抵押权。

第七十二条 主债权被分割或者部分转让的，各债权人可以就其享有的债权份额行使抵押权。

主债务被分割或者部分转让的，抵押人仍以其抵押物担保数个债务人履行债务。但是，第三人提供抵押的，债权人许可债务人转让债务未经抵押人书面同意的，抵押人对未经其同意转让的债务，不再承担担保责任。

第九十六条 本解释第五十七条、第六十二条、第六十四条、第七十一条、第七十二条、第七十三条、第七十四条、第八十条之规定，适用于动产质押。

【动产质押的附随性】

法律问题解读

动产质押的附随性又称为动产质押的从属性。就我国的《担保法》对动产质押的发生、转移、消灭的规定来看，动产质押从属于被担保债权，具体表现在：

1. 动产质权的成立，以被担保债权的存在为前提。为不存在的债权设定质权无效；债权尚未存在但将来有存在可能性的，可以约定质权，但在行使质权时，须被担保的债权存在并且数额确定。

2. 动产质权不可与被担保的主债权相分离而存在，已经发生的质权因为债权的移转而发生移转，不得与债权发生分离而单独让与或者以质权单独提供担保。质权人不得将债权让与他人或为他人设定担保而自己保有质权，也不得将质权让与他人或为他人设定担保而自己保有债权，更不能将质权和债权分别让与不同的第三人或分别向不同的第三人提供担保。

3. 动产质权因被担保的债权的消灭而消灭。根据我国《担保法》第74条的规定，"质权与其担保的债权同时存在，债权消灭的，质权也消灭"，受质押担保的债权，因为清偿、提存、抵消、免除、混同等原因消灭，质权也随之消灭。

法条指引

❶《中华人民共和国担保法》（1995年6月30日 主席令公布）

第五条 担保合同是主合同的从合同，主合同无效，担保合同无效。担保合同另有约定的，按照约定。

担保合同被确认无效后，债务人、担保人、债权人有过错的，应当根据其过错各自承担相应的民事责任。

第七十四条 质权与其担保的债权同时存在，债权消灭的，质权也消灭。

【动产质押的物上代位性】

法律问题解读

动产质押的物上代位性表现在质物发生毁损灭失或者其价值形态发生改变时，质权的效力及于质物的代位物上。质权如同抵押权，仍然为价值权，其内容主要在于支配标的物的交换价值，而交换价值不因物的形态或性质发生变化而变化，仍保持其同一性。

根据我国《担保法》第70条的规定，质物有损坏或者价值明显减少的可能足以危害质权人权利的，质权人可以要求出质人提供相应的担保；出质人不提供的，质权人可以变卖或拍卖质物，并与出质人协议将拍卖或者变卖所得的价款用于提前清偿所担保的债权或者向与出质人约定的第三人提存。《担保法》第73条又规定，质权因质物灭失而消灭，因灭失所得的赔偿金，应当作为出质财产，当质物改变其原有形态或性质时，质权的效力及于质物的代位物，即卖得价金或赔偿金上。

法条指引

❶《中华人民共和国担保法》（1995年6月30日 主席令公布）

第七十条 质物有损坏或者价值明显减少的可能，足以危害质权人权利的，质权人可以要求出质人提供相应的担保。出质人不提供的，质权人可以拍卖或者变卖质物，并与出质人协议将拍卖或者变卖所得的价款用于提前清偿所担保的债权或者向与出质人约定的第三人提存。

第七十三条 质权因质物灭失而消灭。因灭失所得的赔偿金，应当作为出质财产。

【动产质押的标的】

法律问题解读

动产质押的标的，是指出质人移交的动产，即质物。《担保法》对于可作质押的动产的范围未加限制，原则上凡是可以移转占有的动产，都可以设定动产质权，但在实践中应注意以下几点：

1. 根据《民法通则》及《担保法》的规定，动产是指除土地以及房屋、树木等地上定着物以外的物。

2. 标的必须是有交换价值的动产，质物若是没有交换价值的物，质权人在债务届期未获清偿时，就不能从质物中获得清偿，从而不能实现质押目的。

3. 标的物需为可让与且法律不禁止流通的动产。法律上禁止流通之物，如文物保护法上保护的文物，因不能以折价、拍卖、变卖等方式加以流通，因而不能实现质权；法律上不禁止但限制流通的物，可以设定质权，但在质权实现时不能以折价、拍卖、变卖的方式处分质物，而应交由有关部门收购，质权人以收购价款优先受偿。

4. 标的必须是特定化的物，包括特定物和特定化的种类物。

5. 标的质量应无缺陷，质物质量存在缺陷给质权人造成人身、财产损害的，由出质人承担赔偿责任。

6. 在质物共有的情况下，应区分共同共有和按份共有。若为共同共有，债务人以此财产出质的，应取得全体共有人的书面同意；若是按份共有的，债务人在其所有份额内可以自由出质。

7. 对于物的一部分，若其具有交换价值且可让与，在其上也可以设定质权；出质人若将其所有的某动产的一部分设质，债权人因此取得该动产的共同占有，在实现质权时，可对设质部分进行处分。

法条指引

❶《中华人民共和国物权法》（2007年3月16日 主席令公布 2007年10月1日施行）

第二百零九条 法律、行政法规禁止转让的动产不得出质。

❷《中华人民共和国担保法》（1995年6月30日 主席令公布）

第六十三条 本法所称动产质押，是指债务人或者第三人将其动产移交债权人占有，将该动产作为债权的担保。债务人不履行债务时，债权人有权依照本法规定以该动产折价或者以拍卖、变卖该动产的价款优先受偿。

前款规定的债务人或者第三人为出质人，债权人为质权人，移交的动产为质物。

第九十二条 本法所称不动产是指土地以及房屋、林木等地上定着物。

本法所称动产是指不动产以外的物。

❸《中华人民共和国合伙企业法》（2006年8

月27日修订）

第二十五条 合伙人以其在合伙企业中的财产份额出质的，须经其他合伙人一致同意；未经其他合伙人一致同意，其行为无效，由此给善意第三人造成损失的，由行为人依法承担赔偿责任。

第七十二条 有限合伙人可以将其在有限合伙企业中的财产份额出质；但是，合伙协议另有约定的除外。

❹《中华人民共和国文物保护法》（2007年12月29日 主席令修订公布）

第五十二条 国家鼓励文物收藏单位以外的公民、法人和其他组织将其收藏的文物捐赠给国有文物收藏单位或者出借给文物收藏单位展览和研究。

国有文物收藏单位应当尊重并按照捐赠人的意愿，对捐赠的文物妥善收藏、保管和展示。

国家禁止出境的文物，不得转让、出租、质押给外国人。

第七十一条 买卖国家禁止买卖的文物或者将禁止出境的文物转让、出租、质押给外国人，尚不构成犯罪的，由县级以上人民政府文物主管部门责令改正，没收违法所得，违法经营额一万元以上的，并处违法经营额二倍以上五倍以下的罚款；违法经营额不足一万元的，并处五千元以上二万元以下的罚款。

❺《最高人民法院关于适用〈中华人民共和国担保法〉若干问题的解释》（2000年12月13日发布）

第五条 以法律、法规禁止流通的财产或者不可转让的财产设定担保，担保合同无效。

以法律、法规限制流通的财产设定担保的，在实现债权时，人民法院应当按照有关法律、法规的规定对该财产进行处理。

第八十九条 质押合同中对质押的财产约定不明，或者约定的出质财产与实际移交的财产不一致的，以实际交付占有的财产为准。

❻《关于将公务用枪用作借债质押的行为如何适用法律问题的批复》（1998得11月3日 最高人民检察院发布）

重庆市人民检察院：

你院渝检（研）〔1998〕8号《关于将公务用枪用作借债抵押的行为是否构成犯罪及适用法律的请示》收悉。经研究，批复如下：

依法配备公务用枪的人员，违反法律规定，将公务用枪用作借债质押物，使枪支处于非依法持枪人的控制、使用之下，严重危害公共安全，是刑法第一百二十八条第二款所规定的非法出借枪支行为的一种形式，应以非法出借枪支罪追究刑事责任；对接受枪支质押的人员，构成犯罪的，根据刑法第一百二十八条第一款的规定，应以非法持有枪支罪追究其刑事责任。

❼《中华人民共和国海关关于〈扶贫、慈善性捐赠物资免征进口税收暂行办法〉的实施办法》（2001年12月13日 海关总署发布）

第九条 上述免税进口物资属海关监管货物，在海关监管期限内，未经海关许可，不得抵押、质押、转让、移作他用或者进行其他处置。有关项目所在地海关应按现行规定做好后续监管工作。对违反本办法的，海关将依照《中华人民共和国海关法》及国家有关法律、法规的规定予以处罚。

第十六条 保证的方式有：

（一）一般保证；

（二）连带责任保证。

学者观点

❶ 吴旭莉：《从一起案例谈动产质押的几个问题》，参见北大法宝引证码：Pkulaw.cn/CLI.A.110253。

【特定化的金钱货币质押标的】

法律问题解读

金钱货币是一种特殊的动产，与普通动产不同，普通动产的所有权与占有、使用及收益权可以相分离，而金钱货币作为等价物具有流通职能，货币的所有权与占有权不能分离，质权人一旦取得了货币就取得了货币的所有权，无法将自己的金钱与出质人用于质押的金钱区分开。因此一般情况下，金钱货币不能作为质押标的，但根据《关于担保法若干问题的解释》第85条"债务人或者第三人将其金钱以特户、封金、保证金等形式特定化后，移交债权人占有作为债权的担保，债务人不履行债务时，债权人可以以该金钱优先受偿"的规定，如果利用特殊的方法将金钱货币特定化，在不转移所有权的情况下转移占有，则可设立质押。但在实践中还应注意以下两点：

1. 如果出质人将出质的金钱货币存入银行，取得存款单，并将存单交于债权人，则应属于权利质押，应按有关存单质押的规定办理。

2. 只有出质人将出质的金钱货币封存后交于债权人作为债务履行的担保，才属于动产质押。

法条指引

❶《最高人民法院关于适用〈中华人民共和国担保法〉若干问题的解释》（2000年12月13日发布）

第八十五条 债务人或者第三人将其金钱以特户、封金、保证金等形式特定化后，移交债权人占有作为债权的担保，债务人不履行债务时，债权人可以以该金钱优先受偿。

【动产质权的善意取得】

法律问题解读

动产质权的善意取得，是指在出质人以无处分权的他人财产而设定质权时，以质权人善意取得质物的占有为条件，承认质权效力。我国担保法没有规定出质人对动产无处分权而设质的情况，但在实践中，动产质押无登记制度，作为质物的处分其公示形式也是对质物的占有，实际占有动产的人便会被推定为合法占有人，债权人仅凭出质人占有财产的事实，无法审查出质人是否具有处分权，如果仅因出质人主体资格的欠缺判定质押不成立，就必然影响对交易安全的保护，也会对债权人的利益造成极大的不公平，因此《关于担保法若干问题的解释》对此作了规定，根据规定，动产质权善意取得须具备以下条件：（1）作为标的物的动产不能违背法律禁止性规定。首先，标的物为特定物而不是种类物；其次，标的物必须是流通物而不是禁止流通物；再次，处分行为必须履行一定书面手续的动产，如汽车、企业设备等不适用动产质权的善意取得；最后，要求出质人对标的物不具有所有权但具有合法占有权。例如：动产的合法所有人出租或借给出质人的动产可适用动产质权的善意取得，但若动产出质人从所有人处盗窃而来或是所有人遗失而由出质人拾得，则该动产不适用此规定。（2）质物的交付、占有以设定质权为目的。（3）质权人已占有质物，这里的占有不以现实占有为限，通过简易交付、指示交付的方式亦可，但不包括占有改定。4.质权人必须为善意，其不知道也不应当知道出质人为无权处分人。

法条指引

❶《最高人民法院关于适用〈中华人民共和国担保法〉若干问题的解释》（2000年12月13日发布）

第八十四条 出质人以其不具有所有权但合法占有的动产出质的，不知出质人无处分权的质权人行使质权后，因此给动产所有人造成损失的，由出质人承担赔偿责任。

【动产质押合同的主体】

法律问题解读

动产质押合同的主体即动产质押合同的当事人。根据《担保法》规定，动产质押合同的主体包括：

出质人，即将出质物交给主合同债权人，以作该债权担保的人。如果债务人以自己的物品出质，则此时出质人就是债务人本身，如果是债务人以外的第三人用自己的物品出质，此时出质人就是该第三人。由于出质人是将其有处分权的财产出质以担保债权实现，对出质人的资格就必须给予一定限制，实践中，应当参照《民法通则》和《担保法》关于保证人资格的规定认定：（1）出质人必须是具有清偿债务能力的法人、其他组织和公民。在以第三人作为出质人的情况下应特别注意法律对某些具有特殊身份的法人和组织的限制规定：原则上国家机关、学校、幼儿园、医院等以公益为目的的事业单位、社会团体，除非是基于法律的特别规定或是有关机关的特别批准，不得为其他组织和个人承担担保义务；（2）出质人必须是质物的所有人或有权处分人，但若符合动产质权善意取得条件时，适用动产质权善意取得的规定。

质权人是指因享有债权而占有出质人提供的质物，并在债务人到期不履行债务的情况下，可以处分质物并优先受偿的人。由于质押合同是为质权人设定担保利益，所以原则上不以质权人有完全民事行为能力为必要条件，但质权人须具有相应的认识能力以占有、保管质物。

法条指引

❶《中华人民共和国物权法》（2007年3月16日主席令公布 2007年10月1日施行）

第二百零八条 为担保债务的履行，债务人或者第三人将其动产出质给债权人占有的，债务人不履行到期债务或者发生当事人约定的实现质权的情形，债权人有权就该动产优先受偿。

前款规定的债务人或者第三人为出质人，债

权人为质权人，交付的动产为质押财产。

❷《中华人民共和国担保法》（1995年6月30日 主席令公布）

第七条 具有代为清偿债务能力的法人、其他组织或者公民，可以作保证人。

第八条 国家机关不得为保证人，但经国务院批准为使用外国政府或者国际经济组织贷款进行转贷的除外。

第九条 学校、幼儿园、医院等以公益为目的的事业单位、社会团体不得为保证人。

第十条 企业法人的分支机构、职能部门不得为保证人。

企业法人的分支机构有法人书面授权的，可以在授权范围内提供保证。

第十一条 任何单位和个人不得强令银行等金融机构或者企业为他人提供保证；银行等金融机构或者企业对强令其为他人提供保证的行为，有权拒绝。

第六十三条 本法所称动产质押，是指债务人或者第三人将其动产移交债权人占有，将该动产作为债权的担保。债务人不履行债务时，债权人有权依照本法规定以该动产折价或者以拍卖、变卖该动产的价款优先受偿。

前款规定的债务人或者第三人为出质人，债权人为质权人，移交的动产为质物。

第六十四条 出质人和质权人应当以书面形式订立质押合同。

质押合同自质物移交于质权人占有时生效。

❸《中华人民共和国商业银行法》（2003年12月27日修正公布）

第三十六条 商业银行贷款，借款人应当提供担保。商业银行应当对保证人的偿还能力，抵押物、质物的权属和价值以及实现抵押权、质权的可行性进行严格审查。

❹《最高人民法院关于贯彻执行〈中华人民共和国民法通则〉若干问题的意见（试行）》（1988年1月26日发布）

106. 保证人应当是具有代偿能力的公民、企业法人以及其他经济组织。保证人即使不具备完全代偿能力，仍应以自己的财产承担保证责任。

国家机关不能担任保证人。

107. 不具有法人资格的企业法人的分支机构，以自己的名义对外签订的保证合同，一般应当认定无效。但因此产生的财产责任，分支机构如有偿付能力的，应当自行承担；如无偿付能力的，应由企业法人承担。

经商业银行审查、评估，确认借款人资信良好，确能偿还贷款的，可以不提供担保。

❺《贷款通则》（1996年6月28日 中国人民银行发布）

第十七条 借款人应当是经工商行政管理机关（或主管机关）核准登记的企（事）业法人、其他经济组织、个体工商户或具有中华人民共和国国籍的具有完全民事行为能力的自然人。

借款人申请贷款，应当具备产品有市场、生产经营有效益、不挤占挪用信贷资金、恪守信用等基本条件，并且应当符合以下要求：

一、有按期还本付息的能力，原应付贷款利息和到期贷款已清偿；没有清偿的，已经做了贷款人认可的偿还计划；

二、除自然人和不需要经工商部门核准登记的事业法人外，应当经过工商部门办理年检手续；

三、已开立基本账户或一般存款账户；

四、除国务院规定外，有限责任公司和股份有限公司对外股本权益性投资累计额未超过其净资产总额的百分之五十；

五、借款人的资产负债率符合贷款人的要求；

六、申请中期、长期贷款的，新建项目的企业法人所有者权益与项目所需总投资的比例不低于国家规定的投资项目的资本金比例。

第二十一条 贷款人必须经中国人民银行批准经营贷款业务，持有中国人民银行颁发的《金融机构法人许可证》或《金融机构营业许可证》，并经工商行政管理部门核准登记。

【动产质押合同的形式】

法律问题解读

动产质押合同属于合同的一种，质押合同的订立是为了担保主债权的实现，当债务人不履行债务时，质权人就有权以质物价值优先受偿。为了保证将来发生质押纠纷时，明确出质人和质权人各自的权利和义务，担保法规定出质人和质权人应当以书面形式订立质押合同。

但书面形式的要求并不是质押合同生效必须具备的条件，而只具有证据效力。根据《担保法》立法精神，首先，双方当事人应本着诚实信用的原则签订合同履行义务，但如果当事人没有签订书面合同却已实际履行了约定的权利和义务，形式要件的欠缺不应导致该民事行为无效，应允许双方当事人以其后的行为弥补形式要件的欠缺。

再者，出于对经济效益和现代生活方便的考虑，片面强调形式要件的完整，会导致重大民事法律行为的无效，不利于经济发展和法律关系的稳定，所以，如果质押合同当事人未订立书面合同，但有证据证明出质人已按口头质押合同的约定，将质物交付给债权人占有的，应认定质押关系的成立。

在实践中应注意，如果债权人不能举证双方确有质押约定的存在，则质押合同应当推定为没有成立，质押合同关系存在的举证责任由债权人承担。

质押合同除了一般书面形式外，还有公证形式、签证形式、批准形式及登记形式等特殊书面形式。

法条指引

❶《中华人民共和国物权法》（2007年3月16日 主席令公布 2007年10月1日施行）

第二百一十条 设立质权，当事人应当采取书面形式订立质权合同。

质权合同一般包括下列条款：

（一）被担保债权的种类和数额；

（二）债务人履行债务的期限；

（三）质押财产的名称、数量、质量、状况；

（四）担保的范围；

（五）质押财产交付的时间。

❷《中华人民共和国担保法》（1995年6月30日 主席令公布）

第六十四条 出质人和质权人应当以书面形式订立质押合同。

质押合同自质物移交于质权人占有时生效。

❸《中华人民共和国合同法》（1999年3月15日 主席令公布）

第十条 当事人订立合同，有书面形式、口头形式和其他形式。

法律、行政法规规定采用书面形式的，应当采用书面形式。当事人约定采用书面形式的，应当采用书面形式。

第十一条 书面形式是指合同书、信件和数据电文（包括电报、电传、传真、电子数据交换和电子邮件）等可以有形地表现所载内容的形式。

❹《中华人民共和国税收征收管理法》（2001年4月28日修正公布）

第三十八条 税务机关有根据认为从事生产、经营的纳税人有逃避纳税义务行为的，可以在规定的纳税期之前，责令限期缴纳应纳税款；在限期内发现纳税人有明显的转移、隐匿其应纳税的商品、货物以及其他财产或者应纳税的收入的迹象的，税务机关可以责成纳税人提供纳税担保。如果纳税人不能提供纳税担保，经县以上税务局（分局）局长批准，税务机关可以采取下列税收保全措施：

（一）书面通知纳税人开户银行或者其他金融机构冻结纳税人的金额相当于应纳税款的存款；

（二）扣押、查封纳税人的价值相当于应纳税款的商品、货物或者其他财产。

纳税人在前款规定的限期内缴纳税款的，税务机关必须立即解除税收保全措施；限期期满仍未缴纳税款的，经县以上税务局（分局）局长批准，税务机关可以书面通知纳税人开户银行或者其他金融机构从其冻结的存款中扣缴税款，或者依法拍卖或者变卖所扣押、查封的商品、货物或者其他财产，以拍卖或者变卖所得抵缴税款。

个人及其所扶养家属维持生活必需的住房和用品，不在税收保全措施的范围之内。

❺《中华人民公和国税收征收管理法实施细则》（2002年9月7日 国务院发布）

第六十一条 税收征管法第三十八条、第八十八条所称担保，包括经税务机关认可的纳税保证人为纳税人提供的纳税保证，以及纳税人或者第三人以其未设置或者未全部设置担保物权的财产提供的担保。

纳税保证人，是指在中国境内具有纳税担保能力的自然人、法人或者其他经济组织。

法律、行政法规规定的没有担保资格的单位和个人，不得作为纳税担保人。

第六十二条 纳税担保人同意为纳税人提供纳税担保的，应当填写纳税担保书，写明担保对象、担保范围、担保期限和担保责任以及其他有关事项。担保书须经纳税人、纳税担保人签字盖章并经税务机关同意，方为有效。

纳税人或者第三人以其财产提供纳税担保的，应当填写财产清单，并写明财产价值以及其他有关事项。纳税担保财产清单须经纳税人、第三人签字盖章并经税务机关确认，方为有效。

❻《最高人民法院关于贯彻执行〈中华人民共和国民法通则〉若干问题的意见（试行）》（1988年1月26日发布）

112. 债务人或者第三人向债权人提供抵押物时，应当订立书面合同或者在原债权文书中写明。没有书面合同，但有其他证据证明抵押物或者其权利证书已交给抵押权人的,可以认定抵押关系成立。

【动产质押合同的生效与动产质权的设立】

法律问题解读

动产质押合同与其他合同一样,须具备一定的实质生效要件才能发生法律效力,主要包括:当事人具有相应的行为能力以及出质人主体资格合格;当事人意思表示真实;质押合同内容应符合法律规定,不得违反社会公共利益和法律禁止性规定。

具备以上要件,动产质押合同即可生效,而动产质权并不因动产质押合同的生效而设立。动产质押权的设立还需要一要件,即质物的交付。出质人将标的物移交质权人占有的行为,就是交付行为,交付行为包括现实交付、简易交付、指定交付等不同方式,质押权的设立的时间也因交付方式的不同而不同,具体讲有下列几种情况:

1. 出质人直接占有标的物,并将标的物现实交付债权人为现实交付,自交付时起质押合同生效,质权成立。

2. 质物已由质权人占有的,则出质人无须现实交付,质押合同自签订之日起即可生效,质权成立,此为简易交付。

3. 出质人并不直接占有质物,而仅间接占有质物时,可以书面通知占有人的方法以代现实交付,此为指示交付,质押合同自通知到达占有人处即生效。占有人收到出质通知后,仍然受出质人的指示处分出质财产,该行为无效。

法条指引

❶《中华人民共和国物权法》(2007 年 3 月 16 日 主席令公布 2007 年 10 月 1 日施行)

第二十五条 动产物权设立和转让前,权利人已经依法占有该动产的,物权自法律行为生效时发生效力。

第二十六条 动产物权设立和转让前,第三人依法占有该动产的,负有交付义务的人可以通过转让请求第三人返还原物的权利代替交付。

第二百零八条 为担保债务的履行,债务人或者第三人将其动产出质给债权人占有的,债务人不履行到期债务或者发生当事人约定的实现质权的情形,债权人有权就该动产优先受偿。

前款规定的债务人或者第三人为出质人,债权人为质权人,交付的动产为质押财产。

第二百一十二条 质权自出质人交付质押财产时设立。

❷《中华人民共和国担保法》(1995 年 6 月 30 日 主席令公布)

第六十四条 出质人和质权人应当以书面形式订立质押合同。

质押合同自质物移交于质权人占有时生效。

❸《中华人民共和国合同法》(1999 年 3 月 15 日主席令公布)

第三条 合同当事人的法律地位平等,一方不得将自己的意志强加给另一方。

第四条 当事人依法享有自愿订立合同的权利,任何单位和个人不得非法干预。

第五条 当事人应当遵循公平原则确定各方的权利和义务。

第七条 当事人订立、履行合同,应当遵守法律、行政法规,尊重社会公德,不得扰乱社会经济秩序,损害社会公共利益。

第四十四条 依法成立的合同,自成立时生效。

法律、行政法规规定应当办理批准、登记等手续生效的,依照其规定。

❹《最高人民法院关于适用〈中华人民共和国担保法〉若干问题的解释》(2000 年 12 月 13 日发布)

第八十八条 出质人以间接占有的财产出质的,质押合同自书面通知送达占有人时视为移交。占有人收到出质通知后,仍接受出质人的指示处分出质财产的,该行为无效。

学者观点

❶ 隋彭生:《论以占有改定设立动产质权》,参见北大法宝引证码:Pkulaw.cn/CLI.A.1141882。

【占有改定设质之禁止】

法律问题解读

占有改定是指出质人与质权人在质押合同中约定,由出质人代替质权人占有质物。

一般来讲,动产质权设定后应当公示,公示的方法主要有两种:(1)登记;(2)移转占有。动产质押的标的物为动产,根据动产质押的特点,动产质权设定后,应当以移转占有作为公示方法,即将质物移交质权人占有,质权人占有质物时质押合同才生效。如果质权设定后，质物不移转占有，质权人无法证明其质权存在，其他人无法知道该动产上已设置有质权，既不利于交易安全，也不利于保护其他人的利益。因此根据《物权法》第一百一十二条"质权自出质人交付质押财产时设立"的规定，我国也不承认质押合同中的占有改定。

实践中还应该注意的一个问题是，若当事人在质押合同中已经约定了占有改定，应该认定质押合同为无效而不是质押合同不生效，因为这样的约定已违反了质押制度最根本的特征，有了这样的约定，质物已不太可能移交质权人占有，所以质押合同无效。

法条指引

❶《中华人民共和国担保法》（1995年6月30日主席令公布）

第六十四条 出质人和质权人应当以书面形式订立质押合同。

质押合同自质物移交于质权人占有时生效。

❷《中华人民共和国物权法》（2007年3月16日主席令公布 10月1日施行）

第二百一十二条 质权自出质人交付质押财产时设立。

❸《最高人民法院关于适用〈中华人民共和国担保法〉若干问题的解释》（2000年12月13日发布）

第八十七条 出质人代质权人占有质物的，质押合同不生效；质权人将质物返还于出质人后，以其质权对抗第三人的，人民法院不予支持。

因不可归责于质权人的事由而丧失对质物的占有，质权人可以向不当占有人请求停止侵害、恢复原状、返还质物。

学者观点

❶ 隋彭生：《论以占有改定设立动产质权》，参见北大法宝引证码：Pkulaw. cn/CLI. A. 1141882。

【质物返还】

法律问题解读

质物返还是指虽然质权人依照质押合同的约定占有了质物，但在质押期间又将其返还给出质人。质物返还的后果在各国的立法规定中并不一致，有的主张质权因此而消灭，有的主张质权并不消灭，但不能对抗第三人。

根据我国《担保法》规定，质权人将质物返还于出质人后，以其质权对抗第三人的，人民法院不予支持。质权人在将质物返还给出质人后，质权并不当然消灭，在没有其他人主张权利时，质权人仍享有质权，只有当其他人对质物主张权利时，质权人才不得以质权对抗第三人。

但如果是因为不可归责于质权人的事由而丧失对质物的占有，质权人可以向不当占有人请求停止侵害，恢复原状以及返还原物。

法条指引

❶《最高人民法院关于适用〈中华人民共和国担保法〉若干问题的解释》（2000年12月13日发布）

第八十七条 出质人代质权人占有质物的，质押合同不生效；质权人将质物返还于出质人后，以其质权对抗第三人的，人民法院不予支持。

因不可归责于质权人的事由而丧失对质物的占有，质权人可以向不当占有人请求停止侵害、恢复原状、返还质物。

案例链接

❶《北京众义达汇鑫汽车销售服务有限公司与北京华盛典当有限公司借款合同纠纷上诉案》，参见北大法宝引证码：Pkulaw. cn/CLI. C. 222101。

❷《郭耀南与上海通贸进出口有限公司担保合同纠纷上诉案》，参见北大法宝引证码：Pkulaw. cn/CLI. C. 77913。

❸《湛江市麻章区麻章镇南畔外村与戴琴珠征地款分配纠纷上诉案》，参见北大法宝引证码：Pkulaw. cn/CLI. C. 34578。

学者观点

❶ 吴旭莉：《从一起案例谈动产质押的几个问题》，参见北大法宝引证码：Pkulaw. cn/CLI. A. 110253。

【动产质押合同的内容】

法律问题解读

动产质押合同的内容就是动产质押合同的主要条款，动产质押合同应包括以下内容：

（1）被担保的主债权种类、数额。（2）债务人履行债务的期限。债务人履行债务的期限是指债务人清偿债务的时间，也是确定债务人是否违约的时间界限，是质权人得实现质权的时间起点。在履行期限届满前债务人没有清偿的责任，债权人也无要求债务人清偿的权利，在履行期限届满，债务人仍未履行的，构成迟延履行，质权人得实现质权。（3）质物的名称、数量、质量、状况。（4）质押担保的范围，质押担保的范围是指质权人实现质权时就质物价值可优先受偿的范围，根据担保法规定，质押担保的范围，原则上由出质人和质权人协商，但协商不明的，按照法律规定包括主债权及利息、违约金、损害赔偿金、质物保管费用和实现质权的费用。（5）质物移交的时间。（6）当事人认为需要约定的其他事项，只要双方约定的合同内容不违反法律规定，权利、义务明确，就能以此为根据实行质权，但流质契约除外。

法条指引

❶《中华人民共和国物权法》（2007年3月16日 主席令公布 2007年10月1日施行）

第二百一十条 设立质权，当事人应当采取书面形式订立质权合同。

质权合同一般包括下列条款：

（一）被担保债权的种类和数额；

（二）债务人履行债务的期限；

（三）质押财产的名称、数量、质量、状况；

（四）担保的范围；

（五）质押财产交付的时间。

第二百一十一条 质权人在债务履行期届满前，不得与出质人约定债务人不履行到期债务时质押财产归债权人所有。

❷《中华人民共和国担保法》（1995年6月30日 主席令公布）

第六十五条 质押合同应当包括以下内容：

（一）被担保的主债权种类、数额；

（二）债务人履行债务的期限；

（三）质物的名称、数量、质量、状况；

（四）质押担保的范围；

（五）质物移交的时间；

（六）当事人认为需要约定的其他事项。

质押合同不完全具备前款规定内容的，可以补正。

第六十六条 出质人和质权人在合同中不得约定在债务履行期届满质权人未受清偿时，质物的所有权转移为质权人所有。

❸《中华人民共和国合同法》（1999年3月15日 主席令公布）

第十二条 合同的内容由当事人约定，一般包括以下条款：

（一）当事人的名称或者姓名和住所；

（二）标的；

（三）数量；

（四）质量；

（五）价款或者报酬；

（六）履行期限、地点和方式；

（七）违约责任；

（八）解决争议的方法。

当事人可以参照各类合同的示范文本订立合同。

❹《中华人民共和国商业银行法》（2003年12月27日 修正公布）

第三十七条 商业银行贷款，应当与借款人订立书面合同。合同应当约定贷款种类、借款用途、金额、利率、还款期限、还款方式、违约责任和双方认为需要约定的其他事项。

【质物移交的时间】

法律问题解读

质物移交的时间是指出质人将质物移交给质权人的时间。根据《担保法》规定，当事人既可以在质押合同签订后立即移交，也可以约定在其后某一时间移交，若质押合同规定了质物移交的时间，但出质人未按约定的时间移交质物，应区分以下两种情况加以处理：（1）出质人未按质押合同约定的时间移交质物，但在其后又将质物移交给了质权人，质权人接受质物的，应视为出质人与质权人变更了质物移交时间，质押合同自质物实际移交于质权人占有时生效。（2）虽然合同规定了质物移交时间，但出质人一直未将质物移交给质权人，那么质权不产生，如果给质权人造成损失，出质人应当根据合同责任承担相应的赔偿责任。

关于质物移交的时间，实践中还需注意下面两种情况：（1）如果合同未约定质物的移交时间，而质权人已经实际占有质物的，则质物移交的时间应为合同成立的时间。（2）如果出质人是以间接占有的财产出质的，质物移交方式和时间与一般质物占有的转移有所不同，根据最高人民法院司法解释的规定；出质人以间接占有的财产出质的，质押合同自书面通知送达占有人时生效，质物移交的时间也就为书面通知送达占有人的时间。

法条指引

❶《中华人民共和国物权法》（2007 年 3 月 16 日 主席令公布 2007 年 10 月 1 日施行）

第二百一十二条 质权自出质人交付质押财产时设立。

❷《最高人民法院关于适用〈中华人民共和国担保法〉若干问题的解释》（2000 年 12 月 13 日发布）

第八十六条 债务人或者第三人未按质押合同约定的时间移交质物的，因此给质权人造成损失的，出质人应当根据其过错承担赔偿责任。

第八十七条 出质人代质权人占有质物的，质押合同不生效；质权人将质物返还给出质人后，以其质权对抗第三人的，人民法院不予支持。

因不可归责于质权人的事由而丧失对质物的占有，质权人可以向不当占有人请求停止侵害、恢复原状、返还质物。

第八十八条 出质人以间接占有的财产出质的，质押合同自书面通知送达占有人时视为移交。占有人收到出质通知后，仍接受出质人的指示处分出质财产的，该行为无效。

【流质契约的禁止】

法律问题解读

根据《担保法》，流质契约的禁止是指当事人不得在质押合同中约定当债务履行期届满债权人未获清偿时，质物的所有权即转归债权人所有。禁止流质契约的立法本意首先在于维护质押权的价值权性，即质押权是以质物的卖得价金来清偿所担保的主债权，而流质契约将质物所有权预先约定移转于质押权人所有，与上述价值权的性质相违背。其次，流质契约的禁止还在于防止国有资产的流失以及保护债务人的利益，避免债权人利用债务人一时的急迫困窘而与其订立流质条款，并在债务人届期不能偿债时，获得该质物的所有权。这样将会使债务人遭受重大损失，也有违民法公平、等价有偿的原则。根据立法精神，在实践中下列情形也应适用流质契约禁止的规定：

1. 在借款合同中，当订有偿款期限届满而借款人不还款时，贷款人可以将质物自行加以变卖的特别约定时，应认为违反了流质契约禁止的规定，该特别约定无效。

2. 质权人在债权清偿期限届满后与债务人另订有延期清偿的合同，在该合同中，质权人与出质人约定，在附延展的期限内如果仍未清偿，就将质物交给债权人经营的条件，与自始附此条件无异，该约定也应视为违反了流质契约禁止的规定而属无效。

3. 在债务履行期到来前，双方当事人约定在债务不履行时，应以一定的价格将质物卖与质权人的合同条款也属无效。

在实践中还应当注意，流质契约无效的规定只是针对当事人关于流质的约定，如果流质约定只是质押合同的部分内容，则只有这部分约定无效，其他部分仍然有效。

法条指引

❶《中华人民共和国物权法》（2007 年 3 月 16 日主席令公布 2007 年 10 月 1 日施行）

第二百一十二条 质权自出质人交付质押财产时设立。

❷《中华人民共和国担保法》（1995 年 6 月 30 日 主席令公布）

第六十六条 出质人和质权人在合同中不得约定在债务履行期届满质权人未受清偿时，质物的所有权转移为质权人所有。

❸《最高人民法院关于适用〈中华人民共和国担保法〉若干问题的解释》（2000 年 12 月 13 日发布）

第五十七条 当事人在抵押合同中约定，债务履行期届满抵押权人未受清偿时，抵押物的所有权转移为债权人所有的内容无效。该内容的无效不影响抵押合同其他部分内容的效力。

债务履行期届满后抵押权人未受清偿时，抵押权人和抵押人可以协议以抵押物折价取得抵押物。但是，损害顺序在后的担保物权人和其他债权人利益的，人民法院可以适用《合同法》第七十四条、第七十五条的有关规定。

第九十六条 本解释第五十七条、第六十二条、第六十四条、第七十一条、第七十二条、第七十三条、第七十四条、第八十条之规定，适用于动产质押。

案例链接

❶《北京精达房地产开发有限公司与北京泰

利天和房地产开发有限公司合同纠纷上诉案》，参见北大法宝引证码：Pkulaw.cn/CLI.C.222668。

❷《杨凌地普房地产开发有限公司与陕西方元建设工程有限公司陕西方元建设工程有限公司建设工程施工合同纠纷上诉案》，参见北大法宝引证码：Pkulaw.cn/CLI.C.139483。

❸《上海德坤国际贸易有限公司诉上海埃力生进出口股份有限公司进出口代理合同纠纷案》，参见北大法宝引证码：Pkulaw.cn/CLI.C.156209。

学者观点

❶ 孙鹏、王勤劳：《流质条款效力论》，参见北大法宝引证码：Pkulaw.cn/CLI.A.1114319。

❷ 谢哲胜：《流质（押）契约自由与限制》，参见北大法宝引证码：Pkulaw.cn/CLI.A.1144171。

❸ 王明锁：《禁止流质约款之合理性反思》，参见北大法宝引证码：Pkulaw.cn/CLI.A.1116104。

【其他担保物权人和债权人的撤销权】

法律问题解读

就质押制度而言，我国担保法禁止设立流质条款，质权人与出质人只能等到债务履行期届满而债务未获清偿时，协议将质物折价，又由于我国承认承诺转质行为，一个质物上就可能存在多个担保物权人，同时出质人也可能有除质权人以外的多个债权人，因此，当顺序在先的质权人与出质人协议以质物折价时，有可能损害顺序在后的担保物权人与其他债权人的利益，鉴于此最高人民法院《关于担保法若干问题的解释》赋予后顺序质权人及其他债权人以撤销权，由此保护他们的利益。但撤销权的行使应符合以下三个条件。

1. 出质人有偿向质权人转让其财产。

2. 出质人是以明显不合理的低价转让财产，且这种转让行为损害了后顺序的担保物权人以及其他债权人的利益。

3. 出质人与质权人都具有恶意，对出质人恶意的认定，《合同法》规定了一个客观判断标准：明显不合理的低价，即一个普通的正常的人在进行同样的交易时，无论如何也不会以该种价格转让该种财产，并且应该由其他质权人提出出质人主观上具有恶意的证据。对质权人恶意的认定，是指质权人在折价质物时知道出质人以明显不合理的低价转让财产的行为，足以造成其他担保物权人和债权人的损害，至于质权人是否知道出质人的恶意则在所不问。

法条指引

❶《中华人民共和国合同法》（1999年3月15日 主席令公布）

第七十四条 因债务人放弃其到期债权或者无偿转让财产，对债权人造成损害的，债权人可以请求人民法院撤销债务人的行为。债务人以明显不合理的低价转让财产，对债权人造成损害，并且受让人知道该情形的，债权人也可以请求人民法院撤销债务人的行为。

撤销权的行使范围以债权人的债权为限。债权人行使撤销权的必要费用，由债务人负担。

第七十五条 撤销权自债权人知道或者应当知道撤销事由之日起一年内行使。自债务人的行为发生之日起五年内没有行使撤销权的，该撤销权消灭。

❷《最高人民法院关于适用〈中华人民共和国担保法〉若干问题的解释》（2000年12月13日发布）

第五十七条 当事人在抵押合同中约定，债务履行期届满抵押权人未受清偿时，抵押物的所有权转移为债权人所有的内容无效。该内容的无效不影响抵押合同其他部分内容的效力。

债务履行期届满后抵押权人未受清偿时，抵押权人和抵押人可以协议以抵押物折价取得抵押物。但是，损害顺序在后的担保物权人和其他债权人利益的，人民法院可以适用《合同法》第七十四条、第七十五条的有关规定。

第九十六条 本解释第五十七条、第六十二条、第六十四条、第七十一条、第七十二条、第七十三条、第七十四条、第八十条之规定，适用于动产质押。

❸《最高人民法院关于适用〈中华人民共和国合同法〉若干问题的解释（一）》（1999年12月19日发布）

第二十三条 债权人依照《合同法》第七十四条的规定提起撤销权诉讼的，由被告住所地人民法院管辖。

第二十四条 债权人依照《合同法》第七十四条的规定提起撤销权诉讼时只以债务人为被告，未将受益人或者受让人列为第三人的，人民法院可以追加该受益人或者受让人为第三人。

第二十五条 债权人依照《合同法》第七十四条的规定提起撤销权诉讼，请求人民法院撤销债务人放弃债权或转让财产的行为，人民法院应当就债权人主张的部分进行审理，依法撤销的，该行为自始无效。

两个或者两个以上债权人以同一债务人为被告，就同一标的提起撤销权诉讼的，人民法院可以合并审理。

第二十六条 债权人行使撤销权所支付的律师代理费、差旅费等必要费用，由债务人负担；第三人有过错的，应当适当分担。

案例链接

❶《广东省南海国际信托投资公司与佛山市禅城区置地集团公司等撤销权纠纷上诉案》，参见北大法宝引证码：Pkulaw. cn/CLI. C. 48653。

❷《庞岳汉诉周迪平债权人撤销权纠纷案》，参见北大法宝引证码：Pkulaw. cn/CLI. C. 228112。

❸《严美玲诉周迪平债权人撤销权纠纷案》，参见北大法宝引证码：Pkulaw. cn/CLI. C. 228109。

学者观点

❶ 郭明瑞、张平华：《论恶意白抵押》，参见北大法宝引证码：Pkulaw. cn/CLI. A. 1115986。

❷ 李向前：《论债权人的撤销权》，参见北大法宝引证码：Pkulaw. cn/CLI. A. 177595。

【动产质押担保的债权范围】

法律问题解读

动产质押担保的债权范围，是指出质人根据法律规定或质押合同的约定应当承担的担保责任的范围，包括法定的担保范围、约定的担保范围和推定的担保范围。

法定的担保范围，指根据法律的规定，在债务履行期届满后债务未获清偿时，质权人可就质物要求出质人承担责任的范围。《担保法》规定，质押担保的范围包括主债权及利息、违约金、损害赔偿金、质物保管费用和实现质权的费用。对此要注意两点：

1. 质物保管费用，即质押关系存续期间质权人因占有质物，对质物进行保管而支出的必要的费用。但如果质权人出于非保管质物的目的而支出的费用，则不属于质押担保范围，应由质权人自负。

2. 实现债权的费用，指质权人因实行质权所支出的费用。《担保法》规定，当事人可以自行协商，通过拍卖或变卖的方式实现质权，也可以通过诉讼的方式，但不管采用哪一种方式，都要支出一定的费用，表现为以下几种：评估费、诉讼费、拍卖费、变卖费、申请法院强制执行费等，除非当事人有特别约定，这些费用为质押担保效力所及。

约定的担保范围是指当事人在自愿平等的基础上，按照协商一致的原则确定担保范围。若约定和法定的范围不一致，在法律许可范围内，从其约定。当事人对此没有约定或约定不明时，推定其担保范围为法定担保范围。但需要指出的是，质押担保的最大范围与主合同债务的范围是一致的，约定或推定的担保范围都不能超过此范围，当约定的担保范围超过主合同债务范围的，质押担保范围应减为法定担保范围。

法条指引

❶《中华人民共和国担保法》（1995年6月30日 主席令公布）

第六十七条 质押担保的范围包括主债权及利息、违约金、损害赔偿金、质物保管费用和实现质权的费用。质押合同另有约定的，按照约定。

❷《中华人民共和国民法通则》（1995年6月30日 主席令公布）

第八十九条 依照法律的规定或者按照当事人的约定，可以采用下列方式担保债务的履行：

（一）保证人向债权人保证债务人履行债务，债务人不履行债务的，按照约定由保证人履行或者承担连带责任；保证人履行债务后，有权向债务人追偿。

（二）债务人或者第三人可以提供一定的财产作为抵押物。债务人不履行债务的，债权人有权依照法律的规定以抵押物折价或者以变卖抵押物的价款优先得到偿还。

（三）当事人一方在法律规定的范围内可以向对方给付定金。债务人履行债务后，定金应当抵作价款或者收回。给付定金的一方不履行债务的，无权要求返还定金；接受定金的一方不履行债务的，应当双倍返还定金。

（四）按照合同约定一方占有对方的财产，对方不按照合同给付应付款项超过约定期限的，占有人有权留置该财产，依照法律的规定以留置财产折价或者以变卖该财产的价款优先得到偿还。

❸《中华人民共和国合同法》（1999年3月15日 主席令公布）

第一百一十四条 当事人可以约定一方违约时应当根据违约情况向对方支付一定数额的违约金,也可以约定因违约产生的损失赔偿额的计算方法。

约定的违约金低于造成的损失的,当事人可以请求人民法院或者仲裁机构予以增加;约定的违约金过分高于造成的损失的,当事人可以请求人民法院或者仲裁机构予以适当减少。

当事人就迟延履行约定违约金的,违约方支付违约金后,还应当履行债务。

【动产质押所及的标的物范围】

法律问题解读

动产质押所及的标的物范围,是指当质押权人实现质权时,哪些财产可以用来清偿债务,除了用于质押的主物外,一般还包括以下几类:

1. 从物。从物的构成一般须具备以下条件:从物是独立的物而非主物的成分;从物常常是用来进一步发挥主物的效用的,从物没有自己独立的效用,其效用只有在与主物搭配时才能发挥;从物与主物必须有一定空间上的结合关系;从物与主物必须同归于一人,如果分属于不同的人,则不能认为是从物。

动产质权的效力及于质押的从物。但是,从物未随同质物移交质权人占有的,质权效力不及于从物。因此,在实践中动产质权的效力一般都及于从物,但应当以从物交付于债权人为条件,如果从物未交付于债权人占有,则说明当事人有使质权不及于从物的意思,质权的效力也就不能及于从物。

2. 孳息,包括法定孳息和天然孳息。

3. 代位物,如质物灭失后所得的赔偿金等。

4. 添附物,包括附合之物、混合之物及加工之物。

法条指引

❶《中华人民共和国担保法》(1995年6月30日 主席令公布)

第六十八条 质权人有权收取质物所生的孳息。质押合同另有约定的,按照约定。

前款孳息应当先充抵收取孳息的费用。

❷《最高人民法院关于适用〈中华人民共和国担保法〉若干问题的解释》(2000年12月13日发布)

第六十二条 抵押物因附合、混合或者加工使抵押物的所有权为第三人所有的,抵押权的效力及于补偿金;抵押物所有人为附合物、混合物或者加工物的所有人的,抵押权的效力及于附合物、混合物或者加工物;第三人与抵押物所有人为附合物、混合物或者加工物的共有人的,抵押权的效力及于抵押人对共有物享有的份额。

第六十四条 债务履行期届满,债务人不履行债务致使抵押物被人民法院依法扣押的,自扣押之日起抵押权人收取的由抵押物分离的天然孳息和法定孳息,按照下列顺序清偿:

(一)收取孳息的费用;

(二)主债权的利息;

(三)主债权。

第九十一条 动产质权的效力及于质物的从物。但是,从物未随同质物移交质权人占有的,质权的效力不及于从物。

第九十六条 本解释第五十七条、第六十二条、第六十四条、第七十一条、第七十二条、第七十三条、第七十四条、第八十条之规定,适用于动产质押。

❸《最高人民法院关于贯彻执行〈中华人民共和国民法通则〉若干问题的意见(试行)》(1988年1月26日发布)

86. 非产权人在使用他人的财产上增添附属物,财产所有人同意增添,并就财产返还时附属物如何处理有约定的,按约定办理;没有约定又协商不成,能够拆除的,可以责令拆除;不能拆除的,也可以折价归财产所有人;造成财产所有人损失的,应当负赔偿责任。

87. 有附属物的财产,附属物随财产所有权的转移而转移。但当事人另有约定又不违法的,按约定处理。

【质权人的义务】

法律问题解读

根据《物权法》、《担保法》及其司法解释有关规定,质押期间质权人负有以下义务:

1. 质权人的保管义务。

2. 根据《担保法》第69条的规定,将质物提存的,质物提存费用由质权人负担;出质人提前清偿债权的,应当扣除未到期部分的利息。

3. 质权人未经同意不得使用质物的义务。质押期间,质物需交由质权人占有,但这只是对债权的担保,质权人并不能当然享有使用权。质权人在质权存续期间,除非经出质人同意,质权人不得使用、出租质物,更不能处分质物,如果由此给出质人造成损失,由质权人承担赔偿责任。

4. 返还质物的义务。债务履行期届满债务人履行债务,或者出质人提前清偿所担保的债权的,质权人应当返还质物。在质权担保的债权因受清偿而消灭时,质权也随之消灭;质权消灭,质权人也就没有继续占有质物的权利,自应返还质物。实践中还应注意一点,即质物的返还原则上以出质人为相对人,但如果出质人于质权设定后将质物转让给第三人,质物的所有人也基于其所有权可请求债权人返还质物。在发生出质人返还请求权与质物所有人的返还请求权竞合时,质权人仅对其中一人负返还义务,另一方的请求权即消灭。

5. 未经出质人同意,在质权存续期间,不得为担保自己的债务,在其所占有的质物上为第三人设定质权。

法条指引

❶《中华人民共和国物权法》(2007 年 3 月 16 日 主席令公布 2007 年 10 月 1 日施行)

第二百一十四条 质权人在质权存续期间,未经出质人同意,擅自使用、处分质押财产,给出质人造成损害的,应当承担赔偿责任。

❷《中华人民共和国担保法》(1995 年 6 月 30 日 主席令公布)

第六十九条 质权人负有妥善保管质物的义务。因保管不善致使质物灭失或者毁损的,质权人应当承担民事责任。

质权人不能妥善保管质物可能致使其灭失或者毁损的,出质人可以要求质权人将质物提存,或者要求提前清偿债权而返还质物。

第七十一条 债务履行期届满债务人履行债务的,或者出质人提前清偿所担保的债权的,质权人应当返还质物。

债务履行期届满质权人未受清偿的,可以与出质人协议以质物折价,也可以依法拍卖、变卖质物。

质物折价或者拍卖、变卖后,其价款超过债权数额的部分归出质人所有,不足部分由债务人清偿。

❸《最高人民法院关于适用〈中华人民共和国担保法〉若干问题的解释》(2000 年 12 月 13 日发布)

第九十二条 按照《担保法》第六十九条的规定将质物提存的,质物提存费用由质权人负担;出质人提前清偿债权的,应当扣除未到期部分的利息。

第九十三条 质权人在质权存续期间,未经出质人同意,擅自使用、出租、处分质物,因此给出质人造成损失的,由质权人承担赔偿责任。

第九十四条 质权人在质权存续期间,为担保自己的债务,经出质人同意,以其所占有的质物为第三人设定质权的,应当在原质权所担保的债权范围之内,超过的部分不具有优先受偿的效力。转质权的效力优于原质权。

质权人在质权存续期间,未经出质人同意,为担保自己的债务,在其所占有的质物上为第三人设定质权的无效。质权人对因转质而发生的损害承担赔偿责任。

学者观点

❶ 徐涤宇、刘芳:《论债权质权中第三债务人的保护》,参见北大法宝引证码:Pkulaw.cn/CLI.A.184529。

【质权人的保管义务】

法律问题解读

根据《担保法》第 69 条的规定:"质权人负有妥善保管质物的义务。因保管不善致使质物灭失或毁损的,质权人应当承担民事责任。""妥善保管"的具体要求是:质权人应如同保管合同中的保管人,对质物之保管尽善良管理人应有之注意义务。其中善良管理人之注意义务是指一般交易上的观念,即认为有相当的知识经验和诚意的人所应具有的注意。质权人所负的此种注意义务是一种比处理自己事务须尽更多注意的一种比较严格的义务,包括两方面内容:保障标的物安全;保障标的的利益收取,即保障质押期间对标的物所生孳息的收取,此义务自占有质物至质权消灭为止持续存在。

如果质权人不能妥善保管质物,《物权法》与《担保法》规定了下面两种补救措施:第一,出质人可以要求质权人将质物提存。提存在这里不是关于债务消灭的规定,而是出质人维护质物交换价值的稳定,从而保护自己的利益的规定。但提存需要具备一定条件,即质权人不能妥善保管质物可能致使其灭失或者毁损的情况的发生。提存费用由质权人负担。第二,出质人可以要求提前清偿被担保的债权而要求返还质物。如果提前履行债务不会损害债权人的利益，债务人可以请求提前履行债务，债务人提前履行债务给债权人增加的费用，由债务人负担，债务人提前履行债务时，应当扣除未到期部分的利息，即扣除自清偿之日起至清偿期届至时止的利息。

法条指引

❶《中华人民共和国物权法》（2007年3月16日 主席令公布 2007年10月1日施行）

第二百一十五条 质权人负有妥善保管质押财产的义务；因保管不善致使质押财产毁损、灭失的，应当承担赔偿责任。

质权人的行为可能使质押财产毁损、灭失的，出质人可以要求质权人将质押财产提存，或者要求提前清偿债务并返还质押财产。

❷《中华人民共和国担保法》（1995年6月30日 主席令公布）

第六十九条 质权人负有妥善保管质物的义务。因保管不善致使质物灭失或者毁损的，质权人应当承担民事责任。

质权人不能妥善保管质物可能致使其灭失或者毁损的，出质人可以要求质权人将质物提存，或者要求提前清偿债权而返还质物。

❸《最高人民法院关于适用〈中华人民共和国担保法〉若干问题的解释》（2000年12月13日发布）

第九十二条 按照《担保法》第六十九条的规定将质物提存的，质物提存费用由质权人负担；出质人提前清偿债权的，应当扣除未到期部分的利息。

【质权人的权利】

法律问题解读

在质押期间，质权人的权利主要有以下几项：

1. 占有和留置质物的权利。在质押期间，质权人可拒绝一切关于返还质物的请求，即便出质人将质物转让给第三人，质权人同样可拒绝第三人的返还请求权。

2. 质物孳息的收取权。除当事人另有约定外，质权人有收取质物孳息的权利，但如果质权人任意收取孳息而损害质物或不经同意随意动用孳息，由此给出质人造成损失的，质权人应负损害赔偿责任。

3. 费用偿还请求权。即质权人对于因保管质物所支出的必要费用可请求出质人予以偿还的权利。此所谓必要费用，是指为保存或管理质物所不可缺少的必须付出的费用，实践中还可能出现质权人对于其质物支付的有益费用的情况，在此情况下，如果质权人支出的有益费用使质物的价值增加的，质权人对质物价值的增加额应有偿还请求权；但若质权人对质物的改善并不能增加质物的价值，对其所支出的费用不能享有偿还请求权，而且出质人还有要求恢复原物的权利。

4. 转质权。

5. 保全质权的权利。

6. 质权人的优先受偿权。

7. 质权人的处分权，是指质权人处分其质权的权利，包括质权的抛弃、质权的转让或为其他债权提供担保。质权人抛弃质权不得损害第三人的利益和社会公共利益，并应当将质物返还给出质人；根据质权的附随性，质权不能与债权相分离而单独转让；以质权为其他债权设定担保时，必须征得质权人的同意，即必须符合承诺转质的条件。

法条指引

❶《中华人民共和国物权法》（2007年3月16日 主席令公布 2007年10月1日施行）

第二百一十三条 质权人有权收取质押财产的孳息，但合同另有约定的除外。

前款规定的孳息应当先充抵收取孳息的费用。

第二百一十七条 质权人在质权存续期间，未经出质人同意转质，造成质押财产毁损、灭失的，应当向出质人承担赔偿责任。

第二百一十八条 质权人可以放弃质权。债务人以自己的财产出质，质权人放弃该质权的，其他担保人在质权人丧失优先受偿权益的范围内免除担保责任，但其他担保人承诺仍然提供担保的除外。

第二百一十六条 因不能归责于质权人的事由可能使质押财产毁损或者价值明显减少，足以危害质权人权利的，质权人有权要求出质人提供相应的担保；出质人不提供的，质权人可以拍卖、变卖质押财产，并与出质人通过协议将拍卖、变卖所得的价款提前清偿债务或者提存。

❷《中华人民共和国担保法》（1995年6月30日 主席令公布）

第六十八条 质权人有权收取质物所生的孳

息。质押合同另有约定的，按照约定。

前款孳息应当先充抵收取孳息的费用。

第七十条 质物有损坏或者价值明显减少的可能，足以危害质权人权利的，质权人可以要求出质人提供相应的担保。出质人不提供的，质权人可以拍卖或者变卖质物，并与出质人协议将拍卖或者变卖所得的价款用于提前清偿所担保的债权或者向与出质人约定的第三人提存。

❸《中华人民共和国合同法》（1999年3月15日 主席令公布）

第七十一条 债权人可以拒绝债务人提前履行债务，但提前履行不损害债权人利益的除外。

债务人提前履行债务给债权人增加的费用，由债务人负担。

❹《最高人民法院关于适用〈中华人民共和国担保法〉若干问题的解释》（2000年12月13日发布）

第九十四条 质权人在质权存续期间，为担保自己的债务，经出质人同意，以其所占有的质物为第三人设定质权的，应当在原质权所担保的债权范围之内，超过的部分不具有优先受偿的效力。转质权的效力优于原质权。

质权人在质权存续期间，未经出质人同意，为担保自己的债务，在其所占有的质物上为第三人设定质权的无效。质权人对因转质而发生的损害承担赔偿责任。

案例链接

❶《上海包装纸业销售有限公司与上海嘉录纸业有限公司等财产损害赔偿纠纷上诉案》，参见北大法宝引证码：Pkulaw. cn/CLI. C. 200970。

❷《中国农业银行象山县支行因承运人无单放货致其提单质押权不能实现诉象山县兴业航运有限公司侵权损害赔偿纠纷案》，参见北大法宝引证码：Pkulaw. cn/CLI. C. 78783。

【转质权】

法律问题解读

转质分为承诺转质和责任转质：承诺转质是指质权人经出质人同意，为担保自己的债务，以其占有的质物转质于自己的债权人，设定一个新质权；责任转质是指债权人在质权存续期间，未经出质人同意，将质物转质于第三人，设定新质权，我国担保法承认承诺转质的效力而否定责任转质。质权人为承诺转质时，应当具备以下条件：（1）原质权必须有效存在。（2）质权人转质时须取得原出质人同意。（3）转质权设定后，质权人应将质物移交转质权人占有。（4）转质所担保的债权的有效存在。

承诺转质一经成立，具有如下法律后果：

1. 出质人若作出承诺转质即产生法律拘束力，不得撤销或撤回承诺。

2. 承诺转质的后果直接指向出质人，出质人向质权人清偿债务时，原质权虽然消灭，转质人的质权并不消灭，出质人不能收回质物；如果出质人想要取回质物，只能以第三人的地位向转质权人清偿质权人的债务。

3. 转质权所担保债权的范围在原质权所担保的债权范围之内，具有优先受偿的效力，超过部分则不具备，这种优先受偿效力表现为：第一，转质权人对质权人的债权如果已届清偿期，则无论质权人的债权是否届清偿期，转质权人即可直接行使质权，从质物变价款中优先受偿；第二，债务人或出质人向质权人清偿债务，原质权消灭，转质权人的质权并不消灭，出质人不能收回质物；第三，如果质权人经转质权人同意行使自己的质权时必须从质物的变价款中扣除对转质权人的担保债权额，仅就其余额满足自己债权的清偿。

法条指引

❶《中华人民共和国物权法》（2007年3月16日 主席令公布 2007年10月1日施行）

第二百一十七条 质权人在质权存续期间，未经出质人同意转质，造成质押财产毁损、灭失的，应当向出质人承担赔偿责任。

❷《最高人民法院关于适用〈中华人民共和国担保法〉若干问题的解释》（2000年12月13日发布）

第九十四条 质权人在质权存续期间，为担保自己的债务，经出质人同意，以其所占有的质物为第三人设定质权的，应当在原质权所担保的债权范围之内，超过的部分不具有优先受偿的效力。转质权的效力优于原质权。

质权人在质权存续期间，未经出质人同意，为担保自己的债务，在其所占有的质物上为第三人设定质权的无效。质权人对因转质而发生的损害承担赔偿责任。

案例链接

❶《李金华诉上海立融典当有限公司典当纠

纷案》,参见北大法宝引证码:Pkulaw. cn/CLI. C. 72036。

学者观点

❶ 焦富民:《论质押担保制度的不足与完善》,参见北大法宝引证码:Pkulaw. cn/CLI. A. 19531。

【保全质权的权利】

法律问题解读

保全质权的权利,是指当质物存在毁损、灭失的危险,或者价值明显减少,足以危害质权所担保的债权时,质权人有权要求出质人提供相应的担保。出质人不提供担保的,债权人有权在债务履行期届满前对质物依法进行变卖或拍卖,以变价款代替质物。根据《担保法》规定,质权人行使此种权利须具备以下两个条件:

1. 必须是质物有损坏或者价值明显减少的可能,并且足以危害到质权人的权利,如果质物价值没有明显减少,或此种减少不足以危害质权人权利的实现,或者出质人还有其他物的价值足以担保债权,质权人都不能行使此种权。

2. 必须是出质人不提供相应的担保,如果出质人提供了相应的担保,质权人也不能行使变价权,并且质权人还应给出质人提供担保规定适当的期限,期限届满仍不提供担保,质权人才可以行使该保全质权的权利。

另外,质权人预先对质物进行的拍卖或者变卖所得价款,只能代为充抵质物而不能直接从中受偿,此时质权人可与出质人协商,将所得变价款用于提前清偿或向与出质人约定的第三人提存,如果双方对提存不能达成协议的,质权人可以向人民法院提起诉讼请求法院裁决。提存费用由出质人负担,在预先拍卖质物时应提前通知出质人。

法条指引

❶《中华人民共和国物权法》(2007年3月16日 主席令公布 2007年10月1日施行)

第二百一十六条 因不能归责于质权人的事由可能使质押财产毁损或者价值明显减少,足以危害质权人权利的,质权人有权要求出质人提供相应的担保;出质人不提供的,质权人可以拍卖、变卖质押财产,并与出质人通过协议将拍卖、变卖所得的价款提前清偿债务或者提存。

❷《中华人民共和国担保法》(1995年6月30日 主席令公布)

第七十条 质物有损坏或者价值明显减少的可能,足以危害质权人权利的,质权人可以要求出质人提供相应的担保。出质人不提供的,质权人可以拍卖或者变卖质物,并与出质人协议将拍卖或者变卖所得的价款用于提前清偿所担保的债权或者向与出质人约定的第三人提存。

【质权人的优先受偿权】

法律问题解读

质权人的优先受偿权是指质权人就质物的变价款有优先受偿的权利,这是质权人最重要的权利,也是质权的基本效力,具体而言,质权人的优先受偿权应分为下面两种情况分别加以处理:

首先是质物上没有其他担保物权存在的情况。此时质权人的优先受偿权表现为:第一,质押担保的债权比一般债权人的债权要优先受偿;第二,在质物所有人破产时,质权人享有别除权,质物不能列入破产财产,质权人就质物比一般债权人优先受偿;第三,当强制执行出质人的财产时,质物不能列入强制执行的财产范围,质权人仍可就质物优先受偿。

其次是质物上并存有多项担保物权时的情况。此时质权人的优先受偿权只具有相对性。表现为:第一,数个质权同时存在的情况下,善意取得的质权优先于原先取得的质权受偿;转质权优先于原质权受偿。第二,在同一质物上既设立抵押权又设立质权的情况下,如果抵押权未经登记,则无论质权成立的时间(质权人占有质物的时间)在先在后,质权人均优先于抵押权人受偿;如果抵押权是经过登记的,抵押权人与质权人应以登记与占有的先后顺序受偿,即如果抵押权登记先于质权人对质物的占有,抵押权人优先于质权人受偿;如抵押权登记后于质权人对质物的占有,则质权人优先于抵押权人受偿。第三,如果在质物上同时存在留置权,例如质权人将设质的表拿到钟表店去修理而又未付修理费,钟表店就对表享有留置权,此时留置权优先于质权受偿。

法条指引

❶《中华人民共和国物权法》(2007年3月16日 主席令公布 2007年10月1日施行)

第二百零八条 为担保债务的履行,债务人或者第三人将其动产出质给债权人占有的,债务人不履行到期债务或者发生当事人约定的实现质权的情形，债权人有权就该动产优先受偿。

前款规定的债务人或者第三人为出质人，债权人为质权人，交付的动产为质押财产。

❷《中华人民共和国担保法》（1995年6月30日 主席令公布）

第六十三条 本法所称动产质押，是指债务人或者第三人将其动产移交债权人占有，将该动产作为债权的担保。债务人不履行债务时，债权人有权依照本法规定以该动产折价或者以拍卖、变卖该动产的价款优先受偿。

前款规定的债务人或者第三人为出质人，债权人为质权人，移交的动产为质物。

❸《中华人民共和国民用航空法》（1995年10月30日 主席令公布）

第一百六十六条 民用航空器的经营人应当投保地面第三人责任险或者取得相应的责任担保。

第一百六十九条 依照本法第一百六十六条规定提供的保险或者担保，应当被专门指定优先支付本章规定的赔偿。

❹《贷款通则》（1996年6月28日 中国人民银行发布）

第五十四条 贷款人应当按照有关法律参与借款人破产财产的认定与债权债务的处置，对于破产借款人已设定财产抵押、质押或其他担保的贷款债权，贷款人依法享有优先受偿权；无财产担保的贷款债权按法定程序和比例受偿。

案例链接

❶《北京银行股份有限公司中轴路支行与北京中际广通汽车贸易有限责任公司借款担保合同纠纷执行案》，参见北大法宝引证码：Pkulaw.cn/CLI.C.188212。

【出质人的权利】

法律问题解读

在质押期间，根据法律规定出质人有如下权利：

1. 质物的处分权。质押期间尽管质物移交质权人占有，但出质人不丧失对质物的所有权，在法律上，出质人仍可就质物转让、出卖或赠与他人。但出质人的处分权因为质物的移交而受到影响，体现在出质人转让、出卖、赠与质物给他人时，不能于质权实现前现实交付，而只能以返还请求权的让与代为交付。

2. 对质权人的抗辩权。设定质押的行为如果存在瑕疵，出质人可以以此向质权人提出抗辩；例如质押合同存在无效或撤销的原因，出质人可以以之抗辩；在债务人有对抗质权人的事由时，提供质物的第三人也可以之抗辩。

3. 除去权利侵害和返还质物的请求权，在质权人不认真履行妥善保管质物的义务而侵害出质物时，出质人有权请求除去侵害；在因质权人不能妥善保管质物的义务而有可能致质物毁损灭失时，出质人可以请求将质物提存，也可以请求向质权人提前清偿债务并要求返还质物。

债务履行期届满，出质人可请求质权人及时行使权利，而质权人怠于行使权利致使质物价格下跌，由此给出质人造成的损失，质权人承担赔偿责任。

4. 第三人的追偿权。如果出质人是债务人以外的第三人，在其代债务人清偿债务或者因质权人实现质权而丧失质物所有权时，第三人对债务人享有追偿权，得向债务人追偿。

法条指引

❶《中华人民共和国担保法》（1995年6月30日 主席令公布）

第二百一十四条 质权人在质权存续期间，未经出质人同意，擅自使用、处分质押财产，给出质人造成损害的，应当承担赔偿责任。

第二百一十五条 质权人负有妥善保管质押财产的义务；因保管不善致使质押财产毁损、灭失的，应当承担赔偿责任。

质权人的行为可能使质押财产毁损、灭失的，出质人可以要求质权人将质押财产提存，或者要求提前清偿债务并返还质押财产。

❷《中华人民共和国民用航空法》（1995年10月30日 主席令公布）

第一百六十六条 民用航空器的经营人应当投保地面第三人责任险或者取得相应的责任担保。

第一百六十七条 保险人和担保人除享有与经营人相同的抗辩权，以及对伪造证件进行抗辩的权利外，对依照本章规定提出的赔偿请求只能进行下列抗辩：

（一）损害发生在保险或者担保终止有效后；然而保险或者担保在飞行中期满的，该项保险或者担保在飞行计划中所载下一次降落前继续有效，但是不得超过二十四小时；

（二）损害发生在保险或者担保所指定的地区范围外，除非飞行超出该范围是由于不可抗力、援助他人所必需，或者驾驶、航行或者领航上的差错造成的。

前款关于保险或者担保继续有效的规定，只在对受害人有利时适用。

第一百六十八条 仅在下列情形下，受害人可以直接对保险人或者担保人提起诉讼，但是不妨碍受害人根据有关保险合同或者担保合同的法律规定提起直接诉讼的权利：

（一）根据本法第一百六十七条第（一）项、第（二）项规定，保险或者担保继续有效的；

（二）经营人破产的。

除本法第一百六十七条第一款规定的抗辩权，保险人或者担保人对受害人依照本章规定提起的直接诉讼不得以保险或者担保的无效或者追溯力终止为由进行抗辩。

第一百六十九条 依照本法第一百六十六条规定提供的保险或者担保，应当被专门指定优先支付本章规定的赔偿。

❸ **《最高人民法院关于适用〈中华人民共和国担保法〉若干问题的解释》**（2000年12月13日发布）

第九十五条 债务履行期届满质权人未受清偿的，质权人可以继续留置质物，并以质物的全部行使权利。出质人清偿所担保的债权后，质权人应当返还质物。

债务履行期届满，出质人请求质权人及时行使权利，而质权人怠于行使权利致使质物价格下跌的，由此造成的损失，质权人应当承担赔偿责任。

【出质人的义务】

法律问题解读

根据《担保法》及其司法解释，出质人负有以下两项义务：

1. 按时交付质物的义务。质押合同订立后，出质人应当按合同约定的时间交付合同中约定的质物。如果债务人或者第三人没有按照质押合同的约定交付质物，给质权人造成损失的，应当根据其过错承担缔约过失责任。

2. 质押的瑕疵担保责任。出质人转移质物时，应对质物承担瑕疵担保责任，包括权利瑕疵担保和物的瑕疵担保。权利瑕疵担保是指出质人对质

物要有处分权，可以对其设定质押；物的瑕疵担保是指出质人必须保证按照约定的数量和质量交付质物，即保证物的品质上不存在瑕疵，若因质物的隐蔽瑕疵给质权人造成财产损害的，出质人应承担赔偿责任。但如果质权人在质物移交时明知有瑕疵而予以接受的，出质人免责。

法条指引

❶ **《最高人民法院关于适用〈中华人民共和国担保法〉若干问题的解释》**（2000年12月13日发布）

第八十六条 债务人或者第三人未按质押合同约定的时间移交质物的，因此给质权人造成损失的，出质人应当根据其过错承担赔偿责任。

第九十条 质物有隐蔽瑕疵造成质权人其他财产损害的，应由出质人承担赔偿责任。但是，质权人在质物移交时明知质物有瑕疵而予以接受的除外。

案例链接

❶ 《交通银行海南分行等与六安地区城市信用社联合社等借款合同纠纷案》，参见北大法宝引证码：Pkulaw. cn/CLI. C. 47834。

学者观点

❶ 徐涤宇、刘芳：《论债权质权中第三债务人的保护》，参见北大法宝引证码：Pkulaw. cn/CLI. A. 184529。

【动产质权实现的条件】

法律问题解读

动产质权的实现应具备以下条件：

1. 债务履行期届满。适用这一条件时应当注意的是：第一，当债务履行期限届满之前，债务人明确表示或以自己的行为表明不履行债务的，债权人可解除合同；第二，主合同解除后，担保人对债务人应当承担的民事责任仍应承担，但担保合同另有约定的除外；第三，如果债务人明确表示或者以自己的行为表明不履行合同义务，债权人可以在履行期限届满之前要求其承担违约责任。

2. 质权人未受清偿。适用这一条件必须注意以下两点：第一，债权人没有受清偿必须不是由

于自己的原因。如果债务人履行债务而债权人没有正当理由拒绝受领，债务人可将标的物提存，或者依法将拍卖或变卖的价款提存。第二，如果债务人迟延履行主要债务，经债权人催告后在合理的期限内仍未履行的，或者有其他违约行为使合同目的不能实现，债权人有权解除合同，合同解除后，除担保合同另有约定外，担保人仍应承担债务人所应承担的责任。对于已届清偿期的债权，除非债务人有法定抗辩权，如同时履行抗辩权、不安抗辩权等，如果债务人拒绝或者迟延履行债务，不论债务人是否已为部分清偿，也不论质权人是否请求债务人为清偿，质权人均可以实现质权。

实践中还有一点应注意，如果质权人可以实现质权而怠于行使权利，由此造成自身的损失，由质权人自行承担；如果因怠于行使权利使质物的价格下跌，由此给出质人造成的损失，质权人应当承担赔偿责任。

法条指引

❶《中华人民共和国物权法》（2007年3月16日 主席令公布 2007年10月1日施行）

第二百一十九条 债务人履行债务或者出质人提前清偿所担保的债权的，质权人应当返还质押财产。

债务人不履行到期债务或者发生当事人约定的实现质权的情形，质权人可以与出质人协议以质押财产折价，也可以就拍卖、变卖质押财产所得的价款优先受偿。

质押财产折价或者变卖的，应当参照市场价格。

❷《中华人民共和国担保法》（1995年6月30日 主席令公布）

第七十一条 债务履行期届满债务人履行债务的，或者出质人提前清偿所担保的债权的，质权人应当返还质物。

债务履行期届满质权人未受清偿的，可以与出质人协议以质物折价，也可以依法拍卖、变卖质物。

质物折价或者拍卖、变卖后，其价款超过债权数额的部分归出质人所有，不足部分由债务人清偿。

❸《中华人民共和国商业银行法》（2003年12月27日修正公布）

第四十二条 借款人应当按期归还贷款的本金和利息。

借款人到期不归还担保贷款的，商业银行依法享有要求保证人归还贷款本金和利息或者就该担保物优先受偿的权利。商业银行因行使抵押权、质权而取得的不动产或者股权，应当自取得之日起2年内予以处分。

借款人到期不归还信用贷款的，应当按照合同约定承担责任。

❹《最高人民法院关于适用〈中华人民共和国担保法〉若干问题的解释》（2000年12月13日发布）

第十条 主合同解除后，担保人对债务人应当承担的民事责任仍应承担担保责任。但是，担保合同另有约定的除外。

第九十五条 债务履行期届满质权人未受清偿的，质权人可以继续留置质物，并以质物的全部行使权利。出质人清偿所担保的债权后，质权人应当返还质物。

债务履行期届满，出质人请求质权人及时行使权利，而质权人怠于行使权利致使质物价格下跌的，由此造成的损失，质权人应当承担赔偿责任。

【质权的实现方法】

法律问题解读

质权的实现方法包括以下三种：

1. 折价。所谓折价是指债务人在履行期限届满时未履行其债务，经质权人与出质人协议，或者协议不成时由人民法院审理判决，质权人支付一定对价，并取得质物所有以实现质权的一种方法。质物的折价是质权人和出质人通过协议来完成的。

2. 拍卖。拍卖是指以公开竞价的形式，将特定物品或者财产权利转让给最高应价者的买卖方式。因拍卖的性质不同，拍卖可分为一般拍卖和强制拍卖。对国有资产进行拍卖时，应当根据相关规定，对国有资产进行评估，并按法律规定的程序办理。以拍卖而变价质物的，质权人就拍卖价金优先受偿后，质权消灭；若价金不足以清偿质押担保债权，未受清偿的部分转化为普通债权，向债务人求偿。

3. 变卖。变卖是以一般的买卖形式出卖质押物以实现债权的方式。在人民法院执行工作中，也只有当财产无法拍卖、不适用于拍卖、或者当事人双方同意不需要拍卖时才进行变卖，根据《最高人民法院关于适用〈中华人民共和国民事诉讼法〉若干问题的意见》第99条规定，无法拍卖或不适合拍卖主要是指人民法院查封，扣押季节性强，鲜活、易腐烂变质的商品以及其他不宜长期保存的物品。实现质押权的具体方式首先由当事人决定。质押合同中对质权实现方式有约定的，依其约定；没有约定时，质权人可与出质人协商，依双方同意的上述方式之一实现质权，如果质权人与出质人协商达不成协议的，质权人可向人民法院起诉，由人民法院裁决以何种方式实现质权。

法条指引

❶《中华人民共和国物权法》（2007年3月16日 主席令公布 2007年10月1日施行）

第二百一十九条 债务人履行债务或者出质人提前清偿所担保的债权的，质权人应当返还质押财产。

债务人不履行到期债务或者发生当事人约定的实现质权的情形，质权人可以与出质人协议以质押财产折价，也可以就拍卖、变卖质押财产所得的价款优先受偿。

质押财产折价或者变卖的，应当参照市场价格。

❷《中华人民共和国担保法》（1995年6月30日 主席令公布）

第七十一条 债务履行期届满债务人履行债务的，或者出质人提前清偿所担保的债权的，质权人应当返还质物。

债务履行期届满质权人未受清偿的，可以与出质人协议以质物折价，也可以依法拍卖、变卖质物。

质物折价或者拍卖、变卖后，其价款超过债权数额的部分归出质人所有，不足部分由债务人清偿。

❸《中华人民共和国拍卖法》（2004年8月28日 修正公布）

第三条 拍卖是指以公开竞价的形式，将特定物品或者财产权利转让给最高应价者的买卖方式。

第四条 拍卖活动应当遵守有关法律、行政法规，遵循公开、公平、公正、诚实信用的原则。

第五条 国务院负责管理拍卖业的部门对全国拍卖业实施监督管理。

省、自治区、直辖市的人民政府和设区的市的人民政府负责管理拍卖业的部门对本行政区域内的拍卖业实施监督管理。

第六条 拍卖标的应当是委托人所有或者依法可以处分的物品或者财产权利。

第七条 法律、行政法规禁止买卖的物品或者财产权利，不得作为拍卖标的。

第八条 依照法律或者按照国务院规定需经审批才能转让的物品或者财产权利，在拍卖前，应当依法办理审批手续。

委托拍卖的文物，在拍卖前，应当经拍卖人住所地的文物行政管理部门依法鉴定、许可。

第九条 国家行政机关依法没收的物品，充抵税款、罚款的物品和其他物品，按照国务院规定应当委托拍卖的，由财产所在地的省、自治区、直辖市的人民政府和设区的市的人民政府指定的拍卖人进行拍卖。

拍卖由人民法院依法没收的物品，充抵罚金、罚款的物品以及无法返还的追回物品，适用前款规定。

第二十八条 用于质押的单位定期存单在质押期间丢失，贷款人应立即通知借款人和出质人，并申请挂失；单位定期存单毁损的，贷款人应持有关证明申请补办。

质押期间，存款行不得受理存款人提出的挂失申请。

❹《中华人民共和国民事诉讼法》（1991年4月9日主席令公布 2007年10月28日修订）

第二百二十三条 被执行人未按执行通知履行法律文书确定的义务，人民法院有权查封、扣押、冻结、拍卖、变卖被执行人应当履行义务部分的财产。但应当保留被执行人及其所扶养家属的生活必需品。

采取前款措施，人民法院应当作出裁定。

第二百二十六条 财产被查封、扣押后，执行员应当责令被执行人在指定期间履行法律文书确定的义务。被执行人逾期不履行的，人民法院可以按照规定交有关单位拍卖或者变卖被查封、扣押的财产。国家禁止自由买卖的物品，交有关单位按照国家规定的价格收购。

❺《信托投资公司清产核资资产评估和损失冲销的规定》（1999年4月27日 财政部发布）

第二条 各省、自治区、直辖市人民政府和国务院有关部门要指定并公布一批具有相应资格的中介机构（包括境外知名的中介机构）名单，信托投资公司在指定范围内委托中介机构进行清产核资和资产评估。中介机构负责对信托投资公司境内外机构的本外币资产、负债（含或有负债）和所有者权益进行彻底清查，并提出资产评估报告书、资产质量和资产实际损失报告。

第三条 承担信托投资公司清产核资和资产评估的中介机构必须是取得相应资格的无不良记录的会计师事务所、资产评估事务所（公司）、财务咨询公司等。

第四条 全国性信托投资公司的清产核资和资产评估工作由中央党政机关金融类企业脱钩工作小组和中国人民银行分别负责组织实施；地方性信托投资公司的清产核资和资产评估工作由省、自治区、直辖市人民政府负责组织有关部门实施。

第六条 对资产的清查应符合以下要求：

（一）货币奖金的清查

1. 对现金及贵金属的清查。要实地盘点检查日库存现金及贵金属，并倒推清产核资时间点库存现金是否与账面数相符。现金明细账按查实数确认。

2. 对存放人民银行及存放同业款项的清查。按人民银行对账单、同业对账单及银行存款询证函确认人民银行及存放同业款项余额。

（二）信贷资产的清查

1. 就贷款情况严格进行函证，未回函贷款及回函不认证的贷款，应查清未回函的原因，并督促回函。

2. 按贷款合同清查贷款的真实性。如果借款人是虚假的，应查清性质及资金去向。

3. 按《贷款通则》等要求，对逾期贷款、呆滞和呆账贷款予以核实，分类披露。

4. 对信用放款及抵押（质押）贷款予以核实分类。对属于无效担保、抵押的贷款，应补办保证或抵押手续，否则视为信用贷款。

对认定为呆账贷款的，应逐笔登记呆账贷款确认表，对贷款基本要素、呆账认定依据等予以说明。

5. 对贷款资产进行评定。在逐笔调查取证核实的基础上，根据债务人的信用程度、盈利能力、管理水平、发展前景等综合因素进行评定。

（三）拆借资金的清查

按拆借合同要素，逐笔核实拆借资金，并分类披露。

（四）应收账款的清查

1. 应收利息的清查。按照财务会计制度规定和权责发生制原则。依据借款合同逐笔进行核实。对银行存款、存放同业、存放中央银行款项、拆放同业、各项贷款等项目的应收利息，均应按核实后账面价值以借款合同利率和合同签订日的法定利率分别计算到基准日。

2. 其他应收款的清查。清查应收款项的债权是否存在，审核科目核算的正确性。

（五）投资的清查

1. 对债券投资、股票投资和其他投资进行清查，确认其所有权及持有形式；投资行为的合法性、真实性；账实是否相符。

2. 对长期投资中非股权投资部分，根据业务内容分别进行清查。要重点核查对土地、房屋项目的长期投资。

（六）委托贷款及委托投资的清查

对由委托人指定项目、提供委托资金、承担经济责任的委托贷款，结合委托存款，逐笔函证确认。对无法确认的，视同信用贷款。将委托投资与委托存款相结合进行清查。确认委托合同的真实性。无法确认的，列入投资进行清查。

（七）自营证券的清查

1. 严格区分自营证券业务与代理证券业务，并对自营证券的金额、种类和买入价格分别进行核实。

2. 代理证券业务的清查。代理发行证券按委托单位和代理发行证券的金额、种类分别进行核查。代兑付证券按委托单位和代兑付债券种类分别进行核查。代售证券按交易方式分别进行清查。

3. 买入返售证券的清查。按人民银行规定审核其真实性。对没有真实债券的买入返售证券，对方为金融机构的，调整到同业拆放科目核算；对方为企业或个人的，调整到贷款科目核算。

（八）固定资产和在建工程的清查

1. 核实固定资产原值、净值、已提折旧额是否真实、准确。对清查出的各项盘盈、盘亏固定资产，要认真查明原因。

2. 审核在建工程的有关报批手续是否完备，并对在建工程的成本进行审查，剔除不合理的部分。

（九）无形资产的清查

对无形资产的成本构成查验核实，调整不应计入成本的内容。重点清查土地使用权和房屋使用权，检查是否有合法的使用手续。各金融机构使用的土地，凡已领取土地使用证的，按土地使用证的数量确认；没有领取土地使用证的，使用单位应予以说明。

（十）递延资产的清查

准确核算原发生额和构成，审查受益期和摊销额是否合理。对不合理部分进行调整。

（十一）租赁资产的清查

审查租赁业务的合法、合规性，准确核实租赁资产的实际成本。逐笔核实租赁资产的对象、期限，并对租金逾期予以披露。

（十二）其他资产的清理

重点清查账外资产。对账外资产（含账外经营），在报告中予以说明；对难以定性的，可暂不并账，在报告中详细说明或单独出具报告书。

（十三）呆账准备金、坏账准备金和投资风险准备金的清查

按会计制度的规定，审查信托投资公司计提各项准备金准确性。

（十四）对表外科目的清查

表外科目主要包括对外担保、重要空白凭证、表外应收利息等。

1. 要对公司提供的对外担保进行全面清理，确认担保责任。

2. 清理重要空白凭证。

3. 对表外应收利息，要根据财务制度将不计入损益的应收未收到的利息列入本科目核算。

❻《最高人民法院关于适用〈中华人民共和国民事诉讼法〉若干问题的意见》（1992年7月14日发布）

99. 人民法院对季节性商品、鲜活、易腐烂变质以及其他不宜长期保存的物品采取保全措施时，可以责令当事人及时处理，由人民法院保存价款；必要时，人民法院可予以变卖，保存价款。

301. 经申请执行人和被执行人同意，可以不经拍卖、变卖，直接将被执行人的财产作价交申请执行人抵偿债务，对剩余债务，被执行人应当继续清偿。

302. 被执行人的财产无法拍卖或变卖的，经申请执行人同意，人民法院可以将该项财产作价后交付申请执行人抵偿债务，或者交付申请执行人管理；申请执行人拒绝接收或管理的，退回被执行人。

❼《最高人民法院关于人民法院执行工作若干问题的规定（试行）》（1998年7月8日发布）

46. 人民法院对查封、扣押的被执行人财产进行变价时，应当委托拍卖机构进行拍卖。

财产无法委托拍卖、不适于拍卖或当事人双方同意不需要拍卖的，人民法院可以交由有关单位变卖或自行组织变卖。

❽《国有资产评估管理办法》（1991年11月16日　国务院令发布）

第三条　国有资产占有单位（以下简称占有单位）有下列情形之一的，应当进行资产评估：

（一）资产拍卖、转让；

（二）企业兼并、出售、联营、股份经营；

（三）与外国公司、企业和其他经济组织或者个人开办中外合资经营企业或者中外合作经营企业；

（四）企业清算；

（五）依照国家有关规定需要进行资产评估的其他情形。

第五条　全国或者特定行业的国有资产评估，由国务院决定。

第十二条　国有资产评估按照下列程序进行：

（一）申请立项；

（二）资产清查；

（三）评定估算；

（四）验证确认。

第十三条　依照本办法第三条、第四条规定进行资产评估的占有单位，经其主管部门审查同意后，应当向同级国有资产管理行政主管部门提交资产评估立项申请书，并附财产目录和有关会计报表等资料。

经国有资产管理行政主管部门授权或者委托，占有单位的主管部门可以审批资产评估立项申请。

第十四条　国有资产管理行政主管部门应当自收到资产评估立项申请书之日起十日内进行审核，并作出是否准予资产评估立项的决定，通知申请单位及其主管部门。

第十五条　国务院决定对全国或者特定行业进行国有资产评估的，视为已经准予资产评估立项。

第十六条　申请单位收到准予资产评估立项通知书后，可以委托资产评估机构评估资产。

❾《最高人民法院关于冻结、拍卖上市公司国有股和社会法人股若干问题的规定》（2001年9月21日发布）

第八条　人民法院采取强制执行措施时，如果股权持有人或者所有权人在限期内提供了方便执行的其他财产，应当首先执行其他财产。其他财产不足以清偿债务的，方可执行股权。

本规定所称可供方便执行的其他财产，是指存款、现金、成品和半成品、原材料、交通工具等。

人民法院执行股权，必须进行拍卖。

股权的持有人或者所有权人以股权向债权人质押的，人民法院执行时也应当通过拍卖方式进行，不得直接将股权执行给债权人。

【质物拍卖或变卖后的价款分配顺序】

法律问题解读

质物拍卖或变卖后的价款分配顺序，因拍卖或变卖由当事人协商进行还是通过人民法院进行之不同而分为下面两种情况：

1. 当质物的折价或者拍卖、变卖是由当事人通过协商进行的时，则质权人与出质人之间可以就该质物折价、拍卖或变卖后所得价款的清偿顺序作出约定，若当事人没有约定，按下列顺序清偿：首先，抵偿实现质权的费用；其次，偿还主债权的利息；最后，偿还主债权。

2. 如果是人民法院对质物进行变卖和拍卖，则首先应扣除执行费用，即拍卖、变卖被执行人的财产所发生的费用，此外还包括查封、扣押等程序引发的费用，其次是偿还债权人的债权。

法条指引

❶《最高人民法院关于适用〈中华人民共和国担保法〉若干问题的解释》（2000年12月13日发布）

第七十三条 抵押物折价或者拍卖、变卖该抵押物的价款低于抵押权设定时约定价值的，应当按照抵押物实现的价值进行清偿。不足清偿的剩余部分，由债务人清偿。

第七十四条 抵押物折价或者拍卖、变卖所得的价款，当事人没有约定的，按下列顺序清偿：

（一）实现抵押权的费用；

（二）主债权的利息；

（三）主债权。

第九十六条 本解释第五十七条、第六十二条、第六十四条、第七十一条、第七十二条、第七十三条、第七十四条、第八十条之规定，适用于动产质押。

❷《最高人民法院关于人民法院执行工作若干问题的规定（试行）》（1998年7月8日发布）

49. 拍卖、变卖被执行人的财产成交后，必须即时钱物两清。

委托拍卖、组织变卖被执行人财产所发生的实际费用，从所得价款中优先扣除。所得价款超出执行标的数额和执行费用的部分，应当退还被执行人。

【第三人的追偿权】

法律问题解读

第三人，是指债务人以外的出质人。第三人的追偿权表现为以下两种情形：

1. 为债务人提供担保的第三人代替债务人清偿债务后，有权向债务人追偿。第三人提供质物以担保债权的实现，在债务履行期届满债务未获清偿时，债权人有权向债务人或第三人任何一位要求清偿，从而使债务人与第三人形成并存的债务承担，成为连带债务人。履行了连带债务的人，有权要求其他负有连带义务的人偿付其应当承担的份额。

2. 尽管第三人没有代替债务人清偿债务，但因质权人实现质权，导致第三人丧失质物所有权。此时，债务在债权已因质物的拍卖或变卖而受清偿范围内，归于消灭，第三人有权向债务人追偿，但追偿权只能在质物承担的债务范围内，超出的部分不能享有追偿权利。

提供质押担保的第三人，在向质权人行使追偿权的时候还应注意：若第三人是受债务人委托而提供质押，在第三人清偿债务后向债务人追偿时可以向债务人请求支付所清偿的债务额、从清偿之时开始起计算的利息、为清偿所花费的费用及其他损害赔偿。若是因质权的实现而使第三人丧失质物所有权，可向债务人请求已从质物价款中清偿的债务额、债务人免责时起的利息、必要的费用及其他损害赔偿；若第三人与债务人是无因管理关系，在第三人设定质权有利于债务人，并不违反其明示或可推知意思的，第三人可要求偿还偿债数额、利息、必要的费用及损害赔偿；若第三人设定质权不利于债务人或违反债务人明示或可推知的意思，债务人依不当得利的规定负返还责任。

法条指引

❶《中华人民共和国担保法》（1995年6月30日 主席令公布）

第七十二条 为债务人质押担保的第三人，在质权人实现质权后，有权向债务人追偿。

❷《中华人民共和国民法通则》（1986年4月12日 主席令公布）

第八十七条 债权人或者债务人一方人数为两人以上的，依照法律的规定或者当事人的约定，享有连带权利的每个债权人,都有权要求债务人履行义务;负有连带义务的每个债务人,都负有清偿全部债务的义务,履行了义务的人,有权要求其他负有连带义务的人偿付他应当承担的份额。

学者观点

❶ 孙鹏:《论担保物权的实行期间》,参见北大法宝引证码:Pkulaw.cn/CLI.A.185395。

【质物的代位物】

法律问题解读

在质物存续期间,如果质物因为各种原因毁损或灭失,但若还有交换价值存在,无论其形态如何,都仍然是质权所支配的交换价值,质权仍然存在于这种交换价值上。这种交换价值称为质物的代位物。质物的代位物包括赔偿金、保险金以及补偿金等,在实践中,把握质物的代位物应注意以下几点:

1. 质物的代位物必须是因质物灭失、毁损或被征用等情形产生的。我国担保法中质物的"灭失"是指自然事件,如地震、洪水,也可能是人的行为,如第三人的偷窃或焚烧,质物的毁损是指质物虽然没有绝对灭失,其实体依然留存在质权人之手,但价值也因被毁坏或破坏而减少。征用是指国家在特定情况下,为了公共利益的需要而对属于个人或组织所有的财产实行强制征收,但对于被征用的财产所有人给予一定赔偿。

2. 必须因质物的灭失,毁损或征用而得到了保险金、补偿金以及赔偿金。

3. 必须是出质人有权获得的保险金、赔偿金或补偿金。保险法允许在财产保险合同中由投保人或被保险人指定第三人作为保险合同的受益人,此时作为出质人的投保人虽为质物所有人,却不享有发生保险事故后的保险金请求权,此时的保险金不能作为质物的代位物。

4. 作为代位物的这些保险金、赔偿金及补偿金必须是来自第三人。

5. 除了赔偿金或补偿金等金钱形式的代位物外,金钱之外的赔偿物、补偿物也应当属于代位物。

法条指引

❶《中华人民共和国担保法》(1995年6月30日 主席令公布)

第七十三条 质权因质物灭失而消灭。因灭失所得的赔偿金,应当作为出质财产。

❷《最高人民法院关于适用〈中华人民共和国担保法〉若干问题的解释》(2000年12月13日发布)

第八十条 在抵押物灭失、毁损或者被征用的情况下,抵押权人可以就该抵押物的保险金、赔偿金或者补偿金优先受偿。

抵押物灭失、毁损或者被征用的情况下,抵押权所担保的债权未届清偿期的,抵押权人可以请求人民法院对保险金、赔偿金或补偿金等采取保全措施。

第九十六条 本解释第五十七条、第六十二条、第六十四条、第七十一条、第七十二条、第七十三条、第七十四条、第八十条之规定,适用于动产质押。

【保险金】

法律问题解读

保险金是指质物所有人与保险人订立保险合同,当保险事故发生导致质物毁损或灭失时,投保人有权请求保险人支付的一定数量的金钱,根据最高人民法院《关于担保法若干问题的解释》的规定,在抵押物灭失、毁损或被征用的情况下,抵押权人可就该抵押物的保险金、赔偿金优先受偿,该条法规也适用于质押,因此质权人可就保险金优先受偿。

但值得注意的是,如果债权未届清偿期,质权人可以依据《关于担保法若干问题的解释》第80条第2款的规定,请求人民法院对保险金等采取保全措施,而不能直接受偿。根据民事诉讼法的规定,财产保全的发生应具备以下条件:第一,有采取保全措施的必要,否则将会使质权人的债权有难以清偿的危险;第二,需由利害关系人(质权人)提出申请,人民法院不得依职权主动采取;第三,质权人应当提供担保,这样可以避免当出现质押合同无效或撤销的情况时,因财产保全给出质人的利益造成损害;第四,申请应当向上述被保全财产所在地的人民法院提出。

此外,如果保险人尚未向出质人支付,人民法院可以依质权人的申请裁定保证人不得向出质人支付,或由人民法院提存财产物或价款。在发生规定的担保事由后,出质人负有将质物上存在质权的情况通知保险人的义务,以便质权人就保险金优先受偿或申请保全。出质人未通知出质情况时，保险人对质权人不负有通知义务和提存保险金的义务，但质权人仍就该保险金享有优先受偿权。

法条指引

❶《中华人民共和国民事诉讼法》（1991年4月9日主席令公布　2007年10月28日修订）

第九十三条　利害关系人因情况紧急，不立即申请财产保全将会使其合法权益受到难以弥补的损害的，可以在起诉前向人民法院申请采取财产保全措施。申请人应当提供担保，不提供担保的，驳回申请。

人民法院接受申请后，必须在四十八小时内作出裁定；裁定采取财产保全措施的，应当立即开始执行。

申请人在人民法院采取保全措施后十五日内不起诉的，人民法院应当解除财产保全。

❷《中华人民共和国保险法》（2002年10月28日修正公布）

第二条　本法所称保险，是指投保人根据合同约定，向保险人支付保险费，保险人对于合同约定的可能发生的事故因其发生所造成的财产损失承担赔偿保险金责任，或者当被保险人死亡、伤残、疾病或者达到合同约定的年龄、期限时承担给付保险金责任的商业保险行为。

❸《最高人民法院关于适用〈中华人民共和国担保法〉若干问题的解释》（2000年12月13日发布）

第八十条　在抵押物灭失、毁损或者被征用的情况下，抵押权人可以就该抵押物的保险金、赔偿金或者补偿金优先受偿。

抵押物灭失、毁损或者被征用的情况下，抵押权所担保的债权未届清偿期的，抵押权人可以请求人民法院对保险金、赔偿金或补偿金等采取保全措施。

第九十六条　本解释第五十七条、第六十二条、第六十四条、第七十一条、第七十二条、第七十三条、第七十四条、第八十条之规定，适用于动产质押。

【赔偿金和国家征用补偿金】

法律问题解读

由于第三人的侵权行为导致质物灭失或毁损的，出质人对于实施侵害行为的第三人享有损害赔偿请求权，出质人行使该损害赔偿请求权获得的赔偿金属于质物的代位物。在实践中应注意的是，就第三人对质物的损害，质权人虽然不享有物上请求权，但此种侵害却有可能使质权人的质权无法实现，侵害了质权人的合法权益，因此对侵害人的诉讼既可由出质人提起，也可由质权人提起。

如果质权人以质权受到侵害为由提起诉讼而获得赔偿金，在债务履行期尚未届满时，应将赔偿金予以提存。在债务履行期届满未获得清偿时，可就赔偿金优先受偿；在债务人履行债务情况下，赔偿金应归还出质人；在侵害人与出质人就赔偿金达成协议的情况下，质权人可通知第三人将赔偿金提存，若出质人与第三人协议的赔偿金额过低，带有明显的欺诈性质，质权人可要求出质人增加担保，出质人若拒绝提供，质权人可以出质人和侵害人为共同被告提起诉讼，通过人民法院的判决使出质人增加担保以保证债权的清偿。

国家为了公共利益的需要可以对属于公民及法人所有的财产进行征收，但对于被征用的财产所有人应给予一定补偿，此补偿金属于质物的代位物。

如果出质人已得到赔偿金或征用补偿金，而债权又未届清偿期，若质权人认为有必要，可以向人民法院申请财产保全，具体条件和程序参照上一个题目（保证金）关于这方面的规定。

法条指引

❶《中华人民共和国中外合资经营企业法》（2001年3月15日修正公布）

第二条　中国政府依法保护外国合营者按照经中国政府批准的协议、合同、章程在合营企业的投资、应分得的利润和其他合法权益。

合营企业的一切活动应遵守中华人民共和国法律、法规的规定。

国家对合营企业不实行国有化和征收；在特殊情况下，根据社会公共利益的需要，对合营企业可以依照法律程序实行征收，并给予相应的补偿。

❷《中华人民共和国外资企业法》（2000年10月31日修正公布）

第四条　外国投资者在中国境内的投资、获得的利润和其他合法权益，受中国法律保护。

外资企业必须遵守中国的法律、法规，不得

损害中国的社会公共利益。

第五条 国家对外资企业不实行国有化和征收；在特殊情况下，根据社会公共利益的需要，对外资企业可以依照法律程序实行征收，并给予相应的补偿。

❸《最高人民法院关于适用〈中华人民共和国担保法〉若干问题的解释》（2000年12月13日发布）

第八十条 在抵押物灭失、毁损或者被征用的情况下，抵押权人可以就该抵押物的保险金、赔偿金或者补偿金优先受偿。

抵押物灭失、毁损或者被征用的情况下，抵押权所担保的债权未届清偿期的，抵押权人可以请求人民法院对保险金、赔偿金或补偿金等采取保全措施。

第九十六条 本解释第五十七条、第六十二条、第六十四条、第七十一条、第七十二条、第七十三条、第七十四条、第八十条之规定，适用于动产质押。

【质权的消灭】

法律问题解读

动产质权作为担保物权，既可因物权和担保物权的一般原因而消灭，又可因其特有的消灭原因而消灭，具体来讲主要有以下五项：

1. 被担保债权的消灭。

2. 质权的抛弃及质物的任意返还。质权为财产权利，质权人有权抛弃质权，质权人抛弃质权时，质权消灭；因质权不得以占有改定的方式设定，故质权人任意将质物返还于质物所有人时，质权也消灭。但若返还非因质权人抛弃质权的意思（如以暂时保管或使用借贷的意思将质物返还出质人）而发生，则不为质物的任意返还，质权并不因此而消灭，仅仅产生不能对抗善意第三人的效果。

3. 质物占有的丧失。这里是指质权人因质物损失、被盗、被侵害等原因而丧失对质物的占有，不包括质物的任意返还。若因第三人的侵害行为使质物占有丧失，质权人得基于质权请求不法占有质物的第三人返还质物，质权并不消灭，但如果质物已为善意三人取得所有权，则质权消灭。

4. 质物的灭失。质物一部分灭失，质权存在于未灭失部分之上，若质物被没收、质物所有人丧失所有权，则质权消灭。

5. 质权的实现。质权人一经实现质权，质权当然消灭，若质物不能全部清偿质权人的债权数额，其质权也不再存在，未能受偿的债权成为普通债权。

法条指引

❶《中华人民共和国担保法》（1995年6月30日 主席令公布）

第七十三条 质权因质物灭失而消灭。因灭失所得的赔偿金，应当作为出质财产。

第七十四条 质权与其担保的债权同时存在，债权消灭的，质权也消灭。

❷《最高人民法院关于适用〈中华人民共和国担保法〉若干问题的解释》（2000年12月13日发布）

第十条 主合同解除后，担保人对债务人应当承担的民事责任仍应承担担保责任。但是，担保合同另有约定的除外。

案例链接

❶《方海风诉中国工商银行乐东黎族自治县支行质押合同纠纷案》，参见北大法宝引证码：Pkulaw. cn/CLI. C. 7010。

❷《罗声华与麦景生质押合同纠纷上诉案》，参见北大法宝引证码：Pkulaw. cn/CLI. C. 116456。

第二章 权利质押

● 本章为读者提供与以下题目有关的法律问题的解读及相关法律文献依据

权利质押（403） 权利质押的标的（404） 依法可以出质的股份、股票（407） 不动产收益权（409） 一般债权质押（410） 以交付为权利质权设立要件的权利质押（411） 以登记为生效要件的权利质押（412） 票据质押的设定（414） 禁止质押的票据（415） 债券质权的设定（416） 存款单及仓单、提单的出质（417） 权利质押担保的范围（418） 权利质押对质物的支配范围（419） 证券债权质权人的权利（420） 证券债权质权的保全（421） 证券债权质权人的义务（421） 证券债权出质人的权利和义务（423） 证券债权质权的行使条件（424） 证券债权质权的实现（426） 出质证券债权清偿期先于被担保债务履行期时质权的实现（427） 出质证券债权清偿期后于被担保债务履行期时质权的实现（427） 股票质押的设定（428） 股份质押的设定（430） 股份质押的特殊情况（431） 外商投资者股份的质押（432） 外商投资者股份质押的设立（433） 股权质权人的权利义务（433） 股权质权人的质权保全权（434） 股权质权人对出质人行为的限制权（435） 股权质权人的优先受偿权（436） 股票质押的风险控制（437） 股权质权出质人的权利义务（438） 股权质权实现的方法（439） 股权质权的实现（440） 知识产权质权的设定（441） 商标专用权质押（442） 商标专用权质押的登记（443） 专利权质押（444） 专利权质押的特殊条件（445） 专利权质押合同的内容（445） 专利权质押合同的登记（446） 专利权质押合同登记的注销（447） 著作权质押（448） 著作权质押合同的登记（449） 著作权质押合同不予登记及撤销登记的情况（450） 著作权质押合同的变更登记及注销（451） 知识产权质权人的权利（451） 知识产权质权人对出质人行使权利的限制（452） 知识产权质权人的义务（452） 权利质押的法律适用（453）

【权利质押】

法律问题解读

权利质押，是指以债务人或第三人享有的实体财产以外的可以让与的财产权利作为质押标的，在债务人届期不履行债务时，债权人有权将该权利转让并优先受偿以担保债权的实现。债权人对质押财产权利的交换价值享有的直接支配权以及优先受偿权统称为权利质押。其中，债务人或第三人是出质人，债权人为质权人，移交的财产权利为质押。对于权利质押，实践中应把握以下几点：

1. 权利质押为担保物权。是质权人直接对出质人提供质押的财产权利予以支配的权利，并可以对抗质押的财产权利的持有人和第三人，具有担保物权所具有的从属性、不可分性以及物上代位性。

2. 权利质权的标的为财产权利，财产权利是相对于人身权利的，具有金钱价值。能质押的财产权利还必须是可以让与的财产权利。

3. 权利质权为经交付或登记公示而发生效力的质权。以汇票、本票、支票、债券、存款单、仓单、提单等证券债权为标的而设定的权利质权，因其标的与动产具有类似地位，可以交付而移转占有，其质权的公示方法为交付；难以通过交付财产权利的载体而设定质权的，如商标专用权、专利权、著作权中的财产权等，其质权设定的公示方法为登记。

法条指引

❶《中华人民共和国物权法》（2007年3月16日 主席令公布 2007年10月1日施行）

第二百二十三条　债务人或者第三人有权处分的下列权利可以出质：

（一）汇票、支票、本票；

（二）债券、存款单；

（三）仓单、提单；

（四）可以转让的基金份额、股权；

（五）可以转让的注册商标专用权、专利权、著作权等知识产权中的财产权；

（六）应收账款；

（七）法律、行政法规规定可以出质的其他财产权利。

❷《中华人民共和国担保法》（1995年6月30日　主席令公布）

第七十五条　下列权利可以质押：

（一）汇票、支票、本票、债券、存款单、仓单、提单；

（二）依法可以转让的股份、股票；

（三）依法可以转让的商标专用权、专利权、著作权中的财产权；

（四）依法可以质押的其他权利。

❸《中华人民共和国民法通则》（1986年4月12日　主席令公布）

第八十九条　依照法律的规定或者按照当事人的约定，可以采用下列方式担保债务的履行：

（一）保证人向债权人保证债务人履行债务，债务人不履行债务的，按照约定由保证人履行或者承担连带责任；保证人履行债务后，有权向债务人追偿。

（二）债务人或者第三人可以提供一定的财产作为抵押物。债务人不履行债务的，债权人有权依照法律的规定以抵押物折价或者以变卖抵押物的价款优先得到偿还。

（三）当事人一方在法律规定的范围内可以向对方给付定金。债务人履行债务后，定金应当抵作价款或者收回。给付定金的一方不履行债务的，无权要求返还定金；接受定金的一方不履行债务的，应当双倍返还定金。

（四）按照合同约定一方占有对方的财产，对方不按照合同给付应付款项超过约定期限的，占有人有权留置该财产，依照法律的规定以留置财产折价或者以变卖该财产的价款优先得到偿还。

❹《单位定期存单质押贷款管理规定》（2007年7月31日　中国人民银行发布）

第二条　在中华人民共和国境内从事单位定期存单质押贷款活动适用本规定。

本规定所称单位包括企业、事业单位、社会团体以及其他组织。

案例链接

❶《宁波银行股份有限公司东门支行诉宁波济美进出口有限公司等金融借款合同纠纷案》，参见北大法宝引证码：Pkulaw.cn/CLI.C.226775。

❷《中信信托有限责任公司诉中国天平经济文化有限公司借款合同纠纷案》，参见北大法宝引证码：Pkulaw.cn/CLI.C.222282。

❸《贾旺水诉郑树堂质押合同纠纷案》，参见北大法宝引证码：Pkulaw.cn/CLI.C.257527。

学者观点

❶ 余胜：《权利质押相关法律问题探析》，参见北大法宝引证码：Pkulaw.cn/CLI.A.182318。

❷ 林燕平：《论资产证券化中权利质押的几个法律问题》，参见北大法宝引证码：Pkulaw.cn/CLI.A.1125746。

【权利质押的标的】

法律问题解读

权利质押的标的有以下几种：

1. 证券债权。证券债权是指以有价证券表示的债权，具体包括汇票、支票、本票、债券、存款单、仓单、提单等。证券债权与权利是不可分的，只有持有证券才能享有权利、主张权利，以证券债权设质，也就表现在证券上设定质权。

2. 股权。股权是股东因其向公司出资而取得的权利。股权质押是指出质人以其所拥有的股权作为质押标的物所设立的质押。股权质权的标的物包括依法可以转让的股份、股票，所以股权质押也就相应地包括股份质押和股票质押。作为股权质权标的的股份、股票必须具备两个条件：不为法律所禁止和具有可转让性。

3. 知识产权。知识产权质押是指以依法可以转让的商标专用权、专利权和著作权中的财产权作为权利质押标的而设定的质权。

4. 依法可以质押的其他权利。依法可以质押的其他权利主要包括以下两种：公路桥梁、公路隧道或者公路渡口等不动产收益权和一般债权。我国担保法没有明文规定债权可以设定质权，但对于可以转让的合同权利或其他债权是否可以出质，并无限制性规定，实践中应理解为可以转让的合同权利或其他债权，包括附期限之债权，可以设定质权。

法条指引

❶《中华人民共和国物权法》(2007年3月16日 主席令公布 2007年10月1日施行)

第二百二十三条 债务人或者第三人有权处分的下列权利可以出质:

(一)汇票、支票、本票;

(二)债券、存款单;

(三)仓单、提单;

(四)可以转让的基金份额、股权;

(五)可以转让的注册商标专用权、专利权、著作权等知识产权中的财产权;

(六)应收账款;

(七)法律、行政法规规定可以出质的其他财产权利。

❷《中华人民共和国担保法》(1995年6月30日 主席令公布)

第七十五条 下列权利可以质押:

(一)汇票、支票、本票、债券、存款单、仓单、提单;

(二)依法可以转让的股份、股票;

(三)依法可以转让的商标专用权、专利权、著作权中的财产权;

(四)依法可以质押的其他权利。

❸《中华人民共和国公路法》(2004年8月28日 修正公布)

第五十九条 符合国务院交通主管部门规定的技术等级和规模的下列公路,可以依法收取车辆通行费:

(一)由县级以上地方人民政府交通主管部门利用贷款或者向企业、个人集资建成的公路;

(二)由国内外经济组织依法受让前项收费公路收费权的公路;

(三)由国内外经济组织依法投资建成的公路。

第六十条 县级以上地方人民政府交通主管部门利用贷款或者集资建成的收费公路的收费期限,按照收费偿还贷款、集资款的原则,由省、自治区、直辖市人民政府依照国务院交通主管部门的规定确定。

有偿转让公路收费权的公路,收费权转让后,由受让方收费经营。收费权的转让期限由出让、受让双方约定并报转让收费权的审批机关审查批准,但最长不得超过国务院规定的年限。

国内外经济组织投资建设公路,必须按照国家有关规定办理审批手续;公路建成后,由投资者收费经营。收费经营期限按照收回投资并有合理回报的原则,由有关交通主管部门与投资者约定并按照国家有关规定办理审批手续,但最长不得超过国务院规定的年限。

❹《中华人民共和国保险法》(2009年2月28日修正公布)

第三十四条 以死亡为给付保险金条件的合同,未经被保险人书面同意并认可保险金额的,合同无效。

依照以死亡为给付保险金条件的合同所签发的保险单,未经被保险人书面同意,不得转让或者质押。

父母为其未成年子女投保的人身保险,不受本条第一款规定限制。

❺《最高人民法院关于适用〈中华人民共和国担保法〉若干问题的解释》(2000年12月13日发布)

第九十七条 以公路桥梁、公路隧道或者公路渡口等不动产收益权出质的,按照《担保法》第七十五条第(四)项的规定处理。

❻《最高人民法院关于审理存单纠纷案件的若干规定》(1997年12月13日发布)

第八条 对存单质押的认定和处理

存单可以质押。存单持有人以伪造、变造的虚假存单质押的,质押合同无效。接受虚假存单质押的当事人如以该存单质押为由起诉金融机构,要求兑付存款优先受偿的,人民法院应当判决驳回其诉讼请求,并告知其可另案起诉出质人。

存单持有人以金融机构开具的、未有实际存款或与实际存款不符的存单进行质押,以骗取或占用他人财产的,该质押关系无效。接受存单质押的人起诉的,该存单持有人与开具存单的金融机构为共同被告。利用存单骗取或占用他人财产的存单持有人对侵犯他人财产权承担赔偿责任,开具存单的金融机构因其过错致他人财产权受损,对所造成的损失承担连带赔偿责任。接受存单质押的人在审查存单的真实性上有重大过失的,开具存单的金融机构仅对所造成的损失承担补充赔偿责任。明知存单虚假而接受存单质押的,开具存单的金融机构不承担民事赔偿责任。

以金融机构核押的存单出质的,即便存单系伪造、变造、虚开,质押合同均为有效,金融机构应当依法向质权人兑付存单所记载的款项。

❼《单位定期存单质押贷款管理规定》(2007

年7月3日 中国银行业监督管理委员会发布）

第三条 本规定所称单位定期存单是指借款人为办理质押贷款而委托贷款人依据开户证实书向接受存款的金融机构（以下简称存款行）申请开具的人民币定期存款权利凭证。

单位定期存单只能以质押贷款为目的开立和使用。

单位在金融机构办理定期存款时，金融机构为其开具的《单位定期存款开户证实书》不得作为质押的权利凭证。

金融机构应制定相应的管理制度，加强对开具《单位定期存款开户证实书》和开立、使用单位定期存单的管理。

❽《凭证式国债质押贷款办法》（1999年7月9日 中国人民银行发布）

第三条 凭证式国债质押贷款，是指借款人以未到期的凭证式国债作质押，从商业银行取得人民币贷款，到期归还贷款本息的一种贷款业务。

第五条 作为质押贷款质押品的凭证式国债，应是未到期的凭证式国债。凡所有权有争议、已作挂失或被依法止付的凭证式国债，不得作为质押品。

❾《专利权质押合同登记管理暂行办法》（1996年9月19日 国家专利局发布）

第一条 根据《中华人民共和国担保法》和《中华人民共和国专利法》及有关规定，制定本办法。

❿《著作权质押合同登记办法》（1996年9月23日 国家版权局发布）

第二条 本办法所称著作权质押是指债务人或者第三人依法将其著作权中的财产权出质，将该财产权作为债权的担保。债务人不履行债务时，债权人有权依法以该财产权折价或者以拍卖、变卖该财产权的价款优先受偿。

前款规定的债务人或者第三人为出质人，债权人为质权人。

⓫《商标专用权质押登记程序》（1997年5月6日 国家工商行政管理局发布）

一、为实施国家工商行政管理局公布的《企业动产抵押物登记管理办法》第十八条关于商标专用权质押登记的规定，制定本程序。

⓬《外商投资企业投资者股权变更的若干规定》（1997年5月28日 对外贸易经济合作部、国家工商行政管理局发布）

第二条 本规定所称的外商投资企业投资者股权变更，是指依照中国法律在中国境内设立的中外合资经营企业、中外合作经营企业、外资企业（以下统称为企业）的投资者或其在企业的出资（包括提供合作条件）份额（以下称为股权）发生变化。包括但不限于下列主要原因导致外商投资企业投资者股权变更：

（一）企业投资者之间协议转让股权；

（二）企业投资者经其他各方投资者同意向其关联企业或其他受让人转让股权；

（三）企业投资者协议调整企业注册资本导致变更各方投资者股权；

（四）企业投资者经其他各方投资者同意将其股权质押给债权人，质权人或受益人依照法律规定和合同约定取得该投资者股权；

（五）企业投资者破产、解散、被撤销、被吊销或死亡，其继承人、债权人或其他受益人依法取得该投资者股权；

（六）企业投资者合并或者分立，其合并或分立后的承继者依法承继原投资者股权；

（七）企业投资者不履行企业合同、章程规定的出资义务，经原审批机关批准，更换投资者或变更股权。

⓭《证券公司股票质押贷款管理办法》（2004年11月4日 中国人民银行中国银行业监督管理委员会发布）

第二条 本办法所称股票质押贷款，是指证券公司以自营的股票、证券投资基金券和上市公司可转换债券作质押，从商业银行获得资金的一种贷款方式。

第三条 本办法所指的质押物，是指在证券交易所上市流通的、证券公司自营的人民币普通股票（A股）、证券投资基金券和上市公司可转换债券（以下统称股票）。

⓮《关于上市公司国有股被人民法院冻结拍卖有关问题的通知》（2001年11月2日 财政部发布）

一、国有股东授权代表单位应当依法行使股东权利，履行国家规定的职责，建立健全内部资金管理制度，明确资金调度的权限和程序，控制负债规模并改善债务结构，注意防范财务风险。

国有股东授权代表单位确需通过国有股质押融资时，应当建立严格的审核程序和责任追究制度，并对质押贷款项目进行周密的可行性论证，用于质押的国有股数量不得超过其所持该上市公司国有股总额的百分之五十。

国有股东授权代表单位确需对外提供担保时，应当遵守《中华人民共和国担保法》的规定，充分考虑被担保单位的资信和偿债能力,并按内部管理制度规定的程序、权限审议决定。

⓯《中国人民银行分行短期再贷款管理暂行办法》(1999年1月6日 中国人民银行发布)

第六条 短期再贷款划分为信用贷款和质押贷款。

"信用贷款",系指分行以商业银行的信誉而对其发放的短期再贷款。

"质押贷款",系指分行以商业银行持有的有价证券作质押而对其发放的短期再贷款。

可作为质押贷款权利凭证的有价证券为:国库券、中国人民银行融资券、中国人民银行特种存款凭证、金融债券和银行承兑汇票。

⓰《最高人民法院关于审理票据纠纷案件若干问题的规定》(2000年11月14日发布)

第三十四条 依照《民事诉讼法》第一百九十五条第二款的规定,在公示催告期间,以公示催告的票据质押、贴现,因质押、贴现而接受该票据的持票人主张票据权利的,人民法院不予支持,但公示催告期间届满以后人民法院作出除权判决以前取得该票据的除外。

案例链接

❶《常州新区工行诉康美公司借款合同纠纷案》,参见北大法宝引证码:Pkulaw. cn/CLI. C. 66881。

❷《中国工商银行常州市新区支行诉常州康美服装有限公司贷款合同案》,参见北大法宝引证码:Pkulaw. cn/CLI. C. 49491。

❸《中国农业银行西乡县支行诉西乡县广播电视局等借款质押合同案》,参见北大法宝引证码:Pkulaw. cn/CLI. C. 231046。

学者观点

❶ 余胜:《权利质押相关法律问题探析》,参见北大法宝引证码:Pkulaw. cn/CLI. A. 182318。

【依法可以出质的股份、股票】

法律问题解读

股份是指有限责任公司的股东的出资份额。股票则专指股份有限公司发行的股票。股份和股票作为质押标的,必须是可以转让的股份、股票,根据《公司法》的规定,下列股份、股票由于转让受到限制,因而其作为质押标的也受到限制:

1. 公司发起人持有的本公司的股份,自公司成立之日起一年内不得转让。这种情况下,此种股份所担保的主债权的到期日应当是公司成立日起的一年后,否则不得出质。

2. 公司董事、监事、高级管理人员应当向公司申报所持有的本公司的股份及其变动情况,在任职期间每年转让的股份不得超过其所持有本公司股份总数的25%;所持本公司股份自公司股票上市交易之日起一年内不得转让。上述人员离职后半年内,不得转让其所持有的本公司股份。公司章程可以对公司董事、监事、高级管理人员转让其所持有的本公司股份作出其他限制性规定。以这类股份出质,其每年担保额不得超过其所持有公司股份总数的25%。股票上市交易的,所担保主债权的到期日应当在股票上市交易日起一年后。离职的,所担保债权的到期日应当在其离职半年之后。否则,不得出质。

3. 股东的股份自公司开始清算之日起,不得转让,不得设质。

4. 国家拥有的股份的转让必须经有关部门批准,设质也必须经过批准,否则不得转让和设质。

5. 法律、行政法规规定不得转让的股份不得设质。

6. 公司不得收购本公司的股票,此款规定实际明确了公司不得以本公司股份、股票作为质权标的,但如果公司是为减少公司资本而注销股份或者与持有本公司股票的其他公司合并时除外,公司依照规定收购本公司的股票后,必须在10日内注销该部分股份,依照法律行政法规办理变更登记并公告。

7. 股东大会召开前30日内或公司决定分配股利的基准日前5天内,不得进行记名股票的变更登记,由于记名股票的设质必须以背书方式进行,并应在股东名册上进行登记,所以在此期间,记名股票质押无效。

法条指引

❶《中华人民共和国公司法》(2005年10月27日修订)

第七十二条 有限责任公司的股东之间可以相互转让其全部或者部分股权。

股东向股东以外的人转让股权,应当经其他股东过半数同意。股东应就其股权转让事项书面通知其他股东征求同意,其他股东自接到书面通知之日起满三十日未答复的,视为同意转让。其他股东半数以上不同意转让的，不同意的股东应当购买该转让的股权；不购买的，视为同意转让。

经股东同意转让的股权，在同等条件下，其他股东有优先购买权。两个以上股东主张行使优先购买权的，协商确定各自的购买比例；协商不成的，按照转让时各自的出资比例行使优先购买权。

公司章程对股权转让另有规定的，从其规定。

第七十三条 人民法院依照法律规定的强制执行程序转让股东的股权时，应当通知公司及全体股东，其他股东在同等条件下有优先购买权。其他股东自人民法院通知之日起满二十日不行使优先购买权的，视为放弃优先购买权。

第一百二十六条 股份有限公司的资本划分为股份，每一股的金额相等。

公司的股份采取股票的形式。股票是公司签发的证明股东所持股份的凭证。

第一百二十九条 股票采用纸面形式或者国务院证券监督管理机构规定的其他形式。

股票应当载明下列主要事项：

（一）公司名称；

（二）公司成立日期；

（三）股票种类、票面金额及代表的股份数；

（四）股票的编号。

股票由法定代表人签名，公司盖章。

发起人的股票，应当标明发起人股票字样。

第一百三十条 公司发行的股票，可以为记名股票，也可以为无记名股票。

公司向发起人、法人发行的股票，应当为记名股票，并应当记载该发起人、法人的名称或者姓名，不得另立户名或者以代表人姓名记名。

第一百三十二条 国务院可以对公司发行本法规定以外的其他种类的股份，另行作出规定。

第一百三十八条 股东持有的股份可以依法转让。

第一百四十条 记名股票，由股东以背书方式或者法律、行政法规规定的其他方式转让；转让后由公司将受让人的姓名或者名称及住所记载于股东名册。

股东大会召开前二十日内或者公司决定分配股利的基准日前五日内，不得进行前款规定的股东名册的变更登记。但是，法律对上市公司股东名册变更登记另有规定的，从其规定。

第一百四十二条 发起人持有的本公司股份，自公司成立之日起一年内不得转让。公司公开发行股份前已发行的股份，自公司股票在证券交易所上市交易之日起一年内不得转让。

公司董事、监事、高级管理人员应当向公司申报所持有的本公司的股份及其变动情况，在任职期间每年转让的股份不得超过其所持有本公司股份总数的百分之二十五；所持本公司股份自公司股票上市交易之日起一年内不得转让。上述人员离职后半年内，不得转让其所持有的本公司股份。公司章程可以对公司董事、监事、高级管理人员转让其所持有的本公司股份作出其他限制性规定。

第一百四十三条 公司不得收购本公司股份。但是，有下列情形之一的除外：

（一）减少公司注册资本；

（二）与持有本公司股份的其他公司合并；

（三）将股份奖励给本公司职工；

（四）股东因对股东大会作出的公司合并、分立决议持异议，要求公司收购其股份的。

公司因前款第（一）项至第（三）项的原因收购本公司股份的，应当经股东大会决议。公司依照前款规定收购本公司股份后，属于第（一）项情形的，应当自收购之日起十日内注销；属于第（二）项、第（四）项情形的，应当在六个月内转让或者注销。

公司依照第一款第（三）项规定收购的本公司股份，不得超过本公司已发行股份总额的百分之五；用于收购的资金应当从公司的税后利润中支出；所收购的股份应当在一年内转让给职工。

公司不得接受本公司的股票作为质押权的标的。

❷《中华人民共和国证券法》（2005年10月27日修正公布）

第三十八条 依法发行的股票、公司债券及其他证券，法律对其转让期限有限制性规定的，在限定的期限内，不得买卖。

❸《最高人民法院关于适用〈中华人民共和国担保法〉若干问题的解释》（2000年12月13日发布）

第一百零三条 以股份有限公司的股份出质的，适用《中华人民共和国公司法》有关股份转让的规定。

以上市公司的股份出质的，质押合同自股份出质向证券登记机构办理出质登记之日起生效。

以非上市公司的股份出质的，质押合同自股份出质记载于股东名册之日起生效。

❹《关于上市公司国有股被人民法院冻结拍卖有关问题的通知》（2001年11月2日 财政部

发布）

一、国有股东授权代表单位应当依法行使股东权利，履行国家规定的职责，建立健全内部资金管理制度，明确资金调度的权限和程序，控制负债规模并改善债务结构，注意防范财务风险。

国有股东授权代表单位确需通过国有股质押融资时，应当建立严格的审核程序和责任追究制度，并对质押贷款项目进行周密的可行性论证，用于质押的国有股数量不得超过其所持该上市公司国有股总额的百分之五十。

国有股东授权代表单位确需对外提供担保时，应当遵守《中华人民共和国担保法》的规定，充分考虑被担保单位的资信和偿债能力，并按内部管理制度规定的程序、权限审议决定。

❺《关于上市公司国有股质押有关问题的通知》（2001年10月25日财政部发布）

二、公司发起人持有的国有股，在法律限制转让期限内不得用于质押。

三、国有股东授权代表单位持有的国有股只限于为本单位及其全资或控股子公司提供质押。

四、国有股东授权代表单位用于质押的国有股数量不得超过其所持该上市公司国有股总额的百分之五十。

❻《股份制商业银行公司治理指引》（2002年6月4日中国人民银行发布）

第九条 商业银行不得接受本行股票为质押权标的。

股东需以本行股票为自己或他人担保的，应当事前告知董事会。

股东在本商业银行的借款余额超过其持有的经审计的上一年度的股权净值，且未提供银行存单或国债质押担保的，不得将本行股票再行质押。

【不动产收益权】

法律问题解读

可以出质的不动产收益权主要是指公路桥梁、公路隧道或者公路渡口等不动产的收益权。以上述几项不动产收益权作为质押标的，应注意以下几个问题：

首先，符合国务院交通主管部门规定的技术等级和规模的下列公路，才能依法收取车辆通行费：由县级以上地方人民政府交通主管部门利用贷款或者向企业、个人集资建成的公路；由国内外经济组织依法受让前项收费权的公路；由国内外经济组织依法投资建成的公路。

其次，是有关收费期限。县级以上地方人民政府交通主管部门利用贷款或者集资建成的，收费公路的收费期限，按收费偿还贷款的原则，由省、自治区、直辖市人民政府依国务院交通主管部门的规定确定。有偿转让公路收费权的公路，收费权转让后，由受让方收费经营，其转让期限由双方约定并报转让收费权的审批机关审查批准，但最长不得超过国务院规定的年限；国内外经济组织投资建设的公路，共收费经营期限按收回投资并合理回报的原则，由有关交通主管部门与投资者约定并办理规定的审批手续，但最长不得超过国务院规定的年限。

再次，是公路收费权的权利凭证和登记部门。要获得公路收费权必须经过两次省级人民政府的批准：一是经省级人民政府批准建设收费公路；二是建成后再经省级人民政府批准确定收费标准开始收费。实践中，以公路收费权质押的，应以省级人民政府批准建设收费公路的批件为质押标的的权利凭证，以公路所在地的交通主管部门为公路收费权的质押登记部门。

法条指引

❶《中华人民共和国担保法》（1995年6月30日 主席令公布）

第七十五条 下列权利可以质押：

（一）汇票、支票、本票、债券、存款单、仓单、提单；

（二）依法可以转让的股份、股票；

（三）依法可以转让的商标专用权，专利权、著作权中的财产权；

（四）依法可以质押的其他权利。

❷《中华人民共和国公路法》（2004年8月28日修正公布）

第五十九条 符合国务院交通主管部门规定的技术等级和规模的下列公路，可以依法收取车辆通行费：

（一）由县级以上地方人民政府交通主管部门利用贷款或者向企业、个人集资建成的公路；

（二）由国内外经济组织依法受让前项收费权的公路；

（三）由国内外经济组织依法投资建成的公路。

第六十条 县级以上地方人民政府交通主管部门利用贷款或者集资建成的收费公路的收费期限，按照收费偿还贷款、集资款的原则，由省、自治区、直辖市人民政府依照国务院交通主管部门的规定确定。

有偿转让公路收费权的公路，收费权转让后，由受让方收费经营。收费权的转让期限由出让、受让双方约定并报转让收费权的审批机关审查批准，但最长不得超过国务院规定的年限。

国内外经济组织投资建设公路，必须按照国家有关规定办理审批手续；公路建成后，由投资者收费经营。收费经营期限按照收回投资并有合理回报的原则，由有关交通主管部门与投资者约定并按照国家有关规定办理审批手续，但最长不得超过国务院规定的年限。

第六十一条 本法第五十九条第一款第一项规定的公路中的国道收费权的转让，必须经国务院交通主管部门批准；国道以外的其他公路收费权的转让，必须经省、自治区、直辖市人民政府批准，并报国务院交通主管部门备案。

前款规定的公路收费权出让的最低成交价，以国有资产评估机构评估的价值为依据确定。

❸《最高人民法院关于适用〈中华人民共和国担保法〉若干问题的解释》（2000 年 12 月 13 日发布）

第九十七条 以公路桥梁、公路隧道或者公路渡口等不动产收益权出质的，按照《担保法》第七十五条第（四）项的规定处理。

❹《国家开发银行关于印发〈国家开发银行公路项目统借统还贷款管理暂行规定〉等规定的通知》（1998 年 12 月 8 日 中国人民银行发布）

四、贷款担保

公路项目统借统还贷款的担保可采取以下方式：

（一）以所建公路项目收费权进行质押，其收费收入需在开发银行选择的代理行开设专户管理。

（二）省政府授权投资的机构或部门出资设立的全资或控股企业提供承担连带责任的保证担保或财产抵押担保（如宾馆、写字楼等）；省政府有权处分的财产也可提供抵押担保。

以上几种担保方式一般应合并使用。

案例链接

❶《中国农业银行西乡县支行诉西乡县广播电视局等借款质押合同案》，参见北大法宝引证码：Pkulaw.cn/CLI.C.231046。

学者观点

❶ 梅夏英：《收费权担保制度的定性与立法模式选择》，参见北大法宝引证码：Pkulaw.cn/CLI.A.19999。

【一般债权质押】

法律问题解读

债权作为一种财产权利，具有特定目的和经济上的价值，除非法律禁止债权的转让或处分，质权人以其债权出质融资，未尝不可，并且债权具有变现的功能，依附于特定当事人之间的法律关系而存在，具有特定性，这些特点可以满足质权标的特定化和易于变现的要求。《担保法》没有明文规定债权可以设定质权，但《担保法》第 75 条所规定的"依法可以质押的财产权利"应当包括可以转让的合同权利或其他债权，并且根据《关于担保法若干问题的解释》第 106 条规定："质权人向出质人、出质债权的债务人行使质权时，出质人、出质债权的债务人拒绝，质权人可以起诉出质人和出质债权的债务人，也可以单独起诉出质债权的债务人。"也说明了我国立法是承认一般债权质押的。

但在设立一般债权质押时，应注意以下几个问题：

1. 一般债权质押以可让与或可代位的债权为限，对于性质上不得转让的债权或权利、依照法律规定不得转让的债权或权利、法律禁止强制执行的债权、依照当事人特约不得转让的债权以及法律禁止设定质权的权利，不得设定质权。

2. 是否可以以将来的债权设定权利质押，应视不同情况而定。其中附期限的债权与已有基础法律关系，只待将来某种法定情事出现即可发生的债权（如股份公司的股东基于其股东身份未来可能享有的盈余分配请求权、红利请求权等）可以设立权利质押；而附停止条件的债权，因其将来有可能不会发生，从而导致质权人权利落空，应规定不允许在其上设定权利质押。

法条指引

❶《中华人民共和国物权法》（2007 年 3 月 16 日 主席令公布 2007 年 10 月 1 日施行）

第二百二十三条 债务人或者第三人有权处分的下列权利可以出质：

（一）汇票、支票、本票；

（二）债券、存款单；

（三）仓单、提单；

（四）可以转让的基金份额、股权；
（五）可以转让的注册商标专用权、专利权、著作权等知识产权中的财产权；
（六）应收账款；
（七）法律、行政法规规定可以出质的其他财产权利。

❷《中华人民共和国担保法》（1995年6月30日 主席令公布）

第七十五条 下列权利可以质押：
（一）汇票、支票、本票、债券、存款单、仓单、提单；
（二）依法可以转让的股份、股票；
（三）依法可以转让的商标专用权，专利权、著作权中的财产权；
（四）依法可以质押的其他权利。

❸《最高人民法院关于适用〈中华人民共和国担保法〉若干问题的解释》（2000年12月13日发布）

第一百零六条 质权人向出质人、出质债权的债务人行使质权时，出质人、出质债权的债务人拒绝的，质权人可以起诉出质人和出质债权的债务人，也可以单独起诉出质债权的债务人。

案例链接

❶《许某某与张某某等借款保证合同纠纷上诉案》，参见北大法宝引证码：Pkulaw.cn/CLI.C.187346。
❷《北京市华远国际旅游有限公司诉中纺网络信息技术有限责任公司旅游合同担保案》，参见北大法宝引证码：Pkulaw.cn/CLI.C.231395。

学者观点

❶ 宁宁：《对一般债权质押的质疑》，参见北大法宝引证码：Pkulaw.cn/CLI.A.178264。

【以交付为权利质权设立要件的权利质押】

法律问题解读

与动产质权设立以质权人占有标的为特殊要件不同的是，权利质权的设立要件以不同权利质押的公示方法不同而分为两种：即以交付作为质权设立要件和以登记作为质权设立要件。

以交付作为质权设立要件的权利质押类型为证券债权质押，包括有价证券债权质押和以权利凭证或者合同书所代表的财产权利所设定的一般债权质押，这些财产权利的凭证，都可以经背书加以处分，权利凭证的持有人可以对抗任何第三人对权利凭证所代表的财产权利的主张，这些债权与债权证书不可分，权利证书的交付就是权利的交付。以汇票、本票、支票、债券、存款单、仓单出质的，应当在合同约定的期限内将权利凭证交付质权人，权利质权自权利凭证交付之日起生效，其中以一般债权出质的，出质人和质权人还有通知其债务人的义务。

尽管证券债权质押以权利证书的交付作为质押合同和质押设定生效的要件，但质押之后如果善意第三人受让被质押的权利，就存在保护善意第三人的问题。实践中应注意以下几个问题：一是，以汇票、支票、本票出质，出质人与质权人没有背书记载"质押"字样，以票据出质对抗善意第三人的，人民法院不予支持。二是，以公司债券出质的，出质人与质权人，没有背书记载"质押"字样，以债券出质对抗公司和第三人的，人民法院不予支持。三是，以存款单出质的，签发银行核押后又受理挂失并造成存款流失的，签发银行应承担民事责任。

法条指引

❶《中华人民共和国物权法》（2007年3月16日 主席令公布 2007年10月1日施行）

第二百一十二条 质权自出质人交付质押财产时设立。

第二百二十三条 债务人或者第三人有权处分的下列权利可以出质：
（一）汇票、支票、本票；
（二）债券、存款单；
（三）仓单、提单；
（四）可以转让的基金份额、股权；
（五）可以转让的注册商标专用权、专利权、著作权等知识产权中的财产权；
（六）应收账款；
（七）法律、行政法规规定可以出质的其他财产权利。

第二百二十四条 以汇票、支票、本票、债券、存款单、仓单、提单出质的，当事人应当订立书面合同。质权自权利凭证交付质权人时设立；没有权利凭证的，质权自有关部门办理出质登记时设立。

❷《中华人民共和国担保法》（1995年6月30日 主席令公布）

第六十四条 出质人和质权人应当以书面形式订立质押合同。

质押合同自质物移交于质权人占有时生效。

第七十六条 以汇票、支票、本票、债券、存款单、仓单、提单出质的，应当在合同约定的期限内将权利凭证交付质权人。质押合同自权利凭证交付之日起生效。

❸《最高人民法院关于适用〈中华人民共和国担保法〉若干问题的解释》（2000年12月13日发布）

第九十八条 以汇票、支票、本票出质，出质人与质权人没有背书记载"质押"字样，以票据出质对抗善意第三人的，人民法院不予支持。

第九十九条 以公司债券出质的，出质人与质权人没有背书记载"质押"字样，以债券出质对抗公司和第三人的，人民法院不予支持。

第一百条 以存款单出质的，签发银行核押后又受理挂失并造成存款流失的，应当承担民事责任。

❹《凭证式国债质押贷款办法》（1999年7月9日 中国人民银行发布）

第二条 本办法所称的凭证式国债，是指1999年后（含1999年）财政部发行，各承销银行以"中华人民共和国凭证式国债收款凭证"方式销售的国债（以下简称"凭证式国债"），不包括1999年以前发行的凭证式国债。

第三条 凭证式国债质押贷款，是指借款人以未到期的凭证式国债作质押，从商业银行取得人民币贷款，到期归还贷款本息的一种贷款业务。

第五条 作为质押贷款质押品的凭证式国债，就应是未到期的凭证式国债。凡所有权有争议、已作挂失或被依法止付的凭证式国债，不得作为质押品。

❺《单位定期存单质押贷款管理规定》（2007年7月3日 中国银行业监督管理委员会发布）

第二十条 存款行应对其开具并经过确认的单位定期存单进行登记备查，并妥善保管有关文件和材料。质押的单位定期存单被退回时，也应及时登记注销。

【以登记为生效要件的权利质押】

法律问题解读

以依法可以转让的股票出质的，出质人与质权人应当订立书面合同，并向证券登记机构办理出质登记，质押权自登记之日起生效。股票分为记名股票和无记名股票，都可以设定质押，并且在出质时都应订立书面合同和办理出质登记，登记机构是依法成立并办理工商登记的证券交易所。

我国的股份有限公司分为上市公司和非上市公司，这两者股份出质登记不尽相同。以上市公司的股份出质的，质押合同自股份出质向证券登记机构办理出质登记之日起生效；以非上市公司的股份出质的，质押合同自股份出质记载于股东名册之日起生效。

根据《担保法》第78条的规定，以有限责任公司的股份出质的适用公司法股份转让的有关规定，质押合同自股份出质记载于股东名册之日起生效。值得注意的是，该条款中的转让程序，并不意味着限制股东对其股份的处分权，质押毕竟不同于转让，股东有权对其股份进行出质，该条款中的股份转让程序以及其他股东行使优先权等实质上是在股份出质后，质权实现时应经过的程序，该条款不能成为限制股东出质股份的理由。

以依法可以转让的商标专用权、专利权、著作权中的财产权出质的，也应办理出质登记。商标专用权的质押登记机关为国家工商行政管理局商标局，专利权的质押登记机关为中国专利局，著作权的质押登记机关为国家版权局指定的专门机构。这些质押权的设立也自登记之日起。

法条指引

❶《中华人民共和国物权法》（2007年3月16日 主席令公布 2007年10月1日施行）

第二百二十六条 以基金份额、股权出质的，当事人应当订立书面合同。以基金份额、证券登记结算机构登记的股权出质的，质权自证券登记结算机构办理出质登记时设立；以其他股权出质的，质权自工商行政管理部门办理出质登记时设立。

基金份额、股权出质后，不得转让，但经出质人与质权人协商同意的除外。出质人转让基金份额、股权所得的价款，应当向质权人提前清偿债务或者提存。

第二百二十七条 以注册商标专用权、专利权、著作权等知识产权中的财产权出质的，当事人应当订立书面合同。质权自有关主管部门办理出质登记时设立。

知识产权中的财产权出质后，出质人不得转

让或者许可他人使用，但经出质人与质权人协商同意的除外。出质人转让或者许可他人使用出质的知识产权中的财产权所得的价款，应当向质权人提前清偿债务或者提存。

第二百二十八条 以应收账款出质的，当事人应当订立书面合同。质权自信贷征信机构办理出质登记时设立。

应收账款出质后，不得转让，但经出质人与质权人协商同意的除外。出质人转让应收账款所得的价款，应当向质权人提前清偿债务或者提存。

第二百二十九条 权利质权除适用本节规定外，适用本章第一节动产质权的规定。

❷ **《中华人民共和国担保法》**（1995年6月30日 主席令公布）

第七十八条 以依法可以转让的股票出质的，出质人与质权人应当订立书面合同，并向证券登记机构办理出质登记。质押合同自登记之日起生效。

股票出质后，不得转让，但经出质人与质权人协商同意的可以转让。出质人转让股票所得的价款应当向质权人提前清偿所担保的债权或者向与质权人约定的第三人提存。

以有限责任公司的股份出质的，适用公司法股份转让的有关规定。质押合同自股份出质记载于股东名册之日起生效。

第七十九条 以依法可以转让的商标专用权、专利权、著作权中的财产权出质的，出质人与质权人应当订立书面合同，并向其管理部门办理出质登记。质押合同自登记之日起生效。

❸ **《中华人民共和国公司法》**（2005年10月27日修订）

第七十二条 有限责任公司的股东之间可以相互转让其全部或者部分股权。

股东向股东以外的人转让股权，应当经其他股东过半数同意。股东应就其股权转让事项书面通知其他股东征求同意，其他股东自接到书面通知之日起满三十日未答复的，视为同意转让。其他股东半数以上不同意转让的，不同意的股东应当购买该转让的股权；不购买的，视为同意转让。

经股东同意转让的股权，在同等条件下，其他股东有优先购买权。两个以上股东主张行使优先购买权的，协商确定各自的购买比例；协商不成的，按照转让时各自的出资比例行使优先购买权。

公司章程对股权转让另有规定的，从其规定。

第一百四十条 记名股票，由股东以背书方式或者法律、行政法规规定的其他方式转让；转让后由公司将受让人的姓名或者名称及住所记载于股东名册。

股东大会召开前二十日内或者公司决定分配股利的基准日前五日内，不得进行前款规定的股东名册的变更登记。但是，法律对上市公司股东名册变更登记另有规定的，从其规定。

第一百四十一条 无记名股票的转让，由股东将该股票交付给受让人后即发生转让的效力。

第一百四十二条 发起人持有的本公司股份，自公司成立之日起一年内不得转让。公司公开发行股份前已发行的股份，自公司股票在证券交易所上市交易之日起一年内不得转让。

公司董事、监事、高级管理人员应当向公司申报所持有的本公司的股份及其变动情况，在任职期间每年转让的股份不得超过其所持有本公司股份总数的百分之二十五；所持本公司股份自公司股票上市交易之日起一年内不得转让。上述人员离职后半年内，不得转让其所持有的本公司股份。公司章程可以对公司董事、监事、高级管理人员转让其所持有的本公司股份作出其他限制性规定。

❹ **《最高人民法院关于适用〈中华人民共和国担保法〉若干问题的解释》**（2000年12月13日发布）

第一百零三条 以股份有限公司的股份出质的，适用《中华人民共和国公司法》有关股份转让的规定。

以上市公司的股份出质的，质押合同自股份出质向证券登记机构办理出质登记之日起生效。

以非上市公司的股份出质的，质押合同自股份出质记载于股东名册之日起生效。

❺ **《外商投资企业投资者股权变更的若干规定》**（1997年5月28日 对外贸易经济合作部、国家工商行政管理局发布）

第六条 经企业其他投资者同意，缴付出资的投资者可以依据《中华人民共和国担保法》（以下简称《担保法》）的有关规定，通过签订质押合同并经审批机关批准将其已缴付出资部分形成的股权质押给质权人。投资者不得质押未缴付出资部分的股权。投资者不得将其股权质押给本企业。

在质押期间，出质投资者作为企业投资者的身份不变，未经出质投资者和企业其他投资者同意，质权人不得转让出质股权；未经质权人同意，出质投资者不得将已出质的股权转让或再质押。

出质投资者与质权人的权利、义务及质押合

同的内容，适用有关法律、法规和本规定的有关规定。

❻《专利权质押合同登记管理暂行办法》（1996年9月19日 国家专利局发布）

第三条 以专利权出质的，出质人与质权人应当订立书面合同，并向中国专利局办理出质登记，质押合同自登记之日起生效。

❼《著作权质押合同登记办法》（1996年9月23日 国家版权局发布）

第三条 以著作权中的财产权出质的，出质人与质权人应当订立书面合同，并到登记机关进行登记。著作权质押合同自《著作权质押合同登记证》颁发之日起生效。

❽《商标专用权质押登记程序》（1997年5月6日 国家工商行政管理局发布）

三、出质人与质权人应当订立商标专用权质押书面合同，向国家工商行政管理局商标局申请登记。商标专用权质押登记的申请人应当是商标专用权质押合同的出质人与质权人。

八、登记机关应当于受理登记申请之日起五个工作日内，作出是否予以登记的决定。符合上述登记条件的，国家工商行政管理局商标局予以登记，发给《商标专用权质押登记证》；不符合有关规定的，不予登记。

商标专用权质押合同自登记之日起生效。

❾《全国银行间债券市场债券交易管理办法》（2000年4月30日 中国人民银行发布）

第十七条 以债券为质押进行回购交易，应办理登记；回购合同在办理质押登记后生效。

第二十一条 回购期间，交易双方不得动用质押的债券。

【票据质押的设定】

法律问题解读

票据是指汇票、本票、支票。所谓票据质押，是指债务人或第三人在质押合同约定期限内，将作为质押标的的票据交付债权人占有以作为债权担保，债务人不履行债务时债权人有权行使票据权利，从所得票据金额中优先受偿。

我国《担保法》和《物权法》规定，以汇票、本票、支票等有价证券出质的，应当在质押合同约定的期限内将权利凭证交付质权人，质押权自权利凭证交付之日起生效，因此《担保法》与《物权法》并未规定以票据质押是否需要背书；而根据《票据法》的规定，汇票、本票、支票设质时，应当以背书记载"质押"字样，而且要经出质人签章后才具有质押的效力，未经背书记载"质押"字样的票据，不得对抗第三人。

针对上述矛盾，《担保法》司法解释规定，以汇票、本票、支票出质，出质人与质权人没有背书记载"质押"字样，以票据出质对抗善意第三人的，人民法院不予支持。由上可见，票据出质中背书记载"质押"字样，并不是票据质押生效的必备要件，只是这种情况下，质押效力只存在于出质人和质权人之间，若有善意第三人受领票据，票据出质对第三人不具对抗力。

以背书转让的汇票，背书应当连续，持票人以背书的连续，证明其汇票的权利，非经背书转让，而以其他合法方式取得汇票的，依法举证，证明其票据权利。因此，对于没有进行质押背书的质权人而言，可以通过诉讼或仲裁的方式实现质权。

法条指引

❶《中华人民共和国物权法》（2007年3月16日主席令公布 2007年10月1日施行）

第二百二十三条 债务人或者第三人有权处分的下列权利可以出质：

（一）汇票、支票、本票；

（二）债券、存款单；

（三）仓单、提单；

（四）可以转让的基金份额、股权；

（五）可以转让的注册商标专用权、专利权、著作权等知识产权中的财产权；

（六）应收账款；

（七）法律、行政法规规定可以出质的其他财产权利。

第二百二十四条 以汇票、支票、本票、债券、存款单、仓单、提单出质的，当事人应当订立书面合同。质权自权利凭证交付质权人时设立；没有权利凭证的，质权自有关部门办理出质登记时设立。

❷《中华人民共和国担保法》（1995年6月30日 主席令公布）

第七十五条 下列权利可以质押：

（一）汇票、支票、本票、债券、存款单、仓单、提单；

（二）依法可以转让的股份、股票；

（三）依法可以转让的商标专用权，专利权，著作权中的财产权；

（四）依法可以质押的其他权利。

第七十六条　以汇票、支票、本票、债券、存款单、仓单、提单出质的，应当在合同约定的期限内将权利凭证交付质权人。质押合同自权利凭证交付之日起生效。

❸《中华人民共和国票据法》（2004 年 8 月 28 日　修正公布）

第三十一条　以背书转让的汇票，背书应当连续。持票人以背书的连续，证明其汇票权利；非经背书转让，而以其他合法方式取得汇票的，依法举证，证明其汇票权利。

前款所称背书连续，是指在票据转让中，转让汇票的背书人与受让汇票的被背书人在汇票上的签章依次前后衔接。

第三十五条　背书记载"委托收款"字样的，被背书人有权代背书人行使被委托的汇票权利。但是，被背书人不得再以背书转让汇票权利。

汇票可以设定质押；质押时应当以背书记载"质押"字样。被背书人依法实现其质权时，可以行使汇票权利。

第八十条　本票的背书、保证、付款行为和追索权的行使，除本章规定外，适用本法第二章有关汇票的规定。

本票的出票行为，除本章规定外，适用本法第二十四条关于汇票的规定。

第九十三条　支票的背书、付款行为和追索权的行使，除本章规定外，适用本法第二章有关汇票的规定。

支票的出票行为，除本章规定外，适用本法第二十四条、第二十六条关于汇票的规定。

❹《最高人民法院关于适用〈中华人民共和国担保法〉若干问题的解释》（2000 年 12 月 13 日发布）

第九十八条　以汇票、支票、本票出质，出质人与质权人没有背书记载"质押"字样，以票据出质对抗善意第三人的，人民法院不予支持。

【禁止质押的票据】

法律问题解读

按照票据法规定，不得转让的票据有四种：

1. 出票人记载"不得转让"字样的票据，这种票据关系被严格限制在出票人和收款人之间，只有原始持票人享有票据权利，持票人不得以背书或者其他方式将票据权利转让给他人。

2. 背书人记载"不得转让"字样的票据，背书人在汇票上记载"不得转让"字样，其后手再背书转让的，原背书人对后手的被背书人不承担担保责任。

3. 记载"委托收款"字样的票据，被背书人有权代背书人行使被委托的票据权利，但被背书人不得以背书转让汇票权利。

4. 被拒绝承兑、被拒绝付款或者超过付款提示期限的票据，这些票据不得背书转让，背书转让的，背书人应当承担汇票责任。

上述几种票据中，第一种和第二种的票据一般不得质押。记载"委托收款"字样的票据的质押应当认定无效。因为被背书人只是受托行使票据权利，而不是票据权利的真正享有人，《票据法》第 35 条第 1 款对此类票据背书转让的禁止规定是一种绝对规定，而债权人无视"委托收款"记载仍然接受质押的，就没有必要对其进行保护；其次，被拒绝承兑、被拒绝付款或者超过付款提示期限的票据原则上也不得质押，但如果这种票据又背书转让而前面又有背书人承担汇票责任的，应当可以用于质押，因为此时该票据上又存在了可向其主张的票据权利。

法条指引

❶《中华人民共和国担保法》（1995 年 6 月 30 日　主席令公布）

第七十六条　以汇票、支票、本票、债券、存款单、仓单、提单出质的，应当在合同约定的期限内将权利凭证交付质权人。质押合同自权利凭证交付之日起生效。（已为《物权法》修改）

❷《中华人民共和国票据法》（2004 年 8 月 28 日　修正公布）

第二十七条　持票人可以将汇票权利转让给他人或者将一定的汇票权利授予他人行使。

出票人在汇票上记载"不得转让"字样的，汇票不得转让。

持票人行使第一款规定的权利时，应当背书并交付汇票。

背书是指在票据背面或者粘单上记载有关事项并签章的票据行为。

第三十四条　背书人在汇票上记载"不得转让"字样，其后手再背书转让的，原背书人对后手的被背书人不承担保证责任。

第三十五条　背书记载"委托收款"字样的，

被背书人有权代背书人行使被委托的汇票权利。但是，被背书人不得再以背书转让汇票权利。

汇票可以设定质押；质押时应当以背书记载"质押"字样。被背书人依法实现其质权时，可以行使汇票权利。

第三十六条 汇票被拒绝承兑、被拒绝付款或者超过付款提示期限的，不得背书转让；背书转让的，背书人应当承担汇票责任。

第八十条 本票的背书、保证、付款行为和追索权的行使，除本章规定外，适用本法第二章有关汇票的规定。

本票的出票行为，除本章规定外，适用本法第二十四条关于汇票的规定。

第九十三条 支票的背书、付款行为和追索权的行使，除本章规定外，适用本法第二章有关汇票的规定。

支票的出票行为，除本章规定外，适用本法第二十四条、第二十六条关于汇票的规定。

【债券质权的设定】

法律问题解读

债券即借款凭证，分为国家债券、地方债券、公司债券、金融债券，债券一般均可转让、质押，质押合同自债券交付质权人之日起生效。

其中公司债券又分为记名债券和无记名债券，《公司法》规定：股份有限公司，国有独资公司，两个以上的国有企业或者其他两个以上的国有投资主体投资设立的有限责任公司，为筹集生产经营资金，按照公司法的规定经批准后可以发行债券，公司债券可以转让。

记名公司债券的转让，由公司将受让人的姓名或名称及住所记载于公司债券存根簿；无记名公司债券的转让，由债券持有人在依法设立的证券交易所将该债券交付给受让人后即发生转让的效力。相应地，以记名公司债券出质的，出质人与质权人应当订立书面质押合同，在将公司债券交付于质权人时，还应当在债券背书记载"质押"字样，并将质权人的姓名或者名称及住所记载于公司债券存根簿。否则，以债券出质对抗公司和第三人的，人民法院不予支持。以无记名公司债券设立质押的，债券持有人在依法设立的证券交易场所将债券交付给质权人后即发生质押效力。

法条指引

❶《中华人民共和国物权法》（2007年3月16日 主席令公布 2007年10月1日施行）

第二百二十三条 债务人或者第三人有权处分的下列权利可以出质：

（一）汇票、支票、本票；

（二）债券、存款单；

（三）仓单、提单；

（四）可以转让的基金份额、股权；

（五）可以转让的注册商标专用权、专利权、著作权等知识产权中的财产权；

（六）应收账款；

（七）法律、行政法规规定可以出质的其他财产权利。

第二百二十四条 以汇票、支票、本票、债券、存款单、仓单、提单出质的，当事人应当订立书面合同。质权自权利凭证交付质权人时设立；没有权利凭证的，质权自有关部门办理出质登记时设立。

❷《中华人民共和国担保法》（1995年6月30日 主席令公布）

第七十五条 下列权利可以质押：

（一）汇票、支票、本票、债券、存款单、仓单、提单；

（二）依法可以转让的股份、股票；

（三）依法可以转让的商标专用权，专利权、著作权中的财产权；

（四）依法可以质押的其他权利。

第七十六条 以汇票、支票、本票、债券、存款单、仓单、提单出质的，应当在合同约定的期限内将权利凭证交付质权人。质押合同自权利凭证交付之日起生效。

❸《中华人民共和国公司法》（2005年10月27日修订）

第一百五十四条 本法所称公司债券，是指公司依照法定程序发行、约定在一定期限还本付息的有价证券。

公司发行公司债券应当符合《中华人民共和国证券法》规定的发行条件。

第一百五十七条 公司债券，可以为记名债券，也可以为无记名债券。

第一百六十一条 记名公司债券，由债券持有人以背书方式或者法律、行政法规规定的其他方式转让；转让后由公司将受让人的姓名或者名称及住所记载于公司债券存根簿。

无记名公司债券的转让，由债券持有人将该债券交付给受让人后即发生转让的效力。

❹《最高人民法院关于适用〈中华人民共和国

国担保法〉若干问题的解释》（2000年12月13日发布）

第九十九条 以公司债券出质的，出质人与质权人没有背书记载"质押"字样，以债券出质对抗公司和第三人的，人民法院不予支持。

❺《凭证式国债质押贷款办法》（1999年7月9日 中国人民银行发布）

第六条 借款人申请办理质押贷款业务时，应向其原认购国债银行提出申请，经对申请人的债权进行确认并审核批准后，由借贷双方签订质押贷款合同。作为质押品的凭证式国债交贷款机构保管，由贷款机构出具保管收据。保管收据是借款人办理凭证式国债质押贷款的凭据，不准转让、出借和再抵押。各商业银行之间不得跨系统办理凭证式国债质押贷款业务。不承办凭证式国债发行业务的商业银行，不得受理此项业务。

❻《中国人民银行分行短期再贷款管理暂行办法》（1999年1月6日 中国人民银行发布）

第十六条 贷款发放。对审查批准的短期再贷款申请，应与借款人签定《借款合同》；发放质押贷款时，还应同时签定《质押担保合同》；会计营业部门应凭《借款合同》、贷款额度通知书办理有关会计处理手续，发放质押贷款的，还应凭据《质押担保合同》。

【存款单及仓单、提单的出质】

法律问题解读

存款单是银行等金融机构发给存款人的债权凭证，也是存款人到存款银行支取存款的凭据。

存款单有活期存单、定期存单、定活两便存单等，由于活期存单、定活两便存单随时可以支取，所以一般不发生以活期存单、定活两便存单向银行等金融机构质押贷款的问题。存单质押主要是指定期存单质押，主要包括各类未到期的整存整取、存本付息、大额可转让定期存单。为了防止以存单质押后，质权人随意支取存款，也为了防止出质人将存单出质后又办理挂失将款取走，使质权落空，以存单出质的，出质人与质权人应当订立质押合同或者在存单背书记载"质押"字样，质押合同自存单交付质权人之日起生效。债权人在接受存单质押时，为防止出质人伪造、变造存单，还可以向签发该存单的银行等金融机构进行核押。为保护质权人的利益，防止银行在质权人核押后又接受出质人的挂失，让出质人将款取走，《关于担保法若干问题的解释》规定："以存款单出质的，签发银行核押后又受理挂失并造成存款流失的，应当承担民事责任"，签发银行应赔偿因挂失给质权人造成的损失。

仓单和提单，既是仓储保管人、承运人收到货物的凭证，也是货物所有权凭证和提货凭证。以可以转让的仓单、提单出质的，出质人与质权人应当订立质押合同并背书记载"质押"字样，质押合同自仓单、提单交付质权人之日起生效，未经背书设定的质押，不得对抗第三人。

法条指引

❶《中华人民共和国物权法》（2007年3月16日 主席令公布 2007年10月1日施行）

第二百二十三条 债务人或者第三人有权处分的下列权利可以出质：

（一）汇票、支票、本票；

（二）债券、存款单；

（三）仓单、提单；

（四）可以转让的基金份额、股权；

（五）可以转让的注册商标专用权、专利权、著作权等知识产权中的财产权；

（六）应收账款；

（七）法律、行政法规规定可以出质的其他财产权利。

第二百二十四条 以汇票、支票、本票、债券、存款单、仓单、提单出质的，当事人应当订立书面合同。质权自权利凭证交付质权人时设立；没有权利凭证的，质权自有关部门办理出质登记时设立。

❷《中华人民共和国担保法》（1995年6月30日 主席令公布）

第七十五条 下列权利可以质押：

（一）汇票、支票、本票、债券、存款单、仓单、提单；

（二）依法可以转让的股份、股票；

（三）依法可以转让的商标专用权，专利权、著作权中的财产权；

（四）依法可以质押的其他权利。

第七十六条 以汇票、支票、本票、债券、存款单、仓单、提单出质的，应当在合同约定的期限内将权利凭证交付质权人。质押合同自权利凭证交付之日起生效。

❸《最高人民法院关于适用〈中华人民共和国担保法〉若干问题的解释》（2000年12月13日

以存款单出质的，签发银行核押后又受理挂失并造成存款流失的，应当承担民事责任。

❹**《最高人民法院关于审理存单纠纷案件的若干规定》**（1997年12月13日发布）

第八条 对存单质押的认定和处理

存单可以质押。存单持有人以伪造、变造的虚假存单质押的，质押合同无效。接受虚假存单质押的当事人如以该存单质押为由起诉金融机构，要求兑付存款优先受偿的，人民法院应当判决驳回其诉讼请求，并告知其可另案起诉出质人。

存单持有人以金融机构开具的、未有实际存款或与实际存款不符的存单进行质押，以骗取或占用他人财产的，该质押关系无效。接受存单质押的人起诉的，该存单持有人与开具存单的金融机构为共同被告。利用存单骗取或占用他人财产的存单持有人对侵犯他人财产权承担赔偿责任，开具存单的金融机构因其过错致他人财产权受损，对所造成的损失承担连带赔偿责任。接受存单质押的人在审查存单的真实性上有重大过失的，开具存单的金融机构仅对所造成的损失承担补充赔偿责任。明知存单虚假而接受存单质押的，开具存单的金融机构不承担民事赔偿责任。

以金融机构核押的存单出质的，即便存单系伪造、变造、虚开，质押合同均为有效，金融机构应当依法向质权人兑付存单所记载的款项。

❺**《单位定期存单质押贷款管理规定》**（2007年7月3日 中国银行业监督管理委员会发布）

第十五条 办理单位定期存单质押贷款，贷款人和出质人应当订立书面质押合同。在借款合同中订立质押条款的，质押条款应符合本章的规定。

第十七条 质押合同应当由出质人和贷款人签章。签章为其法定代表人、经法定代表人授权的代理人或主要负责人的签字并加盖单位公章。

第二十条 存款行应对其开具并经过确认的单位定期存单进行登记备查，并妥善保管有关文件和材料。质押的单位定期存单被退回时，也应及时登记注销。

学者观点

❶ 余胜：《权利质押相关法律问题探析》，参见北大法宝引证码：Pkulaw.cn/CLI.A.182318。

❷ 李珂丽：《存单质押的风险防范及债权人的利益保护》，参见北大法宝引证码：Pkulaw.cn/CLI.A.1141960。

【权利质押担保的范围】

法律问题解读

权利质权的担保范围与动产质权的担保范围基本相同。质押担保的范围包括主债权及利息、违约金、损害赔偿金、质物保管费用以及实现质权的费用，质押合同另有约定的，按照约定。具体来讲，除主债权外，质押担保的债权范围还包括：

1. 约定利息和迟延利息。约定利息是指利用他人原本债权而应当支付的对价，从属于债务。利息依约定而发生；迟延利息指金钱债务履行迟延时，债权人可请求债务人给付的利息。对于迟延利息的计算，若债权人和债务人有约定，从其约定，约定的利率可以适当地高于法定利率，但不能违反一般的社会交易观念而任意提高。例如，根据最高法院的司法解释，自然人之间的借款利率不得高于同期中国人民银行规定的贷款利率的四倍。债务人和债权人没有约定迟延利息计算方法的，依照法定利率计算。迟延利息属于债务人承担的履行迟延的赔偿责任的一种，但仅限于金钱债务，非以金钱为给付标的的债务，债务人不能履行或迟延履行时，应当向债权人给付违约金或损害赔偿金。

2. 违约金是指合同当事人约定的，一方违约时，即不履行合同或履行合同不符合约定条件时，应根据违约情况向对方当事人支付的一定数额货币。

3. 损害赔偿金，指违约方因不履行或不完全履行合同义务而给对方造成损失时，应承担的损害赔偿责任。

4. 质物保管费用，指质押关系存续期间质权人因占有质物、对质物进行保管而支出的必要费用。

5. 实现质权的费用，包括评估费、诉讼费、拍卖费、变卖费、强制执行费等。

法条指引

❶ **《中华人民共和国物权法》**（2007年3月16日主席令公布 2007年10月1日施行）

第一百七十三条 担保物权的担保范围包括主债权及其利息、违约金、损害赔偿金、保管担保财产和实现担保物权的费用。当事人另有约定的，按照约定。

❷《中华人民共和国担保法》（1995年6月30日 主席令公布）

第六十七条 质押担保的范围包括主债权及利息、违约金、损害赔偿金、质物保管费用和实现质权的费用。质押合同另有约定的，按照约定。

❸《中华人民共和国合同法》（1999年3月15日 主席令公布）

第二百零四条 办理贷款业务的金融机构贷款的利率，应当按照中国人民银行规定的贷款利率的上下限确定。

第二百零七条 借款人未按照约定的期限返还借款的，应当按照约定或者国家有关规定支付逾期利息。

❹《单位定期存单质押贷款管理规定》（2007年7月3日 中国银行业监督管理委员会发布）

第二十一条 单位定期存单质押担保的范围包括贷款本金和利息、罚息、损害赔偿金、违约金和实现质权的费用。质押合同另有约定的，按照约定执行。

❺《上市公司证券发行管理办法》（2006年5月6日 中国证监会发布）

第二十条 公开发行可转换公司债券，应当提供担保，但最近一期末经审计的净资产不低于人民币十五亿元的公司除外。

提供担保的，应当为全额担保，担保范围包括债券的本金及利息、违约金、损害赔偿金和实现债权的费用。

以保证方式提供担保的，应当为连带责任担保，且保证人最近一期经审计的净资产额应不低于其累计对外担保的金额。证券公司或上市公司不得作为发行可转债的担保人，但上市商业银行除外。

设定抵押或质押的，抵押或质押财产的估值应不低于担保金额。估值应经有资格的资产评估机构评估。

【权利质押对质物的支配范围】

法律问题解读

权利质押对质押物的支配，是指它对权利质押标的的支配范围，即权利质押的效力所及的标的物范围。质权人具有直接支配质押标的的交换价值的权利，在债务人不履行已届清偿期的债权时，可以依法变价质押标的或者直接行使权利而优先受偿。权利质权以其质押标的的全部以及其代位物担保债权的受偿，根据权利质押的不同类型，分为以下几种情况：

1. 以性质上属于债权的财产权利出质设定的权利质权，如以汇票、支票、本票、债券、存款单等证券权利；以依法可以转让的债权或者合同权利为标的设定的权利质权，质权人对质押标的的支配，不以该财产权利本身的交换价值为限，具体来讲即指以债权出质的，除非出质人与质权人就质权对债权的支配有约定，应包括主债权所附的利息债权、违约金债权、赔偿金债权，以及债权的担保利益，以有价证券出质的，在附属主债券的从债务也交付于质权人时，质权的效力也及于该附属债务。

2. 以公司股份或者股票为标的设定的质权，质权的效力及于公司股份或者股票的分配盈余。

3. 以专利权等知识产权为标的设定的质权，因为质权的效力限制出质人对质押标的的处分，出质人处分质押标的须经质权人同意，因此质权的效力及于出质人处分质押标的而取得的收益。

4. 债权因第三人侵害而消灭所发生的损害赔偿金请求权、有价证券灭失而取得的保险金请求权、股份或股票因为公司合并或者分立产生的配发新股或者现金的请求权，都属于权利质权的支配范围。

法条指引

❶《中华人民共和国担保法》（1995年6月30日 主席令公布）

第七十三条 质权因质物灭失而消灭。因灭失所得的赔偿金，应当作为出质财产。

第八十条 本法第七十九条规定的权利出质后，出质人不得转让或者许可他人使用，但经出质人与质权人协商同意的可以转让或者许可他人使用。出质人所得的转让费、许可费应当向质权人提前清偿所担保的债权或者向与质权人约定的第三人提存。

❷《最高人民法院关于适用〈中华人民共和国担保法〉若干问题的解释》（2000年12月13日发布）

第一百零四条 以依法可以转让的股份、股票出质的，质权的效力及于股份、股票的法定孳息。

❸《证券公司股票质押贷款管理办法》（2004年11月4日 中国人民银行发布）

第三十五条　质物在质押期间所产生的孳息（包括送股、分红、派息等）随质押物一起质押。

质物在质押期间发生配股时，出质人应当购买并随质物一起质押。出质人不购买而出现质物价值缺口的，出质人应当及时补足。

【证券债权质权人的权利】

法律问题解读

证券债权质权设定后，质权人享有以下权利：

1. 占有或留置权利凭证。质权人在证券债权质权的存续期间，有权持续不断地占有权利凭证，在其债权未获全部清偿以前，有权留置权利凭证。具体而言，对于以汇票、本票、支票、债券、存款单、仓单、提单等证券权利为标的设定的质权、质权人均有权占有或留置权利凭证。

2. 质押标的孳息的收取权。除非当事人之间另有约定，质权人有权收取质押标的产生的孳息，质权人收取质押标的孳息后，应首先用于交抵收取孳息的费用，超出收取孳息的费用的部分，可为债权的担保取偿。孳息若为金钱，质权人得径行抵偿债权；若为非金钱，可依当事人的合意估价充抵债权，或以其他方法变价孳息以抵偿债权。

3. 证券债权质权的保全。

4. 排除对证券债权质权的妨害。质权人对其质权、占有的权利凭证，在受到侵害或者有侵害可能时，有妨害除去请求权或者妨害预防请求权。例如质权人占有的权利凭证被不法侵夺，质权人可依其质权请求侵夺人返还。

5. 变价质押标的和优先受偿权，即质权人在债权已届清偿期而债务人不履行债务时，有处分质押标的优先受偿的权利。

值得注意的是，转质为质权的效力之一，但转质仅限于动产质权，而以证券债权设质后，质权人再质押的无效，因此，证券债权质押的质权人不享有转质权。

法条指引

❶《中华人民共和国物权法》（2007 年 3 月 16 日主席令公布　2007 年 10 月 1 日施行）

第二百一十三条　质权人有权收取质押财产的孳息，但合同另有约定的除外。

前款规定的孳息应当先充抵收取孳息的费用。

第二百一十四条　质权人在质权存续期间，未经出质人同意，擅自使用、处分质押财产，给出质人造成损害的，应当承担赔偿责任。

第二百一十五条　质权人负有妥善保管质押财产的义务；因保管不善致使质押财产毁损、灭失的，应当承担赔偿责任。

质权人的行为可能使质押财产毁损、灭失的，出质人可以要求质权人将质押财产提存，或者要求提前清偿债务并返还质押财产。

❷《中华人民共和国担保法》（1995 年 6 月 30 日　主席令公布）

第六十八条　质权人有权收取质物所生的孳息。质押合同另有约定的，按照约定。

前款孳息应当先充抵收取孳息的费用。

第七十条　质物有损坏或者价值明显减少的可能，足以危害质权人权利的，质权人可以要求出质人提供相应的担保。出质人不提供的，质权人可以拍卖或者变卖质物，并与出质人协议将拍卖或者变卖所得的价款用于提前清偿所担保的债权或者向与出质人约定的第三人提存。

第七十一条　债务履行期届满债务人履行债务的，或者出质人提前清偿所担保的债权的，质权人应当返还质物。

债务履行期届满质权人未受清偿的，可以与出质人协议以质物折价，也可以依法拍卖、变卖质物。

质物折价或者拍卖、变卖后，其价款超过债权数额的部分归出质人所有，不足部分由债务人清偿。

第八十一条　权利质押除适用本节规定外，适用本章第一节的规定。

❸《最高人民法院关于适用〈中华人民共和国担保法〉若干问题的解释》（2000 年 12 月 13 日发布）

第九十五条　债务履行期届满质权人未受清偿的，质权人可以继续留置质物，并以质物的全部行使权利。出质人清偿所担保的债权后，质权人应当返还质物。

债务履行期届满，出质人请求质权人及时行使权利，而质权人怠于行使权利致使质物价格下跌的，由此造成的损失，质权人应当承担赔偿责任。

第一百零一条　以票据、债券、存款单、仓单、提单出质的，质权人再转让或者质押的无效。

❹《单位定期存单质押贷款管理规定》（2007 年 7 月 3 日　中国银行业监督管理委员会发布）

第二十三条　有下列情形之一的，贷款人可依法定方式处分单位定期存单：

（一）质押贷款合同期满，借款人未按期归还贷款本金和利息的；

（二）借款人或出质人违约，贷款人需依法提前收回贷款的；

（三）借款人或出质人被宣告破产或解散的。

第二十四条 有第二十三条所列情形之一的，贷款人和出质人可以协议以单位定期存单兑现或以法律规定的其他方式处分单位定期存单。以单位定期存单兑现时，贷款人应向存款行提交单位定期存单和其与出质人的协议。

单位定期存单处分所得不足偿付第二十一条规定的款项的，贷款人应当向借款人另行追偿；偿还第二十一条规定的款项后有剩余的，其超出部分应当退还出质人。

【证券债权质权的保全】

法律问题解读

质押担保以质押标的所具有的交换价值确保债权受偿。若质物有损坏或者价值明显减少的可能，足以危害质权人权利的，质权人可以要求出质人提供相应的担保。出质人不提供的，质权人可以拍卖或变卖质物，并与出质人协议将拍卖或者变卖所得的价款用于提前清偿所担保的债权或者向与出质人约定的第三人提存。证券债权质权的保全主要包括以下几种情形：

1. 在票据质押中，质权人丧失票据占有时，可以通知票据的付款人挂失止付，并于通知挂失止付后3日内依法向人民法院申请公示催告；也可以在票据丧失后，依法向法院申请公示催告，由法院通知票据的付款人止付，付款人受止付通知后不停止支付的，质权人有权请求付款人赔偿因此所造成的损失。

2. 有权请求出质人提供担保，当质押标的有价值明显减少的可能而足以危害质权人权利的，质权人可以要求出质人提供相应的担保。

3. 有权紧急变价质押标的，当质押标的有损坏或者价值明显减少的可能而足以危害质权人权利，经质权人请求而出质人不提供相应担保的，质权人有权处分质押标的，以处分质押标的的价金保全质权。

法条指引

❶《中华人民共和国物权法》（2007年3月16日 主席令公布 2007年10月1日施行）

第二百一十六条 因不能归责于质权人的事由可能使质押财产毁损或者价值明显减少，足以危害质权人权利的，质权人有权要求出质人提供相应的担保；出质人不提供的，质权人可以拍卖、变卖质押财产，并与出质人通过协议将拍卖、变卖所得的价款提前清偿债务或者提存。

❷《中华人民共和国担保法》（1995年6月30日 主席令公布）

第七十条 质物有损坏或者价值明显减少的可能，足以危害质权人权利的，质权人可以要求出质人提供相应的担保。出质人不提供的，质权人可以拍卖或者变卖质物，并与出质人协议将拍卖或者变卖所得的价款用于提前清偿所担保的债权或者向与出质人约定的第三人提存。

❸《中华人民共和国票据法》（2004年8月28日 修正公布）

第十五条 票据丧失，失票人可以及时通知票据的付款人挂失止付，但是，未记载付款人或者无法确定付款人及其代理付款人的票据除外。

收到挂失止付通知的付款人，应当暂停支付。

失票人应当在通知挂失止付后三日内，也可以在票据丧失后，依法向人民法院申请公示催告，或者向人民法院提起诉讼。

❹《中华人民共和国民事诉讼法》（1991年4月9日主席令公布 2007年10月28日修订）

第一百九十五条 按照规定可以背书转让的票据持有人，因票据被盗、遗失或者灭失，可以向票据支付地的基层人民法院申请公示催告。依照法律规定可以申请公示催告的其他事项，适用本章规定。

申请人应当向人民法院递交申请书，写明票面金额、发票人、持票人、背书人等票据主要内容和申请的理由、事实。

第一百九十六条 人民法院决定受理申请，应当同时通知支付人停止支付，并在三日内发出公告，催促利害关系人申报权利。公示催告的期间，由人民法院根据情况决定，但不得少于六十日。

第一百九十七条 支付人收到人民法院停止支付的通知，应当停止支付，至公示催告程序终结。

公示催告期间，转让票据权利的行为无效。

【证券债权质权人的义务】

法律问题解读

证券债权设定后，质权人负有妥善保管入质

权利即质押标的、返还质押标的以及对票据前手进行追索的义务，具体情况如下：

1. 妥善保管质押标的的义务。质权人有义务保全入质的证券债权，不使其消灭，质权人应当尽善良管理的注意义务，如因质权人的过错使证券毁损灭失而使出质人受到损失，质权人应负赔偿责任。

2. 返还质押标的的义务。证券债券质权因为各种原因消灭时，质权人对其占有的权利凭证负有返还义务。如债务履行期届满债务人履行债务，或者出质人提前清偿所担保的债权的，质权人应当返还质物。证券债权质权因为质押标的的灭失或者被第三人侵夺等原因消灭，质权人不能向出质人返还质押标的，应当承担损害赔偿的责任，但质权人有过错的情况除外。

3. 对票据前手进行追索的义务。在以票据为质押标的的证券债权质押里，当票据债权届期而付款人不为给付或承兑人不为承兑，质权人得请求其前手偿还票据金额、利息及其他必要费用。因为票据为质权人占有，而票据权利的行使以持有票据为必要，当质权人不行使追索权时，由于出质人不持有票据，无法行使追索权，这会危害出质人的利益。为了保全出质人的权利，故质权人有行使追索权的义务。

法条指引

❶《中华人民共和国物权法》（2007年3月16日主席令公布　2007年10月1日施行）

第二百一十四条　质权人在质权存续期间，未经出质人同意，擅自使用、处分质押财产，给出质人造成损害的，应当承担赔偿责任。

第二百一十五条　质权人负有妥善保管质押财产的义务；因保管不善致使质押财产毁损、灭失的，应当承担赔偿责任。

质权人的行为可能使质押财产毁损、灭失的，出质人可以要求质权人将质押财产提存，或者要求提前清偿债务并返还质押财产。

第二百一十六条　因不能归责于质权人的事由可能使质押财产毁损或者价值明显减少，足以危害质权人权利的，质权人有权要求出质人提供相应的担保；出质人不提供的，质权人可以拍卖、变卖质押财产，并与出质人通过协议将拍卖、变卖所得的价款提前清偿债务或者提存。

第二百一十七条　质权人在质权存续期间，未经出质人同意转质，造成质押财产毁损、灭失的，应当向出质人承担赔偿责任。

❷《中华人民共和国担保法》（1995年6月30日　主席令公布）

第六十九条　质权人负有妥善保管质物的义务。因保管不善致使质物灭失或者毁损的，质权人应当承担民事责任。

质权人不能妥善保管质物可能致使其灭失或者毁损的，出质人可以要求质权人将质物提存，或者要求提前清偿债权而返还质物。

第七十一条　债务履行期届满债务人履行债务的，或者出质人提前清偿所担保的债权的，质权人应当返还质物。

债务履行期届满质权人未受清偿的，可以与出质人协议以质物折价，也可以依法拍卖、变卖质物。

质物折价或者拍卖、变卖后，其价款超过债权数额的部分归出质人所有，不足部分由债务人清偿。

❸《中华人民共和国票据法》（2004年8月28日　修正公布）

第六十一条　汇票到期被拒绝付款的，持票人可以对背书人、出票人以及汇票的其他债务人行使追索权。

汇票到期日前，有下列情形之一的，持票人也可以行使追索权：

（一）汇票被拒绝承兑的；

（二）承兑人或者付款人死亡、逃匿的；

（三）承兑人或者付款人被依法宣告破产的或者因违法被责令终止业务活动的。

第六十二条　持票人行使追索权时，应当提供被拒绝承兑或者被拒绝付款的有关证明。

持票人提示承兑或者提示付款被拒绝的，承兑人或者付款人必须出具拒绝证明，或者出具退票理由书。未出具拒绝证明或者退票理由书的，应当承担由此产生的民事责任。

第六十六条　持票人应当自收到被拒绝承兑或者被拒绝付款的有关证明之日起三日内，将被拒绝事由书面通知其前手；其前手应当自收到通知之日起三日内书面通知其再前手。持票人也可以同时向各汇票债务人发出书面通知。

未按照前款规定期限通知的，持票人仍可以行使追索权。因延期通知给其前手或者出票人造成损失的，由没有按照规定期限通知的汇票当事人，承担对该损失的赔偿责任，但是所赔偿的金额以汇票金额为限。

在规定期限内将通知按照法定地址或者约定

的地址邮寄的，视为已经发出通知。

❹《最高人民法院关于适用〈中华人民共和国担保法〉若干问题的解释》（2000年12月13日发布）

第九十五条 债务履行期届满质权人未受清偿的，质权人可以继续留置质物，并以质物的全部行使权利。出质人清偿所担保的债权后，质权人应当返还质物。

债务履行期届满，出质人请求质权人及时行使权利，而质权人怠于行使权利致使质物价格下跌的，由此造成的损失，质权人应当承担赔偿责任。

❺《单位定期存单质押贷款管理规定》（2007年7月3日 中国银行业监督管理委员会发布）

第二十二条 贷款期满借款人履行债务的，或者借款人提前偿还所担保的贷款的，贷款人应当及时将质押的单位定期存单退还存款行。存款行收到退回的单位定期存单后，应将开户证实书退还贷款人并由贷款人退还借款人。

第二十八条 用于质押的单位定期存单在质押期间丢失，贷款人应立即通知借款人和出质人，并申请挂失；单位定期存单毁损的，贷款人应持有关证明申请补办。

质押期间，存款行不得受理存款人提出的挂失申请。

第二十九条 贷款人申请挂失时，应向存款行提交挂失申请书，并提供贷款人的营业执照复印件、质押合同副本。

挂失申请应采用书面形式。在特殊情况下，可以用口头或函电形式，但必须在五个工作日内补办书面挂失手续。

挂失生效，原单位定期存单所载的金额及利息应继续作为出质资产。

第三十三条 贷款人不按规定及时向存款行退回单位定期存单的，由中国银行业监督管理委员会给予警告，并处以三万元以下罚款。给存款人造成损失的，依法承担相应的民事责任。构成犯罪的，由司法机关依法追究刑事责任。

❻《凭证式国债质押贷款办法》（1999年7月9日 中国人民银行发布）

第十三条 贷款机构应妥善保管质押品。因保管不善如丢失、损坏等造成的损失，由贷款机构承担相应的责任。贷款机构要建立健全保管收据的开具、收回、补办等制度，做好保管收据的管理工作。

【证券债权出质人的权利和义务】

法律问题解读

证券债权出质人的权利主要包括：

1. 质押标的返还请求权，当质押所担保的债权受清偿后，出质人有权请求质权人返还质押标的。

2. 出质人可以约定质押权利孳息的收取权。

3. 对主债务人的追偿权、代位权以及撤销权。当出质人非为债务人而为第三人时，出质人以质押的权利承担担保责任后，有权向债务人追偿，债务人怠于行使对他人的权利而危害到出质人追偿权的实现时，出质人有代位权，当债务人明知处分行为会危害出质人追偿权的实现而任意处分其财产，或虽为善意但第三人并未支付对价时，出质人有撤销其处分行为的权利。

4. 保全质权的权利。债务履行期届满前，出质人请求质权人及时行使权利，而质权人怠于行使权利致使质物价格下跌的，由此造成的损失，质权人应当承担赔偿责任。证券债权出质人的义务主要包括交付质押的权利凭证以及质押标的的瑕疵担保义务，此种义务主要是指出质人应确保票据权利权原的正当性，以此保证质权人能向出质人的前手追偿以保证债权的清偿。

法条指引

❶《中华人民共和国物权法》（2007年3月16日 主席令公布 2007年10月1日施行）

第二百一十四条 质权人在质权存续期间，未经出质人同意，擅自使用、处分质押财产，给出质人造成损害的，应当承担赔偿责任。

第二百一十五条 质权人负有妥善保管质押财产的义务；因保管不善致使质押财产毁损、灭失的，应当承担赔偿责任。

质权人的行为可能使质押财产毁损、灭失的，出质人可以要求质权人将质押财产提存，或者要求提前清偿债务并返还质押财产。

第二百一十六条 因不能归责于质权人的事由可能使质押财产毁损或者价值明显减少，足以危害质权人权利的，质权人有权要求出质人提供相应的担保；出质人不提供的，质权人可以拍卖、变卖质押财产，并与出质人通过协议将拍卖、变卖所得的价款提前清偿债务或者提存。

第二百一十七条 质权人在质权存续期间，

未经出质人同意转质,造成质押财产毁损、灭失的,应当向出质人承担赔偿责任。

❷《中华人民共和国担保法》(1995年6月30日 主席令公布)

第六十七条 质押担保的范围包括主债权及利息、违约金、损害赔偿金、质物保管费用和实现质权的费用。质押合同另有约定的,按照约定。

第六十九条 质权人负有妥善保管质物的义务。因保管不善致使质物灭失或者毁损的,质权人应当承担民事责任。

质权人不能妥善保管质物可能致使其灭失或者毁损的,出质人可以要求质权人将质物提存,或者要求提前清偿债权而返还质物。

第七十二条 为债务人质押担保的第三人,在质权人实现质权后,有权向债务人追偿。

第七十六条 以汇票、支票、本票、债券、存款单、仓单、提单出质的,应当在合同约定的期限内将权利凭证交付质权人。质押合同自权利凭证交付之日起生效。

❸《中华人民共和国合同法》(1999年3月15日 主席令公布)

第七十三条 因债务人怠于行使其到期债权,对债权人造成损害的,债权人可以向人民法院请求以自己的名义代位行使债务人的债权,但该债权专属于债务人自身的除外。

代位权的行使范围以债权人的债权为限。债权人行使代位权的必要费用,由债务人负担。

第七十四条 因债务人放弃其到期债权或者无偿转让财产,对债权人造成损害的,债权人可以请求人民法院撤销债务人的行为。债务人以明显不合理的低价转让财产,对债权人造成损害,并且受让人知道该情形的,债权人也可以请求人民法院撤销债务人的行为。

撤销权的行使范围以债权人的债权为限。债权人行使撤销权的必要费用,由债务人负担。

❹《最高人民法院关于适用〈中华人民共和国担保法〉若干问题的解释》(2000年12月13日发布)

第九十条 质物有隐蔽瑕疵造成质权人其他财产损害的,应由出质人承担赔偿责任。但是,质权人在质物移交时明知质物有瑕疵而予以接受的除外。

第九十五条 债务履行期届满质权人未受清偿的,质权人可以继续留置质物,并以质物的全部行使权利。出质人清偿所担保的债权后,质权人应当返还质物。

债务履行期届满,出质人请求质权人及时行使权利,而质权人怠于行使权利致使质物价格下跌的,由此造成的损失,质权人应当承担赔偿责任。

❺《最高人民法院关于适用〈中华人民共和国合同法〉若干问题的解释(一)》(1999年12月19日发布)

第十一条 债权人依照《合同法》第七十三条的规定提起代位权诉讼,应当符合下列条件:

(一)债权人对债务人的债权合法;

(二)债务人怠于行使其到期债权,对债权人造成损害;

(三)债务人的债权已到期;

(四)债务人的债权不是专属于债务人自身的债权。

第十二条 《合同法》第七十三条第一款规定的专属于债务人自身的债权,是指基于扶养关系、抚养关系、赡养关系、继承关系产生的给付请求权和劳动报酬、退休金、养老金、抚恤金、安置费、人寿保险、人身伤害赔偿请求权等权利。

第十三条 《合同法》第七十三条规定的"债务人怠于行使其到期债权,对债权人造成损害的",是指债务人不履行其对债权人的到期债务,又不以诉讼方式或者仲裁方式向其债务人主张其享有的具有金钱给付内容的到期债权,致使债权人的到期债权未能实现。

次债务人(即债务人的债务人)不认为债务人有怠于行使其到期债权情况的,应当承担举证责任。

【证券债权质权的行使条件】

法律问题解读

证券债权质权的行使条件有两个:首先,是债权已届清偿期而未受清偿,若债权人的债权未届清偿期,债务人没有提前清偿债权的义务,此时若允许质权人行使质权,将会损害债务人依法享有的期限利益,因此质权的行使应在债务履行期届满以后。其次,除担保债权已届清偿期外,还需有质权的存在,即质权未因任何消灭原因而消灭。

但实践中应把握债权已届清偿期并非权利质权行使的绝对要件,若有法定的或符合质押合同约定的情形发生时,即使所担保债权未届清偿期,质权人也可紧急行使质权,具体包括以下几种情况：

1. 债务人受破产宣告的，未届清偿期的债权，视为已到期债权，债权受质押担保，因债务人失去期限利益，债权人可以行使质权。

2. 债务人违反另为提供担保义务的。债务人负有为保全质权人的利益而提供担保义务时，若债务人违反该义务，债务人不得以期限利益对抗质权人行使质权，质权人可以拍卖或变卖质物，并将所得价款提前清偿或向与债务人约定的第三人提存。

3. 出质的债权清偿期先于被担保债权清偿期时，质权人可以在债务履行期届满前兑现或者提货，并与出质人协议将兑现价款或提取的货物，用于提前清偿所担保的债权或向与出质人约定的第三人提存，这种情况实际上等于质权的行使。

法条指引

❶《中华人民共和国物权法》（2007 年 3 月 16 日 主席令公布 2007 年 10 月 1 日施行）

第二百二十五条 汇票、支票、本票、债券、存款单、仓单、提单的兑现日期或者提货日期先于主债权到期的，质权人可以兑现或者提货，并与出质人协议将兑现的价款或者提取的货物提前清偿债务或者提存。

❷《中华人民共和国担保法》（1995 年 6 月 30 日 主席令公布）

第七十条 质物有损坏或者价值明显减少的可能，足以危害质权人权利的，质权人可以要求出质人提供相应的担保。出质人不提供的，质权人可以拍卖或者变卖质物，并与出质人协议将拍卖或者变卖所得的价款用于提前清偿所担保的债权或者向与出质人约定的第三人提存。

第七十一条 债务履行期届满债务人履行债务的，或者出质人提前清偿所担保的债权的，质权人应当返还质物。

债务履行期届满质权人未受清偿的，可以与出质人协议以质物折价，也可以依法拍卖、变卖质物。

质物折价或者拍卖、变卖后，其价款超过债权数额的部分归出质人所有，不足部分由债务人清偿。

第七十七条 以载明兑现或者提货日期的汇票、支票、本票、债券、存款单、仓单、提单出质的，汇票、支票、本票、债券、存款单、仓单、提单兑现或者提货日期先于债务履行期的，质权人可以在债务履行期届满前兑现或者提货，并与出质人协议将兑现的价款或者提取的货物用于提前清偿所担保的债权或者向与出质人约定的第三人提存。

❸《中华人民共和国企业破产法》（2006 年 8 月 27 日 主席令公布）

第四十六条 未到期的债权，在破产申请受理时视为到期。

附利息的债权自破产申请受理时起停止计息。

❹《单位定期存单质押贷款管理规定》（2007 年 7 月 3 日 中国银行业监督管理委员会发布）

第二十二条 贷款期满借款人履行债务的，或者借款人提前偿还所担保的贷款的，贷款人应当及时将质押的单位定期存单退还存款行。存款行收到退回的单位定期存单后，应将开户证实书退还贷款人并由贷款人退还借款人。

第二十三条 有下列情形之一的，贷款人可依法定方式处分单位定期存单：

（一）质押贷款合同期满，借款人未按期归还贷款本金和利息的；

（二）借款人或出质人违约，贷款人需依法提前收回贷款的；

（三）借款人或出质人被宣告破产或解散的。

第二十四条 有第二十三条所列情形之一的，贷款人和出质人可以协议以单位定期存单兑现或以法律规定的其他方式处分单位定期存单。以单位定期存单兑现时，贷款人应向存款行提交单位定期存单和其与出质人的协议。

单位定期存单处分所得不足偿付第二十一条规定的款项的，贷款人应当向借款人另行追偿；偿还第二十一条规定的款项后有剩余的，其超出部分应当退还出质人。

第二十五条 质押存单期限先于贷款期限届满的，贷款人可以提前兑现存单，并与出质人协议将兑现的款项提前清偿借款或向与出质人约定的第三人提存，质押合同另有约定的，从其约定。提存的具体办法由各当事人自行协商确定。

贷款期限先于质押的单位定期存单期限届满，借款人未履行其债务的，贷款人可以继续保管定期存单，在存单期限届满时兑现用于抵偿贷款本息。

❺《凭证式国债质押贷款办法》（1999 年 7 月 9 日 中国人民银行发布）

第十一条 凭证式国债质押贷款应按期归还。逾期一个月以内（含一个月）的，自逾期之日起，贷款机构按法定罚息利率向借款人计收罚息。逾期超过一个月，贷款机构有权处理质押的凭证式国债，抵偿贷款本息。贷款机构在处理逾期的凭证式国债质押贷款时，如凭证式国债尚未到期，贷款机构可按提前兑付的正常程序办理兑付（提前兑取时，银行按国债票面值收取千分之二的手续费，手续费由借款人承担），在抵偿了贷款本息及罚息后，应将剩余款项退还借款人。

【证券债权质权的实现】

法律问题解读

证券债权质权作为质权的一种，其实现应当适用《担保法》第71条第2款的规定，即动产质权的行使方法：债务履行期届满质权人未受清偿的，可以与出质人协议以质物折价，也可以依法拍卖、变卖质物。

但证券债权质权因其标的为财产权利而非有体物，对财产权利的处分因其性质的差别而有与动产质权不同的处分方法。因此，证券债权质权的行使方法有其特殊性，主要表现在，证券债权的质权人可以直接请求出质债权的债务人为给付，这是证券债权质权实现的基本形式。当质权人直接请求出质债权的债务人为给付义务时，该债务人负有向质权人履行债务给付的责任。但为保证证券债权行使的公正，根据《合同法》规定：债权人转让权利的，应当通知债务人，未经通知，该转让对债务人未发生效力，因此在证券债权出质时，应当通知证券债权的债务人；质权人行使质权时，出质证券债权的出质人也应通知证券债权的债务人，只要质权人行使质权符合上述条件，证券债权的债务人应向质权人履行。如果设质情况没有通知出质证券债权的债务人，其质权对出质证券债权的债务人不发生效力，债务人向其债权人履行义务后免除了对质权人的义务。

若出质证券债权的债务人知道设质情况后，质权人向出质人、出质证券债权的债务人行使质权时，出质人、出质证券债权的债务人拒绝的，质权人可以起诉出质人和出质证券债权的债务人，也可以单独起诉出质证券债权的债务人。

法条指引

❶《中华人民共和国物权法》（2007年3月16日 主席令公布 2007年10月1日施行）

第二百一十九条 债务人履行债务或者出质人提前清偿所担保的债权的，质权人应当返还质押财产。

债务人不履行到期债务或者发生当事人约定的实现质权的情形，质权人可以与出质人协议以质押财产折价，也可以就拍卖、变卖质押财产所得的价款优先受偿。

质押财产折价或者变卖的，应当参照市场价格。

❷《中华人民共和国担保法》（1995年6月30日 主席令公布）

第六十三条 本法所称动产质押，是指债务人或者第三人将其动产移交债权人占有，将该动产作为债权的担保。债务人不履行债务时，债权人有权依照本法规定以该动产折价或者以拍卖、变卖该动产的价款优先受偿。

前款规定的债务人或者第三人为出质人，债权人为质权人，移交的动产为质物。

第七十一条 债务履行期届满债务人履行债务的，或者出质人提前清偿所担保的债权的，质权人应当返还质物。

债务履行期届满质权人未受清偿的，可以与出质人协议以质物折价，也可以依法拍卖、变卖质物。

质物折价或者拍卖、变卖后，其价款超过债权数额的部分归出质人所有，不足部分由债务人清偿。

❸《中华人民共和国合同法》（1999年3月15日 主席令公布）

第八十条 债权人转让权利的，应当通知债务人。未经通知，该转让对债务人不发生效力。

债权人转让权利的通知不得撤销，但经受让人同意的除外。

❹《最高人民法院关于适用〈中华人民共和国担保法〉若干问题的解释》（2000年12月13日发布）

第一百零六条 质权人向出质人、出质债权的债务人行使质权时，出质人、出质债权的债务人拒绝的，质权人可以起诉出质人和出质债权的债务人，也可以单独起诉出质债权的债务人。

❺《单位定期存单质押贷款管理规定》（2007年7月3日 中国银行业监督管理委员会发布）

第十九条 出质人和贷款人可以在质押合同中约定，当借款人没有依约履行合同的，贷款人可直接将存单兑现以实现质权。

第二十四条 有第二十三条所列情形之一的，贷款人和出质人可以协议以单位定期存单兑现或以法律规定的其他方式处分单位定期存单。以单位定期存单兑现时,贷款人应向存款行提交单位定期存单和其与出质人的协议。

单位定期存单处分所得不足偿付第二十一条规定的款项的,贷款人应当向借款人另行追偿;偿还第二十一条规定的款项后有剩余的,其超出部分应当退还出质人。

❻《中国人民银行分行短期再贷款管理暂行办法》(1999年1月6日 中国人民银行发布)

第十七条 贷款收回。借款人应当按照借款合同规定,按时足额归还贷款本息。对逾期的短期再贷款,可从借款人准备金存款账户扣收贷款本息,并按照逾期贷款利率计收利息。质押贷款发生逾期,可依法处置作为贷款权利凭证的有价证券,用于偿还贷款本息。

【出质证券债权清偿期先于被担保债务履行期时质权的实现】

法律问题解读

以载明履行兑现或提货日期的汇票、本票、支票、债券、存款单、仓单、提单出质的,若上述证券债权的兑现或提货日期先于债务履行期的,质权人可以在债务履行期届满前兑现或者提货,并与出质人协议将兑现的价款或者提取的货物用于提前清偿所担保的债权或者向与出质人约定的第三人提存。这说明,证券债权所担保的债权即使未届清偿期,质权人仍有收取证券上应受给付的权利,在实践中对此问题应把握如下几点:

1. 本条之规定只适用于设质证券债权的清偿期先于被担保债权清偿期届满的情况,不适用于设质证券债权清偿期同时或后于被担保债权清偿期届满的情况。

2. 在收取了设质证券债权的财产后,该条虽然规定了协议提前清偿和提交第三人提存两种方式,但与出质人协议提前清偿被担保的债权并非质权人的权利,出质人可以同意提前清偿,也可以拒绝。因此,只有将收取的财产权利交由第三人提存才是质权人的权利。

3. 质权人在收取证券债权财产权利中,还需履行一定的义务,主要包括:适当收取的义务;为保全票据权利,质权人有提示、做成拒绝证书的义务;也有因特定情形出现,为了避免财产权利遭受更大损失而采取必要措施的义务。例如,因银行发生挤兑,为避免损失,即使汇票的到期日未至,也得以贴现的方法兑取现金以终止汇票关系。

法条指引

❶《中华人民共和国物权法》(2007年3月16日 主席令公布 2007年10月1日施行)

第二百二十五条 汇票、支票、本票、债券、存款单、仓单、提单的兑现日期或者提货日期先于主债权到期的,质权人可以兑现或者提货,并与出质人协议将兑现的价款或者提取的货物提前清偿债务或者提存。

❷《中华人民共和国担保法》(1995年6月30日 主席令公布)

第七十七条 以载明兑现或者提货日期的汇票、支票、本票、债券、存款单、仓单、提单出质的,汇票、支票、本票、债券、存款单、仓单、提单兑现或者提货日期先于债务履行期的,质权人可以在债务履行期届满前兑现或者提货,并与出质人协议将兑现的价款或者提取的货物用于提前清偿所担保的债权或者向与出质人约定的第三人提存。

❸《单位定期存单质押贷款管理规定》(2007年7月3日 中国银行业监督管理委员会发布)

第二十五条 质押存单期限先于贷款期限届满的,贷款人可以提前兑现存单,并与出质人协议将兑现的款项提前清偿借款或向与出质人约定的第三人提存,质押合同另有约定的,从其约定。提存的具体办法由各当事人自行协商确定。

贷款期限先于质押的单位定期存单期限届满,借款人未履行其债务的,贷款人可以继续保管定期存单,在存单期限届满时兑现用于抵偿贷款本息。

【出质证券债权清偿期后于被担保债务履行期时质权的实现】

法律问题解读

证券债权设质后,如设质证券债权的清偿期后于被担保债务履行期的,质权人如何实现质权,《担保法》未做规定,但《关于担保法若干问题的解释》第102条对此作出规定:以载明兑现或者提货日期的汇票、支票、本票、债券、存款单、仓单、提单出质的,其兑现或者提货日期后于债务履行期的,质权人只能在兑现或者提货日期届满时兑现款项或者提取货物。

根据该条规定,出质的证券债权之清偿期没

有届满，债务人没有即时清偿的义务，仍然享有法律规定的期限利益，质权人不能请求出质证券债权的债务人向其履行债务。但为了保护质权人的利益，在出质证券债权清偿期届满后，无论设质的证券债权是指示证券、无记名证券或者记名证券，质权人均得直接收取设质证券债权的权利。收取的财产权利若为金钱债权，质权人可就收取的金钱直接受偿，收取的金钱多于被担保债权额的，质权人应将多余部分退还出质人；收取的金钱数额不足被担保债权的，质权人有权要求被担保债权的债务人继续清偿。收取的财产权利如为物品，质权人可依动产质权实现的有关规定，与出质人协议以收取的物品折价清偿被担保的债权，或者将收取的物品拍卖、变卖，从卖得的价款中优先受偿。

除此以外，出质人和质权人还可以协议，将出质的证券债权转让给质权人，以抵偿受质押担保的债权，但是，出质人和质权人不得以流质契约的方式处分出质的证券债权。

法条指引

❶《最高人民法院关于适用〈中华人民共和国担保法〉若干问题的解释》（2000年12月13日发布）

第五十七条 当事人在抵押合同中约定，债务履行期届满抵押权人未受清偿时，抵押物的所有权转移为债权人所有的内容无效。该内容的无效不影响抵押合同其他部分内容的效力。

债务履行期届满后抵押权人未受清偿时，抵押权人和抵押人可以协议以抵押物折价取得抵押物。但是，损害顺序在后的担保物权人和其他债权人利益的，人民法院可以适用《合同法》第七十四条、第七十五条的有关规定。

第一百零二条 以载明兑现或者提货日期的汇票、支票、本票、债券、存款单、仓单、提单出质的，其兑现或者提货日期后于债务履行期的，质权人只能在兑现或者提货日期届满时兑现款项或者提取货物。

❷《凭证式国债质押贷款办法》（1999年7月9日 中国人民银行发布）

第十一条 凭证式国债质押贷款应按期归还。逾期一个月以内（含一个月）的，自逾期之日起，贷款机构按法定罚息利率向借款人计收罚息。逾期超过一个月，贷款机构有权处理质押的凭证式国债，抵偿贷款本息。贷款机构在处理逾期凭证式国债质押贷款时，如凭证式国债尚未到期，贷款机构可按提前兑付的正常程序办理兑付（提前兑取时，银行按国债票面值收取千分之二的手续费，手续费由借款人承担），在抵偿了贷款本息及罚息后，应将剩余款项退还借款人。

【股票质押的设定】

法律问题解读

股票质押是以股份有限公司的可转让股票作为标的物的质押。以依法可以转让的股票出质的，出质人与质权人应当订立书面合同，并向证券登记机构办理出质登记，质押权自登记之日起生效。由此看出股票设质除了要满足一般质押的生效要件，即当事人需订立书面合同，并办理出质登记外，所质押的股票还必须是依法可以转让的股票。由于我国《公司法》将股票分为上市公司股票和非上市公司股票，因此股票质押的情况也因此分为以下不同情况：

1. 上市公司股票质押的设定，上市公司的股票又分为记名股票和不记名股票。不记名股票的设质，由股东在依法设立的证券交易所将该股票交付给质权人以后即发生质押的效力；记名股票的设质由公司将质权人姓名或名称及住所记载于股东名册才发生质押效力。但实际上我国目前的股票交易都是采用记名方式，通过电脑联网系统在依法设立的证券交易所进行，交易时在证券登记机关登记，且股票交易多为无纸化交易。所以，无记名股票质押所要求的质物的交付要件对股票的设质并不适用，即股票的设质都无须交付股票给质权人，而都需要在证券交易所办理出质登记，质押合同方能生效。

2. 非上市公司发行的股票根据自身情况，也可以有记名股票和不记名股票。以非上市公司的股票出质的，质押合同自股份出质记载于股东名册之日起生效。

法条指引

❶《中华人民共和国物权法》（2007年3月16日 主席令公布 2007年10月1日施行）

第二百二十三条 债务人或者第三人有权处分的下列权利可以出质：

（一）汇票、支票、本票；

（二）债券、存款单；

（三）仓单、提单；

（四）可以转让的基金份额、股权；

（五）可以转让的注册商标专用权、专利权、著作权等知识产权中的财产权；

（六）应收账款；

（七）法律、行政法规规定可以出质的其他财产权利。

第二百二十六条 以基金份额、股权出质的，当事人应当订立书面合同。以基金份额、证券登记结算机构登记的股权出质的，质权自证券登记结算机构办理出质登记时设立；以其他股权出质的，质权自工商行政管理部门办理出质登记时设立。

基金份额、股权出质后，不得转让，但经出质人与质权人协商同意的除外。出质人转让基金份额、股权所得的价款，应当向质权人提前清偿债务或者提存。

❷《中华人民共和国担保法》（1995年6月30日 主席令公布）

第七十八条 以依法可以转让的股票出质的，出质人与质权人应当订立书面合同，并向证券登记机构办理出质登记。质押合同自登记之日起生效。

股票出质后，不得转让，但经出质人与质权人协商同意的可以转让。出质人转让股票所得的价款应当向质权人提前清偿所担保的债权或者向与质权人约定的第三人提存。

以有限责任公司的股份出质的，适用公司法股份转让的有关规定。质押合同自股份出质记载于股东名册之日起生效。

❸《中华人民共和国公司法》（2005年10月27日修订）

第七十二条 有限责任公司的股东之间可以相互转让其全部或者部分股权。

股东向股东以外的人转让股权，应当经其他股东过半数同意。股东应就其股权转让事项书面通知其他股东征求同意，其他股东自接到书面通知之日起满三十日未答复的，视为同意转让。其他股东半数以上不同意转让的，不同意的股东应当购买该转让的股权；不购买的，视为同意转让。

经股东同意转让的股权，在同等条件下，其他股东有优先购买权。两个以上股东主张行使优先购买权的，协商确定各自的购买比例；协商不成的，按照转让时各自的出资比例行使优先购买权。

公司章程对股权转让另有规定的，从其规定。

第七十三条 人民法院依照法律规定的强制执行程序转让股东的股权时，应当通知公司及全体股东，其他股东在同等条件下有优先购买权。其他股东自人民法院通知之日起满二十日不行使优先购买权的，视为放弃优先购买权。

第一百三十八条 股东持有的股份可以依法转让。

第一百三十九条 股东转让其股份，应当在依法设立的证券交易场所进行或者按照国务院规定的其他方式进行。

第一百四十条 记名股票，由股东以背书方式或者法律、行政法规规定的其他方式转让；转让后由公司将受让人的姓名或者名称及住所记载于股东名册。

股东大会召开前二十日内或者公司决定分配股利的基准日前五日内，不得进行前款规定的股东名册的变更登记。但是，法律对上市公司股东名册变更登记另有规定的，从其规定。

第一百四十一条 无记名股票的转让，由股东将该股票交付给受让人后即发生转让的效力。

第一百四十二条 发起人持有的本公司股份，自公司成立之日起一年内不得转让。公司公开发行股份前已发行的股份，自公司股票在证券交易所上市交易之日起一年内不得转让。

公司董事、监事、高级管理人员应当向公司申报所持有的本公司的股份及其变动情况，在任职期间每年转让的股份不得超过其所持有本公司股份总数的百分之二十五；所持本公司股份自公司股票上市交易之日起一年内不得转让。上述人员离职后半年内，不得转让其所持有的本公司股份。公司章程可以对公司董事、监事、高级管理人员转让其所持有的本公司股份作出其他限制性规定。

❹《最高人民法院关于适用〈中华人民共和国担保法〉若干问题的解释》（2000年12月13日发布）

第一百零三条 以股份有限公司的股份出质的，适用《中华人民共和国公司法》有关股份转让的规定。

以上市公司的股份出质的，质押合同自股份出质向证券登记机构办理出质登记之日起生效。

以非上市公司的股份出质的，质押合同自股份出质记载于股东名册之日起生效。

❺《证券公司股票质押贷款管理办法》（2004年11月4日 中国人民银行发布）

第十七条 贷款人对借款人的借款申请审查同意后，根据有关法律、法规与借款人签订借款合同。

第十八条 借款人和贷款人签订借款合同后，双方应共同在证券登记结算机构办理出质登记。证券登记结算机构应向贷款人出具股票质押登记的证明文件。

❻《关于上市公司国有股质押有关问题的通知》（2001年10月25日 财政部发布）

七、以国有股质押的，国有股东授权代表单位在质押协议签订后，按照财务隶属关系报省级以上主管财政机关备案，并根据省级以上主管财政机关出具的《上市公司国有股质押备案表》，按照规定到证券登记结算公司办理国有股质押登记手续。

（一）国有股东授权代表单位办理国有股质押备案应当向省级以上主管财政机关提交如下文件：

1. 国有股东授权代表单位持有上市公司国有股证明文件；2. 质押的可行性报告及公司董事会（或总经理办公会）决议；3. 质押协议副本；4. 资金使用及还款计划；5. 关于国有股质押的法律意见书。

（二）各省、自治区、直辖市、计划单列市财政厅（局）应于每年1月31日前，将本地区上年度上市公司国有股质押情况上报财政部。具体内容包括：

1. 国有股质押总量；2. 各国有股东授权代表单位国有股质押情况；3. 各国有股东授权代表单位国有股解除质押情况；4. 各国有股东授权代表单位国有股因质押被人民法院冻结、拍卖情况。

【股份质押的设定】

法律问题解读

股份专指有限责任公司股东的出资额。因此，股份质押的设定是指以有限责任公司的股东的出资额为质押标的所设立的质押，而不是指股份有限公司资本的最小单位所设立的质押。

以有限责任公司的股份出质的，适用公司法股份转让的有关规定，质押合同自股份出质记载于股东名册之日起生效，结合《公司法》第35条有关股份转让的规定，股份质押须具备以下三个条件：（1）须取得公司全体股东过半数的同意；（2）应当订立书面质押合同；（3）应将出质情况记载于股东名册。

以有限责任公司出资额向本公司其他股东出质的，只需具备后面两个条件，向股东以外的其他人出质的，才需具备以上的三个条件。

实践上还需注意一个问题，即股东出资证明书的交付。股东的出资证明书证明股东资格，并证明股东的权利和义务。以有限责任公司出资额出质，出质情况记载于股东名册后，已经起到了公示作用，质押合同自出质记载于股东名册之日起生效。但质权人行使质权时，取得出质人股东权的质权人需要在股东名册上进行变更登记，变更登记需要注销出资证明书或在其上进行记载。因此，以有限责任公司出资额进行出质的，出质人应该将出资证明书交付于质权人，以防止质权人行使质权时没有出资证明书而不便在股东名册上进行登记。

法条指引

❶《中华人民共和国物权法》（2007年3月16日 主席令公布 2007年10月1日施行）

第二百二十三条 债务人或者第三人有权处分的下列权利可以出质：

（一）汇票、支票、本票；

（二）债券、存款单；

（三）仓单、提单；

（四）可以转让的基金份额、股权；

（五）可以转让的注册商标专用权、专利权、著作权等知识产权中的财产权；

（六）应收账款；

（七）法律、行政法规规定可以出质的其他财产权利。

第二百二十六条 以基金份额、股权出质的，当事人应当订立书面合同。以基金份额、证券登记结算机构登记的股权出质的，质权自证券登记结算机构办理出质登记时设立；以其他股权出质的，质权自工商行政管理部门办理出质登记时设立。

基金份额、股权出质后，不得转让，但经出质人与质权人协商同意的除外。出质人转让基金份额、股权所得的价款，应当向质权人提前清偿债务或者提存。

❷《中华人民共和国担保法》（1995年6月30日 主席令公布）

第七十八条 以依法可以转让的股票出质的，出质人与质权人应当订立书面合同，并向证券登记机构办理出质登记。质押合同自登记之日起生效。（已为《物权法》修正）

股票出质后，不得转让，但经出质人与质权

人协商同意的可以转让。出质人转让股票所得的价款应当向质权人提前清偿所担保的债权或者向与质权人约定的第三人提存。

以有限责任公司的股份出质的，适用公司法股份转让的有关规定。质押合同自股份出质记载于股东名册之日起生效。

❸《中华人民共和国公司法》（2005年10月27日修订）

第七十二条 有限责任公司的股东之间可以相互转让其全部或者部分股权。

股东向股东以外的人转让股权，应当经其他股东过半数同意。股东应就其股权转让事项书面通知其他股东征求同意，其他股东自接到书面通知之日起满三十日未答复的，视为同意转让。其他股东半数以上不同意转让的，不同意的股东应当购买该转让的股权；不购买的，视为同意转让。

经股东同意转让的股权，在同等条件下，其他股东有优先购买权。两个以上股东主张行使优先购买权的，协商确定各自的购买比例；协商不成的，按照转让时各自的出资比例行使优先购买权。

公司章程对股权转让另有规定的，从其规定。

第七十三条 人民法院依照法律规定的强制执行程序转让股东的股权时，应当通知公司及全体股东，其他股东在同等条件下有优先购买权。其他股东自人民法院通知之日起满二十日不行使优先购买权的，视为放弃优先购买权。

【股份质押的特殊情况】

法律问题解读

根据《担保法》第78条第3款的规定，以有限责任公司股份出质的，适用公司法股份转让的有关规定，质押权的股份出质记载于股东名册之日起生效。而根据《公司法》第72条，股东之间可以相互转让其全部出资或部分出资。股东向股东以外的人转让其出资时，必须经过全体股东过半数通过，不同意转让的股东应当购买该转让的出资，如果不购买该转让的出资，视为同意转让。参照这两条立法，实践中便会产生这样一个问题，即如果过半数的股东不同意以股权出质，股东能否以股份出质的问题，根据立法精神以及股东所享有的权利，实践中应该认定此类质押成立，原因如下：

1. 质押不同于转让，质押只是在将来有转让股份的可能，而不是现实的转让，出质股东即便在承担担保责任时也完全有可能以其他可供处分的财产来承担，并不一定非得转让股份。如果因为其他股东不同意股份的转让就限制股东的对其股份的处分权，对出质的股东显然不公平。

2. 我国法律对股权转让自由持肯定态度，在股份转让时，其他股东能行使的也只是优先购买权，而不可能以其他方式阻碍股份转让。出质对股份的处分程度不及转让，如果限制股东的出质自由显然不合理。

3. 该条款中的股份转让程序以及股东的优先购买权等，实际上是在股份出质后，质权实现时应经过的程序，而不是在股东设质时必经的程序。

法条指引

❶《中华人民共和国物权法》（2007年3月16日 主席令公布 2007年10月1日施行）

第二百二十三条 债务人或者第三人有权处分的下列权利可以出质：

（一）汇票、支票、本票；

（二）债券、存款单；

（三）仓单、提单；

（四）可以转让的基金份额、股权；

（五）可以转让的注册商标专用权、专利权、著作权等知识产权中的财产权；

（六）应收账款；

（七）法律、行政法规规定可以出质的其他财产权利。

第二百二十六条 以基金份额、股权出质的，当事人应当订立书面合同。以基金份额、证券登记结算机构登记的股权出质的，质权自证券登记结算机构办理出质登记时设立；以其他股权出质的，质权自工商行政管理部门办理出质登记时设立。

基金份额、股权出质后，不得转让，但经出质人与质权人协商同意的除外。出质人转让基金份额、股权所得的价款，应当向质权人提前清偿债务或者提存。

❷《中华人民共和国担保法》（1995年6月30日 主席令公布）

第七十八条 以依法可以转让的股票出质的，出质人与质权人应当订立书面合同，并向证券登记机构办理出质登记。质押合同自登记之日起生效。

股票出质后，不得转让，但经出质人与质权

人协商同意的可以转让。出质人转让股票所得的价款应当向质权人提前清偿所担保的债权或者向与质权人约定的第三人提存。

以有限责任公司的股份出质的，适用公司法股份转让的有关规定。质押合同自股份出质记载于股东名册之日起生效。

❸《中华人民共和国公司法》（2005年10月27日修订）

第七十二条 有限责任公司的股东之间可以相互转让其全部或者部分股权。

股东向股东以外的人转让股权，应当经其他股东过半数同意。股东应就其股权转让事项书面通知其他股东征求同意，其他股东自接到书面通知之日起满三十日未答复的，视为同意转让。其他股东半数以上不同意转让的，不同意的股东应当购买该转让的股权；不购买的，视为同意转让。

经股东同意转让的股权，在同等条件下，其他股东有优先购买权。两个以上股东主张行使优先购买权的，协商确定各自的购买比例；协商不成的，按照转让时各自的出资比例行使优先购买权。

公司章程对股权转让另有规定的，从其规定。

第七十三条 人民法院依照法律规定的强制执行程序转让股东的股权时，应当通知公司及全体股东，其他股东在同等条件下有优先购买权。其他股东自人民法院通知之日起满二十日不行使优先购买权的，视为放弃优先购买权。

【外商投资者股份的质押】

法律问题解读

外商投资者股份的质押是指依照中国法律在中国境内设立的中外合资经营企业、中外合作经营企业、外资企业的投资者以其在企业的出资份额设立质押的情况。外商投资企业的投资者可以其拥有的股份设质，但必须符合下列规定：

1. 外商投资企业投资者出质的股份必须是已经实际缴纳出资的股份，投资者不得质押未缴付出资部分的股份，也不得将其股份质押给本企业，并且需通过审批机关的审批程序。

2. 质押期间，出质投资者作为企业投资者的身份不变，未经出质投资者和其他投资者同意，质权人不得转让出质股份；未经质权人同意，出质投资者也不得将已出质的股份转让或再质押。

3. 由于《关于外商企业投资者股份变更的若干规定》规定：除非外方投资者向中国投资者转让其全部股份，企业投资者股权变更不得导致外方投资者的投资比例低于企业注册资本的25%。因股份质押有可能导致股权变更，所以除非外方投资人以其全部股权向中国投资者设立质押，外方投资者以股份出质的结果不能导致外方投资者的投资比例低于企业注册资本的25%。

4. 外商投资者以其拥有的股份设立质押必须得到其他各方投资者一致同意，如果有一个股东不同意就不能进行质押；而且不同意股份质押的股东即使不购买要求出质的股份，也不能视为同意出质。

法条指引

❶《外商投资企业投资者股权变更的若干规定》（1997年5月28日 对外贸易经济合作部、国家工商行政管理局发布）

第二条 本规定所称的外商投资企业投资者股权变更，是指依照中国法律在中国境内设立的中外合资经营企业、中外合作经营企业、外资企业（以下统称为企业）的投资者或其在企业的出资（包括提供合作条件）份额（以下称为股权）发生变化。包括但不限于下列主要原因导致外商投资企业投资者股权变更：

（一）企业投资者之间协议转让股权；

（二）企业投资者经其他各方投资者同意向其关联企业或其他受让人转让股权；

（三）企业投资者协议调整企业注册资本导致变更各方投资者股权；

（四）企业投资者经其他各方投资者同意将其股权质押给债权人，质权人或受益人依照法律规定和合同约定取得该投资者股权；

（五）企业投资者破产、解散、被撤销、被吊销或死亡，其继承人、债权人或其他受益人依法取得该投资者股权；

（六）企业投资者合并或者分立，其合并或分立后的承继者依法承继原投资者股权；

（七）企业投资者不履行企业合同、章程规定的出资义务，经原审批机关批准，更换投资者或变更股权。

第五条 除非外方投资者向中国投资者转让其全部股权，企业投资者股权变更不得导致外方投资者的投资比例低于企业注册资本的百分之二十五。

第六条 经企业其他投资者同意，缴付出资

的投资者可以依据《中华人民共和国担保法》（以下简称《担保法》）的有关规定，通过签订质押合同并经审批机关批准将其已缴付出资部分形成的股权质押给质权人。投资者不得质押未缴付出资部分的股权。投资者不得将其股权质押给本企业。

在质押期间，出质投资者作为企业投资者的身份不变，未经出质投资者和企业其他投资者同意，质权人不得转让出质股权；未经质权人同意，出质投资者不得将已出质的股权转让或再质押。

出质投资者与质权人的权利、义务及质押合同的内容，适用有关法律、法规和本规定的有关规定。

【外商投资者股份质押的设立】

法律问题解读

外商企业投资者在设立股份质押时，除应与质权人签订股份质押合同外，还应将下列文件报送批准设立该企业的审批机关审查：企业董事会及其他投资者关于同意外商投资者将其股份质押的决议；外商投资者与质权人签订的质押合同；外商投资者的出资证明书；由中国注册的会计师及其所在事务所为企业出资的验资报告。审批机关应自接到前款规定的全部文件之日起 30 日内决定批准与否，企业应在获得审批机关同意其投资者出质股份的批复后 30 日内，持有关批复文件向原登记机关办理备案。未按上述规定办理审批和备案的质押行为无效。

法条指引

❶《外商投资企业投资者股权变更的若干规定》（1997 年 5 月 28 日　对外贸易经济合作部、国家工商行政管理局发布）

第三条　企业投资者股权变更应遵守中国有关法律、法规，并按照本规定经审批机关批准和登记机关变更登记。未经审批机关批准的股权变更无效。

第十二条　企业投资者与质权人签订股权质押合同后，应将下列文件报送批准设立该企业的审批机关审查：

（一）企业董事会及其他投资者关于同意出质投资者将其股权质押的决议；

（二）出质投资者与质权人签订的质押合同；

（三）出质投资者的出资证明书；

（四）由中国注册的会计师及其所在事务所为企业出具的验资报告。

审批机关应自接到前款规定的全部文件之日起三十日内决定批准或不批准。

企业应在获得审批机关同意其投资者出质股权的批复后三十日内，持有关批复文件向原登记机关办理备案。

未按本条规定办理审批和备案的质押行为无效。

【股权质权人的权利义务】

法律问题解读

股权质权人所享有的权利主要包括：1. 对出质的股份有分配盈余的收取权。分配盈余是由股份所生的法定孳息。质权的效力及于股份、股票的法定孳息。质权人有收取质物所生孳息的权利，当事人另有约定的除外。原则上质权人有收取股份股票分配盈余的权利，但在无记名股票质押中，质权人只有在未丧失股票的占有时，才能收取分配盈余。2. 质权人对股票代位物享有物上代位权。股权质权的效力及于股票的代位物上，质权人对代位物享有物上代位权。

质权的代位物主要包括以下六种：（1）公司合并或股份合并，出质股东受领新股票时，质权存续于新股票上。（2）公司清算时，质权存在于出质股东对剩余财产的分配请求权上。值得注意的是，公司分配给股东的现金股和增资配股，由于它独立于设定质权的股份，不是质权标的的变形，不应当将它当作质权的标的，因此实践中不应当将其看作法定孳息，质权人对其也不享有物上代位权。（3）质权人有占有和留置股票和其他股权凭证的权利。股权设定后债务人未清偿债务以前，股权质权人有占有和留置股票或其他股份凭证的权利，若质权人丧失对其的占有，则质权消灭。（4）质权保全权。（5）限制出质人行为的权利。（6）优先受偿权。股权质权人所负的义务，主要为质权实现后，负返还清偿债权后之剩余款项给出质人的义务。

法条指引

❶《中华人民共和国物权法》（2007 年 3 月 16 日　主席令公布　2007 年 10 月 1 日施行）

第二百一十六条　因不能归责于质权人的事由可能使质押财产毁损或者价值明显减少，足以危害质权人权利的，质权人有权要求出质人提供相应的担保；出质人不提供的，质权人可以拍卖、变卖质押财产，并与出质人通过协议将拍卖、变卖所得的价款提前清偿债务或者提存。

第二百一十九条　债务人履行债务或者出质人提前清偿所担保的债权的，质权人应当返还质押财产。

债务人不履行到期债务或者发生当事人约定的实现质权的情形，质权人可以与出质人协议以质押财产折价，也可以就拍卖、变卖质押财产所得的价款优先受偿。

质押财产折价或者变卖的，应当参照市场价格。

❷《中华人民共和国担保法》（1995年6月30日　主席令公布）

第六十三条　本法所称动产质押，是指债务人或者第三人将其动产移交债权人占有，将该动产作为债权的担保。债务人不履行债务时，债权人有权依照本法规定以该动产折价或者以拍卖、变卖该动产的价款优先受偿。

前款规定的债务人或者第三人为出质人，债权人为质权人，移交的动产为质物。

第六十八条　质权人有权收取质物所生的孳息。质押合同另有约定的，按照约定。

前款孳息应当先充抵收取孳息的费用。

第七十条　质物有损坏或者价值明显减少的可能，足以危害质权人权利的，质权人可以要求出质人提供相应的担保。出质人不提供的，质权人可以拍卖或者变卖质物，并与出质人协议将拍卖或者变卖所得的价款用于提前清偿所担保的债权或者向与出质人约定的第三人提存。

第七十三条　质权因质物灭失而消灭。因灭失所得的赔偿金，应当作为出质财产。

第七十八条　以依法可以转让的股票出质的，出质人与质权人应当订立书面合同，并向证券登记机构办理出质登记。质押合同自登记之日起生效。

股票出质后，不得转让，但经出质人与质权人协商同意的可以转让。出质人转让股票所得的价款应当向质权人提前清偿所担保的债权或者向与质权人约定的第三人提存。

以有限责任公司的股份出质的，适用公司法股份转让的有关规定。质押合同自股份出质记载于股东名册之日起生效。

❸《最高人民法院关于适用〈中华人民共和国担保法〉若干问题的解释》（2000年12月13日发布）

第九十五条　债务履行期届满质权人未受清偿的，质权人可以继续留置质物，并以质物的全部行使权利。出质人清偿所担保的债权后，质权人应当返还质物。

债务履行期届满，出质人请求质权人及时行使权利，而质权人怠于行使权利致使质物价格下跌的，由此造成的损失，质权人应当承担赔偿责任。

第一百零四条　以依法可以转让的股份、股票出质的，质权的效力及于股份、股票的法定孳息。

❹《证券公司股票质押贷款管理办法》（2004年11月4日　中国人民银行发布）

第三十二条　出现以下情况之一，贷款人应通知借款人，并要求借款人立即追加质物、置换质物或增加在贷款人资金账户存放资金：

（一）质物的市值处于本办法第二十七条规定的警戒线以下；

（二）质物出现本办法第十二条中的情形之一。

第三十三条　用于质押股票的市值处于本办法第二十七条规定的平仓线以下（含平仓线）的，贷款人有权无条件处分该质押股票，所得的价款直接用于清偿所担保的贷款人债权。

第三十四条　借款合同期满，借款人履行还款义务的，贷款人应将质物归还借款人；借款合同期满，借款人没有履行还款义务的，贷款人有权依照合同约定通过特别席位卖出质押股票，所得的价款直接用于清偿所担保的贷款人债权。

第三十五条　质物在质押期间所产生的孳息（包括送股、分红、派息等）随物一起质押。

质物在质押期间发生配股时，出质人应当购买并随质物一起质押。出质人不购买而出现质物价值缺口的，出质人应当及时补足。

学者观点

❶ 陈晓军、李琪：《股权质押中的几个特殊问题》，参见北大法宝引证码：Pkulaw.cn/CLI.A.1112607。

❷ 林建伟：《股权质押制度的反思与重构》，参见北大法宝引证码：Pkulaw.cn/CLI.A.132865。

【股权质权人的质权保全权】

法律问题解读

质权保全权，又称为预行拍卖质物权，是指

因质物有损坏之虞，或者价值有明显减少的可能，足以危害质权人的质权时，质权人可以预行处分质物，以所得价金提前清偿所担保的债权或代充质物。对股权质权，因股权价值的不稳定性，使股权价值易受市场行情和公司经营状况的影响而发生变化，所以股权质权人所享有的质权保全权对其债权安全极为重要。质权人行使质权保全权，应满足以下条件：

1. 股权价值有现实的、明显减少的可能，而非当事人主观臆测。

2. 股权价值的减少足以危害所担保债权的实现。

3. 质权人应通知出质人并可要求其提供进一步的担保，在出质人拒绝提供担保时，质权人才可以行使质权保全权。

4. 在行使质权保全权时，质权人应告知证券登记机构，在证券交易所按股票转让的方法进行出售；对记名股票，须背书交付才能转让；以出资份额为质押标的的，质权人应通知公司，并由公司通知其他股东，其他股东可行使优先购买权，拒绝行使或逾期不行使优先购买权的，质权人有权变卖或出卖出质股份。

5. 处分质物所得价金可提前清偿所担保的债权或向第三人提存。

法条指引

❶《中华人民共和国物权法》（2007年3月16日 主席令公布 2007年10月1日施行）

第二百一十六条 因不能归责于质权人的事由可能使质押财产毁损或者价值明显减少，足以危害质权人权利的，质权人有权要求出质人提供相应的担保；出质人不提供的，质权人可以拍卖、变卖质押财产，并与出质人通过协议将拍卖、变卖所得的价款提前清偿债务或者提存。

❷《中华人民共和国担保法》（1995年6月30日 主席令公布）

第二十六条 连带责任保证的保证人与债权人未约定保证期间的，债权人有权自主债务履行期届满之日起六个月内要求保证人承担保证责任。

在合同约定的保证期间和前款规定的保证期间，债权人未要求保证人承担保证责任的，保证人免除保证责任。

第三十一条 保证人承担保证责任后，有权向债务人追偿。

第三十二条 人民法院受理债务人破产案件后，债权人未申报债权的，保证人可以参加破产财产分配，预先行使追偿权。

第七十条 质物有损坏或者价值明显减少的可能，足以危害质权人权利的，质权人可以要求出质人提供相应的担保。出质人不提供的，质权人可以拍卖或者变卖质物，并与出质人协议将拍卖或者变卖所得的价款用于提前清偿所担保的债权或者向与出质人约定的第三人提存。

【股权质权人对出质人行为的限制权】

法律问题解读

当事人设立质权的目的是为了债权的实现，在债权被清偿前，如果允许出质人擅自转让出质的股份、股票，质权人设立质押的目的就会落空，因此，《物权法》与《担保法》规定股票出质后不得转让。但此项规定并非绝对，如果出质人经与质权人协商，将转让股票后所得的价款提前向质权人清偿所担保的债权或向与质权人约定的第三人提存，则能够保证质权的实现，此种情况下出质人可以转让股票。

由于以有限责任公司的股份出质已记载于股东名册，以上市公司的股票出质向证券登记机构办理出质登记；以非上市公司的股票出质已记载于股东名册，因此，在股份质押所担保的债权未受清偿前，未经质权人书面同意，证券登记机构、有限责任公司和股份有限公司均不得办理质押股份转让的登记。出质人、证券登记机构、有限责任公司或者股份有限公司未经质权人书面同意，擅自转让股份或者办理出质股份转让登记的无效，由此给质权人造成损失的，应承担赔偿责任。

法条指引

❶《中华人民共和国物权法》（2007年3月16日 主席令公布 2007年10月1日施行）

第二百二十六条 以基金份额、股权出质的，当事人应当订立书面合同。以基金份额、证券登记结算机构登记的股权出质的，质权自证券登记结算机构办理出质登记时设立；以其他股权出质的，质权自工商行政管理部门办理出质登记时设立。

基金份额、股权出质后，不得转让，但经出质人与质权人协商同意的除外。出质人转让基金份额、股权所得的价款，应当向质权人提前清偿债务或者提存。

❷《中华人民共和国担保法》（1995年6月30日 主席令公布）

第七十八条 以依法可以转让的股票出质的，出质人与质权人应当订立书面合同，并向证券登记机构办理出质登记。质押合同自登记之日起生效。

股票出质后，不得转让，但经出质人与质权人协商同意的可以转让。出质人转让股票所得的价款应当向质权人提前清偿所担保的债权或者向与质权人约定的第三人提存。

以有限责任公司的股份出质的，适用公司法股份转让的有关规定。质押合同自股份出质记载于股东名册之日起生效。

❸《最高人民法院关于适用〈中华人民共和国担保法〉若干问题的解释》（2000年12月13日发布）

第一百零三条 以股份有限公司的股份出质的，适用《中华人民共和国公司法》有关股份转让的规定。

以上市公司的股份出质的，质押合同自股份出质向证券登记机构办理出质登记之日起生效。

以非上市公司的股份出质的，质押合同自股份出质记载于股东名册之日起生效。

❹《证券公司股票质押贷款管理办法》（2004年11月4日 中国人民银行发布）

第三十二条 出现以下情况之一，贷款人应通知借款人，并要求借款人立即追加质物、置换质物或增加在贷款人资金账户存放资金：

（一）质物的市值处于本办法第二十七条规定的警戒线以下；

（二）质物出现本办法第十二条中的情形之一。

【股权质权人的优先受偿权】

法律问题解读

股权质权人的优先受偿权指股权质权人在其债权清偿期届满没有受偿时，有权转让其所占有的股票、股份，并从其价款中优先受偿，这种优先受偿权主要体现在以下几个方面：(1)质权人就出质股权的价值优先于出质人的其他债权人受清偿。(2)质权人就出质股权优先于后位的质权人优先受偿。我国《担保法》对能否在同一质物上设定两个或两个以上质权未做明确规定，但就股权质押而言，我国担保法并未要求必须转移占有，而是要求以进行登记为生效要件。所以，只要后顺序质权人同意，在股权上设立两个或两个以上的质权是允许的，这样可以充分尊重当事人的意思自治，充分发挥股权的担保功能，但在实现质权时，前位的质权人有优先于后位的质权人受偿的权利。(3)质权人就出质股权所生孳息，有优先受偿权。

股权变价的方法主要有三种，即折价、拍卖和变卖。值得注意的是，因质权人于质权实现时得将股票、股份折价是质权人的权利而非义务，因此出质人不能强求质权人折价。然而因股票的跌价，不仅危害质权人的权利，同时也害及出质人的利益，因此于股票跌价时，若质权人不将股票变价，出质人以另行提供担保而要求取回股票以将其变价时，质权人应当同意。否则，质权人若拒绝返还股票，则构成权利滥用，应赔偿出质人因此而受的损失。

法条指引

❶《中华人民共和国物权法》（2007年3月16日 主席令公布 2007年10月1日施行）

第二百零八条 为担保债务的履行，债务人或者第三人将其动产出质给债权人占有的，债务人不履行到期债务或者发生当事人约定的实现质权的情形，债权人有权就该动产优先受偿。

前款规定的债务人或者第三人为出质人，债权人为质权人，交付的动产为质押财产。

第二百一十九条 债务人履行债务或者出质人提前清偿所担保的债权的，质权人应当返还质押财产。

债务人不履行到期债务或者发生当事人约定的实现质权的情形，质权人可以与出质人协议以质押财产折价，也可以就拍卖、变卖质押财产所得的价款优先受偿。

质押财产折价或者变卖的，应当参照市场价格。

❷《中华人民共和国担保法》（1995年6月30日 主席令公布）

第六十三条 本法所称动产质押，是指债务人或者第三人将其动产移交债权人占有，将该动产作为债权的担保。债务人不履行债务时，债权人有权依照本法规定以该动产折价或者以拍卖、变卖该动产的价款优先受偿。

前款规定的债务人或者第三人为出质人，债权人为质权人，移交的动产为质物。

第六十八条　质权人有权收取质物所生的孳息。质押合同另有约定的，按照约定。

前款孳息应当先充抵收取孳息的费用。

❸《最高人民法院关于适用〈中华人民共和国担保法〉若干问题的解释》（2000年12月13日发布）

第九十五条　债务履行期届满质权人未受清偿的，质权人可以继续留置质物，并以质物的全部行使权利。出质人清偿所担保的债权后，质权人应当返还质物。

债务履行期届满，出质人请求质权人及时行使权利，而质权人怠于行使权利致使质物价格下跌的，由此造成的损失，质权人应当承担赔偿责任。

第一百零四条　以依法可以转让的股份、股票出质的，质权的效力及于股份、股票的法定孳息。

学者观点

❶ 林建伟：《股权质押制度的反思与重构》，参见北大法宝引证码：Pkulaw. cn/CLI. A. 132865。

【股票质押的风险控制】

法律问题解读

股票是一种特殊的商品，股市价格波动较大。以股票进行质押后，如果股票价格大幅度下跌，有可能导致设质股票的价值无法清偿所担保的债权，质权人的利益无法得到保障。如果设质后出现股票不断上涨的情况，质权人有可能急于抛售股票，而出质人却可能因考虑股票还会上涨而不同意抛售。为了平衡双方的利益，《证券公司股票质押贷款管理办法》规定，为控制因股票价格波动带来的风险，特设警戒线和平仓线。在质押股票市价与贷款本金之比降至警戒线时，贷款人应要求借款人即时补足因证券价格下跌造成的质押价值缺口；在质押股票市价与贷款本金之比降至平仓线时，贷款人应及时出售质押股票，所得款项用于还本付息，余款清退给借款人，不足部分由借款人清偿。

上述规定与《担保法》第51条及第70条关于抵押物与质物价值减少情况作出的规定的立法本意是一致的，但实践中还应注意以下两种情况：

1. 在股票降至平仓线时，若完全按照质押贷款办法的规定处理股票，对出质人过于苛刻，并且有可能损害出质人的利益，因此这种情况下，应允许出质人提供另外的担保而保留股票，以作为出质人可以选择的措施。

2. 若股票升至平仓线时，而出质人拒绝出售股票，此时质权人可以将股票出售，并将股票出售所得价款用于提前清偿所担保的债权或者向双方约定的第三人提存。

此外，该规章也对股票质押贷款的贷款额、利率、质押率等进行了贷款风险控制。

法条指引

❶《中华人民共和国担保法》（1995年6月30日　主席令公布）

第五十一条　抵押人的行为足以使抵押物价值减少的，抵押权人有权要求抵押人停止其行为。抵押物价值减少时，抵押权人有权要求抵押人恢复抵押物的价值，或者提供与减少的价值相当的担保。

抵押人对抵押物价值减少无过错的，抵押权人只能在抵押人因损害而得到的赔偿范围内要求提供担保。抵押物价值未减少的部分，仍作为债权的担保。

第七十条　质物有损坏或者价值明显减少的可能，足以危害质权人权利的，质权人可以要求出质人提供相应的担保。出质人不提供的，质权人可以拍卖或者变卖质物，并与出质人协议将拍卖或者变卖所得的价款用于提前清偿所担保的债权或者向与出质人约定的第三人提存。

❷《证券公司股票质押贷款管理办法》（2004年1月2日　中国人民银行发布）

第十三条　股票质押率由贷款人依据被质押的股票质量及借款人的财务和资信状况与借款人商定，但股票质押率最高不能超过百分之六十。质押率上限的调整由中国人民银行和中国银行业监督管理委员会决定。

质押率的计算公式：

质押率＝（贷款本金/质押股票市值）×100%

质押股票市值＝质押股票数量×前七个交易日股票平均收盘价。

第二十一条　贷款人发放的股票质押贷款余额，不得超过其资本净额的百分之十五；贷款人对一家证券公司发放的股票质押贷款余额，不得超过贷款人资本净额的百分之五。

第二十三条　一家商业银行及其分支机构接受的用于质押的一家上市公司股票，不得高于该上市公司全部流通股票的百分之十。一家证券公司用于质押的一家上市公司股票，不得高于该上市公司全部流通股票的百分之十，并且不得高于该上市公司已发行股份的百分之五。被质押的一家上市公司股票不得高于该上市公司全部流通股票的百分之二十。上述比率由证券登记结算机构负责监控，对超过规定比率的股票，证券登记结算机构不得进行出质登记。中国人民银行和中国银行业监督管理委员会可根据需要适时调整上述比率。

第二十七条 为控制因股票价格波动带来的风险，特设立警戒线和平仓线。警戒线比例（质押股票市值/贷款本金×100%）最低为135%，平仓线比例（质押股票市值/贷款本金×100%）最低为120%。在质押股票市值与贷款本金之比降至警戒线时，贷款人应要求借款人即时补足因证券价格下跌造成的质押价值缺口。在质押股票市值与贷款本金之比降至平仓线时，贷款人应及时出售质押股票，所得款项用于还本付息，余款清退给借款人，不足部分由借款人清偿。

【股权质权出质人的权利义务】

法律问题解读

出质人以其股权出质后，该股权作为债权之担保物，出质人对该股权的某些权利受到限制，但出质人仍是股权的拥有者，其股东地位并未发生变化，因此质权人仍得享有以下权利：

1. 出质股权的表决权。对于出质股权的表决权，究竟由谁行使，我国《担保法》与《公司法》均未对此作出规定。但依照我国《担保法》的规定，股权质押并不以转移占有为要件，而是以质押登记作为质押生效要件；而质押登记只是将股权出质的事实加以记载，其目的是限制出质股权的转让和以此登记对抗第三人。因此在股东名册上，出质人仍然是股东。在实践中，也应推定出质股权的表决权，应由出质人直接行使。

2. 新股优先认购权。新股的优先认购权是股权的权能之一，属于股权中的财产权利，是股东基于其地位而享有的一个优先权，非股东不能享有，因此在股权质押期间，新股的优先认购权仍然为出质人享有。

3. 余额返还请求权。股权质权实现后，若被处分的股权的价值在清偿被担保债权后仍有剩余，出质人有权要求质权人返还该余额。

至于出质人的义务，在股权质押期间，主要为非取得质权人的同意，不得转让出质股权。

法条指引

❶《中华人民共和国担保法》（1995年6月30日 主席令公布）

第六十九条 质权人负有妥善保管质物的义务。因保管不善致使质物灭失或者毁损的，质权人应当承担民事责任。

质权人不能妥善保管质物可能致使其灭失或者毁损的，出质人可以要求质权人将质物提存，或者要求提前清偿债权而返还质物。

第七十一条 债务履行期届满债务人履行债务的，或者出质人提前清偿所担保的债权的，质权人应当返还质物。

债务履行期届满质权人未受清偿的，可以与出质人协议以质物折价，也可以依法拍卖、变卖质物。

质物折价或者拍卖、变卖后，其价款超过债权数额的部分归出质人所有，不足部分由债务人清偿。

第七十八条 以依法可以转让的股票出质的，出质人与质权人应当订立书面合同，并向证券登记机构办理出质登记。质押合同自登记之日起生效。

股票出质后，不得转让，但经出质人与质权人协商同意的可以转让。出质人转让股票所得的价款应当向质权人提前清偿所担保的债权或者向与质权人约定的第三人提存。

以有限责任公司的股份出质的，适用公司法股份转让的有关规定。质押合同自股份出质记载于股东名册之日起生效。

❷《中华人民共和国公司法》（2005年10月27日修订）

第三十四条 股东有权查阅、复制公司章程、股东会会议记录、董事会会议决议、监事会会议决议和财务会计报告。

股东可以要求查阅公司会计账簿。股东要求查阅公司会计账簿的，应当向公司提出书面请求，说明目的。公司有合理根据认为股东查阅会计账簿有不正当目的，可能损害公司合法利益的，可以拒绝提供查阅，并应当自股东提出书面请求之日起十五日内书面答复股东并说明理由。公司拒绝提供查阅的，股东可以请求人民法院要求公司提供查阅。

第三十五条 股东按照实缴的出资比例分取红利；公司新增资本时，股东有权优先按照实缴的出资比例认缴出资。但是，全体股东约定不按照出资比例分取红利或者不按照出资比例优先认缴出资的除外。

【股权质权实现的方法】

法律问题解读

股权质权实现的方法，即对质物处分的方法基本上与动产质权实现方式一样，即折价、拍卖和变卖。但由于质权标的物自身的特殊性，因此其质权的实现方法也有自身的特点，实践中应注意以下几点：

1. 股权质权实现的结果是股权的转让，因此，出质股权的处分必须符合《公司法》关于股权转让的规定，具体包括：以出资为质押标的物的，可以折价由质权人所有，也可以变卖或拍卖转让给其他人；对以股份出质的，不宜采用拍卖或变卖的方式；对于记名股票，应在证券交易所以背书交付的方式转让；对于无记名股票，应在证券交易所以交付的方式进行转让。

2. 以出资出质的，在折价、拍卖、变卖时应通知公司，由公司通知其他股东，以便在同等条件下其他股东行使优先购买权。如果其他股东在出资出质时未行使购买权，并不剥夺股东在质权实现时再行使优先购买权，其他股东仍然可以优先购买出质的出资。

3. 因股权质权的实现而使股权发生转让后，应进行股东名册的变更登记，否则该转让不发生对抗公司的效力。

4. 以外商投资企业中中方投资者的股权出质的，其股权实现时，必须经国有资产评估机构进行价值评估，并经国有资产管理部门确认。

5. 质权担保的债权期届满前公司破产的，质权人可以对该出质股权分得的公司剩余财产以折价、变卖、拍卖的方式实现其质权。

法条指引

❶《中华人民共和国物权法》（2007年3月16日 主席令公布 2007年10月1日施行）

第二百一十九条 债务人履行债务或者出质人提前清偿所担保的债权的，质权人应当返还质押财产。

债务人不履行到期债务或者发生当事人约定的实现质权的情形，质权人可以与出质人协议以质押财产折价，也可以就拍卖、变卖质押财产所得的价款优先受偿。

质押财产折价或者变卖的，应当参照市场价格。

❷《中华人民共和国担保法》（1995年6月30日 主席令公布）

第六十三条 本法所称动产质押，是指债务人或者第三人将其动产移交债权人占有，将该动产作为债权的担保。债务人不履行债务时，债权人有权依照本法规定以该动产折价或者以拍卖、变卖该动产的价款优先受偿。

前款规定的债务人或者第三人为出质人，债权人为质权人，移交的动产为质物。

第七十一条 债务履行期届满债务人履行债务的，或者出质人提前清偿所担保的债权的，质权人应当返还质物。

债务履行期届满质权人未受清偿的，可以与出质人协议以质物折价，也可以依法拍卖、变卖质物。

质物折价或者拍卖、变卖后，其价款超过债权数额的部分归出质人所有，不足部分由债务人清偿。

❸《中华人民共和国公司法》（2005年10月27日修订）

第七十二条 有限责任公司的股东之间可以相互转让其全部或者部分股权。

股东向股东以外的人转让股权，应当经其他股东过半数同意。股东应就其股权转让事项书面通知其他股东征求同意，其他股东自接到书面通知之日起满三十日未答复的，视为同意转让。其他股东半数以上不同意转让的，不同意的股东应当购买该转让的股权；不购买的，视为同意转让。

经股东同意转让的股权，在同等条件下，其他股东有优先购买权。两个以上股东主张行使优先购买权的，协商确定各自的购买比例；协商不成的，按照转让时各自的出资比例行使优先购买权。

公司章程对股权转让另有规定的，从其规定。

第七十三条 人民法院依照法律规定的强制执行程序转让股东的股权时，应当通知公司及全体股东，其他股东在同等条件下有优先购买权。其他股东自人民法院通知之日起满二十日不行使优先购买权的，视为放弃优先购买权。

第七十四条 依照本法第七十二条、第七十三条转让股权后，公司应当注销原股东的出资证明书，向新股东签发出资证明书，并相应修改公司章程和股东名册中有关股东及其出资额的记载。对公司章程的该项修改不需再由股东会表决。

第一百三十八条 股东持有的股份可以依法转让。

第一百三十九条 股东转让其股份，应当在依法设立的证券交易场所进行或者按照国务院规定的其他方式进行。

第一百四十条 记名股票，由股东以背书方式或者法律、行政法规规定的其他方式转让；转让后由公司将受让人的姓名或者名称及住所记载于股东名册。

股东大会召开前二十日内或者公司决定分配股利的基准日前五日内，不得进行前款规定的股东名册的变更登记。但是，法律对上市公司股东名册变更登记另有规定的，从其规定。

第一百四十一条 无记名股票的转让，由股东将该股票交付给受让人后即发生转让的效力。

第一百四十二条 发起人持有的本公司股份，自公司成立之日起一年内不得转让。公司公开发行股份前已发行的股份，自公司股票在证券交易所上市交易之日起一年内不得转让。

公司董事、监事、高级管理人员应当向公司申报所持有的本公司的股份及其变动情况，在任职期间每年转让的股份不得超过其所持有本公司股份总数的百分之二十五；所持本公司股份自公司股票上市交易之日起一年内不得转让。上述人员离职后半年内，不得转让其所持有的本公司股份。公司章程可以对公司董事、监事、高级管理人员转让其所持有的本公司股份作出其他限制性规定。

❹《**中华人民共和国企业破产法**》（2006年8月27日 主席令公布）

第四十六条 未到期的债权，在破产申请受理时视为到期。

附利息的债权自破产申请受理时起停止计息。

第一百零七条 人民法院依照本法规定宣告债务人破产的，应当自裁定作出之日起五日内送达债务人和管理人，自裁定作出之日起十日内通知已知债权人，并予以公告。

债务人被宣告破产后，债务人称为破产人，债务人财产称为破产财产，人民法院受理破产申请时对债务人享有的债权称为破产债权。

❺《**外商投资企业投资者股权变更的若干规定**》（1997年5月28日 对外贸易经济合作部、国家工商行政管理局发布）

第八条 以国有资产投资的中方投资者股权变更时，必须经有关国有资产评估机构对需变更的股权进行价值评估，并经国有资产管理部门确认。经确认的评估结果应作为变更股权的作价依据。

【股权质权的实现】

法律问题解读

股权质权的实现是指股权质权人于其债权已届清偿期而未受清偿时，对质权进行处分而使其债权优先得到清偿，是质权人所享有的优先受偿权的体现。关于股权质权的实现，实践中应把握以下几个问题：

1. 股权质权的实现要件，即必须是质权有效存在且债权清偿期届满后债权人未受清偿，此处未受清偿不仅指债权全部未受清偿，也包括债权部分未受清偿。

2. 股权质权实现时，须对出质股权进行全部处分，具体包括：第一，指对作为出质标的物的全部股权的处分，即使尚有部分甚至很少部分债权届期未获清偿，也应将全部出质股权进行处分，不允许只处分一部分而搁置其余部分；第二，是指对出质标的物的股权的全部权能的处分，而不允许分割或只处分一部分权能。这是由股份的不可分性所决定。

3. 禁止流质。是指当事人不得在质押合同中约定，债权已届清偿期而未受清偿时，质物的所有权归质权人所有。以权利出质的，如果法律无特别规定，应准用关于动产质押的规定，因而股权质押也禁止流质。

法条指引

❶《**中华人民共和国物权法**》（2007年3月16日 主席令公布 2007年10月1日施行）

第二百一十一条 质权人在债务履行期届满前，不得与出质人约定债务人不履行到期债务时质押财产归债权人所有。

第二百一十六条 因不能归责于质权人的事由可能使质押财产毁损或者价值明显减少，足以危害质权人权利的，质权人有权要求出质人提供相应的担保；出质人不提供的，质权人可以拍卖、变卖质押财产，并与出质人通过协议将拍卖、变卖所得的价款提前清偿债务或者提存。

第二百一十九条 债务人履行债务或者出质

人提前清偿所担保的债权的,质权人应当返还质押财产。

债务人不履行到期债务或者发生当事人约定的实现质权的情形,质权人可以与出质人协议以质押财产折价,也可以就拍卖、变卖质押财产所得的价款优先受偿。

质押财产折价或者变卖的,应当参照市场价格。

第二百二十九条 权利质权除适用本节规定外,适用本章第一节动产质权的规定。

❷《中华人民共和国担保法》(1995年6月30日 主席令公布)

第六十六条 出质人和质权人在合同中不得约定在债务履行期届满质权人未受清偿时,质物的所有权转移为质权人所有。

第八十七条 债权人与债务人应当在合同中约定,债权人留置财产后,债务人应当在不少于两个月的期限内履行债务。债权人与债务人在合同中未约定的,债权人留置债务人财产后,应当确定两个月以上的期限,通知债务人在该期限内履行债务。

债务人逾期仍不履行的,债权人可以与债务人协议以留置物折价,也可以依法拍卖、变卖留置物。

留置物折价或者拍卖、变卖后,其价款超过债权数额的部分归债务人所有,不足部分由债务人清偿。

❸《最高人民法院关于适用〈中华人民共和国担保法〉若干问题的解释》(2000年12月13日发布)

第六十四条 债务履行期届满,债务人不履行债务致使抵押物被人民法院依法扣押的,自扣押之日起抵押权人收取的由抵押物分离的天然孳息和法定孳息,按照下列顺序清偿:

(一)收取孳息的费用;

(二)主债权的利息;

(三)主债权。

第七十一条 主债权未受全部清偿的,抵押权人可以就抵押物的全部行使其抵押权。

抵押物被分割或者部分转让的,抵押权人可以就分割或者转让后的抵押物行使抵押权。

第七十二条 主债权被分割或者部分转让的,各债权人可以就其享有的债权份额行使抵押权。

主债务被分割或者部分转让的,抵押人仍以其抵押物担保数个债务人履行债务。但是,第三人提供抵押的,债权人许可债务人转让债务未经抵押人书面同意的,抵押人对未经其同意转让的债务,不再承担担保责任。

第七十三条 抵押物折价或者拍卖、变卖该抵押物的价款低于抵押权设定时约定价值的,应当按照抵押物实现的价值进行清偿。不足清偿的剩余部分,由债务人清偿。

第七十四条 抵押物折价或者拍卖、变卖所得的价款,当事人没有约定的,按下列顺序清偿:

(一)实现抵押权的费用;

(二)主债权的利息;

(三)主债权。

❹《关于上市公司国有股质押有关问题的通知》(2001年10月25日 财政部发布)

九、国有股用于质押后,国有股东授权代表单位应当按时清偿债务。若国有股东授权代表单位不能按时清偿债务的,应当通过法律、法规规定的方式和程序将国有股变现后清偿,不得将国有股直接过户到债权人名下。

十、国有股变现清偿时,涉及国有股协议转让的,应按规定报财政部核准;导致上市公司实际控制权发生变化的,质押权人应当同时遵循有关上市公司收购的规定。

学者观点

❶ 期海明、韩冠:《论有限责任公司股权质押》,参见北大法宝引证码:Pkulaw. cn/CLI. A. 1126131。

【知识产权质权的设定】

法律问题解读

《物权法》与《担保法》规定,以依法可以转让的商标专用权、专利权、著作权中的财产权出质的,出质人与质权人应当订立书面合同,并向其管理部门办理出质登记。质押合同自登记之日起生效。因此,除法律另有规定以外,以依法可以转让的商标专用权、专利权、著作权中的财产权出质的,应符合以下两个程序:

1. 应当签订书面质押合同,书面质押合同可以单独订立,也可以是主合同中的担保条款。

2. 需向有关管理部门办理质押登记。商标权质押的登记机关为国家商标局;专利权质押的登记机关是中国专利局;以著作权中的财产权质押的登记机关为国家版权局。中国专利局、版权局就专利权、著作财产权质押予以登记后,应当向社会公告，质押合同自登记之日起生效，质押登记机关发给质权人质押证书。由于商标注册证、专利证书，只是权属证明，不属于流通证券，因此交付上述权利证书不是质押合同生效的条件，出质人可以不向质权人交付商标注册证或专利证书。

法条指引

❶《中华人民共和国物权法》（2007年3月16日 主席令公布 2007年10月1日施行）

第二百二十三条 债务人或者第三人有权处分的下列权利可以出质：

（一）汇票、支票、本票；

（二）债券、存款单；

（三）仓单、提单；

（四）可以转让的基金份额、股权；

（五）可以转让的注册商标专用权、专利权、著作权等知识产权中的财产权；

（六）应收账款；

（七）法律、行政法规规定可以出质的其他财产权利。

❷《中华人民共和国担保法》（1995年6月30日 主席令公布）

第七十九条 以依法可以转让的商标专用权、专利权、著作权中的财产权出质的，出质人与质权人应当订立书面合同，并向其管理部门办理出质登记。质押合同自登记之日起生效。

❸《商标专用权质押登记程序》（1997年5月6日 国家工商行政管理局发布）

二、商标专用权质押登记机关是国家工商行政管理局。国家工商行政管理局商标局具体办理商标专用权质押登记。

三、出质人与质权人应当订立商标专用权质押书面合同，向国家工商行政管理局商标局申请登记。商标专用权质押登记的申请人应当是商标专用权质押合同的出质人与质权人。

❹《专利权质押合同登记管理暂行办法》（1996年9月19日 国家专利局发布）

第二条 中国专利局是专利权质押合同登记的管理部门。

第三条 以专利权出质的，出质人与质权人应当订立书面合同，并向中国专利局办理出质登记，质押合同自登记之日起生效。

第四条 出质人必须是合法专利权人。如果一项专利有两个以上的共同专利权人，则出质人为全体专利权人。

❺《著作权质押合同登记办法》（1996年9月23日 国家版权局发布）

第三条 以著作权中的财产权出质的，出质人与质权人应当订立书面合同，并到登记机关进行登记。著作权质押合同自《著作权质押合同登记证》颁发之日起生效。

第四条 国家版权局是著作权质押合同登记的管理机关。国家版权局指定专门机构进行著作权质押合同登记。

学者观点

❶ 刘迎生：《权利质权设定的若干问题》，参见北大法宝引证码：Pkulaw.cn/CLI. A. 13643。

❷ 王卫国、凌湄：《论知识产权融资担保的方式》，参见北大法宝引证码：Pkulaw. cn/CLI. A. 178151。

【商标专用权质押】

法律问题解读

商标权质押是指以商标专用权为质押标的的质押。当债务人届期不履行债务时，债权人有权依法以该商标专用权折价或者以拍卖、变卖该商标权的价款优先受偿。其中债务人或第三人为出质人，债权人为质权人，商标专用权为质物。实践中应把握以下几点：

1. 在我国商标专用权的主体可以是法人、个体工商户、合伙以及个人，因此商标权质押合同的双方当事人不仅限于个人，还包括个体工商户、合伙、法人。

2. 商标专用权是一种专用权，其内容包括独占使用权、转让权、许可他人使用权、续展权以及法律诉讼权（制止他人非经同意使用商标的行为）。其中，能作为商标专用权质押标的的为注册商标的转让权和注册商标的许可使用权。

商标专用权质押合同应包含以下主要内容：出质人与质权人的名称（姓名）、地址；质押的原因和目的；出质的商标及质押的期限；出质商标专用权的价值及国家工商行政管理局指定的商标评估机构的评估报告；当事人约定的与质押商标有关的其他事项。

法条指引

❶《中华人民共和国物权法》（2007年3月

16 日　主席令公布　2007 年 10 月 1 日施行）

第二百一十条　设立质权，当事人应当采取书面形式订立质权合同。

质权合同一般包括下列条款：

（一）被担保债权的种类和数额；

（二）债务人履行债务的期限；

（三）质押财产的名称、数量、质量、状况；

（四）担保的范围；

（五）质押财产交付的时间。

第二百二十三条　债务人或者第三人有权处分的下列权利可以出质：

（一）汇票、支票、本票；

（二）债券、存款单；

（三）仓单、提单；

（四）可以转让的基金份额、股权；

（五）可以转让的注册商标专用权、专利权、著作权等知识产权中的财产权；

（六）应收账款；

（七）法律、行政法规规定可以出质的其他财产权利。

第二百二十九条　权利质权除适用本节规定外，适用本章第一节动产质权的规定。

❷《**中华人民共和国商标法**》（2001 年 10 月 27 日修正公布）

第四条　自然人、法人或者其他组织对其生产、制造、加工、拣选或者经销的商品，需要取得商标专用权的，应当向商标局申请商品商标注册。

自然人、法人或者其他组织对其提供的服务项目，需要取得商标专用权的，应当向商标局申请服务商标注册。

本法有关商品商标的规定，适用于服务商标。

第五条　两个以上的自然人、法人或者其他组织可以共同向商标局申请注册同一商标，共同享有和行使该商标专用权。

❸《**商标专用权质押登记程序**》（1997 年 5 月 6 日　国家工商行政管理局发布）

五、商标专用权质押合同应当包括以下主要内容：

（一）出质人与质权人的名称（姓名）、地址；

（二）质押的原因和目的；

（三）出质的商标及质押的期限；

（四）出质商标专用权的价值及国家工商行政管理局指定的商标评估机构的评估报告；

（五）当事人约定的与该质押商标有关的其他事项。

【商标专用权质押的登记】

法律问题解读

当事人设立商标权质押后，应向有关部门进行登记，未经登记的商标专用权，债权人无法获得质权。

商标专用权质押登记机关是国家工商行政管理局。商标专用权质押登记的申请人应当是商标专用权质押合同的出质人与质权人，但可以委托代理人办理。申请商标专用权质押登记时，应向登记机关提交下列文件：按规定填写的《商标专用权质押登记申请书》；出质人及质权人企业营业执照复印件（发证机关确认盖章）；质押合同副本（外文本应当附中文译本 1 份，以中文译本为准）；质押商标《商标注册证》复印文件；委托代理人办理登记的，应当提交被代理人（申请人共同）的委托书；其他应当提交的材料。申请人按上述规定提交的书件不齐备的，登记机关应当要求申请人补办，不补办的或补办不符合要求的，不予受理。申请登记书件齐备，申请手续符合规定的，国家工商行政管理局商标局予以受理。

登记机关应当于受理登记之日起 5 个工作日内，对符合上述登记条件的予以登记，发给《商标专用权质押登记证》。若发现出质人不是商标专用权合法所有人的、商标专用权归属不明确的和有其他不符合法律法规规定的，不予登记。

申请人名称、地址发生变更及因主债权债务转移或其他原因而发生质押转移的，当事人应当办理变更登记、补正登记或者重新登记。

登记机关若在登记后发现登记与事实不符的、有属于登记机关不予登记的情形之一的和质押合同无效的，撤销该登记。

法条指引

❶《**商标专用权质押登记程序**》（1997 年 5 月 6 日　国家工商行政管理局发布）

二、商标专用权质押登记机关是国家工商行政管理局。国家工商行政管理局商标局具体办理商标专用权质押登记。

三、出质人与质权人应当订立商标专用权质押书面合同，向国家工商行政管理局商标局申请登记。商标专用权质押登记的申请人应当是商标专用权质押合同的出质人与质权人。

四、申请商标专用权质押登记时，应当提交下列文件：

（一）按规定填写的《商标专用权质押登记申请书》；

（二）出质人及质权人企业营业执照复印件（须经发证机关确认盖章）；

（三）质押合同副本（外文本应当附中文译本一份，以中文译本为准）；

（四）质押商标《商标注册证》复印件；

（五）委托代理人办理登记的，应当提交被代理人（申请人共同）的委托书；

（六）其他应当提交的材料。

上述证明文件如有不实，由申请人承担法律责任。

六、申请人按本程序第四条规定提交的申请书件不齐备的，登记机关应当要求申请人补正。不补正或补正不符合要求的，不予受理。

申请登记书件齐备、申请手续符合规定的，国家工商行政管理局商标局予以受理。受理日期即为申请日期。

七、有下列情形之一的，登记机关不予登记：

（一）出质人不是商标专用权合法所有人的；

（二）商标专用权归属不明确的；

（三）其他不符合法律法规规定的。

八、登记机关应当于受理登记申请之日起五个工作日内，作出是否予以登记的决定。符合上述登记条件的，国家工商行政管理局商标局予以登记，发给《商标专用权质押登记证》；不符合有关规定的，不予登记。

商标专用权质押合同自登记之日起生效。

九、有下列情形之一的，登记机关应当撤销登记：

（一）登记后发现与事实不符的；

（二）登记后发现有属于本程序第七条规定情形之一的；

（三）登记后发现质押合同无效的。

十、申请人名称、地址发生变更及因主债权债务转移或者其他原因而发生质押转移的，当事人应当办理商标专用权质押变更登记、补充登记或者重新登记。

申请变更登记或者补充登记，应当提交变更的证明和登记机关发给的《商标专用权质押登记证》。

【专利权质押】

法律问题解读

专利权质押是指以专利权为质押标的的质押。其中，债权人为质权人，债务人或第三人为出质人。对于专利权质押，实践中应注意以下几点：

1. 专利权质押合同为要式合同，合同签订时生效，但质权自管理部门登记时成立。专利权质押合同既可以是单独订立的书面合同，也可以是主合同中的担保条款。

2. 专利权包括独占权、转让权、许可他人使用权及标记权等，但能作为质押标的的专利权仅指专利权中具有经济内容的财产权，即转让权和许可他人使用权。标记权是指专利权人有权在其专利产品或其包装上标明专利标记和专利号的权利，具有人身性质，不能质押；尽管专利申请权可以转让，也是获得专利权的前提，但由于其具有法律上的不确定性，因而不能作为质押标的。

3. 专利权的客体分为发明、实用新型、外观设计三种。因此在专利权质押合同中应明确具体约定被质押的专利是哪一种，并载明其名称、专利号等。

4. 专利权质押担保的范围。一般情况下，质押担保的范围包括主债权、利息、违约金、损害赔偿金、质物保管费用及实现质权的费用。但对专利权质押，当事人还要考虑如何支付专利年费、处理专利纠纷时所需的费用、质押期进行转让或许可他人使用时可能遇到的违约金、赔偿金以及依法拍卖、变卖所需费用，这些费用的支付应在质押合同中得到确定。

法条指引

❶《中华人民共和国物权法》（2007年3月16日 主席令公布 2007年10月1日施行）

第二百二十一条 质押财产折价或者拍卖、变卖后，其价款超过债权数额的部分归出质人所有，不足部分由债务人清偿。

❷《中华人民共和国担保法》（1995年6月30日 主席令公布）

第六十六条 出质人和质权人在合同中不得约定在债务履行期届满质权人未受清偿时，质物的所有权转移为质权人所有。

❸《中华人民共和国专利法》（2000年8月25日修正公布）

第二条 本法所称的发明创造是指发明、实用新型和外观设计。

第十一条 发明和实用新型专利权被授予后，除本法另有规定的以外，任何单位或者个人未经专利权人许可，都不得实施其专利，即不得为生产经营目的制造、使用、许诺销售、销售、进口其专利产品，或者使用其专利方法以及使用、许诺销售、销售、进口依照该专利方法直接获得的产品。

外观设计专利权被授予后，任何单位或者个人未经专利权人许可，都不得实施其专利，即不得为生产经营目的制造、销售、进口其外观设计专利产品。

第十二条 任何单位或者个人实施他人专利的，应当与专利权人订立书面实施许可合同，向专利权人支付专利使用费。被许可人无权允许合同规定以外的任何单位或者个人实施该专利。

第十三条 发明专利申请公布后，申请人可以要求实施其发明的单位或者个人支付适当的费用。

第六十八条 向国务院专利行政部门申请专利和办理其他手续，应当按照规定缴纳费用。

❹《专利权质押合同登记管理暂行办法》
(1996年9月19日 国家专利局发布)

第三条 以专利权出质的，出质人与质权人应当订立书面合同，并向中国专利局办理出质登记，质押合同自登记之日起生效。

案例链接

❶《福州纳仕达电子有限公司等与叶金兴专利质押权纠纷上诉案》，参见北大法宝引证码：Pkulaw.cn/CLI.C.132471。

❷《董波与袁平专利侵权纠纷上诉案》，参见北大法宝引证码：Pkulaw.cn/CLI.C.126061。

【专利权质押的特殊条件】

法律问题解读

由于专利权具有一些不同于其他权利的特点，因此在进行专利权质押时，法律对其中一些特殊情况作了特别的限制，具体包括：

1. 作为专利权质押的出质人，必须是合法的专利权人，即其所拥有的专利权有效证件必须与专利文档所记载的内容一致，否则对专利权质押合同将不予登记。如果一项专利有两个以上的共同专利权人，则出质人应为全体专利权人，若得不到全体专利权人的共同认可，不能将专利权进行质押。

2. 全民所有制单位转让专利申请权或专利权的，必须经上级主管部门批准，因此，全民所有制单位作为出质人时，应首先得到上级主管部门批准，办理登记时，要提交上级主管部门的批准文件。

3. 中国单位或个人向外国人出质专利权时，须经国务院主管部门批准，进行登记时，要提交国务院有关主管部门的批准文件。

出质人和质权人可以委托代理人办理专利权质押合同登记，在办理登记时，不仅要提交出质人的合法身份证明，还要有委托书及委托代理人的合法身份证明。办理涉外专利权质押合同登记的，应当委托涉外专利代理机构代理。

法条指引

❶《专利权质押合同登记管理暂行办法》
(1996年9月19日 国家专利局发布)

第四条 出质人必须是合法专利权人。如果一项专利有两个以上的共同专利权人，则出质人为全体专利权人。

第五条 全民所有制单位以专利权出质的，须经上级主管部门批准。

中国单位或个人向外国人出质专利权的，须经国务院有关主管部门批准。

办理涉外专利权质押合同登记的，应当委托涉外专利代理机构代理。

第六条 申请办理专利权质押合同登记的，当事人应当向中国专利局寄交或面交下列文件：

(一) 专利权质押合同登记申请表；

(二) 主合同和专利权质押合同；

(三) 出质人的合法身份证明；

(四) 委托书及代理人的身份证明；

(五) 专利权的有效证明；

(六) 专利权出质前的实施及许可情况；

(七) 上级主管部门或国务院有关主管部门的批准文件；

(八) 其他需要提供的材料。

中国专利局以收到上述文件之日为登记申请受理日。

【专利权质押合同的内容】

法律问题解读

根据《专利权质押合同登记管理暂行办法》的规定，专利权质押合同应包括以下内容：出质人、质权人以及代理人或联系人的姓名、名称、通讯地址；被担保的主债权种类；债务人履行债务的期限；专利件数以及每项专利的名称、专利号、申请日、颁证日；质押担保期间；质押担保的范围；质押的金额与支付方式；对质押期间进行专利权转让或实施许可的约定；质押期间维持专利权有效的约定；出现专利纠纷时出质人的责任；质押期间专利权被撤销或被宣告无效时的处理；违约及索赔；争议的解决方法；质押期满债务的赔偿方式；当事人认为需要约定的其他事项；合同签订日期，签名盖章。

法条指引

❶《专利权质押合同登记管理暂行办法》
（1996年9月19日　国家专利局发布）

第七条　专利权质押合同包括以下内容：

（一）出质人、质权人以及代理人或联系人的姓名（名称）、通讯地址；

（二）被担保的主债权种类；

（三）债务人履行债务的期限；

（四）专利件数以及每项专利的名称、专利号、申请日、颁证日；

（五）质押担保的范围；

（六）质押的金额与支付方式；

（七）对质押期间进行专利权转让或实施许可的约定；

（八）质押期间维持专利权有效的约定；

（九）出现专利纠纷时出质人的责任；

（十）质押期间专利权被撤销或被宣告无效时的处理；

（十一）违约及索赔；

（十二）争议的解决办法；

（十三）质押期满债务的清偿方式；

（十四）当事人认为需要约定的其他事项；

（十五）合同签订日期，签名盖章。

【专利权质押合同的登记】

法律问题解读

当事人订立专利权质押合同以后，应到有关部门进行登记的质权自登记时成立。

办理专利权质押合同的登记机关是中国专利局。办理登记时，当事人应当向中国专利局寄交或面交《专利权质押合同登记管理暂行办法》中要求的文件。中国专利局以收到上述文件之日为登记申请受理日。

专利局在受理专利权质押合同登记申请以后，应对申请进行审查。经审查合格的准予登记，并向当事人发送《专利质押合同登记通知书》；经审查不合格或逾期不补正的，不予登记，并向当事人发送《专利权质押合同不予登记通知书》。专利局发现有以下情形的，不予登记：出质人非专利文档所记载的专利权人或者非全部专利权人的；专利权被宣告无效、被撤销或者已经终止的；假冒他人专利或冒充专利的；专利申请未获授权的；专利权被提出撤销请求或被启动无效宣告程序的；存在专利权属纠纷的；质押期超过专利权有效期的；合同约定在债务履行期届满质权人未受清偿时，质物的所有权归质权人所有的；其他不符合出质条件的。

变更质权人、被担保的主债权种类及数额或者质押担保的范围的，当事人应当在作出变更决定之日起7日内到专利局办理变更手续。此外，质押期间专利权人就有关专利提出著录项目变更请求时，须经质押双方当事人的同意。

申请延长质押期限的当事人应当在原质押期限届满前，持延期协议、原《专利权质押合同登记通知书》及其他有关文件，向中国专利局办理延期手续。在登记时，当事人还应当按规定缴纳登记费。

法条指引

❶《专利权质押合同登记管理暂行办法》
（1996年9月19日　国家专利局发布）

第三条　以专利权出质的，出质人与质权人应当订立书面合同，并向中国专利局办理出质登记，质押合同自登记之日起生效。

第六条　申请办理专利权质押合同登记的，当事人应当向中国专利局寄交或面交下列文件：

（一）专利权质押合同登记申请表；

（二）主合同和专利权质押合同；

（三）出质人的合法身份证明；

（四）委托书及代理人的身份证明；

（五）专利权的有效证明；

（六）专利权出质前的实施及许可情况；

（七）上级主管部门或国务院有关主管部门的批准文件；

（八）其他需要提供的材料。

中国专利局以收到上述文件之日为登记申请受理日。

第八条　对出现下列情况之一的专利权质押合同，中国专利局不予登记：

（一）出质人非专利文档所记载的专利权人或者非全部专利权人的；

（二）专利权被宣告无效、被撤销或者已经终止的；

（三）假冒他人专利或冒充专利的；

（四）专利申请未获授权的；

（五）专利权被提出撤销请求或被启动无效宣告程序的；

（六）存在专利权属纠纷的；

（七）质押期超过专利权有效期的；

（八）合同约定在债务履行期届满质权人未受清偿时，质物的所有权归质权人所有的；

（九）其他不符合出质条件的。

第九条 中国专利局在受理专利权质押合同登记申请之后，依照国家法律、法规的规定，审查下列内容：

（一）质押合同条款是否齐全；

（二）是否出现第八条所列情况之一；

（三）是否按要求补正；

（四）其他有必要审查的内容。

第十条 中国专利局自受理日起十五日内（不含补正时间）作出审查决定。

第十一条 经审查合格的专利权质押合同准予登记，并向当事人发送《专利权质押合同登记通知书》。

经审查不合格或逾期不补正的，不予登记，并向当事人发送《专利权质押合同不予登记通知书》。

第十二条 中国专利局设立《专利权质押合同登记簿》，供公众查阅。

第十三条 质押期间专利权人就有关专利提出著录项目变更请求时，须经质押双方当事人同意。

第十四条 变更质权人、被担保的主债权种类及数额或者质押担保的范围的，当事人应当于作出变更决定之日起七日内持变更协议、原《专利权质押合同登记通知书》和其他有关文件，向中国专利局办理变更手续。

第十五条 申请延长质押期限的，当事人应当在原质押期限届满前持延期协议、原《专利权质押合同登记通知书》及其他有关文件，向中国专利局办理延期手续。

第二十二条 申请专利权质押合同登记的，当事人应当按规定缴纳登记费。

【专利权质押合同登记的注销】

法律问题解读

专利权质押合同签订以后，出现以下事由，专利权质押合同的登记将被中国专利局予以注销：

1. 提前解除质押合同的，当事人应当自解除质押合同的协议签订后7日内持解除协议和《专利权质押合同登记通知书》，向中国专利局办理质押合同登记注销手续。

2. 专利权因被宣告无效、撤销或其他原因丧失后，当事人应当在收到通知之日起7日内持专利权丧失凭证和原《专利权质押合同登记通知书》，向中国专利局办理质押合同登记注销手续。

3. 因主合同无效致使质押合同无效的，当事人应当向中国专利局办理质押合同登记注销手续。

4. 质押期限届满，当事人应当持合同履行完毕凭证以及《专利权质押合同登记通知书》，向中国专利局办理质押合同登记注销手续；质押期限届满后15日内当事人不办理注销登记的，该合同登记将被自动注销。

5. 提交虚假合同证明文件或者以其他手段非法取得或伪造专利权质押合同的，中国专利局将依法注销该合同登记，并由当事人所在地专利管理机关处以1000元以上1万元以下罚款。

6. 经中国专利局审核后，向当事人发出《专利权质押合同登记注销通知书》，专利权质权自登记注销之日起失效。

法条指引

❶《专利权质押合同登记管理暂行办法》
（1996年9月19日 国家专利局发布）

第十七条 专利权被无效、撤销或其他原因丧失后，当事人应当在收到通知之日起七日内持专利权丧失凭证和原《专利权质押合同登记通知书》，向中国专利局办理质押合同登记注销手续。

第十八条 因主合同无效致使质押合同无效的，当事人应当向中国专利局办理质押合同登记注销手续。

第十九条 质押期限届满，当事人应当持合同履行完毕凭证以及《专利权质押合同登记通知书》，向中国专利局办理质押合同登记注销手续。

质押期限届满后十五日内当事人不办理注销登记的，该合同登记将被自动注销。

第二十条 经中国专利局审核后，向当事人发出《专利权质押合同登记注销通知书》。

专利权质押合同自登记注销之日起失效。

第二十一条 提交虚假合同证明文件或者以其他手段非法取得或伪造专利权质押合同登记的，中国专利局将依法注销该合同登记，并由当事人所在地专利管理机关处以一千元以上，一万元以下罚款。

学者观点

❶ 易继明：《论我国专利权质押制度》，参见北大法宝引证码：Pkulaw.cn/CLI.A.180694。

【著作权质押】

法律问题解读

著作权质押是指以著作权中财产权作为质物的质押。对著作权的质押，实践中应注意以下几点：

1. 著作权出质人必须是合法著作权所有人，著作权为两人以上共有的，出质人为全体著作权人。中国公民、法人或非法人单位向外国人出质计算机软件著作权中的财产权，必须经国务院有关主管部门批准。

2. 受著作权保护的作品为：文字作品；口述作品；音乐、戏剧、曲艺、舞蹈作品；摄影作品；电影、电视、录像作品；工程设计、产品设计图纸及其说明；地图、示意图等图形作品；计算机软件；法律、行政法规规定的其他作品。其中的口述作品因其未能固定化，不能作为质押标的。由于著作权中的邻接权也具有财产价值，因此也可以作为著作权质押标的。著作权中的邻接权又分为出版者权、表演者权、音像制作者权、广播电视节目制作者权。当事人应当在著作权质押合同中具体规定被质押的标的是哪一种作品或是邻接权中的哪一项。

3. 能作为著作权质押标的是著作权中的财产权。具体包括：复制权、发行权、展览权、表演权、播放权、制片权。当事人应在质押合同中明确约定所质押的著作权财产权的具体权能。

著作权质押合同应当包括：当事人的姓名（或者名称）及住址；被担保的主债权种类、数额；债务人履行债务的期限；出质著作权的种类、范围、保护期；质押担保的范围；质押期间；质押的金额及支付方式等内容。

法条指引

❶ **《中华人民共和国著作权法》**（2001年10月27日修正公布）

第三条 本法所称的作品，包括以下列形式创作的文学、艺术和自然科学、社会科学、工程技术等作品：

（一）文字作品；

（二）口述作品；

（三）音乐、戏剧、曲艺、舞蹈、杂技艺术作品；

（四）美术、建筑作品；

（五）摄影作品；

（六）电影作品和以类似摄制电影的方法创作的作品；

（七）工程设计图、产品设计图、地图、示意图等图形作品和模型作品；

（八）计算机软件；

（九）法律、行政法规规定的其他作品。

第十条 著作权包括下列人身权和财产权：

（一）发表权，即决定作品是否公之于众的权利；

（二）署名权，即表明作者身份，在作品上署名的权利；

（三）修改权，即修改或者授权他人修改作品的权利；

（四）保护作品完整权，即保护作品不受歪曲、篡改的权利；

（五）复制权，即以印刷、复印、拓印、录音、录像、翻录、翻拍等方式将作品制作一份或者多份的权利；

（六）发行权，即以出售或者赠与方式向公众提供作品的原件或者复制件的权利；

（七）出租权，即有偿许可他人临时使用电影作品和以类似摄制电影的方法创作的作品、计算机软件的权利，计算机软件不是出租的主要标的的除外；

（八）展览权，即公开陈列美术作品、摄影作品的原件或者复制件的权利；

（九）表演权，即公开表演作品，以及用各种手段公开播送作品的表演的权利；

（十）放映权，即通过放映机、幻灯机等技术设备公开再现美术、摄影、电影和以类似摄制电影的方法创作的作品等的权利；

（十一）广播权，即以无线方式公开广播或者传播作品,以有线传播或者转播的方式向公众传播广播的作品,以及通过扩音器或其他传送符号、声音、图像的类似工具向公众传播广播的作品的权利;

(十二)信息网络传播权,即以有线或者无线方式向公众提供作品,使公众可以在其个人选定的时间和地点获得作品的权利;

(十三)摄制权,即以摄制电影或者以类似摄制电影的方法将作品固定在载体上的权利;

(十四)改编权,即改变作品,创作出具有独创性的新作品的权利;

(十五)翻译权,即将作品从一种语言文字转换成另一种语言文字的权利;

(十六)汇编权,即将作品或者作品的片段通过选择或者编排,汇集成新作品的权利;

(十七)应当由著作权人享有的其他权利。

著作权人可以许可他人行使前款第(五)项至第(十七)项规定的权利,并依照约定或者本法有关规定获得报酬。

著作权人可以全部或者部分转让本条第一款第(五)项至第(十七)项规定的权利,并依照约定或者本法有关规定获得报酬。

第十三条 两人以上合作创作的作品,著作权由合作作者共同享有。没有参加创作的人,不能成为合作作者。

合作作品可以分割使用的,作者对各自创作的部分可以单独享有著作权,但行使著作权时不得侵犯合作作品整体的著作权。

❷《**著作权质押合同登记办法**》(1996年9月23日 国家版权局发布)

第四条 国家版权局是著作权质押合同登记的管理机关。国家版权局指定专门机构进行著作权质押合同登记。

第五条 著作权质押合同的登记,应由出质人与质权人共同到登记机关申请办理。但出质人或质权人中任何一方持对方委托书亦可申请办理。

第六条 著作权出质人必须是合法著作权所有人。著作权为两人以上共有的,出质人为全体著作权人。

中国公民、法人或非法人单位向外国人出质计算机软件著作权中的财产权,必须经国务院有关主管部门批准。

第八条 著作权质押合同应当包括以下内容:

(一)当事人的姓名(或者名称)及住址;
(二)被担保的主债权种类、数额;
(三)债务人履行债务的期限;
(四)出质著作权的种类、范围、保护期;
(五)质押担保的范围;
(六)质押担保的期限;
(七)质押的金额及支付方式;
(八)当事人约定的其他事项。

案例链接

❶《北京农村商业银行股份有限公司门头沟支行诉北京幻聪影视文化有限公司等金融借款合同纠纷案》,参见北大法宝引证码:Pkulaw. cn/CLI. C. 180722。

学者观点

❶ 张耕、唐弦:《我国著作权质押制度探析》,参见北大法宝引证码:Pkulaw. cn/CLI. A. 182614。

【著作权质押合同的登记】

法律问题解读

当事人订立著作权质押合同后,应到有关部门进行登记,非经登记的著作权质押不发生法律效力,著作权质押合同登记应符合以下规定:

1. 著作权质押合同登记的登记机关为国家版权局,出质人与质权人应共同到登记机关申请办理登记,但出质人与质权人中任何一方持对方委托书也可申请办理。著作权质押权自《著作权质押合同登记证》颁发之日起生效。

2. 当事人申请著作权质押合同登记时,应向登记机关提供下列文件:按要求填写的著作权质押合同申请表;出质人、质权人合法身份证明或法人注册登记证明;主合同及著作权质押合同;作品权利证明;以共同著作权出质的共同著作权人的书面协议;向外国人质押计算机软件著作权中的财产权的,国务院有关主管部门的批准文件;授权委托书及被委托人的合法身份证明;著作权出质前该著作权的授权使用情况证明文件;其他需要提供的材料。

3. 登记机关应当在收到申请人齐备的申请文件之日起10个工作日内完成审查,符合规定的予以登记,并颁发《著作权质押合同登记证》,并将登记情况编入著作权质押合同登记文献,供公众查阅。

4. 当事人办理著作权质押合同登记时,应缴纳登记费,登记费标准由国家版权局统一制定。值得注意的一点是,我国《著作权法》对著作权产生实行的是"自动产生原则",著作权人办理著作权登记不同于强制性的注册商标专用权和专利权的登记,而是自愿的。因此当事人要使著作权质押合同生效,一定要向著作权管理机关申请登记。

法条指引

❶《中华人民共和国著作权法》(2001年10月7日修正公布)

第二条 中国公民、法人或者其他组织的作品,不论是否发表,依照本法享有著作权。

外国人、无国籍人的作品根据其作者所属国或者经常居住地国同中国签订的协议或者共同参加的国际条约享有的著作权,受本法保护。

外国人、无国籍人的作品首先在中国境内出版的,依照本法享有著作权。

未与中国签订协议或者共同参加国际条约的国家的作者以及无国籍人的作品首次在中国参加的国际条约的成员国出版的,或者在成员国和非成员国同时出版的,受本法保护。

❷《著作权质押合同登记办法》(1996年9月23日 国家版权局发布)

第四条 国家版权局是著作权质押合同登记的管理机关。国家版权局指定专门机构进行著作权质押合同登记。

第七条 当事人申请著作权质押合同登记时,应当向登记机关提供下列文件:

(一)按要求填写的著作权质押合同申请表;

(二)出质人、质权人合法身份证明或法人注册登记证明;

(三)主合同及著作权质押合同;

(四)作品权利证明;

(五)以共同著作权出质的,共同著作权人的书面协议;

(六)向外国人质押计算机软件著作权中的财产权的,国务院有关主管部门的批准文件;

(七)授权委托书及被委托人合法身份证明;

(八)著作权出质前该著作权的授权使用情况证明文件;

(九)其他需要提供的材料。

第九条 登记机关应当在收到申请人齐备的申请文件之日起十个工作日内完成对申请文件的审查。经审查符合规定的质押合同,登记机关予以登记,并颁发《著作权质押合同登记证》。登记机关在颁发《著作权质押合同登记证》的同时,将登记情况编入著作权质押合同登记文献,供公众查阅。

第十六条 登记机关办理著作权质押合同登记及著作权质押合同变更登记,收取登记费。登记费收取标准,由国家版权局统一制订。

案例链接

❶《北京农村商业银行股份有限公司门头沟支行诉北京幻聪影视文化有限公司等金融借款合同纠纷案》,参见北大法宝引证码:Pkulaw. cn/CLI. C. 180722。

学者观点

❶ 黄玉烨、罗施福:《论我国著作权转让登记公示制度的构建》,参见北大法宝引证码:Pkulaw. cn/CLI. A. 1116054。

❷ 索来军:《关于中国著作权登记的若干问题》,参见北大法宝引证码:Pkulaw. cn/CLI. A. 1140925。

❸ 李雨峰:《版权登记制度探析》,参见北大法宝引证码:Pkulaw. cn/CLI. A. 1116974。

【著作权质押合同不予登记及撤销登记的情况】

法律问题解读

根据《著作权质押合同登记办法》,有下列情形之一的,登记机关不予登记:著作权质押合同内容需要补正,申请人拒绝补正或补正不合格的;出质人不是著作权人的;质押合同涉及的作品不受保护或者保护期已经届满的;著作权归属有争议的;质押合同中约定在债务履行期届满质权人未受清偿时,出质的著作权中的财产权转移为质权人所有的;申请人拒绝交纳登记费的。

根据上述法规,有下列情形之一的,登记机关将撤销登记:登记后发现著作权归属有争议、出质人不是著作权人的,质押合同涉及的作品不受保护或者保护期届满的,质押合同因其担保的主合同被确认无效而无效的。

著作权质押合同登记被撤销的,应发给著作权质押合同撤销通知书;登记机关办理著作权质押合同登记之撤销,应当同时在著作权质押合同登记文献中注明。

法条指引

❶《著作权质押合同登记办法》(1996年9月

23 日　国家版权局）

第十条　有下列情形之一的，登记机关不予登记：

（一）著作权质押合同内容需要补正，申请人拒绝补正或补正不合格的；

（二）出质人不是著作权人的；

（三）质押合同涉及的作品不受保护或者保护期已经届满的；

（四）著作权归属有争议的；

（五）质押合同中约定在债务履行期届满质权人未受清偿时，出质的著作权中的财产权转移为质权人所有的；

（六）申请人拒绝交纳登记费的。

第十一条　有下列情形之一的，登记机关将撤销登记：

（一）登记后发现有第十条（二）至（四）所列情况之一的；

（二）质押合同因其担保之主合同被确认无效而无效的。

第十五条　著作权质押合同登记被撤销、注销的，发给著作权质押合同撤销、注销通知书。

登记机关办理著作权质押合同登记之撤销、变更、注销登记，应当同时在著作权质押合同登记文献中注明。

【著作权质押合同的变更登记及注销】

法律问题解读

根据《著作权质押合同登记办法》的规定，著作权质押合同有关事宜需要变更及注销的，按以下规定办理：

质押合同担保的主债权的种类、数额发生变更或质权的种类、范围发生变更以及质押担保期间发生变更的，质押合同当事人应于变更之日起10日内持变更协议、《著作权质押合同登记证》及其他有关文件向原登记机关办理著作权质押合同变更登记。逾期未办理变更登记的，变更后的质押合同无效。

当事人提前终止著作权质押合同的，应当持合同终止协议、《著作权质押合同登记证》及其他有关文件向原登记机关办理著作权质押合同注销登记。

在质押担保期限内合同履行完毕的，当事人应在质押期限届满之日起10日内持合同履行完毕的有效证明文件及《著作权质押合同登记证》，到原登记机关办理著作权质押合同注销登记。

著作权质押合同登记被注销的，应发给著作权质押合同注销书；登记机关办理著作权质押合同登记之变更、注销的，应当同时在著作权质押合同登记文献中注明。

法条指引

❶ **《著作权质押合同登记办法》**（1996 年 9 月 23 日　国家版权局发布）

第十二条　质押合同担保之主债权的种类、数额等发生变更或质权的种类、范围、担保期限发生变更的，质押合同当事人应于变更之日起十日内持变更协议、《著作权质押合同登记证》及其他有关文件向原登记机关办理著作权质押合同变更登记。逾期未办理变更登记的，变更后的质押合同无效。

第十三条　当事人提前终止著作权质押合同的，应当持合同终止协议、《著作权质押合同登记证》及其他有关文件向原登记机关办理著作权质押合同注销登记。

第十四条　在质押担保期限内质押合同履行完毕的，当事人应在质押期限届满之日起十日内持合同履行完毕的有效证明文件及《著作权质押合同登记证》到原登记机关办理著作权质押合同注销登记。

第十五条　著作权质押合同登记被撤销、注销的，发给著作权质押合同撤销、注销通知书。

登记机关办理著作权质押合同登记之撤销、变更、注销登记，应当同时在著作权质押合同登记文献中注明。

【知识产权质权人的权利】

法律问题解读

知识产权质权创设以后，为了担保质权人的债权能够顺利得以实现，以达到出质的目的，法律赋予了质权人一定的权利。质权人享有的权利主要有以下几种：

一是优先受偿权，即当债务人不能在所担保债权已届清偿期而履行约定债务时，质权人有权与出质人协议将出质的知识产权中的财产权，如商标使用权、专利转让权、著作权中的复制权、发行权等依法拍卖、变卖，从其所得的价款中优先扣除债务应当履行的部分的权利。

二是留置证书权，根据我国《担保法》的规

定，知识产权的设质并未要求出质人将权利凭证交付质权人，但在实践中为了避免其他第三人受损，维持正常的经济流转关系和秩序，质权人在法律无明文规定的情况下有权要求出质人交付知识产权权利证书并在债务担保期间对其进行留置，以保证质押目的实现。

三是转质权，即在质押关系存续期间，质权人可以将出质人出质的知识产权再设定质权，以使质权人向其他第三人担保自己债务的履行。转质分为承诺转质和责任转质，承诺转质必须经得原出质人的同意；责任转质则无须经过原出质人的同意。质权人只有承诺转质权，而没有责任转质权。

法条指引

❶《中华人民共和国物权法》（2007年3月16日 主席令公布 2007年10月1日施行）

第二百二十六条 以基金份额、股权出质的，当事人应当订立书面合同。以基金份额、证券登记结算机构登记的股权出质的，质权自证券登记结算机构办理出质登记时设立；以其他股权出质的，质权自工商行政管理部门办理出质登记时设立。

基金份额、股权出质后，不得转让，但经出质人与质权人协商同意的除外。出质人转让基金份额、股权所得的价款，应当向质权人提前清偿债务或者提存。

❷《中华人民共和国担保法》（1995年6月30日 主席令公布）

第六十三条 本法所称动产质押，是指债务人或者第三人将其动产移交债权人占有，将该动产作为债权的担保。债务人不履行债务时，债权人有权依照本法规定以该动产折价或者以拍卖、变卖该动产的价款优先受偿。

前款规定的债务人或者第三人为出质人，债权人为质权人，移交的动产为质物。

第八十条 本法第七十九条规定的权利出质后，出质人不得转让或者许可他人使用，但经出质人与质权人协商同意的可以转让或者许可他人使用。出质人所得的转让费、许可费应当向质权人提前清偿所担保的债权或者向与质权人约定的第三人提存。

❸《最高人民法院关于适用〈中华人民共和国担保法〉若干问题的解释》（2000年12月13日发布）

第九十三条 质权人在质权存续期间，未经出质人同意，擅自使用、出租、处分质物，因此给出质人造成损失的，由质权人承担赔偿责任。

第一百零五条 以依法可以转让的商标专用权，专利权、著作权中的财产权出质的，出质人未经质权人同意而转让或者许可他人使用已出质权利的，应当认定为无效。因此给质权人或者第三人造成损失的，由出质人承担民事责任。

【知识产权质权人对出质人行使权利的限制】

法律问题解读

知识产权质权设定以后，如果允许出质人自由转让或者许可他人使用已设质的知识产权中的财产权，既会让质权人难以控制转让的费用和许可他人使用的费用，也会导致知识产权中的财产权价值的下降，最终危害质权人的利益。因此，知识产权设质以后，出质人不得转让或者许可他人使用，但经出质人与质权人协商同意的，也可以转让或者许可他人使用。出质人所得的转让费、许可费应当向质权人提前清偿所担保的债权或者向与质权人约定的第三人提存。

以依法设立的知识产权中的财产权出质的，出质人未经质权人同意而转让或许可他人使用已出质权利的，应当认定为无效，由此而给质权人或者第三人造成损失的，由出质人承担民事责任。

法条指引

❶《最高人民法院关于适用〈中华人民共和国担保法〉若干问题的解释》（2000年12月13日发布）

第一百零五条 以依法可以转让的商标专用权，专利权、著作权中的财产权出质的，出质人未经质权人同意而转让或者许可他人使用已出质权利的，应当认定为无效。因此给质权人或者第三人造成损失的，由出质人承担民事责任。

【知识产权质权人的义务】

法律问题解读

知识产权质押期间，为了保护出质人的利益以及实现设质的目的，根据有关法律、法规的规定，质权人也负有一定义务，主要包括：

1. 质权人应当妥善保管权利证书，以免发生证书毁损灭失，否则补救的一切费用概由质权人负担。

2. 如果以出质权利实现质押目的，即质权人将质押的权利折价或者进行拍卖、变卖，所取得的费用超过主债务应当履行的部分时，质权人应将剩余部分返还出质人。

3. 如果质权设定时出质人将权利证书交付给质权人，在质权消灭以后，质权人应将权利证书返还给出质人。

4. 在质押期间，未经出质人同意不得转让或许可他人使用出质权利的义务。

法条指引

❶《中华人民共和国物权法》（2007年3月16日 主席令公布 2007年10月1日施行）

第二百一十四条 质权人在质权存续期间，未经出质人同意，擅自使用、处分质押财产，给出质人造成损害的，应当承担赔偿责任。

第二百一十五条 质权人负有妥善保管质押财产的义务；因保管不善致使质押财产毁损、灭失的，应当承担赔偿责任。

质权人的行为可能使质押财产毁损、灭失的，出质人可以要求质权人将质押财产提存，或者要求提前清偿债务并返还质押财产。

第二百一十六条 因不能归责于质权人的事由可能使质押财产毁损或者价值明显减少，足以危害质权人权利的，质权人有权要求出质人提供相应的担保；出质人不提供的，质权人可以拍卖、变卖质押财产，并与出质人通过协议将拍卖、变卖所得的价款提前清偿债务或者提存。

❷《中华人民共和国担保法》（1995年6月30日 主席令公布）

第六十九条 质权人负有妥善保管质物的义务。因保管不善致使质物灭失或者毁损的，质权人应当承担民事责任。

质权人不能妥善保管质物可能致使其灭失或者毁损的，出质人可以要求质权人将质物提存，或者要求提前清偿债权而返还质物。

第七十一条 债务履行期届满债务人履行债务的，或者出质人提前清偿所担保的债权的，质权人应当返还质物。

债务履行期届满质权人未受清偿的，可以与出质人协议以质物折价，也可以依法拍卖、变卖质物。

质物折价或者拍卖、变卖后，其价款超过债权数额的部分归出质人所有，不足部分由债务人清偿。

❸《最高人民法院关于适用〈中华人民共和国担保法〉若干问题的解释》（2000年12月13日发布）

第七十三条 抵押物折价或者拍卖、变卖该抵押物的价款低于抵押权设定时约定价值的，应当按照抵押物实现的价值进行清偿。不足清偿的剩余部分，由债务人清偿。

第九十三条 质权人在质权存续期间，未经出质人同意，擅自使用、出租、处分质物，因此给出质人造成损失的，由质权人承担赔偿责任。

第一百零五条 以依法可以转让的商标专用权，专利权、著作权中的财产权出质的，出质人未经质权人同意而转让或者许可他人使用已出质权利的，应当认定为无效。因此给质权人或者第三人造成损失的，由出质人承担民事责任。

【权利质押的法律适用】

法律问题解读

在《担保法》中，动产质押是作为质押担保的一般形式加以规定的，作为权利质权，则是质押担保的特殊形式。二者在很多方面是一致的，如关于质押合同的条款，质押担保范围，禁止流质契约的规定，质权人孳息收取的规定等，这些共同性的条款，为了避免重复和重叠，在权利质押的题目中相同的内容便没有全部列出来，但相关条款未规定时，可以对前述动产质押的内容进行引用。因此，根据《担保法》第81条规定，权利质押除有特别规定者，适用动产质押的规定，相应地，权利质押没有全部列出的题目和内容，可以引用动产质押中相关的题目及相关内容。

法条指引

❶《中华人民共和国物权法》（2007年3月16日 主席令公布 2007年10月1日施行）

第一百七十八条 担保法与本法的规定不一致的，适用本法。

第二百四十条 留置权人对留置财产丧失占有或者留置权人接受债务人另行提供担保的，留置权消灭。

❷《中华人民共和国担保法》（1995年6月30日 主席令公布）

第八十一条 权利质押除适用本节规定外，适用本章第一节的规定。

第三章 特殊质押

● 本章为读者提供与以下题目有关的法律问题的解读及相关法律文献依据

个人住房质押贷款（454） 质押贷款（458） 破产程序中对企业之前所设立质押担保的处理（462）
海事质押担保（464）

【个人住房质押贷款】

法律问题解读

个人住房质押贷款是指城镇居民根据《担保法》、《贷款通则》、《个人住房担保贷款管理试行办法》、各专业银行制定的个人住房担保贷款条例，以质押担保的方式向有关商业银行和住房储蓄银行贷款，再以此款项购买自用普通住房或经济适用的住房，并按规定的方式还本付息。个人住房质押贷款的操作规则原则上适用《担保法》及其司法解释，但在实践中还应注意以下问题：

1. 个人住房质押贷款的借款人为具备条件的城镇居民，贷款人必须是经中国人民银行批准成立的商业银行和住房储蓄银行。

2. 申请贷款的城镇居民必须具备一定的条件并应向贷款机构提供有关身份证明和经济收入证明书等有关资料。

3. 各贷款银行对个人住房质押贷款的贷款期限、利率与额度都有规定，借款人只能按照上述规定办理个人住房质押贷款。

4. 对个人住房质押贷款的还款方式，各贷款银行都作了规定，贷款人只能按照有关规定还本付息。

法条指引

❶《**个人住房贷款管理办法**》（1998年5月9日 中国人民银行发布）

第二条 个人住房贷款（以下简称贷款）是指贷款人向借款人发放的用于购买自用普通住房的贷款。贷款人发放个人住房贷款时，借款人必须提供担保。借款人到期不能偿还贷款本息的，贷款人有权依法处理其抵押物或质物，或由保证人承担偿还本息的连带责任。

第三条 本办法适用于经中国人民银行批准设立的商业银行和住房储蓄银行。

第四条 贷款对象应是具有完全民事行为能力的自然人。

第五条 借款人须同时具备以下条件：

一、具有城镇常住户口或有效居留身份；

二、有稳定的职业和收入，信用良好，有偿还贷款本息的能力；

三、具有购买住房的合同或协议；

四、无住房补贴的以不低于所购住房全部价款的百分之三十作为购房的首期付款；有住房补贴的以个人承担部分的百分之三十作为购房的首期付款；

五、有贷款人认可的资产作为抵押或质押，或有足够代偿能力的单位或个人作为保证人；

六、贷款人规定的其他条件。

第六条 借款人应向贷款人提供下列资料：

一、身份证件（指居民身份证、户口本和其他有效居留证件）；

二、有关借款人家庭稳定的经济收入的证明；

三、符合规定的购买住房合同意向书、协议或其他批准文件；

四、抵押物或质物清单、权属证明以及有处分权人同意抵押或质押的证明；有权部门出具的抵押物估价证明；保证人同意提供担保的书面文件和保证人资信证明；

五、申请住房公积金贷款的，需持有住房公积金管理部门出具的证明；

六、贷款人要求提供的其他文件或资料。

第七条 借款人应直接向贷款人提出借款申请。贷款人自收到贷款申请及符合要求的资料之日起,应在三周内向借款人正式答复。贷款人审查同意后,按照《贷款通则》的有关规定,向借款人发放住房贷款。

第八条 贷款人发放贷款的数额,不得大于房地产评估机构评估的拟购买住房的价值。

第九条 申请使用住房公积金贷款购买住房的,在借款申请批准后,按借款合同约定的时间,由贷款人以转账方式将资金划转到售房单位在银行开立的账户。住房公积金贷款额度最高不得超过借款家庭成员退休年龄内所交纳住房公积金数额的两倍。

第十条 贷款人应根据实际情况,合理确定贷款期限,但最长不得超过20年。

第十一条 借款人应与贷款银行制定还本付息计划,贷款期限在1年以内(含1年)的,实行到期一次还本付息,利随本清;贷款期限在1年以上的,按月归还贷款本息。

第十二条 用信贷资金发放的个人住房贷款利率按法定贷款利率(不含浮动)减档执行。即,贷款期限为1年期以下(含1年)的,执行半年以下(含半年)法定贷款利率;期限为1至3年(含3年)的,执行6个月至1年期(含1年)法定贷款利率;期限为3至5年(含5年)的,执行1至3年期(含3年)法定贷款利率;期限为5至10年(含10年)的,执行3至5年(含5年)法定贷款利率;期限为10年以上的,在3至5年(含5年)法定贷款利率基础上适当上浮,上浮幅度最高不得超过5%。

第十三条 用住房公积金发放的个人住房贷款利率在3个月整存整取存款利率基础上加点执行。贷款期限为1年至3年(含3年)的,加1.8个百分点;期限为3至5年(含5年)的,加2.16个百分点;期限为5至10年(含10年)的,加2.34个百分点;期限为10至15年(含15年)的,加2.88个百分点;期限为15年至20年(含20年)的,加3.42个百分点。

第十四条 个人住房贷款期限在1年以内(含1年)的,实行合同利率,遇法定利率调整,不分段计算;贷款期限在1年以上的,遇法定利率调整,于下年初开始,按相应利率档次执行新的利率规定。

第二十一条 采取质押方式的,出质人和质权人必须签订书面质押合同,《中华人民共和国担保法》规定需要办理登记的,应当办理登记手续。质押合同的有关内容,按照《中华人民共和国担保法》第六十五条的规定执行。生效日期按第七十六条至第七十九条的规定执行。质押合同至借款人还清全部贷款本息时终止。

第二十二条 对设定的质物,在质押期届满之前,贷款人不得擅自处分。质押期间,质物如有损坏、遗失,贷款人应承担责任并负责赔偿。

第二十三条 借款人不能足额提供抵押(质押)时,应有贷款人认可的第三方提供承担连带责任的保证。保证人是法人的,必须具有代为偿还全部贷款本息的能力,且在银行开立有存款账户。保证人为自然人的,必须有固定经济来源,具有足够代偿能力,并且在贷款银行存有一定数额的保证金。

第三十四条 借款合同发生纠纷时,借贷双方应及时协商解决,协商不成的,任何一方均可依法申请仲裁或向人民法院提起诉讼。

第三十五条 借款人有下列情形之一的,贷款人按中国人民银行《贷款通则》的有关规定,对借款人追究违约责任:

一、借款人不按期归还贷款本息的;

二、借款人提供虚假文件或资料,已经或可能造成贷款损失的;

三、未经贷款人同意,借款人将设定抵押权或质押权财产或权益拆迁、出售、转让、赠与或重复抵押的;

四、借款人擅自改变贷款用途,挪用贷款的;

五、借款人拒绝或阻挠贷款人对贷款使用情况进行监督检查的;

六、借款人与其他法人或经济组织签订有损贷款人权益的合同或协议的;

七、保证人违反保证合同或丧失承担连带责任能力,抵押物因意外损毁不足以清偿贷款本息,质物明显减少影响贷款人实现质权,而借款人未按要求落实新保证或新抵押(质押)的。

❷《中央国家机关个人住房担保委托贷款办法(试行)》(1998年6月12日 国务院机关事务管理局发布)

第三条 本办法贷款担保方式包括:

(一)房产抵押;

(二)权利质押;

(三)第三方连带责任保证。

第四条 本办法借贷关系中的有关各方:

委托人:中央国家机关住房资金管理中心;

受托人:受托承办房改金融业务的银行及其

所属分支机构；

借款人：向受托人申请贷款的个人；

保险人：承保房屋财产险的保险公司；

抵押人：为贷款提供房产抵押担保的借款人或第三人；

抵押权人：受托人；

出质人：为贷款提供质押担保的借款人或第三人；

质权人：受托人；

保证人：为贷款提供连带责任保证担保的第三人。

第二章 贷款对象和贷款条件

第五条 贷款对象。在中央国家机关住房资金管理中心系统交存住房公积金的住房公积金缴存入和汇缴单位的离退休职工。

第六条 贷款条件。借款人须同时具备下列条件：

（一）具有北京市城镇常住户口或有效居留身份；

（二）在北京市购买自住住房；

（三）具有稳定的职业和收入，有偿还贷款本息的能力；

（四）具有购买住房的合同或有关证明文件，出售公房的售房方案已经上级房改管理机构批准；

（五）提供受托人同意的担保方式；

（六）符合委托人规定的其他条件。

第七条 贷款额度。每笔贷款额度不得超过所购住房购买价款的百分之七十，并且不得超过贷款抵押房产价值或各质押权利凭证所载本金的百分之七十，同时不得超过委托人定期公布的最高贷款额。

第八条 贷款期限。贷款期限由受托人和借款人约定，可计算到借款人六十五周岁，同时不得超过二十五年。

第九条 贷款利率。贷款利率按照国家规定在住房公积金计息利率的基础上加规定利差。贷款期间如遇国家调整住房公积金计息利率，贷款利率相应调整。

第十条 贷款申请。

借款人到受托人处填报借款申请表，并提供以下材料：

（一）借款人户口本、身份证或其他有效居留证件及复印件；

（二）购房合同或意向书等有关证明文件；

（三）借款人所在单位住房资金管理机构同意贷款的信函；

（四）购买新建商品房的提供售房单位的《北京市商品房销售许可证》复印件；购买公房的提供上级房改管理机构对"售房方案"批复文件的复印件；

（五）采用抵押或质押方式担保的，抵押物或质物的权属证明；

（六）采用保证方式担保的，保证人同意担保的书面证明及保证人的资信证明；

（七）借款人在受托人处存有不低于全部购房价款百分之三十的存款证明，或已交百分之三十以上购房预付款收据原件和复印件；

（八）受托人要求提供的其他材料。

第十一条 贷款初审。

受托人对借款人的申请进行审查，其内容包括：

（一）借款申请表核验；

（二）贷款额度和期限核定；

（三）贷款担保方式确定；

（四）购房行为合法性审查；

（五）抵押物权属审查或质物审查；

（六）收入情况及偿还贷款本息的能力审查；

（七）第三方连带责任人保证意愿及保证资格审查；

（八）其他审查。

其中，需进行抵押物评估的，由受托人认定的评估机构对抵押物进行评估，并出具评估报告送委托人。

第十二条 审批和签订委托合同。

受托人对借款申请初审后，填写《贷款初审意见书》送交委托人，委托人根据《贷款初审意见书》，对贷款进行审批，审批同意，委托人与受托人签订委托合同，同时签发《委托贷款通知单》。

第十三条 签订借款合同。

根据委托合同和《委托贷款通知单》，受托人与借款人签订借款合同及相关合同。借款人要求公证的，可到公证机构办理公证，费用由借款人负担。

（一）采取房产抵押担保方式的，须订立抵押合同，并购买房屋财产险，保险费由抵押人负担，同时由受托人、借款人及第三方签订抵押附属合同；

抵押登记办妥之日，抵押附属合同终止；

（二）采取权利质押担保方式的，须订立质押合同；

（三）采取第三方连带责任保证担保方式的，须订立连带责任保证合同。

第十四条 受托人须将借款合同及相关合同副本在签订后送交委托人，委托人收到借款合同及机关合同副本后，将资金划入委托贷款基金户；受托人经审查与委托合同及《委托贷款通知单》一致后，按借款合同的规定采取转账方式将贷款资金划入售房单位账户内。

第十五条 偿还贷款采取按月均还的办法；先还息后还本，每月还款额不低于家庭收入的百分之十五。

按月均还指贷款期限内每月均以相等的金额足额归还贷款本金和利息。计算公式如下：

$$R = P \frac{I(1+I)^N}{(1+I)^N - 1}$$

其中：R—月均还款额；

P—借款额；

I—贷款月利率；

N—按月计算的贷款期限。

第十六条 偿还贷款本息，可使用现金或借款人及其配偶账户内的住房公积金，也可由受托人与借款人所在单位依据借款合同签订委托代扣协议书，由借款人所在单位每月从借款人工资中代扣并偿还受托人。

第十七条 借款人可以提前偿还贷款本息，须遵守下列规定：

（一）提前还款必须一次性偿还全部剩余贷款本息，利息按照借款合同规定的利率和实际贷款期限计算；

（二）借款人提前还款，必须在预定提前还款日一个月之前书面通知受托人，该通知一经发出，即不可撤销。

第十八条 还款期限内。借款人未按合同约定的时间和还款方式偿还贷款本息的，在接到受托人发出的催交通知书后，必须立即补付欠交的贷款本息及逾期利息。逾期贷款计息，根据中国人民银行有关规定执行。

第二十五条 本办法所称贷款质押是指权利质押。借款人提供的作为质物的权利由受托人依照《中华人民共和国担保法》第七十五条及中国人民银行的有关规定予以确认。

第二十六条 采取质押担保方式的，出质人和质权人必须订立书面质押合同，按《中华人民共和国担保法》规定需要办理登记的，应办理登记手续。质押合同的有关内容，按照《中华人民共和国担保法》第六十五条的规定执行，生效日按照第七十六条至第七十九条的规定执行。质押合同至贷款到期日后一年时终止。

第二十七条 以载明兑现日期的债券出质的，若兑现日期先于偿还贷款日期，质权人可以在兑现日至最后还款日期之间兑现，并与出质人协议将兑现的价款用于一次性全额清偿贷款本息，也可以在质权人外新购债券或转存为质权人处人民币储蓄定期存单。

第二十八条 出质人应将质物交给质权人。权利出质后，出质人对用于质押的质物不得以任何理由挂失。质押期间，权利凭证如造成损坏、遗失，由质权人承担相应责任。

第三十七条 发生下列情况之一的，受托人有权提前收回部分或全部贷款：

（一）借款人连续六次未按借款合同规定的时间还本付息；

（二）抵押人中断购买房屋保险六个月；

（三）借款人提供虚假文件或资料，已经或可能造成贷款损失的；

（四）抵押人或出质人未经受托人同意，将已设定抵押权或质权财产或权益拆迁、出租、出售、转让、赠与、遗赠或重复抵押；

（五）保证人违反保证合同或丧失承担连带责任能力，借款人又未提供新的担保的；

（六）借款人在还款期限内死亡、宣告失踪或丧失民事行为能力后无法定继承人、受遗赠人或监护人，或其法定继承人、受遗赠人或监护人拒绝履行借款合同；

（七）借款人将贷款挪作他用；

（八）违反本办法和合同规定的其他情况。

第三十八条 发生前款所列事项且借款人拒绝还款的或贷款到期逾期六个月仍未还清全部贷款本息、罚息及费用的，受托人可通过依法处分抵押物或质物，或向保证人追索的方式，或办理退款改租手续，收回部分或全部贷款。其中对借款人将住房贷款挪作他用的部分每天加收万分之四的罚金。

第三十九条 处分抵押物和质物的方式和办法按《中华人民共和国担保法》及《北京市房地产抵押管理办法》等法律、法规、规定执行。

第四十条 处分抵押物或质物所得扣除税费后，首先偿还贷款本息及相关费用，剩余部分退还抵押人或出质人。处分标准价购得的房屋时，按有关规定办理。处分抵押物或质物所得不足以偿还贷款本息时，受托人有权向借款人追索未偿还部分。

第四十一条 借款合同发生纠纷时，借贷双方应及时协商解决，协商不成的，任何一方均可向人民法院起诉。

第四十二条　在办理贷款过程中，因抵押、质押或其保证方式发生的评估、保险、登记等费用，由借款人、抵押人或保证人负担；合同的公证费由要求公证的当事人负担。

【质押贷款】

法律问题解读

质押贷款是指法人、其他经济组织、个体工商户以及自然人根据《担保法》、各种金融机构和各专业银行的贷款担保条例，以质押的方式向上述金融机构和银行申请贷款，并按规定的方式还本付息。质押贷款的操作原则上按照《担保法》及其司法解释的规定，但在实践中还应注意以下几点：

1. 质押贷款的贷款方为经批准依法设立的各专业银行和中资金融机构。

2. 有些专业银行依据自身经营特点的不同，对质押标的有特殊的规定和严格的审查，如国家开发银行就不接受专利、专有技术、商标专用权、著作权以及未履行法定登记手续的动产或者权利作为质物。实践中若贷款银行有了对质物要求的专门规定，应按照此规定办理。

3. 为了控制贷款风险，各贷款银行都在贷款条例中规定了质押率、质押额及质押期限等内容，实践中借款人不得违反上述条例贷款。

4. 如果贷款银行有统一发制的贷款书面合同基本格式，贷款人应按合同填写有关项目。

5. 国有独资商业银行应当按国务院的规定发放和管理特定贷款。

法条指引

❶《中华人民共和国商业银行法》（2003年12月27日修正公布）

第三条　商业银行可以经营下列部分或者全部业务：

（一）吸收公众存款；
（二）发放短期、中期和长期贷款；
（三）办理国内外结算；
（四）办理票据承兑与贴现；
（五）发行金融债券；
（六）代理发行、代理兑付、承销政府债券；
（七）买卖政府债券、金融债券；
（八）从事同业拆借；
（九）买卖、代理买卖外汇；
（十）从事银行卡业务；
（十一）提供信用证服务及担保；
（十二）代理收付款项及代理保险业务；
（十三）提供保管箱服务；
（十四）经国务院银行业监督管理机构批准的其他业务。

经营范围由商业银行章程规定，报国务院银行业监督管理机构批准。

商业银行经中国人民银行批准，可以经营结汇、售汇业务。

第四条　商业银行以效益性、安全性、流动性为经营原则，实行自主经营，自担风险，自负盈亏，自我约束。

商业银行依法开展业务，不受任何单位和个人的干涉。

商业银行以其全部法人财产独立承担民事责任。

第五条　商业银行与客户的业务往来，应当遵循平等、自愿、公平和诚实信用的原则。

第六条　商业银行应当保障存款人的合法权益不受任何单位和个人的侵犯。

第七条　商业银行开展信贷业务，应当严格审查借款人的资信，实行担保，保障按期收回贷款。

商业银行依法向借款人收回到期贷款的本金和利息，受法律保护。

第三十五条　商业银行贷款，应当对借款人的借款用途、偿还能力、还款方式等情况进行严格审查。

商业银行贷款，应当实行审贷分离、分级审批的制度。

第三十六条　商业银行贷款，借款人应当提供担保。商业银行应当对保证人的偿还能力，抵押物、质物的权属和价值以及实现抵押权、质权的可行性进行严格审查。

经商业银行审查、评估，确认借款人资信良好，确能偿还贷款的，可以不提供担保。

第三十八条　商业银行应当按照中国人民银行规定的贷款利率的上下限，确定贷款利率。

第三十九条　商业银行贷款，应当遵守下列资产负债比例管理的规定：

（一）资本充足率不得低于百分之八；
（二）贷款余额与存款余额的比例不得超过百分之七十五；
（三）流动性资产余额与流动性负债余额的比

例不得低于百分之二十五;

(四)对同一借款人的贷款余额与商业银行资本余额的比例不得超过百分之十;

(五)国务院银行业监督管理机构对资产负债比例管理的其他规定。

本法施行前设立的商业银行,在本法施行后,其资产负债比例不符合前款规定的,应当在一定的期限内符合前规定。具体办法由国务院规定。

第四十条 商业银行不得向关系人发放信用贷款;向关系人发放担保贷款的条件不得优于其他借款人同类贷款的条件。

前款所称关系人是指:

(一)商业银行的董事、监事、管理人员、信贷业务人员及其近亲属;

(二)前项所列人员投资或者担任高级管理职务的公司、企业和其他经济组织。

第四十二条 借款人应当按期归还贷款的本金和利息。

借款人到期不归还担保贷款的,商业银行依法享有要求保证人归还贷款本金和利息或者就该担保物优先受偿的权利。商业银行因行使抵押权、质权而取得的不动产或者股权,应当自取得之日起两年内予以处分。

借款人到期不归还信用贷款的,应当按照合同约定承担责任。

❷《凭证式国债质押贷款办法》(1999年7月9日 中国人民银行发布)

第九条 凭证式国债质押贷款额度起点为五千元,每笔贷款应不超过质押品面额的百分之九十。

第十一条 凭证式国债质押贷款应按期归还。逾期一个月以内(含一个月)的,自逾期之日起,贷款机构按法定罚息利率向借款人计收罚息。逾期超过一个月,贷款机构有权处理质押的凭证式国债,抵偿贷款本息。贷款机构在处理逾期的凭证式国债质押贷款时,如凭证式国债尚未到期,贷款机构可按提前兑付的正常程序办理兑付(提前兑取时,银行按国债票面值收取千分之二的手续费,手续费由借款人承担),在抵偿了贷款本息及罚息后,应将剩余款项退还借款人。

❸《贷款通则》(1996年6月28日 中国人民银行发布)

第二条 本通则所称贷款人,系指在中国境内依法设立的经营贷款业务的中资金融机构。

本通则所称借款人,系指从经营贷款业务的中资金融机构取得贷款的法人、其他经济组织、个体工商户和自然人。

本通则中所称贷款系指贷款人对借款人提供的并按约定的利率和期限还本付息的货币资金。

本通则中的贷款币种包括人民币和外币。

第九条 信用贷款、担保贷款和票据贴现:

信用贷款,系以借款人的信誉发放的贷款。

担保贷款,系指保证贷款、抵押贷款、质押贷款。

保证贷款,系指按《中华人民共和国担保法》规定的保证方式以第三人承诺在借款人不能偿还贷款时,按约定承担一般保证责任或者连带责任而发放的贷款。

抵押贷款,系指按《中华人民共和国担保法》规定的抵押方式以借款人或第三人的财产作为抵押物发放的贷款。

质押贷款,系指按《中华人民共和国担保法》规定的质押方式以借款人或第三人的动产或权利作为质物发放的贷款。

票据贴现,系指贷款人以购买借款人未到期商业票据的方式发放的贷款。

第十一条 贷款期限:

贷款期限根据借款人的生产经营周期、还款能力和贷款人的资金供给能力由借贷双方共同商议后确定,并在借款合同中载明。

自营贷款期限最长一般不得超过十年,超过十年应当报中国人民银行备案。

票据贴现的贴现期限最长不得超过六个月,贴现期限为从贴现之日起到票据到期日止。

第十二条 贷款展期:

不能按期归还贷款的,借款人应当在贷款到期日之前,向贷款人申请贷款展期。是否展期由贷款人决定。申请保证贷款、抵押贷款、质押贷款展期的,还应当由保证人、抵押人、出质人出具同意的书面证明。已有约定的,按照约定执行。

短期贷款展期期限累计不得超过原贷款期限;中期贷款展期期限累计不得超过原贷款期限的一半;长期贷款展期期限累计不得超过三年。国家另有规定者除外。借款人未申请展期或申请展期未得到批准,其贷款从到期日次日起,转入逾期贷款账户。

第十三条 贷款利率的确定:

贷款人应当按照中国人民银行规定的贷款利率的上下限,确定每笔贷款利率,并在借款合同中载明。

第十七条 借款人应当是经工商行政管理机关(或主管机关)核准登记的企(事)业法人、其他经济组织、个体工商户或具有中华人民共和国国籍的具有完全民事行为能力的自然人。

借款人申请贷款，应当具备产品有市场、生产经营有效益、不挤占挪用信贷资金、恪守信用等基本条件，并且应当符合以下要求：

一、有按期还本付息的能力，原应付贷款利息和到期贷款已清偿；没有清偿的，已经做了贷款人认可的偿还计划。

二、除自然人和不需要经工商部门核准登记的事业法人外，应当经过工商部门办理年检手续。

三、已开立基本账户或一般存款账户。

四、除国务院规定外，有限责任公司和股份有限公司对外股本权益性投资累计额未超过其净资产总额的百分之五十。

五、借款人的资产负债率符合贷款人的要求。

六、申请中期、长期贷款的，新建项目的企业法人所有者权益与项目所需总投资的比例不低于国家规定的投资项目的资本金比例。

第十八条 借款人的权利：

一、可以自主向主办银行或者其他银行的经办机构申请贷款并依条件取得贷款；

二、有权按合同约定提取和使用全部贷款；

三、有权拒绝借款合同以外的附加条件；

四、有权向贷款人的上级和中国人民银行反映、举报有关情况；

五、在征得贷款人同意后，有权向第三人转让债务。

第十九条 借款人的义务：

一、应当如实提供贷款人要求的资料（法律规定不能提供者除外），应当向贷款人如实提供所有开户行、账号及存贷款余额情况，配合贷款人的调查、审查和检查；

二、应当接受贷款人对其使用信贷资金情况和有关生产经营、财务活动的监督；

三、应当按借款合同约定用途使用贷款；

四、应当按借款合同约定及时清偿贷款本息；

五、将债务全部或部分转让给第三人的，应当取得贷款人的同意；

六、有危及贷款人债权安全情况时，应当及时通知贷款人，同时采取保全措施。

第二十条 对借款人的限制：

一、不得在一个贷款人同一辖区内的两个或两个以上同级分支机构取得贷款。

二、不得向贷款人提供虚假的或者隐瞒重要事实的资产负债表、损益表等。

三、不得用贷款从事股本权益性投资，国家另有规定的除外。

四、不得用贷款在有价证券、期货等方面从事投机经营。

五、除依法取得经营房地产资格的借款人以外，不得用贷款经营房地产业务；依法取得经营房地产资格的借款人，不得用贷款从事房地产投机。

六、不得套取贷款用于借贷牟取非法收入。

七、不得违反国家外汇管理规定使用外币贷款。

八、不得采取欺诈手段骗取贷款。

第二十一条 贷款人必须经中国人民银行批准经营贷款业务，持有中国人民银行颁发的《金融机构法人许可证》或《金融机构营业许可证》，并经工商行政管理部门核准登记。

第二十二条 贷款人的权利：

根据贷款条件和贷款程序自主审查和决定贷款，除国务院批准的特定贷款外，有权拒绝任何单位和个人强令其发放贷款或者提供担保。

一、要求借款人提供与借款有关的资料；

二、根据借款人的条件，决定贷与不贷、贷款金额、期限和利率等；

三、了解借款人的生产经营活动和财务活动；

四、依合同约定从借款人账户上划收贷款本金和利息；

五、借款人未能履行借款合同规定义务的，贷款人有权依合同约定要求借款人提前归还贷款或停止支付借款人尚未使用的贷款；

六、在贷款将受或已受损失时，可依据合同规定，采取使贷款免受损失的措施。

第二十三条 贷款人的义务：

一、应当公布所经营的贷款的种类、期限和利率，并向借款人提供咨询。

二、应当公开贷款审查的资信内容和发放贷款的条件。

三、贷款人应当审议借款人的借款申请，并及时答复贷与不贷。短期贷款答复时间不得超过一个月，中期、长期贷款答复时间不得超过六个月；国家另有规定者除外。

四、应当对借款人的债务、财务、生产、经营情况保密，但对依法查询者除外。

第二十四条 对贷款人的限制：

一、贷款的发放必须严格执行《中华人民共和国商业银行法》第三十九条关于资产负债比例管理的有关规定，第四十条关于不得向关系人发放信用贷款、向关系人发放担保贷款的条件不得优于其他借款人同类贷款条件的规定。

二、借款人有下列情形之一者，不得对其发放贷款：

（一）不具备本通则第四章第十七条所规定的资格和条件的；

（二）生产、经营或投资国家明文禁止的产品、项目的；

（三）违反国家外汇管理规定的；

（四）建设项目按国家规定应当报有关部门批准而未取得批准文件的；

（五）生产经营或投资项目未取得环境保护部门许可的；

（六）在实行承包、租赁、联营、合并（兼并）、合作、分立、产权有偿转让、股份制改造等体制变更过程中，未清偿原有贷款债务、落实原有贷款债务或提供相应担保的；

（七）有其他严重违法经营行为的。

三、未经中国人民银行批准，不得对自然人发放外币币种的贷款。

四、自营贷款和特定贷款，除按中国人民银行规定计收利息之外，不得收取其他任何费用；委托贷款，除按中国人民银行规定计收手续费之外，不得收取其他任何费用。

五、不得给委托人垫付资金，国家另有规定的除外。

六、严格控制信用贷款，积极推广担保贷款。

第五十四条 贷款人应当按照有关法律参与借款人破产财产的认定与债权债务的处置，对于破产借款人已设定财产抵押、质押或其他担保的贷款债权，贷款人依法享有优先受偿权；无财产担保的贷款债权按法定程序和比例受偿。

第五十七条 特定贷款管理：

国有独资商业银行应当按国务院规定发放和管理特定贷款。

特定贷款管理办法另行规定。

第六十二条 贷款人违反资产负债比例管理有关规定发放贷款的，应当依照《中华人民共和国商业银行法》第七十五条，由中国人民银行责令改正，处以罚款，有违法所得的没收违法所得，并且应当依照第七十六条对直接负责的主管人员和其他直接责任人员给予处罚。

第六十三条 贷款人违反规定向关系人发放信用贷款或者发放担保贷款的条件优于其他借款人同类贷款条件的，应当依照《中华人民共和国商业银行法》第七十四条处罚，并且应当依照第七十六条对有关直接责任人员给予处罚。

第六十四条 贷款人的工作人员对单位或者个人强令其发放贷款或者提供担保未予拒绝的，应当依照《中华人民共和国商业银行法》第八十五条给予纪律处分，造成损失的应当承担相应的赔偿责任。

第六十五条 贷款人的有关责任人员违反本通则有关规定，应当给予纪律处分和罚款；情节严重或屡次违反的，应当调离工作岗位，取消任职资格；造成严重经济损失或者构成其他经济犯罪的，应当依照有关法律规定追究刑事责任。

第六十六条 贷款人有下列情形之一，由中国人民银行责令改正；逾期不改正的，中国人民银行可以处以五千元以上一万元以下罚款：

一、没有公布所经营贷款的种类、期限、利率的；

二、没有公开贷款条件和发放贷款时要审查的内容的；

三、没有在规定期限内答复借款人贷款申请的。

第六十七条 贷款人有下列情形之一，由中国人民银行责令改正；有违法所得的，没收违法所得，并处以违法所得一倍以上三倍以下罚款；没有违法所得的，处以五万元以上三十万元以下罚款；构成犯罪的，依法追究刑事责任：

一、贷款人违反规定代垫委托贷款资金的；

二、未经中国人民银行批准，对自然人发放外币贷款的；

三、贷款人违反中国人民银行规定，对自营贷款或者特定贷款在计收利息之外收取其他费用的，或者对委托贷款在计收手续费之外收取其他任何费用的。

第六十八条 任何单位和个人强令银行发放贷款或者提供担保的，应当依照《中华人民共和国商业银行法》第八十五条，对直接负责的主管人员和其他直接责任人员或者个人给予纪律处分；造成经济损失的，承担全部或者部分赔偿责任。

第六十九条 借款人采取欺诈手段骗取贷款，构成犯罪的，应当依照《中华人民共和国商业银行法》第八十条等法律规定处以罚款并追究刑事责任。

第七十条 借款人违反本通则第九章第四十二条规定，蓄意通过兼并、破产或者股份制改造等途径侵吞信贷资金的，应当依据有关法律规定承担相应部分的赔偿责任并处以罚款；造成贷款人重大经济损失的，应当依照有关法律规定追究直接责任人员的刑事责任。

借款人违反本通则第九章其他条款规定，致

使贷款债务落空，由贷款人停止发放新贷款，并提前收回原发放的贷款。造成信贷资产损失的，借款人及其主管人员或其他个人，应当承担部分或全部赔偿责任。在未履行赔偿责任之前，其他任何贷款人不得对其发放贷款。

第七十一条 借款人有下列情形之一，由贷款人对其部分或全部贷款加收利息；情节特别严重的，由贷款人停止支付借款人尚未使用的贷款，并提前收回部分或全部贷款：

一、不按借款合同规定用途使用贷款的。

二、用贷款进行股本权益性投资的。

三、用贷款在有价证券、期货等方面从事投机经营的。

四、未依法取得经营房地产资格的借款人用贷款经营房地产业务的；依法取得经营房地产资格的借款人，用贷款从事房地产投机的。

五、不按借款合同规定清偿贷款本息的。

六、套取贷款相互借贷牟取非法收入的。

第七十二条 借款人有下列情形之一，由贷款人责令改正。情节特别严重或逾期不改正的，由贷款人停止支付借款人尚未使用的贷款，并提前收回部分或全部贷款：

一、向贷款人提供虚假或者隐瞒重要事实的资产负债表、损益表等资料的；

二、不如实向贷款人提供所有开户行、账号及存贷款余额等资料的；

三、拒绝接受贷款人对其使用信贷资金情况和有关生产经营、财务活动监督的。

第七十三条 行政部门、企事业单位、股份合作经济组织、供销合作社、农村合作基金会和其他基金会擅自发放贷款的；企业之间擅自办理借贷或者变相借贷的，由中国人民银行对出借方按违规收入处以一倍以上至五倍以下罚款，并由中国人民银行予以取缔。

第七十四条 当事人对中国人民银行处罚决定不服的，可按《中国人民银行行政复议办法（试行）》的规定申请复议，复议期间仍按原处罚执行。

案例链接

❶《中国建设银行股份有限公司漯河黄河路支行与张宏山等借款担保合同纠纷上诉案》，参见北大法宝引证码：Pkulaw. cn/CLI. C. 285652。

学者观点

❶ 蒋星辉：《管理层收购融资法律制度研究》，参见北大法宝引证码：Pkulaw. cn/CLI. A. 1145042。

❷ 潘修平、王卫国：《我国商业银行理财产品质押制度研究》，参见北大法宝引证码：Pkulaw. cn/CLI. A. 1141911。

❸ 李珂丽：《存单质押的风险防范及债权人的利益保护》，参见北大法宝引证码：Pkulaw. cn/CLI. A. 1141960。

【破产程序中对企业之前所设立质押担保的处理】

法律问题解读

破产程序中对企业之前所设立质押担保的处理，是指企业法人发生破产原因，依据《中华人民共和国企业破产法》有关规定被宣告破产以后，对之前企业为其他组织或个人设立的质押担保的处理。根据有关法律规定，实践中应把握以下几点：

1. 破产宣告前成立的有财产担保的债权，债权人享有就该担保物优先受偿的权利。有担保的债权，其数额超过担保物的价款的，未受清偿的部分，作为破产债权，依照破产程序受偿。

2. 票据（汇票、本票、支票）发票人或背书人被宣告破产，而付款人或承包人未知其事实而付款或承兑，因此所产生的债权为破产债权，付款人或承兑人为债权人。

3. 已作为担保物的财产不属于破产财产，破产企业的抵押物（包括质押）或其他担保物的价值，不足以清偿其所担保的债务数额的，其差额应列入破产财产。

4. 在人民法院受理破产案件前6个月至破产宣告之日的期间内，对原来没有财产担保的债务提供财产担保的行为无效。

法条指引

❶《中华人民共和国企业破产法》（2006年8月27日 主席令公布）

第二条 企业法人不能清偿到期债务，并且资产不足以清偿全部债务或者明显缺乏清偿能力的，依照本法规定清理债务。

企业法人有前款规定情形，或者有明显丧失清偿能力可能的，可以依照本法规定进行重整。

第三十条 破产申请受理时属于债务人的全部财产，以及破产申请受理后至破产程序终结前债务人取得的财产，为债务人财产。

第三十一条 人民法院受理破产申请前一年内，涉及债务人财产的下列行为，管理人有权请求人民法院予以撤销：

（一）无偿转让财产的；

（二）以明显不合理的价格进行交易的；

（三）对没有财产担保的债务提供财产担保的；

（四）对未到期的债务提前清偿的；

（五）放弃债权的。

第三十二条 人民法院受理破产申请前六个月内，债务人有本法第二条第一款规定的情形，仍对个别债权人进行清偿的，管理人有权请求人民法院予以撤销。但是，个别清偿使债务人财产受益的除外。

第三十三条 涉及债务人财产的下列行为无效：

（一）为逃避债务而隐匿、转移财产的；

（二）虚构债务或者承认不真实的债务的。

第四十六条 未到期的债权，在破产申请受理时视为到期。

附利息的债权自破产申请受理时起停止计息。

第一百零七条 人民法院依照本法规定宣告债务人破产的，应当自裁定作出之日起五日内送达债务人和管理人，自裁定作出之日起十日内通知已知债权人，并予以公告。

债务人被宣告破产后，债务人称为破产人，债务人财产称为破产财产，人民法院受理破产申请时对债务人享有的债权称为破产债权。

第一百一十条 享有本法第一百零九条规定权利的债权人行使优先受偿权利未能完全受偿的，其未受偿的债权作为普通债权；放弃优先受偿权利的，其债权作为普通债权。

❷《最高人民法院关于审理企业破产案件若干问题的规定》（2002年7月30日）

第五十五条 下列债权属于破产债权：

（一）破产宣告前发生的无财产担保的债权；

（二）破产宣告前发生的虽有财产担保但是债权人放弃优先受偿的债权；

（三）破产宣告前发生的虽有财产担保但是债权数额超过担保物价值部分的债权；

（四）票据出票人被宣告破产，付款人或者承兑人不知其事实而向持票人付款或者承兑所产生的债权；

（五）清算组解除合同，对方当事人依法或者依照合同约定产生的对债务人可以用货币计算的债权；

（六）债务人的受托人在债务人破产后，为债务人的利益处理委托事务所发生的债权；

（七）债务人发行债券形成的债权；

（八）债务人的保证人代替债务人清偿债务后依法可以向债务人追偿的债权；

（九）债务人的保证人按照《中华人民共和国担保法》第三十二条的规定预先行使追偿权而申报的债权；

（十）债务人为保证人的，在破产宣告前已经被生效的法律文书确定承担的保证责任；

（十一）债务人在破产宣告前因侵权、违约给他人造成财产损失而产生的赔偿责任。

（十二）人民法院认可的其他债权。

以上第（五）项债权以实际损失为计算原则。违约金不作为破产债权，定金不再适用定金罚则。

第六十一条 下列债权不属于破产债权：

（一）行政、司法机关对破产企业的罚款、罚金以及其他有关费用；

（二）人民法院受理破产案件后债务人未支付应付款项的滞纳金，包括债务人未执行生效法律文书应当加倍支付的迟延利息和劳动保险金的滞纳金；

（三）破产宣告后的债务利息；

（四）债权人参加破产程序所支出的费用；

（五）破产企业的股权、股票持有人在股权、股票上的权利；

（六）破产财产分配开始后向清算组申报的债权；

（七）超过诉讼时效的债权；

（八）债务人开办单位对债务人未收取的管理费、承包费。

上述不属于破产债权的权利，人民法院或者清算组也应当对当事人的申报进行登记。

第六十四条 破产财产由下列财产构成：

（一）债务人在破产宣告时所有的或者经营管理的全部财产；

（二）债务人在破产宣告后至破产程序终结前取得的财产；

（三）应当由债务人行使的其他财产权利。

第七十一条 下列财产不属于破产财产：

（一）债务人基于仓储、保管、加工承揽、委托交易、代销、借用、寄存、租赁等法律关系占有、使用的他人财产；

（二）抵押物、留置物、出质物，但权利人放弃优先受偿权的或者优先偿付被担保债权剩余的

部分除外;

(三) 担保物灭失后产生的保险金、补偿金、赔偿金等代位物;

(四) 依照法律规定存在优先权的财产,但权利人放弃优先受偿权或者优先偿付特定债权剩余的部分除外;

(五) 特定物买卖中,尚未转移占有但相对人已完全支付对价的特定物;

(六) 尚未办理产权证或者产权过户手续但已向买方交付的财产;

(七) 债务人在所有权保留买卖中尚未取得所有权的财产;

(八) 所有权专属于国家且不得转让的财产;

(九) 破产企业工会所有的财产。

【海事质押担保】

法律问题解读

海事质押担保是指由《中华人民共和国海事诉讼特别程序法》中规定的包括海事请求保全、海事强制令、海事证据保全等程序中所涉及的质押担保。

海事请求保全中的质押担保是指海事法院根据海事请求人的申请对被请求人的财产采取强制措施时,应海事法院的要求,海事请求人所提供的质押担保。海事强制令中的质押担保是指海事法院根据海事请求人的申请,责令被请求人作为或者不作为时,应海事法院的要求,海事请求人所提供的质押担保。海事证据保全的质押是指海事法院根据海事请求人的申请,对有关海事请求的证据予以提取、保存或封存时,应海事法院的要求,海事请求人所提供的质押担保。

海事请求人的担保提交海事法院,被请求人的担保可以提交海事法院,也可提供给海事请求人。

海事请求人的担保方式、数额由海事法院决定;被请求人的担保方式、数额由请求人和被请求人协商决定;协商不成由海事法院决定。被请求人提供担保的数额应与其债权数额相当,但不得超过被保全的财产价值;海事请求人提供担保的数额,应相当于因其申请可能给被请求人造成的损失,具体数额由海事法院决定。此外,海事担保人可根据正当理由向海事法院申请减少、变更、取消担保。海事请求人请求担保数额过高造成被请求人损失的应承担赔偿责任。

法条指引

❶《中华人民共和国海事诉讼特别程序法》
(1999年12月25日 主席令公布)

第十二条 海事请求保全是指海事法院根据海事请求人的申请,为保障其海事请求的实现,对被请求人的财产所采取的强制措施。

第十六条 海事法院受理海事请求保全申请,可以责令海事请求人提供担保。海事请求人不提供的,驳回其申请。

第十八条 被请求人提供担保,或者当事人有正当理由申请解除海事请求保全的,海事法院应当及时解除保全。

海事请求人在本法规定的期间内,未提起诉讼或者未按照仲裁协议申请仲裁的,海事法院应当及时解除保全或者返还担保。

第二十四条 海事请求人不得因同一海事请求申请扣押已被扣押过的船舶,但有下列情形之一的除外:

(一) 被请求人未提供充分的担保;

(二) 担保人有可能不能全部或者部分履行担保义务;

(三) 海事请求人因合理的原因同意释放被扣押的船舶或者返还已提供的担保;或者不能通过合理措施阻止释放被扣押的船舶或者返还已提供的担保。

第二十九条 船舶扣押期间届满,被请求人不提供担保,而且船舶不宜继续扣押的,海事请求人可以在提起诉讼或者申请仲裁后,向扣押船舶的海事法院申请拍卖船舶。

第五十五条 海事法院受理海事强制令申请,可以责令海事请求人提供担保。海事请求人不提供的,驳回其申请。

第六十六条 海事法院受理海事证据保全申请,可以责令海事请求人提供担保。海事请求人不提供的,驳回其申请。

第七十三条 海事担保包括本法规定的海事请求保全、海事强制令、海事证据保全等程序中所涉及的担保。

担保的方式为提供现金或者保证、设置抵押或者质押。

第七十四条 海事请求人的担保应当提交给海事法院;被请求人的担保可以提交给海事法院,也可以提供给海事请求人。

第七十五条 海事请求人提供的担保,其方

式、数额由海事法院决定。被请求人提供的担保，其方式、数额由海事请求人和被请求人协商；协商不成的，由海事法院决定。

第七十六条 海事请求人要求被请求人就海事请求保全提供担保的数额，应当与其债权数额相当，但不得超过被保全的财产价值。

海事请求人提供担保的数额，应当相当于因其申请可能给被请求人造成的损失。具体数额由海事法院决定。

第七十七条 担保提供后，提供担保的人有正当理由的，可以向海事法院申请减少、变更或者取消该担保。

第七十八条 海事请求人请求担保的数额过高，造成被请求人损失的，应当承担赔偿责任。

第七十九条 设立海事赔偿责任限制基金和先予执行等程序所涉及的担保，可以参照本章规定。

第五编　留置权

第一章　留置权及其成立条件

● 本章为读者提供与以下题目有关的法律问题的解读及相关法律文献依据

> 留置（466）　留置权（468）　留置权的法定性（470）　约定排除留置权（472）　留置权的从属性（472）　留置权的不可分性（473）　留置权的物上代位性（474）　留置权的排他效力（474）　留置权的追及效力（475）　留置权的成立（476）　合法占有（478）　牵连关系（479）　债权已届清偿期（481）　宽限期（482）　留置权无法成立的情形（483）

【留置】

法律问题解读

留置作为一种债的担保方法，是指债权人因保管合同、运输合同、加工承揽合同但不限于这几类合同依法占有债务人的动产，债务人未按照合同约定的期限履行债务时，债权人有权依照法律的规定留置该财产，经过一定的期限，债务人仍然不履行债务时，得以该财产折价或者以拍卖、变卖该财产所得的价款优先受偿。由此可见，留置具有双重担保意义：一是债权人以继续占有债务人的财产的方法迫使债务人履行债务；二是当债务人在一定期限后仍然不履行债务的时候，债权人就有权处分该财产，优先受偿，从而实现自己的债权。

理解留置制度应该把握以下两点：

1. 留置担保以担保债权受偿为目的，其首要功能在于以留置债务人财产的方式迫使债务人履行债务。债务人不履行其义务时，债权人可以留置属于债务人的财产，并在法律允许的范围内变价留置物以清偿其债权。债权人留置债务人的财产，目的在于迫使债务人履行债务；债权人变价债务人的财产，目的在于使得债权获得事实上的清偿。如果债权人占有债务人的财产，但并非以担保债务的清偿为目的，而是以使用收益占有物为目的，则不发生留置权。

2. 债务人在债务履行期限届满后不履行债务，经过一定合理期限仍然不履行的时候，债权人有权按法定程序和法定方式处理其留置的财产，优先受偿，从而使自己的债权得到实现。债权人必须在债务履行期限届满后再给予债务人一定合理期限履行债务，若其再不履行，债权人才得以处分其留置的财产。

法条指引

❶《中华人民共和国物权法》（2007年3月16日　主席令公布　2007年10月1日施行）

第二百三十条　债务人不履行到期债务，债权人可以留置已经合法占有的债务人的动产，并有权就该动产优先受偿。

前款规定的债权人为留置权人，占有的动产为留置财产。

第二百三十一条　债权人留置的动产，应当与债权属于同一法律关系，但企业之间留置的除外。

❷《中华人民共和国担保法》（1995年6月30日　主席令公布）

第八十二条　本法所称留置，是指依照本法第八十四条的规定，债权人按照合同约定占有债务人的动产，债务人不按照合同约定的期限履行债务的,债权人有权依照本法规定留置该财产,以该财产折价或者以拍卖、变卖该财产的价款优先受偿。

第八十四条 因保管合同、运输合同、加工承揽合同发生的债权,债务人不履行债务的,债权人有留置权。

法律规定可以留置的其他合同,适用前款规定。

当事人可以在合同中约定不得留置的物。

第八十七条 债权人与债务人应当在合同中约定,债权人留置财产后,债务人应当在不少于两个月的期限内履行债务。债权人与债务人在合同中未约定的,债权人留置债务人财产后,应当确定两个月以上的期限,通知债务人在该期限内履行债务。

债务人逾期仍不履行的,债权人可以与债务人协议以留置物折价,也可以依法拍卖、变卖留置物。

留置物折价或者拍卖、变卖后,其价款超过债权数额的部分归债务人所有,不足部分由债务人清偿。

❸《中华人民共和国民法通则》(1986年4月12日 主席令公布)

第八十九条 依照法律的规定或者按照当事人的约定,可以采用下列方式担保债务的履行:

(一)保证人向债权人保证债务人履行债务,债务人不履行债务的,按照约定由保证人履行或者承担连带责任;保证人履行债务后,有权向债务人追偿。

(二)债务人或者第三人可以提供一定的财产作为抵押物。债务人不履行债务的,债权人有权依照法律的规定以抵押物折价或者以变卖抵押物的价款优先得到偿还。

(三)当事人一方在法律规定的范围内可以向对方给付定金。债务人履行债务后,定金应当抵作价款或者收回。给付定金的一方不履行债务的,无权要求返还定金;接受定金的一方不履行债务的,应当双倍返还定金。

(四)按照合同约定一方占有对方的财产,对方不按照合同给付应付款项超过约定期限的,占有人有权留置该财产,依照法律的规定以留置财产折价或者以变卖该财产的价款优先得到偿还。

❹《中华人民共和国海商法》(1992年11月7日 主席令公布)

第二十五条 船舶优先权先于船舶留置权受偿,船舶抵押权后于船舶留置权受偿。

前款所称船舶留置权,是指造船人、修船人在合同另一方未履行合同时,可以留置所占有的船舶,以保证造船费用或者修船费用得以偿还的权利。船舶留置权在造船人、修船人不再占有所造或者所修的船舶时消灭。

❺《中华人民共和国合同法》(1999年3月15日 主席令公布)

第二百六十四条 定作人未向承揽人支付报酬或者材料费等价款的,承揽人对完成的工作成果享有留置权,但当事人另有约定的除外。

第二百八十六条 发包人未按照约定支付价款的,承包人可以催告发包人在合理期限内支付价款。发包人逾期不支付的,除按照建设工程的性质不宜折价、拍卖的以外,承包人可以与发包人协议将该工程折价,也可以申请人民法院将该工程依法拍卖。建设工程的价款就该工程折价或者拍卖的价款优先受偿。

第三百一十五条 托运人或者收货人不支付运费、保管费以及其他运输费用的,承运人对相应的运输货物享有留置权,但当事人另有约定的除外。

第三百八十条 寄存人未按照约定支付保管费以及其他费用的,保管人对保管物享有留置权,但当事人另有约定的除外。

第三百九十五条 本章没有规定的,适用保管合同的有关规定。

第四百二十二条 行纪人完成或者部分完成委托事务的,委托人应当向其支付相应的报酬。委托人逾期不支付报酬的,行纪人对委托物享有留置权,但当事人另有约定的除外。

❻《中华人民共和国信托法》(2001年4月28日 主席令公布)

第五十七条 信托终止后,受托人依照本法规定行使请求给付报酬、从信托财产中获得补偿的权利时,可以留置信托财产或者对信托财产的权利归属人提出请求。

❼《最高人民法院关于适用〈中华人民共和国担保法〉若干问题的解释》(2000年12月13日发布)

第一百零八条 债权人合法占有债务人交付的动产时,不知债务人无处分该动产的权利,债权人可以按照《担保法》第八十二条的规定行使留置权。

第一百零九条 债权人的债权已届清偿期,债权人对动产的占有与其债权的发生有牵连关系,债权人可以留置其所占有的动产。

❽《最高人民法院关于贯彻执行〈中华人民共和国民法通则〉若干问题的意见（试行）》（1988年1月26日发布）

117. 债权人因合同关系占有债务人财物的，如果债务人到期不履行义务，债权人可以将相应的财物留置。经催告，债务人在合理期限内仍不履行义务，债权人依法将留置的财物以合理的价格变卖，并以变卖财物的价款优先受偿的，应予保护。

❾《汽车货物运输规则》（1999年11月15日交通部发布）

第七十八条　汽车货物运输的运杂费按下列规定结算：

（一）货物运杂费在货物托运、起运时一次结清，也可按合同采用预付费用的方式，随运随结或运后结清。托运人或者收货人不支付运费、保管费以及其他运输费用的，承运人对相应的运输货物享有留置权，但当事人另有约定的除外。

（二）运费尾数以元为单位，不足一元时四舍五入。

案例链接

❶《包家文与易兴明等雇员受害赔偿纠纷上诉案》，参见北大法宝引证码：Pkulaw.cn/CLI.C.291300。

❷《常金昌与贾新明侵权纠纷上诉案》，参见北大法宝引证码：Pkulaw.cn/CLI.C.282390。

❸《蔡某某与长春某某公司租赁合同纠纷上诉案》，参见北大法宝引证码：Pkulaw.cn/CLI.C.277237。

【留置权】

法律问题解读

留置权是法定担保物权，是指在留置担保中，债权人按照合同约定占有债务人的动产，债务人逾期不履行债务的，债权人有权留置该财产，以该财产折价或者以拍卖、变卖该财产的价款优先受偿的权利。在留置担保中，债权人称为留置权人。

在理解留置权时须把握其与相关权利的区别：

1. 留置权与动产质权的区别：第一，发生依据不同。留置权为法定担保物权，依照法律的规定发生，并且其发生必须具备法定条件。动产质权为约定担保物权，依当事人的设定而发生。第二，行使条件不同。留置权的行使需要经过宽限期，而动产质权则无此必要。第三，消灭原因不同。丧失占有和债务人另行提供担保为留置权消灭的法定原因，而质物消灭并非动产质权消灭的绝对原因。

2. 留置权与同时履行抗辩权（同时履行抗辩权是指在双务合同中，当事人双方互负债务，无先后履行顺序，一方当事人在未履行义务之前要求对方履行义务的，对方有权拒绝）的区别：第一，性质不同。留置权为担保物权，同时履行抗辩权为债权；第二，标的不同。留置权的标的仅限于动产，同时履行抗辩权的标的可以是动产、不动产或行为；第三，适用范围不同。同时履行抗辩权适用于所有同时履行的双务合同，留置权只适用于债权人基于合同而占有对方当事人动产的双务合同；第四，效力不同。同时履行抗辩权的效力仅及于双方当事人，不得对抗合同以外的第三人。留置权可以对抗债务人和第三人。

法条指引

❶《中华人民共和国物权法》（2007年3月16日　主席令公布　2007年10月1日施行）

第二百零八条　为担保债务的履行，债务人或者第三人将其动产出质给债权人占有的，债务人不履行到期债务或者发生当事人约定的实现质权的情形，债权人有权就该动产优先受偿。

前款规定的债务人或者第三人为出质人，债权人为质权人，交付的动产为质押财产。

第二百二十三条　债务人或者第三人有权处分的下列权利可以出质：

（一）汇票、支票、本票；

（二）债券、存款单；

（三）仓单、提单；

（四）可以转让的基金份额、股权；

（五）可以转让的注册商标专用权、专利权、著作权等知识产权中的财产权；

（六）应收账款；

（七）法律、行政法规规定可以出质的其他财产权利。

❷《中华人民共和国担保法》（1995年6月30日　主席令公布）

第六十三条　本法所称动产质押，是指债务人或者第三人将其动产移交债权人占有，将该动产作为债权的担保。债务人不履行债务时，债权人有权依照本法规定以该动产折价或者以拍卖、变卖该动产的价款优先受偿。

前款规定的债务人或者第三人为出质人，债权人为质权人，移交的动产为质物。

第八十二条 本法所称留置，是指依照本法第八十四条的规定，债权人按照合同约定占有债务人的动产，债务人不按照合同约定的期限履行债务的，债权人有权依照本法规定留置该财产，以该财产折价或者以拍卖、变卖该财产的价款优先受偿。

第八十四条 因保管合同、运输合同、加工承揽合同发生的债权，债务人不履行债务的，债权人有留置权。

法律规定可以留置的其他合同，适用前款规定。

当事人可以在合同中约定不得留置的物。

第八十七条 债权人与债务人应当在合同中约定，债权人留置财产后，债务人应当在不少于两个月的期限内履行债务。债权人与债务人在合同中未约定的，债权人留置债务人财产后，应当确定两个月以上的期限，通知债务人在该期限内履行债务。

债务人逾期仍不履行的，债权人可以与债务人协议以留置物折价，也可以依法拍卖、变卖留置物。

留置物折价或者拍卖、变卖后，其价款超过债权数额的部分归债务人所有，不足部分由债务人清偿。

❸《**中华人民共和国民法通则**》（1986年4月12日 主席令公布）

第八十九条 依照法律的规定或者按照当事人的约定，可以采用下列方式担保债务的履行：

（一）保证人向债权人保证债务人履行债务，债务人不履行债务的，按照约定由保证人履行或者承担连带责任；保证人履行债务后，有权向债务人追偿。

（二）债务人或者第三人可以提供一定的财产作为抵押物。债务人不履行债务的，债权人有权依照法律的规定以抵押物折价或者以变卖抵押物的价款优先得到偿还。

（三）当事人一方在法律规定的范围内可以向对方给付定金。债务人履行债务后，定金应当抵作价款或者收回。给付定金的一方不履行债务的，无权要求返还定金；接受定金的一方不履行债务的，应当双倍返还定金。

（四）按照合同约定一方占有对方的财产，对方不按照合同给付应付款项超过约定期限的，占有人有权留置该财产，依照法律的规定以留置财产折价或者以变卖该财产的价款优先得到偿还。

❹《**中华人民共和国海商法**》（1992年11月7日 主席令公布）

第二十五条 船舶优先权先于船舶留置权受偿，船舶抵押权后于船舶留置权受偿。

前款所称船舶留置权，是指造船人、修船人在合同另一方未履行合同时，可以留置所占有的船舶，以保证造船费用或者修船费用得以偿还的权利。船舶留置权在造船人、修船人不再占有所造或者所修的船舶时消灭。

❺《**中华人民共和国合同法**》（1999年3月15日 主席令公布）

第六十六条 当事人互负债务，没有先后履行顺序的，应当同时履行。一方在对方履行之前有权拒绝其履行要求。一方在对方履行债务不符合约定时，有权拒绝其相应的履行要求。

第二百六十四条 定作人未向承揽人支付报酬或者材料费等价款的，承揽人对完成的工作成果享有留置权，但当事人另有约定的除外。

第二百八十六条 发包人未按照约定支付价款的，承包人可以催告发包人在合理期限内支付价款。发包人逾期不支付的，除按照建设工程的性质不宜折价、拍卖的以外，承包人可以与发包人协议将该工程折价，也可以申请人民法院将该工程依法拍卖。建设工程的价款就该工程折价或者拍卖的价款优先受偿。

第三百一十五条 托运人或者收货人不支付运费、保管费以及其他运输费用的，承运人对相应的运输货物享有留置权，但当事人另有约定的除外。

第三百八十条 寄存人未按照约定支付保管费以及其他费用的，保管人对保管物享有留置权，但当事人另有约定的除外。

第三百九十五条 本章没有规定的，适用保管合同的有关规定。

第四百二十二条 行纪人完成或者部分完成委托事务的，委托人应当向其支付相应的报酬。委托人逾期不支付报酬的，行纪人对委托物享有留置权，但当事人另有约定的除外。

❻《**中华人民共和国信托法**》（2001年4月28日 主席令公布）

第五十七条 信托终止后，受托人依照本法规定行使请求给付报酬、从信托财产中获得补偿的权利时，可以留置信托财产或者对信托财产的权利归属人提出请求。

❼《最高人民法院关于适用〈中华人民共和国担保法〉若干问题的解释》（2000年12月13日发布）

第一百零八条 债权人合法占有债务人交付的动产时，不知债务人无处分该动产的权利，债权人可以按照《担保法》第八十二条的规定行使留置权。

第一百零九条 债权人的债权已届清偿期，债权人对动产的占有与其债权的发生有牵连关系，债权人可以留置其所占有的动产。

❽《最高人民法院关于贯彻执行〈中华人民共和国民法通则〉若干问题的意见（试行）》（1988年1月26日发布）

117. 债权人因合同关系占有债务人财物的，如果债务人到期不履行义务，债权人可以将相应的财物留置。经催告，债务人在合理期限内仍不履行义务，债权人依法将留置的财物以合理的价格变卖，并以变卖财物的价款优先受偿的，应予保护。

❾《汽车货物运输规则》（1999年11月15日交通部发布）

第七十八条 汽车货物运输的运杂费按下列规定结算：

（一）货物运杂费在货物托运、起运时一次结清，也可按合同采用预付费用的方式，随运随结或运后结清。托运人或者收货人不支付运费、保管费以及其他运输费用的，承运人对相应的运输货物享有留置权，但当事人另有约定的除外。

（二）运费尾数以元为单位，不足一元时四舍五入。

案例链接

❶《张彦中诉王保明等运输合同纠纷案》，参见北大法宝引证码：Pkulaw.cn/CLI.C.280509。

❷《常金昌与贾新明侵权纠纷上诉案》，参见北大法宝引证码：Pkulaw.cn/CLI.C.282390。

学者观点

❶ 楚清、田瑞华：《法国留置权制度探析》，参见北大法宝引证码：Pkulaw.cn/CLI.A.1146477。

❷ 刘保玉：《留置权成立要件规定中的三个争议问题解析》，参见北大法宝引证码：Pkulaw.cn/CLI.A.1141727。

❸ 梅夏英、方春晖：《对留置权概念的立法比较及对其实质的思考》，参见北大法宝引证码：Pkulaw.cn/CLI.A.124420。

【留置权的法定性】

法律问题解读

留置权的法定性是指留置权是法定担保物权，其成立条件、适用范围、担保范围、效力、消灭都由法律明确规定，不允许当事人自行约定。依照法律规定而发生的留置权，具有直接支配留置物和留置物的交换价值的效力，债务人不履行给付时，债权人可以留置和依法变价留置物，并基于留置权对抗债权人物的返还请求权及其他第三人对留置物的权利主张。

留置权具备一定条件时，依法律之规定当然发生，而不能由合同发生留置权的效力，也不能因时效取得其效力。但是，留置权的法定性并不排除当事人意思自治的原则。当事人有权就双方的权利义务进行约定，可以在留置权发生的要件之外，附加新条件，以限制留置权的发生。当事人在合同中约定排除留置权的，具有法律效力。

债权人可以单方预先抛弃留置权。留置权是专为保护债权人而设的法定担保物权，债权人对其债权可以自由处分，甚至免除债务人的债务，自然应当可以处分担保债权发生的留置权。在发生留置权之前，债权人预先抛弃留置权，对第三人以及社会公益并无妨害，债权人可以预先抛弃留置权。债权人预先抛弃留置权，为债权人的单方行为，有债权人一方的意思表示，即发生抛弃留置权的效果。债权人预先抛弃留置权的，债务履行期限届满时，债权人对其占有的债务人的动产行使留置权的，法院不予支持。债务人可以债权人抛弃留置权的行为来对抗债权人的留置行为。

法条指引

❶《中华人民共和国物权法》（2007年3月16日 主席令公布 2007年10月1日施行）

第二百三十条 债务人不履行到期债务，债权人可以留置已经合法占有的债务人的动产，并有权就该动产优先受偿。

前款规定的债权人为留置权人，占有的动产为留置财产。

第二百三十一条 债权人留置的动产，应当与债权属于同一法律关系，但企业之间留置的除外。

❷《中华人民共和国担保法》（1995年6月

30日 主席令公布）

第八十二条 本法所称留置，是指依照本法第八十四条的规定，债权人按照合同约定占有债务人的动产，债务人不按照合同约定的期限履行债务的，债权人有权依照本法规定留置该财产，以该财产折价或者以拍卖、变卖该财产的价款优先受偿。

第八十四条 因保管合同、运输合同、加工承揽合同发生的债权，债务人不履行债务的，债权人有留置权。

法律规定可以留置的其他合同，适用前款规定。

当事人可以在合同中约定不得留置的物。

❸《中华人民共和国民法通则》（1986年4月12日 主席令公布）

第八十九条 依照法律的规定或者按照当事人的约定，可以采用下列方式担保债务的履行：

（一）保证人向债权人保证债务人履行债务，债务人不履行债务的，按照约定由保证人履行或者承担连带责任；保证人履行债务后，有权向债务人追偿。

（二）债务人或者第三人可以提供一定的财产作为抵押物。债务人不履行债务的，债权人有权依照法律的规定以抵押物折价或者以变卖抵押物的价款优先得到偿还。

（三）当事人一方在法律规定的范围内可以向对方给付定金。债务人履行债务后，定金应当抵作价款或者收回。给付定金的一方不履行债务的，无权要求返还定金；接受定金的一方不履行债务的，应当双倍返还定金。

（四）按照合同约定一方占有对方的财产，对方不按照合同给付应付款项超过约定期限的，占有人有权留置该财产，依照法律的规定以留置财产折价或者以变卖该财产的价款优先得到偿还。

❹《中华人民共和国海商法》（1992年11月7日 主席令公布）

第二十五条 船舶优先权先于船舶留置权受偿，船舶抵押权后于船舶留置权受偿。

前款所称船舶留置权，是指造船人、修船人在合同另一方未履行合同时，可以留置所占有的船舶，以保证造船费用或者修船费用得以偿还的权利。船舶留置权在造船人、修船人不再占有所造或者所修的船舶时消灭。

❺《中华人民共和国合同法》（1999年3月15日 主席令公布）

第二百六十四条 定作人未向承揽人支付报酬或者材料费等价款的，承揽人对完成的工作成果享有留置权，但当事人另有约定的除外。

第二百八十六条 发包人未按照约定支付价款的，承包人可以催告发包人在合理期限内支付价款。发包人逾期不支付的，除按照建设工程的性质不宜折价、拍卖的以外，承包人可以与发包人协议将该工程折价，也可以申请人民法院将该工程依法拍卖。建设工程的价款就该工程折价或者拍卖的价款优先受偿。

第三百一十五条 托运人或者收货人不支付运费、保管费以及其他运输费用的，承运人对相应的运输货物享有留置权，但当事人另有约定的除外。

第三百八十条 寄存人未按照约定支付保管费以及其他费用的，保管人对保管物享有留置权，但当事人另有约定的除外。

第三百九十五条 本章没有规定的，适用保管合同的有关规定。

第四百二十二条 行纪人完成或者部分完成委托事务的，委托人应当向其支付相应的报酬。委托人逾期不支付报酬的，行纪人对委托物享有留置权，但当事人另有约定的除外。

❻《中华人民共和国信托法》（2001年4月28日 主席令公布）

第五十七条 信托终止后，受托人依照本法规定行使请求给付报酬、从信托财产中获得补偿的权利时，可以留置信托财产或者对信托财产的权利归属人提出请求。

❼《最高人民法院关于适用〈中华人民共和国担保法〉若干问题的解释》（2000年12月13日发布）

第一百零七条 当事人在合同中约定排除留置权，债务履行期届满，债权人行使留置权的，人民法院不予支持。

❽《最高人民法院关于贯彻执行〈中华人民共和国民法通则〉若干问题的意见（试行）》（1988年1月26日发布）

117.债权人因合同关系占有债务人财物的，如果债务人到期不履行义务，债权人可以将相应的财物留置。经催告，债权人在合理期限内仍不履行义务，债权人依法将留置的财物以合理的价格变卖，并以变卖财物的价款优先受偿的，应予保护。

学者观点

❶ 董学立：《论留置权的特殊消灭原因》，参见

北大法宝引证码：Pkulaw.cn/CLI.A.111959。

【约定排除留置权】

法律问题解读

留置权为法定担保物权，不得依照当事人的合意而设立，债权人与债务人也不得约定变更留置权发生的要件。但是，当事人也并非完全丧失意思自由，可以在合同中合意约定排除留置权，即债权清偿期届满时，债务人不履行债务的，根据合同的约定，债权人也不得留置标的物，不得行使留置权来对抗债务人物的返还请求权及其他第三人对留置物的权利主张。如果债权清偿期届满时，债权人对其占有的债务人的动产行使留置权的，人民法院不予支持。债务人得以排除留置权的约定来对抗债权人的留置行为。

在把握这一点时应当注意的是，在实践中，排除留置权的约定应当就物而约定。如果一个合同有数项标的物，当事人仅就其中一项或者数项标的物作了约定，则仅就该一项或者数项标的物发生不得留置的法律效力；如果当事人在合同中笼统约定该合同的标的物不得留置，则全部的标的物都不得留置。而且，债权人和债务人以合意排除留置权的发生，不应当以双方明示的合意为限。依照债务人一方不得行使留置权的意思表示，而债权人在占有债务人交付的财产时已知该意思表示的，应当视为债权人在接受动产时有默示的承诺，发生当事人合意排除留置权的效果。

至于债权人与债务人之间的排除留置的约定的形式，法律并没有特殊的要求，一般应当采用书面的形式，但是即使没有书面的形式，如果当事人能够证明约定的内容，也应当认定其法律效力。

法条指引

❶《中华人民共和国物权法》（2007年3月16日 主席令公布 2007年10月1日施行）

第二百三十条 债务人不履行到期债务，债权人可以留置已经合法占有的债务人的动产，并有权就该动产优先受偿。

前款规定的债权人为留置权人，占有的动产为留置财产。

❷《中华人民共和国担保法》（1995年6月30日 主席令公布）

第八十四条 因保管合同、运输合同、加工承揽合同发生的债权，债务人不履行债务的，债权人有留置权。

法律规定可以留置的其他合同，适用前款规定。

当事人可以在合同中约定不得留置的物。

❸《中华人民共和国合同法》（1999年3月15日 主席令公布）

第二百六十四条 定作人未向承揽人支付报酬或者材料费等价款的，承揽人对完成的工作成果享有留置权，但当事人另有约定的除外。

第三百一十五条 托运人或者收货人不支付运费、保管费以及其他运输费用的，承运人对相应的运输货物享有留置权，但当事人另有约定的除外。

第三百八十条 寄存人未按照约定支付保管费以及其他费用的，保管人对保管物享有留置权，但当事人另有约定的除外。

第四百二十二条 行纪人完成或者部分完成委托事务的，委托人应当向其支付相应的报酬。委托人逾期不支付报酬的，行纪人对委托物享有留置权，但当事人另有约定的除外。

❹《最高人民法院关于适用〈中华人民共和国担保法〉若干问题的解释》（2000年12月13日发布）

第一百零七条 当事人在合同中约定排除留置权，债务履行期届满，债权人行使留置权的，人民法院不予支持。

案例链接

❶《上海大鹏国际货运有限公司与南京纺织品进出口股份有限公司航空货物运输合同纠纷上诉案》，参见北大法宝引证码：Pkulaw.cn/CLI.C.29346。

学者观点

❶ 靳长征、刘建二：《关于留置权的几个问题》，参见北大法宝引证码：Pkulaw.cn/CLI.A.118746。

❷ 奚晓明：《关于最高法院担保法司法解释中的几个问题》，参见北大法宝引证码：Pkulaw.cn/CLI.A.1140069。

【留置权的从属性】

法律问题解读

留置权的从属性又称附属性，是指留置权的

成立和实现须以债权关系的先行存在为必要，其从属于该债权关系。留置权是为担保债权的受偿而依法发生的物权，是一种担保物权，自然具有从属于被担保债权的属性。留置权的成立，以债权的存在为前提，债权不存在或者不能确定或者无效的，不可能发生留置权。受留置权担保的债权，因为清偿、提存、抵消、免除、混同等原因消灭的，留置权随之消灭。而且，留置权的优先受偿性也具有从属性，留置权人只有在被担保的主债权范围内才能优先清偿。

关于留置权是否可以同其他担保物权一样随同债权的转移而转移，我国法律并没有明确规定。但从留置权的从属性上看，留置权不应当与被担保的债权分离，如果主债务当事人未对债权转移有特殊的规定而且法律也没有禁止性规定的情况下，债权转让时，应当允许债权人一并转让留置权。

应当注意的是，留置担保的债权已超过诉讼时效时，不影响留置权效力。留置担保债权因超过时效消灭的只是胜诉权，主债权仍然存在，留置权并没有消灭。因此，留置权所担保的债权的诉讼时效结束后，担保权人在诉讼时效结束后的两年内行使留置权的，人民法院应当予以支持。

法条指引

❶《中华人民共和国物权法》（2007年3月16日 主席令公布 2007年10月1日施行）

第二百四十条 留置权人对留置财产丧失占有或者留置权人接受债务人另行提供担保的，留置权消灭。

❷《中华人民共和国担保法》（1995年6月30日 主席令公布）

第五条 担保合同是主合同的从合同，主合同无效，担保合同无效。担保合同另有约定的，按照约定。

担保合同被确认无效后，债务人、担保人、债权人有过错的，应当根据其过错各自承担相应的民事责任。

第八十八条 留置权因下列原因消灭：
（一）债权消灭的；
（二）债务人另行提供担保并被债权人接受的。

❸《中华人民共和国合同法》（1999年3月15日 主席令公布）

第八十一条 债权人转让权利的，受让人取得与债权有关的从权利，但该从权利专属于债权人自身的除外。

第九十一条 有下列情形之一的，合同的权利义务终止：
（一）债务已经按照约定履行；
（二）合同解除；
（三）债务相互抵消；
（四）债务人依法将标的物提存；
（五）债权人免除债务；
（六）债权债务同归于一人；
（七）法律规定或者当事人约定终止的其他情形。

❹《最高人民法院关于适用〈中华人民共和国担保法〉若干问题的解释》（2000年12月13日发布）

第十二条 当事人约定的或者登记部门要求登记的担保期间，对担保物权的存续不具有法律约束力。

担保物权所担保的债权的诉讼时效结束后，担保权人在诉讼时效结束后的两年内行使担保物权的，人民法院应当予以支持。

学者观点

❶ 董学立：《论留置权的特殊消灭原因》，参见北大法宝引证码：Pkulaw. cn/CLI. A. 111959。

❷ 靳长征、刘建二：《关于留置权的几个问题》，参见北大法宝引证码：Pkulaw. cn/CLI. A. 118746。

【留置权的不可分性】

法律问题解读

留置权的不可分性是指在留置关系中，债权人可以就留置物全部行使权利，留置物的分割、部分灭失或者毁损，债权分割或者部分让与、清偿，留置权均不受影响。具体而言，有以下几个方面：（1）如果留置物因某种原因分割或者让与一部分，在其之上的留置权不受影响。留置权人仍得就全部债权对全部留置物行使权利。（2）留置物部分灭失、毁损的，其剩余部分仍担保全部债权。（3）留置权所担保的债权，如果经分割或者让与一部分时，留置权并不因此受到影响。留置权所担保的债权分割以后出现的数个债权人对该留置权形成准共有。各债权人得就其应有部分，对于留置物之全部共同行使权利。（4）债权中部分受清偿，并不产生留置权部分消灭的效力。债权人仍可就其未受清偿的债权，于留置物的整体主张权利。

应当注意的是，如果留置物为不可分物的，留置权人可以就留置物的全部行使留置权；但是，如果留置物可以分割为不同部分，且分割后的留置物足以担保债权的受偿，仍过分强调留置权行使的不可分性，对债务人未免有失公允。当留置权人的财产为可分物时，为求得留置权人和债务人的利益均衡，留置物的价值应当相当于债务的金额。

法条指引

❶《中华人民共和国物权法》（2007年3月16日 主席令公布 2007年10月1日施行）

第二百三十三条 债务人不履行到期债务，债权人可以留置已经合法占有的债务人的动产，并有权就该动产优先受偿。

前款规定的债权人为留置权人，占有的动产为留置财产。

❷《中华人民共和国担保法》（1995年6月30日 主席令公布）

第八十五条 留置的财产为可分物的，留置物的价值应当相当于债务的金额。

❸《最高人民法院关于适用〈中华人民共和国担保法〉若干问题的解释》（2000年12月13日发布）

第一百一十条 留置权人在债权未受全部清偿前，留置物为不可分物的，留置权人可以就其留置物的全部行使留置权。

学者观点

❶ 靳长征、刘建二：《关于留置权的几个问题》，参见北大法宝引证码：Pkulaw.cn/CLI.A.118746。

【留置权的物上代位性】

法律问题解读

留置权的物上代位性是指留置权的效力及于留置物因法定原因转化的代位物或者代替物。

留置权的权利内容在于留置标的物和支配标的物的交换价值。留置权作为担保物权，具有支配标的物交换价值的效力，因此，不论标的物是否变化其原有形态或者性质，只要还能维持其交换价值，留置权基于其直接支配标的物的交换价值的效力，可以追及于代位物或者代替物。留置权以其物上代位性对债权提供担保，即因为留置物的灭失、毁损所取得的赔偿金或者对待给付，构成留置物的代位物或者代替物，受留置效力的支配。

留置权人对因留置物的毁损或者灭失而取得之赔偿、保险给付或者其他对待给付，有优先受偿的权利。在留置物灭失、毁损或者被征用的情况下，留置权人可以就该留置物的保险金、赔偿金或者补偿金优先受偿。留置权人可依物上代位性直接对负有赔偿或者给付义务的第三人行使请求权，并得优先受偿。如果留置权所担保的债权未届清偿期，留置权人可以请求人民法院对保险金、赔偿金或者补偿金等代位物采取保全措施。

负有给付代位物义务的任何人，应当向留置权人为给付，因为其恶意或者重大过失向债务人或者留置物所有人给付代位物的，不得以其给付对抗留置权人；在此情形下，留置权人可以继续请求负有给付代位物义务的人给付代位物，留置权人对取得的利益，有优先受偿的权利。

法条指引

❶《最高人民法院关于适用〈中华人民共和国担保法〉若干问题的解释》（2000年12月13日发布）

第八十条 在抵押物灭失、毁损或者被征用的情况下，抵押权人可以就该抵押物的保险金、赔偿金或者补偿金优先受偿。

抵押物灭失、毁损或者被征用的情况下，抵押权所担保的债权未届清偿期的，抵押权人可以请求人民法院对保险金、赔偿金或补偿金等采取保全措施。

第一百一十四条 本解释第六十四条、第八十条、第八十七条、第九十一条、第九十三条的规定，适用于留置。

学者观点

❶ 段庆喜：《我国船舶担保物权的物上代位制度之完善》，参见北大法宝引证码：Pkulaw.cn/CLI.A.1114193。

【留置权的排他效力】

法律问题解读

在同一标的物上存在留置权和其他担保物权

时，留置权效力如何，涉及留置权对其他担保物权的对抗效力。原则上，留置权为法定担保物权，具有对抗其他担保物权的效力。

同一标的物上存在留置权和抵押权时，留置权的效力原则上优先于抵押权。留置权属于法定担保物权，抵押权一般为意定担保物权。法定担保物权一般应当优先于意定担保物权受偿。不论留置物上的抵押权是否已经先于留置权而设定，留置权原则上具有对抗抵押权的优先效力。但是，为了防止当事人利用留置权的对抗效力恶意约定债权人对标的物的占有而成立留置权，以妨碍或者排除在标的物上已经存在的抵押权，具有对抗抵押权效力的留置权，应当以留置权人善意为限。

留置权与优先权同属法定担保物权，同一物上存在这两种权利时，留置权原则上后于优先权。我国法律规定的优先权，主要是船舶优先权与民用航空器优先权。船舶优先权是指法定的海事请求权人向船舶所有人、光船承租人、船舶经营人提出海事请求，对产生该海事请求的船舶所具有的优先受偿的权利。船舶优先权先于船舶留置权受偿。民用航空器优先权是指救助民用航空器的报酬请求权人、保管维护民用航空器的费用请求权人，向民用航空器所有人、承租人提出赔偿请求，对产生该赔偿请求的民用航空器所具有的优先受偿的权利。该权利优先于对航空器的附属物品所发生的留置权受偿。

还应注意的是，纳税人欠缴的税款发生在纳税人财产被留置之前的，税收应当先于留置权行使。

法条指引

❶《中华人民共和国海商法》（1992年11月7日 主席令公布）

第二十五条 船舶优先权先于船舶留置权受偿，船舶抵押权后于船舶留置权受偿。

前款所称船舶留置权，是指造船人、修船人在合同另一方未履行合同时，可以留置所占有的船舶，以保证造船费用或者修船费用得以偿还的权利。船舶留置权在造船人、修船人不再占有所造或者所修的船舶时消灭。

❷《中华人民共和国税收征收管理法》（2001年4月28日修正公布）

第四十五条 税务机关征收税款，税收优先于无担保债权，法律另有规定的除外；纳税人欠缴的税款发生在纳税人以其财产设定抵押、质权或者纳税人的财产被留置之前的，税收应当先于抵押权、质权、留置权执行。

纳税人欠缴税款，同时又被行政机关决定处以罚款、没收违法所得的，税收优先于罚款、没收违法所得。

税务机关应当对纳税人欠缴税款的情况定期予以公告。

❸《最高人民法院关于适用〈中华人民共和国担保法〉若干问题的解释》（2000年12月13日发布）

第七十九条 同一财产法定登记的抵押权与质权并存时，抵押权人优先于质权人受偿。

同一财产抵押权与留置权并存时，留置权人优先于抵押权人受偿。

学者观点

❶ 靳长征、刘建二：《关于留置权的几个问题》，参见北大法宝引证码：Pkulaw.cn/CLI.A.118746。

【留置权的追及效力】

法律问题解读

留置权的追及效力是留置权的支配力的体现，是指在留置担保中，留置权成立后，因不可归责于留置权人的事由而使留置权人丧失对留置物的占有的，留置权人可以向留置物的不当占有人请求停止侵害、恢复原状、返还留置物。留置物不论辗转到何人之手，留置权人的留置权均及于该物。

理解留置权的追及效力时应当注意以下两个方面的问题：

1. 留置权人对标的物的占有，不仅可以对抗标的物所有人的任何处分行为的影响，而且在受到第三人的不法侵夺时，可以诉请法院恢复占有。留置权存续期间，留置权人占有留置物，不受债务人处分留置物的影响，仍然继续占有留置物，不因债务人转让等对留置物的处分行为而丧失对留置物的占有。而且，如果留置物受到第三人的不法侵夺，留置权人还可以请求国家强制力恢复其占有，宣布第三人为非法占有。但是，留置权人将留置物返还债务人后，以其留置权对抗第三人的，人民法院不予支持。

2. 留置权人丧失对留置物的占有是基于不可归责于留置权人的事由，也就是说，是留置权人在无过错的情况下丧失留置物的占有。如果是因为留置权人的过错致使留置物落于他人之手的，留置权人自己要承担相应的民事责任。如果留置物被第三人取得给债务人造成损失的，留置权人要承担损害赔偿责任；如果留置物为其所有权人即债务人取得，留置权人可能会因此丧失留置权。

法条指引

❶《最高人民法院关于适用〈中华人民共和国担保法〉若干问题的解释》（2000年12月13日发布）

第八十七条 出质人代质权人占有质物的，质押合同不生效；质权人将质物返还于出质人后，以其质权对抗第三人的，人民法院不予支持。

因不可归责于质权人的事由而丧失对质物的占有，质权人可以向不当占有人请求停止侵害、恢复原状、返还质物。

第一百一十四条 本解释第六十四条、第八十条、第八十七条、第九十一条、第九十三条的规定，适用于留置。

【留置权的成立】

法律问题解读

留置权的成立又称为留置权的发生，是指债权人对其占有的债务人的财产，因为具备法定事由而产生的留置该财产并对抗债务人的给付请求的效力。留置权为法定担保物权，无法依约定取得，只能依据法律的规定而发生，即债权人占有债务人的财产，在具备法定要件的时候，当然取得留置权。

依照我国法律规定，留置权的成立应当具备以下几个条件：

1. 双方必须存在债权债务关系。留置权是担保物权，担保物权存在的意义在于担保债务的履行，保证债权人实现其债权，因此，留置权以债权债务关系的存在为前提。只有债权合法有效存在，才存在债权人行使留置权的问题。

2. 债权人依合同合法占有债务人的动产。留置权为基于动产占有而发生的法定担保物权，债权人因为合同约定占有债务人的动产，始得发生留置权。而且，债权人只有按合同约定占有债务人动产的，才可以成立留置权；若债权人非以债权成立之合同为基础占有债务人动产，不得成立留置权，即债权人因不当得利、无因管理、或者侵权行为占有债务人的动产的，不得发生留置权。

3. 债权和债权人占有财产之间存在同一法律关系，即债权和标的物的占有取得是基于同一合同关系而发生。正是由于债权和占有取得基于同一合同关系，留置权成为了纯粹担保合同之债得以履行的手段。

4. 债权已届清偿期而未受清偿。留置权制度的目的在于维护当事人之间的交易公平，担保债权受偿。因此，只有在债权清偿期届满，债务人不履行债务时，留置权人才可以行使留置权。

法条指引

❶《中华人民共和国物权法》（2007年3月16日 主席令公布 2007年10月1日施行）

第二百三十条 债务人不履行到期债务，债权人可以留置已经合法占有的债务人的动产，并有权就该动产优先受偿。

前款规定的债权人为留置权人，占有的动产为留置财产。

第二百三十一条 债权人留置的动产，应当与债权属于同一法律关系，但企业之间留置的除外。

❷《中华人民共和国担保法》（1995年6月30日 主席令公布）

第五条 担保合同是主合同的从合同，主合同无效，担保合同无效。担保合同另有约定的，按照约定。

担保合同被确认无效后，债务人、担保人、债权人有过错的，应当根据其过错各自承担相应的民事责任。

第八十二条 本法所称留置，是指依照本法第八十四条的规定，债权人按照合同约定占有债务人的动产，债务人不按照合同约定的期限履行债务的，债权人有权依照本法规定留置该财产，以该财产折价或者以拍卖、变卖该财产的价款优先受偿。

第八十四条 因保管合同、运输合同、加工承揽合同发生的债权，债务人不履行债务的，债权人有留置权。

法律规定可以留置的其他合同，适用前款规定。

当事人可以在合同中约定不得留置的物。

❸《中华人民共和国民法通则》（1986年4月12日 主席令公布）

第八十八条 合同的当事人应当按照合同的

约定，全部履行自己的义务。

合同中有关质量、期限、地点或者价款约定不明确，按照合同有关条款内容不能确定，当事人又不能通过协商达成协议的，适用下列规定：

（一）质量要求不明确的，按照国家质量标准履行，没有国家质量标准的，按照通常标准履行。

（二）履行期限不明确的，债务人可以随时向债权人履行义务，债权人也可以随时要求债务人履行义务，但应当给对方必要的准备时间。

（三）履行地点不明确，给付货币的，在接受给付一方的所在地履行，其他标的在履行义务一方的所在地履行。

（四）价款约定不明确的，按照国家规定的价格履行；没有国家规定价格的，参照市场价格或者同类物品的价格或者同类劳务的报酬标准履行。

合同对专利申请权没有约定的，完成发明创造的当事人享有申请权。

合同对科技成果的使用权没有约定的，当事人都有使用的权利。

第八十九条 依照法律的规定或者按照当事人的约定，可以采用下列方式担保债务的履行：

（一）保证人向债权人保证债务人履行债务，债务人不履行债务的，按照约定由保证人履行或者承担连带责任；保证人履行债务后，有权向债务人追偿。

（二）债务人或者第三人可以提供一定的财产作为抵押物。债务人不履行债务的，债权人有权依照法律的规定以抵押物折价或者以变卖抵押物的价款优先得到偿还。

（三）当事人一方在法律规定的范围内可以向对方给付定金。债务人履行债务后，定金应当抵作价款或者收回。给付定金的一方不履行债务的，无权要求返还定金；接受定金的一方不履行债务的，应当双倍返还定金。

（四）按照合同约定一方占有对方的财产，对方不按照合同给付应付款项超过约定期限的，占有人有权留置该财产，依照法律的规定以留置财产折价或者以变卖该财产的价款优先得到偿还。

❹《中华人民共和国海商法》（1992年11月7日 主席令公布）

第二十五条 船舶优先权先于船舶留置权受偿，船舶抵押权后于船舶留置权受偿。

前款所称船舶留置权，是指造船人、修船人在合同另一方未履行合同时，可以留置所占有的船舶，以保证造船费用或者修船费用得以偿还的权利。船舶留置权在造船人、修船人不再占有所

造或者所修的船舶时消灭。

❺《中华人民共和国合同法》（1999年3月15日 主席令公布）

第四百二十二条 行纪人完成或者部分完成委托事务的，委托人应当向其支付相应的报酬。委托人逾期不支付报酬的，行纪人对委托物享有留置权，但当事人另有约定的除外。

❻《中华人民共和国信托法》（2001年4月28日 主席令公布）

第五十七条 信托终止后，受托人依照本法规定行使请求给付报酬、从信托财产中获得补偿的权利时，可以留置信托财产或者对信托财产的权利归属人提出请求。

❼《最高人民法院关于适用〈中华人民共和国担保法〉若干问题的解释》（2000年12月13日发布）

第八十七条 出质人代质权人占有质物的，质押合同不生效；质权人将质物返还于出质人后，以其质权对抗第三人的，人民法院不予支持。

因不可归责于质权人的事由而丧失对质物的占有，质权人可以向不当占有人请求停止侵害、恢复原状、返还质物。

第一百零八条 债权人合法占有债务人交付的动产时，不知债务人无处分该动产的权利，债权人可以按照担保法第八十二条的规定行使留置权。

第一百零九条 债权人的债权已届清偿期，债权人对动产的占有与其债权的发生有牵连关系，债权人可以留置其所占有的动产。

第一百一十四条 本解释第六十四条、第八十条、第八十七条、第九十一条、第九十三条的规定，适用于留置。

❽《最高人民法院关于贯彻执行〈中华人民共和国民法通则〉若干问题的意见（试行）》（1988年1月26日发布）

117.债权人因合同关系占有债务人财物的，如果债务人到期不履行义务，债权人可以将相应的财物留置。经催告，债务人在合理期限内仍不履行义务，债权人依法将留置的财物以合理的价格变卖，并以变卖财物的价款优先受偿的，应予保护。

❾《汽车货物运输规则》（1999年11月15日交通部发布）

第七十八条 汽车货物运输的运杂费按下列规定结算：

（一）货物运杂费在货物托运、起运时一次结

清，也可按合同采用预付费用的方式，随运随结或运后结清。托运人或者收货人不支付运费、保管费以及其他运输费用的，承运人对相应的运输货物享有留置权，但当事人另有约定的除外。

（二）运费尾数以元为单位，不足一元时四舍五入。

案例链接

❶《金鼎公司诉深房公司不按约定提取定作物并在诉讼中表示不再接受定作物对定作物予以拍卖后要求赔偿损失案》，参见北大法宝引证码：Pkulaw.cn/CLI.C.22569。

❷《深圳市天白安达物流有限公司上海分公司诉北京市华北储运有限公司运输合同纠纷案》，参见北大法宝引证码：Pkulaw.cn/CLI.C.75375。

❸《上海忠信纺织工艺品有限公司与上海新凌贸易有限公司加工合同纠纷上诉案》，参见北大法宝引证码：Pkulaw.cn/CLI.C.43007。

学者观点

❶ 刘保玉：《留置权成立要件规定中的三个争议问题解析》，参见北大法宝引证码：Pkulaw.cn/CLI.A.1141727。

❷ 董学立：《论留置权的特殊消灭原因》，参见北大法宝引证码：Pkulaw.cn/CLI.A.111959。

❸ 靳长征、刘建二：《关于留置权的几个问题》，参见北大法宝引证码：Pkulaw.cn/CLI.A.118746。

【合法占有】

法律问题解读

所谓占有，是指债权人对债务人的财产取得事实上的管领、控制和支配。所谓合法占有，是指在留置担保中，债权人依照合同合法占有债务人的财产，即债权人、债务人之间存在着合同关系，债务人依照合同将其财产自愿交付债权人。债权人依合同合法占有债务人的财产，这是留置权发生的基本前提。

在理解这一问题时应该把握以下几个方面：

1. 占有应当基于债权人与债务人之间的合同关系。按照我国法律规定，合法占有的财产包括：运输合同中的承运人对托运人委托运输的货物，承揽合同中的承揽人对定作人委托承揽加工的物品，保管合同中的保管人对委托人委托保管的物品，仓储合同中的保管人对存货人委托储存的货物，行纪合同中的行纪人对委托人委托交易的委托物。基于不当得利、无因管理或者侵权行为占有他人财产的，不能发生留置权。

2. 债权人按照合同占有债务人的财产，应为合法占有。双方虽有合同关系，但取得占有的方式不合法也不属于合法占有。

此外，还应当予以注意的是，占有之主体应为债权人，债务人代替债权人占有留置物的，不得成立留置权。留置权人将留置物返还给债务人以后，以留置权对抗第三人的，人民法院不予支持。

法条指引

❶《中华人民共和国物权法》（2007年3月16日主席令公布 2007年10月1日施行）

第二百三十条 债务人不履行到期债务，债权人可以留置已经合法占有的债务人的动产，并有权就该动产优先受偿。

前款规定的债权人为留置权人，占有的动产为留置财产。

❷《中华人民共和国担保法》（1995年6月30日 主席令公布）

第八十二条 本法所称留置，是指依照本法第八十四条的规定，债权人按照合同约定占有债务人的动产，债务人不按照合同约定的期限履行债务的，债权人有权依照本法规定留置该财产，以该财产折价或者以拍卖、变卖该财产的价款优先受偿。

第八十四条 因保管合同、运输合同、加工承揽合同发生的债权，债务人不履行债务的，债权人有留置权。

法律规定可以留置的其他合同，适用前款规定。

当事人可以在合同中约定不得留置的物。

❸《中华人民共和国民法通则》（1986年4月12日 主席令公布）

第八十九条 依照法律的规定或者按照当事人的约定，可以采用下列方式担保债务的履行：

（一）保证人向债权人保证债务人履行债务，债务人不履行债务的，按照约定由保证人履行或者承担连带责任；保证人履行债务后，有权向债务人追偿。

（二）债务人或者第三人可以提供一定的财产作为抵押物。债务人不履行债务的，债权人有权依照法律的规定以抵押物折价或者以变卖抵押物的价款优先得到偿还。

（三）当事人一方在法律规定的范围内可以向对方给付定金。债务人履行债务后，定金应当抵作价款或者收回。给付定金的一方不履行债务的，无权要求返还定金；接受定金的一方不履行债务的，应当双倍返还定金。

（四）按照合同约定一方占有对方的财产，对方不按照合同给付应付款项超过约定期限的，占有人有权留置该财产，依照法律的规定以留置财产折价或者以变卖该财产的价款优先得到偿还。

❹《中华人民共和国海商法》（1992年11月7日 主席令公布）

第二十五条 船舶优先权先于船舶留置权受偿，船舶抵押权后于船舶留置权受偿。

前款所称船舶留置权，是指造船人、修船人在合同另一方未履行合同时，可以留置所占有的船舶，以保证造船费用或者修船费用得以偿还的权利。船舶留置权在造船人、修船人不再占有所造或者所修的船舶时消灭。

❺《中华人民共和国合同法》（1999年3月15日 主席令公布）

第二百六十四条 定作人未向承揽人支付报酬或者材料费等价款的，承揽人对完成的工作成果享有留置权，但当事人另有约定的除外。

第二百八十六条 发包人未按照约定支付价款的，承包人可以催告发包人在合理期限内支付价款。发包人逾期不支付的，除按照建设工程的性质不宜折价、拍卖的以外，承包人可以与发包人协议将该工程折价，也可以申请人民法院将该工程依法拍卖。建设工程的价款就该工程折价或者拍卖的价款优先受偿。

第三百一十五条 托运人或者收货人不支付运费、保管费以及其他运输费用的，承运人对相应的运输货物享有留置权，但当事人另有约定的除外。

第三百一十六条 收货人不明或者收货人无正当理由拒绝受领货物的，依照本法第一百零一条的规定，承运人可以提存货物。

第三百八十条 寄存人未按照约定支付保管费以及其他费用的，保管人对保管物享有留置权，但当事人另有约定的除外。

第三百九十五条 本章没有规定的，适用保管合同的有关规定。

第四百二十二条 行纪人完成或者部分完成委托事务的，委托人应当向其支付相应的报酬。委托人逾期不支付报酬的，行纪人对委托物享有留置权，但当事人另有约定的除外。

❻《最高人民法院关于适用〈中华人民共和国担保法〉若干问题的解释》（2000年12月13日发布）

第一百零八条 债权人合法占有债务人交付的动产时，不知债务人无处分该动产的权利，债权人可以按照担保法第八十二条的规定行使留置权。

❼《最高人民法院关于贯彻执行〈中华人民共和国民法通则〉若干问题的意见（试行）》（1988年1月26日发布）

117. 债权人因合同关系占有债务人财物的，如果债务人到期不履行义务，债权人可以将相应的财物留置。经催告，债务人在合理期限内仍不履行义务，债权人依法将留置的财物以合理的价格变卖，并以变卖财物的价款优先受偿的，应予保护。

【牵连关系】

法律问题解读

牵连关系是指留置担保中，债权和债权人占有的财产间存在牵连关系，这是留置权的成立条件之一。留置权的目的在于留置债务人的财产，迫使债务人履行债务，以实现债权。若允许债权人任意留置债务人所有的、与债权的发生没有关系的财产，对债权人利益的保护过于绝对，对债务人利益则限制过强。债权人能否留置债务人的财产，应当以债权同债权人占有的财产有牵连关系为必要。

依照我国法律的规定，债权人只有按照合同约定占有对方的财产时，才能成立留置权。

因此，我国民法上的留置权成立之牵连关系，直接体现为债权和留置物的占有取得之间的关联，即债权和标的物的占有取得因同一合同关系而产生。债权的发生和标的物的占有取得因为同一合同关系而发生，债务人不履行债务时，债权人有留置权。实质上，债权和标的物的占有取得之间的关系，为债权和债务人物的返还请求权之间的合同债权牵连关系。

在实务中，留置权成立的牵连关系，不以原债权同物的返还请求权之间的关联为限。因为债务人的给付迟延而发生的违约金或者损害赔偿金请求权等，同样产生于标的物的占有取得之法律关系，与物的返还请求权存在关联，可以成立留置权。但是，法律有相反的规定的，因为原债权而发生的附带请求权，不能成立留置权。

法条指引

❶《**中华人民共和国物权法**》（2007年3月16日 主席令公布 2007年10月1日施行）

第二百三十一条 债权人留置的动产，应当与债权属于同一法律关系，但企业之间留置的除外。

❷《**中华人民共和国担保法**》（1995年6月30日 主席令公布）

第八十二条 本法所称留置，是指依照本法第八十四条的规定，债权人按照合同约定占有债务人的动产，债务人不按照合同约定的期限履行债务的，债权人有权依照本法规定留置该财产，以该财产折价或者以拍卖、变卖该财产的价款优先受偿。

第八十三条 留置担保的范围包括主债权及利息、违约金、损害赔偿金，留置物保管费用和实现留置权的费用。

第八十四条 因保管合同、运输合同、加工承揽合同发生的债权，债务人不履行债务的，债权人有留置权。

法律规定可以留置的其他合同，适用前款规定。

当事人可以在合同中约定不得留置的物。

❸《**中华人民共和国民法通则**》（1986年4月12日 主席令公布）

第八十九条 依照法律的规定或者按照当事人的约定，可以采用下列方式担保债务的履行：

（一）保证人向债权人保证债务人履行债务，债务人不履行债务的，按照约定由保证人履行或者承担连带责任；保证人履行债务后，有权向债务人追偿。

（二）债务人或者第三人可以提供一定的财产作为抵押物。债务人不履行债务的，债权人有权依照法律的规定以抵押物折价或者以变卖抵押物的价款优先得到偿还。

（三）当事人一方在法律规定的范围内可以向对方给付定金。债务人履行债务后，定金应当抵作价款或者收回。给付定金的一方不履行债务的，无权要求返还定金；接受定金的一方不履行债务的，应当双倍返还定金。

（四）按照合同约定一方占有对方的财产，对方不按照合同给付应付款项超过约定期限的，占有人有权留置该财产，依照法律的规定以留置财产折价或者以变卖该财产的价款优先得到偿还。

❹《**中华人民共和国合同法**》（1999年3月15日 主席令公布）

第二百六十四条 定作人未向承揽人支付报酬或者材料费等价款的，承揽人对完成的工作成果享有留置权，但当事人另有约定的除外。

第二百八十六条 发包人未按照约定支付价款的，承包人可以催告发包人在合理期限内支付价款。发包人逾期不支付的，除按照建设工程的性质不宜折价、拍卖的以外，承包人可以与发包人协议将该工程折价，也可以申请人民法院将该工程依法拍卖。建设工程的价款就该工程折价或者拍卖的价款优先受偿。

第三百一十五条 托运人或者收货人不支付运费、保管费以及其他运输费用的，承运人对相应的运输货物享有留置权，但当事人另有约定的除外。

第三百一十六条 收货人不明或者收货人无正当理由拒绝受领货物的，依照本法第一百零一条的规定，承运人可以提存货物。

第三百八十条 寄存人未按照约定支付保管费以及其他费用的，保管人对保管物享有留置权，但当事人另有约定的除外。

第三百九十五条 本章没有规定的，适用保管合同的有关规定。

第四百二十二条 行纪人完成或者部分完成委托事务的，委托人应当向其支付相应的报酬。委托人逾期不支付报酬的，行纪人对委托物享有留置权，但当事人另有约定的除外。

❺《**最高人民法院关于适用〈中华人民共和国担保法〉若干问题的解释**》（2000年12月13日发布）

第一百零九条 债权人的债权已届清偿期，债权人对动产的占有与其债权的发生有牵连关系，债权人可以留置其所占有的动产。

❻《**最高人民法院关于贯彻执行〈中华人民共和国民法通则〉若干问题的意见（试行）**》（1988年1月26日发布）

117.债权人因合同关系占有债务人财物的，如果债务人到期不履行义务，债权人可以将相应的财物留置。经催告，债务人在合理期限内仍不履行义务，债权人依法将留置的财物以合理的价格变卖，并以变卖财物的价款优先受偿的，应予保护。

学者观点

❶ 韦祎：《留置权适用之三题》，参见北大法宝引证码：Pkulaw.cn/CLI.A.1127975。

❷ 刘保玉：《留置权成立要件规定中的三个争议问题解析》，参见北大法宝引证码：Pkulaw.cn/CLI.A.1141727。

【债权已届清偿期】

法律问题解读

债权已届清偿期是留置权的发生要件之一。只有债务人在债权清偿期届满仍不履行债务的，依合同合法占有债务人财产的债权人才有权留置该财产。债权人占有债务人的财产，若其债权未届清偿期而允许发生留置权，势必强制债务人提前清偿债务。这不仅不能实现留置权担保债权受偿的目的，而且易于诱发债权人滥用权利，占有标的债权人的债权尚未届清偿期，而返还占有物的义务先届履行期时，如就占有标的物成立留置权，其结果是债务人的债务虽未届清偿期，而于期前将依留置权间接地被强制执行，这有欠公允。因此，将债权已届清偿期作为留置权发生要件十分必要。

在实务中，关于债权清偿期的确定，合同对履行期限有约定的，合同约定的履行期限届满即为债的清偿期届满；合同对履行期限没有约定或约定不明的，债务人可以随时履行，债权人也以随时要求履行，但是应当给对方必要的准备时间。但是，双务合同的债务人可以要求债权人同时履行合同，债务人主张同时履行抗辩权的，债权不得视为已届清偿期。而且，按照约定，债务人应当先履行义务，但债权人有不能履行对待给付义务的事实发生，债务人主张不安抗辩权的，债权人对债务人履行义务没有提供相当的担保，债务人在约定的债务履行期到来时，没有履行义务的责任，不得认为债权已届清偿期。

还应当注意的是，如果在债务履行期届满前，债务人宣告破产的，未到期的债权视为到期，债权人可以行使留置权。

法条指引

❶《中华人民共和国物权法》（2007年3月16日 主席令公布 2007年10月1日施行）

第二百三十条 债务人不履行到期债务，债权人可以留置已经合法占有的债务人的动产，并有权就该动产优先受偿。

前款规定的债权人为留置权人，占有的动产为留置财产。

❷《中华人民共和国担保法》（1995年6月30日 主席令公布）

第八十二条 本法所称留置，是指依照本法第八十四条的规定，债权人按照合同约定占有债务人的动产，债务人不按照合同约定的期限履行债务的，债权人有权依照本法规定留置该财产，以该财产折价或者以拍卖、变卖该财产的价款优先受偿。

❸《中华人民共和国民法通则》（1986年4月12日 主席令公布）

第八十九条 依照法律的规定或者按照当事人的约定，可以采用下列方式担保债的履行：

（一）保证人向债权人保证债务人履行债务，债务人不履行债务的，按照约定由保证人履行或者承担连带责任；保证人履行债务后，有权向债务人追偿。

（二）债务人或者第三人可以提供一定的财产作为抵押物。债务人不履行债务的，债权人有权依照法律的规定以抵押物折价或者以变卖抵押物的价款优先得到偿还。

（三）当事人一方在法律规定的范围内可以向对方给付定金。债务人履行债务后，定金应当抵作价款或者收回。给付定金的一方不履行债务的，无权要求返还定金；接受定金的一方不履行债务的，应当双倍返还定金。

（四）按照合同约定一方占有对方的财产，对方不按照合同给付应付款项超过约定期限的，占有人有权留置该财产，依照法律的规定以留置财产折价或者以变卖该财产的价款优先得到偿还。

❹《中华人民共和国企业破产法》（2006年8月27日 主席令公布）

第四十六条 未到期的债权，在破产申请受理时视为到期。

附利息的债权自破产申请受理时起停止计息。

❺《中华人民共和国合同法》（1999年3月15日 主席令公布）

第六十二条 当事人就有关合同内容约定不明确，依照本法第六十一条的规定仍不能确定的，适用下列规定：

（一）质量要求不明确的，按国家标准、行业标准履行；没有国家标准、行业标准的，按照通常标准或者符合合同目的的特定标准履行。

（二）价款或者报酬不明确的，按照订立合同时履行地的市场价格履行；依法应当执行政府定价或者政府指导价的，按照规定履行。

（三）履行地点不明确，给付货币的，在接受货币一方所在地履行；交付不动产的，在不动产所在地履行；其他标的，在履行义务一方所在地履行。

（四）履行期限不明确的，债务人可以随时履行，债权人也可以随时要求履行，但应当给对方必要的准备时间。

（五）履行方式不明确的，按照有利于实现合同目的的方式履行。

（六）履行费用的负担不明确的，由履行义务一方负担。

❻《最高人民法院关于适用〈中华人民共和国担保法〉若干问题的解释》（2000 年 12 月 13 日发布）

第一百零九条 债权人的债权已届清偿期，债权人对动产的占有与其债权的发生有牵连关系，债权人可以留置其所占有的动产。

第一百一十二条 债权人的债权未届清偿期，其交付占有标的物的义务已届履行期的，不能行使留置权。但是，债权人能够证明债务人无支付能力的除外。

❼《最高人民法院关于贯彻执行〈中华人民共和国民法通则〉若干问题的意见（试行）》（1988 年 1 月 26 日发布）

117. 债权人因合同关系占有债务人财物的，如果债务人到期不履行义务，债权人可以将相应的财物留置。经催告，债务人在合理期限内仍不履行义务，债权人依法将留置的财物以合理的价格变卖，并以变卖财物的价款优先受偿的，应予保护。

案例链接

❶《本溪北台钢铁集团供销有限责任公司诉南京华海船务有限公司等留置船载货物纠纷案》，参见北大法宝引证码：Pkulaw.cn/CLI.C.25363。

❷《深圳市众鑫科电子有限公司等与骏源（亚洲）有限公司加工承揽合同纠纷上诉案》，参见北大法宝引证码：Pkulaw.cn/CLI.C.32304。

❸《珠海市吉泰物流有限公司与芜湖安得物流有限公司等运输合同纠纷上诉案》，参见北大法宝引证码：Pkulaw.cn/CLI.C.56880。

学者观点

❶ 韦祎：《留置权适用之三题》，参见北大法宝引证码：Pkulaw.cn/CLI.A.1127975。

❷ 刘保玉：《留置权成立要件规定中的三个争议问题解析》，参见北大法宝引证码：Pkulaw.cn/CLI.A.1141727。

【宽限期】

法律问题解读

宽限期是指当事人双方约定或法律规定的，在债权人留置债务人的动产后，债务人履行债务的最后期限。债权已届清偿期只是留置权成立的条件，债权人要行使留置权还必须经过宽限期。宽限期也是债务人对抗债权人的一个法定事由。留置权实现的结果是债务人丧失对留置物的相应权利，而债务人在其财产被债权人留置之前可能并不一定清楚认识到了这一点，本人可能并不愿意丧失对留置物的所有权，债务人的权利同样应当得到尊重。因此，法律要求债权人处分留置物，应当持慎重态度，给债务人留有充分的偿还债务或者提供担保的期限。

宽限期分为约定的宽限期和法定的宽限期。法定的宽限期为两个月。当事人可以在合同中约定宽限期，但是约定的宽限期不得少于两个月。如果当事人在合同中没有约定宽限期，债权人可以自行确定宽限期，但是不得少于法定的两个月，但鲜活易腐、不易保管之动产除外。如果约定或自定的宽限期无效，按照法定宽限期执行。

关于宽限期如何计算的问题，可以从我国现行法律中推定：在约定宽限期的时候，由于当事人事先对宽限期已经有所约定，所以宽限期应当从留置权成立的时候起算；在适用法定宽限期的时候，应当自当事人通知之日起算。

此外，还应当注意的是，在宽限期内由于不可抗力导致债务人不能履行合同债务的，债务人不得免责，债权人仍然有权留置债务人的财产，并就被留置的财产行使留置权。

法条指引

❶《中华人民共和国物权法》（2007 年 3 月 16 日 主席令公布 2007 年 10 月 1 日施行）

第二百三十六条 留置权人与债务人应当约定留置财产后的债务履行期间；没有约定或者约定不明确的，留置权人应当给债务人两个月以上履行债务的期间，但鲜活易腐等不易保管的动产除外。债务人逾期未履行的，留置权人可以与债务人协议以留置财产折价，也可以就拍卖、变卖留置财产所得的价款优先受偿。

留置财产折价或者变卖的，应当参照市场价格。

❷《中华人民共和国担保法》（1995 年 6 月 30 日　主席令公布）

第八十二条　本法所称留置，是指依照本法第八十四条的规定，债权人按照合同约定占有债务人的动产，债务人不按照合同约定的期限履行债的，债权人有权依照本法规定留置该财产，以该财产折价或者以拍卖、变卖该财产的价款优先受偿。

第八十七条　债权人与债务人应当在合同中约定，债权人留置财产后，债务人应当在不少于两个月的期限内履行债务。债权人与债务人在合同中未约定的，债权人留置债务人财产后，应当确定两个月以上的期限，通知债务人在该期限内履行债务。

债务人逾期仍不履行的，债权人可以与债务人协议以留置物折价，也可以依法拍卖、变卖留置物。

留置物折价或者拍卖、变卖后，其价款超过债权数额的部分归债务人所有，不足部分由债务人清偿。

❸《中华人民共和国民法通则》（1986 年 4 月 12 日　主席令公布）

第一百零七条　因不可抗力不能履行合同或者造成他人损害的，不承担民事责任，法律另有规定的除外。

第一百五十三条　本法所称的"不可抗力"，是指不能预见、不能避免并不能克服的客观情况。

❹《中华人民共和国合同法》（1999 年 3 月 15 日　主席令公布）

第一百一十七条　因不可抗力不能履行合同的，根据不可抗力的影响，部分或者全部免除责任，但法律另有规定的除外。当事人迟延履行后发生不可抗力的，不能免除责任。

本法所称不可抗力，是指不能预见、不能避免并不能克服的客观情况。

第二百八十六条　发包人未按照约定支付价款的，承包人可以催告发包人在合理期限内支付价款。发包人逾期不支付的，除按照建设工程的性质不宜折价、拍卖的以外，承包人可以与发包人协议将该工程折价，也可以申请人民法院将该工程依法拍卖。建设工程的价款就该工程折价或者拍卖的价款优先受偿。

❺《最高人民法院关于贯彻执行〈中华人民共和国民法通则〉若干问题的意见（试行）》（1988 年 1 月 26 日发布）

117. 债权人因合同关系占有债务人财物的，如果债务人到期不履行义务，债权人可以将相应的财物留置。经催告，债务人在合理期限内仍不履行义务，债权人依法将留置的财物以合理的价格变卖，并以变卖财物的价款优先受偿的，应予保护。

案例链接

❶《金鼎公司诉深房公司不按约定提取定作物并在诉讼中表示不再接受定作物对定作物予以拍卖后要求赔偿损失案》，参见北大法宝引证码：Pkulaw. cn/CLI. C. 22569。

❷《深圳市天白安达物流有限公司上海分公司诉北京市华北储运有限公司运输合同纠纷案》，参见北大法宝引证码：Pkulaw. cn/CLI. C. 75375。

❸《郑州兴盛花木城有限公司与郑州古玩城有限公司租赁合同纠纷上诉案》，参见北大法宝引证码：Pkulaw. cn/CLI. C. 250402。

【留置权无法成立的情形】

法律问题解读

根据我国法律的规定，在以下几种情况下不得成立留置权：

1. 约定排除留置权和预先抛弃留置权。当事人可以在合同中约定排除留置权，债权人可以单方预先抛弃留置权，都具有法律效力。债务履行期届满，债权人行使留置权的，人民法院不予支持。

2. 不当占有。如果债权人占有债务人的动产不是以合同占有，或者占有物虽属合同的标的物，但占有的方式不合法，也不得行使留置权。

3. 留置动产与债务人在交付动产前或交付动产时的指示相抵触。债务人在向债权人交付动产前或交付动产时已有明确意思表示，债权人接受了该动产，视为债权人接受了债务人的指示，债权人的义务构成合同的组成部分。如果债权人留置该动产与其承担的义务相抵触的，债权人的义务排除了发生留置权的可能性，债权人不得留置。

4. 债务人依法行使同时履行抗辩权。如果双方当事人互负债务，履行顺序无先后之分，若债权人未履行债务，债务人可以同时履行抗辩权对抗债权人而拒绝履行债务，债权人不得行使留置权。

5. 留置财产与债权人应承担的义务或合同的特殊约定相抵触。如果当事人双方在合同中对债务人的财产作出了特殊约定，债权人留置债务人的财产与该义务相冲突的，债权人的债务优先于权利，应当优先履行债务。

6. 留置动产违反公共秩序或善良风俗。当事人应当遵守社会上一般的、普遍的公共秩序和善良风俗，此为基本的社会义务。债权人留置动产若与此相冲突，则不得成立留置权。

法条指引

❶《中华人民共和国物权法》（2007年3月16日 主席令公布 2007年10月1日施行）

第二百三十条　债务人不履行到期债务，债权人可以留置已经合法占有的债务人的动产，并有权就该动产优先受偿。

前款规定的债权人为留置权人，占有的动产为留置财产。

第二百三十一条　债权人留置的动产，应当与债权属于同一法律关系，但企业之间留置的除外。

第二百三十二条　法律规定或者当事人约定不得留置的动产，不得留置。

❷《中华人民共和国担保法》（1995年6月30日 主席令公布）

第八十四条　因保管合同、运输合同、加工承揽合同发生的债权，债务人不履行债务的，债权人有留置权。

法律规定可以留置的其他合同，适用前款规定。

当事人可以在合同中约定不得留置的物。

❸《中华人民共和国合同法》（1999年3月15日 主席令公布）

第十三条　当事人订立合同，采取要约、承诺方式。

第六十六条　当事人互负债务，没有先后履行顺序的，应当同时履行。一方在对方履行之前有权拒绝其履行要求。一方在对方履行债务不符合约定时，有权拒绝其相应的履行要求。

第二百六十四条　定作人未向承揽人支付报酬或者材料费等价款的，承揽人对完成的工作成果享有留置权，但当事人另有约定的除外。

第三百一十五条　托运人或者收货人不支付运费、保管费以及其他运输费用的，承运人对相应的运输货物享有留置权，但当事人另有约定的除外。

第三百八十条　寄存人未按照约定支付保管费以及其他费用的，保管人对保管物享有留置权，但当事人另有约定的除外。

第四百二十二条　行纪人完成或者部分完成委托事务的，委托人应当向其支付相应的报酬。委托人逾期不支付报酬的，行纪人对委托物享有留置权，但当事人另有约定的除外。

❹《中华人民共和国民法通则》（1986年4月12日 主席令公布）

第七条　民事活动应当尊重社会公德，不得损害社会公共利益，破坏国家经济计划，扰乱社会经济秩序。

❺《最高人民法院关于适用〈中华人民共和国担保法〉若干问题的解释》（2000年12月13日发布）

第一百零七条　当事人在合同中约定排除留置权，债务履行期届满，债权人行使留置权的，人民法院不予支持。

第一百一十一条　债权人行使留置权与其承担的义务或者合同的特殊约定相抵触的，人民法院不予支持。

第一百一十二条　债权人的债权未届清偿期，其交付占有标的物的义务已届履行期的，不能行使留置权。但是，债权人能够证明债务人无支付能力的除外。

❻《汽车货物运输规则》（1999年11月15日交通部发布）

第七十八条　汽车货物运输的运杂费按下列规定结算：

（一）货物运杂费在货物托运、起运时一次结清，也可按合同采用预付费用的方式，随运随结或运后结清。托运人或者收货人不支付运费、保管费以及其他运输费用的，承运人对相应的运输货物享有留置权，但当事人另有约定的除外。

（二）运费尾数以元为单位，不足一元时四舍五入。

第二章 留置权的适用范围

● 本章为读者提供与以下题目有关的法律问题的解读及相关法律文献依据

留置的范围（485） 留置物（486） 留置物的范围（487） 留置权的善意取得（488） 不得留置之物（489） 留置担保债权的范围（490） 留置物保管费用（491） 实现留置权的费用（491） 留置权的适用范围（492） 保管合同中的留置权（493） 运输合同中的留置权（494） 承揽合同中的留置权（495） 仓储合同中的留置权（496） 行纪合同中的留置权（496）

【留置的范围】

法律问题解读

留置权产生的条件之一是债权人对财产的占有与债权之间存在着牵连关系，这就决定了债权人留置债务人的财产应当具有合理的范围，应当以与其债权相牵连的财产范围为限，在数量上应当相当于债权的数额。但是，在留置物为可分物或者是不可分物时有所不同。

可分物是与不可分物相对应的。可分物是指可以分割并且不因分割而损害其经济价值或者改变其性质的物，如米、布等。不可分物是指按照物的性质不能分割，分割就会改变其价值或者性质的物，如一辆汽车、一匹马等。

留置的财产是可分物的，留置的范围应当以清偿债权人的债权为必要，不得任意扩大留置标的物的范围，所留置的财产应当相当于债务的金额。这是因为债权人留置财产的目的，是为了清偿债权，只要留置物的价值相当于债务的金额，就能够保证其债权得到实现。可分物能够分割，也就能够计算出金额，这与不可分物是不同的，所以也就没有必要过多地留置财产。否则，对债务人的合法权益有损害，也不利于物的充分利用。但是，留置物是不可分物的，则不可分割。因为若予以分割其价值就会受到毁损。因此，留置权人在债权未受全部清偿前，可以就其留置物的全部行使留置权。

法条指引

❶《中华人民共和国物权法》（2007年3月16日 主席令公布 2007年10月1日施行）

第二百三十一条 债权人留置的动产，应当与债权属于同一法律关系，但企业之间留置的除外。

第二百三十三条 留置财产为可分物的，留置财产的价值应当相当于债务的金额。

❷《中华人民共和国担保法》（1995年6月30日 主席令公布）

第八十五条 留置的财产为可分物的，留置物的价值应当相当于债务的金额。

❸《最高人民法院关于适用〈中华人民共和国担保法〉若干问题的解释》（2000年12月13日发布）

第一百一十条 留置权人在债权未受全部清偿前，留置物为不可分物的，留置权人可以就其留置物的全部行使留置权。

学者观点

❶ 韦祎：《留置权适用之三题》，参见北大法宝引证码：Pkulaw.cn/CLI.A.1127975。

❷ 张驰：《关于动产担保制度的思考》，参见北大法宝引证码：Pkulaw.cn/CLI.A.1125732。

❸ 李晓春：《建设工程适用留置权制度之立法思考》，参见北大法宝引证码：Pkulaw.cn/CLI.A.132721。

【留置物】

法律问题解读

留置物即留置权的标的物,是指在留置担保中,被债权人留置的动产。留置物仅限于债权人按照合同约定占有的债务人的动产。

因为不动产价值巨大,且多为居住设施、商用设施或者公共卫生设施,若债权人以其与该不动产有关联的债权,而留置该不动产,使得该不动产的所有人或者使用人不能使用、收益该不动产,将妨碍该不动产的经济效用与社会效用,造成巨大浪费。而且,因不动产而发生的债权请求权,其价值一般远低于不动产的价值,若允许债权人对其占有的不动产发生留置权,与不动产所有人使用、收益不动产的利益发生直接冲突,而且妨碍不动产经济价值的充分利用并影响社会经济的发展。在现实生活中,从留置权所担保的债权看,大都是承揽费等债权,这种债权是因对不动产的修缮等原因产生的,其债权额一般是远远小于不动产的价值的,如果允许债权人为清偿数额较小的债权额而留置价值较大的不动产,不仅对不动产所有人有欠公允,而且从社会经济发展的角度讲也非善策。因此,我国法律明确规定,留置物限于债权人按照合同约定占有的债务人的动产,对不动产不适于留置,不能成为留置权的标的物。

法条指引

❶《中华人民共和国物权法》(2007年3月16日 主席令公布 2007年10月1日施行)

第二百三十条 债务人不履行到期债务,债权人可以留置已经合法占有的债务人的动产,并有权就该动产优先受偿。

前款规定的债权人为留置权人,占有的动产为留置财产。

❷《中华人民共和国担保法》(1995年6月30日 主席令公布)

第八十二条 本法所称留置,是指依照本法第八十四条的规定,债权人按照合同约定占有债务人的动产,债务人不按照合同约定的期限履行债务的,债权人有权依照本法规定留置该财产,以该财产折价或者以拍卖、变卖该财产的价款优先受偿。

第八十四条 因保管合同、运输合同、加工承揽合同发生的债权,债务人不履行债务的,债权人有留置权。

法律规定可以留置的其他合同,适用前款规定。

当事人可以在合同中约定不得留置的物。

❸《中华人民共和国民法通则》(1986年4月12日 主席令公布)

第八十九条 依照法律的规定或者按照当事人的约定,可以采用下列方式担保债务的履行:

(一)保证人向债权人保证债务人履行债务,债务人不履行债务的,按照约定由保证人履行或者承担连带责任;保证人履行债务后,有权向债务人追偿。

(二)债务人或者第三人可以提供一定的财产作为抵押物。债务人不履行债务的,债权人有权依照法律的规定以抵押物折价或者以变卖抵押物的价款优先得到偿还。

(三)当事人一方在法律规定的范围内可以向对方给付定金。债务人履行债务后,定金应当抵作价款或者收回。给付定金的一方不履行债务的,无权要求返还定金;接受定金的一方不履行债务的,应当双倍返还定金。

(四)按照合同约定一方占有对方的财产,对方不按照合同给付应付款项超过约定期限的,占有人有权留置该财产,依照法律的规定以留置财产折价或者以变卖该财产的价款优先得到偿还。

❹《中华人民共和国海商法》(1992年11月7日 主席令公布)

第二十五条 船舶优先权先于船舶留置权受偿,船舶抵押权后于船舶留置权受偿。

前款所称船舶留置权,是指造船人、修船人在合同另一方未履行合同时,可以留置所占有的船舶,以保证造船费用或者修船费用得以偿还的权利。船舶留置权在造船人、修船人不再占有所造或者所修的船舶时消灭。

❺《中华人民共和国合同法》(1999年3月15日 主席令公布)

第二百六十四条 定作人未向承揽人支付报酬或者材料费等价款的,承揽人对完成的工作成果享有留置权,但当事人另有约定的除外。

第二百八十六条 发包人未按照约定支付价款的,承包人可以催告发包人在合理期限内支付价款。发包人逾期不支付的,除按照建设工程的性质不宜折价、拍卖的以外,承包人可以与发包人协议将该工程折价,也可以申请人民法院将该工程依法拍卖。建设工程的价款就该工程折价或者拍卖的价款优先受偿。

第三百一十五条 托运人或者收货人不支付运费、保管费以及其他运输费用的,承运人对相应的运输货物享有留置权,但当事人另有约定的除外。

第三百八十条 寄存人未按照约定支付保管费以及其他费用的,保管人对保管物享有留置权,但当事人另有约定的除外。

第三百九十五条 本章没有规定的,适用保管合同的有关规定。

第四百二十二条 行纪人完成或者部分完成委托事务的,委托人应当向其支付相应的报酬。委托人逾期不支付报酬的,行纪人对委托物享有留置权,但当事人另有约定的除外。

❻《中华人民共和国信托法》(2001年4月28日 主席令公布)

第五十七条 信托终止后,受托人依照本法规定行使请求给付报酬、从信托财产中获得补偿的权利时,可以留置信托财产或者对信托财产的权利归属人提出请求。

❼《最高人民法院关于适用〈中华人民共和国担保法〉若干问题的解释》(2000年12月13日发布)

第一百零八条 债权人合法占有债务人交付的动产时,不知债务人无处分该动产的权利,债权人可以按照《担保法》第八十二条的规定行使留置权。

第一百零九条 债权人的债权已届清偿期,债权人对动产的占有与其债权的发生有牵连关系,债权人可以留置其所占有的动产。

❽《最高人民法院关于贯彻执行〈中华人民共和国民法通则〉若干问题的意见(试行)》(1988年1月26日发布)

117. 债权人因合同关系占有债务人财物的,如果债务人到期不履行义务,债权人可以将相应的财物留置。经催告,债务人在合理期限内仍不履行义务,债权人依法将留置的财物以合理的价格变卖,并以变卖财物的价款优先受偿的,应予保护。

❾《汽车货物运输规则》(1999年11月15日交通部发布)

第七十八条 汽车货物运输的运杂费按下列规定结算:

(一) 货物运杂费在货物托运、起运时一次结清,也可按合同采用预付费用的方式,随运随结或运后结清。托运人或者收货人不支付运费、保管费以及其他运输费用的,承运人对相应的运输货物享有留置权,但当事人另有约定的除外。

(二) 运费尾数以元为单位,不足一元时四舍五入。

案例链接

❶《广州市联盛塑料五金模具有限公司与东莞龙昌玩具有限公司承揽合同纠纷上诉案》,参见北大法宝引证码:Pkulaw.cn/CLI.C.277540。

❷《GrandRodosiInc.(格兰德罗德西公司)与舟山万邦永跃船舶修造有限公司船舶修理合同纠纷上诉案》,参见北大法宝引证码:Pkulaw.cn/CLI.C.253886。

❸《北京北开电气股份有限公司诉北京华东森源电气有限责任公司加工合同纠纷案》,参见北大法宝引证码:Pkulaw.cn/CLI.C.261146。

学者观点

❶ 孙鹏、王勤劳:《担保物权的侵害及其救济》,参见北大法宝引证码:Pkulaw.cn/CLI.A.1130051。

❷ 邹海林、常敏:《论我国物权法上的担保物权制度》,参见北大法宝引证码:Pkulaw.cn/CLI.A.185360。

【留置物的范围】

法律问题解读

留置物的范围是指留置权的效力所及的标的物的范围,一般包括主物、从物、孳息以及留置物的代位物和添附物。具体如下:

1. 留置物的主物。留置物的主物,是指债权人依合同约定合法占有的债务人的动产。该动产可以是债务人享有完全处分权的动产,也可以是债权人并不知情的债务人无权处分的动产。

2. 留置物的从物。从物是指附属于主物的附属物。除当事人另有约定的以外,留置权的效力也及于留置物的从物。但是,从物未随同留置物移交留置权人占有的,留置权的效力不及于从物。也就是说,从物必须也在债权人的占有之下时,才能成为留置权效力所及的范围,否则,不管从物仍为债务人占有,还是已转让他人,留置权的效力均不及于此。但是双方约定从物不属于担保物的范围,或者主物和从物可以分离,而主物的价值足以担保全部债权的,留置权的效力也不能及于从物。

3. 留置物的孳息。孳息包括法定孳息和天然孳息，除非当事人对孳息问题另有约定，留置权的效力及于留置权的孳息，债权人可以收取孳息，并就孳息优先受偿。

4. 留置物的代位物。留置权的效力也及于留置物的代位物。债权人可以以留置物的代位物或者代替物优先受偿。

5. 添附物。留置物如果与其他动产添附，且添附物的所有权由留置物的所有人取得的，留置权的效力应及于添附物；如因添附的结果使得留置物的所有权人与添附物的所有权人共有添附物的，留置物的效力仅及于添附物依留置物的价值计算的应有部分。

法条指引

❶《中华人民共和国物权法》（2007年3月16日 主席令公布 2007年10月1日施行）

第二百三十三条 留置财产为可分物的，留置财产的价值应当相当于债务的金额。

❷《中华人民共和国担保法》（1995年6月30日 主席令公布）

第八十五条 留置的财产为可分物的，留置物的价值应当相当于债务的金额。

❸《最高人民法院关于适用〈中华人民共和国担保法〉若干问题的解释》（2000年12月13日发布）

第六十四条 债务履行期届满，债务人不履行债务致使抵押物被人民法院依法扣押的，自扣押之日起抵押权人收取的由抵押物分离的天然孳息和法定孳息，按照下列顺序清偿：

（一）收取孳息的费用；

（二）主债权的利息；

（三）主债权。

第八十条 在抵押物灭失、毁损或者被征用的情况下，抵押权人可以就该抵押物的保险金、赔偿金或者补偿金优先受偿。

抵押物灭失、毁损或者被征用的情况下，抵押权所担保的债权未届清偿期的，抵押权人可以请求人民法院对保险金、赔偿金或补偿金等采取保全措施。

第九十一条 动产质权的效力及于质物的从物。但是，从物未随同质物移交质权人占有的，质权的效力不及于从物。

第一百一十条 留置权人在债权未受全部清偿前，留置物为不可分物的，留置权人可以就其留置物的全部行使留置权。

第一百一十四条 本解释第六十四条、第八十条、第八十七条、第九十一条、第九十三条的规定，适用于留置。

❹《最高人民法院关于贯彻执行〈中华人民共和国民法通则〉若干问题的意见（试行）》（1988年1月26日发布）

86. 非产权人在使用他人的财产上增添附属物，财产所有人同意增添，并就财产返还时附属物如何处理有约定的，按约定办理；没有约定又协商不成，能够拆除的，可以责令拆除；不能拆除的，也可以折价归财产所有人；造成财产所有人损失的，应当负赔偿责任。

87. 有附属物的财产，附属物随财产所有权的转移而转移。但当事人另有约定又不违法的，按约定处理。

学者观点

❶ 梅夏英、方春晖：《对留置权概念的立法比较及对其实质的思考》，参见北大法宝引证码：Pku-law.cn/CLI.A.124420。

【留置权的善意取得】

法律问题解读

留置权的善意取得是指在留置担保中，债权人合法占有债务人交付的动产时，不知道债务人无处分该动产的权利，债权人仍可对该动产行使留置权。在留置关系中，当债务人将其占有的动产交付给债权人时，双方是为了履行合同，债权人往往对留置物付出的为劳务，其没有必要也不可能审查债务人交付的动产是否属于自己所有。根据债务人动产占有的公信力，根据民法的诚信原则和公平原则，债权人对其善意取得的不属于债务人所有的物享有留置权。

留置权的善意取得应当具有以下几个条件：（1）债权已届清偿期；（2）债权人占有债务人交付的动产；（3）债务人对交付的动产没有所有权或者处分权；（4）债权人不知其占有的动产不属于债务人所有，债权人不知债务人无权处分的事实，以债权人不知的事实状态为限，债权人应当知道的除外；（5）债权人对动产的占有与其债权的发生有牵连关系。

此外，还应注意的是，我国法律只强调债权

人的善意应当发生在其取得留置物之时。由此可以推定，在债权人占有了债务人交付的动产之后，其主观认识是否发生了变化不影响留置权的成立。况且，在债权人实际占有了债务人交付的动产之后，债权人就已经开始了实际履行或者清偿，付出相当的对价，因而对债务人享有现实的权利，留置权成立的前提条件已经具备。

法条指引

❶《中华人民共和国民法通则》（1986年4月12日 主席令公布）

第四条 民事活动应当遵循自愿、公平、等价有偿、诚实信用的原则。

❷《最高人民法院关于适用〈中华人民共和国担保法〉若干问题的解释》（2000年12月13日发布）

第一百零八条 债权人合法占有债务人交付的动产时，不知债务人无处分该动产的权利，债权人可以按照担保法第八十二条的规定行使留置权。

❸《最高人民法院关于贯彻执行〈中华人民共和国民法通则〉若干问题的意见（试行）》（1988年1月26日发布）

89. 共同共有人对共有财产享有共同的权利，承担共同的义务。在共同共有关系存续期间，部分共有人擅自处分共有财产的，一般认定无效。但第三人善意、有偿取得该财产的，应当维护第三人的合法权益，对其他共有人的损失，由擅自处分共有财产的人赔偿。

学者观点

❶ 崔令之：《论留置权的善意取得》，参见北大法宝引证码：Pkulaw.cn/CLI.A.120434。

❷ 杨建进、傅源长：《析留置权适用中应注意的问题》，参见北大法宝引证码：Pkulaw.cn/CLI.A.1112896。

【不得留置之物】

法律问题解读

留置物应当具有交换价值，并且能够实现交换，因此，留置物要符合法律规定。下列财产依法不能成为留置物：

1. 禁止流通物和不可转让的物。禁止流通物是依照法律规定，不允许在商品交换领域为实现其交换价值而流通的物。例如武器、弹药等国家专有物，淫秽书画和音像、鸦片等危害身心健康的物，均属于国家禁止流通物。禁止流通物由于具有特殊的性质，无法通过正常的交易途径实现其交换价值。禁止流通物原则上不得设立留置担保。不可转让的物是指依照法律的规定，不能进入交易领域的物。对法律禁止流通的财产或者不可转让的财产设定留置担保的，留置无效。

限制流通物是指法律对流通范围和程度有一定限制的物。限制流通物可以成为留置的对象，只是在实现留置权的时候要受到诸多的限制。以法律、法规限制流通的财产设立留置担保的，在实现债权时，人民法院应当依照有关法律法规的规定对该财产进行处理。

2. 当事人明确约定不得留置的物。如果当事人事先在合同中约定了不得留置的物，即使成立留置权的条件成熟，债权人也不能留置该物。

法条指引

❶《中华人民共和国物权法》（2007年3月16日 主席令公布 2007年10月1日施行）

第二百三十二条 法律规定或者当事人约定不得留置的动产，不得留置。

❷《中华人民共和国担保法》（1995年6月30日 主席令公布）

第八十四条 因保管合同、运输合同、加工承揽合同发生的债权，债务人不履行债务的，债权人有留置权。

法律规定可以留置的其他合同，适用前款规定。

当事人可以在合同中约定不得留置的物。

❸《最高人民法院关于适用〈中华人民共和国担保法〉若干问题的解释》（2000年12月13日发布）

第五条 以法律、法规禁止流通的财产或者不可转让的财产设定担保的，担保合同无效。

以法律、法规限制流通的财产设定担保的，在实现债权时，人民法院应当按照有关法律、法规的规定对该财产进行处理。

第一百零七条 当事人在合同中约定排除留置权，债务履行期届满，债权人行使留置权的，人民法院不予支持。

❹《中华人民共和国民法通则》（1986年4月12日 主席令公布）

第六条 民事活动必须遵守法律，法律没有

规定的，应当遵守国家政策。

❺《最高人民法院关于贯彻执行〈中华人民共和国民法通则〉若干问题的意见（试行）》（1988年1月26日发布）

113．以自己不享有所有权或者经营管理权的财产作抵押物的，应当认定抵押无效。

以法律限制流通的财产作为抵押物的，在清偿债务时，应当由有关部门收购，抵押权人可以从价款中优先受偿。

学者观点

❶ 杨梓：《透视担保物权制度中的法律冲突》，参见北大法宝引证码：Pkulaw.cn/CLI.A.185450。

【留置担保债权的范围】

法律问题解读

留置担保债权的范围，是指留置权人行使留置权时，可以优先受偿的债权的范围。留置权是为担保债权人的债权实现为目的的，留置权担保的债权的范围与其他担保物权，如抵押权和质押权所担保的范围是基本相同的。但是由于留置权为法定担保物权，其担保范围是既定的，而不能像抵押和质押那样可以由当事人约定担保债权的范围。当事人可以在合同中约定排除留置权，但不得约定留置权担保债权的范围。

具体而言，我国法律规定的留置权担保的债权主要有以下几项：首先是主债权。主债权是指留置权人基于合同而发生的要求债务人履行主要义务的权利，又称为原债权或本债权。主债权的全部受留置权担保，但债权人基于合同享有的附属于主债权的权利不在担保范围之内。其次是利息。利息指原本所生的孳息，分为法定利息和约定利息。对留置权来讲，主要指迟延履行债务的利息。同时还包括违约金、损害赔偿金、留置物保管费用以及实现留置权的费用。

法条指引

❶《中华人民共和国担保法》（1995年6月30日 主席令公布）

第八十三条 留置担保的范围包括主债权及利息、违约金、损害赔偿金、留置物保管费用和实现留置权的费用。

❷《中华人民共和国民法通则》（1986年4月12日 主席令公布）

第一百一十二条 当事人一方违反合同的赔偿责任，应当相当于另一方因此所受到的损失。

当事人可以在合同中约定，一方违反合同时，向另一方支付一定数额的违约金；也可以在合同中约定对于违反合同而产生的损失赔偿额的计算方法。

❸《中华人民共和国合同法》（1999年3月15日 主席令公布）

第一百一十三条 当事人一方不履行合同义务或者履行合同义务不符合约定，给对方造成损失的，损失赔偿额应当相当于因违约所造成的损失，包括合同履行后可以获得的利益，但不得超过违反合同一方订立合同时预见到或者应当预见到的因违反合同可能造成的损失。

经营者对消费者提供商品或者服务有欺诈行为的，依照《中华人民共和国消费者权益保护法》的规定承担损害赔偿责任。

第一百一十四条 当事人可以约定一方违约时应当根据违约情况向对方支付一定数额的违约金，也可以约定因违约产生的损失赔偿额的计算方法。

约定的违约金低于造成的损失的，当事人可以请求人民法院或者仲裁机构予以增加；约定的违约金过分高于造成的损失的，当事人可以请求人民法院或者仲裁机构予以适当减少。

当事人就迟延履行约定违约金的，违约方支付违约金后，还应当履行债务。

第二百六十四条 定作人未向承揽人支付报酬或者材料费等价款的，承揽人对完成的工作成果享有留置权，但当事人另有约定的除外。

第二百八十六条 发包人未按照约定支付价款的，承包人可以催告发包人在合理期限内支付价款。发包人逾期不支付的，除按照建设工程的性质不宜折价、拍卖的以外，承包人可以与发包人协议将该工程折价，也可以申请人民法院将该工程依法拍卖。建设工程的价款就该工程折价或者拍卖的价款优先受偿。

第三百一十五条 托运人或者收货人不支付运费、保管费以及其他运输费用的，承运人对相应的运输货物享有留置权，但当事人另有约定的除外。

第三百八十条 寄存人未按照约定支付保管费以及其他费用的，保管人对保管物享有留置权，但当事人另有约定的除外。

第四百二十二条 行纪人完成或者部分完成委托事务的，委托人应当向其支付相应的报酬。

委托人逾期不支付报酬的，行纪人对委托物享有留置权，但当事人另有约定的除外。

案例链接

❶《铜陵市天河科工贸有限责任公司诉芜湖石硪江海轮船有限公司水路货物运输合同纠纷案》，参见北大法宝引证码：Pkulaw. cn/CLI. C. 77564。

【留置物保管费用】

法律问题解读

留置物保管费用是指在留置担保中，留置权人因保管留置物而支出的必要费用。留置权人对留置物留置后，尽管留置物的所有权仍然属于债务人，但债务人没有占有留置物，客观上无法履行保管自己财产的义务，留置权人因此应当承担保管留置物的义务。留置权人因其保管行为而支出的必要费用有权向债务人请求返还，因此，留置物保管费用当然地被纳入被担保债权之中。

在把握这一问题时，需要注意两个方面：

1. 留置权人必须以善良管理人之注意尽妥善保管义务。留置权人应当按照留置物保全完好、功能无损的要求，保管留置物，尽职尽责一丝不苟。由于留置权人主观的疏忽、怠慢而致留置物毁损、灭失的，留置权人应当负损害赔偿责任。

2. 留置物保管费用应当得到合理限制。留置物的保管费用不能无限膨胀，必须合理限制，否则不能保护债务人的利益，导致在债权人和债务人之间失之公平。保管费用的开支应以必要为原则，即为留置物保全完好功能无损所必要的保管费用的支出为合理。当留置权人与留置人对保管费用的支出发生争执时，人民法院应当本着公平公正和诚实信用的原则加以裁定。

法条指引

❶《中华人民共和国物权法》（2007年3月16日 主席令公布 2007年10月1日施行）

第二百三十四条 留置权人负有妥善保管留置财产的义务；因保管不善致使留置财产毁损、灭失的，应当承担赔偿责任。

❷《中华人民共和国担保法》（1995年6月30日 主席令公布）

第八十三条 留置担保的范围包括主债权及利息、违约金、损害赔偿金、留置物保管费用和实现留置权的费用。

第八十六条 留置权人负有妥善保管留置物的义务。因保管不善致使留置物灭失或者毁损的，留置权人应当承担民事责任。

❸《最高人民法院关于适用〈中华人民共和国担保法〉若干问题的解释》（2000年12月13日发布）

第九十三条 质权人在质权存续期间，未经出质人同意，擅自使用、出租、处分质物，因此给出质人造成损失的，由质权人承担赔偿责任。

第一百一十四条 本解释第六十四条、第八十条、第八十七条、第九十一条、第九十三条的规定，适用于留置。

案例链接

❶《铜陵市天河科工贸有限责任公司诉芜湖石硪江海轮船有限公司水路货物运输合同纠纷案》，参见北大法宝引证码：Pkulaw. cn/CLI. C. 77564。

【实现留置权的费用】

法律问题解读

所谓实现留置权的费用，也就是留置权人行使留置权时所进行的必要支出。

留置权人为行使、实现留置权支出的相应费用，也属于留置担保的债权范围之一。因为实现留置权的费用是由于债务人不履行债务而留置权人要实行留置权所必然产生的，是留置权人为保护自己合法权益而产生的必然支出，这一费用要由债务人承担。实际上这也是留置权人享有的又一债权，是当事人在留置权发生时就可以预见的，为保障留置权人权利应当将其纳入留置权担保范围。

实现留置权即留置权人实现其权利的行为过程。实现留置权主要包括以下两种方式：（1）将留置物折价取偿，即债务人将留置物所有权移交给债权人，以代替债务人的清偿，从而原债权消灭，留置权也随之消灭；（2）将留置物拍卖取偿，即按法定程序，以公开竞价的方式出售留置物，留置权人以拍卖所得价金优先受偿。由此可见，实现留置权的费用一般包括：所有权转移时的签约、公示手续等费用，申请拍卖时的拍卖费用等。

法条指引

❶《中华人民共和国担保法》（1995年6月

30日 主席令公布）

第八十三条 留置担保的范围包括主债权及利息、违约金、损害赔偿金、留置物保管费用和实现留置权的费用。

第八十七条 债权人与债务人应当在合同中约定，债权人留置财产后，债务人应当在不少于两个月的期限内履行债务。债权人与债务人在合同中未约定的，债权人留置债务人财产后，应当确定两个月以上的期限，通知债务人在该期限内履行债务。

债务人逾期仍不履行的，债权人可以与债务人协议以留置物折价，也可以依法拍卖、变卖留置物。

留置物折价或者拍卖、变卖后，其价款超过债权数额的部分归债务人所有，不足部分由债务人清偿。

❷《中华人民共和国拍卖法》（2004年8月28日 修正公布）

第三条 拍卖是指以公开竞价的形式，将特定物品或者财产权利转让给最高应价者的买卖方式。

第五十六条 委托人、买受人可以与拍卖人约定佣金的比例。

委托人、买受人与拍卖人对佣金比例未作约定，拍卖成交的，拍卖人可以向委托人、买受人各收取不超过拍卖成交价百分之五的佣金。收取佣金的比例按照同拍卖成交价成反比的原则确定。

拍卖未成交的，拍卖人可以向委托人收取约定的费用；未作约定的，可以向委托人收取为拍卖支出的合理费用。

第五十七条 拍卖本法第九条规定的物品成交的，拍卖人可以向买受人收取不超过拍卖成交价百分之五的佣金。收取佣金的比例按照同拍卖成交价成反比的原则确定。

拍卖未成交的，适用本法第五十六条第三款的规定。

案例链接

❶《铜陵市天河科工贸有限责任公司诉芜湖石硊江海轮船有限公司水路货物运输合同纠纷案》，参见北大法宝引证码：Pkulaw.cn/CLI.C.77564。

【留置权的适用范围】

法律问题解读

留置权的适用范围是指根据我国现行法律的规定，可以设立留置担保的债权的范围。

就目前而言，留置权只能担保合同债权，而且只能适用于双务合同，并且应当是一方当事人依据合同合法占有对方当事人的财产。对于侵权行为之债、不当得利之债和无因管理之债不得适用留置权。

根据《物权法》第231条的规定，除企业之间留置的除外，债权人留置的动产，应当与债权属于同一法律关系。

根据我国法律的规定，以下合同的债权人可以行使留置权：保管合同、运输合同、承揽合同、仓储合同、行纪合同等。

法条指引

❶《中华人民共和国物权法》（2007年10月1日施行）

第二百三十条 债务人不履行到期债务，债权人可以留置已经合法占有的债务人的动产，并有权就该动产优先受偿。

前款规定的债权人为留置权人，占有的动产为留置财产。

第二百三十一条 债权人留置的动产，应当与债权属于同一法律关系，但企业之间留置的除外。

第二百三十二条 法律规定或者当事人约定不得留置的动产，不得留置。

❷《中华人民共和国担保法》（1995年6月30日 主席令公布）

第八十二条 本法所称留置，是指依照本法第八十四条的规定，债权人按照合同约定占有债务人的动产，债务人不按照合同约定的期限履行债务的，债权人有权依照本法规定留置该财产，以该财产折价或者以拍卖、变卖该财产的价款优先受偿。

第八十四条 因保管合同、运输合同、加工承揽合同发生的债权，债务人不履行债务的，债权人有留置权。

法律规定可以留置的其他合同，适用前款规定。

当事人可以在合同中约定不得留置的物。

❸《中华人民共和国民法通则》（1986年4月12日 主席令公布）

第八十九条 依照法律的规定或者按照当事人的约定，可以采用下列方式担保债务的履行：

（一）保证人向债权人保证债务人履行债务，

债务人不履行债务的,按照约定由保证人履行或者承担连带责任;保证人履行债务后,有权向债务人追偿。

(二)债务人或者第三人可以提供一定的财产作为抵押物。债务人不履行债务的,债权人有权依照法律的规定以抵押物折价或者以变卖抵押物的价款优先得到偿还。

(三)当事人一方在法律规定的范围内可以向对方给付定金。债务人履行债务后,定金应当抵作价款或者收回。给付定金的一方不履行债务的,无权要求返还定金;接受定金的一方不履行债务的,应当双倍返还定金。

(四)按照合同约定一方占有对方的财产,对方不按照合同给付应付款项超过约定期限的,占有人有权留置该财产,依照法律的规定以留置财产折价或者以变卖该财产的价款优先得到偿还。

❹《中华人民共和国海商法》(1992年11月7日 主席令公布)

第二十五条 船舶优先权先于船舶留置权受偿,船舶抵押权后于船舶留置权受偿。

前款所称船舶留置权,是指造船人、修船人在合同另一方未履行合同时,可以留置所占有的船舶,以保证造船费用或者修船费用得以偿还的权利。船舶留置权在造船人、修船人不再占有所造或者所修的船舶时消灭。

❺《中华人民共和国合同法》(1999年3月15日 主席令公布)

第二百六十四条 定作人未向承揽人支付报酬或者材料费等价款的,承揽人对完成的工作成果享有留置权,但当事人另有约定的除外。

第二百八十六条 发包人未按照约定支付价款的,承包人可以催告发包人在合理期限内支付价款。发包人逾期不支付的,除按照建设工程的性质不宜折价、拍卖的以外,承包人可以与发包人协议将该工程折价,也可以申请人民法院将该工程依法拍卖。建设工程的价款就该工程折价或者拍卖的价款优先受偿。

第三百一十五条 托运人或者收货人不支付运费、保管费以及其他运输费用的,承运人对相应的运输货物享有留置权,但当事人另有约定的除外。

第三百八十条 寄存人未按照约定支付保管费以及其他费用的,保管人对保管物享有留置权,但当事人另有约定的除外。

第三百九十五条 本章没有规定的,适用保管合同的有关规定。

第四百二十二条 行纪人完成或者部分完成委托事务的,委托人应当向其支付相应的报酬。委托人逾期不支付报酬的,行纪人对委托物享有留置权,但当事人另有约定的除外。

❻《中华人民共和国信托法》(2001年4月28日 主席令公布)

第五十七条 信托终止后,受托人依照本法规定行使请求给付报酬、从信托财产中获得补偿的权利时,可以留置信托财产或者对信托财产的权利归属人提出请求。

❼《最高人民法院关于贯彻执行〈中华人民共和国民法通则〉若干问题的意见(试行)》(1988年1月26日发布)

117. 债权人因合同关系占有债务人财物的,如果债务人到期不履行义务,债权人可以将相应的财物留置。经催告,债务人在合理期限内仍不履行义务,债权人依法将留置的财物以合理的价格变卖,并以变卖财物的价款优先受偿的,应予保护。

❽《汽车货物运输规则》(1999年11月15日交通部发布)

第七十八条 汽车货物运输的运杂费按下列规定结算:

(一)货物运杂费在货物托运、起运时一次结清,也可按合同采用预付费用的方式,随运随结或运后结清。托运人或者收货人不支付运费、保管费以及其他运输费用的,承运人对相应的运输货物享有留置权,但当事人另有约定的除外。

(二)运费尾数以元为单位,不足一元时四舍五入。

学者观点

❶ 韦祎:《留置权适用之三题》,参见北大法宝引证码:Pkulaw.cn/CLI. A. 1127975。

❷ 刘保玉:《留置权成立要件规定中的三个争议问题解析》,参见北大法宝引证码:Pkulaw.cn/CLI. A. 1141727。

【保管合同中的留置权】

法律问题解读

保管合同又称寄托合同、寄存合同,是指保管人保管寄存人交付的保管物,并在保管合同期限届满或者终止时,将保管物返还给寄存人的合同。其中保管物品的一方当事人称为保管人,交付物品的一方当事人称为寄存人，被保管的物品称为保管物。

保管合同分为有偿保管合同和无偿保管合同。当事人在保管合同中明确约定有保管费的，寄存人应当按照约定向保管人支付保管费。当事人在合同中对保管费没有约定或者约定不明的，依照我国《合同法》的规定不能协商确定，按照合同有关条款或者交易习惯又不能确定的，视为无偿保管合同。

在保管合同关系中，保管人有保管保管物的义务。保管人应当妥善保管保管物，除经寄存人同意的以外，保管人不得使用或者许可第三人使用保管物；而且保管人应当亲自保管，不得擅自将保管物转交第三人保管。因保管人保管不善造成保管物损毁、灭失的，保管人对因其过失给寄存人造成的损失负赔偿责任。

而且，在有偿保管合同中，寄存人有支付保管费的义务。保管费包括保管人保管保管物所支付的必要费用，也包括寄存人应当支付给保管人的报酬。如果保管人尽了保管义务，而寄存人没有支付保管费，留置权成立的基本前提就成就了，除非当事人另有约定，寄存人未按照约定支付保管费以及其他费用的，保管人对保管物享有留置权，寄存人不得以保管人负有返还保管物的义务为由对抗保管人行使留置权。

法条指引

❶《中华人民共和国物权法》（2007年10月1日施行）

第二百三十四条　留置权人负有妥善保管留置财产的义务；因保管不善致使留置财产毁损、灭失的，应当承担赔偿责任。

❷《中华人民共和国担保法》（1995年6月30日　主席令公布）

第八十四条　因保管合同、运输合同、加工承揽合同发生的债权，债务人不履行债务的，债权人有留置权。

法律规定可以留置的其他合同，适用前款规定。

当事人可以在合同中约定不得留置的物。

❸《中华人民共和国合同法》（1999年3月15日　主席令公布）

第三百六十九条　保管人应当妥善保管保管物。

当事人可以约定保管场所或者方法。除紧急情况或者为了维护寄存人利益以外，不得擅自改变保管场所或者方法。

第三百七十二条　保管人不得使用或者许可第三人使用保管物，但当事人另有约定的除外。

第三百七十三条　第三人对保管物主张权利的，除依法对保管物采取保全或者执行的以外，保管人应当履行向寄存人返还保管物的义务。

第三人对保管人提起诉讼或者对保管物申请扣押的，保管人应当及时通知寄存人。

第三百八十条　寄存人未按照约定支付保管费以及其他费用的，保管人对保管物享有留置权，但当事人另有约定的除外。

第三百八十一条　仓储合同是保管人储存存货人交付的仓储物，存货人支付仓储费的合同。

第三百八十二条　仓储合同自成立时生效。

【运输合同中的留置权】

法律问题解读

运输合同，是指双方当事人约定一方将对方或者对方的货物从起运点运输到约定地点，对方当事人支付票款或者运输费用的合同。其中承担运输义务的一方当事人称为承运人，对方当事人称为旅客或者托运人。

运输合同分客运合同和货运合同，客运合同不存在留置的问题，只有货运合同的承运人在托运人或者收货人不支付运费或者其他费用时，对相应的运输货物有留置权。所谓货运合同，是指承运人将托运人交付的货物运至约定的地点交付给托运人或者收货人，由托运人或者收货人支付运费及其他有关费用的合同。

承运人应当按照约定的或者通常的运输路线，在约定的期间或者在合理的期间内将货物运输到约定的地点，通知提货人及时提货，收货人逾期提货的，应当向承运人支付保管费等费用。承运人对运输过程中货物的损毁、灭失承担损害赔偿责任，除非承运人有证据证明货物的损毁、灭失是因不可抗力、货物本身的自然性质或者合理损耗以及托运人、收货人的过错造成的。货物在运输过程中因不可抗力灭失，承运人未收取运费的不得收取，已经收取运输费的，托运人可以要求返还。

承运人按约定将货物运至约定的地点，有权收取运费和其他相关费用，托运人或者收货人不支付上述费用，承运人有权留置相应的运输货物以担保自己的债权实现。

法条指引

❶《中华人民共和国担保法》（1995年6月30日 主席令公布）

第八十四条 因保管合同、运输合同、加工承揽合同发生的债权，债务人不履行债务的，债权人有留置权。

法律规定可以留置的其他合同，适用前款规定。

当事人可以在合同中约定不得留置的物。

❷《中华人民共和国合同法》（1999年3月15日 主席令公布）

第三百零九条 货物运输到达后，承运人知道收货人的，应当及时通知收货人，收货人应当及时提货。收货人逾期提货的，应当向承运人支付保管费等费用。

第三百一十一条 承运人对运输过程中货物的毁损、灭失承担损害赔偿责任，但承运人证明货物的毁损、灭失是因不可抗力、货物本身的自然性质或者合理损耗以及托运人、收货人的过错造成的，不承担损害赔偿责任。

第三百一十四条 货物在运输过程中因不可抗力灭失，未收取运费的，承运人不得要求支付运费；已收取运费的，托运人可以要求返还。

第三百一十五条 托运人或者收货人不支付运费、保管费以及其他运输费用的，承运人对相应的运输货物享有留置权，但当事人另有约定的除外。

❸《汽车货物运输规则》（1999年11月15日交通部发布）

第七十八条 汽车货物运输的运杂费按下列规定结算：

（一）货物运杂费在货物托运、起运时一次结清，也可按合同采用预付费用的方式，随运随结或运后结清。托运人或者收货人不支付运费、保管费以及其他运输费用的，承运人对相应的运输货物享有留置权，但当事人另有约定的除外。

（二）运费尾数以元为单位，不足一元时四舍五入。

【承揽合同中的留置权】

法律问题解读

承揽合同是指当事人双方约定一方按照另一方的要求完成一定工作并交付工作成果，另一方应该接受该工作成果并给付一定报酬的合同。承揽合同包括：加工、定作、修理、复制、测试、检验、鉴定、印刷、测绘等合同。在承揽合同中，按照双方约定完成工作并交付成果的一方为承揽人，接受承揽人工作成果并给付报酬的一方为定作人，承揽人所完成的工作成果为定作物。

在承揽合同关系中，承揽人有完成工作并交付成果的义务。承揽人还负担按照定作人的要求按质按量、按期将所完成的工作成果交付定作人，并移交定作物的义务。对于定作人而言，定作人应当按照合同约定的期限支付报酬。合同中未约定支付或约定不明的，定作人应于接受工作成果的同时支付报酬，完成的工作成果可以部分交付的，承揽人部分交付工作成果时，定作人应相应支付部分报酬。

定作人未按照约定期限支付报酬的，承揽人对完成的工作成果享有留置权。承揽人的留置权是保证承揽人实现其报酬请求权的一种法定担保物权。但在以下几种情况中，其留置权要受到限制：第一，如果承揽人加工承揽的对象是不动产，承揽人就不得行使留置权，因为留置权的对象仅限于动产；第二，在由承揽人提供加工材料的定作合同中，如果认为承揽人的工作成果归承揽人所有，实际上承揽人也无法行使留置权，因为留置的对象只能是债务人的动产；第三，如果双方在合同中约定排除留置权，承揽人也不得行使留置权。

法条指引

❶《中华人民共和国担保法》（1995年6月30日 主席令公布）

第八十四条 因保管合同、运输合同、加工承揽合同发生的债权，债务人不履行债务的，债权人有留置权。

法律规定可以留置的其他合同，适用前款规定。

当事人可以在合同中约定不得留置的物。

❷《中华人民共和国合同法》（1999年3月15日 主席令公布）

第二百五十一条 承揽合同是承揽人按照定作人的要求完成工作，交付工作成果，定作人给付报酬的合同。

承揽包括加工、定作、修理、复制、测试、检验等工作。

第二百六十一条 承揽人完成工作的,应当向定作人交付工作成果,并提交必要的技术资料和有关质量证明。定作人应当验收该工作成果。

第二百六十二条 承揽人交付的工作成果不符合质量要求的,定作人可以要求承揽人承担修理、重作、减少报酬、赔偿损失等违约责任。

第二百六十三条 定作人应当按照约定的期限支付报酬。对支付报酬的期限没有约定或者约定不明确,依照本法第六十一条的规定仍不能确定的,定作人应当在承揽人交付工作成果时支付;工作成果部分交付的,定作人应当相应支付。

第二百六十四条 定作人未向承揽人支付报酬或者材料费等价款的,承揽人对完成的工作成果享有留置权,但当事人另有约定的除外。

【仓储合同中的留置权】

法律问题解读

仓储合同是双方当事人约定,由一方存储对方交付的物品,由对方支付费用的合同。其中存储物品的一方称为保管人,对方当事人称为存货人,被存储的物品称为存储物,对方当事人支付的费用称为仓储费。

仓储合同成立后,保管人负有接受和验收存货人的货物入库的义务以及返还保管物的义务。保管人应按合同约定,接受存货人交付储存的货物,并对其进行验收,还应当按合同约定的条件和保管要求,妥善保管仓储物。在合同约定的保管期限届满或者因其他事由终止合同时,保管人应当将仓储物原物返还给存货人或者存货人指定的第三人。保管人不得无故扣押货物,未按合同约定的时间、数量交还仓储物的,应当承担违约责任。

存货人应当按照合同的约定及时提取货物。于合同约定的期限届满,或者在未约定期限而收到仓库营业人合理的货物出库的通知时,存货人应当及时办理货物的提取。并且,存货人应该依照合同约定支付保管费。保管费又称仓储费,是指保管人因其保管行为所应取得的报酬,其数额、支付方式、支付时间、地点均由双方当事人约定。如果保管人尽了保管义务,而存货人没有支付保管费,留置权的基本前提即成就。除非当事人另有约定,存货人未按照合同约定支付保管费以及其他费用的,保管人对保管物享有留置权。存货人不得以保管人负有返还保管物为由对抗保管人行使留置权。

法条指引

❶《中华人民共和国担保法》(1995年6月30日 主席令公布)

第八十四条 因保管合同、运输合同、加工承揽合同发生的债权,债务人不履行债务的,债权人有留置权。

法律规定可以留置的其他合同,适用前款规定。

当事人可以在合同中约定不得留置的物。

❷《中华人民共和国合同法》(1999年3月15日 主席令公布)

第三百八十条 寄存人未按照约定支付保管费以及其他费用的,保管人对保管物享有留置权,但当事人另有约定的除外。

第三百八十一条 仓储合同是保管人储存存货人交付的仓储物,存货人支付仓储费的合同。

第三百九十二条 储存期间届满,存货人或者仓单持有人应当凭仓单提取仓储物。存货人或者仓单持有人逾期提取的,应当加收仓储费;提前提取的,不减收仓储费。

第三百九十五条 本章没有规定的,适用保管合同的有关规定。

【行纪合同中的留置权】

法律问题解读

行纪合同是指行纪人接受委托人的委托,按照委托人指定的价格,以自己的名义为委托人从事贸易活动,委托人向其支付报酬的合同。

在行纪合同关系中,行纪人应当按委托人的委托,以自己的名义为委托人处理委托事务。行纪人处理委托事务而支出的费用,除当事人另有约定的以外,由行纪人负担。行纪人低于委托人指定的价格卖出或者高于委托人指定的价格买入的,应当经委托人同意,未经委托人同意的,差价由行纪人补偿。行纪人以高于委托人指定的价格卖出或者低于委托人指定的价格买入的,可以按照约定增加报酬。行纪合同没有约定或者约定不明的,应由行纪人与委托人进行协商,协商不成的,按照合同有关条款或交易习惯也不能确定的,差价利益属于委托人。

委托人在行纪人按照约定完成委托或者部分完成委托事务后,应当支付相应的报酬。委托人逾期不支付报酬的，除当事人另有约定的以外，行纪人对委托物有留置权。行纪人应当给予委托人一定宽限期，催告委托人支付报酬。宽限期届满委托人仍不支付报酬的，行纪人可以委托物折价或者以拍卖、变卖委托物所得的价款优先受偿。

法条指引

❶《中华人民共和国担保法》（1995年6月30日 主席令公布）

第八十四条 因保管合同、运输合同、加工承揽合同发生的债权，债务人不履行债务的，债权人有留置权。

法律规定可以留置的其他合同，适用前款规定。

当事人可以在合同中约定不得留置的物。

❷《中华人民共和国合同法》（1999年3月15日 主席令公布）

第六十一条 合同生效后，当事人就质量、价款或者报酬、履行地点等内容没有约定或者约定不明确的，可以协议补充；不能达成补充协议的，按照合同有关条款或者交易习惯确定。

第四百二十二条 行纪人完成或者部分完成委托事务的，委托人应当向其支付相应的报酬。委托人逾期不支付报酬的，行纪人对委托物享有留置权，但当事人另有约定的除外。

第三章　留置权的行使和消灭

● 本章为读者提供与以下题目有关的法律问题的解读及相关法律文献依据

> 留置权的行使（498）　留置权行使的条件（499）　留置权的紧急行使（500）　行使留置权的方法（501）　留置权人的孳息收受权（502）　留置权人的优先受偿权（502）　留置权人的保管使用权（504）　留置权人的必要费用求偿权（504）　留置权人的保管义务（504）　留置权人的通知义务（505）　留置权人的返还义务（506）　留置物所有人的权利（507）　留置物所有人的义务（508）　留置权消灭的原因（508）　债务人另行提供担保（509）

【留置权的行使】

法律问题解读

留置权的行使又称之为留置权的实现，是指留置权人实现其权利的行为过程。留置权的行使一般是指留置权的二次效力实现的过程。留置权不同于其他担保物权的一个重要的特点，在于留置权的二次发生效力性。

留置权的发展过程，先后发生两次效力：第一次效力发生在留置权产生的时候，即债权人在债权的清偿期届满，债务人不履行债务的时候可以扣留所占有的债务人的动产而拒绝返还，至债务人履行债务时，该效力终止。在此期间，对于债务人等基于债权或者物权的返还请求权，均可以对抗。法律之所以赋予债权人于自己的债权未受清偿之时可以留置债务人的财产，目的在于使债权人借助留置的手段对债务人形成心理上的压迫，从而促使其履行债务；第二次效力是在第一次效力发生后，债务人超过规定的宽限期仍未履行债务，债权人就可以就留置物折价或者变价，并就所得的价款优先受偿。

法条指引

❶《中华人民共和国物权法》（2007年3月16日　主席令公布　2007年10月1日施行）

第二百三十六条　留置权人与债务人应当约定留置财产后的债务履行期间；没有约定或者约定不明确的，留置权人应当给债务人两个月以上履行债务的期间，但鲜活易腐等不易保管的动产除外。债务人逾期未履行的，留置权人可以与债务人协议以留置财产折价，也可以就拍卖、变卖留置财产所得的价款优先受偿。

留置财产折价或者变卖的，应当参照市场价格。

❷《中华人民共和国担保法》（1995年6月30日　主席令公布）

第八十七条　债权人与债务人应当在合同中约定，债权人留置财产后，债务人应当在不少于两个月的期限内履行债务。债权人与债务人在合同中未约定的，债权人留置债务人财产后，应当确定两个月以上的期限，通知债务人在该期限内履行债务。

债务人逾期仍不履行的，债权人可以与债务人协议以留置物折价，也可以依法拍卖、变卖留置物。

留置物折价或者拍卖、变卖后，其价款超过债权数额的部分归债务人所有，不足部分由债务人清偿。

❸《中华人民共和国民法通则》（1986年4月12日　主席令公布）

第八十九条　依照法律的规定或者按照当事人的约定，可以采用下列方式担保债务的履行：

（一）保证人向债权人保证债务人履行债务，债务人不履行债务的，按照约定由保证人履行或者承担连带责任；保证人履行债务后，有权向债务人追偿。

（二）债务人或者第三人可以提供一定的财产作为抵押物。债务人不履行债务的，债权人有权依照法律的规定以抵押物折价或者以变卖抵押物的价款优先得到偿还。

（三）当事人一方在法律规定的范围内可以向对方给付定金。债务人履行债务后，定金应当抵作价款或者收回。给付定金的一方不履行债务的，无权要求返还定金；接受定金的一方不履行债务的，应当双倍返还定金。

（四）按照合同约定一方占有对方的财产，对方不按照合同给付应付款项超过约定期限的，占有人有权留置该财产，依照法律的规定以留置财产折价或者以变卖该财产的价款优先得到偿还。

❹《最高人民法院关于贯彻执行〈中华人民共和国民法通则〉若干问题的意见（试行）》（1988年1月26日发布）

117.债权人因合同关系占有债务人财物的，如果债务人到期不履行义务，债权人可以将相应的财物留置。经催告，债务人在合理期限内仍不履行义务，债权人依法将留置的财物以合理的价格变卖，并以变卖财物的价款优先受偿的，应予保护。

案例链接

❶《杨正严诉华都商厦收取租定金后因欠付工程款建造的出租房被承包人留占要求交付该承租房案》，参见北大法宝引证码：Pkulaw.cn/CLI.C.21705。

❷《海程邦达国际货运代理有限公司广州分公司诉广东健力宝集团有限公司沿海货物运输合同纠纷案》，参见北大法宝引证码：Pkulaw.cn/CLI.C.13397。

❸《金鼎公司诉深房公司不按约定提取定作物并在诉讼中表示不再接受定作物对定作物予以拍卖后要求赔偿损失案》，参见北大法宝引证码：Pkulaw.cn/CLI.C.22569。

学者观点

❶ 靳长征、刘建二：《关于留置权的几个问题》，参见北大法宝引证码：Pkulaw.cn/CLI.A.118746。

❷ 崔令之：《论留置权的善意取得》，参见北大法宝引证码：Pkulaw.cn/CLI.A.120434。

【留置权行使的条件】

法律问题解读

债权人在债务履行期限届满，债务人未履行债务时，只能对依合同占有的债务人的动产实行留置，还不能立即进行变价。留置权人行使权利，还应当具备以下四个条件：

1. 债权人已为通知。如果当事人双方在合同中对宽限期未作约定的，在留置权产生之后，留置权人应当将已经留置其动产和债务履行宽限期通知债务人。如果当事人双方在合同中已经对宽限期作出约定，且该约定符合《担保法》第八十七条规定的宽限期，宽限期届满后，债权人可以不经通知，直接对留置物实行变价。

2. 债权人持续占有留置物。留置权成立后，债权人失去对留置物的持续占有的，留置权将有可能归于消灭。因此，留置权人行使留置权，以持续占有留置物为必要。留置权人将留置物返还给债务人后，仅得对债务人行使请求权，倘若债务人处置了留置物，如将留置物转让或者赠与给第三人，债权人不得对该第三人主张任何权利，更不得要求第三人返还留置物。

3. 宽限期届满债务人未履行债务。只有宽限期届满债务人未履行债务时，债权人才有权对留置物实行变价。如果宽限期尚未届满，留置权人只能持续占有留置物，而不能对留置物实行变价。

4. 不存在法定或者约定的限制留置权行使的情形。

法条指引

❶《中华人民共和国物权法》（2007年3月16日主席令公布 2007年10月1日施行）

第二百三十七条 债务人可以请求留置权人在债务履行期届满后行使留置权；留置权人不行使的，债务人可以请求人民法院拍卖、变卖留置财产。

❷《中华人民共和国担保法》（1995年6月30日 主席令公布）

第八十二条 本法所称留置，是指依照本法第八十四条的规定，债权人按照合同约定占有债务人的动产，债务人不按照合同约定的期限履行债务的，债权人有权依照本法规定留置该财产，以该财产折价或者以拍卖、变卖该财产的价款优先受偿。

第八十七条 债权人与债务人应当在合同中约定，债权人留置财产后，债务人应当在不少于两个月的期限内履行债务。债权人与债务人在合同中未约定的，债权人留置债务人财产后，应当确定两个月以上的期限，通知债务人在该期限内履行债务。

债务人逾期仍不履行的，债权人可以与债务人协议以留置物折价，也可以依法拍卖、变卖留置物。

留置物折价或者拍卖、变卖后，其价款超过债权数额的部分归债务人所有，不足部分由债务人清偿。

❸《中华人民共和国民法通则》（1986年4月12日 主席令公布）

第八十九条 依照法律的规定或者按照当事人的约定，可以采用下列方式担保债务的履行：

（一）保证人向债权人保证债务人履行债务，债务人不履行债务的，按照约定由保证人履行或者承担连带责任；保证人履行债务后，有权向债务人追偿。

（二）债务人或者第三人可以提供一定的财产作为抵押物。债务人不履行债务的，债权人有权依照法律的规定以抵押物折价或者以变卖抵押物的价款优先得到偿还。

（三）当事人一方在法律规定的范围内可以向对方给付定金。债务人履行债务后，定金应当抵作价款或者收回。给付定金的一方不履行债务的，无权要求返还定金；接受定金的一方不履行债务的，应当双倍返还定金。

（四）按照合同约定一方占有对方的财产，对方不按照合同给付应付款项超过约定期限的，占有人有权留置该财产，依照法律的规定以留置财产折价或者以变卖该财产的价款优先得到偿还。

❹《最高人民法院关于适用〈中华人民共和国担保法〉若干问题的解释》（2000年12月13日发布）

第一百一十三条 债权人未按《担保法》第八十七条规定的期限通知债务人履行义务，直接变价处分留置物的，应当对此造成的损失承担赔偿责任。债权人与债务人按《担保法》第八十七条的规定在合同中约定宽限期的，债权人可以不经通知，直接行使留置权。

❺《最高人民法院关于贯彻执行〈中华人民共和国民法通则〉若干问题的意见（试行）》（1988年1月26日发布）

117. 债权人因合同关系占有债务人财物的，如果债务人到期不履行义务，债权人可以将相应的财物留置。经催告，债务人在合理期限内仍不履行义务，债权人依法将留置的财物以合理的价格变卖，并以变卖财物的价款优先受偿的，应予保护。

案例链接

❶《珠海市吉泰物流有限公司与芜湖安得物流有限公司等运输合同纠纷上诉案》，参见北大法宝引证码：Pkulaw. cn/CLI. C. 56880。

❷《黄普田诉方东升承运货物中途擅自卸货变卖提存价款违约赔偿案》，参见北大法宝引证码：Pkulaw. cn/CLI. C. 22074。

【留置权的紧急行使】

法律问题解读

留置权的紧急行使是指在留置担保中，债权人的债权未届清偿期，其交付占有标的物的义务已届履行期的，如果债务人无支付能力，债权人可以行使留置权以担保其债权受偿。

留置权并不以债权已届清偿期为其发生的绝对要件。债权人取得债务人的财产的占有后始知债务人无清偿能力或者债务人丧失清偿能力的，即使债权未届清偿期，为救济债权人也可以成立留置权。例如债务人破产的，即使债权未届清偿期，债权人也可以成立留置权；而且，纵使留置债务人的财产与债权人负担的义务相抵触或违反债务人移交动产占有的意思表示的，债权人仍可以行使留置权。

法律规定紧急留置权的原因在于充分保护债权人的利益，如果债务人无支付能力或已丧失支付能力，却以债权未届清偿期或留置财产与债权人义务相抵触等为由对抗债权人行使留置权，会使债权人债权无法得到有力保障，债权人的利益将受到很大损害，造成在结果上对债权人一方显失公平，不利于促进交易以及经济流通。

在把握紧急留置权这一问题时应当注意的是债权人应当有充分证据证明债务人无清偿能力或已丧失清偿能力。首先，举证责任在债权人一方，债权人要行使紧急留置权，就有责任证明债务人无清偿能力或丧失清偿能力；其次，债权人的证据必须充分有力，合法确切，能够切实证明债务人无支付能力。

法条指引

❶《最高人民法院关于适用〈中华人民共和国担保法〉若干问题的解释》(2000年12月13日发布)

第一百一十二条 债权人的债权未届清偿期,其交付占有标的物的义务已届履行期的,不能行使留置权。但是,债权人能够证明债务人无支付能力的除外。

案例链接

❶《陈肴诉江门市五洲船运有限公司船舶修理合同案》,参见北大法宝引证码:Pkulaw.cn/CLI. C. 95403。

❷《金鼎公司诉深房公司不按约定提取定作物并在诉讼中表示不再接受定作物对定作物予以拍卖后要求赔偿损失案》,参见北大法宝引证码:Pkulaw.cn/CLI. C. 22569。

【行使留置权的方法】

法律问题解读

留置权的行使发生留置和变价取偿两个层次的效果。由于留置债务人的财产是留置权成立的当然条件,所以行使留置权的方法,一般只是指变价取偿的方法。依照我国民法通则和《担保法》的规定,留置权人变价留置物以取偿,主要有三种方法:

1. 折价。折价是指债权人和债务人协商订立债权人取得留置物所有权的协议以实现留置权的方法。折价将留置物折算成货币价值,并按此价值将留置物转让于留置权人以充抵债权。为了保证折价公平,避免过高或者过低估价,留置物折价应当参照市场价格。

2. 拍卖。拍卖是指按照法定的拍卖程序,以公开竞价的方法出售留置物,并以拍卖所得价金清偿债权的方法。拍卖的成交价格一般能反映出拍卖物的价值,虽然程序复杂,费用较高,但对债务人和留置权人最为公平。因此,拍卖是留置权人变价留置物取偿的主要办法。

3. 变卖。变卖是指以一般的买卖方法将标的物出售,留置权人就卖得的价款优先受偿。

法条指引

❶《中华人民共和国物权法》(2007年3月16日 主席令公布 2007年10月1日施行)

第二百三十六条 留置权人与债务人应当约定留置财产后的债务履行期间;没有约定或者约定不明确的,留置权人应当给债务人两个月以上履行债务的期间,但鲜活易腐等不易保管的动产除外。债务人逾期未履行的,留置权人可以与债务人协议以留置财产折价,也可以就拍卖、变卖留置财产所得的价款优先受偿。

留置财产折价或者变卖的,应当参照市场价格。

❷《中华人民共和国担保法》(1995年6月30日 主席令公布)

第八十七条 债权人与债务人应当在合同中约定,债权人留置财产后,债务人应当在不少于两个月的期限内履行债务。债权人与债务人在合同中未约定的,债权人留置债务人财产后,应当确定两个月以上的期限,通知债务人在该期限内履行债务。

债务人逾期仍不履行的,债权人可以与债务人协议以留置物折价,也可以依法拍卖、变卖留置物。

留置物折价或者拍卖、变卖后,其价款超过债权数额的部分归债务人所有,不足部分由债务人清偿。

❸《中华人民共和国民法通则》(1986年4月12日 主席令公布)

第八十九条 依照法律的规定或者按照当事人的约定,可以采用下列方式担保债务的履行:

(一)保证人向债权人保证债务人履行债务,债务人不履行债务的,按照约定由保证人履行或者承担连带责任;保证人履行债务后,有权向债务人追偿。

(二)债务人或者第三人可以提供一定的财产作为抵押物。债务人不履行债务的,债权人有权依照法律的规定以抵押物折价或者变卖抵押物的价款优先得到偿还。

(三)当事人一方在法律规定的范围内可以向对方给付定金。债务人履行债务后,定金应当抵作价款或者收回。给付定金的一方不履行债务的,无权要求返还定金;接受定金的一方不履行债务的,应当双倍返还定金。

(四)按照合同约定一方占有对方的财产,对方不按照合同给付应付款项超过约定期限的,占有人有权留置该财产,依照法律的规定以留置财产折价或者以变卖该财产的价款优先得到偿还。

❹《中华人民共和国拍卖法》(2004年8月

28日 修正公布）（略）

❺《最高人民法院关于贯彻执行〈中华人民共和国民法通则〉若干问题的意见（试行）》（1988年1月26日发布）

117. 债权人因合同关系占有债务人财物的，如果债务人到期不履行义务，债权人可以将相应的财物留置。经催告，债务人在合理期限内仍不履行义务，债权人依法将留置的财物以合理的价格变卖，并以变卖财物的价款优先受偿的，应予保护。

【留置权人的孳息收受权】

法律问题解读

孳息是指原物所生之利益，分为自然孳息和法定孳息。留置权人对于留置物所产生的孳息，享有收取的权利，并可以收取的孳息优先清偿其债权。孳息收受权实际上产生于留置权人对孳息优先受偿的孳息留置权。

留置权人占有留置物，应当尽善良管理人的注意义务，收取留置物的孳息较为妥当和适宜。

留置权人对其收取的留置物的孳息，并不当然取得其所有权，仅能以收取的留置物孳息抵偿其债权。收取的孳息为金钱的，可以直接以该金钱抵偿债权；孳息为非金钱的，留置权人应当以拍卖、变卖或者折价取偿的方法，抵偿其债权。因此，留置权人收取的留置物孳息，又成为留置权标的物。留置权人对留置物的孳息有收受权，对收取的留置物孳息产生的孳息，也有收受权。因为留置权人收取的留置物孳息，又成为留置权标的物，则留置权人对该孳息享有占有权与优先受偿权，并负有保管的义务；留置权丧失对收取的留置物孳息的占有，其对留置物孳息享有的留置权，归于消灭。留置权人收取的孳息依照下列顺序清偿：充抵收取孳息的费用；充抵主债权的利息；充抵主债权。

法条指引

❶《中华人民共和国物权法》（2007年3月16日 主席令公布 2007年10月1日施行）

第二百三十五条 留置权人有权收取留置财产的孳息。

前款规定的孳息应当先充抵收取孳息的费用。

❷《中华人民共和国担保法》（1995年6月30日 主席令公布）

第四十七条 债务履行期届满，债务人不履行债务致使抵押物被人民法院依法扣押的，自扣押之日起抵押权人有权收取由抵押物分离的天然孳息以及抵押人就抵押物可以收取的法定孳息。抵押权人未将扣押抵押物的事实通知应当清偿法定孳息的义务人的，抵押权的效力不及于该孳息。

前款孳息应当先充抵收取孳息的费用。

第六十八条 质权人有权收取质物所生的孳息。质押合同另有约定的，按照约定。

前款孳息应当先充抵收取孳息的费用。

❸《最高人民法院关于适用〈中华人民共和国担保法〉若干问题的解释》（2000年12月13日发布）

第六十四条 债务履行期届满，债务人不履行债务致使抵押物被人民法院依法扣押的，自扣押之日起抵押权人收取的由抵押物分离的天然孳息和法定孳息，按照下列顺序清偿：

（一）收取孳息的费用；

（二）主债权的利息；

（三）主债权。

第一百一十四条 本解释第六十四条、第八十条、第八十七条、第九十一条、第九十三条的规定，适用于留置。

学者观点

❶ 靳长征、刘建二：《关于留置权的几个问题》，参见北大法宝引证码：Pkulaw. cn/CLI. A. 118746。

【留置权人的优先受偿权】

法律问题解读

留置权人的优先受偿权是指债务人不按照合同约定的期限履行债务的，留置权人可以留置物折价或者以拍卖、变卖该财产的价款优先受偿。留置权人就留置物行使优先受偿权，应注意以下几个问题：

1. 留置权人实现优先受偿权的方式，可以是与债务人在协商议定留置物折抵债权金额的基础上取得留置物的所有权，折抵金多退少补；也可以依法拍卖、变卖留置物，以所得价款优先受偿。具体采用上述何种方式，不依法院裁决，也无须债务人同意。只要留置权人不愿或不需以留置物折价，或双方就留置物折价协议不成，留置权人即当然可以采取拍卖或变卖的方式而使其债权优先受偿。

2. 留置权人债权得以受偿的范围，仅限于留置权所及的标的物的范围。留置物变价不足以清偿债权的，不足部分由债务人清偿，但债权人对此部分债权不再享有优先受偿权；变价超过债权数额的，余额应返还债务人所有。

此外，留置权担保债权的优先受偿，在破产程序中也不受影响。留置权人在破产程序中，对于留置物的权利为别除权，即债权人因债设有担保物而就债务人特定财产在破产程序中享有的单独优先受偿的权利。留置权人可就留置物在破产程序中优先受偿。

法条指引

❶ **《中华人民共和国物权法》**（2007年3月16日 主席令公布 2007年10月1日施行）

第二百三十条 债务人不履行到期债务，债权人可以留置已经合法占有的债务人的动产，并有权就该动产优先受偿。

前款规定的债权人为留置权人，占有的动产为留置财产。

第二百三十六条 留置权人与债务人应当约定留置财产后的债务履行期间；没有约定或者约定不明确的，留置权人应当给债务人两个月以上履行债务的期间，但鲜活易腐等不易保管的动产除外。债务人逾期未履行的，留置权人可以与债务人协议以留置财产折价，也可以就拍卖、变卖留置财产所得的价款优先受偿。

留置财产折价或者变卖的，应当参照市场价格。

❷ **《中华人民共和国担保法》**（1995年6月30日 主席令公布）

第八十二条 本法所称留置，是指依照本法第八十四条的规定，债权人按照合同约定占有债务人的动产，债务人不按照合同约定的期限履行债务的，债权人有权依照本法规定留置该财产，以该财产折价或者以拍卖、变卖该财产的价款优先受偿。

❸ **《中华人民共和国民法通则》**（1986年4月12日 主席令公布）

第八十九条 依照法律的规定或者按照当事人的约定，可以采用下列方式担保债务的履行：

（一）保证人向债权人保证债务人履行债务，债务人不履行债务的，按照约定由保证人履行或者承担连带责任；保证人履行债务后，有权向债务人追偿。

（二）债务人或者第三人可以提供一定的财产作为抵押物。债务人不履行债务的，债权人有权依照法律的规定以抵押物折价或者以变卖抵押物的价款优先得到偿还。

（三）当事人一方在法律规定的范围内可以向对方给付定金。债务人履行债务后，定金应当抵作价款或者收回。给付定金的一方不履行债务的，无权要求返还定金；接受定金的一方不履行债务的，应当双倍返还定金。

（四）按照合同约定一方占有对方的财产，对方不按照合同给付应付款项超过约定期限的，占有人有权留置该财产，依照法律的规定以留置财产折价或者以变卖该财产的价款优先得到偿还。

❹ **《最高人民法院关于审理企业破产案件若干问题的规定》**（2002年7月30日发布）

第七十一条 下列财产不属于破产财产：

（一）债务人基于仓储、保管、加工承揽、委托交易、代销、借用、寄存、租赁等法律关系占有、使用的他人财产；

（二）抵押物、留置物、出质物，但权利人放弃优先受偿权的或者优先偿付被担保债权剩余的部分除外；

（三）担保物灭失后产生的保险金、补偿金、赔偿金等代位物；

（四）依照法律规定存在优先权的财产，但权利人放弃优先受偿权或者优先偿付特定债权剩余的部分除外；

（五）特定物买卖中，尚未转移占有但相对人已完全支付对价的特定物；

（六）尚未办理产权证或者产权过户手续但已向买方交付的财产；

（七）债务人在所有权保留买卖中尚未取得所有权的财产；

（八）所有权专属于国家且不得转让的财产；

（九）破产企业工会所有的财产。

案例链接

❶ **《浙江工信担保有限公司诉浙江宏泰钢构安装工程有限公司保管合同纠纷案》**，参见北大法宝引证码：Pkulaw.cn/CLI.C.230509。

❷ **《杨正严诉华都商厦收取租赁金后因欠付工程款建造的出租房被承包人留占要求交付该承租房案》**，参见北大法宝引证码：Pkulaw.cn/CLI.C.21705。

学者观点

❶ 董学立:《论留置权的特殊消灭原因》,参见北大法宝引证码:Pkulaw. cn/CLI. A. 111959。

【留置权人的保管使用权】

法律问题解读

留置人的保管使用权是指留置权人在必要时可以使用所保管的留置物。留置权属于担保物权,不属于用益物权。因此,一般说来,留置权人只能占有留置物,而不能对留置物进行使用和收益。但在特殊情况下,留置权人可以使用留置物,即留置权人以善良管理人的注意保管留置物,在必要的范围内享有使用留置物的权利。实际上,留置权人在必要时使用留置物,性质上仍然属于对留置物的保管,应当以保全留置物的使用价值和交换价值为目的,而不能以积极取得收益为目的。例如修理人为维护所留置的摩托车的正常性能,按照合理的时间间隔予以骑用,即属于必要的使用范围。这种使用,无须经过债务人同意。留置权人对标的物的保管使用所产生的收益,并非留置权人之利益,法律性质上属于留置权人收取的留置物孳息,应当用以充抵债权。

把握留置权人的保管使用权时还应当注意,留置权人使用留置物应当在必要范围内,未经债务人同意,留置权人擅自使用、出租、处分留置物,因此给债务人造成损失的,由留置权人承担赔偿责任。

法条指引

❶《最高人民法院关于适用〈中华人民共和国担保法〉若干问题的解释》(2000年12月13日公布)

第九十三条 质权人在质权存续期间,未经出质人同意,擅自使用、出租、处分质物,因此给出质人造成损失的,由质权人承担赔偿责任。

第一百一十四条 本解释第六十四条、第八十条、第八十七条、第九十一条、第九十三条的规定,适用于留置。

学者观点

❶ 靳长征、刘建二:《关于留置权的几个问题》,参见北大法宝引证码:Pkulaw. cn/CLI. A. 118746。

【留置权人的必要费用求偿权】

法律问题解读

留置权人的必要费用求偿权,是指留置权人对保管留置物所支出的必要费用,有向其所有人请求偿还的权利。留置权人对留置物虽无使用、收益之权,但是对留置物却负有以一个善良管理人予以保管的义务,对于因保管所生的费用,有权请求物所有权人偿还。在理解留置权人的必要费用求偿权时,应当注意如下问题:

1. 求偿权人必须为债权人,即留置权人,并且如果原留置权人的留置权消灭后,继续占有标的物并支付必要费用,则不能享有该种费用的求偿权。

2. 留置权人求偿的费用必须是保管留置物所支出的必要费用。所谓必要,是指为维持和保持留置物的现状所不可缺少的费用,包括通常必要费用与临时必要费用。必要费用是指一般情况下为正常保管所必须之费用;临时必要费用是指因临时事变(如自然灾害),于正常保管费用之外所必须支出的费用。

3. 求偿权的相对人为留置物的所有权人,因为留置权于设立时虽然所有人即为债务人(善意取得留置权者除外),但其后债务人仍然有可能将其让第三人,从而使得债务人与所有人相分离,而享受债权人支付的必要费用的利益者,仍然是所有权人。

法条指引

❶《中华人民共和国担保法》(1995年6月30日 主席令公布)

第八十三条 留置担保的范围包括主债权及利息、违约金、损害赔偿金,留置物保管费用和实现留置权的费用。

【留置权人的保管义务】

法律问题解读

留置权人的保管义务是指在留置权的存续期间,留置权人负有妥善保管留置物的义务。留置权人在享有留置权的同时,也必然基于对留置物的占有而承担相应义务。留置权人的一个主要义务就是保管留置物,尽管留置物的所有权人依然是债务人，但是因为留置权人实际占有留置物，债务人在客观上无法履行保管自己财产的义务，由留置权人保管留置物更加方便可行，这是物的占有权人对所有权人应当负有的基本义务。

在把握留置权人的保管义务的时候，应当注意以下三个方面：（1）保障标的物的安全。留置权人应当采取必要的措施确保留置物不受损失，留置物因留置权人的过错毁损或者灭失的，留置权人应当负赔偿责任；（2）保障标的物的利益收取。留置权人对标的物的孳息和其他利益有收取保管的义务，因过错而怠于收取的，应当负损害赔偿责任；（3）不为自己利益利用标的物。留置权人非以"必要的使用"为目的，不经债务人同意，不得使用、出租留置物或者以留置物向他人提供担保。否则，留置权人应当负损害赔偿责任之义务。

留置权人占有留置物，是为自己的担保利益而非为债务人或者留置物所有人的利益，应当负担较重的注意义务，即善良管理人的注意义务。善良管理人的注意，是指依照一般交易上的观念，认为有相当的知识经验及诚意的人所具有的注意。是否尽到此项注意，依照抽象的标准加以确定，即以具有相当的知识并诚实的人的注意能力而非以保管人自己的注意能力为判断标准。

法条指引

❶《中华人民共和国物权法》（2007年3月16日主席令公布 2007年10月1日施行）

第二百三十四条 留置权人负有妥善保管留置财产的义务；因保管不善致使留置财产毁损、灭失的，应当承担赔偿责任。

❷《中华人民共和国担保法》（1995年6月30日 主席令公布）

第八十六条 留置权人负有妥善保管留置物的义务。因保管不善致使留置物灭失或者毁损的，留置权人应当承担民事责任。

❸《最高人民法院关于适用〈中华人民共和国担保法〉若干问题的解释》（2000年12月13日发布）

第九十三条 质权人在质权存续期间，未经出质人同意，擅自使用、出租、处分质物，因此给出质人造成损失的，由质权人承担赔偿责任。

第一百一十四条 本解释第六十四条、第八十条、第八十七条、第九十一条、第九十三条的规定，适用于留置。

学者观点

❶ 李璐玲：《对〈海商法〉中船舶留置权界定的反思》，参见北大法宝引证码：Pkulaw. cn/CLI. A. 1141700。

【留置权人的通知义务】

法律问题解读

留置权人的通知义务是指在留置担保中，如果当事人双方在合同中对宽限期未作约定的，留置权产生之后，留置权人应当通知债务人：第一，已经留置其动产；第二，告知债务人宽限期；第三，要求债务人在宽限期内履行债务。

留置权是法定担保物权，依照法律的规定而直接产生，债权人是否留置债务人的财产，完全取决于债权人自己的意愿，债务人无权干预。如果债权人不通知债务人，债务人自然无法知道债权人是否留置了其财产。同时由于通知具有催告的性质，债权人履行通知义务，也可以促使债务人尽快履行债务。此外，由于债权人已经实际占有债务人的财产，为防止债权人依赖其债权已经有留置物担保而加剧债务人的被动地位，法律规定，在变价标的物以清偿其债权之前，债权人应当通知债务人履行债务。

留置权人只有在法定的或约定的宽限期经过后，债务人仍不履行债务的才可以处分留置物。如果当事人双方在合同中未约定债务人履行债务的宽限期，留置权人也未按《担保法》规定的两个月以上的期限通知债务人履行债务，而直接处分留置物的，由此给债务人造成损失的留置权人应当负赔偿责任。但是，如果留置权人和债务人在合同中已经约定债务人履行债务的宽限期，且该约定的宽限期不少于两个月的，宽限期届满后，留置权人可不经通知，直接对留置物进行变价。此时，债务人不得以留置权人未履行通知义务为由，要求其承担赔偿责任。

法条指引

❶《中华人民共和国物权法》（2007年3月16日主席令公布 2007年10月1日施行）

第二百三十七条 债务人可以请求留置权人在债务履行期届满后行使留置权；留置权人不行使的，债务人可以请求人民法院拍卖、变卖留置财产。

❷《中华人民共和国担保法》（1995年6月30日 主席令公布）

第八十七条 债权人与债务人应当在合同中约定，债权人留置财产后，债务人应当在不少于两个月的期限内履行债务。债权人与债务人在合同中未约定的，债权人留置债务人财产后，应当确定两个月以上的期限，通知债务人在该期限内履行债务。

债务人逾期仍不履行的，债权人可以与债务人协议以留置物折价，也可以依法拍卖、变卖留置物。

留置物折价或者拍卖、变卖后，其价款超过债权数额的部分归债务人所有，不足部分由债务人清偿。

❸《中华人民共和国民法通则》（1986年4月12日 主席令公布）

第八十九条 依照法律的规定或者按照当事人的约定，可以采用下列方式担保债务的履行：

（一）保证人向债权人保证债务人履行债务，债务人不履行债务的，按照约定由保证人履行或者承担连带责任；保证人履行债务后，有权向债务人追偿。

（二）债务人或者第三人可以提供一定的财产作为抵押物。债务人不履行债务的，债权人有权依照法律的规定以抵押物折价或者以变卖抵押物的价款优先得到偿还。

（三）当事人一方在法律规定的范围内可以向对方给付定金。债务人履行债务后，定金应当抵作价款或者收回。给付定金的一方不履行债务的，无权要求返还定金；接受定金的一方不履行债务的，应当双倍返还定金。

（四）按照合同约定一方占有对方的财产，对方不按照合同给付应付款项超过约定期限的，占有人有权留置该财产，依照法律的规定以留置财产折价或者以变卖该财产的价款优先得到偿还。

❹《最高人民法院关于适用〈中华人民共和国担保法〉若干问题的解释》（2000年12月13日发布）

第一百一十三条 债权人未按担保法第八十七条规定的期限通知债务人履行义务，直接变价处分留置物的，应对此造成的损失承担赔偿责任。债权人与债务人按照担保法第八十七条的规定在合同中约定宽限期的，债权人可以不经通知，直接行使留置权。

❺《最高人民法院关于贯彻执行〈中华人民共和国民法通则〉若干问题的意见（试行）》（1988年1月26日发布）

117. 债权人因合同关系占有债务人财物的，如果债务人到期不履行义务，债权人可以将相应的财物留置。经催告，债务人在合理期限内仍不履行义务，债权人依法将留置的财物以合理的价格变卖，并以变卖财物的价款优先受偿的，应予保护。

案例链接

❶《浦江博林实业有限公司与杭州亿刺绣品有限公司加工合同纠纷上诉案》，参见北大法宝引证码：Pkulaw.cn/CLI.C.284056。

❷《金鼎公司诉深房公司不按约定提取定作物并在诉讼中表示不再接受定作物对定作物予以拍卖后要求赔偿损失案》，参见北大法宝引证码：Pkulaw.cn/CLI.C.22569。

学者观点

❶ 张贤伟：《实现海事留置权的司法途径》，参见北大法宝引证码：Pkulaw.cn/CLI.A.1112383。

【留置权人的返还义务】

法律问题解读

留置权人的返还义务，不仅包括留置权人向债务人返还留置物的义务，还包括返还剩余价款等等的义务。

首先，留置权担保的债权消灭时，留置权人应当将留置物返还给债务人。其次，留置权人将从留置物的变价款中优先受偿后将剩余款项返还给债务人。再次，债权人依合同占有债务人的动产为可分之物时，债权人只能留置价值相当于债务金额的部分，多余部分应当返还给债务人。而且，如果债权尚未消灭，但是债务人已经另行提供担保使留置权消灭的，留置权人也应当返还留置物。

法条指引

❶《中华人民共和国担保法》（1995年6月30日 主席令公布）

第七十一条 债务履行期届满债务人履行债务的，或者出质人提前清偿所担保的债权的，质权人应当返还质物。

债务履行期届满质权人未受清偿的，可以与

出质人协议以质物折价，也可以依法拍卖、变卖质物。

质物折价或者拍卖、变卖后，其价款超过债权数额的部分归出质人所有，不足部分由债务人清偿。

第八十五条 留置的财产为可分物的，留置物的价值应当相当于债务的金额。

第八十七条 债权人与债务人应当在合同中约定，债权人留置财产后，债务人应当在不少于两个月的期限内履行债务。债权人与债务人在合同中未约定的，债权人留置债务人财产后，应当确定两个月以上的期限，通知债务人在该期限内履行债务。

债务人逾期仍不履行的，债权人可以与债务人协议以留置物折价，也可以依法拍卖、变卖留置物。

留置物折价或者拍卖、变卖后，其价款超过债权数额的部分归债务人所有，不足部分由债务人清偿。

第八十八条 留置权因下列原因消灭：
（一）债权消灭的；
（二）债务人另行提供担保并被债权人接受的。

学者观点

❶ 靳长征、刘建二：《关于留置权的几个问题》，参见北大法宝引证码：Pkulaw.cn/CLI.A.118746。

【留置物所有人的权利】

法律问题解读

在留置担保中，留置物所有人享有以下权利：

1. 留置物的所有权等原有权利。在原有权限范围内，留置物所有人仍可以对留置物进行相应的处分。债务人的动产被债权人留置后，其所有权并不丧失，债务人在被告知留置物被债权人留置的情况下，可以将留置物的所有权让与他人或者在留置物上设定抵押权。其前提为：债务人应当将该动产已经被留置的情况告知受让人或者抵押人。留置权可以对抗受让人和抵押权人。

2. 留置物孳息和收益的所有权。留置权人虽然有权收取留置物孳息和经留置物所有人同意使用留置物所生的收益，但是上述孳息和收益的所有权仍然归留置物所有人所有，留置权人只能以其冲抵债权，而不能径行获得其所有权。

3. 损害赔偿请求权。当留置权人未尽善良管理人的注意义务致使留置物损毁、灭失的，或者未经债务人同意，留置权人擅自使用、出租、处分留置物给债务人造成损失的，债务人有权要求留置权人赔偿。

4. 留置物返还请求权。留置权担保的债权消灭或者留置权人接受被留置人另行提供的担保后，债务人有权要求留置权人返还留置物。

法条指引

❶《中华人民共和国物权法》（2007年3月16日 主席令公布 2007年10月1日施行）

第二百三十八条 留置财产折价或者拍卖、变卖后，其价款超过债权数额的部分归债务人所有，不足部分由债务人清偿。

❷《中华人民共和国担保法》（1995年6月30日 主席令公布）

第七十一条 债务履行期届满债务人履行债务的，或者出质人提前清偿所担保的债权的，质权人应当返还质物。

债务履行期届满质权人未受清偿的，可以与出质人协议以质物折价，也可以依法拍卖、变卖质物。

质物折价或者拍卖、变卖后，其价款超过债权数额的部分归出质人所有，不足部分由债务人清偿。

第八十六条 留置权人负有妥善保管留置物的义务。因保管不善致使留置物灭失或者毁损的，留置权人应当承担民事责任。

❸《最高人民法院关于适用〈中华人民共和国担保法〉若干问题的解释》（2000年12月13日发布）

第六十四条 债务履行期届满，债务人不履行债务致使抵押物被人民法院依法扣押的，自扣押之日起抵押权人收取的由抵押物分离的天然孳息和法定孳息，按照下列顺序清偿：
（一）收取孳息的费用；
（二）主债权的利息；
（三）主债权。

第九十三条 质权人在质权存续期间，未经出质人同意，擅自使用、出租、处分质物，因此给出质人造成损失的，由质权人承担赔偿责任。

第一百一十四条 本解释第六十四条、第八十条、第八十七条、第九十一条、第九十三条的规定，适用于留置。

【留置物所有人的义务】

法律问题解读

在留置担保中,留置物所有人应当承担以下义务:

1. 不得妨碍债权人行使留置权。留置物所有人不得侵夺留置物,也不得在债权人实现留置权时进行非法干涉和设置障碍。留置权人的留置权依法律产生,受到法律的保护,任何人不得非法干涉,包括留置物所有人。必须保障留置权的充分合法行使,留置权人的权利才能得到保护。

2. 留置物所有人对留置权人在保管留置物期间所支付的必要费用有偿付义务。留置权人在保管留置物期间为保管留置物所支出的必要费用,留置物所有人应当予以偿付。因为留置物所有人是实质上的受益人,留置权人保管留置物不是为了自己,而是为了留置物所有人的权益。留置物所有人应当为留置权人对保管自己财产支出的必要费用予以偿付。

3. 当留置物有隐蔽瑕疵未告知留置权人,致使留置权人受到损害的,留置物所有人应当承担损害赔偿责任。留置物所有人应当把留置物的实际质量状况告知留置权人,如果留置权人因为对留置物隐蔽瑕疵无所了解而受到损害,留置物所有人应当对其损害赔偿。

法条指引

❶《中华人民共和国物权法》(2007年3月16日 主席令公布 2007年10月1日施行)

第二百三十八条 留置财产折价或者拍卖、变卖后,其价款超过债权数额的部分归债务人所有,不足部分由债务人清偿。

❷《中华人民共和国担保法》(1995年6月30日 主席令公布)

第八十三条 留置担保的范围包括主债权及利息、违约金、损害赔偿金,留置物保管费用和实现留置权的费用。

❸《最高人民法院关于适用〈中华人民共和国担保法〉若干问题的解释》(2000年12月13日发布)

第九十条 质物有隐蔽瑕疵造成质权人其他财产损害的,应由出质人承担赔偿责任。但是,质权人在质物移交时明知质物有瑕疵而予以接受的除外。

【留置权消灭的原因】

法律问题解读

留置权的消灭,是指在留置权成立后至留置权实现之前,留置权因一定的原因而归于终止,留置权人丧失对留置物的支配权。正常情况下留置权因实现而终止。但是在留置权实现之前,留置权可能因为法律规定或者当事人约定的原因消灭。

留置权消灭的原因包括以下几种:

1. 被担保的债权消灭。债权消灭是指债的关系终止。债权消灭的原因,不限于债务按照约定履行而使债权得到实现,对于已经成立留置权的合同,债权消灭的原因还可能是:债务相互抵消;债务人依法将标的物提存;债权人免除债务;债权债务的混同以及法律规定或者合同约定消灭债权的其他情形。留置权具有从属性,以被留置权担保的债权的存在为其存续的必要条件。被担保的债权消灭时,留置权就丧失了存在的条件。但是,应当注意的是,如果债权全部消灭,留置权随之消灭;如果债权部分消灭,因留置权具有行使的不可分性,留置权并不消灭。

2. 债务人提供另外担保被债权人接受的。当债务人对其债务清偿已经另行提供担保时,留置权应当消灭。具体条件是,债务人另行提供的担保必须为债权人接受。

3. 留置物的灭失。留置权作为物权的一种,因为物权消灭之通常原因消灭。如果留置物在客观上消灭,留置权就失去依托,自然应当归于消灭。

4. 丧失留置物的占有。留置权的成立应当以留置权人对留置物的占有为条件,留置权人丧失留置物的占有,可能导致留置权消灭。

法条指引

❶《中华人民共和国担保法》(1995年6月30日 主席令公布)

第八十八条 留置权因下列原因消灭:

(一)债权消灭的;

(二)债务人另行提供担保并被债权人接受的。

❷《中华人民共和国海商法》(1992年11月7日 主席令公布)

第二十五条 船舶优先权先于船舶留置权受偿,船舶抵押权后于船舶留置权受偿。

前款所称船舶留置权,是指造船人、修船人

在合同另一方未履行合同时，可以留置所占有的船舶，以保证造船费用或者修船费用得以偿还的权利。船舶留置权在造船人、修船人不再占有所造或者所修的船舶时消灭。

❸《中华人民共和国合同法》（1999年3月15日　主席令公布）

第九十一条　有下列情形之一的，合同的权利义务终止：

（一）债务已经按照约定履行；
（二）合同解除；
（三）债务相互抵消；
（四）债务人依法将标的物提存；
（五）债权人免除债务；
（六）债权债务同归于一人；
（七）法律规定或者当事人约定终止的其他情形。

❹《最高人民法院关于适用〈中华人民共和国担保法〉若干问题的解释》（2000年12月13日发布）

第八十七条　出质人代质权人占有质物的，质押合同不生效；质权人将质物返还于出质人后，以其质权对抗第三人的，人民法院不予支持。

因不可归责于质权人的事由而丧失对质物的占有，质权人可以向不当占有人请求停止侵害、恢复原状、返还质物。

第一百一十四条　本解释第六十四条、第八十条、第八十七条、第九十一条、第九十三条的规定，适用于留置。

学者观点

❶ 董学立：《论留置权的特殊消灭原因》，参见北大法宝引证码：Pkulaw.cn/CLI.A.111959。

【债务人另行提供担保】

法律问题解读

债务人另行提供担保是指在留置担保期间，债务人向留置权人提供另外的担保以担保留置权人债权受偿。如果债务人另行提供相当担保，又为留置权人所接受的，留置权消灭。留置权的功能在于确保债权的受偿，若债务人提供相当的担保使得债权人的债权受偿有充分的保障的，仍然维持留置权的效力，对于债务人的利益则限制过多，并妨碍物的使用价值的发挥，不符合公平原则。就一般情况而言，留置物价值多大于债权的价值，因而，留置物被留置后可能对债务人不利。所以，为了平衡双方当事人之间的利益关系，为了保障债权人的债权得到实现，也为了保障债务人的合法权益不受到更大的损失，法律规定债务人可以另行提供担保而换取对留置物的使用、收益权。债务人另行提供担保的，实际上是改换了担保的方式，既能使债权人的债权实现得到保障，也可以使债务人的利益免受不必要的损失。

债务人提供的担保是否相当，应当依照下列情形判断：留置物的价值超过债权额的，债务人应当提供相当于债权额之担保；留置物的价值低于债权额的，债务人应当提供相当于留置物价值的担保。

债务人仅有提供担保以请求消灭留置权的权利，至于留置权是否消灭，取决于债权人是否接受债务人提供的担保。债务人提供的担保不论是否相当，只要债权人不接受债务人提供的担保的，担保的效力无从发生，留置权不能因为担保的提出而消灭。

法条指引

❶《中华人民共和国担保法》（1995年6月30日　主席令公布）

第八十八条　留置权因下列原因消灭：
（一）债权消灭的；
（二）债务人另行提供担保并被债权人接受的。

❷《中华人民共和国企业破产法》（2006年8月27日　主席令公布）

第三十七条　人民法院受理破产申请后，管理人可以通过清偿债务或者提供为债权人接受的担保，取回质物、留置物。

前款规定的债务清偿或者替代担保，在质物或者留置物的价值低于被担保的债权额时，以该质物或者留置物当时的市场价值为限。

案例链接

❶ 刘保玉：《论担保物权的竞存》，参见北大法宝引证码：Pkulaw.cn/CLI.A.11761。

学者观点

❶《金鼎公司诉深房公司不按约定提取定作物并在诉讼中表示不再接受定作物对定作物予以拍卖后要求赔偿损失案》，参见北大法宝引证码：Pkulaw.cn/CLI.C.22569。

第六编 定金

● 本编为读者提供与以下题目有关的法律问题的解读及相关法律文献依据

定金（510） 定金罚则（512） 主合同不适当履行时定金罚则的适用（513） 当事人协议解除主合同时定金罚则的适用（514） 双方违约时定金罚则的适用（515） 定金罚则适用的例外（516） 定金与其他担保的区别（517） 定金与其他担保共存的情况（518） 立约定金（519） 成约定金（519） 证约定金（520） 解约定金（521） 违约定金（521） 定金性质的确定（522） 定金与预付款（523） 定金与押金（524） 定金与违约金（525） 定金与违约损害赔偿的关系（526） 定金合同（528） 定金合同成立的条件（528） 定金合同的形式（529） 定金合同的内容（530） 定金合同生效条件（530） 定金合同的当事人（531） 可撤销的定金合同（532） 无效定金合同（533） 交付定金（535） 定金数额（535）

【定金】

法律问题解读

定金，是指合同的当事人为了确保合同的履行，依据法律的规定或者双方当事人的约定，在合同订立时或者合同订立后、履行之前，由一方当事人按照合同标的额的一定比例，预先给付对方当事人的金钱或者其他替代物。其中提供定金作为合同履行的担保的人，为定金给付人；接受定金的相对人，称之为定金接受人；以定金担保合同债权受偿的方式，为定金担保。

把握定金应当注意以下几个方面：

1. 定金担保为金钱担保。定金担保的标的物以金钱为限。在定金担保的方式下，标的物以转移所有权来担保债权，而此标的物为货币而非其他有体物。

2. 定金担保为合同债务的履行担保。双务合同的当事人互负对待给付义务，任何一方均可为担保自己债务履行向对方给付定金；单务合同的债务人也可向债权人给付定金。合同债务以外的债务履行，不适用定金担保。

3. 定金担保的设定人限于被担保的主合同当事人。债务人以外的第三人为担保合同债务的履行，而向定金担保的主合同债权人给付定金的，不发生定金担保的效力。

4. 定金对主合同当事人双方互为担保。定金担保是由主合同债务人提供的担保，但定金担保成立后，其担保效力不限于担保定金给付人履行债务，而且包括担保定金接受人履行对待给付义务，一旦定金接受人不能履行对待给付义务，应当向定金给付人双倍返还定金。在此意义上，定金的设定客观上对债务人也起到了担保效果。

法条指引

❶《中华人民共和国担保法》（1995年6月30日 主席令公布）

第八十九条 当事人可以约定一方向对方给付定金作为债权的担保。债务人履行债务后，定金应当抵作价款或者收回。给付定金的一方不履行约定的债务的，无权要求返还定金；收受定金的一方不履行约定的债务的，应当双倍返还定金。

❷《中华人民共和国民法通则》（1986年4月12日 主席令公布）

第八十九条 依照法律的规定或者按照当事人的约定，可以采用下列方式担保债务的履行：

（一）保证人向债权人保证债务人履行债务，

债务人不履行债务的，按照约定由保证人履行或者承担连带责任；保证人履行债务后，有权向债务人追偿。

（二）债务人或者第三人可以提供一定的财产作为抵押物。债务人不履行债务的，债权人有权依照法律的规定以抵押物折价或者以变卖抵押物的价款优先得到偿还。

（三）当事人一方在法律规定的范围内可以向对方给付定金。债务人履行债务后，定金应当抵作价款或者收回。给付定金的一方不履行债务的，无权要求返还定金；接受定金的一方不履行债务的，应当双倍返还定金。

（四）按照合同约定一方占有对方的财产，对方不按照合同给付应付款项超过约定期限的，占有人有权留置该财产，依照法律的规定以留置财产折价或者以变卖该财产的价款优先得到偿还。

❸《中华人民共和国合同法》（1999年3月15日　主席令公布）

第一百一十五条　当事人可以依照《中华人民共和国担保法》约定一方向对方给付定金作为债权的担保。债务人履行债务后，定金应当抵作价款或者收回。给付定金的一方不履行约定的债务的，无权要求返还定金；收受定金的一方不履行约定的债务的，应当双倍返还定金。

❹《最高人民法院关于适用〈中华人民共和国担保法〉若干问题的解释》

第一百一十五条　当事人约定以交付定金作为订立主合同担保的，给付定金的一方拒绝订立主合同的，无权要求返还定金；收受定金的一方拒绝订立合同的，应当双倍返还定金。

第一百一十六条　当事人约定以交付定金作为主合同成立或者生效要件的，给付定金的一方未支付定金，但主合同已经履行或者已经履行主要部分的，不影响主合同的成立或者生效。

第一百一十七条　定金交付后，交付定金的一方可以按照合同的约定以丧失定金为代价而解除主合同，收受定金的一方可以双倍返还定金为代价而解除主合同。对解除主合同后责任的处理，适用《中华人民共和国合同法》的规定。

第一百一十八条　当事人交付留置金、担保金、保证金、订约金、押金或者订金等，但没有约定定金性质的，当事人主张定金权利的，人民法院不予支持。

第一百二十条　因当事人一方迟延履行或者其他违约行为，致使合同目的不能实现，可以适用定金罚则。但法律另有规定或者当事人另有约定的除外。

当事人一方不完全履行合同的，应当按照未履行部分所占合同约定内容的比例，适用定金罚则。

第一百二十二条　因不可抗力、意外事件致使主合同不能履行的，不适用定金罚则。因合同关系以外第三人的过错，致使主合同不能履行的，适用定金罚则。受定金处罚的一方当事人，可以依法向第三人追偿。

❺《旅游专列运输管理办法》（2000年4月18日　铁道部发布）

第十三条　车站接到批复后，要按照《铁路旅客运输规程》对包车的规定，与包车人签订包车合同并收取相当于运费百分之二十的定金。当日售票的可不收定金。

❻《最高人民法院关于因第三人的过错导致合同不能履行应如何适用定金罚则问题的复函》（1995年6月16日）

江苏省高级人民法院：

你院关于因第三人的过错导致合同不能履行的，应如何适用定金罚则的请示收悉。经研究，答复如下：

凡当事人在合同中明确约定给付定金的，在实际交付定金后，如一方不履行合同除有法定免责的情况外，即应对其适用定金罚则。因该事同关系以外第三人的过错致使合同不能履行的，除该合同另有约定的外，仍应对违约方适用定金罚则。合同当事人一方在接受定金处罚后，可依法向第三人追偿。

案例链接

❶《刘艳丽诉谢留根等买卖合同纠纷案》，参见北大法宝引证码：Pkulaw. cn/CLI. C. 291309。

❷《驻马店市第一高级中学诉袁国强租赁合同纠纷案》，参见北大法宝引证码：Pkulaw. cn/CLI. C. 285627。

❹《韩永改诉薛杰房屋买卖合同纠纷案》，参见北大法宝引证码：Pkulaw. cn/CLI. C. 285587。

学者观点

❶ 蔡永民、高志宏：《试论违约责任中定金、违约金、赔偿损失的竞合与适用》，参见北大法宝引证码：Pkulaw. cn/CLI. A. 184360。

❷ 李兴淳：《论定金》，参见北大法宝引证码：Pkulaw. cn/CLI. A. 182067。

❸ 莫高经：《定金的适用、效力及其纠纷的处

理》，参见北大法宝引证码：Pkulaw. cn/CLI. A. 156828。

❹ 卓小苏：《对我国担保制度中定金性质之评析》，参见北大法宝引证码：Pkulaw. cn/CLI. A. 123904。

【定金罚则】

法律问题解读

定金罚则是定金制度最重要的内容，是指定金制度中规定的对违约行为的处罚规则。具体规定为：给付定金方不履行合同义务的，无权请求返还定金；接受定金方不履行合同义务的，双倍返还定金。定金之所以对合同履行具有担保力，关键正在于此。定金的适用需要符合以下几个条件：

首先，定金合同生效。定金合同为要式合同，应当采取书面形式，同时定金合同是实践合同，需要定金的实际交付，方能生效。当事人之间虽然有交付定金的约定，但是并未实际交付的，在当事人一方不履行合同债务或者不订立主合同时，不能适用定金罚则，因为此时尚不能认定定金合同有效成立。

其次，主合同必须有效。这是由定金合同的从属性所决定的。只有主合同有效时，才会发生定金罚则的适用。如果主合同无效或者被撤销的，即便当事人已有交付和收受定金的事实，也不能适用定金罚则，接受定金的一方应当将收受的定金返还给交付方。双方应当按照无效合同的法律后果处理。但是，当事人另有约定的除外。当事人可以约定定金合同的效力独立于主合同，即主合同无效定金合同却不一定无效。

再次，当事人不履行债务且无法定免责情形。定金罚则的适用须有当事人一方不履行债务的事实。这里的当事人不履行债务是指当事人根本不履行其应当履行的合同义务，没有实施履行合同的行为或者未与对方当事人订立主合同。

此外，在破产案件中，如果清算组解除合同的，对方当事人依法或者依照合同约定产生的对债务人可以用货币计算的债权为破产债权。此破产债权以实际损失为计算原则，其中有定金的，不再适用定金罚则。破产债务人只需向债权人返还定金和利息即可。

法条指引

❶《中华人民共和国担保法》（1995年6月30日　主席令公布）

第五条　担保合同是主合同的从合同，主合同无效，担保合同无效。担保合同另有约定的，按照约定。

担保合同被确认无效后，债务人、担保人、债权人有过错的，应当根据其过错各自承担相应的民事责任。

第八十九条　当事人可以约定一方向对方给付定金作为债权的担保。债务人履行债务后，定金应当抵作价款或者收回。给付定金的一方不履行约定的债务的，无权要求返还定金；收受定金的一方不履行约定的债务的，应当双倍返还定金。

❷《中华人民共和国民法通则》（1986年4月12日　主席令公布）

第八十九条　依照法律的规定或者按照当事人的约定，可以采用下列方式担保债务的履行：

（一）保证人向债权人保证债务人履行债务，债务人不履行债务的，按照约定由保证人履行或者承担连带责任；保证人履行债务后，有权向债务人追偿。

（二）债务人或者第三人可以提供一定的财产作为抵押物。债务人不履行债务的，债权人有权依照法律的规定以抵押物折价或者以变卖抵押物的价款优先得到偿还。

（三）当事人一方在法律规定的范围内可以向对方给付定金。债务人履行债务后，定金应当抵作价款或者收回。给付定金的一方不履行债务的，无权要求返还定金；接受定金的一方不履行债务的，应当双倍返还定金。

（四）按照合同约定一方占有对方的财产，对方不按照合同给付应付款项超过约定期限的，占有人有权留置该财产，依照法律的规定以留置财产折价或者以变卖该财产的价款优先得到偿还。

❸《中华人民共和国合同法》（1999年3月15日　主席令公布）

第一百一十五条　当事人可以依照《中华人民共和国担保法》约定一方向对方给付定金作为债权的担保。债务人履行债务后，定金应当抵作价款或者收回。给付定金的一方不履行约定的债务的，无权要求返还定金；收受定金的一方不履行约定的债务的，应当双倍返还定金。

❹《最高人民法院关于审理企业破产案件若干问题的规定》（2002年7月30日发布）（略）

❺《最高人民法院关于海事法院拍卖被扣押船舶清偿债务的规定》（1994年7月6日发布）

❻《最高人民法院关于适用〈中华人民共和

国担保法〉若干问题的解释》（2000 年 12 月 13 日发布）

第一百一十五条 当事人约定以交付定金作为订立主合同担保的，给付定金的一方拒绝订立主合同的，无权要求返还定金；收受定金的一方拒绝订立合同的，应当双倍返还定金。

❼《旅游专列运输管理办法》（2000 年 4 月 18 日 铁道部发布）

第十三条 车站接到批复后，要按照《铁路旅客运输规程》对包车的规定，与包车人签订包车合同并收取相当于运费百分之二十的定金。当日售票的可不收定金。

案例链接

❶《郑东然诉威海大义食品有限公司特许经营合同纠纷案》，参见北大法宝引证码：Pkulaw.cn/CLI.C.291030。

❷《王某某与苏某某房屋买卖合同纠纷上诉案》，参见北大法宝引证码：Pkulaw.cn/CLI.C.281051。

❸《杨勇诉张新房房屋买卖合同纠纷案》，参见北大法宝引证码：Pkulaw.cn/CLI.C.246076。

❹《上海住商房地产经纪有限公司诉高某居间合同纠纷案》，参见北大法宝引证码：Pkulaw.cn/CLI.C.275878。

学者观点

❶ 赵一平：《论立约定金罚则在商品房买卖合同纠纷中的适用》，参见北大法宝引证码：Pkulaw.cn/CLI.A.1112683。

❷ 车辉：《对适用定金罚则的几点思考》，参见北大法宝引证码：Pkulaw.cn/CLI.A.171390。

❸ 成都市中级人民法院：《概论定金罚则的适用》，参见北大法宝引证码：Pkulaw.cn/CLI.A.18340。

❹ 金汉标：《定金罚则之适用》，参见北大法宝引证码：Pkulaw.cn/CLI.A.1108531。

【主合同不适当履行时定金罚则的适用】

法律问题解读

不适当履行主合同包括部分履行、迟延履行、瑕疵履行等情形。

在一方当事人部分履行的情形下，可以适用定金罚则，只是不完全适用，而是按比例适用。这实际上是承认定金罚则可以分割适用。定金罚则的适用条件消灭的前提是主合同债务得到全部履行，主债务的任何一部分未得到履行，定金罚则的适用条件就未完全消失，对于该部分未履行的债务依然应当适用定金罚则，这样才能保证双方当事人的权利义务趋于平等。因为合同义务的任何一部分未得到履行，非违约方都会因此受到损失，违约方都应当承担相当的责任，如果部分违约方当事人并未因其部分违约行为而受到应有的惩罚，实际上就是放纵了违约行为。定金罚则的分割适用更有利于保护当事人合法权益，更有利于体现定金的担保作用。

在迟延履行或者瑕疵履行的情况下，也可以适用定金罚则，但是要受到以下两个方面的限制：

1. 根本违约。只有当一方当事人的迟延履行行为或者其他违约行为导致合同的目的落空的时候，才能适用定金罚则。由于当事人一方的迟延履行或者其他违约行为致使不实现合同目的的，构成根本违约，合同的目的无法实现，合同债权人的债权不能得到实现，因此得以允许适用定金罚则。

2. 法律没有其他的特殊规定，当事人没有其他的特殊约定。如果法律特别规定不得适用定金罚则，则不得适用定金罚则；如果当事人在定金合同对定金罚则的适用有特殊约定的，在不违背法律禁止性规定的情况下，遵照当事人的约定。

法条指引

❶《中华人民共和国合同法》（1999 年 3 月 15 日 主席令公布）

第一百一十四条 当事人可以约定一方违约时应当根据违约情况向对方支付一定数额的违约金，也可以约定因违约产生的损失赔偿额的计算方法。

约定的违约金低于造成的损失的，当事人可以请求人民法院或者仲裁机构予以增加；约定的违约金过分高于造成的损失的，当事人可以请求人民法院或者仲裁机构予以适当减少。

当事人就迟延履行约定违约金的，违约方支付违约金后，还应当履行债务。

❷《最高人民法院关于适用〈中华人民共和国担保法〉若干问题的解释》（2000 年 12 月 13 日发布）

第一百二十条　因当事人一方迟延履行或者其他违约行为，致使合同目的不能实现，可以适用定金罚则。但法律另有规定或者当事人另有约定的除外。

当事人一方不完全履行合同的，应当按照未履行部分所占合同约定内容的比例，适用定金罚则。

案例链接

❶《韩永改诉薛杰房屋买卖合同纠纷案》，参见北大法宝引证码：Pkulaw.cn/CLI.C.285587。

❷《郑东然诉威海大义食品有限公司特许经营合同纠纷案》，参见北大法宝引证码：Pkulaw.cn/CLI.C.291030。

❸《樊雪萍与新疆中亚收藏品交流中心有限公司房屋租赁合同纠纷上诉案》，参见北大法宝引证码：Pkulaw.cn/CLI.C.252608。

❹《吴明超与陈新学商品房预售合同纠纷再审案》，参见北大法宝引证码：Pkulaw.cn/CLI.C.277474。

【当事人协议解除主合同时定金罚则的适用】

法律问题解读

当事人协议解除主合同时，如何适用定金罚则，应当具体情况具体分析。就定金的性质而言，当事人得以丧失定金或者双倍的返还定金为代价解除合同，而不论对方是否同意解除，也就是说，当事人一方丧失定金或者双倍返还定金即取得单方解除合同的权利，而不需双方协议解除。因此，如果当事人一方不履行合同，对方当事人同意解除合同时，对于不履行合同的一方当然应当适用定金罚则。从不履行的一方来说，其得以丧失定金或者双倍的返还定金为代价，而免受合同的约束；从对方当事人来说，其有权请求保留或者返还定金，是否解除合同并不以其同意为条件，同时其也有权解除合同而保留或者请求返还定金。

但是，如果在未发生不履行的事实以前，当事人就协议解除合同的，是否适用定金罚则，应当依照当事人的约定而定。因为，此时本来任何一方得以定金为代价解除合同，而当事人又协议解除合同，就应当依照当事人的约定来确定是否适用定金罚则；如果当事人约定不明的，不应当适用定金罚则。

法条指引

❶《中华人民共和国担保法》（1995年6月30日　主席令公布）

第八十九条　当事人可以约定一方向对方给付定金作为债权的担保。债务人履行债务后，定金应当抵作价款或者收回。给付定金的一方不履行约定的债务的，无权要求返还定金；收受定金的一方不履行约定的债务的，应当双倍返还定金。

❷《中华人民共和国民法通则》（1986年4月12日　主席令公布）

第八十九条　依照法律的规定或者按照当事人的约定，可以采用下列方式担保债务的履行：

（一）保证人向债权人保证债务人履行债务，债务人不履行债务的，按照约定由保证人履行或者承担连带责任；保证人履行债务后，有权向债务人追偿。

（二）债务人或者第三人可以提供一定的财产作为抵押物。债务人不履行债务的，债权人有权依照法律的规定以抵押物折价或者以变卖抵押物的价款优先得到偿还。

（三）当事人一方在法律规定的范围内可以向对方给付定金。债务人履行债务后，定金应当抵作价款或者收回。给付定金的一方不履行债务的，无权要求返还定金；接受定金的一方不履行债务的，应当双倍返还定金。

（四）按照合同约定一方占有对方的财产，对方不按照合同给付应付款项超过约定期限的，占有人有权留置该财产，依照法律的规定以留置财产折价或者以变卖该财产的价款优先得到偿还。

❸《中华人民共和国合同法》（1999年3月15日　主席令公布）

第一百一十五条　当事人可以依照《中华人民共和国担保法》约定一方向对方给付定金作为债权的担保。债务人履行债务后，定金应当抵作价款或者收回。给付定金的一方不履行约定的债务的，无权要求返还定金；收受定金的一方不履行约定的债务的，应当双倍返还定金。

❹《最高人民法院关于适用〈中华人民共和国担保法〉若干问题的解释》（2000年12月13日发布）

第一百一十五条　当事人约定以交付定金作为订立主合同担保的，给付定金的一方拒绝订立主合同的，无权要求返还定金；收受定金的一方拒绝订立合同的，应当双倍返还定金。

案例链接

❶《常州市双马医疗器材有限公司诉陶岳明技术转让合同纠纷案》,参见北大法宝引证码:Pkulaw. cn/CLI. C. 163061。

学者观点

❶ 于维兰、王淑丽:《浅谈定金罚则的适用》,参见北大法宝引证码:Pkulaw. cn/CLI. A. 110968。

❷ 郑业伟:《定金罚则不适用于无效经济合同》,参见北大法宝引证码:Pkulaw. cn/CLI. A. 126123。

【双方违约时定金罚则的适用】

法律问题解读

所谓双方违约,是指在一个合同关系中,负有对待给付的双方当事人,都分别违反合同规定,破坏了合同双方各自期待的合同利益,而应当各自承担责任的情形。在双方违约的情形中,如果一方违约属于法定或者约定的适用定金罚则的情形,另一方就其他事项违约,则仅就前者单方适用定金罚则,对后者可以追究其相应的违约责任。如果双方违约均属于法定或者约定的适用定金罚则的情形,则对二者均适用定金罚则,即一方丧失定金,另一方双倍返还定金,相互抵消后,给付定金的一方当事人可以收回全部或者部分定金。

实务中,在处理上述问题时,应当注意区分双方违约和抗辩权的适用,防止将成立抗辩权的单方违约误判成为双方违约。

法条指引

❶《中华人民共和国担保法》(1995 年 6 月 30 日 主席令公布)

第八十九条 当事人可以约定一方向对方给付定金作为债权的担保。债务人履行债务后,定金应当抵作价款或者收回。给付定金的一方不履行约定的债务的,无权要求返还定金;收受定金的一方不履行约定的债务的,应当双倍返还定金。

❷《中华人民共和国民法通则》(1986 年 4 月 12 日 主席令公布)

第八十九条 依照法律的规定或者按照当事人的约定,可以采用下列方式担保债务的履行:

(一)保证人向债权人保证债务人履行债务,债务人不履行债务的,按照约定由保证人履行或者承担连带责任;保证人履行债务后,有权向债务人追偿。

(二)债务人或者第三人可以提供一定的财产作为抵押物。债务人不履行债务的,债权人有权依照法律的规定以抵押物折价或者以变卖抵押物的价款优先得到偿还。

(三)当事人一方在法律规定的范围内可以向对方给付定金。债务人履行债务后,定金应当抵作价款或者收回。给付定金的一方不履行债务的,无权要求返还定金;接受定金的一方不履行债务的,应当双倍返还定金。

(四)按照合同约定一方占有对方的财产,对方不按合同给付应付款项超过约定期限的,占有人有权留置该财产,依照法律的规定以留置财产折价或者以变卖该财产的价款优先得到偿还。

❸《中华人民共和国合同法》(1999 年 3 月 15 日 主席令公布)

第一百零七条 当事人一方不履行合同义务或者履行合同义务不符合约定的,应当承担继续履行、采取补救措施或者赔偿损失等违约责任。

第一百一十五条 当事人可以依照《中华人民共和国担保法》约定一方向对方给付定金作为债权的担保。债务人履行债务后,定金应当抵作价款或者收回。给付定金的一方不履行约定的债务的,无权要求返还定金;收受定金的一方不履行约定的债务的,应当双倍返还定金。

第一百二十条 当事人双方都违反合同的,应当各自承担相应的责任。

❹《最高人民法院关于适用〈中华人民共和国担保法〉若干问题的解释》(2000 年 12 月 13 日发布)

第一百一十五条 当事人约定以交付定金作为订立主合同担保的,给付定金的一方拒绝订立主合同的,无权要求返还定金;收受定金的一方拒绝订立合同的,应当双倍返还定金。

案例链接

❶《贾红诉三门峡市正信置业经纪有限公司居间合同纠纷案》,参见北大法宝引证码:Pkulaw. cn/CLI. C. 281551。

❷《河南荣森置业有限公司与洛阳奥阳房地产咨询有限公司商品房委托销售合同纠纷上诉案》,参见北大法宝引证码:Pkulaw. cn/CLI. C. 266156。

❸《王纪中与鞠长丰买卖合同纠纷再审案》,参见北大法宝引证码:Pkulaw.cn/CLI.C.261715。

❹《上海京堂餐饮有限公司与姜滨特许经营合同纠纷上诉案》,参见北大法宝引证码:Pkulaw.cn/CLI.C.191268。

学者观点

❶ 刘京柱、田玉斌:《当前人民法院在定金适用问题上的争议及建议》,参见北大法宝引证码:Pkulaw.cn/CLI.A.1110668。

❷ 易珍荣:《浅论定金的几个问题》,参见北大法宝引证码:Pkulaw.cn/CLI.A.123136。

【定金罚则适用的例外】

法律问题解读

以下情况不适用定金罚则:

1. 不可抗力。因为不可抗力致使主合同不能履行的,不适用定金罚则。不可抗力是指不能预见、不能避免、并且不能克服的客观情况。范围一般限于自然灾害、战争、社会动乱、政府行为等等。因不可抗力不能履行合同也包括不能按期履行合同,即包括因不可抗力造成迟延履行的情况。因此,在因不可抗力造成不能履行和迟延履行的两种情况下,均可以免除定金处罚。《合同法》根据不可抗力的影响区分部分或者全部免除责任,但是在定金处罚上,只能全部免除定金罚。

2. 意外事件。意外事件是指不能预见、不能克服、不能避免但是又不属于不可抗力的客观情况。比如空难、桥梁坍塌等等。法律将意外事件与不可抗力同等看待,认为意外事件致使主合同不能履行的,也可以免于定金处罚。在理解这一问题时需要注意的是,外表像意外事件,但是其实背后有第三人原因的,不能视为意外事件。比如上游水库不通知下游而放水的,导致下游出现无法预知的情况致使违约发生。凡是有第三人原因的,第三人属于责任追偿对象。

需要注意的是,因合同关系以外第三人的过错,致使主合同不能履行的,不属于免于定金处罚的情形,应当适用定金罚则。但是违约方受定金处罚后,可以依法向第三人追偿。如果违约是由于上级领导机关或者业务主管机关的原因造成的,可以先由违约方向对方当事人承担定金罚则,然后向上级机关或者领导机关要求对此作出处理。

法条指引

❶《中华人民共和国民法通则》(1986年4月12日 主席令公布)

第一百零七条 因不可抗力不能履行合同或者造成他人损害的,不承担民事责任,法律另有规定的除外。

第一百一十六条 当事人一方由于上级机关的原因,不能履行合同义务的,应当按照合同约定向另一方赔偿损失或者采取其他补救措施,再由上级机关对它因此受到的损失负责处理。

第一百五十三条 本法所称的"不可抗力",是指不能预见、不能避免并不能克服的客观情况。

❷《中华人民共和国合同法》(1999年3月15日 主席令公布)

第一百一十七条 因不可抗力不能履行合同的,根据不可抗力的影响,部分或者全部免除责任,但法律另有规定的除外。当事人迟延履行后发生不可抗力的,不能免除责任。

本法所称不可抗力,是指不能预见、不能避免并不能克服的客观情况。

第一百二十一条 当事人一方因第三人的原因造成违约的,应当向对方承担违约责任。当事人一方和第三人之间的纠纷,依照法律规定或者按照约定解决。

❸《旅游专列运输管理办法》(2000年4月18日 铁道部发布)

第十九条 旅游专列包车合同签订后,因不可抗力原因无法履行合同时,各方均不负违约责任。因非不可抗力原因,承运人违约时,双倍返还定金,包车人违约时,定金不退或按《铁路客运运价规则》标准,核收延期使用费或停止使用费。收取定金时,填写"客运杂费收据",返还定金时,加倍部分填写"退款证明书"。

❹《最高人民法院关于适用〈中华人民共和国担保法〉若干问题的解释》(2000年12月13日发布)

第一百二十二条 因不可抗力、意外事件致使主合同不能履行的,不适用定金罚则。因合同关系以外第三人的过错,致使主合同不能履行的,适用定金罚则。受定金处罚的一方当事人,可以依法向第三人追偿。

❺《最高人民法院关于因第三人过错导致合同不能履行应如何适用定金罚则的问题的复函》(1995年6月16日发布)

江苏省高级人民法院：

你院关于因第三人的过错导致合同不能履行的，应如何适用定金罚则的请示收悉。经研究，答复如下：

凡当事人在合同中明确约定给付定金的，在实际交付定金后，如一方不履行合同除有法定免责的情况外，即应对其适用定金罚则。因该合同关系以外第三人的过错导致合同不能履行的，除该合同另有约定的外，仍应对违约方适用定金罚则。合同当事人一方在接受定金处罚后，可依法向第三人追偿。

案例链接

❶《林宁俊诉中国人民财产保险股份有限公司台州分公司船舶保险合同纠纷案》，参见北大法宝引证码：Pkulaw.cn/CLI.C.243965。

❷《广州瀛安保险代理有限公司与永诚财产保险股份有限公司广东分公司保险委托代理合同纠纷上诉案》，参见北大法宝引证码：Pkulaw.cn/CLI.C.276661。

❸《王丽珍与宁波市宣和贸易有限公司租赁合同纠纷上诉案》，参见北大法宝引证码：Pkulaw.cn/CLI.C.286620。

【定金与其他担保的区别】

法律问题解读

定金担保为特殊的金钱担保，与保证、抵押权、质权、留置权等等存在着本质区别：

1. 目的不同。保证、抵押、质押、留置担保的目的，都只在于确保债权人一方的利益，对债务人不提供任何保障。定金担保虽有确保债权受偿的效力，其根本目的却在于确保合同履行，对合同双方当事人均提供履行保障；特别是在合同当事人不完全履行合同或者迟延履行合同时，即便合同履行的结果使得当事人的债权获得清偿，但是定金担保的违约制裁效果在当事人不完全履行合同或者迟延履行合同时已经发生。

2. 性质不同。定金担保是种特殊的金钱担保，当事人依据定金获得的只是一种补偿性的担保，担保因主合同义务未得到履行而可能受到的损失，并不能保证其所享有的合同的利益的必然实现。而其他几种担保方式则是债务清偿的担保，当事人据此所取得的权利是清偿请求权或者是直接支配权，这几种担保都不具有惩罚性。

3. 实现方式不同。定金担保债务履行的方式是定金罚则的适用，定金罚则具有惩罚性，通过对违约方的惩罚的威慑作用，迫使当事人履行合同义务。保证是通过要求保证人履行主合同来实现债权人权利，在抵押、质押、留置担保的情况下，债权人则是通过处分担保物的形式来实现权益的。

司法实践中需要仔细把握定金与其他担保的区别，特别是在实现方式上的不同，这样才有助于更加有利地保护当事人的权益。

法条指引

❶《中华人民共和国担保法》（1995年6月30日 主席令公布）

第六条　本法所称保证，是指保证人和债权人约定，当债务人不履行债务时，保证人按照约定履行债务或者承担责任的行为。

第三十二条　人民法院受理债务人破产案件后，债权人未申报债权的，保证人可以参加破产财产分配，预先行使追偿权。

第六十三条　本法所称动产质押，是指债务人或者第三人将其动产移交债权人占有，将该动产作为债权的担保。债务人不履行债务时，债权人有权依照本法规定以该动产折价或者以拍卖、变卖该动产的价款优先受偿。

前款规定的债务人或者第三人为出质人，债权人为质权人，移交的动产为质物。

第八十二条　本法所称留置，是指依照本法第八十四条的规定，债权人按照合同约定占有债务人的动产，债务人不按照合同约定的期限履行债务的，债权人有权依照本法规定留置该财产，以该财产折价或者以拍卖、变卖该财产的价款优先受偿。

第八十九条　当事人可以约定一方向对方给付定金作为债权的担保。债务人履行债务后，定金应当抵作价款或者收回。给付定金的一方不履行约定的债务的，无权要求返还定金；收受定金的一方不履行约定的债务的，应当双倍返还定金。

❷《最高人民法院关于适用〈中华人民共和国担保法〉若干问题的解释》（2000年12月13日发布）

第一百一十五条　当事人约定以交付定金作为订立主合同担保的，给付定金的一方拒绝订立主合同的，无权要求返还定金；收受定金的一方拒绝订立合同的，应当双倍返还定金。

第一百二十条　因当事人一方迟延履行或者其他违约行为，致使合同目的不能实现，可以适用定金罚则。但法律另有规定或者当事人另有约定的除外。

当事人一方不完全履行合同的，应当按照未履行部分所占合同约定内容的比例，适用定金罚则。

案例链接

❶《郑东然诉威海大义食品有限公司特许经营合同纠纷案》，参见北大法宝引证码：Pkulaw. cn/CLI. C. 291030。

❷《浙江凯喜姆机械工业有限公司诉黄文荣等承揽合同纠纷案》，参见北大法宝引证码：Pkulaw. cn/CLI. C. 227201。

学者观点

❶ 蔡永民、高志宏：《试论违约责任中定金、违约金、赔偿损失的竞合与适用》，参见北大法宝引证码：Pkulaw. cn/CLI. A. 184360。

❷ 李巍、朱四臣：《论押金担保》，参见北大法宝引证码：Pkulaw. cn/CLI. A. 177035。

【定金与其他担保共存的情况】

法律问题解读

为担保同一债权的受偿，债务人在提供定金担保时，仍然可以请求第三人提供保证，或者债务人以自己的财产或权利为债权人设定担保物权，或者请求第三人为债权人设定担保物权。

定金担保的适用，并不妨碍其他担保方式的适用。在定金担保和其他担保共同担保同一债权时，债权人履行合同而债务人不履行合同的，债权人除取得定金担保利益外，可以不考虑其已经取得之定金担保利益，而依法行使其他担保权。例如，债务人以给付定金担保债权人的债权受偿，并同时有第三人为债权人提供保证担保的，债务人不履行债务时，债权人不仅可以不返还债务人定金，还可以请求保证人依照保证合同的约定承担保证责任。

法条指引

❶《中华人民共和国担保法》（1995年6月30日　主席令公布）

第五十三条　债务履行期届满抵押权人未受清偿的，可以与抵押人协议以抵押物折价或者以拍卖、变卖该抵押物所得的价款受偿；协议不成的，抵押权人可以向人民法院提起诉讼。

抵押物折价或者拍卖、变卖后，其价款超过债权数额的部分归抵押人所有，不足部分由债务人清偿。

第七十一条　债务履行期届满债务人履行债务的，或者出质人提前清偿所担保的债权的，质权人应当返还质物。

债务履行期届满质权人未受清偿的，可以与出质人协议以质物折价，也可以依法拍卖、变卖质物。

质物折价或者拍卖、变卖后，其价款超过债权数额的部分归出质人所有，不足部分由债务人清偿。

第八十七条　债权人与债务人应当在合同中约定，债权人留置财产后，债务人应当在不少于两个月的期限内履行债务。债权人与债务人在合同中未约定的，债权人留置债务人财产后，应当确定两个月以上的期限，通知债务人在该期限内履行债务。

债务人逾期仍不履行的，债权人可以与债务人协议以留置物折价，也可以依法拍卖、变卖留置物。

留置物折价或者拍卖、变卖后，其价款超过债权数额的部分归债务人所有，不足部分由债务人清偿。

案例链接

❶《杨俊义诉获嘉县欧德雅机械设备厂等买卖合同纠纷案》，参见北大法宝引证码：Pkulaw. cn/CLI. C. 280685。

❷《韩永改诉薛杰房屋买卖合同纠纷案》，参见北大法宝引证码：Pkulaw. cn/CLI. C. 285587。

学者观点

❶ 彭振羽、贺利平、王力欣：《论担保方式并存、竞合的效力冲突及其效力规则》，参见北大法宝引证码：Pkulaw. cn/CLI. A. 171249。

❷ 车辉：《对反担保法律适用问题的思考》，参见北大法宝引证码：Pkulaw. cn/CLI. A. 1116428。

❸ 郑永宽：《要物合同之存在现状及其价值反思》，参见北大法宝引证码：Pkulaw. cn/CLI. A. 1128399。

【立约定金】

法律问题解读

立约定金常常与预约合同并存，是指在合同订立前交付，目的在于保证正式订立合同的定金。合同的订立需要一个过程，要经过要约和承诺的过程。有时候这个过程比较短，但是在有些情况下，这个过程可能需要持续较长的时间，尤其是在一些标的额比较大的民事交易中。当事人为订立合同已经作了必要的准备，相互间对于合同的内容已经基本取得了一致，但因为存在一些未定情形，合同一直未能订立，当事人又不愿意许诺成立合同，于是采用立约定金来实现当事人间的相互信任，以求最终成立合同，完成交易。

如果当事人约定以交付定金作为订立主合同担保的，交付定金的一方当事人拒绝订立合同的，将丧失定金；如果接受定金的一方当事人拒绝订立合同的，应当双倍返还定金。所以，立约定金的目的在于确保当事人能够最终订立合同，立约定金也可以防止当事人利用订立合同的机会恶意磋商。在某些情况下，一方当事人可能违背诚实信用原则，在订立合同的过程中隐瞒重要的信息，或者编造信息，误导对方当事人，使对方当事人以为与其订立合同比较有利，而该方当事人却始终不与其订立合同，因而会给对方当事人造成损失。在约定了立约定金的情况下，如果当事人一方最终放弃了订立主合同的机会，不论其主观上是恶意还是过失，都将适用定金罚则，这样就可以促使当事人更加谨慎地、更加积极地进行交易。

法条指引

❶《中华人民共和国合同法》（1999年3月15日 主席令公布）

第四十二条 当事人在订立合同过程中有下列情形之一，给对方造成损失的，应当承担损害赔偿责任：

（一）假借订立合同，恶意进行磋商；

（二）故意隐瞒与订立合同有关的重要事实或者提供虚假情况；

（三）有其他违背诚实信用原则的行为。

❷《最高人民法院关于适用〈中华人民共和国担保法〉若干问题的解释》（2000年12月13日发布）

第一百一十五条 当事人约定以交付定金作为订立主合同担保的，给付定金的一方拒绝订立主合同的，无权要求返还定金；收受定金的一方拒绝订立合同的，应当双倍返还定金。

案例链接

❶《新疆维吾尔自治区北疆家具家电建材装饰材料联合商会与花玉田定金合同纠纷上诉案》，参见北大法宝引证码：Pkulaw.cn/CLI.C.251466。

❷《岳国平与郭秀琴房屋转让合同纠纷上诉案》，参见北大法宝引证码：Pkulaw.cn/CLI.C.218027。

❸《北京益华昌物业管理有限公司与王爱玲定金合同纠纷上诉案》，参见北大法宝引证码：Pkulaw.cn/CLI.C.214057。

❹《徐元俊与陆正涛等定金合同纠纷上诉案》，参见北大法宝引证码：Pkulaw.cn/CLI.C.206131。

学者观点

❶ 赵一平：《论立约定金罚则在商品房买卖合同纠纷中的适用》，参见北大法宝引证码：Pkulaw.cn/CLI.A.1112683。

【成约定金】

法律问题解读

作为主合同成立要件而约定的定金，称之为成约定金。合同是否成立，是否发生法律效力，取决于定金是否交付。交付了，合同就发生法律效力；不交付，合同就不成立。

成约定金是德国古法上的制度，现今各国立法上，已经不再规定该种定金。但是，实践中如果出现合同当事人约定以定金的交付作为合同生效的要件应当予以允许。依照我国法律的规定，当事人享有充分的合同自由，可以定金的交付作为对合同成立或者生效的附加条件，这就使主合同成为附成立或者生效要件的合同。因此，若当事人约定定金并且明确表示定金的交付构成合同的成立或者生效要件的，该定金具有成约定金的性质。但是，如果给付定金的一方当事人没有支付定金，但是主合同已经履行或者已经履行主要部分的，不影响主合同的成立或者生效。此时，已经履行或者部分履行的合同就不再以定金交付与否作为成立或者生效的标志，即合同任何一方当事人不再有权宣称合同不成立或者不生效。履行合同的主要部分，指履行合同的主义务，如买卖合同中的供货义务，而不是合同的次要义务、附随义务，如通知义务、说明义务等等。

法条指引

❶《中华人民共和国合同法》（1999年3月15日 主席令公布）

第三十六条 法律、行政法规规定或者当事人约定采用书面形式订立合同，当事人未采用书面形式但一方已经履行主要义务，对方接受的，该合同成立。

第三十七条 采用合同书形式订立合同，在签字或者盖章之前，当事人一方已经履行主要义务，对方接受的，该合同成立。

第四十五条 当事人对合同的效力可以约定附条件。附生效条件的合同，自条件成就时生效。附解除条件的合同，自条件成就时失效。

当事人为自己的利益不正当地阻止条件成就的，视为条件已成就；不正当地促成条件成就的，视为条件不成就。

❷《最高人民法院关于适用〈中华人民共和国担保法〉若干问题的解释》（2000年12月13日发布）

第一百一十六条 当事人约定以交付定金作为主合同成立或者生效要件的，给付定金的一方未支付定金，但主合同已经履行或者已经履行主要部分的，不影响主合同的成立或者生效。

案例链接

❶《驻马店市第一高级中学诉袁国强租赁合同纠纷案》，参见北大法宝引证码：Pkulaw. cn/CLI. C. 285627。

❷《驻马店市第一高级中学诉李爱菊租赁合同纠纷案》，参见北大法宝引证码：Pkulaw. cn/CLI. C. 285628。

❸《某某公司与某某有限公司房屋销售代理合同纠纷上诉案》，参见北大法宝引证码：Pkulaw. cn/CLI. C. 277258。

❹《河南省裕华汽车贸易有限公司与葛林买卖合同纠纷上诉案》，参见北大法宝引证码：Pkulaw. cn/CLI. C. 190458。

【证约定金】

法律问题解读

证约定金，是指以交付事实作为当事人之间存在合同关系的证明的定金。订立合同时，当事人一方为防止对方毁约而给付定金，以此证明和维护合同关系。而且，在当事人没有订立书面合同的情况下，只要一方收取了另一方的定金，即可证明他们之间的合同已经成立。证约定金不是合同成立的必备要件，仅具有证明当事人之间已经成立合同的证据意义，合同是否成立与定金的交付没有关系。《担保法》及其最高法院司法解释没有对证约定金作出专门规定，但是司法实践认可交付定金的书面证明（如收据）为主合同业已经成立的证据。事实上，证约定金是一般定金都具有的共性，大多数情况下，定金的证约性质不因当事人专门约定而产生和独立存在，而是由违约定金、解约定金和成约定金所派生。

法条指引

❶《中华人民共和国担保法》（1995年6月30日 主席令公布）

第八十九条 当事人可以约定一方向对方给付定金作为债权的担保。债务人履行债务后，定金应当抵作价款或者收回。给付定金的一方不履行约定的债务的，无权要求返还定金；收受定金的一方不履行约定的债务的，应当双倍返还定金。

❷《中华人民共和国民法通则》（1986年4月12日 主席令公布）

第八十九条 依照法律的规定或者按照当事人的约定，可以采用下列方式担保债务的履行：

（一）保证人向债权人保证债务人履行债务，债务人不履行债务的，按照约定由保证人履行或者承担连带责任；保证人履行债务后，有权向债务人追偿。

（二）债务人或者第三人可以提供一定的财产作为抵押物。债务人不履行债务的，债权人有权依照法律的规定以抵押物折价或者以变卖抵押物的价款优先得到偿还。

（三）当事人一方在法律规定的范围内可以向对方给付定金。债务人履行债务后，定金应当抵作价款或者收回。给付定金的一方不履行债务的，无权要求返还定金；接受定金的一方不履行债务的，应当双倍返还定金。

（四）按照合同约定一方占有对方的财产，对方不按照合同给付应付款项超过约定期限的，占有人有权留置该财产，依照法律的规定以留置财产折价或者以变卖该财产的价款优先得到偿还。

学者观点

❶ 卓小苏:《对我国担保制度中定金性质之评析》,参见北大法宝引证码:Pkulaw. cn/CLI. A. 123904。

❷ 陈群峰:《彩礼返还规则探析》,参见北大法宝引证码:Pkulaw. cn/CLI. A. 1127841。

【解约定金】

法律问题解读

解约定金,是指当事人在合同中约定的以承受定金罚则作为保留合同解除权的代价的定金。

如果当事人要解约,则将以丧失定金或者双倍返还定金为代价,即交付定金的当事人可以放弃定金以解除合同,而接受定金的当事人也可以双倍返还定金以解除合同。解约定金的实质在于给予合同当事人于放弃或者加倍返还定金等条件下以单方面解除合同的权利。而其作为担保方式之一,功能是担保当事人不至于轻易解除合同。当事人为了不至于损失定金或者承担双倍返还定金的损失,从利益考虑出发,会在一定程度上减少解除合同的几率,促使合同的顺利履行。

合同中约定了解约定金的,当事人以承担定金损失为代价要求解除合同的,对该合同不能强制实际履行。另一方当事人如果申请人民法院强制实际履行合同的,人民法院应当予以驳回。正确的处理是,当事人以承担定金损失为代价要求解除合同的,应当允许合同解除,并裁判当事人以承担定金处罚代替履行合同。

合同解除后,虽然适用了定金处罚,主张解除合同的当事人承担了定金损失,但是不排除有损失的一方要求对方损害赔偿。定金处罚不排除损害赔偿,在守约的当事人损失大于定金上收益情况下,承担了定金处罚的当事人仍然应当承担损害赔偿责任。

法条指引

❶《中华人民共和国合同法》(1999 年 3 月 15 日 主席令公布)

第九十四条 有下列情形之一的,当事人可以解除合同:

(一) 因不可抗力致使不能实现合同目的;

(二) 在履行期限届满之前,当事人一方明确表示或者以自己的行为表明不履行主要债务;

(三) 当事人一方迟延履行主要债务,经催告后在合理期限内仍未履行;

(四) 当事人一方迟延履行债务或者有其他违约行为致使不能实现合同目的;

(五) 法律规定的其他情形。

第九十七条 合同解除后,尚未履行的,终止履行;已经履行的,根据履行情况和合同性质,当事人可以要求恢复原状、采取其他补救措施,并有权要求赔偿损失。

❷《最高人民法院关于适用〈中华人民共和国担保法〉若干问题的解释》(2000 年 12 月 13 日发布)

第一百一十七条 定金交付后,交付定金的一方可以按照合同的约定以丧失定金为代价而解除主合同,收受定金的一方可以双倍返还定金为代价而解除主合同。对解除主合同后责任的处理,适用《中华人民共和国合同法》的规定。

案例链接

❶《上海某某房地产经纪事务所诉白某某等居间合同纠纷案》,参见北大法宝引证码:Pkulaw. cn/CLI. C. 248635。

❷《河南省裕华汽车贸易有限公司与葛林买卖合同纠纷上诉案》,参见北大法宝引证码:Pkulaw. cn/CLI. C. 190458。

❸《武汉楚都房地产有限公司与武汉易初莲花连锁超市有限公司租赁合同抗诉案》,参见北大法宝引证码:Pkulaw. cn/CLI. C. 147360。

❹《美铭文化公司诉中博世纪影视公司返还保证金案》,参见北大法宝引证码:Pkulaw. cn/CLI. C. 229588。

学者观点

❶ 孙良国、于忠春:《有意违约的研究》,参见北大法宝引证码:Pkulaw. cn/CLI. A. 1142827。

【违约定金】

法律问题解读

违约定金,是指当事人约定的违反合同时应当承受定金罚则制裁的定金。即主合同有定金担保的,当事人逾期不履行合同义务的,若为交付定金方的过错,则无权要求对方当事人返还定金,接受方没收定金;若为接受定金方的过错,则应当向交付定金方双倍返还定金。

违约定金与违约金一样具有对违约者的惩罚作用，有间接地强制当事人履行合同的效力，能够起到制裁违约者的作用。在理解违约定金时应当注意：债务人履行主合同义务后，定金应当抵作价款或者收回。定金是由债务人在主合同债务履行前预先向债权人支付的金钱，起着担保债务履行的作用，当债务人正常履行义务后，定金罚则的使用条件丧失，定金进而转为主合同债务人对债权人的债权，债务人有权处分该权利，可以将其转为价款，用于清偿债务。该权利的行使是与履行主合同债务同时进行的。倘若债务人已经全部清偿了债务，债务人就有权收回定金。前一种可以视为消极的收回，债务人通过该行为可以防止自己现有财产的减少。后一种行为是积极的收回。

法条指引

❶《中华人民共和国担保法》（1995年6月30日 主席令公布）

第八十九条 当事人可以约定一方向对方给付定金作为债权的担保。债务人履行债务后，定金应当抵作价款或者收回。给付定金的一方不履行约定的债务的，无权要求返还定金；收受定金的一方不履行约定的债务的，应当双倍返还定金。

❷《中华人民共和国民法通则》（1986年4月12日 主席令公布）

第八十九条 依照法律的规定或者按照当事人的约定，可以采用下列方式担保债务的履行：

（一）保证人向债权人保证债务人履行债务，债务人不履行债务的，按照约定由保证人履行或者承担连带责任；保证人履行债务后，有权向债务人追偿。

（二）债务人或者第三人可以提供一定的财产作为抵押物。债务人不履行债务的，债权人有权依照法律的规定以抵押物折价或者以变卖抵押物的价款优先得到偿还。

（三）当事人一方在法律规定的范围内可以向对方给付定金。债务人履行债务后，定金应当抵作价款或者收回。给付定金的一方不履行债务的，无权要求返还定金；接受定金的一方不履行债务的，应当双倍返还定金。

（四）按照合同约定一方占有对方的财产，对方不按照合同给付应付款项超过约定期限的，占有人有权留置该财产，依照法律的规定以留置物折价或者以变卖该财产的价款优先得到偿还。

❸《最高人民法院关于适用〈中华人民共和国担保法〉若干问题的解释》（2000年12月13日发布）

第一百一十五条 当事人约定以交付定金作为订立主合同担保的，给付定金的一方拒绝订立主合同的，无权要求返还定金；收受定金的一方拒绝订立合同的，应当双倍返还定金。

案例链接

❶《张中洋与黄雷等房屋买卖合同纠纷上诉案》，参见北大法宝引证码：Pkulaw. cn/CLI. C. 239615。

❷《台州伟业投资有限公司诉李学平等民间借贷纠纷案》，参见北大法宝引证码：Pkulaw. cn/CLI. C. 239691。

❸《王宝富诉曾松军买卖合同纠纷案》，参见北大法宝引证码：Pkulaw. cn/CLI. C. 240174。

学者观点

❶ 夏凤英：《试论违约责任方式的竞合适用》，参见北大法宝引证码：Pkulaw. cn/CLI. A. 177308。

【定金性质的确定】

法律问题解读

定金的性质可以由当事人约定。当事人可以在合同中约定定金具有某一性质，也可以约定定金具有互不排斥的多重性质。例如，对立约定金，当事人可以约定在正式订立主合同后，定金不予以返还，而是转而用作违约定金；对于成约定金、证约定金，亦可通过约定使其给付后同时具有违约定金性质。在有些情况下，即便当事人未约定，也可以推定定金兼具约定性质以外的其他性质。如违约定金、解约定金和成约定金合同，是主合同的从合同，而从合同存在必能证明主合同的存在，故上述三种定金当然同时具有证约定金的性质。当事人未对定金性质作出约定时，应当作出相应的推定。一般情况下，应当推定该定金仅具有定金的一般性质。根据《担保法》规定的立法精神，我国的交易习惯以及司法实践的普遍认可，我国定金的一般性质应当为违约定金。

法条指引

❶《中华人民共和国担保法》（1995年6月

30日 主席令公布）

第八十九条 当事人可以约定一方向对方给付定金作为债权的担保。债务人履行债务后，定金应当抵作价款或者收回。给付定金的一方不履行约定的债务的，无权要求返还定金；收受定金的一方不履行约定的债务的，应当双倍返还定金。

❷《中华人民共和国民法通则》（1986年4月12日 主席令公布）

第八十九条 依照法律的规定或者按照当事人的约定，可以采用下列方式担保债务的履行：

（一）保证人向债权人保证债务人履行债务，债务人不履行债务的，按照约定由保证人履行或者承担连带责任；保证人履行债务后，有权向债务人追偿。

（二）债务人或者第三人可以提供一定的财产作为抵押物。债务人不履行债务的，债权人有权依照法律的规定以抵押物折价或者以变卖抵押物的价款优先得到偿还。

（三）当事人一方在法律规定的范围内可以向对方给付定金。债务人履行债务后，定金应当抵作价款或者收回。给付定金的一方不履行债务的，无权要求返还定金；接受定金的一方不履行债务的，应当双倍返还定金。

（四）按照合同约定一方占有对方的财产，对方不按照合同给付应付款项超过约定期限的，占有人有权留置该财产，依照法律的规定以留置财产折价或者以变卖该财产的价款优先得到偿还。

❸《最高人民法院关于适用〈中华人民共和国担保法〉若干问题的解释》（2000年12月13日发布）

第一百一十五条 当事人约定以交付定金作为订立主合同担保的，给付定金的一方拒绝订立主合同的，无权要求返还定金；收受定金的一方拒绝订立合同的，应当双倍返还定金。

第一百一十六条 当事人约定以交付定金作为主合同成立或者生效要件的，给付定金的一方未支付定金，但主合同已经履行或者已经履行主要部分的，不影响主合同的成立或者生效。

第一百一十七条 定金交付后，交付定金的一方可以按照合同的约定以丧失定金为代价而解除主合同，收受定金的一方可以双倍返还定金为代价而解除主合同。对解除主合同后责任的处理，适用《中华人民共和国合同法》的规定。

第一百一十八条 当事人交付留置金、担保金、保证金、订约金、押金或者订金等，但没有约定定金性质的，当事人主张定金权利的，人民法院不予支持。

案例链接

❶《唐均贵与乌鲁木齐市米东区长新煤矿经营合同纠纷上诉案》，参见北大法宝引证码：Pkulaw. cn/CLI. C. 288424。

❷《谭亚平与张海龙等房屋买卖合同纠纷上诉案》，参见北大法宝引证码：Pkulaw. cn/CLI. C. 245422。

❸《林州市实验中学与林州市建总建筑有限公司建筑工程合同纠纷上诉案》，参见北大法宝引证码：Pkulaw. cn/CLI. C. 269023。

学者观点

❶ 卓小苏：《对我国担保制度中定金性质之评析》，参见北大法宝引证码：Pkulaw. cn/CLI. A. 123904。

❷ 崔建远：《保证金刍议》，参见北大法宝引证码：Pkulaw. cn/CLI. A. 185177。

【定金与预付款】

法律问题解读

预付款是指当事人在合同订立后，合同约定的付款义务履行前，预先向对方给付的一笔款项。从形式上看，定金和预付款都是合同当事人双方约定的由一方在合同金额内预先给付对方的一定款项。在合同履行后，均可以抵作价款。但是二者存在本质不同，主要表现在如下几个方面：

1. 地位不同。定金合同是主合同的从合同，又具有相对独立性。而预付款是主合同内容的一部分，无所谓主从关系。

2. 作用不同。定金是合同的担保，对当事人有惩罚性，又有证明合同成立的作用，而预付款的交付属于合同债务人履行债务的行为，不具有担保作用。

3. 法律后果不同。定金合同当事人不履行合同时，适用定金罚则，即发生丧失定金或者双倍返还定金的法律后果；而预付款交付后当事人违约的，并不承担失去预付款或者双倍返还的责任，而是承担违约金或者赔偿损失的责任。

4. 适用范围不同。定金的适用范围并无法律限制。而预付款只能适用于须以金钱履行义务的合同，在实务中也多局限于紧俏商品和物资的购销行为。

由于定金与预付款存在上述诸多差别，尤其是二者适用的法律后果不同，因此当事人在订立合同中如果涉及资金的预先给付，应当特别注意在合同中明确其性质。当事人对此无约定或约定不明的，预先给付的金钱将作为预付款对待。对于实为"预付款"而写成"预付定金"的，应当根据当事人的本意确定为预付款。当然，也不能把"预付定金"因有"预付"二字而都认为是预付款，是定金的还是要按定金处理。

法条指引

❶《中华人民共和国担保法》（1995年6月30日 主席令公布）

第八十九条 当事人可以约定一方向对方给付定金作为债权的担保。债务人履行债务后，定金应当抵作价款或者收回。给付定金的一方不履行约定的债务的，无权要求返还定金；收受定金的一方不履行约定的债务的，应当双倍返还定金。

第九十一条 定金的数额由当事人约定，但不得超过主合同标的额的百分之二十。

❷《中华人民共和国民法通则》（1986年4月12日 主席令公布）

第八十九条 依照法律的规定或者按照当事人的约定，可以采用下列方式担保债务的履行：

（一）保证人向债权人保证债务人履行债务，债务人不履行债务的，按照约定由保证人履行或者承担连带责任；保证人履行债务后，有权向债务人追偿。

（二）债务人或者第三人可以提供一定的财产作为抵押物。债务人不履行债务的，债权人有权依照法律的规定以抵押物折价或者以变卖抵押物的价款优先得到偿还。

（三）当事人一方在法律规定的范围内可以向对方给付定金。债务人履行债务后，定金应当抵作价款或者收回。给付定金的一方不履行债务的，无权要求返还定金；接受定金的一方不履行债务的，应当双倍返还定金。

（四）按照合同约定一方占有对方的财产，对方不按照合同给付应付款项超过约定期限的，占有人有权留置该财产，依照法律的规定以留置财产折价或者以变卖该财产的价款优先得到偿还。

❸《商品房销售管理办法》（2001年4月4日 建设部发布）

第三条 商品房销售包括商品房现售和商品房预售。

本办法所称商品房现售，是指房地产开发企业将竣工验收合格的商品房出售给买受人，并由买受人支付房价款的行为。

本办法所称商品房预售，是指房地产开发企业将正在建设中的商品房预先出售给买受人，并由买受人支付定金或者房价款的行为。

第二十二条 不符合商品房销售条件的，房地产开发企业不得销售商品房，不得向买受人收取任何预订款性质费用。

符合商品房销售条件的，房地产开发企业在订立商品房买卖合同之前向买受人收取预订款性质费用的，订立商品房买卖合同时，所收费用应当抵作房价款；当事人未能订立商品房买卖合同的，房地产开发企业应当向买受人返还所收费用；当事人之间另有约定的，从其约定。

❹《最高人民法院关于适用〈中华人民共和国担保法〉若干问题的解释》（2000年12月13日发布）

第一百一十五条 当事人约定以交付定金作为订立主合同担保的，给付定金的一方拒绝订立主合同的，无权要求返还定金；收受定金的一方拒绝订立合同的，应当双倍返还定金。

案例链接

❶《刘艳丽诉谢留根等买卖合同纠纷案》，参见北大法宝引证码：Pkulaw.cn/CLI.C.291309。

❷《杨俊义诉获嘉县欧德雅机械设备厂等买卖合同纠纷案》，参见北大法宝引证码：Pkulaw.cn/CLI.C.280685。

❸《江苏玉龙钢管股份有限公司与金属国际有限公司国际货物买卖合同纠纷上诉案》，参见北大法宝引证码：Pkulaw.cn/CLI.C.285194。

❹《蒋友亮诉江苏省苏州市镇湖兴旺工艺品经营部等承揽合同纠纷案》，参见北大法宝引证码：Pkulaw.cn/CLI.C.276194。

【定金与押金】

法律问题解读

押金作为一种物的担保方式，是质押的一种特殊形式，实质为了担保债务的履行，债务人或者第三人将一定数额的金钱或者等价物移交债权人占有，在债务人不履行合同的债务的时候，债权人从押金中优先受偿。押金担保，在本质上属于质押的范畴。但是押金和定金一样，均为金钱

担保方式。当给付方当事人履行主合同的义务后,两者都发生返还的效力。但是,二者也存在以下不同之处:

1. 性质不同。定金担保产生的是定金合同双方当事人之间的债权,不具有物权效力;押金则具有担保物权的效力。定金是法定的担保方式,押金只是民间交易形式。

2. 设定人的范围不同。定金担保的设定人限于被担保的主合同之当事人,定金不得由合同债务人以外的第三人设定,定金担保是合同债务人的自己担保。押金的设定人可以为合同债务人,也可以为债务人以外第三人。

3. 数额受限制程度不同。定金的数额由合同当事人约定,但是其约定的数额不得超过主合同标的额的20%;押金的数额由当事人约定,但并没有数额上的限制,当事人约定的押金,可以高于或者低于主合同的标的额。

4. 法律后果不同。定金罚则适用于主合同双方当事人,在当事人违约时定金制裁违约的效果较强。押金仅具有担保合同义务人履行合同的效果,并且违约制裁的效果以押金为限,给付押金的人不履行合同义务的,无权收回押金,但是接受押金的人不履行合同义务的,不承担双倍返还押金的义务,只需要返还押金以及利息。

法条指引

❶《中华人民共和国担保法》(1995年6月30日 主席令公布)

第八十九条 当事人可以约定一方向对方给付定金作为债权的担保。债务人履行债务后,定金应当抵作价款或者收回。给付定金的一方不履行约定的债务的,无权要求返还定金;收受定金的一方不履行约定的债务的,应当双倍返还定金。

❷《中华人民共和国民法通则》(1986年4月12日 主席令公布)

第八十九条 依照法律的规定或者按照当事人的约定,可以采用下列方式担保债务的履行:

(一)保证人向债权人保证债务人履行债务,债务人不履行债务的,按照约定由保证人履行或者承担连带责任;保证人履行债务后,有权向债务人追偿。

(二)债务人或者第三人可以提供一定的财产作为抵押物。债务人不履行债务的,债权人有权依照法律的规定以抵押物折价或者以变卖抵押物的价款优先得到偿还。

(三)当事人一方在法律规定的范围内可以向对方给付定金。债务人履行债务后,定金应当抵作价款或者收回。给付定金的一方不履行债务的,无权要求返还定金;接受定金的一方不履行债务的,应当双倍返还定金。

(四)按照合同约定一方占有对方的财产,对方不按合同给付应付款项超过约定期限的,占有人有权留置该财产,依照法律的规定以留置财产折价或者以变卖该财产的价款优先得到偿还。

❸《最高人民法院关于适用〈中华人民共和国担保法〉若干问题的解释》(2000年12月13日发布)

第一百一十八条 当事人交付留置金、担保金、保证金、订约金、押金或者订金等,但没有约定定金性质的,当事人主张定金权利的,人民法院不予支持。

案例链接

❶《苏喜平与李云山等合同纠纷上诉案》,参见北大法宝引证码:Pkulaw. cn/CLI. C. 284146。

❷《武汉铁路局等诉平顶山市北方煤炭实业公司等购销合同纠纷案》,参见北大法宝引证码:Pkulaw. cn/CLI. C. 283497。

❸《李九州诉裴三合租赁合同纠纷案》,参见北大法宝引证码:Pkulaw. cn/CLI. C. 285506。

❹《王某等与赵某某等房屋租赁合同纠纷上诉案》,参见北大法宝引证码:Pkulaw. cn/CLI. C. 275459。

【定金与违约金】

法律问题解读

违约金是指按照法律规定或者合同约定,当事人一方在不履行合同或者履行合同不符合约定条件时给付给对方一定数额的金钱。定金和违约金都是当事人一方向另一方支付的一定数额的金钱,而且都具有担保合同履行的作用,并对违约人均有极强的惩罚性。但是二者在本质上还是不同的,主要区别表现在如下几个方面:

1. 交付时间不同。定金应当在合同成立时或者合同义务着手履行前交付,而对于违约金,法律规定当事人不能先行给付,只能在一方违约后交付。

2. 二者的设立不同。定金一般只能由当事人双方协商设立,而违约金可以由当事人约定,也可以由法律规定设立。

3. 具体数额的确定不同。定金的数额不能超过法律规定的限度，否则超过部分无效。而违约金数额因具体违约情况的不同而有所不同，一般是按照违约可能造成的实际损失额来确定。

尽管定金和违约金的性质和功能存在诸多不同，但是不能简单地认为二者可以并用，应当按照定金的性质和分类，并考虑违约金的性质和违约损害赔偿的完全赔偿原则。当事人在合同中既约定违约金，又约定定金的，一方违约时，对方应当选择适用违约金或定金罚则，二者不可并用。在当事人选择了适用定金罚则或者违约金其中之一仍不足以补偿一方因对方不履行合同的损失的情况下，可以适当增加赔偿数额。

法条指引

❶《中华人民共和国担保法》（1995年6月30日　主席令公布）

第八十九条　当事人可以约定一方向对方给付定金作为债权的担保。债务人履行债务后，定金应当抵作价款或者收回。给付定金的一方不履行约定的债务的，无权要求返还定金；收受定金的一方不履行约定的债务的，应当双倍返还定金。

❷《中华人民共和国民法通则》（1986年4月12日　主席令公布）

第八十九条　依照法律的规定或者按照当事人的约定，可以采用下列方式担保债务的履行：

（一）保证人向债权人保证债务人履行债务，债务人不履行债务的，按照约定由保证人履行或者承担连带责任；保证人履行债务后，有权向债务人追偿。

（二）债务人或者第三人可以提供一定的财产作为抵押物。债务人不履行债务的，债权人有权依照法律的规定以抵押物折价或者变卖抵押物的价款优先得到偿还。

（三）当事人一方在法律规定的范围内可以向对方给付定金。债务人履行债务后，定金应当抵作价款或者收回。给付定金的一方不履行债务的，无权要求返还定金；接受定金的一方不履行债务的，应当双倍返还定金。

（四）按照合同约定一方占有对方的财产，对方不按照合同给付应付款项超过约定期限的，占有人有权留置该财产，依照法律的规定以留置财产折价或者变卖该财产的价款优先得到偿还。

❸《中华人民共和国合同法》（1999年3月15日　主席令公布）

第一百一十六条　当事人既约定违约金，又约定定金的，一方违约时，对方可以选择适用违约金或者定金条款。

❹《最高人民法院关于适用〈中华人民共和国担保法〉若干问题的解释》（2000年12月13日发布）

第一百一十七条　定金交付后，交付定金的一方可以按照合同的约定以丧失定金为代价而解除主合同，收受定金的一方可以双倍返还定金为代价而解除主合同。对解除主合同后责任的处理，适用《中华人民共和国合同法》的规定。

第一百一十八条　当事人交付留置金、担保金、保证金、订约金、押金或者订金等，但没有约定定金性质的，当事人主张定金权利的，人民法院不予支持。

案例链接

❶《郑东然诉威海大义食品有限公司特许经营合同纠纷案》，参见北大法宝引证码：Pkulaw.cn/CLI.C.291030。

❷《上海裕盛国际物流有限公司与河南悦丰汽车贸易有限公司买卖合同纠纷再审案》，参见北大法宝引证码：Pkulaw.cn/CLI.C.287162。

❸《杭州博强投资管理有限公司与寿县国土资源局国有土地使用权出让合同纠纷上诉案》，参见北大法宝引证码：Pkulaw.cn/CLI.C.291098。

❹《陈红三与张晓龙等装饰合同纠纷上诉案》，参见北大法宝引证码：Pkulaw.cn/CLI.C.286907。

学者观点

❶ 蔡永民、高志宏：《试论违约责任中定金、违约金、赔偿损失的竞合与适用》，参见北大法宝引证码：Pkulaw.cn/CLI.A.184360。

【定金与违约损害赔偿的关系】

法律问题解读

定金与违约损害赔偿既有区别又有联系。

1. 定金的适用不以实际发生损害为前提，只要发生一方当事人违约的事实，无论违约行为是否给对方当事人造成了实际损失，都将导致定金的适用。定金罚则具有强烈的惩罚性，只针对不履行或者不适当履行合同的情况，而无论这些违约是否产生了实际损害或产生了多大损害。而违约损害赔偿则必须以存在实际损害为前提。

2. 定金不是法定的赔偿总额。如果认为其为法定赔偿总额，在定金数额低于实际损害额的情况下，非违约方则不能在要求对方承担定金罚则后，再赔偿其超出部分的损失，这违反了公平原则。

3. 在定金罚则和损害赔偿责任并存时，应当首先考虑适用定金罚则，不应当以定金罚则和损害赔偿责任的并用将导致超过合同标的价金为由，减少定金的数额。同时，损害赔偿应当贯彻完全赔偿的原则，当事人应当取得之赔偿以其实际发生的损失为限，违约方的损害赔偿额应当依照违约的实际损失予以核定。在定金数额不低于实际损害数额时，不得再适用损害赔偿；如果定金数额低于实际损害数额的，则应当适用损害赔偿数额。但是由于定金罚则的适用，使得二者相加后，可能出现"显失公平"的情形，即定金担保利益和损害赔偿金之和超过非违约方实际受到的损失数额，依照民法的公平与诚实信用原则，人民法院可以适度调整违约损害赔偿额。

法条指引

❶《中华人民共和国担保法》（1995 年 6 月 30 日　主席令公布）

第八十九条　当事人可以约定一方向对方给付定金作为债权的担保。债务人履行债务后，定金应当抵作价款或者收回。给付定金的一方不履行约定的债务的，无权要求返还定金；收受定金的一方不履行约定的债务的，应当双倍返还定金。

❷《中华人民共和国民法通则》（1986 年 4 月 12 日　主席令公布）

第八十九条　依照法律的规定或者按照当事人的约定，可以采用下列方式担保债务的履行：

（一）保证人向债权人保证债务人履行债务，债务人不履行债务的，按照约定由保证人履行或者承担连带责任；保证人履行债务后，有权向债务人追偿。

（二）债务人或者第三人可以提供一定的财产作为抵押物。债务人不履行债务的，债权人有权依照法律的规定以抵押物折价或者以变卖抵押物的价款优先得到偿还。

（三）当事人一方在法律规定的范围内可以向对方给付定金。债务人履行债务后，定金应当抵作价款或者收回。给付定金的一方不履行债务的，无权要求返还定金；接受定金的一方不履行债务的，应当双倍返还定金。

（四）按照合同约定一方占有对方的财产，对方不按照合同给付应付款项超过约定期限的，占有人有权留置该财产，依照法律的规定以留置财产折价或者以变卖该财产的价款优先得到偿还。

❸《中华人民共和国合同法》（1999 年 3 月 15 日　主席令公布）

第九十七条　合同解除后，尚未履行的，终止履行；已经履行的，根据履行情况和合同性质，当事人可以要求恢复原状、采取其他补救措施，并有权要求赔偿损失。

第一百零七条　当事人一方不履行合同义务或者履行合同义务不符合约定的，应当承担继续履行、采取补救措施或者赔偿损失等违约责任。

第一百一十四条　当事人可以约定一方违约时应根据违约情况向对方支付一定数额的违约金，也可以约定因违约产生的损失赔偿额的计算方法。

约定的违约金低于造成的损失的，当事人可以请求人民法院或者仲裁机构予以增加；约定的违约金过分高于造成的损失的，当事人可以请求人民法院或者仲裁机构予以适当减少。

当事人就迟延履行约定违约金的，违约方支付违约金后，还应当履行债务。

❹《最高人民法院关于适用〈中华人民共和国担保法〉若干问题的解释》（2000 年 12 月 13 日发布）

第一百一十五条　当事人约定以交付定金作为订立主合同担保的，给付定金的一方拒绝订立主合同的，无权要求返还定金；收受定金的一方拒绝订立合同的，应当双倍返还定金。

第一百一十七条　定金交付后，交付定金的一方可以按照合同的约定以丧失定金为代价而解除主合同，收受定金的一方可以双倍返还定金为代价而解除主合同。对解除主合同后责任的处理，适用《中华人民共和国合同法》的规定。

案例链接

❶《上海蓝冶实业有限公司诉浙江舜达伟业物资有限公司买卖合同纠纷案》，参见北大法宝引证码：Pkulaw.cn/CLI.C.238725。

❷《天津天狮集团有限公司与中华英才半月刊社合同纠纷上诉案》，参见北大法宝引证码：Pkulaw.cn/CLI.C.184408。

❸《周开银与新疆石油管理局驻成都办事处等商品房预售合同纠纷上诉案》，参见北大法宝引证码：Pkulaw.cn/CLI.C.131373。

学者观点

❶ 彭振羽、贺利平、王力欣：《论担保方式并存、竞合的效力冲突及其效力规则》，参见北大法宝引证码：Pkulaw.cn/CLI.A.171249。

❷ 夏凤英：《试论违约责任方式的竞合适用》，参见北大法宝引证码：Pkulaw.cn/CLI.A.177308。

【定金合同】

法律问题解读

定金合同是指被担保的合同当事人为设定定金担保而达成的意思表示一致的协议。定金担保合同的当事人为被担保的主合同的当事人，定金给付人仅以负有合同义务的一方（债务人）为限，定金接受人是以定金担保其债权受偿的主合同的相对人。

定金担保为约定担保，因为当事人的合意而发生。依照我国民法的规定，定金担保由合同当事人约定提供，当事人可以约定一方向对方给付定金作为债权的担保。当事人约定定金担保的，应当约定定金的性质、交付定金的期限和定金的数额。鉴于定金的约定特性，当事人设定定金应当订立定金担保合同。

担保合同是主合同的从合同，定金合同也不例外。也就是说，无论采用定金条款形式或者单独合同形式，定金都不是被担保合同的一部分，而是一个依附于被担保合同的相对独立的从合同，目的是以一定的财产或者惩罚手段保证被担保合同的履行。根据从随主原则，定金合同以被担保的主合同有效存在为前提，没有了主合同，从合同也就失去了其存在的依附体和目的，因此，主合同无效，定金合同也无效；主合同被撤销的，定金也不成立。但是，定金合同当事人另有约定的，定金合同的效力依其约定可以独立于主合同而存在。

法条指引

❶《中华人民共和国担保法》（1995年6月30日 主席令公布）

第五条 担保合同是主合同的从合同，主合同无效，担保合同无效。担保合同另有约定的，按照约定。

担保合同被确认无效后，债务人、担保人、债权人有过错的，应当根据其过错各自承担相应的民事责任。

第九十条 定金应当以书面形式约定。当事人在定金合同中应当约定交付定金的期限。定金合同从实际交付定金之日起生效。

案例链接

❶《罗绍军诉李毅等定金合同纠纷案》，参见北大法宝引证码：Pkulaw.cn/CLI.C.280544。

❷《鲍培君与河南九天置业有限公司定金合同纠纷上诉案》，参见北大法宝引证码：Pkulaw.cn/CLI.C.249888。

❸《薛仁丁与禹州市金桥信息部定金合同纠纷上诉案》，参见北大法宝引证码：Pkulaw.cn/CLI.C.252978。

❹《新疆现代装饰工程有限公司与米杰等定金合同纠纷上诉案》，参见北大法宝引证码：Pkulaw.cn/CLI.C.252578。

【定金合同成立的条件】

法律问题解读

定金担保合同首先应当具备合同成立的一般要件，而其又作为一种担保合同，法律还规定其成立必须具备特殊的要件。定金合同成立条件如下：

1. 当事人就定金担保的内容达成合意。合意即当事人之间就合同的主要条款达成意思一致，是合同成立的必经程序，任何合同都要经过要约和承诺的过程。但是由于定金担保合同是从合同，主合同当事人与定金合同的当事人完全相同，因此准确地确定当事人的意思表示是主合同的内容还是定金合同的内容，十分重要。否则，仅双方当事人达成合意，由一方当事人向对方预先交付一定的金钱，很难确定其性质是预付款还是定金。在定金合同采取主合同的部分条款的形式出现的时候，这个问题尤其重要。此时，虽然定金合同在表面上看是主合同的一个部分，但是实质上定金合同的内容是独立于主合同内容的，两者之间不能相互代替。

当事人在订立定金合同的时候，应当明确"定金"的字样，用语要规范，否则不能发生定金的法律效力。当事人交付留置金、担保金、保证金、订约金、押金或者订金等，但没有约定定金性质的，当事人主张定金权利的，人民法院不予支持。

2. 采取书面的形式。定金担保合同是要式合同，法律要求订立定金合同应当采取书面形式。定金合同的目的在于设定定金担保，定金担保的设定应当符合法律规定的形式，即用书面形式订立定金合同。

3. 定金担保合同应当记载清楚依法律规定应当记载的内容。如定金的性质、数额、交付期限等等。

法条指引

❶《中华人民共和国担保法》（1995年6月30日 主席令公布）

第九十条 定金应当以书面形式约定。当事人在定金合同中应当约定交付定金的期限。定金合同从实际交付定金之日起生效。

第九十三条 本法所称保证合同、抵押合同、质押合同、定金合同可以是单独订立的书面合同，包括当事人之间的具有担保性质的信函、传真等，也可以是主合同中的担保条款。

❷《中华人民共和国合同法》（1999年3月15日 主席令公布）

第十一条 书面形式是指合同书、信件和数据电文（包括电报、电传、传真、电子数据交换和电子邮件）等可以有形地表现所载内容的形式。

第十三条 当事人订立合同，采取要约、承诺方式。

❸《最高人民法院关于适用〈中华人民共和国担保法〉若干问题的解释》（2000年12月13日发布）

第一百一十八条 当事人交付留置金、担保金、保证金、订约金、押金或者订金等，但没有约定定金性质的，当事人主张定金权利的，人民法院不予支持。

【定金合同的形式】

法律问题解读

定金合同为要式合同，应当采取书面形式。书面形式是指以文字表现当事人所订立的合同的形式，书面形式包括合同书、信件和数据电文（包括电报、电传、传真、电子数据交换和电子邮件）等等可以有形地表现所载内容的形式。书面形式的最大优点是在因合同的内容发生纠纷的时候，容易取得证据，便于分清责任。因此，对于比较重要、比较复杂的合同，最好是采用书面合同的形式；而且法律明确规定应该采用书面形式的，应当符合法律规定，定金担保合同就属于这种情况。

定金合同的书面形式，不以独立于被担保的债权合同而另行订立的定金合同为限，在被担保的债权合同中约定定金条款的，也具有效力。定金合同可以是单独订立的书面合同，包括当事人之间发送的具有设定定金担保的信函、传真等等，也可以是主合同中的定金担保条款。对定金合同书面形式的规定也并非完全绝对。如果当事人双方未采用书面形式，一方履行了定金合同的主要义务，另一方接受的，即一方当事人交付了定金，而且对方接受定金的，应当认为定金担保合同成立。

法条指引

❶《中华人民共和国担保法》（1995年6月30日 主席令公布）

第九十条 定金应当以书面形式约定。当事人在定金合同中应当约定交付定金的期限。定金合同从实际交付定金之日起生效。

第九十三条 本法所称保证合同、抵押合同、质押合同、定金合同可以是单独订立的书面合同，包括当事人之间的具有担保性质的信函、传真等，也可以是主合同中的担保条款。

❷《中华人民共和国合同法》（1999年3月15日 主席令公布）

第十一条 书面形式是指合同书、信件和数据电文（包括电报、电传、传真、电子数据交换和电子邮件）等可以有形地表现所载内容的形式。

第三十二条 当事人采用合同书形式订立合同的，自双方当事人签字或者盖章时合同成立。

第三十三条 当事人采用信件、数据电文等形式订立合同的，可以在合同成立之前要求签订确认书。签订确认书时合同成立。

第三十六条 法律、行政法规规定或者当事人约定采用书面形式订立合同，当事人未采用书面形式但一方已经履行主要义务，对方接受的，该合同成立。

第三十七条 采用合同书形式订立合同，在签字或者盖章之前，当事人一方已经履行主要义务，对方接受的，该合同成立。

【定金合同的内容】

法律问题解读

一般说来，定金合同应当包括以下内容：

1. 定金的性质。当事人在订立定金合同时，应当在合同中明确定金的性质。当事人在定金合同中未明确定金性质的情况下，应当予以推定。如果定金于合同订立前交付，应当推定为立约定金；如果定金于主合同订立时或者订立后、履行前交付，则推定为违约定金，并且有证约定金的性质。

2. 定金担保的债权的范围。定金合同应当明确定金担保的债权的种类和范围。

3. 定金的数额。当事人应当在定金合同中约定定金的数额，该数额不得超过主合同标的额的20%。超过的部分，不适用定金罚则，该部分定金应当原额返还给对方。

4. 定金交付的期限。当事人在定金合同中应当明确约定定金交付的期限。立约定金应当于主合同订立前交付；成约定金、解约定金、证约定金和违约定金应当于合同订立时或者订立后、履行前交付。

5. 定金罚则的适用条件。违约定金的定金罚则适用于当事人不履行合同、部分履行合同以及其他不适当履行合同构成根本违约的情形。具体适用于何种情形，当事人可以在合同中约定。

6. 给付定金的当事人及给付方式。定金合同应当约定定金合同由何方给付，以何种方式交付。

7. 合同履行后定金的处理。当事人可以约定定金于合同履行后收回，也可以在给付定金方的主给付类型与定金相同时，约定将定金抵作其主给付的一部分。

法条指引

❶《中华人民共和国担保法》（1995年6月30日　主席令公布）

第八十九条　当事人可以约定一方向对方给付定金作为债权的担保。债务人履行债务后，定金应当抵作价款或者收回。给付定金的一方不履行约定的债务的，无权要求返还定金；收受定金的一方不履行约定的债务的，应当双倍返还定金。

第九十条　定金应当以书面形式约定。当事人在定金合同中应当约定交付定金的期限。定金合同从实际交付定金之日起生效。

第九十一条　定金的数额由当事人约定，但不得超过主合同标的额的20%。

❷《最高人民法院关于适用〈中华人民共和国担保法〉若干问题的解释》（2000年12月13日发布）

第一百一十八条　当事人交付留置金、担保金、保证金、订约金、押金或者订金等，但没有约定定金性质的，当事人主张定金权利的，人民法院不予支持。

第一百二十条　因当事人一方迟延履行或者其他违约行为，致使合同目的不能实现，可以适用定金罚则。但法律另有规定或者当事人另有约定的除外。

当事人一方不完全履行合同的，应当按照未履行部分所占合同约定内容的比例，适用定金罚则。

第一百二十一条　当事人约定的定金数额超过主合同标的额20%的，超过的部分，人民法院不予支持。

学者观点

❶ 吴春燕：《合同救济方法之选择与适用》，参见北大法宝引证码：Pkulaw.cn/CLI.A.182652。

【定金合同生效条件】

法律问题解读

定金合同的生效应当具备以下条件：

1. 定金合同成立。定金合同成立是定金合同生效的前提，也是其必备要件之一。定金合同自定金交付时生效。

2. 当事人具有相应的民事行为能力。任何合同的生效都要以当事人具有相应的民事行为要件。定金合同的生效需要当事人具有完全的民事行为能力，能够完全辨认自己的行为并预见其行为后果，具有完全的意思表示能力进行意思表示。

3. 意思表示真实。定金合同的内容应当是当事人的真实的意思表示。

4. 定金合同的内容和形式不得违反法律和社会公共利益。对合法的意思表示法律赋予其法律上的拘束力，不合法的合同不能受到法律保护，也不能产生当事人预期的法律效力。定金合同的内容和形式不得违反法律的强制性规定，也不得违反公序良俗。

5. 实际交付定金。定金合同属于实践性合同，自定金给付人交付定金之日起生效。定金合同成立后,当事人应当依照定金合同的约定履行定金给付义务。

6. 主合同有效。定金担保合同是当事人为担保主合同的履行的从合同,定金担保合同的效力依存于主合同的效力,主合同无效时,定金合同无效。但是定金合同另有规定的,定金合同的效力依其约定可以独立于主合同而存在。

如果定金合同附条件或者附期限的,所附的条件成就或者期限届至时定金合同才生效。定金担保合同的当事人可以在定金合同中约定特殊的条款,为定金担保合同的生效附条件或者附期限。

法条指引

❶《中华人民共和国担保法》(1995年6月30日 主席令公布)

第五条 担保合同是主合同的从合同,主合同无效,担保合同无效。担保合同另有约定的,按照约定。

担保合同被确认无效后,债务人、担保人、债权人有过错的,应当根据其过错各自承担相应的民事责任。

第九十条 定金应当以书面形式约定。当事人在定金合同中应当约定交付定金的期限。定金合同从实际交付定金之日起生效。

❷《中华人民共和国民法通则》(1986年4月12日 主席令公布)

第十一条 十八周岁以上的公民是成年人,具有完全民事行为能力,可以独立进行民事活动,是完全民事行为能力人。

十六周岁以上不满十八周岁的公民,以自己的劳动收入为主要生活来源的,视为完全民事行为能力人。

❸《中华人民共和国合同法》(1999年3月15日 主席令公布)

第七条 当事人订立、履行合同,应当遵守法律、行政法规,尊重社会公德,不得扰乱社会经济秩序,损害社会公共利益。

第四十二条 当事人在订立合同过程中有下列情形之一,给对方造成损失的,应当承担损害赔偿责任:

(一)假借订立合同,恶意进行磋商;

(二)故意隐瞒与订立合同有关的重要事实或者提供虚假情况;

(三)有其他违背诚实信用原则的行为。

第四十五条 当事人对合同的效力可以约定附条件。附生效条件的合同,自条件成就时生效。附解除条件的合同,自条件成就时失效。

当事人为自己的利益不正当地阻止条件成就的,视为条件已成就;不正当地促成条件成就的,视为条件不成就。

第四十六条 当事人对合同的效力可以约定附期限。附生效期限的合同,自期限届至时生效。附终止期限的合同,自期限届满时失效。

案例链接

❶《唐均贵与乌鲁木齐市米东区长新煤矿经营合同纠纷上诉案》,参见北大法宝引证码:Pkulaw.cn/CLI.C.288424。

❷《中国华融资产管理公司北京办事处与北京亚奥拍卖有限公司委托合同纠纷上诉案》,参见北大法宝引证码:Pkulaw.cn/CLI.C.221417。

❸《北京北方华德尼奥普兰客车股份有限公司诉李孝如等买卖合同纠纷案》,参见北大法宝引证码:Pkulaw.cn/CLI.C.218018。

❹《北京恒基华通机械设备有限公司诉上海连成泵业制造有限公司北京分公司买卖合同纠纷案》,参见北大法宝引证码:Pkulaw.cn/CLI.C.204693。

【定金合同的当事人】

法律问题解读

定金合同以当事人应当是具有完全民事行为能力的人或具有订立定金合同权限的法人和其他组织。在我国,年满18周岁的人为完全民事行为能力人;16周岁以上不满18周岁的公民,以自己的劳动收入为主要生活来源的,并能维持当地群众一般生活水平的,可以视为完全民事行为能力人。

实践中,把握定金合同的当事人还应该注意以下两个方面:

在代理人代理合同当事人订立定金合同的情况下,代理人应当具有相应的代理权。(1)无权代理行为效力不定。行为人没有代理权、超越代理权或者代理权以被代理人名义订立的合同无效,对被代理人不发生效力,由行为人承担责任。但是相对人可以催告被代理人在一个月内予以追认,经被代理人追认后,行为人的代理行为发生代理的法律效力,订立的定金合同有效。(2)表见代理有效。在订立定金合同时，表见代理的成立，需要具备以下条件：首先，无权代理人未获本人的授权；其次，相对人善意，无过失，不知也不应知代理人代理行为为无权代理行为。(3) 无权代理人与相对人订立的定金合同，本身不具有无效或者被撤销的内容。(4) 相对人有理由相信无权代理人有代理权。在表见代理的情况下，代理人与相对人订立的定金合同具有法律效力，对被代理人和相对人发生担保主合同债权的效力。在定金担保合同的一方当事人是法人或者其他组织的情况下，如果法人或其他组织的法定代表人或负责人在超越权限订立定金合同的情况下，除相对人知道或者应当知道其超越权限的以外，行为有效，定金合同有效。

法条指引

❶《中华人民共和国民法通则》(2000 年 8 月 27 日 修正公布)

第十一条 十八周岁以上的公民是成年人，具有完全民事行为能力，可以独立进行民事活动，是完全民事行为能力人。

十六周岁以上不满十八周岁的公民，以自己的劳动收入为主要生活来源的，视为完全民事行为能力人。

❷《中华人民共和国合同法》(1999 年 3 月 15 日 主席令公布)

第四十七条 限制民事行为能力人订立的合同，经法定代理人追认后，该合同有效，但纯获利益的合同或者与其年龄、智力、精神健康状况相适应而订立的合同，不必经法定代理人追认。

相对人可以催告法定代理人在一个月内予以追认。法定代理人未作表示的，视为拒绝追认。合同被追认之前，善意相对人有撤销的权利。撤销应当以通知的方式作出。

第四十八条 行为人没有代理权、超越代理权或者代理权终止后以被代理人名义订立的合同，未经被代理人追认，对被代理人不发生效力，由行为人承担责任。

相对人可以催告被代理人在一个月内予以追认。被代理人未作表示的，视为拒绝追认。合同被追认之前，善意相对人有撤销的权利。撤销应当以通知的方式作出。

第四十九条 行为人没有代理权、超越代理权或者代理权终止后以被代理人名义订立合同，相对人有理由相信行为人有代理权的，该代理行为有效。

第五十条 法人或者其他组织的法定代表人、负责人超越权限订立的合同，除相对人知道或者应当知道其超越权限的以外，该代表行为有效。

❸《最高人民法院关于贯彻执行〈中华人民共和国民法通则〉若干问题的意见（试行）》(1988 年 1 月 26 日发布)

2. 十六周岁以上不满十八周岁的公民，能够以自己的劳动取得收入，并能维持当地群众一般生活水平的，可以认定为以自己的劳动收入为主要生活来源的完全民事行为能力人。

3. 十周岁以上的未成年人进行的民事活动是否与其年龄、智力状况相适应，可以从行为与本人生活相关联的程度、本人的智力能否理解其行为，并预见相应的行为后果，以及行为标的数额等方面认定。

4. 不能完全辨认自己行为的精神病人进行的民事活动，是否与其精神健康状态相适应，可以从行为与本人生活相关联的程度、本人的精神状态能否理解其行为，并预见相应的行为后果，以及行为标的数额等方面认定。

5. 精神病人（包括痴呆症人）如果没有判断能力和自我保护能力，不知其行为后果的，可以认定为不能辨认自己行为的人；对于比较复杂的事物或者比较重大的行为缺乏判断能力和自我保护能力，并且不能预见其行为后果的，可以认定为不能完全辨认自己行为的人。

案例链接

❶《刘雪莲与玛雅房地产经纪有限公司买卖合同纠纷上诉案》，参见北大法宝引证码：Pkulaw.cn/CLI.C.141390。

【可撤销的定金合同】

法律问题解读

根据我国法律的规定，下列定金合同，当事人一方有权请求人民法院或者仲裁机构变更或者撤销：

1. 因重大误解订立的定金合同。所谓重大误解，是指一方当事人因过错而对合同内容等产生了错误的认识，并基于这种错误认识而订立合同。

2. 在订立定金合同时显失公平的。所谓显失公平，是指一方在订立合同时因情况紧迫或者缺乏经验而订立对自己明显不利的合同，一方当事人利用优势或者对方无经验,致使双方的权利义务明显违反公平、等价有偿原则的,可以认定为显失公平。

3. 一方以欺诈、胁迫的手段,使对方在违背真实意思的情况下订立的定金合同。所谓欺诈,是指一方当事人故意实施某种欺诈他人的行为,并使他人陷入认识错误而订立合同。所谓胁迫,是指以将来发生的损害或者直接施加损害相威胁,使对方发生恐惧而与之订立合同。但是需要注意的是,如果一方当事人采取欺诈或胁迫手段迫使对方与之订立了定金合同,而该合同损害了国家利益的,合同无效。

4. 一方乘人之危,使对方在违背真实意思的情况下订立的定金合同。所谓乘人之危,是指行为人利用对方的为难处境或者紧迫的需要,强迫对方接受某种明显不公平的条件而违背自己的真实意思与之订立合同。

定金合同被撤销后自始无效,接受定金方应当将定金返还给定金给付人。一方当事人对合同被撤销有过错的,应当赔偿对方当事人因此所受到的损失;如果双方当事人对合同被撤销都有过错,应当按自己的过错程度承担相应的责任。

法条指引

❶《中华人民共和国合同法》(1999年3月15日 主席令公布)

第五十二条 有下列情形之一的,合同无效:
(一) 一方以欺诈、胁迫的手段订立合同,损害国家利益;
(二) 恶意串通,损害国家、集体或者第三人利益;
(三) 以合法形式掩盖非法目的;
(四) 损害社会公共利益;
(五) 违反法律、行政法规的强制性规定。

第五十四条 下列合同,当事人一方有权请求人民法院或者仲裁机构变更或者撤销:
(一) 因重大误解订立的;
(二) 在订立合同时显失公平的。
一方以欺诈、胁迫的手段或者乘人之危,使对方在违背真实意思的情况下订立的合同,受损害方有权请求人民法院或者仲裁机构变更或者撤销。
当事人请求变更的,人民法院或者仲裁机构不得撤销。

第五十八条 合同无效或者被撤销后,因该合同取得的财产,应当予以返还;不能返还或者没有必要返还的,应当折价补偿。有过错的一方应当赔偿对方因此所受到的损失,双方都有过错的,应当各自承担相应的责任。

❷《最高人民法院关于贯彻执行〈中华人民共和国民法通则〉若干问题的意见(试行)》(1988年1月26日发布)

68. 一方当事人故意告知对方虚假情况,或者故意隐瞒真实情况,诱使对方当事人作出错误意思表示的,可以认定为欺诈行为。

69. 以给公民及其亲友的生命健康、荣誉、名誉、财产等造成损害或者以给法人的荣誉、名誉、财产等造成损害为要挟,迫使对方作出违背真实的意思表示的,可以认定为胁迫行为。

70. 一方当事人乘对方处于危难之机,为牟取不正当利益,迫使对方作出不真实的意思表示,严重损害对方利益的,可以认定为乘人之危。

71. 行为人因对行为的性质、对方当事人、标的物的品种、质量、规格和数量等的错误认识,使行为的后果与自己的意思相悖,并造成较大损失的,可以认定为重大误解。

72. 一方当事人利用优势或者利用对方没有经验,致使双方的权利与义务明显违反公平、等价有偿原则的,可以认定为显失公平。

❸《最高人民法院关于适用〈中华人民共和国合同法〉若干问题的解释(一)》(1999年12月19日发布)

第二十五条 债权人依照《合同法》第七十四条的规定提起撤销权诉讼,请求人民法院撤销债务人放弃债权或转让财产的行为,人民法院应当就债权人主张的部分进行审理,依法撤销的,该行为自始无效。

两个或者两个以上债权人以同一债务人为被告,就同一标的提起撤销权诉讼的,人民法院可以合并审理。

案例链接

❶《薛仁丁与禹州市金桥信息部定金合同纠纷上诉案》,参见北大法宝引证码:Pkulaw.cn/CLI.C.252978。

【无效定金合同】

法律问题解读

根据我国法律的规定,具有下列情形之一的,定金合同无效：

1. 无民事行为能力人订立的定金合同，及限制民事行为能力人未经其法定代理人许可或追认而订立的定金合同。

2. 一方以欺诈、胁迫的手段订立合同，损害国家利益的。如果一方以欺诈、胁迫的手段订立合同，尚未损害国家利益的，属于可撤销的定金合同；如果损害国家利益的，则属于无效定金合同。

3. 当事人恶意串通，损害国家、集体、第三人利益的。

4. 定金合同以合法形式掩盖非法目的。

5. 定金合同损害社会公共利益。

6. 定金合同违反法律、行政法规的强制性规定。

7. 主合同无效。定金合同为主合同的从合同，主合同无效，定金合同自然无效。但是如果当事人在合同中另有约定的，从其约定。

而且，还应当注意的是，定金合同中以造成对方人身伤害或者因故意或重大过失造成对方财产重大损失为免责事由的免责条款无效。

定金合同无效后，接受定金方应当将定金返还给定金给付人。一方当事人有过错的，应当赔偿对方当事人因此所受到的损失；如果双方当事人都有过错，应当按自己的过错程度承担相应的责任。当事人恶意串通、损害国家、集体、第三人利益的，因此取得的财产收归国家所有或者返还集体、第三人。此外，定金合同无效的，不影响合同中独立存在的争议解决条款的效力。

法条指引

❶《中华人民共和国担保法》（1995年6月30日 主席令公布）

第五条 担保合同是主合同的从合同，主合同无效，担保合同无效。担保合同另有约定的，按照约定。

担保合同被确认无效后，债务人、担保人、债权人有过错的，应当根据其过错各自承担相应的民事责任。

❷《中华人民共和国合同法》（1999年3月15日 主席令公布）

第四十七条 限制民事行为能力人订立的合同，经法定代理人追认后，该合同有效，但纯获利益的合同或者与其年龄、智力、精神健康状况相适应而订立的合同，不必经法定代理人追认。

相对人可以催告法定代理人在一个月内予以追认。法定代理人未作表示的，视为拒绝追认。合同被追认之前，善意相对人有撤销的权利。撤销应当以通知的方式作出。

第五十二条 有下列情形之一的，合同无效：

（一）一方以欺诈、胁迫的手段订立合同，损害国家利益；

（二）恶意串通，损害国家、集体或者第三人利益；

（三）以合法形式掩盖非法目的；

（四）损害社会公共利益；

（五）违反法律、行政法规的强制性规定。

第五十三条 合同中的下列免责条款无效：

（一）造成对方人身伤害的；

（二）因故意或者重大过失造成对方财产损失的。

第五十七条 合同无效、被撤销或者终止的，不影响合同中独立存在的有关解决争议方法的条款的效力。

第五十九条 当事人恶意串通，损害国家、集体或者第三人利益的，因此取得的财产收归国家所有或者返还集体、第三人。

❸《中华人民共和国民法通则》（1986年4月12日 主席令公布）

第五十八条 下列民事行为无效：

（一）无民事行为能力人实施的；

（二）限制民事行为能力人依法不能独立实施的；

（三）一方以欺诈、胁迫的手段或者乘人之危，使对方在违背真实意思的情况下所为的；

（四）恶意串通，损害国家、集体或者第三人利益的；

（五）违反法律或者社会公共利益的；

（六）经济合同违反国家指令性计划的；

（七）以合法形式掩盖非法目的的。

无效的民事行为，从行为开始起就没有法律约束力。

❹《最高人民法院关于贯彻执行〈中华人民共和国民法通则〉若干问题的意见（试行）》（1988年1月26日发布）

2. 十六周岁以上不满十八周岁的公民，能够以自己的劳动取得收入，并能维持当地群众一般生活水平的，可以认定为以自己的劳动收入为主要生活来源的完全民事行为能力人。

3. 十周岁以上的未成年人进行的民事活动是否与其年龄、智力状况相适应，可以从行为与本人生活相关联的程度、本人的智力能否理解其行为，并预见相应的行为后果，以及行为标的数额等方面认定。

4. 不能完全辨认自己行为的精神病人进行的民事活动，是否与其精神健康状态相适应，可以从行为与本人生活相关联的程度、本人的精神状态能否理解其行为，并预见相应的行为后果，以及行为标的数额等方面认定。

5. 精神病人（包括痴呆症人）如果没有判断能力和自我保护能力，不知其行为后果的，可以认定为不能辨认自己行为的人；对于比较复杂的事物或者比较重大的行为缺乏判断能力和自我保护能力，并且不能预见其行为后果的，可以认定为不能完全辨认自己行为的人。

案例链接

❶《北京益华昌物业管理有限公司与王爱玲定金合同纠纷上诉案》，参见北大法宝引证码：Pkulaw.cn/CLI.C.214057。

❷《程李君诉张玉科房屋买卖合同纠纷案》，参见北大法宝引证码：Pkulaw.cn/CLI.C.242804。

❸《林衍英诉林爱金等定金合同纠纷案》，参见北大法宝引证码：Pkulaw.cn/CLI.C.254666。

【交付定金】

法律问题解读

定金的交付为定金合同的生效要件，定金合同自定金给付人交付定金之日起生效。定金担保合同成立后，当事人应当依照定金合同的约定履行定金给付义务。

定金合同订立后，未实际交付定金的，主合同已经履行或者部分履行的，视为双方放弃了定金。实际交付的定金数额多于或少于约定额，收受定金的一方未提出异议的，视为变更定金合同。定金合同的内容，依照实际交付定金的数额来确定，此时视为双方当事人就定金问题达成了一个新的协议，收受定金的一方提出异议并拒绝接受定金的，定金合同不生效。

定金担保并非物的担保，只是借助一种物的担保形式，以物的所有权的让渡担保债权受偿的担保方法，被称之为金钱担保，本质上不同于以移转物的占有为核心内容的质押担保，定金的所有权随定金的交付移转于定金接受人。因此，定金担保因定金给付人向定金接受人给付定金而生效后，定金接受人取得定金所有权，且对定金给付人给付的定金享有绝对的支配权。

法条指引

❶《中华人民共和国担保法》（1995年6月30日 主席令公布）

第九十条 定金应当以书面形式约定。当事人在定金合同中应当约定交付定金的期限。定金合同从实际交付定金之日起生效。

❷《最高人民法院关于适用〈中华人民共和国担保法〉若干问题的解释》（2000年12月13日发布）

第一百一十九条 实际交付的定金数额多于或者少于约定数额，视为变更定金合同；收受定金一方提出异议并拒绝接受定金的，定金合同不生效。

案例链接

❶《温州市三岳印业有限公司诉魏德让买卖合同纠纷案》，参见北大法宝引证码：Pkulaw.cn/CLI.C.290192。

❷《商丘市文才建筑设计咨询有限公司与河南省平安电梯有限公司买卖合同纠纷上诉案》，参见北大法宝引证码：Pkulaw.cn/CLI.C.287182。

❸《苏福齐等与张世育房屋买卖合同纠纷上诉案》，参见北大法宝引证码：Pkulaw.cn/CLI.C.277078。

❹《王某某等与李某某房屋买卖合同纠纷上诉案》，参见北大法宝引证码：Pkulaw.cn/CLI.C.281053。

【定金数额】

法律问题解读

定金担保为约定的担保方式，应当贯彻合同自由的原则，在理论上，当事人有权约定定金的数额，但是，这种自由也受到了一定的限制：当事人约定的定金数额，不得超过主合同标的额的20%。当事人约定的定金数额超过主合同标的额的20%的，如果当事人双方自愿接受其后果，法律并不干涉。但是，双方当事人就超出的部分发生争议而诉诸法院的，人民法院不予支持，即超出主合同标的额的20%的部分不具有法律的强制力。例如，当事人约定的定金数额为主合同标的额的30%的，当事人双方因定金问题发生争议而诉诸法院，一方当事人要求对方依照约定的数额承担定金担保责任的，法院将仅就主合同标的额20%的部分定金支持当事人的请求，其他10%将不会得到法院的支持。但是如果对方当事人自愿按照合同标的额的30%承担定金罚则，法律亦不应当予以禁止。

法条指引

❶《中华人民共和国担保法》（1995年6月30日 主席令公布）

第九十一条 定金的数额由当事人约定，但不得超过主合同标的额的百分之二十。

❷《最高人民法院关于适用〈中华人民共和国担保法〉若干问题的解释》（2000年12月13日发布）

第一百一十九条 实际交付的定金数额多于或者少于约定数额，视为变更定金合同；收受定金一方提出异议并拒绝接受定金的，定金合同不生效。

第一百二十一条 当事人约定的定金数额超过主合同标的额百分之二十的，超过的部分，人民法院不予支持。

案例链接

❶《王某某与苏某某房屋买卖合同纠纷上诉案》，参见北大法宝引证码：Pkulaw. cn/CLI. C. 281051。

❷《银川九龙海浴餐饮娱乐有限公司与宁夏银祥房地产开发集团有限公司房屋租赁协议纠纷再审案》，参见北大法宝引证码：Pkulaw. cn/CLI. C. 246472。

❸《袁孝华等与董江旺房屋租赁合同纠纷上诉案》，参见北大法宝引证码：Pkulaw. cn/CLI. C. 251557。

❹《赵某诉蔡某房屋买卖合同纠纷案》，参见北大法宝引证码：Pkulaw. cn/CLI. C. 249313。

第七编　其他问题的规定

● 本编为读者提供与以下题目有关的法律问题的解读及相关法律文献依据

> 不动产与动产（537）　　担保合同的形式（538）　　担保物的变价方式（539）　　担保物权并存时的清偿顺序（540）　　分支机构对外保证的诉讼地位（541）　　一般保证人的诉讼地位（542）　　连带保证中当事人诉讼地位（542）　　债务人起诉而债权人反诉案件中保证人诉讼地位（543）　　有物上担保人时当事人诉讼地位（544）　　人保和多个物保并存时当事人的诉讼地位（544）　　主从合同纠纷的管辖（545）　　主合同纠纷判决的既判力范围（546）　　不能清偿（547）　　诉讼中的担保（548）　　财产保全中的担保（549）　　执行担保（552）　　担保法及其司法解释的时间效力（553）　　船舶担保物权（554）　　船舶优先权（554）　　船舶优先权的转让（555）　　船舶优先权的消灭（555）　　船舶优先权担保的范围（556）　　船舶优先权的受偿顺序（557）　　船舶优先权与其他船舶担保物权之间的受偿顺序（558）　　船舶留置权（558）

【不动产与动产】

法律问题解读

不动产是指在客观上不能移动或者移动将会影响其使用价值或者价值的物；而动产是相对于不动产而言的，是指可以移动并且不会因移动而影响其使用价值或者价值的物。

《担保法》上规定的不动产主要有两种：土地和土地上的定着物，包括房屋、林木等。根据我国法律的规定，土地包括耕地、建设用地、林地、草原、水面、荒山、荒地和滩涂等。在我国，由于实行土地的国家所有制，所以土地所有权不能成为《担保法》上的客体，只有土地使用权才能成为《担保法》上的客体。土地上能够成立的担保物权只能是抵押权。房屋上可以成立抵押权。《担保法》上的房屋包括期房，以依法获准建造但尚未建造的房屋或者正在建造中的房屋或者其他建筑物抵押的，当事人办理了抵押物登记的，人民法院可以认定抵押有效。但是，《担保法》上的房屋不包括依照法定程序被确认为违法、违章的建筑物。

林木可以成为抵押物，以林木作抵押的，应当办理登记。不动产以外的物都可以称为动产。

动产所有权一般经交付后发生变动；不动产只有经过登记，才可能发生所有权的转移，但是在特殊情况下，不经登记，不动产的所有权也可以发生变动，只是不具有对抗第三人的效力。因不动产发生纠纷适用专属管辖，只能由不动产所在地的法院管辖；而动产的纠纷则不存在该管辖规则。此外，动产上可以发生善意取得，不动产上不能发生善意取得。最后，动产与不动产添附在法律效果上也都不同。

法条指引

❶《中华人民共和国物权法》（2007年3月16日主席令公布　2007年10月1日施行）

第二条　因物的归属和利用而产生的民事关系，适用本法。

本法所称物，包括不动产和动产。法律规定权利作为物权客体的，依照其规定。

本法所称物权，是指权利人依法对特定的物享有直接支配和排他的权利，包括所有权、用益物权和担保物权。

❷《中华人民共和国担保法》（1995年6月

30日 主席令公布）

第九十二条 本法所称不动产是指土地以及房屋、林木等地上定着物。

本法所称动产是指不动产以外的物。

❸《中华人民共和国土地管理法》（2004年8月28日 修正公布）

第四条 国家实行土地用途管制制度。

国家编制土地利用总体规划，规定土地用途，将土地分为农用地、建设用地和未利用地。严格限制农用地转为建设用地，控制建设用地总量，对耕地实行特殊保护。

前款所称农用地是指直接用于农业生产的土地，包括耕地、林地、草地、农田水利用地、养殖水面等；建设用地是指建造建筑物、构筑物的土地，包括城乡住宅和公共设施用地、工矿用地、交通水利设施用地、旅游用地、军事设施用地等；未利用地是指农用地和建设用地以外的土地。

使用土地的单位和个人必须严格按照土地利用总体规划确定的用途使用土地。

❹《最高人民法院关于适用〈中华人民共和国担保法〉若干问题的解释》（2000年12月13日发布）

第四十七条 以依法获准尚未建造的或者正在建造中的房屋或者其他建筑物抵押的，当事人办理了抵押物登记，人民法院可以认定抵押有效。

第四十八条 以法定程序确认为违法、违章的建筑物抵押的，抵押无效。

案例链接

❶《郑州铁路局郑州房屋修建中心与中国农业银行股份有限公司郑州花园支行抵押借款合同纠纷再审案》，参见北大法宝引证码：Pkulaw.cn/CLI.C.287159。

❷《陈宝山与吴明仁民间借贷纠纷上诉案》，参见北大法宝引证码：Pkulaw.cn/CLI.C.281435。

❸《北京众义达汇鑫汽车销售服务有限公司与北京华盛典当有限公司借款合同纠纷上诉案》，参见北大法宝引证码：Pkulaw.cn/CLI.C.222101。

学者观点

❶ 刘淑波、林晓娇：《中日动产抵押制度比较》，参见北大法宝引证码：Pkulaw.cn/CLI.A.1142716。

❷ 罗欢平：《质权还是抵押权：再论普通债权质权的性质》，参见北大法宝引证码：Pkulaw.cn/

CLI.A.1130272。

❸ 翟云岭、孙得胜：《论所有权保留》，参见北大法宝引证码：Pkulaw.cn/CLI.A.1143795。

【担保合同的形式】

法律问题解读

根据《担保法》的规定，保证合同、抵押合同、质押合同以及定金合同应当采用书面的形式。书面形式是指合同书、信件和数据电文（包括电报、电传、传真、电子数据交换和电子邮件）等可以有形地表现所载内容的形式。当事人双方采用合同书形式订立担保合同的，自双方当事人签字或者盖章时，合同成立。当事人用信件、数据电文等形式订立合同的，可以在合同成立之前要求签定确认书。合同自签定确认书时成立。

虽然《担保法》明文规定订立担保合同应当采用书面形式，但是，当事人未采用书面形式，但一方已经履行主要义务（在担保合同中主要是指保证人履行了代替债务人清偿债务或者承担保证责任，抵押人或者出质人办理了担保物的抵押手续、质押手续并交付了质押物归债权人占有等），对方当事人接受的，担保合同成立。

至于担保合同的具体表现形式，可以是独立于主合同的担保合同，也可以表现为主合同的部分条款。除非当事人另有约定，担保合同的效力原则上从属于主合同。担保合同只对保证人、抵押人或者出质人和债权人发生法律效力，对债务人不具有法律效力。

法条指引

❶《中华人民共和国担保法》（1995年6月30日 主席令公布）

第五条 担保合同是主合同的从合同，主合同无效，担保合同无效。担保合同另有约定的，按照约定。

担保合同被确认无效后，债务人、担保人、债权人有过错的，应当根据其过错各自承担相应的民事责任。

第十三条 保证人与债权人应当以书面形式订立保证合同。

第三十八条 抵押人和抵押权人应当以书面形式订立抵押合同。

第六十四条 出质人和质权人应当以书面形式订立质押合同。

质押合同自质物移交于质权人占有时生效。

第九十条 定金应当以书面形式约定。当事人在定金合同中应当约定交付定金的期限。定金合同从实际交付定金之日起生效。

第九十三条 本法所称保证合同、抵押合同、质押合同、定金合同可以是单独订立的书面合同，包括当事人之间的具有担保性质的信函、传真等，也可以是主合同中的担保条款。

❷《中华人民共和国合同法》（1999 年 3 月 15 日 主席令公布）

第十一条 书面形式是指合同书、信件和数据电文（包括电报、电传、传真、电子数据交换和电子邮件）等可以有形地表现所载内容的形式。

第三十六条 法律、行政法规规定或者当事人约定采用书面形式订立合同，当事人未采用书面形式但一方已经履行主要义务，对方接受的，该合同成立。

第三十七条 采用合同书形式订立合同，在签字或者盖章之前，当事人一方已经履行主要义务，对方接受的，该合同成立。

❸《最高人民法院关于贯彻执行〈中华人民共和国民法通则〉若干问题的意见（试行）》（1988 年 1 月 26 日发布）

108. 保证人向债权人保证债务人履行债务的，应当与债权人订立书面保证合同，确定保证人对主债务的保证范围和保证期限。虽未单独订立书面保证合同，但在主合同中写明保证人的保证范围和保证期限，并由保证人签名盖章的，视为书面保证合同成立。公民间的口头保证，有两个以上无利害关系人证明的，也视为保证合同成立，法律另有规定的除外。

保证范围不明确的，推定保证人对全部主债务承担保证责任。

112. 债务人或者第三人向债权人提供抵押物时，应当订立书面合同或者在原债权文书中写明。没有书面合同，但有其他证据证明抵押物或者其权利证书已交给抵押权人的，可以认定抵押关系成立。

案例链接

❶《武陟县第二汽车运输有限公司与河南新世纪亚飞汽车贸易有限公司担保合同纠纷上诉案》，参见北大法宝引证码：Pkulaw.cn/CLI.C.287906。

❷《中国邮政储蓄银行有限责任公司沁阳市支行诉祁红旗等借款担保合同纠纷案》，参见北大法宝引证码：Pkulaw.cn/CLI.C.290818。

❸《韩永改诉薛杰房屋买卖合同纠纷案》，参见北大法宝引证码：Pkulaw.cn/CLI.C.285587。

❹《中国建设银行股份有限公司漯河黄河路支行与张宏山等借款担保合同纠纷上诉案》，参见北大法宝引证码：Pkulaw.cn/CLI.C.285652。

学者观点

❶ 徐海燕：《公司法定代表人越权签署的担保合同的效力》，参见北大法宝引证码：Pkulaw.cn/CLI.A.1114113。

❷ 高晓莹、杨明刚：《以他人房产为抵押物的担保合同未经登记效力如何认定》，参见北大法宝引证码：Pkulaw.cn/CLI.A.150211。

❸ 王霖华：《论物上担保合同无效的民事责任》，参见北大法宝引证码：Pkulaw.cn/CLI.A.118643。

❹ 王战晨、丁凤礼、吕世恰：《试析担保合同的效力及法律后果》，在北大按法律信息网：，参见北大法宝引证码：Pkulaw.cn/CLI.A.176071。

【担保物的变价方式】

法律问题解读

作为物的担保方式，抵押权、质权以及留置权的实现方式只能是对担保物进行变价，是一种替代履行的方式。根据《担保法》的规定，担保物的变价方式有折价、拍卖或者变卖几种方式。

担保物的变价过程应当保持公正。拍卖是以公平竞价的方式出售担保物，而且在有些情况是由法院主持进行的，其形式决定了该种方式一般不会损害抵押人、出质人和债务人的合法权益。但是，折价或者变卖的方式则有所不同。折价是指债权人与抵押人、出质人和债务人协议对担保物的价款作出决定，并且直接以担保物充抵债务；变卖则是指未通过公开竞价的方式将担保物出售。由于不存在公开竞价的形式，所以在以这些方式出售担保物的时候可能会出现价格过低的情况，这可能会损害债权人、债务人或者第三人的合法权益。因此《担保法》规定在以折价或者变卖的方式对担保物进行变价时，应当参照市场价格。

如果当事人事先对担保物的价款作出了约定，但是以折价或者变价的方式对担保物处分后，其所得价款低于约定的价款的，应当依照实际实现的价款处理。

法条指引

❶《中华人民共和国担保法》（1995年6月30日 主席令公布）

第五十三条 债务履行期届满抵押权人未受清偿的，可以与抵押人协议以抵押物折价或者以拍卖、变卖该抵押物所得的价款受偿；协议不成的，抵押权人可以向人民法院提起诉讼。

抵押物折价或者拍卖、变卖后，其价款超过债权数额的部分归抵押人所有，不足部分由债务人清偿。

第七十一条 债务履行期届满债务人履行债务的，或者出质人提前清偿所担保的债权的，质权人应当返还质物。

债务履行期届满质权人未受清偿的，可以与出质人协议以质物折价，也可以依法拍卖、变卖质物。

质物折价或者拍卖、变卖后，其价款超过债权数额的部分归出质人所有，不足部分由债务人清偿。

第八十二条 本法所称留置，是指依照本法第八十四条的规定，债权人按照合同约定占有债务人的动产，债务人不按照合同约定的期限履行债务的，债权人有权依照本法规定留置该财产，以该财产折价或者以拍卖、变卖该财产的价款优先受偿。

第九十四条 抵押物、质物、留置物折价或者变卖，应当参照市场价格。

案例链接

❶《余姚市梨洲街道经济开发有限公司诉龚真义等民间借贷纠纷案》，参见北大法宝引证码：Pkulaw.cn/CLI.C.237783。

❷《中国银行股份有限公司洛阳长安路支行诉朱文君等金融借款纠纷案》，参见北大法宝引证码：Pkulaw.cn/CLI.C.237176。

❸《富滇银行股份有限公司昆明科技支行与张胜等金融借款合同纠纷上诉案》，参见北大法宝引证码：Pkulaw.cn/CLI.C.158610。

学者观点

❶ 孙鹏：《论担保物权的实行期间》，参见北大法宝引证码：Pkulaw.cn/CLI.A.185395。

❷ 孙鹏、王勤劳：《担保物权的侵害及其救济》，参见北大法宝引证码：Pkulaw.cn/CLI.A.1130051。

【担保物权并存时的清偿顺序】

法律问题解读

同一物担保了两个或者两个以上的债权时，应当先就顺序在先的债权行使担保物权，只有顺序在先的债权全部实现的情况下，才能清偿顺序在后的债权。

首先，法定担保物权优先于意定担保物权，即留置权优先于抵押权。其次，如果同一担保物上同时存在抵押权与质押权，若抵押权先于质押权成立并进行了法定登记，抵押权优先于质押权，若抵押权先于质押权成立但未进行法定登记，质押权优先于抵押权；如果抵押权后于质押权成立，质押权优先于抵押权。

同一债权上存在多个担保物时，如果债务人提供担保物的，债权人应当首先对债务人提供的担保物行使担保物权，不足部分再由其他担保物来满足，以免债权人在对非债务人的第三人担保物权之后，第三人再对债务人进行追偿。

如果债权人放弃了债务人提供的物的担保，其他担保人在其放弃权利的范围内减轻或者免除担保责任。如果被放弃的担保物价值较大，与债权额相等或者大于债权额，其他担保人免除承担担保责任；如果担保物的不足债权额，其他担保人在担保物价值范围内减轻承担担保责任。值得注意的是，放弃的担保物的价值的计算，应当以担保物的市场价为准，而不是担保物的预设价值。

如果债权人放弃的是其他担保人提供的物的担保，那么，另外的担保人不能要求减免担保责任。这是因为债务人是真正负债人，其他担保人是或有负债人，债权人放弃债务人提供的担保，等于放弃了对真正负债人的追偿而将责任转嫁，有违诚实信用。

法条指引

❶《中华人民共和国海商法》（1992年11月7日 主席令公布）

第二十五条 船舶优先权先于船舶留置权受偿，船舶抵押权后于船舶留置权受偿。

前款所称船舶留置权，是指造船人、修船人在合同另一方未履行合同时，可以留置所占有的船舶，以保证造船费用或者修船费用得以偿还的权利。船舶留置权在造船人、修船人不再占有所造或者所修的船舶时消灭。

❷《最高人民法院关于适用〈中华人民共和国担保法〉若干问题的解释》（2000年12月13日发布）

第七十九条 同一财产法定登记的抵押权与质权并存时，抵押权人优先于质权人受偿。

同一财产抵押权与留置权并存时，留置权人优先于抵押权人受偿。

第一百二十三条 同一债权上数个担保物权并存时，债权人放弃债务人提供的物的担保的，其他担保人在其放弃权利的范围内减轻或者免除担保责任。

案例链接

❶《中国长城资产管理公司成都办事处诉四川信都投资集团有限公司等借款抵押合同纠纷案》，参见北大法宝引证码：Pkulaw. cn/CLI. C. 99681。

❷《郑应伦与广东发展银行东莞分行借款担保合同纠纷上诉案》，参见北大法宝引证码：Pkulaw. cn/CLI. C. 32276。

学者观点

❶ 刘保玉：《论担保物权的竞存》，参见北大法宝引证码：Pkulaw. cn/CLI. A. 11761。

❷ 刘保玉：《论物权之间的相斥与相容关系》，参见北大法宝引证码：Pkulaw. cn/CLI. A. 111655。

❸ 崔军：《动产担保物权位序关系研究》，参见北大法宝引证码：Pkulaw. cn/CLI. A. 13618。

❹ 王洪亮：《动产抵押登记效力规则的独立性解析》，参见北大法宝引证码：Pkulaw. cn/CLI. A. 1143046。

【分支机构对外保证的诉讼地位】

法律问题解读

关于分支机构对外保证的情况，应当分而述之：

1. 分支机构经法人授权对外提供保证。分支机构经法人授权对外提供保证，等同于法人自己对外提供保证，责任应由法人承担。这种情况下如发生纠纷，由于分支机构是保证合同的签约人，其财产可以用于承担保证责任，所以分支机构应当作为诉讼当事人。在债权人作为原告的诉讼中，分支机构和法人是共同被告；在法人或者分支机构承担了对债权人的保证责任后，分支机构和法人均有权向债务人追偿。

2. 分支机构未经法人授权对外提供保证。分支机构未经法人授权对外提供保证，在诉讼程序中可以实行强制追加当事人制度，即人民法院可以追加该法人作为共同被告参加诉讼。分支机构和企业法人作为共同被告，有利于查明分支机构提供保证行为的性质，从而有利于确认法人和分支机构以及债权人之间的权利义务。

3. 商业银行、保险公司的分支机构对外提供保证。商业银行设在各地的分行不具有法人资格，仅总行一家法人资格，分行均为商业银行的分支机构。依照商业银行的惯例，商业银行分行应当承担的责任即整个商业银行的责任，包括总行在内，所以分行对外提供保证，如发生纠纷，分行可单独为诉讼当事人，不必要列总行为当事人。保险公司的分支机构为他人提供保证，也没有必要将总公司列为当事人，理由与商业银行基本一致。

法条指引

❶《最高人民法院关于适用〈中华人民共和国担保法〉若干问题的解释》（2000年12月13日发布）

第一百二十四条 企业法人的分支机构为他人提供保证的，人民法院在审理保证纠纷案件中可以将该企业法人作为共同被告参加诉讼。但是商业银行、保险公司的分支机构提供保证的除外。

案例链接

❶《芜湖捷泰精密工业有限公司与中国第四冶金建设公司等建设工程施工合同纠纷上诉案》，参见北大法宝引证码：Pkulaw. cn/CLI. C. 291163。

❷《张富岩诉广东新世纪出版社有限公司等侵犯著作权纠纷案》，参见北大法宝引证码：Pkulaw. cn/CLI. C. 291034。

❸《北京紫禁城影业有限责任公司诉运城市阳光文化传媒有限公司等侵犯著作权纠纷案》，参见北大法宝引证码：Pkulaw. cn/CLI. C. 291051。

❹《获嘉县农村信用合作联社诉职鸣政等金融借款合同纠纷案》，参见北大法宝引证码：Pkulaw. cn/CLI. C. 280698。

❺《宝丰县农村信用合作联社诉张鲁梁等借款合同纠纷案》，参见北大法宝引证码：Pkulaw. cn/CLI. C. 282855。

【一般保证人的诉讼地位】

法律问题解读

一般保证人的诉讼地位有以下几种情况：

1. 一般保证的债权人向债务人和保证人一并提起诉讼的，人民法院可以将债务人和保证人列为共同被告参加诉讼。保证人不是作为第三人，而是作为第二顺序实际承担债务的债务人——被告参加诉讼。

2. 债权人仅起诉债务人，不起诉一般保证人的，债务人是被告，债权人对一般保证人的请求另案解决。因为债权人对债务人的诉与对一般保证人的诉不是必要共同诉讼，债权人在诉讼时有选择的权利，债权人选择仅起诉债务人的，并不影响其以后再向一般保证人提出诉讼请求。两个案件可以分开处理。

3. 债权人仅起诉一般保证人，不起诉债务人的，人民法院应当追加债务人为共同被告。从诉讼理论上说，债权人仅起诉一般保证人而不起诉债务人是债权人的权利，人民法院可以根据债权人的诉讼请求进行审判。但是考虑到《担保法》规定一般保证人有先诉抗辩权，即主合同债务人承担债务之前，一般保证人免于承担保证责任，并规定保证责任有保证期间的要求，并且保证期间仅因债权人对债务人提起诉讼或者仲裁才能中断，所以债权人仅起诉一般保证人的，人民法院应当追加第一债务人为被告。

法条指引

❶《**中华人民共和国担保法**》（1995年6月30日 主席令公布）

第十七条 当事人在保证合同中约定，债务人不能履行债务时，由保证人承担保证责任的，为一般保证。

一般保证的保证人在主合同纠纷未经审判或者仲裁，并就债务人财产依法强制执行仍不能履行债务前，对债权人可以拒绝承担保证责任。

有下列情形之一的，保证人不得行使前款规定的权利：

（一）债务人住所变更，致使债权人要求其履行债务发生重大困难的；

（二）人民法院受理债务人破产案件，中止执行程序的；

（三）保证人以书面形式放弃前款规定的权利的。

❷《**最高人民法院关于适用〈中华人民共和国担保法〉若干问题的解释**》（2000年12月13日发布）

第一百二十五条 一般保证的债权人向债务人和保证人一并提起诉讼的，人民法院可以将债务人和保证人列为共同被告参加诉讼。但是，应当在判决书中明确在对债务人财产依法强制执行后仍不能履行债务时，由保证人承担保证责任。

案例链接

❶《陈青兰诉王礼强等民间借贷纠纷案》，参见北大法宝引证码：Pkulaw. cn/CLI. C. 276030。

❷《杨逢雨与平顶山市再就业小额贷款担保中心等担保合同纠纷上诉案》，参见北大法宝引证码：Pkulaw. cn/CLI. C. 226362。

❸《侯某某与胡某某民间借贷纠纷上诉案》，参见北大法宝引证码：Pkulaw. cn/CLI. C. 265354。

❹《李建均诉洪欣荣等民间借贷纠纷案》，参见北大法宝引证码：Pkulaw. cn/CLI. C. 244162。

学者观点

❶ 杨巍：《对我国应否建立人事保证制度的法律思考》，参见北大法宝引证码：Pkulaw. cn/CLI. A. 1117978。

❷ 杨文杰：《混合共同担保人内部追偿问题研究》，参见北大法宝引证码：Pkulaw. cn/CLI. A. 1136009。

❸ 姜淑明：《保证人的权利及其救济》，参见北大法宝引证码：Pkulaw. cn/CLI. A. 110118。

❹ 刘保玉：《共同保证的结构形态与保证责任的承担》，参见北大法宝引证码：Pkulaw. cn/CLI. A. 12226。

【连带保证中当事人诉讼地位】

法律问题解读

连带保证中，保证人对债权人承担连带清偿责任，保证人与债务人的地位相同。债务人承担的和保证人担保的债务系同一债务，债权人在向债务人和保证人主张时不分先后次序。在债权得不到清偿时，债权人可以起诉债务人，也可以起诉保证人。究竟是分别起诉，还是一起起诉，在于债权人的选择。连带责任保证的债权人可以将债务人或者保证人作为被告提起诉讼，也可以将债务人和保证人作为共同被告提起诉讼。

虽然保证人和债务人可以作为共同被告,但并不等于债权人对债务人和保证人的诉讼是必要共同诉讼,这两个诉讼仍然属于可分之诉。因为,债权人对债务人和对保证人的债权请求权是各自独立的,相互没有依赖性。债务人和保证人对债权承担责任上也是各自独立的,不相互为条件。债权人可以把债务人和保证人作为共同被告提起诉讼,是因为债务人和保证人之间的关系是连带债务人关系,合并诉讼符合诉讼效益原则的要求,并且审理和判决没有障碍。

由于连带保证人与债务人承担连带责任,在共同诉讼中,虽然判决主文可以判两项,但是不必区分保证人和债务人在承担债务上的先后。如果保证人保证的是代债务人履行债务,在债务人和保证人均发生履行不能的时候,应当判决债务人和保证人承担对债权人因债务未履行受到的损失。

法条指引

❶ 《中华人民共和国民事诉讼法》(1991年4月9日 主席令公布 2007年10月28日修订)

第一百一十九条 必须共同进行诉讼的当事人没有参加诉讼的,人民法院应当通知其参加诉讼。

❷ 《最高人民法院关于适用〈中华人民共和国担保法〉若干问题的解释》(2000年12月13日发布)

第一百二十六条 连带责任保证的债权人可以将债务人或者保证人作为被告提起诉讼,也可以将债务人和保证人作为共同被告提起诉讼。

❸ 《最高人民法院关于适用〈中华人民共和国民事诉讼法〉若干问题的意见》(1992年7月14日发布)

53. 因保证合同纠纷提起的诉讼,债权人向保证人和被保证人一并主张权利的,人民法院应当将保证人和被保证人列为共同被告;债权人仅诉保证人的,除保证合同明确约定保证人承担连带责任的外,人民法院应当通知被保证人作为共同被告参加诉讼;债权人仅起诉被保证人的,可只列被保证人为被告。

案例链接

❶ 《焦作市解放区农村信用合作联社上白作信用社诉侯涛涛等借款合同纠纷案》,参见北大法宝引证码:Pkulaw. cn/CLI. C. 290214。

❷ 《齐向华诉张东红债务纠纷案》,参见北大法宝引证码:Pkulaw. cn/CLI. C. 291488。

❸ 《王崇明等与郑州市市郊农村信用合作联社古荥信用社等借款合同纠纷上诉案》,参见北大法宝引证码:Pkulaw. cn/CLI. C. 287325。

❹ 《张永进诉许少峰等民间借贷纠纷案》,参见北大法宝引证码:Pkulaw. cn/CLI. C. 285496。

学者观点

❶ 邱业伟:《论连带债务与连带责任的关系》,参见北大法宝引证码:Pkulaw. cn/CLI. A. 174415。

❷ 惠丛冰:《中国的保证法律制度》,参见北大法宝引证码:Pkulaw. cn/CLI. A. 1140480。

❸ 李军:《民事连带责任刍议》,参见北大法宝引证码:Pkulaw. cn/CLI. A. 1112678。

【债务人起诉而债权人反诉案件中保证人诉讼地位】

法律问题解读

如果在债务人提起的诉讼中,债权人提出反诉的,保证人可以作为第三人参加诉讼。保证人参加诉讼的前提是债权人提出反诉,并且是保证人以第三人的身份参加诉讼。

允许保证人参加诉讼,是因为债权人和保证人是保证合同的当事人,依照保证合同的约定,债权人对保证人有请求权。债权人在债务人提起的诉讼中提出反诉,人民法院对案件本诉和反诉的裁判就可能涉及保证人的利益,因此,当保证人认为案件与自己有利害关系时,可以参加诉讼。需要进一步明确的是,保证人参加诉讼是保证人的权利,而不是义务。当保证人不选择参加诉讼时,人民法院不能通知保证人以第三人的身份参加诉讼,债务人和债权人也无权要求人民法院追加保证人作为第三人参加诉讼。这是因为债权人提起的反诉是基于债务人对债权人提起的本诉,反诉的当事人应在本诉当事人范围之内,除有必要共同诉讼情形外,反诉的当事人不能超出本诉当事人的范围。债权人与债务人之间的诉讼和债权人与保证人之间的诉讼不是必要共同诉讼,没有保证人作为第三人参加,债权人与债务人之间的诉讼仍然可以进行,而且并不影响债权人与保证人之间的诉单独进行。因此,保证人可以作为第三人参加诉讼,而是否参加诉讼,由保证人根据自己与案件是否存在利害关系来选择。还需要注意的是,保证人参加诉讼是以无独立请求权的第三人的身份，而非有独立请求权的第三人。

法条指引

❶《中华人民共和国民事诉讼法》(1991年4月9日 主席令公布 2007年10月28日修订)

第一百二十六条 原告增加诉讼请求，被告提出反诉，第三人提出与本案有关的诉讼请求，可以合并审理。

❷《最高人民法院关于适用〈中华人民共和国担保法〉若干问题的解释》(2000年12月13日发布)

第一百二十七条 债务人对债权人提起诉讼，债权人提起反诉的，保证人可以作为第三人参加诉讼。

【有物上担保人时当事人诉讼地位】

法律问题解读

依照《担保法》的规定，物上担保人一般有抵押人和出质人两种。债权人向人民法院请求行使担保物权时，债务人和担保人应当作为共同被告参加诉讼。在债权人提起的行使担保物权的诉讼中，债务人和担保人为共同诉讼人。即使债权人仅起诉担保人，人民法院也需要追加债务人为共同诉讼人。

理解这个问题有两点需要注意：

1. 债务人与担保人作为共同被告参加诉讼的前提是"债权人行使担保物权时"，也就是说债权人行使债权时，不能将担保人与债务人作为并列的共同被告，仅债务人是被告。也即，债权人如果不一起起诉债务人和担保人，而仅起诉债务人的，人民法院不能追加担保人作为共同被告参加诉讼。债权人因行使担保物权向人民法院提起的诉讼，案由是担保纠纷案件，而债权人因行使债权向人民法院提起的诉讼，案由是债务纠纷案件。

2. 债权人行使担保物权如果不能与担保物所有人协商一致，则只能求诸于诉讼程序。例如，我国《担保法》规定抵押权人在行使抵押权时，如果与抵押人不能就如何处分抵押物达成协商一致，只能通过向人民法院提起诉讼来解决。

法条指引

❶《中华人民共和国担保法》(1995年6月30日 主席令公布)

第五十三条 债务履行期届满抵押权人未受清偿的，可以与抵押人协议以抵押物折价或者以拍卖、变卖该抵押物所得的价款受偿；协议不成的，抵押权人可以向人民法院提起诉讼。

抵押物折价或者拍卖、变卖后，其价款超过债权数额的部分归抵押人所有，不足部分由债务人清偿。

第七十一条 债务履行期届满债务人履行债务的，或者出质人提前清偿所担保的债权的，质权人应当返还质物。

债务履行期届满质权人未受清偿的，可以与出质人协议以质物折价，也可以依法拍卖、变卖质物。

质物折价或者拍卖、变卖后，其价款超过债权数额的部分归出质人所有，不足部分由债务人清偿。

❷《最高人民法院关于适用〈中华人民共和国担保法〉若干问题的解释》(2000年12月13日发布)

第一百二十八条 债权人向人民法院请求行使担保物权时，债务人和担保人应当作为共同被告参加诉讼。

同一债权既有保证又有物的担保的，当事人发生纠纷提起诉讼的，债务人与保证人、抵押人或者出质人可以作为共同被告参加诉讼。

案例链接

❶《工行都江堰支行诉华美公司等借款合同案》，参见北大法宝引证码：Pkulaw. cn/CLI. C. 26204。

❷《段绍清与周小菁借贷纠纷上诉案》，参见北大法宝引证码：Pkulaw. cn/CLI. C. 277499。

❸《乔保国诉马炎朝民间借贷纠纷案》，参见北大法宝引证码：Pkulaw. cn/CLI. C. 290881。

学者观点

❶ 王霁华：《论物上担保合同无效的民事责任》，参见北大法宝引证码：Pkulaw. cn/CLI. A. 118643。

❷ 叶金强：《动产他物权的善意取得探析》，参见北大法宝引证码：Pkulaw. cn/CLI. A. 173907。

【人保和多个物保并存时当事人的诉讼地位】

法律问题解读

在有人的保证和多个物保并存的情况下，当

事人发生纠纷提起诉讼的,债务人与保证人、抵押人或者出质人可以作为共同被告参加诉讼。债权人向债务人、保证人、抵押人、出质人一起提起诉讼,人民法院应当予以受理,并且进行合并审理。没有必要将因主债务与从债务、从权利形成的纠纷分成数个案件进行审理。但是要注意法律规定的仅为"可以",不是"应当",因此,债权人分别起诉债务人和各个保证人、抵押人、出质人的,法律不能强行要求债权人选择共同诉讼的模式,人民法院在债权人分别起诉的案件中,不能追加债权人没有起诉的其他担保人参加诉讼。因此,在有保证人和多个物上担保人的情况下,发生纠纷是采用共同诉讼还是非共同诉讼,选择权由债权人享有。

法条指引

❶《最高人民法院关于适用〈中华人民共和国担保法〉若干问题的解释》(2000年12月13日发布)

第一百二十八条 债权人向人民法院请求行使担保物权时,债务人和担保人应当作为共同被告参加诉讼。

同一债权既有保证又有物的担保的;当事人发生纠纷提起诉讼的,债务人与保证人、抵押人或者出质人可以作为共同被告参加诉讼。

案例链接

❶《杨晓东诉黄勇民等民间借贷纠纷案》,参见北大法宝引证码:Pkulaw.cn/CLI.C.235755。

❷《何素青等诉蒋玉玲等民间借贷纠纷案》,参见北大法宝引证码:Pkulaw.cn/CLI.C.226793。

❸《光鼎电子股份有限公司等与孙发亮股权转让合同纠纷上诉案》,参见北大法宝引证码:Pkulaw.cn/CLI.C.285174。

❹《谈坤荣等诉王玉良等民间借贷纠纷案》,参见北大法宝引证码:Pkulaw.cn/CLI.C.248167。

学者观点

❶ 徐磊:《同一债权上保证与物的担保并存之法律分析》,参见北大法宝引证码:Pkulaw.cn/CLI.A.1103510。

❷ 左军:《保证与抵押竞合,何者效力优先,保证单位改制后,由谁承担责任》,参见北大法宝引证码:Pkulaw.cn/CLI.A.1111307。

【主从合同纠纷的管辖】

法律问题解读

债权人如果将主合同和从合同的当事人一起起诉到法院,应当根据主合同确定管辖。担保合同是主合同的从合同,因从合同产生的诉讼从属于因主合同产生的诉讼。因此法律规定主合同和担保合同发生纠纷提起诉讼的,以主合同确定管辖。

主合同的管辖地无非是债务人住所地或者主合同履行地。由于在一般保证情况下采用共同诉讼的模式,即债权人仅起诉一般保证人,不起诉债务人的,人民法院应当追加债务人为共同被告,因此,一般保证情况下永远是以主合同确定管辖。其他物的担保合同,比如抵押合同、质押合同也是主合同的从合同,确定管辖的原则应当是一样的。对于债权人仅起诉保证人的,只有在连带保证中才成立。担保人承担连带责任的担保合同发生纠纷,债权人向担保人主张权利的,应由担保人住所地的法院管辖。当然,如果债权人对债务人和连带保证人一并提起诉讼的,仍然按照主合同来确定管辖。

此外,合同当事人还可以书面形式协议选择以原告住所地、被告住所地、标的物所在地、合同订立地、合同履行地法院为管辖法院。在适用协议管辖时,如果主合同和担保合同选择管辖的法院不一致的,应当根据主合同确定管辖。而且,当事人协议管辖的法院必须符合《民事诉讼法》的规定。如果当事人协议不明确,协议无效,由被告住所地或者合同履行地的人民法院进行管辖。

法条指引

❶《中华人民共和国民事诉讼法》(1991年4月9日 主席令公布 2007年10月28日修订)

第二十二条 对公民提起的民事诉讼,由被告住所地人民法院管辖;被告住所地与经常居住地不一致的,由经常居住地人民法院管辖。

对法人或者其他组织提起的民事诉讼,由被告住所地人民法院管辖。

同一诉讼的几个被告住所地、经常居住地在两个以上人民法院辖区的,各该人民法院都有管辖权。

第二十五条 合同的双方当事人可以在书面合同中协议选择被告住所地、合同履行地、合同签订地、原告住所地、标的物所在地人民法院管辖，但不得违反本法对级别管辖和专属管辖的规定。

❷《最高人民法院关于适用〈中华人民共和国担保法〉若干问题的解释》（2000年12月13日发布）

第一百二十九条 主合同和担保合同发生纠纷提起诉讼的，应当根据主合同确定案件管辖。担保人承担连带责任的担保合同发生纠纷，债权人向担保人主张权利的，应当由担保人住所地的法院管辖。

主合同和担保合同选择管辖的法院不一致的，应当根据主合同确定案件管辖。

❸《最高人民法院关于适用〈中华人民共和国民事诉讼法〉若干问题的意见》（1992年7月14日发布）

24.合同的双方当事人选择管辖的协议不明确或者选择《民事诉讼法》第二十五条规定的人民法院中的两个以上人民法院管辖的，选择管辖的协议无效，依照《民事诉讼法》第二十四条的规定确定管辖。

案例链接

❶《北京精达房地产开发有限公司与北京泰利天和房地产开发有限公司合同纠纷上诉案》，参见北大法宝引证码：Pkulaw.cn/CLI.C.222668。

❷《夏培兴与孙建明民间借贷纠纷上诉案》，参见北大法宝引证码：Pkulaw.cn/CLI.C.285688。

❸《蓝柯夫有限公司与江苏扬力集团有限公司借款合同纠纷上诉案》，参见北大法宝引证码：Pkulaw.cn/CLI.C.137637。

【主合同纠纷判决的既判力范围】

法律问题解读

主合同纠纷判决的既判力范围只及于主合同，对担保合同不发生法律效力。人民法院不得依照对主合同纠纷的判决或者裁定直接执行担保人的财产。因此，人民法院应债权人的要求直接执行担保人的财产的，担保人可以提出执行异议，并且异议成立。法律之所以规定人民法院不能依照对主合同当事人所作出的判决或者裁定，直接执行担保人的财产，是因为在主合同纠纷案件中，担保人不是案件当事人，人民法院就主合同纠纷案件所作出的判决或者裁定对担保人没有约束力，判决或者裁定不能成为人民法院强制执行财产的依据。因此，如果债权人想在执行债务人财产的同时，也可以执行担保人的财产，就应当选择共同诉讼的模式，即对债务人和担保人一并提起诉讼。

司法实践中有的人民法院在发现债务人的财产不足清偿债权时，采取变更执行对象的方法，直接在执行裁定执行担保人的财产。这种做法是错误的，不符合司法解释的规定，也不符合《最高人民法院关于执行工作若干规定（试行）》中关于"变更被执行主体"的规定。后者仅适用于对与执行对象有财产上关联的主体的变更执行，例如无法人资格的其他组织作为被执行主体，无能力履行法律文书确定的义务时，可将被执行主体变更为应当为其承担民事责任的自然人或者法人。

法条指引

❶《最高人民法院关于适用〈中华人民共和国担保法〉若干问题的解释》（2000年12月13日发布）

第一百三十条 在主合同纠纷案件中，对担保合同未经审判，人民法院不应当依据对主合同当事人所作出的判决或者裁定，直接执行担保人的财产。

❷《最高人民法院关于人民法院执行工作若干问题的规定（试行）》（1998年7月8日发布）

76.被执行人为无法人资格的私营独资企业，无能力履行法律文书确定的义务的，人民法院可以裁定执行该独资企业业主的其他财产。

77.被执行人为个人合伙组织或合伙型联营企业，无能力履行生效法律文书确定的义务的，人民法院可以裁定追加该合伙组织的合伙人或参加该联营企业的法人为被执行人。

78.被执行人为企业法人的分支机构不能清偿债务时，可以裁定企业法人为被执行人。企业法人直接经营管理的财产仍不能清偿债务的，人民法院可以裁定执行该企业法人其他分支机构的财产。

若必须执行已被承包或租赁的企业法人分支机构的财产时，对承包人或承租人投入及应得的收益应依法保护。

79.被执行人按法定程序分立为两个或多个具有法人资格的企业，分立后存续的企业按照分立协议确定的比例承担债务；不符合法定程序分立的，裁定由分立后存续的企业按照其从被执行企业分得的资产占原企业总资产的比例对申请执行人承担责任。

80. 被执行人无财产清偿债务，如果其开办单位对其开办时投入的注册资金不实或抽逃注册资金，可以裁定变更或追加其开办单位为被执行人，在注册资金不实或抽逃注册资金的范围内，对申请执行人承担责任。

81. 被执行人被撤销、注销或歇业后，上级主管部门或开办单位无偿接受被执行人的财产，致使被执行人无遗留财产清偿债务或遗留财产不足清偿的，可以裁定由上级主管部门或开办单位在所接受的财产范围内承担责任。

【不能清偿】

法律问题解读

一般保证人和担保无效时的担保人享有先诉抗辩权，他们承担责任的前提均为债务人不能清偿债务。在债务人能够清偿债务时，担保人享有先诉抗辩权，因此不能先执行担保人的财产。因此，判断债务人是否已经达到"不能清偿"的状态是能否对担保人的财产开始执行的关键。

"不能清偿"是指对债务人的存款、现金、有价证券、成品、半成品、原材料、交通工具等动产和其他方便执行的财产执行完毕后，债务仍未得到清偿的状态。所谓方便执行的财产是指清偿直接、变现容易、回收便捷的财产，一般指动产，但不限于动产。债务人的对外债权则不属于方便执行的财产。不动产与动产相比变现困难，变现周期长，一般不属于方便执行的财产，因此对不动产是否属于方便执行的财产的判断，由人民法院根据不动产的实际状态，从执行实践出发来进行。如果债务人有方便执行的财产没有被执行，就不属于"不能清偿"的状态，就不能执行担保人的财产。如果债务人方便执行的财产已经执行完毕，即使债务人还有其他难以回收或者变现的财产没有被执行，仍属于"不能清偿"的状态，可以执行担保人的财产。

在把握此问题时还要注意两点：(1)"不能清偿"不等于债务人破产。人民法院在执行债务人财产时不必对债务人进行破产清算。(2)"不能清偿"不是"未清偿"。"不能清偿"有债务人清偿能力上的原因，而"未清偿"只是债务未受清偿的实际状态，与债务人的清偿能力没有关系。

法条指引

❶《中华人民共和国担保法》（1995年6月30日 主席令公布）

第十七条 当事人在保证合同中约定，债务人不能履行债务时，由保证人承担保证责任的，为一般保证。

一般保证的保证人在主合同纠纷未经审判或者仲裁，并就债务人财产依法强制执行仍不能履行债务前，对债权人可以拒绝承担保证责任。

有下列情形之一的，保证人不得行使前款规定的权利：

（一）债务人住所变更，致使债权人要求其履行债务发生重大困难的；

（二）人民法院受理债务人破产案件，中止执行程序的；

（三）保证人以书面形式放弃前款规定的权利的。

❷《最高人民法院关于适用〈中华人民共和国担保法〉若干问题的解释》（2000年12月13日发布）

第七条 主合同有效而担保合同无效，债权人无过错的，担保人与债务人对主合同债权人的经济损失，承担连带赔偿责任；债权人、担保人有过错的，担保人承担民事责任的部分，不应超过债务人不能清偿部分的二分之一。

第八条 主合同无效而导致担保合同无效，担保人无过错的，担保人不承担民事责任；担保人有过错的，担保人承担民事责任的部分，不应超过债务人不能清偿部分的三分之一。

第一百三十一条 本解释所称"不能清偿"指对债务人的存款、现金、有价证券、成品、半成品、原材料、交通工具等可以执行的动产和其他方便执行的财产执行完毕后，债务仍未能得到清偿的状态。

案例链接

❶《林日桂等诉郑开源委托合同纠纷案》，参见北大法宝引证码：Pkulaw. cn/CLI. C. 99594。

❷《李建均诉洪欣荣等民间借贷纠纷案》，参见北大法宝引证码：Pkulaw. cn/CLI. C. 244162。

学者观点

❶ 邓自力：《如何理解破产法的"不能清偿到期债务"》，参见北大法宝引证码：Pkulaw. cn/CLI.

A. 1110422.

【诉讼中的担保】

法律问题解读

除了当事人通过协商在借贷、买卖、货物运输、加工承揽等经济活动中产生《担保法》上的担保之外，在民事程序法中还存在着诉讼中的担保。诉讼中的担保主要包括财产保全中的担保、证据保全中的担保和执行担保。理解诉讼中的担保应把握以下几个问题：

1. 诉讼中的担保产生的时间很特殊。诉讼中的担保都是在特殊的时期，即案件的受理或者执行程序中提供的。

2. 诉讼中的担保具有特殊和重大的利益。财产保全中的担保涉及可能要以担保的财产实现对被申请人损害的救济；执行担保既涉及避免给被执行人造成不必要的损失，又涉及以担保财产实现申请执行人的申请的权利。

3. 诉讼中的担保目的比较特殊。财产保全中的担保是为了保护被执行人的合法权益，也为了保护申请执行人的实际利益。

4. 诉讼中的担保产生的程序很特殊。财产保全中的担保是依据法律的规定或者法院的要求而成立的，执行担保必须经过被申请执行人的申请和人民法院的批准才能成立。

法条指引

❶《中华人民共和国民事诉讼法》（1991年4月9日主席令公布 2007年10月28日修订）

第九十二条 人民法院对于可能因当事人一方的行为或者其他原因，使判决不能执行或者难以执行的案件，可以根据对方当事人的申请，作出财产保全的裁定；当事人没有提出申请的，人民法院在必要时也可以裁定采取财产保全措施。

人民法院采取财产保全措施，可以责令申请人提供担保；申请人不提供担保的，驳回申请。

人民法院接受申请后，对情况紧急的，必须在四十八小时内作出裁定；裁定采取财产保全措施的，应当立即开始执行。

第九十三条 利害关系人因情况紧急，不立即申请财产保全将会使其合法权益受到难以弥补的损害的，可以在起诉前向人民法院申请采取财产保全措施。申请人应当提供担保，不提供担保的，驳回申请。

人民法院接受申请后，必须在四十八小时内作出裁定；裁定采取财产保全措施的，应当立即开始执行。

申请人在人民法院采取保全措施后十五日内不起诉的，人民法院应当解除财产保全。

第九十六条 申请有错误的，申请人应当赔偿被申请人因财产保全所遭受的损失。

第二百零八条 在执行中，被执行人向人民法院提供担保，并经申请执行人同意的，人民法院可以决定暂缓执行及暂缓执行的期限。被执行人逾期仍不履行的，人民法院有权执行被执行人的担保财产或者担保人的财产。

❷《最高人民法院关于适用〈中华人民共和国担保法〉若干问题的解释》（2000年12月13日发布）

第一百三十二条 在案件审理或者执行程序中，当事人提供财产担保的，人民法院应当对该财产的权属证书予以扣押，同时向有关部门发出协助执行通知书，要求其在规定的时间内不予办理担保财产的转移手续。

❸《最高人民法院关于适用〈中华人民共和国民事诉讼法〉若干问题的意见》（1992年7月14日发布）

268. 人民法院依照《民事诉讼法》第二百一十二条的规定决定暂缓执行的，如果担保是有期限的，暂缓执行的期限应与担保期限一致，但最长不得越过1年。被执行人或担保人对担保的财产在暂缓执行期间有转移、隐藏、变卖、毁损等行为的，人民法院可以恢复强制执行。

269.《民事诉讼法》第二百一十二条规定的执行担保，可以由被执行人向人民法院提供财产作担保，也可以由第三人出面作担保。以财产作担保的，应提交保证书；由第三人担保的，应当提交担保书。担保人应当具有代为履行或者代为承担赔偿责任的能力。

270. 被执行人在人民法院决定暂缓执行的期限届满后仍不履行义务的，人民法院可以直接执行担保财产，或者裁定执行担保人的财产，但执行担保人的财产以担保人应当履行义务部分的财产为限。

❹《最高人民法院关于民事诉讼证据的若干规定》（2001年12月21日发布）

第二十三条 当事人依据《民事诉讼法》第七十四条的规定向人民法院申请保全证据，不得迟于举证期限届满前七日。

当事人申请保全证据的，人民法院可以要求

其提供相应的担保。

法律、司法解释规定诉前保全证据的，依照其规定办理。

学者观点

❶ 袁宝成：《完善我国民事诉讼担保制度》，参见北大法宝引证码：Pkulaw.cn/CLI.A.1107288。

【财产保全中的担保】

法律问题解读

财产保全中的担保，包括诉前财产保全中的担保和诉讼中财产保全的担保。诉前财产保全中的担保是指因情况紧急，不立即申请财产保全将会使其合法权益受到难以弥补的损害的，利害关系人在起诉前向人民法院申请财产保全时向法院提供的担保。诉讼中的财产保全担保是指，当事人一方在案件审理的过程中在可能因另一方的行为或其他原因而使判决不能执行或难以执行的情况下，向人民法院申请财产保全时提供的担保。

财产保全中的担保的目的是使因申请错误而蒙受损失的被申请人及时得到赔偿，因此，财产保全中的申请人提供的担保的价值应相当于被请求保全的财产的数额。既然如此，则申请人提供的担保只能是抵押或质押，而不能是保证，否则这种担保的作用无法发挥。此外，在案件审理程序中，当事人提供财产担保，即诉讼保全中的担保时，人民法院应对该财产的权属证书予以扣押，同时向有关部门发出协助执行通知书，要求其在规定的时间内办理担保财产的转移手续。由于财产保全中担保的主要目的是为因错误申请而蒙受损失的被申请人提供及时的补救措施，因此这种担保可由申请人或者第三人提供。但在诉前财产保全担保中，为了防止当事人随意申请诉前财产保全，这时的担保只能由申请人提供。如果由于财产保全的错误而给被申请人造成损失的，申请人应当赔偿被申请人因财产保全所受的损失。

法条指引

❶《中华人民共和国民事诉讼法》（1991年4月9日 主席令公布 2007年10月28日修订）

第九十二条 人民法院对于可能因当事人一方的行为或者其他原因，使判决不能执行或者难以执行的案件，可以根据对方当事人的申请，作出财产保全的裁定；当事人没有提出申请的，人民法院在必要时也可以裁定采取财产保全措施。

人民法院采取财产保全措施，可以责令申请人提供担保；申请人不提供担保的，驳回申请。

人民法院接受申请后，对情况紧急的，必须在四十八小时内作出裁定；裁定采取财产保全措施的，应当立即开始执行。

第九十三条 利害关系人因情况紧急，不立即申请财产保全将会使其合法权益受到难以弥补的损害的，可以在起诉前向人民法院申请采取财产保全措施。申请人应当提供担保，不提供担保的，驳回申请。

人民法院接受申请后，必须在四十八小时内作出裁定；裁定采取财产保全措施的，应当立即开始执行。

申请人在人民法院采取保全措施后十五日内不起诉的，人民法院应当解除财产保全。

第九十六条 申请有错误的，申请人应当赔偿被申请人因财产保全所遭受的损失。

❷《中华人民共和国海事诉讼特别程序法》（1999年12月25日 主席令公布）

第十六条 海事法院受理海事请求保全申请，可以责令海事请求人提供担保。海事请求人不提供的，驳回其申请。

❸《中华人民共和国税收征收管理法》（2001年4月28日 修正公布）

第三十八条 税务机关有根据认为从事生产、经营的纳税人有逃避纳税义务行为的，可以在规定的纳税期之前，责令限期缴纳应纳税款；在限期内发现纳税人有明显的转移、隐匿其应纳税的商品、货物以及其他财产或者应纳税的收入的迹象的，税务机关可以责成纳税人提供纳税担保。如果纳税人不能提供纳税担保，经县以上税务局（分局）局长批准，税务机关可以采取下列税收保全措施：

（一）书面通知纳税人开户银行或者其他金融机构冻结纳税人的金额相当于应纳税款的存款；

（二）扣押、查封纳税人的价值相当于应纳税款的商品、货物或者其他财产。

纳税人在前款规定的限期内缴纳税款的，税务机关必须立即解除税收保全措施；限期期满仍未缴纳税款的，经县以上税务局（分局）局长批准，税务机关可以书面通知纳税人开户银行或者其他金融机构从其冻结的存款中扣缴税款，或者依法拍卖或者变卖所扣押、查封的商品、货物或者其他财产，以拍卖或者变卖所得抵缴税款。

个人及其所扶养家属维持生活必需的住房和

用品，不在税收保全措施的范围之内。

第三十九条　纳税人在限期内已缴纳税款，税务机关未立即解除税收保全措施，使纳税人的合法利益遭受损失的，税务机关应当承担赔偿责任。

第四十条　从事生产、经营的纳税人、扣缴义务人未按照规定的期限缴纳或者解缴税款，纳税担保人未按照规定的期限缴纳所担保的税款，由税务机关责令限期缴纳，逾期仍未缴纳的，经县以上税务局（分局）局长批准，税务机关可以采取下列强制执行措施：

（一）书面通知其开户银行或者其他金融机构从其存款中扣缴税款；

（二）扣押、查封、依法拍卖或者变卖其价值相当于应纳税款的商品、货物或者其他财产，以拍卖或者变卖所得抵缴税款。

税务机关采取强制执行措施时，对前款所列纳税人、扣缴义务人、纳税担保人未缴纳的滞纳金同时强制执行。

个人及其所扶养家属维持生活必需的住房和用品，不在强制执行措施的范围之内。

第四十一条　本法第三十七条、第三十八条、第四十条规定的采取税收保全措施、强制执行措施的权力，不得由法定的税务机关以外的单位和个人行使。

第四十二条　税务机关采取税收保全措施和强制执行措施必须依照法定权限和法定程序，不得查封、扣押纳税人个人及其所扶养家属维持生活必需的住房和用品。

❹《中华人民共和国税收征收管理法实施细则》（2002年9月7日　国务院令发布）

第六十一条　《税收征管法》第三十八条、第八十八条所称担保，包括经税务机关认可的纳税保证人为纳税人提供的纳税保证，以及纳税人或者第三人以其未设置或者未全部设置担保物权的财产提供的担保。

纳税保证人，是指在中国境内具有纳税担保能力的自然人、法人或者其他经济组织。

法律、行政法规规定的没有担保资格的单位和个人，不得作为纳税担保人。

第六十二条　纳税担保人同意为纳税人提供纳税担保的，应当填写纳税担保书，写明担保对象、担保范围、担保期限和担保责任以及其他有关事项。担保书须经纳税人、纳税担保人签字盖章并经税务机关同意，方为有效。

纳税人或者第三人以其财产提供纳税担保的，应当填写财产清单，并写明财产价值以及其他有关事项。纳税担保财产清单须经纳税人、第三人签字盖章并经税务机关确认，方为有效。

第六十三条　税务机关执行扣押、查封商品、货物或者其他财产时，应当由两名以上税务人员执行，并通知被执行人。被执行人是自然人的，应当通知被执行人本人或者其成年家属到场；被执行人是法人或者其他组织的，应当通知其法定代表人或者主要负责人到场；拒不到场的，不影响执行。

第六十四条　税务机关执行《税收征管法》第三十七条、第三十八条、第四十条的规定，扣押、查封价值相当于应纳税款的商品、货物或者其他财产时，参照同类商品的市场价、出厂价或者评估价估算。

税务机关按照前款方法确定应扣押、查封的商品、货物或者其他财产的价值时，还应当包括滞纳金和扣押、查封、保管、拍卖、变卖所发生的费用。

第六十五条　对价值超过应纳税额且不可分割的商品、货物或者其他财产，税务机关在纳税人、扣缴义务人或者纳税担保人无其他可供强制执行的财产的情况下，可以整体扣押、查封、拍卖，以拍卖所得抵缴税款、滞纳金、罚款以及扣押、查封、保管、拍卖等费用。

第六十六条　税务机关执行《税收征管法》第三十七条、第三十八条、第四十条的规定，实施扣押、查封时，对有产权证件的动产或者不动产，税务机关可以责令当事人将产权证件交税务机关保管，同时可以向有关机关发出协助执行通知书，有关机关在扣押、查封期间不再办理该动产或者不动产的过户手续。

第六十七条　对查封的商品、货物或者其他财产，税务机关可以指令被执行人负责保管，保管责任由被执行人承担。

继续使用被查封的财产不会减少其价值的，税务机关可以允许被执行人继续使用；因被执行人保管或者使用的过错造成的损失，由被执行人承担。

第六十八条　纳税人在税务机关采取税收保全措施后，按照税务机关规定的期限缴纳税款的，税务机关应当自收到税款或者银行转回的完税凭证之日起一日内解除税收保全。

第六十九条　税务机关将扣押、查封的商品、货物或者其他财产变价抵缴税款时，应当交由依法成立的拍卖机构拍卖；无法委托拍卖或者不适于拍卖的，可以交由当地商业企业代为销售，也可以责令纳税人限期处理；无法委托商业企业销售，纳税人也无法处理的，可以由税务机关变价处理，具体办法由国家税务总局规定。国家禁止自由买卖的商品，应当交由有关单位按照国家规定的价格收购。

拍卖或者变卖所得抵缴税款、滞纳金、罚款以及扣押、查封、保管、拍卖、变卖等费用后，剩余部分应当在三日内退还被执行人。

第七十条 《税收征管法》第三十九条、第四十三条所称损失，是指因税务机关的责任，使纳税人、扣缴义务人或者纳税担保人的合法利益遭受的直接损失。

❺《最高人民法院关于适用〈中华人民共和国民事诉讼法〉若干问题的意见》（1992年7月14日发布）

98. 人民法院依照《民事诉讼法》第九十二条、第九十三条规定，在采取诉前财产保全和诉讼财产保全时责令申请人提供担保的，提供担保的数额应相当于请求保全的数额。

109. 诉讼中的财产保全裁定的效力一般应维持到生效的法律文书执行时止。在诉讼过程中，需要解除保全措施的，人民法院应及时作出裁定，解除保全措施。

❻《最高人民法院关于适用〈中华人民共和国担保法〉若干问题的解释》（2000年12月13日发布）

第一百三十二条 在案件审理或者执行程序中，当事人提供财产担保的，人民法院应当对该财产的权属证书予以扣押，同时向有关部门发出协助执行通知书，要求其在规定的时间内不予办理担保财产的转移手续。

❼《最高人民法院关于适用〈中华人民共和国合同法〉若干问题的解释（一）》（1999年12月19日发布）

第十七条 在代位权诉讼中，债权人请求人民法院对次债务人的财产采取保全措施的，应当提供相应的财产担保。

❽《最高人民法院关于执行〈中华人民共和国行政诉讼法〉若干问题的解释》（2000年3月8日发布）

第九十二条 行政机关或者具体行政行为确定的权利人申请人民法院强制执行前，有充分理由认为被执行人可能逃避执行的，可以申请人民法院采取财产保全措施。后者申请强制执行的，应当提供相应的财产担保。

❾《最高人民法院关于审理票据纠纷案件若干问题的规定》（2000年11月14日发布）

第八条 人民法院在审理、执行票据纠纷案件时，对具有下列情形之一的票据，经当事人申请并提供担保，可以依法采取保全措施或者执行措施：

（一）不履行约定义务，与票据债务人有直接债权债务关系的票据当事人所持有的票据；

（二）持票人恶意取得的票据；

（三）应付对价而未付对价的持票人持有的票据；

（四）记载有"不得转让"字样而用于贴现的票据；

（五）记载有"不得转让"字样而用于质押的票据；

（六）法律或者司法解释规定有其他情形的票据。

❿《最高人民法院关于人民法院对注册商标权进行财产保全的解释》（2001年1月2日发布）

第一条 人民法院根据《民事诉讼法》有关规定采取财产保全措施时，需要对注册商标权进行保全的，应当向国家工商行政管理局商标局（以下简称商标局）发出协助执行通知书，载明要求商标局协助保全的注册商标的名称、注册人、注册证号码、保全期限以及协助执行保全的内容，包括禁止转让、注销注册商标、变更注册事项和办理商标权质押登记等事项。

⓫《最高人民法院关于对诉前停止侵犯专利权行为适用法律问题的若干规定》（2001年6月7日发布）

第一条 根据《专利法》第六十一条的规定，专利权人或者利害关系人可以向人民法院提出诉前责令被申请人停止侵犯专利权行为的申请。

提出申请的利害关系人，包括专利实施许可合同的被许可人、专利财产权利的合法继承人等。专利实施许可合同被许可人中，独占实施许可合同的被许可人可以单独向人民法院提出申请；排他实施许可合同的被许可人在专利权人不申请的情况下，可以提出申请。

第六条 申请人提出申请时应当提供担保，申请人不提供担保的，驳回申请。

当事人提供保证、抵押等形式的担保合理、有效的，人民法院应当准予。

人民法院确定担保范围时，应当考虑责令停止有关行为所涉及产品的销售收入，以及合理的仓储、保管等费用；被申请人停止有关行为可能造成的损失，以及人员工资等合理费用支出；其他因素。

第十六条 人民法院执行诉前停止侵犯专利权行为的措施时，可以根据当事人的申请，参照《民事诉讼法》第七十四条的规定，同时进行证据保全。

人民法院可以根据当事人的申请，依照《民事诉讼法》第九十二条、第九十三条的规定进行财产保全。

案例链接

❶《茹红霞诉三门峡开发区京惠物流服务部等道路交通事故人身损害赔偿纠纷案》，参见北大法宝引证码：Pkulaw. cn/CLI. C. 291502。

❷《张某等诉刘某等道路交通事故人身及财产损害赔偿纠纷案》，参见北大法宝引证码：Pkulaw. cn/CLI. C. 285495。

❸《常国俊诉诉宋进玲等道路交通事故人身损害赔偿纠纷案》，参见北大法宝引证码：Pkulaw. cn/CLI. C. 280667。

❹《梁玉新与王回营诉前保全纠纷案》，参见北大法宝引证码：Pkulaw. cn/CLI. C. 280678。

学者观点

❶ 蒋海英：《论财产保全制度的完善》，参见北大法宝引证码：Pkulaw. cn/CLI. A. 1104607。

❷ 吴声华、毛煜焕：《财产保全制度中的担保审查》，参见北大法宝引证码：Pkulaw. cn/CLI. A. 1112087。

❸ 郭小冬：《论保全诉讼中被申请人利益的保障》，参见北大法宝引证码：Pkulaw. cn/CLI. A. 1144981。

❹ 郭小冬：《论诉讼保全中的利益权衡问题》，参见北大法宝引证码：Pkulaw. cn/CLI. A. 1146578。

【执行担保】

法律问题解读

执行担保是指强制执行过程中被申请执行人要求暂缓或缓期执行而向人民法院提供的担保。

执行担保可由被执行人以自己的财产设定，也可以由第三人出面担保。第三人提供的执行担保既可以是人的担保（保证），也可以是物的担保（抵押、质押）。第三人以保证方式设定执行担保的，应当向法院提交保证书；以抵押、质押方式设定执行担保的，应向法院提交抵押担保合同或者质押担保合同。

在财产上设立执行担保的方式有两种：一是把担保物移交人民法院；二是到有关机关办理担保登记手续。至于采取何种方式必须依据担保物的种类与性质决定。事实上只有质押的财产才有可能移交人民法院控制。对于无法移交人民法院控制的财产，人民法院可以将其权利证书予以扣押，同时向有关部门发出协助执行通知书，要求该部门在规定的时间内不予办理担保财产的转移手续。如果被执行人在人民法院决定暂缓执行的期限届满仍不履行义务的，人民法院可以直接执行担保财产，或者裁定执行担保人的财产，但执行担保人的财产以担保人应当履行义务的部分的财产为限。

法条指引

❶《中华人民共和国民事诉讼法》（1991年4月9日 主席令公布 2007年10月28日修订）

第二百零八条 在执行中，被执行人向人民法院提供担保，并经申请执行人同意的，人民法院可以决定暂缓执行及暂缓执行的期限。被执行人逾期仍不履行的，人民法院有权执行被执行人的担保财产或者担保人的财产。

❷《最高人民法院关于适用〈中华人民共和国担保法〉若干问题的解释》（2000年12月13日发布）

第一百三十二条 在案件审理或者执行程序中，当事人提供财产担保的，人民法院应当对该财产的权属证书予以扣押，同时向有关部门发出协助执行通知书，要求其在规定的时间内不予办理担保财产的转移手续。

❸《最高人民法院关于适用〈中华人民共和国民事诉讼法〉若干问题的意见》（1992年7月14日发布）

268. 人民法院依照《民事诉讼法》第二百一十二条的规定决定暂缓执行的，如果担保是有期限的，暂缓执行的期限应与担保期限一致，但最长不得越过1年。被执行人或担保人对担保的财产在暂缓执行期间有转移、隐藏、变卖、毁损等行为的，人民法院可以恢复强制执行。

269.《民事诉讼法》第二百一十二条规定的执行担保，可以由被执行人向人民法院提供财产作担保，也可以由第三人出面作担保。以财产作担保的，应提交保证书；由第三人担保的，应当提交担保书。担保人应当具有代为履行或者代为承担赔偿责任的能力。

270. 被执行人在人民法院决定暂缓执行的期限届满后仍不履行义务的,人民法院可以直接执行担保财产,或者裁定执行担保人的财产,但执行担保人的财产以担保人应当履行义务部分的财产为限。

❹《最高人民法院关于对诉前停止侵犯专利权行为适用法律问题的若干规定》(2001年6月7日发布)

第七条 在执行停止有关行为裁定过程中,被申请人可能因采取该项措施造成更大损失的,人民法院可以责令申请人追加相应的担保。申请人不追加担保的,解除有关停止措施。

❺《最高人民法院关于人民法院执行工作若干问题的规定(试行)》(1998年7月8日发布)

84. 被执行人或其担保人以财产向人民法院提供执行担保的,应当依据《中华人民共和国担保法》的有关规定,按照担保物的种类、性质,将担保物移交执行法院,或依法到有关机关办理登记手续。

案例链接

❶《王福印与周广丽民间借贷纠纷案》,参见北大法宝引证码:Pkulaw. cn/CLI. C. 242681。

❷《卢长青申请(2009)山执字第76-1号民事裁定复议纠纷执行案》,参见北大法宝引证码:Pkulaw. cn/CLI. C. 253824。

❸《黄宝达诉方万火担保追偿权纠纷案》,参见北大法宝引证码:Pkulaw. cn/CLI. C. 242228。

❹《中国化工橡胶总公司诉中国华新实业总公司担保追偿纠纷案》,参见北大法宝引证码:Pkulaw. cn/CLI. C. 219428。

学者观点

❶ 刘璐:《执行担保的性质及其法律适用问题研究》,参见北大法宝引证码:Pkulaw. cn/CLI. A. 1137939。

❷ 刘子元:《试析执行担保》,参见北大法宝引证码:Pkulaw. cn/CLI. A. 1134564。

❸ 姚大胜:《执行担保法律规定的适用》,参见北大法宝引证码:Pkulaw. cn/CLI. A. 155206。

【担保法及其司法解释的时间效力】

法律问题解读

法律的时间效力,是指法律的生效、失效时间,及法律生效后对生效前的法律关系是否具有溯及力。《担保法》于1995年6月30日公布,1995年10月1日开始施行。《关于担保法若干问题的解释》(以下简称《解释》)于2000年9月29日公布,2000年12月13日开始施行。在把握该问题时应当注意三个方面:

1.《担保法》施行前发生的担保行为如何适用法律。《担保法》施行前发生的担保行为适用行为发生时的法律、法规和司法解释,不适用《担保法》及《解释》。其中有两点需要注意:第一,应以担保行为的发生时间确定法律适用的标准,而非担保纠纷的发生时间。第二,《担保法》施行以前发生的担保行为除适用当时的法律法规,也适用当时的司法解释。

2.《担保法》施行后发生的担保行为如何适用法律。《担保法》施行后发生的担保行为产生纠纷,在《解释》公布施行前已经终审,当事人申请再审或者按审判监督程序决定再审的担保纠纷案件,不适用司法解释。《担保法》施行后发生的担保行为产生纠纷,在《解释》公布施行后尚在一审或二审阶段的,适用《担保法》及《解释》。如果一审案件后当事人上诉,在二审阶段《解释》发布的,二审法院依据《解释》的新规定改判一审判决,改判不应视为一审法院错判案件。

3. 最高人民法院在《担保法》施行前作出的有关担保问题的司法解释,与《担保法》及《解释》相抵触的,不再适用。

法条指引

❶《中华人民共和国担保法》(1995年6月30日 主席令公布)

第九十六条 本法自1995年10月1日起施行。

❷《最高人民法院关于适用〈中华人民共和国担保法〉若干问题的解释》(2000年12月13日发布)

第一百三十三条 《担保法》施行以前发生的担保行为,适用担保行为发生时的法律、法规和有关司法解释。

《担保法》施行以后因担保行为发生的纠纷案件,在本解释公布施行前已经终审,当事人申请再审或者按审判监督程序决定再审的,不适用本解释。

《担保法》施行以后因担保行为发生的纠纷案件,在本解释公布施行后尚在一审或二审阶段的,适用担保法和本解释。

第一百三十四条 最高人民法院在《担保法》施行以前作出的有关担保问题的司法解释，与担保法和本解释相抵触的，不再适用。

案例链接

❶《淮北市人民检察院（淮北市双剑综合经营总公司的清算组织）诉淮北市机电设备（集团）有限责任公司联营合同纠纷再审案》，参见北大法宝引证码：Pkulaw. cn/CLI. C. 41422。

【船舶担保物权】

法律问题解读

由于海上贸易的标的额比较大，危险性大，损失也大，海上的物质财富及其有关的利益、责任的实现方式都比较复杂，因此，《海商法》对担保物权作了特别规定。因此，凡在海商法律关系中涉及船舶担保物权的，应当依照海商法的规定办理，海商法未作特别规定的，依《担保法》的规定办理。

船舶担保物权，是指海事债权人根据法定或者约定，为了担保债的履行而对船舶设定的物权。我国规定的船舶担保物权的种类和顺序如下：船舶优先权；船舶留置权；船舶抵押权。值得注意的是，下列费用应当位于船舶担保物权之前，从船舶出卖所得价款中先行拨付：诉讼费用；保存、拍卖船舶和分配船舶价款产生的费用；为海事请求人的共同利益而支付的其他费用。

法条指引

❶《中华人民共和国海商法》（1992年11月7日　主席令公布）

第二十五条　船舶优先权先于船舶留置权受偿，船舶抵押权后于船舶留置权受偿。

前款所称船舶留置权，是指造船人、修船人在合同另一方未履行合同时，可以留置所占有的船舶，以保证造船费用或者修船费用得以偿还的权利。船舶留置权在造船人、修船人不再占有所造或者所修的船舶时消灭。

❷《最高人民法院关于海事法院拍卖被扣押船舶清偿债务的规定》（1994年4月6日　最高人民法院发布）（略）

案例链接

❶《刘永吉诉桂正刚等船舶担保合同纠纷案》，参见北大法宝引证码：Pkulaw. cn/CLI. C. 8209。

❷《黄玉英等与中国工商银行湛江市坡头支行借款合同纠纷上诉案》，参见北大法宝引证码：Pkulaw. cn/CLI. C. 33174。

学者观点

❶ 段庆喜：《我国船舶担保物权的物上代位制度之完善》，参见北大法宝引证码：Pkulaw. cn/CLI. A. 1114193。

❷ 刘俊、朱志权：《船舶担保物权效力关系之辨正》，参见北大法宝引证码：Pkulaw. cn/CLI. A. 132759。

【船舶优先权】

法律问题解读

船舶优先权，是指海事请求人依照《担保法》的规定，向船舶所有人、光船承租人、船舶经营人提出海事请求，对产生海事请求的船舶具有优先受偿的权利。

船舶优先权是一种法定的担保物权，它所担保的是法律规定的某些海事请求权。海事请求权多种多样，其中有些是基于合同而产生的海事请求，但是在诸多的海事请求权中，只有《海商法》第二十二条规定的五项请求权具有船舶优先权。

船舶优先权随财产的移转而移转。船舶优先权一旦成立，请求权人不须占有担保物，也不须像船舶抵押权那样进行登记，设定船舶优先权的财产就自动地成为海事请求权的担保。船舶优先权一旦设定，除非因债务人清偿了债务或者因其他法律规定的原因使之消灭，否则就始终依附于该海上财产。

船舶优先权应当通过法定程序行使。船舶优先权是以物权来担保债权，但是，船舶优先权的成立并不要求债权人占有船舶，因此债权人要实现自己的优先权就必须对该财产主张权利，于是就只能通过司法程序实现自己的债权。债权人应当向法院申请扣押设定船舶优先权的船舶，如果船舶所有人不提供担保，债权人可申请司法拍卖，从拍卖所得价款中优先受偿。

船舶优先权是一种优先受偿的权利。由船舶优先权所担保的海事请求权在清偿时具有相对优先受偿的权利。当债务人的船舶价值或者拍卖所得的价款不足以满足全部债权人的债权时，依据法律规定具有船舶优先权的海事请求权，排列越是在前，就越有可能赔偿。

法条指引

❶《中华人民共和国海商法》（1992年11月7日 主席令公布）

第二十一条 船舶优先权，是指海事请求人依照本法第二十二条的规定，向船舶所有人、光船承租人、船舶经营人提出海事请求，对产生该海事请求的船舶具有优先受偿的权利。

第二十二条 下列各项海事请求具有船舶优先权：

（一）船长、船员和在船上工作的其他在编人员根据劳动法律、行政法规或者劳动合同所产生的工资、其他劳动报酬、船员遣返费用和社会保险费用的给付请求；

（二）在船舶营运中发生的人身伤亡的赔偿请求；

（三）船舶吨税、引航费、港务费和其他港口规费的缴付请求；

（四）海难救助的救助款项的给付请求；

（五）船舶在营运中因侵权行为产生的财产赔偿请求。

载运两千吨以上的散装货油的船舶，持有有效的证书，证明已经进行油污损害民事责任保险或者具有相应的财务保证的，对其造成的油污损害的赔偿请求，不属于前款第（五）项规定的范围。

第二十六条 船舶优先权不因船舶所有权的转让而消灭。但是，船舶转让时，船舶优先权自法院应受让人申请予以公告之日起满六十日不行使的除外。

第二十八条 船舶优先权应当通过法院扣押产生优先权的船舶行使。

案例链接

❶《林宁俊与中国人民财产保险股份有限公司台州市分公司船舶保险合同纠纷上诉案》，参见北大法宝引证码：Pkulaw.cn/CLI.C.253923。

❷《潘银洲诉王申苗等担保追偿权纠纷案》，参见北大法宝引证码：Pkulaw.cn/CLI.C.231248。

❸《尹长星诉宁波镇海明旭船务有限公司等船员劳务合同欠款纠纷案》，参见北大法宝引证码：Pkulaw.cn/CLI.C.242965。

❹《陈成法与人浙江中兴海运有限公司海上人身损害赔偿纠纷上诉案》，参见北大法宝引证码：Pkulaw.cn/CLI.C.247190。

学者观点

❶〔加〕威廉·泰特雷：《论船舶优先权法律冲突》，参见北大法宝引证码：Pkulaw.cn/CLI.A.1128064。

❷张丽英：《船舶优先权法律性质若干学说析》，参见北大法宝引证码：Pkulaw.cn/CLI.A.128138。

❸李强、周后春：《论船舶优先权的法律性质》，参见北大法宝引证码：Pkulaw.cn/CLI.A.119156。

❹邢海宝：《船舶优先权研究》，参见北大法宝引证码：Pkulaw.cn/CLI.A.1122510。

【船舶优先权的转让】

法律问题解读

船舶优先权的转让，是指船舶优先权的权利主体变更，即船舶优先权人的权利人把船舶优先权的权益转让给受让人。海事请求权转移的，其船舶优先权随之转移。船舶优先权是一种法定的担保物权，是从权利，因此，只要主债权允许转让，则从权利应当随主债权的转移而转移。

法条指引

❶《中华人民共和国海商法》（1992年11月7日 主席令公布）

第二十七条 本法第二十二条规定的海事请求权转移的，其船舶优先权随之转移。

【船舶优先权的消灭】

法律问题解读

船舶优先权的消灭，是指根据法律规定的原因使船舶优先权归于消灭。船舶优先权消灭的原因通常有以下几种：

1. 因时效终止而消灭。具有船舶优先权的海事请求，自优先权产生之日起满1年不行使的，船舶优先权归于消灭。该1年时效不得中止或者中断。

2. 因船舶优先权标的灭失而消灭。船舶优先权的标的即船舶的存在是船舶优先权存在的前提。

如果设定船舶优先权的船舶已经不复存在，则船舶优先权就无法行使。

3. 船舶优先权因其担保的债权得到清偿而消灭。

4. 因法院强制拍卖而消灭。船舶经法院强制拍卖，买受人所得财产就属于原始取得，任何依附于船舶上的负担就不复存在。全部优先权只应依附于法院拍卖所得的价款上。即使该价款不足以清偿全部优先权，优先权人也不得再对在新的所有权关系下的该船舶主张任何权利。为保护债权人的利益，船舶被强制拍卖前，法院应当按照法院地法的规定，公布通告，通知各债权人登记债权。

5. 因法律规定的其他原因而消灭。船舶转让时，船舶优先权自法院应受让人申请予以公告之日起满60日不行使而消灭。通过法定的催告程序，公告通知债权人，让他们出来主张权利，使其利益得到保护。如果法院公告满60日，即可视为船舶优先权人放弃其权利，这同时也保护了新的船舶所有人的权利。但值得注意的是，船舶优先权一般适用法院地法，因此，船舶在他国被扣押时，船舶所有人很难以我国的此项规定作为免除责任的抗辩理由。

法条指引

❶《中华人民共和国海商法》（1992年11月7日 主席令公布）

第二十六条 船舶优先权不因船舶所有权的转让而消灭。但是，船舶转让时，船舶优先权自法院应受让人申请予以公告之日起满六十日不行使的除外。

第二十九条 船舶优先权，除本法第二十六条规定的外，因下列原因之一而消灭：

（一）具有船舶优先权的海事请求，自优先权产生之日起满一年不行使；

（二）船舶经法院强制出售；

（三）船舶灭失。

前款第（一）项的一年期限，不得中止或者中断。

案例链接

❶《广西钦州市桂钦船务有限责任公司诉厦门鸿祥轮船有限公司船舶碰撞损害赔偿纠纷案》，参见北大法宝引证码：Pkulaw.cn/CLI.C.259547。

❷《可汗船务私人有限公司与王桂花船舶碰撞纠纷上诉案》，参见北大法宝引证码：Pkulaw.cn/CLI.C.237568。

❸《林洪川等诉湛江市沧海船务有限公司等船舶碰撞货损赔偿纠纷案》，参见北大法宝引证码：Pkulaw.cn/CLI.C.13562。

❹《梁洪与何转女船舶看护费用纠纷确权诉讼案》，参见北大法宝引证码：Pkulaw.cn/CLI.C.13355。

学者观点

❶ 伍载阳、刘乔发：《船舶拍卖实务问题研究》，参见北大法宝引证码：Pkulaw.cn/CLI.A.1111948。

【船舶优先权担保的范围】

法律问题解读

船舶优先权担保的海事请求有以下五项：

1. 船长、船员和在船上工作的其他在编人员根据劳动法律、行政法规或者劳动合同所产生的工资、其他劳动报酬、船员遣返费用和社会保险费用的给付请求。

2. 在船舶营运中发生的人身伤亡的赔偿请求。此项请求权应包括与船舶营运直接有关的以及间接有关的，无论发生在陆上或水上的人身伤亡提出的请求，既指船舶造成本船船员、旅客的人身伤亡的索赔，被碰撞船舶上的船员、旅客的人身伤亡、岸上非船东雇佣人员的人身伤亡，还包括不是由船舶造成的事故，如用来装卸作业的岸上吊车造成的事故，但应以船舶所有人、光船承租人、经营人或管理人对该事故负有责任为前提。

3. 船舶吨税、引航费、港务费和其他港口规费的缴付请求。港务费和其他港口规费，不应包括货物装卸费。

4. 海难救助的救助款项的给付请求。救助款项包括被救助方应当向救助方支付的任何救助报酬、酬金或者补偿。

5. 船舶在营运中因侵权行为产生的财产赔偿请求。主要包括船舶碰撞产生的财产损坏赔偿请求，船舶碰坏港口设施或者其他财产的损坏赔偿请求和其他航行事故产生的财产损害赔偿请求。船舶在营运中任何因合同行为产生的财产损害赔偿请求不属于该项请求。而且，油类污染造成的损害也不属于该项请求，不设定船舶优先权。

因行使船舶优先权产生的诉讼费用，保存、拍卖船舶和分配船舶价款产生的费用，以及为海事请求人的共同利益支付的其他费用，从船舶拍卖所得价款中先行拨付。

法条指引

❶《中华人民共和国海商法》（1992年11月7日 主席令公布）

第二十二条 下列各项海事请求具有船舶优先权：

（一）船长、船员和在船上工作的其他在编人员根据劳动法律、行政法规或者劳动合同所产生的工资、其他劳动报酬、船员遣返费用和社会保险费用的给付请求；

（二）在船舶营运中发生的人身伤亡的赔偿请求；

（三）船舶吨税、引航费、港务费和其他港口规费的缴付请求；

（四）海难救助的救助款项的给付请求；

（五）船舶在营运中因侵权行为产生的财产赔偿请求。

载运两千吨以上的散装货油的船舶，持有有效的证书，证明已经进行油污损害民事责任保险或者具有相应的财务保证的，对其造成的油污损害的赔偿请求，不属于前款第（五）项规定的范围。

第二十四条 因行使船舶优先权产生的诉讼费用，保存、拍卖船舶和分配船舶价款产生的费用，以及为海事请求人的共同利益而支付的其他费用，应当从船舶拍卖所得价款中先行拨付。

第一百七十二条 本章下列用语的含义：

（一）"船舶"，是指本法第三条所称的船舶和与其发生救助关系的任何其他非用于军事的或者政府公务的船艇。

（二）"财产"，是指非永久地和非有意地依附于岸线的任何财产，包括有风险的运费。

（三）"救助款项"，是指依照本章规定，被救助方应当向救助方支付的任何救助报酬、酬金或者补偿。

案例链接

❶《邓存有与广东南油船舶股份有限公司船舶修理合同纠纷上诉案》，参见北大法宝引证码：Pkulaw.cn/CLI.C.9640。

学者观点

❶ 袁绍春、刘云龙：《海事请求保全比较研究》，参见北大法宝引证码：Pkulaw.cn/CLI.A.177364。

【船舶优先权的受偿顺序】

法律问题解读

不同类别船舶优先权的应当遵照下列顺序受偿：

1. 船员工资、劳动报酬等给付请求。对船员利益的特别保护，受到各国的重视。因此，船员工资等给付请求通常被列为最优先受偿的第一位。

2. 人身伤亡的赔偿请求。该项同样受到各国重视，不受发生时间先后的限制，都处于优先受偿的地位，仅次于前述第一项。

3. 海滩救助款项的给付请求。按大多数国家的公共政策原则，救助款项的给付请求列在船员工资和人身伤亡的赔偿请求之后，但优先于其他船舶优先权所担保的海事请求。其根据是因为救助保存了船舶，也就保全了其他债权人的利益，而具有较优先受偿的地位。

4. 船舶吨税、引航税、港务费和其他港口规费的缴付请求。该项请求的排列顺序在很大程度上取决于立法国的公共政策。

5. 侵权行为产生的财产赔偿请求。这类请求权一般列在救助款项的请求之后受偿。当同一船舶上同时存在两个或者两个以上的船舶优先权时，主要按平等原则，附以倒序原则处理。但对于救助款项的请求权，如果有两个以上的海事请求的，则适用倒序原则，后发生的先受偿。

法条指引

❶《中华人民共和国海商法》（1992年11月7日 主席令公布）

第二十三条 本法第二十二条第一款所列各项海事请求，依照顺序受偿。但是，第（四）项海事请求，后于第（一）项至第（三）项发生的，应当先于第（一）项至第（三）项受偿。

本法第二十二条第一款第（一）、（二）、（三）、（五）项中有两个以上海事请求的，不分先后，同时受偿；不足受偿的，按照比例受偿。第（四）项中有两个以上海事请求的，后发生的先受偿。

第二十四条 因行使船舶优先权产生的诉讼费用，保存、拍卖船舶和分配船舶价款产生的费用，以及为海事请求人的共同利益而支付的其他费用，应当从船舶拍卖所得价款中先行拨付。

【船舶优先权与其他船舶担保物权之间的受偿顺序】

法律问题解读

船舶优先权先于船舶留置权受偿，船舶抵押权后于船舶留置权受偿。如果所造或者所修船舶在造船厂或者修船厂的留置期间，因其他海事请求权人的申请而被司法扣押并拍卖，享有留置权的造船厂或者修船厂应当向购买人交出船舶。但是以船舶留置权担保的债权仍然应当按照法院所在地法的规定，享有留置权优先受偿的地位。如果造船厂或者修船厂的债权未得到清偿又未行使留置权，则在其他海事请求权人申请的司法扣押和拍卖所得款项中，造船厂或者修船厂的未得到清偿的债权就只能作为无任何担保的一般债权，列在该船舶的抵押权后受偿。

船舶抵押权所担保的债权列在船舶留置权之后受偿。列在此顺序受偿的抵押权应当以登记的抵押权为限，相同船舶设定两个以上抵押权的，抵押权人按照抵押权登记的先后顺序受偿。而对于未登记的船舶抵押权，未登记的按照合同生效时间的先后受偿，顺序相同的，按照债权比例受偿。

当事船舶上设定的船舶优先权如果通过当事船舶的姐妹船舶来实现时，对非产生该海事请求的船舶就不具有优先受偿的权利。船舶优先权必须依附于该船舶而有效，因此，请求权人一旦没有以产生船舶优先权的船舶作为行使的对象，则这种请求权就成为一般的请求权，应当与其他债权处于同等的受偿地位。

法条指引

❶《中华人民共和国海商法》（1992年11月7日 主席令公布）

第二十一条 船舶优先权，是指海事请求人依照本法第二十二条的规定，向船舶所有人、光船承租人、船舶经营人提出海事请求，对产生该海事请求的船舶具有优先受偿的权利。

第二十五条 船舶优先权先于船舶留置权受偿，船舶抵押权后于船舶留置权受偿。

前款所称船舶留置权，是指造船人、修船人在合同另一方未履行合同时，可以留置所占有的船舶，以保证造船费用或者修船费用得以偿还的权利。船舶留置权在造船人、修船人不再占有所造或者所修的船舶时消灭。

【船舶留置权】

法律问题解读

船舶留置权，是指造船人、修船人在合同另一方未履行合同时，可以留置所占有的船舶以保证造船费用或者修船费用得以偿还的权利。

船舶留置权是一种法定担保物权，船舶留置权的成立要件与《担保法》规定的留置权的成立要件基本相同，即：留置权人占有船舶和合同另一方当事人在合同规定的期限届满未履行其应尽义务。从船舶留置权的概念上看，救助人、造船人、修船人都可能依法留置处在其占有之下的属于债务人的船舶，但是，由于救助款项已受船舶优先权的担保，船舶留置权只限于造船人及修船人的船舶留置权。

船舶留置权在造船人、修船人不再占有所造或者所修的船舶时消灭。应当注意的是，海事法院可以因财产保全措施而在诉前或者诉后扣押船舶，船舶留置人将其留置的船舶交给海事法院占有时，船舶留置权并不消灭。

法条指引

❶《中华人民共和国海商法》（1992年11月7日 主席令公布）

第二十五条 船舶优先权先于船舶留置权受偿，船舶抵押权后于船舶留置权受偿。

前款所称船舶留置权，是指造船人、修船人在合同另一方未履行合同时，可以留置所占有的船舶，以保证造船费用或者修船费用得以偿还的权利。船舶留置权在造船人、修船人不再占有所造或者所修的船舶时消灭。

❷《中华人民共和国担保法》（1995年6月30日 主席令公布）

第八十二条 本法所称留置，是指依照本法第八十四条的规定，债权人按照合同约定占有债务人的动产，债务人不按照合同约定的期限履行债务的，债权人有权依照本法规定留置该财产，以该财产折价或者以拍卖、变卖该财产的价款优先受偿。

案例链接

❶《宁波恒富船业（集团）有限公司诉GREEN SPRING MARINE SHIPPING INC》船舶修理合同

欠款纠纷案》,参见北大法宝引证码:Pkulaw. cn/CLI. C. 245854。

❷《上海振华船舶修理厂诉句容万新运输有限公司船舶修理合同纠纷案》,参见北大法宝引证码:Pkulaw. cn/CLI. C. 154360。

❸《陈肴诉江门市五洲船运有限公司船舶修理合同案》,参见北大法宝引证码:Pkulaw. cn/CLI. C. 95403。

❹《广州黄埔造船厂诉海南兴业船务有限公司确权诉讼纠纷案》,参见北大法宝引证码:Pkulaw. cn/CLI. C. 8227。

学者观点

❶ 李璐玲:《对〈海商法〉中船舶留置权界定的反思》,参见北大法宝引证码:Pkulaw. cn/CLI. A. 1141700。

❷ 韩立新、李天生:《〈物权法〉实施后对〈海商法〉中留置权的影响》,参见北大法宝引证码:Pkulaw. cn/CLI. A. 1128227。

❸ 张湘兰、向明华:《中国船舶扣押制度50年回眸与展望》,参见北大法宝引证码:Pkulaw. cn/CLI. A. 1137765。

❹ 张贤伟:《实现海事留置权的司法途径》,参见北大法宝引证码:Pkulaw. cn/CLI. A. 1112383。

第八编 对外担保

● 本编为读者提供与以下题目有关的法律问题的解读及相关法律文献依据

> 对外担保（560） 对外担保的种类（561） 对外担保的管理机关（562） 对外担保的当事人（563） 对外担保的担保人（564） 对外担保的被担保人（566） 中资金融机构的对外担保（567） 对外担保的审批（568） 对外担保的审批程序（570） 对外担保的审批权限（571） 对外担保合同（571） 对外担保合同的无效（573） 对外担保中主债务合同的修改（574） 对外担保登记（575） 对外担保履约的核准（576） 对外担保的禁止情形（576） 对外保证（578） 对外保证人的条件（581） 对外抵押（582） 对外抵押财产的范围（585） 对外抵押登记（587） 对外质押（588） 对外动产质押（591） 对外权利质押（592） 对外质押登记（594）

【对外担保】

法律问题解读

对外担保是指中国境内机构（境内外资金融机构除外，以下简称担保人）以保函、备用信用证、本票、汇票等形式出具对外保证，以《担保法》第34条规定的财产对外抵押或者《担保法》第四章第一节规定的动产对外质押和《担保法》第75条规定的权利对外质押，向中国境外机构或者境内的外资金融机构（债权人或者受益人，以下称受益人）承诺，当债务人（以下称被担保人）未按照合同约定偿付债务时，由担保人履行偿付义务，或者受益人依照《担保法》以抵押物或者质押物折价、拍卖、变卖的价款优先受偿。

对外担保包括：融资担保、融资租赁担保、补偿贸易下的担保、境外工程承包中的担保和其他具有对外债务性质的担保。需要注意的是，担保人不得以留置或者定金的形式出具对外担保。对外担保是约定担保，而留置是法定担保，故留置不适用于对外担保；以定金的方式出具对外担保，意味着在外汇局核准将担保人履约之前资金已汇给债权人，因此，排除境内机构以定金方式出具对外担保。担保人以留置或者定金形式出具的对外担保无效。此外，对境内外资金融机构出具的担保视同对外担保，适用对外担保的相关规定。

在我国，对外担保活动的主要规范性法律文件是《担保法》和国务院颁布的《境内机构对外担保管理办法》及国家外汇局颁布的《境内机构对外担保管理办法实施细则》。

法条指引

❶《中华人民共和国担保法》（1995年6月30日 主席令公布）

第二条 在借贷、买卖、货物运输、加工承揽等经济活动中，债权人需要以担保方式保障其债权实现的，可以依照本法规定设定担保。

本法规定的担保方式为保证、抵押、质押、留置和定金。

第三十三条 本法所称抵押，是指债务人或者第三人不转移对本法第三十四条所列财产的占有，将该财产作为债权的担保。债务人不履行债务时，债权人有权依照本法规定以该财产折价或者以拍卖、变卖该财产的价款优先受偿。

前款规定的债务人或者第三人为抵押人，债权人为抵押权人，提供担保的财产为抵押物。

❷《境内机构对外担保管理办法》（1996年9月25日 中国人民银行发布）

第二条　本办法所称对外担保，是指中国境内机构（境内外资金融机构除外，以下简称担保人）以保函、备用信用证、本票、汇票等形式出具对外保证，以《中华人民共和国担保法》中第三十四条规定的财产对外抵押或者以《中华人民共和国担保法》第四章第一节规定的动产对外质押和第二节第七十五条规定的权利对外质押，向中国境外机构或者境内的外资金融机构（债权人或者受益人，以下称债权人）承诺，当债务人（以下称被担保人）未按照合同约定偿付债务时，由担保人履行偿付义务。对外担保包括：

（一）融资担保；

（二）融资租赁担保；

（三）补偿贸易项下的担保；

（四）境外工程承包中的担保；

（五）其他具有对外债务性质的担保。

担保人不得以留置或者定金形式出具对外担保。

对境内外资金融机构出具的担保视同对外担保。

❸《境内机构对外担保管理办法实施细则》（1997年12月11日　国家外汇管理局发布）

第四条　《办法》所称对外担保，是指中国境内机构（以下简称担保人）以保函、备用信用证、本票、汇票等形式出具对外保证，或者以《中华人民共和国担保法》（以下简称《担保法》）中第三十四条规定的财产对外抵押或者以《担保法》第四章第一节规定的动产对外质押和第二节第七十五条规定的权利对外质押，向中国境外机构或者境内的外资金融机构（债权人或者受益人，以下称受益人）承诺，当债务人（以下称被担保人）未按照合同约定履行义务时，由担保人履行义务；或者受益人依照《担保法》将抵押物或者质押物折价拍卖、变卖的价款优先受偿。

❹《外债管理暂行办法》（2003年1月8日国家发展计划委员会、财政部、国家外汇管理局发布）

第七条　本办法所称"对外担保"，是指境内机构依据《中华人民共和国担保法》，以保证、抵押或质押方式向非居民提供的担保。

对外担保形成的潜在对外偿还义务为或有外债。

案例链接

❶《嘉沃环球基金（香港）资产管理投资有限公司诉江苏省造纸印刷包装工业总公司等借款合同纠纷案》，参见北大法宝引证码：Pkulaw. cn/CLI. C. 290235。

❷《美国倍合德国际有限公司与张德玉等民间借贷纠纷上诉案》，参见北大法宝引证码：Pkulaw. cn/CLI. C. 285195。

❸《焦作市力仁煤炭经销有限公司诉三门峡锦源燃料有限公司等欠款合同纠纷案》，参见北大法宝引证码：Pkulaw. cn/CLI. C. 277879。

❹《广东海外建设集团有限公司等与中信银行股份有限公司广州番禺支行借款合同纠纷上诉案》，参见北大法宝引证码：Pkulaw. cn/CLI. C. 235365。

学者观点

❶ 宋冰、张斌：《论公司对外担保中的中小股东保护》，参见北大法宝引证码：Pkulaw. cn/CLI. A. 1143109。

❷ 崔建远、刘玲伶：《论公司对外担保的法律效力》，参见北大法宝引证码：Pkulaw. cn/CLI. A. 1117567。

❸ 李金泽：《〈公司法〉有关公司对外担保新规定的质疑》，参见北大法宝引证码：Pkulaw. cn/CLI. A. 174023。

❹ 年亚：《论公司对外担保若干问题》，参见北大法宝引证码：Pkulaw. cn/CLI. A. 1115855。

【对外担保的种类】

法律问题解读

依据《境内机构对外担保管理办法》和《境内机构对外担保管理办法实施细则》的规定，对外担保的种类主要包括：融资担保、融资租赁担保、补偿贸易项下的担保、境外工程承包中的担保、其他具有对外债务性质的担保。

融资担保，是指担保人为被担保人向受益人融资提供的本息偿还担保。融资方式包括：借款、发行有价证券（不包括股票）、透支、延期付款及银行给予的授信额度等。

融资租赁担保，是指在用融资租赁方式进口设备时，担保人向出租人担保，当承租人未按照租赁合同规定支付租金时由担保人代为支付。

补偿贸易项下的担保，包括现汇履约担保和非现汇履约担保。其中现汇履约担保是指担保人向供给设备的一方担保，如进口方在收到与合同相符的设备后未按照合同规定将产品交付供给设备的一方或者由其指定的第三方，又不能以现汇偿付设备款及其附加的利息，则担保人按照担保金额加利息及相关费用赔偿供给设备的一方。非现汇履约担保不以现汇方式对外支付的，不属于补偿贸易项下的担保。

境外工程承包中的担保，是指在境外工程承包中，担保人向招标人担保，当投标人中标或者签约后，如不签约或者不在规定的时间内履行合同，则担保人在担保的范围内向招标人支付合同规定的金额，包括招标担保、履约担保、预付款担保等。

其他具有对外债务性质的担保，是指前四类担保以外的所有可能构成对外债务的担保。

法条指引

❶《境内机构对外担保管理办法》（1996年9月25日　中国人民银行发布）

第二条　本办法所称对外担保，是指中国境内机构（境内外资金融机构除外，以下简称担保人）以保函、备用信用证、本票、汇票等形式出具对外保证，以《中华人民共和国担保法》中第三十四条规定的财产对外抵押或者以《中华人民共和国担保法》第四章第一节规定的动产对外质押和第二节第七十五条规定的权利对外质押，向中国境外机构或者境内的外资金融机构（债权人或者受益人，以下称债权人）承诺，当债务人（以下称被担保人）未按照合同约定偿付债务时，由担保人履行偿付义务。对外担保包括：

（一）融资担保；
（二）融资租赁担保；
（三）补偿贸易项下的担保；
（四）境外工程承包中的担保；
（五）其他具有对外债务性质的担保。

担保人不得以留置或者定金形式出具对外担保。

对境内外资金融机构出具的担保视同对外担保。

❷《境内机构对外担保管理办法实施细则》（1997年12月11日　国家外汇管理局发布）

第五条　《办法》第二条第二款中有关概念含义如下：

（一）"融资担保"是指担保人为被担保人向受益人融资提供的本息偿还担保。融资方式包括：借款、发行有价证券（不包括股票）、透支、延期付款及银行给予的授信额度等。

（二）"融资租赁担保"是指在用融资租赁方式进口设备时，担保人向出租人担保，当承租人未按照租赁合同规定支付租金时由担保人代为支付。

（三）"补偿贸易项下的担保"包括现汇履约担保和非现汇履约担保，其中现汇履约担保是指担保人向供给设备的一方担保，如进口方在收到与合同相符的设备后未按照合同规定将产品交付供给设备的一方或者由其指定的第三方，又不能以现汇偿付设备款及其附加的利息，则担保人按照担保金额加利息及相关费用赔偿供给设备的一方。非现汇履约担保不以现汇方式对外支付，不属本细则管理范畴。

（四）"境外工程承包中的担保"是指在境外工程承包中，担保人向招标人担保，当投标人中标或者签约后，如不签约或者不在规定的时间内履行合同，则担保人在担保的范围内向招标人支付合同规定的金额。包括投标担保、履约担保、预付款担保等。

（五）"其他具有对外债务性质的担保"是指除本款前四类担保以外的所有可能构成对外债务的担保。

❸《对外承包工程项目投标（议标）许可暂行办法》（1999年12月14日　对外经济贸易合作部发布）

第十条　境内机构的对外承包工程涉及对外担保、筹措外债及对外支付定金等，应按国家外汇管理有关规定办理相应手续。

❹《离岸银行业务管理办法实施细则》（1998年5月13日　中国人民银行发布）

第十一条　外汇担保是指离岸银行以本行名义为非居民提供的对非居民的担保。离岸银行经营外汇担保业务应当遵守《境内机构对外担保管理办法》及其实施细则的规定。

【对外担保的管理机关】

法律问题解读

国家外汇管理局及其分、支局是对外担保的管理机关。作为对外担保的管理机关，外汇局负责对外担保的审批、管理和登记工作。一般情况下，当事人出具对外担保应当经过外汇局的批准。如担保人未经批准擅自出具对外担保，其出具对外担保的合同无效。担保人提供对外担保后，应当到所在地的外汇局办理担保登记手续。担保人履行对外担保义务时，也应当经所在地的外汇局核准。未到外汇局办理登记手续的对外担保，对外履约时外汇局将不批准其购汇及汇出。

如果当事人未经外汇局批准擅自出具对外担保的，由外汇局给予警告、通报批评、暂停或者撤销担保人的对外担保业务的处罚；并处以10万元以上50万元以下的罚款。担保人出具对外担保后未办理担保登记的，外汇局有权根据情节给予其警告、通报批评、暂停或者撤销担保人对外担保业务的处罚。

外汇局在收到担保人提供的符合法律法规的申请资料后，应予以审核，并在收到申请之日起30日之内予以批复或者转报上级外汇局。对不符合条件的，外汇局应当将其申请资料退回。此外，外汇局还对担保项下对外借款的成本进行监督和指导。

法条指引

❶《境内机构对外担保管理办法》（1996年9月25日 中国人民银行发布）

第三条 中国人民银行授权国家外汇管理局及其分、支局（以下简称外汇局）为对外担保的管理机关，负责对外担保的审批、管理和登记。

❷《境内机构对外担保管理办法实施细则》（1997年12月11日 国家外汇管理局发布）

第二条 国家外汇管理局及其分、支局（以下简称外汇局）是对外担保的管理机关。

案例链接

❶《中国银行(香港)有限公司诉中国国际企业合作公司保证合同纠纷案》，参见北大法宝引证码：Pkulaw.cn/CLI.C.198817。

❷《中国银行新加坡分行诉广州滨江大厦有限公司等借款合同纠纷案》，参见北大法宝引证码：Pkulaw.cn/CLI.C.237341。

❸《中国银行(香港)有限公司诉广州市广州宾馆等保证合同纠纷案》，参见北大法宝引证码：Pkulaw.cn/CLI.C.111179。

❹《渣打银行(香港)有限公司与山东省粮油集团总公司借款合同纠纷上诉案》，参见北大法宝引证码：Pkulaw.cn/CLI.C.243024。

【对外担保的当事人】

法律问题解读

对外担保当事人是对外担保法律关系中具有直接权利义务关系的人。对外担保的当事人包括担保人、被担保人和受益人。

担保人是指中华人民共和国境内具有法人资格的，或者经法人授权的机构，包括经批准有权经营对外担保业务的中资金融机构和具有代为清偿债务能力的非金融企业法人，包括内资企业和外商投资企业。需要注意的是，对外担保中的担保人不包括中华人民共和国境内外资金融机构，中华人民共和国外资金融机构不能作为对外担保中的担保人，其出具的对外担保无效。在对外担保当事人中，对外保证项下的担保人为保证人；对外抵押项下的担保人为抵押人；对外质押项下的担保人为出质人。除经国务院批准为使用外国政府或者国际经济组织贷款进行转贷外，国家机关和事业单位不得对外担保，不能成为对外担保中的当事人。

对外担保中的被担保人是指我国境内的内资企业、外商投资企业和境内机构在境外注册的全资附属企业及中方参股的企业。需要注意的是，被担保人不能是经营亏损的企业。对外担保的担保人不能为经营亏损的企业提供对外担保。

对外担保受益人，是指中华人民共和国境外机构以及境内的外资金融机构。其中，对外保证项下的受益人为债权人，对外抵押项下的受益人为抵押权人，对外质押项下的受益人为质权人。

法条指引

❶《境内机构对外担保管理办法》（1996年9月25日 中国人民银行发布）

第二条 本办法所称对外担保，是指中国境内机构（境内外资金融机构除外，以下简称担保人）以保函、备用信用证、本票、汇票等形式出具对外保证，以《中华人民共和国担保法》中第三十四条规定的财产对外抵押或者以《中华人民共和国担保法》第四章第一节规定的动产对外质押和第二节第七十五条规定的权利对外质押，向中国境外机构或者境内的外资金融机构（债权人或者受益人，以下称债权人）承诺，当债务人（以下称被担保人）未按照合同约定偿付债务时，由担保人履行偿付义务。对外担保包括：

（一）融资担保；

（二）融资租赁担保；

（三）补偿贸易项下的担保；

（四）境外工程承包中的担保；

（五）其他具有对外债务性质的担保。

担保人不得以留置或者定金形式出具对外担保。

对境内外资金融机构出具的担保视同对外担保。

❷《境内机构对外担保管理办法实施细则》（1997年12月11日 国家外汇管理局发布）

第六条 对外担保当事人包括担保人、被担保人、受益人。

"担保人"是指符合《办法》第四条规定的境内具有法人资格的，或者经法人授权的机构，包括中资金融机构、内资企业和外商投资企业，不包括境内外资金融机构。其中，对外保证项下的担保人为保证人；对外抵押项下的担保人为抵押人；对外质押项下的担保人为出质人。

"被担保人"是指境内内资企业、外商投资企业和境内机构在境外注册的全资附属企业及中方参股的企业。

"受益人"是指中国境外机构以及境内的外资金融机构。其中，对外保证项下的受益人为债权人；对外抵押项下的受益人为抵押权人；对外质押项下的受益人为质权人。

案例链接

❶《嘉沃环球基金（香港）资产管理投资5有限公司诉江苏省造纸印刷包装工业总公司等借款合同纠纷案》，参见北大法宝引证码：Pkulaw. cn/CLI. C. 290235。

❷《美国倍合德国际有限公司与张德玉等民间借贷纠纷上诉案》，参见北大法宝引证码：Pkulaw. cn/CLI. C. 285195。

❸《广东海外建设集团有限公司等与中信银行股份有限公司广州番禺支行借款合同纠纷上诉案》，参见北大法宝引证码：Pkulaw. cn/CLI. C. 235365。

❹《杭州明泰公司有限责任公司诉绍兴县恒力纺织品有限公司等企业借贷纠纷案》，参见北大法宝引证码：Pkulaw. cn/CLI. C. 236003。

【对外担保的担保人】

法律问题解读

对外担保中的担保人是指符合我国《境内机构对外担保管理办法》第四条规定的境内具有法人资格的，或者经法人授权的机构，包括中资金融机构、内资企业和外商投资企业，不包括境内外资金融机构。对外担保中的担保人可分为两类：（1）经批准有权经营对外担保业务的金融机构（不含外资金融机构）；（2）具有代位清偿能力的非金融企业法人，包括内资企业和外商投资企业。

担保人出具对外担保时，其本身必须符合一些法定条件。金融机构的对外担保余额，境内外汇担保余额及外汇债务余额之和不得超过其自有外汇资金的20倍。非金融企业法人对外提供的对外担保余额不得超过其净资产的50%，并不得超过其上年的外汇收入。

内资企业只能为其直属子公司或者参股企业中的中方投资部分的对外债务提供对外担保，但被担保人为以发行B股或者H股等方式在境外上市的外商投资企业除外。贸易型的内资企业在提供对外担保时，其净资产与总资产的比例原则上不得低于15%。非贸易型企业在提供对外担保时，其净资产与总资产的比例原则上不得低于30%。担保人为外商投资企业（不含外商独资企业）提供对外担保的，被担保人的对外借款投向须符合国家产业政策，未经批准不得将对外借款兑换成人民币使用。同时，担保人不得为外商投资企业注册资本提供担保。除外商投资企业外，担保人不得为外商投资企业中的外方投资部分的对外债务提供担保。此外，担保人不得为经营亏损的企业提供对外担保。

法条指引

❶《中华人民共和国外汇管理条例》（2008年8月5日发布）

第十九条 提供对外担保，应当向外汇管理机关提出申请，由外汇管理机关根据申请人的资产负债等情况作出批准或者不批准的决定；国家规定其经营范围需经有关主管部门批准的，应当在向外汇管理机关提出申请前办理批准手续。申请人签订对外担保合同后，应当到外汇管理机关办理对外担保登记。

经国务院批准为使用外国政府或者国际金融组织贷款进行转贷提供对外担保的，不适用前款规定。

❷《中华人民共和国外资银行管理条例》（2006年11月11日 国务院令发布）

第二十九条 外商独资银行、中外合资银行按照国务院银行业监督管理机构批准的业务范围，可以经营下列部分或者全部外汇业务和人民币业务：

（一）吸收公众存款；
（二）发放短期、中期和长期贷款；
（三）办理票据承兑与贴现；
（四）买卖政府债券、金融债券，买卖股票以外的其他外币有价证券；
（五）提供信用证服务及担保；
（六）办理国内外结算；
（七）买卖、代理买卖外汇；
（八）代理保险；
（九）从事同业拆借；
（十）从事银行卡业务；
（十一）提供保管箱服务；
（十二）提供资信调查和咨询服务；
（十三）经国务院银行业监督管理机构批准的其他业务。

外商独资银行、中外合资银行经中国人民银行批准，可以经营结汇、售汇业务。

第三十条 外商独资银行、中外合资银行的分支机构在总行授权范围内开展业务，其民事责任由总行承担。

第三十一条 外国银行分行按照国务院银行业监督管理机构批准的业务范围，可以经营下列部分或者全部外汇业务以及对除中国境内公民以外客户的人民币业务：
（一）吸收公众存款；
（二）发放短期、中期和长期贷款；
（三）办理票据承兑与贴现；
（四）买卖政府债券、金融债券，买卖股票以外的其他外币有价证券；
（五）提供信用证服务及担保；
（六）办理国内外结算；
（七）买卖、代理买卖外汇；
（八）代理保险；
（九）从事同业拆借；
（十）提供保管箱服务；
（十一）提供资信调查和咨询服务；
（十二）经国务院银行业监督管理机构批准的其他业务。

外国银行分行可以吸收中国境内公民每笔不少于一百万元人民币的定期存款。

外国银行分行经中国人民银行批准，可以经营结汇、售汇业务。

❸《境内机构对外担保管理办法》（1996年9月25日　中国人民银行发布）

第二条 本办法所称对外担保，是指中国境内机构（境内外资金融机构除外，以下简称担保人）以保函、备用信用证、本票、汇票等形式出具对外保证，以《中华人民共和国担保法》中第三十四条规定的财产对外抵押或者以《中华人民共和国担保法》第四章第一节规定的动产对外质押和第二节第七十五条规定的权利对外质押，向中国境外机构或者境内的外资金融机构（债权人或者受益人，以下称债权人）承诺，当债务人（以下称被担保人）未按照合同约定偿付债务时，由担保人履行偿付义务。对外担保包括：
（一）融资担保；
（二）融资租赁担保；
（三）补偿贸易项下的担保；
（四）境外工程承包中的担保；
（五）其他具有对外债务性质的担保。

担保人不得以留置或者定金形式出具对外担保。

对境内外资金融机构出具的担保视同对外担保。

第四条 本办法规定的担保人为：
（一）经批准有权经营对外担保业务的金融机构（不含外资金融机构）；
（二）具有代位清偿债务能力的非金融企业法人，包括内资企业和外商投资企业。

除经国务院批准为使用外国政府或者国际经济组织贷款进行转贷外，国家机关和事业单位不得对外担保。

第五条 金融机构的对外担保余额、境内外汇担保余额及外汇债务余额之和不得超过其自有外汇资金的二十倍。

非金融企业法人对外提供的对外担保余额不得超过其净资产的百分之五十，并不得超过其上年外汇收入。

❹《境内机构对外担保管理办法实施细则》
（1997年12月11日　国家外汇管理局发布）

第四条 《办法》所称对外担保，是指中国境内机构（以下简称担保人）以保函、备用信用证、本票、汇票等形式出具对外保证，或者以《中华人民共和国担保法》（以下简称《担保法》）中第三十四条规定的财产对外抵押或者以《担保法》第四章第一节规定的动产对外质押和第二节第七十五条规定的权利对外质押，向中国境外机构或者境内的外资金融机构（债权人或者受益人，以下称受益人）承诺，当债务人（以下称被担保人）未按照合同约定履行义务时，由担保人履行义务；或者受益人依照《担保法》将抵押物或者质押物折价拍卖、变卖的价款优先受偿。

第六条　对外担保当事人包括担保人、被担保人、受益人。

"担保人"是指符合《办法》第四条规定的境内具有法人资格的，或者经法人授权的机构，包括中资金融机构、内资企业和外商投资企业，不包括境内外资金融机构。其中，对外保证项下的担保人为保证人；对外抵押项下的担保人为抵押人；对外质押项下的担保人为出质人。

"被担保人"是指境内内资企业、外商投资企业和境内机构在境外注册的全资附属企业及中方参股的企业。

"受益人"是指中国境外机构以及境内的外资金融机构。其中，对外保证项下的受益人为债权人；对外抵押项下的受益人为抵押权人；对外质押项下的受益人为质权人。

❺《财政部关于禁止各级地方政府或部门违法直接从事担保业务的紧急通知》（1999年7月9日　财政部发布）（略）

❻《外商投资租赁业管理办法》（2005年2月3日　对外贸易经济合作部发布）

第十三条　外商投资租赁公司可以经营下列业务：
（一）租赁业务；
（二）向国内外购买租赁财产；
（三）租赁财产的残值处理及维修；
（四）经审批部门批准的其他业务。

第十四条　外商投资融资租赁公司可以经营下列业务：
（一）融资租赁业务；
（二）租赁业务；
（三）向国内外购买租赁财产；
（四）租赁财产的残值处理及维修；
（五）租赁交易咨询和担保；
（六）经审批部门批准的其他业务。

❼《外商投资创业投资企业管理规定》（2003年1月30日　对外贸易经济合作部发布）

第三十二条　创投企业不得从事下列活动：
（一）在国家禁止外商投资的领域投资；
（二）直接或间接投资于上市交易的股票和企业债券，但所投资企业上市后，创投企业所持股份不在此列；
（三）直接或间接投资于非自用不动产；
（四）贷款进行投资；
（五）挪用非自有资金进行投资；
（六）向他人提供贷款或担保，但创投企业对所投资企业一年以上的企业债券和可以转换为所投资企业股权的债券性质的投资不在此列（本款规定并不涉及所投资企业能否发行该等债券）；
（七）法律、法规以及创投企业合同禁止从事的其他事项。

案例链接

❶《恒丰银行股份有限公司杭州萧山支行诉杭州中瑞控股集团有限公司等金融借款合同纠纷案》，参见北大法宝引证码：Pkulaw.cn/CLI.C.242664。

❷《夏云燕诉杭州中瑞控股集团有限公司等民间借贷纠纷案》，参见北大法宝引证码：Pkulaw.cn/CLI.C.244057。

❸《北京友诚联通商贸集团诉北京基和东方科技发展有限公司担保追偿权纠纷案》，参见北大法宝引证码：Pkulaw.cn/CLI.C.222960。

【对外担保的被担保人】

法律问题解读

对外担保关系中的被担保人为主合同中的债务人。对外担保中的被担保人包括境内内资企业、外商投资企业和我国境内机构在境外注册的全资附属企业及中方参股的企业。此外，经营亏损的企业不能成为对外担保法律关系中的被担保人。担保人为不符合法定条件的被担保人提供对外担保的，该对外担保无效。

境外机构的被担保人包括我国境内机构在境外注册的全资附属企业和中方参股的企业。被担保人为境外机构的，还应当符合以下条件：（1）担保人为境外贸易型企业的，其净资产与总资产的比例原则上不得低于10%；被担保人为境外非贸易型企业的，其净资产与总资产的比例原则上不得低于15%。（2）担保人为境外机构的，该被担保人不得是亏损的企业。如果被担保人是对外按揭担保项下的房地产发展商，该房地产发展商应当符合两个条件：（1）已经得到政府有关部门的楼宇外销许可或者批准；（2）外销楼宇已投入资金应当超过总投资的70%。对外担保中的被担保人必须符合以上的条件，否则不能成为对外担保中的被担保人。

法条指引

❶《境内机构对外担保管理办法》（1996年9月25日　中国人民银行发布）

第二条　本办法所称对外担保，是指中国境

内机构（境内外资金融机构除外，以下简称担保人）以保函、备用信用证、本票、汇票等形式出具对外保证，以《中华人民共和国担保法》中第三十四条规定的财产对外抵押或者以《中华人民共和国担保法》第四章第一节规定的动产对外质押和第二节第七十五条规定的权利对外质押，向中国境外机构或者境内的外资金融机构（债权人或者受益人，以下称债权人）承诺，当债务人（以下称被担保人）未按照合同约定偿付债务时，由担保人履行偿付义务。对外担保包括：

（一）融资担保；

（二）融资租赁担保；

（三）补偿贸易项下的担保；

（四）境外工程承包中的担保；

（五）其他具有对外债务性质的担保。

担保人不得以留置或者定金形式出具对外担保。

对境内外资金融机构出具的担保视同对外担保。

❷《境内机构对外担保管理办法实施细则》（1997年12月11日　国家外汇管理局发布）

第六条　对外担保当事人包括担保人、被担保人、受益人。

"担保人"是指符合《办法》第四条规定的境内具有法人资格的，或者经法人授权的机构，包括中资金融机构、内资企业和外商投资企业，不包括境内外资金融机构。其中，对外保证项下的担保人为保证人；对外抵押项下的担保人为抵押人；对外质押项下的担保人为出质人。

"被担保人"是指境内内资企业、外商投资企业和境内机构在境外注册的全资附属企业及中方参股的企业。

"受益人"是指中国境外机构以及境内的外资金融机构。其中，对外保证项下的受益人为债权人；对外抵押项下的受益人为抵押权人；对外质押项下的受益人为质权人。

第十七条　被担保人为境外机构的，应当符合下列条件：

（一）被担保人为境外贸易型企业的，其净资产与总资产的比例原则上不得低于百分之十；被担保人为境外非贸易型企业的，其净资产与总资产的比例原则上不得低于百分之十五。

（二）被担保人不得是亏损企业。

案例链接

❶《中国信达资产管理公司广州办事处与中国平安财产保险股份有限公司佛山市南海支公司保证合同纠纷上诉案》，参见北大法宝引证码：Pkulaw.cn/CLI.C.81377。

❷《中国银行（香港）有限公司诉广州摩托集团公司等保证合同纠纷案》，参见北大法宝引证码：Pkulaw.cn/CLI.C.124707。

❸《东亚银行有限公司上海分行与深圳南油（集团）有限公司借款合同纠纷上诉案》，参见北大法宝引证码：Pkulaw.cn/CLI.C.27881。

❹《湖北楚天柠蒙酸企业有限公司与中国光大银行深圳分行等借款担保合同纠纷案》，参见北大法宝引证码：Pkulaw.cn/CLI.C.42281。

【中资金融机构的对外担保】

法律问题解读

在对外担保法律关系中，可以出具对外担保的金融机构只有中资金融机构，外资金融机构不能成为我国对外担保法律关系中的担保人。经外汇局批准有权经营对外担保业务的金融机构及其分支机构可以成为对外担保的担保人，可以出具对外担保。

中资金融机构出具对外担保的，应当符合法定的条件。中资金融机构的对外担保余额、境内外汇担保余额及外汇债务余额之和不得超过其自有外汇资金的20倍。中资金融机构的分支机构在取得其总部的授权后，可以对外提供担保。中资金融机构总部应当制定其对各分支机构对外担保的授权方式及管理方法，并报国家外汇管理局备案。同时，中资金融机构分支机构应当将其总部的授权方式及管理方法报其所属外汇局备案。外汇局根据备案的授权方式及管理办法审查辖区内中资金融机构的担保能力。未经授权，中资金融机构分支机构不得对外出具担保。国家外汇管理局对中资金融机构的担保资格及能力进行审查，对不符合条件的，应通知该中资金融机构，并通知各地外汇局不予批准该中资金融机构及其分支机构对外提供担保。

中资金融机构提供对外担保后，应当到所在地的外汇局办理担保登记手续。中资金融机构的对外担保登记实行按月定期登记制，在每月后的15天内填写《对外担保反馈表》，向外汇局上报以上1个月担保债务的情况。中资金融机构在对外担保关系终止时，按月办理注销对外担保登记手续。

法条指引

❶《境内机构对外担保管理办法》（1996年9月25日 中国人民银行发布）

第五条 金融机构的对外担保余额、境内外汇担保余额及外汇债务余额之和不得超过其自有外汇资金的二十倍。

非金融企业法人对外提供的对外担保余额不得超过其净资产的百分之五十，并不得超过其上年外汇收入。

❷《境内机构对外担保管理办法实施细则》（1997年12月11日 国家外汇管理局发布）

第十三条 中资金融机构总部应当制定其对各分支机构对外担保的授权方式及管理办法，并报国家外汇管理局备案。中资金融机构分支机构应当将其总部的授权方式及管理办法报其所辖外汇局备案。

外汇局根据备案的授权方式及管理办法审查辖区内中资金融机构的担保能力。未经相应授权，中资金融机构分支机构不得对外出具担保。

国家外汇管理局对中资金融机构的担保资格及能力进行审查，对不符合条件的，通知该中资金融机构并通知各地外汇局不予批准该机构及其分支机构对外提供担保。

❸《关于要求各中资外汇指定银行加强对所属海外分支机构管理的通知》（1998年7月16日 中国人民银行发布）（略）

案例链接

❶《中国银行（香港）有限公司诉福建省龙海市电力公司、福建省龙海市人民政府担保合同纠纷案》，参见北大法宝引证码：Pkulaw.cn/CLI.C.80018。

学者观点

❶ 王志华：《对独立担保国内效力的承认及其法律完善》，参见北大法宝引证码：Pkulaw.cn/CLI.A.1112310。

❷ 宋迎跃：《中国企业对外担保的若干法律问题》，参见北大法宝引证码：Pkulaw.cn/CLI.A.1138786。

【对外担保的审批】

法律问题解读

在对外担保活动中，担保人只有在经过国家外汇管理局的批准后才能提供对外担保。担保人办理对外担保批准手续时，应当向外汇局提供法律法规和规章规定的资料。

外汇局在收到担保人提供的申请资料后，应当予以审核，并在收到申请之日起30日内予以批复或者转报上一级外汇局。对不符合条件的，外汇局应当将其申请资料退回。在外汇局批准担保人提供对外担保后，担保人必须在6个月内出具对外担保。担保人在6个月内仍未出具对外担保的，外汇局的批准文件自动失效。如需继续提供对外担保的，担保人须另行报批。对外担保期限届满需要展期的，担保人应当在债务到期日30天之前到所在地经授权的外汇局办理展期手续，由外汇局在其本身相应的权限内审批。

法条指引

❶《中华人民共和国外资企业法实施细则》（2001年4月12日 国务院修订公布）

第二十三条 外资企业将其财产或者权益对外抵押、转让，须经审批机关批准并向工商行政管理机关备案。

❷《境内机构对外担保管理办法》（1996年9月25日 中国人民银行发布）

第十二条 经外汇局批准后，担保人方能提供对外担保。

第十七条 担保人未经批准擅自出具对外担保，其对外出具的担保合同无效。

担保人未经批准擅自出具对外担保或者担保人出具对外担保后未办理担保登记的，由外汇局根据情节，给予警告、通报批评、暂停或者撤销担保人对外担保业务。

❸《境内机构对外担保管理办法实施细则》（1997年12月11日 国家外汇管理局发布）

第八条 对外担保的审批权限：

（一）担保人（不含外商独资企业）为境内内资企业提供的对外担保和为外商投资企业提供一年期以内（含一年）的对外担保，由担保人报其所在地的省、自治区、直辖市分局审批；

（二）担保人（不含外商独资企业）为外商投资企业提供一年期以上（不含一年）的对外担保和为境外机构提供的对外担保，由担保人报经其所在地的省、自治区、直辖市分局初审后，由该分局报国家外汇管理局审批；

（三）担保人为在京全国性中资金融机构、中央直属内资企业和在国家工商行政管理局领取营业执照的外商投资企业（不含外商独资企业）的，担保人提供的对外担保由国家外汇管理局审批；

外商独资企业可以自行提供对外担保，无需得到外汇局逐笔批准。

第九条 担保人办理对外担保批准手续时，应当向外汇局提供下列全部或者部分资料：

（一）申请报告。

（二）担保项目可行性研究报告批准件或者政府主管部门批准件及其他有关批复文件。

（三）经注册会计师验证并加盖其所在会计师事务所公章的担保人和被担保人的资产负债表和损益表（如担保人是集团性公司的，应当报送其合并资产负债表和其本部的资产负债表、损益表）。

（四）被担保项下主债务合同或者意向书及其他有关文件。

（五）担保合同或者意向书。

（六）外汇局要求提供的其他资料。

对外抵押和质押应当提供抵押物或者质物的所有权证明及其现值的评估文件证明。

中资金融机构和内资企业为外商投资企业提供对外担保时，必须提供外方投资比例债务部分所要求担保已落实的文件。

金融机构的分支机构对外提供担保，还需提供其总部的授权文件等。

第十条 外汇局收到担保人提供的符合本细则第九条规定的申请资料后，应当予以审核，并在收到申请之日起三十日之内予以批复或者转报上一级外汇局。对不符合条件的，外汇局应当将其申请资料退回。

第四十八条 按照本细则规定应当由外汇局审批的对外担保，如担保人未经批准擅自出具对外担保，其对外出具的担保合同无效。

第四十九条 按照本细则规定应当由外汇局审批的对外抵押和对外质押，若抵押人或者出质人未到外汇局办理对外抵押或者对外质押批准手续而办理了抵押物或者质物登记手续的，抵押权人或者质权人在主债务期满时拍卖或者变卖抵押物或者质物所得的人民币不得兑换外汇汇出境外。

❹**《国家外汇管理局关于解释境内机构提供对外担保有关规定的函》**（1999年8月29日）

国家外汇管理局各分局，北京、重庆外汇管理部，青岛、大连、宁波、厦门、深圳分局：

近来，一些中资外汇指定银行及企业就境内机构提供对外担保管理规定提出了一些政策咨询，现根据《境内机构对外担保管理办法》（下称《办法》）和《境内机构对外担保管理实施细则》（下称《细则》）有关规定解释如下：

一、中资外汇指定银行在办理非融资项下的对外保证履约时，是否需要外汇局核准？是否需要提供担保批准文件？

《细则》第五章第三十九条规定："担保人提供对外担保后，应当到所在地外汇局办理担保登记手续……"；第四十条规定："担保人履行对外担保义务，应当经所在地外汇局核准。经营外汇业务的金融机构凭外汇局核准件办理对外担保履约项下的售汇及付汇手续。"《细则》第二十条第（一）款规定："中资银行对外出具的融资保证、融资租赁保证、补偿贸易项下的现汇履约保证和超过一年（不含一年）的延期付款保证等实行逐笔审批。"第（二）款规定："对中资银行对外出具的非前款所述对外保证（简称非融资项下的对外保证）按照资产负债比例进行管理"。

根据以上规定，中资银行办理非融资项下的对外保证，无需事先得到外汇局批准，但需办理对外担保登记手续；对外担保履约时，应凭登记证明到外汇局办理核准手续，无需提供担保批准文件。

二、外商独资企业提供对外担保有无条件限制？办理担保登记手续时有哪些规定？

根据《细则》第八条第三款的规定，外商独资企业可以自行提供对外担保，无需得到外汇局的逐笔审批。但提供对外担保的外商独资企业必须符合《办法》第五条第二款规定的条件，即："非金融企业法人提供的对外担保余额不得超过其净资产的百分之五十，并不得超过其上年外汇收入；"并且，根据《办法》第七条、第八条规定："外商独资企业不得为经营亏损的企业提供对外担保；不得为外商独资企业的注册资本提供担保"。

外商独资企业提供对外担保后，应当办理对外担保登记手续。外汇局在为外商独资企业办理对外担保登记手续时，须按上述规定予以审核，符合条件后方可予以办理担保登记手续。

案例链接

❶《镇江飞驰汽车集团有限责任公司与DAC中国特别机遇（巴巴多斯）有限公司借款合同纠纷上诉案》，参见北大法宝引证码：Pkulaw.cn/CLI.C.285179。

❷《中国银行(香港)有限公司诉珠海市海大工贸公司等借款合同纠纷案》，参见北大法宝引证

码：Pkulaw.cn/CLI.C.254015。

❸《中国银行新加坡分行诉广州滨江大厦有限公司等借款合同纠纷案》，参见北大法宝引证码：Pkulaw.cn/CLI.C.237341。

【对外担保的审批程序】

法律问题解读

担保人办理对外担保批准手续时，应当向外汇局提供下列全部或部分资料：申请报告；担保项目可行性研究报告批准文件或者政府主管部门批准件及其他有关批复文件；经注册会计师验证并加盖其所在会计师事务所公章的担保人和被担保人的资产负债表和损益表；被担保项下的主债务合同或者意向书及其他有关文件；担保合同或者意向书；外汇局要求提供的其他资料。此外，对外抵押和对外质押应当提供抵押物或者质物的所有权证明、其现值的评估文件证明；中资金融机构和内资企业为外商投资企业提供对外担保时，必须提供外方投资比例债务部分所要求担保已落实的文件；金融机构的分支机构对外提供担保，还需要提交其总部的授权文件。

外汇局在审批担保人为中国境外贸易型企业提供对外担保时，应当审查被担保的贸易规模、资产负债比例、损益情况，并核定被担保人应接受的对外担保上限。外汇局在审批担保人为中国境外承包工程型企业提供对外担保的，应审查被担保人的承包工程量、工程风险、资产负债比例、损益情况，并核定被担保人应接受的对外担保上限。

按规定应当由外汇局审批的对外抵押和对外质押，若抵押人或者出质人未到外汇局办理对外抵押或对外质押批准手续而办理了抵押物或者质物登记手续，抵押权人或者质权人在主债务期满时拍卖或者变卖抵押物或质物所得的人民币不得兑换成外汇汇出境外。

法条指引

❶《境内机构对外担保管理办法》（1996年9月25日 中国人民银行发布）

第十一条 担保人办理担保报批手续时，应当向外汇局提供下列或者部分资料：

（一）担保项目可行性研究报告批准件和其他有关批复文件；

（二）经注册会计师审计的担保人的资产负债表（如担保人是集团性公司的，应报送其合并资产负债表和其本部的资产负债表）；

（三）经注册会计师审计的被担保人的资产负债表；

（四）担保合同意向书；

（五）被担保项下主债务合同或者意向书及其他有关文件；

（六）本办法第八条、第九条规定的有关资料；

（七）外汇局要求的其他资料。

第十二条 经外汇局批准后，担保人方能提供对外担保。

第十五条 担保期限届满需要展期的，担保人应当在债务到期前三十天到所在地的外汇局办理展期手续，由外汇局依照本办法第十条规定的权限审批。

❷《境内机构对外担保管理办法实施细则》（1997年12月11日 国家外汇管理局发布）

第九条 担保人办理对外担保批准手续时，应当向外汇局提供下列全部或者部分资料：

（一）申请报告。

（二）担保项目可行性研究报告批准件或者政府主管部门批准件及其他有关批复文件。

（三）经注册会计师验证并加盖其所在会计师事务所公章的担保人和被担保人的资产负债表和损益表（如担保人是集团性公司的，应当报送其合并资产负债表和其本部的资产负债表、损益表）。

（四）被担保项下主债务合同或意向书及其他有关文件。

（五）担保合同或者意向书。

（六）外汇局要求提供的其他资料。

对外抵押和质押应当提供抵押物或者质物的所有权证明及其现值的评估文件证明。

中资金融机构和内资企业为外商投资企业提供对外担保时，必须提供外方投资比例债务部分所要求担保已落实的文件。

金融机构的分支机构对外提供担保，还需提供其总部的授权文件等。

第十条 外汇局收到担保人提供的符合本细则第九条规定的申请资料后，应当予以审核，并在收到申请之日起30日之内予以批复或者转报上一级外汇局。对不符合条件的，外汇局应当将其申请资料退回。

第十一条 外汇局批准担保人提供对外担保后，担保人6个月内仍未出具对外担保的，外汇局的批准文件自动失效。如需继续担保，担保人须另行报批。

第十二条 担保期限届满需要展期的，担保人应当在债务到期日三十天之前到所在地经授权的外汇局办理展期手续，由外汇局依照本细则规定的权限审批。

案例链接

❶《四川都江堰海棠铁合金冶炼有限公司与瑞华投资控股公司等信用证开证纠纷上诉案》，参见北大法宝引证码：Pkulaw.cn/CLI.C.152365。

❷《北京金博电子技术有限公司诉佰利亚医疗仪器有限公司等企业收购合同纠纷案》，参见北大法宝引证码：Pkulaw.cn/CLI.C.24378。

❸《交通银行香港分行等与顺德华南空调制冷实业有限公司担保合同纠纷上诉案》，参见北大法宝引证码：Pkulaw.cn/CLI.C.32266。

【对外担保的审批权限】

法律问题解读

中国人民银行授权国家外汇管理局及其分、支局为对外担保的管理机关，负责对外担保的审批、管理和登记工作。国家外汇管理局和其分支局对对外担保的审批根据对外担保的期限和种类有不同的分工，其对外担保的具体审批权限如下：

1. 担保人（不含外商独资企业）为中国境内内资企业提供的对外担保和为外商投资企业提供1年期以内（含1年）的对外担保，由担保人报其所在地的外汇局的省、自治区、直辖市的分局审批。

2. 担保人（不含外商独资企业）为外商投资企业提供1年以上（不含1年）的对外担保和为境外机构提供的对外担保，由担保人报经其所在地的外汇局的省、自治区、直辖市分局初审后，由该分局报国家外汇管理局审批。

3. 担保人为在京全国性中资金融机构、中央直属内资企业和在国家工商行政管理局领取营业执照的外商投资企业（不含外商独资企业）的，担保人提供的对外担保由国家外汇管理局审批。

需要注意的是，外商独资企业可以自行提供对外担保，无须外汇局的逐笔批准。

法条指引

❶《境内机构对外担保管理办法》（1996年9月25日 中国人民银行发布）

第十条 对外担保的审批权限：

（一）为境内内资企业提供对外担保和为外商投资企业提供一年期以内（含一年）的对外担保；由担保人报其所在地的省、自治区、直辖市、计划单列市或者经济特区外汇管理分局审批；

（二）为外商投资企业提供一年期以上（不含一年）的对外担保和为境外机构提供对外担保，由担保人报经其所在地的省、自治区、直辖市、计划单列市或者经济特区外汇管理分局初审后，由该外汇管理分局转报国家外汇管理局审批。

❷《境内机构对外担保管理办法实施细则》（1997年12月11日 国家外汇管理局发布）

第八条 对外担保的审批权限：

（一）担保人（不含外商独资企业）为境内内资企业提供的对外担保和为外商投资企业提供一年期以内（含一年）的对外担保，由担保人报其所在地的省、自治区、直辖市分局审批；

（二）担保人（不含外商独资企业）为外商投资企业提供一年期以上（不含一年）的对外担保和为境外机构提供的对外担保，由担保人报经其所在地的省、自治区、直辖市分局初审后，由该分局报国家外汇管理局审批；

（三）担保人为在京全国性中资金融机构、中央直属内资企业和在国家工商行政管理局领取营业执照的外商投资企业（不含外商独资企业）的，担保人提供的对外担保由国家外汇管理局审批；

外商独资企业可以自行提供对外担保，无需得到外汇局逐笔批准。

案例链接

❶《广州兆基实业有限公司诉广东新会合成纤维纺织厂股份有限公司等借款担保合同案》，参见北大法宝引证码：Pkulaw.cn/CLI.C.235486。

❷《中国进出口银行诉海南洋浦新大岛实业有限公司等担保合同案》，参见北大法宝引证码：Pkulaw.cn/CLI.C.231050。

❸《湖北省交通厅世界银行贷款项目办公室诉山西路桥建设集团有限公司等建设工程承包合同预付款结算纠纷案》，参见北大法宝引证码：Pkulaw.cn/CLI.C.30245。

【对外担保合同】

法律问题解读

对外担保的担保人提供对外担保时，应当与

债权人、被担保人订立书面合同，约定担保人、债权人、被担保人各方的权利和义务。此处所谓的"书面合同"可以是当事人之间单独订立的，包括当事人之间的具有担保性质的信函、传真、信用保险项下的保险合同、备用信用证等，也可以是主合同中的担保条款。对外担保合同包括对外保证合同、对外抵押合同和对外质押合同三种。

对外担保合同作为明确担保人、债权人和被担保人之间的权利义务的主要依据，应当具有以下内容：担保人有权对被担保人的资金和财产情况进行监督；担保人提供对外担保后，在其所担保的合同有效期内，担保人应当按照担保合同履行担保义务。担保人履行担保义务后，有权向被担保人追偿；担保人提供担保后，在担保合同的有效期内，受益人未按照债务合同履行义务而使被担保人因此免除债务的，担保人的担保义务自行解除；担保人有权要求被担保人落实担保措施或者提供相应的抵押物；担保人有权收取约定的担保费。对外担保合同是主债务合同的从合同。主债务合同无效或被撤销，对外担保合同随之无效或被撤销，对外担保合同中另有约定的，从其约定。按照《境内机构对外担保管理办法实施细则》应当由外汇局审批的对外担保，如果未经批准擅自出具对外担保，其对外出具的担保合同无效。

法条指引

❶《境内机构对外担保管理办法》（1996年9月25日 中国人民银行发布）

第十三条 担保人提供对外担保，应当与债权人、被担保人订立书面合同，约定担保人、债权人、被担保人各方的下列权利和义务：

（一）担保人有权对被担保人的资金和财产情况进行监督；

（二）担保人提供对外担保后，债权人与被担保人如果需要修改所担保的合同，必须取得担保人的同意，并由担保人报外汇局审批；未经担保人同意和外汇局批准的，担保人的担保义务自行解除；

（三）担保人提供对外担保后，在其所担保的合同有效期内，担保人应当按照担保合同履行担保义务。担保人履行担保义务后，有权向被担保人追偿；

（四）担保人提供担保后，在担保合同的有效期内债权人未按照债务合同履行义务的，担保人的担保义务自行解除；

（五）担保人有权要求被担保人落实反担保措施或者提供相应的抵押物；

（六）担保人有权收取约定的担保费。

❷《境内机构对外担保管理办法实施细则》（1997年12月11日 国家外汇管理局发布）

第七条 《办法》中第十三条所称"书面合同"，可以是当事人之间单独订立的，包括当事人之间的具有担保性质的信函、传真、信用保险项下的保险合同、备用信用证等，也可以是主合同中的担保条款。

对外担保合同是主债务合同的从合同，主债务合同无效，对外担保合同无效，对外担保合同另有约定的，按照约定。

第四十五条 担保合同应当列明下列内容：

（一）担保人有权对被担保人的资金和财产情况进行监督；

（二）担保人提供对外担保后，在其所担保的合同有效期内，担保人应当按照担保合同履行担保义务。担保人履行担保义务后，有权向被担保人追偿；

（三）担保人提供担保后，在担保合同的有效期内，受益人未按照债务合同履行义务而使被担保人因此免除债务的，担保人的担保义务自行解除；

（四）担保人有权要求被担保人落实反担保措施或者提供相应的抵押物；

（五）担保人有权收取约定的担保费。

❸《关于外国企业来源于中国境内的担保费所得税务处理问题的通知》（1998年2月25日 财政部发布）（略）

案例链接

❶《嘉沃环球基金（香港）资产管理投资5有限公司诉江苏省造纸印刷包装工业总公司等借款合同纠纷案》，参见北大法宝引证码：Pkulaw. cn/CLI. C. 290235。

❷《嘉沃环球基金（香港）资产管理投资5有限公司诉南京市雨花农工商总公司等借款合同纠纷案》，参见北大法宝引证码：Pkulaw. cn/CLI. C. 245256。

❸《镇江飞驰汽车集团有限责任公司与DAC中国特别机遇（巴巴多斯）有限公司借款合同纠纷上诉案》，参见北大法宝引证码：Pkulaw. cn/CLI. C. 285179。

❹《中国银行(香港)有限公司诉中国国际企业合作公司保证合同纠纷案》,参见北大法宝引证码:Pkulaw. cn/CLI. C. 198817。

学者观点

❶ 杨弘磊:《"直接适用规则"及其司法实践评价——兼论对外担保合同有效性判断之法律适用》,参见北大法宝引证码:Pkulaw. cn/CLI. A. 159675。

【对外担保合同的无效】

法律问题解读

在对外担保中,为防止外债风险转移给国内金融机构和企业,增加中方债务,《境内机构对外担保管理办法》、《境内机构对外担保管理办法实施细则》和最高人民法院发布的《关于担保法若干问题的解释》规定了对外担保合同无效的几种情形:

1. 未经国家有关主管部门批准或者登记的对外担保合同无效。这里的主管部门主要是国家外汇管理局及其分、支局。

2. 未经国家有关主管部门批准或登记,为境外机构向境内债权人提供担保的对外担保合同无效。这是由于担保人为境外的债务人向境内的债权人提供担保,实质上是境外的债务人向境内企业转移债务风险的一种方式,这为我国法律所禁止。

3. 无权经营外汇担保业务的金融机构、无外汇收入的非金融性质的企业法人提供外汇担保的对外担保合同无效。

4. 为外商投资企业注册资本、外商投资企业中的外方投资部分的对外债务提供担保的对外担保合同无效。

5. 主合同变更或者债权人将对外担保合同项下的权利转让,未经担保人同意和国家有关主管部门批准的,担保人不再承担担保责任,但法律、法规另有规定的除外。主合同的变更是指主合同主要条款的变更,包括担保项下的担保委托人、担保受益人、担保人、债务期限、金额、币别、利率、法律适用等条款的变更。不需要有关主管部门事前批准的对外担保,债权人与被担保人修改上述合同主要条款的,无须经过有关主管部门的批准,只需征求担保人的同意即可。

法条指引

❶《最高人民法院关于适用〈中华人民共和国担保法〉若干问题的解释》(2000年12月13日发布)

第六条 有下列情形之一的,对外担保合同无效:

(一) 未经国家有关主管部门批准或者登记对外担保的;

(二) 未经国家有关主管部门批准或者登记,为境外机构向境内债权人提供担保的;

(三) 为外商投资企业注册资本、外商投资企业中的外方投资部分的对外债务提供担保的;

(四) 无权经营外汇担保业务的金融机构、无外汇收入的非金融性质的企业法人提供外汇担保的;

(五) 主合同变更或者债权人将对外担保合同项下的权利转让,未经担保人同意和国家有关主管部门批准的,担保人不再承担担保责任。但法律、法规另有规定的除外。

❷《境内机构对外担保管理办法》(1996年9月25日 中国人民银行发布)

第十三条 担保人提供对外担保,应当与债权人、被担保人订立书面合同,约定担保人、债权人、被担保人各方的下列权利和义务:

(一) 担保人有权对被担保人的资金和财产情况进行监督;

(二) 担保人提供对外担保后,债权人与被担保人如果需要修改所担保的合同,必须取得担保人的同意,并由担保人报外汇局审批;未经担保人同意和外汇局批准的,担保人的担保义务自行解除;

(三) 担保人提供对外担保后,在其所担保的合同有效期内,担保人应当按照担保合同履行担保义务。担保人履行担保义务后,有权向被担保人追偿;

(四) 担保人提供担保后,在担保合同的有效期内债权人未按照债务合同履行义务的,担保人的担保义务自行解除;

(五) 担保人有权要求被担保人落实反担保措施或者提供相应的抵押物;

(六) 担保人有权收取约定的担保费。

❸《境内机构对外担保管理办法实施细则》(1997年12月11日 国家外汇管理局发布)

第四十三条 担保人提供对外担保后,债权

人与被担保人如果需要修改债务合同主要条款而导致担保责任变更的，必须取得担保人同意，并按原审批程序由担保人向外汇局报批。未经担保人同意和外汇局批准的，担保人的担保义务自行解除。但根据本细则的规定，不需外汇局事前批准的对外担保，债权人与被担保人修改债务合同主要条款，不需获得外汇局批准。

担保人未经外汇局同意更改经批准的担保合同主要条款，其变更条款无效。

本条所称"合同主要条款"指担保项下受益人、担保人、被担保人、债务期限、金额、币别、利率、适用法律等条款。

❹《国务院关于进一步加强借用国际商业贷款宏观管理的通知》（1995年9月27日 国务院令发布）（略）

案例链接

❶《嘉沃环球基金（香港）资产管理投资5有限公司诉镇江市归国华侨联合会等借款合同纠纷案》，参见北大法宝引证码：Pkulaw.cn/CLI.C.242423。

❷《DAC中国特别机遇（巴巴多斯）有限公司诉丹阳市蚕茧公司等借款合同纠纷案》，参见北大法宝引证码：Pkulaw.cn/CLI.C.242448。

❸《DAC中国特别机遇（巴巴多斯）有限公司诉丹阳市药业有限责任公司等借款合同纠纷案》，参见北大法宝引证码：Pkulaw.cn/CLI.C.242414。

❹《青岛前湾港集装箱码头有限责任公司诉浩达船务有限公司等装卸作业合同欠费纠纷案》，参见北大法宝引证码：Pkulaw.cn/CLI.C.237408。

【对外担保中主债务合同的修改】

法律问题解读

在对外担保中，主债务合同的内容在担保人向国家外汇管理局或其分、支局报批时，应当是确定的。随着情势的发展和变迁，债权人与被担保人需要修改主债务合同的条款的，需要履行一定的程序。

《境内机构对外担保管理办法》规定，担保人提供对外担保后，债权人与被担保人如果需要修改所担保的合同，必须取得担保人的同意，并由担保人报外汇局审批。这里需要注意的是，所担保的合同，是指主债务合同。但并非修改所有主债务合同的条款都必须取得担保人的同意并由担保人向外汇局报批。债权人与被担保人只有修改主债务合同的主要条款而导致担保责任变更时，才必须取得担保人的同意，并按原审批程序由担保人向外汇局报批。这里所谓的"债务合同的主要条款"是指担保项上的受益人、担保人、被担保人、债务期限、金额、币别、利率、法律适用等条款，只有变更这些条款时才必须履行以上的法定手续。被担保人和债权人修改以上债务合同主要条款未经担保人同意和外汇局批准的，担保人的担保义务自行解除，担保人不再对所担保的债务负任何责任。同样，担保人未经外汇局同意而更改担保合同的主要条款的，其变更条款的行为也无效。

需要注意的是，不需要外事局事前批准的对外担保，（如外商独资企业自行提供的对外担保），债权人与被担保人修改债务合同主要条款的，不需获得外汇局的批准，只需取得担保人的同意即可。

法条指引

❶《境内机构对外担保管理办法》（1996年9月25日 中国人民银行发布）

第十三条 担保人提供对外担保，应当与债权人、被担保人订立书面合同，约定担保人、债权人、被担保人各方的下列权利和义务：

（一）担保人有权对被担保人的资金和财产情况进行监督；

（二）担保人提供对外担保后，债权人与被担保人如果需要修改所担保的合同，必须取得担保人的同意，并由担保人报外汇局审批；未经担保人同意和外汇局批准的，担保人的担保义务自行解除；

（三）担保人提供对外担保后，在其所担保的合同有效期内，担保人应当按照担保合同履行担保义务。担保人履行担保义务后，有权向被担保人追偿；

（四）担保人提供担保后，在担保合同的有效期内债权人未按照债务合同履行义务的，担保人的担保义务自行解除；

（五）担保人有权要求被担保人落实反担保措施或者提供相应的抵押物；

（六）担保人有权收取约定的担保费。

❷《境内机构对外担保管理办法实施细则》（1997年12月11日 国家外汇管理局发布）

第四十三条 担保人提供对外担保后，债权

第八编 对外担保

人与被担保人如果需要修改债务合同主要条款而导致担保责任变更的，必须取得担保人同意，并按照原审批程序由担保人向外汇局报批。未经担保人同意和外汇局批准的，担保人的担保义务自行解除。但根据本细则的规定，不需外汇局事前批准的对外担保，债权人与被担保人修改债务合同主要条款，不需获得外汇局批准。

担保人未经外汇局同意更改经批准的担保合同主要条款，其变更条款无效。

本条所称"合同主要条款"指担保项下受益人、担保人、被担保人、债务期限、金额、币别、利率、适用法律等条款。

案例链接

❶《青岛前湾港集装箱码头有限责任公司诉浩达船务有限公司等装卸作业合同欠费纠纷案》，参见北大法宝引证码：Pkulaw.cn/CLI.C.237408。

❷《中国银行（香港）有限公司与广东省阳江市人民政府等担保合同纠纷上诉案》，参见北大法宝引证码：Pkulaw.cn/CLI.C.32315。

【对外担保登记】

法律问题解读

担保人在取得国家外汇管理局的批准后，获得出具对外担保的资格。担保人在获得出具对外担保的资格后，提供每项具体的对外担保时，应当到所在地的外汇局办理担保登记手续。这是为了便于国家外汇管理局监督和管理对外担保的经济活动和外汇的流动。对外担保的具体登记制度如下：

1. 非金融企业法人实行逐笔登记制。担保人为非金融企业法人时，担保人应自担保合同订立之日起15天内到所在地的外汇局填写《对外担保登记表》，并领取《对外担保登记证》。当担保合同执行完毕时，担保文件自动失效，担保人应当向原发证机关缴销《对外担保登记证》。

2. 金融机构实行按月定期登记制。担保人为金融机构的，该担保人应当在每月后的15天内填写《对外担保登记表》和《对外担保反馈表》，向所在地的外汇局上报上个月的担保情况，以便外汇局管理和备案。

非金融机构的担保人应自担保项下的债务到期、担保义务履行完毕或者出现终止担保合同的其他情形之日起15日内，将《对外担保登记证书》退回原颁发证书的外汇局并办理注销手续。

在对外担保中，如果担保人出具对外担保后未在规定的期限内办理担保登记的，外汇局将会根据情节的轻重给予其警告、通报批评、暂停或者撤销担保人的对外担保业务等行政处罚。担保人对该处罚不服的，可以向外汇局的上级管理部门申请行政复议或者直接提起行政诉讼。

法条指引

❶《境内机构对外担保管理办法》（1996年9月25日　中国人民银行发布）

第十四条　担保人提供对外担保后，应当到所在地的外汇局办理担保登记手续。

非金融机构提供对外担保后，应当自担保合同订立之日起十五天内到所在地的外汇局填写《对外担保登记表》，领取《对外担保登记书》；履行担保合同所需支付的外汇，须经所在地的外汇局核准汇出，并核减担保余额及债务余额。

金融机构实行按月定期登记制，在每月后的十五天内填写《对外担保反馈表》，上报上月担保债务情况。

第十六条　非金融机构的担保人应当自担保项下债务到期、担保义务履行完毕或者出现终止担保合同的其他情形之日起十五天内，将《对外担保登记证书》退回原颁发证书的外汇局办理注销手续。金融机构按月办理注销手续。

第十七条　担保人未经批准擅自出具对外担保，其对外出具的担保合同无效。

担保人未经批准擅自出具对外担保或者担保人出具对外担保后未办理担保登记的，由外汇局根据情节，给予警告、通报批评、暂停或者撤销担保人对外担保业务。

❷《境内机构对外担保管理办法实施细则》（1997年12月11日　国家外汇管理局发布）

第三十九条　担保人提供对外担保后，应当到所在地外汇局办理担保登记手续。

（一）非金融企业法人实行逐笔登记制。担保人自担保合同订立之日起十五天内到所在地的外汇局填写《对外担保登记表》并领取《对外担保登记证》。担保合同执行完毕，担保文件自动失效，担保人应当向原发证机关缴销《对外担保登记证》。

（二）金融机构实行按月定期登记制。在每月后的十五天内填写《对外担保登记表》和《对外担保反馈表》，向所在地外汇局上报上月担保情况。

第四十二条 未到外汇局办理登记手续的对外担保，其对外履约时外汇局不批准其购汇及汇出。

第五十条 担保人未经批准擅自出具对外担保的，由外汇局给予警告、通报批评、暂停或者撤销担保人对外担保业务的处罚；并处以十万元以上五十万元以下的罚款。担保人出具对外担保后未办理担保登记的，由外汇局根据情节给予警告、通报批评、暂停或者撤销担保人对外担保业务的处罚。

❸《关于完善资本项目外汇管理有关问题的通知》（1999年1月7日 中国人民银行发布）（略）

案例链接

❶《中信嘉华银行有限公司诉北京将军苑房地产有限公司金融借款及担保合同纠纷案》，参见北大法宝引证码：Pkulaw.cn/CLI.C.222369。

❷《中国银行新加坡分行诉广州滨江大厦有限公司等借款合同纠纷案》，参见北大法宝引证码：Pkulaw.cn/CLI.C.237341。

❸《日本国能势观光株式会社诉海南观光旅游开发有限公司借款合同纠纷案》，参见北大法宝引证码：Pkulaw.cn/CLI.C.17143。

学者观点

❶《中国法律》：《境内机构对外担保管理办法》，1996年第4期，总第9期。

【对外担保履约的核准】

法律问题解读

在对外担保中，当债务人（被担保人）不履行主债务合同时，担保人便要按照担保合同中的约定履行对外担保义务。由于担保人在履行对外担保的义务时，涉及售汇和付汇，因此，担保人履行对外担保义务，应当经所在地的外汇局核准。经营外汇业务的金融机构凭外汇局核准的文件来办理对外担保履约项下的售汇及付汇手续。

在对外担保中，担保人办理对外担保履约核准手续时，应当向外汇局提交如下材料：申请报告；外汇局批准担保人出具此笔对外担保的批准原件；外汇局核发的《对外担保登记证》及《对外担保登记表》；对外担保的合同副本；债权人要求履约的通知书；债务人的资产负债表。国家外汇管理局或其分局在接到担保人提交的以上履约核准资料后，应当进行审查，对符合法定条件的，应当核准其担保履约申请。如果对外担保履约是由国家外汇管理局各分局核准的，各分局应将履约核准情况同时抄报国家外汇管理局备案。未到外汇局办理登记手续的对外担保，其对外履约时，外汇局将不批准其购汇及外汇汇出。

法条指引

❶《境内机构对外担保管理办法实施细则》（1997年12月11日 国家外汇管理局发布）

第四十条 担保人履行对外担保义务，应当经所在地外汇局核准。经营外汇业务的金融机构凭外汇局核准件办理对外担保履约项下的售汇及付汇手续。国家外汇管理局各分局应当将履约核准情况同时抄报国家外汇管理局备案。

第四十一条 担保人办理对外担保履约核准手续时，应当提供如下资料：

（一）申请报告。

（二）外汇局批准担保人出具此笔对外担保的批文原件。

（三）外汇局核发的《对外担保登记证》及《对外担保登记表》。

（四）对外担保的合同副本。

（五）债权人要求担保履约的通知书。

（六）债务人的资产负债表。

【对外担保的禁止情形】

法律问题解读

为防止金融风险和方便外汇的管理，《境内机构对外担保管理办法》和《境内机构对外担保管理办法实施细则》中规定了一些担保人不得对外提供担保的情况：

1. 国家机关和事业单位一般为国家的职能部门和公益事业单位，一般不能出具对外担保。国家机关和事业单位只有在经过国务院批准为使用外国政府或者国际经济组织贷款进行转贷的情况下，才能出具对外担保。在其他情况下，禁止国家机关和事业单位对外提供担保。

2. 对外担保中的担保人不得为外商投资企业注册资本担保，内资企业和中资金融机构不得为外商投资企业中的外方投资部分的对外债务提供担保。此外，对外担保的担保人不得为开办离岸金融业务的境内金融机构在外筹措离岸资金提供担保。

3. 对外担保的担保人不得以定金和留置的方式出具对外担保。需要注意的是,对外担保项下的预付款不在定金所限定的范围之内,贸易当事人可向对方支付一定数额的预付款。

4. 贸易型内资企业在提供对外担保时,当其净资产与总资产的比例低于15%时,不能对外提供担保。非贸易型内资企业在其净资产与总资产的比例低于30%时,不得出具对外担保。

5. 对外担保人不得为经营亏损的企业提供对外担保。境外被担保人不得将担保人为其债务担保提供的资金调入境内使用。

在以上禁止对外担保的情况下,担保人出具的对外担保无效。外汇局在审查对外担保申请时,应重点审查以上的情况,有以上禁止情况之一的,应驳回担保人的申请。

法条指引

❶《境内机构对外担保管理办法》(1996年9月25日 中国人民银行发布)

第四条 本办法规定的担保人为:

(一)经批准有权经营对外担保业务的金融机构(不含外资金融机构);

(二)具有代位清偿债务能力的非金融企业法人,包括内资企业和外商投资企业。

除经国务院批准为使用外国政府或者国际经济组织贷款进行转贷外,国家机关和事业单位不得对外担保。

第五条 金融机构的对外担保余额、境内外汇担保余额及外汇债务余额之和不得超过其自有外汇资金的二十倍。

非金融企业法人对外提供的对外担保余额不得超过其净资产的百分之五十,并不得超过其上年外汇收入。

第六条 内资企业只能为其直属子公司或者其参股企业中中方投资比例部分对外债务提供对外担保。

贸易型内资企业在提供对外担保时,其净资产与总资产的比例原则上不得低于百分之十五。

非贸易型内资企业在提供对外担保时,其净资产与总资产的比例原则上不得低于百分之三十。

第七条 担保人不得为经营亏损企业提供对外担保。

❷《境内机构对外担保管理办法实施细则》(1997年12月11日 国家外汇管理局发布)

第六条 对外担保当事人包括担保人、被担保人、受益人。

"担保人"是指符合《办法》第四条规定的境内具有法人资格的,或者经法人授权的机构,包括中资金融机构、内资企业和外商投资企业,不包括境内外资金融机构。其中,对外保证项下的担保人为保证人;对外抵押项下的担保人为抵押人;对外质押项下的担保人为出质人。

"被担保人"是指境内内资企业、外商投资企业和境内机构在境外注册的全资附属企业及中方参股的企业。

"受益人"是指中国境外机构以及境内的外资金融机构。其中,对外保证项下的受益人为债权人;对外抵押项下的受益人为抵押权人;对外质押项下的受益人为质权人。

第十四条 内资企业只能为其直属子公司或者其参股企业中中方投资比例部分对外债务提供对外担保,但被担保人为以发行B股或者H股等方式在境外上市的外商投资企业除外。

第十七条 被担保人为境外机构的,应当符合下列条件:

(一)被担保人为境外贸易型企业的,其净资产与总资产的比例原则上不得低于百分之十;被担保人为境外非贸易型企业的,其净资产与总资产的比例原则上不得低于百分之十五。

(二)被担保人不得是亏损企业。

第四十六条 除经国务院批准为使用外国政府或者国际经济组织贷款进行转贷外,国家机关和事业单位不得对外提供担保。

担保人不得为外商投资企业注册资本提供担保,内资企业和中资金融机构不得为外商投资企业中的外方投资部分的对外债务提供担保。

担保人不得为开办离岸金融业务的境内金融机构在外筹措离岸资金提供担保。

担保人不得以定金和留置方式出具对外担保(贸易项下的预付款不在《办法》"定金"所限定的范围之内)。

境外被担保人不得将担保人为其债务担保项下的资金调入境内使用。

❸《城市市政公用事业利用外资暂行规定》(2000年5月27日 建设部发布)

第十三条 吸收外商直接投资项目,中外双方必须严格遵守国家有关法规。中方不得将一个整体项目化整为零,越权审批;在双方签订的协议或合同中,中方不得以任何形式保证或变相保证外方固定回报率,不得设定最低价格公式,不得以外币计价和结算，不得允许外方抽走资本资本金；任何单位和部门不得为外商提供任何形式的担保，不得接收合营企业的委托负责合营企业的经营和管理。对大中城市供水、供气等公用设施，中方必须控制设施总供给能力的百分之五十以上。

❹《国家物资储备资金管理制度》（1998 年 4 月 10 日　财政部发布）

第三十条　储备资金必须专项使用，未经财政部与国家局批准，任何单位和个人都无权动用和挪作他用，必须遵守如下纪律，违者应视情节轻重给予纪律处分直至依法追究刑事责任。

1. 不准用储备资金对外投资、担保或抵押。
2. 不准用储备资金搞经营或作注册资金开办企业。
3. 不准用储备资金作抵押向银行申请自营贷款。
4. 不准用储备资金弥补经费不足。
5. 不准用储备资金搞基本建设投资。
6. 不准外借储备资金银行账户或用于本单位其他业务的结算。
7. 不准截留或私分储备资金及物资资金溢余。
8. 不准超过规定标准列支费用和核销资金。

❺《国务院办公厅转发中国人民银行整顿乱集资乱批设金融机构和乱办金融业务实施方案的通知》（1998 年 8 月 11 日　国务院办公厅发布）（略）

❻《境外投资外汇管理办法》（1989 年 3 月 6 日　国务院令发布）

第八条　境外投资企业可以根据经营需要，自行筹措资金，但未经国家外汇管理局批准，其境内投资者不得以任何方式为其提供担保。

【对外保证】

法律问题解读

对外保证是指中国境内机构依据《境内机构对外担保管理办法》的规定，向中国境外机构或者境内的外资金融机构承诺，当债务人未按照合同约定履行义务时，由中国境内机构履行义务或者承担保证责任的担保。

依据《境内机构对外担保管理办法》的规定，所谓对外保证是指在对外担保活动中保证人和受益人（债权人）约定，当债务人不按照约定偿还债务或者履行义务时，保证人按照约定承担偿还责任或者履行义务的行为。在对外保证中，保证人不能为债务人，只能为债务人以外的第三人。当事人在设定对外保证时，应当签订书面的保证合同，列明保证人和受益人的权利义务。在一般情况下，保证人提供对外保证应当向所在地的外汇局报批。在获得出具对外保证的批准后，保证人在出具具体的对外保证时，仍需到外汇局办理对外担保登记。保证人在履行对外保证义务时，也须经过外汇局的核准。

外汇局对外保证按照下列规定进行管理：（1）对中资银行对外出具的融资保证、融资租赁保证，补偿贸易项下的现汇履行保证和超过 1 年（不含 1 年）的延期付款保证等实行逐笔审批。（2）对中资银行对外出具的非前面所述的对外保证时，按照资产负债比例进行管理。中资银行在《境内机构对外担保管理办法实施细则》规定的对外担保能力内可自行对外出具上述保证。这时中资银行出具的对外保证合同自出具之日起生效。（3）非银行金融机构和非金融企业法人出具的对外保证均需报外汇局进行逐笔审批。

法条指引

❶《中华人民共和国担保法》（1995 年 6 月 30 日　主席令公布）

第二条　在借贷、买卖、货物运输、加工承揽等经济活动中，债权人需要以担保方式保障其债权实现的，可以依照本法规定设定担保。

本法规定的担保方式为保证、抵押、质押、留置和定金。

第三十三条　本法所称抵押，是指债务人或者第三人不转移对本法第三十四条所列财产的占有，将该财产作为债权的担保。债务人不履行债务时，债权人有权依照本法规定以该财产折价或者以拍卖、变卖该财产的价款优先受偿。

前款规定的债务人或者第三人为抵押人，债权人为抵押权人，提供担保的财产为抵押物。

❷《最高人民法院关于适用〈中华人民共和国担保法〉若干问题的解释》（2000 年 12 月 13 日发布）

第十三条　保证合同中约定保证人代为履行非金钱债务的，如果保证人不能实际代为履行，对债权人因此造成的损失，保证人应当承担赔偿责任。

第十四条　不具有完全代偿能力的法人、其他组织或者自然人，以保证人身份订立保证合同后，又以自己没有代偿能力要求免除保证责任的，人民法院不予支持。

第十五条 《担保法》第七条规定的其他组织主要包括：

（一）依法登记领取营业执照的独资企业、合伙企业；

（二）依法登记领取营业执照的联营企业；

（三）依法登记领取营业执照的中外合作经营企业；

（四）经民政部门核准登记的社会团体；

（五）经核准登记领取营业执照的乡镇、街道、村办企业。

第十六条 从事经营活动的事业单位、社会团体为保证人的，如无其他导致保证合同无效的情况，其所签订的保证合同应当认定为有效。

第十七条 企业法人的分支机构未经法人书面授权提供保证的，保证合同无效。因此给债权人造成损失的，应当根据《担保法》第五条第二款的规定处理。

企业法人的分支机构经法人书面授权提供保证的，如果法人的书面授权范围不明，法人的分支机构应当对保证合同约定的全部债务承担保证责任。

企业法人的分支机构经营管理的财产不足以承担保证责任的，由企业法人承担民事责任。

企业法人的分支机构提供的保证无效后应当承担赔偿责任的，由分支机构经营管理的财产承担。企业法人有过错的，按照《担保法》第二十九条的规定处理。

第十八条 企业法人的职能部门提供保证的，保证合同无效。债权人知道或者应当知道保证人为企业法人的职能部门，因此造成的损失由债权人自行承担。

债权人不知保证人为企业法人的职能部门，因此造成的损失，可以参照《担保法》第五条第二款的规定和第二十九条的规定处理。

第十九条 两个以上保证人对同一债务同时或者分别提供保证时，各保证人与债权人没有约定保证份额的，应当认定为连带共同保证。

连带共同保证的保证人以其相互之间约定各自承担的份额对抗债权人的，人民法院不予支持。

第二十条 连带共同保证的债务人在主合同规定的债务履行期届满没有履行债务的，债权人可以要求债务人履行债务，也可以要求任何一个保证人承担全部保证责任。

连带共同保证的保证人承担保证责任后，向债务人不能追偿的部分，由各连带保证人按其内部约定的比例分担。没有约定的，平均分担。

第二十一条 按份共同保证的保证人按照保证合同约定的保证份额承担保证责任后，在其履行保证责任的范围内对债务人行使追偿权。

第二十二条 第三人单方以书面形式向债权人出具担保书，债权人接受且未提出异议的，保证合同成立。

主合同中虽然没有保证条款，但是，保证人在主合同上以保证人的身份签字或者盖章的，保证合同成立。

第二十三条 最高额保证合同的不特定债权确定后，保证人应当对在最高债权限度内就一定期间连续发生的债权余额承担保证责任。

第二十四条 一般保证的保证人在主债权履行期间届满后，向债权人提供了债务人可供执行财产的真实情况的，债权人放弃或者怠于行使权利使该财产不能被执行，保证人可以请求人民法院在其提供可供执行财产的实际价值范围内免除保证责任。

第二十五条 《担保法》第十七条第三款第（一）项规定的债权人要求债务人履行债务发生的重大困难情形，包括债务人下落不明、移居境外，且无财产可供执行。

第二十六条 第三人向债权人保证监督支付专款专用的，在履行了监督支付专款专用的义务后，不再承担责任。未尽监督义务造成资金流失的，应当对流失的资金承担补充赔偿责任。

第二十七条 保证人对债务人的注册资金提供保证的，债务人的实际投资与注册资金不符，或者抽逃转移注册资金的，保证人在注册资金不足或者抽逃转移注册资金的范围内承担连带保证责任。

第二十八条 保证期间，债权人依法将主债权转让给第三人的，保证债权同时转让，保证人在原保证担保的范围内对受让人承担保证责任。但是保证人与债权人事先约定仅对特定的债权人承担保证责任或者禁止债权转让的，保证人不再承担保证责任。

第二十九条 保证期间，债权人许可债务人转让部分债务未经保证人书面同意的，保证人对未经同意转让部分的债务，不再承担保证责任。但是，保证人仍应当对未转让部分的债务承担保证责任。

第三十条 保证期间，债权人与债务人对主合同数量、价款、币种、利率等内容作了变动，未经保证人同意的，如果减轻债务人的债务的，保证人仍应当对变更后的合同承担保证责任；如果加重债务人的债务的，保证人对加重的部分不承担保证责任。

债权人与债务人对主合同履行期限作了变动，未经保证人书面同意的，保证期间为原合同约定的或者法律规定的期间。

债权人与债务人协议变动主合同内容，但并未实际履行的，保证人仍应当承担保证责任。

第三十一条 保证期间不因任何事由发生中断、中止、延长的法律后果。

第三十二条 保证合同约定的保证期间早于或者等于主债务履行期限的，视为没有约定，保证期间为主债务履行期届满之日起六个月。

保证合同约定保证人承担保证责任直至主债务本息还清时为止等类似内容的，视为约定不明，保证期间为主债务履行期届满之日起两年。

第三十三条 主合同对主债务履行期限没有约定或者约定不明的，保证期间自债权人要求债务人履行义务的宽限期届满之日起计算。

第三十四条 一般保证的债权人在保证期间届满前对债务人提起诉讼或者申请仲裁的，从判决或者仲裁裁决生效之日起，开始计算保证合同的诉讼时效。

连带责任保证的债权人在保证期间届满前要求保证人承担保证责任的，从债权人要求保证人承担保证责任之日起，开始计算保证合同的诉讼时效。

第三十五条 保证人对已经超过诉讼时效期间的债务承担保证责任或者提供保证的，又以超过诉讼时效为由抗辩的，人民法院不予支持。

第三十六条 一般保证中，主债务诉讼时效中断，保证债务诉讼时效中断；连带责任保证中，主债务诉讼时效中断，保证债务诉讼时效不中断。

一般保证和连带责任保证中，主债务诉讼时效中止的，保证债务的诉讼时效同时中止。

第三十七条 最高额保证合同对保证期间没有约定或者约定不明的，如最高额保证合同约定有保证人清偿债务期限的，保证期间为清偿期限届满之日起六个月。没有约定债务清偿期限的，保证期间自最高额保证终止之日或自债权人收到保证人终止保证合同的书面通知到达之日起六个月。

第三十八条 同一债权既有保证又有第三人提供物的担保的，债权人可以请求保证人或者物的担保人承担担保责任。当事人对保证担保的范围或者物的担保的范围没有约定或者约定不明的，承担了担保责任的担保人，可以向债务人追偿，也可以要求其他担保人清偿其应当分担的份额。

同一债权既有保证又有物的担保的，物的担保合同被确认无效或者被撤销，或者担保物因不可抗力的原因灭失而没有代位物的，保证人仍应当按合同的约定或者法律的规定承担保证责任。

债权人在主合同履行期届满后怠于行使担保物权，致使担保物的价值减少或者毁损、灭失的，视为债权人放弃部分或者全部物的担保。保证人在债权人放弃权利的范围内减轻或者免除保证责任。

第三十九条 主合同当事人双方协议以新贷偿还旧贷，除保证人知道或者应当知道的外，保证人不承担民事责任。

新贷与旧贷系同一保证人的，不适用前款的规定。

第四十条 主合同债务人采取欺诈、胁迫等手段，使保证人在违背真实意思的情况下提供保证的，债权人知道或者应当知道欺诈、胁迫事实的，按照《担保法》第三十条的规定处理。

第四十一条 债务人与保证人共同欺骗债权人，订立主合同和保证合同的，债权人可以请求人民法院予以撤销。因此给债权人造成损失的，由保证人与债务人承担连带赔偿责任。

第四十二条 人民法院判决保证人承担保证责任或者赔偿责任的，应当在判决书主文中明确保证人享有《担保法》第三十一条规定的权利。判决书中未予明确追偿权的，保证人只能按照承担责任的事实，另行提起诉讼。

保证人对债务人行使追偿权的诉讼时效，自保证人向债权人承担责任之日起开始计算。

第四十三条 保证人自行履行保证责任时，其实际清偿额大于主债权范围的，保证人只能在主债权范围内对债务人行使追偿权。

第四十四条 保证期间，人民法院受理债务人破产案件的，债权人既可以向人民法院申报债权，也可以向保证人主张权利。

债权人申报债权后在破产程序中未受清偿的部分，保证人仍应当承担保证责任。债权人要求保证人承担保证责任的，应当在破产程序终结后六个月内提出。

第四十五条 债权人知道或者应当知道债务人破产，既未申报债权也未通知保证人，致使保证人不能预先行使追偿权的，保证人在该债权在破产程序中可能受偿的范围内免除保证责任。

第四十六条 人民法院受理债务人破产案件后，债权人未申报债权的，各连带共同保证的保证人应当作为一个主体申报债权，预先行使追偿权。

❸《境内机构对外担保管理办法》（1996 年 9 月 25 日 中国人民银行发布）

第二条 本办法所称对外担保，是指中国境内机构（境内外资金融机构除外，以下简称担保人）以保函、备用信用证、本票、汇票等形式出具对外保证，以《中华人民共和国担保法》中第三十四条规定的财产对外抵押或者以《中华人民共和国担保法》第四章第一节规定的动产对外质押和第二节第七十五条规定的权利对外质押，向中国境外机构或者境内的外资金融机构（债权人或者受益人，以下称债权人）承诺，当债务人（以下称被担保人）未按照合同约定偿付债务时，由担保人履行偿付义务。对外担保包括：

（一）融资担保；

（二）融资租赁担保；

（三）补偿贸易项下的担保；

（四）境外工程承包中的担保；

（五）其他具有对外债务性质的担保。

担保人不得以留置或者定金形式出具对外担保。

对境内外资金融机构出具的担保视同对外担保。

❹《境内机构对外担保管理办法实施细则》（1997 年 12 月 11 日 国家外汇管理局发布）

第四条 《办法》所称对外担保，是指中国境内机构（以下简称担保人）以保函、备用信用证、本票、汇票等形式出具对外保证，或者以《中华人民共和国担保法》（以下简称《担保法》）中第三十四条规定的财产对外抵押或者以《担保法》第四章第一节规定的动产对外质押和第二节第七十五条规定的权利对外质押，向中国境外机构或者境内的外资金融机构（债权人或者受益人，以下称受益人）承诺，当债务人（以下称被担保人）未按照合同约定履行义务时，由担保人履行义务；或者受益人依照《担保法》将抵押物或者质押物折价拍卖、变卖的价款优先受偿。

第十九条 《办法》所称对外保证是指保证人和受益人约定，当债务人不按照约定偿还债务或者履行义务时，保证人按照约定承担偿还责任或者履行义务的行为。

案例链接

❶《瑞泰国际航运有限责任公司等与余扬威船舶碰撞损害赔偿纠纷上诉案》，参见北大法宝引证码：Pkulaw. cn/CLI. C. 89827。

❷《中国银行（香港）有限公司上海分行诉鸿亿企业有限公司（honest king enterprises limited）等借款合同纠纷案》，参见北大法宝引证码：Pkulaw. cn/CLI. C. 43982。

学者观点

❶ 傅穹：《公司转投资、保证、借贷捐赠规则》，参见北大法宝引证码：Pkulaw. cn/CLI. A. 115893。

【对外保证人的条件】

法律问题解读

对外保证中的保证人可以是中资金融机构和非金融企业法人。经批准有权经营对外保证业务的中资金融机构可以出具对外保证，具有代位清偿债务能力的非金融企业法人，包括内资企业和外商投资企业可以出具对外保证。国家机关和事业单位在经国务院批准为使用外国政府或者国际经济组织贷款进行转贷时，可以出具对外保证。此外，中资金融机构和非金融机构要成为对外保证的保证人，仍需符合以下一些具体的条件。

保证人为中资金融机构的，应当符合下列条件：金融机构的对外担保余额、境内外汇担保余额及外汇债务余额之和不得超过其自有外汇资金的 20 倍；金融机构为一家企业法人提供的外汇放款余额、外汇担保余额（按 50％计算）及外汇投资（参股）之和不得超过其自有外汇资金的 30％。

对外保证的保证人为非金融企业法人的，其对外担保余额不得超过其净资产的 50％，并不得超过其上年的外汇收入。另外，贸易型内资企业在提供对外保证时，其净资产与总资产的比例原则上不得低于 15％；非贸易型内资企业在提供对外担保时，其净资产与总资产的比例原则上不得低于 30％。贸易型企业与非贸易型企业是按照国家工商行政管理部门颁发给企业的营业执照中的主营项目来划分的。

法条指引

❶《境内机构对外担保管理办法》（1996 年 9 月 25 日 中国人民银行发布）

第五条 金融机构的对外担保余额、境内外汇担保余额及外汇债务余额之和不得超过其自有外汇资金的二十倍。

非金融企业法人对外提供的对外担保余额不得超过其净资产的百分之五十,并不得超过其上年外汇收入。

第六条 内资企业只能为其直属子公司或者其参股企业中中方投资比例部分对外债务提供对外担保。

贸易型内资企业在提供对外担保时,其净资产与总资产的比例原则上不得低于百分之十五。

非贸易型内资企业在提供对外担保时,其净资产与总资产的比例原则上不得低于百分之三十。

❷《境内机构对外担保管理办法实施细则》(1997年12月11日 国家外汇管理局发布)

第二十一条 保证人为中资金融机构的,应当符合下列条件:

(一)金融机构的对外担保余额、境内外汇担保余额及外汇债务余额之和不得超过其自有外汇资金的二十倍。

(二)金融机构为一家企业法人的外汇放款余额、外汇担保余额(按百分之五十计算)及外汇投资(参股)之和不得超过其自有外汇资金的百分之三十。

第二十二条 保证人为非金融企业法人的,其对外担保余额不得超过其净资产的百分之五十,并不得超过其上年外汇收入。

其中,贸易型内资企业在提供对外保证时,其净资产与总资产的比例原则上不得低于百分之十五;非贸易型内资企业在提供对外担保时,其净资产与总资产的比例原则上不得低于百分之三十。

外汇局按照国家工商行政管理部门颁发的营业执照中的主营项目来划分贸易型与非贸易型企业。

【对外抵押】

法律问题解读

对外抵押是指中国境内机构不转移法律规定可以抵押的财产的占有,将该财产向中国境外机构或者境内的外资金融机构担保,当债务人未按照合同约定履行义务时,由中国境内机构履行义务,或者由上述中国境外机构或境内外资金融机构依照《担保法》的规定,以抵押物折价、拍卖、变卖的价款优先受偿的担保。

依据《境内机构对外担保管理办法》的规定,对外抵押是指在对外担保活动中债务人或者第三人不转移抵押财产的占有,将该财产作为债权的担保。债务人不履行债务时,受益人(债权人)有权依照《担保法》的规定以该财产折价或拍卖、变卖的价款优先受偿。对外抵押的抵押人可以是债务人或者债务人以外的第三人。受益人为抵押权人。提供抵押的财产为抵押物。

《境内机构对外担保管理实施细则》中规定可以对外抵押的财产的范围与《担保法》中规定可以抵押的财产的范围相同。对外抵押人所担保的债权不得超出其抵押物的价值。对外抵押的抵押物应当到国内价格评估机构作现值评估。抵押人为他人债务向受益人提供抵押时,所担保的债权余额不得超过其上年的外汇收入。

抵押人为自身债务对外抵押的,无需得到外汇局的事前批准,只须按照《境内机构对外担保管理办法实施细则》的规定到外汇局办理对外担保登记手续。如果以法律规定需要办理抵押物登记的自身财产抵押的,抵押人办理对外担保登记手续后,还应当到相应的部门办理抵押物登记。第三人提供对外抵押的,应当经外汇局批准。

法条指引

❶《中华人民共和国担保法》(1995年6月30日 主席令公布)

第二条 在借贷、买卖、货物运输、加工承揽等经济活动中,债权人需要以担保方式保障其债权实现的,可以依照本法规定设定担保。

本法规定的担保方式为保证、抵押、质押、留置和定金。

第三十三条 本法所称抵押,是指债务人或者第三人不转移对本法第三十四条所列财产的占有,将该财产作为债权的担保。债务人不履行债务时,债权人有权依照本法规定以该财产折价或者以拍卖、变卖该财产的价款优先受偿。

前款规定的债务人或者第三人为抵押人,债权人为抵押权人,提供担保的财产为抵押物。

❷《最高人民法院关于适用〈中华人民共和国担保法〉若干问题的解释》(2000年12月13日发布)

第四十七条 以依法获准尚未建造的或者正在建造中的房屋或者其他建筑物抵押的,当事人办理了抵押物登记,人民法院可以认定抵押有效。

第四十八条 以法定程序确认为违法、违章的建筑物抵押的,抵押无效。

第四十九条 以尚未办理权属证书的财产抵

押的,在第一审法庭辩论终结前能够提供权利证书或者补办登记手续的,可以认定抵押有效。

当事人未办理抵押物登记手续的,不得对抗第三人。

第五十条 以《担保法》第三十四条第一款所列财产一并抵押的,抵押财产的范围应当以登记的财产为准。抵押财产的价值在抵押权实现时予以确定。

第五十一条 抵押人所担保的债权超出其抵押物价值的,超出的部分不具有优先受偿的效力。

第五十二条 当事人以农作物和与其尚未分离的土地使用权同时抵押的,土地使用权部分的抵押无效。

第五十三条 学校、幼儿园、医院等以公益为目的的事业单位、社会团体,以其教育设施、医疗卫生设施和其他社会公益设施以外的财产为自身债务设定抵押的,人民法院可以认定抵押有效。

第五十四条 按份共有人以其共有财产中享有的份额设定抵押的,抵押有效。

共同共有人以其共有财产设定抵押,未经其他共有人的同意,抵押无效。但是,其他共有人知道或者应当知道而未提出异议的视为同意,抵押有效。

第五十五条 已经设定抵押的财产被采取查封、扣押等财产保全或者执行措施的,不影响抵押权的效力。

第五十六条 抵押合同对被担保的主债权种类、抵押财产没有约定或者约定不明,根据主合同和抵押合同不能补正或者无法推定的,抵押不成立。

法律规定登记生效的抵押合同签订后,抵押人违背诚实信用原则拒绝办理抵押登记致使债权人受到损失的,抵押人应当承担赔偿责任。

第五十七条 当事人在抵押合同中约定,债务履行期届满抵押权人未受清偿时,抵押物的所有权转移为债权人所有的内容无效。该内容的无效不影响抵押合同其他部分内容的效力。

债务履行期届满后抵押权人未受清偿时,抵押权人和抵押人可以协议以抵押物折价取得抵押物。但是,损害顺序在后的担保物权人和其他债权人利益的,人民法院可以适用《合同法》第七十四条、第七十五条的有关规定。

第五十八条 当事人同一天在不同的法定登记部门办理抵押物登记的,视为顺序相同。

因登记部门的原因致使抵押物进行连续登记的,抵押物第一次登记的日期,视为抵押登记的日期,并依此确定抵押权的顺序。

第五十九条 当事人办理抵押物登记手续时,因登记部门的原因致使其无法办理抵押物登记,抵押人向债权人交付权利凭证的,可以认定债权人对该财产有优先受偿权。但是,未办理抵押物登记的,不得对抗第三人。

第六十条 以《担保法》第四十二条第(二)项规定的不动产抵押的,县级以上地方人民政府对登记部门未作规定,当事人在土地管理部门或者房产管理部门办理了抵押物登记手续,人民法院可以确认其登记的效力。

第六十一条 抵押物登记记载的内容与抵押合同约定的内容不一致的,以登记记载的内容为准。

第六十二条 抵押物因附合、混合或者加工使抵押物的所有权为第三人所有的,抵押权的效力及于补偿金;抵押物所有人为附合物、混合物或者加工物的所有人的,抵押权的效力及于附合物、混合物或者加工物;第三人与抵押物所有人为附合物、混合物或者加工物的共有人的,抵押权的效力及于抵押人对共有物享有的份额。

第六十三条 抵押权设定前为抵押物的从物的,抵押权的效力及于抵押物的从物。但是,抵押物与其从物为两个以上的人分别所有时,抵押权的效力不及于抵押物的从物。

第六十四条 债务履行期届满,债务人不履行债务致使抵押物被人民法院依法扣押的,自扣押之日起抵押权人收取的由抵押物分离的天然孳息和法定孳息,按照下列顺序清偿:

(一)收取孳息的费用;

(二)主债权的利息;

(三)主债权。

第六十五条 抵押人将已出租的财产抵押的,抵押权实现后,租赁合同在有效期内对抵押物的受让人继续有效。

第六十六条 抵押人将已抵押的财产出租的,抵押权实现后,租赁合同对受让人不具有约束力。

抵押人将已抵押的财产出租时,如果抵押人未书面告知承租人该财产已抵押的,抵押人对出租抵押物造成承租人的损失承担赔偿责任;如果抵押人已书面告知承租人该财产已抵押的,抵押权实现造成承租人的损失,由承租人自己承担。

第六十七条 抵押权存续期间,抵押人转让抵押物未通知抵押权人或者未告知受让人的,如果抵押物已经登记的,抵押权人仍可以行使抵押权；取得抵押物所有权的受让人，可以代替债务人清偿其全部债务，使抵押权消灭。受让人清偿债务后可以向抵押人追偿。

如果抵押物未经登记的，抵押权不得对抗受让人，因此给抵押权人造成损失的，由抵押人承担赔偿责任。

第六十八条 抵押物依法被继承或者赠与的，抵押权不受影响。

第六十九条 债务人有多个普通债权人的，在清偿债务时，债务人与其中一个债权人恶意串通，将其全部或者部分财产抵押给该债权人，因此丧失了履行其他债务的能力，损害了其他债权人的合法权益，受损害的其他债权人可以请求人民法院撤销该抵押行为。

第七十条 抵押人的行为足以使抵押物价值减少的，抵押权人请求抵押人恢复原状或提供担保遭到拒绝时，抵押权人可以请求债务人履行债务，也可以请求提前行使抵押权。

第七十一条 主债权未受全部清偿的，抵押权人可以就抵押物的全部行使其抵押权。

抵押物被分割或者部分转让的，抵押权人可以就分割或者转让后的抵押物行使抵押权。

第七十二条 主债权被分割或者部分转让的，各债权人可以就其享有的债权份额行使抵押权。

主债务被分割或者部分转让的，抵押人仍以其抵押物担保数个债务人履行债务。但是，第三人提供抵押，债权人许可债务人转让债务未经抵押人书面同意的，抵押人对未经其同意转让的债务，不再承担担保责任。

第七十三条 抵押物折价或者拍卖、变卖该抵押物的价款低于抵押权设定时约定价值的，应当按照抵押物实现的价值进行清偿。不足清偿的剩余部分，由债务人清偿。

第七十四条 抵押物折价或者拍卖、变卖所得的价款，当事人没有约定的，按下列顺序清偿：

（一）实现抵押权的费用；

（二）主债权的利息；

（三）主债权。

第七十五条 同一债权有两个以上抵押人的，债权人放弃债务人提供的抵押担保的，其他抵押人可以请求人民法院减轻或者免除其应当承担的担保责任。

同一债权有两个以上抵押人的，当事人对提供的抵押财产所担保的债权份额或者顺序没有约定或约定不明的，抵押权人可以就其中任一或者各个财产行使抵押权。

抵押人承担担保责任后，可以向债务人追偿，也可以要求其他抵押人清偿其应当承担的份额。

第七十六条 同一动产向两个以上债权人抵押的，当事人未办理抵押物登记，实现抵押权时，各抵押权人按照债权比例受偿。

第七十七条 同一财产向两个以上债权人抵押的，顺序在先的抵押权与该财产的所有权归一人时，该财产的所有权人可以以其抵押权对抗顺序在后的抵押权。

第七十八条 同一财产向两个以上债权人抵押的，顺序在后的抵押权所担保的债权先到期的，抵押权人只能就抵押物价值超出顺序在先的抵押担保债权的部分受偿。

顺序在先的抵押权所担保的债权先到期的，抵押权实现后的剩余价款应予提存，留待清偿顺序在后的抵押担保债权。

第七十九条 同一财产法定登记的抵押权与质权并存时，抵押权人优先于质权人受偿。

同一财产抵押权与留置权并存时，留置权人优先于抵押权人受偿。

第八十条 在抵押物灭失、毁损或者被征用的情况下，抵押权人可以就该抵押物的保险金、赔偿金或者补偿金优先受偿。

抵押物灭失、毁损或者被征用的情况下，抵押权所担保的债权未届清偿期的，抵押权人可以请求人民法院对保险金、赔偿金或补偿金等采取保全措施。

第八十一条 最高额抵押权所担保的债权范围，不包括抵押物因财产保全或者执行程序被查封后或债务人、抵押人破产后发生的债权。

第八十二条 当事人对最高额抵押合同的最高限额、最高额抵押期间进行变更，以其变更对抗顺序在后的抵押权人的，人民法院不予支持。

第八十三条 最高额抵押权所担保的不特定债权，在特定后，债权已届清偿期的，最高抵押权人可以根据普通抵押权的规定行使其抵押权。

抵押权人实现最高额抵押权时，如果实际发生的债权余额高于最高限额的，以最高限额为限，超过部分不具有优先受偿的效力；如果实际发生的债权余额低于最高限额的，以实际发生的债权余额为限对抵押物优先受偿。

❸《境内机构对外担保管理办法》（1996年9月25日 中国人民银行发布）

第二条 本办法所称对外担保，是指中国境内机构（境内外资金融机构除外，以下简称担保人）以保函、备用信用证、本票、汇票等形式出具对外保证,以《中华人民共和国担保法》中第三十四条规定的财产对外抵押或者以《中华人民共和国担保法》第四章第一节规定的动产对外质押和第二节第七十五条规定的权利对外质押,向中国境外机构或者境内的外资金融机构(债权人或者受益人,以下称债权人)承诺,当债务人(以下称被担保人)未按照合同约定偿付债务时,由担保人履行偿付义务。对外担保包括:

(一)融资担保;

(二)融资租赁担保;

(三)补偿贸易项下的担保;

(四)境外工程承包中的担保;

(五)其他具有对外债务性质的担保。

担保人不得以留置或者定金形式出具对外担保。

对境内外资金融机构出具的担保视同对外担保。

❹《境内机构对外担保管理办法实施细则》

(1997年12月11日　国家外汇管理局发布)

第四条　《办法》所称对外担保,是指中国境内机构(以下简称担保人)以保函、备用信用证、本票、汇票等形式出具对外保证,或者以《中华人民共和国担保法》(以下简称《担保法》)中第三十四条规定的财产对外抵押或者以《担保法》第四章第一节规定的动产对外质押和第二节第七十五条规定的权利对外质押,向中国境外机构或者境内的外资金融机构(债权人或者受益人,以下称受益人)承诺,当债务人(以下称被担保人)未按照合同约定履行义务时,由担保人履行义务;或者受益人依照《担保法》将抵押物或者质押物折价拍卖、变卖的价款优先受偿。

第二十三条　《办法》所称对外抵押是指债务人或者第三人不转移对本细则第二十四条所列财产的占有,将该财产作为债权的担保。债务人不履行债务时,受益人有权依照《担保法》规定以该财产折价或者以拍卖、变卖该财产的价款优先受偿。

前款规定的债务人或者第三人为抵押人,受益人为抵押权人,提供抵押的财产为抵押物。

案例链接

❶《绍兴县彬彬纺织有限公司诉 ZHIANG SHI 有限公司等买卖合同纠纷案》,参见北大法宝引证码:Pkulaw.cn/CLI.C.276808。

❷《中国银行股份有限公司澳门分行等与珠海华电洪屏柴油机发电有限公司等借款、抵押担保纠纷上诉案》,参见北大法宝引证码:Pkulaw.cn/CLI.C.24474。

学者观点

❶ 杨弘磊:《"直接适用的法"与涉港担保合同法律适用条款的判理分析》,参见北大法宝引证码:Pkulaw.cn/CLI.A.1112184。

【对外抵押财产的范围】

法律问题解读

可以对外抵押的财产的范围与《担保法》中规定可以抵押的财产的范围相同。可以对外抵押的财产包括:抵押人所有的房屋和其他地上定着物;抵押人所有的机器、交通运输工具和其他财产;抵押人依法有权处分的国有土地使用权、房屋和其他地上定着物;抵押人依法承包并经发包方同意抵押的荒山、荒沟、荒丘、荒滩等荒地的土地使用权;抵押人依法有权处分的国有的机器、交通运输工具和其他财产;依法可以抵押的其他财产。抵押人可以将前款所列的财产一并抵押。抵押人以共同共有的财产抵押的,应当征求抵押物的其他共同共有人的同意。抵押人以按份共有的财产中自己的份额对外抵押的,可以不征求其他共有人的同意。对外抵押的抵押物应当经国内价格评估机构作现值评估。对外抵押人所担保的债权不得超出其抵押物的价值。财产抵押后,该财产的价值大于所担保债权的余额部分,可以再次抵押,但不得超出其余额部分。

我国《担保法》规定不得抵押的财产,不得对外抵押。不得对外抵押的财产包括:土地所有权;耕地、宅基地、自留地、自留山等集体所有的土地使用权,但依法承包并经发包方同意抵押的四荒土地使用权和乡(镇)、村企业的厂房等建筑抵押时占用范围的土地使用权除外;学校、幼儿园、医院等以公益为目的的事业单位、社会团体的教育设施、医疗卫生设施和其他社会公益设施;所有权、使用权不明或有争议的财产;依法被查封、扣押、监管的财产;依法不得抵押的其他财产。

法条指引

❶《中华人民共和国担保法》(1995年6月30日　主席令公布)

第三十四条　下列财产可以抵押：

（一）抵押人所有的房屋和其他地上定着物；

（二）抵押人所有的机器、交通运输工具和其他财产；

（三）抵押人依法有权处分的国有的土地使用权、房屋和其他地上定着物；

（四）抵押人依法有权处分的国有的机器、交通运输工具和其他财产；

（五）抵押人依法承包并经发包方同意抵押的荒山、荒沟、荒丘、荒滩等荒地的土地使用权；

（六）依法可以抵押的其他财产。

抵押人可以将前款所列财产一并抵押。

第三十五条　抵押人所担保的债权不得超出其抵押物的价值。

财产抵押后，该财产的价值大于所担保债权的余额部分，可以再次抵押，但不得超出其余额部分。

第三十六条　以依法取得的国有土地上的房屋抵押的，该房屋占用范围内的国有土地使用权同时抵押。

以出让方式取得的国有土地使用权抵押的，应当将抵押时该国有土地上的房屋同时抵押。

乡（镇）、村企业的土地使用权不得单独抵押。以乡（镇）、村企业的厂房等建筑物抵押的，其占用范围内的土地使用权同时抵押。

第三十七条　下列财产不得抵押：

（一）土地所有权；

（二）耕地、宅基地、自留地、自留山等集体所有的土地使用权，但本法第三十四条第（五）项、第三十六条第三款规定的除外；

（三）学校、幼儿园、医院等以公益为目的的事业单位、社会团体的教育设施、医疗卫生设施和其他社会公益设施；

（四）所有权、使用权不明或者有争议的财产；

（五）依法被查封、扣押、监管的财产；

（六）依法不得抵押的其他财产。

❷《境内机构对外担保管理办法实施细则》（1997年12月11日　国家外汇管理局发布）

第二十四条　下列财产可以对外抵押：

（一）抵押人所有的房屋和其他地上定着物；

（二）抵押人所有的机器、交通运输工具和其他财产；

（三）抵押人依法有权处分的国有的土地使用权、房屋和其他地上定着物；

（四）抵押人依法承包并经发包方同意抵押的荒山、荒沟、荒丘、荒滩等荒地的土地使用权；

（五）抵押人依法有权处分的国有的机器、交通运输工具和其他财产；

（六）依法可以抵押的其他财产。

抵押人可以将前款所列财产一并抵押。

第二十六条　对外抵押的抵押物应当得到国内作价评估机构的现值评估。

❸《最高人民法院关于适用〈中华人民共和国担保法〉若干问题的解释》（2000年12月13日发布）

第四十八条　以法定程序确认为违法、违章的建筑物抵押的，抵押无效。

第四十九条　以尚未办理权属证书的财产抵押的，在第一审法庭辩论终结前能够提供权利证书或者补办登记手续的，可以认定抵押有效。

当事人未办理抵押物登记手续的，不得对抗第三人。

第五十二条　当事人以农作物和与其尚未分离的土地使用权同时抵押的，土地使用权部分的抵押无效。

第五十三条　学校、幼儿园、医院等以公益为目的的事业单位、社会团体，以其教育设施、医疗卫生设施和其他社会公益设施以外的财产为自身债务设定抵押的，人民法院可以认定抵押有效。

第五十四条　按份共有人以其共有财产中享有的份额设定抵押的，抵押有效。

共同共有人以其共有财产设定抵押，未经其他共有人的同意，抵押无效。但是，其他共有人知道或者应当知道而未提出异议的视为同意，抵押有效。

❹《国家物资储备资金管理制度》（1998年4月10日发布）

第三十条　储备资金必须专项使用，未经财政部与国家局批准，任何单位和个人都无权动用和挪作他用，必须遵守如下纪律，违者应视情节轻重给予纪律处分直至依法追究刑事责任。

1. 不准用储备资金对外投资、担保或抵押。

2. 不准用储备资金搞经营或作注册资金开办企业。

3. 不准用储备资金作抵押向银行申请自营贷款。

4. 不准用储备资金弥补经费不足。

5. 不准用储备资金搞基本建设投资。

6. 不准外借储备资金银行账户或用于本单位其他业务的结算。

7. 不准截留或私分储备资金及物资资金溢余。
8. 不准超过规定标准列支费用和核销资金。

案例链接

❶《合肥东方房地产开发有限公司诉安徽国债服务中心损害赔偿纠纷案》,参见北大法宝引证码:Pkulaw.cn/CLI.C.19277。

【对外抵押登记】

法律问题解读

对外抵押登记包括《担保法》规定的抵押物登记和到外汇局办理的对外担保批准和登记手续。《担保法》规定抵押物登记的部门为:以无地上定着物的土地使用权抵押的,为核发土地使用权证书的土地管理部门;以城市房地产或者乡(镇)、村企业的厂房等建筑物抵押的,为县级以上地方人民政府规定的部门;以林木抵押的,为县级以上林木主管部门;以航空器、船舶、车辆抵押的,为运输工具的登记部门;以企业的设备和其他动产抵押的,为财产所在地的工商行政管理部门。

抵押人以自身财产为自身债务对外抵押的,无需得到外汇局的事前批准,只到外汇局办理对外担保登记手续。抵押人以法律规定必须办理抵押物登记的财产对外抵押的,抵押人办理对外担保登记手续后,还应当到相应的部门办理抵押物登记。内资企业以自身财产为自身债务对外抵押的,办理对外担保登记手续时,应当提供外汇局批准其对外负债的证明文件。

债务人之外的第三人以法律规定必须办理抵押物登记的财产对外抵押的,应首先得到外汇局的批准,再到相应的抵押物登记部门办理登记手续;第三人以法律未规定必须办理抵押物登记的财产对外抵押的,可以直接到外汇局办理抵押批准和抵押物登记手续。如果抵押人未到外汇局办理对外抵押批准手续而办理了抵押物登记手续的,抵押权人不能将抵押权实现时所得的人民币兑换成外汇汇出境外。

法条指引

❶《中华人民共和国担保法》(1995年6月30日 主席令公布)

第四十一条 当事人以本法第四十二条规定的财产抵押的,应当办理抵押物登记,抵押合同自登记之日起生效。

第四十二条 办理抵押物登记的部门如下:

(一)以无地上定着物的土地使用权抵押的,为核发土地使用权证书的土地管理部门;

(二)以城市房地产或者乡(镇)、村企业的厂房等建筑物抵押的,为县级以上地方人民政府规定的部门;

(三)以林木抵押的,为县级以上林木主管部门;

(四)以航空器、船舶、车辆抵押的,为运输工具的登记部门;

(五)以企业的设备和其他动产抵押的,为财产所在地的工商行政管理部门。

第四十三条 当事人以其他财产抵押的,可以自愿办理抵押物登记,抵押合同自签订之日起生效。

当事人未办理抵押物登记的,不得对抗第三人。当事人办理抵押物登记的,登记部门为抵押人所在地的公证部门。

第四十四条 办理抵押物登记,应当向登记部门提供下列文件或者其复印件:

(一)主合同和抵押合同;

(二)抵押物的所有权或者使用权证书。

第四十五条 登记部门登记的资料,应当允许查阅、抄录或者复印。

❷《境内机构对外担保管理办法实施细则》(1997年12月11日 国家外汇管理局发布)

第二十七条 抵押人以自身财产为自身债务对外抵押,无需得到外汇局的事前批准,只须按照本细则的规定到外汇局办理对外担保登记手续。

前款项下的抵押人为内资企业的,其办理对外担保登记手续时,应当提供外汇局批准其对外负债的证明文件。

第一款项下的抵押人的自身财产为《担保法》规定了相应抵押物登记部门的,抵押人办理对外担保登记手续后,还应当到相应部门办理抵押物登记。

第二十八条 抵押人作为第三人以《担保法》未规定登记部门的抵押物对外抵押的,由抵押人直接到外汇局办理抵押批准和抵押物登记手续。

第二十九条 抵押人作为第三人以《担保法》规定了相应抵押物登记部门的抵押物对外抵押的,抵押人应当先得到外汇局批准,再按照《担保法》规定到相应抵押物登记部门办理登记手续。

第四十九条 按照本细则规定应当由外汇局审批的对外抵押和对外质押,若抵押人或者出质人未到外汇局办理对外抵押或者对外质押批准手续而办理了抵押物或者质物登记手续的，抵押权人或者质权人在主债务期满时拍卖或者变卖抵押物或者质物所得的人民币不得兑换外汇汇出境外。

❸《最高人民法院关于适用〈中华人民共和国担保法〉若干问题的解释》（2000年12月13日发布）

第五十八条 当事人同一天在不同的法定登记部门办理抵押物登记的，视为顺序相同。

因登记部门的原因致使抵押物进行连续登记的，抵押物第一次登记的日期，视为抵押登记的日期，并依此确定抵押权的顺序。

第五十九条 当事人办理抵押物登记手续时，因登记部门的原因致使其无法办理抵押物登记，抵押人向债权人交付权利凭证的，可以认定债权人对该财产有优先受偿权。但是，未办理抵押物登记的，不得对抗第三人。

第六十条 以《担保法》第四十二条第（二）项规定的不动产抵押的，县级以上地方人民政府对登记部门未作规定，当事人在土地管理部门或者房产管理部门办理了抵押物登记手续，人民法院可以确认其登记的效力。

第六十一条 抵押物登记记载的内容与抵押合同约定的内容不一致的，以登记记载的内容为准。

【对外质押】

法律问题解读

对外质押是指中国境内机构转移法律规定的可以质押的动产和权利的占有，向中国境外机构或者境内的外资金融机构担保，当债务人未按照合同约定履行义务时，由中国境内机构履行义务，或者由上述中国境外机构或境内外资金融机构依照《担保法》的规定，以质押物折价、拍卖、变卖的价款优先受偿的担保。由于对外质押牵涉到境外机构以及境内的外资机构和外汇管理，对外质押与《担保法》规定的一般质押有所不同，实践中应注意以下几点：

1. 除《担保法》及其司法解释的规定之外，中国人民银行以及有关部门专门制定了调整对外质押的法律规定。这些规定主要包括《境内机构对外担保管理办法》、《境内机构对外担保管理办法实施细则》及有关机构发布的通知。

2. 对外质押对担保人资格有特定的限制，不符合上述法律、法规、规章要求的，对担保人不能出具对外质押。

3. 以上规章对对外担保的审批机关、审批手续、审批权限和登记有规定的，办理对外质押时应参照其中规定。

4. 以上规章对对外质押对出质人所担保债务余额、贷款期限等有规定的，应遵从其中规定。

5. 对外质押担保项下的人民币贷款的用途有较严格的规定，该贷款的使用应符合相关的规定。

6. 上述法律、法规、规章对质物有特别限制的，办理对外质押时应符合其中的规定。

法条指引

❶《境内机构对外担保管理办法》（1996年9月25日 中国人民银行发布）

第二条 本办法所称对外担保，是指中国境内机构（境内外资金融机构除外，以下简称担保人）以保函、备用信用证、本票、汇票等形式出具对外保证，以《中华人民共和国担保法》中第三十四条规定的财产对外抵押或者以《中华人民共和国担保法》第四章第一节规定的动产对外质押和第二节第七十五条规定的权利对外质押，向中国境外机构或者境内的外资金融机构（债权人或者受益人，以下称债权人）承诺，当债务人（以下称被担保人）未按照合同约定偿付债务时，由担保人履行偿付义务。对外担保包括：

（一）融资担保；
（二）融资租赁担保；
（三）补偿贸易项下的担保；
（四）境外工程承包中的担保；
（五）其他具有对外债务性质的担保。

担保人不得以留置或者定金形式出具对外担保。

对境内外资金融机构出具的担保视同对外担保。

第三条 中国人民银行授权国家外汇管理局及其分、支局（以下简称外汇局）为对外担保的管理机关，负责对外担保的审批、管理和登记。

第四条 本办法规定的担保人为：

（一）经批准有权经营对外担保业务的金融机构（不含外资金融机构）；
（二）具有代位清偿债务能力的非金融企业法人，包括内资企业和外商投资企业。

除经国务院批准为使用外国政府或者国际经济组织贷款进行转贷外，国家机关和事业单位不得对外担保。

第五条 金融机构的对外担保余额、境内外汇担保余额及外汇债务余额之和不得超过其自有外汇资金的二十倍。

非金融企业法人对外提供的对外担保余额不得超过其净资产的百分之五十，并不得超过其上年外汇收入。

第十条 对外担保的审批权限：

（一）为境内内资企业提供对外担保和为外商投资企业提供一年期以内（含一年）的对外担保，由担保人报其所在地的省、自治区、直辖市、计划单列市或者经济特区外汇管理分局审批；

（二）为外商投资企业提供一年期以上（不含一年）的对外担保和为境外机构提供对外担保，由担保人报经其所在地的省、自治区、直辖市、计划单列市或者经济特区外汇管理分局初审后，由该外汇管理分局转报国家外汇管理局审批。

第十四条 担保人提供对外担保后，应当到所在地的外汇局办理担保登记手续。

非金融机构提供对外担保后，应当自担保合同订立之日起十五天内到所在地的外汇局填写《对外担保登记表》，领取《对外担保登记书》；履行担保合同所需支付的外汇，须经所在地的外汇局核准汇出，并核减担保余额及债务余额。

金融机构实行按月定期登记制，在每月后的十五天内填写《对外担保反馈表》，上报上月担保债务情况。

❷《境内机构对外担保管理办法实施细则》(1997年12月11日 国家外汇管理局发布)

第二条 国家外汇管理局及其分、支局（以下简称外汇局）是对外担保的管理机关。

第四条 《办法》所称对外担保，是指中国境内机构（以下简称担保人）以保函、备用信用证、本票、汇票等形式出具对外保证，或者以《中华人民共和国担保法》（以下简称《担保法》）中第三十四条规定的财产对外抵押或者以《担保法》第四章第一节规定的动产对外质押和第二节第七十五条规定的权利对外质押，向中国境外机构或者境内的外资金融机构（债权人或者受益人，以下称受益人）承诺，当债务人（以下称被担保人）未按照合同约定履行义务时，由担保人履行义务；或者受益人依照《担保法》将抵押物或者质押物折价拍卖、变卖的价款优先受偿。

第八条 对外担保的审批权限：

（一）担保人（不含外商独资企业）为境内内资企业提供的对外担保和为外商投资企业提供一年期以内（含一年）的对外担保，由担保人报其所在地的省、自治区、直辖市分局审批；

（二）担保人（不含外商独资企业）为外商投资企业提供一年期以上（不含一年）的对外担保和为境外机构提供的对外担保，由担保人报经其所在地的省、自治区、直辖市分局初审后，由该分局报国家外汇管理局审批；

（三）担保人为在京全国性中资金融机构、中央直属内资企业和在国家工商行政管理局领取营业执照的外商投资企业（不含外商独资企业）的，担保人提供的对外担保由国家外汇管理局审批；

外商独资企业可以自行提供对外担保，无需得到外汇局逐笔批准。

第三十五条 出质人以自身动产或者权益为自身债务对外质押，无需得到外汇局事前批准，只须事后按照本细则的规定到外汇局办理对外担保登记手续。

前款项下出质人为内资企业的，其办理对外担保登记手续时应当提供外汇局批准其对外负债的证明文件。

外商投资企业中的有限责任公司办理股权质押登记时，应当事先得到董事会授权，其中外商独资企业办理股权质押登记时，还应当经其原审批机关批准。

第三十六条 出质人作为第三人以《担保法》规定的质物对外出质，由出质人直接到外汇局办理质押批准和登记手续。

出质人以本细则第三十三条第（二）、（三）款的质物出质的，出质人还应当到《担保法》规定的相应主管部门办理质物登记手续。

第三十七条 出质人为他人债务向受益人提供质押时，所担保债务余额不得超过其上年外汇收入。

第四十七条 以下担保适用本细则：

（一）对外反担保。

（二）担保人为境外机构向境内债权人提供的担保。

（三）担保人为境外机构向开办离岸银行业务的境内金融机构融资所提供的担保。

（四）经国家外汇管理局批准经营离岸银行业务的境内中资金融机构作为担保人提供的离岸项下对外担保。

❸《中国人民银行、国家外汇管理局关于加强境内金融机构外汇担保项下人民币贷款业务管理的通知》(1998年9月26日发布)

三、境内中资外汇指定银行向外商投资企业发放外汇质押和外资银行外汇担保项下人民币贷

款时,按以下规定办理:

1. 从事上述担保项下人民币贷款业务的仅限于境内中资外汇指定银行总行或其授权的分行。

2. 外商投资企业所质押外汇仅限于外债项下外汇收入。申请外汇质押的外商投资企业,其注册资本金须足额到位,并向境内中资外汇指定银行出具注册会计师的验资证明;在中资外汇指定银行提供人民币贷款期间,外商投资企业不得抽走资本金。

3. 出具外汇担保的机构原则上仅限于境内资银行,如为境外外资银行,则必须是获得国际权威评级机构穆迪或标准普尔A1或A+以上信用评级的银行,担保形式为备用信用证或无条件、不可转让的保函。

4. 担保项下人民币贷款只能用于补充企业流动资金不足,不得用于弥补长期项目投资缺口,不得用于购汇进口和还贷。流动资金贷款期限不得超过相应外汇担保期限,并不得在担保相应展期且生效的前提下将流动资金贷款展期。

5. 中资外汇指定银行对上述贷款资金使用实行专户管理,严格监督资金用途与安全。

6. 外商投资企业以外债项下外汇收入质押,获得境内中资外汇指定银行人民币贷款时,须于签订贷款合同后十五日内到所在地外汇局办理外汇质押登记手续。境内中资外汇指定银行收回人民币贷款之前,外商投资企业不得动用所质押外汇。外商投资企业外汇质押项下人民币贷款合同执行完毕,其所质押外汇必须划转原账户;外商投资企业外汇质押需履约时,其外汇资金必须结汇,结汇手续由外商投资企业报所在地外汇局核准。

7. 外商投资企业接受外资银行外汇担保,须到所在地外汇局办理或有负债登记手续。外资银行外汇担保履约时,其外汇资金必须结汇,结汇手续由境内中资外汇指定银行报外汇局核准;外商投资企业须到外汇局办理或有负债注销手续,同时办理相应的外债登记手续;外商投资企业对外偿债须按规定经所在地外汇局核准。

8. 各中资外汇指定银行总行须制定规范的贷款和担保合同框架文本及对重要条款拟接受和争取的谈判口径与原则,并于1998年10月31日前报中国人民银行和国家外汇管理局备案。

9. 1998年10月1日前发生、迄今仍有效的外汇担保项下人民币贷款,有关银行应督促外商投资企业于1998年10月31日前按上述规定到外汇局补办登记手续。

10. 外汇局省级分局须于每月8日前将辖区内外汇质押项下和外资银行外汇担保项下人民币贷款情况报国家外汇管理局。

❹《关于改进外汇担保项下人民币贷款管理的通知》(1999年7月15日 中国人民银行发布)

一、本通知所称"外汇担保项下人民币贷款",是指由境外金融机构或境内外资金融机构(以下称"外资银行")提供信用保证(含备用信用证)或由境内外商投资企业(包括中外合资、中外合作、外商独资经营企业)提供外汇质押,由境内中资外汇指定银行(以下称"人民币贷款行")向境内外商投资企业(以下称"借款人")发放的人民币贷款。

三、外汇担保人民币贷款可用于满足固定资产投资和流动资金需求,但不得用于购汇。

四、外汇担保人民币贷款期限最长不超过五年。

六、外汇质押人民币贷款按以下规定办理:

(一)借款人所质押的外汇,可以来源于资本金和外债,也可以来源于经常项下收入。以经常项下收入进行质押时,质押外汇金额与结算账户的余额之和,不得超过结算账户的限额。外债项下资金用于质押时,人民币贷款的到期日不得迟于外债的到期日。

(二)质押外汇币种仅限于美元、欧元(或德国马克、法国法郎、意大利里拉)、日元、港元、英镑和瑞士法郎。

(三)人民币贷款行对借款人发放的人民币贷款金额,最高不得超过质押外汇按照存入当日中国人民银行公布的人民币汇率准价折算的人民币金额("质押外汇折算金额")。在人民币贷款期内,由于人民币汇率变动导致人民币贷款本息高于质押外汇(含利息)折算金额的,人民币贷款行可以提前收回超额部分贷款或要求债务人补足差额部分的质押外汇;低于折算金额的,借款人可以要求增加人民币贷款或退回超额部分质押外汇。

(四)人民币贷款行应按照中国人民银行有关利率管理的规定,分别对人民币贷款和质押外汇存款计息、结息。

(五)人民币贷款合同执行完毕后,借款人应将质押外汇划回原外汇账户。借款人违约时,由人民币贷款行按未偿人民币贷款本息和相关费用金额以及当日该行挂牌的现汇买入价,计算应收外汇金额并直接办理结汇。多余的外汇退给借款人,不足的要求债务人补足差额。

学者观点

❶ 王志华:《对独立担保国内效力的承认及其法律完善》,参见北大法宝引证码:Pkulaw. cn/CLI. A.1112310。

❷ 陈炜恒:《第四讲 银行外汇担保业务操作中的风险》,参见北大法宝引证码:Pkulaw. cn/CLI. A.1145249。

【对外动产质押】

法律问题解读

对外质押分为对外动产质押和对外权利质押。依据《境内机构对外担保管理办法》的规定,对外动产质押是指债务人或者第三人将其动产移交给债权人占有,将该动产作为债权的担保,债务人不履行偿还责任时,债权人有权依照我国《担保法》的规定以该动产折价或拍卖、变卖的价款优先受偿。其中债务人或者第三人为出质人,债权人为质权人,移交的动产为质物。

对外动产质押的出质人和质权人应当以书面形式订立质押合同。质押合同的内容有:被担保的主债权种类、数额;债务人履行债务的期限;质物的名称、数量、质量、状况;质押担保的范围;质物移交的时间;当事人认为需要约定的其他事项。质押合同不完全具备前面的内容的,可以补正。出质人和质权人在合同中不得约定在债务履行期届满质权人未受清偿时,质物的所有权转移为质权人所有。质押担保的范围包括主债权及利息、违约金、损害赔偿金、质物保管费用和实现质权的费用,质押合同另有约定的,按照约定。质权人有权收取质物所生的孳息,质押合同另有约定的,从其约定。质权人负有妥善保管质物的义务。当质物有损坏或者价值明显减少的可能,足以危害质权人权利的,质权人可以要求出质人提供相应的担保。为债务人出质担保的第三人,在质权人实现质权后,有权向债务人追偿。质权可因质物的灭失和主债权的消灭而消灭。

在对外动产质押中,出质人为他人债务向受益人提供质押时,所担保的债务余额不得超过其上半年的外汇收入。

法条指引

❶《中华人民共和国担保法》(1995年6月30日 主席令公布)

第六十三条 本法所称动产质押,是指债务人或者第三人将其动产移交债权人占有,将该动产作为债权的担保。债务人不履行债务时,债权人有权依照本法规定以该动产折价或者以拍卖、变卖该动产的价款优先受偿。

前款规定的债务人或者第三人为出质人,债权人为质权人,移交的动产为质物。

❷《最高人民法院关于适用〈中华人民共和国担保法〉若干问题的解释》(2000年12月13日发布)

第八十四条 出质人以其不具有所有权但合法占有的动产出质的,不知出质人无处分权的质权人行使质权后,因此给动产所有人造成损失的,由出质人承担赔偿责任。

第八十五条 债务人或者第三人将其金钱以特户、封金、保证金等形式特定化后,移交债权人占有作为债权的担保,债务人不履行债务时,债权人可以以该金钱优先受偿。

第八十六条 债务人或者第三人未按质押合同约定的时间移交质物的,因此给质权人造成损失的,出质人应当根据其过错承担赔偿责任。

第八十七条 出质人代质权人占有质物的,质押合同不生效;质权人将质物返还于出质人后,以其质权对抗第三人的,人民法院不予支持。

因不可归责于质权人的事由而丧失对质物的占有,质权人可以向不当占有人请求停止侵害、恢复原状、返还质物。

第八十八条 出质人以间接占有的财产出质的,质押合同自书面通知送达占有人时视为移交。占有人收到出质通知后,仍接受出质人的指示处分出质财产的,该行为无效。

第八十九条 质押合同中对质押的财产约定不明,或者约定的出质财产与实际移交的财产不一致的,以实际交付占有的财产为准。

第九十条 质物有隐蔽瑕疵造成质权人其他财产损害的,应由出质人承担赔偿责任。但是,质权人在质物移交时明知质物有瑕疵而予以接受的除外。

第九十一条 动产质权的效力及于质物的从物。但是,从物未随同质物移交质权人占有的,质权的效力不及于从物。

第九十二条 按照《担保法》第六十九条的规定将质物提存的,质物提存费用由质权人负担;出质人提前清偿债权的,应当扣除未到期部分的利息。

第九十三条 质权人在质权存续期间,未经

出质人同意，擅自使用、出租、处分质物，因此给出质人造成损失的，由质权人承担赔偿责任。

第九十四条 质权人在质权存续期间，为担保自己的债务，经出质人同意，以其所占有的质物为第三人设定质权的，应当在原质权所担保的债权范围之内，超过的部分不具有优先受偿的效力。转质权的效力优于原质权。

质权人在质权存续期间，未经出质人同意，为担保自己的债务，在其所占有的质物上为第三人设定质权的无效。质权人对因转质而发生的损害承担赔偿责任。

第九十五条 债务履行期届满质权人未受清偿的，质权人可以继续留置质物，并以质物的全部行使权利。出质人清偿所担保的债权后，质权人应当返还质物。

债务履行期届满，出质人请求质权人及时行使权利，而质权人怠于行使权利致使质物价格下跌，由此造成的损失，质权人应当承担赔偿责任。

第九十六条 本解释第五十七条、第六十二条、第六十四条、第七十一条、第七十二条、第七十三条、第七十四条、第八十条之规定，适用于动产质押。

❸《境内机构对外担保管理办法》（1996年9月25日 中国人民银行发布）

第二条 本办法所称对外担保，是指中国境内机构（境内外资金融机构除外，以下简称担保人）以保函、备用信用证、本票、汇票等形式出具对外保证，以《中华人民共和国担保法》中第三十四条规定的财产对外抵押或者以《中华人民共和国担保法》第四章第一节规定的动产对外质押和第二节第七十五条规定的权利对外质押，向中国境外机构或者境内的外资金融机构（债权人或者受益人，以下称债权人）承诺，当债务人（以下称被担保人）未按照合同约定偿付债务时，由担保人履行偿付义务。对外担保包括：

（一）融资担保；
（二）融资租赁担保；
（三）补偿贸易项下的担保；
（四）境外工程承包中的担保；
（五）其他具有对外债务性质的担保。

担保人不得以留置或者定金形式出具对外担保。

对境内外资金融机构出具的担保视同对外担保。

❹《境内机构对外担保管理办法实施细则》（1997年12月11日 国家外汇管理局发布）

第四条 《办法》所称对外担保，是指中国境内机构（以下简称担保人）以保函、备用信用证、本票、汇票等形式出具对外保证，或者以《中华人民共和国担保法》（以下简称《担保法》）中第三十四条规定的财产对外抵押或者以《担保法》第四章第一节规定的动产对外质押和第二节第七十五条规定的权利对外质押，向中国境外机构或者境内的外资金融机构（债权人或者受益人，以下称受益人）承诺，当债务人（以下称被担保人）未按照合同约定履行义务时，由担保人履行义务；或者受益人依照《担保法》将抵押物或者质押物折价拍卖、变卖的价款优先受偿。

第三十一条 《办法》所称对外质押分为对外动产质押和对外权利质押。

第三十二条 "对外动产质押"是指债务人或者第三人将其动产移交债权人占有，将该动产作为债权的担保，债务人不履行偿还责任时，债权人有权依照《担保法》规定以该动产折价或者以拍卖、变卖该动产的价款优先受偿。

【对外权利质押】

法律问题解读

对外权利质押是对外质押的一种，是指以下列权利的对外质押：汇票、本票、支票、债券、存款单、仓单、提单；依法可以转让的股份、股票；依法可以转让的商标专用权、专利权、著作权中的财产权；依法可以质押的其他权利。

出质人以汇票、支票、本票、债券、存款单、仓单、提单出质的，应当在合同约定的期限内将权利凭证交付质权人。质押合同自权利凭证交付之日起生效。以依法可以转让的股票出质的，出质人与质权人应当订立书面合同，并向证券登记机构办理出质登记。质押合同自登记之日起生效。股票出质后，不得转让，但经出质人与质权人协商同意的可以转让。以有限责任公司的股份出质的，适用我国《公司法》有关股份转让的规定。质押合同自股份出质记载于股东名册之日起生效。以依法可以转让的商标专用权、专利权、著作权的财产权出质的，出质人与质权人应当订立书面合同，并向其主管部门办理出质登记。质押合同自登记之日起生效。以依法可以转让的商标专用权、专利权、著作权中的财产权出质的，出质人不能转让或者许可他人使用，但经出质人与质权人协商同意的除外。出质人所得的转让费、许可费应当向质权人提前清偿所担保的债权或者向第三人提存。

需要注意的是，出质人为他人债务向受益人提供对外权利质押时，所担保的债务余额不得超过其上年的外汇收入。

法条指引

❶《中华人民共和国物权法》（2007年3月16日主席令公布　2007年10月1日施行）

第一百八十条　债务人或者第三人有权处分的下列财产可以抵押：

（一）建筑物和其他土地附着物；

（二）建设用地使用权；

（三）以招标、拍卖、公开协商等方式取得的荒地等土地承包经营权；

（四）生产设备、原材料、半成品、产品；

（五）正在建造的建筑物、船舶、航空器；

（六）交通运输工具；

（七）法律、行政法规未禁止抵押的其他财产。

抵押人可以将前款所列财产一并抵押。

❷《中华人民共和国担保法》（1995年6月30日　主席令公布）

第七十五条　下列权利可以质押：

（一）汇票、支票、本票、债券、存款单、仓单、提单；

（二）依法可以转让的股份、股票；

（三）依法可以转让的商标专用权，专利权、著作权中的财产权；

（四）依法可以质押的其他权利。

❸《最高人民法院关于适用〈中华人民共和国担保法〉若干问题的解释》（2000年12月13日发布）

第九十七条　以公路桥梁、公路隧道或者公路渡口等不动产收益权出质的，按照《担保法》第七十五条第（四）项的规定处理。

第九十八条　以汇票、支票、本票出质，出质人与质权人没有背书记载"质押"字样，以票据出质对抗善意第三人的，人民法院不予支持。

第九十九条　以公司债券出质的，出质人与质权人没有背书记载"质押"字样，以债券出质对抗公司和第三人的，人民法院不予支持。

第一百条　以存款单出质的，签发银行核押后又受理挂失并造成存款流失的，应当承担民事责任。

第一百零一条　以票据、债券、存款单、仓单、提单出质的，质权人再转让或者质押的无效。

第一百零二条　以载明兑现或者提货日期的汇票、支票、本票、债券、存款单、仓单、提单出质的，其兑现或者提货日期后于债务履行期的，质权人只能在兑现或者提货日期届满时兑现款项或者提取货物。

第一百零三条　以股份有限公司的股份出质的，适用《中华人民共和国公司法》有关股份转让的规定。

以上市公司的股份出质的，质押合同自股份出质向证券登记机构办理出质登记之日起生效。

以非上市公司的股份出质的，质押合同自股份出质记载于股东名册之日起生效。

第一百零四条　以依法可以转让的股份、股票出质的，质权的效力及于股份、股票的法定孳息。

第一百零五条　以依法可以转让的商标专用权，专利权、著作权中的财产权出质的，出质人未经质权人同意而转让或者许可他人使用已出质权利的，应当认定为无效。因此给质权人或者第三人造成损失的，由出质人承担民事责任。

第一百零六条　质权人向出质人、出质债权的债务人行使质权时，出质人、出质债权的债务人拒绝的，质权人可以起诉出质人和出质债权的债务人，也可以单独起诉出质债权的债务人。

❹《境内机构对外担保管理办法》（1996年9月25日　中国人民银行发布）

第二条　本办法所称对外担保，是指中国境内机构（境内外资金融机构除外，以下简称担保人）以保函、备用信用证、本票、汇票等形式出具对外保证，以《中华人民共和国担保法》中第三十四条规定的财产对外抵押或者以《中华人民共和国担保法》第四章第一节规定的动产对外质押和第二节第七十五条规定的权利对外质押，向中国境外机构或者境内的外资金融机构（债权人或者受益人，以下称债权人）承诺，当债务人（以下称被担保人）未按照合同约定偿付债务时，由担保人履行偿付义务。对外担保包括：

（一）融资担保；

（二）融资租赁担保；

（三）补偿贸易项下的担保；

（四）境外工程承包中的担保；

（五）其他具有对外债务性质的担保。

担保人不得以留置或者定金形式出具对外担

保。

对境内外资金融机构出具的担保视同对外担保。

❺《境内机构对外担保管理办法实施细则》（1997年12月11日 国家外汇管理局发布）

第四条 《办法》所称对外担保，是指中国境内机构（以下简称担保人）以保函、备用信用证、本票、汇票等形式出具对外保证，或者以《中华人民共和国担保法》（以下简称《担保法》）中第三十四条规定的财产对外抵押或者以《担保法》第四章第一节规定的动产对外质押和第二节第七十五条规定的权利对外质押，向中国境外机构或者境内的外资金融机构（债权人或者受益人，以下称受益人）承诺，当债务人（以下称被担保人）未按照合同约定履行义务时，由担保人履行义务；或者受益人依照《担保法》将抵押物或者质押物折价拍卖、变卖的价款优先受偿。

第三十三条 "对外权利质押"是指以下列权利对外质押：

（一）汇票、本票、支票、债券、存款单、仓单、提单；

（二）依法可以转让的股份、股票；

（三）依法可以转让的商标专用权、专利权、著作权中的财产权；

（四）依法可以质押的其他权利。

【对外质押登记】

法律问题解读

对外质押需要履行一定的批准和登记手续。对外质押的出质人以自身动产或者权益为自身的债务对外质押的，无须经国家外汇管理局或其分局的事前批准，只须事后按照《境内机构对外担保办法实施细则》的规定到外汇局办理对外担保登记手续。内资企业以自身动产或权益为自身债务对外质押的，办理对外担保登记手续时应当提供外汇局批准其对外负债的证明文件。外商投资企业中的有限责任公司办理股权质押登记时，应当事先得到董事会的授权。其中外商独资企业办理股权质押登记时，还应当经过其原审批机关的批准。

债务人之外的第三人以《担保法》规定的可以质押的质物对外出质的，由出质人直接到外汇局办理质押批准和登记手续。出质人以上市公司的股份出质的，出质人还应当到证券登记机构办理质物登记手续；出质人以非上市公司的股份出质的，还应当将股份出质记载于股东名册之上；出质人以依法可以转让的商标专用权、专利权、著作权中的财产权出质的，出质人还必须到其主管部门办理质物登记手续。

按照《境内机构对外担保管理办法实施细则》的规定应当由外汇局审批的对外质押，如果出质人未到外汇局办理对外质押批准手续而办理了质物登记手续的，质权人在主债务期满时拍卖或者变卖质物所得的人民币不得兑换成外汇汇出中华人民共和国境外。

法条指引

❶《中华人民共和国担保法》（1995年6月30日 主席令公布）

第七十八条 以依法可以转让的股票出质的，出质人与质权人应当订立书面合同，并向证券登记机构办理出质登记。质押合同自登记之日起生效。

股票出质后，不得转让，但经出质人与质权人协商同意的可以转让。出质人转让股票所得的价款应当向质权人提前清偿所担保的债权或者向与质权人约定的第三人提存。

以有限责任公司的股份出质的，适用公司法股份转让的有关规定。质押合同自股份出质记载于股东名册之日起生效。

第七十九条 以依法可以转让的商标专用权、专利权、著作权中的财产权出质的，出质人与质权人应当订立书面合同，并向其管理部门办理出质登记。质押合同自登记之日起生效。

❷《境内机构对外担保管理办法实施细则》（1997年12月11日 国家外汇管理局发布）

第三十五条 出质人以自身动产或者权益为自身债务对外质押，无需得到外汇局事前批准，只须事后按照本细则的规定到外汇局办理对外担保登记手续。

前款项下出质人为内资企业的，其办理对外担保登记手续时应当提供外汇局批准其对外负债的证明文件。

外商投资企业中的有限责任公司办理股权质押登记时，应当事先得到董事会授权，其中外商独资企业办理股权质押登记时，还应当经其原审批机关批准。

第三十六条 出质人作为第三人以《担保法》规定的质物对外出质，由出质人直接到外汇局办理质押批准和登记手续。

出质人以本细则第三十三条第（二）、（三）款的质物出质的，出质人还应当到《担保法》规定的相应主管部门办理质物登记手续。

❸**《最高人民法院关于适用〈中华人民共和国担保法〉若干问题的解释》**（2000年12月13日发布）

第一百零三条 以股份有限公司的股份出质的，适用《中华人民共和国公司法》有关股份转让的规定。

以上市公司的股份出质的，质押合同自股份出质向证券登记机构办理出质登记之日起生效。

以非上市公司的股份出质的，质押合同自股份出质记载于股东名册之日起生效。

本书所引法律规范性文件与北大法宝引证码[①]对照表

法律规范性文件名称（拼音序）	发布日期	实施日期	法宝引证码
一、法律			
中华人民共和国担保法	19950630	19951001	CLI.1.12418
中华人民共和国公司法（2005修订）	20051027	20060101	CLI.1.60597
中华人民共和国公证法	20050828	20060301	CLI.1.59776
中华人民共和国国家赔偿法	19940512	19950101	CLI.1.9002
中华人民共和国合伙企业法（2006修订）	20060827	20070601	CLI.1.78896
中华人民共和国合同法	19990315	19991001	CLI.1.21651
中华人民共和国劳动法	19940705	19950101	CLI.1.9587
中华人民共和国企业破产法	20060827	20070601	CLI.1.78895
中华人民共和国商业银行法（2003修正）	20031227	19950701	CLI.1.50978
中华人民共和国物权法	20070316	20071001	CLI.1.89386
中华人民共和国证券法（2005修订）	20051027	20060101	CLI.1.60599
二、其他			
国家发展改革委员会、财政部关于规范房屋登记费计费方式和收费标准等有关问题的通知	20080415	20080501	CLI.4.104635
最高人民法院关于审理经济合同纠纷案件有关保证的若干问题的规定	19940415	19940415	CLI.3.9557
最高人民法院关于适用《中华人民共和国担保法》若干问题的解释	20001208	20001213	CLI.3.34740
最高人民法院关于已承担保证责任的保证人向其他保证人行使追偿权问题的批复	20021123	20021205	CLI.3.43996
最高人民法院关于因法院错判导致债权利息损失扩大保证人应否承担责任问题的批复	20000808	20000812	CLI.3.31026
最高人民法院经济审判庭关于购销合同当事人延长履行期限后保证人是否承担保证责任问题的电话答复	19910427	19910427	CLI.3.12037

---

① 北大法宝引证码查询系统：http://www.pkulaw.cn/fbm。

本书所引司法案例与北大法宝引证码[①]对照索引表

司法案例名称（拼音序）	法宝引证码	页码
安邦财产保险股份有限公司宁波分公司诉徐志浩等保证保险合同纠纷案	CLI. C. 228543	144
安庆市城郊农村信用合作联社十里铺信用社与安庆市华侨友谊公司借款担保合同纠纷上诉案	CLI. C. 158343	202
安阳钢铁集团有限责任公司诉洛阳永安特钢有限公司债权纠纷案	CLI. C. 292748	282
包家文与易兴明等雇员受害赔偿纠纷上诉案	CLI. C. 291300	468
宝丰县农村信用合作联社诉崔坤艳等借款合同纠纷案	CLI. C. 282733	115、363
宝丰县农村信用合作联社诉范振国等借款合同纠纷案	CLI. C. 282726	208、282、301、361
宝丰县农村信用合作联社诉韩国超等借款合同纠纷案	CLI. C. 283000	110
宝丰县农村信用合作联社诉王非非等借款合同纠纷案	CLI. C. 282994	45
宝丰县农村信用合作联社诉张鲁梁等借款合同纠纷案	CLI. C. 282855	56、101、541
宝丰县农村信用合作联社诉周秀霞等借款合同纠纷案	CLI. C. 282732	56
鲍培君与河南九天置业有限公司定金合同纠纷上诉案	CLI. C. 249888	528
卑正明诉林珊等民间借贷纠纷案	CLI. C. 227072	241
北京北方华德尼奥普兰客车股份有限公司诉李孝如等买卖合同纠纷案	CLI. C. 218018	531
北京北开电气股份有限公司诉北京华东森源电气有限责任公司加工合同纠纷案	CLI. C. 261146	487
北京飞腾房地产开发有限公司与中国建设银行股份有限公司北京怀柔支行一般借款合同纠纷上诉案	CLI. C. 199495	163
北京国旺混凝土有限公司诉北京正隆盛贸易有限公司保证合同纠纷案	CLI. C. 185098	83
北京恒基华通机械设备有限公司诉上海连成泵业制造有限公司北京分公司买卖合同纠纷案	CLI. C. 204693	531
北京金博电子技术有限公司诉佰利亚医疗仪器有限公司等企业收购合同纠纷案	CLI. C. 24378	571
北京京海达体育场馆工程有限公司与北京泰乐福商贸有限公司担保合同纠纷上诉案	CLI. C. 133323	38、253
北京精达房地产开发有限公司与北京泰天和房地产开发有限公司合同纠纷上诉案	CLI. C. 222668	385、546
北京领克特信息技术有限公司诉广州摩拉网络科技有限公司技术服务合同纠纷案	CLI. C. 283607	303
北京农村商业银行股份有限公司门头沟支行诉北京幻聪影视文化有限公司等金融借款合同纠纷案	CLI. C. 180722	449、450
北京农村商业银行股份有限公司十八里店支行诉北京致达物业管理有限公司等借款合同纠纷案	CLI. C. 222983	272
北京农村商业银行股份有限公司王辛庄支行诉北京华旭制衣有限公司等借款合同纠纷案	CLI. C. 180199	252
北京强尼特新型建筑材料有限公司与刘云飞借款合同纠纷上诉案	CLI. C. 199566	162
北京市华远国际旅游有限公司诉中纺网络信息技术有限责任公司旅游合同担保案	CLI. C. 231395	411
北京市制动密封材料二厂与包钢力通物产股份有限公司债务纠纷上诉案	CLI. C. 28453	109
北京首钢建设集团有限公司与北京奥宇模板有限公司租赁合同纠纷上诉案	CLI. C. 204947	314
北京太合万兴房地产开发有限责任公司与北京银行股份有限公司等借款合同纠纷上诉案	CLI. C. 198486	162
北京益华昌物业管理有限公司与王爱玲定金合同纠纷上诉案	CLI. C. 214057	519、535
北京银行股份有限公司丰台支行诉程立君等金融借款合同纠纷案	CLI. C. 222768	92
北京银行股份有限公司丰台支行诉陆向荣等金融借款合同纠纷案	CLI. C. 222751	92

[①] 北大法宝引证码查询系统：http://www.pkulaw.cn/fbm。

(续表)

司法案例名称	法宝引证码	页码
北京银行股份有限公司丰台支行诉孙利军等金融借款合同纠纷案	CLI.C.222748	88
北京银行股份有限公司中轴路支行与北京中际广通汽车贸易有限责任公司借款担保合同纠纷执行案	CLI.C.188212	393
北京友诚联通商贸集团诉北京基和东方科技发展有限公司担保追偿权纠纷案	CLI.C.222960	566
北京中关村科技担保有限公司诉北京隆仓天地科技发展有限公司合同纠纷案	CLI.C.133948	38
北京中科智担保有限公司诉北京市顺义区维特汽车驾驶学校等担保追偿权纠纷案	CLI.C.198386	29
北京众义达汇鑫汽车销售服务有限公司与北京华盛典当有限公司借款合同纠纷上诉案	CLI.C.222101	383、538
北京紫禁城影业有限责任公司诉运城市阳光文化传媒有限公司等侵犯著作权纠纷案	CLI.C.291051	541
本溪北台钢铁集团供销有限责任公司诉南京华海船舶有限公司等留置船载货物纠纷案	CLI.C.25363	482
蔡某某与长春某某公司租赁合同纠纷上诉案	CLI.C.277237	468
长葛市农村信用合作联社增福庙信用社诉滕国培等金融借款合同纠纷案	CLI.C.280523	41、115
长沙中联重工科技发展股份有限公司诉黄正春等担保追偿权纠纷案	CLI.C.198023	367
长汀县农村信用合作联社诉曹茂辉、李广民、林永锋保证合同案	CLI.C.121281	86
常国俊诉宋进玲等道路交通事故人身损害赔偿纠纷案	CLI.C.280667	552
常金昌与贾新明侵权纠纷上诉案	CLI.C.282390	468、470
常占良诉吴水信等借款担保合同纠纷案	CLI.C.286009	78
常州市双马医疗器材有限公司诉陶岳明技术转让合同纠纷案	CLI.C.163061	515
常州新区工行诉康美公司借款合同纠纷案	CLI.C.66881	407
陈白玲诉梅土云等民间借贷纠纷案	CLI.C.238206	77
陈宝山与吴明仁民间借贷纠纷上诉案	CLI.C.281435	10、375、538
陈成法与人浙江中兴海运有限公司海上人身损害赔偿纠纷上诉案	CLI.C.247190	555
陈红三与张晓龙等装饰合同纠纷上诉案	CLI.C.286907	526
陈青兰诉王礼强等民间借贷纠纷案	CLI.C.276030	99、542
陈兴与胡元强等承租人优先购买权纠纷上诉案	CLI.C.276870	358
陈肴诉江门市五洲船运有限公司船舶修理合同案	CLI.C.95403	501、559
陈振林与中国建设银行股份有限公司广州经济技术开发区支行借款合同纠纷上诉案	CLI.C.277365	84
成都市商业银行等与四川银通电脑系统有限责任公司票据、债务纠纷上诉案	CLI.C.183571	140
程洪亮诉杨定军等抵押合同纠纷案	CLI.C.257833	147
程李君诉张玉科房屋买卖合同纠纷案	CLI.C.242804	535
崔中魁诉新乡铁军颜料有限公司欠款纠纷案	CLI.C.285995	10
重庆华林物业发展有限公司与重庆星发房地产开发有限公司欠款合同纠纷上诉案	CLI.C.284575	189
重庆市万州区国有资产担保有限公司诉重庆索特恒坤工艺品有限公司等保证、抵押合同纠纷案	CLI.C.287665	162
重庆泰和气体实业有限公司与华夏银行股份有限公司重庆沙坪坝支行借款纠纷上诉案	CLI.C.284583	264
DAC中国特别机遇（巴巴多斯）有限公司诉丹阳市蚕茧公司等借款合同纠纷案	CLI.C.242448	574
DAC中国特别机遇（巴巴多斯）有限公司诉丹阳市药业有限责任公司等借款合同纠纷案	CLI.C.242414	574
邓存有与广东南油船舶股份有限公司船舶修理合同纠纷上诉案	CLI.C.9640	557
东亚银行有限公司上海分行与深圳南油（集团）有限公司借款合同纠纷上诉案	CLI.C.27881	567
董波与袁平专利侵权纠纷上诉案	CLI.C.126061	445
段闯诉蒋权伟等民间借款合同纠纷案	CLI.C.226367	159
段绍清与周小菁借贷纠纷上诉案	CLI.C.277499	544
樊雪萍与新疆中亚收藏品交流中心有限公司房屋租赁合同纠纷上诉案	CLI.C.252608	514
方城县农村信用合作联社诉陈玉成等金融借款合同纠纷案	CLI.C.289903	143
方城县农村信用合作联社诉魏清坡等金融借款合同纠纷案	CLI.C.289953	115
方海风诉中国工商银行乐东黎族自治县支行质押合同纠纷案	CLI.C.7010	402
丰田汽车金融（中国）有限公司诉高海燕等借款合同纠纷案	CLI.C.229920	268

(续表)

司法案例名称	法宝引证码	页码
奉化市农村信用合作联社大堰信用社诉毛小谊等金融借款合同纠纷案	CLI.C.232153	134
奉化市农村信用合作联社诉毛兴宝等金融借款合同纠纷案	CLI.C.229460	367
佛山市南海区九江农村信用合作社与佛山市顺德区俊朗发展有限公司等借款合同纠纷执行异议案	CLI.C.102605	180
佛山市三水区大塘农村信用合作社诉广东添翼集团有限公司等借款合同纠纷案	CLI.C.51107	264
福州纳仕达电子有限公司等与叶金兴专利质押纠纷上诉案	CLI.C.132471	445
富滇银行股份有限公司昆明科技支行与张胜等金融借款合同纠纷上诉案	CLI.C.158610	540
富阳市诚信担保有限公司诉富阳市金伦造纸厂担保追偿权纠纷案	CLI.C.253373	34
GrandRodosiInc.（格兰德罗德西公司）与舟山万邦永跃船舶修造有限公司船舶修理合同纠纷上诉案	CLI.C.253886	487
耿中兴诉刘利勋转让合同纠纷案	CLI.C.290668	303
工行都江堰支行诉华美公司等借款合同案	CLI.C.26204	544
光鼎电子股份有限公司等与孙发亮股权转让合同纠纷上诉案	CLI.C.285174	545
广东发展银行股份有限公司郑州郑汴路支行诉河南泰丰纺织有限公司等借款担保合同纠纷案	CLI.C.211520	297、309
广东佛陶集团股份有限公司石湾工业陶瓷厂与区汉棉房屋租赁合同纠纷上诉案	CLI.C.64799	349
广东海外建设集团有限公司等与中信银行股份有限公司广州番禺支行借款合同纠纷上诉案	CLI.C.235365	133、561、564
广东省南海国际信托投资公司与佛山市禅城区置地集团公司等撤销权纠纷上诉案	CLI.C.48653	387
广东粤财投资控股有限公司诉新乡市无氧铜材有限公司借款担保合同纠纷案	CLI.C.282129	72
广东粤财投资控股有限公司诉延津县精彩纺织有限公司等借款担保合同纠纷案	CLI.C.282128	117、302
广东粤财投资控股有限公司诉云南宝树实业有限公司等借款合同纠纷案	CLI.C.139179	85
广西钦州市桂钦船务有限责任公司诉厦门鸿祥轮船有限公司船舶碰撞损害赔偿纠纷案	CLI.C.259547	556
广西鱼峰水泥股份有限公司诉珠海渔峰水泥有限公司等船舶抵押欠款纠纷案	CLI.C.89839	216
广州黄埔造船厂诉海南兴业船务有限公司确权诉讼纠纷案	CLI.C.8227	559
广州市金豪房地产开发有限公司与广东发展银行股份有限公司广州花都支行等借款合同纠纷上诉案	CLI.C.277615	236、333
广州市联盛塑料五金模具有限公司与东莞龙昌玩具有限公司承揽合同纠纷上诉案	CLI.C.277540	487
广州市农村商业银行股份有限公司三元里支行诉广东新广国际集团有限公司等借款合同纠纷案	CLI.C.278138	301
广州瀛安保险代理有限公司与永诚财产保险股份有限公司广东分公司保险委托代理合同纠纷上诉案	CLI.C.276661	517
广州兆基实业有限公司诉广东新会合成纤维纺织厂股份有限公司等借款担保合同案	CLI.C.235486	204、571
郭新敬诉李巧秀等道路交通事故人身损害赔偿纠纷案	CLI.C.290203	304
郭耀南与上海通贸进出口有限公司担保合同纠纷上诉案	CLI.C.77913	383
海程邦达国际货运代理有限公司广州分公司诉广东健力宝集团有限公司沿海货物运输合同纠纷案	CLI.C.13397	499
海南岭南农业开发有限公司与海口新华典当有限责任公司抵押借款合同纠纷再审案	CLI.C.83130	288
韩永改诉薛杰房屋买卖合同纠纷案	CLI.C.285587	9、48、511、514、518、539
杭州博强投资管理有限公司与寿县国土资源局国有土地使用权出让合同纠纷上诉案	CLI.C.291098	526
杭州海华房地产开发有限公司与中国银行股份有限公司杭州市凯旋支行购房借款合同纠纷上诉案	CLI.C.287735	171、280
杭州联合农村合作银行周浦支行诉孙利华等船舶抵押借款合同欠款纠纷案	CLI.C.209758	294
杭州明泰公司有限责任公司诉绍兴县恒力纺织品有限公司等企业借贷纠纷案	CLI.C.236003	564
合肥东方房地产开发有限公司诉安徽国债服务中心损害赔偿纠纷案	CLI.C.19277	587
何凤华诉刘炜屹等民间借贷纠纷案	CLI.C.280840	236
何凤屏等与刘弟担保合同纠纷上诉案	CLI.C.275690	359、373

(续表)

司法案例名称	法宝引证码	页码
何素青等诉蒋玉玲等民间借贷纠纷案	CLI.C.226793	545
河南派普建设工程有限公司等与河南华圣工贸有限公司买卖合同纠纷上诉案	CLI.C.280814	120
河南荣森置业有限公司与洛阳奥阳房地产咨询有限公司商品房委托销售合同纠纷上诉案	CLI.C.266156	515
河南省南阳市八一摩托车供应站与王本正等申请（1999）宛龙执字第16-2号民事裁定书复议纠纷执行案	CLI.C.265559	180
河南省裕华汽车贸易有限公司与葛林买卖合同纠纷上诉案	CLI.C.190458	520、521
河南省中小企业投资担保有限公司诉河南新力资讯有限公司等担保追偿纠纷案	CLI.C.189493	24
河南首诺科技有限公司诉郭守飞等货款纠纷案	CLI.C.280447	159
河南鑫地房地产开发有限公司与李冰民间借贷纠纷上诉案	CLI.C.287434	78
河南星瀚拍卖有限公司与陈钦财委托合同纠纷再审案	CLI.C.287170	346
河南众品食业股份有限公司诉许昌山花实业有限公司担保追偿纠纷案	CLI.C.262209	363
黑龙江省农垦总局与中国银行黑龙江省分行借款保证合同纠纷案	CLI.C.52386	94
恒丰银行股份有限公司杭州萧山支行诉杭州中瑞控股集团有限公司等金融借款合同纠纷案	CLI.C.242664	566
侯马市交通局与河南中原创新物流有限公司等联营合同纠纷上诉案	CLI.C.254893	76
侯某某与胡某某民间借贷纠纷上诉案	CLI.C.265354	542
湖北楚天柠蒙酸企业有限公司与中国光大银行深圳分行等借款担保合同纠纷案	CLI.C.42281	567
湖北省交通厅世界银行贷款项目办公室诉山西路桥建设集团有限公司等建设工程承包合同预付款结算纠纷案	CLI.C.30245	571
湖北天成建设发展有限公司与金江建设实业（河南）有限公司买卖合同纠纷上诉案	CLI.C.253523	76
华商财务有限公司与京光实业有限公司等贷款抵押合同纠纷案	CLI.C.33490	160、165
华夏银行股份有限公司北京分行诉北京中油道亨石油销售有限公司等金融借款合同纠纷案	CLI.C.178814	250
淮北市人民检察院（淮北市双剑综合经营公司的清算组织）诉淮北市机电设备（集团）有限责任公司联营合同纠纷再审案	CLI.C.41422	554
黄宝达诉万方火担保追偿权纠纷案	CLI.C.242228	553
黄河银行诉汇德丰公司贴现的汇票到期被退票以票据纠纷为由向贴现申请人、贴现保证人及出票人追索案	CLI.C.23026	140
黄建与张勇欠款纠纷上诉案	CLI.C.230577	311
黄普田诉方东升承运货物中途擅自卸货变提存价款违约赔偿案	CLI.C.22074	500
黄玉英等与中国工商银行湛江市坡头支行借款合同纠纷上诉案	CLI.C.33174	554
黄志森与胡元强等承租人优先购买权纠纷上诉案	CLI.C.276909	358
获嘉县农村信用合作联社诉职鸣政等金融借款合同纠纷案	CLI.C.280698	63、541
获嘉县农村信用合作联社中和信用社诉李振凤等金融借款合同纠纷案	CLI.C.280747	101
获嘉县农村信用合作联社中和信用社诉桑明长等金融借款合同纠纷案	CLI.C.280733	114
嵇文林诉朱成良等民间借贷纠纷案	CLI.C.226752	124
嘉沃环球基金（香港）资产管理投资5有限公司诉江苏省造纸印刷包装工业总公司等借款合同纠纷案	CLI.C.290235	564、572
嘉沃环球基金（香港）资产管理投资5有限公司诉南京市雨花农工商总公司等借款合同纠纷案	CLI.C.245256	572
嘉沃环球基金（香港）资产管理投资5有限公司诉镇江市归国华侨联合会等借款合同纠纷案	CLI.C.242423	102、574
嘉沃环球基金（香港）资产管理投资5有限公司诉江苏省造纸印刷包装工业总公司等借款合同纠纷案	CLI.C.290235	561
贾红诉三门峡市正信置业经纪有限公司居间合同纠纷案	CLI.C.281551	515
贾旺水诉郑树堂质押合同纠纷案	CLI.C.257527	404
江苏国营常熟开关厂等诉常熟市对外经济技术贸易进出口公司借款合同纠纷抗诉案	CLI.C.70876	49
江苏玉龙钢管股份有限公司与金属国际有限公司国际货物买卖合同纠纷上诉案	CLI.C.285194	524

(续表)

司法案例名称	法宝引证码	页码
江西省江信国际投资有限公司与江西利中房地产有限公司等借款合同纠纷案	CLI.C.48518	206
蒋友亮诉江苏省苏州市镇湖兴旺工艺品经营部等承揽合同纠纷案	CLI.C.276194	524
交通银行股份有限公司宁波江东支行诉朱国芳等借款合同纠纷案	CLI.C.238599	275
交通银行股份有限公司郑州商交所支行诉朱颖等金融借款合同纠纷案	CLI.C.280909	6、63、101、125
交通银行海南分行等与六安地区城市信用社联合社等借款合同纠纷案	CLI.C.47834	394
交通银行香港分行等与顺德华南空调制冷实业有限公司担保合同纠纷上诉案	CLI.C.32266	571
焦作市解放区农村信用合作联社上白作信用社诉侯涛等借款合同纠纷案	CLI.C.290214	9、105、543
焦作市力仁煤炭经销有限公司诉三门峡锦源燃料有限公司等欠款合同纠纷案	CLI.C.277879	561
焦作市山阳区农村信用合作联社百间房信用社与孙玉玲撤销权纠纷上诉案	CLI.C.253686	20
焦作市商业银行股份有限公司解放支行诉焦作市中小企业信用担保服务中心保证合同纠纷案	CLI.C.290189	70
金鼎公司诉深房公司不按约定提取定作物并在诉讼中表示不再接受定作物对定作物予以拍卖后要求赔偿损失案	CLI.C.22569	478、483、499、501、506、509
康家集团（中国）有限公司与盛世唐城（国际）投资集团有限公司合作合同纠纷上诉案	CLI.C.89628	199、286
可汗船务私人有限公司与王桂花船舶碰撞纠纷上诉案	CLI.C.237568	556
蓝柯夫有限公司与江苏扬力集团有限公司借款合同纠纷上诉案	CLI.C.137637	546
李丛生诉王红金等民间借贷纠纷案	CLI.C.280648	18
李建均诉洪欣荣等民间借贷纠纷案	CLI.C.244162	542、547
李金华诉上海立融典当有限公司典当纠纷案	CLI.C.72036	391
李九州诉裴三合租赁合同纠纷案	CLI.C.285506	525
李军省与浙江泰隆商业银行信用卡纠纷上诉案	CLI.C.287409	73
李鹏诉兴业银行股份有限公司台州黄岩支行等债权纠纷案	CLI.C.228890	136
李秋旗与郏县茨芭镇后李村委会抵押合同纠纷上诉案	CLI.C.260124	239
李仁标与杨建武质押合同纠纷上诉案	CLI.C.204260	375
李作民诉李景彬等保追偿权纠纷案	CLI.C.259444	23
梁洪与何转女船舶看护费用纠纷确权诉讼案	CLI.C.13355	556
梁玉新与王回营诉前保全纠纷案	CLI.C.280678	552
林洪川等诉湛江市沧海船务有限公司等船舶碰撞货损赔偿纠纷案	CLI.C.13562	556
林健等与金飞民航经济发展中心有限责任公司保证合同纠纷上诉案	CLI.C.207021	109
林宁俊诉中国人民财产保险股份有限公司台州分公司船舶保险合同纠纷案	CLI.C.243965	517
林宁俊与中国人民财产保险股份有限公司台州市分公司船舶保险合同纠纷上诉案	CLI.C.253923	555
林日桂等诉郑开源委托合同纠纷案	CLI.C.99594	547
林山与林不四等买卖合同纠纷上诉案	CLI.C.17229	211
林衍英诉林爱金等定金合同纠纷案	CLI.C.254666	535
林州市实验中学与林州市建总建筑有限公司建筑工程合同纠纷上诉案	CLI.C.269023	523
刘长伟诉三门峡市鑫利来电子机械有限公司赔偿纠纷案	CLI.C.281670	304
刘雪莲与玛雅房地产经纪有限公司买卖合同纠纷上诉案	CLI.C.141390	532
刘艳丽诉谢留根等买卖合同纠纷案	CLI.C.291309	511、524
刘永吉诉桂正刚等船舶担保合同纠纷案	CLI.C.8209	554
娄合中与郏县农村信用合作联社借款合同纠纷再审案	CLI.C.283404	45
卢长青申请（2009）山执字第76-1号民事裁定复议纠纷执行案	CLI.C.253824	553
陆平龙诉尹占明等民间借贷纠纷案	CLI.C.227649	87
吕先学诉孙伟平等借款合同纠纷案	CLI.C.232806	275
罗绍军诉李毅等定金合同纠纷案	CLI.C.280544	528
罗声华与麦景生质押合同纠纷上诉案	CLI.C.116456	402
洛阳市洛龙区商业局与洛阳市供销社财务开发公司借款担保纠纷上诉案	CLI.C.281478	238

(续表)

司法案例名称	法宝引证码	页码
漯河市某某房地产开发有限责任公司与中国银行股份有限公司漯河分行等侵权纠纷上诉案	CLI.C.237259	198
漯河市郾城区龙城镇某村第某村民组诉漯河市郾城区龙城镇某村民委员会土地租赁合同纠纷案	CLI.C.280677	337
马鞍山市钢城科技经济开发公司诉沈阳中南贸易公司、鞍山建行腾鳌特区房地产信贷部借款担保合同纠纷抗诉案	CLI.C.67533	128
马楠与中国工商银行股份有限公司北京王府井支行等借款合同纠纷上诉案	CLI.C.207042	373
马全海与中交第二航务工程局有限公司第五工程分公司保管合同纠纷上诉案	CLI.C.89602	5
梅赛德斯—奔驰汽车金融有限公司诉甘拥军等借款合同纠纷案	CLI.C.229854	250
美国倍合德国际有限公司诉张德玉等民间借贷纠纷上诉案	CLI.C.285195	19、561、564
美铭文化公司诉中博世纪影视公司返还保证金案	CLI.C.229588	521
某1某某公司与某2某某办事处借款担保合同纠纷上诉案	CLI.C.250805	302、311
某某公司与某某有限公司房屋销售代理合同纠纷上诉案	CLI.C.277258	520
某某银行诉励某某等金融借款合同纠纷案	CLI.C.248297	367
某银行股份有限公司上海闵行支行诉卫某等金融借款合同纠纷案	CLI.C.276007	272
穆某诉任某等民间借贷纠纷案	CLI.C.276073	305
南昌市商业银行象南支行与中国银行江西省分行等借款合同纠纷案	CLI.C.32228	24
南阳市福源居房地产开发有限责任公司与方城县华丰化工有限责任公司买卖合同纠纷上诉案	CLI.C.261232	359
南阳市金方园房地产开发有限公司与南阳市金鼎公物拍卖有限责任公司等买卖合同纠纷上诉案	CLI.C.192759	198
南阳市宛城区农村信用合作联社东风信用社与李廷云抵押合同纠纷上诉案	CLI.C.260780	159、187
宁波保税区金峰国际贸易有限公司诉宁波市宙昶国际贸易有限公司等企业借贷纠纷案	CLI.C.236882	77
宁波慈溪农村合作银行诉高越如等金融借款合同纠纷案	CLI.C.228244	301
宁波大樹开发区金瑞国际贸易有限公司诉宁波市宙昶国际贸易有限公司等企业借贷纠纷案	CLI.C.236641	77
宁波亨佳电器实业有限公司诉宁波万宝小天使电器有限公司等担保追偿权纠纷案	CLI.C.248568	87、93
宁波恒富船业（集团）有限公司诉GREEN SPRING MARINE SHIPPING INC）船舶修理合同欠款纠纷案	CLI.C.245854	558
宁波金众投资担保有限公司诉宁波思高软件科技有限公司等担保合同纠纷案	CLI.C.240204	29
宁波摩尔顿婴儿车制造有限公司诉慈溪市新世纪化纤有限公司等担保追偿权纠纷案	CLI.C.228105	131
宁波市商业银行股份有限公司北仑支行诉中宇浙江疏浚工程有限公司等船舶抵押借款合同欠款纠纷案	CLI.C.242946	216
宁波市它山石担保有限公司诉余姚市路易车业有限公司等企业借贷纠纷案	CLI.C.227188	76
宁波银行股份有限公司东门支行诉宁波济美进出口有限公司等金融借款合同纠纷案	CLI.C.226775	404
宁波银行股份有限公司奉化支行诉陈芳芳等金融借款合同纠纷案	CLI.C.230107	133
宁波银行股份有限公司西门支行诉詹雷金融借款合同纠纷案	CLI.C.229993	175
农行西安市钟楼支行诉债务人陕西省医保公司偿还的借款虽既高于其抵押担保的数额又高于保证人陕西省外贸公司保证的数额仍应连带偿还尚欠借款案	CLI.C.26012	131
潘银洲诉王申苗等担保追偿权纠纷案	CLI.C.231248	555
庞岳汉诉周迪平债权人撤销权纠纷案	CLI.C.228112	387
彭军诉北京广信新华夏汽车贸易有限公司抵押合同纠纷案	CLI.C.184849	265
濮水根与马爱军等抵押合同纠纷上诉案	CLI.C.281705	160
濮阳县农村信用合作联社子岸信用社诉张留香等借款合同纠纷案	CLI.C.280771	100
浦江博林实业有限公司与杭州亿刺绣品有限公司加工合同纠纷上诉案	CLI.C.284056	506
戚兰功与陈东亮等民间借贷纠纷抗诉案	CLI.C.277414	131
齐向华诉张东红债务纠纷案	CLI.C.291488	543
乔保国诉马炎朝民间借贷纠纷案	CLI.C.290881	544

(续表)

司法案例名称	法宝引证码	页码
青岛澳柯玛集团销售公司与中国银行利津支行票据兑付纠纷上诉案	CLI.C.66915	139
青岛前湾港集装箱码头有限责任公司诉浩达船务有限公司等装卸作业合同欠费纠纷案	CLI.C.237408	574、575
RuiHuaInvestmentHoldingLimited（瑞华投资控股公司）诉合川市海翔房地产有限责任公司等借款合同纠纷案	CLI.C.237957	198
日本国能势观光株式会社诉海南观光旅游开发有限公司借款合同纠纷案	CLI.C.17143	576
茹红霞诉三门峡开发区京惠物流服务部等道路交通事故人身损害赔偿纠纷案	CLI.C.291502	552
瑞安市万福染整有限公司诉温州盛中铸造有限公司撤销权纠纷案	CLI.C.227346	191
瑞华投资控股公司（RuiHuaInvestmentHoldingLimited）与西南技术进出口公司抵押权纠纷上诉案	CLI.C.205990	189
瑞泰国际航运有限责任公司等与余扬威船舶碰撞损害赔偿纠纷上诉案	CLI.C.89827	581
三门峡市城市信用社股份有限公司诉三门峡恒生药品站等借款合同纠纷案	CLI.C.279179	241
山东达因海洋生物制药股份有限公司诉能基投资有限公司保证合同纠纷案	CLI.C.176086	83
商丘市梁园区中州农村信用合作社与陈光峰侵权纠纷再审案	CLI.C.279277	5
商丘市文才建筑设计咨询有限公司与河南省平安电梯有限公司买卖合同纠纷上诉案	CLI.C.287182	535
商丘市运通实业有限公司诉轩勤义等买卖合同纠纷案	CLI.C.276110	21
上海包装纸业销售有限公司与上海嘉录纸业有限公司等财产损害赔偿纠纷上诉案	CLI.C.200970	391
上海大鹏国际货运有限公司与南京纺织品进出口股份有限公司航空货物运输合同纠纷上诉案	CLI.C.29346	472
上海德坤国际贸易有限公司诉上海埃力生进出口股份有限公司进出口代理合同纠纷案	CLI.C.156209	386
上海宏友纺织品有限公司与上海银信投资担保有限公司保证合同纠纷再审案	CLI.C.276215	34、143
上海金胜房地产经营有限公司与深圳发展银行股份有限公司上海卢湾支行借款合同纠纷上诉案	CLI.C.162762	264
上海京堂餐饮有限公司与姜滨特许经营合同纠纷上诉案	CLI.C.191268	516
上海井禾服饰有限公司与陶乙等所有权确认纠纷上诉案	CLI.C.275452	367
上海蓝冶实业有限公司诉浙江舜达伟业物资有限公司买卖合同纠纷案	CLI.C.238725	527
上海某某房地产经纪事务所诉白某某等居间合同纠纷案	CLI.C.248635	521
上海浦东发展银行股份有限公司杭州余杭支行诉卞玲秀等金融借款合同纠纷案	CLI.C.229698	171
上海浦东发展银行股份有限公司郑州分行诉河南恒兴纸业股份有限公司等借款担保合同纠纷案	CLI.C.186261	84
上海浦东发展银行股份有限公司郑州分行诉三门峡惠能热电有限责任公司等金融借款担保合同纠纷案	CLI.C.189494	252
上海浦东发展银行宁波分行诉叶武兵等金融借款合同纠纷案	CLI.C.227384	274
上海市第一市政工程有限公司诉中国建设银行股份有限公司河北省分行直属支行担保合同案	CLI.C.95177	86
上海市上海宾馆等与大上海国际会所有限公司合作经营纠纷案	CLI.C.33502	349
上海水利电力对外工程有限公司与上海金厦建筑安装工程有限公司等建设工程施工合同纠纷再审案	CLI.C.200886	170
上海玉安药业有限公司与中国农业银行上海市分行营业部票据追索权纠纷上诉案	CLI.C.77952	139
上海裕盛国际物流有限公司与河南悦丰汽车贸易有限公司买卖合同纠纷再审案	CLI.C.287162	526
上海振华船舶修理厂诉句容万新运输有限公司船舶修理合同纠纷案	CLI.C.154360	559
上海忠信纺织工艺品有限公司与上海新凌贸易有限公司加工合同纠纷上诉案	CLI.C.43007	478
上海住商房地产经纪有限公司诉高某居间合同纠纷案	CLI.C.275878	513
绍兴县彬彬纺织有限公司诉ZHIANG SHI有限公司等买卖合同纠纷案	CLI.C.276808	585
深圳发展银行宁波慈溪支行诉宁波杰怡实业有限公司等金融借款合同纠纷案	CLI.C.210732	73
深圳发展银行上海外滩支行与上海宝艺钢铁物资有限公司不当得利纠纷上诉案	CLI.C.39420	136
深圳市天白安达物流有限公司上海分公司诉北京市华北储运有限公司运输合同纠纷案	CLI.C.75375	478、483
深圳市众鑫科电子有限公司等与骏源（亚洲）有限公司加工承揽合同纠纷上诉案	CLI.C.32304	482
嵊州市吉祥房地产开发有限公司与陈体广等借款合同纠纷上诉案	CLI.C.287637	170

(续表)

司法案例名称	法宝引证码	页码
石丰献等与李红霞民间借贷纠纷上诉案	CLI.C.258872	99
树某有限公司诉益某投资有限公司土地使用权出让合同纠纷案	CLI.C.206990	336
四川都江堰海棠铁合金冶炼有限公司与瑞华投资控股公司等信用证开证纠纷上诉案	CLI.C.152365	571
四川省川科投担保有限公司诉成都瑞佰利鞋业有限公司等保证合同纠纷案	CLI.C.132052	38
四川新安担保有限公司诉胡智丰担保追偿权纠纷案	CLI.C.262720	125、143
宋守波诉高宏俊租赁合同纠纷案	CLI.C.290398	304
苏福齐等与张世育房屋买卖合同纠纷上诉案	CLI.C.277078	535
苏喜平与李云山等合同纠纷上诉案	CLI.C.284146	525
孙晓玲与赵玉梅房屋租赁合同纠纷上诉案	CLI.C.105265	349
台州市得意达汽车销售服务有限公司等与中国建设银行股份有限公司临海支行金融借款合同纠纷上诉案	CLI.C.236037	144
台州市银泰典当有限责任公司诉张哲海典当纠纷案	CLI.C.233485	175
台州伟业投资有限公司诉李学平等民间借贷纠纷案	CLI.C.239691	522
台州永臻房地产有限公司与台州市中东石化有限公司担保追偿权纠纷上诉案	CLI.C.252243	88
谈坤荣等诉王玉良等民间借贷纠纷案	CLI.C.248167	545
谭亚平与张海龙等房屋买卖合同纠纷上诉案	CLI.C.245422	523
唐均贵与乌鲁木齐市米东区长新煤矿经营合同纠纷上诉案	CLI.C.288424	523、531
陶锦华诉陶丰担保追偿权纠纷案	CLI.C.261054	88
天津天狮集团有限公司与中华英才半月刊社合同纠纷上诉案	CLI.C.184408	527
田某某诉康某某离婚纠纷案	CLI.C.282343	346
田小建等与温县农村信用合作联社抵押担保借款合同纠纷上诉案	CLI.C.253561	151、237
桐乡市新方圆海绵有限公司与中国建设银行股份有限公司桐乡支行票据承兑合同纠纷上诉案	CLI.C.286354	136
铜陵市天河科工贸有限责任公司诉芜湖石硊江海轮船有限公司水路货物运输合同纠纷案	CLI.C.77564	491、492
童建新与张朝哲动产质权纠纷案	CLI.C.289034	375
汪育松与安吉博大投资担保有限公司保证合同纠纷上诉案	CLI.C.242559	363
王宝富诉曾松军买卖合同纠纷案	CLI.C.240174	522
王崇明等与郑州市市郊农村信用合作联社古荥信用社等借款合同纠纷上诉案	CLI.C.287325	543
王福印与周广丽民间借贷纠纷案	CLI.C.242681	553
王纪中与鞠长丰买卖合同纠纷再审案	CLI.C.261715	516
王坚诉朱冰杰等保证合同纠纷案	CLI.C.261036	102
王建云诉叶丽平等民间借贷纠纷案	CLI.C.232777	103
王丽珍与宁波市宣和贸易有限公司租赁合同纠纷上诉案	CLI.C.286620	517
王某等与赵某某房屋租赁合同纠纷上诉案	CLI.C.275459	525
王某某等与李某某房屋买卖合同纠纷上诉案	CLI.C.281053	535
王某某与苏某某房屋买卖合同纠纷上诉案	CLI.C.281051	513、536
王顺珺等与罗志华民间借贷纠纷上诉案	CLI.C.252875	265、278
王振灵等诉王拥民等担保合同纠纷案	CLI.C.274040	41
未名天人中药有限公司与北京农村商业银行股份有限公司顺义支行借款合同纠纷上诉案	CLI.C.222267	249
温州申银担保投资有限公司诉陈金明等担保追偿纠纷案	CLI.C.236383	49
温州市三岳印业有限公司诉魏德让买卖合同纠纷案	CLI.C.290192	535
温州兴农投资担保有限公司诉王俏凡等船舶抵押借款合同纠纷案	CLI.C.209925	217
乌鲁木齐新恺乐商贸有限公司与李斌欠款纠纷上诉案	CLI.C.252497	23
芜湖捷泰精密工业有限公司与中国第四冶金建设公司等建设工程施工合同纠纷上诉案	CLI.C.291163	541
吴明超与陈新学商品房预售合同纠纷再审案	CLI.C.277474	514
吴一鸣与陈秀荣等买卖合同纠纷上诉案	CLI.C.259323	124
武汉楚都房地产有限公司与武汉易初莲花连锁超市有限公司租赁合同抗诉案	CLI.C.147360	521

(续表)

司法案例名称	法宝引证码	页码
武汉铁路局等诉平顶山市北方煤炭实业公司等购销合同纠纷案	CLI.C.283497	525
武陟县第二汽车运输有限公司与河南新世纪亚飞汽车贸易有限公司担保合同纠纷上诉案	CLI.C.287906	9、21、303、539
西藏工业物资运销公司诉中国银行西藏自治区分行借款合同纠纷案	CLI.C.5539	204
夏培兴与孙建明民间借贷纠纷上诉案	CLI.C.285688	546
夏云燕诉杭州中瑞控股集团有限公司等民间借贷纠纷案	CLI.C.244057	566
香港宏盛船务有限公司诉酒泉钢铁有限责任公司海上货物运输合同欠款及损害赔偿纠纷案	CLI.C.229120	5
襄城县农村信用合作联社诉江河实业有限公司等抵押担保借款合同纠纷案	CLI.C.286754	151、237
襄城县农村信用合作联社诉上海益寿金许昌生物药业有限公司抵押担保借款合同纠纷案	CLI.C.286749	157
象山县中小企业信用担保中心诉浙江华升电力设备有限公司等担保追偿权纠纷案	CLI.C.232265	29、175、274
新疆恒昌典当有限责任公司与蔡永生等抵押合同纠纷上诉案	CLI.C.286789	151、237
新疆投资公司与新疆粮油食品土产进出口总公司、新疆医药保健品进出口公司担保追偿纠纷上诉案	CLI.C.11496	93
新疆维吾尔自治区北疆家具家电建材装饰材料联合商会与花玉田定金合同纠纷上诉案	CLI.C.251466	519
新疆温州港大酒店有限公司与新疆新油房地产开发有限责任公司保证合同纠纷上诉案	CLI.C.284627	70
新疆现代装饰工程有限公司与米杰等定金合同纠纷上诉案	CLI.C.252578	528
兴业银行股份有限公司台州分行诉浙江方舟基础工程有限公司等合同纠纷案	CLI.C.230548	134
邢记成诉吕振军等担保追偿权纠纷案	CLI.C.259555	131
徐洪军等与李春和租赁合同纠纷上诉案	CLI.C.229641	314
徐龙涛等与广州合生科技园房地产有限公司保证合同纠纷上诉案	CLI.C.76245	86
徐元俊与陆正涛等定金合同纠纷上诉案	CLI.C.206131	519
许昌市晶业建设工程有限公司等与张顺停买卖合同货款纠纷上诉案	CLI.C.252977	18
许昌县农村信用合作联社小召信用社诉樊宝贤等借款担保合同纠纷案	CLI.C.280584	115
许昌县农村信用合作联社小召信用社诉杨伟等借款担保纠纷案	CLI.C.280573	125
许某某与张某某等借款保证合同纠纷上诉案	CLI.C.187346	411
薛仁丁与禹州市金桥信息部定金合同纠纷上诉案	CLI.C.252978	528、533
烟台开发区长城房地产投资开发公司诉烟台市芝罘城市信用合作社转账支票保证案	CLI.C.243681	140
烟台开发区中利石油联合公司与中国农业银行烟台经济技术开发区支行等借款合同纠纷案	CLI.C.44803	139
严美玲诉周迪平债权人撤销权纠纷案	CLI.C.228109	387
杨逢雨与平顶山市再就业小额贷款担保中心等担保合同纠纷上诉案	CLI.C.226362	542
杨刚诉陈晓丽等民间借贷纠纷案	CLI.C.280859	48
杨继成诉潢川县春申街道办事处侵权纠纷案	CLI.C.285901	337
杨俊义诉获嘉县欧德雅机械设备厂等买卖合同纠纷案	CLI.C.280685	518、524
杨凌地普房地产开发有限公司与陕西方元建设工程有限公司陕西方元建设工程有限公司建设工程施工合同纠纷上诉案	CLI.C.139483	386
杨晓东诉黄勇民等民间借贷纠纷案	CLI.C.235755	545
杨延豪与宝丰县农村信用合作联社借款合同纠纷再审案	CLI.C.283020	70、114
杨勇诉张新房房屋买卖合同纠纷案	CLI.C.246076	513
杨正严诉华都商夏收取租赁定金后因欠付工程款建造的出租房被承包人留占要求交付该承租房案	CLI.C.21705	499、503
姚彩香与美伦HBV基金管理公司借款合同纠纷上诉案	CLI.C.171834	309
姚庆与上海永生数据科技股份有限公司赔偿损失纠纷上诉案	CLI.C.151351	72
宜阳县人民政府与缪建明等借款纠纷上诉案	CLI.C.281313	99、124
银川九龙海浴餐饮娱乐有限公司与宁夏银祥房地产开发集团有限公司房屋租赁协议纠纷再审案	CLI.C.246472	536
银川市中小企业信用担保中心诉银川金麦佳面粉有限公司等担保追偿权纠纷案	CLI.C.238035	34

(续表)

司法案例名称	法宝引证码	页码
尹长星诉宁波镇海明旭船务有限公司等船员劳务合同欠款纠纷案	CLI.C.242965	555
余姚市梨洲街道经济开发有限公司诉龚真义等民间借贷纠纷案	CLI.C.237783	540
禹州市农村信用合作联社郭连信用社与杨先妮等抵押合同纠纷上诉案	CLI.C.280217	147
袁孝华等与董江旺房屋租赁合同纠纷上诉案	CLI.C.251557	536
岳国平与郭秀琴房屋转让合同纠纷上诉案	CLI.C.218027	519
云南安宁昌瑞经贸有限公司诉安宁市招商旅游局租赁合同纠纷案	CLI.C.39085	349
云南建工房地产开发有限公司诉黄筱剑等租赁合同纠纷案	CLI.C.133280	314
渣打银行（香港）有限公司与山东省粮油集团总公司借款合同纠纷上诉案	CLI.C.243024	563
湛江市麻章区麻章镇南畔外村与戴琴珠征地款分配纠纷上诉案	CLI.C.34578	383
张富岩诉广东新世纪出版社有限公司等侵犯著作权纠纷案	CLI.C.291034	541
张国良诉孟高峰买卖合同纠纷案	CLI.C.290277	304
张某等诉刘某等道路交通事故人身及财产损害赔偿纠纷案	CLI.C.285495	552
张仁兰诉俞惠君民间借贷纠纷案	CLI.C.244023	208
张世军诉北京百福新华夏汽车连锁有限公司抵押合同纠纷案	CLI.C.218590	359
张彦中诉王保明等运输合同纠纷案	CLI.C.280509	10、470
张烨森诉慈溪市新世纪化纤有限公司担保追偿权纠纷案	CLI.C.253185	265、278
张永进诉许少峰等民间借贷纠纷案	CLI.C.285496	18、45、543
张中洋与雷雷等房屋买卖合同纠纷上诉案	CLI.C.239615	522
招商银行股份有限公司北京王府井支行诉张强等借款合同纠纷案	CLI.C.179544	85
赵冠营诉王国西民间借贷纠纷案	CLI.C.285723	208、285
赵某诉蔡某房屋买卖合同纠纷案	CLI.C.249313	536
浙江工信担保有限公司诉浙江宏泰钢构安装工程有限公司保管合同纠纷案	CLI.C.230509	503
浙江国联港务工程股份有限公司与杭州蓝海港务工程有限公司船舶抵押借款合同纠纷再审案	CLI.C.253494	215
浙江凯喜姆机械工业有限公司诉黄文荣等承揽合同纠纷案	CLI.C.227201	518
浙江赛尔集团有限公司与浙江泰隆商业银行股份有限公司杭州分行金融借款合同纠纷上诉案	CLI.C.284275	250
浙江谭记汽车贸易有限公司诉郭菊妃等担保追偿权纠纷案	CLI.C.228049	23
浙江中新力合担保有限公司诉杭州正隆家具有限公司等担保追偿权纠纷案	CLI.C.242155	29
镇江飞驰汽车集团有限责任公司与DAC中国特别机遇（巴巴多斯）有限公司借款合同纠纷上诉案	CLI.C.285179	569、572
郑东然诉威海大义食品有限公司特许经营合同纠纷案	CLI.C.291030	513、514、518、526
郑根良等与衢州市柯城农村信用合作联社借款合同纠纷上诉案	CLI.C.283015	109
郑挺进诉王红春等民间借贷纠纷案	CLI.C.227998	120
郑应伦与广东发展银行东莞分行借款担保合同纠纷上诉案	CLI.C.32276	541
郑州吉祥搬家有限公司诉徐汝刚等财产损害赔偿纠纷案	CLI.C.290396	337
郑州市市郊农村信用合作联社沟赵信用社诉白志军等借款合同纠纷案	CLI.C.286003	117
郑州市市郊农村信用合作联社沟赵信用社诉乔华勋借款合同纠纷案	CLI.C.286002	41、56
郑州铁路局郑州房屋修建中心与中国农业银行股份有限公司郑州花园支行抵押借款合同纠纷再审案	CLI.C.287159	6、147、236、538
郑州兴盛花木城有限公司与郑州古玩城有限公司租赁合同纠纷上诉案	CLI.C.250402	483
郑州银行股份有限公司诉郑州百货大楼股份有限公司借款合同纠纷案	CLI.C.287361	258
中诚信托有限责任公司诉北京将军苑房地产有限公司金融借款合同纠纷案	CLI.C.206973	189
中国长城资产管理公司成都办事处诉四川信邦投资集团有限公司等借款抵押合同纠纷案	CLI.C.99681	541
中国长城资产管理公司济南办事处与济南金冠毛纺集团有限责任公司借款担保合同纠纷上诉案	CLI.C.182426	206
中国长城资产管理公司郑州办事处与新乡市第二建筑材料总公司别除权纠纷上诉案	CLI.C.280816	191、363

(续表)

司法案例名称	法宝引证码	页码
中国长江航运集团红光港机厂与广州市穗林码头经营有限公司买卖合同纠纷上诉案	CLI.C.277891	157
中国唱片广州公司与广州市商业银行股份有限公司淘金支行借款合同纠纷上诉案	CLI.C.275349	180、287
中国船舶工业贸易公司诉OCEANLINKSHIPPINGLIMITED船舶抵押融资合同纠纷案	CLI.C.24179	260
中国工商银行常州市新区支行诉常州康美服装有限公司贷款合同案	CLI.C.49491	407
中国工商银行股份有限公司北京朝阳支行诉陈有梅借款合同纠纷案	CLI.C.204670	373
中国工商银行股份有限公司清丰支行诉于秋喜金融借款合同纠纷案	CLI.C.285619	6、346、347
中国工商银行股份有限公司商丘分行诉侯红印等借款合同纠纷案	CLI.C.285935	168
中国工商银行股份有限公司十堰人民路支行等与湖北省十堰市五堰商场股份有限公司金融借款合同纠纷上诉案	CLI.C.147361	73
中国工商银行股份有限公司台州分行诉孔祥兵金融借款合同纠纷案	CLI.C.228028	218
中国工商银行股份有限责任公司南乐支行诉姚进周等借款担保合同纠纷案	CLI.C.286014	117、258
中国工商银行哈尔滨市和平支行诉高延民担保合同纠纷案	CLI.C.66958	58
中国工商银行柳州分行诉广西壮族自治区柳州地区食品总公司等借款纠纷案	CLI.C.28848	110
中国工商银行乌鲁木齐市解放南路支行诉新疆维吾尔自治区技术改造投资公司担保合同纠纷案	CLI.C.45463	110
中国光大银行股份有限公司北京分行诉王国静等借款合同纠纷案	CLI.C.205684	120
中国核工业第二三建设公司诉中国光大银行股份有限公司北京亚运村支行金融借款合同纠纷案	CLI.C.139066	253
中国华融资产管理公司北京办事处与北京亚奥拍卖有限公司委托合同纠纷上诉案	CLI.C.221417	531
中国华融资产管理公司海口办事处等诉海南欣安磁记录材料有限公司等担保借款纠纷一案	CLI.C.260	102
中国华融资产管理公司昆明办事处诉云南同益电子经贸公司等借款合同纠纷案	CLI.C.39221	110
中国化工橡胶总公司诉中国华新实业总公司担保追偿纠纷案	CLI.C.219428	553
中国建设银行股份有限公司北京朝阳支行诉杨麟汝借款合同纠纷案	CLI.C.174843	272
中国建设银行股份有限公司北京城市建设开发专业支行诉北京正圆房地产开发有限公司等借款合同纠纷案	CLI.C.199047	170
中国建设银行股份有限公司杭州余杭支行诉章志平等金融借款合同纠纷案	CLI.C.228588	171、280
中国建设银行股份有限公司漯河黄河路支行与张宏山等借款担保合同纠纷上诉案	CLI.C.285652	63、462、539
中国建设银行股份有限公司南京鼓楼支行诉石军借款合同纠纷案	CLI.C.290242	168
中国建设银行股份有限公司宁波市分行诉胡品等金融借款合同纠纷案	CLI.C.228061	241
中国建设银行股份有限公司平顶山分行诉史春平等金融借款合同纠纷案	CLI.C.252385	218、301
中国建设银行石家庄市自强路支行诉河北宇通实业有限公司等借款合同案	CLI.C.49484	67
中国建设银行钟山县支行与广西壮族自治区财政厅等借款合同纠纷案	CLI.C.46062	128
中国进出口银行诉海南洋浦新大岛实业有限公司等担保合同案	CLI.C.231050	287、571
中国民生银行股份有限公司广州分行等诉广东国营燕塘牛奶公司借款合同纠纷案	CLI.C.110825	128
中国民生银行股份有限公司总行营业部诉中国教育投资有限公司等借款合同纠纷案	CLI.C.175844	252
中国农业发展银行开封县支行诉开封金明纸业有限公司借款合同纠纷案	CLI.C.251675	249
中国农业发展银行民权县支行诉民权县供销合作社联合社金融借款合同纠纷案	CLI.C.279118	157、168、258、274、361
中国农业发展银行宁波市分行营业部诉宁波杉科进出口有限公司等金融借款合同纠纷案	CLI.C.217728	253
中国农业银行股份有限公司安阳市区支行诉安阳市荣胜祥制衣有限责任公司金融借款合同纠纷案	CLI.C.247864	219
中国农业银行股份有限公司温州分行诉张仁善金融借款合同纠纷案	CLI.C.254708	87
中国农业银行股份有限公司舞阳县支行诉马东方等借款合同纠纷案	CLI.C.283135	48、100、132
中国农业银行桂平市支行诉麦金福船舶抵押合同纠纷案	CLI.C.204250	215
中国农业银行潢川县支行诉潢川县黄都商贸有限责任公司借款合同纠纷案	CLI.C.280469	239
中国农业银行清流县支行诉清流县营林投资经营部等借款合同纠纷案	CLI.C.94664	211
中国农业银行西乡县支行诉西乡县广播电视局等借款质押合同案	CLI.C.231046	407、410

(续表)

司法案例名称	法宝引证码	页码
中国农业银行象山县支行因承运人无单放货致其提单质押权不能实现诉象山县兴业航运有限公司侵权损害赔偿纠纷案	CLI.C.78783	391
中国农业银行新津县支行诉成都市新津山欣化纤纺织有限责任公司借款合同纠纷案	CLI.C.131819	163
中国人民财产保险股份有限公司杭州市武林支公司与杨国伶保证保险合同纠纷上诉案	CLI.C.214019	144
中国信达资产管理公司广州办事处与中国平安财产保险股份有限公司佛山市南海支公司公司保证合同纠纷上诉案	CLI.C.81377	567
中国信达资产管理公司贵阳办事处与贵阳开磷有限责任公司借款合同纠纷案	CLI.C.202756	85
中国信达资产管理公司海口办事处诉海南苎麻纺织厂等借款合同纠纷案	CLI.C.7124	165
中国信达资产管理公司深圳办事处诉佛山市三水区南边自来水厂等一般借款合同纠纷案	CLI.C.68171	72
中国信达资产管理公司西安办事处与陕西省粮油食品进出口公司西安中转冷库、陕西省粮油食品进出口公司借款担保合同纠纷案	CLI.C.206696	202
中国银行股份有限公司澳门分行等与珠海华电洪屏柴油机发电有限公司等借款、抵押担保纠纷上诉案	CLI.C.24474	585
中国银行股份有限公司北京朝阳支行诉赵建借款合同纠纷案	CLI.C.223070	268、363
中国银行股份有限公司杭州市高新技术开发区支行诉杭州远惠进出口有限公司等信用证融资纠纷案	CLI.C.229316	133
中国银行股份有限公司洛阳长安路支行诉朱文君等金融借款纠纷案	CLI.C.237176	187、540
中国银行股份有限公司青田县支行诉周雪华等借款合同纠纷案	CLI.C.228137	249
中国银行股份有限公司瑞安市支行诉章瑞铭等金融借款合同纠纷案	CLI.C.239476	275
中国银行股份有限公司台州市分行诉李启根等金融借款合同纠纷案	CLI.C.228876	296
中国银行（香港）有限公司上海分行诉鸿亿企业有限公司（honest king enterprises limited）等借款合同纠纷案	CLI.C.43982	581
中国银行（香港）有限公司诉福建省龙海市电力公司、福建省龙海市人民政府担保合同纠纷案	CLI.C.80018	568
中国银行（香港）有限公司诉广州摩托集团公司等保证合同纠纷案	CLI.C.124707	567
中国银行（香港）有限公司诉广州市广州宾馆等保证合同纠纷案	CLI.C.111179	563
中国银行（香港）有限公司诉中国国际企业合作公司保证合同纠纷案	CLI.C.198817	83、563、573
中国银行（香港）有限公司诉珠海市海大工贸公司等借款合同纠纷案	CLI.C.254015	569
中国银行（香港）有限公司与广东省阳江市人民政府等担保合同纠纷上诉案	CLI.C.32315	575
中国银行新加坡分行诉广州滨江大厦有限公司等借款合同纠纷案	CLI.C.237341	563、570、576
中国邮政储蓄银行有限责任公司南乐县支行与张胜利等借款担保合同纠纷案	CLI.C.277853	363
中国邮政储蓄银行有限责任公司平舆县支行诉郭晓红等借款合同纠纷案	CLI.C.283078	78
中国邮政储蓄银行有限责任公司沁阳市支行诉祁红旗等借款担保合同纠纷案	CLI.C.290818	539
中国邮政储蓄银行有限责任公司浙江省绍兴市分行诉梁锦祥等借款合同纠纷案	CLI.C.237686	187
中国招商银行股份有限公司武汉分行诉中国黄石丝宝精细化工有限公司武汉经销部等借款抵押担保合同纠纷案	CLI.C.69505	160
中国重庆国际经济技术合作公司与重庆市开县开源融资担保有限责任公司担保合同纠纷上诉案	CLI.C.80892	132
中粮五谷道场食品有限公司诉甘肃中旺食品有限公司等所有权确认纠纷案	CLI.C.217901	34
中融信（香港）国际资产管理有限公司与济南二轻缝制设备成套公司等借款合同纠纷上诉案	CLI.C.237592	202
中外合资经营企业厦新电子有限公司诉外商独资企业厦门佳利企业有限公司反担保合同案	CLI.C.88525	24
中信嘉华银行有限公司诉北京将军苑房地产有限公司金融借款及担保合同纠纷案	CLI.C.222369	576
中信信托有限责任公司诉中国天平经济文化有限公司借款合同纠纷案	CLI.C.222282	404
中元国信信用担保有限公司诉北京第一生物化学药业有限公司保证合同纠纷案	CLI.C.184673	37
周炳等与丁敞云等担保追偿权纠纷案	CLI.C.246044	20
周开银与新疆石油管理局驻成都办事处等商品房预售合同纠纷上诉案	CLI.C.131373	528
周口市阳光房地产建筑工程有限责任公司诉周口市莲花路小学等建设工程合同纠纷案	CLI.C.240537	191

(续表)

司法案例名称	法宝引证码	页码
周立太诉中国建设银行重庆中山路支行案	CLI.C.81533	165
周世宾诉李世海民间借贷纠纷案	CLI.C.251679	311
周亚江等诉聂勤锁租赁合同纠纷案	CLI.C.285738	347
朱仁金诉黄喜和保证合同纠纷案	CLI.C.235896	84
珠海市斗门商贸城联合发展有限公司与中国农业银行珠海市拱北支行等借款合同纠纷再审案	CLI.C.102822	85
珠海市吉泰物流有限公司与芜湖安得物流有限公司等运输合同纠纷上诉案	CLI.C.56880	482、500
驻马店市第一高级中学诉李爱菊租赁合同纠纷案	CLI.C.285628	520
驻马店市第一高级中学诉袁国强租赁合同纠纷案	CLI.C.285627	511、520
祝玉起与方城县农村信用合作联社金融借款合同纠纷上诉案	CLI.C.258754	100

本书所引法学论文与北大法宝引证码[①]对照索引表

法学论文名称（拼音序）	作者	法宝引证码	页码
按份共有人优先购买权之实现	张礼洪	CLI. A. 1141722	359
版权登记制度探析	李雨峰	CLI. A. 1116974	450
保证保险法律问题研究	卜传武、田强	CLI. A. 159756	144
保证保险合同的法律性质之我见	贾林青	CLI. A. 1111887	144
保证保险是保险，不是担保——与梁慧星先生商榷	宋刚	CLI. A. 1113944	2
保证功能与保证责任之免除	韦忠语	CLI. A. 1113379	120
保证金刍议	崔建远	CLI. A. 185177	523
保证期间刍议	林清高	CLI. A. 18546	108
保证期间的法律意义	朱立恒	CLI. A. 19693	105
保证期间的理解与适用	沈厚富	CLI. A. 1111324	112
保证期间起算标准质疑	陈成建	CLI. A. 1111398	110
保证期间是除斥期间	杨洁、李洁	CLI. A. 178028	107
保证期间探究	吴家友	CLI. A. 157401	108
保证期间问题探析	杨璐	CLI. A. 1111261	112
保证期间有关问题	吴合振	CLI. A. 157284	108
保证期间再探讨	孔祥俊	CLI. A. 1126660	105
保证人的权利及其救济	姜淑明	CLI. A. 110118	55、81、542
保证人的追偿权及通知义务——对担保法三个法条的理解	邓承立、金文彪	CLI. A. 178170	90
保证人抗辩权的司法适用与立法完善	邹国华	CLI. A. 1125085	81
保证人抗辩事由探析	侯建中	CLI. A. 1110812	82
保证人权利若干问题解析	孙学致	CLI. A. 177563	79
保证人如何行使先诉抗辩权	王社潮	CLI. A. 170798	84
"保证人说"之演变及其启示	宫厚军	CLI. A. 142675	78
保证人无效保证的过错赔偿责任	谭玲	CLI. A. 172855	19
保证人先诉抗辩权的疑点分析	程啸	CLI. A. 159610	86
保证人预先追偿权若干问题研究	殷召良	CLI. A. 115181	20、94
保证与担保物权并存之研究	程啸	CLI. A. 1109398	18、41、126
保证与抵押竞合，何者效力优先，保证单位改制后，由谁承担责任	左军	CLI. A. 1111307	545
保证责任期间若干问题新探	冯俊海、孙瑞玺	CLI. A. 119064	111
不动产的抵押登记与抵押合同之关系——兼评《担保法》第41条	杨洁、李洁	CLI. A. 173603	236
不动产抵押担保中的法律问题研究	陈文	CLI. A. 115795	5、159
不动产抵押登记之效力	范利平	CLI. A. 1113282	266
不动产抵押权与租赁权的冲突	黄晓林、张国华	CLI. A. 19595	316
不动产抵押若干问题研究	何朝晖、丁及、张渌	CLI. A. 157512	159
财产保全制度中的担保审查	吴声华、毛煜焕	CLI. A. 1112087	552

[①] 北大法宝引证码查询系统：http://www.pkulaw.cn/fbm。

(续表)

法学论文名称	作者	法宝引证码	页码
彩礼返还规则探析	陈群峰	CLI. A. 1127841	521
超越现代国际法的盲点：寻求一种历史型解决圆明园兽首拍卖事案评论	龙卫球	CLI. A. 1140914	346
承租人优先购买权行使条件的探讨	张艳、马强	CLI. A. 1116324	358
船舶担保物权效力关系之辨正	刘俊、朱志权	CLI. A. 132759	554
船舶抵押若干法律问题研究	许俊强	CLI. A. 1111085	295
船舶拍卖实务问题研究	伍载阳、刘乔发	CLI. A. 1111948	556
船舶优先权法律性质若干学说析	张丽英	CLI. A. 128138	555
船舶优先权研究	邢海宝	CLI. A. 1122510	555
从一起案例谈动产质押的几个问题	吴旭莉	CLI. A. 110253	378、383
存单质押的风险防范及债权人的利益保护	李珂丽	CLI. A. 1141960	418、462
重复抵押不应禁止但需限制	陆云良	CLI. A. 173409	163
贷款合同的诉讼时效和保证合同的保证期间	冶凤蕊、谷辽海、姜丽勇	CLI. A. 1145733	106
担保无效及其民事责任探析	阎泽平	CLI. A. 171330	19
担保物权不因主债权诉讼时效结束后2年的经过而消灭——从个案谈对《担保法司法解释》第12条第2款的理解	廖炜冕	CLI. A. 1112894	251
担保物权的侵害及其救济	孙鹏、王勤劳	CLI. A. 1130051	487、540
担保物权的侵害及其救济——以担保物侵害为中心	孙鹏、王勤劳	CLI. A. 1130051	11
担保物权的行使期间研究——以《物权法》第202条为分析对象	高圣平	CLI. A. 1121761	39
担保物权为除斥期间客体之质疑——兼评《物权法》第202条	付小川	CLI. A. 1145008	10、39
担保物权与物权法	姚辉	CLI. A. 13522	226
当前人民法院在定金适用问题上的争议及建议	刘京柱、田玉斌	CLI. A. 1110668	516
当前银行贷款担保中的若干问题	叶松、张佩霖	CLI. A. 1107173	13
登记对抗主义之下的动产抵押登记制度——兼及《企业动产抵押物登记管理办法》的修改	高圣平	CLI. A. 1109694	267、297
抵押期限问题简论	管荣	CLI. A. 1102760	6
抵押权次序立法例的多视角评判及其选择	陈祥健	CLI. A. 110319	151、237、356
抵押权的物上代位性	陈明添、谢黎伟	CLI. A. 1102848	307、309
抵押权顺位升进主义与固定主义之选择	王全弟、盛宏观	CLI. A. 1117891	147、268、356
抵押权与租赁权的冲突与协调	孙鹤、王勤劳	CLI. A. 1145088	147、314
抵押权追及效力理论之重构	罗思荣、梅瑞琦	CLI. A. 1109500	151、237
抵押人盗走抵押物应如何定性？	莫极端	CLI. A. 156276	149
抵押物保险合同上担保物权的竞合——以按揭住房保险为视角	陶丽琴	CLI. A. 174038	165、268
抵押物之灭失对抵押权的影响	马立源	CLI. A. 170946	153
抵押物转让的立法模式选择与制度安排	许明月	CLI. A. 132977	221
抵押物转让中的利益衡量与制度设计	梁上上、贝金欣	CLI. A. 133962	153
第四讲 银行外汇担保业务操作中的风险	陈炜恒	CLI. A. 1145249	591
典型担保种类在法国法上的演进	李世刚	CLI. A. 1142757	4
定金的适用、效力及其纠纷的处理	莫高经	CLI. A. 156828	511
定金罚则不适用于无效经济合同	郑业伟	CLI. A. 126123	515
定金罚则之适用	金汉标	CLI. A. 1108531	513
动产担保物权位序关系研究	崔军	CLI. A. 13618	541
动产抵押登记效力规则的独立性解析	王洪亮	CLI. A. 1143046	260、266、325、541
动产他物权的善意取得探析	叶金强	CLI. A. 173907	544

(续表)

法学论文名称	作者	法宝引证码	页码
对保证人的信用进行调查应设定为订立保证合同的程序	史军锋	CLI.A.171217	71
对保证人预先行使追偿权的思考	董昭武	CLI.A.1124859	94
对独立担保国内效力的承认及其法律完善	王志华	CLI.A.1112310	128、568、591
对反担保法律适用问题的思考	车辉	CLI.A.1116428	25、518
对《海商法》中船舶留置权界定的反思	李璐玲	CLI.A.1141700	505、559
对借款展期未同意之抵押人责任	陆晓伟	CLI.A.158323	149
对留置权概念的立法比较及对其实质的思考	梅夏英、方春晖	CLI.A.124420	5、470、488
对适用定金罚则的几点思考	车辉	CLI.A.171390	513
对违约金约定过高如何认定和调整问题探析	姚蔚薇	CLI.A.1112677	303
对我国担保制度中定金性质之评析	卓小苏	CLI.A.123904	512、521、523
对我国物权立法的若干新思考	陈华彬	CLI.A.1104516	357
对我国应否建立人事保证制度的法律思考	杨巍	CLI.A.1117978	542
对一般债权质押的质疑	宁宁	CLI.A.178264	411
法国留置权制度探析	楚清、田瑞华	CLI.A.1146477	14、470
法律原则与法律的界限	约瑟夫·拉兹	CLI.A.1142704	12
反担保初探	刘保玉	CLI.A.1115248	22
房地产抵押的有关法律问题	庄宏志	CLI.A.13058	175
房地产抵押亟待解决的几个法律问题	贺小勇、郑栋	CLI.A.111147	189、286
房地产抵押若干法律问题探讨	刘莲花	CLI.A.123732	168
房地产抵押若干问题探析	周建明	CLI.A.158025	168
房地产抵押若干问题研究	蔡晖	CLI.A.157249	187
房地产抵押中的几个问题	陈平、吴卫明	CLI.A.183839	168
房地产分别抵押情形中抵押权优先效力之研讨	童付章	CLI.A.1120146	176、275、349
房、地分离抵押的法律效果——《物权法》第182条的法律教义学分析	朱晓喆	CLI.A.1143677	179
房屋产权和土地使用权分别抵押的效力研究——兼谈对《担保法》第36条的质疑和完善	何志	CLI.A.1116463	179、282
房屋承租人优先购买权的行使	刘同战	CLI.A.1119326	358
房屋承租人优先购买权之检讨	李家军	CLI.A.1116278	358
房屋抵押权实现中的权利冲突及解决	李仁玉、徐式媛	CLI.A.1103518	333
房屋所有权抵押应注意的若干问题	叶俊寅	CLI.A.131623	275
房屋与土地权利主体不一致时，房地产抵押合同的效力及相关权利人的利益保护——兼评四川华通汽车集团公司中国农业银行成都市总府支行、四川盛世集团有限责任公司借款合同纠纷案	宫邦友	CLI.A.1112513	178
该保证合同是否成立	潘君	CLI.A.146749	71
该抵押人应否负担保责任——兼论抵押期限的几个问题	李少波	CLI.A.147759	149
改革股份折价发行禁止的必要性	李智	CLI.A.159508	337
概论定金罚则的适用	成都市中级人民法院	CLI.A.18340	513
各国立法上违约金性质比较研究	郭丹云	CLI.A.119938	303
公司不能对子公司债务提供连带责任保证？——对新《公司法》第15条的评析与完善建议	李金泽	CLI.A.1113919	100
公司法定代表人越权签署的担保合同的效力	徐海燕	CLI.A.1114113	539
《公司法》有关公司对外担保新规定的质疑	李金泽	CLI.A.174023	561
公司转投资、保证、借贷捐赠规则	傅穹	CLI.A.115893	581
公证与物权登记制度的衔接	陈巍	CLI.A.1109493	241
共同保证的结构形态与保证责任的承担	刘保玉	CLI.A.12226	131、542

(续表)

法学论文名称	作者	法宝引证码	页码
共同担保制度：利益衡量与规则设计	叶金强	CLI.A.1144079	93
共同抵押若干问题之探讨	任华哲、鲁杨	CLI.A.124326	367、369
构建我国金融资产证券化中的投资抵押制度	许凌艳	CLI.A.1143132	161
股票折价发行禁止之反思	李智	CLI.A.142445	337
股权质押制度的反思与重构	林建伟	CLI.A.132865	434、437
股权质押中的几个特殊问题	陈晓军、李琪	CLI.A.1112607	434
关于保证期间的几个问题——兼评《担保法解释》关于保证期间之若干规定	李明发	CLI.A.115732	112
关于保证人保证责任的几个问题	郭明瑞	CLI.A.120767	115
关于保证人预先追偿权的探讨	赵文华、关海柱、吴鹏	CLI.A.1110997	94
关于保证责任的几个问题	蔡青峰	CLI.A.1108727	115
关于保证责任的几个问题	王韶华	CLI.A.114534	121
关于保证责任的两个问题——与徐德敏同志商榷	李世建	CLI.A.1114731	123
关于保证责任的若干问题探讨	关中翔	CLI.A.1110385	115
关于保证主体的几点思考	陈家新	CLI.A.115282	48
关于动产担保制度的思考	张驰	CLI.A.1125732	485
关于动产抵押权公示制度的法律思考	赵转	CLI.A.171477	290
关于法律意义上的保证	洪新	CLI.A.1111156	72
关于房地产抵押登记制度的法律探讨	苑敏	CLI.A.111287	276
关于房地产抵押法律制度若干问题的研究	张少鹏	CLI.A.11502	187、274、277
关于连带责任基本问题的探讨	余巍	CLI.A.1103185	20
关于留置权的几个问题	靳长征、刘建二	CLI.A.118746	472、473、474、475、478、499、502、504、507
关于我国公证效力的解析	黄祎	CLI.A.132660	248
关于中国著作权登记的若干问题	索来军	CLI.A.1140925	450
关于最高法院担保法司法解释中的几个问题	奚晓明	CLI.A.1140069	472
管理层收购融资法律制度研究	蒋星辉	CLI.A.1145042	462
海事请求保全比较研究	袁绍春、刘云龙	CLI.A.177364	557
合同解除与保证人责任	黄海英	CLI.A.1102451	78
合同救济方法之选择与适用	吴春燕	CLI.A.182652	530
合同理论的两个疑问	李锡鹤	CLI.A.1144265	14
划拨土地使用权进入市场的法律思考	张待水	CLI.A.183525	288
混合共同担保人内部追偿问题研究	杨文杰	CLI.A.1136009	20、542
集体土地所有权制度之完善——民法典制定中不容忽视的问题	王铁雄	CLI.A.1125613	288
几种特殊情况下保证责任的承担	荀华、陈宽山	CLI.A.1107948	117
简论抵押权人的权利	郭明瑞、孙启生	CLI.A.11221	150
简论最高额保证的保证期间	于玉	CLI.A.19108	134
建设工程适用留置权制度之立法思考	李晓春	CLI.A.132721	485
建筑工程款优先受偿权法律适用问题探析——从担保法的视角出发	马永龙、李燕	CLI.A.173789	5
借款方不按约定使用贷款保证人是否仍负担保责任	陆永棣	CLI.A.179963	144
借款合同保证责任之我见	蔡福元	CLI.A.1107455	121
"借新还旧"案件中的保证责任	周清	CLI.A.19119	129
禁止流质约款之合理性反思	王明锁	CLI.A.1116104	255、386
境内机构对外担保管理办法	《中国法律》		576

(续表)

法学论文名称	作者	法宝引证码	页码
劳动担保合同存废论——兼论确立劳动人事一般保证制度	王从烈	CLI. A. 1146568	2
劳动者违约金约定禁止之研究	侯玲玲	CLI. A. 1104645	303
连带责任保证期间的几个问题	邹三元	CLI. A. 18536	100
连续最高额保证当事人未约定保证期间的法律适用	汪明照	CLI. A. 1111503	134
林业权之物权法体系构造	高利红	CLI. A. 1127217	289
留置权成立要件规定中的三个争议问题解析	刘保玉	CLI. A. 1141727	10、470、478、481、482、493
留置权适用之三题	韦祎	CLI. A. 1127975	481、482、485、493
流质条款效力论	孙鹏、王勤劳	CLI. A. 1114319	255、386
流质（押）契约自由与限制	谢哲胜	CLI. A. 1144171	255、386
略论反担保	李保澄、王利建、陈金波	CLI. A. 1110840	25
略论国有土地使用权抵押的几个问题	梁晓明	CLI. A. 172338	198
论保全诉讼中被申请人利益的保障	郭小冬	CLI. A. 1144981	552
论保证的担保效力	沈天水	CLI. A. 1102337	45
论保证法律制度中保证人的追偿权	郑天峰	CLI. A. 184187	87
论保证合同中的意思表示问题	张平华、吴兆祥	CLI. A. 159912	97
论保证期间的性质	王世贤	CLI. A. 119017	107
论保证期间	杨静	CLI. A. 1113215	112
论保证期间与诉讼时效的转换及适用	郭玉坤、李龙	CLI. A. 1142999	102、106
论保证人的抗辩权	曹诗权、覃怡	CLI. A. 13605	82
论保证人的先诉抗辩权	汪渊智、侯怀霞	CLI. A. 11492	83
论保证人抗辩权	费安玲	CLI. A. 115342	79
论保证人在保证合同无效后应承担的民事责任	朱莉欣、黄瑞华	CLI. A. 171003	78
论保证人追偿权与代位权之区分及其意义	程啸、王静	CLI. A. 1109646	9、87
论保证责任期限及其法律适用问题	林宁波	CLI. A. 1110356	111
论财产保全制度的完善	蒋海英	CLI. A. 1104607	552
论船舶抵押权制度的立法完善——以国内法律冲突为视角	阮芳	CLI. A. 1143003	294
论船舶抵押权制度之完善	谢科海	CLI. A. 111111	294
论船舶优先权的法律性质	李强、周后春	CLI. A. 119156	555
论船舶优先权法律冲突	〔加〕威廉·泰特雷	CLI. A. 1128064	555
论错误拍卖第三人财产的法律效力	卢正敏、齐树洁	CLI. A. 1143995	346
论担保方式并存、竞合的效力冲突及其效力规则	彭振羽、贺利平、王力欣	CLI. A. 171249	518、528
论担保权滥用行为及其法律适用	许明月、邵海	CLI. A. 1118049	2
论担保物权的竞存	刘保玉	CLI. A. 11761	509、541
论担保物权的实行期间	孙鹏	CLI. A. 185395	39、352、400、540
论登记公信力的相对化	王洪亮	CLI. A. 1135860	267
论抵押权的不可分性	张双根	CLI. A. 172290	306
论抵押权	李静堂	CLI. A. 1375	326
论抵押权人的抵押物保险金请求权	陶丽琴	CLI. A. 184652	150
论抵押物保险的法律特性	汪公文、陶丽琴	CLI. A. 1102604	165
论抵押物转让的法律效果——以对我国《物权法》第191条的解释为中心	陈永强、王建东	CLI. A. 1135806	153
论定金	李兴淳	CLI. A. 182067	511
论动产抵押物的转让——兼析动产物权公示方式之调整	孙鹏、杨会	CLI. A. 182943	155

(续表)

法学论文名称	作者	法宝引证码	页码
论动产抵押物的转移与抵押权的效力	徐洁	CLI. A. 12146	155
论动产抵押	张长青	CLI. A. 116241	157
论恶意白抵押	郭明瑞、张平华	CLI. A. 1115986	387
论法定保证期间的法律性质相关问题	李明发	CLI. A. 1124892	107
论房地产抵押的财产范围	沈明磊	CLI. A. 1110553	176
论个人住房贷款中的连带责任保证	唐烈英	CLI. A. 181113	100
论耕地保护法律制度之完善——基于粮食安全视角的解析	肖顺武	CLI. A. 183138	224
论耕地的法律保护	应永宏	CLI. A. 173166	224
论公司对外担保的法律效力	崔建远、刘玲伶	CLI. A. 1117567	561
论公司对外担保若干问题	年亚	CLI. A. 1115855	561
论公司对外担保中的中小股东保护	宋冰、张斌	CLI. A. 1143109	561
论共同保证	郑学青	CLI. A. 1111814	93、131
论共有人的优先购买权	崔建远	CLI. A. 1128115	359
论国际贸易中独立担保法律问题	姜圣复、林依伊	CLI. A. 177282	16
论航运融资中的船舶抵押权及其法律保护	田田	CLI. A. 111555	294
论立约定金罚则在商品房买卖合同纠纷中的适用	赵一平	CLI. A. 1112683	513、519
论连带债务与连带责任的关系	邱业伟	CLI. A. 174415	543
论留置权的善意取得	崔令之	CLI. A. 120434	489、499
论留置权的特殊消灭原因	董学立	CLI. A. 111959	471、473、478、504、509
论流质契约的解禁	季秀平	CLI. A. 120100	255
论流质契约的禁止	刘静	CLI. A. 1111274	255
论美国契约法理论"演化三部曲"	刘承韪	CLI. A. 1143706	14
论票据保证	汪世虎	CLI. A. 172571	139
论诉讼保全中的利益权衡问题	郭小冬	CLI. A. 1146578	552
论诉讼时效期间的起算	宋海萍	CLI. A. 1123536	103
论诉讼时效中断事由	戚兆岳	CLI. A. 1123749	102
论所有权保留	翟云岭、孙得胜	CLI. A. 1143795	538
论土地使用权抵押	董开军、高云超	CLI. A. 1114824	194、282
论土地使用权抵押	杜军	CLI. A. 182368	191
论未登记抵押合同不能对抗之第三人	刘建华	CLI. A. 159136	267
论我国动产抵押登记制度的缺陷及其完善	熊进光	CLI. A. 119425	290
论我国公民的免于匮乏权	李雪沣、范辉清	CLI. A. 1129948	228
论我国林业物权制度的完善	周伯煌	CLI. A. 1144935	212
论我国农村集体土地所有权和使用权的确认和行使	黄勤南、刘俊海	CLI. A. 114368	288
论我国物权法上的担保物权制度	邹海林、常敏	CLI. A. 185360	289、487
论我国著作权转让登记公示制度的构建	黄玉烨、罗施福	CLI. A. 1116054	450
论我国专利权质押制度	易继明	CLI. A. 180694	448
论无效保证合同	石英	CLI. A. 172680	76
论无效担保的确认及法律责任	郭景致、苻荣华	CLI. A. 1124709	19
论物权登记的法定公证前置	朱云慧	CLI. A. 1136354	241
论《物权法》中强制转让物权的法律维	费安玲	CLI. A. 1129945	349
论物权之间的相斥与相容关系	刘保玉	CLI. A. 111655	541
论物上担保合同无效的民事责任——兼论我国物权法建议稿中的"物权变动与其原因行为分离"原则	王霁华	CLI. A. 118643	19
论物上担保合同无效的民事责任	王霁华	CLI. A. 118643	539、544
论信托型担保	唐义虎	CLI. A. 1123742	4

(续表)

法学论文名称	作者	法宝引证码	页码
论押金担保	李巍、朱四臣	CLI. A. 177035	518
论以占有改定设立动产质权	隋彭生	CLI. A. 1141882	382、383
论应收账款融资中的权利冲突及解决路径	孙超	CLI. A. 1143630	309
论有限责任公司股权质押	期海明、韩冠	CLI. A. 1126131	441
论预先追偿权	王存	CLI. A. 131259	94
论在建工程抵押中的利益协调	胡卫	CLI. A. 1143459	170
论债权人的撤销权	李向前	CLI. A. 177595	387
论债权质权中第三债务人的保护	徐涤宇、刘芳	CLI. A. 184529	389、394
论债务案件中的保证责任	刘健雄	CLI. A. 1108477	121
论知识产权融资担保的方式	王卫国、凌湄	CLI. A. 178151	442
论质押担保制度的不足与完善	焦富民	CLI. A. 19531	392
论重复抵押	戴红兵	CLI. A. 173314	163
论重复抵押的设定与实行	刘承权	CLI. A. 17270	163
论追偿权的预先行使	王存	CLI. A. 172575	94
论资产证券化中权利质押的几个法律问题	林燕平	CLI. A. 1125746	404
论最高额抵押的效力	杨宗平	CLI. A. 128091	361
美国产品责任法归责原则的演进	郝建志	CLI. A. 1113746	11
民事连带责任刍议	李军	CLI. A. 1112678	543
内容与形式之间：我国物权登记立法的完善	申卫星	CLI. A. 14191	270
农村集体土地产权的法律思考	温世扬、林晓镍	CLI. A. 120827	288
农村集体土地使用权规范化流转与法律制度之完善	钱海玲	CLI. A. 1112976	288
票据保证的概念、方式和效力	曹守晔	CLI. A. 1110321	140
票据保证若干问题研究	杨秋华	CLI. A. 171235	140
评《合同法》"约定不明确视为不支付利息"的条文之缺陷	陈成建	CLI. A. 1111591	304
评《物权法草案》第十七章	许德风	CLI. A. 14181	222
破产企业划拨土地使用权的处置	叶健强	CLI. A. 156973	288
破解农民融资难题——农作物与农产品抵押	刘生国	CLI. A. 1117910	289
企业的变更是否影响保证责任？——兼论国有企业改制与银行债权的处理	姜丽勇	CLI. A. 1145528	123
浅论定金的几个问题	易珍荣	CLI. A. 123136	516
浅谈保证合同的必要条件及保证人的责任	盖成荣、杨亦峰	CLI. A. 110909	97
浅谈保证责任的承担	刘清运、杨玉亭	CLI. A. 1110280	117
浅谈定金罚则的适用	于维兰、王淑丽	CLI. A. 110968	515
浅析保证保险合同的性质	商振涛、刘丽君	CLI. A. 181604	144
浅析保证人追偿权实现的理论和实践	李德平、杨成哲	CLI. A. 1110440	90
浅析人事保证的性质——对我国应否建立人事保证制度的法律思考	杨巍	CLI. A. 1117978	55
浅析在建工程抵押权的效力	丁志岩、施树强	CLI. A. 118756	170
浅议我国动产抵押制度的完善——兼议我国担保法的修改	何志春	CLI. A. 184157	290
权利质权设定的若干问题	刘迎生	CLI. A. 13643	442
权利质押相关法律问题探析	余胜	CLI. A. 182318	404、407、418
让与担保需要尽快进入民法典吗？——从让与担保与我国商品房按揭关系的角度谈起	陈晨	CLI. A. 112081	4
人格否认理论及法律适用	苗奇龙	CLI. A. 1146519	14
如何理解破产法的"不能清偿到期债务"	邓自力	CLI. A. 1110422	547
商品房买卖合同纠纷案件存在的问题及对策——对最高法院商品房司法解释执行前后的调研分析	杨伯勇、王磊	CLI. A. 1112981	279

(续表)

法学论文名称	作者	法宝引证码	页码
商业银行抵押权实现中的法律问题分析	李冰强	CLI.A.177479	334
审理以贷还贷借款保证合同纠纷的几点思考	毛煜焕	CLI.A.1125142	70
审判实践中与公证有关的几个法律问题	林文学	CLI.A.1116769	246
实现抵押关系内在平衡之制度设计	彭诚信、祝杰	CLI.A.14270	239
实现海事留置权的司法途径	张贤伟	CLI.A.1112383	506、559
试论保证期间及保证债务的诉讼时效	孙英	CLI.A.111659	106
试论保证期间	刘晓华	CLI.A.178108	105
试论保证人保证责任之救济	辛尚民	CLI.A.1134565	123
试论担保中的重复抵押	刘志文	CLI.A.156475	163
试论抵押合同的性质和效力	黄桂琴	CLI.A.170823	241
试论动产抵押	王利明	CLI.A.1114066	157
试论违约责任方式的竞合适用	夏凤英	CLI.A.177308	522、528
试论违约责任中定金、违约金、赔偿损失的竞合与适用	蔡永民、高志宏	CLI.A.184360	511、518、526
试论我国劳动合同的保证担保	车辉	CLI.A.184703	15
试论我国土地使用权抵押的客体范围	王艳萍	CLI.A.1118670	195
试论无效担保合同的民事责任	王敬飞	CLI.A.1110659	19
试论主债诉讼时效变动与保证责任承担关系——基于对我国《担保法》及其司法解释的理解与适用	郑天锋	CLI.A.1144177	102
试析保证人的主体资格及其保证责任的承担	时永才、姚忠琴	CLI.A.126182	121
试析担保合同的效力及法律后果	王战晨、丁凤礼、吕世恰	CLI.A.176071	539
试析执行担保	刘子元	CLI.A.1134564	553
收费权担保制度的定性与立法模式选择	梅夏英	CLI.A.19999	373、410
司法十大原则之再思考	杨建军	CLI.A.1146409	12
诉前扣船反担保问题探讨	郭红怡	CLI.A.19623	21
诉讼时效的起算	李寅玲	CLI.A.119192	103
诉讼时效与保证期间的关系	何通胜	CLI.A.158591	106
诉讼时效中断的法定事由	卢少敦、柯凉水	CLI.A.158745	102
谈保证责任免除应注意的几个问题	郭京兰	CLI.A.1110933	120
谈票据保证	邓自力	CLI.A.126326	136
谈重复抵押的效力——关于《担保法》第35条第2款的思考	张玉良	CLI.A.177263	163
特殊标的物抵押问题探析	赵林青	CLI.A.1116800	230、231、232、234、334
天然孳息的属性和归属	隋彭生	CLI.A.1131427	311
同一债权上保证与物的担保并存之法律分析——兼评《担保法》第28条与《担保法解释》第38条及《物权法》第176条	徐磊	CLI.A.1103510	9、126
同一债权上保证与物的担保并存之法律分析	徐磊	CLI.A.1103510	545
透视担保物权制度中的法律冲突	杨梓	CLI.A.185450	296、334、490
土地承包经营权抵押可行性探究	庞敏英、张生旭	CLI.A.119627	223
土地使用权抵押制度初探	张全江、刘铁	CLI.A.16641	194
土地使用权收回与土地使用权抵押效力研究	蔡红	CLI.A.177618	194
土地使用权转让合同与物权变动之效力辨析	王淑华	CLI.A.1141934	286
完善我国合同担保制度若干问题的思考	郑奇	CLI.A.1110504	97
完善我国民事诉讼担保制度	袁宝成	CLI.A.1107288	549
完善我国拍卖法律制度的思考	张蓬	CLI.A.1145000	346
汶川大地震引发的民法思考	兰晓为	CLI.A.1140854	309

(续表)

法学论文名称	作者	法宝引证码	页码
我国不动产抵押物流转的制度安排——以《物权法》第191条为中心的考察	廖焕国	CLI. A. 1141798	155
我国船舶担保物权的物上代位制度之完善	段庆喜	CLI. A. 1114193	474、554
我国抵押登记制度中的几个法律问题	钮丽娜	CLI. A. 157324	258
我国动产担保登记制度的缺陷与完善	余能斌、侯向磊	CLI. A. 1126739	296
我国对外担保面临的问题及对策	金彦	CLI. A. 131978	128
我国票据保证的若干问题	孙昌兴	CLI. A. 1108084	136
我国商业银行理财产品质押制度研究	潘修平、王卫国	CLI. A. 1141911	462
我国诉讼时效中止若干问题研究	段晓娟	CLI. A. 1128292	102
我国《物权法》关于抵押权实现的规定	曹士兵	CLI. A. 1109039	151、237、333
我国《物权法》中地役权制度的争点及思考	戴孟勇	CLI. A. 1142629	349
我国银行抵押贷款若干问题研究	王亦平	CLI. A. 13214	245
我国著作权质押制度探析	张耕、唐弦	CLI. A. 182614	449
无效保证合同的确认及其保证人的民事责任	孙元清	CLI. A. 154546	77
无效保证合同的认定及责任问题	张晓君	CLI. A. 173154	77
无效保证合同中民事责任之研究	王雷	CLI. A. 115170	77
无效担保合同的确认和处理	李毅	CLI. A. 1110577	18
物权登记错误及其补救	吴国酷	CLI. A. 1109790	271
物权登记与法定公证制度	汤维建、陈巍	CLI. A. 171673	241
《物权法》抵押权强制实现制度的性质及适用	罗越明、吴东亮	CLI. A. 1128330	147
《物权法》抵押权新设规则实务问题研究	吴敦	CLI. A. 1116945	316
《物权法》实施后对《海商法》中留置权的影响	韩立新、李天生	CLI. A. 1128227	559
析加强资信调查对保证合同履约的作用	卢昌军	CLI. A. 141264	71
析留置权适用中应注意的问题	杨建进、傅源长	CLI. A. 1112896	489
析《物权法草案》中有关不动产抵押权制度的缺陷	张长青	CLI. A. 128182	159
现行宅基地使用权制度的困境与出路	曹泮天	CLI. A. 1143732	225
新贷和旧贷的保证人为同一人时的保证责任承担	赵培元	CLI. A. 158177	129
信用衍生工具与保证合同的法律特征比较	王彦鹏	CLI. A. 1146281	41
要物合同之存在现状及其价值反思	郑永宽	CLI. A. 1128399	518
也论公证的法律效力	李颂银	CLI. A. 124668	248
也论无效保证合同的确认与处理——兼评《担保法》第29条的有关规定	于静明	CLI. A. 123688	76
一般债权质押问题之探讨	陈本寒、黄念	CLI. A. 124712	6
以他人房产为抵押物的担保合同未经登记效力如何认定	高晓莹、杨明刚	CLI. A. 150211	539
以物权公示原则为中心分析动产抵押的可行性	叶军、孔玲	CLI. A. 121357	297
有偿经济保证合同初探	徐德敏	CLI. A. 1926	72
有关"房地产抵押权的效力不及于其设定后新增的房屋"问题的探讨	沈萍	CLI. A. 183782	176
有关票据保证制度的几个问题	黄晋	CLI. A. 19196	139
有意违约的研究	孙良国、于忠春	CLI. A. 1142827	521
预售商品房需注意的几个问题	冀蓓红、段涛	CLI. A. 1113171	280
宅基地的立法问题——兼析物权法草案第十三章"宅基地使用权"	韩世远	CLI. A. 132504	225
债券由代理发行人垫资兑付,原担保人应继续承担保证责任	郑成良、周艳	CLI. A. 157856	123
知识产权质押贷款风险分散机制研究	宋伟、胡海洋	CLI. A. 1136259	10
执行担保的性质及其法律适用问题研究	刘璐	CLI. A. 1137939	2、553
执行担保法律规定的适用	姚大胜	CLI. A. 155206	553

(续表)

法学论文名称	作者	法宝引证码	页码
"直接适用的法"与涉港担保合同法律适用条款的判理分析	杨弘磊	CLI.A.1112184	585
"直接适用规则"及其司法实践评价——兼论对外担保合同有效性判断之法律适用	杨弘磊	CLI.A.159675	573
质权还是抵押权:再论普通债权质权的性质	罗欢平	CLI.A.1130272	538
质疑独立担保无效说	杨志军	CLI.A.119193	16
中国船舶扣押制度50年回眸与展望	张湘兰、向明华	CLI.A.1137765	559
中国的保证法律制度	惠丛冰	CLI.A.1140480	543
中国企业对外担保的若干法律问题	宋迎跃	CLI.A.1138786	568
中日动产抵押制度比较	刘淑波、林晓娇	CLI.A.1142716	157、538
中外票据保证制度之立法比较	林艳琴	CLI.A.1143161	136
主合同无效时保证人的责任问题	程啸	CLI.A.112138	15
住房按揭贷款保证保险防范风险的法律适用——以美国次级贷款危机及中国强烈地震为背景	唐烈英、吴长波	CLI.A.1121898	143
准确起算诉讼时效维护当事人合法权益	吴庆宝	CLI.A.1128286	103
最高额抵押刍议	陈外华	CLI.A.111219	363、364
最高额抵押法律适用问题研究	孙鹏、王勤劳	CLI.A.1137976	361
最高额抵押权决算期之研究	杨文辉	CLI.A.1141687	361

法律问题拼音索引

A

按份共同保证 …………………………… 131

B

保管合同中的留置权 …………………… 493
保全质权的权利 ………………………… 392
保险金 …………………………………… 400
保证 ……………………………………… 40
保证保险 ………………………………… 144
保证担保法律关系 ……………………… 44
保证的补充性 …………………………… 43
保证的从属性 …………………………… 42
保证的独立性 …………………………… 44
保证方式 ………………………………… 97
保证合同 ………………………………… 68
保证合同的成立 ………………………… 70
保证合同的内容 ………………………… 96
保证合同的无效 ………………………… 74
保证合同的形式 ………………………… 71
保证合同诉讼时效的起算 ……………… 102
保证合同诉讼时效的中断 ……………… 101
保证合同诉讼时效的中止 ……………… 102
保证合同无效的责任承担 ……………… 76
保证监督专款专用 ……………………… 126
保证期间 ………………………………… 104
保证期间的起算 ………………………… 108
保证期间的确定 ………………………… 107
保证期间的中断 ………………………… 110
保证期间的重新起算 …………………… 110
保证期间与保证合同诉讼时效的关系 … 105
保证期间与除斥期间的关系 …………… 106
保证人的代偿能力 ……………………… 48
保证人的范围 …………………………… 49
保证人的抗辩权 ………………………… 78
保证人的义务 …………………………… 77
保证人的预先追偿权 …………………… 93
保证人的追偿权 ………………………… 86
保证人资格 ……………………………… 45
保证责任 ………………………………… 112
保证责任的承担方式 …………………… 116
保证责任的范围 ………………………… 116
保证责任的消灭与免除 ………………… 117
保证责任发生的条件 …………………… 115
被查封、扣押、监管财产抵押的禁止 … 230
被担保主债权的种类、数额 …………… 249
变价所得价款的多退少补 ……………… 347
变价所得价款的清偿顺序 ……………… 348
变价所得价款与约定价值 ……………… 347
变卖 ……………………………………… 346
不得抵押的其他财产 …………………… 232
不得留置之物 …………………………… 489
不动产抵押 ……………………………… 157
不动产收益权 …………………………… 409
不动产与动产 …………………………… 537
不能清偿 ………………………………… 547

C

财产保全中的担保 ……………………… 549
仓储合同中的留置权 …………………… 496
超额抵押 ………………………………… 160
车辆抵押 ………………………………… 217
车辆抵押登记 …………………………… 295
成约定金 ………………………………… 519
诚实信用原则 …………………………… 14
承揽合同中的留置权 …………………… 495
承租人的优先购买权 …………………… 357
承租人就租赁物设定的抵押 …………… 315
出让土地使用权抵押 …………………… 198
出让土地使用权抵押登记 ……………… 285
出质人的权利 …………………………… 393
出质人的义务 …………………………… 394
出质证券债权清偿期后于被担保债务履行期时质权的实现 …………………… 427
出质证券债权清偿期先于被担保债务履行期时质权的实现 …………………… 427
船舶担保物权 …………………………… 554
船舶抵押 ………………………………… 213
船舶抵押的范围 ………………………… 215
船舶抵押登记 …………………………… 292
船舶留置权 ……………………………… 558
船舶优先权 ……………………………… 554
船舶优先权担保的范围 ………………… 556
船舶优先权的受偿顺序 ………………… 557
船舶优先权的消灭 ……………………… 555
船舶优先权的转让 ……………………… 555
船舶优先权与其他船舶担保物权之间的受偿顺序 …………………………… 558
从物和从权利 …………………………… 309
存款单及仓单、提单的出质 …………… 417

重复抵押 …………………………………… 162

D

代位物 ……………………………………… 307
贷款保证 …………………………………… 140
担保的从属性 ……………………………… 15
担保的独立性 ……………………………… 15
担保的方式 ………………………………… 2
担保的适用范围 …………………………… 1
担保法的基本原则 ………………………… 10
担保法及其司法解释的时间效力 ……… 553
担保合同的无效 …………………………… 16
担保合同的形式 ………………………… 538
担保合同无效的责任承担 ………………… 18
担保人的追偿权 …………………………… 19
担保物的变价方式 ……………………… 539
担保物权并存时的清偿顺序 …………… 540
担保物权的存续期间 ……………………… 38
单独保证和最高额保证 ………………… 132
当事人协议解除主合同时定金罚则的适用 …… 514
抵押变更登记 …………………………… 261
抵押贷款合同公证 ……………………… 247
抵押担保的范围 ………………………… 300
抵押登记错误 …………………………… 270
抵押登记的费用 ………………………… 272
抵押登记的顺序 ………………………… 267
抵押登记机关 …………………………… 269
抵押登记申请人 ………………………… 268
抵押登记所需文件 ……………………… 269
抵押登记资料的公开 …………………… 298
抵押房产和地产的关系 ………………… 176
抵押房地产价格评估 …………………… 181
抵押合同 ………………………………… 235
抵押合同的补正 ………………………… 253
抵押合同的公证 ………………………… 241
抵押合同的内容 ………………………… 248
抵押合同的生效 ………………………… 238
抵押合同的效力 ………………………… 239
抵押合同的主要条款 …………………… 252
抵押合同公证当事人 …………………… 241
抵押合同公证的程序 …………………… 243
抵押合同公证的管辖 …………………… 242
抵押权 …………………………………… 145
抵押权的保护 …………………………… 327
抵押权的不可分性 ……………………… 306
抵押权的处分 …………………………… 326
抵押权的从属性 ………………………… 305
抵押权的代位性 ………………………… 306
抵押权的设定 ………………………… 150、236
抵押权的实现 …………………………… 332
抵押权的消灭 …………………………… 359
抵押权的效力及于添附物 ……………… 313
抵押权人 ………………………………… 149

抵押权人的停止侵害请求权 …………… 328
抵押权人期限利益的获得 ……………… 330
抵押权设定后的从物 …………………… 309
抵押权实现的方式 ……………………… 335
抵押权实现的条件 ……………………… 333
抵押权提前实现的条件 ………………… 334
抵押权与留置权并存时的效力 ………… 353
抵押权与税收并存时的效力 …………… 354
抵押权与质权并存时的效力 …………… 353
抵押人 …………………………………… 147
抵押人的妥善保管义务和抵押权人的检查监督权 …… 330
抵押人的增担保或恢复原状义务 ……… 329
抵押设立登记 …………………………… 258
抵押物 …………………………………… 151
抵押物保险 ……………………………… 164
抵押物出租时抵押人的告知义务 ……… 316
抵押物的出租 …………………………… 315
抵押物的范围 …………………………… 153
抵押物的继承 …………………………… 325
抵押物的赠与 …………………………… 325
抵押物登记 ……………………………… 256
抵押物登记的范围 ……………………… 271
抵押物登记的效力 ……………………… 265
抵押物价格评估 ………………………… 165
抵押物租赁合同对抵押权的约束力 …… 317
抵押注销登记 …………………………… 264
第三人的追偿权 ………………………… 352
第三人的追偿权 ………………………… 399
第三人利用抵押物所生的孳息 ………… 312
定金 ……………………………………… 510
定金罚则 ………………………………… 512
定金罚则适用的例外 …………………… 516
定金合同 ………………………………… 528
定金合同成立的条件 …………………… 528
定金合同的当事人 ……………………… 531
定金合同的内容 ………………………… 530
定金合同的形式 ………………………… 529
定金合同生效条件 ……………………… 530
定金数额 ………………………………… 535
定金性质的确定 ………………………… 522
定金与其他担保的区别 ………………… 517
定金与其他担保共存的情况 …………… 518
定金与违约金 …………………………… 525
定金与违约损害赔偿的关系 …………… 526
定金与押金 ……………………………… 524
定金与预付款 …………………………… 523
动产抵押 ………………………………… 155
动产质权的善意取得 …………………… 379
动产质权实现的条件 …………………… 394
动产质押 ………………………………… 374
动产质押担保的债权范围 ……………… 387
动产质押的标的 ………………………… 377

动产质押的不可分性 …………………… 376
动产质押的法定性和优先性 …………… 375
动产质押的附随性 ……………………… 376
动产质押的物上代位性 ………………… 377
动产质押合同的内容 …………………… 383
动产质押合同的生效与动产质权的设立 … 382
动产质押合同的形式 …………………… 380
动产质押合同的主体 …………………… 379
动产质押所及的标的物范围 …………… 388
对超出担保范围的抗辩权 ……………… 80
对抗意义的抵押登记 …………………… 266
对外保证 ………………………………… 578
对外保证人的条件 ……………………… 581
对外担保 ………………………………… 560
对外担保的被担保人 …………………… 566
对外担保的担保人 ……………………… 564
对外担保的当事人 ……………………… 563
对外担保的管理机关 …………………… 562
对外担保的禁止情形 …………………… 576
对外担保的审批 ………………………… 568
对外担保的审批程序 …………………… 570
对外担保的审批权限 …………………… 571
对外担保的种类 ………………………… 561
对外担保登记 …………………………… 575
对外担保合同 …………………………… 571
对外担保合同的无效 …………………… 573
对外担保履约的核准 …………………… 576
对外担保中主债务合同的修改 ………… 574
对外抵押 ………………………………… 582
对外抵押财产的范围 …………………… 585
对外抵押登记 …………………………… 587
对外动产质押 …………………………… 591
对外权利质押 …………………………… 592
对外质押 ………………………………… 588
对外质押登记 …………………………… 594
对支付孳息的第三人的通知义务 ……… 311

E

恶意抗辩权 ……………………………… 81

F

法定担保 ………………………………… 4
反担保 …………………………………… 20
反担保的成立 …………………………… 22
反担保的从属性 ………………………… 21
反担保的效力范围 ……………………… 24
反担保合同的无效 ……………………… 23
房地产抵押 ……………………………… 166
房地产抵押的变更与注销登记 ………… 278
房地产抵押的范围 ……………………… 175
房地产抵押的管理部门 ………………… 171
房地产抵押登记 ………………………… 273
房地产抵押登记的程序 ………………… 277

房地产抵押登记的效力 ………………… 275
房地产抵押登记所需文件 ……………… 275
房地产抵押合同 ………………………… 186
房地产抵押合同的内容 ………………… 187
房地产抵押权的设定 …………………… 173
房地产价格评估机构 …………………… 184
房地产他项权证 ………………………… 278
分支机构对外保证的诉讼地位 ………… 541
浮动抵押 ………………………………… 371

G

个人住房质押贷款 ……………………… 454
耕地抵押的禁止 ………………………… 223
公平原则 ………………………………… 13
公司做保证人的限制性规定 …………… 62
公益事业单位、社会团体做保证人的禁止 … 59
公证费用 ………………………………… 246
公证机关 ………………………………… 245
共同保证 ………………………………… 130
共同保证人的预先追偿权 ……………… 95
共同保证人之间的追偿权 ……………… 92
共同抵押 ………………………………… 366
共同抵押的设定 ………………………… 367
共同抵押的实现顺序 …………………… 369
共同抵押的效力 ………………………… 368
共同抵押人的求偿权 …………………… 370
共同抵押中第三人的免责 ……………… 370
共有财产的抵押 ………………………… 159
共有人的优先购买权 …………………… 358
股份质押的设定 ………………………… 430
股份质押的特殊情况 …………………… 431
股票质押的风险控制 …………………… 437
股票质押的设定 ………………………… 428
股权质权出质人的权利义务 …………… 438
股权质权的实现 ………………………… 440
股权质权人的权利义务 ………………… 433
股权质权人的优先受偿权 ……………… 436
股权质权人的质权保全权 ……………… 434
股权质权人对出质人行为的限制权 …… 435
股权质权实现的方法 …………………… 439
国家机关做保证人的禁止与例外 ……… 56
国有企业、事业单位的房地产抵押 …… 179
国有土地使用权的折价抵偿 …………… 341
国有土地使用权抵押 …………………… 195
国有资产折价时的评估 ………………… 337

H

海事质押担保 …………………………… 464
合法占有 ………………………………… 478
划拨土地的抵押变价 …………………… 351
划拨土地使用权出让金 ………………… 206
划拨土地使用权抵押 …………………… 199
划拨土地使用权抵押的程序 …………… 204

划拨土地使用权抵押的条件 …………… 202
划拨土地使用权抵押登记 …………… 286

J

集合抵押 …………………………… 371
集体所有的土地使用权抵押 ………… 207
集体所有的土地使用权抵押的范围 …… 208
集体所有的土地使用权抵押登记 ……… 288
集体土地所有权及用途变更的限制 …… 350
交付定金 …………………………… 535
教育设施抵押的禁止 ………………… 226
解约定金 …………………………… 521
禁止抵押的土地使用权 ……………… 222
禁止抵押物的范围 …………………… 219
禁止质押的票据 ……………………… 415
决算期 ……………………………… 363

K

可撤销的定金合同 …………………… 532
空白保证 …………………………… 72
宽限期 ……………………………… 482

L

立约定金 …………………………… 519
利息 ………………………………… 303
连带保证中当事人诉讼地位 ………… 542
连带共同保证 ………………………… 132
连带责任保证 ………………………… 99
连带责任保证的保证责任承担 ……… 124
连带责任保证的推定 ………………… 100
连带责任保证中保证期间的效力 …… 112
林地使用权抵押 ……………………… 211
林木抵押 …………………………… 210
林木抵押登记 ………………………… 288
留置 ………………………………… 466
留置担保债权的范围 ………………… 490
留置的范围 …………………………… 485
留置权 ……………………………… 468
留置权的不可分性 …………………… 473
留置权的成立 ………………………… 476
留置权的从属性 ……………………… 472
留置权的法定性 ……………………… 470
留置权的紧急行使 …………………… 500
留置权的排他效力 …………………… 474
留置权的善意取得 …………………… 488
留置权的适用范围 …………………… 492
留置权的物上代位性 ………………… 474
留置权的行使 ………………………… 498
留置权的追及效力 …………………… 475
留置权人的保管使用权 ……………… 504
留置权人的保管义务 ………………… 504
留置权人的必要费用求偿权 ………… 504
留置权人的返还义务 ………………… 506

留置权人的通知义务 ………………… 505
留置权人的优先受偿权 ……………… 502
留置权人的孳息收受权 ……………… 502
留置权无法成立的情形 ……………… 483
留置权消灭的原因 …………………… 508
留置权行使的条件 …………………… 499
留置物 ……………………………… 486
留置物保管费用 ……………………… 491
留置物的范围 ………………………… 487
留置物所有人的权利 ………………… 507
留置物所有人的义务 ………………… 508
流抵押的禁止 ………………………… 254
流质契约的禁止 ……………………… 385

M

民用航空器抵押 ……………………… 212
民用航空器抵押的变更与注销登记 …… 292
民用航空器抵押登记 ………………… 289
民用航空器抵押登记的程序 ………… 290

P

拍卖 ………………………………… 342
赔偿金和国家征用补偿金 …………… 401
票据保证 …………………………… 135
票据保证的成立 ……………………… 136
票据保证的效力 ……………………… 139
票据质押的设定 ……………………… 414
平等原则 …………………………… 11
破产程序中对企业之前所设立质押担保的处理 … 462

Q

其他担保物权人和债权人的撤销权 …… 386
其他企业的房地产抵押 ……………… 180
企业动产的抵押 ……………………… 218
企业动产抵押的变更与注销登记 …… 298
企业动产抵押登记 …………………… 296
企业动产抵押登记的程序 …………… 297
企业法人的分支机构做保证人 ……… 59
企业职能部门做保证人的禁止 ……… 61
牵连关系 …………………………… 479
强令提供担保的禁止 ………………… 65
求偿保证 …………………………… 25
求偿抵押 …………………………… 29
求偿质押 …………………………… 34
权利抵押 …………………………… 372
权利质押 …………………………… 403
权利质押担保的范围 ………………… 418
权利质押的标的 ……………………… 404
权利质押的法律适用 ………………… 453
权利质押对质物的支配范围 ………… 419
权属不明财产抵押的禁止 …………… 228

R

人保和多个物保并存时当事人的诉讼地位 … 544

人保与物保并存时的保证责任 …………… 125
人的担保 …………………………………… 7

S

商标专用权质押 …………………………… 442
商标专用权质押的登记 …………………… 443
上市公司做保证人 ………………………… 63
社会公益设施抵押的禁止 ………………… 226
实际债权余额低于最高限额 ……………… 365
实际债权余额高于最高限额 ……………… 366
实现抵押权的费用 ………………………… 305
实现留置权的费用 ………………………… 491
双方违约时定金罚则的适用 ……………… 515
四荒土地使用权的抵押 …………………… 210
诉讼中的担保 ……………………………… 548
损害赔偿金 ………………………………… 304
所有人抵押权 ……………………………… 357

T

特定化的金钱货币质押标的 ……………… 378
通告抗辩权 ………………………………… 82
同一抵押物上多个抵押权的实现 ………… 355
同一抵押物上后顺序抵押权的实现 ……… 356
同一抵押物上先顺序抵押权的实现 ……… 356
土地使用权抵押 …………………………… 189
土地使用权抵押的变更与注销登记 ……… 284
土地使用权抵押的程序 …………………… 191
土地使用权抵押登记 ……………………… 280
土地使用权抵押登记的机关 ……………… 283
土地使用权抵押登记所需文件 …………… 284
土地所有权抵押的禁止 …………………… 221
土地他项权利证明书 ……………………… 284

W

外商投资者股份的质押 …………………… 432
外商投资者股份质押的设立 ……………… 433
违约定金 …………………………………… 521
违约金 ……………………………………… 302
违章、违法建筑物抵押的禁止 …………… 231
未办理权属登记的财产抵押 ……………… 163
未经登记的抵押物的转让 ………………… 324
无书面合同担保 …………………………… 73
无效定金合同 ……………………………… 533
物保放弃抗辩权 …………………………… 79
物的担保 …………………………………… 9

X

先诉抗辩权 ………………………………… 82
先诉抗辩权的成立及行使 ………………… 83
先诉抗辩权的消灭 ………………………… 85
先诉抗辩权的效力 ………………………… 84
闲置土地抵押 ……………………………… 194
限制流通物的抵押 ………………………… 163

新增建筑物 ………………………………… 349
行纪合同中的留置权 ……………………… 496
行使留置权的方法 ………………………… 501
行使预先追偿权的范围 …………………… 94
行使预先追偿权的条件 …………………… 94
行使追偿权的范围 ………………………… 88
行使追偿权的条件 ………………………… 87

Y

一般保证 …………………………………… 99
一般保证的保证责任承担 ………………… 123
一般保证人的诉讼地位 …………………… 542
一般保证中保证期间的效力 ……………… 111
一般债权质押 ……………………………… 410
医疗卫生设施抵押的禁止 ………………… 227
依法可以出质的股份、股票 ……………… 407
已登记的抵押权的追及效力 ……………… 322
已登记的抵押物的转让 …………………… 318
已登记的抵押物受让人的代履行 ………… 323
已登记的抵押物受让人的追偿权 ………… 324
已登记的抵押物受让人利益的保护 ……… 323
已登记的抵押物转让的合理价格 ………… 321
已登记的抵押物转让时抵押人的告知义务 … 319
已登记的抵押物转让中的增担保 ………… 321
以登记为生效要件的权利质押 …………… 412
以交付为权利质权设立要件的权利质押 … 411
以新贷偿还旧贷借款中的保证 …………… 128
有物上担保人时当事人诉讼地位 ………… 544
渔业船舶抵押 ……………………………… 216
渔业船舶抵押登记 ………………………… 294
预售商品房抵押 …………………………… 170
预售商品房、在建工程抵押登记 ………… 279
约定担保 …………………………………… 5
约定排除留置权 …………………………… 472
运输合同中的留置权 ……………………… 494

Z

再抵押 ……………………………………… 161
在建工程抵押 ……………………………… 169
宅基地抵押的禁止 ………………………… 224
债的变更对保证责任的影响 ……………… 121
债权让与对保证责任的影响 ……………… 120
债权已届清偿期 …………………………… 481
债券质权的设定 …………………………… 416
债务承担对保证责任的影响 ……………… 121
债权人另行提供担保 ……………………… 509
债务人履行债务的期限 …………………… 251
债务人起诉而债权人反诉案件中保证人诉讼
  地位 ……………………………………… 543
占有改定设质之禁止 ……………………… 382
折价 ………………………………………… 336
证券公司做保证人的规定 ………………… 64
证券债权出质人的权利和义务 …………… 423

证券债权质权的保全	421	著作权质押合同不予登记及撤销登记的情况	450
证券债权质权的实现	426	著作权质押合同的变更登记及注销	451
证券债权质权的行使条件	424	著作权质押合同的登记	449
证券债权质权人的权利	420	专利权质押	444
证券债权质权人的义务	421	专利权质押的特殊条件	445
证约定金	520	专利权质押合同的登记	446
知识产权质权的设定	441	专利权质押合同的内容	445
知识产权质权人的权利	451	专利权质押合同登记的注销	447
知识产权质权人的义务	452	转质权	391
知识产权质权人对出质人行使权利的限制	452	追偿权的实现	89
执行担保	552	追偿权的诉讼时效	90
质权的实现方法	395	追偿权的效力	91
质权的消灭	402	追偿权行使的限制	92
质权人的保管义务	389	孳息	310
质权人的权利	390	孳息的清偿顺序	312
质权人的义务	388	自留山和自留地抵押的禁止	225
质权人的优先受偿权	392	自然人做保证人	55
质物的代位物	400	自愿原则	12
质物返还	383	租赁物的抵押	313
质物拍卖或变卖后的价款分配顺序	399	租赁物抵押时抵押人的告知义务	314
质物移交的时间	384	最高额保证的期间	133
质押贷款	458	最高额保证人的合同终止权	134
中资金融机构的对外担保	567	最高额抵押	360
主从合同纠纷的管辖	545	最高额抵押的设定	362
主合同不适当履行时定金罚则的适用	513	最高额抵押的适用范围	361
主合同解除后的保证责任	123	最高额抵押的债权确定	364
主合同纠纷判决的既判力范围	546	最高额抵押权的变更	364
主债权	301	最高额抵押权的实现	365
注册资金保证的保证责任	126	最高额抵押所担保债权转让的限制	361
著作权质押	448	最高限额	362